出土文獻譯注研析叢刊

清華二《繫年》集解

蘇建洲、吳雯雯、賴怡璇 合著

自序

　　二○○二年筆者就讀博士班時，季旭昇老師曾鳩集門人撰寫《《上海博物館藏戰國楚竹書（二）》讀本》一書，筆者有幸參與其中《容成氏》的撰寫，在字斟句酌的過程中深感對自己的幫助甚大。後來在幾場學術會議中常碰到同好詢問何時出版新的《讀本》，其中包含台灣、大陸與美國的友人，大家多認為這套書籍可以讓初學者一窺楚簡的堂奧，也可見撰寫出土文獻讀本確實有其積極意義。幾年後，我也忝為人師，當年的經驗讓我一直想讓研究生從事出土文獻讀本撰寫的工作。此外，裘錫圭先生在一九八五年發表的〈談談學習古文字的方法〉一文中提到：「李學勤《談自學古文字》一文引用已故古文字學家唐蘭的一句名言——『古文字學的功夫不在古文字』（《文史知識》1981 年 6 期，頁 5）；這就是說，如果想學好古文字，必須掌握古文字學之外的很多知識。按照我的體會，在必須掌握的那些知識裏，最重要的是古漢語方面的知識。古文字是記錄古漢語的，如果對古漢語很不熟悉，就沒有可能學好古文字。熟悉古漢語的主要方法就是讀古書。我們的條件跟封建時代的讀書人不一樣，不可能像他們那樣花非常多的時間去讀古書，但是至少要想法集中時問精讀一部篇幅適中的比較重要的古書。對學古文字的人來說，最適合精讀的古書也許可以說是《左傳》。」裘先生的話我一直深記在腦海中。二○一一年《清華大學藏戰國竹簡（貳）－繫年》出版了，清華大學李學勤教授所率領的整理小組對《繫年》簡文作了精準詳實的釋文與注釋，為讀者提供了學習上的方便。我在拜讀後認為這批材料的主要內容與《左傳》有密切的關係，對古文字專業的研究生來說，藉由從事《繫年》的集解、翻譯、按語工作，可以增加對先秦史的深刻認識，對日後古文字的研究工作肯定大有助益，於是興起撰寫《繫年》讀本的念頭。二○一一年便以〈《清華大學藏戰國楚簡（貳）》研究〉為題，向行政院國家科學委員會申請計畫立項，承蒙審查委員厚愛，這項計畫順利通過了，這是筆者要感謝的！此後筆者邀請吳雯雯、賴怡璇兩位博士班

同學與我共同撰寫《繫年集解》一書，兩位同學對這項工作都高度重視，寫作態度非常認真。國科會計畫執行時間自二〇一二年八月至二〇一三年七月，在這一年的時間中，我們歷經密集的討論、互相評論對方的文章、文稿多次的修改後，這項工作終得以初步完成，期間兩岸的師友也惠賜不少高見，讓我們受益甚多。同時為讓《集解》名符其實，在初稿完成後，我們又以「補記」的方式隨時增補新見專書及期刊論文，並於「補記」之後適當地修訂按語，這項工作一直持續到八月初才結束。為順利完成這項工作，期間也推掉了一些重要學術會議的邀約，雖然覺得可惜，但衡量自己的能力，實在也是莫可奈何，只能向會議主辦人深深致歉了。由於《繫年》涉及的時間跨度從西周到戰國，需要閱讀的資料很多，加上教學及家庭百事叢脞，時間被分割的比較嚴重，本書只能算是初步的探索。《繫年》中還有很多問題需要研究，期盼各方賢達先進共同持續來發掘這座寶藏。

二〇一三年八月序於臺中

目次

凡例

一、本書以《清華大學藏戰國竹簡（貳）－繫年》為釋讀的範圍，內容計有二十三章，各章撰寫人如下：第一、八至十三、十八、二十至二十三章由蘇建洲撰寫。第二至五、十五章由吳雯雯、蘇建洲共同撰寫。第六至七、十四、十六、十七、十九章由賴怡璇、蘇建洲共同撰寫。「繫年人物表」、「繫年大事表」由蘇建洲編制。

二、撰寫包含「章旨」、「釋文」、「語譯」、「集解」四部分。「章旨」是簡要敘述本章的內容大要以及牽涉到的相關史實。「釋文」以《繫年》整理者撰寫的釋文為底本，再根據學界的研究成果加以訂改。「語譯」是對「釋文」加以白話翻譯，力求明白曉暢。「集解」是以詞條為單位，先蒐羅學者的考釋意見，每位撰寫人再加上按語。本書所收諸家說法至二〇一三年八月。

三、書中所引學者的考釋文章偶用簡稱，其全稱請見書末所附參考書目。

《繫年》第一章集解

【章旨】

本章是《繫年》的第一章，文章背景是西周時代。全文可分為三部份：第一，周武王鑑於商紂未敬天禮神是導致國家滅亡的原因之一，遂設立帝籍於千畝，供登祀上帝天神使用，這也說明「千畝」是地名，而非田地單位名稱。第二，提到周厲王因施行暴政失去民心而被國人流放於彘，共伯和攝政十四年後宣王方即位。這可以說明「共伯和」是一位大臣，而非一群臣子。同時證明他沒有篡位，攝政的十四年仍屬周厲王的紀年。第三，宣王三十九年姜氏之戎與周師發生千畝之戰，可以證明《周本紀》、《國語》、今本《竹書紀年》的記載是可信的。藉由《後漢書・西羌傳》：「及宣王立四年，使秦仲伐戎，……後二十七年，王遣兵伐太原戎，不克。後五年，王伐條戎、奔戎，王師敗績。後二年，晉人敗北戎于汾隰，戎人滅姜侯之邑。明年，王征申戎，破之。」的記載，可知宣王年三十九征「申戎」，即「姜氏之戎」，皆可與「千畝之役」並觀。同時，《史記・晉世家》載「穆侯……十年伐千畝，有功。」可知晉穆侯十年為宣王三十九年，穆侯元年為宣王三十年，其父親晉獻侯卒於宣王二十九年。若「晉侯穌鼎」器主人如學者所說是《世本》的「晉獻侯蘇」、《晉世家》的「晉獻侯籍」，則晉侯穌鐘「惟王三十又三年」應如李學勤先生所說是指厲王三十三年。

【釋文】

昔周武王監觀商王之不龏（恭）帝=（上帝？）①，禋祀不寅（寅）②，乃乍（作）帝籍（籍）③，以龏（登）祀帝=（上帝）天神名之日【一】

千畮（畝）④，以克反商邑⑤，尃（敷）政天下⑥。辱＝（至于）東＝王＝（厲王，厲王）大瘧（虐）于周⑦，卿李（士）、者（諸）正、萬民弗刃（忍）于氒（厥）心⑧，【二】乃歸東（厲）王于敢（彘）⑨。龍（共）白（伯）和立十又四年⑩，東（厲）王生洹＝王＝（宣王，宣王）即立（位）⑪，龏（共）白（伯）和歸于宋（宗）⑫。洹＝（宣）【三】王是訂（始）弃（棄）帝籍（籍）弗畋（田）⑬，立卅＝（三十）又九年，戎乃大敗周㠯（師）于千畮（畝）▇。⑭

【四】

【語譯】

　　過去周武王觀察到商紂不恭敬上帝，禋祀之禮不誠敬（所以導致覆亡）。因此武王乃設立帝籍，以供祭祀上帝天神之用，命名為「千畝」，以戰勝、顛覆商朝，施行政事於天下。到了厲王時，對周朝人民施行暴政，卿士、大臣與萬民不能忍受其虐戾之心，便將厲王流放到彘。共伯和起而攝政十四年，厲王之子宣王即位，共伯和歸宗於衛，宣王卻拋棄帝籍耕作之禮。在位三十九年時，姜戎大敗王師於千畝。

【集解】

①　昔周武王監觀商王之不龏（恭）帝(上帝)

（一）昔

　　華東讀書小組：「昔」，類《尚書·堯典》「曰若稽古」。古代古史或傳說，皆由耆老、宿學以口說方式，傳給弟子，弟子轉而書之竹帛，故起始標明為「昔」。亦可以藉此了解竹簡《繫年》之屬性，乃一家法或學派師承之古史觀。（〈書後（一）〉）

　　建洲按：「昔」，時間副詞，表示事情發生在過去，多用於句首，古書

及出土文獻常見。如《左傳》僖公二十四年：「昔周公弔二叔之不咸，故封建親戚以蕃屏周。」《集成》2836大克鼎「王若曰：克，昔余既令汝出內（入）朕令。」《集成》4296鄱簋蓋「王曰：鄱，昔先王既命汝作邑，兼五邑祝，今余唯申就乃命。」《子羔》簡1「孔=（孔子）曰：『昔者【禪】而弗殺（世）也……』。」《從政》甲1「聞之曰：昔三代之明王之有天下者」、《容成氏》簡6「昔堯凥（處）於丹府與藋陵之間」，簡49「昔者文王之佐紂也，如是狀也。」《中弓》18「昔三代之明王，有四海之內，猶來」、《曹沫之陳》簡1「昔周室之封魯」，《繫年》也是相同的用法。至於說可以看出《繫年》屬性云云，似乎引申過度。

（二）監觀

整理者：監，《詩・節南山》傳：「視也。」（頁136，注1）

子居：監觀又可見於《銀雀山漢簡・陰陽之十二》：「帝之司德，監觀於下。」和《詩經・大雅・皇矣》：「皇矣上帝，臨下有赫。監觀四方，求民之莫。」（〈1～4章解析〉）

陳偉：今按，「監觀」見于古書，爲一詞。《詩・大雅・皇矣》：「監觀四方，求民之莫。」鄭箋：「以殷紂之暴亂，乃監察天下之衆國，求民之定，謂所歸就也。」《淮南子・泰族訓》：「曠然而通，昭然而明；天地之閒，無所繫戾。其所以監觀，豈不大哉！」《漢語大詞典》：監觀，「觀察；觀覽。監，通『鑒』。」可參。（〈札記（三）〉，簡帛網，2011.12.23）

（三）商王

華東讀書小組：「商王」，指商紂。（〈書後（一）〉）

（四）不龏（恭）

整理者：商王不恭上帝，參看《書・牧誓》：「今商王受……昏棄厥肆祀弗荅」，但後者鄭玄注以為指祭宗廟。（頁136，注1）

王坤鵬：認為斷句應斷於「不恭」，而非「不恭上帝」連讀。「不恭」在文獻中多不跟賓語。例如，《尚書・盤庚》：「乃有不吉不迪，顛越不恭」，《詩經・大雅・皇矣》：「密人不恭，敢距大邦」，《孟子・公孫丑》上：「伯夷隘，柳下惠不恭」，又《萬章》下「無常職而賜於上者，以為不恭也」，《史記・吳王濞列傳》「吳太子師傅皆楚人，輕悍，又素驕。博，爭道，不恭」等等。由上舉用例來看，「不恭」一辭多是指人臨事不敬，一般用來泛指一個人的品德。例如《尚書・甘誓》「有扈氏威侮五行，怠棄三正」，偽《孔傳》注曰：「五行之德，王者相承所取法，有扈氏與夏同姓，恃親而不恭，是則威侮慢五行，怠惰棄廢天地人之正道」，這裏「威侮五行，怠棄三正」就是不恭。又《穀梁傳》宣公三年「『乃』者，亡乎人之辭也」，范寧注：「譏宣公不恭，致天變」，又上文所引《孟子・公孫丑》文，朱子注「不恭，簡慢也」，均是指人在臨事時表現出簡慢不敬，並不專針對某一特定對象。《繫年》此句「商王之不恭」為泛指商王德行敗壞。（〈《繫年》第一章句讀商榷〉，復旦網，2012年5月29日）

雯雯按：「不龏（恭）帝=（上帝）禋祀不寅（寅）」之斷讀，整理者斷讀為「不龏（恭）帝=（上帝），禋祀不寅（寅）」，王坤鵬則斷讀為「不龏（恭），帝=（上帝）禋祀不寅（寅）」，其理由為「不恭」在文獻中多不跟賓語，且將「禋祀」視為動詞，所以「上帝禋祀」即「禋祀上帝」，並認為「不恭」之義為「均是指人在臨事時表現出簡慢不敬，並不專針對某一特定對象。」如舉《尚書》：

《尚書・盤庚》：「乃有不吉不迪，顛越不恭」

而《尚書》又有其他的例子：

〈大禹謨〉「蠢茲有苗，昏迷不恭，侮慢自賢，反道敗德。」

〈甘誓〉「左不攻于左，汝不恭命；右不攻于右，汝不恭命。御非其馬之正，汝不恭命。用命，賞於祖；弗用命，戮於社。予則孥戮汝。」

〈胤征〉「官師相規，工執藝事以諫。其或不恭，邦有常刑。」

王說以「不恭」為詞，多不跟賓語，但〈甘誓〉則有「汝不恭命」的用法。「恭」，敬也。「不恭上帝」即對上帝不恭敬，其它類似的用法還有：

〈盤庚〉「各恭爾事」。

〈康誥〉「乃弗克恭厥兄」。

〈君奭〉「大弗克恭上下」。

〈多方〉「惟夏之恭多士」。

可見王坤鵬之說實不可信，今從整理者的斷讀。

（五）帝＝（上帝）

整理者：「上帝」合文，原有合文號。（頁136，注1）

何有祖：商王之不恭帝＝（上帝）以登祀帝＝（上帝），「上帝」合文兩見，其寫法分別作：禹、𠅤。後一形，明顯是上帝合文，釋文作「帝＝（上帝）」當是，前一形，合文中沒有「上」的形體出現，在處理上應有不同。

（〈讀《清華大學藏戰國竹簡（貳）》札記〉，簡帛網，2011.12.20）

　　建洲按：楚簡其他上帝合文作：

（《簡大王》06）、（《程寤》簡4）

　　《繫年》「帝=」字前一形作「」，未見「上」旁，是否一定讀為「上帝」待考。

　　看校補記：「不龏（恭）」，郭永秉先生認為應讀為「不恭禘帝」，即對禘祭上帝這件事不恭敬。「天神」，郭永秉先生認為「」是「土帝」的合文，「土帝」是五方帝的中央一帝，也就是黃帝。見郭氏：〈近年新出戰國簡資料給上古傳說研究帶來的反思〉，武漢大學歷史學院講座，二〇一三年十月十日。

② 禋祀不盨（寅）

（一）禋祀

　　王坤鵬：關於禋祀，還應該指出，《繫年》中說到周武王作帝籍田以收穫糧食，用來釀酒，用此酒以禋祀上帝。此「禋祀」應如上引《周禮》鄭玄注及賈公彥疏中所釋，即「禋之言煙」、「芬芳之祭」，指以酒香、酒氣等來祭祀上帝天神。《說文》卷一上「示」部云：「禋，潔祀也，一曰精意以享為禋」。這種以酒的芬芳之氣祭祀上帝的祭祀當然也可以稱為「潔祀」、「精意以享」，只是《說文》中「禋」的字義已經較為模糊，對這種祭祀具體的操作方式已不甚了解。（〈第一章句讀商榷〉）

　　建洲按：《周禮·春官·大宗伯》：「以禋祀祀昊天上帝」鄭玄注：「禋之言煙。周人尚臭，煙氣之臭聞者。」孫詒讓《正義》：「竊以意求之，禋

祀者蓋以升煙為義。」

（二）不𥙈（寅）

整理者：𥙈，讀為「寅」，《爾雅‧釋詁》：「敬也。」「𥙈」字寫法亦見戰國齊器陳侯因𦫳敦（《殷周金文集成》四六四九）。（頁 136，注 1）

華東讀書小組：「寅」，字原從皿、寅聲，整理者讀為「寅」、訓「敬」（《爾雅》）。案，「禋祀」為潔祀，「寅」疑應訓「演」（《釋名》、《廣雅》）、「進」（《爾雅》）、「引」（《禮記‧月令》疏，《說文》「演」訓「長流」）。（〈書後（一）〉）

子居：寅，整理者言：「《爾雅‧釋詁》：『敬也。』……寫法亦見戰國齊器陳侯因𦫳茲敦）《殷周金文集成》四六四九）。」所言甚是，該字寫法與楚文字明顯有異，下文「登」字又與《汗簡》登王庶子碑同，說明《繫年》原始材料中存在著並非出於楚人之手的部分。（〈1～4 章解析〉）

朱鳳瀚：周武王對商人亡國之緣由的認識，即認為商王對上帝不恭，其表現即是「禋祀不𥙈（寅）」。寅，當如整理者據《爾雅‧釋詁》讀為「敬」。《尚書‧多方》記周公謂夏桀「弗永寅念於祀」，偽孔傳釋曰：「不長敬念于祭祀」，與「此禋祀不𥙈（寅）」，即以不崇敬之心來對待禋祀。而武王乃「乃作帝籍，以登祀上帝天神，名之曰千畝」正是要講武王反商王之道而行，即為了提供禋祀上帝的祭品而行籍禮，並專為此設立了名曰千畝之籍田。《國語‧周語上》記虢文公諫宣王不籍千畝時言「不可，夫民之大事在農，上帝之粢盛於是乎出……」將籍禮不僅與上祭上帝而且與整個農事聯繫起來，倒不如簡文明確地將千畝籍田之功用鎖定在為「乃作帝籍以登上帝天神。」更合乎籍禮主旨與西周初周人設千畝籍田之本意。（〈西周史事考〉，《第四屆國際漢學會議論文集》，頁 1）

建洲按：「𥙈」，讀為「寅」或「𡨄」，敬也。相關字形如下：

（螶，《繫年》簡1）　　（螶，陳侯因𩵋敦）　　（螶，陳𦀚簋蓋）

（螷，《祭公》簡15）

　　劉洪濤先生對這些字形有很好的分析，他指出：

> 「螷」字應分析為從「鬼」、「螶」聲，是畏敬之「畏」的專字。《集
> 成》4190號陳𦀚簋蓋銘「恭螶（畏）鬼神」，《論語·雍也》「敬鬼神
> 而遠之」，是說對鬼神應該採取敬畏的態度，所以表示畏敬義的「寅
> （畏）」可以用「鬼」作為意符。聲符「螶」也見於齊系金文陳𦀚簋
> 蓋銘和陳侯因𩵋敦銘，前者從「血」，後者從「皿」，皆用作畏敬之
> 「畏」。（原注：孫剛：《齊文字編》第130頁，福建人民出版社，2010
> 年）我們認為，從「血」的寫法是正體，從「皿」的寫法是省寫，
> 與古文字「盟」所從之「血」省作「皿」同例。「盟」字從「血」表
> 現的是歃血為盟，是一種宗教儀式，故其字或寫作從「示」。（原注：
> 湯餘惠主編：《戰國文字編》第472頁，福建人民出版社，2001年。）
> 「螶」字從「血」，應該取意于歃血時對鬼神的誠敬，所以其字也應
> 該是畏敬之「畏」的異體。畏敬之「畏」字既以「血」為意符，又
> 以「鬼」為意符，跟「盟」字既以「血」為意符，又以「示」為意
> 符相近。（〈清華簡補釋四則〉）

　　其說可從。本簡「螶」所從「寅」旁寫法常見於楚文字，與陳侯因𩵋敦「螶」
的「寅」旁以及　（寅，陳純釜）、　（寅，陳逆簠）寫法不同。楚文字自
然也能有寫作從「寅」從「皿」的「螶」字。說此字寫法「與楚文字明顯
有異」並不正確。

　　其次，關於「禋祀不寅」，朱鳳瀚先生指出：

所謂「禋祀不寅」，可以說是既反映了真實的一面，但又不盡真實。這是因為根據殷墟卜辭資料可知，儘管「上帝」在商人所設立的諸神中佔據重要位置，有相當大的自然權能與人事權能，其影響力與破壞力均超過其他神靈，是商王既敬畏而又不能實現有效交流的天神，是因為在卜辭中見不到商王祭祀上帝的辭例，商王從不像祭祀其他祖先神與自然神那樣，使用從人牲、獸類到農作物的各種祭品來討得神靈之喜悅，以獲得神之佑助。也正由於上帝不食人間煙火，無法採用祭祀手段來與上帝交流，⋯⋯依筆者的看法，上帝並非是商人的祖先神、保護神與至上神，而是商人在探索統一世界的神秘力量過程中幻想出來的一種天神，是這種宗教性思考不成熟的產物。與商人不同，從文獻與金文資料可知周人始終有祭祀上帝的傳統，上帝可以說具有周人祖先神的色彩，且被周人視為保護神。這樣看來，周武王所監觀到的商王之「不恭上帝，禋祀不寅」的行為，實際上並非是由於商王對上帝的怠慢，而是商人宗教觀念所決定的，商人本無祭祀上帝之制度。」（《西周史事考》，頁 3）。

謹按：裘錫圭先生曾指出：

商人所謂上帝（卜辭多稱「帝」），既是至上神，也是宗祖神（原注：郭沫若《先秦天道觀之進展》，《青銅時代》1952 年版，頁 9）。按照上古的宗教、政治理論，王正是由于他是上帝的嫡系後代，所以才有統治天下的權力。《尚書·召誥》說「皇天上帝改厥元子茲大國殷之命」，可見商王本是被大家承認為上帝的嫡系後代的。周王稱天子，也就是天之元子的意思。上帝的「帝」跟用來稱嫡考的「帝」，顯然是由一語分化的。從以上所說的來看，商王用來稱呼死去的父王的「帝」這個詞，跟見于金文的「帝（啻）考」的「帝」（啻）和見于

典籍的「嫡庶」的「嫡」，顯然是關係極為密切的親屬詞。也可以說，這種「帝」字就是「嫡」字的前身。(〈關於商代的宗族組織與貴族和平民兩個階級的初步研究〉《古代文史研究新探》，頁 300)。

在另一篇文章還提到：

> 卜辭中稱先王的「帝」，跟上帝的「帝」以及後來所謂嫡庶的「帝」，在語義上有緊密聯系……「帝」應該是強調直系繼承的宗族長地位之崇高的一種尊稱。既然作為王室**宗祖神**的**上帝**和已死的父王都稱「帝」，其他如直系先王就也都應該可以稱「帝」。……我認為子組卜辭和花東子卜辭把稱武丁的「帝」記作「丁」，有可能是為了要與稱上帝和先王的「帝」有所區別，也就是要在字面上把稱時王和稱鬼神的「帝」區分開來。」(〈「花東子卜辭」和「子組卜辭」中指稱武丁的「丁」可能應該讀為「帝」〉，頁 5-6)

又「己卯卜，宕，貞：隹（唯）帝取帚（婦）好。」(《合集》2637)陳劍先生也指出「帝」指商人至上神「上帝」、「天帝」。(陳劍：〈「備子之責」與「唐取婦好」〉，頁 6)。裘錫圭先生認為「上帝」是商人至上神、宗祖神，「帝」是直系繼承的宗族長地位之崇高的一種尊稱，依此觀念便可以理解商紂「不恭上帝，禋祀不寅」是很大的罪行。退一步說，《繫年》簡 1「登祀帝＝（上帝）天神」，可見《繫年》作者是將上帝與天神並列的，而《禮記・表記》曰：「殷人尊神，率民以事神」，「尊神」即為「尊上帝」。《繫年》說商紂「不恭上帝，禋祀不寅」，正如《書・泰誓上》云：「今商王受，弗敬上天。」他破壞禮制沒有敬天禮神，「禮以體政，政以正民，是以政成而民聽，易則生亂」(《左傳》桓公二年)，這是導致滅國的原因之一。

③ 乃乍（作）帝𫉄（籍）

（一）帝𫉄（籍）

整理者：籍，《國語・周語上》注：「借也，借民之力以為之。」《北堂書鈔》禮儀部十二引賈逵云：「天子躬耕籍田，助民力也。」《國語上》載虢文公述籍田云：「上帝之粢盛於是乎出。」（頁 136，注 3）

華東讀書小組：「帝籍」，所指即簡文後來被上帝、天神命名為「千畝」之地，蓋君王於每年春耕之始，示範種田播種，以勵耕者，《史記・周本紀》「宣王不脩籍於千畝」正義引東漢・應劭注云「古者天子耕籍田千畝，為天下先」、古文字「耤」的造字本義皆是。《國語・周語上》注：「籍，借也，借民力以為之。天子田千畝，諸侯百畝，自屬王之流，籍田禮廢，宣王即位，不復尊古也。」案，雖是天子之田，「千畝」之地點，應可考出，疑近於周都鎬京，清・閻若璩曰：「此千畝，乃周之籍田，離鎬京應不甚遠。」（日本・瀧川龜太郎《史記會注考證》總第五九頁引。）（〈書後（一）〉）

建洲按：《呂氏春秋・孟春紀》：「是月也，天子乃以元日祈穀於上帝。乃擇元辰，天子親載耒耜，措之參於保介之禦間，率三公、九卿、諸侯、大夫躬耕帝籍田。」高誘注：「天子籍田千畝，以供上帝之粢盛，故曰帝籍。」籍田收穫是供眾神享用，《周禮・天官冢宰・甸師》：「甸師掌帥其屬而耕耨王藉，以時入之，**以共齍盛**。」但何以名為「帝籍」？賈公彥《疏》：「言帝藉者，藉田之穀，眾神皆用，獨言帝藉者，**舉尊言之**。」（按：「籍」，古書也作「藉」。）

裘錫圭先生指出：「周代國君親耕的籍田上的收穫，按照古禮要用來祭祀，以表示對鬼神和祖先的恭敬。……楊寬先生在《籍禮新探》一文已作了詳細說明。在商代，冏地的收穫也是經常被商王用來祭祀祖先的。如：

　　□□卜爭貞：□乙亥登□囷黍【于】祖乙　　　合 1599

　　己巳貞：王其登南囷米，惠乙亥　　　　　　　後編下 23.5

　　由此可見，商王親自參加農業生產，跟周王的藉田確實是同性質的。」（〈關於商代的宗族組織與貴族和平民兩個階級的初步研究〉《古代文史研究新探》，頁 321-322）。可見籍田之禮起源甚早。

④　以鐙（登）祀帝＝（上帝）天神名之曰千畝

（一）鐙（登）

　　整理者：隸定為「鐙」，讀為「登」，《禮記・月令》：「農乃登黍」，注：「進也。」（頁 137，注 4）

　　陳民鎮：讀作「登」固無不可，但讀作「烝」或許更爲恰當。（〈略說「烝」〉）

　　建洲按：沈培先生先生曾歸納指出：「前人已對⬚、⬚、⬚等字等典籍中與它們相當的字作過很多研究。綜合各家研究，可以認為此字象對祖先或鬼神舉行進獻食品之祭，古書中用登、烝、蒸等字表示。」（〈殷墟花園莊東地甲骨「𠦜」字用為「登」證說〉，頁 43）。可知「登」、「烝」沒有本質的差別。至於姬鼎（《集成》2681）「用⬚用嘗」，從「米」旁加上辭例的限制，自然應釋為「烝」。大盂鼎（2837）「有髭（柴）⬚（烝）祀無敢醿」的「烝」亦從「米」旁；陳侯午敦（4646-4648）「以⬚以嘗」、陳侯因⬚敦（4649）「以⬚以嘗」諸字讀為「烝」皆是因為辭例的限制。《繫年》的「⬚」字從字形來說就是「登」，添加「示」旁表示祭祀動詞的「登」已見於卜辭（參《新甲骨文編》頁 18），所以此處釋為「登」即可。又本簡「鐙（登）」字的「豆」旁寫法完整，與楚簡多省作⬚（《包山》26），「豆」旁省簡為「日」形不同，參《楚文字編》頁 87、《包山楚墓文字全編》，頁 63-65）。

（二）名

華東讀書小組：「名」假為「命」，乃上帝、天神所為，示周之已有天下。（〈書後（一）〉）

建洲按：讀為「名」。

（三）千畮（畝）

整理者：千畮，《周語上》注：「天子田籍千畮。」《北堂書鈔》引賈逵云：「籍田，千畮也。」（頁137，注5）

華東讀書小組：雖是天子之田，「千畮」之地點，應可考出，疑近於周都鎬京，清・閻若璩曰：「此千畮，乃周之籍田，離鎬京應不甚遠。」（〈書後（一）〉）

子居：千畮，《說文・耒部》：「耤，帝耤千畮也。古者使民如借，故謂之耤。」《呂氏春秋・孟春紀》：「是月也，天子乃以元日祈穀於上帝。乃擇元辰，天子親載耒耜，措之參於保介之御間，率三公、九卿、諸侯、大夫躬耕帝籍田。」高誘注：「天子籍田千畮，以供上帝之粢盛，故曰帝籍。」此千畮，後世多考在山西岳陽縣，今安澤縣地，所論皆誤。千畮實即晉之新田，《左傳・成公六年》所謂「夏四月丁丑，晉遷于新田」者，今山西省侯馬市。（〈1～4章解析〉）

朱鳳瀚：「千畮之所在，《史記》正義引《括地志》云「在晉州岳陽縣北九十里」，索隱則云「在西河介休縣」，二地點實接近。汪遠孫則認為「王自伐戎而遠戰于晉地，必不然矣。」並引《詩經・祈父》疏所引孔晁云「宣王不耕藉田，神怨民困，為戎所伐，戰于近郊」，認為其說近是。從簡文第一章上下文義看，千畮之戰的千畮，即只能是周武王所設為上帝提供粢盛之王室藉田所在，為便於參加藉禮，必在王都城近郊（這從《周語上》虢文公所述王行藉禮之時間安排、禮儀過程與隨從行禮有王朝「百宮御事」

亦可得知)。《周語上》在言千畝之戰周師敗績後，又言「宣王既喪南國之師」，韋昭注「喪，亡也，敗於姜戎氏時所亡也。南國，江漢之間也。」宣王既調集遠在江漢之問的周師來抵御姜戎，是以江漢之師北上拱衛王都，則戰場即不大可能更遠在晉地。(〈西周史事考〉，頁11)

廖名春：從簡四「戎乃大敗周師於千畝」句可知，「千畝」當為地名。《竹書紀年》：「三十九年，王師伐姜戎，戰于千畝，王師敗逋。」《國語・周語上》亦云：「三十九年，戰于千畝，王師敗蹟於姜氏之戎。」《史記》記載同，《索隱》：千畝，「地名，在西河介休縣。」《左傳・桓公二年》：「其弟以千畝之戰生，命之曰成師。」杜預注：「西河介休縣南有地曰千畝。」都是以「千畝」當為地名。簡一、二稱「昔周武王」「乃作帝籍，以登祀上帝天神，名之曰『千畝』」當屬不辭。從「宣王是始棄帝籍弗田」句看，「名之曰『千畝』」前當有脫文。所謂「棄帝籍」，就是「弗田」。《史記・周本紀》：「宣王不修籍于千畝。」裴駰《集解》：「應劭云：古者天子耕藉田千畝，為天下先。瓚曰：及，蹈藉也。按：宣王不修親耕之禮也。」記載與簡文同。所以，簡文「宣王是始棄帝籍弗田」就是「宣王不修籍於千畝」，也就是「宣王不修親耕之禮」。簡文只稱「千畝」，「周武王」「乃作帝籍，以登祀上帝天神」之所以沒有點出來，顯然不通。因此，疑當脫去「帝籍」、「藉田」或「修籍」二字，「名之曰『千畝』」當作「名之曰『帝籍千畝』」或「名之曰：『籍田千畝』」。(〈清華簡《繫年》管窺〉，《深圳大學學報》2012年5期，頁51-52)

建洲按：「千畝」為地名由簡文來看已很明確。以往學者以為是單位名稱，如張雙棣先生注釋《呂氏春秋・孟春紀》「(天子)躬耕帝籍田」時說：「古時，天子有農田千畝，用民力耕作，來生產祭祀上帝的黍稷，所以稱這千畝農田為帝籍田。又簡稱帝籍或籍田。」(《呂氏春秋譯注》，頁6注49)現在看來是有問題的。至於「千畝」的地點，當如前面學者所說在周地王都近郊。《中國歷史大辭典－歷史地理》也說：「一說周宣王敗績於姜氏之

戎的千畝在王都近郊，即今陝西西安市附近。」（頁 67）。

⑤　以克反商邑

（一）以

　　華東讀書小組：「以克反商邑」，「以」，因也。（〈書後（一）〉）

（二）克反商邑

　　整理者：反，《說文》：「覆也。」商邑，指殷，見《書・牧誓》、《酒誥》及金文遹簋（《集成》四〇五九）。反商邑，意指顛覆商的統治。（頁 137，注 6）

　　華東讀書小組：「克反」，疑讀為「克叛」。「商邑」，即所謂「天（大）邑商」也。（〈書後（一）〉）

　　子居：整理者已指出「以克反商邑」即顛覆商的統治，并提到「商邑」見于《尚書》的《牧誓》、《酒誥》及金文遹簋。可以補充《尚書・立政》：「其在商邑，用協於厥邑。」《詩經・商頌・殷武》：「商邑翼翼，四方之極。」《逸周書・克殷》：「殷末孫受，德迷先成湯之明，侮滅神祇不祀，昏暴商邑百姓，其章顯聞於昊天上帝。」《逸周書・度邑》：「王乃升汾之阜，以望商邑。」等内容，凡此皆不出《詩》、《書》與金文，說明清華簡《繫年》首章的用詞特徵不晚於春秋前期。（〈1～4 章解析〉）

　　建洲按：整理者將「反」釋為「顛覆」，似可從。《墨子・非攻下》：「武王乃攻狂夫，反商之周，天賜武王黃鳥之旗。」《列女傳・殷紂妲己》：「妲己配紂，惑亂是脩，紂既無道，又重相謬，指笑炮炙，諫士刳囚，遂敗牧野，反商為周。」偽古文尚書〈武成〉：「一戎衣，天下大定。乃反商政，政由舊。」三處文獻的「反」與簡文意思相同。如此則「克反商邑」的「克

反」是同義複詞。不過，西周金文中有「伐＋反＋國族名」的說法，如「唯公大保來伐反夷年」（旅鼎，2728）、「唯王令南宮伐反虎方之年」（中方鼎，2751-2752）、「過伯從王伐反荊」（過伯簋，3907）。這種「伐＋反＋國族名」的說法與簡文「克反商邑」頗為相近，但是以當時的政治環境來看，不太可能說商邑反叛。聯繫上下文來看，此處的「反」可能是指商紂「不龏（恭）帝＝（上帝？），禋祀不蠲（寅）」的反德行為，比如《左傳·宣公十五年》：「天反時為災，地物為妖，民反德為亂。」《新書·道術》：「施行得理謂之德，反德為怨。放理潔靜謂之行，反行為污。」這些「反」取「違背」的意思。實情究竟如何，還有待持續考證。

附帶一提，《禮記·樂記》：「武王克殷反商，未及下車，而封黃帝之後於薊……下車而封夏后氏之後於杞」，其中「克殷反商」看起來似乎跟簡文句式相近，但是連結下一句「未及下車……下車」來看，似當如鄭玄注認為「反當為及，字之誤也。」王文錦同意此說，並翻譯作「武王打敗殷王紂，駕臨商都。」（《禮記譯解》下，中華書局，2001 年 9 月，頁 557）這個意見被訓詁學家普遍接受，如《史記·樂書》：「武王克殷反商，未及下車」，《集解》云：「鄭玄曰：『反，當為『及』，謂至紂都也。』」《周禮·秋官·司寇》：「八曰議賓之辟」下孔疏：「故鄭云三恪二代之後。案〈樂記〉云：『武王克殷及商，未及下車而封黃帝之後於薊」。《文獻通考·樂考·卷一百二十八·樂考一》則直接引作：「武王克殷及商，未及下車，而封黃帝之後於薊」。亦有別的異文作：《韓詩外傳》卷三：「既反商，及下車，封黃帝之後於蓟」，此處「反」亦為「及」之誤。《潛夫論·五德志》：「武王克殷，而封其胄於鑄」，將「反商，未及下車」一類詞語省略。

⑥ 尃（敷）政天下

整理者：敷政，見《詩·長發》：「敷政優優。」（頁 137，注 7）

建洲按：「敷政」，布政，施行教化。

⑦ 辜＝（至于）東＝王＝（厲王，厲王）大瘧（虐）于周

（一）厲王

整理者：厲王，金文作「剌王」，見逨盤（《近出殷周金文集錄二編》九三九），「東」即「剌」字所從。（頁137，注8）

華東讀書小組：「厲王」，「厲」簡文原字應讀為「剌」，傳世古籍中亦常有作「烈」者，於古皆以音近能互假。（〈書後（一）〉）

（二）瘧（虐）

整理者：瘧即「瘧」字。從《說文》「虐」字古文，在此即讀為「虐」。（頁137，注9）

子居：大虐，又見《尚書・盤庚》：「殷降大虐，先王不懷厥攸作，視民利用遷。（〈1～4章解析〉）

建洲按：《說文》：「虐，殘也。」《書・泰誓上》：「今商王受，弗敬上天，降災下民，沈湎冒色，敢行暴虐。」孔傳：「沈湎嗜酒，冒亂女色，敢行酷暴，虐殺無辜。」又《國語・周語上》「厲王虐，國人謗王。」《史記・晉世家》：「靖侯十七年，周厲王迷惑暴虐，國人作亂。」與簡文所言相同。

⑧ 卿李（士）、者（諸）正、萬民弗刃（忍）于乒（厥）心

（一）李（士）

整理者：李，即「李」字，古音來母之部，在此假為「士」字，士為從母，係鄰紐。（頁137，注10）

陳偉：將「卿李」讀作「卿士」不能無疑。古文字中卿、鄉一字。這二字或當讀作「鄉里」，指國都一帶的居民組織。相關一句讀作「鄉里諸正、萬民弗忍于厥心」。如果包山簡「慶李」與清華簡《繫年》「鄉／鄉李」相關，後者作爲「卿士」或官職的可能性也將因此而降低。(〈札記（一）〉)

建洲按：對於上述陳偉先生的意見，張新俊先生評論說：「厲王大虐于周，卿李（士）、諸正、萬民弗刃（忍）于厥心，意思是說全國上下對厲王都不滿。所以，卿李──諸正──萬民，應該是不同的等級。卿李應該是朝中大臣，諸正，也許是諸侯之長，萬民是全國老百姓。如果如陳先生所言，這個等級就很不明顯了。」除「諸正」是否指「諸侯之長」還可商榷外，餘說可從。《清華一・祭公》簡16「汝毋以嬖士疾大夫卿李」，「卿李」傳世本作「卿士」可以比對。《國語・周語上》「厲王虐，**國人**謗王。邵公（引按：指召穆公虎）告王曰：『民不堪命矣。』王怒，得衛巫，使監謗者，以告則殺之。**國人**莫敢言，道路以目。」《呂氏春秋・達鬱》：「三年，**國人**流王於彘。」文中的「國人」，是指宗周的六鄉之士，《周禮》把周天子直接統治的王畿劃分為「國」、「野」兩大區域：郊以內是「國中及四郊」，郊以外即是「野」。都以外、郊以內為「國」，設「六鄉」；在「郊」以外及「野」以內，分設有「六遂」。就「野」的廣義而言，是指「郊」外所有的地區，包括「六遂」和「都鄙」等。現在透過《繫年》，我們可以知道「國人」的身分包含了「卿李（士）─諸正─萬民」。

(二) 者（諸）正

整理者：正，《爾雅・釋詁》：「長也。」《左傳》昭公二十六年：「至于厲王，王心戾虐，萬民弗忍，居王于彘。」（頁137，注10）

華東讀書小組：「諸正」，指各級行政單位之長官、正長。(〈書後（一）〉)

子居：諸正，又見《逸周書・嘗麥》：「欽之哉！諸正，敬功爾頌。」

即西周之諸尹，金文習見，如《令簋》銘文：「眾卿事寮、眾諸尹、眾里君、眾百工、眾諸侯。」（〈1～4章解析〉）

　　建洲按：《周禮・天官冢宰・大宰》：「而建其正」，鄭玄注：「正謂冢宰、司徒、宗伯、司馬、司寇、司空也。」此意思與「諸正」不合。「諸正」相當於大盂鼎（2837）「若玟（文）王令二三正」的「二三正」以及作冊魖卣（5432）「公大史咸見服于辟王，辨于多正」的「多正」，即職官泛稱。《詩・節南山》：「覆怨其正」，《毛傳》曰：「正，長也。」（《西周金文官制研究》，頁58、97-98）。

（三）弗刃（忍）

　　子居：不忍。整理者引《左傳・昭公二十六年》：「至於厲王，王心戾虐，萬民弗忍，居王於彘。諸侯釋位，以間王政。」來與《繫年》對照，這正印證了前文所說《繫年》的行文與《左傳》頗相類似的情況。（〈1～4章解析〉）

（四）于

　　華東讀書小組：「于」，疑可視為羨衍。（〈書後（一）〉）

　　建洲按：上說不可從。古書常見「動詞」後接「于厥心」者，如《左傳・成公十三年》：「悔于厥心」。《晏子春秋集釋・附錄二・晏子集語》：「逮其嗣主則不然，**弗類于厥心**」，句式更與簡文「弗忍于厥心」相同，可知「于」非羨衍。

（五）厥

　　建洲按：本簡「厥」作 ，與「氏」同形，如 （簡14）、（簡

102）。此為古文字垕、氏形混又一例。楚竹書「氏」字作：

（《容成氏》55 背）（《采風曲目》03）（《彭祖》03）

（《曹沫之陣》64）

而楚文字「垕」字作：

（《郭店・緇衣》37）（《周易》11）（《用曰》06）（《用

曰》11）（王孫誥鐘）

與「氏」只有兩處些微的不同，一是垕字的上部作「」，而氏字則作

「」。二是垕字豎筆未見點或橫筆的飾筆。二者的分別性不大，確實容易

造成混淆，如「垕」可作：

（426.2，配兒鉤鑃）（10296，吳王夫差鑑）（11758，中山

侯鉞）

則與「氏」形近了。參拙著：〈君子為禮簡 7 字詞考釋二則〉，復旦網，

2009 年 11 月 26 日。隨者《清華簡》的陸續出版，上述的認識還可更進一

步。如《清華一》「氒」幾乎寫作 、![字形](《楚居》03），其右下方寫作彎筆，只有《程寤》01作 ![字形] 例外，見《清華一文字編》頁251-252。《清華三》則全部作 ![字形]形，參《清華三文字編》頁223。這些字形若說都是「氏」的訛誤，數量未免太多。如果將 ![字形]、![字形] 寫法認定為「氒」，則如《君子為禮》07「行毋![字形]」，筆者在上引文認為本是「氒」字卻誤寫為「氏」，如依照《清華簡》的寫法，則![字形]本來就是從「氒」，簡文中讀為「蹶」。中山侯鈇、配兒鈎![字形]的字形也是「氒」。范麗梅小姐在〈楚簡文字零釋〉（《台大中文學報》26期，2007年06月）一文亦將![字形]釋為「蹶」，但論證過程與拙文不同，請讀者參看。

⑨ 乃歸柬（厲）王于敉（彘）

（一）歸

整理者：歸，《周禮·大宗伯》注：「不反之稱。」（頁137，注11）

建洲按：古書關於周厲王被放逐到彘的記載，有三種類型，一是《國語·周語上》：「王不聽，于是國莫敢出言，三年，乃流王於彘」、「既，榮公為卿士，諸侯不享，王流于彘。」《潛夫論·遏利》：「王又不悟，故遂流死于彘。」二是《史記·周本紀》：「三年，乃相與畔，襲厲王。厲王出奔於彘。」《史記·管蔡世家》：「周厲王奔于彘」、《漢書·楚元王傳》：「厲王奔彘」；三是《左傳·昭公二十六年》：「至于厲王，王心戾虐，萬民弗忍，居王于彘。」與簡文最接近的句式當屬《國語·周語上》：「乃流王於彘」，可見「歸」相當於「流」。二者是義近的關係。《書·武成》：「乃偃武修文，**歸**馬于華山之陽，**放**牛于桃林之野，示天下弗服。」前言「歸」，後言「放」，二者顯然義近。孔穎達《疏》：「此是戰時牛馬，故**放**之，示天下不復乘用。」這句話常見於古書，如《韓詩外傳·卷三》：「馬**放**華山之陽，示不復乘；牛**放**桃林之野，示不復服也。」《說苑·指武》：「**縱**馬華山，**放**牛桃林，示

不復用。」以上都可以證明「歸」可釋為「放」，即去而不反也。《詩·邶風·北風》:「攜手同歸」，朱熹《集傳》:「歸者，去而不反之辭也。」而《呂氏春秋·適威》:「厲王，天子也，有讎而眾，故流于彘」，高誘《注》曰:「流，放也。」《呂氏春秋·達鬱》:「三年，國人流王於彘。」高誘《注》曰:「流，放也。」以上可以說明「歸」、「流」義近，皆可解為「放也」。值得注意的是，二者可能也是音近的關係。「流」，來母幽部；「歸」，見紐微部。聲母是複聲母關係密切，韻部幽微音近可通，近來多有學者論及，參李家浩:〈楚簡所記楚人祖先「娹（鬻）熊」與「穴熊」為一人說－兼說上古音幽部與微、文二部音轉〉、史傑鵬:〈由郭店《老子》的幾條簡文談幽、物相通現象暨相關問題〉、拙文:〈《清華大學藏戰國竹簡（貳）·繫年》考釋四則〉。則「歸」、「流」可能是組同源詞。

（二）敢（彘）

整理者：敢，即「徹」字，與「彘」字同在月部，聲母相近通假。（頁137，注11）

子居：彘，原字作敢，此從整理者讀。彘地在今山西霍縣東北。《國語·周語上》:「三年，乃流王於彘。」韋昭注:「彘，晉地，漢為縣，屬河東，今曰永安。」《漢書·地理志》:「彘，霍大山在東，冀州山，周厲王所奔。」鑒於這個地點幾乎是西周在臨汾地區的最北端了，故流厲王於彘地一事恐頗有內容。據《史記·秦本紀》:「周厲王無道，諸侯或叛之，西戎反王室，滅大駱犬丘之族。」可見反叛的主力是西戎，而此時正在申伯與大駱的「申駱重婚，西戎皆服」之後，大駱既滅，則有非子之孫秦仲這支登場，可見西戎之叛，似不能排除與秦仲的關係。《古本紀年》:「厲王無道，戎狄寇掠，乃入犬丘，殺秦仲之族。王命伐戎，不克。」所指「秦仲之族」，自然即大駱後裔。而秦仲伐戎不克，恐也並非無由。由此再來回顧「流王於彘」，其

地正在造父受封的趙城以北，且厲王若欲回宗周，也必經趙城，那麼此事恐難說不是秦仲之意而把厲王交付造父後人拘押，雖然貌似整個事件中，出面的都是「國人」，于清華簡《系年》中，則記為「卿士、諸正、萬民弗忍於厥心」。（〈1～4章解析〉）

華東讀書小組：「乃歸厲王于彘」，「彘」，簡文原作整理者讀為「徹」，於古可與「彘」以音近通假（第一三七頁）。（〈書後（一）〉）

建洲按：王先謙《漢書補注》：「（彘）周厲王陵，在霍邑縣東北二十五里。」即今山西省霍州市。周宣王時代的𤔲盨（《集成》4469）：「卑復虐逐氒（厥）君氒（厥）師」，尹盛平先生認為「指的正是國人暴動將厲王及其大臣驅逐到彘這件事。」（尹盛平：《周原文化與西周文明》，頁 337-338）

⑩ 龍（共）白（伯）和立十又四年

（一）龍（共）白（伯）和立

整理者：《史記・周本紀》索隱引《紀年》：「共伯和干王位。」有關記載詳見方詩銘，王修齡《古本竹書紀年輯證》（修訂本）第五八至五九頁（上海古籍出版社，2005 年）。「龍」，與「共」通假，下作「龔」，通用字。（頁137，注12）

華東讀書小組：「共」，國名；伯，爵也；和，名也。（1）「共伯和」為一人名者，見《莊子・讓王》、《呂氏春秋・開春紀》、《史記・周本紀》正義引《魯連子》、《路史・國名紀四》、《漢書・古今人表》、《竹書紀年》等傳世古籍。（2）不同於西漢・司馬遷《史記・周本紀》、《十二諸侯年表》以「共和」為周公、召公行政之號。《太平寰宇記》作「恭和」，《唐書・地理志》有「衛州共城縣」，武德元年置共州，即今衛輝府輝縣（明・顧炎武《日知錄》有考）。（3）另外，《史記・衛世家》以「共伯和」為「衛武公」之名（《史記會注考證》，總第二三〇五頁），在幽王時，有功於王室，和《竹

書紀年》與本篇簡文列「共伯和」於厲王之時，說法不同。（〈書後（一）〉）

牛鵬濤：「共和行政」問題因古書的兩類不同記載系統而久有紛爭。「共和」所指的物件，文獻中記載最多的是「共伯和」，如《左傳‧昭公二十六年》：「王子朝使告于諸侯曰：『昔武王克殷，成王靖四方，康王息民，並建母弟，以蕃屏周……至於厲王，王心戾虐，萬民弗忍，居王于彘，諸侯釋位，以間王政。宣王有志，而後效官。』」該段內容與清華簡《繫年》「厲王大虐于周，卿士、諸正、萬民弗忍於厥心，乃歸厲王於彘，共伯和立……宣王即位，共伯和歸於宗」的記載十分吻合，反映出《左傳》內容的可信性。《呂氏春秋‧開春》亦云：「共伯和修其行，好賢仁，而海內皆以來為稽矣。」《史記索引》引《竹書紀年》云：「共伯和干王位。」干、間為通假字，所記與《左傳》「以間王政」同。《經典釋文》引《莊子》司馬彪注：「共伯名和，修其行，好賢人，諸侯皆以為賢……即干王位……共伯複歸於宗，逍遙得意共山之首。」關於這段注文，李學勤先生推其應即出自《竹書紀年》。《漢書‧古今人表》採錄了「共伯和」一條，顏師古於其下注曰：「遷史以為周、召二公行政，號曰共和，無所據也。」《史記正義》引《魯連子》云：「衛州共城縣，本周共伯之國也。共伯名和，好行仁義，諸侯賢之。周厲王無道，國人作難，王奔于彘，諸侯奉和以行天子事，號曰共和元年。十四年厲王死於彘……而共伯複歸國于衛也。」值得注意的是《史記‧十二諸侯年表》載：「……是為宣王。王少，大臣共和行政。」這條記載頗有歧義，「大臣共和」可理解為共伯和，亦可為周召共政。司馬遷採用的顯然是第二種理解，《史記‧周本紀》云：「召公、周公二相行政，號曰共和。」此即「周召二公說」的來源。清華簡《繫年》明確印證了《竹書紀年》和《左傳》等文獻的相關記載，使「共和行政」問題有了更為明確的結論。」（〈清華簡《繫年》與銅器銘文互證二則〉，《深圳大學學報》2012 年 02 期，頁 47-48）

建洲按：先說標點問題。整理者釋文作「萬民弗刃于厥心，【二】乃歸

厲王于彘，共伯和立。十又四年，厲王生宣王，宣王即位，共伯和歸于宋。」我們改為「萬民弗刃于厥心，【二】乃歸厲王于彘。**共伯和立十又四年**，厲王生宣王，宣王即位，共伯和歸于宋。」《繫年》提到君王「立」與「數字+年」都是接在一起沒有斷開，如第四章「周惠王立十【一八】又七年」、第六章「立六年，秦公率師與【三四】惠公戰于韓」、第七章簡41「晉文公立四年」、第八章簡45「晉文公立七年」、第十章簡55「靈公高立六年」、第十一章簡56「楚穆王立八年」等等，所以本簡也不應該斷開。此外第十九章簡106「昭王即世，獻惠王立十又一年」，第一句相當於「乃歸厲王于彘」；第二句相當於「**共伯和立十又四年**」，亦可以證明本句不用斷開。至於「厲王生宣王」的問題，詳下。根據簡文，可以知道《竹書紀年》、《呂氏春秋・開春》、《莊子》司馬彪注、《漢書・古今人表》「共伯和」條下顏師古注、《史記正義》引《魯連子》等認為共伯和是一人的說法是對的。《史記・十二諸侯年表》：「……是為宣王。王少，大臣共和行政」的「大臣共和」是共伯和了。至於楊寬先生說：「共伯和是諸侯，不可能是一人。」（《西周史》，頁808）。呂思勉先生則贊同司馬遷的意見，並批評說：「然古代君出而大臣持國者甚多，如衛獻公、魯昭公皆是。喪君有君，轉為敵國挾以為質時之變局。君暫出而位未替，而必求一人以尸之，則初未聞其事也。造《紀年》、《魯連子》等書者，不悟《左氏》之諸侯釋位，即指周、召等言之，而別求一共伯和以充其選，適見其論古之無識耳。」（《先秦史》，頁138）。現在看來是不正確的。

　　《集成》4311師獸簋的「白（伯）龢父」，宋《博古圖》以為是共伯和（衛武公）。元年師兌簋（4274、4275）、三年師兌簋（4318、4319）、師嫠簋（4324、4325）稱為「師龢父」。郭沫若《大系》頁114、陳夢家〈西周年代考〉、劉昭瑞《宋代著錄商周青銅器銘文箋證》頁192都贊同「白（伯）龢父」、「師龢父」就是共伯和。王占奎先生舉出四點理由贊同此說：第一，人名相合；第二，排行相合；第三，地位相合－不是王，但是能使用只有

周王發布命令才可使用的「若曰」，受命人稱他為「皇君」；第四，時代也相合，根據器物風格判斷，師𧦝簋的年代也落在西周晚期。(〈再談共和紀年問題－附論僖侯對與司徒的關係〉，頁 284)。按：師𧦝簋銘文云：「惟王元年正月初吉丁亥，**伯和父若曰**」，相同文例可以比對《集成》60-61 逆鐘：「隹（唯）**王**元年三月既生霸庚申，弔（叔）氏才（在）大廟，弔（叔）氏令史䨿召逆，**弔（叔）氏若曰**：逆，乃且（祖）考許政于公室……」，「叔氏」與「王」肯定不會是一人，自然「隹（唯）**王**元年」也不會是「叔氏」元年。劉昭瑞認為師𧦝簋銘文「惟王元年正月初吉丁亥」就是共和元年器，比對逆鐘的文例，可知這說法仍有爭議。王輝先生《商周金文》將史頌鼎列為共和時期，並說：「一說共和不存在紀年，其紀年應在宣王或厲王紀年之內。」(頁 237，注 1) 既然共伯和沒有即位為王（詳下），自然沒有紀年。二〇〇三年陝西眉縣楊家村出土的逑盤是周宣王時器，銘文曰「粵朕皇恭叔，穆穆翼翼，龢訇于政，明陸於德，亯辟**剌（厲）王**。逑肈纘朕皇祖考服，虔夙夕，敬朕死事，肆**天子**多易逑休……」文中「天子」是指周宣王，之前只記載「厲王」，可以證明「共和」的確沒有單獨紀年。馮時先生認為「共和」仍從厲王的紀年，同時贊同「白（伯）龢父」指共伯和，並認為師𧦝簋銘文「惟王元年正月初吉丁亥，伯和父若曰」是指宣王元年。(〈西周金文月相與宣王紀年〉，頁 390)。同時元年師兌簋：「隹（唯）元年五月初吉甲寅，王才（在）周，各康廟，即立（位），……王乎（呼）內史尹冊令（命）師兌：**疋（胥）師龢父**司左右走馬」、三年師兌簋：「隹（唯）三年二月初吉丁亥，王才（在）周，各大廟，即立（位），……王乎（呼）內史尹冊令（命）師兌：余既令女（汝）**疋（胥）師龢父**司左右走馬」，馮時先生也指出兩銘文中的「師龢父」就是師𧦝簋中的「伯和父」，「王」是指宣王元年與三年。(同上文，頁 390)。師嫠簋器銘曰：「師龢父𣪘（殂），嫠叔（素）市（紱）恐告于王，隹（唯）十又一年九月初吉丁亥，王才（在）周……」(釋讀依〈西周金文月相與宣王紀年〉，頁 391)。馮時〈晉侯穌鐘

與西周曆法〉頁 376-377 亦將上述銅器歸在宣王之下。可見「師龢父」從宣王元年直到宣王十一年都在王朝活動。但是根據文獻及《繫年》的記載，共伯和十四年，宣王即位，他就「歸于宗」了，二者顯有矛盾。一種可能是上述銅器的「白（伯）龢父」、「師龢父」與「共和伯」無關。或是說共伯和口頭說要回老家養老，實際上徹頭徹尾都留在宣王身邊輔佐幫忙。或是說共伯確實曾短暫「歸于宗」，旋即又回朝輔佐宣王。《史記・魯周公世家》：「成王長，能聽政。於是周公乃還政於成王，成王臨朝。周公之代成王治，南面倍依以朝諸侯。及七年后，還政成王，北面就臣位，踢踢如畏然。……及成王用事，人或譖周公，周公奔楚。……周公歸，恐成王壯，治有所淫佚，乃作多士，作毋逸。」也是周公致政於成王之後，仍為成王之臣。實情究竟如何，待考。

前面引文屢屢說到「共伯和干王位」，《史記・周本紀》索隱謂「干，篡也。言共伯和攝王政，故云『干王政』也。」既云「篡」，又言「攝王政」，猶疑於兩端。《莊子・讓王》司馬彪注：「周厲王之難，天子曠絕，諸侯皆請以為天子，共伯不聽，即干王位。」可見「干王位」不會指篡位。楊守敬《水經注疏》曰：「是《史記》以周、召相與和而脩政為共和，《紀年》以共伯和為共和，然其後皆奉位於宣王，**無篡位之事**。」其他引文也多認為共伯和是攝行天子事。值得注意的是，簡文云「共伯和**立**」，文中「立」字依照《繫年》的體例，似乎是說共伯和即天子之位，請比對簡 74「楚莊王**立**」、簡 104「楚靈王共伯**立**」。不過，還有一個很大的不同是新王即位的前提是上一任君王「即世」或「卒」。但是「宣王即位」之時，共伯和卻是「歸于宗」，並非即世，可見共伯和確實只是攝政。周公攝政的情形可供比對，如：《禮記・明堂位》：「武王崩，成王幼弱，周公**踐天子之位**以治天下。……七年，**致政於成王**。」所謂「**踐天子之位**」大概相當於本簡的「立」。此外，《逸周書・作雒解》：「周公**立**，相天子」，孔晁注：「立，謂為宰攝政也。」這種解釋也可用來本簡的「立」。《史記索隱》云「干，篡也」實不可信。

王占奎先生認為「干」有「管事」的意思，或是解釋為金文常見「干王位」的「干」讀為「捍」，理解為「行天子之政而捍衛王室亦未嘗不可。」（〈再談共和紀年問題－附論僖侯對與司徒的關係〉，《晉侯墓地出土青銅器國際學術研討會論文集》，頁282-283），其說可參。

（二）十又四年

整理者：共和十四年，厲王死於彘，宣王即位，與《周本紀》合。（頁137，注13）

子居：共和之事，整理者言：「共和十四年，厲王死于彘，宣王即位，與《周本紀》合。」筆者在《清華簡〈楚居〉解析》一文的注中也提到：「今以《楚居》內容論，若以周厲王在位三十七年而後奔彘論，則其在位時間內要安排四代楚君的更迭，已經是很緊張的事情了；若以厲王僅在位十幾年即奔彘的話，則前面需扣除熊渠的幾年，後面還需扣除熊勇的六年，那麼其年數，基本上就可以認為完全沒有可能容納楚君四代人的更迭了。也就是說，若以《楚世家》和《楚居》所記楚君的年數論，周厲王必須是在位三十七年而後奔彘，共和也須是獨立紀年，才與楚君年數相合。」現在清華簡《繫年》篇的內容再次證明的這一情況。（〈1～4章解析〉）

建洲按：《楚世家》：「熊延生熊勇。**熊勇六年**，而周人作亂，攻厲王，**厲王出奔彘**。熊勇十年卒，弟熊嚴為後。熊嚴十年，卒。……（熊嚴）有子四人，長子伯霜，中子仲雪，次子叔堪，少子季徇。熊嚴卒，長子伯霜代立，是為熊霜。**熊霜元年，周宣王初立**。」熊勇六年，厲王出奔彘；熊霜元年，周宣王初立，這中間隔了「熊勇十年卒」（即厲王奔彘四年後卒）以及「熊嚴十年」，正是十四年，這十四年是共和伯「攝政」的時間，而非獨立紀年。朱謀㙔《水經注箋》：「《莊子》云，共伯得乎共首。司馬彪《注》，厲王之難、共伯即干王位，**十四年**，大旱屋焚。召公卜之曰，**厲王為祟**，

乃立宣王，共伯復歸于宗，逍遙得意共山之首。」簡文也云「十又四年……
宣王即位」厲王「既為祟」於共和十四年，自然此年也是他卒於彘之時。
此後才立宣王，可證宣王元年與共和元年並無關係。「夏商周斷代工程」認
為共和計十四年，現在看來也是可信的。（《夏商周斷代工程 1996-2000 年階
段成果報告（簡本）》，頁 88）。而王占奎先生不相信《周本紀》所說「共和
十四年」，並將宣王紀年自共和元年起算，（〈周宣王紀年與晉獻侯墓考辨〉
《中國文物報》1996 年 7 月 7 日、〈再談共和紀年問題——附論僖侯對與司
徒的關係〉，頁 283-284），是有問題的。

⑪ 柬（厲）王生洹=王=（宣王，宣王）即立（位）

整理者： 此指宣王為厲王之子，不是此時始生。（頁 137，注 14）

子居： 清華簡《繫年》記述厲王生宣王在「共伯和立十又四年」句之
後，整理者指出「此指宣王為厲王之子，不是此時始生。」所言甚是。這
一敘述方式說明，《繫年》篇敘事並非是嚴格遵循時間先後順序的，《繫年》
下文諸章，也多有此種情況。（〈1～4 章解析〉）

建洲按： 對於「厲王生宣王」一句，子居先生認為《繫年》篇敘事並
非是嚴格遵循時間先後順序的，這是一種可能。我們懷疑此處是為了強調
宣王是厲王的嫡子，血統純正。蓋厲王被放逐後，由大臣共伯和攝政，對
重視宗族制度的周朝來說自然希望由厲王嫡子的宣王重新執政。所以十四
年後厲王即世，共伯和順勢退休，讓位給厲王所生的宣王自然是當時社會
的共識。

⑫ 龏（共）白（伯）和歸于宋（宗）

整理者： 共地在衛，共伯和不能是宋人，《周本紀》正義引《魯連子》
也說他「歸國於衛」。《經典釋文》引《莊子・讓王》司馬彪注云，共伯和

干王位，「十四年，大旱屋焚，卜于太陽，兆曰厲王為祟，召公乃立宣王，共伯復歸於宗，逍遙得意共山之首」。《讓王》成玄英疏作「共伯退歸，還食本邑」。據此，簡文「宋」係「宗」字之誤，「宗」指其宗國，即衛。（頁137，注15）

侯乃峰（網名：小狐）：宋，心母冬部；宗，精母冬部；二字古音極近，故它們之間更有可能當屬通假關係。（〈讀《繫年》臆札〉，復旦網，2012年1月3日）

⑬ 王是訋（始）弃（棄）帝牧（籍）弗畋（田）

整理者：《周語上》：「宣王即位，不籍千畝。」注：「自厲王之流，籍田禮廢，宣王即位，不復遵古也。」虢文公諫，王不聽。（頁137，注16）

建洲按：整理者釋文作「宣王即位，共伯和歸于宋〈宗〉。宣王是始棄帝籍田，立卅又九年」本文更改標點為「宣王即位，共伯和歸于宗，宣王是始棄帝籍弗田。立卅又九年」。「宣王是始棄帝籍弗田」應該是緊跟者「宣王即位，共伯和歸于宗」而言的，所以將標點改為逗號，這也符合《周語上》：「宣王**即位，不籍千畝**。」簡文的「是」用於動詞謂語前作語中助詞，有加強語氣、強調的作用。「始」則用於後一語段，表示前提與結果的關係，可翻譯為「就」。（參中國社會科學院語言研究所古代漢語研究室編《虛詞詞典》，頁511）。

⑭ 立卅=（三十）又九年，戎乃大敗周𠂤（師）于千𤔲（畝）▨

整理者：《周語上》：「三十九年，戰于千畝，王師敗績于姜氏之戎。」注：「姜氏之戎，西戎之別種，四岳之後也。」千畝之所在，當依徐元誥《國語集解》引汪遠孫說，據《詩・祈父》疏引孔晁云：「宣王不耕籍田，神怒

民困，為戎所伐，戰於近郊」，在周都附近，與《左傳》桓公二年所述晉穆侯千畝之戰的千畝在今山西並非一地，參看楊伯峻《春秋左傳注》第九二頁（中華書局，1990年）。（頁137，注17）

子居：整理者引《國語・周語上》：「三十九年，戰于千畝，王師敗績于姜氏之戎。」對應「立卅又九年，戎乃大敗周師于千畝」，字是無異說。但整理者于此後言「據《詩・祈父》疏引孔晁云『宣王不耕籍田，天怒民困，為戎所伐，戰於近郊』，在周都附近，與《左傳》桓公二年所述晉穆侯千畝之戰的千畝在今山西並非一地，參看楊伯峻《春秋左傳注》第九二頁（中華書局，1990年）。」此說恐有待商榷，所謂「戰於近郊」，乃是指戰於「郊地」，是指郊祀之地，將其理解為周都附近並不正確。《後漢書・西羌傳》：「晉人敗北戎於汾隰，戎人滅姜侯之邑。」注言見《竹書紀年》，可見此戎是據有姜侯之地，所以才名為姜氏之戎。又由晉人敗於汾隰，可知姜侯之邑鄰於汾隰。……前文已言千畝即新田，因此千畝之戰，就是王師于新田攻姜氏之戎的戰役。這也就意味著，周宣王的不籍千畝，蓋是戎禍之故。周宣王初年，厲王之亂方歇，晉西南各地多有諸戎散居，周宣王若欲籍千畝，則必須有相當的兵力先平定各地才有可能，而關於這一點，《國語》所載虢文公的諫語中可以說並沒有給予真實反映。聯繫到驪山之亂中，虢是站在幽王及其弟余臣一方，晉、申則是站在平王一方，則回顧虢文公對周宣王的諫語，與其說是其對舊禮制的維護，毋寧認為其背後是虢與晉、申之間的利益衝突使然。其所反映的事件本質，即是西周末年統治方式與社會發展嚴重脫節後，王臣的奢靡專利、橫徵暴斂，與地方諸侯的反抗及勢力擴張，此二者間的衝突。（〈1～4章解析〉）

建洲按：首先，簡文云「宣王三十九」年發生千畝之戰，可以證明《周本紀》、《國語》、今本《竹書紀年》的記載是可信的。不過，《史記・晉世家》：「穆侯四年取齊女姜氏為夫人。七年伐條，生太子仇。**十年伐千畝，有功**。生少子，名曰成師。」《史記・十二諸侯年表》將上述晉穆侯「伐條」

之事繫在周宣王二十三年，將晉穆侯「伐千畝」繫在周宣王二十六年（525頁）。倪德衛、夏含夷先生說：「根據《史記》的紀年，這意味著伐條之役在宣王二十三年，千畝之戰在宣王二十六年。然而⋯⋯《國語・周語》記載千畝之戰在宣王三十九年。」（〈晉侯的世系及其對中國古代紀年的意義〉，《古史異觀》，頁253），已指出其中不合理之處。楊伯峻先生認為宣王二十六年與三十九年兩場戰役的時間、地點、人物、結局都不同，實為兩場戰役。（《春秋左傳注》，頁92）。楊寬先生也說：「另一次千畝之戰，宣王未參與，由晉穆侯主戰，而且『有功』，不同於宣王戰敗。」（《西周史》，頁542-543）。這個看法現在看來是不可信的，特別是楊伯峻既認為宣王與晉穆侯伐千畝是不同的戰役，但又認為穆侯伐條與《竹書紀年》記宣王伐條戎、奔戎是一回事，（《春秋左傳注》，頁92），這顯然自相矛盾。《後漢書・西羌傳》：「及宣王立四年，使秦仲伐戎，⋯⋯後二十七年，王遣兵伐太原戎，不克。後五年，王伐條戎、奔戎，王師敗績。後二年，晉人敗北戎于汾隰，戎人滅姜侯之邑。明年，王征申戎，破之。」根據這段文字，可知宣王三十一年伐太原戎；三十六年伐條戎、奔戎；三十八年敗北戎；三十九年征申戎。其中「申戎」，裘錫圭先生認為「申為姜姓，申戎與姜氏之戎必有關，也許二者竟是同一戎族的異稱」。（〈關於晉侯銅器的幾個問題〉，《傳統文化與現代化》1994年2期，頁37）。則「征申戎」可與「千畝之役」並觀。裘錫圭先生又說：

> 晉穆侯伐條戎與伐千畝二役，中間相隔兩年。周宣王伐條戎、奔戎與千畝之戰也相隔兩年。彼此顯然是一回事，今本《竹書紀年》于宣王三十八年記「王師及晉穆侯伐條戎、奔戎，王師敗逋」。所繫之年雖非，認為周、晉在此役中聯合伐戎，則是正確的。千畝之戰中，周、晉也應是聯合作戰的。《史記》把穆侯伐條、伐千畝定在宣王二十三年、二十六年，是不對的。或以為穆侯伐千畝有功，故將是年

所生之子名為「成師」，宣王千畝之戰則王師敗績，因此二者不可能是同一次戰役（參看楊伯峻《春秋左傳注》，修訂本第一冊，頁 92）。此說似不足信。錢穆《西周戎禍考．下》認為「千畝之役王師失利而晉軍則有功」（《禹貢》2 卷 12 期），不失為一種合理的解釋。（〈關於晉侯銅器的幾個問題〉，頁 37）。

其說可從。上述王占奎先生雖然也認為兩場千畝戰役實為一場，但他將宣王紀年自共和元年起算，認為《年表》所記的宣王二十六年，實際上應該包含共和的十四年。這樣與《國語》所說的三十九年只差一年，以為是忽略晉曆建寅與魯曆建子時間差的結果。按：宣王紀年自共和元年起算有誤已如前述，所以他的相關推測自然也不可從了。同時，我們也可以得知原來晉穆侯十年為宣王三十九年，穆侯元年為宣王三十年，其父親晉獻侯卒於宣王二十九年。《晉世家》說晉獻侯在位始於宣王六年（前 822 年），終於宣王十六年（前 812 年），現在看來是有問題的。北京大學考古系、山西省考古研究所《天馬一曲村遺址北趙晉侯墓地第二次發掘》一文（《文物》1994 年 1 期，頁 4-28）指出 M8 出土的「晉侯穌鼎」器主人就是《世本》的「晉獻侯穌」、《晉世家》的「晉獻侯籍」。馮時先生也指出「籍」本當作「藉」，穌、藉一名一字。（〈略論晉侯邦父及其名、字問題〉，頁 330）。關於「晉侯穌」名字的相關意見，可以參見何景成〈釋「花東」卜辭的「所」〉頁 124-125。看來，從以上的角度來看晉侯穌鐘「惟王三十又三年」則應如李學勤先生所說是指厲王三十三年。（〈晉侯穌編鐘的時、地、人〉）。李先生後來發表的文章似仍持此意見，他說：宣王四十二年的逑鼎銘文，此時已經是晉穆侯二十六年，下一年穆侯便死了。（〈續說晉侯邦父與楊姞〉，《寶雞文理學院學報》2005 年 6 期，頁 52）。依李學勤之說，則宣王三十三年時，是晉穆侯十七年（若依照我們上述的推斷，則宣王三十三年是晉穆侯四年），自然晉侯穌鐘（晉獻侯）的「惟王三十又三年」只能是厲王了。此

外，筆者於二〇一二年十月二十五日參加上海復旦大學出土文獻與古文字研究中心所舉辦的第十九屆古文字年會時，會中董珊先生在針對西周楚季鐘發言時，曾言及「晉侯穌鐘是厲王時期」。當然也有不少學者贊同宣王之說。諸家說法請見李曉峰《天馬一曲村晉侯墓地出土青銅器銘文集釋》頁77-84。不過李曉峰文中漏掉倪德衛、夏含夷〈晉侯的世系及其對中國古代紀年的意義〉也贊同宣王說的。

附帶一提，《詩・小雅・采芑》：「蠢爾蠻荊、大邦為讎。方叔元老、克壯其猶。方叔率止、執訊獲醜。……顯允方叔、征伐玁狁、蠻荊來威。」段渝認為方叔伐楚，據文獻分析，正是在宣王三十九年（前789年）。這也是宣王伐戎屢敗後，傾其兵力志在必得所出之師。正因宣王破申，方叔伐楚，大勝而歸，周宣王才能夠重建南國防線，才得以分封申伯于南陽，形成對楚的控扼之勢。可見，宣王破申與伐楚，是一氣呵成的，乃同年所為。方叔伐楚時，楚熊咢（前799-791年）已卒，其時楚君為熊咢子熊儀若敖。方叔伐楚，毀其宗廟，遷其重器，所俘獲而去的正是熊咢宗廟之器，其中就有熊咢所作之「楚公逆編鐘」，由方叔獻于王廷。而晉穆侯所藏之楚公逆編鐘，則是由周宣王以其伐戎有功而賜予的。（〈楚王逆編鐘與周宣王伐楚〉，《社會科學研究》，2004年第2期）這個意見得到鄒芙都《楚系銘文綜合研究》（巴蜀書社，2007年）頁36、李天虹《楚國銅器與竹簡文字研究》（湖北教育，2012年）頁11的贊同。

其次，簡文「戎乃大敗周師于千畝」的「戎」由文獻記載來看是指「姜戎」、「申戎」，也就是第二章簡5「周幽王取妻于西申，生平王」、簡6「平王走西申。幽王起師，圍平王于西申，申人弗畀」的「西申」。裘錫圭先生說：

> 據上引《西羌傳》，古本《竹書紀年》于宣王三十九年未記戰于千畝王師敗績于姜氏之戎之事，而言「王征申戎破之」。申為姜姓，申戎

> 與姜氏之戎必有關，也許二者竟是同一戎族的異稱。疑宣王千畝之
> 戰本有勝有敗，《周語》為表明宣王不籍千畝之非，故強調其失敗一
> 面；或者竟是硬將勝利說為失敗，猶如今本《竹書紀年》宣王四十
> 一年條，硬將古本所記「王征申戎破之」改為「王師敗於申」。（〈晉
> 侯〉，頁 37）

現在由簡文記載的戰爭結果來看，《周語》、今本《竹書紀年》的說法是有
根據的。相關問題亦可參見拙文：〈《清華二‧繫年》中的「申」及相關問
題討論〉，將宣讀於《第四屆古文字與古代史研討會——紀念董作賓逝世五
十周年》。至於姜戎的來源，可參《左傳‧襄公十四年》：

> 將執戎子駒支，范宣子親數諸朝，曰：「來，**姜戎氏**，昔秦人迫逐乃
> 祖吾離于**瓜州**，乃祖吾離被苫蓋、蒙荊棘以來歸我先君，我先君惠
> 公有不腆之田，與女剖分而食之。……」對曰：「昔秦人負恃其眾，
> 貪于土地，逐我諸戎，惠公蠲其大德，謂我諸戎，是**四嶽之裔冑也**，
> **毋是翦棄。賜我南鄙之田**

可見姜氏之戎原先居住在「瓜州」，且是「四嶽之裔冑」，杜預注曰：「四嶽
之後皆姜姓」。晉惠公時才遷徙姜氏之戎到晉地南鄙。所以《春秋》經傳僖
公三十三年謂晉國敗秦國時，便聯合了姜戎的力量。「瓜州」，《左傳》昭公
九年杜預注曰「今敦煌」。《水經注》卷四十引杜林曰：「敦煌，古瓜州也。
州之貢物，地出好瓜，民因氏之。瓜州之戎，并于月氏者也。」余太山先
生則以為「瓜州究竟在何處，我認為很可能在涇水上辦，今（甘肅）平涼
至固原一帶。」（《古族新考》，頁 58-60）。顧頡剛先生則以為《襄十四年傳》
既謂姜戎是四嶽之裔冑而居於瓜州，則四嶽所在即瓜州所在，「四嶽」在今
陝西隴縣。部落容有遷徙，要之必仍在**關中、秦嶺**一帶。（《史林雜識‧瓜
州》，頁 50-51）。西周宣王時的姜氏之戎還在瓜州，依顧頡剛先生所說在陝

西隴縣，則與前面所說「千畝」在周王城近郊相去不遠，則「戎乃大敗周自（師）于千醫（畝）」便可以有合理的解釋。《詩・祈父》疏引孔晁曰：「宣王不耕籍田，神怒民困，為戎所伐，**戰於近郊**。」說甚是。《國語・周語上》記載宣王千畝之戰失敗後，「乃料民於大原。」今本《竹書紀年》作「四十年，料民於大原。」「大原」又見於《詩・六月》：「薄伐獫狁，至於大原」，戴震《毛鄭詩考正》曰：「大原，漢安定郡高平，今平涼府固原州。」汪遠孫亦云：「宣王料民，亦以其地近邊而為之備，此與《詩》之『大原』自是一處。」徐元誥按曰：「大原，與山西之大原無涉，在今甘肅固原縣。」（《國語集解》，頁24）。所謂「料民」者，除了人口普查，以便「擴大徵兵」外（參杜正勝：《編戶齊民》，頁50-61），《清華一・尹至》簡5：「夏料民，入于水，曰戰。」鄔可晶先生提到「所謂『料民』或『料人』，大概包括『安集吏民』、『順俗而教』等工作，最核心的就是『簡篡（選）良材』，考察民眾的不同才幹，分別徵調、聚集起來，以應敵作戰。……如果全面地看，『料民』應該包括考察、簡擇、聚集、計數等事而言。」（劉雲：〈清華簡《尹至》中讀為「播」的字〉下的跟帖，2011年5月11日）。「千畝」在京畿鎬京近郊，「大原」位置與其相近，如此方能馬上進行縝密的「料民」工作，這也說明「千畝」不能遠在晉邑。

簡文最末有勾識號作「■」，表示一章的結束。《繫年》中第十三章因簡文殘闕，不得而知是否有篇末號。第十五章漏標篇末號，第二十二章簡末的章末結束號不是很清晰，但仍有痕跡作■，與第十五章漏標符號完全沒有痕跡不同。第十六章篇末號作■，與其他章作■稍有不同；第十九章結束號則作■，與二十一章作■相同，都是黑粗橫杠。除以上幾章比較特殊外，其餘各章最末都有勾識號，請見各章釋文，所以《繫年》全文共有二十三章。

《繫年》第二章集解

【題解】

本章以兩周之際為背景，全文可分為三部份：第一，由周幽王取申侯之女與褒姒開始敘寫，因幽王嬖愛褒姒，親近伯盤，乃至驅逐太子宜臼，最後引發西申、繒、西戎滅亡西周之禍；第二，周幽王死後，出現兩位周王，一是立於虢國的攜惠王，二是由晉文侯所擁立的周平王，最後由晉文侯殺死攜惠王來平定二王並立的對峙局面。晉文侯立平王於晉都鄂，並開始兼併周圍的小國，拓展晉都鄂附近的疆土，同樣輔佐有功的鄭武公也征伐東方的諸侯國。第三，記述鄭國因王位之爭而導致的內部傾軋，齊襄公會盟首止，立厲公後才平息紛爭，這也側面反映出鄭國「小霸」之衰。最後提到楚文王開拓漢陽的疆土。本章以周王室之衰為起點，探究東遷後晉、鄭等國的興起之故。

【釋文】

周幽王取妻于西繻（申），生坪（平）王=（王。①王）或叔（取）孚（褒）人之女②，是孚（褒）台（姒），生白（伯）盤③。孚（褒）台（姒）辟（嬖）于王=（王。王）【五】與白（伯）盤述（逐）坪=王=（平王。平王）走西繻（申）④。幽王起㠯（師），回（圍）坪（平）王于西繻=（申，申）人弗敝（畀）⑤，曾（繒）人乃降（共）西戎，以【六】攻幽=王=（幽王⑥，幽王）及白（伯）盤乃滅，周乃亡。⑦邦君者（諸）正乃立幽王之弟舍（余）臣于郳（虢），是䁇（攜）惠王⑧。【七】立廿=（二十）又一年，晉文侯載（仇）乃殺惠王于郳（虢）⑨。周亡王九年⑩，邦君者（諸）侯㞢（焉）旬（始）

不朝于周⑪，【八】晉文侯乃逆坪（平）王于少鄂⑫，立之于京𠂤（師）⑬。三年，乃東遷（徙），止于成周⑭，晉人厽（焉）𤔔（始）始啓【九】于京𠂤（師）⑮，奠（鄭）武公亦政（征）東方之者（諸）侯⑯。武公即殜（世），臧（莊）公即立（位）；臧（莊）公即殜（世），卲（昭）公即立（位）⑰。【一〇】亓（其）夫＝（大夫）高之巨（渠）爾（彌）殺卲（昭）公而立亓（其）弟子𥄂（眉）壽⑱。齊襄公會者（諸）侯于首𧾷（止），殺子【一一】𥄂（眉）壽，車𣪏（轘）高之巨（渠）爾（彌）。改立厤（厲）公⑲，奠（鄭）以𤔔（始）政（正）⑳。楚文王以啓于灘（漢）𨹆（陽）▉。㉑【一二】

【語譯】

　　周幽王取西申申侯之女為妻，生下平王。幽王又取褒人之女褒姒，生下伯盤。褒姒受到幽王的寵愛，因此幽王親近褒姒之子伯盤，而驅逐平王，平王出走西申。幽王起師，圍平王於西申，（要求西申交出太子宜臼），申人不給，繒人則與西戎共同攻打幽王。幽王與伯盤一起死於戰亂，周朝因而滅亡。故宗周之邦君大臣乃立幽王之弟余臣於虢國，是為攜惠王。攜惠王在位二十一年時，在虢國被晉文侯仇殺死。自幽王死後九年，邦君諸侯開始不朝見攜惠王。晉文侯則從少鄂迎立平王，於京師（晉都鄂）即位，三年後乃東遷成周。晉國開始在晉都鄂附近拓展疆土，鄭武公也征伐的東邊的諸侯國。鄭武公薨，鄭莊公即位；鄭莊公薨，鄭昭公即位。大夫高渠彌弒其君昭公，而立昭公弟子亹。齊襄公與諸侯會盟於衛地首止，殺子亹，對高渠彌施以車裂之刑，並改立厲公，鄭國公子爭位之亂於此結束。楚文王此時開拓漢陽一帶的疆土。

【集解】

① 周幽王取（娶）妻于西繻(申)，生坪（平）王=（王。

（一）周幽王

雯雯按：周幽王（782-771B.C 在位），名湦（一說作「涅」、「宮湦」），西周最後一任君王。執政第二年時發生地震，三川（涇、渭、洛）、岐山因而枯竭崩塌，伯陽甫因此預言：「周將亡矣」，認為周朝十年內將滅。第三年時寵愛褒姒，周太史伯陽讀史記曰：「周亡矣。」認為褒姒為龍漦（龍的涎沫）之子，周王既寵愛她，又生子伯服，欲廢申后及太子宜臼，改立褒姒為后、伯服為太子，故曰：「禍成矣，無可奈何！」史載幽王為得褒姒一笑，點燃烽火以戲弄諸侯，而失信諸侯；又以為人佞巧善諛好利的虢石父來執掌政事，導致國人皆怨怒；又廢去申后，趕走太子，導致申侯生怒，約同繒、西夷犬戎一起攻打幽王。幽王舉烽火卻未得諸侯將兵支援，最後犬戎在驪山下將幽王、伯服殺死，並俘虜褒姒，取走周地的財物離去。（詳參〔日〕瀧川龜太郎：《會注考證》，頁 79-80）

（二）取（娶）

雯雯按：「取」可通「娶」，如《詩經・豳風・伐柯》「取妻如何？匪媒不得。」（黃師忠慎：《詩經全注》，頁 309）

（三）西繻（申）

整理者：《史記・周本紀》載周幽王后為「申侯女」。《逸周書・王會》：「西申以鳳鳥」，何秋濤《王會篇校釋》據《山海經・西山經》有申山、上申之山、申首之山等地名，推斷西申在今陝西安塞以北，蒙文通《周秦少

數民族之研究》之說略同，均以西申為戎。《秦本紀》云秦先人大駱以申侯之女為妻，「西戎皆服」，在周孝王時。《後漢書・西羌傳》注引《紀年》云周宣王三十九年，「王征申戎，破之」。「申侯」、「申戎」均有學者以為即指西申。（頁 138-139，注 1）

劉國忠：現在看來，西申應該就是申戎。西周末年，申戎與周人之間時而和平，時而戰爭。西申在戎人中有很大的影響力，並與周、秦之間有著十分密切的往來，西申不僅與秦人通婚，而且多次與周王室聯姻。特別是周平王之妻也是來自於西申，這是過去學者們所不了解的。西周末年，王室實力削弱，而申戎等戎人則不斷壯大，周幽王廢除申后，又廢大子宜臼，進而派兵包圍西申，成為申戎等戎人與周王室之間戰爭的導火線，並最終導致了西周的覆滅。（〈從清華簡《繫年》看周平王東遷的相關史實〉，《簡帛・經典・古史》會議論文集，頁 3。）

董珊：申即西申。據清華簡《繫年》和汲冢《紀年》，這個申不在今河南南陽，而應即《逸周書・王會》之西申，蒙文通先生考訂在陝西北部，劉德岑、顧頡剛等先生考證在關中西部，童書業則認為地近驪山。這個申，是周宣王改封南陽之申（見《詩・大雅・崧高》）之前的本支。南陽的申稱「南申」（見南申伯太宰簠，《集成》04188、04189），在舊地遺留的即《繫年》的「西申」。申、許、呂都是四岳（大岳）之後，是姜姓諸侯，他們是同姓的聯合。蒙文通先生指出，周宣王先封申于南陽，呂、許繼之而封。在封于南陽之前，申與許、呂都應該都位于宗周西部。（〈從出土文獻談曾分為三〉，復旦網，2011 年 12 月 26 日）

華東讀書小組：「周幽王取妻于西申」至「平王走西申」，簡文此段可與《史記・周本紀》的記載對照，其云：「三年，幽王嬖愛褒姒，褒姒生子伯服，幽王欲廢太子。太子母申侯女而為后，後幽王得褒姒，愛之，欲廢申后，并去太子宜臼，以褒姒為后，以伯服為太子。」（《史記會注考證》總第六二頁）（〈書後（一）〉）

子居：西申，在今陝西西安市臨潼區新豐鎮地區。《逸周書·王會》：「西申以鳳鳥。」《後漢書·安帝紀》：「新豐上言鳳皇集西界亭。」注：「今新豐縣西南有鳳皇原，俗傳云即此時鳳皇所集之處也。」元代駱天驤《類編長安志》卷七：「鳳皇原，在臨潼縣東一十五里，後漢延光二年，鳳皇集新豐，即此原也，亦驪山之別麓。」在《山海經·西次四經》中有申山、上申山等山，在渭北洛川北岸，故推測在擁立平王後，與晉、鄭、秦的擴張大致同時，西申也曾沿陝西洛河開疆擴土，北至白於山等地區。（〈1～4章解析〉）

雯雯按：本簡「繻」作![字]，寫法與《天星觀》作![字]相同（參見《楚文字編》頁731）。《左傳》昭公二十六年《正義》引《汲冢書紀年》云：「平王奔西申。」（《左傳》，卷52，頁1697）《史記》云：「太子母申侯女而為后。」（《會注考證》，頁79），此「申」據《繫年》可確指為「西申」。「西申」之名可追溯至成王之時，《逸周書·王會》云：「西申以鳳鳥。」黃懷信所引諸家注「西申」者有三：

1 陳逢衡云：「《後漢·西羌傳》宣王征申戎，疑此即西申也。」

2 何秋濤云：「《西山經》有申山，『區水出焉』，畢尚書注：『疑即陝西安塞縣北蘆關嶺，區水所出也。』又有『上申』之山，畢注：『疑即米脂縣北諸山也。』又有申首之山，『申水出于其上，潛于地下』，畢注曰：『按其道里，當在榆林府北塞外。今有海子山，是歟？』按榆林在北，米脂在東，安塞在西，相距皆在數百里之內，其山皆以申名，惟安塞之申山最在于西，殆即西申也。此山以南既為古區陽國地，則西申國當在山北，為今鄂爾多斯右翼前旗境，即古夏州也。地與岐山相近。周初鳳集岐山，疑亦集于西申，故其國得而獻之。考其地域，亦屬西戎。上文規規，下文氏羌，皆西戎國，比類觀之，可見矣。」

3 陳漢章云:「《史記·秦本紀》云:『申侯之女為大駱妻,申駱重婚,西戎皆服。』大駱為秦非子父,其先世保西垂,在申國之西,故曰西申,猶上文北唐在唐國之北爾。」(《彙校集注》,冊下,卷7,頁858-859)

陳漢章以為西申即所謂秦之先,得名之由在於地近申國。今據《史記》申侯之女為幽王后與《繫年》「取于西申」之語,其言西申乃申國之西顯然不可從。

因此「西申」的地理位置學者集中在「陝西北部」、「地近驪山」、「宗周西部」三處做討論:

1 陝西北部

蒙文通先生取陳逢衡、何秋濤二人之說,於其著作《周秦少數民族》「姜戎南侵」條云:

《周語》:「宣王三十九年,戰於千畝,王師敗績於姜氏之戎」。以《後漢書·西羌傳》計之,正為宣王征申戎之年。此為本之《竹書紀年》。夫姜氏之申戎,正《詩》之申伯,史之申侯也。《左傳·正義》引《竹書紀年》言:「平王奔西申」,此自為平王母家。《西山經》有申山,有上申之山,有申首之山,申水出焉。《地理今釋》云:「申首之山,今甘肅中衛縣南雪山脈,東區直至陝西葭州河岸為申山上申之山之首幹故曰申首也。上申之山,宜是米脂縣北葭州西榆林縣東諸山,蘆關嶺北支至此,故曰上申也」。畢注:申山「即今陝西安塞縣北蘆關嶺」。則安塞米脂以北,西連中衛,為申戎之國,所謂西申也。」

(《周秦少數民族》,頁63)

以為申戎即西戎,其地在陝西安塞、米脂以北。此說學者以為可備一說,如王廣禮、崔慶明先生認為申國起初是在黃河西岸一帶,從「《逸周書·王會解》『西申以鳳鳥,鳳鳥者戴仁抱義挾信』的敘述不難看出,周初不只有

申國，而且申國是何正北方的義渠與羌狄列在一起的。可見當時申國應該在王城的正北方一帶，亦即今陝西中部一帶，具體位置尚難以確指。蒙文通先生以為西申應該在延安、米脂、安塞以北，可備一說。」（〈古申國鎖議〉，頁120）徐少華先生亦認為：「古申國，姜姓，《國語‧周語中》載：『齊、許、申、呂由太姜』，韋昭解：『四國皆姜姓』，即可為證。其族人源於西方戎族較盛的一支，屬於西戎中華化較早的一部分。西周早中期，立國於今陝西北境，稱申侯。」（〈古申國歷史與文化的有關問題〉，頁58-59）劉國忠先生的意見亦近於徐氏之說。其地點可參考下圖：

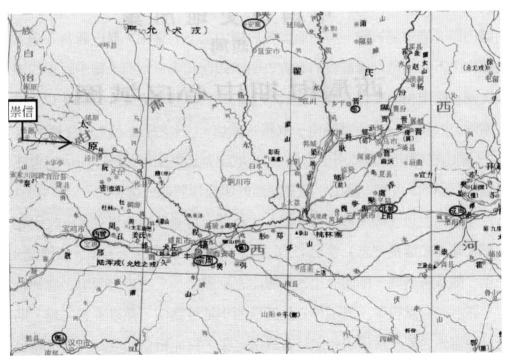

（《歷史地圖集》，「西周時期中心區域圖」，頁17-18）

2 地近驪山

晁福林先生在〈論平王東遷〉一文中認為有「申伯」與「申侯」之國。

申伯之國是伯夷之後，為姜姓國。「其地望是否和《山海經・西山經》的申山、上肢深山、申首之山等地名相關聯，今已難考，但謂之在宗周之西，應是大致不差的。這個『西申』當即古本《紀年》所在宣王討伐的『申戎』。」而此申伯之國，在周宣王時被遷封於「謝」（今河南南陽），其以《詩經・大雅・崧高》「申伯信邁，王餞于郿。」為證，云：「郿地在今陝西眉縣，位於宗周以西。申伯之國當在郿，或郿以西。」此舉可免除申戎在宗周以西的威脅，又可加強周王朝對南方的經營。遷封後的申伯之國即南申，但未遷之前在「郿」，但在「郿」之申國，並非稱「西申」。在申伯南遷前，只以申伯之國與申侯之國作分別，南遷後才以「南申」、「西申」之稱為別。而此「西申」為申侯之國，據申侯向周孝王追溯其歷史之言，其先在驪山，而驪山即《周本紀》幽王與伯服俱死於驪山之下的驪山，晁氏認為「幽王於驪山之下而不是別處被殺的事實表明申即在此處。」而「驪山附近的申侯之國和南申相比其位置偏西，故稱西申。」（《歷史研究》，頁 10-12）據《索隱》云驪山在「新豐縣南，故驪戎國也。」《史記正義》引《括地志》云：「驪山在雍州新豐縣南十六里。《土地記》云驪山即藍田山。」（《會注考證》，頁 65）可知「驪山」地在陝西的臨潼新豐縣一帶。

子居先生以《後漢書・安帝紀》：「新豐上言鳳皇集西界亭。」又引元代駱天驤《類編長安志》卷七：「鳳皇原，在臨潼縣東一十五里，後漢延光二年，鳳皇集新豐，即此原也，亦驪山之別麓。」之說來證西申之地為新豐，雖然前有童書業、晁福林先生認為西申地近驪山，然以子居之說，則是以後證先之誤，後漢安帝之時有鳳凰之集，只能指一種瑞兆，並不能說此與三代之朝之西申獻鳳凰有關，就以西申即在此鳳凰原。相同的傳說，何秋濤提出：「（西申）地與岐山相近。周初鳳集岐山，疑亦集於西申，故其國得而獻之。」周初有鳳凰集於岐山，而西申鄰近岐山。岐山有廣、狹兩個概念：

《尚書・禹貢》「壺口治梁及岐」、「荊岐即旅」、「導岍及岐」之「岐」
是廣義的岐山，指現在陝西西部關中的鳳翔、岐山、扶風、武功諸
縣北部山脈而言，是北山的一部分。岐山的最高峰箭括嶺也被稱之
為岐山，唐代學者顏師古《漢書注》「岐山，在美陽，即今岐州箭括
嶺也」者，是指狹義的岐山。（《周原出土青銅器》,〈前言〉,頁1）

依何秋濤先生之說，岐山的地理位置在今西安市以西，而西申在岐山以北
之地，即宗周以西，與子居先生所云新豐之地有異，因臨潼區正在西安市
之東，在宗周以東，因此子居之說還可商榷。

3 宗周之西

西申地望除了陝西中部以北、在臨潼之說外，亦有學者認為在陝西鳳
翔一代或陝西眉縣一代，地在宗周之西，即在周原地區。

岐山之陽即「周原」，亦因岐山有廣狹二義，亦有廣義之周原與狹義之
周原：

據史念海先生論證，廣義的周原包括「鳳翔、岐山、扶風、武功四
縣的大部分，兼有寶雞、眉縣、乾縣、永壽四縣小部分，東西長七
十餘公里，南北寬二十餘公里，順著渭河成西北東南走向。狹義的
周原，指現在扶風、岐山兩縣北部的交界地帶，具體指岐山縣的京
當鄉和扶風縣的法門鎮。（《周原出土青銅器》,〈前言〉,頁1）

劉曉明先生引《史記・秦本紀》「申侯乃言孝王曰：『昔我先酈山之女，
為戎胥軒妻，生中潏，以親故歸周，保西垂，西垂以其故和睦。』」以證申
族最早是驪戎，居於山西霍太山西南一帶（今山西洪趙縣一帶），稱之為「晉
申」，居宗周之東。而西申則由晉申遷徙至宗周之西而來。以「西申居鳳翔，
與秦之陳倉相鄰，地處西岐，南有允姓之戎，西有縣諸、翟、獂之戎，北

有義渠、大荔、烏氏、朐衍之戎。就族屬而言，與申同族，皆屬古之混夷、羌族。正由於西申處於這一位置，故能聯秦嬴、王西戎、保西垂。」（〈古申匯考〉，《江西師範大學學報》23 卷 3 期，1991 年 7 月，頁 124）

邵炳軍先生亦據傳統文獻《詩經・小雅・黍苗》與《詩經・大雅・崧高》來看西申之地望。〈黍苗〉歌頌召伯營謝邑有成，如第一章云「攸攸南行，召伯勞之」，第四章「肅肅謝功，召伯營之」，〈崧高〉則為美申伯之詩，朱熹《詩集傳》即云：「宣王之舅申伯出封於謝，而尹吉甫作詩以送之。」其第六章云：「申伯信邁，王餞于郿。」「郿」是周宣王為申伯餞行之地，邵炳軍認為在今陝西眉縣東北，謝在郿之南，亦在宗周之南，「據此可知，周宣王之時申人已從隴山南麓地區東遷到郿附近，郿之東北的麟游縣之申家原及申家河等地名當為申人分佈于此的文化遺存。」而郿地當有申支庶之族留存，亦承前人之號為「申侯」，此地之申因申伯南遷後，因而稱為「西申」，此前並無「西申」之名。「西申」仍替周王朝戍守西垂、鎮守西戎，後以國為氏，稱姜氏西申氏，而「南申」則為統領漢陽諸姬，鎮撫楚濮百蠻，稱姜姓申氏。以宗周之西、之南區分兩個申國，《鄭語》、《晉語》中太子宜臼所奔之「申」，即《紀年》之西申。至於周宣王所伐的「申戎」不是「西申」，《國語・周語》載周宣王「三十九年，戰于千畝，王師敗績於姜姓之戎。」《後漢書・西羌傳》引《竹書紀年》曰：「（周宣王 39 年）王征申戎，破之。」「姜姓之戎」即「申戎」，是「姜姓之戎」是居於申地的別種，「當以姜為姓而以申為氏。」且當時遷南之申伯為周宣王母舅，而宜臼之母為申侯女，因此在當時周王室與申國保持良好關係，可知所伐者並非「西申」。此「申戎」地望在今陝、甘、寧、晉交界之地，在今陝西省甘泉縣以北、延安市以南地區。（〈兩周之際諸申地望及其稱謂辨析──周「二王並立」時期詩歌創作歷史文化背景研究之四〉，《社會科學戰線》2002 年 03 期，頁 138-140、143）

西申之正確地望至今仍未有定論，「申戎」與「西申」是否同一族系亦

有爭議，據蒙文通先生之說，申戎即姜戎，即西申，地在陝西北部；晁福林則以為此「申戎」是尚未遷徙到「謝」的原申伯國，地點約在今宗周之西，但不認為原申伯國即是「西申」，「西申」是指在驪山一帶的申侯之國；而邵炳軍則認為「申戎」非文獻上的「西申」，其地在陝西省甘泉縣以北，延安縣以南的地區，而西申則明確指為陝西郿縣東北。故只能確定西申在今陝西省境內，而其地點究竟是在陝西省西北部的延安、米脂、安塞，還是陝西省西部鳳翔一代或眉縣東北，仍然待考。一九八一年二月河南南陽市北郊發現一座周代殘墓，出土的兩件仲爯父簋其銘辭為：

中（仲）爯父大宰南𤔲厥辭……

南𤔲白太宰中爯父厥辭……

趙燕姣、謝偉峰認為「殷末周初即已立國的申國是其本支，本居周之西土（今陝北一帶）。至周宣王時，為彌補鄂侯反叛所引起的南方戰略部署的空白，故徙封母舅申伯一支於南陽。因其地位於王畿以南，故以『南申』冠之，以別於留居西土的『西申』。」（〈仲爯父簋銘與申國遷徙〉，《中國歷史地理論叢》，第 27 卷第 3 期，2012 年 7 月，頁 46）可以確定南申即申國之改封，即〈崧高〉所描述的申伯南遷謝邑之申。關於《繫年》中的「申」，可以參考蘇建洲老師〈《清華二・繫年》中的「申」及相關問題討論〉，待刊稿。

（四）生坪（平）王=（王。

1 **生**（生）

　子居：此章的「生」字字形特殊，迥異于楚文字，說明清華簡《繫年》早期諸章有非楚來源，此點與前文所述類似。（〈1～4 章解析〉）

雯雯按：「生」字，《繫年》第一章有「」（簡3）、第二章有「」（簡5）、「」（簡5）、第五章有「」（簡24）、「」（簡29）第九章有「」（簡52），近於「」（郭店唐虞之道11號簡）「」（郭店性自命出15號簡）「」（郭店語叢二10號簡）、「」（曾侯乙墓164號簡），但是《繫年》上部中形多一橫畫，且並非連續豎筆，與常見之形不同。然而其形與楚文字並非迥然殊異，單從「生」即推測清華簡《繫年》早期諸章有非楚來源，難以驟信。

2 坪（平）王

雯雯按：「」字，裘錫圭先生於〈談談曾侯乙墓的文字資料〉中提到關於「坪」字的問題，說明楚文字中有寫作「」、「」等形的字，認為「過去我們就沒有想到這個字是『』的變體，應該釋為『坪』，讀為『平』。」（《古文字論集》，頁414-415）於〈談曾侯乙墓鐘磬銘文中的幾個字〉一文中從「平夜」、「平與」、「平阿」等字例出自楚國邑名，可從而斷定「『坪』字作『』是楚國文字的獨特作風。」（《古文字論集》，頁421）

周平王（據《史記》770-720B.C在位），名宜臼，執政第五十一年（720B.C）時崩殂，「平」為其諡號。本為幽王太子，母族為申侯國，因其父幽王寵愛褒姒與褒姒子伯服，而奔往西申。《今本竹書紀年》說云「五年，王世子宜臼出奔申」（頁102）《太平御覽・皇親部》引《竹書紀年》云：「幽王八年，立褒姒之子曰伯服，為太子」。《左傳》昭公二十六年《正義》引《汲冢紀年》云：「平王奔西申，而立伯盤以為太子。」（卷52，頁1697）《鄭語》云：「幽王八年桓公為司徒，九年而王室始騷，十一年而斃。」韋昭注云：「騷，謂嫡庶交爭，亂虐滋甚。」（頁477）故其出奔時間蓋在幽王八、九年時（744或743B.C）。《史記》記載其在幽王被犬戎攻殺後，由諸侯與申侯共立為周王，以奉周祀，又「東遷于雒邑辟戎寇」，為東周之始。但此時「齊、楚、秦、晉始大，政由方伯」，因周王室衰微，諸侯間彼此兼併，天

下政事的領導中心便由雄霸一方的諸侯國輪相更替。(《會注考證》,頁 80。)

② 王或叹(取)孚(褒)人之女

(一)王

　　華東讀書小組:「王」,「幽王」也。(〈書後(一)〉)

(二)或

　　華東讀書小組:「或」,假讀為「又」。(〈書後(一)〉)

　　建洲按:「或」本可訓為「又」、「再」,不需通讀為「又」。《上博二・魯邦大旱》簡 4「木將死,其欲雨又甚於我」,一般將「或」讀為「又」,不過何琳儀先生指出「或」應如字讀,訓為又,見《詞詮》頁 168。裘錫圭先生也指出:「或、又音義俱近,此簡『或』字學者多直接讀為『又』,但我認為不如訓為『又』妥當。這跟『若』用法相似的『如』不必讀為『若』,第二人稱代詞『而』不必讀為『爾』同例。」(〈《上海博物館戰國楚竹書(二)・魯邦大旱》釋文注釋〉,《裘錫圭學術文集・簡牘帛書卷》頁 489,注 15)。西周金文如諫簋「今余唯或嗣命汝」、宰獸簋「今余唯或申就乃命」的「或」均訓為「又」、「再」。(參見朱鳳瀚:〈衛簋與伯𤖭諸器〉《南開學報》2008年第 6 期,頁 5、謝明文:《商代金文的整理與研究》,頁 675)

(三)叹(取)

　　陳偉:「王或(又)」下一字,從「叹」從「又」,整理者以為「取」字之誤。今按,師、妻音近可通。《春秋》文公十六年「及齊侯盟于郪丘。」《穀梁傳》「郪」作「師」。簡文此字疑當讀為「妻」,加「又」表示動作,娶妻義。《孟子・萬章上》:「好色,人之所欲也,妻帝之二女,而不足以解

憂。」(〈札記（一）〉)

　　華東讀書小組：「取（娶）」，本應從手（又）取耳，簡文誤摹。(〈書後（一）〉)

　　蘇建洲：「𠂤」既見於《清華簡（貳）・繫年》簡5與曾仲大夫螽簋，則「𠂤」不應理解為「取」的錯字。比對《繫年》的「師」常見寫作「𠂤」的特殊習慣，郭永秉先生向筆者指出「𠂤」或可以理解為「取師」的專用字，《左傳・莊公十一年》：「覆而敗之曰取某師」。則《繫年》簡5是借來表示取妻；曾仲大夫螽簋則是表示取金。(〈考釋金文一則〉跟帖，復旦網，2012年1月1日)

　　雯雯按：「𠂤」字整理者與華東讀書小組以為是「取」字誤摹，陳偉先生認為師、妻音近可通，疑此「𠂤」字當讀為「妻」，而加「又」旁表娶妻之義。蘇師建洲〈《清華大學藏戰國竹簡（貳）・繫年》考釋四則〉認為「𠂤」字同時出現在《繫年》與曾仲大夫螽簋，就不應理解為是「取」的錯字，或可理解為「取師」的專用字，此處借來表示娶妻，蘇師建洲之說可從，詳見本書【附錄三】。

（四）孚（褒）

　　整理者：孚，《國語・晉語一》與《鄭語》、《周本紀》均作「褒」。「孚」、「褒」音近相假。(頁139，注2)

　　華東讀書小組：「褒」，【日本】瀧川龜太郎云：「襃（褒），國名，夏同姓，姓姒氏。禮，婦人稱國及姓，其女為龍漦妖子，為人所收，襃（褒）人納之于王，故曰襃（褒）姒。」(《史記會注考證》，總第六二頁)(〈書後（一）〉)

　　子居：褒，原字作「孚」，整理者讀為褒，此從。(〈1～4章解析〉)

　　雯雯按：「𤔅」，整理者隸定為「孚」，讀為「褒」。趙平安先生認為可

與《孚公枨甗》對照，其云：「『孚人』即『褒人』、『孚姒』即『褒姒』，『孚』、『褒』音近相假。《史記索隱》：『褒，國名，夏同姓，姓姒氏。禮婦人稱國及姓。其女是龍漦妖子，為人所收，褒人納之於王，故曰褒姒。』《史記正義》：『《括地志》云：「褒國故城在梁州褒城縣東二百步，古褒國也。」』褒國故城在漢水上游，今陝西勉縣東南。」（〈迄今所見最早的褒國青銅器〉，《金文釋讀與文明探索》，頁 170）故幽王或娶於「孚」，乃娶於褒國。

③　是孚（褒）台（姒），生白（伯）盤

（一）🉂（台—姒）

　　陳嘉穎：清華簡《繫年》兩見「褒姒」之名，其中的「姒」，整理者隸定為「忘」。這種隸定可能有問題。其下部當從「口」，而不是從「心」。何琳儀《戰國古文字典》第 57 頁「台」下已收楚王酓肯鼎和鄂君啟節中出現的這種字形，並指出下部的「口形訛作 ひ」可以注意的是，楚王酓肯盤此字用鳥蟲書體寫成，但「口」的兩旁沒有外出。湯餘惠主編《戰國文字編》第 68 頁「台」下也收了兩個這樣的字形，出處同何琳儀書。范常喜〈《上博五・三德》箚記三則〉（http://www.bsm.org.cn/show_article.php?id=232，2006/02/24）指出：「此種字形亦見於鄂君啓節：⿱。結合傳世本作『以』可見，字形中的『心』可能是『口』形之訛，當以傳世本爲是。」李守奎等《上海博物館藏戰國楚竹書（一—五）文字編》第 488 頁隸定為「息」，收於「怠」下，又加按語說：「與『心』旁有別。疑是『口』旁的變形。」這些看法都是正確的。至於這種寫法的「口」是如何變來的，可以參照《繫年》中「者」的各種寫法來進行推斷，這裡就不一一說明了。郭店楚簡《老子》甲簡 36 的讀為「怠」之字寫作⿱，一般都把其下部看作「心」，認為此字就是「怠」的異體。其實同篇「心」旁的「心」的寫法跟它還是有差別，因此可能還是看作從口、㠯聲比較好。（〈讀為「姒」之字的隸定〉，復

旦網·學術討論，2012 年 1 月 6 日）

蘇建洲：這在《繫年》中有內證，如簡 36「狄甚善之」，「甚」作 ![字]，比對 ![字]（唐虞之道 24），可知「甚」的「口」旁也是橫筆穿越過，如同 ![字] 還是可以分辨清楚的。（〈讀為「姒」之字的隸定〉跟帖，「復旦網·學術討論」，2012 年 1 月 8 日）

雯雯按：「![字]」之隸定可以改為從厶從口，即「台」。

（二）孚（褒）台（姒）

雯雯按：褒姒（771B.C.前仍在世），以國為氏，姒姓。《詩·小雅·節南山之什·正月》云：「赫赫宗周，褒姒威之。」宗周，指西周京都鎬京，此言西周因褒姒而亡。（《詩經全注》，頁 389）詩人以詩責怪褒姒，而周太史史伯言其為龍漦妖子，責之更甚：

> 且宣王之時有《童謠》。曰：「檿弧箕服，實亡周國。」於是宣王聞之，有夫婦鬻是器者，王使執而戮之。府之小妾生女而非王子也，懼而棄之。此人也，收以奔褒。天之命此久矣，其又何可為乎？《訓語》有之曰：「夏之衰也，褒人之神化為二龍，以同於王庭，而言曰：『余，褒之二君也。』夏后卜殺之與安之與止之，莫吉。卜請其漦而藏之，吉。乃布幣焉，而策告之。龍亡而漦在，櫝而藏之，傳郊之。」及殷、周，莫之發也。及厲王之末，發而觀之，漦流於庭，不可除也。王使婦人不幃而譟之，化為玄黿，以入於王府。府之童妾未既齓而遭之，既笄而孕，當宣王時而生。不夫而育，故懼而棄之。為弧服者方戮在路，夫婦哀其夜號也，而取之以逸，逃於褒。褒人褒姁有獄，而以為入於王，王遂置之，而嬖是女也，使至於為后而生伯服。天之生此久矣，其為毒也大矣，將俟淫德而加之焉。毒之酋腊者，其殺也茲速。（《國語·鄭語》）

將褒姒與《訓語》中褒神二龍所留下的唾液連結，敘說周厲王時打開一個從夏、商所傳下來，裝著龍漦的盒子。龍漦因而流到庭院，無法掃除，厲王要女子裸身喊叫，這唾沫便化為玄黿，跑到厲王的後宮，一個約七歲尚未換乳牙的侍女碰到了，到十五歲沒有丈夫卻有身孕，因心裡害怕，所以就將生下的孩子丟棄。此時正值宣王執政時期，有童謠說：「山桑製的木弓，箕草製的箭袋，將要滅亡周國。」剛好有一對夫婦在賣這兩樣東西，所以宣王下令將此夫婦抓起公開責辱，此時他們到棄子的哭聲，心生憐憫，故帶她一起逃往褒國。後來褒國國君褒姁有罪，就將褒姒（即侍女棄子）獻給周王，周王便赦免了褒姁的罪，而寵愛褒姒，立為后後生子伯服。史伯認為上天生育褒姒由來已久，故毒性很大，這是為了腐蝕周王的德性而來。此說後來為《史記》所承，字句相近，可參《史記・周本紀》（《會注考證》，頁79）。

褒姒身世的傳奇，是史家的穿鑿附會。《史記》說「（幽王）三年，幽王嬖愛褒姒。褒姒生子伯服。」既是獻女以求赦免贖罪，褒姒應是年輕貌美的女子，並在幽王三年受寵而後生伯服。又《竹書紀年》曰：「幽王八年，立褒姒之子曰伯服，為太子。」（方詩銘，王修齡《紀年輯證》，頁59）《史記・鄭世家》云鄭桓公封於宣王二十二年，「封三十三歲，百姓皆便愛之。幽王以為司徒。」而「為司徒一歲，幽王以褒后故，王室治多邪，諸侯或畔之。」（《會注考證》，頁674）鄭桓公三十三年，正當幽王八年，擔任王官司徒一歲，可能已至幽王九年，故《紀年》云八年立褒姒子伯服為太子一事，當可信。此時褒姒年齡當輕而伯服尚幼。在幽王十一年時，褒姒為犬戎所虜，此後史家未再記錄一辭。

（三）白（伯）盤

整理者：伯盤，《晉語一》、《鄭語》、《周本紀》均作「伯服」，《左傳》

昭公二十六年《正義》、《太平御覽》卷八五引《紀年》作「伯盤」。前人已辨明「服」係誤字，詳見方詩銘，王修齡《古本竹書紀年輯證》（修訂本）第六二至六三頁。（頁139，注3）

華東讀書小組：「生白（伯）盤」，「盤」，傳世典籍作「服」，不知孰對孰錯？然所知者，「服」字之偏旁（指「月」），與「盤」字之偏旁（指「舟」），以形近而訛變也。又，《左傳・昭公二十六年》王子朝告諸侯之辭曰「攜王奸命，諸侯替之，而建王嗣」杜注認為，攜王為伯服，意見與簡文不同，杜注失之不考的可能性，似乎較大。（〈書後（一）〉）

雯雯按：伯盤（？-770B.C.），《史記》作「伯服」。（《會注考證》，頁79）方詩銘、王修齡云：「案《紀年》原文應作『般』，『般』即古文『盤』字。雷學淇《竹書記年義證》卷二十七云：『《尚書》甘盤，《史記・燕世家》做甘般。《商書》盤庚，《國語》作般庚』。甲骨文盤庚亦作般庚。『般』、『服』形近，《國語》等書因誤般為服，和（嶠）、荀（勖）舊誤以釋《紀年》，束皙正之，是。」（方詩銘，王修齡《紀年輯證》，頁59-60），今由《繫年》字作「𤔲」，可知方氏、王氏之說可從。《史記》云周幽王三年寵愛褒姒，「生子伯服」，《紀年》記載幽王八年時被立為太子，而後與父親「幽王俱死於戲」。（方詩銘，王修齡《紀年輯證》，頁59-60）生年不詳，按文獻記載，伯服年少於宜臼，晁福林先生則認為伯服至幽王繼位時伯服已經是二三十歲的成人，年齡大於宜臼，且「『伯服』是字而非名，以『伯』相稱，應即長子。」（〈論平王東遷〉，頁14）然晁氏所運用推敲褒姒生年的資料已有穿鑿附會之嫌，以之論伯服年大於宜臼，似不宜。故此仍從《史記》之說。昭公二十六年王子朝云「攜王奸命」，杜預注：「攜王，幽王少子伯服也」，《汲冢竹書紀年》云：「幽王既死，而虢公翰又立王子余臣於攜。」束皙云：「《左傳》攜王奸命，舊說攜王為伯服，伯服古文作伯盤，非攜王。」《汲冢竹書紀年》所記與《繫年》本章同，可證束皙之說為是，伯服並非是攜王。（《左傳》，卷52，頁1897）

④ 王【五】與白（伯）盤，述（逐）坪＝王＝（平王。平王），平王走西繻（申）

（一）與

陳偉：《史記・周本紀》云：「當幽王三年，王之後宮見而愛之，生子伯服，竟廢申后及太子，以襃姒為后，伯服為太子。」《太平御覽》卷一四七引《紀年》云：「幽王八年立襃姒之子伯服為太子。」逐平王時，伯盤尚幼，不能參加其事。因疑「王與伯盤」當斷讀，**「與」為親近、新附義**。《荀子・強國》：「今已有數萬之衆者也，陶誕比周以爭與。」楊倞注：「與，謂黨與之國也。」《管子・霸言》：「按彊助弱，圉暴止貪……此天下之所載也，諸侯之所與也。」尹知章注：「與，親也」。《國語・齊語》：「桓公知天下諸侯多與己也，故又大施忠焉。」韋昭注：「與，從也。」（〈札記（三）〉）

（二）平王走西繻（申）

整理者：《左傳》昭公二十六年《正義》引《紀年》：「平王奔西申，而立伯盤以為大子。」（頁139，注3）

子居：《國語・鄭語》言：「襃人襃姁有獄，而以為入于王，王遂寘之，而嬖是女也，使至於為后，而生伯服。」韋昭注：「以邪辟取愛曰嬖。」晁福林先生在《論平王東遷》一文中已指出伯盤年長於平王，當周幽王圍西申于驪山時，伯盤已成年，故亦隨軍出征。而平王此時則年紀尚幼，奔西申之事，自是申后所為，此後的種種決策，乃至驪山下的大逆轉，則自然皆出於申侯之謀。（〈1～4章解析〉）

雯雯按：「平王走西申」，猶《紀年》云「平王奔西申」，指平王出奔至母家西申。西申位置在宗周之西，並非子居先生先生說「周幽王圍西申于驪山」。驪山在新豐縣南（《索隱》，見《會注考證》，頁80），即在宗周的東邊，當依傳統文獻所說為幽王身死的地點，如《史記・鄭世家》云「犬戎

殺幽王於驪山下」（《會注考證》，頁80）而非西申地望在驪山。子居先生又以伯盤年長可以隨軍出征，然晁福林先生推測伯服年齡乃據《鄭語》與《史記》所記褒姒生世，此段史料應是史家穿鑿附會之說，難以遽信，故伯服年齡當仍以舊說以為幽王少子，伯盤未必隨幽王出征。〈周本紀〉云：申、繒及西夷犬戎的聯軍「遂殺幽王驪山下，虜褒姒，盡取周賂而去。」（《會注考證》，頁80）能取周京財物而去，可見鎬京被聯軍攻破，幽王可能敗退至驪山。在幽王三年後出生的伯服，年紀當小於平王，而伯服雖幼卻是太子，是幽王名正言順的繼承人，所以幽王敗逃東向時可將在王都的伯服帶走，最後伯服與之同死，故簡文云「幽王及伯盤乃滅」，因此子居先生據晁氏認為伯盤年長，而以為隨幽王出征之說仍可商榷。陳偉先生亦認為伯盤此時尚幼，提出「王與伯盤逐平王」此處「與」當為動詞，有親近、親附之意，斷句為「王與伯盤、逐平王。」指「幽王親近伯盤，而驅逐平王。平王因此出奔西申。」其說可從。

⑤　幽王起𠂤（師），回（圍）坪（平）王于西繻＝（申，申）人弗散（畀）

整理者：《鄭語》：「申、繒、西戎方彊，王室方騷……王欲殺太子以成伯服，必求之申，申人弗畀，必伐之。若伐申，而繒與西戎會以伐周，周不守矣。」「求之申」相當簡文「幽王起師，圍平王于西申」之事。（頁139，注5）

子居：由諸書可見，圍平王于西申之事即在驪山地區，如《呂氏春秋・疑似》：「幽王之身乃死於麗山之下，為天下笑。」《左傳・昭公二十六年》：「至於幽王，天不弔周，王昏不若，用愆厥位。」孔穎達疏：「《魯語》云：『幽王滅於戲。』戲，驪山之北水名也。皇甫謐云，今京兆新豐東二十里戲亭是也。」戲水，今名戲河，發源于臨潼區仁宗鄉仁宗村，于新豐鎮胡家窯村入渭河。此亦可證前文所言西申即在臨潼區新豐鎮地區。「申人弗畀」

之說，全同於《國語・鄭語》，印證了前文提到的《繫年》此篇文風與《左傳》、《國語》頗相類似之說。（〈1～4章解析〉）

李學勤：《紀年》說幽王、伯盤「俱死於戲。先是，申侯、魯侯及許文公立平王于申」，這裏「先是」一詞特別需要注意。看來在幽王仍在的時候，申侯已經聯絡魯侯（據《史記》年表應為魯孝公）和許文公，把逃來的宜臼推立為王了，這或許正是幽王、伯盤出兵伐申的原因。這次宜臼之立並未得到各方面的承認，以致楚人所撰《繫年》不言此事。（〈由清華簡《繫年》論《文侯之命》〉《揚州大學學報》2013年3月第2期，頁50）

雯雯按：「幽王滅於戲」，「戲」是幽王戰敗或身死的地點，並不能得出此處即所謂「西申」，前已說明西申應在宗周之西，而非宗周之東，子居之說還須斟酌。「幽王起師，圍平王于西申」的緣由可與《鄭語》「王欲殺太子以成伯服」參看，可知幽王要確立伯服為唯一繼承人，因此必殺太子。所以興師包圍西申，要求申國交出太子。「畀」，予也。然此時「申、呂方強，其隩愛太子亦必可知也」（《國語・鄭語》），故申人違抗王，不將太子宜臼交予周王處置。

⑥　曾（繒）人乃降（共）西戎以【六】攻幽=王=（幽王，

（一）曾（繒）人

笪浩波：文獻記載中有繒國及鄫國，鄫國最早出現於文獻是在《左傳》中，時間為公元前六四一年到公元前五六七年，屬春秋時期，地點在山東，鄰近魯和莒，後為莒滅。國家存在的時間與地點都與鄫及曾不符，故可排除他們之間的關連。繒國最早出現於《國語・鄭語》：「……申、繒、西戎方強，王室方騷，……若伐申，而繒與西戎會以伐周，周不守矣……。」韋昭注：「繒，姒姓，申之與國也。」司馬遷《史記・周本紀》載：「申侯怒，與繒、西夷犬戎攻幽王。」司氏與《國語》所記同。又《國語・晉語》

記：「申人、鄫人召西戎以伐周。周於是乎亡。」韋昭注：「**鄫**，姒姓，禹後也。」同記此事，但卻是鄫。繒為申之與國，必近申。關於申國有東申、西申之說，而聯合西戎攻幽王的申是西申還是東申則是斷定繒國地望的關鍵。汲塚《竹書紀年》記載為西申，蒙文通先生考定其在陝西北部，而其他史籍多以為是東申，即南陽之申。近年的出土文獻則揭開了這個謎題，據李學勤先生介紹，清華藏簡中有《繫年》一篇，講到了幾個重要諸侯國的興起。其中就有一篇的開頭記載平王之事：「周幽王娶妻於西申，生平王。幽王嬖愛褒姒，王與伯盤逐平王，平王走西申。幽王起師，圍平王于西申，申人弗畀。繒人乃降西戎，以攻幽王，幽王及伯盤乃滅」。由此看，西申才是平王的舅家，聯合西戎攻幽王的應該就是西申了。西申在陝西北部，則西申的與國繒國也應該在陝西北部。鄫國遠在山東，顯然《國語·晉語》所記鄫應為繒誤。（〈ㄥ國、曾國與隨國考〉，「楚簡·楚文化與先秦歷史文化研討會」，2011 年 10 月 29 日-10 月 31 日，頁 9-10）

董珊：與西申、犬戎共滅幽王的「繒」，其位置也應在宗周、西申附近，笪浩波先生也已指出：「繒爲申之與國，必近申。」**根據所處方位，這個繒可以稱爲「西繒」。**文獻多作「繒」，只有《國語·晉語一》：「申人、鄫人召西戎以伐周」寫作「鄫」，韋昭注：「鄫，姒姓。禹後也。」……出自夏禹姒姓曾國分為三，一是「山東之鄫」，二是「西周早期存在于湖北隨州的曾」，第三支曾，便是上述與西申、犬戎等勢力共同攻滅幽王的繒。這個繒在商周之際的情況，也有些零星發現的古文字材料能提供佐證。首先是二〇〇八年周公廟出土的西周甲骨文，其中兩片都有一個寫作左上從ㄥ、左下從囘、右從王的字，可隸定爲「齷」。此字不從王的寫法「嘗」，又早已見于一九七六年陝西寶雞竹園溝一號西周㳂國墓出土銅泡（M1.115，《集成》11842）【引按：字作▨】，以及一九八五年甘肅崇信于家灣三號西周早期墓出土銅戈（M3.1，《集成》10775）【引按：字作▨】。

上述「齷／嘗」字凡四見。這個字既然在銅泡、戈銘用爲族氏名稱，

在商周甲骨文中也應如此。我認爲此字從「凼」聲，**是表示國名「繒」的專字**。從出土地點看，竹園溝一號墓是魚國墓，崇信于家灣墓葬都是南北向，是周人墓地，這兩處都不是西方之繒。但從地理位置上說，寶雞和崇信，位于陝西和甘肅交通綫上，是西戎進入宗周地區的必經之路。據現有這點資料來看，如果叛周之繒位于這兩點一線上的某處，是比較合適的。

周公廟甲骨文「鬨」字之從「王」，亦猶古文字「豐」字之從「王」，可以參看銅器銘文所見申、呂、矢（虞）、翩、隁（戀-蠻）諸西戎之君稱王。蒙文通《姜戎南侵》說：「呂之稱王，猶豐王、亳王、大荔、義渠之王之例，更證爲其西戎君號。」（〈從出土文獻談曾分爲三〉，復旦網，2011 年 12 月 26 日。）

子居：筆者以爲，此曾人很可能就是秦人。曾可通秦，且真部與蒸部相通之例，《古字通假會典》中多達十餘例，說明二者在早期的語音關係是相當密切的。秦之先人本爲伯夷之後，居於中原。其後有費昌，爲成湯御，當夏桀之時。其後有仲衍，爲太戊御。其後有戎胥軒之子中潏，保西垂。據《國語・鄭語》：「申、繒、西戎方強，王室方騷，將以縱欲，不亦難乎？王欲殺太子以成伯服，必求之申，申人弗畀，必伐之。若伐申，而繒與西戎會以伐周，周不守矣！繒于西戎方將德申，申、呂方強，其隩愛太子亦必可知也，王師若在，其救之亦必然矣。王心怒矣，虢公從矣，凡周存亡，不三稔矣。」《國語・晉語一》：「申人、鄫人召西戎以伐周。周於是乎亡。」將其與《史記・秦本紀》：「申侯乃言孝王曰：『昔我先酈山之女，爲戎胥軒妻，生中潏，以親故歸周，保西垂，西垂以其故和睦。今我復與大駱妻，生適子成。申駱重婚，西戎皆服，所以爲王。王其圖之。』於是孝王曰：『昔伯翳爲舜主畜，畜多息，故有土，賜姓嬴。今其後世亦爲朕息馬，朕其分土爲附庸。』邑之秦，使復續嬴氏祀，號曰秦嬴。亦不廢申侯之女子爲駱適者，以和西戎。」對觀，即不難看出，前者稱「申、繒、西戎方強」、「繒于西戎方將德申」，後者稱「申駱重婚，西戎皆服」。可見當時與申、西戎

並強於西土的，顯然就是秦人。在驪山之亂以前，秦人只有西垂大夫之職，而當驪山之亂以後，則一躍而成為與鄭伯並稱的秦伯，獨霸于西土；清華簡《繫年》中的曾人則除了一叛之外，至周平王時即再未有聞。《史記・秦本紀》又稱「西戎犬戎與申侯伐周，殺幽王驪山下。而秦襄公將兵救周，戰甚力，有功。」其本所欲救者，是幽王抑或平王，亦頗語焉不詳，凡此皆非常之處。所以，將這些材料對觀可知，與申及西戎並稱的《鄭語》之繒、《晉語》之鄫、《繫年》之曾，很可能即是秦人。蓋關於驪山之亂的記錄，唯載于周史，而在周室這唯一的記錄中，把此事中的秦人記為了曾人，其後各國春秋史記故說，就都因循未改，所以才有了現在看到的狀況。

　　前文已述，秦人自秦仲之時，似即已插手周室廢立，而由清華簡《繫年》來看，「曾人乃降西戎，以攻幽王，幽王及伯盤乃滅，周乃亡。」則秦人很可能更是成為了幽王與平王對抗過程中的決定性扭轉力量。秦人所降的西戎，也即西土之戎的泛稱，其主體就是犬戎。犬戎為西申所招，文獻多稱周幽王為犬戎所殺，而非死于西申及平王之手，此點是史實抑或諱言，今恐已不可得考。然此事前後，秦人的大活躍，則是顯而易見的。申侯於西周末期的政局運籌，亦可謂一望即知。(〈1~4章解析〉)

　　雯雯按：卜辭與銅器銘文上皆出現「㠱」與「曾」之名，隨著文獻出土，「曾」又與文獻上的「隨」聯繫起來。笪浩波先生認為：「卜辭中的㠱和銅器銘文中的㠱同指一國——㠱國，商代至西周早期存在于隨州的淅河一帶，為炎裔（引按：即炎帝後裔）所建，西周中晚期與鄂一起被周所滅。銅器銘文中曾國西周晚期封遷於漢東，春秋以前，其中心在襄陽吳店鎮一帶；春秋至戰國時期，其中心在隨州安居一帶。文獻中的炎裔隨國實指㠱國，文獻中的姬姓隨國實指曾國。㠱國與曾國非為一國，曾國沿襲了㠱國之名，占據了㠱國之地。文獻中記有隨國，而不記㠱、曾國，故後人將㠱、曾二國弄混成同一國名不同族系的炎裔和姬姓隨國。」(〈漢東的㠱國、曾國與隨國考〉，頁11) 亦即㠱國本為炎裔所建，被周滅亡後，其地由姬姓曾國取

代，故在「曾」下加了一口以示區別，而此姬姓曾國則為後來文獻上所記載的隨國，其中心在今日湖北隨州。因為歷史尚未有曾、曾之名，故文獻上認為隨國是「炎裔」或「姬姓」二說。但笪氏認為曾國為炎裔、姜姓，故言「則上論中的姒姓繒國就與個姜姓曾國無關了。」(〈漢東的曾國、曾國與隨國考〉，頁10)即認為位於東方的「鄫」、西方的「繒」，皆與位於南方的「曾」或「曾」無所關聯。

董珊先生則認為鄫、繒與曾皆出自夏禹姒姓。於東方之「鄫」言：「1981年山東臨朐縣嵩山泉頭村墓葬出土春秋早期上曾太子般殷鼎（M乙.1，集成02750），自稱「上曾」。1998年，山東省滕州前掌大村商周墓地出土商晚期的「曾（曾）婦中巳（姒）」觚（M127.1），似證明早期的曾就在山東境內。」對於南方的「曾」，從姒姓變為姬姓的見解則與笪浩波先生相同（引按：但笪氏認為曾國為炎裔姜姓），認為「西周早期開始存在于南方的曾，以西周晚期、兩周之際為分界，之前是姒姓國，之後是姬姓國。」而在此地新封姬姓國，據「兩周之際的曾伯黍簠（《集成》04631、04632）銘文說：『克狄淮夷，抑燮繁湯，金道錫行，具既俾方。』可見該地既控扼淮夷，又位于銅、錫的運輸綫上，對于周王朝有重要的作用，這是封姬姓諸侯的原因。」後來「曾」又稱為「隨」，乃因「『隨』是曾國都，國都名『隨』逐漸取代舊國名『曾』，導致今天傳世文獻只見後起的新國名『隨』。」就猶如戰國時魏國遷都大梁，故又稱「魏」為「梁」的情形一樣。而此南曾（曾）又可與西曾（曾／曾）相連繫：

1965年湖北武漢市漢陽縣東城垸紗帽山出土一件銅尊，銘文是「曾天卸（御）」，年代相當於殷墟四期。《甲骨文合集》36747號著錄一片帝乙帝辛時期的黃類卜辭：「二（？）月，在舞……自上下于聚，余……□曾，亡叉（憂）。」卜辭與銅尊的年代基本相同。出土銅尊的漢陽紗帽山地區，與隨州相去不遠，交通便利。隨州葉家山曾侯

墓地還出土了「魚」字族徽銘文的青銅器，而寶雞🐟國墓地則出土「曾」字銅泡。這些情況似乎提示我們要將南曾與西曾聯繫起來，即商末周初在西、南兩地的「曾」，應該是同一族氏的兩個分支。

「曾」與「🐟」，董珊先生認為從🐟，當是「繒」國專字，同時「🐟」從「王」，可證此為西戎君號。但其地望難以確定，故董氏認為地理位置上，「寶雞和崇信，位于陝西和甘肅交通綫上，是西戎進入宗周地區的必經之路。據現有這點資料來看，如果叛周之繒位于這兩點一線上的某處，是比較合適的。」據笪浩波與董珊先生所言，可知陝西一帶確有「曾（繒）國的存在」，而其範圍可暫依董珊先生之說。

子居先生雖據「溍與溱」的通假例證認為「繒」即「嬴秦」，列舉史事以證當時申、西戎與秦並強於西土，又據秦在「救周」之後能為諸侯，而曾人除此一叛後，亦未再見，認為「與申及西戎並稱的《鄭語》之繒、《晉語》之鄶、《繫年》之曾，很可能即是秦人。」以「秦」為「曾」，乃是周王室史書誤記，各國因循而致。又言「前文已述，秦人自秦仲之時，似即已插手周室廢立，而由清華簡《繫年》來看，『曾人乃降西戎，以攻幽王，幽王及伯盤乃滅，周乃亡。』」則秦人很可能更是成為了幽王與平王對抗過程中的決定性扭轉力量。」極言「曾」即是「秦」。但秦與申侯既合盟伐周，若是扭轉局勢的關鍵，平王王室的史官，恐怕不會誤記為「曾」。

同時秦先人非子受周孝王之分土，「邑之秦，使復續為嬴氏祀」，為周王室的附庸，傳到秦仲，周宣王以秦仲為大夫，誅殺西戎，但最後為西戎所殺。秦仲有子五人，長子為莊公，宣王又給予兄弟五人兵士七千人，讓他們擊破西戎，擊破西戎之後，封莊公為西垂大夫。莊公長男世父，對於西戎殺死其祖父仍憤恨不平，誓殺戎王，故將嗣位讓與其弟襄公，至襄公二年，世父為戎人所擄，等到歲餘才復歸。秦人於西戎有世仇，世代御戎，當時為周王室的大夫，《鄭語》「繒與西戎方將德申」，韋昭注云：「申修德

於二國，二國亦欲助正，徵其後福。」（《國語集解》，頁475）此時「嬴秦」尚未為國，亦與王室無利害關係，要秦人與申侯、西戎合謀伐周，似乎較難以成立。且「秦仲」，可指初得大夫封爵的秦仲，或是指始為諸侯的秦襄公，前者不可能干預王室廢立，而秦襄公《史記・秦本紀》載云：「西戎犬戎與申侯伐周，殺幽王酈山下。而秦襄公將兵救周，戰甚力，有功。周避犬戎難，東徙雒邑。襄公以兵送周平王。」（《會注考證》，頁91-92）「秦襄公將兵救周」，並「以兵送周平王」，此「救周」今人費解。或許當時即使申侯先立平王於申，然而周幽王雖然無道，卻仍是名正言順的周王，秦襄公「將兵救周」，仍是要**救助周幽王**，而當「犬戎殺幽王酈山下」，秦襄公也只能帥兵擊敗犬戎，最後或與「申侯」等諸侯共立故幽王太子宜臼，否則等到幽王卒後九年，才立之為諸侯，則與秦襄公的生卒年不符。故子居先生之說仍可商榷。

（二）降（共）

雯雯按：「降」，當如《左傳・哀公二十六年》「六卿三族降聽政」之「降」。俞樾云：「杜以『降聽政』有降以相從之義，故以和同釋之，其實非也。『降聽政』即『共降政』。《尚書・禹貢》篇『北過降水，至于大陸』，《水經注》引鄭注曰：『今河內北共山，淇水共水出焉。東至魏郡黎陽，入河，近所謂降水也。降獨當如「郕降於齊師」之「降」。蓋周時國於地者惡言「降」，故云「共」耳。』此『降』與『共』聲近之。證《離騷》曰：『五子用失乎家巷。』揚雄〈宗正箴〉曰：『五子家降。』降之通作『共』，猶降之通作『巷』，巷字從共得聲也。下文曰『三族共政，無相害也。』『降聽政』，即是『共政』，前用假字，後用正字耳。」（《群經平議》，卷27，頁454）此說楊伯峻先生從之。（《左傳注》，冊4，頁1729）蘇建洲老師提示筆者：《繫年》簡93「欒盈襲巷（絳）」，「巷」從「共」聲，如《集成》4331 芇伯歸夆殷

「有巷於大命」，即「有恭於大命」。此亦為【降與共】的通假例證。《說文》：「共，同也。」（《說文解字注》，三篇上，版心頁38，總頁105）簡文「繒人乃降西戎以攻幽王」，意為「繒人於是跟西戎一起攻打幽王」，如《鄭語》云：「若伐申，而繒與西戎會以伐周。」（《國語》，頁475）《說文》：「會，合也。」（《說文解字注》，五篇下，版心頁16-17，總頁223）指若伐申國，則繒國與西戎將會合一起伐周。

⑦　幽王）及白（伯）盤乃滅，周乃亡。

　　雯雯按：《晉語》云：「太子出奔申。申人、鄫人召西戎以伐周。周於是乎亡。」（《集解》，頁251）《今本竹書紀年》云：「申人、鄫人及犬戎入宗周，弒王及鄭桓公。犬戎殺王子伯服。執褒姒以歸」。（《紀年疏證》，頁103）指幽王與太子伯盤俱死於驪山之下，周朝於是滅亡。以幽王之死，表示西周的結束。《汲塚竹書紀年》曰：「自武王滅殷，以至于幽王，凡二百五十七年。」（方詩銘，王修齡《紀年輯證》，頁61）

⑧　邦君者（諸）正乃立幽王之弟舍（余）臣于鄭（虢），是鷈（攜）惠王。

（一）邦君者（諸）正

　　整理者：邦君，諸侯。正訓「長」。（頁139，注6）

　　華東讀書小組：《竹書紀年》云：「幽王三年，嬖褒姒。五年，王世子宜臼出奔申。八年，王立褒姒之子伯盤為太子。九年，申侯聘西戎及鄫。十年，王師伐申。十一年，申人、鄫人及犬戎入周，弒王及王子伯盤。申侯、魯侯、許男、鄭子立宜臼於申，虢公翰立王子余臣於攜，周二王並立。平王元年，王東徙洛邑。晉侯會衛侯、鄭伯、秦伯，以師從王入於成周。二十一年，晉文侯殺王子余臣於攜。」（《日知錄》卷二引）又范祥雍《古

本竹書紀年輯校訂補》云：「〔十年〕，伯盤與幽王俱死于戲。先是申侯、魯侯及許文公立平王于申。幽王既死，而虢公翰又立王子余臣于攜，周二王並立。（中略）〔十四年，鄭〕滅虢。二十一年，攜王為晉文公【侯】所殺。」（頁34-35）則簡文所謂「邦君、諸正」者，乃「虢公翰」是也。（〈書後（一）〉）

雯雯按：華東讀書小組據《竹書紀年》認為「邦君、諸正」者為虢公翰，此說近是，然其在第一章「卿士、諸正、萬民弗忍于厥心」，既認為「諸正」指各級行政單位之長官、正長。因此「邦君、諸正」非只指一人，應理解為以虢公翰為首的邦君與諸正為宜。

虢公翰除《竹書紀年》外，於史無徵。清人梁玉繩云：「而《竹書》其時有虢公翰，又未知與石甫何屬？或謂翰其子也。」（王利器、王貞岷著：《漢書古今人表疏證》，下下，「虢石父」條，頁796）以為虢公翰可能是虢石父之子。

虢石父（約770B.C.前後在世），或稱虢石甫，《呂氏春秋・當染》篇認為名「鼓」，「石甫」為其字。為虢國君主，任幽王卿士。《鄭語》云：「夫虢石父，讒諂巧從之人也，而立以為卿士，與剸（引按：「剸」，專斷之義。）同也。」（《國語集解》，頁473）虢石父是巧於媚從之人，而且與褒姒親近，結黨與從。故《晉語一》「褒姒有寵，生伯服。於是乎與虢石甫比，逐太子宜臼而立伯服。」（《集解》，頁250-251）。《鄭語》中的史伯嘗云幽王伐申求太子一事，云：「王心怒矣，虢公從矣」。《集解》，頁475）此「虢公」即為石父，其政治立場與幽王褒后一致。《紀年》只載「虢公翰立王子余臣於攜」，未言及虢石父，或與幽王同滅。

《紀年》中的「虢公翰」，若依《漢書》所說是虢石父之子，據其擁立幽王之弟余臣為周王之事，其效忠的是原幽王主持的周王室，與申侯、晉文侯等諸侯持對立的關係。虢公翰與周平王政權長期對峙後，隨著攜王政權滅亡，不知所終。

（二）乃立幽王之弟舍（余）臣于<ruby>鄈<rt></rt></ruby>（虢），是<ruby>曆<rt></rt></ruby>（攜）惠王。

1 余臣

整理者：《左傳》昭公二十六年：「至于幽王，天不弔周，王昏不若，用愆厥位，攜王奸命。」《正義》引《紀年》云幽王死，虢公翰「立王子余臣於攜」。……余臣為幽王弟，前所未見。（頁139，注6）

雯雯按：舊說據《汲塚竹書紀年》知道「攜王」為王子余臣，但是不明白其與幽王的關係，如杜預臆測其為幽王子伯服，束皙則已認為攜王非伯服。今據本文，明確可知其為幽王之弟。

2 <ruby>鄈<rt></rt></ruby>（虢）

整理者：簡文「虢」當指其時可能已遷至今河南三門峽的西虢。（頁139，注6）

華東讀書小組：作「乃立幽王之弟余臣于虢【攜】」，以「虢」字為「攜」字之誤摹。（〈書後（一）〉）

李學勤：《紀年》講虢公翰立王子余臣于攜，《繫年》則說「邦君諸正立余臣於虢」，措辭不同，指的應系一事。幽王時執政大臣是虢石父，《呂氏春秋・當染》稱他做「虢公鼓」，虢公翰當為其下一代的虢君，仍為朝臣的領袖。由此不難推想，擁立余臣的是原來幽王朝中的一班人。攜這個地名難於考定，清雷學淇《竹書紀年義證》引《新唐書》《大衍曆議》說「豐、岐、驪、攜皆鶉首之分、雍州之地」，也不能進一步查考。從《繫年》稱立於虢看，攜當系虢國境內的邑名。在此還要指出，當時的虢肯定已經不是在今陝西寶雞的西虢，而是遷到了今河南三門峽（舊陝縣），否則晉文侯就不可能到虢國把余臣殺掉了。（〈由清華簡《繫年》論《文侯之命》〉《揚州大學學報》2013年3月第2期，頁50）

雯雯按：在虢石父前有仕於宣王朝的虢文公，韋昭云：「文公，虢叔之

後，西虢也。」（《集解》，周語上第一，頁 15）梁寧森與鄭建英撰作《虢國研究》，嘗對西虢國君世系進行考證，在虢厲公長父（輔佐厲王）後的世系為「虢文公－虢公石父－虢公翰－虢公忌父－虢公林父－虢公醜」（頁 119），以虢文公、虢石父與虢公翰皆是西虢國的虢君。

　　但是虢國的分封與地望，在漢時已有異說，至唐已難斷定誰說為確。《尚書・君奭》云文王有臣五人：虢叔、閎夭、散宜生、泰顛、南宮括。（《尚書集釋》，頁 208）虢叔傳說為王季之子，與虢仲同為文王的兄弟。《左傳・僖公五年》：「虢仲、虢叔，王季之穆也，為文王卿士，勳在王室，藏於盟府。」杜預注：「虢仲、虢叔，王季之子，文王之母弟也。重、叔皆國君字。」《正義》云：「此言『虢仲、虢叔，王季之穆』《國語》稱『文王敬友二虢』，故亦以為文王母弟。母弟之言，是無所出。仲、叔皆文王之時虢君字也。據傳文，鄭滅一虢，晉滅一虢，不知誰是仲後，誰是叔後。賈逵云：『虢仲封東虢，制是也。虢叔封西虢，虢公是也。』馬融云：『虢叔同母弟，虢仲異母弟。虢仲封下陽，虢叔封上陽。』案：傳上陽、下陽同是虢國之邑，不得分封二人也。若二叔共處，鄭復安得虢國而滅之？雖賈之言亦無明證，各以意斷，不可審知。」（《左傳》，卷 12，頁 392-393）

　　賈逵認為虢仲封在東虢，而虢叔封在西虢，但馬融認為虢仲封下陽，虢叔封上陽，而《漢書・地理志》弘農郡下條云：「陝，故虢國，有焦城，故焦國。北虢在大陽，東虢在滎陽，西虢在雍州。」《水經注・河水注》卷四：「昔周、召分伯，以此城為東西之別，東虢即虢邑之上陽也。虢仲之所都為南虢，三國此其一焉。」又別增加北虢、南虢於之稱，且以南虢為虢仲所都。此後又有小虢之說，《史記・秦本紀》云：「（武公）十一年，初縣杜、鄭。滅小虢。」此出現「小虢」之名。《史記正義》引：「又云，小虢，羌之別種。」則此小虢非姬姓之國，又一說認為西虢是東遷後留於原封地之支族。至後因奠虢仲簋的出現，又有奠虢或城虢之稱（一說城虢為虢仲所封之東虢，一說此為西虢在金文中的名稱。）可知虢國的始封君與其後

的流衍頗為複雜。（可參見蔡運章：〈虢國的分封與五個虢國的歷史糾葛——三門峽虢國墓地研究之三〉，《中原文物》1996 年第 2 期）；岳連建、王龍正：〈金文「城虢」為東虢考〉，《文博雜志》2003 年第 6 期）

今河南三門峽是北部的上村嶺出現虢國公墓，第七組的虢季墓與第八組的虢仲墓，其身份確定為國君。據蔡運章〈論虢仲其人〉（《中原文物》，1994 年第 2 期）及〈虢文公墓考〉（《中原文物》，1994 年第 3 期），認為虢仲即輔佐屬王的虢公長父，虢季即輔佐宣王的虢文公，而在追繳的虢國墓地被盜遺物中有國子碩父鬲及虢碩父銅匜，楊海青、常軍認為此「國子碩父」、「虢碩父」即虢石父，即輔佐幽王、與褒姒為比的周室卿士。（〈虢石父銅鬲與銅匜銘文及相關問題〉，《中國歷史文物》2008 年第 2 期）如此，則三門峽之虢，即西虢都遷後之虢，《三門峽虢國墓》在結語「虢國地望辨」云：

> 東西二虢始封於周初，由來已久，史有定論。南北二虢依孔疏實為一虢，據《漢書・地理志》可稱其為北虢。小虢非姬姓之虢，毋須贅言。東西二虢之地望，如前所言，一在今河南滎陽西，一在今陝西寶雞一帶。至於虢仲、虢叔，誰在東虢，誰在西虢，則一時難以辨明。北虢的地望，在今河南三門峽與山西平陸一帶，則是沒有疑問的。王氏《合校》於《水經注四》河水條下云：「趙《釋》曰：『一清案，《地理志》陝縣下云：……蓋陝與大陽，夾河對岸。南虢即北虢，故有上陽、下陽之分，亦有南虢、北虢之稱矣。陝為國都，大陽為虢塞邑，《穀梁傳》及《杜注》可證。故《春秋》書曰滅也。』」可證。文獻所言三虢及其地望，皆可考辨。然於考古學材料的角度，東西二虢之所在一時尚無確鑿證據可言。陝西寶雞一帶依文獻所載為西虢所在地，傳世虢國銅器中多言出於此地者，但建國至今，寶雞一代發掘的眾多西周墓葬中，卻無一例虢國墓發現。令人狐疑，

河南滎陽一代，墓葬發掘較少，更無可推測。今三門峽、平陸一代
為北虢所在地，不僅與文獻所載相符，又得虢國墓地兩次考古發掘
之明證。換言之，北虢是目前唯一合於文獻，又得到考古學材料佳
證的虢國所在地。（頁 537-538）

三門峽之虢具有虢國墓此等明確的地下材料史證，透過墓葬也可以證實西
虢與此北虢有所關聯。

　　西虢的始封君學者多以為是虢叔，除賈逵所言外，從西虢的地理位置，
即其兼負著抵禦西方戎族、保衛宗周的任務，當由為文王五臣之一的虢叔
為首選，而非虢仲。（《虢國研究》，頁 79-81），西虢地地望在陝西寶雞市，
蔡運章認為「清道光年間虢季子白盤在寶雞縣虢司川出土；近年虢仲鬲在
岐山京當鄉出土，一九七四年師𧽗鼎、師承鐘諸器在扶風縣張家村出土；
一九七五年公臣簋諸器在岐山縣董家村出土。足證西虢故地在今陝西寶雞、
岐山、扶風、鳳翔諸縣境，是可信的。」而北虢、南虢之由來是因「北、
南二虢本屬一國，西虢東遷後初都下陽，因瀕河之北故稱北虢，後為晉所
逼，渡河南遷於上陽，謂之南虢。這樣，南、北二虢之爭，就有了較圓通
的解答。」（〈虢國的分封與五個虢國的歷史糾葛〉，頁 72-73）可見南虢、
北虢之由來乃因西虢東遷而來，即此三門峽之虢。

　　至於西虢之東遷，有二說，一為在西周晚期東遷，二為隨平王東遷而
來。

　　隨平王東遷說可參張懷通〈試論李家窯 M44 墓主身份及西虢東遷問題〉，
認為 M44 墓的年代早於李家窯遺址與上村嶺的虢國墓，寧會振先生定為西
周晚期，因此上陽城的建立應在兩周之際，而虢國墓又晚於上陽城始建年
代。墓主為宮氏追夷，屬虢氏小宗，在西周晚期遷移至此，《鄭語》言西有
虞、虢⋯⋯者，即此宮氏，而平王東遷後西虢隨之而來，因有宮氏之經營，
故三門峽一代成為西虢的定都處。（《齊魯學刊》，2004 年第 4 期，總 181

期，頁 150-152）或可參彭裕商〈虢國東遷考〉，認為三門峽虢國墓中較高
規格的墓葬都在東周早期，且當時平王雖東遷，尚能保持關中豐、鎬等地，
應無立刻遷徙的理由，由此認為西虢之遷仍在平王之時。（《歷史研究》2006
年第 5 期，頁 12-22。亦見《春秋青銅器年代綜合研究》頁 17-26）

　　認為在西周晚期者如蔡運章認為南虢的始遷之君為「虢仲」，「這已為
三門峽墓 M2009 號虢仲大墓所證實。」此虢仲即屬王時卿士虢公長父。（〈虢
國的分封與五個虢國的歷史糾葛〉，頁 74）或任偉《西周封國考疑》嘗論及
M2009 有墨書遣冊上有「南仲」二字，南仲即宣王時卿士，因此將虢國墓
定為西周晚期，並且說明其遷徙乃因西周晚期玁狁之侵擾。（〈虢國的始封
及其變遷考〉，第七章，頁 225-256）。梁寧森、鄭建英梳理前人研究，認為
西虢東遷之的原因是玁狁東侵及天災（《虢國研究》，頁 117-118），時間當
在周厲王、周宣王之時（頁 140-141），「西周晚期西虢東遷，佔據三門峽和
晉南平陸，位於三門峽的上陽城是其政治、經濟、軍事、文化中心，位於
晉南平陸縣的下陽城則是虢國的重要塞邑。」（頁 157）其過程主要是西虢
在厲、宣之際遷徙後，封虢仲於下陽，首先建立北虢，到公元前七七五年
時即幽王七年，滅焦國，遷焦人於虢略以西，並在焦國廢墟上建立新大陽
城，即上陽城，在公元前七百年平王東遷時，遷都上陽，南北虢國合一，
並於公元前七七一年至公元前六六五年因遷都上陽，故史稱南虢。於公元
年六五五年，晉楚爭霸，王室衰微，於虢公醜時為晉國所滅。（頁 165-166）。

（《歷史地圖集》，「西周時期中心區域圖」，頁 17-18）

建洲按：「虪（虢）」字簡文共四見：

（07）　 （08）　 （98）　 （109）

姚萱先生指出班簋（《集成》8.4341）「虢」作![虢]是較原始的字形，作虎首人身之形執杖。（《初探》頁102）後來這個「杖形」多改為「攴形」，如![虢]（頌壺），參《金文編》頁335-336、《新見金文字編》頁150。《譜系》分析說：「虢，從爪，從攴，從虎，會以手持虎另手治取其皮之意，鞹之初文。或從卜者，為![字]之省。虎亦聲。」（冊二，頁1267，何琳儀先生撰寫）。「虢」，一般認為是會意字，不過「虎」，曉紐魚部，與「虢」（見紐魚部）的聲韻相當接近，可能亦有聲符的作用。至於《集成》14「己侯![字]鐘」之「![字]」，《譜系》及《新金文編》頁591均疑是「虢」之省，待考。《繫年》簡7的字形右旁從虎首人身，其下的「![形]」形體，相當於班簋的手執杖之形「![形]」，二者的不同只是前者的杖形作曲形筆畫，這樣的寫法是為了文字整體的美觀或構形，配合「人」形第二筆的筆劃而作的變化，大概沒有深意。至於簡98、109則是「人身」之形與「![形]」形體有共筆的現象。而比起其他西周、春秋金文從「攴」形的寫法，《繫年》的形構毋寧更為原始。《清華三·良臣》03「虢」作![字]、08作![字]，整理者隸定為「![虖]」，當是。這種寫法是「![字]」的進一步省簡，而與《集成》9024![字]（敔）無關，![字]字從虎從攴，「攴」的位置在「虎」之後，也見於甲骨卜辭《合集》30998和《殷墟花園莊東地甲骨》14.5、14.6、381.1等，已有多位學者應釋為「驅」（參見鄔可晶：〈釋「![字]」〉，待刊稿）。又關於「虢」地地望，《譜系》「虢」字條下說：「金文有三虢。北虢，如虢季子白盤、虢季氏簋，在今山西平陸西。東虢，如頌器、虢叔器，在今河南滎陽東北。西虢，如城虢仲簋，在今陝西寶雞。」可與上引資料並參。

補記：李家浩先生認為《上博九·成王為城濮之行》甲2「![字]」也應

該隸定為「敔」，此字在乙2作「」，也就是楚國卜筮祭禱簡常見的神祇「」（《望山》1.54），所以李先生認為甲2的「敔」與「虢」無關，當分析從虍卜聲，在簡文文例是「子玉受師出，之」，作地名用，可能讀為「濮」。（李家浩：〈戰國楚簡「」字補釋〉，《紀念何琳儀先生誕辰七十周年暨古文字學國際學術研討會》，2013年8月1日至3日）茲錄此說備考。

3　是

陳偉：《繫年》這種用法的「是」，或指地、或指人。此處或兼有這兩層含義，即所立之地為「攜」，所立之人稱「惠王」。簡文斷讀作「是攜、惠王」。虢是大地名，攜應是虢國之內的小地名。在這種情形下，既與《春秋左傳正義》所引《紀年》吻合，又和《繫年》後文只稱「惠王」相應。（〈札記（一）〉）

4　曈（攜）惠王

整理者：雷學淇《竹書紀年義證》卷二七云：「攜，地名，未詳所在。《新唐書》所載《大衍曆議》謂豐、岐、驪、攜皆鶉首之分，雍州之地，是攜即西京地名矣。」（頁139，注7）

華東讀書小組：「是攜惠【衍文】王」，從「是褒姒」、「是文公」、「是息媯」等詞例來看，簡文「惠」字，疑可視為羨衍，《左傳》、《竹書紀年》等典籍，均逕作「攜王」。（在「晉文侯仇乃殺惠【攜】王于虢【攜】」下又云：）簡文「惠」字與「虢」字，應皆為「攜」字之誤摹，蓋攜王被立於攜、弒於攜，是名「攜王」。周於釐（僖）王、襄王之間，尚有一位在位二十五年（公元前六七六至前六五二年）的「惠王」。（〈書後（一）〉）

劉國忠：王子余臣為什麼會被稱為「攜王」，學者們有不同的意見。一種觀點認為，王子余臣之所以被稱為「攜王」，是因為他在「攜」這個地方被立為王，持這種觀點的學者為數較多。然在古代文獻中未見「攜」之地

名，雷學淇之說屬孤證，況唐距西周已有一千多年的歷史，而「攜」作為地名又於史無爭，可能亦是臆測之言，不足憑信。童書業先生提出另一種意見，他認為這裡的「攜」為諡號：「攜王之『攜』疑非地名，《逸周書・諡法篇》云：『息政外交曰攜』」。然《逸周書》的《諡法篇》原文作「息政外交曰推」，童先生據盧文弨的校訂本而改，但是盧氏等人的主要證據就是攜王的稱謂，因此，「攜」是否為諡號，也還值得再進一步推敲。第三種意見出於孔穎達的《左傳正義》所引，孔氏在討論「攜王奸命」時曾引用了一則《竹書紀年》的記載：「二十一年，攜王為晉文公所殺。以本非適（嫡）之義，故稱攜王。」這句話說得有些含糊。為什麼「以本非適」會被稱為「攜王」呢？原來，「攜」在古代有離異、二心的意思。如《左傳・僖公28年》「不如私許復曹、衛以攜之」，杜注：「攜，離也。」《史記・吳太伯世家》：「進而不偪，遠而不攜」，《集解》引杜預知言曰：「攜，貳也。」這些都可證明「攜」有離、貳的意思。

根據清華簡《繫年》，我們可以知道，余臣原為幽王之弟，在周代父死子繼的繼承傳統之下，余臣本沒有繼承王位的資格；清華簡《繫年》稱：「邦君諸正乃立幽王之弟余臣於虢，是攜惠王」，這裡的「邦君諸正」即是《古本竹書紀年》所說的「虢公翰」等人。根據清華簡我們可以知道，虢公翰等人擁立余臣的地點是在虢，也就是位於河南三門峽一帶的西虢，而不是「攜」，「攜」作為地名並不存在，該字很可能係因後來的「攜王」之稱謂而致誤。而「攜王」就是清華簡《繫年》中所說的「攜惠王」，其中的「惠」字應當是其支持者給他的諡號，至於**「攜」，應當是後人出自於正統觀念對他的稱呼，其含義當為「貳」**，係對余臣的一種貶稱，也就是《左傳正義》所引用的那樣：「以本非適，故稱攜王。」這應該最符合攜王的原義。（〈從清華簡《繫年》看周平王東遷的相關史實〉，《簡帛・經典・古史》會議論文集）

雯雯按：劉國忠先生認為以「攜」為地名者，有與文獻無徵，又以童

書業先生以「攜」為諡號說，其「攜」字之意，乃據盧文弨《周書・諡法篇》而來，值得再進一步推敲。故而提出第三說，認為孔疏所引《紀年》云：「以本非適（嫡）之義，故稱攜王。」是由正統觀念而來，「攜」有「離異、貳心」之意。

然而此說有一問題，《左傳正義》所引《汲冢竹書紀年》云「幽王既死，而虢公翰又立王子余臣**于攜**，以本非適，故稱攜王。」此句與「先是，申侯、魯侯及許文公立平王**于申**，以本大子，故稱天王。」（方詩銘，王修齡《紀年輯證》，頁69）相對，由「于申」、「于攜」可知「申」與「攜」是地名，《今本竹書紀年》亦云：「申侯、魯侯、許男、鄭子立宜臼於申，虢公翰立王子余臣于攜。」（《紀年疏證》，頁103）因此「以本非適，故稱攜王」、「以本大子，故稱天王」可能後人所加的解釋語言。

《正義》引《紀年》云「幽王既死，而虢公翰立王子余臣於攜，周二王並立」，華東讀書會應是將簡文與《繫年》對應，故以「虢」為「攜」字之誤摹。筆者認為誤摹之說可以討論，而「蓋攜王被立於攜、弒於攜，是名『攜王』」之見則近是。《紀年》指明是「虢公」立王子余臣，今《繫年》又云「立於虢」，指余臣在虢國被擁立為周王，如同《紀年》「先是申侯、魯侯及許文公立平王于申」，或簡文「晉文侯乃逆平王于少鄂，立之于京師」，平王亦被立於西申或者是京師（一說是宗周京師，一說是晉都京師，詳下「立於京師」條），可能未在宗周得立。方炫琛云：「《會箋》據此（引按：孔穎達之疏）云：『是攜王者，余臣也，攜王之攜，乃是地名，猶厲王流於彘，詩人謂之汾王』。其說是也。」（《左傳人物名號研究》條2354，「攜王」，頁659）《詩・大雅・蕩之什・韓奕》：「韓侯取妻，汾王之甥，蹶父之子。」鄭玄《箋》：「汾王，厲王也。厲王流於彘，彘在汾水之上，故時人因以號之。」當時厲王被「諸侯釋位」，流放於彘，以其地汾水之上，故曰「汾王」，所以讀書會已認為「攜」既為地名，也可再進一步推敲「攜」可能即在虢國內。若為配合文獻上只有出現「攜王」之記載，而遽言《清華簡》簡文

乃是誤摹或衍羨，仍有商榷的空間。

唯「攜」地無考，依整理者引雷學淇《大衍曆議》以豐、岐、驪、攜並列，指同在雍州，以攜為西京地名，其地亦在今陝西，應亦與豐、岐、驪同在鎬京周圍，與陳偉先生說是虢國之內的小地名相異。然就目前三說來看，仍當以整理者與陳偉先生認為是地名之說為是。

補記：王暉先生認為：周攜王在清華簡《繫年》中被稱為「攜惠王」，據古本《竹書紀年》「虢公翰立王子余臣于攜」（《左傳》昭公二十六年孔穎達正義引），可知「攜」是地名，那麼「惠」應是諡號，諡號命名為「惠」應非惡諡，而為善諡：《逸周書·諡法》言「柔質受課曰惠」而《史記正義·諡法解》則作「柔質慈民曰惠，愛民好與曰惠」，這似說明當時群臣百姓認為攜王是一個性格溫柔、慈愛民眾的君王。古本《竹書紀年》說周攜王是虢公翰所立，而清華簡則說攜惠王是「邦君諸正」所立。（〈春秋早期周王室王位世系變局考異——兼說清華簡《繫年》「周無王九年」〉《出土文獻與中國古代文明學術研討會論文》（北京：清華大學，2013 年 6 月）。

⑨　立廿=（二十）又一年，晉文侯 ^戠（仇）乃殺惠王于^鄦（虢）

（一）立廿=（二十）又一年

整理者：「立二十又一年」，指攜惠王在位年數。《左傳》昭公二十六年《正義》引《紀年》「二十一年，攜王爲晉文所殺。以本非適，故稱攜王」，「二十一年」與簡文一致。王國維《古本竹書紀年輯校》等以為晉文侯紀年，非是；今本《紀年》及朱右曾《汲冢紀年存真》則較正確。晉文侯殺余臣，結束「二王並立」的局面，故《鄭語》云：「晉文侯於是乎定天子」。（頁 139，注 8）

李學勤：以《繫年》與《紀年》相較，《左傳·昭公二十六年》正義引《汲冢書紀年》有「二十一年，携王爲晉文公（侯）所殺。以本非適，故

稱『攜王』。」與《繫年》記載一致，因此「二十一年」，應是攜王的在位年，不是晉文侯的二十一年。（〈《繫年》及有關古史問題〉，頁 71）

李學勤：讀《繫年》簡文，于立攜王后說：「立廿又一年，晉文侯仇乃殺惠王於虢」，這個二十一年無疑是攜王的二十一年，相當晉文侯三十一年，西元前七五〇年。（〈由清華簡《繫年》論《文侯之命》〉《揚州大學學報》2013 年 3 月第 2 期，頁 50）

雯雯按：整理者與李學勤先生之說可從。指攜惠王立二十一年後，於虢地為晉文侯殺害。

補記：王暉先生認為：從清華簡《繫年》可見，周幽王死後是以攜惠王紀年的。而且古本《竹書紀年》說「二十一年攜王為晉文公所殺」，過去就有兩種不同的理解：王國維（《古本竹書紀年輯校》，遼寧人民出版社，1997 年，頁 17）、范祥雍（《古本竹書紀年輯校訂補》，上海古籍出版社 2011 年，頁 41）、方詩銘等（《古本竹書紀年輯證》，上海古籍出版社，2005 年，頁 71）認為「二十一年」是晉文侯的紀年，故其書列之于晉文侯紀年之下；而朱右曾則認為是周平王二十一年，當晉文侯三十一年（朱右曾：《汲塚紀年存真》，歸硯齋刻本）。今天根據清華簡《繫年》的內容來看，這兩種說法都是不對的。《繫年》所說「邦君諸正乃立幽王之弟余臣于虢，是攜惠王。立廿又一年，晉文侯仇乃殺惠王於虢」，前後之文說的都是「攜惠王」，「二十一年」應是攜惠王的紀年。反過來再看古本《竹書紀年》的內容，其文說「幽王既死，而虢公翰又立王子余臣于攜。週二王並立。二十一年攜王為晉文公所殺，以本非適（嫡），故稱攜王」，「**二十一年」的紀年也應是周攜王的紀年**。今本《竹書紀年》把「晉文侯殺王子余臣于攜」的「二十一年」放在周平王的紀年之中，實際上也是錯誤的。（〈春秋早期周王室王位世系變局考異——兼說清華簡《繫年》「周無王九年」〉，《出土文獻與中國古代文明學術研討會論文》（北京：清華大學，2013 年 6 月）。

（二）晉文侯戜（仇）乃殺惠王于鄹（虢）

雯雯按：晉文候（780-746B.C.在位），名仇（一說字「義和」），晉穆侯太子。穆侯七年伐條生仇，十年伐千畝，有功，生少子成師。晉人師服曰：「異哉，君之名子也！夫名以制義，義以出禮。禮已體政，政以正民，是以政成而民聽。易則生亂。嘉耦曰妃，怨耦曰仇，古之命也。今君命太子曰仇，弟曰成師。始兆亂也。」（《左傳・桓公二年》）穆侯二十七年卒，穆侯弟殤叔（784-781 B.C.在位）自立，太子仇出奔。殤叔立四年，仇率眾攻殺殤叔而立。《國語》：「晉文侯于是乎定天子。」《書序》云：「平王錫晉文侯秬鬯圭瓚，作〈文侯之命〉。」〈文侯之命〉云：「汝多修，捍我于艱。」指晉文侯有美好的戰功，捍衛平王於艱難之境。屈萬里先生即云：「以上二語，指文侯殺携王以定平王而言。」晉文侯在位三十五年而卒，其子昭侯即位。（詳見《左傳・桓公二年》，頁 92-93。《史記・晉世家》，頁 621；《史記・十二諸侯年表》，頁 240。屈萬里：《尚書集釋》，頁 306、265）此外，東周初的晉姜鼎（《集成》3165）係晉文侯夫人所作。

⑩　**周亡王九年**

整理者：周亡王九年，應指幽王滅後九年。（頁 139，注 9）

陳劍：「周亡王九年」句在年代學上應有其重要意義，應點出、留待高明。從上下文看此句決為「周有九年沒有王」之意（因攜惠王被殺、平王尚未被迎立；諸侯因而自此不朝于周），而斷非如整理者所說「應指幽王滅後九年」。（〈討論記錄〉發言，復旦網，2011 年 12 月 23 日）

董珊：第二章講到周無王九年，立平王的是晉文侯，這與《左傳正義》昭公二十六年引汲冢《紀年》：「申侯、魯〈曾〉侯及許文公立平王於申，以本大子，故稱天王。」相矛盾，絕對不可調合。《國語・周語中》：「杞、繒由大姒，齊、許、申、呂（《大雅・嵩高》作『甫』）由大姜。」這句話

中包含了上述反對幽王立伯服的、除戎以外的姒、姜兩姓勢力，這兩姓是傳統上與周人通婚的西方氏族。因爲其中沒有姬姓諸侯，所以我想他們立平王于申是不算數的，「以本大子，故稱天王」這種話很可能是後代史學家編造出來的。相反，《繫年》中沒出現申侯立平王這回事，又說晉文侯殺攜惠王于虢，周無王九年、晉文侯迎平王于少鄂、立于京師，三年之後東遷至成周，這種細節是編不出來的，其所述應該可信。所以，不存在「周二王並立」的事。（〈從出土文獻談曾分爲三〉，復旦網，2011 年 12 月 26 日）

華東讀書小組：「周亡（無）王九年」，整理者云：「應指幽王滅後九年。」（第 139 頁。）案，其說疑誤。「亡」字應通假爲「無」，意「周沒有王當政，已歷九年」，幽王有十年，幽王弟余臣爲攜王，又有二十一年，攜王被弒，周有九年的時間無王，然後才是平王即位。（〈書後（一）〉，「武漢大學・簡帛網」2011 年 12 月 29 日）

清華讀書會：贊同整理者之意見，而反駁所謂「『周亡王九年』是指攜王被弒，周有九年的時間無王，然後平王即位」之說，先是以晉文侯十年爲幽王被殺之年，而其在位三十五年，攜王二十一年即晉文侯三十一年，是不可能九年後再迎立平王。《左傳・昭公二十六年》正義引《汲冢書紀年》以攜王非嫡，《通鑒外紀》卷三引《汲冢紀年》：「余爲晉文侯所殺，是爲攜王。」《繫年》與《紀年》記載是很相似的。我們認爲《繫年》里之所以稱「周亡王九年」正是因爲如《紀年》裡所說，攜王本非適，因此幽王死後，攜王被虢公立，然并未被眾諸侯邦君所承認。平王也是如此，雖爲大子，且被一些諸侯擁立稱爲天王，然地位處境也只是與攜王一樣，所以《紀年》稱「周二王並立。」一直到幽王死後九年，因爲晉文侯、鄭武公、齊襄公、衛武公、魯侯等眾多實力強大的諸侯擁護周平王，這種局面才得以改變，平王正式被認可爲周王，接續幽王。這一年是晉文侯十九年，也即是公元前七六一年。三年后平王正式東遷，即公元前七五八年。攜王立二十一年爲晉文侯所殺，即晉文侯三十一年。這樣就不矛盾了，不然無論如何，晉

文侯是不可能立平王於京師的。同時這亦與許多傳世文獻相合，如《史記・衛康叔世家》：衛武公「武公將兵往佐周平戎，甚有功，周平王命武公為公。」衛武公卒于公元前七五八年，如果平王立於公元前七六一年，這樣是合適的。《國語・晉語四》：鄭武公「與晉文侯戮力一心，股肱周室，夾輔平王，平王勞而德之，而賜之盟質。」而據《史記・鄭世家》，鄭桓公死於幽王之難，武公隨后即位，其卒年在七四四年。這樣也是相合的。而且《繫年》「奠（鄭）武公亦政（正）東方之者（諸）矦。」也可為證。至於《史記・秦本紀》載，（秦）襄公以兵送周平王，平王封襄公為諸侯。」襄公十二年即公元前七六六年卒。則是平王被擁立為天王期間的事，雖未正式被眾諸侯認可成為周王，然而因秦有功，其對秦行使封侯還是可能的，畢竟平王最後成功成為了周王。因此整理者意見可取。（〈研讀箚記（二）〉，2011 年 12 月 31 日）

知北遊（王寧）：據《史記・十二諸侯年表》，晉文侯在位共三十五年，他是周幽王二年奪取的晉侯之位。文侯十年，也就是周幽王十一年，西戎攻殺了幽王和伯盤，然後攜王立，在位二十一年，如果再加上無王九年，共三十年，就到了晉昭侯五年了，這時候晉文侯已死，怎麼可能再立平王呢？所以說攜王被殺之後又無王九年是不對的。其實，《繫年》的記載是不承認攜惠王的，認為他是非正統，也就是不是正兒八經的周王，只是說得比較含蓄，所以文中說他當王用的是「立」字。但他極有可能屬於個「攝政當國」的角色，所以平王以後的史書都不承認他。《繫年》所說的「亡（無）王」是從幽王被殺算起的，直到平王即位，也就是攜王在位的這二十一年，被認為是無王時期，攜惠王不算數。所謂「周亡王九年，邦君諸侯焉始不朝于周」其實應當是一段解釋性的文字，是為瞭解釋為什麼文侯要殺掉攜王擁立平王，意思是幽王死後攜惠王當政九年以後，諸侯群臣開始不朝周，很可能是逐漸不承認攜惠王的攝政當國。這樣又過了十二年，晉文侯終於殺掉了攜惠王，把在申國少鄂的幽王廢太子宜臼拉出來，在京師（即宗周

鎬京）即位爲王，是爲平王，結束了周的「亡（無）王」時期。三年以後，平王東遷成周。平王的紀年仍然從幽王被殺後的第二年算起，即包括攜王在位的二十一年，他實際在位應是三十年。那麼，從年代上來看，幽王被殺是在晉文侯十年，攜王被殺是在文侯三十一年，文侯擁立平王可能也是在這一年。平王立三年後，也就是文侯三十四年，平王東遷成周，第二年文侯就去世了——這樣就比較合理了。（其後又言：）那麼，《竹書紀年》裏的「二王並立」是不是全不可信呢？那倒也不是，特別是它裏面說「先是申侯、魯侯及許文公立平王于申，以本大子，故稱『天王』」又說「幽王既死，虢公翰又立王子余臣于攜」，都言之鑿鑿，空穴來風，非必無影。根據這個記載來看，它是說平王是在幽王死之前就被申侯、魯侯、許文公擁立了，幽王沒死而又另立新君，而且立的是被驅逐的太子，自然屬於大逆不道，這極有可能是幽王圍攻申國的原因，否則幽王已經把宜臼廢掉太子放逐到申國，宜臼已經沒用了，爲什麼後來還要興師動眾去圍攻申國？所以，幽王圍攻申最大的可能就是申國擁立宜臼爲王的緣故。而攜王則是在幽王死後才被虢公翰擁立的。這事兒最大的可能是，幽王驅逐太子宜臼，以申侯、魯侯、許文公爲首的一些人反對幽王這麼做（極有可能也包括晉文侯在內），仍主張以宜臼爲太子，所以申侯在魯、許等國的支援下，擅自宣佈擁立宜臼爲王，而且號稱「天王」；但是問題在於當時幽王還沒死，這麼做等同于胡鬧，不合周的宗法制度，屬於叛逆，所以幽王才會去圍攻申國，雖然失敗被殺，申侯獲得了勝利，但是在周朝的邦君諸正看來，宜臼之立還是不合法，而且因為這事兒幽王還被殺了，申侯這幫人等於背上了「弒君」的罪名，在這種情況下，邦君諸正自然也不會承認宜臼，否則也等於是共同犯上作亂了。在幽王死後，也沒人願意把宜臼當成周王，只能另立新君。於是出現了以虢公翰為首的一派，主張立幽王之弟余臣，獲得了邦君諸正的支持。因為申侯一派在幽王活著的時候就擁立了宜臼，故云「先」；而虢公翰的一派是幽王死後才出的，故說他擁立攜王是在「幽王既

死」以後。所以宜臼雖曾被擁立，但根本沒獲得承認，等於沒立，《繫年》
裏就壓根兒不提他曾被立過的事兒，而是直接說幽王被殺後周是「無王」
了；只是宜臼後來走運，晉文侯爲了彌補自己「弒君」的過失，把他拉出
來「扶正」了。再後來晉國史官爲了爲先君文侯開脫罪責，要抹殺攜王的
正統，要「整齊故事」，就把申侯的那一派曾經擁立宜臼的那檔子事翻出來
坐實，說成是申侯、魯侯、許文公擁立宜臼爲平王，於是也只能說此時「二
王並立」了。那麼說文侯殺了攜王迎回平王確定了他的正統地位並送他東
遷，這都是順理成章的了。(〈「二王並立」(修訂本)〉，國學復興文化論壇．
個人講堂」，2012 年 1 月 1 日)

王紅亮：（其意見分「主文」與「主文跟帖」的補充）

1 「主文」

以四個時間定點依序探討：第一、幽=王=（幽王，幽王）及白（伯）盤
乃滅，周乃亡；第二、是矚（攜）惠王，立廿=（二十）又一年，晉文疾載
（仇）乃殺惠王于鄴（虢）；第三、晉文疾乃逆坪（平）王于少鄂，立之于
京自（師），三年乃東遷（徙），止于成周。第四、周亡王九年，邦君者（諸）
疾亝（焉）匃（始）不朝于周。認爲攜惠王在位二十一年，即西元前七七〇
年至公元前七五〇年是確定的，而幽王伯盤死於幽王十一年，即七七〇年
亦是確定的。「三年乃東遷（徙）」，乃指晉文侯在晉都京師立平王三年後，
平王才東徙。然作者持論的「周亡王九年」，則與其依據的《左傳》昭公二
十六年孔疏引束皙云有關：「束皙云：案《左傳》「攜王奸命」，舊說攜王爲
伯服，伯服，古文作伯盤，非攜王。伯服立爲王積年，諸侯始廢之而立平
王。其事或當然。」

認爲則平王在幽王死前，由申侯、魯侯及許文公在申既立爲王，其稱
天王。束皙說「伯服立爲王積年」，這表明伯盤而在幽王生前幾年已經立爲
王，或認爲伯盤在幽王五年（公元前 777 年）稱王。而王氏以爲，伯盤應

在幽王三年（公元前 779 年）稱王，此即「周無亡九年」之始。作者依《史記・周本紀》載：「三年，幽王嬖愛褒姒。褒姒生子伯服，幽王欲廢太子。太子母申侯女，而為後。後幽王得褒姒，愛之，欲廢申後，並去太子宜臼，以褒姒為后，以伯服為太子。周太史伯陽讀史記曰：『周亡矣。』」《正義》：「諸國皆有史以記事，故曰史記。」認為按照《正義》的說法，此《史記》可能是諸侯國的史書，這種《史書》就以幽王三年為周亡的標誌。而束晳云「伯服立為王積年」可能幽王立伯盤為王，此為諸侯不朝的真正原因，且宜臼稱「天王」亦由此之故，乃謂壓過伯盤稱王之勢，最後平王在申人、曾（繒）人和西戎的幫助下攻幽王，幽王及伯盤乃滅。故其結論云：「綜上可見，《史記》與清華簡《繫年》的說法是並行不悖的。在周幽王三年（即公元前 779 年），周幽王很可能在將伯盤立為太子之後，即立其為王，所以當時諸侯的史書載『周亡矣』，《繫年》將其稱為『周亡王九年』的开始。在周亡王九年（即公元前 779 年－公元前 771 年）中，諸侯不朝王。晉文侯在晉都京師立平王三年後，平王于公元前七七〇年東徙，此年乃平王元年。」（〈也說「周亡王九年〉2012 年 1 月 12 日）

2 「主文跟帖」

另外還有一種可能，即是「周亡王」指周幽王，古人習以亡國之君稱「亡王」，如西晉潘嶽《西征賦》：「鑒亡王之驕淫，竄南巢以投命」，李善注：「亡王，謂桀也。」（[梁]肖統編，[唐]李善注：《文選》，北京：中華書局，1977 年，頁 184）那麼，「周亡王九年」即周幽王九年，亦即公元前七七三年，那麼，在此時期「邦君者（諸）侯（焉）（始）不朝於周」也合適。另外，後文又曰：「晉文侯乃逆坪（平）王於少鄂，立之於京自（師），三年乃東遷（徙），止於成周」，很可能晉文侯立平王於京師也是承前文的「周亡王九年」。三年以後東遷，即是公元前七七〇年，也即《史記・十二諸侯年表》所謂的「平王元年，東徙雒邑」。筆者以為這種可能性更大。（〈也說

「周亡王九年〉，2012 年 1 月 12 日）

王紅亮：我們對清華簡《繫年》第二章主要涉及到周平王東遷的相關史事的四個定點作一總結：第一、「幽＝王＝（幽王，幽王）及白（伯）盤乃滅，周乃亡」這應該是幽王與伯盤之死在西元前七七一年，《繫年》認為這是「周乃亡」的標誌。第二、「〓（攜）惠王，立廿＝（二十）又一年，晉文侯〓（仇）乃殺惠王於〓（虢）」，卽〓（攜）惠王被殺是西元前七五〇年，攜王立二十一年為晉文侯所殺。第三、「周亡王九年，邦君者（諸）侯女（焉）〓（始）不朝于周。」「**周亡王九年**」卽周幽王九年，**亦卽西元前七七三年**。第四、晉文侯乃逆坪（平）王於少鄂，立之於京白（師），三年乃東〓（徙），止於成周。平王之立是在周幽王九年，西元前七七三年；先是在西申被申侯等立為天王，由於遭到周幽王與伯盤圍西申，於是平王離開西申到少鄂，晉文公將其迎接到京師後重新立為王。因此，周平王元年應該是周幽王九年，西元前七七三年。而東遷實際上在平王三年，卽西元前七七〇年。而《史記·十二諸侯年表》將其合而為一，這說明清華簡《繫年》與《史記·十二諸侯年表》實際上是兩套紀年系統。（〈清華簡《繫年》中周平王東遷的相關年代考〉，《史學史研究》，2012 年第 4 期）

魏棟：對「周亡王九年」重新斷讀為「周亡。王九年……並依序探討「周」是何王之周、「王」是哪一個王、「九年」是依誰的紀年等三個問題。

1 將「周亡王九年」之「周」認為是為攜惠王之周。首先，斷讀問題，應將「晉文侯仇乃殺惠王于虢。周亡王九年，邦君、諸侯焉始不朝于周……」讀為「晉文侯仇乃殺惠王于虢，周亡。王九年，邦君、諸侯焉始不朝于周……「亡」字字義、用法及習慣表達的角度分析，「周亡王九年」都應當斷讀。若將「亡」理解為「無」，則為「周無王九年」，「無王」古籍可見，然「A（國號）無王亡 B（時間）」的形式的表達並未出現過，故不可連讀。若將「亡」理解為動詞死亡或滅亡，於此解釋都不妥。但若將「周亡王九年」在「亡」字后斷讀，則上下文文意暢

然可通，而且「A（國號）」、「王B（時間）」這樣的表達在先秦兩漢古籍中常見。當然，在先秦兩漢古籍中「亡王」二字確實可以連讀，意思是亡國之君。其次，從內證的角度來考察。《繫年》第二章內容可以以「周亡」二字為界分為兩部份，「周亡」以前的簡文（包括「周亡」二字）為第一部份。第一部份包括兩層意思：第一層意思是周幽王因寵愛褒姒而驅逐宜臼，申、繒、犬戎攻殺幽王，從而「周乃亡」；第二層意思是余臣被立，二十一年後又被晉文侯攻殺，從而「周亡」。這兩層意思可謂層次分明，「周乃亡」之「周」顯然指的是西周，「周亡」之「周」指攜惠王之周。「周乃亡」與「周亡」分別指西周滅亡和攜惠王之周滅亡。「周亡」之「周」不可能指西周，因為早在「周亡」二十一年前，西周已經「周乃亡」了。其三，攜惠王之周的正統性問題。攜惠王之周的正統性與攜惠王的正統性本質上為同一個問題。幽王被殺後攜惠王才是周王朝的正統天子，只是由於平王一派在攻殺攜惠王以後，為了詆毀攜惠王，宣揚自己的正統地位，攜惠王的正統地位才漸漸被抹去。從二王各自擁立者的身份可以看出，代表宗周勢力的虢公翰與申、繒、許、晉等少數民族諸侯，攜惠王才是幽王的正統接班人，故周幽王被殺後的所謂「周二王並立」時期，攜惠王當為正統，平王為僭偽。從謚號來考察，「惠」乃嘉謚，可見攜惠王應頗得民心。總之，「周亡，王九年」之「周」指的是攜惠王之周。

2 「（周亡）王九年」之「王」當指周幽王，原因可從《繫年》第二章文本文意和「王」字的使用情況來分析，認為《繫年》中冠謚號的王有周幽王、周攜惠王、周平王及楚文王，共十三次，另外有「王」字單用的情形，此皆指幽王，加上以「（幽王）王九年，邦君者（諸）侯乇（焉）訇（始）不朝于周。」與《國語·鄭語下》所云「幽王……九年而王室始騷」之句可以印證，因此「周幽王九年說」是很合理的。《繫年》云：「王九年……晉文侯乃逆平王于少鄂，立之于京師。三年，乃

東徙，止于成周。」這裡的「三年」指的是平王被晉文侯迎立於「京師」的第三年。由上文知，平王奔晉并被晉文侯擁立是在公元前七七三年，從而可知「三年，乃東徙」之「三年」指公元前七七〇年。清華簡《繫年》所記平王東遷在公元前七七〇年，這與《史記》的記載是相同的。據「攜王奸命，諸侯替之，而建王嗣，用遷郟鄏」，而認為平王東遷是在攜惠王被殺之後，是不正確的。平王東遷年份為公元前七七〇年，太史公所說不誤，由清華簡《繫年》推出的平王東遷年代亦不誤。

3　所以，「周亡王九年」之「九年」指周幽王九年，殆無異議。（〈周亡王九年及相關問題新探〉，2012 年 7 月 3 日）

王連成：針對魏棟「周亡。王九年……」法提出質疑：

以「周亡王九年」的「周」特指「攜惠王」之「周」，而後面的「王」則指周幽王。不利於這一觀點的證據在於此章前面已經出現「周乃亡」三個字，此時再現「周亡」且不加以特別說明必將引起混亂，這是作文之大忌。假如真如魏文所謂，必用特指。整理者注曰：「周亡王九年，應指幽王滅後九年」，雖然有些模糊，但大抵不錯，因為根據緊接著的「邦君、諸侯焉始不朝于周」可以判斷，記錄者實際上不承認後來的「王」為「周王」。故「周亡王九年」當指「周失掉（幽）王（以後）的第九個年頭」。《說文》：「亡，逃也。」是「失掉」、「不再有」的意義。幽王死後，不同的朝廷派系分別立平王和攜王，造成二王並存的混亂局面，直到平王二十一年後，晉文侯殺攜王，才結束這種局面。然而，這種局勢已經大大地削弱了王朝的統治力，早在幽王死後九年，諸侯就開始「不朝于周」。該文獻告訴我們，周王朝的影響力不是毀於一旦，而是經過一個過渡時期。另一種觀點是把「周亡王九年」理解為周朝在幽王死後九年的時間裏沒有「王」。不利於這種觀點的證據有以下幾點：首先，歷史上多王並存的現象屢見，但無王的現象不可能存在，因為總會有強勢集團出來「稱王」；其次，史書中平王的

年號與幽王的年號相連續，本身說明不存在「無王」的時期。即便平王相對于攜王處於劣勢，也不能說「無王」……當時的史家認為，到幽王，周已經結束，其後「國將不國」，名存實亡。故經過兩個時期（引按：指「春秋」、「戰國」，王連成先生以為兩詞皆帶有貶意。），歷時幾百年，周終於被秦，一個戍邊團體，後來才被提升為諸侯國，所滅亡。後來的史學家分稱其為西周、東周。二王同存的狀態正是「春秋」之始。

王連成先生對「周亡王九年」的結論是「《繫年》具有明顯的紀年體，這是公認的。因此，章節的時序應該得以重視。『周亡王九年』不是指東周頭九年沒有王，而是與下文緊密相關，述說（西）周王朝結束後的第九個年頭開始，各路諸侯就開始不朝于周了。」（〈「周亡王九年」的理解問題〉，「簡帛研究」網站，2012 年 7 月 8 日）

朱鳳瀚：比較《繫年》與《紀年》之紀錄，可得出以下幾點：

其一，簡文史事記述與《紀年》是不同體系。簡文看起來先是處於幽王立場，故擁攜王，稱之為「惠王」，在攜王在世時不承認平王，指中承認「惠王」存在。也正由此，在攜王被殺後，簡文言周處于「亡王」期，是不承認《紀年》所云此前為「二王並立」局面。其二，簡文講攜王時只講其是幽王之弟，而《紀年》強調平王有太子身份，攜王是「以本非適」。其三，簡文承認攜王，故以之所立年紀年，而《紀年》承認平王，實際是以平王所立年紀年。

這樣看來，簡文與《紀年》所記的基本史事與發生年代並無不同，所以有差別，是基於對待平王與攜王的兩種不同立場。依照簡文體系，平王一直到「攜惠王」立二十一年被殺後九年，才被晉文侯立於京𠂤，又過三年東遷於成周，此距幽王卒年已有二十四年了。當然如依照《紀年》體系，則平王立於京𠂤之三年，也是攜王立於虢地三年，當平王東遷至成周後，又過十八年，攜王才在虢地被殺。

由於依《紀年》體系，平王在幽王卒後即繼位，則其元年仍從前七七

○計起，其何時遷至成周，固然可以考慮簡文的記述，但不影響傳統的東周元年以平王元年計算的方式。所以，簡文與《紀年》以及《史記》的主要差別，似不在年代記述有歧義，而主要在於周平王究竟何時東遷至成周。

我們也可以推測，《紀年》講西周史事本於晉國史書，而平王為晉文侯等擁立，自然站在平王立場，那麼，《繫年》中記述「攜惠王」的文字，則很有可能是站在西周末葉擁戴幽王及站在攜王立場的史官所記。(〈《繫年》所記西周史事考〉，頁11-15)

劉國忠：如果依據清華簡《繫年》的記載，周王廷曾出現了『亡王九年，邦君諸侯焉始不朝于周』的嚴重局面，按照整理報告的注解，『周亡王九年』，應指幽王幽王滅後九年。但是如果結合本段簡文的上下文，似乎更應理解為晉文侯殺攜惠王之後，周曾出現了長達九年的亡王狀況。如果這一記載屬實的話，那麼在周幽王死後，先是出現了攜惠王的政權，攜惠王被殺後，又過了九年的時間，太子宜臼才被晉文侯擁立為王，平王即位已經是幽王辭世三十年以後的事情了，如果這一記載可信的話，當時並沒有出現『周二王並立』的局面。根據清華簡文的記載，晉文侯曾把周平王接到少鄂。整理報告已經指出，少鄂可能即《左傳》隱公六年所提到的晉地鄂，在今山西相寧。晉孝侯之子被稱為鄂侯，即與此地有關。後來進文侯在京師擁立周平王為君，整理報告認為，京師即是宗周。周平王立三年後，才遷到洛邑。如果按照這個時間表，幽王死後，攜王在位二十一年，被晉文侯所殺，周無王九年，然後平王即位，三年後東遷洛邑，前後已經歷三十三年。這樣推算下來，平王東遷的時間應該是在公元前七三七年前後，這與我們以往對於周史的認識可謂大相逕庭。應該說，如果周平王是在公元七三七年左右才東遷，再文獻上是可以找到一些相關證據的。《左傳‧僖公二十二年》：

初，平王之東遷也，辛有適伊川，見披髮而祭於野者，曰：「不及百

年，此其戎乎！其禮先亡矣。」秋，秦、晉遷陸渾之戎於伊川。

　　魯僖公二十二年為公元前六三八年。按照按照《左傳》的這一敘述，周平王東遷的時候，辛有在伊川看到了一幕不遵循禮儀而祭祀的場景，於是斷言不到百年，這一地區將成為戎人所有，因為其禮儀已經預先消亡。結果，到了魯僖公二十二年亦即公元前六三八年的秋天，秦國和晉國把陸渾之戎遷到伊川，這一地區果然為戎人所有。如果平王東遷確實是在公元前七三七年左右，正好就應驗了辛有的這個預言。我們都知道，《左傳》、《國語》中常常記載了一些重要的預言，最後都被歷史所證實，前面所提到的《國語・鄭語》中史伯對於周王室將亂的驚人預見即屬於這一情形。這些預言實際上有很多是後人根據歷史的發展情況所作的加工，反映了歷史的發展脈絡。辛有的預見也應該屬於者一類型，很可能說明周平王東遷要晚於公元前七七〇年。然清華簡《繫年》的記載也有一些問題，如果周平王是在攜王二十一年被殺，周無王九年之後被擁戴為王，顯然又與其他一些記述相矛盾，其一，這一年代與許多傳是文獻的記載不合。如果平王即位要晚到七四〇年前後，東遷要到公元七三七年左右才進行的話，秦襄公、衛武公、鄭武公等人就不可能擁立周平王並互送平王東遷。三人皆已辭世。其次，這一記載也與《繫年》本身的內容相矛盾。晉文侯辭世在公元前七四六年，那麼晉文侯只有殺攜王之舉，而無擁立周平王之事。（〈看周平王東遷的相關史實〉，頁6）

　　晉侯之臣：我覺得《繫年》照字面讀就是：幽王死後攜王立，立二十一年被殺；再接下來九年周無王，平王於九年後立；平王立三年東遷。這樣記載應該並非無稽，《左傳》魯僖公二十二年：

> 初平王之東遷也，辛有適伊川，見披髮而祭於野者曰：「不及百年此其戎乎？」秋，秦、晉遷陸渾之戎於伊川。

魯僖公二十二年是前六三八年，此前一百年就是前七三八年。那麼《左傳》認可的平王東遷年應該在前七三八年前後，距離幽王敗死的前七七一年有三十三年差距，按照各類傳世文獻都是無法說通的。如果按照《繫年》，幽王敗死後周積年為：携王二十一年＋無王九年＋平王三年（東遷）＝三十三年，正合。

嚴格說，這三十三年裡面的年代由「當年／逾年」、「立／即位」的算法問題，是有點出入的，實際情況應該略少于三十三年。所以僖公二十二年傳文的「初平王之東遷也辛有適伊川」所述「不及百年」的預言應該是平王東遷稍後的事情，似并非平王東遷当年。

無論如何，《繫年》照字面理解，與《左傳》吻合而與《史記》等不合，應該有據。（〈清華大學讀書會研讀箚記（二）〉跟帖，2012 年 1 月 17 日）

子居：此章中的「邦君、諸侯」指虢公等人，幽王與伯盤既死，「周乃亡」說明幽王之弟余臣得虢公之助而立於虢是幽王被殺很久以後的事。其間周無王九年。顯然，若幽王方死，周平王或幽王之弟余臣及得立的話，就不能說是「周乃亡」了。由此可知，「周乃亡」指的就是「周亡王九年」。其後平王即位，為表示周天命不絕，故以周無王之始年為平王元年，基於同樣的緣故，周攜惠王的元年，也是自周無王之始年起。整理者言「周亡王九年，應指幽王滅後九年，時間上是正確的。」

因為「邦君、諸侯焉始不朝周」的緣故，所以晉文侯在周平王成年時立周平王於京師，而虢公立幽王之弟余臣于虢。周攜惠王多得于諸侯，故諸侯多不朝于周平王。此點由周攜惠王謚為「惠」亦可見。《逸周書‧謚法》：「柔質慈民曰惠，愛民好與曰惠。」故「惠」非惡謚，可證周攜惠王多得于諸侯。其後三年，一方面為避戎禍及異姓申侯等的控制，一方面為接近中原諸國並構成政治影響，故晉文侯將平王遷至成周，也是可以理解的。以理推測，若晉文侯殺攜惠王時，並未立周平王，則其殺攜惠王的行為是「弒君」。但若是已立周平王，則其殺攜惠王的行為是「討貳」。這也說明

晉文侯立周平王當是在殺攜惠王之前。前一章已經說明，清華簡《繫年》
的敘述順序並非嚴格遵循時間順序。本章的敘事先後，再一次說明了這一
點。

　　劉國忠先生在《從清華簡〈系年〉看周平王東遷的相關史實》一文提
出：「如果依據清華簡《繫年》的記載，周王廷曾出現了『亡王九年，邦君
諸侯焉始不朝于周』的嚴重局面，按照整理報告的注解，『周亡王九年』，
慮指幽王滅後九年。但是如果結合本段簡文的上下文，似乎更應該理解為
晉文侯殺攜惠王之後，周曾出現了長達九年的亡王狀況。如果這一記載屬
實的話，那麼在周幽王死後，先是出現了攜惠王的政權，攜惠王被殺後，
又過了九年的時間，太子宜臼才被晉文侯擁立為王，平王即位已經是幽王
辭世三十年以後的事情了，如果這一記載可信的話，當時可能並沒有出現
『周二王並立』的局面。」並引《左傳・僖公二十二年》：「初，平王之東
遷也，辛有適伊川，見被發而祭於野者，曰：『不及百年，此其戎乎！其禮
先亡矣。』秋，秦、晉遷陸渾之戎于伊川。」段為據，以為「魯僖公二十
二年為西元前六三八年。按照《左傳》的這一敘述，周平王東遷的時候，
辛有在伊川看到了一幕不遵循禮儀而祭祀的場景，於是斷言不到百年，這
一地區將為戎人所有，因為其禮儀已經預先消亡。結果，到了魯僖公二十
二年亦即西元前六三八年的秋天，秦國和晉國把陸渾之戎遷到伊川，這一
地區果然為戎人所有。如果平王東遷確實是在西元前七三七年左右，正好
就應驗了辛有的這個預言。」其說顯然不能成立，據《左傳》所記，辛有
適伊川只能確定在平王東遷之不久，而不宜具體認為就是平王東遷的當年。
又及，《左傳・僖公十一年》即已有「夏，揚、拒、泉、皋、伊、洛之戎同
伐京師」的記載，可見伊川為戎人所居，亦不始自僖公二十二年。再看《左
傳・昭公九年》所記：「先王居檮杌於四裔，以禦螭魅，故允姓之奸，居於
瓜州，伯父惠公歸自秦，而誘以來，使逼我諸姬，入我郊甸，則戎焉取之。
戎有中國，誰之咎也？後稷封殖天下，今戎制之，不亦難乎？伯父圖之。

我在伯父，猶衣服之有冠冕，木水之有本原，民人之有謀主也。伯父若裂冠毀冕，拔本塞原，專棄謀主，雖戎狄其何有餘一人？」則是以戎居中國為晉惠公時（雖然事實上中國本即是戎之故居），那麼由此上溯百年，正為周平王二十一年。因此可知，《左傳·僖公二十二年》所記，不過是將收集到的材料隨文編入而已，明顯不能據此認為「平王東遷確實是在西元前七三七年左右」。（〈1～4章解析〉）

虞同：清華簡《繫年》中也有幽王被殺、平王東遷的內容，可與史書記載相比照。其中雖沒提及平王何時稱王，但也有前所未知的信息，比如首次指明攜惠王余臣是幽王之弟；平王被晉文侯迎立于京師之前並未稱王，立三年之後纔東遷（此時已是幽王身死後的第十二年）等。

有學者依據《繫年》推測平王東遷的時間應該在前七三七年前後，即攜王在位二十一年並為晉文侯所殺，周九年無王，平王被迎立並在三年後東遷，此時已是幽王死後的第三十三年。這個說法是有疑問的，從《繫年》簡文來看，周無王九年的時間應包括在攜王的二十一年裡，之所以「無王」，是擁立平王、攜王的雙方利益無法協調，所以晉文侯祗好武力解決攜王，結束「二王並立」的局面（即《鄭語》所謂的「晉文侯於是乎定天子」）。因此，依《繫年》的內容，平王繼立是在幽王死後的第九年（前761年或前760年）。

由於現有資料的來源不一，其真實可靠性也應有所區別，平王繼立、東遷的時間目前還難以斷定。本文推測，可能《紀年》、《繫年》的內容並非不可統一，即申侯等擁立宜臼確實在幽王敗亡之前，祗不過不爲王朝史官所認可，幽王死後，以申、虢爲代表的雙方都想繼承大統，導致二王並立、諸侯不朝，沒有一直認可的天子，於是晉文侯殺攜王、強力扶正平王，由此拉開了春秋史的大幕。由於記錄這段史實的立場不同，敘述、取捨的角度不一，纔導致相關文獻在內容上的歧異。（〈讀《繫年》箚記（一）〉，復旦網，2011年12月22日）

laomen：以「然而，幽王、伯盤殞其身，申、曾、許侯勢必即刻擁立宜臼為王；即便此種擁立未必為其他諸侯所認可，平王日後登基，自然還可以回頭追溯紀年。如此，則「携惠王」二十一年也即平王二十一年，何驚之有哉？」認同二王並立之紀年年數相同。故其年表為：

公元前 771 年－幽王、伯盤被殺

公元前 770 年－携惠王元年 ＝ 平王元年（追記）

公元前 762 年－平王立于宗周

公元前 759 年－平王東遷成周

公元前 750 年－攜惠王被殺

公元前 746 年－晉文侯薨

公元前 720 年－平王陟

（又言）「周亡王九年」＝「宗周无王」之第九年。（〈也說「周亡王九年」〉跟帖，2012 年 1 月 23 日）

李學勤：所謂「周亡王九年」，當然不能由攜王被殺算起，因為那樣就超過了晉文侯在位的下限。「九年」是從幽王之死計算，相當晉文侯十九年，西元前七六二年。……至於簡文于攜王死後另說「周亡王九年，邦君諸侯焉始不朝于周」，或提出在「亡」字下斷讀，這恐難成立。因為上面于幽王、伯盤死後已說了「周乃亡」，與此處呼應，不會再講「周亡」了。「周亡王九年」還應是「周無王九年」，這是由於宜臼在申，余臣在鄡，都不在王都，也都未能得到普遍承認。周之無王，還是只可由幽王之滅算起。（〈由清華簡《繫年》論《文侯之命》〉，《揚州大學學報》2013 年 3 月第 2 期，頁 50、51）

雯雯按：簡文云：「立二十又一年，晉文侯仇乃殺惠王于虢。周亡王九年，邦君諸侯焉始不朝于周，晉文侯乃逆平王于少鄂，立之于京師。三年，乃東徙，止于成周。」簡文中攜惠王與平王紀年引起諸位學者熱烈討論，其相應之紀年與說法如下：（＊本表格西元以「周幽王」卒於西元前 771 年，

攜惠王元年為西元前 770 年，攜惠王卒年為 750 年為基準）

西元前	周幽王紀年依《史記》	周平王紀年依《史記》	晉文侯在位依《史記》	周攜王紀年依《繫年》	相關紀事與諸家說法
80	二年		晉文侯仇元年		
79	三年 *王取褒姒				***王紅亮**以為，伯盤應在幽王三年（公元前 779 年）稱王，也是「周亡王九年」的開始，到周幽王十一年結束，即 779-771B.C。**雯雯按**：其說會造成西周幽王時有二王並立的現象（與其子伯服）。
78	四年				
77	五年 *秦襄公元年				*《今本竹書紀年》：「幽王五年。王世子宜臼出奔申。」
76	六年				
75	七年				
74	八年				*《太平御覽》卷 147 皇親部引《紀年》曰：「幽王八年，立

					襃姒之子伯盤，以為太子。」
73	九年				＊《今本竹書紀年》：「九年。申侯聘西戎及鄫。」 ＊**王紅亮**另一說：以「周亡王」指周幽王，「周亡王九年」即周幽王九年，亦即公元前 773 年，而三年後平王東遷，與《史記》說同。自認為此說可能性較大。 ＊**魏棟**以其自斷句為「周亡。王九年。」之故，以為「周亡王九年」之「王」當指周幽王九年。平王奔晉并被晉文侯擁立是在公元前 773 年，從而可知「三年，乃東徙」之「三年」指公元前 770 年。認為清華簡《繫年》所記平王東遷在公元前 770 年，這與《史記》的記載是相同的。
72	十年				＊《今本竹書紀年》：「十年春。王及諸侯盟于太室，秋九月，桃杏實，王師伐申。」
71	十一年 （卒） ＊幽王為犬戎所殺		十年 ＊周幽王無道，犬戎殺幽	＊幽王起師，圍平王于西申，申人弗	＊《竹書紀年》：「十一年，申人、鄫人及犬戎入周，弒王及王子伯盤。申侯、魯侯、許男、鄭子立宜臼於申，虢公翰立王子余臣於攜（下注：是為攜王，

＊鄭恒公三十六年，以幽王故，為犬戎所殺。「犬戎殺幽王於驪山下，並殺桓公。」（《史記·鄭世家》）＊衛武公四十二年，「犬戎殺幽王。武公將兵往佐周平戎。甚有功。周		王。周東徙。而秦襄公始列為諸侯。	昇，繒人乃降西戎，以攻幽王幽王，幽王及伯盤乃滅，周乃亡。	二王並立）。」＊《史記·周本紀》:「幽王以虢石父為卿用是，國人皆怨。石父為人巧佞善諛、好利。王用之，又廢申后去太子也。申侯怒，與繒、西夷、犬戎攻幽王。幽王舉烽火徵兵，兵莫至。遂殺幽王驪山下。虜褒姒，盡取周賂而去。於是諸侯乃及申侯而共立故幽王太子宜臼，誓為平王，以奉周祀。平王立，東遷于雒邑辟戎寇。」＊《史記·秦本紀》:「七年春，周幽王用褒姒子為適，數欺諸侯。諸侯叛之。西戎犬戎，與申侯伐周，殺幽王於酈山下。而秦襄公將兵救周，戰甚力有功。周必避戎難，東涉雒邑。襄公以兵送周平王。平王封襄公為諸侯，賜以岐西之地。曰：『戎無道，侵奪我岐豐之地，秦能攻逐戎，即有其地。』與，誓封爵之。」

		平王元年 *東徙雒邑 *鄭武公滑突元年。	十一年	攜惠王元年 *邦君諸正乃立幽王之弟余臣于虢，是攜惠王。	
	平王命武公為公。」（《史記·衛世家》）				
70	周幽王卒後一年	平王元年 *東徙雒邑 *鄭武公滑突元年。	十一年	攜惠王元年 *邦君諸正乃立幽王之弟余臣于虢，是攜惠王。	*朱鳳瀚認為依《紀年》體系，平王在幽王卒後即繼位，則其元年仍從前770計起，其何時遷至成周，固然可以考慮簡文的記述，但不影響傳統的東周元年以平王元年計算的方式。
69	周幽王卒後二年	二年	十二年	二年	
68	周幽王卒後三年	三年	十三年	三年	
67	周幽王卒後四年	四年	十四年	四年	
66	周幽王卒後五	五年	十五年	五年	*《史記十二諸侯年表》：「秦襄公十二年，伐戎，至岐而死。」

	年				
65	周幽王卒後六年	六年	十六年	六年	＊《史記十二諸侯年表》:「秦文公元年。」
64	周幽王卒後七年	七年	十七年	七年	
63	周幽王卒後八年	八年	十八年	八年	
62	周幽王卒後九年	九年	十九年	九年	＊**整理者**以為「周亡王九年」乃指幽王滅後九年。 ＊**清華大學出土文獻讀書會**贊同整理者的意見。並認為在幽王死後九年，平王才由晉文侯、鄭武公、齊襄公、衛武公、魯侯等眾多實力強大的諸侯擁護為王。此年即晉文侯十九年，也即是公元前761年。三年后平王正式東遷，即公元前758年。攜王立二十一年為晉文侯所殺，即晉文侯三十一年。 ＊**虞同**認為「周無王九年」應包含在攜王21年內，而平王繼立是在幽王死後的第九年（前761年或前760年）。

					*知北遊（王寧）認為「無王九年」指攜惠王在位的前九年。十二年後（即二十一年）晉文侯殺攜王，擁立宜臼，結束無王時期，「三年以後，平王東遷成周。平王的紀年仍然從幽王被殺后的第二年算起，即包括攜王在位的二十一年，他實際在位應是三十年。」按：王寧認為《繫年》仍以攜惠王非正統，而其在位 21 年，都是「無王」之時。
					*王連成：「周亡王九年」當指「周失掉（幽）王（以後）的第九個年頭」。《說文》：「亡，逃也。」是「失掉」、「不再有」的意義。
					*子居：「周乃亡」指的就是「周亡王九年」。認為攜惠王與平王不可能在幽王死後立刻即位，其後二人即位後，追其元年以周無王之始年起。
					*laomen 以為「周亡王九年」即「宗周无王」之第九年。公元前 762 年，平王立于宗周，759 年平王東遷成周。然以平王

				元年 770 年為追紀。
61	周幽王卒後十年	十年	二十年	十年	*《史記十二諸侯年表》：「鄭武公十年，取申侯女武姜。」
60	周幽王卒後十一年	十一年	二十一年	十一年	
59	周幽王卒後十二年	十二年	二十二年	十二年	
58	周幽王卒後十三年	十三年	二十三年	十三年	*據《史記十二諸侯年表》衛武公五十五年卒。
57	周幽王卒後十四年	十四年	二十四年	十四年	*《史記十二諸侯年表》：「衛莊公楊元年。」
56	周幽王卒後十五年	十五年	二十五年	十五年	
55	周幽王卒後十六年	十六年	二十六年	十六年	
54	周幽王卒後十七年	十七年	二十七年	十七年	
	周幽王	十八年	二十八	十八年	

53	卒後十八年		年	
52	周幽王卒後十九年	十九年	二十九年	十九年
51	周幽王卒後二十年	二十年	三十年	二十年
50	周幽王卒後二十一年	二十一年	三十一年	＊立二十又一年，晉文侯仇乃殺惠王于虢。周亡王九年，邦君者諸侯焉始不朝于周。	＊《左傳》昭公二十六年《正義》引《紀年》「二十一年，攜王爲晉文所殺。以本非適，故稱『攜王』。」 ＊整理者以爲攜惠王在位21年。
49	周幽王卒後二十二年	二十二年	三十二年		＊陳劍：「周有九年沒有王」之意（因攜惠王被殺、平王尚未被迎立；諸侯因而自此不朝于周）。 ＊華東讀書小組以爲「周無王當政，已歷九年」，幽王有十年，才由虢公立幽王弟余臣爲

					攜王,「又有二十一年,攜王被弒,周有九年的時間無王,然後才是平王即位。」
					＊**董珊**亦云《繫年》中沒出現申侯立平王,又說晉文侯殺攜惠王于虢,周無王九年、晉文侯迎平王于少鄂、立于京師,三年之後東遷至成周。所以,不存在「周二王並立」的事。
					＊**劉國忠**認為若《繫年》記載屬實,則幽王死後,攜王即位,而攜王死後有九年無王,後平王才即位。此時已是幽王卒後三十年以後。當時並沒有出現『周二王並立』的局面。
					＊**晉侯之臣**:我覺得《繫年》照字面讀就是:幽王死後攜王立,立 21 年被殺;再接下來九年周無王,平王於九年後立;平王立 3 年東遷。
					＊**朱鳳瀚**:依照簡文體系,平王一直到「攜惠王」立二十一年被殺後九年,才被晉文侯立於京師,又過三年東遷於成周,此距幽王卒年已有二十四年。

48	周幽王 卒後二 十三年	二十三 年	三十三 年		
47	周幽王 卒後二 十四年	二十四 年	三十四 年		
46		二十五 年	**三十五 年**		*據《史記十二諸侯年表》此 年晉文侯卒。
65					*《史記十二諸侯年表》:「晉 昭侯元年」。

　　對於「攜惠王立二十一年」的解讀,整理者提出指攜惠王的在位年數,學者並無異議。但對於實際的在位年數,有學者認為可能是追記,子居以為「周乃亡」之與指「周亡王九年」之事,攜惠王與平王皆非幽王死後立即即位,然其紀年都追溯到周無王之始年,laome 則認同二王並立的年數相同,周平王的元年為追紀,等同於攜惠王的元年。

　　「周亡王九年」則有不同的看法:

1　幽王滅後九年(即攜惠王九年)

　　整理者提出此指幽王滅後九年,即等於攜惠王九年之時,此九年包含在攜惠王的在位年數中,同於此說的有清華讀書會、華東讀書小組、虞同、王寧、王連城、子居、laomen。

2　攜王死後,周有九年無王

　　指攜王死後,周朝有九年無王的空白時間,即在攜惠王在為年數之外,持此說者有陳劍、劉國忠、董珊、朱鳳瀚。

3 幽王在位第三年

　　王紅亮先生在〈也說《清華簡‧繫年》的「周亡王九年」〉中認為周亡王九年指幽王三年，而幽王三年伯服稱王，故此年為周亡王九年的開始，到幽王十一年結束。

4 幽王在位第九年

　　王紅亮先生以「亡王」為亡國之君，故指幽王九年。魏棟先生則重新斷句，以「周亡王九年」，應以「周亡」為上句，「王九年」屬下讀。「王九年」指幽王九年，結合下文則周平王在幽王九年即已被立為王。

　　王紅亮先生與魏棟先生之說不可信。王紅亮先生以為「亡王」指亡國之君，指幽王，而平王三年東遷，其說使平王即位元年與《史記》一致。然前文說幽王者皆明稱幽王，何以此處要以「亡王」指稱「幽王」？此說仍過於遷強。其云「周亡王九年」在幽王三年，以太史伯陽「周亡矣」與「禍成矣，無可奈何」認為史書也以此年作為周亡的開始，但此乃預告周將亡，如《鄭語》提及幽王、褒姒及虢石父之事，史伯亦言「周之亡，不出三稔。」同時此乃經剪裁之文章，如劉國忠先生所云「這些預言實際上是很多後人根據歷史的發展情況所做的加工，反映了歷史的發展脈絡。」故如王彪（網名）先生云：「有一點不甚明白，如果是幽王三年立伯盤為王，那幽王地位如何呢？『太上王』嗎？能理解為西周出現父子同時為王的情況麼？伯盤至多當被立為太子而非立為王。我認為周太史伯陽讀史記曰：『周亡矣。』應當還是對幽王這種廢長立幼、毀壞國本行為的哀歎，而非西周出現二王的記載。」（〈周亡王九年〉跟帖，2012 年 1 月 13 日）或虞人（網名）提出說「（王紅亮）前文先說『平王東遷在平王正式成為周王後三年，即西元前 758 年』，文末又說『晉文侯在晉都京師立平王三年後，平王於西元前 770 年東徙，此年乃平王元年』——怎麼理解？被立三年後才有元年？」（〈周亡王九年〉跟帖，2012 年 1 月 12 日）

　　魏棟先生重新斷句，以「王九年」指幽王九年，另闢蹊徑以宜臼即位之年為幽王八年或九年。宜臼出奔西申，是否立刻被立為王，於史學上仍待討論，且從作文之法上，王連成先生已提出前章既已出現「周乃亡」，此處再有「周亡」且不加以特別說明必將引起混亂，是作文大忌。且以「邦君、諸侯焉始不朝于周」來判斷，應是指不承認後來的「王」為「周王」，不須特意在此處點斷。

　　以「攜王死後，周有九年無王」之說的瑕疵是無法與「定天子」的晉文侯在位年數相合。若《史記・諸侯十二年表》無誤，晉文侯在位三十五年，殺攜王時已經是在位三十一年了，因此晉文侯只能殺攜王，而不能在九年後擁立平王，甚至輔佐平王東遷。因此「周亡王九年」不可能是攜王二十一年死後的九年。而且對簡文的解讀，認為此處未必有嚴格的邏輯關係，簡文可分為三部份：

　　「周幽王取妻于西申」，至「幽王及伯盤乃滅，周乃亡」。

　　「邦君諸正乃立幽王弟余臣于虢」至「晉文侯仇乃殺惠王于虢」。

　　「周亡王九年，邦君諸侯焉始不朝于周」至「三年，乃東徙，至于成周」。

　　幽王象徵西周的結束，也是最主要的背景。之後分別論述攜惠王與平王。故幽王部分「周乃亡」指西周因幽王、伯盤被滅而亡，如同史書皆稱此事為「周亡矣」。攜惠王則交代其立與死之始末，王寧（知北遊）先生認為這是解釋性的文字，為平王正統性做鋪陳。從「周亡王九年開始」乃交代平王何以得立，並且東遷成周。若與《汲冢竹書紀年》相看：

　　　（伯盤）與幽王俱死於戲。先是，申侯、魯侯及許文公立平王于申，以本太子，故稱天王。幽王既死，而虢公翰又立王子余臣于攜。周二王並立。以本非適，故稱攜王。

即可看出在《繫年》此章在敘事上如同子居先生所言並非有嚴格的先後順序，而是採取敘述事情本末的方式。而朱鳳瀚先生也提出關於「攜惠王」的記載可能是屬於攜王史官所記，若《繫年》是據不同史料寫成，那更可證明此可分段獨立來看。同時依照《史記》與《紀年》的材料，平王很有可能在幽王死後被申侯為主的諸侯擁立，但《繫年》開首前幾章敘述西周衰微而諸侯國興起之事時提及晉文侯擁立平王與晉文侯殺攜惠王之事，與《左傳》隱公六年周桓公告桓王曰：「我周之東遷，晉、鄭焉依」（《左傳注》，頁 51）及《鄭語》「晉文侯於是乎定天子」（《集解》，頁 477）之說一致，平王在幽王死後第九年時，即攜惠王九年時可能再次被晉文侯為主的諸侯立為王（或是得到晉文侯的承認），因此「周亡王九年」必須依晉文侯的紀年推算，故仍整理者之說較為近實。現今史書，如《史記》並無攜王一段，而以平王奉周祀，故東周紀年由其始，《繫年》之說雖遲至幽王卒後九年後才即位，若考慮平王紀年是否有所謂「追溯」的現象，那麼此說亦非殊怪之論。然而「三年，乃東徙，止於成周」，東遷的年限恐怕留待討論。

補記： 王暉先生認為這一節的時間序列應是：幽王、伯盤滅亡後「周乃亡」→「周滅亡」後幽王之弟余臣被邦君諸正立為周王，此為攜惠王→攜惠王立二十一年被晉文侯殺於虢→於是就出現了「周無王九年」的時期→晉文侯立平王于京師→立平王三年乃遷都成周。按照這樣一個時間順序，「周無王九年」只能在攜惠王二十一年被殺之後，不可能安排到攜惠王被殺的前面去。反過來說，攜惠王被殺後出現一個「無王」的「空檔」時期，只能說明之前周平王根本就未被立為周王。特別是清華簡《繫年》所說「晉文侯乃逆平王于少鄂，立之于京師」，「少鄂」之地，可能在今山西境內，離晉未遠。這說明平王在被立于京師之前，生活在少鄂一帶，完全是在民間生活。根本不是孔穎達所見唐初古本《竹書紀年》所說「申侯、魯侯及許文公立平王于申」，更不像《周本紀》所說「諸侯乃即申侯而共立幽王太子宜臼，是為平王……立，東遷於洛邑」。如果平王在幽王死亡之前被立，

或幽王死去不久便被立，不在申國之境，便在東都洛邑，或仍在宗周，怎會流亡在「少鄂」？這是清華簡《繫年》徹底否定平王在攜王被殺之前被立的鐵證，仍主張「周二王並立」或者想把平王被立移前的學者首先應回答這一問題。總之，據清華簡《系年》所說，以及與《左傳》甚至束晳所見《汲塚紀年》互證可知，周幽王死後的春秋初年，「邦君諸正」擁立幽王之弟余臣為王，此即攜惠王；攜惠王二十一年被晉文侯所殺，之後有「周亡王九年」的時期；再後才是晉文侯迎平王于少鄂，立之于京師；三年後才遷居洛邑；而平王在幽王死去的三十年間並未被立為王。這就是說，西元前七七〇至前七五〇年是以攜惠王的世系紀年；前七四九至前七四一年是一段「無王九年」的時期；前七四〇至前七二〇年才是周平王的世系紀年。這也就是說，如果清華簡《繫年》所記資料可信，在我國春秋早期世系以及周王在位年代要作一個很大的調整和改變。

⑪　邦君者（諸）侯厽（焉）訂（始）不朝于周

華東讀書小組：「邦君、者（諸）侯【正】焉始不朝于周」，從「卿士、諸正、萬民弗忍于厥心」、「邦君、者（諸）正乃立幽王之弟余臣于虢【攜】」等詞例來看，簡文「侯」字，應是「正」字之誤摹，否則，「邦君」即「諸侯」，「諸侯」即「邦君」，稍嫌辭費。(〈書後（一）〉)

雯雯按：「卿士、諸正、萬民弗忍于厥心」一句乃指西周厲王無道，事亦可見於《左傳》昭公二十六年：「至于厲王，王心戾虐，萬民弗忍，居王于彘。」《周語》云：「彘之亂，宣王在召公之宮，國人圍之。」傳注云參與此事者為國人，即居於王畿上之周人，並未涉及他邦君侯，故以此作「侯」為「正」字之誤摹並不能讓人信服。從《竹書紀年》與《清華簡》簡文，可知幽王滅後產生二王並立的現象，平王有申侯的支持，王子余臣亦有虢國的支持，各有擁立的勢力，既各有內服，則此處應著重於外服的朝與不

朝。外服，指領有周天子之命的邦君諸侯；「朝」則指朝覲之禮。如《詩・小雅・雨無正》第二章云：「周宗既滅、靡所止戾。正大夫離居、莫知我勩。三事大夫、莫肯夙夜。邦君諸侯、莫肯朝夕。庶曰式臧、覆出為惡。」〈雨無正〉的背景約在西周末年或東周之初，詩中有「周宗既滅」、「謂爾遷于王都」之語，故有學者以為這是東遷後所作。(《詩經全注》，頁 394)「三事大夫」指周天子三公，「邦君諸侯」即指諸侯，未嫌費辭。故不需視作誤摹。

建洲按：楚文字「女」雖為「安」的簡省，但多讀為「焉」，訓為「乃」，與「安」的用法不同，二者已經分化。《繫年》「安」見於十四章簡 69、70「安（晏）子」與「女」用法確實不同。

⑫ **晉文侯乃逆坪（平）王于少鄂**

整理者：少鄂，地名，疑即《左傳》隱公六年之晉地鄂，在今山西鄉寧。(頁 139，注 10)

華東讀書小組：「少（小）鄂」，山脈、城鎮、街巷，凡稱「小」者，為「舊」，云「大」者，恆為「新」，是知「少（小）鄂」者，乃「舊鄂」、「初鄂」也。整理者疑是《左傳・隱公六年》之晉地「鄂」，「在今山西鄉寧」。(頁 139)(〈書後（一）〉)

董珊：我覺得「少鄂」應區別于「鄂」，鄂是京師，少鄂是另一地名。(〈讀清華簡《繫年》〉，復旦網，2011 年 12 月 26 日)

子居：少鄂，整理者言：「疑即《左傳》隱公六年之晉地鄂，在今山西鄉寧。」所說或是。(〈1～4 章解析〉)

Laomen：少鄂，當不在晉地，否則晉文侯無須往其地逆（迎）平王。平王的母家是申，申侯乃滅周之發起者。周滅後，平王即便暫未得立，也當居於申侯之勢力範圍才是。《竹書紀年》說「申侯、曾侯、許文公立宜臼于申」，當有所本。無論宜臼在幽王死後即時登基與否，「少鄂」該當在申、

曾近旁,位於商洛至南陽一線。所謂「少鄂」,蓋是簡書寫作時代的人為避免與「當下」楚國之「鄂」相混淆,而給舊「鄂」起的別名。(〈董珊讀《繫年》〉跟帖,2012 年 1 月 23 日)

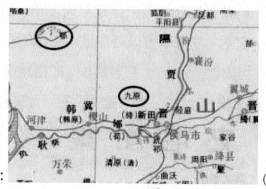

雯雯按:「鄂」地位置如右: (《歷史地圖集》,「春秋 晉秦」,頁 22-23) 又「逆」字作 ![], 與《金縢》簡九作 ![] 同形,而與《繫年》簡一○七作 ![] 的「屰」旁寫法略有不同。

⑬　立之于京𠂤(師)

整理者:《公羊傳》桓公九年:「京師者何?天子之居也。」此處當指宗周。《左傳》昭公二十六年《正義》引紀年云伯盤「與幽王俱死於戲。先是,申侯、魯侯及許文公立平王於申,以本大子,故稱天王。幽王既死,而虢公翰又立王子余臣於攜。周二王並立」,與簡文有所不同。(頁 139-140,注 11)

華東讀書小組:「京師」,「宗周」、「鎬京」也。又過三年,平王乃東遷於「成周」、「洛邑」。(〈書後(一)〉)

董珊:這種寫法的「京」字,是吳振武先生首先在二○一○年西泠印社舉辦的新出封泥討論會上釋出。我認為京師是指晉都鄂。晉公盨(10342)說:「我皇祖唐公膺受大命,左右武王,敬□百蠻,廣司四方,至于大廷,莫不史(事)公。[王]命唐公,戌〈成(定)〉宅京師,□□晉邦。」這個京師就應該是唐叔虞的始封地,即「鄂」(《史記索隱》),

至燮父徙晉，晉穆侯徙絳（翼），晉姜鼎（02826）：「魯覃京師，辥我萬民。」晉姜是晉穆侯夫人，此時的晉都已經不是京師了，但應是晉的祖先宗廟所在地，銘文「魯覃京師」的意思應該是說晉姜的美德聞達于京師的宗廟。從前的一些學者，包括我自己，曾提出晉公䀇「京師」是晉國都的觀點。《繫年》可以大大加強這個看法。

「京師」屬晉，還可以據另外兩種西周金文加以證明。克鎛（00209）、克鐘（00206、00204）「遹涇，東至于京師」，《繫年》第16章「明歲，屬公先起兵，率師會諸侯以伐秦，至于涇。」可見涇與晉都京師之間存在交通路綫。多友鼎（02835）講玁狁伐京師，武公命多友靖之，其中所提到的地名「荀」、「楊冢」、「𥝸（霍）」等也多可以考訂在山西中南部，所以多友鼎之「京師」也在晉。「京師」就是《禮記・檀弓下》「是全要領以從先大夫于九京也」之「九京」。鄭玄注：「晉卿大夫之墓地在九原。京蓋字之誤，當爲原。」《釋文》：「京音原，下同，下亦作原字。」《正義》：「知京當爲原者，案《韓詩外傳》：晉趙武與叔向觀于九原。又《爾雅》云：絕高爲京，廣平爲原。非葬之處，原是墳墓之所，故爲原也。」珊案：自鄭玄、陸德明至孔穎達之注全誤，「九京」不誤。《水經注・汾水》「又南過大陵縣東。……京陵縣故城北，王莽更名曰致城矣，于春秋爲九原之地也。故《國語》曰：趙文子與叔向游于九原，……。其故京尚存。漢興，增陵于其下，故曰京陵焉。」此地戰國稱平陶，即今之山西平遙。

據《史記》，唐叔虞之舊封在「鄂」，金文稱「京師」，京師即鄂。「晉文侯乃逆平王于少鄂」之「少鄂」，整理者以爲即晉地之鄂。我覺得「少鄂」應區別于「鄂」，鄂是京師，少鄂是另一地名。據上述，平王先在少鄂，晉文侯迎立之於晉之京師，三年以後才徙至成周。這是前所不知的。（〈讀清華簡《繫年》〉，復旦網，2011年12月26）

黃傑：京師恐怕仍以理解爲宗周爲妥。一，「晉人焉始啓於京師」的京師，與「晉文侯乃逆平王于少鄂，立之於京師」的京師，應當是指一個地

方，如果將京師理解為晉國都，那麼「晉人焉始啓於京師」怎麼講呢？晉人首次在其國都地區擴張領土嗎？這顯然是講不通的。二，晉文侯如果把周王立到晉國都城，恐怕是不合禮制的，既有使天子降低身份之嫌，也有借機擴張自己威勢之嫌，恐怕免不了被指責甚至討伐。

我原來錯將「晉人焉始啓於京師」的京師理解為周當下的都城（成周），所以感覺將「啟」解為啟土難以理解（見 http://www.gwz.fudan.edu.cn/ShowPost.asp?ThreadID=5345）。現在方才明白，京師指宗周。蓋周室東遷後，在宗周地區留下勢力空白，所以晉人借地近之便，乘機擴張，「啓於京師」是指晉人在宗周地區擴張勢力疆土。簡文云周室東遷後，「晉人焉始啓於京師，鄭武公亦正東方之諸侯」，隱含有將晉、鄭並提之意。將這兩句簡文理解為鄭武公正東方之諸侯，晉人則在西邊的宗周地區擴張領土，似乎不為無理。

《繫年》第三章：「平王東遷，止於成周，秦仲焉東居周地，以守周之墳墓，秦以始大。」這只是一個概略敘述。《史記·秦本紀》：「周避犬戎難，東徙雒邑，襄公以兵送周平王。平王封襄公為諸侯，賜之岐以西之地，曰：『戎無道，侵奪我岐、豐之地，秦能攻逐戎，即有其地。』與誓，封爵之。……十二年，伐戎而至岐，卒。」「岐以西之地」，不包括宗周地區。

綜合以上文獻可見，周室東遷之後，宗周地區曾為晉、戎所爭奪。由於晉是諸侯國，兵力可能強於戎，故可能佔有一定優勢，簡文云「晉人焉始啓於京師」，似乎晉在周室東遷後的一段時期內曾在宗周地區佔有一定領土，這是合理的。（〈董珊讀《繫年》〉之跟帖，2011 年 12 月 27 日）

Laome：謬也。在約略同時的《左傳》及稍後的《史記》中，「京師」無一例外指的是天下之首邑。在更早期的《詩經》中，「京師」所指亦是如此。董氏在論證過程中所引金文本身並不能證明「京師」在晉，而非「宗周」；而且，《史記》似並未提及「唐叔虞封鄂」之事，蓋是《史記》注家引《世本》之文。另外，不論「鄂」是否堪當「京師」之稱謂，就算「鄂」

作為晉文侯時代晉國都城之證據，也很難在文獻和考古兩方面找到。（〈董珊讀《繫年》〉之跟帖，2012 年 1 月 23 日）

　　華東讀書小組：「京師」，「宗周」、「鎬京」也。又過三年，平王乃東遷於「成周」、「洛邑」。（〈書後（一）〉，「武漢大學・簡帛網」11.12.29）

　　曹方向：京從字形上看更接近以往所見戰國文字中、（陶文）、（貨幣文）及、（陶文出處同上）等字形。以往主流的看法都是釋作「亳」，吳振武先生全面介紹各時期不同學者的意見，最後論定這類字形是從「宅」從「亭」省，當釋作「亭」。由此，上面列出的陶文字形用法都得到了很合理的解釋。不過，郭店楚簡又有如下一個字形：（《語叢一》簡33）該字形所在的文例是：「禮生於莊，樂生於。」顯然並不是用作「亭」。從京、所在的詞例來看，兩者顯然都不適合用「亭」字來解釋。楚地出土的戰國簡冊中還有字形：（上博五《三德》簡 7，三例；簡 21）辭例爲「皇天弗京」、「上帝弗京」（本辭例兩見），李零先生將「京」讀作「諒」，和戰國文字「京」字是很接近，如（《陶彙》5.437）、、（貨幣文）、（戈），可知李零先生釋爲「京」是對的。李守奎先生肯定了前引李零先生的釋讀後還提出：「楚國的『豪』字多作，所從的『亯』與『京』偏旁共用，是一種簡化形式。如果去掉字中間的，所余字形就是。」

　　這個「京」字和的寫法也很接近。另外還有如下「就」字所從「京」字也值得參考：（葛陵簡乙四-96）。該字下半部和京的區別，主要是豎筆未曾彎曲。戰國文字有時候豎筆下垂，末尾也可以彎曲，例如楚簡中的「就」字一般寫作（葛陵楚簡甲三-137），又寫作：（葛陵楚簡甲三-56）。這種豎筆彎曲，在葛陵簡中還比較常見。由此看來，清華簡整理者將京釋爲「京」也是可以成立的。京和差別則相對略小，只是從「高」省去「口」部的筆劃，右邊沒有往下折。不過這也有例可循：

、（均見包山文書簡 49）

（均見望山 2 號墓簡 13）

　　像葛陵簡甲三-56 那樣的「就」字，在郭店簡和包山簡中，豎筆下垂後沒有轉折的寫法，這可能是抄手的書寫習慣使然。與此相對的，、和葛陵簡乙四-96不同，它們的豎筆都彎曲了，和「毛」成爲形近字。因爲楚文字中出現了大量的（郭店簡《老子》乙本簡 8）字，獨體的「京」字下部寫法與之靠攏，也許可以用「類化」現象來解釋。和還有一個區別就是底下的筆畫運筆方向不同，這只是筆畫正、反的問題。綜上，、是否從「宅」，可能還不能做定論。但、、三字都釋爲「京」，則從字形、辭例上看都是可以講通的。（〈小議清華簡《繫年》及郭店簡中的「京」字〉，簡帛網，2012 年 1 月 2 日）

　　子居：整理者言：「《公羊傳》桓公九年》：『京師者何？天子之居也。』此處當指宗周。」所說是，晉文侯立平王之京師，即宗周。平王既東遷之後，「晉人焉始啟于京師」的「京師」，就是成周了。《漢書・地理志》：「昔周公營洛邑，以為在於土中，諸侯蕃屏四方，故立京師。」《白虎通・京師》曰：「京師者，何謂也？千里之邑號也。京，大也；師，眾也。天子所居，故以大眾言之，明諸侯，法日月之徑千里。《春秋傳》曰：『京曰天子之居也。』《王制》曰：『天子之田方千里』。或曰：夏曰夏邑，殷曰商邑，周曰京師。《尚書》曰：『率割夏邑。』謂桀也。『在商邑。』謂殷也。」

　　晉文侯擁立周平王事，又可見于《尚書・文侯之命》，而晉人「啟于京師」事，則由春秋以來晉國的擴張形勢可以看出。《左傳・襄公二十九年》：「虞、虢、焦、滑、霍、揚、韓、魏，皆姬姓也，晉是以大。若非侵小，將何所取？武、獻以下，兼國多矣，誰得治之？」自晉文侯以下，晉人所滅韓、荀、賈、楊、焦、耿、霍、魏、虢、虞諸國，無一是位於絳、洛一線者，唯有晉獻公太子申生所伐的東山皋落氏的地望，諸說中有據《水經注》而言在垣曲皋落鎮一說，然亦不可確論。可見彼時絳、洛一線必已是

久為晉人控制，此亦可證「晉人焉始啟于京師」就是始于周平王「東徙，止于成周」時。

董珊先生在《讀清華簡〈繫年〉》文中提出：「『京師』就是《禮記‧檀弓下》『是全要領以從先大夫于九京也』之『九京』。」……「珊案：自鄭玄、陸德明至孔穎達之注全誤，『九京』不誤。《水經注‧汾水》『又南過大陵縣東。……京陵縣故城北，王莽更名曰致城矣，於春秋爲九原之地也。故《國語》曰：趙文子與叔向游于九原，……。其故京尚存。漢興，增陵於其下，故曰京陵焉。』此地戰國稱平陶，即今之山西平遙。」此說明顯是不能成立的。山西平遙地在河南洛陽的正北方，若平遙是《繫年》所記「京師」的話，由此地自然是沒有辦法「乃東徙，止于成周」的，而周平王由京師至洛邑是東遷，此點不惟清華簡《繫年》所記明確，且傳世文獻也往往如此說，如：

《左傳‧隱公六年》：「我周之東遷，晉、鄭焉依。」

《左傳‧僖公二十二年》：「初，平王之東遷也，辛有適伊川。」

《左傳‧襄公七年》：「昔平王東遷，吾七姓從王。」

《國語‧周語上》：「十一年，幽王乃滅，周乃東遷。」

《呂氏春秋‧疑似》「此褒姒之所用死，而平王所以東徙也。」

可見周平王之遷必是東遷，言平遙為京師與此不合。且先秦所言「京師」皆周君王之都，自然是不能僅因為「九京」也有「京」字即作聯想的。（〈1～4章解析〉，「孔子2000網，2012年1月6日）

張世超：「京𠂤」一詞出現二次，𠂤、𠂤，此字多見於齊璽、齊陶文字，近年來又於郭店簡《語叢一》中一見，學界多釋為「亳」，吳振武改釋為「亭」，結構為從「宅」，從「亭」省。清華簡《繫年》中此字亦應釋為「亭」，只

是吳先生認為此種形體的「亭」字只見於齊文字恐怕不確。上引文字中關於「京𠂤」的釋讀表面看來很通暢，仔細品讀，其中卻有許多不妥之處。幽王之弟余臣被立于攜地，故稱「攜王」，在宗廟、祭器被視為政權象徵的宗法制度下，何以不擁立余臣於宗周？顯然，此時宗周尚在西戎控制之下，簡文云：「周亡王九年，邦君者（諸）侯焉𤔲（始）不朝于周」，講的就是這種國都被佔，朝野混亂的情形。在這種形勢下，晉文侯竟能立平王於稱為「京師」的宗周，豈不奇怪！《繫年》材料公佈以後，學界往往認為其第二章中「京𠂤（師）」讀法很順，「𠂤」前之字只能釋為「京」，連帶將同此結構之字皆釋為「京」。其實，我們不妨換個思路，將所謂「京𠂤」之「京」依吳說釋為「亭」。「亭𠂤」為地名，和西周金文中常見的「×𠂤」同樣結構，指的是一個名為「亭」的師旅駐紮地，其具體地望不可確考。晉文侯在這樣一個地方擁立周平王，乃不得已之舉，蓋戎據周京，兵燹擾攘，只得姑設君臣于駐地。史書上關於周平王初立的情節語焉不詳，現在據《繫年》看，平王即位之初的三年直至東遷，一直是居於「亭𠂤」，受到晉國軍隊的保護。晉文侯擁立平王，又殺死攜王，結束了「二王並立」的局面。文侯之於平王，厥功甚偉。正因為如此，《國語・鄭語》上說：「晉文侯於是乎定天子。」也正因為如此，「亭𠂤」一地對晉國後來的發展意義重大，簡文才說「晉人焉始啟于亭𠂤」。(〈《繫年》中的「京𠂤」及相關問題〉，復旦網，2012 年 4 月 23 日)

wangwei7706：無論是亭𠂤還是京𠂤，均不一定就是指「宗周」。(〈「京𠂤」及相關問題之跟帖〉，2012 年 4 月 23 日)

潯南：此種寫法的「亭」字，曹錦炎先生在一九九六年出版的《古璽通論》第四十八頁討論三晉陶文時已識出，但他沒有詳細論證。(〈「京𠂤」及相關問題之跟帖〉，2012 年 4 月 23 日)

李學勤：平王在晉文侯支持下立于京師，京師是指宗周，但是宗周近戎，同時經過戎人洗劫又已廢壞，平王不得不向東遷徙到成周，這是為晉

文侯二十二年，西元前七五九年。再過九年，文侯殺了攜王，平王的王位終於得到了鞏固。這就是《國語・鄭語》所云晉文侯定天子。晉文侯這一事蹟，也見於宋代著錄的晉姜鼎（《殷周金文集成》，2826）。晉姜鼎是文侯夫人晉姜在文侯去世後所作，銘文說到文侯「虔不墜，𧶔覃京師，乂我萬民」，于省吾先生解釋說：「𧶔即魯，通旅，謂休美也。《爾雅》：『覃，延也。』言休美及于京師。」這裏『京師』一詞暗指周王，休美及于京師，使萬民得以乂安，說的正是定天子之事。（〈由清華簡《繫年》論《文侯之命》〉《揚州大學學報》2013 年 3 月第 2 期，頁 50）

雯雯按：曹方向、趙平安〈京、亭考辨〉考釋「𡧛師」為「京師」，說皆可從。《上博九・靈王遂申》簡 4 類似寫法的「京」作█。「京師」，目前有三說：

1 天子都邑

整理者、華東讀書小組、子居、Laome 與黃傑都認為「京師」為天子都邑的專指。如黃傑認為「京師」指「宗周」，而晉人能夠將勢力擴展至周王故都，是藉著周室東遷，且有地利之便故能擁有此地，並以簡文「晉人焉始啓於京師，鄭武公亦正東方之諸侯」，可理解為鄭武公正東方之諸侯，晉人則在西邊的宗周地區擴張領土。子居則認為「晉人焉始啓於京師」的「京師」是指成周。

2 「𡧛師」為「亭師」

「𡧛」字在戰國文字中一直被釋為「亳」字，吳振武先生改釋為「亭」字。張世超先生認為當時宗周可能已被戎人佔據，那麼此地「京師」或許要作其他的考慮。故從字形來看，張世超先生認為「𡧛𣁟」當隸作「亭師」，認為平王在晉地「亭師」接受晉國的保護。

3 晉都京師

董珊先生已經據晉公盞、克鎛（00209）、克鐘（00206、00204）證明晉地有「京師」。認為「京師」即指晉國都「鄂」，與平王被迎於少鄂的「少鄂」有別，但不知「少鄂」不知在何地。趙平安〈京、亭考辨〉一文贊同董珊先生的說法。童書業先生在〈晉公盞銘「□宅京自」——春秋晉都辨疑〉云：

> 唐時受封時之晉都在「夏虛」，即今夏縣附近。晉公盞所謂「□命唐公，□宅京自」之「京自」即是。「晉姜鼎」約為昭侯時物，其銘云：「魯覃京師」。足證是時晉國猶都「夏虛」。孝侯時始見「翼」稱，蓋於此時遷「翼」；「翼」亦名「絳」，其地蓋在新絳縣附近。至春秋中年景公時，又由絳遷今曲沃縣附近之「新田」，是為「新絳」。「故絳」或「翼」與「京自」非一地。（《童書業歷史地理論集》，頁 542-547）

以「京師」為晉都，在今夏縣附近。謝明文先生也說：「『京師』，金文中數見，未必是同一地。但晉姜鼎（《集成》2826）銘文中的『京師』，與本銘的『京師』則應該是同一地方，許多研究者認為它是晉國的國都，似可信。」（〈晉公盞銘文補釋〉，未刊稿，此文為蘇建洲老師提供）。馬保春則認為《晉姜鼎》、《晉公盞》「『京師』為地名無疑，其地或在晉南。我們以為此「京師」可能在晉南峨嵋嶺一帶」（《晉國地名考》，頁 290）。

建洲按：董珊先生認為《繫年》的「京師」是《晉姜鼎》、《晉公盞》中的「京師」，這種可能不能排除。但是他認為「京師」就是《禮記・檀弓下》的「九京」，也就是戰國時的平陶，即今之山西平遙，則有問題。三晉的尖足布幣幣文「平匋」，即「平陶」、《璽彙》0092 三晉官印「平匋宗正」、新鄭鄭韓故城出土「十一年平陶戈」等等，這些「平匋」即「平陶」，一般認為在今山西文水西南。郭永秉先生曾指出：「九京」很可能是晉國卿大夫

墓地的名稱，且顧炎武因「古者卿大夫之葬，……必不遠涉數百里，而葬於今之平遙」，懷疑九原應為太平縣西南二十五里的「九原山」。《中國歷史地圖集》（第一冊）將「九原」標在晉都新田西北（《中國歷史地圖集》（第一冊），中國地圖出版社 1982 年 10 月，頁 22-23、68。），大概就是採信了顧炎武的意見。應該說，顧氏對舊說的批評是有道理的，前人將九京之京附會為京陵（位於今山西平遙縣東）之京，從地理位置看恐確實過遠」（〈阜陽漢簡考釋兩篇〉《文史》2010 年 3 期）。從下圖來看，平遙的位置確實過遠，晉文侯將周平王立於平遙也較難理解。如果將京師理解為晉國都「鄂」，則合理的多。至於另一派學者將「京師」理解為「宗周」，這的確有傳世文獻的依據，似也不能斷然否定。但是下一句「晉人焉始啓於京師」，整理者認為「啓」是「拓土」，則文意變成晉國在宗周地區開拓疆土，則不合理。如同張世超先生所說從情理上講，晉文侯也不會去佔據宗周城，因為那樣的話，在政治上對他是極為不利的。估計因為如此，所以子居認為「晉人焉始啓於京師」的「京師」是指成周。二說權衡之下，暫將「京師」理解為晉都鄂。

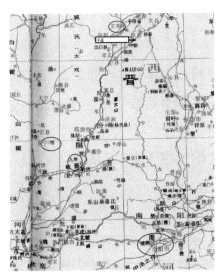

（《中國歷史地圖集》22-23 晉秦）

⑭ 三年，乃東遷（徙），止于成周

朱曉海：（《繫年》編撰）上限，第一章雖然談到周武王當年「作帝籍，以登祀上帝天神，名之曰【一】千畝，以克反商邑，敷政天下」，但那是為了解釋西周所以衰亡始自「宣【三】王是始棄帝籍弗田，立卅又九年，戎乃大敗周師于千畝」。第三章雖然講到周武王「設三監于殷」，以及成王東征武庚的叛亂，但那是要解釋何以原本屬於「商蓋之民」的秦氏一族會西遷至甘肅，以至於日後「平王東徙」，「秦仲焉東居周地」，「秦以始大」。同理，第四章固然追述周成王、周公「追念夏、商之亡由，旁設出宗子，以作周厚【一七】屏，乃先建衛叔封于康丘，以侯殷之餘民。衛人自康丘遷于淇衛」，但那僅是敘述東周惠王已降，衛受到狄人的侵襲，而一再被迫遷徙，因而此後衛國的位置「于帝丘」。綜言之，第二章幽王死、平王「乃東徙，止於成周」才是這本書上限的真正核心點。第一章形同序幕，說明「周乃亡」的前奏；第三章作為日後秦所代表的列強始大的張本。(〈清華簡所謂《繫年》的書籍性質〉，經學與文學國際學術研討會論文集，頁 428)。

雯雯按：「成周」，即「雒邑」。《逸周書》有〈度邑解〉，言武王告訴周公欲營雒邑（《彙校集注》，頁 465-483），至〈作雒解〉周公云：「予畏周室克追，俾中天下。即將致政，乃作大邑成周于土中。」（《彙校集注》，頁 524-525）雒邑當天下之中，平王東遷適可接受晉、鄭保護，並且連絡東方諸侯。

⑮ 晉人女（焉）訂（始）啓于京自（師）

(一)訂（始）啓

整理者：始啓，見《鄭語》「楚蚡冒於是乎始啓濮」，董增齡《國語正義》云：「啓是拓土，《魯頌》曰『大啓爾宇』，僖公二十五年傳『晉于是始啓南陽』是也。」（頁 140，注 12）

董珊：「晉人焉始啟于京師」是指此後晉人開始兼併周圍的小國，衆所周知，晉文侯以後的幾十年時間裏，發生了曲沃併晉的事情，《繫年》略此不談。至晉獻公時，開始大舉伐滅周圍的耿、霍、魏、虢、虞等小國，《史記・晉世家》說此時「晉强，西有河西，與秦接境，北邊翟，東至河内。」晉人從唐叔虞始封鄂以來，就屢次遷都，燮父自鄂徙晉陽，晉穆侯自晉陽徙翼（絳），大致是自今天的晉中向晉南的方向遷徙。在曲沃併晉的過程中，翼、晉、鄂、曲沃諸都邑先後並立，各方勢力都祖述唐叔虞，因此變稱其始封地鄂為「京師」。從「晉人焉始啟于京師」這個表述來看，西周晉國都雖然屢遷，但各都邑之間，尚分佈有其他諸侯國，並沒有聯成一片。因此，獻公伐滅諸侯擴張領土的起點，仍要從唐叔虞始封的京師說起。這對我們認識西周諸侯領土的構成方式，有重要的意義。（〈讀清華簡《繫年》〉，復旦網，2011 年 12 月 26 日）

黃傑：京師指宗周。蓋周室東遷後，在宗周地區留下勢力空白，所以晉人借地近之便，乘機擴張，「啟於京師」是指晉人在宗周地區擴張勢力疆土。……周室東遷之後，宗周地區曾為晉、戎所爭奪。由於晉是諸侯國，兵力可能强於戎，故可能佔有一定優勢，簡文云「晉人焉始啟於京師」，似乎晉在周室東遷後的一段時期內曾在宗周地區佔有一定領土，這是合理的。（〈董珊讀《繫年》〉之跟帖，2011 年 12 月 27 日）

張世超：整理者注曰：「始啟，見《鄭語》『楚蚡冒於是乎始啟濮』，董增齡《國語正義》云：『啟是拓土，《魯頌》曰「大啟爾宇」，僖二十五年傳「晉于是始啟南陽」是也。』」似將這句話解讀為晉人佔有了京師宗周，但這其實是個誤解。首先，《鄭語》與董氏所引的句例和簡文之句相比，並非同樣結構；前者動詞「啟」後是其賓語，而後者動詞「啟」後的成份則是作為補語的介詞結構。換句話說，「佔據京師」是不能說成「啟于京師」的。其次，從情理上講，晉文侯也不會去佔據宗周城，因為那樣的話，在政治上對他是極為不利的。綜合文獻與金文「啟」字不能訓為開拓，當為「祐

助」之義。古代漢語中最原始的被動表示方法，是在句法結構上無任何標誌的語意表示法。這類句子從結構上看是常規的主、謂成份和語序，受上下文語境的限制，主語實際上是受事者。殷墟甲骨文中的被動語意表達，即以此種句式為主。這種表達方法直至春秋戰國仍十分常見」《繫年》中的「啟」字也是這樣的用法。所謂「焉始啟于京𠂤」意思是晉始受天（或天子）佑助於「京𠂤」而大，「京𠂤」略當於後世所說的龍興之地、發迹之地。春秋戰國期間，諸侯國或大夫勢力的興盛、強大典籍上稱為「大」，同樣的意思又說成「昌」，所謂「大、昌」，不僅僅意味著地廣人眾，更重要的是政治地位與影響力，要想提高政治地位，擴大自己的影響力，可以通過取信、立威於諸侯實現，這樣做的結果是「霸（伯）」。但最好的辦法还是受到周天子的嘉獎與封賞。

《繫年》中敘晉文侯有功於周天子，因而始獲天子佑助封賞，其意亦即「始大」。簡文「晉人焉𠂤（始）啓于京𠂤，鄭武公亦政（正）東方之者（諸）侯。」一句將晉文侯與鄭武公并提，講的不是二人在土地方位上的擴張，而是二人在諸侯中地位、影響之比較。故「啓于京𠂤」與「始啟濮」有別，如《左傳》僖公廿五年所記述的，晉文公幫助周襄王復位之事，有「晉於是始啟南陽」，襄王所賜之地包括南陽，則所謂「啟南陽」者，開拓、領有南陽也。（〈《繫年》中的「京𠂤」及相關問題〉，復旦網，2012 年 4 月 23 日）

廖名春：從「亦」字可知，簡九、簡十「晉人焉始啟于京師」與「鄭武公亦正東方之諸侯」是並列句，「啟」與「正」相應，含義當接近。「正」原作「政」，原注釋稱：「『政』與『正』通，訓為『長』，此云鄭武公為東方諸侯之長。」如此，「啟」作「拓土」解，顯然有問題。「啟」本指開門，但也可指指門扇和門閂。《左傳・僖公二十年》：「『春，新作南門』，書，不時也。凡啟塞，從時。」杜預注：「門戶道橋謂之啟，城郭牆壍謂之塞。」孔穎達疏引服虔曰：「闔扇所以開，鍵閉所以塞。」楊伯峻注：「據孔《疏》

引服虔注，啟謂闔扇，塞謂鍵閉……闔扇指門，用木製者曰闔，用竹葦製者曰扇。闔扇所以開，故曰啟。鍵閉者，門有兩扇，美善各直釘一短木，其上有孔，兩扇既合，然後用一橫木貫于兩孔中，加管鑰煙，所以閉之也。其貫門扇之橫木曰鍵，其愛橫木者曰閉。鍵閉所以塞，故曰塞。鍵閉非鎖鑰。說詳李貽德《輯述》。」由此引申為關鍵，比喻要害或關鍵。其字又作「緊」。《莊子・養生主》：「技經肯緊之未嘗，而況大軱！」陸德明《釋文》引司馬彪曰：「緊，猶結處也。」《六書故・工事六》：「緊，遺禮切，絲錯結也。筋肉之眾盤結者因謂之緊。」「晉人焉始啟於京師」，指晉人從此開始在京師啟關鍵作用，也就是成為京師的領導。簡十二「楚文王以啟于漢陽」之「啟」亦同，亦當訓為關鍵，指楚文王成為漢陽諸國的領導。(〈清華簡《繫年》管窺〉，《深圳大學學報》2012 年 3 期，頁 51-52)

雯雯按：對於「啟」的訓釋，目前有幾說，一是有開拓領土之意，近於此說者有整理者、董珊與子居。二是佑助，持此說者為張世超先生，認為諸侯之大、昌當有天子的封命與賞賜。三是廖明春先生的要害、關鍵或領導之意。

張世超先生以「啟」為佑助之意，以所謂「焉始啟于京𠂤」意思是晉始受天（或天子）佑助於「京𠂤」而大。然第 13 簡「楚文王以啟于漢陽」，與此句式相近，若依照張世超先生的解釋將指楚因受天子佑助於漢陽而大，若依照歷史記載，「《左傳》僖公二十八年：『漢陽諸姬，楚實盡之。』」則楚吞併或控制漢水附近的小國，楚不若晉文侯有定周天子之功，亦非東遷的勤王之師，那麼楚國如何得到天子之佑助而發跡於漢陽，故此說仍有窒礙之處。張先生說「始啟濮」、「大啟爾宇」、「始啟南陽」與簡文「啟于京師」結構不同，當是，但不妨礙文意的理解。「啟于京師」即「啟京師」如同上述「啟于漢陽」，即「啟漢陽」。《吳子・圖國》：「告於祖廟，啟於元龜」，也是「告祖廟，啟元龜」的意思。所以張先生認為「啟于京師」不能理解為「開拓京師領土」的理由並不充分。其次，廖名春先生認為「晉人焉始

啟于京師」與「鄭武公亦正東方之諸侯」結構相同，所以「啓」、「正」意思應相近。此說恐有問題，二句所對內容並不相同，如「晉人」與「鄭武公」；「京師」與「東方之諸侯」分明是不同含意的事物，自然「啓」也未必與「正」意思相近，況且本文認為「正」應讀為「征」（詳下）。將「啟」解釋為要害或關鍵已經比較勉強，再將「晉人焉始啓於京師」解釋為晉人從此開始在京師啟關鍵作用，恐怕不和古書的語意。我們認為「啓」當理解為「拓展疆土」，「晉人焉始啓于京師」或當如如董珊所說，晉人在晉都附近兼併小國，拓展疆土。

⑯　奠（鄭）武公亦政（征）東方之者（諸）侯

（一）奠（鄭）武公

整理者：鄭武公，周宣王弟鄭桓公友之子，《史記・鄭世家》：「犬戎殺幽王於驪山下，并殺桓公。鄭人共立其子掘突，是為武公。」（頁149，註13）

（二）政（正）

整理者：「政」與「正」通，訓為「長」，此云鄭武公為東方諸侯之長。（頁149，註13）

華東讀書小組：「奠（鄭）武公亦政（正，定）東方之者（諸）侯」，據《詩・鄶風》正義引東漢・鄭玄《詩譜》，鄭武公東遷時，滅東虢、鄶，簡文殆即指此。又，鄭國本居在今陝西華縣之地，東遷結果，則至今河南新鄭之地。（〈書後（一）〉）

子居：征，原字作「政」，整理者言：「『政』與『正』通，訓為長，此云鄭武公為東方諸侯之長。所說或可商，此文前為晉人啟土之事，後為楚

人啟土之事，則所言鄭武公事，亦當為拓疆啟土之事。且鄭武公諡號為「武」，自是武功顯著的緣故，所以《繫年》此處的「政」字或當讀為「征」，「鄭武公亦征東方之諸侯」 事可參看《韓非子‧說難》：「鄭武公欲伐胡，先以其女妻胡君，因問於群臣：『吾欲用兵，誰可伐者？』大夫關其思曰：『胡可伐。』武公怒而戮之。曰：『胡，兄弟之國也，子言伐之何也？』胡君聞之，以鄭為親己，遂不備鄭，鄭人襲胡，取之。」及鄭玄《詩譜‧鄭譜》：「其子武公與晉文侯定平王于東都王城，卒取史伯所云十邑之地。」（〈1～4章解析〉）

雯雯按：「政」當從子居讀為「征」。

⑰ **武公即殜（世），臧（莊）公即立（位）；臧（莊）公即殜（世），卲（昭）公即立（位）**

（一）即殜（世）

整理者：即世，意為亡卒，見《左傳》成公十三年、十六年，襄公二十九年，昭公十九年、二十六年等，如成公十三年「穆、襄即世」，杜注：「文公六年晉襄、秦穆皆卒。」（頁149，注14）

廖名春：簡文「即殜」共十六見。……案：「即」字時賢已讀為「既」，至確。王念孫《讀書雜誌‧墨子第二‧節葬下》「璧玉即具」案：「『即』當為『既』，言璧玉既具而戈劍等物又皆具也。」「既」，已經，表示完成。《文選‧曹植〈求自試表〉》：「臣宿兵，年耆即世者有聞矣。」呂向注：「即世，死也。」《王儉〈褚淵碑文〉》「太宗即世」：呂延濟注：「即世，崩也。」王引之《經義述聞‧爾雅上‧就終也》：「終世謂之就世，亦謂之即世。成十三年《左傳》曰『無祿，獻公即世』是也。」楊伯峻《左傳‧成公十三年》「獻公即世」注也說：「即世，即《越語下》『先人就世』之就世。漢魏人謂之夏是，去世也。」《漢語大辭典》亦以「即世」為「去世」。但「世」

不可能有「去世」義，「殜」表「去世」義，當為本字。《玉篇·歹部》：「殜，病也。」《類篇·歹部》：「殜，殜殗，病也。」《集韻·並韻》：「殜，殜殗，病也。」「殜」、「殗」復詞同義。《集韻·盐韻》：「殗，病也。」如此，「殜」也當有「歿」義。《左傳》之「即世」當讀為既殜，也就是「既歿」，解為「下世」、「去世」，顯為不妥。《國人·越語下》「先人就世，不谷即位」之「就世」，「就」相當於「既」，表示完成；「世」益當讀為「殜」，相當於「歿」。《漢語大辭典》解「就世」為「猶言逝世」。就，終，也有欠準確。由此可知，簡文之「即殜」當讀為「既殜」，而不應根據《左傳》讀為「即世」。（〈清華簡《繫年》管窺〉，頁 52-53）

建洲按：廖名春先生認為「即殜」讀為「既殜」實無必要。「即」，精紐職部；「既」，見紐微部，聲與韻的通假條件都不好，《聲素》中也沒有通假例證。廖氏所引王念孫案：「『即』當為『既』。」王念孫云「當為」，而非「讀如、讀若」，乃「直指其誤」，而非標示通假。這在《讀書雜誌》多見，比如《漢書》第二「雷侯」條，王念孫案曰：「雷，當為盧。……或謂古字通用，非也。《韻書》盧在『模部』，雷在『灰部』，『灰部』之字，不得與『模部』通。」（江蘇古籍版，頁 192）可為證據。《繫年》第三章簡 15「周室即宰」，「即宰」整理者括注「既卑」，不知是否以為是通假？「即」與「既」當是形近而誤的關係，謝明文先生曾指出鄭義伯罏「我酉（酒）即〈既〉清」的「即」作，從字形上看當以釋「即」為是，但據文義此「即」字似當看作「既」字之訛。士山盤（《中國歷史文物》2002 年 1 期、《新收》1555）「既生霸」之「既」訛作「即」即其例（〈鄭義伯罏銘文補釋〉）。而且「殜」字楚簡中多用作「世代」（參白於藍《彙纂》，頁 512-513）或「一生、一輩子」的意思，後者如陳劍先生所編聯的《郭店·語叢四》簡 25+3「罷（一）**【25】**言之善，足以終殜（世）。」（陳劍：〈郭店簡《窮達以時》,《語叢四》的幾處簡序調整〉，亦參見李松儒：《戰國簡帛字跡研究——以上博簡為中心》，頁 96）從未見有解為「殜，病也」者。同時廖先生將「殜，

病也」引申為「殰」有「歿」義，似乎也顯得勉強。

　　《爾雅・釋詁下》：「就，終也。」王引之《經義述聞・爾雅上・就終也》云：「**就與即一聲之轉**，故終世謂之就世，亦謂之即世。」（頁 633）。《國語・越語下》：「先人就世，不穀即位。」韋昭《注》：「就世，終世也。」《曹沫之陣》簡 9「沒身就世」，高佑仁先生指出當讀為「沒身就世」，其說可從（〈談《曹沫之陣》的「沒身就世」〉）。「就世」即「即世」，這沒有問題，但是王引之認為「就與即一聲之轉」則有問題，此二字韻部有距離，不能通假。筆者以為「即」的意思如同「就」一般，皆訓為「終」，雖然文獻未見「即」有「終」的義項，但藉由「相因生義」的理論，「即」有「終」的義項是可能的。蔣紹愚先生說：「『相因生義』指的是甲詞有 a、b 兩個義位，乙詞原來只有一個乙 a 義位，但因為乙 a 和甲 a 同義，逐漸地乙詞也產生一個和甲 b 同義的乙 b 義位」。反義的情況亦然。（《古漢語詞匯綱要》，頁 82）許嘉璐先生稱之為「同步引申」，並舉例如下：「兵」、「戎」的本義都是「兵器」，如《周禮・夏官・司兵》：「掌五兵五盾。」鄭玄《注》引鄭司農曰：「五兵者，戈、殳、戟、酋矛、夷矛也。」後者如《說文・戈部》：「戎，兵也。」又比如「五兵」也叫「五戎」，《禮記・月令》：「天子乃教於田獵，以習五戎。」鄭玄《注》：「五戎謂五兵。」由於「兵」由「兵器」這個意義引申出使用兵器的人，也就是士卒、軍隊，如《戰國策・西周策》：「所以進兵者，欲王令楚割東國以與齊也。」結果「戎」也發展出士卒的意義，如《國語・吳語》：「王不如設戎，約亂行成，以喜其民。」韋昭《注》：「言不如設兵自守。」（〈論同步引申〉，《中國語文》，1987 年 1 月）而「即」與「就」在「靠近」這個義項上是同義的，這是大家熟知的。因為「就」有「終」的義項，因為相因生義或同步引伸，所以「即」也取得了「終」的義項。所以說「即世」就是「就世」，也就是「終世」的意思。

（二）卲（昭）公即立（位）

整理者：《左傳》桓公十一年及《鄭世家》記莊公卒後，其子厲公曾一度繼位，簡文不載。（頁149，註15）

雯雯按：據《史記‧鄭世家》所載世系，鄭之始封君為桓公友（806-771B.C在位），為周厲王少子、宣王庶弟，宣王二十二年時封於鄭，於幽王時任王室司徒，因王室朝政敗壞，而徙其人民至洛水之東。死於幽王驪山之亂。鄭人擁其子掘突，是為武公（770-744B.C在位）；武公取申侯女為妻，生太子寤生、少子叔段，即《左傳》「鄭伯克段於鄢」的主要人物。寤生即位為莊公（743-701B.C在位），莊公子有太子忽、公子突，公子子亹。

「初，祭仲甚有寵於莊公，莊公使為卿；公使娶鄧女，生太子忽，故祭仲立之，是為昭公。」（《史記‧鄭世家》）先是太子忽即位為昭公，因宋莊公威脅祭仲改立公子突，昭公於是逃亡至衛。公子突即位，是為厲公。厲公四年（桓公十五年，前697年），因欲謀殺祭仲不成，後出居邊邑櫟，祭仲於是迎回昭公，厲公則殺掉守櫟的大夫單伯，此後據守於櫟邑。

高渠彌與昭公舊有嫌隙，當昭公為太子時，莊公欲拜高渠彌為上卿，而昭公阻撓，然莊公終用之。故昭公復位二年後，高渠彌懼昭公殺己，故於此年冬趁著出遊打獵時，弒殺昭公於野外。

祭仲、高渠彌不敢迎回厲公，故立昭公次弟公子亹為鄭君，史稱子亹，無諡號。子亹元年七月，齊襄公大會諸侯於衛邑首止，鄭子亹前往參加會盟，高渠彌隨行，而祭仲知曉子亹曾與仍是公子時的襄公有過衝突打鬥，害怕往日仇怨將波及於己，故勸子亹不要前往，子亹不聽，故稱病不與之同行。而「子亹至，不謝齊侯，齊侯怒，遂伏甲而殺子亹。高渠彌亡歸，歸與祭仲謀，召子亹弟公子嬰於陳而立之，是為鄭子。」

子亹前往首止，不向襄公謝罪，齊襄公怒而暗中埋伏軍隊而殺子亹，而高渠彌逃回鄭國，又與祭仲合謀另立公子嬰於陳，是為鄭子。鄭子十四

年時，厲公謀求回鄭，誘鄭大夫甫假與之結盟，殺鄭子，迎其復位。「厲公突後元年，齊桓公始霸。」其復位之時在齊桓公之時，與簡文有異。又《史記》云：「秋，厲公卒，子文公踕立。厲公初立四歲，亡居櫟，居櫟十七歲，復入，立七歲，與亡凡二十八年。」從厲公立、流亡、復位及卒，共二十八年，中有昭公復位、子亹立、鄭子立，皆莊公子。而簡文云殺昭公而後子亹立，子亹於齊襄公會盟首止被殺，又以車裂之刑殺高渠彌，並改立厲公，簡文與《史記・鄭世家》所載世系、時間有異：

清華簡文	《左傳》	《史記・鄭世家》	備註
武公即世，莊公即位；莊公即世，昭公即位。	夏，鄭莊公卒。初，祭封人仲足有寵於莊公，莊公使為卿。為公取鄧曼，生昭公，故祭仲立之。宋雍氏女於鄭莊公，曰雍姞，生厲公。雍氏宗有寵於宋莊公，故誘祭仲而執之，曰：「不立突，將死！」亦執厲公而求賂焉。祭仲與宋人盟，以厲公歸而立之。秋，九月，丁亥，昭公奔衛。己亥，厲公立。 （《左傳》桓公十一年）	四十三年，鄭莊公卒。初，祭仲甚有寵於莊公，莊公使為卿；公使娶鄧女，生太子忽，故祭仲立之，是為昭公。莊公又娶宋雍氏女，生厲公突。雍氏有寵於宋。宋莊公聞祭仲之立忽，乃使人誘召祭仲而執之，曰：「不立突，將死。」亦執突以求賂焉。祭仲許宋，與宋盟。以突歸，立之。昭公忽聞祭仲以宋要立其弟突，九月丁亥，忽出奔衛。己亥，突至鄭，立，是為厲公。	《繫年》世系由武公→莊公→昭公與《左傳》、《史記》同，而無厲公。其次，《左傳》、《史記》所記載迎立厲公之事件內容相同。
	祭仲專。鄭伯患之，使	厲公四年，祭仲專國政。	厲公之事，

	其壻雍糾殺之。將享諸郊，雍姬知之，謂其母曰：「父與夫孰親？」其母曰：「人盡夫也，父一而已，胡可比也？」遂告祭仲曰：「雍氏舍其室而將享子于郊。吾惑之，以告。」祭仲殺雍糾，尸諸周氏之汪。公載以出，曰：「謀及婦人，宜其死也。」 夏，厲公出奔蔡。 六月，乙亥，昭公入。 秋，鄭伯因櫟人殺檀伯，而遂居櫟。 冬，會於袲，謀伐鄭，將納厲公也。弗克而還。 **（《左傳》桓公十五年）**	厲公患之，陰使其婿雍糾欲殺祭仲。糾妻，祭仲女也，知之，謂其母曰：「父與夫孰親？」母曰：「父一而已，人盡夫也。」女乃告祭仲，祭仲反殺雍糾，戮之於市。厲公無奈祭仲何，怒糾曰：「謀及婦人，死固宜哉！」夏，厲公出居邊邑櫟。祭仲迎昭公忽，六月乙亥，複入鄭，即位。 秋，鄭厲公突因櫟人殺其大夫單伯，遂居之。諸侯聞厲公出奔，伐鄭，弗克而去。宋頗予厲公兵，自守於櫟，鄭以故亦不伐櫟。	《繫年》無載。《左傳》、《史記》所記述厲公出奔事由相同。
其大夫高之渠彌殺昭公而立其弟子眉壽。	初，鄭伯將以高渠彌為卿。昭公惡之，固諫，不聽。昭公立，懼其殺己也。辛卯，弒昭公而立公子亹。公子達曰：「高伯其為戮乎？復	昭公二年，自昭公為太子時，父莊公欲以高渠彌為卿，太子忽惡之，莊公弗聽，卒用渠彌為卿。及昭公即位，懼其殺己，冬十月辛卯，渠彌與昭公出	《繫年》所記高渠彌殺昭公之事同於《左傳》、《史記》；《左傳》、

	惡已甚矣。」 （《左傳》桓公十七年）	獵，射殺昭公於野。祭仲與渠彌不敢入厲公，乃更立昭公弟子亹為君，是為子亹也，無諡號。	《史記》所記事件始末詳於《繫年》。
齊襄公會諸侯于首止，殺子亹眉壽，車轘高之渠彌。	秋，齊侯師於首止。子亹會之，高渠彌相。七月戊戌，齊人殺子亹而轘高渠彌，祭仲逆鄭子于陳而立之。是行也，祭仲知之故稱疾不往。人曰：「祭仲以知免。」仲曰：「信也。」 （《左傳》桓公十八年）	子亹元年七月，齊襄公會諸侯於首止，鄭子亹往會，高渠彌相，從，祭仲稱疾不行。所以然者，子亹自齊襄公為公子之時，嘗會鬥，相仇，及會諸侯，祭仲請子亹無行。子亹曰：「齊彊，而厲公居櫟，即不往，是率諸侯伐我，內厲公。我不如往，往何遽必辱，且又何至是！」卒行。於是祭仲恐齊並殺之，故稱疾。子亹至，不謝齊侯，齊侯怒，遂伏甲而殺子亹。高渠彌亡歸，歸與祭仲謀，召子亹弟公子嬰於陳而立之，是為鄭子。	《繫年》、《左傳》、《史記》皆記子亹被殺於與齊襄公會盟之時，地在首止；《繫年》、《左傳》轘高渠彌之事相同。獨《史記》言高渠彌逃歸於鄭。而《繫年》只言改立厲公，而略去迎鄭子之事。《左傳》、《史記》皆言鄭國迎鄭子于陳。然而《左傳》

			言高渠彌死於轘刑，故迎立鄭子為祭仲，《史記》則言祭仲、高渠彌共謀。
改立厲公，鄭以始正。	鄭厲公自櫟侵鄭，及大陵，獲傅瑕。傅瑕曰：「苟舍我，吾請納君。」與之盟而赦之。六月，甲子，傅瑕殺鄭子及其二子，而納厲公。初，內蛇與外蛇鬭於鄭南門中，內蛇死。六年而厲公入。公聞之，問於申繻曰：「猶有妖乎？」對曰：「人之所忌，其氣燄以取之。妖由人興也。人無釁焉，妖不自作。人弃常，則妖興，故有妖。厲公入，遂殺傅瑕。使謂原繁曰：『傅瑕貳，周有常刑，既伏其罪矣。納我而無二心者，吾皆許之上大夫之	十四年，故鄭亡厲公突在櫟者使人誘劫鄭大夫甫假，要以求入。假曰：「舍我，我為君殺鄭子而入君。」厲公與盟，乃舍之。六月甲子，假殺鄭子及其二子而迎厲公突，突自櫟復入即位。初，內蛇與外蛇鬥於鄭南門中，內蛇死。居六年，厲公果復入。入而讓其伯父原曰：「我亡國外居，伯父無意入我，亦甚矣。」原曰：「事君無二心，人臣之職也。原知罪矣。」遂自殺。厲公於是謂甫假曰：「子之事君有二心矣。」遂誅之。假曰：「重德不報，誠然哉！」	《繫年》停筆於「改立厲公，鄭以始正。」《左傳》、《史記》寫厲公歸鄭前與傅瑕（甫假）同盟殺鄭子，即敘及二蛇相鬬，以為厲公奪位之爭之預言。繼而寫厲公責讓原繁、殺傅瑕（甫假）。《左傳》敘寫較詳。而其實際復

	事，吾願與伯父圖之。且寡人出，伯父無裹言。人，又不念寡人。寡人憾焉！」對曰：「先君桓公命我先人典司宗祐。社稷有主，而外其心，其何貳如之？苟主社稷，國內之民其誰不為臣？臣無二心，天之制也。子儀在位十四年矣，而謀召君者，庸非二乎？莊公之子，猶有八人，若皆以官爵行賂勸貳而可以濟事，君其若之何？臣聞命矣。」乃縊而死。**（《左傳》莊公十四年）**	厲公突後元年，齊桓公始霸。	位已至齊桓公時，而非齊襄公。
	五月，鄭厲公卒。**（《左傳》莊公二十一年）**	秋，厲公卒，子文公踕立。厲公初立四歲，亡居櫟，居櫟十七歲，復入，立七歲，與亡凡二十八年。	魯桓公在位十八年，鄭厲公之事起於十一年，至莊公二十一年，與《史記》年數相同。

　　《繫年》停筆於「改立厲公，鄭以始正。」前略去厲公曾在昭公後一度即位，及至齊桓公時才復位（據《左傳》莊公十四年），後七年而卒之事。然參照《左傳》、《史記》所記載，可以明白《繫年》云立厲公後，「鄭以始正」的意涵，歷經昭公、子亹、鄭子，結束繼承人之爭，確實使得鄭國政治能平定下來。

⑱　亓（其）夫＝（大夫）高之巨（渠）爾（彌）殺卲（昭）公而立亓（其）弟子釁(眉)壽

（一）高之巨（渠）爾（彌）

　　整理者：高之巨爾，即高渠彌。之，助詞。先秦古書習見在人姓名中加「之」的用法，可參看楊樹達《古書疑義舉例續補》「人姓名之間加助字例」條。高渠彌殺鄭昭公，事見《左傳》桓公十七年。（頁149，註16）

　　雯雯按：高渠彌嘗於魯桓公五年，在周王伐鄭時，以中軍奉鄭莊公。方炫琛云：「左桓五年『原繁』、『高衢彌』以中軍奉公，左恒十七謂高渠彌弒昭公，《史記・秦本紀》『鄭高渠眯殺其君昭公』，彌作『眯』，而鄭世家仍作彌，與《左傳》同，渠彌蓋其名也，高則其氏也，故左桓十七公子達稱其為『高伯』，楊注：『高伯，伯蓋渠彌之字，所謂五十以伯仲也。』」（《人物名號研究》，條1442「高渠彌、高伯」，頁448）

（二）子釁壽

　　整理者：釁壽，傳文作「公子亹」，「釁」、「豐」為通假字。（頁149，註16）

　　華東讀書小組：「沫」，整理者隸為「釁」，有誤（第138頁），此字是「沫」，並有多體的異寫（《說文解字注》第563-564頁，龍宇純《中國文字

學》第 162-163 頁）；假讀為「眉」，則是。「子沬」，在古書之中，都作「子
靁」，是以疑「沬」通假為「靁」。簡文「壽」字，殆因前一字可讀為「眉」
而羨衍於此，當視為衍文。（〈書後（一）〉，「武漢大學・簡帛網」2011 年
12 月 29 日）

　　雯雯按：𤔌，整理者隸為「釁」。華東讀書小組則認為整理者隸為「釁」，
有誤。一方面整理者並未隸定為「釁」，而是「釁」。二方面裘錫圭先生曾
於〈史牆盤銘解釋〉云：「『釁』字習見于金文，或作『釁』，象用水盆洗臉，
即『頮』（沬）字異體，『釁』、『靁』等字皆由此字演變。「沬」、「眉」古音
極近，所以金文多假借為眉壽之「眉」。盤銘此字似當讀為「豐」或「勉」
（「沬」與「勉」古音陰陽對轉）。」（《古文字論集》，頁 375）此字之形象
以手捧倒皿，以洗其面之意，其隸定是沒有問題的，而此字即「頮」（沬）
字異體，而且「釁」、「靁」等字皆由此字演變而來，自然也可與之通假。
此外蘇建洲老師提示筆者王引之在《經義述聞》卷二十二《春秋名字解詁
上》「楚史老字子靁（《楚語》）」條下說：「靁讀爲眉。……靁釁為一字而與眉通
用。」（頁 534-535）亦是一例。整理者解釋的詞條作「釁壽」不妥，由上
下文來看，實為「子釁壽」，應該相應於文獻上的「子靁」，方炫琛云：「靁，
蓋其名也，左桓十八年稱子靁，**蓋名上冠男子之美稱『子』字也。**」（《人
物名號研究》，條 0307「公子靁、子靁」，頁 172）至於為何「公子靁」簡
文稱為「子釁壽」，華東讀書小組認為多出一「壽」字殆因前一字可讀為「眉」
而羨衍於此，當視為衍文。但是簡文出現兩次「子釁壽」，是否都是衍文，
還要更多的證據。附帶一提，「眉壽」，沈培先生認為應讀為「彌壽」，「彌」
是動詞，盡或終也。（〈釋甲骨文、金文與傳世典籍中跟「眉壽」的「眉」
相關的字詞〉）

⑲ **齊襄公會者（諸）侯于首[illegible]（止），殺子[illegible]（眉）壽，車[illegible]（轘）高之巨（渠）爾（彌）。改立　（厲）公**

整理者：《左傳》桓公十八年：「秋，齊侯師于首止，子亹會之，高渠彌相。七月戊戌，齊人殺子亹而轘高渠彌。」未言會諸侯。又「祭仲逆鄭子于陳而立之」，杜注：「鄭子，昭公弟子儀也。」子儀，《鄭世家》作「公子嬰」，簡文不載其事。（頁149，註17）

子居：齊襄公改立厲公事，見《左傳・桓公十七年》……《繫年》所記與《左傳》同，而《史記》以為高渠彌亡歸，則恐是傳聞的訛誤。」……（據《左傳・莊公十四年》）可見鄭厲公最終成功歸鄭已是齊桓公時事，而清華簡《繫年》此章僅記至「齊襄公會諸侯于首止，殺子眉壽，車轘高之渠彌，改立厲公，鄭以始正」，說明本章原記錄者很可能並不知道齊襄公立鄭厲公之後的史事，這也說明下句「楚文王以啟漢陽」當是後人補入，因此本章的成文時間下限可以推測是在西元前六九四年後不久。

又據《春秋・桓公十五年》：「冬十有一月，公會宋公、衛侯、陳侯於袲，伐鄭。」《左傳・桓公十五年》：「冬，會於袲，謀伐鄭，將納厲公也。弗克而還。」《公羊傳・桓公十五年》：「冬十有一月，公會齊侯、宋公、衛侯、陳侯於侈，伐鄭。」《說文・衣部》：「袳，衣張也。從衣多聲。《春秋傳》曰：公會齊侯於袳。」可見袲之會本有齊侯，且意在納厲公，今《左傳》文有脫誤。《史記・鄭世家》：「子亹元年七月，齊襄公會諸侯于首止，鄭子亹往會，高渠彌相，從，祭仲稱疾不行。所以然者，子亹自齊襄公為公子之時，嘗會鬥，相仇，及會諸侯，祭仲請子亹無行。子亹曰：『齊強，而厲公居櫟，即不往，是率諸侯伐我，內厲公。我不如往，往何遽必辱，且又何至是！』卒行。於是祭仲恐齊並殺之，故稱疾。子亹至，不謝齊侯，齊侯怒，遂伏甲而殺子亹。高渠彌亡歸，歸與祭仲謀，召子亹弟公子嬰于陳而立之，是為鄭子。」說明首止之會後齊襄公或即立鄭厲公於櫟，但並

未護送其歸鄭。(〈1～4章解析〉,「孔子 2000 網」,2012 年 1 月 6 日)

雯雯按:「首止」,杜預注:「首止,衛地,陳留襄邑縣東南有首鄉。」(卷 7,頁 244)楊伯峻先生注云:「首止,衛地,近於鄭。當在今河南省睢縣東南。」(頁 153)

其地如右:

(《歷史地圖集》,「鄭宋衛」,頁 24-25)

此次會盟,杜預以為齊陳師首止,乃為討鄭弒君,而子亹前去,不知是為討己而來。(卷 7,頁 244)蓋魯桓公十五年鄭厲公出奔蔡,後又居櫟,諸侯嘗會於襄,欲伐鄭納厲公,然而伐鄭不勝,且昭公又歸國,因此厲公守於櫟地。至桓公十七年高渠彌又弒昭公,因不敢納厲公,而立子亹,因其立不正,故諸侯又討之。

車轘高渠彌一事,《繫年》、《左傳》同,《史記》與之相異。楊伯峻其下注云:「轘音患,以車裂人使肢體分散之刑,《史記・龜策列傳》所謂『頭懸車軫,四馬曳行』者也。《鄭世家》謂高渠彌逃亡回鄭,且與祭仲謀立子儀,與《傳》不同,司馬遷或採異說。」(《左傳注》,頁 153)

厲公,即公子突,又字子元,方炫琛先生云:「左莊二十一經『鄭伯突卒』,則突為其名,詳 0857 公宋固條。經又云:『葬鄭厲公』,厲蓋其諡也。左隱五鄭『使曼伯與子元潛軍軍其後』,又稱曼伯與子元為『鄭二公子』,

左昭十一『鄭莊公成櫟而寘子元焉，使昭公不立』，則子元蓋莊公之子。顧炎武《左傳杜解補正》云：『子元疑即厲公之字……蓋莊公在時，即以櫟為子元之邑，如重耳之浦、夷吾之屈，故厲公於出奔之後取之特易。』以子元為厲公之字，左隱五《會箋》亦云：『子元即厲公字……突、出貌，詩曰「突而弁兮」，元、首也，厲公名突，蓋取首出萬物之義，故字之曰子元。』由突與元二字相應，證元為鄭厲公突之字，其說是也。左昭十一杜注不以子元即鄭厲公，孔疏引鄭眾之說，以子元即左桓十五之鄭大夫檀伯，皆非。」（《人物名號研究》，條 2118「鄭伯突、子元、公子突、鄭厲公」，頁 604）

厲公之事簡文不詳，子居先生認為這「說明本章原記錄者很可能並不知道齊襄公立鄭厲公之後的史事」。至於猜測首止之會後齊襄公或即立鄭厲公於櫟，但並未護送其歸鄭之事，則恐不可信。若立之，不應在齊桓公七年鄭厲公才與甫假謀劃回國。蘇建洲老師以為一種可能是傳聞不同，《繫年》作者聽聞到的是「齊襄公立鄭厲公」。或是應該將釋文改為「齊襄公會者（諸）侯于首𣥂（止），殺子【一一】𩰫(眉)壽，車轘（轘）高之巨（渠）爾（彌）。改立柬（厲）公，奠（鄭）以㠯（始）政（正）」，即將「改立柬（厲）公」前的逗號，改為句號，代表另一段史實，蓋鄭厲公再立已是齊桓公時的事了。為與《左傳》對應，本釋文從後說。

⑳ 奠（鄭）以㠯（始）政（正）

整理者：「政」，通「正」，《周禮・宰夫》注：「猶定也。」在此指鄭公子爭位之亂的結束。（頁 149，注 18）

補記：羅運環：據《春秋》經傳及《史記・鄭世家》等，「齊襄公會諸侯于首止」，時在魯桓公十八年、楚武王四十七年，相當于公元前六九四年；改立鄭厲公，時在魯莊公十五年、齊桓公七年、楚文王十一年，相當于公元前六七九年，其間相隔十五年之久。「改立厲公」，何以記到齊襄公名下？

有兩種可能，即：對「鄭以始正」的正重新解讀；在「改立」前以句號斷句。「鄭以始正」的「正」，既可按原整者理解爲「定」，也可以理解爲：「正，謂承嫡。」鄭厲公（名突）是鄭國公認的皆可爲國君的「三公子」（即太子忽，其弟突、次弟子亹）之一，昭公（名忽）的二弟。此前，大夫高之渠彌殺昭公；首止之會，齊襄公殺昭公三弟子亹，鄭厲公就是唯一公認的「承嫡」者，故可曰「正」。三年前「袲之會」，齊與魯、宋、衛、陳「謀伐鄭，將納厲公也，弗克而還」，此次「首止之會」齊襄公殺子亹，「改立厲公」，厲公已是公認的「承嫡」者，雖沒有武力護送厲公回首都，已爲後來厲公本人能夠複歸首都奠定了良好的基礎。其二，在「改立」前以句號斷句。諸侯國中再次承認「改立厲公」當在首止之會齊襄公殺子亹之時，而真正落實是在十五年以後，按歷史進程，在「改立」前以句號斷句，則本章的歷史寫到了楚文王十一年（西元前 679 年），「鄭以始正」的「正」義爲「定」，《史記 · 楚世家》記該年「齊桓公始霸，楚亦始大」，正與本章「鄭以始正」的下句「楚文王以啓漢陽」意思相近，如此，則本章的內容可前後貫通。以上這兩種可能，顯然後者更合文意，也符合歷史的真實。這樣，既不存在「原記錄者很可能幷不知道齊襄公立鄭厲公之後的史事」、「楚文王以啓漢陽」當是後人補入的問題；也無須在「以」字後補一「始」字。（〈清華簡《繫年》楚文王史事考論〉《出土文獻與中國古代文明學術研討會論文》（北京：清華大學，2013 年 6 月）

㉑　楚文王以啓于灘（漢）膚（陽）🖋

　　整理者：漢陽，指漢水東北地區。《史記 · 楚世家》云：「文王二年，伐申過鄧，……六年，伐蔡……楚彊，陵江漢閒小國，小國皆畏之。」《左傳》僖公二十八年：「漢陽諸姬，楚實盡之。」（頁 149，注 19）

　　華東讀書小組：「楚文王以〔始〕啟于漢陽」，依簡文「邦君、諸正焉

始不朝于周」、「晉人焉始啟于京師」、「鄭以始定」等詞例看，簡文「以」字以後，疑可擬補一「始」字。於《繫年》中，此為楚人登上歷史舞台，發跡之始。(〈書後（一）〉，「武漢大學・簡帛網」2011 年 12 月 29 日)

子居：「楚文王以啟漢陽」當是後人補入，因此本章的成文時間下限可以推測是在西元前六九四年後不久。筆者在《清華簡〈楚居〉解析》中曾提到：「楚文王所伐滅的諸國，大致分佈于楚之西北至楚之東這個範圍，若與《楚居》篇中的楚文王徙居過程相對應的話，那麼就是居疆郢時滅鄖、羅，居樊郢時滅申、息、繒、應、鄧，居為郢時滅厲、貳、蓼、州，然後還居大郢。」其中和《繫年》所記「啟漢陽」相應的關鍵事件，主要即是楚文王居樊郢、為郢階段。(〈1～4 章解析〉，「孔子 2000 網 2012 年 1 月 6 日)

雯雯按：楚國從武王「克州、蓼，服隨、唐，大啟群蠻」，文王「實縣申息，朝陳蔡，封畛於汝」，北出方城，直逼中原諸侯。(《左傳注》，冊 4，頁 1708)至文王子成王已是楚地千里。前文已說鄭厲公復位已是齊桓公之時，〈楚世家〉家在「楚彊，陵江漢閒小國，小國皆畏之」後云：「(文王)十一年，齊桓公始霸，楚亦始大。」(《會注考證》，頁 647)據《十二諸侯年表》，齊桓公七年「始霸，會于諸侯于鄄。」而此年為「鄭厲公元年，厲公亡後十七歲，復入」，「元年」可稱厲公「後元年」，恰好即楚文王十一年，(《會注考證》，頁 249)本章點出了在周王室卑弱後，晉、鄭、齊、楚的霸業興衰。而《繫年》第五章正論楚文王霸業之事，此句「楚文王因啟於漢陽」在「鄭以始正」後，或非補述，而是點出當時齊國始霸，而楚國始大之事，此句意為「楚文王乃成為漢水以北一帶的政治中心」。漢水以北地區可參下圖：

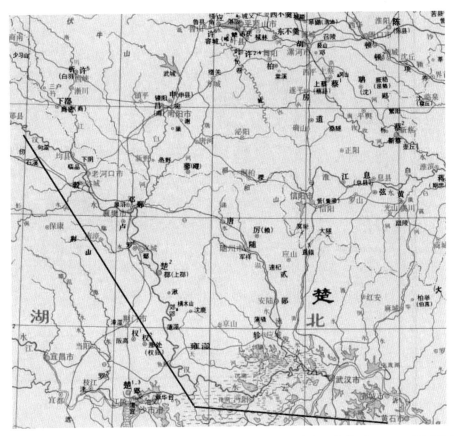

（《歷史地圖集》,「楚吳越」,頁 29-30）

簡文最末有勾識號作「▪」,表示一章的結束。

補記：羅運環：在「以啓」條下,業已論及則本章的歷史寫到了楚文王十一年（西元前 679 年）,則此「漢陽」是一種泛指,相當于第五章末所言「文王以北啓出方城,垵（表）於汝,改旅於陳,焉取頓以贛（恐）陳侯。」（〈清華簡《繫年》楚文王史事考論〉,《出土文獻與中國古代文明學術研討會論文》,北京：清華大學,2013 年 6 月）

《繫年》第三章集解

【題解】

本章從武王克殷開始，目的在敘述秦人源始。而秦人西遷的源始可以追溯到周初以紂子武庚為首的商人叛亂。商邑造反，殺害當時監視殷地的三監，並且擁立武庚。故〈大誥〉中周公斥言：「殷小腆，誕敢紀其敘」，指武庚在國勢稍盛之時，欲圖復理殷之王業。此事促使周王室再度向東征伐商朝遺民，以弭平叛亂。《逸周書·作雒》云：「二年，又作師旅，臨衛政殷，殷大震潰。」《尚書大傳》云：「二年克殷」，指在成王二年時，周公克勝以殷王後裔武庚為首的叛亂勢力。此次戰役不僅竆滅武庚，同時還殺害了輔佐商王室的重臣飛廉，並且西遷商蓋人民到今甘肅甘谷西南的邾圉，以抵禦在渭水源頭的戎族徂方，此為秦人的先祖，且世世代代作為周的護衛。直到周室衰微，向東遷往成周，而秦襄公由大夫而躍升諸侯，平王賜之岐以西之地，曰：「戎無道，侵奪我岐、豐之地，秦能攻逐戎，即有其地。」此後秦國在與西邊戎人作戰的同時，開始遷往關中，佔據周人留下的祖居地。秦襄公始國，至文公時遂收周餘民有之，並獻以岐東之地與周，故曰「秦以始大」。

【釋文】

周武王既克醫（殷），乃埶（設）三監于殷①。武王陟，商邑興反，殺三監而立彔子耿②。成【一三】王屖（踐/纘）伐商邑，殺彔子耿③，飛厤（廉）東逃于商盍（蓋）氏，成王伐商盍（蓋），殺飛厤（廉），西噐（遷）商【一四】盍（蓋）之民于邾虗（圉）④，以御奴虘之戎，是秦先＝（之先），殜（世）

乍（作）周企（ -衛）⑤。周室即〈既〉寍（卑），坪（平）王東疊（遷），止于成【一五】周⑥，秦中（仲）女（焉）東居周地，以犠（守）周之夆（墳）蒅（墓），秦以㠯（始）大 ⑦。【一六】

【語譯】

周武王既勝殷，於是在殷設立三監。武王崩殂，商邑興起反心，殺害三監而擁立𢍰子耿。成王翦伐商邑（或是「繼承武王事業而征伐商邑」），殺𢍰子耿。飛廉向東逃奔於商蓋氏，成王伐商蓋，殺死飛廉，西遷商蓋的族民到邾圉，以抵禦奴虖之戎。（商蓋的族民）是秦族的起源，世世代代都作周的護衛。周世既衰微，平王東遷，定都于成周，秦仲則向東遷居故周地，以守周人留下來的祖居地，秦國於此開始壯大。

【集解】

① 周武王既克殷（殷），乃執（設）三監于殷

（一）周武王

雯雯按：名發，文王太子。文王崩，繼立為王，史稱武王。《史記・管蔡世家》云：「武王同母兄弟十人。母曰太姒，文王正妃也。其長子曰伯邑考，次曰武王發，次曰管叔鮮，次曰周公旦，次曰蔡叔度，次曰曹叔振鐸，次曰成叔武，次曰霍叔處，次曰康叔封，次曰冉季載。冉季載最少。同母昆弟十人，唯發、旦賢，左右輔文王，故文王舍伯邑考而以發為太子。及文王崩而發立，是為武王。伯邑考既已前卒矣。」（《史記會注考證》，頁587）武王繼承文王遺志伐商，克商後若干年崩，太子姬誦立，是為成王。

（二）克墼（殷）

整理者：《逸周書》有《克殷》篇。（頁 141，注 1）

華東讀書小組：簡文所有「殷」字，偏旁不管從不從「邑」，應該從「反身」的那個偏旁，都書成「戶」，字形稍訛。（〈書後（一）〉，簡帛網，2011.12.29）

Shibuwodai：《繫年》中「殷商」之「殷」或作 （簡 13），或作 （簡 13），或作 （簡 17）、（簡 18）。最後兩個形體下部的兩短橫，當為第一個形體所從「邑」旁旁的簡省。這種以兩短橫代替某些筆劃或構件的現象在楚文字中頗為常見。（〈短札兩則〉，「復旦網・學術討論」，2011年 12 月 22 日）

李春桃：「殷」古文作 石𡸒四 1・34 又。張富海認為該形為「殷」字訛體。按上博簡《容成氏》中「殷」字作：、。上部從戶、從攴，下部從邑，可隸定作「墼」，璽印文字中有下列形體：（2581）（2582），徐在國根據《容成氏》的字形釋為「殷」。上博簡《曹沫之陳》以及近期公佈的清華簡《祭公之顧命》中「殷」字作：（曹沫之陳 44）、（祭公 10），從攴從土，蘇建洲據此認為上錄璽印文字應釋為「殷」。從楚簡中的「殷」字上部可以寫作「攵」來看，璽印文字中的「攵」很有可能為「殷」字。以上學者指出「殷」字古文 即從「攵」訛變而來，此說可信，《四聲韻》中 形是進一步訛變。疑 形左部受「广」旁類化影響，誤增了「」畫，古文字中也存在類似情況。庚壺銘文中的「釐」（釐）字作：（庚壺 9733），「釐」中間本作「厂」形，但是「厂」形受「广」旁類化影響，寫的與「广」相近，這與「殷」字古文情況相同。則「殷」字古文本當作「攵」，近出清華簡《繫年》中「殷」字作 （13 號），與古文相同，說明古文來源可信，祇是因為形體發生訛變才難以辨識。（《傳抄古文綜合研究》，頁 141）

雯雯按：克，勝也。（《故訓匯纂》，頁 178）《尚書・牧誓序》云：「武

王戎車三百兩，虎賁三百人，與受戰于牧野，作〈牧誓〉。」正文云：「時甲子昧爽，王朝至于商郊牧野，乃誓。」指甲子日天微明之時，武王早早就到商都郊外的牧野，並向同伐紂的諸侯邦君及官員們宣誓。（見屈萬里：《尚書集釋》，頁 298、109-110）《逸周書》則有〈克殷〉篇，序云：「武王率六州之兵車三百五十乘以滅殷，作《尅殷》。」文章先敘武王與商紂戰於牧野，商師既敗，帝辛自焚於鹿臺。武王駕車進到商王居所，並處置紂王遺體，「乃尅射之三發而後下車，而擊之以輕呂，斬之以黃鉞。折懸諸太白。」又到商王二女之所，「乃既縊。王又射之三發，乃右擊之以輕呂，斬之以玄鉞，懸諸小白。」此事畢，又與身旁輔臣上告昊天上帝，譴責商王，並釋放商朝被紂王所拘執囚禁的賢臣、百姓及發放糧食財務給予人民。其中尚有一件重要的事，即立商王嗣子王子武庚，並「命管叔相」，自此埋下東征的禍端。（見黃懷信，張懋鎔，田旭東撰：《逸周書彙校集注》（修訂本）下冊，頁 1128；上冊，頁 339-360）另關於「殷」字形體的討論，可參見蘇建洲師《楚文字論集》頁 397-404。

（三）三監

整理者：《逸周書・作雒》：「武王克殷，乃立王子祿父，俾守商祀。建管叔於東，建蔡叔、霍叔於殷，俾監殷臣」但未用「三監」一詞。「三監」在傳世文獻中始見於《尚書大傳》。《漢書・地理志》：「周既滅殷，分其畿內為三國，《詩・風》邶、庸、衛國是也。邯（邶），以封紂子武庚；庸，管叔尹之；衛，蔡叔尹之：以監殷民，謂之三監。」鄭玄《詩譜》則云管叔、蔡叔、霍叔分封尹邶、鄘、衛。兩說略有不同。（頁 141，注 2）

李學勤：「三監」一詞，過去以為最早見於《尚書大傳》，實際《繫年》簡文已經有了。……傳世文獻中，「三監」或說是管叔、蔡叔、霍叔，如鄭玄《詩譜》；或說是紂子武庚即王子祿父、管叔、蔡叔，如《漢書・地理志》。

看《繫年》，似當以前說為是。（〈《繫年》及有關古史問題〉，《文物》2011年3期，頁72）

朱鳳瀚：（認為簡文記載牽涉到歷來素有爭議的問題有二：其一是「三監」所在邶、鄘、衛之地望）先說第一個問題，簡文這裡所言「設三監于殷」之「殷」的地望與範圍為何？從下文言「商邑興反」殺三監來看，商邑叛亂即可禍及「三監」，**可見此「三監」應均在商都邑附近**，則此殷地當即商後期王國之王畿區域內。這與《漢書‧地理志》所言「周既滅殷，分其畿內為三國，《詩‧風》邶、鄘、衛國是也」是相合的，《詩經》之邶、鄘、衛，從《邶風》詩句中涉及淇水、衛、浚，《鄘風》有詩句言及沫邑看，三地確在商王王畿範圍內，亦即在西周時衛國之中心區域內。以往學者或將此「三監」所在拉得較遠，邶、鄘甚至到了今河北、山東，似將商後期王國之王畿範圍說得太寬。實與商後期王國政治地理結構不合。簡文所言似較接近于周初之史實，監是軍事職務，不完全等於封君，所以管叔、蔡叔等在殷地為監，並不等於在此區域內有封地。（〈西周史事考〉，《第四屆國際漢學會議論文集》）

路懿菡：周初的「三監」同商代立于封國方國內的「史官」性質頗為相似，目的都是對臣服諸侯進行監督、監察，從而維繫和強化自己的統治。「三監」應是武王克商後周人在「商邑」設立的意為監督以祿子聖（武庚）為首的商族遺民的武官。「三監」是周對「商邑」統治的象徵，因此商人的叛亂也是以殺「三監」為標誌的。《繫年》簡文是目前所見的最早的關於周初「三監」史事的記載，無疑對重新考察西周史研究中一直存有較多爭議的「三監」問題具有重要的史料價值。武王克商後通過設置「三監」的方式來監視和控制封于「商邑」的以祿子聖（王子祿父）為首的商室貴族，而以分封功臣子弟的方式，在所征服的原商屬地設置軍事據點，從而形成對新征服地區的軍事佔領和控制，西周早期金文中的「𠂤」即是周人在原商故地屯戍的軍事力量。因而管、蔡、霍等諸叔之「封」同「三監」之設的

性質是不完全相同的，周初的「三監」應同「三叔」無關。（〈從清華簡《繫年》看周初的「三監」〉，清華大學出土文獻研究與保護中心網站，2012 年 6 月 6 日）

　　雯雯按：《繫年》的出現，將「三監」一詞出現的紀錄提早了，傳世文獻紀錄較早的為《書序》與《尚書大傳》：

> 武王崩，**三監及淮夷叛**；周公相成王，將黜殷，作〈大誥〉。（〈大誥序〉，《尚書集釋》，頁 300）

> 武王殺紂，繼公子祿父，使管叔、蔡叔監祿父。武王死，成王幼，周公盛養成王，使邵公奭為傅，周公身居位，聽天下為政。管叔疑周公，流言于國，曰：『公將不利于王。』奄君、薄姑謂祿父曰：『武王既死矣，今王尚幼矣，周公見疑矣。此事之將亂也，請舉事。』**祿父及三監叛也**。周公以成王之命殺祿父，遂踐奄之云者，謂殺其身，執其家，潴其宮。（陳壽祺輯：《尚書大傳》，《四部叢刊初編縮本》，臺北市：臺灣商務，1975 年，卷四，頁 47）

祿父即紂王子武庚，《逸周書・作雒》：「武王克殷，乃立王子祿父，俾守商祀。」（《逸周書彙校集注》，頁 510）《史記・殷本紀》云：「封紂子武庚祿父，以續殷祀，令修行盤庚之政，殷民大悅。」（《會注考證》，總頁 62）武庚當為其廟號。《書序》與《大傳》並未說出「三監」指稱的對象為誰，是故後來學者各據一辭，而有歧義。

　　《書序》並未指明「三監」為何人，班固《漢書・地理志》云：「河內本殷之舊都，周既滅殷，分其畿內為三國，《詩・風》邶、庸、衛國是也。邶，以封紂子武庚；庸，管叔尹之；衛，蔡叔尹之：以監殷民，謂之三監。故《書序》曰：『武王崩，三監畔』。」後世經解沿承此說，偽孔《傳》：「三監，**管、蔡、商**。淮、夷、徐、奄之屬皆叛周。」《正義》釋《傳》云：

知「三監」是管、蔡、商者，以序上下相顧為文。此言「三監及淮夷叛」，總舉諸叛之人也。下云「成王既黜殷命，殺武庚，命微子啟代殷後」，又言「成王既伐管叔、蔡叔，以殷餘民封康叔」。此序言三監叛，將征之，下篇之序歷言伐得三人，足知下文**管叔、蔡叔、武庚**，即此「三監」之謂，知「三監」是**管、蔡、商**也。（〔漢〕孔安國傳；〔唐〕孔穎達疏；廖名春、陳明整理，臺北：臺灣古籍出版社，2001 年 9 月，頁 403-402）

下引班固說為證，認為「先儒多同此說」，故以「武庚、管叔、蔡叔」為三監，為主流說法。然而現在因《繫年》的出現，此說有重新考慮的必要。

伏生將「祿父」及「三監」並舉，似祿父並非在三監之內，與此相似的觀點有鄭玄《詩譜》說：「周武王伐紂，以其京師封紂子武庚為殷後。庶殷頑民，被紂化日久，未可以建諸侯，乃三分其地，置三監，使管叔、蔡叔、霍叔尹而教之。」「三監導武庚叛。成王既黜殷命，殺武庚，復伐三監。」但此說雖有《尚書大傳》支持，但與先儒相傳之說不同，故孔穎達《尚書正義》說：「惟鄭玄以三監為管、蔡、霍，獨為異耳。」（頁 403-402）今由《繫年》「武王陟，商邑興反，殺三監而立彔子耿」，鄭玄之說可能較近於史實。

② 武王陟，商邑興反，殺三監而立彔子耿

（一）武王陟

整理者：陟，《韓昌黎集·黃陵廟碑》：「《竹書紀年》帝王之沒皆曰『陟』。」（頁 141，注 3）

建洲按：《清華一·金縢》曰：「武王既克殷三年，王不豫，有遲。……就後武王力（陟）」。看起來武王在克殷三年後崩殂，則武王共在位四年。

此說合於「夏商周斷代工程」認為武王在位四年。(《夏商周斷代工程 1996-2000
年階段成果報告（簡本）》，頁 88) 茲參照王國維〈周開國年表〉(載《觀堂
集林》下冊，頁 1143-1149)，表列如下：

文王八年	武王元年	《清華簡・耆夜》：「武王八年戡黎」 按：所謂「武王八年」或以為武王改元在位八年，或以為武王未改元，武王八年即文王八年，此處暫從後說。
文王九年	武王二年	〈周本紀〉：「九年，武王上祭於畢。東觀兵，至於盟津。為文王木主，載以車，中軍。武王自稱太子發，言奉文王以伐，不敢自專。」
文王十年	武王三年	
文王十一年	武王四年	〈尚書序〉：「惟十又一年，武王伐殷。」 〈周本紀〉：「十一年十二月戊午，師畢渡盟津，諸侯咸會。曰：『孳孳無怠！』武王乃作《太誓》，告於眾庶。」 《尚書・多方》：「天惟五年須暇之子孫，誕作民主，罔可念聽。」謹按：老天寬暇湯之子孫五年的時間，惟紂不念聽天命。文王七年受命，後五年武王伐紂，為十一年。正合〈尚書序〉、〈周本紀〉的記載。
文王十二年	武王五年（既克商一年）	
文王十三年	武王六年（既克商二年）	

文王十四年	武王七年（既克商三年）	武王陟。

相關討論可參見李銳：〈清華簡《金滕》初研〉，《甘肅省第二屆簡牘學國際學術研討會論文集》、劉光勝：〈清華簡《耆夜》考論〉，《中州學刊》2011第 1 期。

（二）商邑興反

整理者：興，《爾雅‧釋言》：「起也。」（頁 141，注 4）

路懿菡：隨著周人克商的成功，商王朝在「大邑商」內的統治已然解體，作為王畿概念的「大邑商」已不復存在，周人牧野決戰後迅速佔領安陽殷都，「商邑」應是周人對商王都的另一種稱呼。（〈從清華簡《繫年》看周初的「三監」〉）

（三）殺三監而立彔子耿

整理者：「殺三監」者，當指殺三監的周人吏卒。（頁 142，注 5）

李學勤：傳世文獻中，「三監」或說是管叔、蔡叔、霍叔，如鄭玄《詩譜》；或說是紂子武庚即王子祿父、管叔、蔡叔，如《漢書‧地理志》。看《繫年》，似當以前說為是。至於商邑叛亂「殺三監」，當然不是殺了三叔，所指大約是參與監管的周人官吏軍士。（〈清華簡《繫年》及有關古史問題〉，頁 70-74）

朱鳳瀚：（認為簡文記載牽涉到歷來素有爭議的問題有二：其二是「三監」中有無商王子武庚祿父，亦即本簡文之「彔子耿」）再看第二個問題，「三監」中有無武庚祿父。依簡文，商邑興反殺了「三監」而立「彔子耿」

（即祿父），**則「三監」必不包括祿父**，「三監」應皆是指武王派遣於此擔任監職的周人貴族，但「三監」中有無「霍叔」簡文未言。簡文所記「三監」為「商邑興反」所殺，亦即為商邑中的殷遺民所殺，與多種先秦史書所記「三監」叛亂，為周公東征所剿滅之不同，其可信程度自然要打折扣，恐當仍以多數文獻所記為是。但簡文不以祿父為「三監」之一的記載，要早于鄭玄《詩譜》以管叔、蔡叔、霍叔分尹邶、鄘、衛的說法。顧頡剛先生曾云，以管、蔡、霍為「三監」，不是鄭氏創造，是東漢中葉以後的一種傳說，而為鄭氏所採用。但簡文不晚於戰國中其偏晚，所以顧先生的說法即不甚妥當了。《逸周書·作雒》言「建管叔于東，建蔡叔、霍叔于殷，俾監殷臣」，雖未明言「三監」，但從文義看亦明是以霍叔為監的。此簡文的發現，起碼將「三監」中沒有祿父之說出現的年代明確提早到戰國，證明〈作雒〉以及鄭玄「三監」之說當亦有較早文獻之證據。（〈西周史事考〉）

子居：此章以三監為商人所殺，與故說大為不同。李學勤先生于《清華簡〈繫年〉及有關古史問題》文中言「商邑叛亂『殺三監』，當然不是殺了三叔，所指大約是參預監管的周人官吏軍士。」雖可調和與先秦傳世文獻記載中差異，但何以殺「監管的周人官吏軍士」可以說是殺三監，此點恐頗不易理解。筆者認為，此章之所以記三監為商人所殺，不排除是諱言的可能。（〈1～4章解析〉）

路懿菡：《繫年》簡文言「商邑興反，殺三監而立彔子聖」，「三監」為商人所殺，彔子（武庚）不可能為「三監」之一。而文獻中明言周公「殺管叔，放蔡叔」，非為商人所殺，以此來看，管、蔡二叔亦非「三監」。（〈從清華簡《繫年》看周初的「三監」〉）

邢文：應該說，以管、蔡、霍三叔為「三監」的說法，並不晚出。《逸周書·作雒》多次明言「三叔」。前引「周公立，相天子，三叔及殷東徐奄及熊盈略」而外，又有：「……（周公）又作師旅，臨衛政殷，殷大震潰。降辟三叔，王子祿父北奔，管叔經而卒，乃囚蔡叔于郭凌。傅斯年從其說，

亦以「三監」，為三叔：「武王初崩之歲，管蔡流言，武庚以淮夷叛，……周公時之困難，不僅奄淮，兼有三叔。」（傅斯年：《民族與古代中國史》，石家莊：河北教育出版社，2002 年，頁 87-88）《逸周書》是可信的先秦材料，若干篇章信為周書。已經公佈的清華簡中，已有數篇屬於《逸周書》，如〈程寤〉、〈皇門〉、〈祭公〉諸篇。所以，〈作雒〉屢言「三叔」，已經說明以三叔為「三監」系先秦舊說，並非晚至鄭玄。清華簡《繫年》明確以「三監」不包括武庚，是目前所知文獻中對「三監」一詞最早的記載，也是可以信據的以三叔為「三監」的先秦文獻。以往學者多以「三監」為管、蔡、霍三叔之說晚至鄭玄才出而徑以否定的做法，已不可取。清華簡《繫年》記「殺三監而立彔子耿」，則「三監」，不可能包括祿父，而只能是管叔、蔡叔與霍叔。上引《尚書大傳》以祿父與「三監」並舉，例同《繫年》，必以「三監」為三叔。解決問題的同時，清華簡所見《金縢》與「三監」的材料，也給我們提出了新的問題。《繫年》第三章稱「武王陟，商邑興反，殺三監而立彔子耿。」，就字面而言，「三監」當為商邑叛民所殺，並非成王或周公東征所辟；傳世文獻所記對三叔的種種懲處，與清華簡所記不合。如前所引，李學勤先生以「商邑興反，殺三監」，指的「當然不是殺了三叔，」而大約是「參預監管的周人吏軍士」，這是很好的解說。但《繫年》第三章「殺三監」、「殺彔子耿」、「殺飛廉」，言之鑿鑿，殺氣騰騰，是否與《繫年》這一文獻的某種性質、作者的記述角度等有關，也是值得注意的的問題。（〈清華簡金縢與三監〉，《深圳大學學報》（人文社會科學版），2013 年第 1 期，頁 68-71）

雯雯按：《尚書大傳》「祿父及三監叛」，簡文云「殺三監而立彔子耿」，傳統指武庚、管叔、蔡叔之說已受到挑戰。整理者與李學勤先生認為「殺三監」是指殺的周人的吏卒與君士，朱鳳瀚先生認為「三監」應皆是指武王派遣於此擔任監職的周人貴族，似仍以「三監」可能指三叔。子居先生已有了質疑，認為有可能是諱言周公殺管叔、蔡叔，或者是周王室自相叛

亂。而路懿菡先生則跳脫三監不是「武庚、管叔、蔡叔」或是「管叔、蔡叔、霍叔」三叔，據此而認為管、蔡二叔亦非「三監」。「三監」的問題歷來多有爭論，《尚書大傳》的說法與簡文近似，然而未指明三監的內容，則「三監」仍有可能指三叔，但也許如路懿菡先生所言三監未必是指三叔，這都須待其他更新的證據來證明。

（四）彔子耿

整理者：彔子耿卽大保簋（《集成》四一四〇）所載「彔子耴」。「耿」字為見母耕部，從「耴」之「聖」字為書母耕部，而與「聖」與同音的「聲」所從的的「殸」為溪母，故《說文》引杜林說以為「耿」字「從火，聖省聲」。簋銘云：「王伐彔子耴，馭厥反，王降征命于大保（卽召公）。」白川靜《金文通釋》卷一上（日本白鶴美術館，一九六四年）已指出彔子耴卽紂子武庚祿父。（頁142，注5）

李學勤：簡文記「立彔子耿」，極為重要，與著名青銅器大保簋（《殷周金文集成》4140）可相印證。研究西周青銅器的都熟悉，大保簋是清道光、咸豐年間發現的「梁山七器」之一，傳出于山東壽張梁山下，及今梁山縣境，現藏於美國華盛頓的弗利爾美術館。簋名共四行三十四字（依原行款）：

> 王伐彔子耴，馭（祖）厥反，王
> 降征命于大保，大保克
> 敬，亡言讉，王侃，大保錫休
> 余（集）土，用茲彝對命。

銘文裡的「大保」就是召公奭，但「彔子耴」是什麼人，學者意見不一，最流行的看法，是與西周中崎彔伯㺇簋的彔聯繫起來。不過後者銘文

云彔伯夨家族世代服侍周朝，說其先人曾叛周實無根據。

在大保簋考釋上別闢傒徑的，是日本學者白川靜先生。他雖仍認為「彔子耴」即是彔伯夨的先世，但指出「彔子耴」其實便是紂子祿父。這一見解見於他的《金文通釋》卷一上：

> 「彔子耴」又稱「天子耴」，所作器有觚，銘「天子耴乍（作）父丁彝」（《愙齋（集古錄）》二一・九）。其敢稱天子者，意指為殷宗既滅後的後嗣。以之與彔子耴並考，彔子耴無疑是封以殷餘民的「王子祿父」。

祿父為紂子，《逸周書・作雒》稱「王子祿父」，《史記・殷本紀》等稱之為「紂子武庚祿父」。「祿父」是他的名，「武庚」為他的廟號。「彔（祿）子耴」可能是名、字聯稱。白川靜的說法得到一些學者的支持（不過他關於「天子耴」觚的釋讀並不正確。）

上引《繫年》簡文證實了白川靜關於大保簋的論點。大保簋的「彔子耴」簡文作「彔子耿」。「耴」可通讀為「聖」，古音書母耕部，「耿」則是見母耕部字，可相通轉，就像「聖」與「聲」通，而「聲」字從「殸」是溪母字一樣。（〈清華簡《繫年》及有關古史問題〉，頁72）

華東讀書小組：「祿子耿」，《太保簋》作「祿子聖」，古書作「祿父」、「紂子武庚」。（〈書後（一）〉）

路懿菡：清華簡《繫年》第三章簡文所見的『彔子耿（聖）』同大保簋銘文中的『彔子耴（聖）』相印證，結合簡文內容可知大保簋銘文所載的周人征伐「彔子耴叛亂」之事正是傳世文獻中的「祿父之亂」、「武庚之亂」，而「彔子耴（聖）」應即為王子祿父，或曰武庚、武庚祿父。

從「彔子聖」的稱名方式上看，其同傳世文獻中所見的殷商王室貴族如微子、箕子等的稱名方式是一致的。《史記・宋微子世家》載：「微子開

（啟）者，殷帝乙之首子而帝紂之庶兄也」，《集解》孔安國曰：「微，畿內國名。子，爵也。」朱鳳瀚先生認為：「此所謂畿內之國，實即商王畿地區內微子家族屬地，微是族名，亦是地名，為商人習俗。『子』在這裡是指族長而非爵稱。」彔子、箕子應與此類似，「彔」、「箕」也應既是族名又是地名，各自代表其在商王畿區內的家族屬地。而微子本人，作為商先王帝乙之長子、紂之庶兄，太師逕以「王子」稱之。商代王子（不限於時王之子）在甲骨卜辭中皆以「子某」稱之，如武丁時期的子漁等，而根據朱鳳瀚先生的研究，「王卜辭中作為王子的諸『子某』，有的在其父王逝後，即從原來的王族中分化出去自立族氏，成為卜辭所見『子族』，而本身為其族之長。」據研究者統計，「甲骨金文中稱『子某』者有 156 名，稱『某子』者有 29 名，其中人地同名者有 90 例，約占總數 185 名的 49%」，研究者認為這些同子名相合的地名「大致分佈于王畿區內外周圍一帶，屬於商王朝政治地理結構中的基層地區性單位」，「這些子某或某子，作為商代社會生活組成體的一部分，已相繼在特定的社會條件和社會政治經濟關係中，與一定的地域相結合……換言之，這批子已成家立業，以各自的土田族邑相命名，由此構成分宗立族的家族標誌。」以此來看，彔子、微子、箕子等人在具有王子身份的同時，已分宗立族，擁有各自的族邑，本身又是所建宗族的族長。以此來看「彔子聖」的稱名方式，「彔」是族名亦是地名，「子」表族長身份，「聖」則為其私名。文獻中的「祿父」之「祿」本當作「彔」，『『祿』字所從之『示』乃周秦間所加為意符。『父』為殷周之際男子的美稱。」因此「彔父」很可能是彔族後輩對「彔子聖」的尊稱。

　　而天（王）子聖觚銘文作「王子聖作父丁彝」，帝辛廟號為辛，那麼「王子聖」是否是商紂之子？學者指出在商代的宗親稱謂裡，「『父』的稱謂並不僅僅限於生父一人，也兼及尊一輩男性旁系血親，父親的兄弟皆被稱為父，不分直系、旁系，父只是一個分辨性別、世代（含尊卑及世次）的所謂類分性（claasificatory）的親屬稱謂詞。」因此，「父丁」並不一定是指

生父帝辛，可能是帝辛的某位兄弟。以此來看，三器銘文中的「王子耴」極有可能就是「彔子耴（聖）」，「王子耴」為其在商亡前的稱名，而商亡後已不再有王子的身份，周人遂以「彔子耴（聖）」稱之。但其仍以商紂王子的身份得以「俾守商祀」。當然，這僅僅是一個推測，需要更多材料的證明。「祿（彔）父」同「武庚」一樣都應是「彔子聖」死後的稱名。《繫年》簡文的出現證實了大保簋銘文所載的正是成王征伐「祿父之亂」這一西周早期的重要史事，而「彔子聖」則是傳世文獻所失載的「王子祿父」、「武庚」的生稱。（〈「彔子聖」與「王子祿父」〉，復旦網，2012 年 5 月 25 日）

　　雯雯按：李學勤先生另文〈紂子武庚祿父與大保簋〉提到他認為白川靜對「天子耴」觚的釋讀不正確的看法，其云：「該觚見《集成》7296，原為晚清陳介棋所藏，《簠齋金文題識》云：『道光乙未（十五年，公元 1835 年）得之歷（濟南）市。』其銘文首字上作兩橫筆，與常見『天』字有些不同。《題識》釋之為『天』，但說『上蓋而有蝕』，**看來是否『天』字值得考慮**。另外，紂的廟號是『帝辛』，有沒有一個弟兄稱『丁』，也不可知。儘管如此，白川靜關於大保簋『彔子耴』的見解是有道理的，可謂洞察。」（《甲骨文與殷商史（新二輯）》，頁 3）該觚銘文首字「![王]」在《中國青銅器全集 4》中便被釋為「王」（文物出版社，1998 年，頁 4）路懿菡先生又舉出西周早期的王子耴觥、王子耴鼎，認為王子耴鼎「從銘文看，『王子耴』三字與王子耴觥銘文極為相似，而且該鼎所飾的蟬紋作為一種寫實性動物紋飾流行於商代晚期至西周早期，從該鼎所飾蟬紋的類型看，無足、心形吻、桃形身體，此種類型多見於商代晚期器物」，故「天（王）子聖觚、王子耴鼎同王子耴觥很可能為一人所作。」

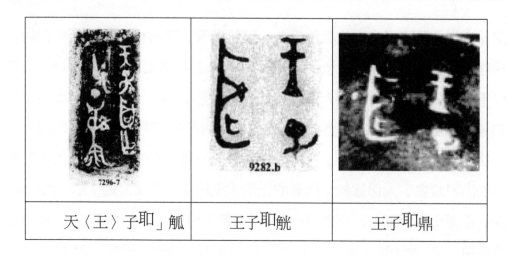

天〈王〉子耴」觚	王子耴觥	王子耴鼎

（參見〈「彔子聖」與「王子祿父」〉，「復旦網」，2012 年 5 月 25 日）比對「王子耴觥」與「王子耴鼎」，「![天]」恐怕還是釋為「王」較為合理。簡文中的「彔子耴」可與銅器中「王子耴」聯繫起來，也即是歷史上的紂子武庚、王子祿父。然而對於「彔子耴」究竟是名、字或是生稱仍有不同的意見。李學勤先生認為「彔子耴」可能是名、字聯稱，即名祿字子耴。」楊坤先生認為「彔」應是武庚的封邑，可能是殷世已封，也有可能是周武王封紂子武庚之地；「彔父」之稱則因紂世與文、武王相當，于周公、成王輩呼武庚爲父所致。（〈「錄子」附麗〉，武漢大學「簡帛網」，2012 年 3 月 6 日）。路懿函先生則認為「彔子聖」是生稱，「彔」是族名亦是地名，「子」代表其族長身份，「聖」則為其私名。「祿父」本當作「彔父」，「示」乃周秦間所加之文獻意符，「父」則為殷周之際男子的美稱，與武庚都是死後的稱名，可能是彔族後輩對「彔子聖」的尊稱。茲存諸說待考。

　　補記：李均明先生指出：按簡文不管「三監」是誰殺的，道理上是殺三監在前，而殺武庚在後，即他們不是同時發生的。這和叛亂的起因有關：清華簡《金縢》：「就後武王陟，成王猶幼在位，管叔及其群兄弟乃流言于邦曰：『公將不利於孺子』」。顯然，騷亂是先由三監引起的，武庚是後來才乘機叛亂，陳逢衡云：「《紀年》『葬武王於畢』在武庚、徐奄未叛前。《作雒》先言三叔及殷東徐奄熊盈以略，後言葬畢者，蓋諸國初萌叛跡於前，

直至武王葬後，始連衡以起，故《紀年》書『叛』而《逸書》言『略』」。《逸周書・作雒》：「降辟三叔，王子祿父北奔」，也是先法辦了三監，而武庚仍逍遙法外。與簡文不同的是《逸書》法辦三監的時間已在下葬武王之後，《書序》亦云：「武王崩，三監及淮夷叛，周公相成王將黜殷，作《大誥》。」也是三監先叛，殺武庚在其後。又與簡文籠統稱「殺三監」不同，《作雒》作「管叔經而卒，乃囚蔡叔于郭淩。」「立𤔲子耿」當指殷遺民之擁立武庚，與武王克殷立武庚俾守商祀非一事。《今本竹書紀年》：周成王「二年，奄人、徐人及淮夷入於邶以叛」，此記載當有所本，非完全臆造。邶是武庚的轄地，由於武庚被人立為王，顯然邶便成了反叛中心，所以才有奄、徐、淮夷入於邶的舉動，亦證簡文所說「立𤔲子耿」為王者當為殷人及東夷隨從。（〈讀清華簡《繫年》第三章筆記〉，達慕思—清華「清華簡」國際學術研討會——第四屆新出簡帛國際學術研討會，2013年8月29日至9月2日）

③　成王屎（篡/踐）伐商邑，殺𤔲子耿

（一）屎（）

　　整理者：屎，字見陳侯因𦲷敦（《集成》四六四九），即《說文》「𣪠」字或體「伏」。容庚《善齋彝器圖錄》第二五頁（燕京學社，1963年）云義當如「繼」。簡文是說成王繼武王之後再次伐商。（頁142，注6）

　　陳劍：簡14所謂「屎伐」顯即我曾講過的「踐奄」之「踐」，與古書、金文用字習慣若合符節，參看陳劍《甲骨金文考釋論集》頁101-102、頁103-104。（〈《清華（貳）》討論記錄〉）

　　飛虎：清華簡《繫年》簡13-14：「成王A伐商邑。」此句可與《呂氏春秋・古樂》對讀：「成王立，殷民反，王命周公踐伐之。」「A伐」意當與「踐伐」接近。A字學者認為當是「屟」（《說文》古文「徙」字異體），可從。A我們認為當讀為翦伐之「翦」。「徙」與「踐」古通。《莊子・讓王》：

「原憲華冠縰履。」《釋文》:「縰,司馬本作『踐』。」《呂氏春秋・古樂》「踐伐」之「踐」,高誘注云:「踐,往。」畢沅引《尚書大傳》「成王東伐淮夷,遂踐奄」之「踐」證之,惠棟謂「踐」當讀為「翦」。當以讀「翦」為是。燕王職壺:「克邦 B 城」,燕王職矛(18.11525):「燕王職 B 齊之獲。」B 字從「邑」C 聲(C,劉釗先生以為「辛」字),即石經「盟於踐土」之「踐」的古文。此字董珊、陳劍《郾王職壺銘文研究》讀為「殘」,引《韓非子・有度》「殘齊」、《淮南子・齊俗》「(周公)克殷殘商」、《戰國策・中山策》「魏文侯欲殘中山」之「殘」證之,謂「殘」當訓為「滅」。按 B 亦可讀為「翦」。「殘齊」、「殘商」、「殘中山」之「殘」與「踐奄」之「踐」,《詩・魯頌・閟宮》「翦商」之「翦」應當表示的是同一個詞,皆當訓為滅。(〈研讀箚記(一)〉跟帖,「復旦網」,2011 年 12 月 22 日)《呂氏春秋・古樂》云「王命周公踐伐之」,高注訓「踐」為往,故可通,今由清華簡「成王 A(翦)伐商邑」可知《古樂》「踐伐」之「踐」顯然應當讀為「翦」。「翦伐」一詞多見於金文,如禹鼎「王乃命西六師、殷八師曰:翦伐鄂侯御方,勿遺壽幼」,胡鐘「王敦伐其至,翦伐厥都」,逑盤「翦伐楚荊」,應侯視工簋「翦伐南夷□」。(〈研讀箚記(一)〉跟帖,「復旦網」,2011 年 12 月 22 日)

宋華強:李家浩先生很早就指出,陳侯因𩵋敦的「屎」字是甲骨文、金文「屟」字的異體,其下部經歷了由「少」到「米」的訛變,圖示如下(例證不限於李先生所舉):

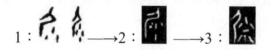

(1:甲骨文;2:逑盤;3:陳侯因𩵋敦。)

李先生又指出,金文「屟」字也是「屟」字的異體,其下部同樣經歷了由

「少」到「米」的變化，可以參照：

1：屎　2：屎　→　3：屎　→　4：屎　→　5：桼

（1：師**蒶**簋；2：逆鐘；3：叔弓鎛；4：《說文》「徙」字古文；5：《古文四聲韻》上聲四紙引《古老子》「徙」字偏旁。）

據此，《繫年》「屎」字也當是「屎」字的异體，其「米」旁中間上下兩點連成一豎，與上引傳抄古文「徙」字所從「米」旁寫法相同，是陳侯因脊敦、叔弓鎛那種寫法的進一步訛變。李家浩先生還指出：

> 禹鼎的「屎」、豆閉簋的「屎」、陳侯因脊敦的「屎」，並當讀爲「纂」。《禮記‧祭統》引孔悝鼎「纂乃祖服」、《左傳》襄公十四年「纂乃祖考」，鄭玄注和杜預注並云：「纂，繼也。」

述盤「屎朕祖考服」，裘錫圭先生指出也當讀爲訓「繼」的「纂」。我們認爲《繫年》「屎」字也應該讀爲訓「繼」的「纂」，「纂伐商邑」就是繼續討伐商邑。《國語‧周語上》「纂修其緒」，「纂」字後接動賓結構，用法與簡文同。（清華簡《繫年》「纂伐」之「纂」，簡帛網，2011 年 12 月 21 日）

謹案（網名）：講成徙字的困難是全文徙字有從辵、從止兩種寫法，與屎字寫法都不相同。可以對比簡 9、39、57 的徙字。（〈研讀箚記（一）〉跟帖，「復旦網」，2011.12.22）

清華讀書會：整理者考慮到陳侯因脊敦（《集成》4696）曰：「聖（紹）練（踵）高且（祖）黃啻（帝），屎嗣（嗣）趄（桓）文」，紹、踵、嗣和屎字意思應當相近，容庚先生釋爲繼是有道理的。《大誥》「救寧武圖功」、「救寧王大命」、《洛誥》「亦未克救公功」，訓爲繼也比舊釋爲撫要好。（〈研讀箚記（一）〉）

清華讀書會：訓為「繼」，文義固然暢通，然而翻檢故訓材料，未見「伮（敉）」字訓為「繼」之例。齊器陳侯因資敦「屖」（下稱「A」）、《繫年》「屖」（下稱「B」）二字形分別如下：

（陳侯因資敦）　　（《繫年》）

釋A為「伮」在字形上可疑。舒連景先生曾指出陳侯因資敦之「屖」形字即「徙」字古文。李家浩先生也與「徙」字古文系聯，釋為从「尸」，「沙」省聲的「屖」字。

和「A」有關的字形金文已經出現幾次，如：

1 禹鼎：命禹![字]塍（朕）且（祖）考政于井邦（《集成》5.2833）

2 豆閉簋：用![字]乃且（祖）考事（《集成》8.4276）

3 逨盤：肇![字]朕皇且（祖）考服（《近出二編》939）

4 陳財簋：![字]擇吉金（《集成》8.4190）

5 叔弓鎛：![字]擇吉金（《集成》1.285-7）

禹鼎、豆閉簋、陳侯因資敦、陳財簋、叔弓鎛等器中相關字，李家浩先生認為都从「沙」省聲，而且各字聲符與「米」形有別。此外，吳振武先生也指出，齊系文字中「米」形偏旁有兩個來源，一個是真正的「米」字，一個是糞便的象形寫法（讀音近「沙」字），「A」形右半就屬後一種來源。李先生認為在禹鼎、豆閉簋、陳侯因資敦中的當讀作「纂」，訓為「繼」，逨盤銘文有「屖朕皇祖考服」，裘錫圭先生也主張讀為「纂」，訓作「繼」，各處文意暢達。讀作「纂」的A、（1）、（2）、（3）四字皆从「尸（人）」从「少」，恐非巧合，可能「屖」就是訓為「繼」的「纂」這個詞的專字。「B」从「尸」从「米」，宋華強先生認為其「米」旁中間上下兩點連成一豎，是陳侯因資敦、叔弓鎛那種寫法的進一步訛變。我們主張只把它視為陳侯因資敦「屖」

字的訛變。可虛擬一個大概的演變軌跡如下：

楚文字中的「遟（徙）」字的「少」形為何沒有訛寫成「米」形。「屍」字或許一開始就從「尸」，或許很早就不從「尾」，而「遟」字從「屍」或從「尾」，「少」形與「尾」末端的字形相似，二者存在共筆現象，如下《繫年》的「遟」字，「少」形的與「尾」共筆，只保留最下的一個左撇筆劃。「遟」字已經沒有了完整的「少」形，何談訛變為「米」形，所以「屍」、「遟」二字沒有相同的演變趨勢。

 簡9   簡39

李家浩先生讀「纂」，訓為「繼」的說法，仍然可以置入《繫年》。宋華強先生參考并同意李说，引《國語・周語上》「纂修其緒」，認為「纂」字後接動賓結構，用法與《繫年》同，此說至為精當。需要補充的是，十二月十九日下午清華近春園研討會上，不少學者已經指出「A」字當與「徙」字古文聯繫起來，劉釗先生主張讀為「翦伐」（引按：劉釗先生於此處跟帖云：「說明：關於「劉釗先生主張讀為『剪伐』」19 日在清華研討會上我曾發言，其中除了我自己的看法和意見外（如「危」字、「愁」字），其他的看法和意見都是復旦大學讀書會的意見，「翦伐」的讀法本來就是陳劍先生的意見。特此說明。」參見〈研讀箚記（二）〉跟帖，「復旦網」，2011 年12 月 31 日）。復旦讀書會引陳劍先生說也主張讀「踐伐」。我們發現整篇《繫年》「伐」字出現二十九次，除了第 130 簡有「戠（侵）伐」是同義復詞，其他的「伐」字都單獨使用，尤其是「成王屍伐商」后隔兩句，又有「成王伐商蓋」。這使我們意識到，這裡的「伐」不大可能和同義或近義詞連用，或者被表程度副詞修飾。

段玉裁《說文解字注》、朱駿聲《說文通訓定聲》都指出訓為「繼」的「纘」當是「纘「之假借。《說文》:「纘,繼也」。「屎伐商邑」可直接讀成「纘伐商邑」「纘伐商邑」是目前最為合理的說法。(〈研讀箚記（二）〉)【亦參見黃甜甜（〈《繫年》第三章「成王屎伐商邑」之「屎」字補論〉,《深圳大學學報（人文社會科學版）》第 29 卷第 2 期（2012 年 3 月）,頁 53-56）】

華東讀書小組:「成王敉伐商邑,殺祿子耿（庚）」,屈萬里《尚書集釋》訓「敉」為「終」、「竟」之義。(〈書後（一）〉)

子居:踐,原釋作「屎」,陳劍先生指出當讀為「踐」,所說是,此從。(〈1~4 章解析〉)

jiaguwen1899:《系年》的「屎」與「伐」連用,只要熟悉陳劍先生對「翦伐」之研究的人都不難想到有可能讀為「翦」,筆者之所以讀為訓「繼」的「纘」,一是從文義來看,上文說「武王既克殷」,下文述成王伐殷,有繼武王之後再次征伐之義;二是從用字習慣來看,如陳先生所論,「翦」這個詞,甲骨文固然用彤沙之「沙」的初文表示,西周早中期金文則用翦除之「翦」的初文表示,自西周中晚期之後直到戰國,則用劉釗先生討論過的那個字形系列表示,即從西周直到戰國,都不用「屎」或與之相關的「徙」字古文來表示,而「屎」或與之相關的「徙」字古文在西周以後文字資料中多表示訓「繼」的「纘」,于文義亦無不合。因此,筆者把「屎」讀為訓「繼」的「纘」。(〈《繫年》的「屎」〉,簡帛網「簡帛論壇」,2012 年 1 月 8 日）

陳民鎮:《繫年》第三章簡 13、14 云:「成王屎伐商邑,殺子耿,飛廉東逃于商盍（蓋）氏。」這裏的「屎」學者有不同意見,陳劍先生認為「屎伐」相當於「踐伐」;或讀作「纘」、「纘」等,雖句意可通,但畢竟不是常見的用法,難以令人完全信服。按成王時期的東征,文獻幾乎衆口一辭用「踐（殘、淺）」表示,儼然是固定的敘述形式:

惟周公于征東尸（夷），豐伯、薄姑咸（翦）。（《集成》2739，周公東征鼎／ 塱 方鼎）

成王立，殷民反，王命周公踐伐之。（《呂氏春秋・仲夏紀・古樂》）

成王東伐淮夷，遂踐奄。（《書序》）

周公以成王之命，殺祿父，遂踐奄。（《尚書大傳》）

周公攝政，一年救亂，二年克殷，三年踐奄，四年建侯衛，五年營成周，六年制禮作樂，七年致政成王。（《尚書大傳》）

召公爲保，周公爲師，東伐淮夷，殘奄，遷其君薄姑。（《史記・周本紀》）

周公踐東宮，履乘石，攝天子之位，負扆而朝諸侯，放蔡叔，誅管叔，克殷殘商，祀文王於明堂，七年而致政成王。（《淮南子・齊俗訓》）

商奄反，故周公淺之。（銀雀山漢簡《孫臏兵法・見威王》）

　　筆者還是傾向於陳先生的看法，將「屎伐」之「屎」讀作「踐」或「翦」，與傳世文獻密合無間。（〈關於《繫年》的「屎」以及《繫年》中有較古來源的字〉，復旦網學術討論區，2012 年 3 月 24 日）

　　朱鳳瀚：屎，從米尸聲，讀如矢。尸、矢皆書母脂部。《釋名・釋兵》：「矢，指也，言其有所指向，迅疾也。」（〈西周史事考〉，頁 4 注釋 4）

　　雯雯按：就文義上讀作「纂」訓爲「繼」，指成王繼續武王之業討伐商邑，或讀作「踐」（殘），指翦滅商邑，意義皆可通。

　　建洲按：清華讀書會認爲

（陳侯因咨敦）　（《繫年》）與　（《繫年》簡 9）　（《繫年》簡 39）

「屍」、「遷」二字沒有相同的演變趨勢，此說未必正確。其實這是一字的不同寫法。張富海先生已指出：「此《說文》古文（引案：字作「屍」）及陳

侯因資敦之『屍』所從的『米』是『少』形之變，而從『尾』和從『尸』在古文字中往往是相通用的。所以『屍』、『屍』即殷墟卜辭及西周金文中的『屍』字。」（《漢人所謂古文研究》，頁 45）。寫作「愻」是楚文字常見的寫法；「犲」則是直承卜辭作「犮」而來，寫法較古老。《包山》59「長莎（屍）公」的「屍」字，《包山楚墓文字全編》頁 356 歸在「屍」字字頭下，可從。

《集成》10126 取膚盤「麗」字作「麤」，高佑仁先生指出字形底下三點與「徙」聲相關，很有道理。但又分析為加注「小」（少）聲的「麗」字，則有問題，麗與小聲音不近。（參〈關於取膚盤（集成 10126）的「麗」字〉，簡帛網簡帛論壇，2013 年 6 月 6 日，

http://www.bsm.org.cn/bbs/read.php?tid=3108&page=e&#a）。陳劍先生在〈甲骨金文「戈」字補釋〉《古文字研究》25 輯，頁 43-44，注 4 提到：

> 屍字除分析爲从「沙省聲」，其實也未嘗不可以直接看作是从沙子之「沙」的象形初文「少」得聲。「少」本就象沙粒之形，很可能它最初就是一形多用的，既可以用來表示「沙」這個詞，也可以用來表示「沙」所具有的特點「小」，「小」、「少」本爲一字之分化。

李家浩先生在〈《說文》篆文有漢代小學家篡改和虛造的字形〉（第二屆許慎文化國際研討會論文，漯河，2010 年 10 月）一文中也指出「根據古文字，『少』在古代有『沙』音。眾所周知，『少』、『小』古本一字，在甲骨文裏都寫作三點或四點，像沙粒之形；沙粒很小，所以少小字既可以表示語言裏大小之『小』這個詞，又可以表示語言裏沙粒之『沙』這個詞。楚墓竹簡文字遷徙之『徙』作從『辵』從『屍』，地名『長沙』之『沙』作『屍』（滕壬生：《楚系簡帛文字編》（增訂本），頁 156-157、782）。《說文》『徙』字古文『屍』，即由『屍』訛變而成。簡文遷徙之『徙』即從『屍』聲，而『屍』從『少』聲。此不僅說明『少』有『沙』音，而且還說明『沙』、『徙』

古音相近。古文字『徙』顯然是從『少（沙）』得聲。」所以字下的三點可直接釋為「沙」，這樣沙與麗聲音就很近了。同理，甲骨文常見的「屎」作，一般理解為遺糞便之形，現在對照字的結構來看，所謂的遺糞便之形也應該代表「沙」聲，此偏旁具有音、義兩層作用。

（二）殺彔子耿

整理者：《史記·周本紀》云「周公奉成王命，伐誅武庚」，《魯世家》也講「殺武庚」。《逸周書·作雒》則說「王子祿父北奔」，有所不同。（頁 142，注 7）

雯雯按：《召誥》「惟周公誕保文武受命、惟七年。」周公自武王崩後攝政七年。（《尚書集釋》，頁 188-189）伏生言「周公攝政，一年**救亂**，二年**克殷**，三年**踐奄**，四年建侯衛，五年營成周，六年制禮作樂，七年致政成王。」而「二年克殷」，云：「誅管蔡及祿父等也。」（《尚書大傳》，頁 53）《書序》亦云：「武王崩，三監及淮夷叛；周公相成王，將黜殷，作〈大誥〉。成王既黜殷命，殺武庚；命微子代殷後，〈微子之命〉」（《尚書集釋》，頁 300）《史記·宋世家》：「周公既承王命，**誅武庚，殺管叔、放蔡叔**。乃命微子開代殷後，奉其先祀，作〈微子之命〉以申之。」（《會注考證》，頁 613）據文獻記載周公攝政克殷，應在其攝政二年（或成王二年時），所以《逸周書·作雒》也說「周公、召公內弭父兄，外撫諸侯。九年夏六月，葬武王於畢。二年，又作師旅，臨衛政殷，殷大震潰。降辟三叔，王子祿父北奔，管叔經而卒，乃囚蔡叔于郭淩。」（《彙校集注》，頁 516-517）《作雒》雖言「王子祿父北奔」，然而《繫年》亦云「殺彔子耿」，當以此年誅殺武庚為是。

建洲按：《清華簡·金縢》簡8「周公石（宅）東三年，禍（禍）人乃斯旻（得）。」一般認為「石（宅）東三年」是指周公東征（參李銳〈清華

簡《金縢》初研〉），即所謂「救亂」、「伐殷」、「踐奄」，可與本章所云「成王屍（踐／纂）伐商邑，殺彔子耿」、「成王伐商盍（蓋），殺飛厤（廉）」相對應。《金縢》中所謂的「褅（禍）人」，孔穎達《正義》指出「周公居東二年，則罪人於此皆得。謂獲**三叔**及**諸叛逆者罪人**既得訖。」上引《史記・宋世家》云「（周公）**誅武庚，殺管叔、放蔡叔**」。顧炎武《日知錄》卷二「武王伐紂」條云：「東征之役，其誅者事主一人，**武庚**而已。謀主一人，**管叔**而已。」（頁 67）程元敏先生也指出「罪人斯得：罪人，楚簡作禍人，禍國殘民之人也，指**武庚、蔡叔、管叔、奄君、薄姑**及**淮夷**等實行叛亂之人。斯，皆也（《書疏》引王肅說），盡也。罪人斯得，謂叛國者武庚等盡為周公所獲以治罪也。」（程元敏：〈清華楚簡本《尚書・金縢篇》評判〉，載氏著：《尚書周書牧誓洪範金縢呂刑篇義證》頁 279，第 10 條）今由《繫年》可知「禍人」確實包含「彔子耿」、「飛厤（廉）」等人。但不知是否有蔡叔、管叔？如果三監是指「蔡叔、管叔、霍叔」，則此三人之前已死於「商邑興反」的殷民手下，非周公所殺，但如此則與《史記・宋世家》記載不同。以此角度似乎可以說明三監並非蔡叔、管叔、霍叔，是否如此，待考。

　　補記：最近看到彭裕商先生所寫〈清華簡《繫年》札記二則〉中的第一則認為「上舉文獻和金文材料都說明東征主帥是成王，周公只是隨成王出征。而據《金縢》篇記載，居東是周公一個人去的，其間成王一直在宗周，這就與東征的情況不合了，所以周公居東只能是避居於東，而不可能是東征。」（《出土文獻》第三輯，頁 31-32）。謹按：如果《清華簡・金縢》「周公宅東三年」僅指周公避居於東，那緊接著的下句「禍人乃斯得」就失去聯繫了，這句話除見於《尚書・金縢》外，亦見於《史記・魯世家》：「周公居東二年，則罪人斯得。」顯然是當時流行的說法。另外，邢文先生也提到：「整理者已經指出，商蓋即商奄。我們知道，所謂成王伐商邑、伐商奄，指的就是指周公東征。《繫年》所述，雖與傳世文獻的說法有所不

同，但有一點是明確的，就是這裏的成王（周公）平叛，態度堅決，措施強硬，決無避讓之義。所以，周公嚴辭宣佈：『我之弗辟，我無以告我先王』（引按：出自《尚書・金縢》），其所謂『辟』，只能是《孔傳》所謂『以法法三叔』，鐵血平叛。」「更值得注意的是，清華簡《繫年》第三章所記東征，根本未提及周公這涉及到一個更大的歷史問題：周公東征的身份問題—周公究竟有沒有踐阼稱王？清華簡稱成王伐商邑、成王伐商奄，顯然以成王為東征之君，不似有『周公行政七年』之事，周公似也不必『反政成王，北面就群臣之位。』」（邢文：〈清華簡金縢與三監〉，收入《深圳大學學報》（人文社會科學版）2013 年第 1 期，頁 69）邢說是有道理的。不過在〈金縢〉的記載中，周公宅東三年時，成王確實在宗周，則又與所謂周公隨成王東征矛盾，故彭先生才有此疑。根據典籍與出土資料顯示，〈金縢〉所記可能有問題。又《逸周書・作雒》：「周公立，相天子，三叔及殷東徐、奄及熊盈以略〖畔〗（汪中、唐大沛、朱右曾說，「略」當作「畔」，可從。參看黃懷信等：《逸周書彙校集注（修訂本）》上冊頁 511、514）……二年，又作師旅，臨衛政（征）殷，殷大震潰。降辟三叔，王子祿父北奔，管叔經而卒，乃囚蔡叔于郭淩。凡所征熊盈族十有七國，俘維九邑。」李家浩先生〈楚公逆鐘銘文補釋〉一文指出周初叛亂的「淮夷」就是《逸周書・作雒》的「熊盈」，也就是楚公逆鐘中的「鎛甗」。「熊盈」與「淮夷」的關係，大概前者是其自名，後者是以其所在地位於淮水流域而得名。「熊盈」與「鎛甗」則是聲音通假的關係。（《出土文獻與中國古代文明學術研討會論文》2013 年 6 月，清華大學。）

④　飛曆（廉）東逃于商盍（蓋）氏，成王伐商盍（蓋），殺飛曆（廉），
　　西鄀（遷）商【一四】盍（蓋）之民于邾　虘

（一）飛廉

整理者：飛曆，即飛廉，曆、廉同屬談部。飛廉，《史記・秦本紀》作
「蜚廉」，嬴姓，乃秦人之祖，父名中潏，「在西戎，保西垂」，「蜚廉生惡
來。惡來有力，蜚廉善走，父子俱以材力事殷紂。」（頁142，注8）

李學勤：和「共和」一樣與《史記》不合的，是關於秦國祖先飛廉的
記載。《史記・秦本紀》云商王太戊時有中衍，與其後裔都有功：

> 故嬴姓多顯，遂為諸侯，其玄孫曰中潏，在西戎，保西垂，生蜚廉。
> 蜚廉生惡來。惡來有力，蜚廉善走，父子俱以材力事殷紂。周武王
> 之伐紂，並殺惡來。是時蜚廉為紂石（使）北方，……死，遂葬于
> 霍太山。

《孟子・滕文公下》則說：

> 周公相武王，誅紂。伐奄，三年討其君，驅飛廉于海隅而戮之，滅
> 國者五十，驅虎豹犀象而遠之，天下大悅。

兩說迥然不同，歷代學者多有議論。現在看《繫年》云周成王平三監
之亂：

> 飛曆（廉）東逃于商盍（蓋）氏，成王伐商盍（蓋），殺飛曆（廉）。

「商蓋」見《墨子・耕柱》、《韓非子・說林上》，也即是又稱「商奄」
的奄，這與《孟子》所記是一致的。

奄和飛廉都是嬴姓。三監之亂時東方有許多嬴姓國參與,見於《逸周書・作雒》:

> 周公立,相天子,三叔及殷、東、徐、奄及熊盈(嬴)以畔。……二年,又作師旅,臨衛政殷,殷大震潰。……凡所征熊盈(嬴)族十有七國,俘維九邑。

飛廉之所以投奔商奄,顯然是由於同姓又都參與亂事的原因。(〈清華簡《繫年》及有關古史問題〉,頁72)

(二)商蓋

整理者:商蓋見《墨子・耕柱》、《韓非子・說林上》,即商奄。《左傳》定公四年記封魯「因商奄之民」,《括地志》:「曲阜縣奄里即奄國之地。」《尚書大傳》載,管蔡流言,「奄君、蒲姑謂祿父曰:『武王既死矣,成王尚幼矣,周公見疑矣,此百世之時也,請舉事。』然後祿父及三監叛」。(頁142,注8)

李學勤:「『商盍氏』即《墨子・耕柱篇》、《韓非子・說林上》的『商蓋』,也便是稱作『商奄』的奄。」「飛廉參與三監之亂,失敗后東逃到奄。奄也即是《秦本紀》講的運奄氏,屬于嬴姓,飛廉向那裡投靠,正是由于同一族姓。當時今山東到蘇北的嬴姓國族都是反周的,《逸周書・作雒篇》說:「周公立,相天子,三叔(管叔、蔡叔、霍叔)及殷、東、徐、奄及熊盈(嬴)以畔(叛)。……二年,又作師旅,臨衛政(征)殷,殷大震潰。……凡所征熊盈(嬴)族十有七國,俘維九邑。」這充分講明了嬴姓國族在這場戰亂中的地位。

奄是東方大國,是商王朝非常重要的組成部分。根據古本《竹書紀年》,商王獻庚、陽甲都曾建都于奄,然后盤庚才遷到今河南安陽的殷。奄之所

以稱為「商奄」，大概就是由于這個緣故。據《左傳》，周初封魯，「因商奄之民，命以《伯禽》而封于少皞之虛」，杜預注：「商奄，國名也。少皞之虛，曲阜也。」傳統上認為奄國即在今山東曲阜。不過奄的國境範圍肯定要大得多，**有學者主張奄相當周朝的魯國**，同奄一起反周的蒲姑相當周朝的齊國，可能是差不多的。

由《繫年》簡文知道，商朝覆滅之后，飛廉由商都向東，逃奔商奄。奄國等 嬴姓東方國族的反周，飛廉肯定起了促動的作用。亂事失敗以后，**周朝將周公長子伯禽封到原來奄國的地方**，**建立魯國**，統治「商奄之民」，同時據《尚書序》講，把奄君遷往蒲姑，估計是看管起來。但在《繫年》發現以前，沒有人曉得，**還有「商奄之民」被周人強迫西遷**，而這些「**商奄之民**」正是秦的先人，這真是令人驚異的事。（〈清華簡關於秦人始源的重要發現〉，「光明日報」，2011 年 9 月 8 日）

雯雯按：商蓋《詩・豳風・破斧》：

> 既破我斧，又缺我斨。周公東征，四國是皇。哀我人斯，亦孔之將。
> 既破我斧，又缺我錡。周公東征，四國是吪。哀我人斯，亦孔之嘉。
> 既破我斧，又缺我銶。周公東征，四國是遒。哀我人斯，亦孔之休。

《詩序》：「〈破斧〉，美周公也。周大夫以惡四國焉。」《毛傳》：「四國，管、蔡、商、奄。」《鄭箋》：「惡四國者，惡其流言毀周公也。」（黃師忠慎：《詩經全注》，頁 308-309）《逸周書・作雒》：「殷、東、徐、奄及熊盈以畔」，「商蓋」又稱「商奄」或單稱「奄」，據《詩序》、《書序》，是參與反周主要成員。「奄」，嬴姓，劉師培云：「紂黨多嬴姓，如飛廉、惡來是。徐、奄亦然。《左傳・昭元年》：『周有徐奄』，杜注云：『二國皆嬴姓』，孔疏以為《世本》文。是其碻徵。徐奄為廉來同族，故助殷拒周。」（《逸周書彙校集注》，頁516）李學勤先生認為「奄」即嬴姓的運奄氏，故飛廉投奔至同姓的商蓋。

（三）成王伐商盍（蓋）

整理者：《書序》云：「成王東伐淮夷，遂踐奄……成王既踐奄，將遷其君於蒲姑。」（頁 142，注 9）

雯雯按：簡文與《書序》皆以為是成王踐奄，《史記•周本紀》則云：「成王既遷殷遺民，周公以王命告，作多士、無佚。召公為保，周公為師，東伐淮夷，殘奄，遷其君薄泉。」（《會注考證》，頁 74）蓋周公奉王命東征。《集成》4041 禽簋「王伐禁（奄／蓋）侯，周公某（謀），禽祝，禽又（有）啟（脤）祝。王易（錫）金百孚，禽用乍（作）寶彝。」馬承源注釋說：「『禁侯』，禁國的君長。禁從去得聲，讀為蓋，即奄國。奄、蓋古音近。《韓非子•說林》的商蓋即商奄。……銘中說王伐奄侯，周公教其子伯禽脤祝以社祭。故王必是成王而不是周公。史載東征踐奄時周公為師，召公為保，則所師所保者當然是成王。《書序》：『成王東伐淮夷，遂踐奄』，則銘詞之『王伐禁侯』就是成王『踐奄』。」（《銘文選》（三），頁 18）以上都可以與簡文互證。

（四）殺飛曆（廉）

整理者：《孟子•滕文公下》：「周公相武王誅紂，伐奄，三年討其君，驅飛廉於海隅而戮之。滅國者五十，驅虎豹犀象而遠之。天下大悅。」《秦本紀》則云伐紂時，「蜚廉為紂石〈使〉北方，還無所報，為壇霍太山而報……死，遂葬於霍太山」，其說不同。（頁 142，注 10）

李學勤：「『飛曆』就是飛廉，『曆』字从『甘』聲，『廉』字从『兼』聲，古音相近通假。」「關于飛廉、惡來，《秦本紀》云：「周武王之伐紂，并殺惡來。是時蜚廉為紂石（使）北方，……死，遂葬于霍太山。」這和《繫年》所記不同。《繫年》的記載，可以參看《孟子•滕文公下》：「周公相武王，誅紂。伐奄，三年討其君，驅飛廉于海隅而戮之，滅國者五十，驅虎豹犀象而遠之，天下大悅。」和《繫年》一樣，是說飛廉最后死在東

方。」(〈清華簡關於秦人始源的重要發現〉,「光明日報」,2011 年 9 月 8 日)

子居:《水經注・汾水》:「汾水又南與澆水合,水出東北太嶽山,《禹貢》所謂岳陽也。即霍太山矣。上有飛廉墓,飛廉以善走事紂,惡來多力見知。周武王伐紂,兼殺惡來。飛廉先為紂使北方,還無所報,乃壇于霍太山而致命焉。得石棺,銘曰:帝令處父,不與殷亂,賜汝石棺以葬。死,遂以葬焉。」造父為飛廉之後,封趙城,今山西洪洞縣趙城鎮。趙城於漢為澆縣地,于隋為霍邑縣地,故霍太山有飛廉墓,即是因其後人居趙城的緣故,而實際上飛廉恐是葬于泰山。此後,周厲王即被流於澆,相當於交付給造父後人,可見其事與秦也頗有關係。(〈1~4 章解析〉)

朱鳳瀚:以上第一點(講飛廉在成王攻破商邑,殺祿父後向東逃至商奄氏),飛廉即《史記・秦本紀》所記秦之先祖蜚廉,此處簡文記其為成王殺於商奄,與《孟子・滕文公下》所記「周公相成王誅紂,伐奄,三年討其君,驅飛廉于海隅而戮之,……」說法接近,但與《秦本紀》所言差別甚大。據《秦本紀》,武王伐紂時,蜚廉並不在商都而是「為紂石北方」,且在紂死後為報答紂,而為紂修壇於晉地之霍太山,且死葬於此。這兩種不同說法,僅據現有史料,尚難以遽定何者為是,只好存疑。(〈西周史事考〉,頁 4-5)

雯雯按:朱鳳瀚先生說簡文記載飛廉殺祿父後向東逃至商奄氏,似有誤讀。從上下文來看,殺祿父者是周成王。飛廉曾參與三監之亂,還為商紂石(跖)北方,如何可能殺祿父。飛廉東逃的原因是「成王屎(踐/纂)伐商邑」。

(五)西㬄(遷)商盍(蓋)之民于邾虗

整理者:「虗」字楚文字常讀為「吾」,邾虗即《書・禹貢》雍州「西傾、朱圉、鳥鼠,至于太華」之「朱圉」。《漢書・地理志》天水郡冀縣下

寫作「朱圉」，云：「《禹貢》朱圉山在縣南梧中聚。」《水經・渭水》說同。地在今甘肅甘谷縣西南。（頁142，注11）

李學勤：《繫年》的記載還有一點十分重要，就是明確指出周成王把商奄之民西遷到「邾虐」這個地點，這也就是秦人最早居住的地方。「虐」在戰國楚文字中常通讀為「吾」，因此「邾虐」即是《尚書・禹貢》雍州的「朱圉」，《漢書・地理志》天水郡冀縣的「朱圉」，在冀縣南梧中聚，可確定在今**甘肅甘谷縣西南**。

西周初秦人的最早居地在這樣的地方，由近年考古工作看，是非常合理的。甘谷西南，即今禮縣西北，正為早期秦文化可能的發源地。二〇〇四年以來，早期秦文化聯合考古隊在禮縣一帶西漢水上游進行了遺址普查。二〇〇五年到二〇〇六年，又做了有針對性的調查，確認或發現了西山、大堡子山和山坪三座周代城址，見該隊《甘肅禮縣三座周代城址調查報告》（《古代文明》第7卷）。其中西山的時代相對較早，從遺址來說，其秦文化出現的時間約為西周中期，城的使用年代則在西周東周之際。二〇〇五年以來，在西山的發掘成果豐富，見《中國文物報》二〇〇八年四月四日所刊《甘肅禮縣西山遺址發掘取得重要收獲》一文。

西山位于禮縣縣城西側，西漢水北岸的山坡上，還不是最早的秦文化遺址。由這里往北，沒有多遠便是「邾虐」的可能位置，有待勘查探檢，這為今后的考古研究提供了珍貴的線索。

既然秦人本來是自東方遷來的商奄之民，最早的秦文化應該具有一定的東方色彩，并與商文化有較密切的關係，希望這一點今后會得到考古研究的驗證。（〈清華簡關於秦人始源的重要發現〉，「光明日報」，2011年9月8日）

李學勤：「朱圉」一名，最早見於《尚書・禹貢》的導山部分，說：「西傾、朱圉、鳥鼠，至於太華。」《孔傳》云：「西傾、朱圉，在積石以東；烏鼠，渭水所出，在隴西之西，三者雍州之南山。」並沒有指明朱圉的準

確位置。

確切指出其地理位置的，是《漢書·地理志》。志文於天水郡冀縣下云：「《禹貢》朱圉山在縣南梧中聚。」顏師古說：「『圉』、『圉』古通用。」冀縣據王先謙《補注》引《清一統志》，在伏羌縣南，伏羌縣即今甘肅甘谷縣。

《水經·渭水注》於渭水「又東過冀縣北」下云：「南有長塹谷水，次東有安蒲溪水，次東有衣谷水，並南出朱圉山。山在梧中聚，有石鼓，不擊自鳴，鳴則兵起……石長丈三尺，廣略等，著岸脅，去地二百餘丈，民俗名曰石鼓，石鼓鳴則有兵。」楊守敬疏引《通典·州郡四》云朱圉山「俗名白巖山」，又《元和郡縣志》：「朱圉山在伏羌縣西南六十里。」

《通典》、《元和志》這兩條，清初胡渭的《禹貢錐指》已經引用，並以《伏羌縣志》所說：「朱圉山在縣西南三十里」，又「石鼓山在縣南四十里，西連朱圉，蓋即其別峰」等相對照，說明朱圉距縣彼云「六十里」，此云「三十里」，是由於「縣治移向西南，故山較《元和志》近三十里」。

胡渭還討論了朱圉山的範圍問題。他說有人「謂縣西南錦纜、石鼓、木梅、天門等山，皆朱圉之隨地異名者也」，閻若璩曾對他講：「據《漢志》山在梧中聚，夫一聚可容，則其阯不甚廣，安得有如上所云云者。吾嘗親經其山，在今伏羌縣西南三十里。山色帶紅，石勒四大字曰『禹奠朱圉』。」閻若璩的意見，已寫入他的《尚書古文疏証》卷六下：「朱圉山，向所登陟者山最小。《元和志》所謂朱圉山在伏羌縣西南最合。近遍征之：《通典》天水郡上邽縣有朱圉山，《九域志》秦州成紀縣有朱圉山，岷州大潭縣有朱圉山，何朱圉之多也？說者遂謂朱圉山連峰疊嶂，綿互於伏羌縣之西南，皆可以朱圉目之，予以為否。班氏明於冀縣下注曰『朱圉山在縣南梧中聚』，一村落巾所有之山，他縣寧得而附會去耶？」

關於朱圉與縣治的距離變化，閻若璩所說比胡渭更為明確：「今之縣治乃宋熙寧三年以伏羌寨為城者，在秦州西九十里，見《九域志》，與《元和

志》云縣東南，至秦州一百二十里者，移卻三十里矣。」

這裏附帶提到，胡渭《禹貢錐指》還駁斥了蔡沈《書集傳》。蔡書說：「朱圉，《地志》在天水郡冀縣南，今秦州大潭縣也，俗呼為白巖山。」胡渭指出：「大潭故城在今西和縣西南三百里，本漢隴西縣地，《蔡傳》謂冀縣即大潭，謬甚。」

閻若璩和胡渭主張朱圉祇是指一處不大的山，就傳世文獻來說，無疑是正確的。不過以《繫年》簡文而言，周成王把商奄之民遷徙到朱圉，抵禦戎人，**所講朱圉不會僅指一處山峰，應該是以朱圉山為中心的一片地帶。**這可能包括漢代冀縣縣治，一直到渭水這樣一塊地方，即現在的甘谷大部。（李學勤：〈談秦人初居「邾虗」的地理位置〉，《出土文獻（第二輯）》，頁1-3）

子居：關於「邾圉」，李學勤先生在《清華簡關於秦人始源的重要發現》文中言：「『邾吾』即是《尚書・禹貢》雍州的『朱圉』，《漢書・地理志》天水郡冀縣的『朱圉』，在冀縣南梧中聚，可確定在今甘肅甘谷縣西南。」以「邾圉」即《禹貢》之「朱圉」，所說當是，然以《漢書・地理志》等書的記載證秦之先所遷「邾圉」地在今甘肅甘谷縣西南，則恐有待商榷。李零先生在《〈史記〉中所見秦早期都邑葬地》文中曾指出秦憲公、出子所葬之「衙」或與寶雞市渭河南岸發現的西周[弓魚]伯墓有關，所說頗為可能。與秦人有關的「朱圉」、「秦亭」等地名西移至甘肅，當是《秦本紀》所記：「（秦武公）十年，伐邽、冀戎，初縣之。」前後的事情，此前西遷的秦先人封地，應主要不出西周邦畿千里的範圍，也就是說，大致不會西出今陝西省境。因此，李零先生所說的西周[弓魚]伯之地很可能就是秦之先所遷之「邾圉」。（〈1～4章解析〉）

朱鳳瀚：以上第二點（講成王將「商奄之民」西遷至邾虗，此秦之先人），遷「商奄之民」事，似有討論的必要。按簡文，飛廉是在商邑被攻克後東逃至商奄氏的，既稱「商奄氏」，知此「奄氏」為商人，而奄氏商王國

屬地。文獻記載盤庚自奄牽制殷，是奄一度曾為商朝前期末葉之都城。舊說奄地在今曲阜一帶，惟其在商前期末葉的王都地位，尚未得到考古資料的證實。簡文繼言飛廉是在成王攻滅商奄時被殺，而「商奄之民」被周人西遷至邾虘，成為秦之先人。邾虘，整理者認為即《尚書·禹貢》雍州之「朱圉」，即《漢書·地理志》之「朱圄」，在今甘肅甘谷西南。簡文這一明確記載了西土嬴姓秦人之具體來源，自然非常重要。但值得注意的是，依簡文，「商奄之民」只應是奄地原居住民，雖可因西遷而稱為秦先人，但與《史記·秦本紀》中秦之先祖蜚廉的關係卻未能明朗。《左傳》定公四年記分封魯公伯禽于少暤之虛，使其「因商奄之民」，則此由伯禽延因統治之「商奄之民」應是舊商奄之地的土著族群。如此簡文在言及「殺飛廉」後繼言「西遷」之「商奄之民」，從前後文義上看，似是因為與飛廉有關而一併被處置，故此「商奄之民」，很可能只是隨飛廉東逃至奄的其族屬。然商邑在周人二次東征時被攻滅至奄地被攻佔的時間僅在一、二年內，故飛廉族屬在此地寄居時間甚短。只有作此解釋，此被西遷之「商奄之民」才可能在族源上與文獻記載的秦人先祖相聯繫。但再讀《秦本紀》的記載，實際上西遷的秦人之族屬關係與具體路徑仍有相當多的問題未能明朗。

《秦本紀》對西遷的秦人是從「非子居犬丘」講起，是時已為周孝王時，但非子這一支與上述簡文所言西遷的曾為「商奄之民」秦先人的關係如何，目前只能從文獻中尋得蛛絲馬跡。據《秦本紀》，蜚廉有子惡來，「父子俱以材力事殷紂」，周武王伐紂時，「並殺惡來」。惡來又稱「惡來革」，其家族之世襲關係是惡來革──女防──旁皋──太几──大駱──非子。非子既屬惡來支系，惡來又在武王紂時被殺，自然有一種可能，即在其被殺後，其族屬即被周人西遷，惡來為蜚廉子，其族支自然亦是蜚廉族屬。那麼，當然不排斥簡文所謂被西遷的作為「秦先人」的且與飛（蜚）廉有關的「商奄之民」實際即是惡來一支，或其中包含了惡來支族。這樣也有助於解釋非子一支因何以及何時遷到西土的。《秦本紀》不言蜚廉在奄被殺，僅言惡

來死于武王伐紂，則簡文言飛廉在奄被誅于成王東征時，也可能是惡來被殺之同一事件記載的不同版本。此周初戰亂之事，因西周王朝史官記述傳於世間後被輾轉傳抄，遂產生出不同的說法是有可能的。司馬遷寫《秦本紀》，應有《秦記》為本（司馬遷在《秦始皇本紀》中曰：「吾讀〈秦紀〉云云」，由此可知），所言秦人世系關係，相對來說應較為可靠。《秦本紀》中記載的，也屬秦先祖而世代居住於晉地的另一族支，即《秦本紀》所記蜚廉子季勝一支（其後世系為孟增——橫父——造父）的情況相對清楚。造父因善御幸于周穆王，受封于趙城，由此得為趙氏。在西土之大駱、非子，按輩分講，皆是造父的子、孫輩。

有助於證明秦先人確如簡文所言是自周初即遷至今甘肅的，是近年來由甘肅省文物考古研究所等五家單位組成的早期秦文化聯合考古隊所作的工作。自二〇〇五年至二〇一〇年，考古隊在渭河上游清水等縣進行了調查與發掘，重要成果之一，是在清水縣城北側發現李崖遺址，在遺址中發掘的十多座豎穴土坑墓穴土坑墓作東西向，頭西，直肢葬，有腰坑，內殉狗，與春秋後秦貴族墓葬習俗同。隨葬品中有商式風格的陶器，較早這或可到西周早期偏晚。葬俗與陶器皆反應出與商文化的關係。蜚廉、惡來族屬雖為嬴姓，但與商人關係密切，其文化必多有商文化特徵。清水縣在簡文所述邾虖即今甘谷之東部遠，二地分處天水東西，皆屬天水地區，在此地區探尋西周早期有商文化因素的遺存，自然是今後早期秦文化探索的重點工作。（〈西周史事考〉，頁4-5）

田旭東：從二〇〇四年以來，由甘肅省文物考古研究所、北京大學考古文博學院、國家博物館田野考察部、陝西省考古研究院、西北大學文化遺產學院聯合組成考古隊在甘肅禮縣西山、大堡子山一帶做了多次調查和發掘工作，其發現不僅有目前所知最早的成址、大型聚落遺址何時代最早、等級最高的秦人墓以及祭祀遺址等，可知其秦文化出現的時間約為西周中期，城的使用年代則在西周東周之際，這一年代正好可與甘谷毛家坪遺址

相銜接，也就是說，秦人西遷之後最早的活動地在《繫年》所說的「邾圉」即今甘谷西南一帶，之後又逐漸向南遷往禮縣的西山、大堡子山一帶。其實，從東起隴山腳下的張家川回族自治縣、清水縣一直延伸到天水縣、秦安縣、甘谷縣、武山縣為止，沿渭水兩岸，這類文化遺存廣泛分布，大約有數百處之多，主不過以前均被認為是「周代遺存」，現在有了近些年的發掘成果，在加上清華簡的記載，我們就可以考慮把這一地帶的秦文化因素聯繫起來，作為十分有價值的探討秦人早期都邑建立等情況的證據。但僅有這些還是無垢，還有必要得到進一步的証明，誠如李學勤先生所言「既然秦人本來是自東方遷來的商奄之民，最早的秦文化應該具有一定的東方色彩，并與商文化有較密切的關係，希望這一點今后會得到考古研究的驗證。」（〈清華簡《繫年》與秦人西遷新探〉，《秦漢研究（第六輯）》）

雯雯按：「朱圉」，「山名，即《漢書・地理志》之朱圉山，在今甘肅甘谷縣西南三十里。」（《尚書集釋》，頁 66）子居先生認為秦人所遷之「邾圉」「即《禹貢》之『朱圉』，所說當是」，但是地理位置值得商榷，認為邾圉與弜伯墓地有關，認為在寶雞市渭河南岸弜伯之地很可能就是秦之先所遷之「邾圉」。但茹家莊弜伯墓所出土的銅器帶有著強烈的地方色彩，尤其是其中出土一件刃部呈半圓形的銅斧，尹盛平先生認為「斧、鉞是當時的象徵，弜伯、弜季使用巴式銅斧，因此，這種巴式銅斧與弜氏族屬不無關係。」「弜氏是經由陝西進抵寶雞渭水兩岸的一支南方民族，其到達寶雞渭水兩岸的時間是商代末期。」而弜氏所處的寶雞自古以來就是中原通往西南、南北的要道，因此弜氏集西南巴蜀、西北戎人，以及西周等幾種文化於一身。又言「弜氏居於嘉陵江上游的故道水流域和保雞的的青姜河谷下游，使用板楯，又善於使劍駕船，其族是巴人似無可疑，當是板楯蠻的一支。」且此支弜氏便是隨武王伐紂的巴人。（〈西周弜氏的族屬及其相關問題〉，《周文化考古研究論集》，頁 141-147）據尹先生的考證，弜伯之地與秦人所遷之「邾圉」無涉。「邾圉」的地理位置仍當以整理者及李先生之說為是，在

今甘肅天水縣西南。其圖如右：

（戴均良等主編《古今地名大辭典》，上海：上海辭書出版社，2005 年 7
月，《甘肅省行政區圖》，前附頁）與發現兩座秦公墓的禮縣距離不遠，可
見甘肅甘谷一帶確實可能是商庵之民的最初的遷居地。

　　建洲按：一九八二年至一九八三年，甘肅省文物考古工作隊與北京大
學考古系聯合發掘了甘谷縣毛家坪周、秦文化遺存，其最大收獲是首次在
隴山以西地區發現了商末周初的秦早期文化。發掘報告指出「毛家坪墓葬
三至五期的年代約當春秋早期至戰國早期。那麼，毛家坪墓葬一、二期的
年代則可能早至西周。」（甘肅省文物工作隊、北京大學考古學系：〈甘肅
甘谷毛家坪遺址的發掘報告〉《考古學報》1987 年 3 期，頁 359-396）趙化
成先生也指出「考古發現和文獻記載都表明，秦人至遲在商代末年已經活
動於甘肅東部。」（趙化成：〈尋找秦文化淵源的新線索〉，《文博》1987 年
1 月，頁 1-7、17）。馬王堆漢墓帛書《戰國縱橫家書》「蘇秦謂燕王章」云：
「自復而足，楚將不出沮漳：秦將不出商閹，齊不出呂隧，燕將不出屋。」
（《馬王堆漢墓帛書戰國縱橫家書》，文物出版社，1976 年，頁 17）其中「秦
將不出商閹」似可以證明秦人與商奄的密切關係，正可對應《繫年》的記
載。

⑤　以御奴𧝴之戎，是秦先＝（先人），殢（世）乍（作）周亼（-衛）

（一）奴𧝴之戎

李學勤：「奴𢑢之戎」，詞例同于《後漢書・西羌傳》注所引《竹書紀年》商末武乙、文丁時周人征伐的「燕京之戎」、「余无之戎」、「始呼之戎」、「翳徒之戎」等。朱圉一帶從來是戎狄羌人等部族居住活動的地區，而奴𢑢之戎」使我們聯想到商末甲骨卜辭裏屢次出現的「𢑢方」。

「𢑢方」或作「𧝴方」，見於無名組卜辭及黃組卜辭。最近的研究證明，無名組卜辭中的較晚者可與黃組卜辭並存，同卜一事，涉及𢑢方的無名組、黃組卜辭應該是同時的。由於黃組卜辭最早是文丁時的，這些卜辭只能屬於文丁以至帝辛（紂），也即與《紀年》所述「燕京之戎」等同一時期。

黃組卜辭《甲骨文合集》36528云：

> 乙丑王卜貞，含巫九骼，余作𓏢，啟告侯甸冊𢑢方、羌方、羞方、彎方、余其從侯迪伐四邦方。

商朝所要討伐的，以𢑢方為首，與羌方等合稱「四邦方」。看無名組卜辭《合集》27997和27990，與𢑢方並舉的還有系方與𢆉方，都是商朝的敵人。不過，黃組卜辭《合集》36530卻說：

> 己酉王卜貞，余征三邦方，惠鋧命邑，弗悔，不作□□在大邑商。王占曰：「大吉。」在九月，遄□□五牛。惠𢑢命。

把「四邦方」減到「三邦方」而且卜問是否命𢑢作邑，看來𢑢方是已經降伏商朝了。楊樹達先生曾提出，卜辭中的「𢑢方」，便是便是《詩・大雅・皇矣》中的「徂」，他在《釋𢑢方》文中說：「案卜辭屢見𢑢方，且恒云伐𢑢，

其為國名甚明，顧經傳未見國名為叞者。以聲類求之，疑即《詩·大雅·皇矣篇》之徂也。《皇矣》五章云『密人不共。敢距大邦，侵阮徂共。王赫斯怒，爰整其旅，以按徂旅，以篤于周祜，以對于天下。』毛傳釋『侵阮徂共』云『侵阮遂往侵共』，訓徂為往，認為動字。鄭箋云『阮也，徂也，共也，三國犯周而文王伐之，密須之人耐敢距其義兵，違正道，是不直也』，是鄭以徂為國名，與毛異義。後來學者于毛、鄭二義各有偏袒……今按兩方各有一義，以文義論，侵阮往共，于文理難通，毛義本有罅漏，然非有強證，不足以折之。今用甲文勘校《詩經》，知叞之與徂，文雖殊而事則一……一二千年來之紛爭，或者從此可以息乎！」按據《毛詩正義》引張融說，鄭玄以阮、徂、共為國名本出自《魯詩》，實系淵源有自。徂國在文王時，也與卜辭叞方的出現時期相當。

《皇矣》各國的地理方位大致可考。密在今甘肅靈臺西是準確的。清人朱右曾《詩地理徵》認為「涇州今有共池，即共也……共池在今涇州北五里」，「《地理志》安定郡有爰得縣，爰重言之為阮，故城在今涇州東南」，他所說的涇州，即今甘肅鎮原東南。總之，共、阮以及徂國，都應在甘肅東北部涇水上游一帶。

有關卜辭叞方的材料還有很多，讀者有興趣可參看我的舊作《殷代地理簡論》和孫亞冰、林歡的新書《商代地理與方國》，這裏不能具引。孫、林所論有一點很有意思，就是將叞方同兩周共王時金文史墻盤的「狄叞」聯繫起來。

史墻盤（《殷周金文集成》11141）銘文敘及武王「遹征四方，達殷畯民，永不巩狄叞，懲伐夷僮」，徐中舒先生讀「巩」為「恐」，指出「狄叞」就是《國語·晉語一》的「翟徂」（注3：徐中舒：《西周墻盤銘文箋釋》，《考古學報》1978年第2期）。按《晉語》載，晉獻公田，「見翟徂之氛（祲氛，即凶象），歸寢不寐」，次晨以不寐事告訴大夫郤叔虎，郤叔虎轉告士蒍，士蒍指出翟徂君臣「各饜其私」，可伐而克，獻公于是進攻翟徂，翟徂滅亡。

翟柤地理位置無考，因為晉國征伐所及，推測應該在陝北到晉北區域。

如果以上各家學說不誤，《繫年》的「奴叞之戎」確即卜辭的「叞方」、《詩經》的**徂國**、金文及《國語》的**狄（翟）虘（柤）**的話，可描繪出一幅歷史圖景：

商代末年，叞方即徂本在今甘肅東北部涇水上游，先後受到周文王、武王討伐，向西退到今甘肅中部渭水源頭一帶，以致成王遷來秦的先人在朱圉地區防御。到西周晚期，王朝力衰，如《後漢書·西羌傳》所言：「戎逼諸夏，自隴山以來，及乎伊洛，往往有戎。」從而翟柤在晉陝北出現，這正是蒙文通先生所說的「狄來秦晉之北」。至於秦先人戍守的渭水源頭一帶，仍為少數民族部族據有，即《西羌傳》所言「渭首有狄、獂邦、冀之戎」，直到春秋戰國，才逐步被秦人征服吞併。（〈清華簡《繫年》「奴叞之戎」試考〉，《社會科學戰線》2011 年 12 期，頁 27-28）

建洲按： 相同文例亦見《清華三·說命上》簡 6「是為**赤（赦）敄（侮）**之戎」。此外，二〇〇七年出現的一批救秦戎銅器群，有一組的銘文作「隹（唯）哉=（式日），王命競（景）之金救秦戎，大有紅（功）于洛之戎，用作隞（尊）彝。」所謂「洛之戎」文例亦同，董珊先生以為秦戎是據其所自來而言，洛之戎是據其現居處而言。來自秦地的戎散居各處，分爲很多支，「洛之戎」即居洛之秦戎，指見於《左傳》的蠻氏戎。（董珊：〈救秦戎銅器群的解釋〉，復旦網，2011 年 11 月 16 日）

補記：《出土文獻》第三輯載王偉先生〈清華簡《繫年》「奴虘之戎」再考〉一文，認為「奴虘」即秦封泥「奴盧之印」的「奴盧」。並認為「奴虘（盧）」與西北地區的「都盧」、西北地區的古族名「卜盧」是同一詞的不同音譯。「奴虘（盧）」並非西戎，而是位於周都西北方向的獫狁的一部分，可能就是商代的盧方。（頁 35-40）謹案：此說過度引申，恐不可信。劉樂賢先生認為秦封泥的「奴盧」不一定與清華簡《繫年》的「奴虘」有關。而且與地名說相比，秦封泥的「奴盧」作為機構名稱的可能性似乎更

大。上引《秦封泥集》在考釋「奴盧之印」時，已經提到漢代有一個叫做「若盧」的機構。我們認為，秦封泥的「奴盧」就是漢代的「若盧」。見氏著：〈談秦封泥中的「奴盧」〉《出土文獻與中國古代文明學術研討會論文》（北京：清華大學，2013 年 6 月）。

（二）是秦先=（之先）

整理者：馬王堆漢墓帛書《戰國縱橫家書》：「蘇秦謂燕王」章云：「自復而足，楚將不出睢（沮）章（漳），秦將不出商閣（奄）……」（文物出版社，1976 年，頁 17），也說秦人源於商奄。《戰國策·燕策一》改「商閣」為「崤塞」，當係不解本義之故。（頁 142-143，注 12）

陳劍：簡 15（𣥐）「是秦先=」當讀爲「是秦之先」而非「是秦先人」。（復旦大學出土文獻與古文字研究中心讀書會：〈《清華（貳）》討論記錄〉）

李學勤：秦國先人「商奄之民」在周成王時西遷，性質用後世的話說便是謫戍。其所以把他們遣送到西方，無疑也和飛廉一家有關，因為飛廉的父親中潏正有為商朝「在西戎，保西垂」的經歷，并且與戎人有一定的姻親關系。中潏、飛廉一家，本來也是自東方出身的。周朝命令「商奄之民」遠赴西方御戎，完全不是偶然的決定。

認識到秦的先人是原在東方的商奄之民，以前與秦人始源相關的一系列問題都得到解釋，例如：

在文獻方面，《史記·封禪書》載：「秦襄公既侯，居西垂，自以為主少皞之神，作西畤，祠白帝，其牲駵駒、黃牛、羝羊各一云。」秦襄公為什麼自稱主少皞之神，是由于少皞嬴姓，《說文》：「嬴，帝少皞氏之姓也。」《左傳》講得很清楚，封魯的奄國之地又稱做「少皞之虛」，秦襄公只是沒有忘記國族的來源而已。在金文方面，西周中期的詢簋和師酉簋都提到「秦夷」，還有「戍秦人」，來自東方的商奄之民后裔自可稱「夷」，其作為戍邊

之人又可稱「戌秦人」。在簡帛方面，馬王堆漢墓帛書《戰國縱橫家書》的「蘇秦謂燕王章」云：「自復而足，楚將不出沮漳，秦將不出商閹（奄），齊不出呂隧，燕將不出屋注。」所說是指各國的始出居地。秦出自商奄，正與《繫年》所記吻合。這幾句話后世的人們不懂，所以傳世本《戰國策》把「商奄」等都錯誤地改掉了。（〈清華簡關於秦人始源的重要發現〉，「光明日報」，2011 年 9 月 8 日）

魚游春水：清華簡《繫年》簡 15 有「是秦先人」。

「先人」二字原簡作合文，頗疑此合文可以釋讀為「之先」二字？古人常用此語，自漢至唐皆然。例如：

《史記》秦本紀：「秦之先，帝顓頊之苗裔。」

《漢書》地理志：「秦之先曰伯益，出自帝顓頊。」

《風俗通義》六國條：「楚之先，出自帝顓頊。」

《國語鄭語》韋昭注：「言楚之先爲此二官。」

《荀子》注：「惡來，飛廉之子。秦之先也。」

簡文解作「是秦之先」，應該也是有可能的吧。（《清華簡〈繫年〉的秦之先人》，簡帛網「簡帛論壇」2011 年 12 月 20 日）

雯雯按：此處依陳劍先生及魚游春水先生所舉例證，「是秦先＝」釋文讀為「是秦之先」，指秦族先人。至於秦人的起源目前有三說：西來說、東來說、東源西成說。西來說主要提出者為蒙文通先生，（《蒙文通：〈秦為戎族〉，《周秦少數民族》，頁 72-74）東來說最先提出者為傅斯年先生（〈夷夏東西說〉），而東源西成說則是黃留珠先生將東來、西來二說結合，提出「源於東而興於西」的新思路（〈秦文化二元說〉）。周婧峰、周春茂〈秦人族源之人類學信息〉整理出西來說、東來說各持有的理由如下：

	西來說	東來說
支持者	周谷城、熊鐵基、俞偉超、葉小燕、劉慶柱。	衛聚賢、徐旭生、翦伯贊、黃文弼、顧頡剛、林劍鳴、伍士謙、何漢文、黃灼耀、段連勤、韓偉、劉明科等。
理由	1 秦之祖先世襲比較連貫，可信程度較大是自中潏以後，已「在西戎、保西垂。」 2 秦為西戎族，在西方，春秋時東方諸國多稱秦為戎。 3 秦人祭祀用馬，崇拜草木、山川、禽獸、風俗與戎狄同。 4 秦人由東方而西遷的可能性不大，周公東遷之于里不合。 5 屈肢葬、鏟形袋足鬲、洞室墓是秦文化自身的特徵，秦人是西戎的一支。 6 秦人流行西向墓暗示秦人源於西方。 7 秦文化源於甘肅青海地區的辛店文化。	1 秦人與東方的殷人、夷人都有鳥的圖騰崇拜。 2 秦為嬴姓，嬴姓族多居於東方。 3 秦人祀少暤之神，傳說少暤嬴姓祖，居於東方。 4 秦的祖先與殷王朝關係密切。 5 屈肢葬、鏟形袋足鬲、洞室墓、西向墓，均不是秦人的傳統文化。 6 腰坑殉狗現象多出現在秦墓中，西部戎族不曾見到，也不是周人習俗，其淵源在東方。 7 秦族不是一個游牧民族，在文化上與戎狄族有較大的不同。

（《考古與文物》，2007 年第 6 期，頁 98）

「東來說」還可補充者如錢穆先生的《國史大綱》主張「秦之先世本在東方，為殷諸侯，及中潏始西遷」。這是由於《秦本紀》提到：「秦之先為嬴姓，其後分封，以國為姓，有徐氏、郯氏、黃氏、終黎氏、運奄氏、菟裘氏、將梁氏、黃氏、江氏、脩魚氏、白冥氏、蜚廉氏、秦氏。」這些

國族，凡可考定的都在東方。林劍鳴先生《秦史稿》以為中潏只是「曾率一部分秦人替殷商奴隸主保衛西方的邊垂」，不能說明秦人即是戎族。奇怪的是王輝先生都已經引了甘谷縣毛家坪周、秦文化遺址的資料了，不知為何又說「考古材料有助於秦人『西來』說」？（〈古文字所見的早期秦、楚〉《古文字與古代史》第二輯，頁174）。本章簡文「（五）西塱（遷）商盍（蓋）之民于邾虗，以御奴虘之戎，是秦先=（先人）」，成為東來說的證據，西方秦族的先人是從東方商蓋遷徙而來，而且目的在於「以御奴虘之戎」，抵擋在今甘肅中部渭水源頭一帶的「奴虘之戎」，即「叡方」、「徂」。

（三）殜（世）乍（作）周仚（仚-衛）

整理者：屳，字似從尸從山，疑卽《說文》「仚」字，在曉母元部，在此讀為匣母元部的「扞」，《左傳》桓公十二年杜注：「衛也」。（頁143，注13）

清華讀書會：

竹簡整理時，整理者認為與璽印習見的職官名相關，如：

璽匯 117	璽匯 118	璽匯 119	璽匯 120	璽匯 121
璽匯 122	璽匯 123	璽匯 124	璽匯 125	璽匯 126

最好的說法是李家浩先生指出的讀為危一尉，但峞字作（圖）（包山 214）字形與此不類。

讀書會提出還有一種可能性，《君奭》曰：「在太戊，時則有若伊陟、臣扈，格于上帝。」正始石經「扈」作「（圖）」，即《說文》扈字古文「（圖）」。可以考慮丂聲諸字。（〈研讀箚記（一）〉）

鄔可晶：簡 15「是秦之先，世作周」下一字（圖），整理者隸定為「屵」，讀為「扞」，訓為「衛」。此字應即見於戰國文字、傳抄古文的「人形立於山上」的「危」字（可參看《集刊三》周波的文章），只不過這個「人」形寫得跟「尸」、「弓」之形訛混了，據整理者所說的文義在此當讀爲「衛」。古書中「危」與「偉」、「圍」與「堍」皆有相通之例（看《古字通假會典》，頁 505、506），「危」讀爲「衛」應該沒有問題。（〈《清華（貳）》討論記錄〉）

華東讀書小組：疑是「服」字。於甲文之中，常作「兒」形，或作一人之伏在「朋」上之形，即《說文》的「伏」字（于省吾《甲骨文字釋林》已說）。簡文作一人伏於山之上，可視為從山、伏聲之字，通假為「服」。意乃「五服」之「服」，有四方邊鄙之地之義。（〈書後（一）〉）

朱鳳瀚：屵，原篆作（圖），從山弓聲，似可讀若肱。肱臂也。《國語・周語下》：「祚四嶽國，命以侯伯，賜姓曰姜，氏曰有呂，謂其能為禹股肱心膂，以養物豐民也。」簡文「世作周臂」，由後世言為左肩右臂，是為周王朝輔弼的意思。（〈西周史事考〉頁 5，注 6）（引按：故其釋文作「殜（世）乍（作）周屵（肱）」）

董珊：我認爲《繫年》此字從山、勹聲（幫母幽部；伏，並母職部），隸定爲「屵」，讀爲陪臣之「陪」（並母之部）。《廣雅・釋詁一》：「陪，臣也。」《大雅・蕩》：「爾德不明，以無陪無卿。」毛傳：「無陪貳，無卿士也。」《釋文》：「陪，本又作培。」《左傳》昭公七年：「逃而舍之，是無陪臺也。」《廣弘明集》卷十一《對傅弈廢佛僧事》引古本《竹書紀年》：「秦無曆數，周世陪臣。」「周世陪臣」與「世作周陪」語義相近。

這裡可以再談一下「𠂤」的造字本意。「𠂤」可能是表示「小山」意的「部／培／嶏」或「附」的形聲字。《說文》：「附，附婁，小土山也。從阜、付聲。《春秋傳》曰：附婁無松柏。」《左傳》襄二十四年子大叔曰：「部婁無松柏。」杜預注：「部婁，小阜。」《風俗通義・山澤第十》「培」條下：「謹按《春秋左氏傳》：培塿無松柏。言其卑小。部者，阜之類也。今齊、魯之間田中少高卬者名之爲部矣。」王利器《風俗通義校註》四七三頁註釋[二]（中華書局，1981年）：

> 《拾補》曰：見襄二十四年《左傳》，此作「培塿」，非。觀下文兩
> 「部」字猶不改，可證本皆作「部」字。《禦覽》「部」皆改作「培
> 塿」，不可從。器按：《禦覽》引見卷五十六。《說文》「附」下引《左
> 傳》作「附婁」，《淮南原道》注：「塿讀嶏塿無松柏之塿。」則又作
> 嶏塿，並音近通假。《倭名類聚鈔》一引「培塿」與今本同。源順自
> 注云：上音部，下音塿。《方言》：「冢，秦晉之間或謂之培。自關而
> 東謂之丘，小者謂之塿。」郭注：「培，音部。」《書鈔》一五七引
> 《墨子》：「培塿之工，即生松柏。」

可見「部／培／嶏」是小土山，字或作「附」。《說文》大徐本：「陪，重土也。一曰：滿也。從阜、音聲。」《說文解字繫傳》：「陪，一曰陪臣。陪，備也。」《書・禹貢》：「至于大伾」偽孔《傳》：「山再成曰伾」，《釋文》：「伾，本或作岯，字或作𡼒。」孔穎達《尚書正義》引《爾雅・釋山》：「再成英，一成岯。」及李巡注：「山再重曰英，一重曰岯。」《禮記・曲禮下》：「自稱陪臣某」鄭玄注：「陪，重也。」「岯」、「陪」皆訓「重」，與「部／培／嶏」都可視爲同源詞。

孔穎達《禮記正義》解釋「陪臣」說：「其君已爲王臣，己今又爲己君之臣，故自稱對王曰重臣也。」《國語・楚語下》：「五物之官，陪屬萬爲萬

官。」韋昭注云：「臣之臣為陪。」西周中期的詢簋和師酉簋都提到「官司邑人，先虎臣後庸」，其中被管理的人有「秦夷」。銘文所見詢和師酉都直接受周王的冊命，他們是王臣，則他們所管理的秦夷為周王朝「陪臣」，這可與古本《竹書紀年》「周世陪臣」與清華簡《繫年》「世作周陪」兩句話互相佐證。（〈清華簡讀《繫年》（續）〉，復旦網，2012年1月1日）

Llaogui（施謝捷網名）：還是「囗（危）」吧。順便貼個印。（〈讀《繫年》（續）〉，「復旦網・學者評論」，2012年1月1日）

侯乃峰（網名：小狐）：（有二說）

1 此字可能是「弣」字，讀為「附」。《釋名》：「弓中央曰弣。弣，撫也。人所持撫也。」《廣韻》：「弣，弓弛中也。」《禮記・曲禮》：「左手承弣。」《儀禮・鄉射禮》：「有司左執弣，右執弦而授弓」。可知「弣」是指弓背中部手撫的地方。此字之上部，若不參照其他字形（比如璽印中的字形）的話，也即不受到偏旁制約的話，顯然是「弓」字。而「弓」之下部連接在下面「山」形之中央。——也許「山」形本是「弓」形之變，下筆連接處本來是想指示「弓弣」之部位的。《說文》：「附，附婁，小土山也。從阜、付聲。《春秋傳》曰：附婁無松柏。」《左傳》襄二十四年作：「部婁無松柏。」弣，可以讀為「附、培」。（〈讀《繫年》（續）〉跟帖，「復旦網・學者討論」，2012年1月2日）

2 若原整理者此釋不誤，則字當讀為「翰」，字又作「榦」、「斡」、「韓」。《詩經》中「翰」字多見，如《小雅・桑扈》「之屏之翰」、《大雅・文王有聲》「王后維翰」、《大雅・板》「大宗維翰」、《大雅・崧高》「維周之翰」、「戎有良翰」、《大雅・江漢》「召公維翰」等。

聞一多先生認爲：

> 《說文》曰：「韓，井垣也。从韋，取其帀也，倝聲。」相承皆用幹。韓、垣聲近，蓋本一語。韓爲凡垣之通稱，而許君以爲井垣專字，非也。《詩》「翰」字當爲「韓（幹）」之假借。《桑扈》篇「之屛之翰」，「翰」與「屛」並舉；《板》篇「价人維藩，大師維垣，大邦維屛，大宗維翰，……宗子維城」，「翰」與「藩」、「垣」、「屛」、「城」並舉；《崧高》篇「維周之翰，四國于蕃（藩），四方于宣（垣）」，「翰」與「蕃」、「宣」並舉，皆複文也。……《江漢》篇「召公維翰」，……「翰」亦當訓爲「垣」。

同時，聞一多先生指出，《兔罝》篇「公侯干城」的「干」爲「閈」之省，亦「韓」也，亦當訓爲「垣」。而毛傳將「干」訓爲「扞」，以名詞爲動詞，失之尤遠。

若原整理者將「屔」讀爲「扞」的意見可信，則字在簡文中當讀爲「翰（幹、韓）」，其義與「藩」、「垣」、「屛」、「城」等字接近。而原整理者訓「扞」爲「衛」的意見，因在「世作周屔」句中「屔」字顯然是作名詞用的，故其說與聞一多先生所指出的毛傳「以名詞爲動詞」之失正同。（〈讀《繫年》臆札〉，復旦網，2012 年 1 月 3 日）

落葉滿空山（范常喜網名）：正如小狐先生所講，單從字形來看，此字上部極像「弓」字，若按「弓」字理解，整字可能讀爲股肱之「肱」。「世爲周肱」即「世爲周之重臣」。（〈讀《繫年》（續）〉，「復旦網·學者評論」，2012 年 1 月 2 日）

子居：「世作周圌」的「圌」字，整理者指出：「字似從尸從山，疑即《說文》『仚』字」，鄔可晶先生則提出是「危」字異體，所說當是，筆者以爲此處或當讀爲「圌」。《詩經·大雅·桑柔》：「多我覯痻，孔棘我圌。」

毛傳：「圉，垂也。」正義曰：「《釋詁》文。舍人曰：圉，拒邊垂也。孫炎曰：圉，國之四垂也。」《周禮・夏官・圉師》「圉師，掌教圉人養馬。」《國語・周語下》：「演替隸圉。」韋昭注：「圉，養馬者。」而秦人就是世代為周室守西垂，主馬於汧渭之間，與「圉」字之意正合。（〈1～4章解析〉）

建洲按：「」即上舉清華讀書會所舉古璽諸字，特別是施謝捷先生所舉古璽字形形體又更加接近。此字李家浩先生釋為「卢」讀為「尉」顯然是很合適的，施先生所舉璽印當讀為「武陰左尉」。周波先生也指出：

> 出土戰國文字和傳抄古文「仚」字寫作（《璽彙》122－125）、（《璽彙》117-121）、（郭店《六德》簡17）、（《古文四聲韻》引《古孝經》）等形。「仚（仚）」爲「卢」字異體。《類篇・卷九中》：「仚，虞爲切，在高而懼也，从人在山」。即危高之「危」的專字。「仚」字从「人」在「山」上，是一個表意字。值得注意的是「仚」所从的「人」形與「山」筆劃一貫。（〈中山器銘文補釋〉，復旦網，2009年9月8日）

「」字「所从的『人』形與『山』筆劃一貫」，吻合「仚（仚）」字的特徵。總之，筆者認為鄔可晶、施謝捷認為「」即「仚（仚）」，爲「卢」字異體，讀為「衛」的意見可從。「衛」可理解為守衛、防衛，簡文是說世世代代守衛周朝。附帶一提，二〇一一年十一月筆者參加香港浸會大學主辦的「簡帛・經典・古史國際論壇」，當時《繫年》材料尚未公布，不過沈建華教授提交大會論文〈試說清華《繫年》楚簡與《春秋左傳》成書〉已討論到本章的內容，並將「」字隸定作「危」，但未公布字形。當時郭永秉先生已敏銳察覺到「危」應為「仚（仚）」，也認為當讀為「衛」，可謂卓識。

⑥ **周室即〈既〉[宀卑]（卑），坪（平）王東[䙴止]（遷），止于成【一五】周**

整理者：《國語・晉語八》：「今周室少卑」，韋注：「卑，微也。」（頁143，注14）

雯雯按：平王東遷之事可參見《繫年》第二章，另可見《史記・周本紀》，唯平王元年及東遷時間兩說有異。

建洲按：「即」，精紐職部；「既」，見紐微部，聲韻皆有距離，《聲素》中也沒有通假例證。「即」與「既」當是形近而誤的關係，謝明文先生曾指出鄭義伯鑘「我酉（酒）即〈既〉清」的「即」作「」，從字形上看當以釋「即」爲是，但據文義此「即」字似當看作「既」字之訛。士山盤（《中國歷史文物》2002年1期、《新收》1555）「既生霸」之「既」訛作「即」即其例（〈鄭義伯鑘銘文補釋〉）。詳見第二章「⑯**武公即殜（世），臧（莊）公即立（位）；臧（莊）公即殜（世），卲（昭）公即立（位）**」條下注釋。

⑦ **秦中（仲）[女乚]（焉）東居周地，以獸（守）周之[大圭]（墳）[莫丌]（墓），秦以司（始）大**

（一）秦仲

整理者：秦仲，卽秦襄公。《秦本紀》載秦莊公生子三人，長子世父報大父之仇擊戎，「讓其弟襄公，襄公為太子」。（頁143，注15）

牛鵬濤：整理者已經指出簡文中「秦仲」，即秦襄公，與文獻中一般所指秦公伯與秦莊公之間的「秦仲」，不同。蓋秦襄公為莊公次子而即位，故《繫年》也以「秦仲」稱之。《史記・秦本紀》記秦襄公史事云：「周避犬戎難，東徙雒邑，襄公以兵送周平王。平王封襄公為諸侯，賜之岐以西之地曰：『戎無道，侵奪我岐、豐之地，秦能攻逐戎。即有其地。』與誓，封爵之、襄公于是始國，與諸侯通使聘享之禮……十二年，伐戎而至岐，卒。」

（〈清華簡《繫年》與銅器銘文互證二則〉，《深圳大學學報》第 29 卷第 2 期，2012 年 3 月，頁 49）

（二）女（焉）

華東讀書小組：「秦中（仲）焉〔始〕東居周地」，「始」，簡文原無，以詞例之故擬補。（〈書後（一）〉，武漢大學「簡帛網」，2011 年 12 月 29 日）

雯雯按：「秦仲焉東居周地」一句意思指秦仲乃向東遷居周人故地，似不需補入「始」字。

（三）東居周地

牛鵬濤：《繫年》第三章講述了秦人興起的歷史過程，其中秦之先人自商奄西遷于邾虖這一信息已引起學界的高度關注，其重要性自不待言。此外文中所述西周末年秦人「東居周地」的內容也頗具價值……《繫年》簡文除了印證文獻記載的可靠性外，還可佐證秦公簋（《集成》4315）銘文的相關內容。該器相傳于民國初出于甘肅天水西南，現藏中國國家博物館，蓋銘十行五十四字，器銘五行五十一字，器蓋銘連讀成篇，共一百零五字。其將器銘內容轉引如下：

秦公曰：不（丕）顯
朕皇且（祖）受天
命，鼏（宓）宅禹責（迹）
十又二公，才（在）
帝之不礻下。嚴龏（恭）
夤天命，保鄴（業）
氒秦，虩夋（事）䜌（蠻）

夏。余雖（唯）小子，穆穆

帥秉明德，剌剌（烈烈）

趩趩（桓桓），邁（萬）民是救。

　　銘文中：「朕皇祖受天命，宓宅禹迹。十又二公」句，是講從某位秦先公于「禹迹」起。至作器者父輩已歷十二世。「禹迹」也作「禹績」，指代華夏九州島，《左傳・襄公四年》：「芒芒禹迹，劃為九州島。」《詩・商頌・殷武》云：「天命多辟，設都于禹之績。」可見商人是把自己的統治區域視作「禹績」的。《詩・大雅・文王有聲》亦云：「豐水東注，維禹之績」，**在周人眼中，自己所居的西土也屬於「禹績」**。從清華簡《繫年》也可看到，「平王東遷，止于成周」之時，「秦仲焉東居周地」。簡文「東居周地」與秦公簋器銘「宓宅禹迹」正相印證，所講的是一回事。（〈清華簡《繫年》與銅器銘文互證二則〉，頁49）

　　雯雯按：牛彭濤先生指出周人將自己豐、岐舊地為「禹績」，秦公簋器銘「宓宅禹迹」正式指簡文「東居周地」一事。秦人從原本甘肅東南的犬丘遷到原本是周人居地的渭河平原，其實是因為抵抗來自戎人的壓力。李峰先生認為進入陝西中部渭河平原，既可遠離戎人的勢力中心，同時西面有隴山之天然屏障，又可維持與東部諸侯國的關係。因為當時周室的崩潰，造成戎人向周領地的遷徙。在春秋時期，「譬如，寶雞前西虢遺址有小虢，乃是來自遙遠西方的羌之別種；周都鎬京附近有亳（其邑曰蕩社）政權，可能也是起源于西戎的一個部落；驪山地區有驪戎，《國語》記載，公元前672年晉與之有過爭戰；渭河平原的東部則有大荔戎和彭戲蓉；此外《左傳》中曾經提到，公元前660年，三門峽西虢曾『敗犬戎于渭』。」因此當周人遷至成周時，對渭河谷地一代幾乎喪失統治權，而秦人要面對東、西邊戎人的夾擊，因此秦人必須以武力打進陝西中部。（《西周的滅亡》，上海：上海古籍出版社，2007年10月，頁309-311）所以秦襄公十二年伐戎至岐，

其子文公三年東獵，並且在汧渭之間營邑，十六年以兵伐戎，而「戎敗走，於是文公遂收周餘民有之，地至岐。」文公孫寧公二年徙居平陽，「遣兵伐蕩社。三年，與亳戰。亳王奔戎，遂滅蕩社。」「十二年伐蕩社取之。」寧公子武公，「元年，伐彭戲氏，至於華山下。」「十年，伐邽、冀戎，初縣之。」「十一年，初縣杜、鄭，滅小虢。」（《會注考證》，頁 92-93）從上述所記述的秦人征伐，可知**文公**先在寶雞一帶，即渭河平原西部站穩腳步，並且開始向東部的戎人進攻，故其伐戎而將地域擴展至岐邑。**寧公**則掃平蕩社，恢復前周都宗周。至**武公**時則分別向東部的彭戲氏進攻，並且立了杜縣與鄭縣；同時又向西伐邽戎、冀戎並在該地設縣。

　　子居先生嘗云：「宋人王應麟《詩地理考》卷三『取周地』條即稱：『平王封襄公為諸侯，賜以岐西之地，子文公立，十六年以兵伐戎，戎敗走，遂收取周餘民有之，地至岐。蓋自戎侵奪岐、豐，周遂東遷，雖以岐、豐賜秦，使之攻取，而終襄公之世，不能取之。』再後，《秦本紀》載：『十九年，得陳寶。』《封禪書》則稱：『作鄜畤後九年，文公獲若石云，于陳倉北阪城祀之。其神或歲不至，或歲數來，來也常以夜，光輝若流星，從東南來集於祠城，則若雄雞，其聲殷云，野雞夜雊，以一牢祠，命曰陳寶。』於是秦人始立足于陳倉，開始拓疆啟土。其後據《秦本紀》言，一直到秦武公十年才『伐邽、冀戎，初縣之。』《史記集解》稱：『《地理志》隴西有上邽縣。應劭曰：「即邽戎邑也。」冀縣屬天水郡。』可見一直到秦武公時，才真正將統治範圍拓展至甘肅天水一帶。顯然，若秦之先人就已經久居於甘肅天水地區，那麼這一地區本當是秦人向四方擴張的中心區域，秦先人沒有理由不以此地為根基，而卻一再出現在汧渭之會。同理，也自然不會於數十年後才想起將甘肅天水地區『初縣之』的情況。故而可知，甘肅地區與秦人相關的地名，當皆是春秋時期秦人向西拓疆啟土所帶來的。這」（〈1～4 章解析〉，「孔子 2000 網」，2012 年 1 月 6 日）前既言秦之先遷之於朱圉，地在甘肅甘谷一帶，同時在當時的情勢下，秦人不得不放棄原居地，

而向東進入周人舊地，等到在渭河平原擁有穩定的勢力與力量後，再向西征伐，以鞏固秦對西部的控制，李學勤先生亦言：甘谷一帶「到西周衰亡，平王東遷之時，該地乃是冀戎所有。《史記・秦本紀》載，秦武公『十年，伐邽、冀戎，初縣之』，即為冀縣的原始。現在知道周初秦人本在朱圉，秦武公的行動也可說是收復失地了。」（〈談秦人初居「邽虗」的地理位置〉，《出土文獻（第二輯）》，頁 1-3）故子居先生之說仍待商榷。

　　至於秦人鞏固渭河平原東西部統治時，正值齊、晉為強國，而秦國也開始蓄積的日後爭霸的力量，李峰先生即云：「進入渭河平原後，秦從撮爾小邦逐漸發展成為中國北方的重要力量。至武公統治末期，秦人顯然已經整個陝西中部渭河平原盡收囊中，並且開始超越這個地區向外釋放影響力。」（《西周的滅亡》，頁 312）

（《歷史地圖集》，北京：中國歷史地圖出版社，1996 年 6 月，「春秋晉秦」，頁 22-23）

（四）以獣（守）周之坅（墳）莽（墓），秦以𢀌（始）大

　　華東讀書小組：「以狩（守）周之墳墓」，指「岐以西」、「酆」之地也。「狩」，簡文原從單、從犬，乃一象形、會意字，「狩」則為同一字形而以形聲法造成者。（〈書後（一）〉）

　　子居：按傳世文獻的記載，平王東遷在後，秦仲東居周疆在前，則清

華簡《繫年》所記看似與他書不合，整理者以此緣故提出《繫年》之秦仲即秦襄公，此說或有可商。秦襄公受封之地，為「岐以西之地」，而《繫年》中明確說明「秦仲焉東居周地，以守周之墳墓」，周之墳墓西不逾岐，《秦本紀》載：「（襄公）十二年，伐戎而至岐，卒。生文公。」因此秦襄公是無法「守周之墳墓」的。與《繫年》所記情況吻合的，只有《史記・秦本紀》所記載的莊公之父秦仲。查《史記・秦本紀》載：「周宣王即位，乃以秦仲為大夫，誅西戎。西戎殺秦仲。秦仲立二十三年，死於戎。有子五人，其長者曰莊公。周宣王乃召莊公昆弟五人，與兵七千人，使伐西戎，破之。於是復予秦仲後，及其先大駱地犬丘並有之，為西垂大夫。」《詩經・秦風・車鄰》毛詩序曰：「《車鄰》，美秦仲也。秦仲始大，有車馬禮樂侍禦之好焉。」《正義》亦稱：「秦以秦仲始大，襄公始命，穆公遂霸西戎，卒為強國。」秦仲為大夫，故有車馬禮樂之制，可見與《秦本紀》的記載正合。《秦本紀》稱：「秦仲立三年，周厲王無道，諸侯或叛之。西戎反王室，滅犬丘大駱之族。」因此可知秦仲所伐的西戎即犬戎，彼時秦人自是活動於犬丘（今興平市地區）附近，故正可「守周之墳墓」。所以，《繫年》中提到的「秦仲」，也就是《秦本紀》中的莊公之父秦仲。「秦仲焉東居周地，以守周之墳墓，秦以始大。」是周厲王、宣王時事，並非平王東遷後的事情。《繫年》敘事或不按照時間順序，此點于前文已經說明。（〈1～4章解析〉）

雯雯按：子居先生已經說明「《繫年》敘事或不按照時間順序」，而且本章所敘實為簡史，「以戰（守）周之壟（墳）蔑（墓），秦以卽（始）大」可能是概括性文字，恐怕不能以「周之墳墓西不逾岐」，秦襄公時未過岐所以不能「守周之墳墓」，所以認為秦仲非秦襄公。事實上正是由秦襄公始國，而在他之後歷經文公、寧公至武公不斷向周人故地東進，並且加強對西部控制，使秦國能累積爭霸的資本，也即是《史記・周本紀》所云：「平王之時，周室衰微，諸侯彊并弱，齊、楚、晉、秦始大，政由方伯。」（《會注考證》，頁80）故整理者的意見可從。簡文最末有勾識號作「![勾識符號]」，表示一章的結束。

《繫年》第四章集解

【題解】

　　本章記述衛國遷徙。首先說明封衛之由來，周成王與周公思考夏商滅亡的原因，所以出封宗子以為周朝屏障，故選建康叔于康丘（所謂「鄙於衛」，即殷故地邶、鄘、衛地之範圍內），以監視商朝餘民。而後因三監之亂，康叔遷封於淇衛（即朝歌，商朝中心區域），康叔也因此成為東方諸侯的領導者。此次的遷徙實則增加衛的實力，使衛侯成為方伯。然而自春秋以下，衛國屢次遷徙，周惠王十七年因赤翟而滅國，先遷至曹，後因齊桓公徙封楚丘，經衛文公慘澹經營後，國勢稍盛而能滅邢國。成公之時，狄人又涉過黃河，攻伐衛國，因此衛人又從楚丘遷至帝丘。衛國西邊與北邊與狄人接壤，東有齊、魯，南有鄭、宋等國，並無天然屏障，當受到赤翟的逼迫時，只能往東遷徙，國土也隨之縮減。不如先後稱霸的齊、晉、秦、楚等國，「齊、晉、秦、楚其在成周微甚，封或百里或五十里。晉阻三河，齊負東海，楚介江、淮，秦因雍州之固，四海迭興，更為伯主，文武所褒大封，皆威而服焉。」（《十二諸侯年表》，總頁253）同時開始式微的衛國只能依附大國而立，先是衛文公依靠齊桓公而得以徙封楚丘，而衛成公初與楚國親近，但楚、晉兩國相爭，楚國于城濮之戰受挫，而晉國稱霸，成公從敵對到奉晉文公為盟主，已在即位十二年後。衛國的遷徙，與狄人東遷有關，而狄人東遷又與晉國的啟土政策不無關係，所以衛國的遷徙有其時代背景，可以看出天下霸業由齊轉至楚、至晉。許兆昌、齊丹丹先生云：「其中雖記齊桓公城楚丘以居衛國之事，然屬略述。」其注云：「《繫年》所述歷史中，齊桓公霸業並沒有得到重視，這一現象或與《繫年》作者所

選用資料有關。」（〈試論清華簡《繫年》的編纂特點〉,《古代文明》第6卷第2期,頁62）但從《繫年》的記錄中,仍可看見霸業迭興的痕跡。

【釋文】

　　周成王、周公既罨（遷）殷民于洛邑①,乃峕（追）念顕（夏）商之亡由②,方（旁）埶（設）出宗子③,以乍（作）周厚【一七】啰（屏）④。乃先（選）建罨（衛）弔（叔）坴（封）于庚（康）丘⑤,以侯（候）殷之夋（餘）民⑥。罨（衛）人自庚（康）丘罨（遷）于沂（淇）罨（衛）。⑦周惠王立十【一八】又七年,赤鄥（翟-狄）王峀（留）啓（吁）记（起）峕（師）伐罨（衛）⑧,大敗罨（衛）峕（師）於罠（熒／洇）⑨,幽（懿／哀）侯滅亠（焉）⑩。翟（狄）述（遂）居罨=（衛,衛）人乃東涉【一九】河,罨（遷）于曹⑪,[亠（焉）]立悥（戴）公申⑫,公子啓方奔齊⑬。瞽（戴）公夆（卒）⑭,齊趕（桓）公會者（諸）侯以成（城）楚丘⑮,□【二〇】公子啓方亠（焉）,是文=公=（文公。⑯文公）即殜（世）,成公即立（位）⑰。翟（狄）人或涉河,伐衛于楚丘,衛人自楚丘【二一】罨（遷）于帝丘⑱。【二二】

【語譯】

　　周成王、周公既已遷殷遺民到洛邑,於是追念夏商滅亡的原因,廣設出立宗子以作周朝的屏障,於是選建衛叔封於康丘,以監視殷餘民,其後衛人從庚丘遷到淇衛（朝歌）。周惠王十七年時,赤翟王峀啓起師征伐衛國,並且大敗衛師於罠,衛懿公於是身死國滅。翟人遂佔領衛都,而衛人則往東涉水渡過黃河,遷國於曹地,立國君戴公申,公子啟方出奔至齊。戴公卒,齊桓公帶領諸侯築城於楚丘,□公子啟方,是文公。文公逝世,成公即位。翟人又涉河,攻伐遷徙到楚丘的衛國,衛人因此又自楚丘遷到帝丘。

【集解】

① 周成王、周公既罷（遷）殷民于洛邑

整理者：《書序》：「成周既成，遷殷頑民。」《史記·周本紀》略同。（頁144，注1）

華東讀書小組：《尚書·多士》序：「成周既成，遷殷頑民，周公以王命誥，作《多士》。」《史記·周本紀》：「成王既遷殷遺民，周公以王命告，作《多士》、《無逸》。」班固以為周公誅滅邶、鄘、衛三監後，以其地封康叔，而遷邶、鄘之民于洛邑。《小臣謎簋》、《禹鼎》等有「殷八師」之名，《舀壺》、《小克鼎》等有「成周八師」之名，白川靜《金文通釋》以為「成周八師」即「殷八師」，指駐屯在成周由殷人組成的部隊。（〈書後（二）〉）

子居：整理者指出：「《書序》：『成周即成，遷殷頑民。』《史記·周本紀》略同。」所說是。《逸周書·作洛》：「周公、召公內弭父兄，外撫諸侯。元年夏六月，葬武王于畢。二年，又作師旅，臨衛政殷，殷大震潰，降辟三叔，王子祿父北奔，管叔經而卒，乃囚蔡叔于郭淩，凡所征熊盈族十有七國，俘維九邑。俘殷獻民，遷於九里。俾康叔宇于殷，俾中旄父宇于東。」對應的也正是《繫年》此章的首句。（〈1～4章解析〉）

建洲按：如上舉文獻，皆曰「遷殷**頑民**」，與《繫年》只稱「遷殷民」不同。何謂「頑民」？顧炎武《日知錄》卷二「武王伐紂」條云：「或曰遷頑民於雒邑，何與？曰以『頑民』為『商俗靡靡』之民者，先儒解誤也。蓋古先王之用兵也不殺，而待人也仁。東征之役，其誅者事主一人，武庚而已。謀主一人，管叔而已。下此而囚，下此而降，下此而遷。而所謂『**頑民**』者，皆畔逆之徒也。**無連坐并誅之法，而又不可以復置之殷都，是不得不遷而又原其心。不忍棄之四裔，故於雒邑。又不忍斥言其畔，故止曰『頑民』**。其與乎畔而遷者，大抵皆**商之世臣大族**，而其不與乎畔而留於殷者，如祝佗所謂『分康叔以殷民七族：陶氏、施氏、繁氏、錡氏、樊氏、

饑氏、終葵氏』是也。非盡一國而遷之也。或曰，何以知其為畔黨也？曰，以召公之言『讎民』知之，不畔何以言『讎』？非敵百姓也，古聖王無與一國為讎者也。」（頁 67）。其中「分康叔以殷民七族」云云見本章簡 18「乃先建衛叔封于康丘，以侯殷之餘民」的討論。

② 乃峀（追）念顕（夏）商之亡由

整理者：追，從𠂤聲，戰國文字「追」多作「𨒬」，故「峀」即「𠂤」字。由，《漢書・魏相傳》注：「因也。」亡由，滅亡的原因。（頁 144，注 2）

陳偉：「由」疑讀爲「胄」。《國語・周語上》：襄王「十六年，而晉人殺懷公。無胄。」韋昭注：「胄，後也。」夏商子孫西周尚多，這裏實際所指似應是王位不保。（〈札記（一）〉，簡帛網，2011 年 12 月 20 日）

華東讀書小組：由，可讀為「胄」，《說文・肉部》：「胄，胤也。」周人實行分封，而且所封諸侯多為同姓，蓋即借鑒夏商兩朝不以胄胤分封天下，不能有效控制疆土，因而滅亡的教訓。（〈書後（二）〉）

何有祖（網名：易泉）：亡由，整理者解釋為滅亡的原因，比較不順，也沒有相應的文例佐證。由、古楚簡有時形近混用，所以這裏似也可釋作「亡古（故）」，指滅亡的原因。《呂氏春秋・慎大》：「武王乃恐懼，太息流涕，命周公旦進殷之遺老，而問殷之亡故」。（「亡由」，武漢大學「簡帛論壇」，2011 年 12 月 21 日）

孟蓬生（網名：Mpsyx）：按整理者的斷句，意義費解，本人斷句如下：
周成王、周公既遷殷民于洛邑，乃追念夏商之亡由方埶（外），出宗子以作周厚屏……《繫年》17～18

由方外，即由於封疆之外（其他方國的威脅和征伐）。殷鑒不遠，所以封建宗子以藩屏周室。（〈「亡由」〉跟帖，武漢大學「簡帛論壇」，2011 年 12 月 21 日）

雯雯按：「亡☲」，一說以為意指為「滅亡的原因」，但有讀為「亡由」與「亡故」兩個意見；一說認為「☲」可讀為「冑」；一說斷句殊異，以「由」為「由於」。可見學者對「乃耆（追）念顓（夏）商之亡由」的整體的理解不離夏商滅亡之因。

Mpsyx 先生認為斷句當為：「周成王、周公既遷殷民于洛邑，乃追念夏商之亡由方外，出宗子以作周厚屏」，「由方外，即由於封疆之外（其他方國的威脅和征伐）」，然此與文例不和，如清華簡壹《祭公之顧命》云：「惟我後嗣，旁建宗子，丕惟周之厚屏。」（李學勤主編：《清華大學藏戰國楚簡（壹）》，頁 174）「方（旁）埶（設）出宗子」正近於「旁建宗子」，可見整理者斷讀沒有問題。況且夏商之亡，夏朝與商朝或商朝與周朝，在廣義上曾有臣屬關係，與「封疆之外」不合，故此說亦不考慮。

陳偉先生與華東讀書小組認為「☲」可讀為「冑」。陳偉先生釋為「無後」，說「這裏實際所指似應是王位不保。」華東讀書小組以「冑」為「冑胤」，發揮其說「蓋即借鑒夏商兩朝不以冑胤分封天下，不能有效控制疆土，因而滅亡的教訓。」分封宗族出外是周朝鎮撫東方的舉措，華東讀書小組則已說出「耆（追）念顓（夏）商之亡由」之意，在於戒鑑夏商滅亡的教訓，但就此句文意上，不如整理者或易泉明確直接。

對於夏、殷墜其命，周人進行多重思考，周公在〈酒誥〉、〈無逸〉中認為殷墜其命是因為耽酒與耽於逸樂（詳見屈萬里：《尚書集釋》，頁 157-166、頁 197-220），召公於〈召誥〉則認為監於有夏、有殷之「早墜厥命」是因為「不敬德」（《尚書集釋》，頁 171-178），這是屬於君主乃至上下臣屬個人德行的修養，此處則暗示另一原因為政體結構的問題。

建洲按：「☲」由字形來看，當以釋為「由」為首選。陳劍先生指出：

> 「古」與「由」相混同的情況到戰國時代更加嚴重，單純從字形上加以分辨已經很困難。除去下半是「口」形還是「日／甘」形這一

點不管，就其上半筆畫來講，研究者多認爲「古」字上半的「十」字形其橫筆較長，而「由」字上半還大多作豎筆加一點畫形，或作橫筆較短的十字形。（關於古文字中「古」與「由」的寫法、訛混及其因形近而被誤釋的情況，可參看劉釗：《金文考釋零拾》之「釋『油』」，收入其《古文字考釋叢稿》，頁 122-125。張新俊：《上博楚簡文字研究》第六章第四節〈楚文字中的古與由〉，頁 106-113，吉林大學博士學位論文（指導教師：吳振武教授），2005 年 4 月。李家浩先生在談到秦漢簡帛文字中「古」、「由」形近的情況時，也認爲二者的區別「僅僅在於『由』字的橫畫比『古』字短」。見李家浩：《馬王堆漢墓帛書祝由方中的「由」》，《河北大學學報（哲學社會科學版）》2005 年第 1 期，頁 74-75。陳劍：〈釋「屮」〉，《出土文獻與古文字研究（第三輯）》，頁 60）

《集韻・尤韻》：「由，因也。」《經詞衍釋》卷一：「由，因也。」至於「追」作「𠂤」，陳劍先生指出：「近來我們又在清華簡《繫年》中看到了以『𠂤』兼表『追』和『師』的現象（古文字中作偏旁的『𠂤』常繁化作『𠂤』形，在《繫年》中『𠂤』亦既用爲『追』又用爲『師』），這樣一來，戰國文字的『𠂤』形就可分別代表三個不同的字了。『𠂤／𠂤』表『師』尚可認爲是承襲西周以來的用字習慣，**而『𠂤／𠂤』用爲『追』則亦前所未見，也只能說是毫無道理的省略了。**」（〈簡談《繫年》的「𢧐」和楚簡部分「𦥑」字當釋讀爲「捷」〉）。裘錫圭先生則認為：「戰國時代的楚人似乎不大喜歡用從『辵』『𠂤』聲的『追』字。如清華簡《繫年》說到『追』這個詞的時候，或借『𠂤』字表示（簡 65），或借『𠂤』的繁體『𠂤』表示（簡 17，釋文見同上頁 144），卻無一例用『追』字。**不知與他們尚在使用『逾』字古體的變形『遹』有無關係。**」（〈說從『𠂤』聲的從「貝」與從「辵」之字〉）。

③ 方（旁）埶（設）出宗子

（一）旁

整理者：方，通「旁」，《廣雅・釋詁二》：「廣也。」設，《戰國策・秦策一》注：「置也。」（頁144，注3）

華東讀書小組：方，可讀為「旁」，《說文・上部》：「旁，溥也。」謂廣封宗子于王土各地，使之成為周王室的屏藩。（〈書後（二）〉）

雯雯按：《清華簡・祭公之顧命》「方建宗子」，今本作「旁建宗子」，「方」可通「旁」。（《清華大學藏戰國楚簡（壹）》，頁174、《逸周書彙校集注》（修訂本）下冊，頁934）

（二）出宗子

整理者：出宗子，當指支子而言，即《左傳》昭公九年、二十六年「建母弟以蕃屏周」的「母弟」。（頁144，注3）

子居：筆者認為，「之」字整理者釋為「出」字，誤。「設之」的說法，先秦習見如：《墨子・耕柱》：「衛君致祿甚厚，設之於卿。」《禮記・禮器》：「設之不當，猶不備也。」《六韜・武韜・三疑》：「設之以事，玩之以利，爭心必起。」《韓非子・難三》：「法者，編著之圖籍，設之於官府，而布之于百姓者也。」

宗子，即本宗始祖的嫡系繼承人。《逸周書・祭公》：「維我後嗣，旁建宗子，丕維周之始並。」《詩經・大雅・板》：「價人維藩，大師維垣，大邦維屏，大宗維翰。懷德維寧，宗子維城。」《左傳・昭公九年》：「文、武、成、康之建母弟，以蕃屏周。」《左傳・定公四年》：「昔武王克商，成王定之，選建明德，以蕃屏周。」所言之意皆同于清華簡《繫年》。（〈1～4章解析〉）

朱鳳瀚：聯繫清華簡《祭公》「惟我後嗣旁建宗子，丕惟周之厚屏」，則「出宗子」或即指**由本宗分出另立宗氏（即國氏）**而自為其宗子者，即各同姓諸侯國之始封君，如晉唐叔、衛康叔、魯伯禽等。（〈西周史事考〉，《第四屆國際漢學會議論文集》，頁 7-10）

雯雯按：〈繫年〉「出」字作「🌿」（簡 17），與「之」字作「🌿」（簡 17），二字有別，非是整理者誤釋。子居之說有誤。

《左傳》昭公九年：「文、武、成、康之建母弟，以蕃屏周」，《正義》云：「傳稱『虢仲、虢叔，王季之穆』，是文王母弟也。管、蔡、郕、霍、魯、衛、毛、聃，《史記》以為武王之母弟也。唐叔，成王之母弟也。其康王之母弟，則書傳無文。文王，周之始王，故言文王。文王未得封諸侯也。弟以同母為親，故言母弟耳，所封非同母者亦多矣。」（〔周〕左丘明傳，〔晉〕杜預注，〔唐〕孔穎達正義，浦衛忠等整理：《春秋左傳正義》，臺北：臺灣古籍出版社，2001 年 10 月，頁 1460）注家以為「母弟」為同母之弟，然亦言所封亦有非同母者，據《左傳》僖公二十四年所載西周早期姬姓諸侯國的建立有：

文王子	管、蔡、郕、霍、魯、衛、毛、聃、郜、雍、曹、滕、畢、原、酆、郇
武王子	邘、晉、應、韓
周公子	凡、蔣、邢、茅、胙、祭

（《春秋左傳正義》，頁 480-481）

早期姬姓國以文王、武王、周公為主，且如文王子有武王同母弟，亦有非同母弟者，如封於郜、雍、曹、滕、畢、原、酆、郇者。宗子可泛指嫡長子，大宗、小宗之嫡系皆可稱之，如《禮記・大傳》云「別子為祖，繼別為宗。」鄭玄注云：「別子謂公子若始來在此國者，後世以為祖也。別

子之世適也，族人尊之為大宗，是宗子也。」（〔漢〕鄭玄注，〔唐〕孔穎達疏，龔抗雲整理，臺北：臺灣古籍出版社，2001 年 10 月，頁 1174）故此「出宗子」對於文、武、成王等嫡系相承的大宗，分封出去的自然是指「支子」，但不一定是「母弟」，故當以朱鳳瀚先生所說：「『出宗子』或即指由本宗分出另立宗氏（即國氏）而自為其宗子者」之說較為全面。

建洲按：「支子」，文獻又稱「別子」；西周金文及《望山》、《新蔡》楚簡稱為「北子」。《禮記・大傳》載：「別子爲祖，繼別爲宗。」鄭玄注：「別子，謂公子若始來在此國者。」《正義》：「諸侯適（嫡）子繼世爲君，其適（嫡）子之弟別于正適（嫡），是諸侯之子，故謂之別子也。」可知「別子」也就是「支子」。參見李學勤：〈長子、中子和別子〉《故宮博物院院刊》2001 年 6 期；又載氏著《中國古代文明研究》頁 93。宋華強：〈由楚簡「北子」、「北宗」說到甲骨金文「丁宗」、「啻宗」考〉《簡帛》第四輯，頁 123-134。現在由《繫年》知道「支子」還可以稱為「出宗子」。

④　以乍（作）周厚【一七】鞞（屏）

整理者：清華簡《祭公》：「惟我後嗣，旁建宗子，丕惟周之厚屏。」《左傳》僖公二十四年：「昔周公弔二叔之不咸，故封建親戚，以蕃屏周。」又昭公兩條，見上注。（頁 145，注 4）

華東讀書小組：《左傳・僖公二十四年》：「昔周公弔二叔之不咸，故封建親戚以蕃屏周。管、蔡、郕、霍、魯、衛、毛、聃、郜、雍、曹、滕、畢、原、酆、郇，文之昭也；邘、晉、應、韓，武之穆也；凡、蔣、邢、茅、胙、祭，周公之胤也。」《左傳・昭公二十六年》：「昔武王克殷，成王靖四方，康王息民，并建母弟以蕃屏周。」（〈書後（二）〉）

雯雯按：「以蕃屏周」，《左傳》昭公九年《正義》云：「建為國君，所以為藩籬，屏蔽周室，使與天子蔽障患難。」（《左傳正義》，頁 1460）屏蔽，

護衛之意。此「作周厚屏」當為名詞，指出設宗子，建置諸侯，成為保護周王室的屏障，即〈顧命〉所言「建侯樹屏」，指建置諸侯，豎立屏藩。（屈萬里《尚書集釋》，頁245。引按：今文《尚書》合〈顧命〉與〈康王之誥〉為一篇；古文《尚書》則分開。以古文《尚書》而言，此文句出自〈康王之誥〉。）

⑤　乃先（選）建疆（衛）弔（叔）坴（封）于庚（康）丘

（一）先（選）

　　李天虹：整理者提到，《左傳》定公四年敘康叔受封之事。《左傳》原書的記載比較詳細。其云：

> 昔武王克商，成王定之，**選建明德**，以蕃屏周。……分康叔以大路、少帛、綪茷、旃旌、大呂；殷民七族，陶氏、施氏、繁氏、錡氏、樊氏、饑氏、終葵氏；封畛土略，自武父以南及圃田之北竟，取於有閻之土以共王職，取於相土之東都以會王之東蒐。聃季授土，陶叔授民，命以《康誥》而封於殷虛。

　　關於「選建明德，以蕃屏周」，楊伯峻注：「選明德之人，建立國家，為周室藩屏。」其說精當。兩相對照，頗疑簡文「先建」的「先」，應該讀為「選」。古音「先」是心母文部字，「選」是心母元部字。「選」的聲旁「巺」也是心母文部，與「先」音同。《說文》毨：「從毛先聲，讀若選。」可見「先」、「選」二字古音非常接近。文獻中儘管沒有二字通用的直接例證，但是可以找到一些旁證。如「戔」是從母元部字，以之為聲符的字，與「先」聲、「巺」聲字均通。《漢書‧文帝紀》「自當給喪事服臨者，皆無踐」，顏注引晉灼曰：「漢語作跣。跣，徒跣也。」《書‧堯典》「巽朕位」，《史記‧

五帝本紀》作「踐朕位」。楚「蟻鼻」錢面文「巽」，學者大都傾向讀爲「錢」。
再如，「西」與「先」古音相同，文獻中「先」與「西」通用的例子很多。
「遷」是清母元部字。《說文》「遷」字古文從「西」聲作「拪」。《逸周書・
允文》「遷同氏姓，位之宗子」，《玉海》五十引「遷」作「選」，是「遷」
與「選」也可以通用。這樣，所謂「先建」，當可讀爲「選建」，與《左傳》
定公四年敘周分封事用詞相同。「選建」，與簡文「旁設」，也可對應。跟讀
「先」爲本字相比，文義似更爲順暢。

簡文「選建衛叔封于康丘，以侯殷之餘民」，是「旁設出宗子，以作周
厚屏」的一條具體措施，與《左傳》定公四年所說「選建明德，以蕃屏周」
也正相當。（〈小議《繫年》「先建」〉，簡帛網，2012 年 6 月 14 日）

雯雯按：「先建」或理解爲「始建」，如《廣雅・釋詁一》：「先，始也。」
或依字面理解「先」是先後之「先」，如董珊先生將此句文義理解爲「先封
建（後來所稱的）衛叔封在康丘」（董珊：〈清華簡《繫年》所見的「衛叔
封」（修訂稿）〉，復旦網，2011 年 12 月 25 日。）李天虹先生認爲據文獻用
例，「『先』往往表示時間或次序在前之義，『先後』之『先』的意味很重，
時常與『後』對言，卻鮮有『始』義。」由《繫年》的內證，《繫年》「先」
字四例（排除「之先」合文）都是用作「先後」之「先」，「𣃯」字十例，
都是讀爲「始」，訓作「開始」，因此由《繫年》可知用「先」表示，與「後」
相對，然而將此處的「先」字訓爲先後之「先」，於文義大體可通，但仍有
窒礙，且文獻中似乎也沒有「先建」、「後建」之類的說法，故主張讀爲「選
建」，既可與《左傳》定公四年「選建明德，以蕃屏周」相對應，亦與「旁
設」相對。（〈「先建」〉）李氏之說可從。「乃先建衛叔封于康丘」，此句文義
爲於是選立衛叔封于康丘。

（二）建

華東讀書小組：建，立也。（〈書後（二）〉）

（三）𧻹（衛）弔（叔）𡐀（封）

整理者：衛叔封即康叔，《左傳》定公四年敘其受封，「命以《康誥》而封於殷虛」，《康誥》今存於《尚書》。傳世有遀簋（《集成》四〇五九），銘云：「王來伐商邑，誕命康侯啚（鄙）於衛」；又有康侯方鼎（《集成》二一五三），銘云：「康侯丰作寶障」，「丰」與簡文「𡐀」均與「封」通。「庚丘」即「康丘」，其地應在殷故地邶、鄘、衛地之範圍內，故康叔也可稱衛叔封。（頁145，注5）

華東讀書小組：「封」乃「衛叔」之名，見於《尚書・康誥》。（〈書後（二）〉）

雯雯按：衛叔封，武王同母弟，與周公相善，《左傳・定公六年》：「大姒之子，唯周公、康叔相睦也。」（《春秋左傳注（修訂本）》，頁1556）除稱「衛叔」、「康叔」外，又有稱「衛康叔」者，方炫琛先生云：「左襄二十九『吾聞衛康叔、武功之德如是』，《史記・衛康叔世家》謂康叔為周武王同母弟，名封。稱康叔者，《尚書・康誥》偽《孔傳》云：『康，圻內國名。』孔《疏》云：『馬、王亦然，惟鄭玄以康為諡號。』周初尚未有諡，鄭玄之說非。康本國名，武王弟如管叔、蔡叔、曹叔、成叔、霍叔、冉季等，其管、蔡、曹、成、霍、冉皆其國名，見《史記・管蔡世家》，則康叔之康亦然。《白虎通・姓名篇》亦謂「康」為康叔之采，康叔原封于康，是以其子亦稱康，曰康伯，見〈衛康叔世家〉。其稱衛康叔者，〈衛康叔世家〉《索隱》引宋忠曰：『康叔從康徙封衛』，則康叔受封于衛，故又以衛為國名。稱衛康叔者，與稱宋微子類似。《正義》云：『衛城在衛州衛縣西二十里，本朝歌邑，殷都也……故康城在洛州陽翟縣西北三十里，《洛陽記》云「是少康之故邑」。』康叔之叔，則其行次也。」（《左傳人物名號研究》，2196條「衛

康叔、康叔」，頁 622-623）「康叔」、「衛叔」皆以國名稱之，而「衛康叔」則是徙封之故，董珊先生即舉出尚有「晉唐叔虞」之例，是據晉侯燮父徙晉之後的國號來指稱唐叔虞，即將新邑名加在舊邑名前；另有「延州來季子」、「唐杜氏」（唐人子孫被周人遷于杜，謂之杜伯，而稱「唐杜氏」）則是舊邑名在前，新邑名在後。（董珊：〈「衛叔封」（修訂稿）〉，復旦網，2011年 12 月 25 日）

此處康叔尚未徙封于衛，卻已稱「衛叔」，董珊先生認為這是「史家的筆法」：

> 《管蔡世家》說：「武王已克殷紂，平天下，封功臣昆弟⋯⋯康叔封、冉季載皆少，未得封。」《索隱》曰：「孔安國曰：康，畿內國名，地闕。叔，字也。封，叔名耳。」《周本紀》記載克殷之明日武王祭社時「衛康叔封布茲」，《齊太公世家》作「衛康叔布采席」。《周本紀》與《齊太公世家》稱尚且年少的叔封爲「衛康叔」，《管蔡世家》稱尚未得封的昆弟封爲「康叔」，《繫年》稱尚未遷衛的康叔封爲「衛叔」，此皆據後來的稱謂敘述前事，乃史家筆法，并非當時稱號之實錄。然而，不如此不足以明確「叔封」之所指。（董珊：〈「衛叔封」（修訂稿）〉，復旦網，2011 年 12 月 25 日）

所以康叔先受封在康丘，當時不可能有「衛叔」名號，而「衛人自庚丘遷于淇衛」之「衛人」，當時尚未遷衛，因此「衛叔」、「衛人」都是據後來的稱謂來敘述。不過，李學勤則認為「封康是『侯殷之餘民』，可見康即在殷的故土境內。大家知道，殷商故土分爲邶、庸、衛，康一定是在衛，所以叔封也稱爲『衛叔封』。衛國建立以後，衛人才『自庚（康）丘遷于淇衛』。」（〈清華簡《繫年》解答封衛疑謎〉，《文史知識》2012 年 3 期，頁 15）則李先生是認爲「康」亦在「衛」，所以亦稱爲「衛叔封」，不認爲跟史家筆

法有關。

（四）庚（康）丘

整理者：「庚丘」即「康丘」，其地應在殷故地邶、鄘、衛地之範圍內。（頁 145，注 5）

李學勤：「庚」、「康」系通假字。原來「康丘」就在殷，是「邶鄘衛」的「衛」的一部分。（〈清華簡《繫年》及有關古史問題〉，《文物》2011 年第 3 期，頁 70-74）

董珊：按照歷史地名演變的規律，「康」和「衛」都先是邑名，後來才擴大為諸侯邦國名稱。……西周早期成王時器迮簋銘（《集成》4445）：「王來伐商邑，誕命康侯圖（鄙）于衛」，「康」仍以國都名兼邦國名來作諸侯名號。（〈清華簡《繫年》所見的「衛叔封」與「悼折王」〉（修訂稿）〉，「復旦網」，2011 年 12 月 26 日）

華東讀書小組：簡文謂衛叔封始封于康丘，整理者所引金文《迮簋》、《康叔方鼎》銘文可證，《尚書・康誥》正義引馬融曰：「康，圻內國名。」為偽孔傳所本，《史記・衛康叔世家》索隱亦用馬說，又引宋忠曰：「康叔從遷徙封衛。畿內之康，不知所在也。」又《路史・國名紀》：「《姓書》：康叔故城在穎川，宋衷以為畿內國。」孫星衍據此以為「康」即《說文・邑部》之「邟，穎川縣」，在清代河南汝州。關於康叔封衛之記載，《左傳・定公四年》子魚語最為詳盡：「昔武王克商，成王定之，選建明德，以藩屏周。……分康叔以大路、少帛、綪茷、旃旌、大呂，殷民七族：陶氏、施氏、繁氏、錡氏、樊氏、饑氏、終葵氏，封畛土略自武父以南及圃田之北竟。取于有閻之土，以共王職；取于相土之東都，以會王之東蒐。聃季授土，陶叔授民，命以《康誥》，而封于殷墟」。（〈書後（二）〉）

朱鳳瀚：本段話中明確講到，衛「康叔」之稱所由來，確是因其先曾

封于康丘之故，而且說明所以封之于康丘，是為了「侯殷之餘民」⋯⋯簡文下繼言「衛人自康丘遷于淇衛」，可見康丘不會在衛地範圍內，而是在衛地之外，但既要監督殷餘民必亦不會距衛地太遠，應在衛之鄰近地。(〈西周史事考〉，《第四屆國際漢學會議論文集》，頁8、9)

雯雯按：「康」字舊來釋義有三說：邑名、國名及謚號，「康」非謚號，學者多有辯說。《史記・衛康叔世家・索隱》云：「康，畿內國名。宋忠曰：『康叔從康徙封衛，衛即殷墟，定昌之地，畿內之康，不知所在也。』」(〔日〕瀧川龜太郎：《史記會注考證》，萬卷樓圖書公司，總頁600)孫星衍：「司馬貞氏引宋忠之言，是康之為國，出《世本》也。〈衛世家〉云：『康叔卒，子康伯代立。』《索隱》曰：『即王孫牟也，事周康王為大夫』。案：康叔子又稱康伯，則康非謚甚明，舊說以為**國名**，是也。」(〔清〕孫星衍撰：《尚書今古文注疏》，頁354)今《繫年》明言封于「庚(康)丘」，可知「康」當是國名無誤。「康」之地望，《史記・衛康叔世家・索隱》云：「康，畿內國名。孫氏又云：「《路史・國名紀》云：『《姓書》康叔故城在潁川，宋衷以為畿內國。』《姓書》蓋何氏《姓苑》，今亡。云『在潁川』者，《說文》：『郔，潁川縣。』《漢書地理志》潁川有周承休，侯國，元始二年更名郔。《集韻》：『郔，縣名，在潁川。』又有鄘，同音地名，即康也。元始二年復古稱郔，今河南汝州是。」(《尚書今古文注疏》，頁354)屈萬里先生以為孫氏之說甚諦，云：

《讀史方輿紀要》云：「承休廢縣，在今汝州州治子城東。」(校者按：原稿附有便條云，《說文》(郔字)段注：「《後漢光武帝紀注》曰：『承休所封故城，在今汝州東北。』《通典》曰：『汝州梁縣，光武封姬常為周承休公，故城在今縣東。』《方輿紀要》曰：『承休廢縣，在今汝州州治子城東。光武封姬常於東郡觀縣曰衛公，以郔縣廢入陽城。』然則使在郔縣，後徙於觀為衛公，則非郔縣地矣。」

今附於此。）即今河南臨汝縣也。惟王畿千里之說，周初有無此制，尚是問題。漢人謂康為畿內之國，殆臆言之耳。（《尚書集釋》，頁 144）

曾運乾《尚書正讀》亦認為「邟」即「康」。（頁 158）楊伯峻先生則云：「康叔初食采邑于康，據《括地志》，故康城在今河南禹縣西北三十五里。」（《春秋左傳注》，頁 1162）整理者與李學勤先生則認為「庚丘」屬於殷，在是「邶鄘衛」的「衛」的一部分，朱鳳瀚先生則認為「康丘不會在衛地範圍內，而是在衛地之外，但既要監督殷餘民必亦不會距衛地太遠，應在衛之鄰近地。」據舊說庚丘之地望應在衛地之外，朱鳳瀚先生之說可從。

（譚其驤主編：《中國歷史地圖集》，北京：中國歷史地圖出版社，1996 年 6 月，頁 17-18）

另外《繫年》云：「周成王、周公既遷殷民于洛邑，乃追念夏商之亡由，旁設出宗子，以作周厚屏。乃先（選）建衛叔封于康丘，以侯殷之餘民。衛人自康丘遷于淇衛。」康叔封于康丘的時間簡文定在周成王、周公遷殷頑民於洛邑後，也即**封康徙衛皆在成王之時**，故李學勤先生說：「叔封被封為諸侯只有成王時一次，武王時『封康』一說是不符史實的。」（李學勤：〈清華簡《繫年》解答封衛疑謎〉，《文史知識》，2012 年第 3 期，頁 15）《繫

年》康叔封於康丘的時間若無誤，宋代開始懷疑《尚書・康誥》開首四十八字為〈洛誥〉錯簡，與因「王若曰：孟侯，朕其弟，小子封」之句，而認為此篇為武王時書的說法將受到挑戰，並為《書序》「成王既伐管叔、蔡叔，以殷遺民封康叔，作〈康誥〉」（屈萬里：《尚書集釋》，頁301），及《尚書大傳》（周公攝政）「四年建侯衛」之說增加證據。（陳壽祺輯：《尚書大傳》，《四部叢刊初編縮本》，頁53）

〈康誥〉是康叔受封於衛的誥文，〈衛康叔世家〉云：「武王既崩，成王少。周公旦代成王治，當國。管叔、蔡叔疑周公，乃與武庚祿父作亂，欲攻成周。周公旦以成王命興師伐殷，殺武庚祿父、管叔，放蔡叔，以武庚殷餘民封康叔為衛君，居河、淇閒故商墟。周公旦懼康叔齒少，乃申告康叔曰：『必求殷之賢人君子長者，問其先殷所以興，所以亡，而務愛民。』告以紂所以亡者以淫於酒，酒之失，婦人是用，故紂之亂自此始。為梓材，示君子可法則。故謂之〈康誥〉、〈酒誥〉、〈梓材〉以命之。康叔之國，既以此命，能和集其民，民大說。」（《會注考證》，總頁600）

其首節「惟三月，哉生魄，周公初基作新大邑于東國洛；四方民大和會，侯、甸、男邦、采、衛，百工、播民，和見士于周。周公咸勤，乃洪大誥治。」描述營建洛邑之事，孔《疏》云：「言惟以周公攝政七年之三月，始明死而生魄，月十六日己未，於時周公初造基址，作新大邑於東國洛水之汭，四方之民大和悅而集會，言政治也。此所集之民，即侯、甸、男、采、衛五服。百官播率其民和悅，並見即事於周之東國，而周公皆慰勞勸勉之。乃因大封命以康叔為衛侯，大誥以治道。」（《尚書正義》，臺灣古籍版，下冊，頁423-424）認為周公攝政七年始封康叔，但蘇軾以為〈康誥〉首節為〈洛誥〉簡編脫誤：

周公東征二年乃克管、蔡，即以殷餘民封康叔，七年而復辟。營洛在復辟之歲，皆經文明甚。則封康叔之時，決未營洛。又此文終篇

初不及營洛之事，知簡編脫誤也。（〔宋〕蘇軾：《書傳》，臺北市：
臺灣商務印書館，1983 年影印《文淵閣四庫全書》，冊 54，卷 12，
頁 593）

經文「王若曰：『孟侯，朕其弟，小子封。』」孔《傳》云「周公稱成王之
命，順康叔之德，命為孟侯。孟，長也。五侯之長，謂方伯，使康叔為之。
言王使我命其弟封。」（《尚書正義》，下冊，頁 45）朱子則贊同吳棫的意見，
認為〈康誥〉為武王之書，朱子弟子蔡沈則發揮師說：

> 按：《書序》以〈康誥〉為成王之書。今詳本篇，康叔于成王為叔父，
> 成王不應以弟稱之。說者謂周公以成王命誥，故曰弟。然既謂之「王
> 若曰」，則為成王之言，周公何遽自以弟稱之也？且〈康誥〉、〈酒誥〉、
> 〈梓材〉三篇，言文王者非一，而略無一語以及武王，何邪？說者又
> 謂「寡兄勖」為稱武王，尤為非義。「寡兄」云者，自謙之辭，寡德
> 之稱。苟語他人，猶之可也？武王，康叔之兄，家人相語，周公安得
> 以武王為寡兄而告其弟乎？或又謂康叔在武王時尚幼，故不得封。然
> 康叔，武王同母弟，武王分封之時年已九十，安有九十之兄，同母弟
> 尚幼不可封乎？且康叔，文王之子；叔虞，成王之弟。周公東征，叔
> 虞已封於唐。豈有康叔得封，反在叔虞之後？必無是理也。又按：《汲
> 冢周書・克殷篇》言王即位於社南，羣臣畢從，毛叔鄭奉明水，衛叔
> 封傳禮，召公奭贊采，師尚父牽牲。《史記》亦言「衛康叔封布茲」
> 與《汲書》大同小異。康叔在武王時非幼，亦明矣。特序《書》者不
> 知〈康誥〉篇首四十八字為〈洛誥〉脫簡，遂因誤為成王之書。是知
> 《書序》果非孔子所作也。〈康誥〉、〈酒誥〉、〈梓材〉次當在〈金縢〉
> 之前。（〔宋〕蔡沈著，錢宗武、錢忠弼整理：《書集傳》，南京市：
> 鳳凰出版社，2010 年 1 月，頁 164）

因為蔡沈《書集傳》成為科舉考試的定本，所以李學勤先生云：「蔡沈《集傳》後來被列於科舉功令，這種看法（或與之類似的觀點）竟成為主流。現代研究《尚書》的學者也有不少人採用，如屈萬里先生的《尚書集釋》可為代表。」（〈清華簡《繫年》解答封衛疑謎〉，頁 15）屈萬里先生云：「諸家以本篇為武王告康叔之書，良是；惟仍以為康叔封於衛時之誥辭，則非。蓋康叔封于衛在武庚之亂平後，其時武王已歿也。今既知康叔初封于康，後徙封於衛，則封于康時自當在武庚之亂以前，亦即當武王之世。本篇題曰「康誥」，而時王稱康叔曰弟；可知此乃康叔封於康時武王告知之辭也。惟篇首四十八字，與後文不相應，宋以來學者，多以為錯簡，說亦甚諦。」（《尚書集釋》，頁 145）但《繫年》之說則將封康丘的時間拉後，並非在武王之世，也說明宋儒疑此為武王之書及以後沿襲的說法是要重新再考慮的。

⑥　以侯（候）殷之夋（餘）民

（一）侯（候）

　　朱鳳瀚：「侯」在這裡作動詞，當讀作「候」，《尚書・禹貢》：「五百里侯服」，偽孔傳云：「侯，候也。斥候而服事。」孔穎達疏曰：「侯聲近候，故為候也。襄十八年《左傳》稱晉人伐齊，使司馬斥山澤之險，斥謂檢行之也。斥侯謂檢行險阻，伺候盜賊。」《淮南子・時則訓》：「九月官候」，高繡注：「候，望也。」簡文「以侯（候）殷之餘民」，即用以檢查、監視、防守殷餘民。（〈西周史事考〉，頁 8）

　　建洲按：朱氏之說可從。《孫子兵法・虛實》：「故策之而知得失之計，作之而知動靜之理，形之而知死生之地，角之而知有餘不足之處。」李零先生以為「作」當為「候」之誤，《通典》卷一五〇、《長短經・料敵》、《御覽》卷三二三引作「候之而知動靜之理」，指偵伺敵情以知其動靜（參李零

譯注：《孫子譯注》，中華書局 2007 年版，頁 43 注 3）。與《繫年》的文義相近。

（二）殷之奻（餘）民

整理者：殷之餘民，指《左傳》定公四年所述殷民七族。（頁 145，注 6）

朱鳳瀚：「殷」在這裡指原商王畿區域，即殷地，所謂「殷之餘民」，是殷亡後，原商王畿內的商遺民之大多數已被遷至洛邑（如簡文所言）後，尚餘留在原王畿內的商遺民。《史記・衛康叔世家》「以武庚祿父殷餘民封康叔為衛君」，亦稱「殷餘民」。《左傳》定公四年稱為「殷民七族」。（〈西周史事考〉，頁 8）

雯雯按：殷民七族為陶氏、施氏、繁氏、錡氏、樊氏、饑氏、終葵氏，是擅長製作手工藝的氏族，如楊伯峻先生注：「陶氏」，或曰陶工；「師氏」，或曰為旌旗之工；「繁氏」，或曰為馬纓之工；「樊氏」，或曰銼刀工，又曰釜工；「樊氏」，或曰籬笆工；「終葵氏」，《周禮考工記》鄭玄注：「終葵，錐也。」（《春秋左傳注》，頁 1537-1538）

⑦　醫（衛）人自庚（康）丘遷（遷）于沂（淇）醫（衛）

整理者：淇衛，即在淇水流域的朝歌，今河南淇縣。（頁 145，注 7）

李學勤：封康是「侯殷之徐民」，可見康即在殷的故土境內。大家知道，殷商故土分為邶、庸、衛，康一定是在衛，所以叔封也稱為「衛叔封」。衛國建立以後，衛人才「自庚（康）丘遷于淇衛」，淇衛自然就是淇水之濱的朝歌，又稱妹或沫。至于衛國的遷都是在叔封在世之時，還是其子康伯之世，還有待進一步研究。（〈清華簡《繫年》解答封衛疑謎〉，《文史知識》2012 年 3 期，頁 15）

董珊：按照歷史地名演變的規律，「康」和「衛」都先是邑名，後來才

擴大爲諸侯邦國名稱。綜合來看，康侯「徙衞」是比較早的事情，「徙封衞」是比較晚的事情。

西周早期成王時器逨簋銘（《集成》4445）:「王來伐商邑，誕命康侯圖（鄙）于衞」，「康」仍以國都名兼邦國名來作諸侯名號。《左傳》莊公二十八年:「群公子皆鄙」杜預注:「鄙，邊邑」，是與「都」相對的概念，「**鄙于衞」應理解作以衞爲邊邑**，這是增大康侯的封地至衞。雍伯鼎（《集成》02531）「王令雍伯圖（鄙）于屮，爲宮，雍伯作寶尊彝。」與此事類同。

《史記・衞康叔世家》:「周公旦以成王命興師伐殷，殺武庚祿父、管叔，放蔡叔，以武庚殷餘民封康叔爲衞君，居河、淇間故商墟。」《衞康叔世家》又稱西周中晚期時「頃侯厚賂周夷王，夷王命衞爲侯。」所謂「命衞爲侯」不易理解。《史記索隱》已指出頃侯賄賂夷王，並不是爲了晉爵爲侯。我認爲，西周早期的康侯之邦，因增封而地域擴展至衞邑（朝歌），雖然在西周早期、中期都以朝歌作爲政治中心，但朝歌（衞）是邦國的縣鄙，不是周天子冊命時所認可的國都。**周夷王時的「命衞爲侯」，應該是正式確認以淇水之衞邑作爲康侯之都，即承認既成事實上的徙封。自此開始，「康侯」始可稱「衞侯」。**

近年發現的西周早期夨公簋銘:「夨（堯）公作郚姚簋，遘于王命易（唐）伯侯于晉，唯王廿又八祀。五。」「王命唐伯侯于晉」與「夷王命衞爲侯」正是同類事情。徙封後，舊都唐仍在晉封域內，康也在衞疆之內。可見諸侯徙封以及名號的變動，都需要周天子的重新任命。

據上述，「鄙于衞」即事實上的「徙衞」，早在成王時已如此；「徙封衞」則晚至夷王了。所以這是兩個不同的事件。

從傳世及考古發現的金文資料來看，西周早期的名號有「康侯封」與「康侯」、「康伯（即康伯髦）」，但沒有「衞侯」、「衞伯」；辛村出土有西周早期的「衞𠂤錫」，「衞𠂤」之「衞」是一般的邑名，而非邦國名。西周中期偏早的賢簋銘文說:「公叔初見于衞」，這個「衞」也應該理解爲邑名。**邦**

國名稱「衛」的銅器，如衛姒諸器（《集成》00594 等），都屬于西周晚期。目前尚未看到西周早、中期用作邦國名的「衛」，也許就是周夷王命衛爲侯之事的默證。（〈「衛叔封」（修訂稿）〉，「復旦網」，2011 年 12 月 26 日）

朱鳳瀚：「衛人自康丘遷于淇衛」，則是康侯受命將其族屬、部眾由康丘遷入衛地之內，即進入原商王畿區域。可以與此簡文內容相佐證的是傳一九三一年出土於豫北（一說即出土於浚縣辛村），現藏大英博物院的逨簋，其銘曰「王來伐商邑，祉令康侯啚（鄙）於衛。濬（沬）嗣土逨眾鄙，乍（作）厥考障彝。眀」（《集成》4059）。鄙，是指邊鄙之地，在此指邊邑。「鄙于衛」即不在衛中心區域（那裡當是殷餘民所居處），而是在其邊域之地建城邑。在衛地內建邊邑的目的，自然是令康侯將自己的屬下從康丘遷至到那裡以控制整個舊商王畿地區。這與簡文所言「衛人自康丘遷于淇衛」當指的是同一件事，也當與《左傳》定公四年記成王時封康叔「命以康誥，而封于殷墟」有關，這一舉措可能是康侯受命封于殷墟的具體行動。

值得注意的是，《左傳》定公四年稱「分康叔以大路」等等，並未稱其為「衛侯」，不像伯禽，在文中已稱「魯公」，唐叔亦與康侯同，未稱晉侯（晉侯之稱始自其子燮父），逨簋亦是言「鄙于衛」，但不是言「侯于衛」，因此康叔雖封于衛地，但並未見稱「衛侯」，康叔在已見青銅器中亦只自稱「康侯」。而且《史記・衛康叔世家》記康叔卒後，其子仍稱康伯，康伯以後直至頃侯前的五代，亦皆稱「伯」，未見稱侯，直至頃侯時，由於「頃侯厚賂周夷王，夷王命衛為侯。」西周諸侯稱「侯」必有王命之，已有覬公簋銘文「王命唐伯侯于晉」等為證。如依此，在頃侯前，並無「衛侯」之稱，也應是無王命封之為侯，其原因為何？徐中舒先生解釋說：「康叔初封于康，封地不詳，後徙封于共，為王官統率殷八𠂤，為方伯征撫東方諸侯，故康叔以後六世皆稱伯，康侯稱侯而不稱伯，知在西周初期。」這是認為自康叔以後至頃侯前六世君主皆為方伯（《史記・周本紀》集解：《周禮》曰「九命作伯」，鄭眾云：「長諸侯為方伯」，故不稱侯。這一問題涉及西周

官爵制度，似當再考。但在頃侯前究竟有無稱「衛」，衛作為封國名稱當始於何時，也是尚未能明瞭的問題。浚縣辛村西周早期墓出土的銅泡上有「衛𠂤（師）易」銘文。如參考西周時齊國軍隊稱「齊𠂤」（史密簋，《文物》1989年7月）𣄼國軍隊稱「𣄼𠂤（師）」（中甗，《集成》949）來看，衛可能亦是國名。當然金文中以地名命師者也有，如「成周八師」，所以似亦不排斥「衛𠂤（師）」之衛是地名。簡文稱康叔為「衛叔」，稱「衛人」遷於淇衛，應非當時已有之稱呼，顯然是用後世才有的稱謂追稱之，學者已指出此為史家筆法（〈西周史事考〉，頁 8-10）

雯雯按：康叔之封在三監之叛後，《逸周書・作雒》云：「**建管叔于東，建蔡叔、霍叔于殷，俾監殷臣。**」最初東土是交由管叔、蔡叔等人監管，而後隨著武庚祿父作亂，周公殺管叔而蔡蔡叔，原本所封疆域也改由康叔、中旄父鎮守，故後云：「**俾康叔宇于殷，俾中旄父宇于東。**」（《彙校集注》，頁 520）〈康誥〉經文「王若曰：『孟侯，朕其弟，小子封。』」康叔被封為侯，以領東土殷獻臣、遺民，孔《傳》云「周公稱成王之命，順康叔之德，命為孟侯。孟，長也。五侯之長，謂方伯，使康叔為之。」（《尚書正義》，下冊，頁 423）《左傳・定公四年》提到：「自武父以南，及圃田之北竟，取於有閻之土，以共王職，取於相土之東都，以會王之東蒐」，王建先生認為：「值得特別注意的是，《左傳》的記載中，不但特別指明了衛國的疆域（這是魯、唐所沒有的），而且還特別點出濮陽作為周王巡狩東方，以威攝東方諸侯，大會東方諸侯的要地。由此可見衛國在控制東方諸侯方面所處的地位，**康叔已經具有一方諸侯之長的地位，成為繼管、蔡、武庚之後的東方方伯。**」（〈西周衛國為方伯考〉，《商丘師範學院學報》，第 20 卷第 4 期，2004 年 8 月，頁 74）在之後衛國君主**康伯、考伯、嗣伯、㐲伯、靖伯、貞伯**皆保持方伯的地位，如康叔子康伯懋（王孫牟），侍奉康王，《左傳》昭公十二年云：「昔我先王熊繹與呂伋、**王孫牟**、燮父、禽父並事康王。」（《春秋左傳注》，頁 1339）《史記・楚世家》：「楚子熊繹、**衛康叔子牟**、晉侯燮、

齊太公子呂伋具事康王。」(《會注考證》，總頁 645) 又稱**王孫牟**，也即是〈小臣謰簋〉中「以殷八師征東夷」的白懋父，與齊、魯、唐侯並稱，且能領殷八師，當為康王時重臣。進入春秋後，隨著齊、秦、晉崛起，而衛則漸漸衰微，無法負擔方伯之責，故《詩經・邶風・旄丘》序云：「旄丘，責□衛伯也。狄人迫逐黎侯，黎侯寓于衛，衛不能脩方伯連率之職，黎之臣子以責於衛也。」(黃師忠慎：《詩經全注》，頁 99) 衛貞伯之後為**衛頃侯**（立十二年，866-855B.C.在位），歷史記載他「**厚賂周夷王，夷王命衛為侯**」(《會注考證》，總頁 601) 王建先生認為：「可能到傾侯繼位時衛國實力下降而一度喪失了方伯地位，衛頃侯為取得夷王的冊命而賄賂夷王。最後，衛國重新獲得方伯地位。可見諸侯更替時，**方伯地位要由周王重新確定**。」(〈西周衛國為方伯考〉，頁 75) 但康叔下六世稱伯、至傾侯稱侯，以「伯」為方伯，仍有爭議，如顧炎武以為頃侯以前稱伯，此「伯」乃伯子男之伯，余有丁則認為或是伯仲之伯，又姚鼐以為是以字為諡，(《會注考證》，總頁 601) 此一問題涉及西周官爵制度，故朱鳳瀚先生認為似當再考。

　　董珊先生則認為「衛人自康丘遷于淇衛」與「夷王命衛為侯」這是「**徙衛**」與「**徙封衛**」兩個層次的問題。認為遷于淇衛與〈送簋銘〉有關，簋銘「王來伐商邑，誕命康侯啚（鄙）于衛」，「康」仍以國都名兼邦國名來作諸侯名號，以「鄙」為邊邑，指以衛為邊邑，增大康侯的封地至衛。屬於實質上的徙衛，而夷王時則是「正式確認以淇水之衛邑作為康侯之都，即承認既成事實上的徙封。自此開始，『康侯』始可稱『衛侯』」。朱鳳瀚先生亦聯繫送簋，認為「鄙于衛」是在其邊域之地建城邑，「在衛地內建邊邑的目的，自然是令康侯將自己的屬下從康丘遷至到那裡以控制整個舊商王畿地區。這與簡文所言『衛人自康丘遷于淇衛』當指的是同一件事」，兩人皆不以為此時是康叔正式徙封為衛侯，**而且在頃侯前不見衛侯之稱**。董珊先生更特別指出徙封改名號的意義，他引用裘錫圭先生談及《合集》2174號子組卜辭：「己丑，丁來于衛，衍（侃）。」之「衛」字：

這個「衛」是地名。此字所從「口」形上下的腳趾形，不作「韋」而作「𣥂」，但一般都把這個字釋作「衛」。如此字確是「衛」字異體，則當讀為「郼」，與殷商之「殷」通。《呂氏春秋・慎大》：「湯立為天子，夏民大悅，……親郼如夏。」高誘注：「郼讀如衣，今兗州人謂殷氏皆曰衣。言夏民親殷如夏氏也。」以「郼」為「殷」，尚見於《呂氏春秋》的《慎勢》、《具備》、《高義》、《分職》等篇（引者案：又見《簡選》，凡六見），參看陳奇猷《呂氏春秋校釋》853頁注三三（學林出版社，1984 年）。《尚書・康誥》有「殪戎殷」之語（《左傳・宣公六年》說：「周書曰『殪戎殷』」，所引即《康誥》），《禮記中庸》則作「壹戎衣」，鄭玄注：「衣讀如殷，聲之誤也。齊人言殷，聲如衣。」可與上引《呂氏春秋》高注互證。殷商、殷墟之名，可能就來自見於上引卜辭的「衛」地。（裘錫圭：〈「花東子卜辭」和「子組卜辭」中指稱武丁的「丁」可能應該讀為「帝」〉，見《黃盛璋先生八秩華誕紀念文集》，中國教育文化出版社，2005 年，第 2 頁注釋 2）

及陳夢家先生據《呂氏春秋》中「殷」有異文作「郼」，指出「殷即衛」：

> 武王滅紂以後分殷國為三：即鄘、邶、殷。及武庚與管、蔡叛周，成王、周公討之，于是邶入于燕，鄘封微子開為宋，殷封康叔為衛。由此可知武王勝殷以後分殷民以為三，而成王伐武庚以後分殷民以為二。（陳夢家：《西周銅器斷代》上冊頁 359，中華書局，2004 年 4 月）

將裘錫圭、陳夢家兩位先生之說與夷王「命衛為侯」結合，董珊先生認為「可知**西周衛侯**即可理解為**殷侯**。在周初康叔受封時，已繼承殷王畿

中的部分土地人民，但其名號、國都還與殷不同；懸隔百年之後，自頃侯始，其名號、國都亦與殷同。也就是說，**自衛頃侯開始的衛，就是在殷墟分封的姬姓的殷，變得名正言順了**。但是，衛康叔之『衛』還是從來不寫作「殷」，周人的書面語中也還有專指殷商的『殷』。西周的『衛』可視做是繼承殷商之『殷』而來的新事物，從使用文字的角度來講，也是**利用假借字『衛』來分擔此時多義字『殷』的部分職務。「殷」和「衛」都是諸侯國名，這是文字職務分化的特殊情況。**」（〈「衛叔封」（修訂稿）〉，「復旦網」，2011 年 12 月 26 日）依董珊與朱鳳瀚兩位先生之說，遷於淇衛，並不代表是徙封於衛。但要特別指出的是，〈顧命〉云：「惟四月，哉生魄，王不懌。甲子，王乃洮頮水；相被冕服，憑玉几。乃同詔太保奭、芮伯、彤伯、畢公、**衛侯**、毛公、師氏、虎臣、百尹、御事。」已出現「衛侯」之稱。（《尚書集釋》，頁 232）

⑧　周惠王立十又七年，赤鄻（翟-狄）王峀（留）啓（吁）记（起）㠯（師）
　　伐㙴（衛）

（一）周惠王立十又七年

　　整理者：此年「狄入衛」，見《春秋》閔公二年，事詳《左傳》及《衛世家》。古本《紀年》云：衛懿公及赤翟戰于洞〈泂〉澤」，表明狄為赤狄，與簡文合。（頁 145，注 8）

　　雯雯按：平王東遷後，太子洩父早死，故傳孫**桓王**林，桓王傳子**莊王**佗，莊王崩，子**釐王**胡齊立，「釐王三年，齊桓公始霸。」（《會注考證》，頁 81）釐王在位五年而崩，子**惠王**閬立（676-652B.C.在位），《世本》、《國語》韋注、皇甫謐《帝王世紀》則名「毋涼」，楊伯峻先生認為「閬蓋毋涼之變音」（《春秋左傳注》，頁 212）。惠王二年遭逢叔父**王子頹**及五大夫之亂。《左傳》莊公十九年：「初，**王姚嬖於莊王**，生子頹。子頹有寵，**蒍國**為之

師。及**惠王**即位，取蒍國之圃以為囿。**邊伯**之宮近於王宮，王取之。王奪**子禽祝跪**與**詹父**田。而收**膳夫**之秩，故蒍國、邊伯、石速、詹父、子禽祝跪作亂，因蘇氏。秋，五大夫奉子穨以伐王，不克，出奔溫。蘇子奉子穨以**奔衛**。衛師、燕師伐周。冬，立子穨。」（《春秋左傳注》，頁212-213）五大夫失敗而出奔溫，而蘇子則事奉子穨以奔衛。（**引按**：一說奔溫者為惠王，如《史記・周本紀》：「及惠王即位，奪其大臣以為囿，故大夫邊伯等五人作亂，謀召燕、衛師，伐惠王。**惠王犇溫，已居鄭之櫟。**」〔《會注考證》，總頁81〕則以為是惠王奔溫。楊伯峻先生云：「溫為蘇氏邑。成十一年《傳》云：『蘇忿生以溫為司寇』，則溫為蘇氏始封邑，故僖十年《經》云：『狄滅溫，溫子奔衛』，而《傳》作『蘇子奔衛』；以邑言之責曰溫子，以氏言之則曰蘇子，一也。《周本紀》、《年表》及〈衛〉、〈燕世家〉均謂惠王奔溫，但以《左傳》文義言之，奔溫者似是五大夫。」〔《春秋左傳注》，頁213〕此取楊氏之說。）王子穨借外援衛國及燕國（姞姓之南燕）攻打惠公，並且自立為周王。隔年鄭伯欲調停此事而不果，後「鄭伯遂以王歸，王處於櫟。」鄭厲公將惠王帶回鄭國，使他居住在櫟地。而王子穨「享五大夫，樂及徧舞。」鄭伯聽聞此事而與虢叔合謀：「寡人聞之：哀樂失時，殃咎必至。今王子穨歌舞不倦，樂禍也。夫司寇行戮，君為之不舉，而況敢樂禍乎？奸王之位，禍孰大焉？臨禍忘憂，憂必及之。盍納王乎？」虢公曰：「寡人之願也。」（《春秋左傳注》，頁214-215）故在惠王四年夏，鄭、虢「同伐王城。鄭伯將王自圉門入。虢叔自北門入。殺王子穨及五大夫。」（《春秋左傳注》，頁214-216）使惠王復位。「惠王十年，賜齊桓公為伯。」在位二十五年。（《會注考證》，總頁81）

周惠王十七年，正當衛懿公赤九年（660B.C.），《史記・十二諸侯年表》云：「翟伐我，公好鶴，士不戰，滅我國。」（《會注考證》，總頁253）《繫年》、《史記》記此事敘述較簡略，而《左傳》為詳，見下表：

《繫年》簡文	《左傳》閔公二年	《史記·衛康叔世家》	備註
周惠王立十又七年，赤翟王峁啻起師伐衛，	冬十二月，狄人伐衛。	懿公即位，好鶴，淫樂奢侈。九年，翟伐衛，	《春秋》經文出現「赤狄」之稱在宣公三年，閔公二年只單稱「狄」，知其為赤狄者，乃據古本《紀年》云：「衛懿公及赤翟戰于洞〈洄〉澤」，今《繫年》又是一證，故整理者云：「（古本《紀年》）表明狄為赤狄，與簡文合。」
	衛懿公好鶴，鶴有乘軒者。將戰，國人受甲者皆曰：『使鶴！鶴實有祿位，余焉能戰？』	衛懿公欲發兵，兵或畔。大臣言曰：「君好鶴，鶴可令擊翟。」	《左傳》與《史記》皆記因衛懿公好鶴，使鶴鳥如有祿位，享有乘軒之待遇，而國人（或大臣）臨戰時出言諷刺，顯示衛國君臣之離心。
	公與石祁子玦，與甯莊子矢，使守，曰：「以此贊國，擇利而為之。」與夫人繡衣，		此段《繫年》、《史記》無載。指衛懿公在御駕親征前交給石祁子、甯莊子玉玦與箭矢，以處理國家大事；又交與夫人繡衣，吩咐其聽從石祁子、甯莊子

	曰：「聽於二子！」渠孔御戎，子伯為右；黃夷前驅，孔嬰齊殿。		二子。而後率兵與赤狄戰，其以渠孔之駕御戰車，子伯作車右；黃夷為前鋒，孔嬰齊作為後殿。
大敗衛師於熒，幽侯滅焉。	及狄人戰於熒澤，衛師敗績，遂滅衛。衛侯不去其旗，是以甚敗。	翟於是遂入，殺懿公。	此敘衛懿公不敵赤狄，在熒（熒澤）而戰敗而身死國滅。《左傳》敘事較詳，並言衛懿不去掉旗幟而導致大敗。
翟遂居衛。	狄人囚史華龍滑與禮孔，以逐衛人。二人曰：「我，大史也，實掌其祭。不先，國不可得也。乃先之。至則告守曰：『不可待也。』夜與國人出。狄入衛，遂從之，又敗諸河。」		《左傳》記述赤狄囚禁華龍滑與禮孔兩位史官，並且帶著他們驅逐衛人。二人佯告狄人要得到衛國須先祭告神靈。狄人於是放之，二人回國則告訴國人衛國已不可守，故趁夜晚離去。而赤狄進入衛國國都，並且追趕衛人，又在黃河邊上打敗衛人。《繫年》則只云：「翟遂居衛」，下接「衛人乃東涉河，于曹焉）」。

（見《左傳注》，頁 265-266；《會注考證》，總頁 603）

滅國君主為衛懿公（668-660B.C.），懿公名赤，懿為其諡。《史記》云
「懿公之立也，百姓大臣皆不服。」（《會注考證》，總頁603）衛頃侯之後，
衛國爭位、淫亂之事層出不窮。如「修康叔之政，百姓和集」、「將兵往佐
周平戎，甚有功」的**武公**，史載一說即言其襲攻其兄，迫使**太子餘**於釐侯
墓道自殺，而衛人立之。其子**莊公**揚寵妾子**州吁**，州吁長而好兵，莊公便
命令州吁帶兵，純臣石碏已諫莊公曰：「庶子好兵，使將，亂自此起。」而
莊公不聽勸諫，釀成日後州吁襲殺桓公完而自立為衛君之亂。後來石碏與
陳侯共謀，殺州吁於濮，迎宣公晉於邢而立之。宣公上烝夷姜，生太子伋，
後奪子伋之妻，即夫人宣姜。宣姜生子壽、子朔，而與子朔讒惡太子伋，
宣公本因奪太子伋之妻而心生廢太子之意，在聽聞宣姜與子朔的讒言後大
怒，欲殺太子伋。「乃使太子伋於齊而令盜遮界上殺之，與太子白旄，而告
界盜見持白旄者殺之。」宣姜另一子子壽心知子朔惡意讒害太子，乃警告
太子不可行，太子聽而不從，並言：「逆父命求生，不可。」子壽無法勸止
太子，「乃盜其白旄而先馳至界。界盜見其驗，即殺之。壽已死，而太子伋
又至，謂盜曰：『所當殺乃我也。』盜並殺太子伋，以報宣公。」宣公因此
立子朔為太子，即惠公。惠公之立乃是讒殺前太子而來，所以在位第四年
「左右公子怨惠公之讒殺前太子伋而代立，乃作亂，攻惠公，立太子伋之
弟黔牟為君」，因而奔齊。八年後，「齊襄公率諸侯奉王命共伐衛，納衛惠
公，誅左右公子。衛君黔牟奔於周」，惠公得以復立。連同流亡時間，共在
位三十一年。卒後，其子懿公赤立。因其父惠公之故，所以百姓大臣對懿
公即位亦不服，一直想推翻他們，故「自懿公父惠公朔之讒殺太子伋代立
至於懿公，常欲敗之。」到了衛懿公身死國亡後，終於滅了惠公的後嗣，
懿公之後，乃更立黔牟之弟昭伯頑之子戴公申為君。上述衛國諸君世系如
下：**衛頃侯**→衛釐侯→衛共伯→衛武公→衛莊公→衛桓公→州吁→衛宣公
→衛惠公→公子黔牟→衛惠公（復位）→**衛懿公**→衛戴公（即位即死）→
衛文公。（詳見《會注考證》，總頁600-603）

雯雯又按：懿公亡於滎澤之事，其他文獻亦有記載，如《呂氏春秋・忠廉》「衛懿公有臣曰弘演，有所於使。翟人攻衛，其民曰：『君之所予位祿者鶴也；所貴富者宮人也。君使宮人與鶴戰，余焉能戰！』遂潰而去。翟人至，及懿公於滎澤，殺之，盡食其肉，獨捨其肝。弘演至，報使於肝，畢，呼天而啼，盡哀而止，曰：「臣請為襮。」因自殺，先出其腹實，內懿公之肝。桓公聞之曰：『衛之亡也，以為無道也。今有臣若此，不可不存。』於是復立衛於楚丘。弘演可謂忠矣，殺身出生以徇其君。非徒徇其君也，又令衛之宗廟復立，祭祀不絕，可謂有功矣。」（許維遹撰：《呂氏春秋集釋》，北京：中華書局，2009 年 9 月，頁 249）但此篇主角為衛懿公之臣曰弘演，以懿公事來顯其忠。相同的故事情節還見於《韓詩外傳》卷七、《新序・義勇》、《論衡・儒增》。（許維遹撰：《韓詩外傳集釋》，北京：中華書局，1980 年 6 月，頁 252-253。〔漢〕劉向編著；石光瑛校釋；陳新整理：《新序校釋》，北京：中華書局，2001 年 1 月，頁 1054-1058。黃暉撰：《新序校釋》，北京：中華書局，1990 年 2 月，頁 362）

（二）赤鄻（翟-狄）王

子居：狄人稱王，文獻多見，如《管子・小匡》：「中救晉公，禽狄王，敗胡貉，破屠何而騎寇始服。」《晏子春秋・內篇諫上・景公愛嬖妾隨其所欲晏子諫》：「翟王子羨臣于景公，以重駕，公觀之而不說也。」《賈誼新書・退讓》：「翟王使使至楚，楚王欲誇之，故饗客于章華之臺上。」皆可證。（〈1～4 章解析〉）

雯雯按：《春秋》經傳有長狄、赤狄與白狄的記載，赤狄者始見於宣公三年《經》「秋，赤狄侵齊。」《繫年》所載之事乃閔公二年時（按：春秋十二公為：隱公、桓公、莊公、**閔公**、僖公、文公、**宣公**、成公、襄公、昭公、定公、哀公），此時猶言「狄伐衛」，簡文與古本《竹書紀年》合，

為伐衛者為赤狄增添一證。

　　赤狄者之先為鬼方，王國維先生據《世本》言鬼方為隗姓，亦即赤狄之隗姓，以隗姓之狄為鬼方，蒙文通先生以為「事之近實，信而可徵。」（《周秦少數民族》，頁 101）陳夢家先生亦認為：「春秋時代的赤狄即殷代的鬼方。」（《殷墟卜辭綜述》，頁 276）《易・既濟》曰：「高宗伐**鬼方**，三年克之。」（《周易正義》，臺灣古籍版，頁 294）其別名為「**鬼戎**」（「三十五年，周公季歷伐西落鬼戎」，注云：「《後漢書・西羌傳》注引《紀年》：『武乙三十五年，周王季伐西落鬼戎，俘其二十翟王。』」王國維：《今本竹書紀年輯證》，濟南：齊魯書社，2010 年 1 月，頁 74。引按：蒙文通先生云：「此鬼戎當即鬼方」。伐鬼戎曰俘翟王，知春秋之赤狄隗姓，亦即鬼方，則鬼戎固名狄也。」《周秦少數民族研究》，頁 102）、「**鬼親**」（《逸周書・王會》，頁 915）

　　然「赤狄」之名始見於宣公三年《經》云：「秋，赤狄侵齊。」楊伯峻先生注云：

> 狄自入春秋以來，俱只書『狄』。僖三十三年《傳》箕之役始見『白狄子』之稱，而『赤狄』之稱自此見。自此《經》凡赤狄四見、白狄三見。潞氏、甲氏、留吁、鐸辰，此赤狄也。其通言『狄』者，鐘文烝《穀梁補注》云：『以《左傳》、《國語》、《呂氏春秋》、杜氏《後序》引《汲冢紀年》考之，莊三十二年狄伐邢、僖三十三年晉人敗狄于箕，皆白狄也。閔二年秋入衛、僖二十四年狄伐鄭、文七年狄侵我西鄙，皆赤狄也。』顧棟高《大事表》三九據成三年《傳》『伐廧咎如，討赤狄之餘焉』，因謂『是年赤狄之種盡絕。』又云：『故中國直名白狄為狄，不復別之。』未審確否。」（《左傳注》，頁 667-668）

楊氏指出「潞氏」、「甲氏」、「留吁」、「鐸辰」皆為赤狄，而引鐘文烝《穀

梁補注》云：「閔二年秋入衛、僖二十四年狄伐鄭、文七年狄侵我西鄙，皆赤狄也。」可知赤狄雖始見於宣公三年，而已在閔公二年向東侵略。至於引顧棟高之說而言「未審確否」，蒙文通先生的意見則近於顧氏：「春秋僖聞之世惟言狄，卽赤狄潞氏也。宣之世赤狄白狄並見，則東西已分裂也。成襄以後惟言狄，則白狄；以赤狄已亡，無侯分殊也。」《周秦少數民族研究》，頁 130）顧氏之說或有理據。

　　狄禍突起而滅邢、衛，蒙文通先生認為這與《左傳》莊公二十八年驪姬、梁五、東關嬖五等俱言：「狄之廣莫，於晉為都，晉之啟土，不亦宜乎！」晉獻公於是「使大子居曲沃，重耳居蒲城，夷吾居屈，群公子皆鄙。」的啟土政策有關。（《左傳注》，頁 240）其云：

> 方狄處晉西，中國未嘗有狄禍；及晉益西侵，而狄遂東竄，禍以極於邢衛也。士蒍位二公子築蒲與屈，曰「無戎而城，讎必保焉」，知晉西之狄未為患也。曰「狄之廣莫，於晉為都，晉之啟土，不亦宜乎？」知蒲屈之城，正謀侵略狄土。入春秋以來，不見狄事，自莊之三十二年而狄禍發，如飄風，如驟雨，而邢衛批其殃。自此狄患中國，終春秋以下至七國，正以狄此時麇於西而突於東，自晉北走晉東，遂據太行以建國，禍且及於其齊魯也。（《周秦少數民族研究》，頁 110）

所以邢衛之亡源於赤狄東侵，而赤狄東侵又因於晉國西拓土。赤狄東徙則在莊公、閔公之時。僖公後赤狄常侵晉、衛、周、鄭等國，僖公二十四年時「頹叔桃子奉大叔以狄師伐周，大敗周師。獲周公忌父、原伯、毛伯、富辰。王出適鄭，處於氾。大叔以隗氏居於溫。」（《左傳注》，頁 426）以隗氏居溫，可知大叔依於狄。僖公二十五年，「晉侯辭秦師而下。三月甲辰，次於陽樊，右師圍溫，左師逆王。夏四月丁巳，王入於王城。取大叔於溫，

殺之於隰城。」此次戰役，周王「與之陽樊、溫原、欑、茅之田。晉於是始啟南陽。」（《左傳注》，頁 432-433）晉文公於此次戰役，給予赤狄巨創，一來晉國疆土擴大，「《漢書・地理志》言：『懿公為狄所滅，桓公更封衛於河南曹、楚邱，而河內殷墟更屬於晉』。又言：『文公霸諸侯，尊周室，始有河內之地』。則狄滅衛，而衛地屬於狄，晉滅狄，而衛地屬於晉。馬季長說：『朝歌以北至中山為東陽，朝歌以西至軹為南陽』。蓋衛地之沒於狄者，晉資焉以啟東陽，周地之沒於狄者，晉資焉以啟南陽，狄固大有造於晉也！」（《周秦少數民族研究》，頁 114）一方面「狄之渡河，自救齊侵衛始，（引按：僖公十八年《經》「狄救齊」。《左傳注》，頁 344）然猶未肆於東。晉既克溫，然後周鄭之狄禍已決，而狄專肆虐於東夏也」（《周秦少數民族研究》，頁 114），此後直到宣公四年「赤狄侵齊」，則專侵齊、魯、宋、衛等國，如衛國自閔公二年破國，僖公二年城楚丘，至僖公十二年「諸侯城衛楚丘之郛，懼狄難也」，諸侯為衛建築外城，則是據怕赤狄之禍。狄人雖在二十五年創於晉國，然而在僖公三十一年「狄圍衛，衛遷於帝丘」，衛國遷於帝丘，乃避戎狄而之北，此後則常侵齊、魯、宋，蒙氏卽云：「於是狄渡河長驅，至於商魯間，而橫決於東夏也。」（《周秦少數民族研究》，頁 115）

從宣公六年後狄人與晉國相互征伐，最後赤狄為晉所滅。當時赤狄強大，統馭其他狄族，在《左傳・宣公十六年》，晉國開始分化狄族，「晉郤成子求成於眾狄。眾狄疾赤狄之役，遂服於晉。秋，會於欑函，眾狄服也。」眾狄，為白狄之種類，如鮮虞肥、鼓屬。杜預《注》：「赤狄潞氏最強，故服役眾狄。」然眾狄苦於赤狄的役使，最後順服於晉。楊伯峻先生云：「顧棟高《大事表》云：『晉侯親在會，蓋欲攜赤狄之黨，以絕其援。至十五年遂滅潞氏。』」（《左傳注》，頁 713）晉國滅潞氏是在宣公十五年，《經》云：「六月，癸卯。晉師滅赤狄潞氏，以潞子嬰兒歸。」《傳》云：「六月癸卯，晉荀林父敗赤狄於曲梁。辛亥，滅潞。」（《左傳注》，頁 763）楊氏云：「潞，國名，赤狄之別種，曰潞氏者，蓋當時所謂夷狄之國，或尚在氏族社會，

故其國名帶以氏字，如甲氏、皋落氏及此潞氏是也。其國當在今山西潞城縣東北四十里。」（《左傳注》，頁 758）

宣公十六年《經》：「十有六年春王正月。晉人滅赤狄甲氏及留吁。」楊伯峻先生云：

> 杜《注》：「甲氏、留吁、赤狄別種。晉既滅潞氏，今又并盡其餘黨。」甲氏，顧棟高《大事表五》以為在今河北省雞澤縣境，不知其所據，未必可信。徐文清《管城碩記》卷十一謂據《水經注》，今祁縣有侯甲，侯甲水發源于侯甲山，山在今武縣鄉。據此，甲氏或在今屯留北百內外。留吁，晉滅之後，改為純留，襄十八年《傳》晉人『執孫蒯于純留』是也，在今山西省屯留縣南十里。（《左傳注》，頁 766-767）

《傳》云：「十六年春，晉士會帥師滅赤狄甲氏及留吁鐸辰。」楊氏注云：「杜《注》：『鐸辰不書，留吁之屬。』若依杜《注》所云，鐸辰當在今山西潞城縣、屯留縣附近。」（《春秋左傳注》，頁 767-768）《左傳・成公三年》又云：「晉郤克、衛孫良夫伐廧咎如，討赤狄之餘焉。」前晉國已滅潞氏、甲氏、留吁鐸辰，赤狄已衰，而又繼討其餘下部落。故楊氏云：「赤狄部落甚多，如潞氏、甲氏、留吁、鐸辰之屬，先後皆為晉所滅，所餘唯廧咎如，故云『討赤狄之餘』。」（《左傳注》，頁 814）此後唯見白狄之名，此時赤狄已滅。其分佈見下圖：

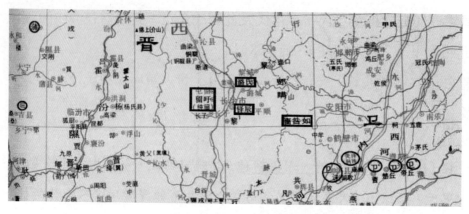

（譚其驤主編：《中國歷史地圖集》，頁 22-23）

（三）留吁（留吁）

華東讀書小組：事見《左傳・閔公二年》。《春秋》經曰：「十有二月，狄入衛。」《左傳》曰：「冬十二月，狄人伐衛。」未載「狄」為何種。《春秋經傳集解後序》引《竹書紀年》曰：「衛懿公及赤狄戰于洞澤。」而赤狄首領之名，傳世文獻中似未見提及。所謂「留吁」者，簡文「留」字從中從古文「酉」，「吁」從虎從口，知必讀為「**留吁**」者，《春秋・宣公十六年》：「春，王正月，晉人滅赤狄甲氏及留吁。」杜預注：「甲氏、留吁，赤狄別種。」此被滅之「留吁」即簡文所載以「留吁」為王之赤狄。知其所以然者，氏族名或民族名多有以該民族首領之稱呼命名者，而首領稱呼，多沿襲自前，往往數十百代使用一種稱呼，如「滿洲」一名，據孟森先生考證，即《隋書》、《北史・勿吉傳》所載之首領稱謂「瞞咄」，亦即「文殊」二字，「夷俗信佛尤篤，文殊之稱，信為佛之最尊，而即以尊其渠酋」。明清之間，其族稱其首領為「滿住」、「曼珠」，要皆「文殊」之對音（清宮宦官宮妾稱最高統治者為「老佛爺」者，此俗之存者也），「因其部落稱君為文殊，即滿洲，因曰滿洲國」。據簡文及《春秋》，「留吁」既可為狄人首領之名，又可為赤狄一別種之名，蓋簡文所載之「赤狄王留吁」，乃承襲「留吁」稱號之赤狄王，未必即是始稱「留吁」之赤狄王，而稱「留吁」之赤狄別種，

即歷代「留吁」所統轄之部族，亦自稱為「留吁」，而「留吁」之義，不易訓詁，所記詞彙是否漢語，亦未可知，姑且以「滿洲」推之，則蓋亦赤狄部眾對其君長之美稱。（〈書後（二）〉）

子居：留籲，整理者釋為「峀哻」，華東師範大學中文系戰國簡讀書小組《讀〈清華大學藏戰國竹簡（貳）・系年〉書後（二）》文中讀為「留吁」，甚是。「留吁」即「潞」之緩讀，潞水就是今濁漳水南源，故赤狄之居即在山西長治盆地，今潞城、長治、屯留地區。自《左傳・僖公三十二年》所載「夏，狄有亂。衛人侵狄，狄請平焉。秋，衛人及狄盟。」之後，赤狄即分為若干，號潞氏、留吁、甲氏、鐸辰等。此後，《春秋・宣公十五年》：「六月癸卯，晉師滅赤狄潞氏，以潞子嬰兒歸。」杜預注：「潞，赤狄之別種。潞氏，國，故稱氏。」《左傳・宣公十五年》：「潞子嬰兒之夫人，晉景公之姊也。酆舒為政而殺之，又傷潞子之目。……六月癸卯，晉荀林父敗赤狄于曲梁。辛亥，滅潞。酆舒奔衛，衛人歸諸晉，晉人殺之。」《左傳・宣公十六年》：「十六年春，晉士會帥師滅赤狄甲氏及留吁、鐸辰。」《左傳・成公三年》：「晉郤克、衛孫良夫伐廧咎如，討赤狄之餘焉。廧咎如潰，上失民也。」至此，蓋赤狄遂衰亡而白狄興起。（〈1～4章解析〉）

建洲按：「峀」字作 [字形圖]，此字即《上博一・緇衣》簡 21 的「薔」作 [字形圖]，用作「留」。亦見於《上博八・王居》04「忨（願）大夫之母留徒」的「留」作 [字形圖]，其上從「峀」聲（參單育辰〈佔畢隨錄之十五〉，復旦網，2011 年 7月 21 日）。《上博九・史薔問於夫子》的「薔」作 [字形圖]（簡 6）。故簡文「峀哻」讀為「留吁」自無問題，上引楊伯峻氏已指出「留吁」為赤狄。

⑨　大敗衛（衛）𠂤（師）於睘（滎／洄）

整理者：衛師敗績之地，《左傳》云「滎澤」，《紀年》云「洄〈洄〉澤」，「滎」、「洄」皆匣母耕部。簡文「睘」，屬群母耕部，也是通假字。（頁 145，

注9）

　　華東讀書小組：《左傳・閔公二年》：「及狄人戰于熒澤，衛師敗績，遂滅衛。」大敗者，衛師敗績也。睘，《左傳》作「熒」，前引《春秋經傳集解後序》所引《古本竹書紀年》作「洞」，《春秋經傳集解後序》謂當是「河」之誤，今據《古本竹書紀年》讀為「河」，「睘」、「熒」、「河」聲母皆屬喉音，韻部則「睘」屬元部，「熒」、「河」屬耕部，此二部字古音聯繫較為密切，《說文》中即有許多例子。（〈書後（二）〉）

　　雯雯按：方詩銘、王修齡云：「《春秋經傳集解後序》云：『疑「洞」當為「河」，卽《左傳》所謂熒澤也。「河」、「熒」音同，是。」（方詩銘、王修齡：《古本竹書紀年輯證》，頁73）然《左傳》有兩處提及「熒澤」，一是在閔公二年、一是在宣公十二年：

> 及狄人戰于熒澤，衛師敗績，遂滅衛。（《左傳注》，頁265）晉魏錡求公族未得，而怒，欲敗晉師。請致師，弗許。請使，許之。遂往，請戰而還。楚潘黨逐之，及熒澤。見六麋，射一麋以顧獻，曰：「子有軍事，獸人無乃不給於鮮？敢獻於從者。」叔黨命去之。（《左傳注》，頁736）

屈萬里先生注〈禹貢〉「滎波既豬」時云：「滎波，澤名；卽閔公二年及宣公十二年《左傳》之熒澤。孔氏《正義》引鄭玄云：『今塞為平地。』故蹟在今河南滎陽縣內。」（《尚書集釋》，頁60）將兩「熒澤」視為一地，然據閔公二年《傳》文「狄人囚史華龍滑與禮孔，以逐衛人。二人曰：『我，大史也，實掌其祭。不先，國不可得也。乃先之。至則告守曰：「不可待也。」夜與國人出。狄入衛，遂從之，又敗諸河。」（頁266）而後衛人又涉東黃河而至曹地，故懿公兵敗之所，似乎不會遠至河南滎陽縣的「熒澤」，應在淇衛附近。故楊伯峻先生云：「此熒澤當在黃河之北，沈欽韓《地名補注》

謂『歷考諸書，從無言熒在河北者，蓋懿公帥師迎狄師，望風而遁，至河南，狄人追及熒澤，乃盡覆之野。』然覈之《傳》文，沈說不可信。胡渭《禹貢錐指八》謂『衛、狄戰地，或河北自有一熒澤，如魏獻子之所田，別是一大陸（定元年），非〈禹貢〉之大陸，亦未可知。』胡說較是。」（《左傳注》，頁265）至於宣公十二年之「熒澤」則為「滎澤」，楊伯峻先生注云：「熒澤卽滎澤，《尚書・禹貢》所謂『滎波既豬』者是也。自東漢以來，已塞為平地，然當地人仍稱其為滎澤，其地當在河南省滎澤廢縣之南，今滎陽縣之東。參胡渭《禹貢錐指》。」（《左傳注》，頁736）自衛都朝歌被狄人侵占後，衛國因狄禍而不斷向東遷徙。

⑩　幽（懿／哀）侯滅𡉈（焉）

　　整理者：被狄攻滅的衛侯，《左傳》稱「衛懿公」，《論衡・儒增》稱「衛哀公」，簡文則作「幽侯」，諡法互異。（頁145，注10）

　　華東讀書小組：幽侯，傳世文獻多作「懿公」，整理者引《論衡》作「哀侯」（引按：實為「哀公」），謂「諡法各異」。「幽」蓋誤字，涉上文「周幽王」而誤。（《書後（二）》）

　　建洲按：「幽」，影紐幽部，三等開口；「懿」，影紐脂部，三等開口；「哀」，影紐微部，一等開口。幽部與脂部、微部古音有密切的關係，學者多已指出不論是傳世典籍和出土資料，都充分證明了上古漢語中幽覺與微物文（脂質真）之間存在相當常見的音轉現象。參見何琳儀：《幽脂通轉舉例》，《古漢語研究》第一輯，頁348-372，中華書局1996年；史傑鵬：《由郭店《老子》的幾條簡文談幽、物相通現象暨相關問題》，《簡帛》第5輯，上海古籍出版社2010年；拙文〈《清華大學藏戰國竹簡（貳）・繫年》考釋四則〉第四則，見本書【附錄三】。總之，從聲音來看，「幽」確實與「懿」、「哀」相近，符合通假的條件。但是簡文稱「侯」與文獻稱「公」又有不同。王

國維曾有〈古諸侯稱王說〉認為：「古時天澤之分未嚴，諸侯在其國自有稱王之俗，即徐楚吳越之稱王者，亦沿周初舊習，不得盡以僭竊目之。」（《觀堂集林·觀堂別集》卷二，頁1152）。郭沫若《金文叢考·金文所無考》採納王氏的意見，又謂「古公侯伯子無定稱。」（頁40）楊樹達也撰有〈古爵名無定稱說〉，認為「實則公侯伯子互稱者固數見不鮮也。」（《積微居小學述林全編》，頁386-396）。近年李峰先生撰有〈論「五等爵」稱的起源〉一文有更深入地闡述。「公」、「侯」爵稱確實可以互稱，比如《集成》00648魯侯熙鬲的「魯侯熙」為「魯煬公」的自稱（參陳夢家《西周銅器斷代》，頁92）。《左傳》所提到的「紀甗」，古本《竹書紀年》稱「紀公之甗」、《公羊傳》、《穀梁傳》作「紀侯之甗」。《繫年》十四章簡72既稱「齊𤔲（頃）公」，又稱「齊侯」。二十二章中的「齊侯貣」，即「齊康公貸」；「魯侯侃」即「魯穆公」。在《春秋》中，衛國國君常被稱為「衛侯」，所以簡文稱「懿公」為「幽侯」也屬合理的範疇。不過，據〈衛康叔世家〉，康叔以後曰康伯、曰考伯，曰嗣伯，曰㜏伯，曰靖伯，曰貞伯。貞伯以下則曰「某侯」，即**衛頃侯、衛釐侯**。以下除短暫即位的「衛共伯」外，皆曰「某公」，即「衛武公」及以下衛國君主（參陳槃：《春秋大事表列國爵姓及存滅表譔異（三訂本）》上冊，頁60）。直到衛國末年國勢衰落時，衛成侯「十六年，衛更**貶號曰侯。**」其子衛嗣君五年「**更貶號曰君**，獨有濮陽。」《資治通鑑》卷二：「周顯王二十三年。**衛更貶號曰侯**，服屬三晉。」胡三省注曰：「周成王封康叔為**衛侯**，其後世進爵為公；**今寖以弱小，貶號曰侯**。貶，悲檢翻。」衛成侯自貶為「侯」的情況與簡文稱「懿公」為「幽侯」不同，後者屬於《繫年》作者認知的公、侯爵稱互稱的情況，如本章「幽侯（懿公）」底下的衛國君主仍稱「公」，如「戴公」、「文公」、「成公」，而二十二章仍有「衛**侯**虔」之稱。所以我們將簡文釋寫作「**幽（懿/哀）侯**」。又按：後來看到朱曉海先生認為「參照《左傳》，卷二二〈宣公十年〉，頁382：『改葬（鄭）幽公，諡之曰靈』，則『懿』未嘗不可能乃後來的改諡。」（〈清華簡所謂《繫

年》的書籍性質〉，頁 428 注 55）。此亦可備一說。

⑪　翟（狄）述（遂）居衛_（衛，衛）人乃東涉河，禺（遷）于曹

　　整理者：衛遷於曹，事見《左傳》閔公二年。曹，或「漕」，在今河南滑縣西南。《詩・鄘風・載馳》序：「衛懿公為狄人所滅，國人分散，露於漕邑。」（頁 145，注 11）

　　華東讀書小組：《左傳・閔公二年》：「……及敗，宋桓公逆諸河，宵濟，……立戴公以廬于曹。」可知「曹」為一濱河地名。整理者謂即《詩經・載馳》序之「漕」，按，《詩經・邶風・擊鼓》有「土國城漕」一句，「漕」蓋亦此地。（〈書後（二）〉）

　　雯雯按：曹，楊伯峻先生云：「曹，衛邑，當即今河南省滑縣西南之白馬故城。」（《左傳注》，頁 267）此次赤狄侵衛，實滅亡衛國，迫使衛國遺民東遷於曹，後封於楚丘，然《繫年》記事較簡：

《繫年》簡文	《左傳》閔公二年《左傳》僖公二年	《史記・齊太公世家》《史記・衛康叔世家》	備註
	文公為衛之多患也，先適齊。		《左傳》先言文公適齊，楊伯峻先生以為「多患」者乃「〈衛世家〉云：『懿公即位好鶴，淫樂奢侈。』又云：『懿公之立也，百姓大臣皆不服。』」知文公在懿公身亡前已至齊，故下句「宋

			桓公逆諸河」，楊氏云：「或以為迎文公，文公已至齊，由齊至宋，不涉河，故知其有誤。」（《左傳注》，頁266）
翟（狄）遂居衞=（衞，衞人乃東涉河，	及敗，宋桓公逆諸河，宵濟。衞之遺民男女七百有三十人，益之以共、滕之民為五千人。		懿公兵敗，衞人餘眾向東涉過黃河。《左傳》所記較詳，記敘衞人夜渡於河，且衞國竟只餘五千人的慘況。
遷于曹，[焉]立戴公申，	立戴公以廬於曹。		「廬」，同「旅」，寄居。曹邑當為衞國臨時的國都，真正安頓衞國則在僖公二年「諸侯城楚丘而封衞焉。」
公子啓方奔齊。			《繫年》「公子啓方奔齊」接在「[焉]立戴公申」，似言公子啓方在渡河後奔齊，與《左傳》有異。
	許穆夫人賦〈載馳〉。齊侯使公子無		衞國多淫事，衞宣公取子婦宣姜，生子

	虧帥車三百乘、甲士三千人以戍曹。歸公乘馬，祭服五稱，牛、羊、豕、雞、狗皆三百與門材。歸夫人魚軒，重錦三十兩。		壽、惠公，而齊人又使昭伯頑烝於宣姜，生齊子、戴公、文公、宋桓夫人、許穆夫人。公孫無虧即公子武孟，其母即此齊子。
戴公卒，		戴公申元年卒。	
齊桓公會諸侯以城楚丘，□公子啟方焉，是文公。	僖公二年《經》：「二年春王正月，城楚丘。」僖公二年《傳》：「二年春，諸侯城楚丘而封衛焉。不書所會，後也。」	（齊桓公）二十八年，衛文公有狄亂，告急於齊。齊帥諸侯城楚丘，而立衛君。（〈齊世家〉）齊桓公以衛數亂，乃率諸侯伐翟，為衛築楚丘，立戴公弟燬為衛君，是為文公。（〈衛世家〉）	「城楚丘」者，此時衛尚盧於曹，乃先城而後徙。杜《注》：「不言城衛，衛未遷。」（《左傳正義》，頁369）至僖公二年封衛，封者，杜《注》：「君死國滅，故傳言封。」《正義》：「封者，聚土之名也。天子之建諸侯，必分之土地，立其疆界，聚土為封以記之，故建國謂之封國。衛是舊國，今云封者，以其君死

			國滅，更封建之，故云封。」（《左傳正義》，頁 370）據《繫年》可知公子啟方卽文公燬，其立在在齊桓公城楚丘之後。
		文公以亂故犇齊，齊人入之。初，翟殺懿公也，衛人憐之，思復立宣公前死太子伋之後，伋子又死，而代伋死者子壽又無子。太子伋同母弟二人：其一曰黔牟，黔牟嘗代惠公為君，八年復去；其二曰昭伯。昭伯、黔牟皆已前死，故立昭伯子申為戴公。戴公卒，復立其弟燬為文公。	《史記》「初，翟殺懿公也，衛人憐之，思復立宣公前死太子伋之後」，《考證》云：「此一節重複乖離，非史筆之至者。」（《會注考證》，總頁 603）此後又續言何以立戴公申，而申卒，復立弟燬。《史記》「文公以亂故犇齊，齊人入之」二句，難以判斷文公奔齊究竟是在狄人侵衛前或後。

（參見《左傳注》，頁 266-267、頁 281；《會注考證》，總頁 554、總頁 603）

⑫ ﹝𡥝（焉）﹞立懿（戴）公申

整理者：「悳」、「戴」同紐，職、之對轉。《衛世家》云戴公名申，與簡文合。（頁145，注12）

雯雯按：《左傳》作「立戴公以廬於曹。」楊伯峻先生云：「據《詩》與《左傳》及毛、鄭、服、杜注與孔氏《正義》，可推知戴公實以閔二年十二月立，立而旋卒，文公繼立，踰年改元，當魯僖公之元年。」（《左傳注》，頁267）故《左傳》以戴公立在衛懿公九年（660B.C.），隔年魯僖公元年則為衛公燬元年，蓋因其即位即死。《史記・十二諸侯年表》之說同，云：「翟伐我，公好鶴，士不戰，滅我國。國怨惠公亂，滅其後，更立黔牟弟（引按：《考證》云：「戴公，黔牟弟之子，弟下當補子申二字。」），衛戴公元年。」（《會注考證》，總頁251-215）戴公申，其父為宣公子昭伯頑，母為宣公夫人宣姜。《漢書古今人表》以戴公為黔牟弟子，楊氏云：「據《傳》及《史記》，戴公為昭伯子，無復可疑。」（《左傳注》，頁267）

建洲按：「悳」讀為「戴」可以補充一個通假例證，《郭店・尊德義》28-29「悳（德）之流，速啻（乎）🔲（楷－置）虱（郵）而連（傳）命。」「楷」的聲符「啬」可以讀為「戴」，這是大家熟知的，（參看沈培：〈試釋戰國時代從「之」從「首（或從頁）」之字〉，簡帛網，2007年7月17日。亦見臺灣大學中國文學系主編：《2007中國簡帛學國際論壇論文集》，頁112-121，臺灣大學中國文學系，2011年12月）可見「戴」與「置」可以通假。而「置」與「德」同從「直」聲，故「悳」亦可讀為「戴」。

⑬ **公子啓方奔齊**

整理者：公子啟方即《管子・大匡》等所見之公子開方，齊桓公臣，詳見梁玉繩《古今人表考》卷七。（頁145，注12）

華東讀書小組：簡文以公子啟方此時奔齊，《左傳・閔公二年》：「文公為衛之多患也，先適齊。」謂在衛滅前已適齊，說與此不同。（〈書後（二）〉）

清華讀書會：《左傳》衛文公名燬。李學勤先生整理時已經指出公子啟方見《管子》，如「今夫衛公子開方，去其千乘之太子而臣事君，是所願也得於君者是將欲過其千乘也。君必去之。」（〈研讀箚記（一）〉）

子居：關於衛文公（公子啟方），整理者言：「即《管子‧大匡》等所見之公子開方，齊桓公臣，詳見梁玉繩《古今人表考》卷七。」所言甚確。此前，衛桓公完即位時不大於十九歲，桓公完之弟宣公晉即位時則不大於三十五歲。以是，衛宣公烝于夷姜不會早于其成年、其父莊公死後，故太子伋（急子）被殺時不會大於三十二歲。夷姜既然已是衛宣公夫人，則可知娶宣姜于齊只會是衛宣公中晚期之事，也就是說是在太子伋二十歲成年之後。宣姜既然是衛宣公本計畫為太子伋（急子）所娶，自然年齡當小於太子伋。衛文公之父昭伯頑是衛宣公幼子，那麼，衛惠公即位時，昭伯頑當不大於三十歲，宣姜的年齡正與之仿佛。由以上分析就不難推知，當衛文公奔齊時，宣姜若在世的話很可能不到七十歲。

《左傳‧閔公二年》載：「文公為衛之多患也，先適齊」大致相當於赤狄伐衛之前不久或者就是在赤狄伐衛之時，因此赤狄伐衛時，公子啟方（衛文公）並不在衛國，此點與《繫年》所記「公子啟方奔齊」合。在赤狄殺衛懿公之後，衛人涉河遷曹，立戴公，戴公于元年卒，據《管子‧大匡》所記：「明年，狄人伐衛，衛君出，致於虛。」則戴公之卒可能仍是因為赤狄伐衛的緣故。據《繫年》所記「戴公卒，齊桓公會諸侯以城楚丘，歸公子啟方焉，是文公。」這一點與《左傳‧僖公二年》：「春，諸侯城楚丘而封衛焉。」及《史記‧齊太公世家》：「二十八年，衛文公有狄亂，告急于齊。齊率諸侯城楚丘而立衛君。」相合，說明衛文公元年當是于魯僖公二年。這意味著《史記‧衛康叔世家》所記衛文公卒於二十五年不確，當是二十四年，且衛文公十六年齊桓公卒，十七年晉公子重耳過衛，《史記‧衛康叔世家》則錯記為衛文公十六年重耳過衛，十七年齊桓公卒。

由衛文公元年實為魯僖公二年這一點可知，管仲卒年是衛文公十四年，

因此《管子・小稱》所說的「十五年」必是自赤狄伐衛、衛文公奔齊時計，若衛文公之父昭伯頑是死于赤狄伐衛之役，那麼顯然與《史記・衛康叔世家》所說「昭伯、黔牟皆已前死，故立昭伯子申為戴公。」也並無矛盾。也就是說，在公子啟方（衛文公）奔齊至管仲病故的這十五年中，其母可能仍在世，且若昭伯頑是死于赤狄伐衛、衛遷于曹的過程中，那麼自然也是可以包括在這十五年之中的。因此可見，《史記・齊太公世家》所記：「公曰：『開方如何？』對曰：『倍親以適君，非人情，難近。』」及《管子・小稱》所記：『公子開方事公十五年，不歸視其親，齊衛之間，不容數日之行。人情非不愛其親也，於親之不愛，將何有於公？』相當可能有史實背景。（〈1～4章解析〉）

雯雯按：公子啟方出現在《管子》、《呂氏春秋》、《韓非子》及《史記・齊太公世家》中：

篇名	本文	備註
《管子・大匡》	明年，狄人伐衛，衛君出，致於虛。桓公且封之，隰朋賓胥無諫曰：「不可，三國所以亡絕者以小。今君衛封亡國，國盡若何？」桓公問管仲曰：「奚若？」管仲曰：「君有行之名，安得有其實。君其行也。」公又問鮑叔，鮑叔曰：「君行夷吾之言。」桓公築楚丘以封之，予車三百乘，甲五千。既以封衛，明年桓公問管仲將何行……管仲曰：「隰朋聰明捷給，可令為東國，賓胥無堅強以良，可以為西土。衛國之教，危傅以利。**公子開方之為人也，慧以給，不能久而**	〈大匡〉記載桓公五年宋人伐杞、六年狄人伐邢、七年伐衛之事，當此事已成，桓公又問管仲該行何事，管仲舉事中有「游公子開方於衛」。然封衛時間與《左傳》、《史記》不相

	樂始,可游於衛。……君曰:「諾。」乃游公子開方於衛,游季友於魯,游蒙孫於楚。	符。
《管子・小匡》	公曰:「柰何?」對曰:「公子舉為人博聞而知禮,好學而辭遜,請使游於魯,以結交焉。公子開方為人巧轉而兌利,請使游於衛,以結交焉。曹孫宿其為人也,小廉而苛伏,足恭而辭結,正荊之則也。請使往游,以結交焉。」	其事與〈大匡〉同。
《管子・小稱》	管仲攝衣冠起對曰:「臣願君之遠易牙、豎刁、堂巫、公子開方……公子開方事公十五年,不歸視其親,齊衛之間,不容數日之行……逐公子開方,而朝不治。……婦人對曰:易牙、豎刁、堂巫、公子開方四人分齊國,塗十日不通矣,公子開方以書社七百下衛矣。	記敘管仲告誡齊桓公當遠離公子開方,及桓公死後公子開方與易牙、豎刁、堂巫四人作亂,而公子開方以書社七百下衛。
《管子・戒》	管子又言曰:「西郭有狗喔喔,旦暮欲齧我,猴而不使也,今夫衛公子開方,去其千乘之太子,而臣事君,是所願也得於君者,將欲過其千乘也,君必去之。」桓公曰:「諾。」管子遂卒。卒十月,隰朋亦卒。桓公去易牙豎刁衛公子開方。五味不至,於是乎復反易牙。宮中亂,復反豎刁。利言卑辭不在側,	事與〈小稱〉同。

	復反衛公子開方。桓公內不量力，外不量交，而力伐四鄰。公薨，六子皆求立，易牙與衛公子，內與豎刁，因共殺群吏而立公子無虧，故公死七日不斂，九月不葬	
《韓非子・十過》	曰：「然則衛公子開方何如？」管仲曰：「不可。齊、衛之間不過十日之行，開方為事君，欲適君之故，十五年不歸見其父母，此非人情也，其父母之不親也，又能親君乎？」……管仲死，君遂不用隰朋而與豎刁。刁菹事三年，桓公南遊堂阜，豎刁率易牙、衛公子開方及大臣為亂。	事與〈小稱〉、〈戒〉同。
《呂氏春秋・先識覽・知接》	管仲對曰：「願君之遠易牙、豎刀、常之巫、衛公子啟方。」……公又曰：「衛公子啟方事寡人十五年矣，其父死而不敢歸哭，猶尚可疑邪？」管仲對曰：「人之情，非不愛其父也，其父之忍，又將何有於君？」公曰：「諾。」管仲死，盡逐之，食不甘，宮不治，苛病起，朝不肅。居三年，公曰：「仲父不亦過乎？孰謂仲父盡之乎？」於是皆復召而反。明年，公有病，常之巫從中出曰：「公將以某日薨。」易牙、豎刀、常之巫相與作亂，塞宮門，築高牆，不通人，矯	事與〈小稱〉、〈戒〉同、〈十過〉同。然公子開方似乎只有「衛公子啟方以書社四十下衛。」而未參與易牙、豎刀、常之巫相之亂。

	以公令。……婦人對曰:「常之巫從中出曰:『公將以某日薨。』易牙、豎刀、常之巫相與作亂,塞宮門,築高牆,不通人,故無所得。**衛公子啟方以書社四十下衛。**」	
《史記・齊太公世家》	四十一年,秦穆公虜晉惠公,復歸之。是歲,管仲、隰朋皆卒。管仲病,桓公問曰:「群臣誰可相者?」管仲曰:「知臣莫如君。」公曰:「易牙如何?」對曰:「殺子以適君,非人情,不可。」**公曰:「開方如何?」對曰:「倍親以適君,非人情,難近。」**公曰:「豎刀如何?」對曰:「自宮以適君,非人情,難親。」管仲死,而桓公不用管仲言,卒近用三子,三子專權。……孝公弟潘,因**衛公子開方**;殺孝公而立潘。	史公並未將常之巫列入桓公寵臣。〈十二諸侯年表〉云:「孝公薨,弟潘因衛公子開方,殺孝公子,立潘。」據〈年表〉此時已是衛成公二年,文公已死,不知是否為前事。

(參見:黎翔鳳撰,梁運華整理:《管子校注》,北京:中華書局,2004年6月,〈大匡〉,頁360-361;〈小匡〉,頁446;〈小稱〉,頁608-609;〈戒〉,頁522-527。〔戰國〕韓非著,陳奇猷校注《韓非子新校注》,上海:上海古籍出版社,2000年10月,頁229。許維遹撰:《呂氏春秋集釋》,北京:中華書局,2009年9月,頁406-407。《會注考證》,總頁556-557)

〈大匡〉、〈小匡〉所敘為對衛公子開方的評價:「公子開方之為人也,慧以給,不能久而樂始,可游於衛。」、「公子開方為人巧轉而兌利,請使游於衛,以結交焉。」〈小稱〉、〈戒〉、〈十過〉、〈知接〉、〈齊世家〉敘述衛

公子開方侍奉齊桓公而親死不歸，並在齊桓公死後與豎刁、易牙等為亂。
子居先生由齊桓公自言與管仲所述認為衛開方侍奉齊桓公十五年，這十五
年指「奔齊至管仲病故」這段時間，並認為公子開方背親不回「相當可能
有史實背景。」然而《繫年》記載「翟遂居衛，衛人乃東涉河，遷于曹，[焉]
立戴公申，公子啓方奔齊。戴公卒，齊桓公會諸侯以城楚丘，□【二○】
公子啓方焉，是文公。」齊城楚丘後又立文公，此時文公身為衛國國君，
豈能長久侍奉在齊桓公身邊；同時齊桓公因為「朝不治」、無「利言卑辭不
在側」而將衛公子開方召回，並在齊桓公死後與易牙、豎刁等專權作亂的
記載恐亦有問題。故陶金先生認為：

> 衛文公的父親是衛宣公與夷姜第三子昭伯頑，母親則是衛宣公之妻，
> 昭伯頑的後母宣姜。《左傳》言昭伯烝宣姜於衛惠公（衛宣公與宣姜
> 所生之子朔）即位之初，生三女二男，衛惠公在位三十一年，其子
> 衛懿公亦在位九年，為狄人所滅，前後跨度整整四十年。衛戴公申
> （衛文公之兄）立於漕邑，此時昭伯頑已經去世。宣姜約於衛宣公
> 即位之初嫁到衛國，為衛宣公霸佔，生壽與朔。假設其在衛宣公元
> 年為十四歲，到了衛戴公繼位之時，起碼也是七十三歲高齡，但春
> 秋時期的人很難活到這個歲數，宣姜應該在更早的時候就已去世。
> 也就是說公子啓方投奔齊國之時，昭伯頑與宣姜應該都已去世，不
> 存在他為侍奉齊桓公，以至於父母死去不聞不問的可能性。（〈談衛
> 文公事跡〉，「復旦網」，2012 年 12 月 27 日）

公子啓方投奔齊國確有其事，然而可能待的時間並不長，陶氏云：「《呂氏
春秋・先識・知接》、《管子・小稱》、《韓非子・十過》均言公子開方（啓
方）侍奉齊桓公十五年。管仲去世的時間據《史記・齊太公世家》為齊桓
公四十一年，而齊桓公死於兩年後。此年為衛文公十七年，那麼管仲去世

之時，恰好是衛文公十五年。衛文公在成為國君之前確實投奔齊國，**但僅僅待了幾個月就被齊桓公立為衛君，並在楚丘（今河南省滑縣東）建都。」**而會演變為衛公子開方作亂，則是對史事不斷的衍生與增添而來，「雖然《管子》、《呂氏春秋》、《韓非子》、《史記》都提及公子啓方（開方）參與作亂，但《左傳》與《大戴禮記・保傳》、上博楚簡《鮑叔牙與隰朋之諫》均未提到。從資料的時間級別來看，前者肯定比不過後者。」且「《史記》雖然採用了管仲指責公子開方的說法，但同時化用了《左傳》的文字，也沒有提到公子開方參與齊桓公諸子之亂。」所以：

> 齊桓公由於寵信奸佞，最終導致動亂，其奸佞之人從最初的雍巫易牙、寺人貂兩人，添加衛公子開方變成三人，《管子》、《呂氏春秋》又將雍巫與易牙剝離開，以巫為闡發，又附會以常之巫或棠巫，變成四人，層累造史，距離史實越來越遠。（〈談衛文公事跡〉，「復旦網」，2012 年 12 月 27 日）

所以〈戒〉篇云：「今夫衛公子開方，去其千乘之太子，而臣事君，是所願也得於君者，將欲過其千乘也，君必去之。」與〈知接〉「衛公子啟方以書社四十下衛。」之說都頗為可疑，在當時齊國為霸主，衛文公服從齊國自是不待言，陶氏說「《管子・戒》言『今夫衛公子開方，去其千乘之太子而臣事君，是所願也得於君者是將欲過其千乘也。』但是《左傳》說得很明白，衛文公繼位之初僅有革車三十乘，到了其去世的時候革車數量大幅度增加，也不過三百乘，遠遠達不到千乘的級別。《管子・戒》中的說法顯然是誇大其詞。」另一方面，衛文公亦是昭伯與宣姜之子，既非嫡子，亦非宣公庶子，本身並無繼承的資格，又如何「去其千乘之太子，而臣事君」，同時衛文公繼位已久，早已是國君，又與「太子」之身分不符，故〈戒〉篇之言可疑。又「衛公子啟方以書社四十下衛」者，陶氏提出質疑：

《周禮・地官・遂人》有「五家為鄰，五鄰為里。」《說文解字・社》引《周禮》作「二十五家為社，各樹其土所宜之木。」後世注釋家認為「古者二十五家為里，里則各立社，則書社者，書其社之人名於籍。」假設二十五家為一書社成立，那麼四十書社就是一千家，假設每家五人計，約為五千人。而衛懿公被狄人滅之後，衛戴公、衛文公領導下的衛國遺民有五千多人。由此可見《呂氏春秋・先識》中的「書社四十」實際上是來源於衛國五千遺民的說法，但是這距離齊桓公去世相隔了十七年。《管子・小稱》中所謂「書社七百」更是誇張至極。(〈談衛文公事跡〉，「復旦網」，2012 年 12 月 27 日)

依此說，則又不存在衛文公在齊侍奉齊桓公之事。

⑭ 瞆（戴）公卒（卒）

整理者：「瞆」字從戠聲，章母職部，與端母的「戴」通假。(頁 145，注 14)

周忠兵：曾姬無卹壺中的「」字釋為「戴」。新出清華二簡 20 中「戴」字有作「」者，亦从「戠」从「首」。由此可知，曾姬無卹壺中的「」釋為「戴」可信。(〈說古文字中的「戴」字及相關問題〉，復旦網，2012 年 1 月 3 日)

⑮ 齊趄（桓）公會者（諸）侯以成（城）楚丘

整理者：城楚丘，見《春秋》僖公二年經傳。楚丘，在今河南滑縣東。(頁 145，注 15)

⑯　□公子啓方女（焉），是文=公=（文公

（一）□（）

何有祖：「楚丘」後一字，原釋文未釋，字從彳從韋尚可辨識，與簡 21 的「衛」當爲一字。

（衛，簡 21）

文句斷作「齊桓公會諸侯以城楚丘，衛公子啓方焉是文公，文公即世。」（〈讀《清華大學藏戰國竹簡（貳）》札記〉，簡帛網，2011 年 12 月 20 日）

鵬宇：簡 20-21「戴公卒，齊桓公會諸侯以城楚丘，□公子啓方焉，是文公⋯⋯」

簡 20 最末殘字整理者缺釋，從圖版看可能是「居」字，左邊的「尸」旁尤爲明顯。試與簡 100「居」字對比：

（簡 20 殘字）（簡 100「居」）

簡 100-101 說：「許人亂，許公㐌出奔晉，晉人羅，城汝陽，居許公㐌於容城。」與此「齊桓公會諸侯以城楚丘，居公子啓方焉」文例很近。（〈討論記錄〉，「復旦網」，2011 年 12 月 23 日）

華東讀書小組：簡文此字模糊不清，似可補爲「立」字。（〈書後（二）〉）

小狐：第四章第 20-21 簡：戴公卒，齊桓公會諸侯以城楚丘，□【20】公子啓方焉，是文公。按：最後一字模糊不清，原圖版作「」，原整理者以「□」代之。與第 29 簡的「歸」字形「」相比較，兩者筆劃較爲接近，故此字有可能是「歸」字。「歸公子啓方焉，是文公」，上句言公子啓方「奔齊」，這句說「歸」，從文義上看也很合適。（〈讀《繫年》臆札〉，「復旦網」，

2012 年 1 月 3 日）

雯雯按：![字]，因其字版模糊，故整理者未釋，何有祖先生認為是「衛」字，鵬宇先生認為是「居」字，小狐先生認為是「歸」字，而華東讀書小組認為似可補為「立」字，然《繫年》「立」字作![字]（簡 20），補為「立」字之說難以成立。此處意見從整理者闕而不釋。

（二）公子啓方

整理者：《左傳》即《衛世家》云衛文公為戴公弟燬，簡文云為啟方，彼此不同。《詩・鄘風・定中之方》序：「衛為狄所滅，東徙渡河，野處漕邑。齊桓公攘戎狄而封之。文公徙居楚丘，始建城市而營宮室，得其時制，百姓說之，國家殷富焉。」（頁 145-146，注 16）

何有祖：傳世文獻說衛文公原名「辟疆」，出于避諱的需要而更名作「燬」。這一說法，見于下列記載：

《史記・衛康叔世家》：「立戴公弟燬爲衛君，是爲文公。」《集解》引《賈誼書》曰：衛侯朝于周，周行人問其名，答曰衛侯辟疆，周行人還之，曰啓疆辟疆，天子之號，諸侯弗得用。衛侯更其名曰燬，然後受之。」《正義》燬音毀。

《漢書・文帝紀》「辟彊」顏師古注曰：「辟彊，言辟禦彊梁者，亦猶辟兵辟非耳。辟音必亦反。彊音其良反。一說辟讀曰闢，彊讀曰疆。闢疆，言開土地也。《賈誼書》曰：『衛侯朝于周，周行人問其名，衛侯曰辟彊。行人還之曰：「啓彊、辟彊，天子之號也，諸侯弗得用。」更其名曰燬。』則其義兩說并通。他皆類此。」

啓方，與傳世文獻所見「辟疆」、「啓疆」義同，皆有開疆辟土之義。清華簡作啓方，當是未作避諱處理前之名，與傳世文獻中的燬爲一人。（〈讀

《清華大學藏戰國竹簡（貳）》札記〉，簡帛網，2011 年 12 月 20 日）

陶金：《賈誼新書・審微》言衛文公本名辟彊（一作辟疆，彊亦可寫作強，疆彊強古通），由於周天子的行人提出「啓彊辟彊（啓強辟強）」是天子之號，諸侯不能使用，所以衛文公改名為燬。《史記集解》與《漢書・文帝紀》顏師古注並引為《賈誼書》，文字略有出入。

何有祖先生指出：「啓方，與傳世文獻所見『辟彊』、『啓彊』義同，皆有開疆辟土之義。清華簡作啓方，當是未作避諱處理前之名，與傳世文獻中的燬為一人。」

但截至衛文公時代的周天子，並無名「啓彊辟彊」者，倒是周孝王名辟方，而《繫年》載衛文公初名啓方。清華簡《祭公之顧命》有：「皇啓方邦」，今本《逸周書・祭公》作「大開方封於下土」，從這個意義上說，「啓方」與「啓彊辟彊」含義相近。《賈誼新書》已是西漢作品，內容多少有點訛傳可以理解。

周孝王本屬於違背嫡長子制而登上王位，但周王室仍將之列入正統。周宣王時期的《逨盤》列舉了自文王至剌王（厲王）的西周歷代君主諡號，其中有「考王」，即「孝王」，但沒有將共伯和計入，可見同樣是非正常程序獲取周王之位，周孝王獲得了認可，而共伯和沒有獲得認可。既然周王室承認周孝王為天子，在這種情況下，要求衛文公避諱就可以理解了。

實際上同時代名「啓方」的姬姓諸侯還有一人，那就是魯閔公。馬王堆帛書《春秋事語》、杜預《世族譜》俱作「啓方」，《春秋穀梁傳疏》、《史記・魯世家索隱》作「啓」。魯閔公在位僅兩年即被殺，無緣朝見周天子，所以避諱之事也就無從談起。雖然魯閔公生前沒有涉及到避諱之事，但是部分史家可能還是會在意這個問題，史書中時而簡稱為「啓」可能就是史家所做技術處理。

衛文公新名之燬，蓋取自《詩經・周南・汝墳》的「王室如燬。」《爾雅・釋言》：「燬，火也。」言王室如火如焚，後世多用此句形容國家傾頹。

衛文公使用此名，表其作為王室後裔，應知王室疾苦，為王室分憂。(〈談衛文公事跡〉,「復旦網」,2012 年 12 月 27 日)

雯雯按：文公(在位二十五年,659-641B.C.),在舉國艱難中繼位,《史記》云：「文公初立,輕賦平罪,身自勞,與百姓同苦,以收衛民。」(《會注考證》,總頁 603)〈閔公二年〉：「衛文公大布之衣,大帛之冠,務材訓農,通商惠工,敬教勸學,授方任能。元年革車三十乘,季年乃三百乘。」(《春秋左傳注》,頁 393)文公卽位之初,能減輕賦稅與慎用刑罰,穿粗布之衣,戴粗帛之冠,能與百姓同勞苦,故能收攬衛國的民心,又能大力發展國內經濟、施行教化、舉用賢能,故能以齊桓公所贈革車三十輛,到執政末年時已發展到三百輛。

衛文公十六年時,晉文公(尚未卽位)過衛,衛文公不禮以待之,十七年齊桓公卒,十八年狄人又侵衛,「冬,邢人、狄人伐衛,圍菟圃。衛侯以國讓父兄子弟。及朝眾曰：『苟能治之,燬請從焉。』眾不可,而從師于訾婁,狄師還。」此處已名「燬」,楊伯峻先生引《賈誼新書・審微》之語,言：「如此說可信,則衛文初名辟疆,燬乃其更名。」(《春秋左傳注》,頁 378)十九年伐邢,以報菟圃之役；二十年秋,齊人與狄盟于邢,乃「為邢謀衛難。於是衛方病邢。」而二十一年狄又侵衛,此蓋為邢而來。(《春秋左傳注》,頁 387)

二十二年與宋襄公、許男、滕子伐鄭。鄭國自齊桓公死後,卽服事楚國,此時為楚成王三十四年,今年三月鄭文公仍朝楚,故「宋之伐鄭,卽與楚爭矣。」(《左傳注》,頁 393)故楚人伐宋以救鄭,救鄭後楚成王接受鄭國宴饗,饗畢,「夜出,文芈(引按：鄭文公夫人)送于軍。取鄭二姬以歸。叔詹曰：『楚王其不沒乎！為禮卒於無別。無別不可謂禮。將何以沒？』諸侯是以知其不遂霸也。」未入宴饗前,鄭文夫人芈氏與姜氏慰勞楚成王於鄭地柯澤,並且向二女展示俘馘,後文芈送至軍及取鄭二女之事,皆非禮也,故叔詹以為楚國不能完成霸業,而後果於僖公二十八年楚為晉敗於

城濮，其北進爭霸受到挫折。（《左傳注》，頁 396-400）

二十五年《經》云：「春王正月，丙午。衛侯燬滅邢。夏四月癸酉，衛侯燬卒。」知其滅邢後不久而卒。（《左傳注》，頁 429-430）卒後子成公鄭立。

（三）焉

何有祖：焉的用法參看簡 8「邦君諸侯焉始不朝于周」、簡 9、10「晋人焉始啓于京師」。（〈讀《清華大學藏戰國竹簡（貳）》札記〉）

（四）文公

建洲按：簡文云「齊趄（桓）公會者（諸）侯以成（城）楚丘，囗【二〇】公子啓方㞋（焉），是文公。」似乎是說衛文公之立在齊桓公城楚丘之後。不過，根據「⑫[㞋（焉）]立惪（戴）公申」所引楊伯峻先生的說法，以及《史記・十二諸侯年表》、《史記・衛康叔世家》云：「戴公申元年卒。」可知衛文公元年當即魯僖公元年，前六五九年，當時衛國在「曹」地。而《左傳》僖公二年云：「二年春，諸侯城楚丘而**封衛**焉。」孔疏云：「衛是舊國，今云封者，以其君死國滅，更封建之，故云封地。」《史記・衛康叔世家》：「齊桓公以衛數亂，乃率諸侯伐翟，為衛築楚丘，**立戴公弟燬為衛君**，是為文公。」《史記・齊太公世家》：「（齊桓公）二十八年，衛文公有狄亂，告急於齊。齊帥諸侯城楚丘，而**立衛君**。」可見衛文公即位的第二年（前 658 年），因「曹」地多戰亂，故齊國在「楚丘」築城而把衛國重新封在這裡，並不是說齊桓公城楚丘之後是衛文公元年，《繫年》此處記載恐有誤。

⑰ 文公即殜（世），成公即立（位）

雯雯按：成公，名鄭，文公之子，在位三十五年（640-606B.C.）。文公逝世之年十二月與魯盟於洮，「修衛文公之好，且及莒平。」其事為二，卽與魯僖公修衛文公之好，並且調停魯與莒國之怨而使之相盟。（《左傳注》，頁436）故其卽位元年（僖公二十六年），齊孝公伐魯北鄙，因洮盟，所以衛人伐齊救魯。（《左傳注》，頁438）此年宋國叛楚卽晉。（《左傳注》，頁441）而衛成公則與楚結姻親。成公二年（僖公二十七年），楚成王與諸侯圍宋，宋公孫固如晉告急，晉文公與大臣商量，狐偃卽曰：「楚始得曹，而新昏於衛，若伐曹、衛，楚必救之，則齊宋免矣。」（《左傳注》，頁445）可知衛國與楚國勢力親近。

僖公二十八年春，《春秋》經云：「晉侯侵曹，晉侯伐衛。」（《左傳注》，頁450）《傳》云：「春，晉侯將伐曹，假道於衛。衛人弗許，還，自南河濟，侵曹、伐衛。正月戊申，取五鹿。」（《左傳注》，頁451）晉文公想討伐曹國，而向衛國借道，但衛國不許，最後引來晉國的征伐。二月時晉侯、齊侯盟于斂盂，「衛侯請盟，晉人弗許。衛侯欲與楚，國人不欲，故出其君，以說於晉。衛侯出居於襄牛。」「斂盂」，衛地，在今河南省濮陽縣東南，晉國與齊侯盟于衛地，而不許衛國與之盟，成公想要親近楚國，然而國人不許，且出其君以討好晉國。所以成公先出居至襄牛，「襄牛」，衛地，楊伯峻先生云：「出居，未必出其國境，凡籬國都皆可謂出，不必出國始可謂出。恒三年《傳》，芮伯萬出居于魏，魏當時仍在芮之國境內；哀二十年《傳》，吳公子慶忌出居于艾，艾仍在吳邑，皆可鄭。據江永《考實》謂襄牛在今山東省范縣境，魏之東鄙。」（《左傳注》，頁451-452）

《經》又云「夏四月己巳，晉侯、齊師及楚人戰于城濮，楚師敗績。」「衛侯出奔楚。」「五月癸丑，公會晉侯、齊侯、宋公、蔡侯、鄭伯、衛子、莒子，盟於踐土。」「六月，衛侯鄭自楚復歸於衛。衛元咺出奔晉。」、「冬，

公會晉侯、齊侯、宋公、蔡侯、鄭伯、陳子、莒子、邾人、秦人於溫。天王狩於河陽。壬申，公朝於王所。晉人執衛侯歸之於京師。衛元咺自晉復歸於衛。」（《左傳注》，頁 448-450）城濮，衛地。楊伯峻先生注云：「今山東省舊濮縣（一九五六年已併入范縣）南七十里有臨濮城，當即古城濮地。」（《左傳注》，頁 235）晉國在此役「一戰而霸。」（《左傳注》，頁 447）衛成公本先居襄牛，因「聞楚師敗，懼，出奔楚，遂適陳。」而踐土之盟則由大臣元咺奉成公弟叔武參加，叔武受盟，而使成公得以返國。然在返國前成公已聽信讒言，認為元咺立叔武為君，因此殺了跟隨在身邊的元咺之子角，回國後在叔武前來迎接時射殺叔武，而元咺出奔晉國。而晉國招王至溫地會盟，又使衛侯與元咺訟，成公不勝，而「執衛侯，歸之于京，寘諸深室。」元咺則歸於衛，立公子瑕。《史記·十二諸侯年表》即云：「衛成公三年，立公子瑕。」（《會注考證》，頁 255）成公經過兩年才得以歸衛，《春秋》經云：「秋，衛殺其大夫元咺及公子瑕。衛侯鄭歸於衛。」

被拘於京師時，可謂九死一生，「晉侯使醫衍酖衛侯。甯俞貨醫，使薄其酖，不死。公為之請，納玉於王與晉侯，皆十穀，王許之。秋，乃釋衛侯。」晉文公指使醫衍毒死衛成公，是衛國大夫甯俞買通醫衍將減輕毒量，衛成公才逃過一劫。再加上魯僖公替衛成公說請，將十對美玉各獻給周襄王和晉文公，周王於是同意魯公的請求，到了秋季便釋放衛成公。衛成公已得釋放，故謀回衛，故「使賂周歂、冶廑曰：「苟能納我，吾使爾為卿。」（《左傳注》，頁 478）二人既殺元咺及子適、子儀。衛成公自然要實現當時的承諾，所以衛成公到太廟祭祀先君，周歂、冶廑兩人也穿好禮服，打算到太廟接受任命，然而「周歂先入，及門，遇疾而死。冶廑辭卿。」周歂在太廟門口暴病而死，冶廑見此則辭去卿位。（《左傳注》，頁 478-479）成公六年時，狄圍衛，十二月則遷於帝丘，即簡文所云：「翟人或涉河，伐衛于楚丘，衛人自楚丘遷于帝丘。」

成公七年，夏季時，狄人內部發生動亂，衛國趁機侵狄，狄人請求講

和。「秋，衛人及狄盟。」衛國於此與狄人結盟，而此年冬天，一代霸主晉文公辭世。（《左傳注》，頁 489）《左傳・文公元年》記載：「晉文公之季年，諸侯朝晉，衛成公不朝，使孔達侵鄭，伐綿、訾及匡。晉襄公既祥，使告於諸侯而伐衛，及南陽。先且居曰：『效尤，禍也。請君朝王，臣從師。晉侯朝王於溫。』先且居、胥臣伐衛。五月辛酉朔，晉師圍戚。六月戊戌，取之，獲孫昭子。衛人使告於陳。陳共公曰：『更伐之，我辭之。』衛孔達帥師伐晉。」（《左傳注》，頁 512-513）晉在當時已為霸主，然衛國與晉有前怨，當諸侯皆朝晉時，衛成公獨不朝晉，反而使衛大夫孔達攻打鄭國的綿、訾、匡地。晉襄公也在小祥祭過後，通告諸侯要討伐衛國。衛成公派人到陳國求援，而陳公也替他策劃，讓衛成公改伐晉，再由他出面求和。也因此晉國與衛國間的關係，至成公九年才漸漸有改變的契機。

十年「陳侯為衛請成於晉，執孔達以說。」（《左傳注》，頁 522）成公十一年「衛侯如陳，拜晉成也。」（《左傳注》，頁 529）衛國此時應已與晉國和解，故成公十二年，「夏，衛侯如晉拜。」（《左傳注》，頁 533）衛成公十四年晉襄公卒，十五年晉靈公初立，「秋八月，齊侯、宋公、衛侯、鄭伯、許男、曹伯會晉趙盾盟於扈，晉侯立故也。」（《左傳注》，頁 562）衛侯已正式參加會盟。隔年，「春，晉侯使解揚歸匡、戚之田於衛。」晉靈公將匡地、戚邑的田地歸還給衛國。（《左傳注》，頁 565-566）

此後衛國克盡盟國之事，如成公十九年，楚人伐鄭，則「公子遂會晉趙盾、宋華耦、衛孔達、許大夫救鄭。」（《左傳注》，「文公九年」，頁 573）二十二年，「冬十一月，晉侯、宋公、衛侯、蔡侯、鄭伯許男、曹伯盟於扈，尋新城之盟，且謀伐齊也。」（《左傳注》，「文公十四年」，頁 613）二十四年，「春，晉荀林父、衛孔達、陳公孫寧、鄭石楚伐宋。」（《左傳注》，「文公十七年」，頁 624）二十七年，《經》云：「楚子、鄭人侵陳，遂侵宋。晉趙盾帥師救陳。宋公、陳侯、衛侯、曹伯會晉師於棐林，伐鄭。」（《左傳注》，「宣公元年」，頁 646-647），《春秋》：「夏，晉人、宋人、衛人、陳人、

侵鄭。」(《左傳注》,「宣公二年」,頁 650）三十二年,「春,晉衛侵陳。」
(《左傳注》,「宣公六年」,頁 687）三十三年,《經》云「冬,公會晉侯、
宋公、衛侯、鄭伯、曹伯于黑壤。」(《左傳注》,「宣公七年」,頁 691）衛
成公死前猶與「晉侯、宋公、衛侯、鄭伯、曹伯會於扈。」此時為九月,
而「冬十月癸酉,衛侯鄭卒。」(《左傳注》,「宣公九年」,頁 700）因此在
成公十二年後,他的外交政策是與晉同盟,奉晉為盟主。《史記・衛康叔世
家》即云:「十二年,成公朝晉襄公。」(《會注考證》,頁 603）

　　從衛文公與衛成公兩位衛君身上可以看到春秋霸權的興迭,衛文公時
為齊桓公霸業,子居先生云:「齊桓公城楚丘並立衛文公以後,據《左傳》
所記,在外交層面上,凡齊國之事,衛國皆隨從其後。也就是說,此時的
衛國,無異于齊國的附庸,此時的衛文公,也與齊桓公的陪臣無異。從這
個角度來看,就不難看出《左傳・閔公二年》所記『衛文公大布之衣,大
帛之冠,務材訓農,通商惠工,敬教勸學,授方任能。元年革車三十乘,
季年乃三百乘。』所行即管仲之政,而衛之漸強,也只是齊桓霸業的蔭庇
使然。」(〈1~4 章解析〉）陶金先生亦云:「衛文公自從即位以來,一直致
力于自己的領地發展壯大,沒有留在齊桓公身邊,只不過衛國必須嚴格奉
行齊桓公「尊王攘夷」的政策,從抽象的意義上說,相當於是衛文公領導
下的衛國侍奉了齊國。」(〈由《繫年》談衛文公事跡〉,「復旦網」,2012
年 12 月 27 日）齊桓公死後,權力出現真空,此時楚國北上有一爭之勢,
而衛成公初期亦與楚交好,然而當晉、楚戰于城濮後,形勢改變,晉國稱
霸,而衛國仍未服晉,甚至衛成公幾乎死於晉國之手,這樣的情況到了衛
成公十二年才改變,也從此成了晉國同盟之一員。

　　衛國在西周時本是一大國,在周幽之際亦有傑出的表現,如衛武公,「修
康叔之政,百姓和集。」四十二年時,「犬戎殺周幽王,武公將兵往佐周平
戎,甚有功,周平王命武公為公。」(《會注考證》,總頁 601）在此之後卻
因內亂而逐漸衰微,衛文公時稍見興盛,然至戰國衛昭公時「是時三晉彊,

衛如小侯屬之。」（《會注考證》，頁 607）淪為大國的附庸。

⑱ 翟（狄）人或涉河，伐衛于楚丘，衛人自楚丘䢍（遷）于帝丘

（一）或

華東讀書小組：或，整理者如字讀。按，當讀為「又」，再次也。「或」、「又」聲母同為喉音，韻母同在之部，故可通假。「或」與「有」可相通假，清儒段玉裁早已明言之（說見《說文解字注》，上海古籍出版社，1986 年第一版，頁 631）。下文之「或」，整理者多如字讀，實皆當讀為「又」，僅在釋文中表出，不再說明。（〈書後（二）〉）

建洲按：「或」本有「又」意，整理者之說可從。見第二章「②王或取（取）孚（襃）人之女」條注釋。

（二）帝丘

整理者：狄圍衛，衛遷于帝丘，見《春秋》僖公三十一年經傳。《衛世家》集解引《世本》云「成公徙濮陽」，濮陽即帝丘，在今河南濮陽西南。（頁 146，注 17）

華東讀書小組：帝丘，《漢書‧地理志》：「東郡濮陽，衛成公自楚丘徙此，故帝丘，顓頊墟。」（〈書後（二）〉，武漢大學「簡帛網」，2011 年 12 月 30 日）

子居：整理者指出：「狄圍衛，衛遷於帝丘，見《春秋》僖公三十一年經傳，《衛世家》集解引《世本》云：『成公徙濮陽。』濮陽即帝丘，今河南濮陽西南。」也就是說，衛文公才去世不久，狄人就馬上攻下了楚丘。由此再反觀衛文公的經歷，因狄人伐衛而得以即位，因狄人而得以厚城楚丘，因狄人而滅邢。在位二十四年間，狄人除三次象徵性的侵衛外，未見

狄、衛間有任何衝突。而衛文公之先，懿公被狄人攻殺，衛人棄城而走，
戴公繼位不足一年而亡；衛文公之後，成公又為狄人所攻，再次棄城而走。
何以獨衛文公幸運若此？縱不討仇，然能相安？其間消息，恐是不言自明
的。（〈1～4章解析〉）

雯雯按：《左傳》僖公三十一年即衛成公六年，《經》云：狄圍衛。十
有二月，衛遷於帝丘。楊伯峻先生注云：「帝丘，今河南省濮陽縣西南。《明
一統志》又有帝丘城，云在滑縣〔此指舊治，今已移志于其西之道口鎮〕
東北七十里土山村，即衛成公所遷，蓋其境相接也。則衛自楚丘遷帝丘，
兩地相距不遠。」（《左傳注》，頁485）《傳》云：「冬，狄圍衛，衛遷於帝
丘，卜曰三百年。」楊氏云：「孔《疏》曰：『案《史記衛世家》及《年表》，
衛從此以後歷十九君，積四百三十年。』」，（《左傳注》，頁487）衛歷十九
君為：穆公遫、獻公衎、殤公秋、襄公惡、靈公元、出公輒、莊公蒯聵、
悼公黔、敬公弗、昭公糾、懷公亹、慎公穨、聲公訓、成侯遫、平侯、嗣
君、懷君、元君、君角。筮之說雖不可信，然而在衛國在戰國中晚期後，
已淪為小國。成侯十六年時貶號為「侯」（《史記·衛康叔世家》），其子嗣
君五年「更貶號曰君，獨有濮陽」（《史記·衛康叔世家》），元君時「秦初
置東郡，更徙衛野王縣，而並濮陽為東郡。」至君角而絕衛嗣。（《會注考
證》，總頁607）衛國最後果終於帝丘。

《繫年》第五章集解

【題解】

　　本章以息媯故事為線索，牽扯出楚、蔡、息三國君主複雜的三角關係，最後導致楚文王擊蔡、滅息。文末還提到楚文王越過方城，向北逼進中原，取頓、恐陳，以擴張其勢力。內容先敘述息媯從陳國嫁往息國途中，遭到蔡侯非禮凌辱，息侯心有不甘，遂計引楚王擊蔡。蔡侯因被息侯設計而兵敗身擄，故慫恿楚文王當見美麗的息媯，埋下息國滅亡之機。隔年楚文王滅息，擄走息媯，生下堵敖與成王。至此息國為楚國縣邑，成為楚國控扼淮水的重要軍事地點。後又言文王繼續揮師北進，拓土於方城之外，其封疆達到汝水一帶。至汝水一帶後，又起師陳國，並且攻下與陳國相鄰的頓國，藉此使陳國國君感到懼怕。陳國地近鄭國、宋國，楚文王舉兵恐陳的舉措，其勢力範圍已迫近中原諸夏，無疑是宣告楚國將揮師中原的決心。

【釋文】

　　郙（蔡）哀侯取妻於陳，賽｛=｝（息）侯亦取妻於陳，是賽=為=（息媯①。息媯）牀（將）歸于賽（息），迲（過）郙=（蔡②，蔡）哀侯命㞢（止之）③，【二三】曰：「以同生（姓）之古（故），必內（入）④」。賽（息）為（媯）乃入于郙=（蔡，蔡）哀侯妻之⑤。賽（息）侯弗訓（順），乃叀（史—使）人于楚文王【二四】曰：「君厸（來）伐我=（我，我）牀（將）求救（救）於郙（蔡），君龱（焉）敗之⑥。文王记（起）旨（師）伐賽=（息，息）侯求救（救）於郙=（蔡，蔡）哀侯衛（率）帀（師）【二五】以救（救）

賽（息），文王敗之於新（莘），獲哀侯以歸⑦。文王爲客於賽（息），鄝（蔡）侯與從，賽（息）侯以文【二六】王歓=（飲酒）⑧。鄝（蔡）侯智（知）賽（息）侯誘弖（己）也，亦告文王曰：「賽（息）侯之妻甚妢（美），君必命見之⑨。」文【二七】王命見之，賽（息）侯訂（辭），王固命見之。既見之，還⑩。晶（明）歲（歲），起眚（師）伐賽（息），克之，殺賽（息）侯，取【二八】賽（息）為（嬀）以歸，是生塦（堵）嚻（敖）及成王⑪。文王以北啓，出方成（城）⑫，圾蘸於汝⑬，改遬（旅）於陳，厽（焉）【二九】取鄝（頓）以贛（恐）陳侯▰⑭。【三○】

【語譯】

　　蔡哀侯娶妻於陳國，息侯也娶妻於陳國，即「息嬀」。息嬀嫁往息國的途中，路經蔡國，蔡哀侯下令要息嬀停下腳步，他說：「因為你與我的妻子同姓的緣故，一定要入國相見。」息嬀就進入蔡國，然而蔡侯卻侮辱息嬀。息侯心有不甘，所以派人告訴楚文王說：「請您假裝來討伐我，我將求救於蔡，您就趁此打敗蔡國。」文王起師討伐息國，息侯求救於蔡，蔡侯率領軍隊來救息國，文王於是在莘地打敗蔡國軍隊，並且俘虜蔡侯回楚國。還師途中，文王在息國作客，蔡哀侯亦隨文王參加筵席，息侯與文王相與飲酒。蔡侯知道此次戰役是息侯引誘自己的計謀，所以也告訴文王說：「息侯的妻子非常美，您一定要命令她出來一見。」文王於是命令息嬀出來相見，息侯本來推辭，然而楚王卻堅持要求息嬀出來相見。見到息嬀後，文王便班師回楚國。明年，文王起師伐息，戰勝息國，殺掉息侯，並虜獲息嬀回國，息嬀還生下堵敖與成王。文王乃向北開拓疆土，越過方城，將疆土拓展至汝水一帶。又改舉兵陳國，並於途中先滅頓國，使陳侯感到懼怕。

【集解】

① 郕（蔡）哀侯取妻於陳，賽{=}（息）侯亦取妻於陳，是賽=為=（息嬀

整理者：《左傳》莊公十年：「蔡哀侯娶于陳，息侯亦娶焉。」《史記・管蔡世家》：「哀侯十一年，初，哀侯娶陳，息侯亦娶陳。」簡文「郕」即「蔡」，蔡哀侯即蔡侯獻舞。賽，通「息」，二字同屬心母職部。關於「息」、「賽」通用，可參看于豪亮〈論息國和樊國的銅器〉（《江漢考古》一九八〇年第二期）。賽為，即息嬀，息侯夫人，嬀姓陳國女子。「賽=侯」之「賽」下誤衍重文符號。（頁147-148，注1）

華東讀書小組：整理者謂「賽」下誤衍重文符號，其說可從。（〈書後（二）〉）

王子揚：我們直接寫作「息嬀」的字形原簡作「賽為」，整理者把「賽為」讀為「息嬀」是沒有任何問題的。古書「息嬀」之「息」《繫年》寫作「賽」，使得我們重新考慮「寏公孫訢父匜」之「寏公」就是「息公」的正確性。根據文獻，息國被楚滅之前，息國國君稱為「息侯」。「寏（賽－息）公孫訢父匜」稱「息公」，顯然是被楚滅亡後設立縣公的結果。受楚國文化的影響，用「賽」寫「息國」之「息」是完全可以理解的，這一點跟清華簡《繫年》一致。（「寏公孫訢父匜」之「寏公」即「息公」 說袪疑〉，復旦網，2011年12月22日）

曹方向（網名：魚游春水）：賽字下有合文或重文符號，整理者以為這個符號是衍文。我想，這可能是個重文。第一個「賽」讀為國別的「息」，第二個「賽」是「哀侯」之「哀」一類的諡號。例如讀為「思」。「賽賽侯」，即讀為「息思侯」，上句言「蔡哀侯」，下句言「息思侯」。可惜文獻無徵。不過，古書亦有「思」字諡，漢代亦有「思侯」。曹植稱「陳思王」，「思」字亦諡號。下文于「蔡哀侯」也不再稱「哀侯」，僅稱「蔡侯」，所以下文沒有「賽賽侯」而只有「賽侯」，也就是，只稱「息侯」而不再稱「息思侯」

了。（〈「賽賽侯」衍文〉，「簡帛論壇」，2011 年 12 月 24 日）

郭濤：「賽」、「息」相通，毋庸置疑；但整理者說「『賽=侯』之『賽』下誤衍重文號」，卻顯得輕率。近來研讀至此，頗覺得重文符號有其實際含義，可以另尋解釋。簡文「賽=侯」對應「蔡哀侯」，則「息」或也是諡號，為「息息侯」。帶著疑問和假設查考史籍，果然發現線索。蘇洵《諡法》卷四有：「謀慮不成曰息」，並進一步解釋道：「意欲為之而謀不成以止，故曰息」。「息」可訓為止、滅，符合《繫年》關於息侯以計謀蔡最終反受其害而身死國滅的悲劇事蹟的描述；也符合息媯之夫是最後一任息侯，自此息被楚所滅設縣的事實。或是楚人為其立諡。《左傳》等文本以其為「息侯」，可能是省稱，也可能是文本傳抄過程中被誤以為是衍文刪除所致。（〈清華簡《繫年》讀札之「息息侯」〉，復旦網，2012 年 3 月 22 日）

周書聲：針對郭濤先生認為「賽」字下的重文符號非衍文，而是諡號之見可商榷者尚有三事：一者以為君主之諡號與其國名相同、及滅他國者為被滅國之君立諡是否有合禮法、有先例？另外「息」，可作「鄎」，《說文・邑部》曰：「鄎，姬姓之國在淮北。从邑，息聲。今汝南新息是也。」（從段《注》）息、鄎為古今字。哀公十年《左傳》：「公會吳子、邾子、郯子伐齊南鄙，師于鄎。」陳槃先生據此，「疑齊南鄙之息，本息國舊封。後移河南，是為新息。」（《春秋大事表列國爵姓及存滅表譔異》（三訂本），上海古籍出版社，2009 年，頁 353）以此或可稱「鄎息侯」，不過經典中以「鄎侯」見稱者則未見。（《通志》有，陳槃先生已辨其謬處。）可見此處問題仍未消除。二曰以「《左傳》等文本以其為『息侯』，可能是省稱，也可能是文本傳抄過程中被誤以為是衍文刪除所致。」之說似為輕率，認為《左傳・隱公十一年》及《左傳・莊公十年》提及「息侯」，除此之外《史記・管蔡世家》、《呂氏春秋・孝行覽・長攻》、《古列女傳・貞順傳第四》提到「息侯」或「息君」，《左傳》劉歆之後、兩漢之際方為顯明，「以上所引典籍，呂不韋《呂覽》、司馬遷《史記》、劉向《古列女傳》皆在劉歆前，若

說諸書皆因《左傳》省略或因衍而刪，則未必是；若說《左傳》一書省略或因衍而刪，則與諸書皆不合矣。」三者引蘇洵《諡法》爲主要證據，然雖蘇洵對《周公》、《春秋》、《廣諡》及諸家之本刪訂考證，以成此書。但「後出之書雖精，然其能否與經典一一相合，尚爲另一事。《春秋》及三傳不見以『息』爲諡者，今《逸周書》所載〈諡法解〉亦不見『息』諡。竊以爲蘇洵遠在北宋，其書雖集諸家之大成，而其所錄應爲歷代諡法之總和，未必能一一契合先秦古制。以後出之書，證前代之事，需格外謹慎。所謂孤證不立，郭先生引蘇洵《諡法》此條，若再輔以先秦（乃至秦漢）之文獻證據（即以『息』爲諡之人），或可免於徒說之失。」最後周書聲先生提出他的看法：「竊以爲，息國乃一小國，其始封、遷都、國君更替皆不可信考。『息侯』，元典唯《左傳》有兩處記載，一爲君子說理張本，一爲息媯故事背景，皆因事而起，而『息侯』之名、諡如何，則非古人關心之處。網友或以爲「息思侯」、「息哀侯」，其說之失與此大致相同。」（〈清華簡《繫年》讀札之「息息侯」〉跟帖，「復旦網」，2012 年 4 月 2 日）

雯雯按：蔡哀侯（694-675B.C 在位），繼其兄桓侯封人立，在位二十年。《左傳・桓公十七年》：「蔡桓侯卒，蔡人召蔡季于陳。」〈管蔡世家〉云：「桓侯卒，弟哀侯獻舞立。」方炫琛認爲「獻舞」爲哀侯之名，「哀」爲其諡，「季」則爲行次。（《人物名號研究》，條 2087「蔡侯獻舞、蔡季、蔡哀侯、蔡侯」，頁 598）《左傳》與《史記》記載蔡哀侯對於息媯不禮敬，導致息侯計引楚文王伐蔡，最後爲楚王擄歸，其所記本末與《繫年》同。

息侯（？-683B.C），息國國君，與楚文王同謀擊蔡，最後身死國滅，其妻息媯亦爲楚文王所得。息媯（664B.C 尚在世），本爲息侯夫人，後因楚文王之故，《左傳》又稱其爲「文夫人」，方炫琛案語：

> 左莊十「蔡哀侯娶于陳，息侯亦娶焉，息媯將歸，過蔡」，則息媯者，息侯之夫人，陳國之女，故以夫家國冠於母家姓上，稱「息媯」。左

莊十四載楚文王「滅息，以息嬀歸，生堵敖及成王焉」，則息嬀為楚
文王擄至楚。左莊二十八「楚令尹子元欲蠱文夫人」，杜注：「文王
夫人，息嬀也。」此時楚成王六年，息嬀為時君之母，故以夫諡號
「夫人」二字，稱「文夫人」，或息嬀原被立為夫人，故其二子堵敖
及成王得嗣楚文王為君也。（《人物名號研究》，條 1326「息嬀、文夫
人」，頁 418）

本章以息嬀故事為線索，許兆昌、齊丹丹云：「以息嬀故事牽出陳、蔡、楚
三國，目的是表現楚國勢力向北擴張。」（〈《繫年》的編年特點〉，頁 62）
同時，息國被滅，旋即設立息縣，成為楚人經略中原的前線基地，與申師
成為楚國防守邊疆的力量。（徐少華：〈息國銅器及其歷史地理〉，頁 62）從
此處來看，息國亦北進的重要指標。

此處值得探討的是息侯、息嬀之「息」字，楚文字作「賽」，另外就是
「賽＝侯」的重文符號是否是誤衍。

賽侯、賽嬀之「賽」字，簡文皆作「🌳」，隸定為「賽」，讀為「息」。
以文獻為證，簡文中的賽侯、賽嬀指的確實為息侯、息嬀，王子揚先生提
到于豪亮先生在討論「奚（賽）公孫惛父匜」時說「🌳（奚）」字近讀為「息」，
是春秋時被楚文王滅掉的息國，但此說當時未得重視，又云：「王光鎬先生
指出『賽公孫』應該指賽國之孫，『賽』當爲諸侯國名或族名。劉彬徽先生
則認為『賽公孫惛父』『可以理解為楚王族之公孫名惛父者，封於賽邑，猶
如楚公孫寧之封於析邑。』劉先生又總結說：『或認為賽指一個賽國，或認
為乃指息國，均不確。』」（〈「寅公」即「息公」說袪疑〉，「復旦網」，2011
年 12 月 22 日）黃錫全先生在討論賽公屈頪戈時，因賽公屈頪戈之「賽」
寫法與賽公孫惛父匜同，認為兩者有某種聯繫。他指出賽公屈頪戈之「賽
公」名為「屈頪」，「屈」為楚國三大姓氏屈、景、昭之一，為「賽公」為
楚封君之說提供了證據。「屈頪」雖不見文獻，但「頪從喪聲，古屬心母陽

部。蕩，定母陽部。二字古音相近。『屈纇』可能為『屈蕩』」，而春秋時期有兩名「屈蕩」，一者在楚莊王（613-591B.C 在位）時（見《左傳・莊公十二年》），一者在楚康王（559-545B.C 在位）時（見《左傳・襄公二十五年》）。（〈塞公屈纇戈〉，頁 329）據黃先生的推論，「窆（賽）公孫愄父匜」與「塞公屈纇戈」兩器「塞」字字形一致，可能同出一地，而「塞公」是楚封君。息國被楚文王滅後被設為楚國一縣，《左傳》僖公二十五年：

> 秋，秦、晉伐鄀。楚鬬克、屈禦寇以申、息之師戍商密，秦人過析隈，入而係輿人以圍商密，昏而傅焉。宵，坎血加書，偽與子儀、子邊盟者。商密人懼曰：「秦取析矣，戍人反矣！」乃降秦師。囚申公子儀、息公子邊以歸。楚令尹子玉追秦師，弗及。遂圍陳，納頓子於頓。

另有《左傳》文公三年：「楚師圍江，晉先僕伐楚以救江。冬，晉以江故告于周。王叔桓公、晉陽處父伐楚以救江，門于方城，遇息公子朱而還。」僖公二十五年與文公三年，分別為楚成王三十七年（635B.C）、楚靈王八年（475B.C）。楚縣大夫稱公，以楚王僭偁王之故，此處的息公子邊與息公子朱，方炫琛云：「左文三『遇息公子朱而還』，杜注：『子朱，楚大夫。』楊注：『名子朱。』稱息公者，楚縣大夫曰公，詳頁六九，故楊注云：『息公，息縣之尹』。」「左僖二十五『楚鬬克、屈禦寇以申息之師戍商密』，杜注：『屈御寇，息公子邊。』傳下文稱息公子邊，子邊，《解詁》云：『楚屈禦寇，字子邊。』以禦寇為其名，子邊為其字。屈，其氏也，詳 1578 莫敖屈瑕條。其稱息公者，楚縣尹稱公，屈禦寇當為息縣之縣尹，故傳載其以息師戍商密也。」（《人物名號研究》，「縣大夫稱公」，頁 69；條 0194「公子朱、息公子朱、子朱」，頁 149；條 1059「屈御寇、子邊、息公子邊」，頁 356）屈氏為楚國公族，息縣可能封予屈氏，或指派屈氏貴族看守，那麼這

「賽公孫慘父」或「賽公屈纇」即有可能與息公子邊、息公子朱為同族人，所以「賽公」可讀為「息公」，而「賽（息）」為楚國一縣，前身是息國舊地。李學勤先生曾推斷《繫年》寫作時間是在楚肅王（381-370B.C 在位）時，或是在楚宣王（369-340B.C 在位）世（〈《繫年》及有關古史問題〉，頁 70-71），此時已是戰國中期，王子揚先生認為寫作者受楚國文化的影響，用「『賽』寫『息國』之『息』」是合理的推測。新出《上博九・靈王遂申》簡 1「靈王既立，申、賽（息）不愁」，「息」亦寫作「賽」。

隨州出現的息國青銅器，有「鄎子行盆」，「鄎」作「（圖）」，「息」與「鄎」為古今字，為息國國名。徐少華云：「盆的形制作侈口、束頸、平底有蓋，肩部一對半坏耳，蓋上有坏狀捉手，器身、蓋滿飾蟠螭紋，與信陽平橋樊君夫姻墓所出鋼盆相近，應是息國滅于楚前不久所作。此盆與曾、楚等器并出，可能與楚滅息后器物易主有關。」認為「鄎子」「或為《左傳》僖公九年『凡在喪，王曰小童，公侯曰子』『子』，或為息侯餘子、庶子之類，當非爵稱。」（〈息國銅器及其歷史地理〉，頁 59）此說閆孟蓮則認為有些勉強，「我們不妨換個思維方式：楚滅息後，息國故土為楚所有，但楚人並沒有滅絕其族人，而是將其遷入楚境安置。當時楚人被周王室封為子爵，所以作為楚附庸之國的息君不敢沿用故有的侯爵，而自稱為『子』這正是息國銅器中出現『息子』銘文的根本原因。」（〈息國歷史與地理考論〉，《信陽師範學院學報》2010 年 1 期，頁 95）對於將「鄎子行盆」的年代究竟是被楚滅前還是滅後尚有爭議，但可理解為「（圖）」代表姬姓息國，而「（圖）」則是楚國息縣的寫法，《繫年》「息」寫作「（圖）」，應該是沿襲楚國本身的書寫習慣。

至於「賽=侯」之「賽」下有一重文符號，整理者與華東讀書小組認為此為衍文，而郭濤與曹方向則認為此重文符號未必是衍文，郭濤認為當為「息息侯」，前者為國名，後者為諡號；曹方向則以為當是「息思侯」，黃錫全說「塞」是心母職部，「思」是心母之部，在音理上「塞」與「思」可

通（〈記新見塞公屈頪戈〉，《古文字與古貨幣文集》，頁 331），確實是可讀為「息思侯」。然可議論之處周書聲已指出：於文獻無徵，是為孤證。曹方向指出《繫年》簡 23「蔡哀侯」與「息思侯」相對，下文不稱其諡號，所以稱「蔡侯」與「息侯」。但是簡 24、25 是前稱「蔡哀侯」，後對「賽（息）侯」，可見《繫年》此處並無嚴格的對應，我們傾向於整理者的意見認為簡 23「賽＝（息）侯」的重文符號是誤衍。

②　息媯牀（將）歸于賽（息），沚（過）郙＝（蔡

整理者：《左傳》莊公十年：「息媯將歸，過蔡。」陳都宛丘，在今河南淮陽，蔡都在今河南上蔡西南，故息媯由陳至息必過蔡。（頁 148，注 2）

子居：整理者引《左傳・莊公十年》及《史記・管蔡世家》所記與本章對應，並指出：「蔡哀侯即蔡侯獻舞……陳都宛丘，在今河南淮陽。蔡都在今河南上蔡西南，故息媯由陳至息必過蔡。」除說「必過蔡」稍嫌絕對外，整體上所言無誤。息在今河南息縣西南，此時息媯出嫁，自當是由淮陽至息縣，而經過上蔡確實是較可取的路徑。（〈5～7 章解析〉）

華東讀書小組：歸，《詩經・周南・葛覃》「言告言歸」毛傳：「婦人謂嫁曰歸。」此處謂息媯處於前往息國成親的途中。（〈書後（二）〉）

劉剛：「宭」即「賽」字異體，在新蔡簡中用為「賽禱」之「賽」。 所以「郙」也應該是從「賽」得聲的一個字，但學者對「郙」地都沒有很好地解釋，《清華簡・系年》的公佈為我們考釋「郙」提供了很好的線索，簡 23-28 記載了楚文王滅蔡、息的事件（釋文用寬式）：其中「息」字清華簡本作「賽」。由此可知，把上引新蔡簡的「郙」讀為「郖（息）」也是很自然的。《說文》：「郖，姬姓之國，在淮北。從邑、息聲。今汝南新郖。」《左傳》對楚文王滅息的具體年份記載不詳，據清華簡簡文，楚滅息之年為魯莊公十一年（西元前 683 年，楚文王八年）。楚滅息後即設置息縣，古書對

其具體地望所述不盡一致，徐少華先生認為《後漢書》李賢注及《元和郡縣圖志》的記載是正確的，春秋時息縣當在北魏以來的新息縣以南（徐少華《周代南土歷史地理與文化》，武漢大學出版社，1994 年，頁 86-87）。「鄎公」即「息」縣之公，李曉傑先生推測戰國時「息」仍當為楚縣，新蔡簡的「鄎公」的釋讀證明李說可信。（〈**新蔡簡釋地一則**〉，復旦網，2013 年 1 月 2 日）

　　雯雯按：「息媯將歸」之「歸」字，可依華東讀書小組之說。「歸」字除了「婦人謂嫁曰歸」之外，歷來還有歸寧與返歸之說，宋公文先生嘗為之考辨：

> 關於息媯「過蔡」一事，《左傳，莊公十年》和《史記·管蔡世家》所記相同：「息媯（《史記》作『息夫人』）將歸，過蔡。」由于對「歸」字的理解有異，對息媯「過蔡」的原因也出現了幾種不同的說法。一說息媯是在嫁往息國的途中，路經蔡國。其根據是《說文》的解釋：「歸，女嫁也。」一說是息媯「因歸寧于陳，道經蔡國。」這是將「歸」理解為「歸寧」。「歸寧」即回娘家探親，它與「歸」字完全是兩個不同的概念，此將二者混為一，顯然是錯誤的。三說是息媯「從娘家回來」，路經蔡國。這是將「歸」解作返歸。「歸」確有返回之意，但要看它具體處于何種語言環境。若無先嫁（即所謂『歸，女嫁也』）作為前提，何有后「歸」（由陳返息）之事突兀而至？！何況息媯嫁息后，息、蔡爭斗接踵而來，她如何還有再經蔡國往返息、陳的可能？由此可以斷定：后兩種說法均不合《史》、《傳》本意，應予剔除。（〈息夫人考論〉，楚簡·楚文化與先秦歷史文化研討會論文集，頁 464）

過蔡，即是息媯往嫁息國的途中路過蔡國。

關於古息國的地望，《說文．邑部》曰：「鄎，姬姓之國在淮北。从邑，息聲。今汝南新息是也。」杜預注《左傳》中的「息國」（隱公十一年）或「息」（定公四年），皆云：「汝南新息縣。」可知古息國與楚息縣的位置在漢晉時的汝南郡新息縣。而漢晉新息縣的位置，據《後漢書．賈復傳》「南擊召陵、新息」句下李賢注：「新息，縣名，屬汝南郡，故城在豫州新息縣西南也。」（《後漢書》，〈列傳〉，卷7，頁250）《元和郡縣圖志》「新息縣」云：「本息侯國，為楚所滅。漢以為新息縣，屬汝南郡。周武帝於此置息州，領此縣。隋大業二年州廢，改屬豫州。武德四年，於此重置息州，貞觀元年廢，以縣屬豫州。」後又云「新息故城在縣西南一十里。」（分見《元和郡縣圖志》，卷9，頁240、241）於此可見唐以後的「新息縣」與漢晉時的新息縣地理位置不同。

酈道元注「淮水東逕故息城南」云：「《春秋左傳》隱公十一年鄭息有微言，息侯伐鄭，鄭伯敗之者也。」注「逕新息縣故城南」則引應邵之言「息后徙東，故加新也。」（《水經注》，卷30，頁4，總頁444）據《水經注》，淮水先東經「故息城南」，又東「逕新息縣故城南」，酈道元是北魏時人，可知在北魏時新息縣已在故息城東邊。徐少華先生認為「新息縣故城南」之「故」字為衍文，此「新息縣城南」即北魏東豫州所治的廣陵城，而隋、唐、宋以後的「新息縣」，乃沿北魏、梁、東魏之東豫州與後周之息州而來，此新息縣即今日河南息縣。

徐氏考辨古息縣的沿革，在劉宋時原息縣一分為二，南北對立，北魏兩新息縣沿劉宋之舊，認為「新息縣之東遷，當因北長期戰亂，故治毀廢，東晉後齊和劉宋初年作政區調整時即遷治廣陵城，並以此為南新息縣，此新息縣治於其北的青陂水南岸。北魏太和十九年立東豫州，治廣陵城，與南新息縣并在一地。」所以此古息國、楚息縣只能在今息縣的西南地帶。（〈息國銅器及其歷史地理〉，頁59-61）河南省一九八九年出版的《息縣志》有「息國故城遺址」一條，適可印證徐少華先生之說，其云：

位於縣城西南 5 公里處，今城郊鄉徐莊村青龍寺。據《水經注》卷三十載「淮水東徑故息城南」。清嘉慶《息縣志》載「息之得名自周始，分封姬姓為息國侯爵」，「出城西南十里，古息舊治在焉」。遺址南依淮河，廣 846 米，袤 420 米，面積 35.5 萬平方米。四周城牆遺基依稀可辨，其寬度 30 米，城垣周長 2532 米，現存殘垣長 300 米，高 24.5 米。出土有青銅劍、戈、簇頭等兵器以及陶鼎、鬲足、豆、罐、殘陶碎片等。1963 年 6 月 20 日，河南省人民政府公布為省首批文物保護單位。（《息縣志》，頁 392）

據考古發掘，可以確定古息國在今息縣縣城西南五里處。而此時的蔡國即「上蔡」，在河南省上蔡縣。息媯從陳國一路南下，途經蔡國，而至息國。陳、蔡與息國的位置可參考下圖。

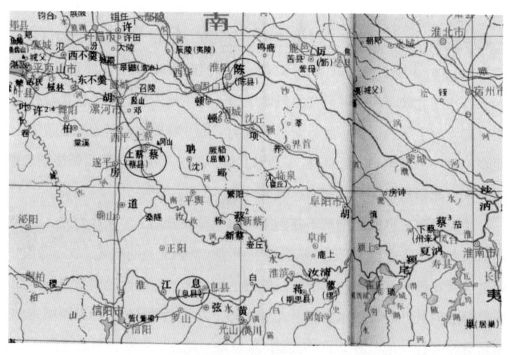

（《中國歷史地圖集》，「春秋 楚吳越」，頁 29-30）

③ 蔡哀侯命歨=（止之）

整理者：《左傳》莊公十年：「蔡侯曰：『吾姨也』，止而見之，弗賓。」歨=，合文，當理解為「止之」。《左傳》昭公四年有「楚子止之」，用法相同。這類順序顛倒的合文商代甲骨文已有。（頁148，注3）

華東讀書小組：字原為合文，整理者讀為「止之」，是也，此乃謂蔡侯命臣下前去攔截息媯，使之屍止于蔡，「命」字下省略受命行事之人。（〈書後（二）〉）

雯雯按：「歨=」作 ，用為「止之」，楚簡已有先例，如《上博四・昭王毀室》簡1 、《上博九・陳公治兵》簡13 。

④ 曰：「以同生（姓）之古（故），必內（入）」

整理者：息和蔡都是姬姓國，故蔡哀侯曰「以同姓之故」。（頁148，注4）

華東讀書小組：蔡侯留止息媯之說辭，《左傳・莊公十年》記為「吾姨也」，簡文記為「以同姓之故」，整理者以「同姓」為蔡侯與息侯同姓。按，如整理者之理解，一則上下文失去照應，「蔡哀侯取（娶）妻於陳」一句變得可有可無，再則與《左傳》記載意思不合。此「同姓」者，蓋謂息媯與蔡侯之妻同姓。（〈書後（二）〉）

子居：關於蔡哀侯「以同姓之故，必入」的藉口，對比《左傳・莊公十年》：「蔡哀侯娶于陳，息侯亦娶焉。息媯將歸，過蔡。蔡侯曰：『吾姨也。』止而見之，弗賓。息侯聞之，怒，使謂楚文王曰：『伐我，吾求救于蔡而伐之。』楚子從之。秋九月，楚敗蔡師於莘，以蔡侯獻舞歸。」可以看出，《繫年》整理者以為「息和蔡都是姬姓國，故蔡哀侯曰『以同姓之故』」的說法並不準確，《繫年》中記述蔡哀侯所說的「以同姓之故」，就是指其妻而言，華東師範大學中文系戰國簡讀書小組《讀〈清華大學藏戰國竹簡（貳）・系

年〉書後（二）》一文即指出：「此『同姓』者，蓋謂息媯與蔡侯之妻同姓。」所說是。《繫年》本章開始所述「蔡哀侯取妻于陳，息侯亦取妻于陳」者，所以《左傳》中記蔡哀侯之言為「吾姨也」，杜預注很明確：「妻之姊妹曰姨。」可見「以同姓之故」就是說蔡哀侯之妻與息侯之妻同為媯姓。（〈5～7章解析〉）

雯雯按：將簡文與《左傳·莊公十年》對讀，《左傳》描述蔡侯以「吾姨也」為由，而使息媯「止而見之」，「吾姨也」，楊伯峻先生注：「妻之姐妹曰姨。《呂氏春秋·長攻》篇云：『蔡侯曰：「息夫人，吾妻之姨也。」高誘注：「妻之女弟曰姨」《詩·衛風·碩人》敘莊姜為「邢侯之姨」，義與《左傳》同。』」（頁184）簡文言哀侯娶妻於陳，又言息侯「亦」娶妻於陳，同時《繫年》此章與《左傳》、《史記》所記相近，故簡文所言「以同姓之故」，即指《左傳》「吾姨也」的關係，是指蔡侯妻與息媯為同姓。故當以華東讀書小組與子居之說為宜。

補記：羅運環針對華東讀書會的意見評論說：息和蔡都是姬姓國，蔡哀侯之妻與息侯之妻是姐妹關係并均爲媯姓陳國王室之女。蔡哀侯面對自已愛慕已久的小姨，不稱「吾姨」而稱「同姓」，豈不見外。這于情理不合，具有片面性。「以同姓之故必入」句中存在「之故」二字，這是原作者的緒述語氣；「吾姨也」是蔡哀侯的語氣，具有紀實性，二者不可混爲一談。

⑤ 賽（息）為（媯）乃入于邻＝（蔡，蔡）哀侯妻之

整理者：《左傳》莊公十年說蔡侯對息媯「弗賓」，杜注：「不禮敬也。」《管蔡世家》說「蔡侯不敬」，意思相彷彿，都是說有輕佻的行為。簡文言「蔡哀侯妻之」，與《左傳》、《史記》不同。（頁148，注5）

華東讀書小組：蔡哀侯妻之，《左傳》記作「弗賓」，杜預注：「不禮敬也。」《史記·管蔡世家》記作「蔡侯不敬」，與《左傳》近。（〈書後（二）〉）

陳偉：整理者注釋云：《左傳》莊公十年說蔡侯對息嬀「弗賓」，杜注：「不禮敬也。」《管蔡世家》說「蔡侯不敬」，意思相仿佛，都是説有輕佻的行為。簡文言「蔡哀侯妻之」，與《左傳》、《史記》不同。今「妻」有污辱義。《後漢書・董卓傳》：「又姦亂公主，妻略宮人。」《通鑒》漢紀四十五「妻略婦女」，胡三省注：「妻者，私他人之婦女，若己妻然。不以道妻之曰略。」在這個意義上，「妻之」可以説是極端的「弗賓」、「不敬」。（〈札記（二）〉，簡帛網，2011 年 12 月 21 日）

程薇：簡文中「蔡哀侯妻之」的「妻」字，相當於古籍中「妻略婦女」的「妻」字，元代的胡三省曾解釋為「私他人之婦女若己妻然」，實際就是凌辱之意。（〈清華簡《繫年》與息嬀事跡〉，《文史知識》2012 年 4 期，頁 47）

子居：整理者言：「《左傳》莊公十年說蔡哀侯對息嬀『不賓』，杜注：『不禮敬也。』《管蔡世家》說『蔡侯不敬』，意思相仿佛，都是說有輕佻的行為。簡文言『蔡哀侯妻之』，與《左傳》、《史記》不同。」然而由《左傳》下文「息侯聞之，怒，使謂楚文王曰：『伐我，吾求救于蔡而伐之。』」即不難推斷，如果是一般的輕佻不敬，息侯的反應未免過於激烈，因此可知，《左傳》所謂『弗賓』實際上就是一種諱言，《繫年》則是據實以書，無所隱晦而已。（〈5～7 章解析〉）

雯雯按：蔡哀侯以款待妻妹的理由留下息嬀。「必入」，「入」，指進入蔡國國都。《左傳》與《史記・管蔡世家》說蔡哀侯對息嬀「弗賓」、「不敬」，《史記・十二諸侯年表》亦言「息夫人，陳女，過蔡。蔡不禮。」楊伯峻先生據莊公十四年《傳》云：「息嬀甚美，則此所謂弗賓，蓋有輕挑之行。」（頁 184）依《左傳》與《史記》與注家之言，只能理解蔡哀侯對息嬀未能以禮相待，甚而有輕挑的行為。簡文則言「蔡哀侯妻之」，陳偉先生解釋此「妻」是污辱之意，子居先生認為《繫年》是據實書寫。從情理上，能導致息侯怒而以國相鬥，可見哀侯對息嬀非只是輕挑的言行，故陳偉先生之

說可從。

⑥　賽（息）侯弗訓（順），乃叟（使）人于楚文王曰：「君產（來）伐我＝
（我，我）牆（將）求栽（救）於鄟（蔡），君≛（焉）敗之

（一）賽（息）侯弗訓（順）

　　整理者：《左傳》莊公十年：「息侯聞之，怒，使謂楚文王曰：『伐我，
吾求救於蔡而伐之。』」《管蔡世家》：「息侯怒，請楚文王：『來伐我，我求
救於蔡，蔡必來，楚因擊之，可以有功。』」訓，古書常訓為「順」，與「逆」
相對。這個意思後來寫作「順」。（頁 148，注 6）

　　華東讀書小組：息侯不訓，《左傳》、《史記》皆記作「息侯怒」，皆與
此記載不同。（〈書後（二）〉）

　　程薇：「息侯不順」，是指息侯心裡很不痛快，耿耿於懷。（〈清華簡《繫
年》與息媯事跡〉，《文史知識》2012 年 4 期，頁 47）

　　雯雯按：「訓（順）」，整理者認為與「逆」相對，程薇先生則認為是指
息侯心裏不痛快，《莊子・天運》篇云：「文王順紂而不敢逆。武王逆紂而
不肯順。」（《莊子》，頁 133）《廣韻》「順，從也。」（頁 395）順即為順從，
與違逆相對，此處「弗順」，意為「不從」、「不服」，指息侯無法忍氣吞聲，
《史記・十二諸侯年表第二》即云「惡之」，故《左傳》、《史記・管蔡世家》
皆記作「息侯怒」。但此時息國不像《左傳・隱公十一年》時敢以一己之力
與鄭國抗衡，可能自度國力，不足以勝蔡，故而欲以外援來報此辱，所以
才與楚文王合謀。

　　楚文王（據《左傳》689-675 在位，在位十五年），楚武王子，《史記・
楚世家》「（武王）子文王熊貲立。始都郢。文王二年，伐申過鄧，鄧人曰：
『楚王易取』，鄧侯不許也。（引按：「易取」者，指此時可輕易拿下文王，
《左傳》莊公六年載「楚文王伐申。過鄧。鄧祁侯曰：『吾甥也。』」止而享

之。騅甥、聃甥、養甥請殺楚子。鄧侯弗許。」三甥復言若不及早圖謀，鄧國社稷將亡於文王，然鄧君終不許。〔詳見楊伯峻《春秋左傳注》，頁170〕）六年，伐蔡。虜蔡哀侯以歸。已而釋之。楚彊陵江漢閒小國，小國皆畏之。十一年，齊桓公始霸，楚亦始大。十二年，伐鄧滅之。十三年，卒。」（引按：據《史記》則在位時間為689-677）可知楚文王在位時楚國逐漸強盛，並且侵陵江漢間的小國，如滅申、息、蔡、鄧，並使陳國來朝，故《繫年》第二章云「楚文王以啓于漢陽」。

（二）乃叀（使）人于楚文王

華東讀書小組：此字原作「叀」，當隸定為「史」，讀為「使」。（〈書後（二）〉）

雯雯按：「于」，《詩經》毛傳訓為「往」，請見《故訓匯纂》頁56義項75、76。另見裘錫圭：〈談談殷墟甲骨卜辭中的「于」〉，復旦網，2010年8月2日。

（三）兂（焉）

整理者：兂，即「安」，通「焉」，也可以讀為「因」。安、因都是影母字，一在元部，一在真部，真、元兩部多通假之例。（頁148，注6）

趙平安：有些字，在具體語境中，可以這樣理解，也可以那樣理解，兩種說法都有依據，不分伯仲，取任何一種說法都流於片面，我們採取兩說並存的方式處理。（引按：舉《繫年》本章「兂」字為例）其中「君兂（焉）敗之」的兂，楚簡常用為焉，文從字順。這個故事又見於《左傳》與《史記》，莊公十年：「息侯聞之，怒，使謂楚文王曰：『伐我，吾求救于蔡而伐之。』」《管蔡世家》：「息侯怒，請楚文王：『來伐，我求救于蔡，蔡必來，楚因擊之』。」「君兂（焉）敗之」可對應「楚因擊之」，這樣看來，安也可以讀為因。安、因都是影母字，一在元部，一在真部。裴學海《古字虛字

集釋》說：「『焉』，猶『因』也。『焉』與『因』一聲之轉。」《左傳》昭公二十七年「無極譖郤宛，焉謂子常曰」，《韓非子・內儲說下》作「無極因謂令尹曰」，屬於相同情形。（〈談談出土文獻整理過程中有關文字釋讀的幾個問題——以清華簡的整理為例〉，《深圳大學學報》2012 年 2 期，頁 44。）

　　雯雯按：「女（焉）」，張玉金先生云：「這個詞在楚簡中寫作『安』，偶爾寫作『言』，而在秦簡和中山國金文中則寫作『焉』。楚國在南方，秦國在西方，中山國在北方。由此可見，『焉』這個詞在南方寫作『安』、『言』，在西方、北方寫作『焉』。」（《虛詞研究》，頁 634）張玉金又云：「『焉（安）』常用在後一分句之首，有時用在後一分句的主謂之間，表示前後兩件事的先後關係，可以譯為『於是』、『就』、『才』等。」（《虛詞研究》，頁 418）其說當是。蘇建洲老師提示筆者楚簡不少「安（焉）」都可以理解為「乃」，如《郭店・老子丙》簡 3「故大道廢，安（焉）有仁義」，「安（焉）」當訓為乃或於是，參裘錫圭〈關於《老子》的「絕仁棄義」和「絕聖」〉頁 8。整理者與趙平安先生皆認為「女（焉）」，通「安」，可讀為「因」。趙平安先生提出「君女（焉）敗之」與「楚因擊之」可相對應，在音理方面雖可通，但以用字習慣來說，楚簡的「安（焉）」從未見讀為「因」者，「女（焉）」本身為順承連詞，簡文「君來伐我，我將求救於蔡，君焉敗之」，意思為息侯向蔡國求援，楚國就可趁此打敗蔡國。此處「女」可直接讀為「焉」，義為「就」、「乃」、「於是」之意，似不用通讀為「因」。

⑦　文王记（起）𠂤（師）伐賽＝（息，息）侯求𢧢（救）於郂＝（蔡，蔡）哀侯衛（率）帀（師）以𢧢（救）賽（息），文王敗之於新（莘），獲哀侯以歸

（一）新（莘）

　　整理者：《左傳》莊公十年：「楚子從之。秋九月，楚敗蔡師于莘，以

蔡侯獻舞歸。」《管蔡世家》:「楚文王從之,虜蔡哀侯以歸。哀侯留九歲,死於楚。」《楚世家》:「(楚文王)六年,伐蔡,虜蔡哀侯以歸,已而釋之。」《左傳》所記簡略,《管蔡世家》、《楚世家》所記較詳,然略有出入。新,通「莘」。「新」的聲符是辛,「莘」從辛聲,古書中「新」或通「辛」,「辛」或通「莘」,所以「新」通「莘」是很自然的事情。(頁148,注7)

　　子居:整理者已指出《繫年》之「新」通「莘」,因此「文王敗之於新」即對應於《春秋・莊公十年》:「荊敗蔡師於莘。」杜預注稱:「莘,蔡地。」清人高士奇《春秋地名考略》卷十載:「或曰:在今汝甯府汝陽縣地。」然皆無詳考。筆者以為,「新」(莘)指古之瀙水地區,瀙水即今河南泌陽、遂平境內南汝河。《山海經・中次十一經》:「葴山,視水出焉,東南流注于汝水。」郭璞注:「或曰視宜為瀙,瀙水今在南陽也。」《漢書・地理志上》:「中陰山,瀙水所出,東至蔡入汝。」《水經注・瀙水》:「瀙水出潕陰縣東上界山。《山海經》謂之視水也。郭景純《注》:『或曰,視宜為瀙』,出葴山,許慎云:『出中陽山』,皆山之殊目也。而東與此水合,水出潕陰縣旱山,東北流注瀙。瀙水又東北,殺水出西南大熟之山,東北流入於瀙。瀙水又東,淪水注之,水出宣山,東北流注瀙水。瀙水又東得奧水口,水西出奧山,東入于瀙水也。東過吳房縣南,又東過灈陽縣南。應劭曰:『灈水出吳房縣,東入瀙』,縣之西北,即兩川之交會也。又東過上蔡縣南,東入汝。」諸書所記即此水,故楚敗蔡師蓋即在今遂平、上蔡、汝南三縣交界處,今黃埠鎮新莊一帶。(〈5~7章解析〉)

　　雯雯按:「莘」地,杜預注:「蔡地。」(《左傳》,卷8,頁273)楊伯峻先生云:「蔡地,當在今河南省汝南縣。」(《左傳注》,頁181-182),郁賢皓等先生亦認為「蔡國地名。約在今河南省汝南縣境。」(郁賢皓《新譯左傳讀本》,頁190)宋公文先生則認為在息境莘地,地點亦今河南省汝南縣境。(〈息夫人〉,頁459)據郁氏與宋氏之言,「莘」地應在息、蔡交界之邊境,此與衛、齊間的「莘」地類似。《左傳》桓公十六年記載衛宣公將殺

急子（即太子伋），令其出使齊國，命人在莘地擊殺。楊氏注云：「莘，衛地，為衛、齊兩國邊界。」（《左傳注》，頁147）又如《左傳》成公二年「（晉）師從齊師于莘」，杜預注此莘為齊地，而楊柏峻則以為「此莘當是桓十六年之莘，為從衛至齊的要道。」（《左傳注》，頁790）若依楊氏、郁氏、宋氏之說，楚、蔡交戰的地點在河南汝南縣內或其邊境。

子居先生則認為當在今遂平、上蔡、汝南三縣交界處，即今上蔡縣黃埠鎮新莊一帶。楊伯峻先生云：「蔡都在今河南省上蔡縣西南」（《左傳注》，頁184），黃埠鎮在今上蔡縣西南邊，據子居先生所云，此次戰役已逼近了蔡國國都。可參見下圖。

簡文云「文王起師伐息，息侯求救於蔡，蔡哀侯率師以救息，文王敗之於莘，獲哀侯以歸。」蔡侯領兵南下救助息國，很有可能帥師進入息國境內，其後雖為楚文王所敗，但其敗戰地點近於蔡國國都，似乎不合情理，故仍以此處「莘」的地點在今河南汝南縣，此處當是息國與蔡國的邊境交界處。

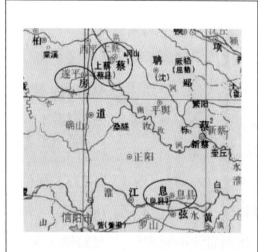	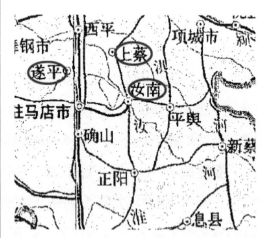
《歷史地圖集》，「春秋楚吳越」，頁29-30。	《古今地名大辭典》「河南省政區圖」前附頁。

（二）獲哀侯以歸

華東讀書小組：此字原作「![獲字]」，較甲骨文讀「獲」之「隻」多一撇，整理者遂釋為「𦝫」字，讀為「獲」字。疑此字仍當釋為甲文之「隻」字，讀為「獲」字。（〈書後（二）〉）

雯雯按：〈管蔡世家〉與〈楚世家〉皆作「虜蔡哀侯以歸」，〈十二諸侯年表〉蔡哀侯十一年記：「楚擄我侯」。「獲」，《說文》：「獵所獲也。」段玉裁注云：「引伸為凡得之稱。」（《說文》，「十篇上」，頁32，總頁476）「以歸」者，《隱公》七年有「戎伐凡伯于楚丘以歸。」杜預注云：「但言以歸，非執也。」《正義》云：「杜意言『以歸』者，以彼隨己而已，非囚執之辭，故云『但言以歸，非執也。』」（《左傳》，卷4，頁121）《正義》於「以蔡侯獻舞歸」又云：「則以歸者，直將與其歸，不被囚執，其恥輕於執也。」（《左傳》，卷8，頁273）蔡哀侯尚能與楚文王一齊參與宴會，杜預與《正義》之說可從。此言楚文王虜獲蔡哀侯，並且使蔡侯與之同歸。

建洲按：整理者釋為「𦝫」恐有問題，此字在「隹」之外所增添的筆劃是「![筆劃]」，顯然不能釋為「丹」。《郭店・尊德義》01![字]字，陳劍先生認為從字形看，其中被學者隸定為「肉」或「舟」的部分並非獨立的形體。且《郭簡》和上博竹書中從「隹」之字或作如下之形：

![字形]《老子》甲本13號簡　　![字形]《老子》甲本14號簡（又15號簡略同）

![字形]《老子》乙本3號簡　　![字形]《語叢四》1號簡

![字形]《上博（四）・曹沫之陳》61號簡　　![字形]《上博（四）・曹沫之陳》62號簡

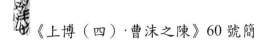《上博（四）・曹沫之陳》60號簡

由此可以看出 中所謂的「脽」旁實應即「隹」字繁體，故我們直接將它隸定作「淮」（2008 年 10 月 30 日信件內容）。又廣瀨薰雄先生〈郭店楚簡《尊德義》和《成之聞之》的簡背數字補論〉注 9 也以為「（隹）」的左邊有「丹」形的筆畫，這當是飾筆。（簡帛網，2008 年 2 月 19 日）。說皆可從。

《望山》一號墓載貞人名「范獲志」的「獲」作 （簡 1）、（簡 170），整理者云：「疑即『膗』字異體。」陳偉主編、許道勝注釋《十四種－望山 1 號墓》頁 278 注 2：「《望山》簡 1『范獲志』應可逕釋為『獲』，參看包山 62 號簡注釋。」《包山》簡 62 字作 ，陳偉、劉國勝、胡雅麗注釋說：「上博竹書《周易》17（引按：）、48 號簡（引按：）等此形與傳世本『獲』對應。從『爪』從『隻』，象獲隹之形。包山 119 號簡背面人名『獲志』，為古人習語。」（頁 33 注 82）又《武王踐阼》簡 10「隹」作 、「難」作 ，劉洪濤指出：「隹」的三橫與左側豎筆交叉寫出頭，有些特殊，郭店竹簡《尊德義》1 號之字所從「隹」的左側有兩橫一豎三筆，這部分字形過去有「丹」、「月（肉）」、「舟」等不同釋法，陳劍先生指出此為「隹」的附屬筆畫，並不是獨立的偏旁（《〈尊德義〉釋文與注釋》，未刊）。其說可從。《武王踐阼》這種寫法的「隹」很可能也是其附屬筆畫與右側橫畫連筆的結果。（劉洪濤：〈上博楚簡《凡物流形》釋字兩則〉，頁 300 注 4）。

謹按：「隹」旁的筆劃與「丹」、「月（肉）」、「舟」、「爪」並不全然吻合，這些筆畫理解為飾筆較好，當直接釋為「獲」，不須釋為「膗」。至於《程寤》簡 4 、《皇門》簡 9 也該釋為「獲」。《包山》58 、169 、191 ，《楚文字編》頁 239 隸定作「膗」，分析為從 ，「膗」省聲。《包山楚墓文字全編》頁 152 亦隸定作「膗」，皆無必要。

其次，簡文云「獲哀侯以歸」，蔡哀侯被捉回楚國只是暫時性的，不久就被釋放。否則《左傳》莊公十四年楚文王因為息媯一席哀怨的話（「吾一婦人，而事二夫，縱弗能死，其又奚言」）而下令攻打蔡國的事情沒有著落

了（詳下討論）。

補記：本則寫完，又看到單育辰先生也認為：「楚文字中常在『隹』左旁加飾筆『丿』，略似『丹』形，但不是『丹』，古文字學家常常把加『丿』的『隹』隸作『雁』，不確，仍應隸為『隹』。郭店此字與常見的『隹』形比較，僅是『丿』更長一些而已，其下從水，故應釋作『淮』。」（《郭店《尊德義》《成之聞之》《六德》三篇整理與研究・尊德義集釋》）

⑧ **文王爲客於賽（息），郘（蔡）侯與從，賽（息）侯以文王猷=（飲酒）。**

整理者：《左傳》莊公十四年：「楚子如息，以食入享。」簡文「以」義同「與」。《儀禮・鄉射禮》「各以其耦進」，鄭注：「今文『以』為『與』。」（頁148，注8）

程薇：在路過息國時，息侯設宴犒勞楚文王。「息侯以文王飲酒」的「以」字，應該解釋為「與」，全句意思是息侯與楚文王把酒暢飲。（〈清華簡《繫年》與息媯事跡〉，《文史知識》2012年4期，頁47）

子居：觀《繫年》所記「文王為客於息，蔡侯與從」可知，楚文王在新（莘）地擊敗蔡師，俘獲蔡哀侯之後，即順路南下作客於息，所以此時「蔡侯與從」。息侯既獲楚師之助，自然是要致謝，故與楚文王飲酒。（〈5～7章解析〉）

雯雯按：《左傳》莊公十四年「楚子如息，以食入享」，杜預注：「僞設享食之具。」《釋文》云：「食音嗣」。（《左傳》，卷9，頁288）楊伯峻先生云：「《呂氏春秋・長攻篇》云：『楚王欲取息與蔡，乃先佯善蔡侯，而與之謀曰：「吾欲得息，奈何？」蔡侯曰：「息夫人，吾妻之姨也。吾請為饗息侯與其妻者，而與王俱，因而襲之。」楚王曰：「諾。」於是與蔡侯以饗禮入於息，因與俱，遂取息。旋，舍於蔡，又取蔡。』所敘與《左傳》不盡合，難以盡信。然楚子如息，以食入享，則有相近之處。」（頁198）〈長攻〉

所記為蔡侯與楚文王謀息，今《繫年》可證楚、息、蔡三國的史實，應以《左傳》所記接近實情。但由於《左傳》記載「楚子如息，以食入享，**遂滅息**」，遂讓杜預認為「以食入享」是指楚王作東宴請息侯而殺之。郁賢皓《新譯左傳讀本》解釋此句亦為：「設宴招待息侯」（頁 205）沈玉成《左傳譯文》也譯作「楚王到息國，設享禮招待息侯〔而加以襲殺〕，就滅亡息國。」都是根據杜預的意見而作的釋文。以常理判斷，很難理解在息國作客的楚王，卻反客為主宴請息侯且殺了他。蘇建洲老師認為比對《繫年》的記載，《左傳》云「楚子如息，以食入享，遂滅息」恐有問題，如果將「遂滅息」三字去掉就符合史實了。「楚子如息，以食入享」字面上當是息侯宴請楚王，如同《繫年》云：「文王爲客於息，蔡侯與從，息侯以文王飲酒。」況且二十二章簡 121「戉（越）公內（入）亯（饗）於魯」，句式與《左傳》相同，是說越公翳進入魯國接受饗禮，也可證明杜預之說有誤。蘇師之說可從。

⑨　郘（蔡）侯智（知）賽（息）侯誘曰（己）也，亦告文王曰：「賽（息）侯之妻甚娗（美），君必命見之

（一）娗（美）

整理者：《左傳》莊公十四年：「蔡哀侯為莘故，繩息媯以語楚子。」語意與簡文相近。娗，「媺」之簡寫。《周禮・地官・師氏》：「師氏掌以媺詔王。」鄭玄注：「告王以善道也。」賈公彥疏：「媺，美也。」《集韻・旨韻》：「媺，善也。通作『美』。」（頁 148-149，注 9）

雯雯按：上引《左傳》莊公十四年的「繩」，杜預注：「譽也。」《正義》曰：「字書繩作譝，從言，訓為譽。」（《左傳》，卷 9，頁 288）楊伯峻先生云：「繩，譽也。《呂氏春秋・古樂篇》『周公旦乃作施以謳文王之德』，繩亦是此意。《廣雅》作『譝』，云：『譽也』。」（《左傳注》，頁 198）《左傳》

「繩息嬀」指讚美息嬀,「語」,楊氏云:「語,去聲。」(《左傳注》,頁 198)
《廣韻》「語」,說也、告也。(頁 361)據簡文「息侯之妻甚美」,當是蔡侯
向楚文王盛稱息嬀之美貌。

⑩　文王命見之,賽(息)侯訂(辭),王固命見之。既見之,還。

程薇:蔡哀侯發現自己受騙上當後,就在楚文王面前盛讚息嬀的美艷,
慫恿楚文王一睹芳顏,最終為第二年楚文王滅息埋下伏筆。(〈清華簡《繫
年》與息嬀事跡〉,《文史知識》2012 年 4 期,頁 47)

子居:至此,《繫年》所記與《左傳》略有差異,《繫年》稱「既見之,
還。明歲,起師伐息,克之,殺息侯,取息嬀以歸,是生堵敖及成王。」
而《左傳・莊公十四年》則記載為:「楚子如息,以食入享,遂滅息。以息
嬀歸,生堵敖及成王焉。」因為《左傳》這個記載的緣故,後世多有依杜
預注所稱「偽設享食之具」而理解為滅息即在「以食入享」之時,現在由
《繫年》的記載明確可知,實際上滅息是在會息侯的次年,《左傳》在這個
事件上的記載,文字多較《繫年》簡略,故容易引發誤解。(〈5~7 章解析〉)

雯雯按:簡文前云「蔡侯知息侯誘己也,亦告文王曰:『息侯之妻甚美,
君必命見之。』」「亦告」一詞彰顯出蔡侯乃是意說動楚王見息嬀。此處則
云楚王聽取蔡侯之言,要求見息嬀,可見息嬀本未列席。由「息侯辭」而
「楚王固命見之」,可見當息侯曾有推讓,可是楚王堅持一見,不得已只好
請息嬀出來。而楚王見過息嬀後就還師楚國,無如《左傳》云「遂滅息」。
《繫年》此處描寫較《左傳》詳細,明確說明楚文王滅息的時間是在「明
歲」,即楚文王七年(683B.C)。

⑪　昷(明)散(歲),起𠂤(師)伐賽(息),克之,殺賽(息)侯,取賽
　　(息)為(嬀)以歸,是生臺(堵)囂(敖)及成王

（一）盟（明）

整理者：盟，「盟（盟）」字省變。（頁 149，注 10）

華東讀書小組：整理者將此字視作《說文》「盟」小篆之變體，從而讀為「明」，其說甚是。（〈書後（二）〉）

（二）起𠂤（師）伐賽（息）

整理者：《左傳》莊公十四年：「……遂滅息。以息媯歸，生堵敖及成王焉。」（頁 149，注 11）

子居：彼時楚尚未得隨東之土，故大隧、直轅、冥阨三關不通，楚伐息必須由北取道襄樊，沿溳水經汝水，而後南至息國。筆者在《清華簡〈楚居〉解析》中曾提到：「若與《楚居》篇中的楚文王徙居過程相對應的話，那麼就是居疆郢時滅鄖、羅，居樊郢時滅申、息、繒、應、鄧，居為郢時滅厲、貳、蓼、州，然後還居大郢。」樊郢即今湖北襄樊市樊城，楚文王自此出發伐息，與《楚居》所記可合。（5～7 章解析〉）

程薇：息國的滅亡是在蔡哀侯被俘後的第二年亦即公元前六八三年，楚文王專門出師伐息，滅掉了息國。這就給我們提供了息國亡國的時間。（〈清華簡《繫年》與息媯事跡〉，《文史知識》2012 年 4 期，頁 47）

梁立勇：在《繫年》出現前，楚滅息的時間一直未知。《左傳》隱公十一年、莊公十四年《正義》都認為楚滅息是在莊公十四年。顏師古注《漢書・楚元王傳》同。後來張宗泰提出，楚滅息當在莊公十一、二年，否則何以十四年息媯即生堵敖及成王。楊伯峻先生指出《左傳》：「蔡哀侯為莘故，繩息媯以語楚子。楚子如息，以食入享，遂滅息，以息媯歸。生堵敖，及成王焉。」是前幾年的事情，此時息媯已生兩子。現在有了《繫年》我們明確知道，楚文王受饗于息在莊公十年，滅息在第二年，即莊公十一年。張宗泰的推論是正確的。《左傳》的這一段話確是追敘，《呂氏春秋》所記

應該是錯讀了《左傳》，不知「入饗」和「滅息」為兩事而誤合為一。(〈讀《繫年》札記〉，《深圳大學學報》2012 年 03 期，頁 59)

雯雯按：宋公文先生曾推定楚國滅息的時間，「只能寬泛地定在公元前684 年 (莊公十年) 冬至公元前 682 年 (莊公十二年) 夏之間。」(〈息夫人考論〉，頁 465) 今據《繫年》之說，滅息的時間在莊公十一年，即西元前六八三年。子居先生認為「楚伐息必須由北取道襄樊，沿瀙水經汝水，而後南至息國。」尚景熙先生曾提及楚國用兵進伐中原的路線主要有兩條：「一條自申向北沿夏路出方城，至黃河流域。一條向東循瀙水至淮河流域。」(〈楚方城及其與楚國的軍事關係〉，《中原文物》1992 年 2 期，頁 14) 子居先生提及的路線圖或可參考。

(三) 生臺 (堵) 囂 (敖) 及成王

整理者：臺囂，亦見於清華簡《楚居》，即堵敖熊艱，典籍或作「壯敖」、「莊敖」、「杜敖」等。(頁 149，注 11)

華東讀書小組：此字實從弁土聲，對照傳世文獻，可讀為「堵」等字。「堵敖」又見於《楚辭・天問》：「吾告堵敖以不長。」(〈書後 (二)〉)

蘇建洲：綜合以上，![字]字可以分析為：(一) 從甾從土 (二) 從畚從土，即《說文》的「![坴]」，「埽除也。從土弁聲，讀若冀。(十三下九)」。(三) 從「![占]」(簧) 省，從土。第 (二) 說讀為「冀」與「堵」、「杜」聲韻有距離，不可從。至於從「貴」旁諸字一般是聲符，但「貴」也與「堵」、「杜」聲韻不近，所以第 (三) 說也不可從。筆者以為分析為「從甾從土」應該是最合理的，可以隸定為「![墮]」。《說文》「甾」部下的字，如![鱃]、![畚]、![䰗]、![廥]，「甾」皆為形旁，而分別從建、弁、并、虍聲 (十二下二十一)，則![字]字可分析為從「甾」「土」聲，是為上形下聲的形聲結構，自然可以與典籍「堵敖」、「杜敖」的「堵」、「杜」對讀。「土」、「杜」、「者」音近，如江陵

鳳凰山漢墓群出土遣冊所記陪葬物屢見「薄土」，或作「溥土」。筆者以為陳劍先生將《三德》■與■二字連繫起來在音義上確實很有道理，至於二者上部的演變，本文初稿認為可以引用上述徐寶貴先生所指出的：「■形無疑是把較早形體■、■、■的中間直畫的下部縮到上邊之形」，關於這現象可以再補充一個例子：齊系文字的「弁」作■（眣，《陶文圖錄》2.662.2）、■（眣，《陶彙》3.136），也作■（弁，弁（偏）將軍信節）。既然■中間直畫可以上縮，則可以推測可以進一步省簡變成「■」寫法，即豎筆完全省簡，示意如下：■→■→■，則「■」也可以分析為從甾土聲。值得注意的是，新出《上博八·命》簡4「嗣」作■，其上的「畲／畚」旁的寫法正是作「■」形體，省簡上面所從的「卜」形，印證了筆者當初的猜想。由於「畲／畚」與「甾」本同形，基於文字類化的現象，「甾」當然也可以由「■」寫作「■」形體。如此可以確定■與■確實是一字，均為從「土」得聲的字，只是前者將「■」的兩斜筆往下移動而已。但是■與■隸定為「堂」，相當於後世那一個字尚有待考証。（〈《楚居》簡9「堂」字及相關諸字考釋〉，《楚簡楚文化與先秦歷史文化國際學術研討會論文集》2011年10月、《楚文字論集》，頁123-125）

Fox：清華簡「堵敖」之「堵」，原作■（楚居9）、■（繫年29），整理者指出古書或作「堵」、「杜」、「壯」、「莊」等，古音皆近，當是所本不同；「堂」從土聲，疑為「堵」字或體。也有學者認為字的上部是「筐」字初文，字當以「筐」為聲，讀為「莊」。還有學者懷疑《從政甲》17號簡「■敔」之■是該字異體。今按，「■敔」之■如果確係該字異體，或者可讀為「杜」，訓為排斥或堵塞，與「敔」義近。信陽遣冊28號簡有字作■，一直沒有公認的解釋，何琳儀先生曾指出字從「弁」，但是信陽簡數見從竹從弁之字，其「弁」字下部均寫作「又」，與■有別。現在看來■可能與清華簡的■是同一個字。上博《三德》用韻，17號簡有■字，顧史考先生指出與

其上文「敔」、「矩」押韻，而「敔」、「矩」都是魚部字。有意思的是「土」也是魚部字，𡊅當是從「土」得聲（顧史考先生應該已經指出這一點，惜筆者尚未得見其考證之文《上博竹書三德篇逐章淺釋》，只知道他把𡊅讀為魚部的「著」，載《簡帛》2 輯，頁 327）。從字形上看，𡊅與𡊅也有相近之處。（〈「堵」相關的字〉，簡帛網「簡帛論壇」，2011 年 12 月 22 日）

雯雯按：「𡊅（堵）嚻（敖）」，《史記‧諸侯十二年表》「楚杜敖囏元年」《索引》云：「楚杜敖囏，音艱。系家作『莊敖』，劉音壯，此作杜敖。劉氏云亦作『堵』。堵、杜聲相近，與系家乖，不詳其由也。」（《史記》，頁 250）蘇師建洲分析「𡊅」字云：「筆者以為分析為『從甾從土』應是最合理的，《說文》『甾』部下的字，如䰞、奮、甂、廬，『甾』皆為形旁，而分別從𦔮、弁、并、虍聲（十二下二十一）。則𡊅字可分為從『甾』『土』聲，自然可以與典籍『堵敖』、『杜敖』的『堵』、『杜』對讀。」又云：「𡊅，從『土』生，應該是代表『堵』、『杜』這個詞，後來『杜』因形近而訛為『壯』，再音訛為『莊』。」所以堵敖另有杜敖、莊敖、壯敖等寫法。

堵敖，《史記‧楚世家》云：「（文王）十三年，卒，子熊囏立，是為莊敖。莊敖五年，欲殺其弟熊惲，惲奔隨，與隨襲弒莊敖代立，是為成王。」據《史記》則莊敖在位五年（676-672 B.C.在位），據《左傳》則因文王紀年多二年（即在位十五年），故堵敖執政三年（674-672 B.C.在位）。「敖」，《左傳》楚君名號稱敖者有四：若敖、郟敖、訾敖及堵敖，《史記》亦有四：若敖、霄敖、堵敖、郟敖，去除重複為若敖、霄敖、堵敖、郟敖、訾敖五人。

1　若敖（**790-764B.C.在位**）

《左傳》僖公二十八年：「若敖之六族從之」，杜預注：「若敖，楚武王之祖父，葬若敖者。」（《左傳》，卷 16，頁 513）楊伯峻先生云：「若敖為楚武王祖，楚君之無諡者，皆以『敖』稱，而冠以所葬之地，昭十三年《傳》

所謂『葬子干于訾，實訾敖』者是也。則若敖者，為楚君之葬於若者，實亦子玉之祖也。敖即豪，猶今之酋長矣。」(《左傳注》，頁457)《史記》：「熊咢九年，卒，子熊儀立，是為若敖。」《楚居》簡6寫作「若嚻酓義」。

2　霄敖（據《史記》765-760B.C.在位）

《史記》「若敖卒，子熊坎立，是為霄敖。」（引按：「霄敖」，《史記》以為是若敖子、蚡冒父，但《清華簡・楚居》列出的世系與《史記》不同，整理者注解三十八條云：「宵嚻熊鹿，《楚世家》作『霄敖熊坎』。包山二四六號簡：『舉禱荊王自熊鹿以就武王。』熊鹿即霄敖。《楚世家》、《古今人表》等並以為霄敖〔《古今人表》誤作『甯敖』〕是若敖之子，蚡冒之父，誤。據本篇簡文，可知世系是若敖——蚡冒——霄敖。」〔《清華簡》（壹）》，頁187〕〈楚世家〉云：「蚡冒弟熊通，弒蚡冒子而代立，是為楚武王。」現在看來武王所弒者應是霄敖。

3　堵敖

《左傳》莊公十四年「以息媯歸，生堵敖及成王焉。」杜預注：「楚人謂未成君為敖。」(《左傳》，卷9，頁288)楊伯峻云：「『堵敖』，《楚世家》作『杜敖』（或本作『壯敖』，又作『莊敖』者，恐係字誤），賭、杜音近。《楚辭・天問》：『吾告堵敖以不長』，似堵敖先成王死。」(《左傳注》，頁198)《史記・楚世家》云：「（文王）十三年，卒，子熊艱立，是為莊敖。」《楚居》簡9、《繫年》均作「臯嚻」。

4　郟敖（544-541B.C.在位）

《左傳・昭公元年》：「公子圍至，入問王疾，縊而弒之，遂殺其二子幕及平夏。右尹子干出奔晉，宮廄尹子皙出奔鄭，殺大宰伯州犁於郟。葬王於郟，謂之郟敖」。杜注：「郟敖，楚子麋。」(《左傳》，卷41，頁1345)楊伯峻云：「楚人于楚子麋不為諡，乃以其葬地稱之。《楚世家》中號王為

敖者四，熊儀為若敖，熊坎為霄敖，此二人在有諡法以前；而杜敖（即《天問》之堵敖）、郟敖則在有諡後。馬融、鄭玄以敖為獒，即今之酋長；顧頡剛以敖為丘陵，某敖即某陵。詳顧頡剛《史林雜識》。」（《左傳注》，頁1223-1224）《史記》：「康王立十五年卒，子員立，是為郟敖。」（《會注考證》，頁649）《楚居》簡11作「（乳子-孺子）王」。

5 訾敖（？-529B.C.在位）

《左傳》昭公十三年：「觀從謂子干曰：『不殺棄疾，雖得國，猶受禍也。子干曰：『余不忍也。』子玉曰：『人將忍子，吾不忍俟也。』乃行，國每夜駭曰：『王入矣！』乙卯夜，棄疾使周走而呼曰：『王至矣！』國人大驚。使蔓成然走告子干、子晳曰：『王至矣，國人殺君司馬，將來矣。君若早自圖也，可以無辱。眾怒如水火焉，不可為謀。』又有呼而走至者曰：『眾至矣！』二子皆自殺。丙辰，棄疾即位，名曰熊居，葬子干于訾，實訾敖。」杜預注：「不成君，無諡號者，楚皆謂之敖。」《正義》云：「郟敖與此訾敖，皆不成君，無號諡也。元年傳云『葬王於郟，謂之郟敖』，此云『葬子干于訾，實訾敖』，並以地名冠敖，未知其故。又《世家》，楚之先君有若敖、霄敖，皆在位多年，亦稱為敖，不知敖是何義。」（《左傳》，卷46，頁1516）楊伯峻云：「楚君王無諡者，多以葬地冠『敖』字。」（《左傳注》，頁1348）《楚居》沒有記載「訾敖」的世系。

楚君稱「某敖」，注家意見不同，杜預認為：「不成君，無諡號者，楚皆謂之敖。」然此說唐代孔穎達等經學家已提出疑問，如《左傳》昭公十三年提及的子干，即公子比干，楚靈王弟。當時靈王生死未卜，子干似未即位，「不成君」在訾敖身上可以成立，但就若敖、霄敖、堵敖、郟敖身上則說不通，不過「無諡號」卻是其共通點。馬融、鄭玄則以敖為獒，即豪，猶今之酋長，方炫琛云：「左僖二十八年《會箋》云：『蓋敖者蠻夷酋長之稱，字本作豪，亦作敖，《史記・晉世家》靈公飲趙盾酒，縱齧狗，名敖，

知獒敖二字古通。《書序》「西旅獻獒，大保作旅獒」，鄭注云：『獒讀曰豪，西戎無君長，強大有政者為酋豪，來獻見於周。』是也。楚本蠻夷，故其君長皆以敖稱，其後遂以名君之無諡，即貴官之亞於君者。』以敖為酋豪，如今所謂酋長，其說蓋是。」（《人物名號研究》，條1667「堵敖」，頁500-501）楊伯峻注「若敖」亦取鄭玄之說。何光岳《楚源流史》亦從鄭玄說而有引申（頁288-293）。而顧詰剛先生則以「敖」為「丘陵」，似又難解。當以楊伯峻先生云：「楚君王無諡者，多以葬地冠『敖』字。」堵敖，指熊艱死後被葬於「堵」地。

成王（672-626B.C.在位），《史記》名為「熊惲」，《春秋》文公元年經文云：「楚世子商臣弒殺其君頵」，楊伯峻認為此為成王之名的本字，其云：「頵音麕，《公羊》、《穀梁》俱作『髡』，《漢書人表》作『惲』，《楚世家》作『熊惲』。楚君之名多冠以『熊』字，《楚世家》可證，而《左氏》則省此熊字，單稱其名。哀六年《傳》『逆越女之子章，立之』，章即楚王熊章鐘之熊章，尤可證也。今傳世有楚王頵中，銘曰『楚王頵自作鈴鐘』，則頵乃其名之本字。」（《左傳注》，頁509）《公羊》、《穀梁》作「髡」，方炫琛引《春秋異文箋》認為是「聲之譌」，而依楊注「惲當是頵之假借字。」《人物名號研究》，條2212「頵、成王、楚子、成」，頁626）「成」此諡號尚有一插曲，《左傳》文公元年商臣率領東宮的甲兵包圍楚成王的宮室，楚成王請求吃熊掌後再死，商臣不聽，成王自縊而亡，「諡之曰『靈』，不瞑；曰『成』，乃瞑。」（《左傳注》，冊2，頁515）以「成」為諡，才使成王瞑目。成王為文王與息嬀第二個兒子，弒其兄熊艱代立。《楚世家》記載即位後能「布德施惠，結舊好於諸侯，使人獻天子，天子賜胙，曰：『鎮爾南方夷越之亂，無侵中國。』於是楚地千里。」（《史記》，頁647）在位四十六年，是繼楚文王之後一位有為的君主。

簡文關於息、蔡二國之事至此作結，華東讀書小組云：「楚滅息事載於《左傳·莊公十四年》，傳文為『蔡哀侯為莘故，繩息嬀以語楚子。楚子如

息，以食入享，遂滅息。以息嬀歸，生堵敖及成王焉』，與簡文記載之情節
不甚相同，而此下尚有楚王為息嬀伐蔡之情節，簡文記載未取之。」（〈書
後（二）〉，武漢大學「簡帛網」，2011 年 12 月 30 日）楚王為息嬀伐蔡的情
節牽涉到蔡侯是否從息侯引楚王伐蔡時就被拘囚於楚國：

《清華簡》簡文	《左傳》莊公十年、十四年	《史記‧管蔡世家》
蔡哀侯取妻於陳，息侯亦取妻於陳，是息嬀。	蔡哀侯娶于陳，息侯亦娶焉。（以下為莊公十年所記）	哀侯十一年，初，哀侯娶陳，息侯亦娶陳。
息嬀將歸于息，過蔡，	息嬀將歸，過蔡。	息夫人將歸，過蔡，
蔡哀侯命止之，曰：「以同姓之故，必入」。	蔡侯曰，吾姨也。止而見之，	
息嬀乃入于蔡，蔡哀侯妻之。	弗賓。	蔡侯不敬。
息侯弗順，	息侯聞之怒。	息侯怒，
乃使人于楚文王曰：「君來伐我，我將求救於蔡，君焉敗之。」	使謂楚文王曰：「伐我。吾求救于蔡而伐之。」	請楚文王：「來伐我，我求救于蔡，蔡必來，楚因擊之，可以有功。」
文王起師伐息，息侯求救於蔡，蔡哀侯率師以救息，文王敗之於莘，獲哀侯以歸。	楚子從之。秋，九月，楚敗蔡師於莘，以蔡侯獻舞歸。	楚文王從之，虜蔡哀侯以歸。哀侯留九歲，死于楚。凡立二十年卒。
文王為客於息，蔡侯與從，息侯以文王飲酒，		

蔡侯知息侯誘己也，亦告文王曰：「息侯之妻甚美，君必命見之。	蔡哀侯為莘故繩息媯以語楚子。楚子如息，以食入享，（**以下為莊公十四年所記**）	
文王命見之，息侯辭，王固命見之。既見之，還。		
明歲，起師伐息，克之，殺息侯，取息媯以歸，是生堵敖及成王。	遂滅息，以息媯歸，生堵敖及成王焉。	
	未言，楚子問之，對曰：「吾一婦人而事二夫，縱弗能死，其又奚言？」	
	楚子以蔡侯滅息，遂伐蔡。秋，七月，楚入蔡。	
文王以北啟出方城，封畛於汝，治旅於陳，焉取頓以恐陳侯。		

比對《繫年》、《左傳》、《史記》所述，《繫年》止於「是生堵敖及成王」；《左傳》莊公十四年的紀錄則又記錄了息媯與楚王的對話，還有楚王因蔡侯滅息之故而伐蔡；《史記》記敘楚王擄獲蔡哀侯，只言「哀侯留九歲，死于楚。凡立二十年卒。」哀侯即位第十一年被擄，之後就一直留在楚國。然而《史記·楚世家》云：「（文王）六年，伐蔡，虜蔡哀侯以歸，已而釋之。」與〈管蔡世家〉相牴觸，所以子居與梁立勇兩人都認為楚文王在莊公十年時即將蔡哀侯釋放回蔡國。子居云：

蓋楚文王八年，息媯生堵敖；楚文王九年，息媯生成王。楚文王十
年，因為息媯的緣故而伐蔡。推測此次伐蔡時，楚文王再次俘獲蔡
哀侯，以後就一直扣押蔡哀侯至其死亡，故《史記・管蔡世家》有
「楚文王從之，虜蔡哀侯以歸。哀侯留九歲，死于楚」的記載，或
因蔡哀侯死于楚，所以才產生了「留九歲」的異說。(〈5～7章解析〉)

梁立勇亦云：「我們可以推斷，在莊公十年伐蔡而入饗息國後，由於蔡哀侯
向楚文王說息媯貌美，楚文王即放回了蔡哀侯。否則如果蔡哀侯于莊公十
年到莊公十九年一直在楚的話，莊公十四年的伐蔡豈非無的之矢？息媯在
取得楚文王的寵愛後，向楚文王進言欲報以前蔡哀侯非禮及滅國之仇。於
是楚文王在莊公十四年又一次伐蔡虜獲蔡哀侯，這一次蔡哀侯就被留在楚
國一直到死。(〈讀《繫年》札記〉，頁 59) 依二位的意見，蔡侯應當在楚第
二次伐蔡時被楚王擄回楚國，留六歲 (即蔡哀侯 15-20 年)，遂死于楚。

建洲按：如上表所示左傳《莊公十四年》云：「遂滅息，以息媯歸，生
堵敖及成王焉。」因而後世文獻如《通志・氏族略二》「息氏」條便將楚滅
息的時間定在這一年。不過，徐旭生先生曾分析說：「考楚的滅息是因為蔡
哀侯敗於莘懷恨，那末，應在莊公十年九月以後。到莊公十四年秋天息妨
已經生了兩個孩子，那麼，滅息當在莊公十年冬至十二年間。」(參徐旭生
《中國古史的傳說時代》第四章，頁 176) 今比對《繫年》所云：「明歲，
起師伐息，克之，殺息侯，取息媯以歸，是生堵敖及成王。」則「殺息侯，
取息媯以歸」可能是在莊公十一年，楚文王七年。楚文王八年息媯生堵敖，
楚文王九年息媯生成王，到楚文王十年 (莊公十四年) 伐蔡虜獲蔡哀侯。
可知徐旭生先生之說可信。

⑫ 文王以北啓，出方成 (城)

整理者：以，乃。啓，開拓。「方城」之名見於《左傳》僖公四年「楚

國方城以為城，漢水以為池」，杜注：「方城山在南陽葉縣南，以言竟土之遠。」亦見於安徽壽縣出土的鄂君啟節（《集成》一二一一〇）。關於楚方城的位置及性質，古今學者意見頗有分歧，可參看楊伯峻《春秋左傳注》第二九二至二九三頁、王振中〈方城考〉（《北京師範大學學報》2007 第六期）以及蔣波、朱戰威〈三十年來楚方城研究述要〉（《高校社科動態》2010年第一期）等。（頁 149，注 12）

黃傑：「文王以北啟出方城」，「啟」下點斷為好。（〈筆記〉，「復旦網・學術討論」，2011 年 12 月 20 日）

子居：依《史記・楚世家》：「楚強，陵江漢間小國，小國皆畏之。十一年，齊桓公始霸，楚亦始大。十二年，伐鄧，滅之。」同在楚文王十二年，據《春秋・莊公十六年》記：「十有六年春王正月。夏，宋人、齊人、衛人伐鄭。秋，荊伐鄭。」《左傳・莊公十六年》給予說明：「十六年夏，諸侯伐鄭，宋故也。鄭伯自櫟入，緩告于楚。秋，楚伐鄭，及櫟，為不禮故也。」也就是說，在夏季，宋國率齊、衛之師對去年「鄭人侵宋」實施報復。至秋季，楚國因為鄭的輕慢也出師伐鄭，《繫年》所記「文王以北啟，出方城，設遂於汝，治旅于陳，焉取頓以撼陳侯」蓋即在此前後。（5～7章解析〉）

雯雯按：「方城」之名實，歷來即有著歧義，杜預注《左傳・僖公四年》「楚國方城以為城」首云方城為「方城山」。（《左傳》，卷 12，頁 381）而後「方城」在文獻典籍中則有不同的涵義：楚國關隘名、城邑、山名、楚長城的代稱。如近人王振中先生在考辨方城山的地望後，考證出因方城山而得名的方城塞，位在今方城縣東北境與葉縣東南境間、伏牛山脈和桐柏山脈之間的缺口，是「東漢高誘所謂的楚塞，鄭玄所謂的方城之隘，三國韋昭所謂的楚北之扼塞」，可通往周、鄭、晉、衛、蔡、陳、曹、宋、魯、齊之道，是南北交通的咽喉。除了方城塞外尚有方城城邑的存在，認為《左傳》文公三年「捫於方城」及襄公二十九年的「公還，及方城」的「方城」

指都邑，而此方城在「今葉縣保安鎮東北的前古村，亦即地方志書所稱的『霸王城』。」（〈方城考〉，頁 130-135）蔣波、朱戰威兩位先生則據學界的研究，認同「今天楚文化概念範疇內的『楚方城』，一般是指豫西南境內的楚長城。」並整理出現今學界的三種看法：「『楚方城』原本是楚國北部邊防城塞的常用稱呼，後來才慢慢的演變為楚國北部長城的代稱。」、「楚長城因方城山或方城塞而得名。」、「楚長城宏觀外形成方形狀，故稱之為『方城』。」（〈楚方城研究述要〉，頁 26-27）故「方城」歷來之名義與性質皆不同。

「方城」一名，文獻中首見於《左傳》僖公四年，其他分別見於文公三年、文公十六年（庸方城）、襄公十六年、襄公二十六年、襄公二十九年、昭公九年、昭公十八年、定公四年（兩次）、哀公四年、哀公十六年。但文公十六年所提到的「庸方城」卻非楚國之方城，楊伯峻：「言庸之方城者，別于楚之方城也。高士奇《地名考略》云：『今竹山縣東四十五里有方城，山上平坦，四面險固，山南有城周十餘里，卽春秋時「庸方城」也。』」（《左傳注》，頁 618）故《左傳》指稱的楚國方城的只有十二次。

僖公四年，此時為楚成王十六年。此年記載齊桓公陳諸侯之師，示之以眾，曰：「以此眾戰，誰能禦之？以此攻城，何城不克？」屈完對曰：「君若以德綏諸侯，誰敢不服？君若以力，楚國方城以為城，漢水以為池。雖眾，無所用之。」杜預注：「方城山在南陽葉縣南，以言竟土之遠。漢水出武都，至江夏南入江，言其險固足以當城池。」（《左傳》，頁 381）這是杜預對「方城」唯一一次的注解，認為「方城」是指方城山。依杜預之說，《左傳》此句當理解為屈完以「土廣」對齊桓公的「人眾」。齊桓公率師南略一事見於《史記》「桓公矜屈完以其眾。屈完曰：『君以道則可。若不，則楚方城以為城，江漢以為溝，君安能進乎？』」傳文「方城」與「江漢」相對，亦以「方城」為地理形勝，杜預此處所注應無誤。

然觀察《左傳》所出現的「方城」的地理位置，如《左傳》襄公十六

年「楚公子格帥師，及晉師戰於湛阪，楚師敗績。晉師遂侵方城之外，復伐許而還。」昭公九年：「二月庚申，楚公子棄疾遷許於夷，實城父。取州來淮北之田以益之，伍舉授許男田。然丹遷城父人於陳，以夷濮西田益之。遷方城外人於許。」昭公十八年：「葉在楚國，方城外之蔽也。」哀公四年：「左司馬眅、申公壽餘、葉公諸梁致蔡於負函，致方城之外於繒關。」哀公十六年：「葉公在蔡，方城之外皆曰：『可以入矣。』」地點皆在方城山周圍。（參下圖）

而文公三年「楚師圍江，晉先僕伐楚以救江。冬，晉以江故告於周，王叔桓公、晉陽處父伐楚以救江，門於方城。遇息公子朱而還。」江國在今河南省息縣西南，楊伯峻先生注：「此方城當指方城山之關口。或即定四年《傳》之城口。」（《左傳注》，頁 531）定公四年的「城口」，楊伯峻先生依杜預之說，認為是大隧、直轅、冥阨三隘道之總名（《左傳注》，頁 1534）。地點近於桐柏山。（參下圖）

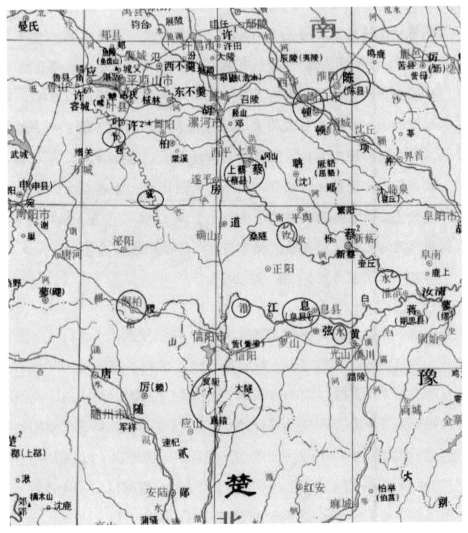

（《歷史地圖集》,「春秋楚吳越」,頁 29-30）

從方城山到桐柏山一帶,楊伯峻先生對此有詳細的注解:

> 姚鼐《補注》云:「楚所指方城,據地甚遠,居淮之南,江、漢之北,
> 西踰桐柏,東越光黃,只是一山,其間通南北道之大者,惟有義陽
> 三關,故定四年《傳》之城口。《淮南子》曰,縣之以方城。凡申、
> 息、陳、蔡,東及城父,《傳》皆謂之方城之外,然則方城連嶺可七
> 八百里矣。」說方城者甚多,唯姚說最為有據。《水經・潕水注》引

盛弘之云：「葉東界有故城，始犨縣，東至瀙水，逕（原作「達」，依趙一清校改）比陽界，南北聯，聯數百里，號為方城，一謂之長城云。」《注》又云：「酈縣有故城一面，未詳里數，號為長城，即此城之西隅，其間相去六百里。北面雖無基築，皆連山相接，而漢水流而南。故屈完答齊桓公云『楚國方城以為城，漢水以為池』。」又云：「《郡國志》曰『葉縣有長山曰方城』，指此城也。」依酈注諸說，以今地理度之，凡今之桐柏、大別諸山，楚統名之曰方城。洪亮吉《左傳詁》謂「方城」當作「萬城」，萬或作万，以字近而譌。然《國語》及《戰國策》諸書皆作「方城」未必各書皆誤，洪說殊不可信。（《左傳注》，頁 292-293）

據姚鼐所說，方城「西踰桐柏，東越光黃」，楊氏並揣度《水經注》所言之地理「凡今之桐柏、大別諸山，楚統名之曰方城」。可知在春秋戰國之世，「方城」的範圍從葉縣以南的方城山（屬伏牛山山脈）到桐柏山、大別山一帶，張卓遠先生即云：「楚北的方城，位於伏牛山脈的東端、南陽盆地北上的要道，東南和桐柏山、大別山相望，並且共同構成對盆地的環抱之勢。」（〈楚方城〉，頁 261）《史記・越句踐世家》云：「**夏路**以左」，《索隱》云：「徐氏以為江夏，非也。劉氏云：『楚適諸夏，路出方城，人向北行，以西為左，故云夏路以左』，其意為得也。」（《史記》，頁 669）「方城」成為楚國向北侵略諸侯與抵禦北方諸侯進軍的防禦線。既已取息國，得到了控扼淮水的戰略地點，而汝水、陳國、頓國皆在方城之外，欲再啟疆爭霸，當越過方城，故本簡云「文王以北啟出方城」，而此句的點斷可依黃傑先生所云：「文王以北啟，出方城」，指文王乃帥師向北開拓，走出楚國以方城為主的防禦疆界，取得汝水一帶。亦可參見第十八章簡101「⑬晉與吳會為一，以伐楚，閔（門）方城」條注釋。

建洲按：關於文王帥師向北開拓，走出楚國方城，取得汝水一帶疆域

的過程，左鵬曾有很好的描述，如下：

> 楚文王繼位，以郢為都城，此地炦于南來北往、東來西往的樞紐，南瞰江漢平原，北望南襄夾道，東臨隨棗走廊，西控荊睢山地，無論制馭蠻、越、巴、濮，撫綏漢陽諸國，乃至窺伺中原諸夏，都便于策應。文王借著武王威服于江漢之間的大好形勢，以及武王所建設起來的宏偉基業——富國能士強兵，**選擇了兵峰北指的戰略方針**，渡漢水伐申征呂。申、呂入楚，使周王室失去了南土的重要屏障。隨後楚國又伐蔡國、息國，並將所滅之國設為縣，直接由中央控制，派兵駐守，使其成為楚國邊境的軍事重鎮。當時楚國與中原的交通路綫主要有兩條，其一是通過南襄夾道和桐柏山與伏牛山之間的方城隘口進出中原，其二是從江漢平原東北的桐柏山與大別山之間的三關（冥阨、大隧、直轅）進出中原。而這兩條交通線又分別為申國和息國所控制，所以楚文王**北進**時首先對這兩處用兵，**滅申、息設縣**，從而保障了楚國軍隊進出中原的自由，又占據有利地勢設防，阻止北方敵人侵入漢水流域。接著，文王伐鄧，九年後滅鄧，整個南陽盆地從此成為楚人進兵中原、東略淮域的前哨基地，並將楚國的疆域進一步擴展到中原地區。文王采取由外而內的政策，占領了通向中原地區的眾多諸侯國，打通了前往中原地區的關口。（左鵬：《楚國歷史地理研究》，頁 139-140）

文王北進重要戰役有：伐申、伐息、伐蔡、伐鄭。

⑬ 坄麣於汝

整理者：《左傳》哀公十七年：「（楚文王）實縣申、息，朝陳、蔡，封畛於汝。」杜注：「開封畛比至汝水。」《左傳》昭公七年杜注云：「啟疆北

至汝水。」圾，疑為「封」之訛字。䜌，從艸，䌛聲。「䌛」字見《說文》。《說文》引《虞書》曰「䌛類于上帝」，今本作「肆」。肆是質部心母字，畛是真部章母字，音近可通。（頁149，注13）

　　華東讀書小組：此二字中，前一字整理者視為「封」之誤字，改讀為「封」，通過語音通轉，讀後一字為「畛」，其說可從。（〈書後（二）〉）

　　清華大學讀書會：（「䜌」）字從艸從二彪，見包山簡，為人名。（〈研讀箚記（一）〉，「復旦網」，2011年12月22日）

　　子居：扱，原釋「圾」。遂，原釋從艸從䌛。整理者言：「《左傳》哀公十七年：『（楚文王）實縣申、息，朝陳、蔡，封畛於汝。』杜注：『開封畛比至汝水。』《左傳》昭公七年杜注云：『啟疆北至汝水。』圾，疑為『封』之訛字。……『䌛』字見《說文》，《說文》引《虞書》曰：『䌛類於上帝』，今本作『肆』。肆是質部心母字，畛是真部章母字，音近可通。」其說以「圾䌛」即「封畛」，僅是比附傳世文獻，且要將第一個字理解為訛誤，第二個字理解為實際上聲韻皆相去甚遠的「音近可通」，其說顯不可從。筆者以為，原釋之「圾」字當讀為「扱」，意為收取。《說文・手部》：「扱，收也。從手及聲。」《廣韻》：「取也，獲也，引也，舉也。」「䌛」即「遂」，整理者所舉《尚書・堯典》：「肆類於上帝」句，孔傳曰：「肆，遂也。」《史記》的《五帝本紀》與《封禪書》、《漢書》的《郊祀志》與《王莽傳》引《尚書》皆作「遂類於上帝」可證。「遂」可解為古代遠郊設立的行政區劃，如《周禮・地官・遂人》：「遂人掌邦之野。以土地之圖經田野，造縣鄙，形體之法。五家為鄰，五鄰為里，四里為酇，五酇為鄙，五鄙為縣，五縣為遂，皆有地域，溝樹之，使各掌其政令刑禁。以歲時稽其人民，而授之田野，簡其兵器，教之稼穡。」故《繫年》此句可讀為「扱遂於汝。」（5～7章解析〉）

　　李守奎：〈清華簡《繫年》中的 字與陳氏〉（第十九屆古文字年會散發論文）一文中的釋文「圾薇于汝」。

羅運環：字形體可隸定爲字。細審 B 字形體，其構字部件可分解爲：艸、虎、彡、虎、彡。隸定爲，從艸，虤聲，基本音符爲「彪」。《說文解字》「彪，虎文也，從虎，彡象其形也。」作爲彡的減省。字整個字形還可從古文字的彪字或從彪的字得到證明。如：

（毛叔盤，集成 10145）　（許伯彪戈，集成 11134）　（包山簡 35）

這三個形體，前兩例就是彪字，分別爲春秋早期和晚期；後一例從網從彪，屬戰國中期的楚文字。B 字虍下與包山楚簡的寫法如出一人之手，其所從彡、也是，由三撇省爲二撇。此字確應隸定爲。字不見于字書，從艸，虤聲。其基本音符爲「彪」。字所在語句：「圾於汝」，與《左傳》哀公十七年「封畛於汝」所表達的內容一致，均即杜注所云「開封畛比至汝水」之意，字在句中應用爲「表」字。字音符彪與表字古音均爲宵部幫紐，聲韻相同故可通用。表有標記和極外之意。《史記・夏本紀》「行山表木」，唐司馬貞《索隱》：「表木，謂刊木立爲表記」。《尚書・堯典》「光被四表」，俞樾評議按：「表與裔本義皆屬衣，以其在極外而言則曰『四表』，猶衣之有表也。」從上面的分析來看，（表）當與《左傳》昭公七年所載楚文王「封汝」的封字同義，本意是指樹立界標，在此應指開拓疆域。「（表）于汝」與「封汝」同義，均當如杜注所云，指「啓疆北至汝水」。「圾」字當爲「及」字的异體，在句中可能有兩種用法。第一，意爲「至」；第二，用爲「以」。此字上承「北啓出方城」，下連「（表）于汝」，此于字結構如王引之《經傳釋詞》所言，爲倒裝句。「（表）于汝」，用現代漢語解讀應爲「在汝水邊樹立標識（界標）」。這樣圾（及）字解讀爲「至」，就前後貫通了。就是「至汝水邊樹立標識（界標）」。也就是「北啓出方城」後，開拓疆域達到了汝水。（〈清華簡「彪」字新考〉，復

旦網，2013 年 2 月 17 日）

雯雯按：《左傳》哀公十七年「封畛於汝」，楊伯峻注：「謂開拓楚之封疆至於汝水。」（《左傳注》，頁 1708）《左傳》定公四年有「封畛土略」句，楊注：「《詩・周頌・載芟》《毛傳》：『畛，場也』。土，封土。略，界。」（《左傳注》，頁 1538）此「場」指疆界，而「汝」指汝水，《讀本》認為「上游即今河南北汝河；自郾城以下，南經西平東會潕水（今洪河），又南經上蔡西至遂平東會瀙水（今沙河）；此下即今南汝河及新蔡以下的洪河。」（冊下，頁 1861）不過，整理者認為「圾」為「封」的錯字並無證據，且 當隸定為「蘪」，而非「蘱」。羅運環先生認為「蘪」讀為「表」，聲音（不過「彪」是幽部，「表」是宵部，二者是旁轉，非疊韻）與文意大概是目前比較好的意見。「在汝水邊樹立標識（界標）」應該可以引申理解為開闢疆域的意思，只是用字習慣比較奇特。不過他將「及」解為「至」，後不接地點賓語而是接倒裝句恐怕不行，古書沒有見過如此的句式。這句話究竟如何理解，待考。當然也不排除如整理者所說此處真有錯字存在。

⑭　改遬（旅）於陳，幺（焉）取邨（頓）以贛（恐）陳侯

（一）改遬（舉）

整理者：遬，「旅」之異體。《爾雅・釋詁一》「旅，陳也」，刑昺疏：「旅者，謂佈陳也。」（頁 149，注 14）

子居：治，原字作「攺」，似當讀為「治」。治旅，即傳世典籍之治兵、振旅。如《司馬法・仁本》：「諸侯春振旅，秋治兵，所以不忘戰也。」《周禮・夏官・大司馬》：「中秋，教治兵，如振旅之陳。」《管子・小匡》：「春以田曰搜，振旅。秋以田曰獮，治兵。」《左傳・隱公五年》：「三年而治兵，入而振旅，歸而飲至，以數軍實。」《國語・晉語五》：「乃使旁告于諸侯，治兵振旅，鳴鐘鼓，以至於宋。」《繫年》本章的「治旅于陳」實即指伐陳，

《左傳・昭公五年》:「寡君聞君將治兵於敝邑，卜之以守龜。」《國語・晉語四》:「晉楚治兵，會于中原，其避君三舍。」韋昭注:「治兵，謂征伐。」故下文說「焉取頓以慼陳侯」。(5～7 章解析〉)

梁立勇:「遊于陳」見於 29 簡，整理者隸定為「改旅于陳」，於「改」字無說。按:改在《繫年》凡二見，作，與本簡字形有別。當即《說文》的「攺」，《說文》小徐本認為「攺」從「㠯」聲，既從㠯聲，當讀為治。「治旅于陳」猶言「治兵于陳」。(〈讀《繫年》札記〉，頁 59)

建洲按:簡文「」即「改」字，當分析為从攴已聲或巳聲，參李學勤:〈釋「改」〉、趙平安:〈試釋包山簡中的「笆」〉。「巳」與「㠯」聲首音近可通，如《說文》「竢」或體作「䇓」。《容成氏》24「禹親執畚䇓(耜)」皆可為證，所以「改」讀為「治」是有可能的，但是一則【改與治】這樣的通假情況前所未見，二則「治旅」畢竟與「治兵」不同，「治旅」一詞未見於傳世文獻。此處「改」恐怕如字讀較好。「改旅于陳」，如果對應「朝陳蔡」，則「改旅」可理解為「易旅」，即變易陳之師衆，使之從己。《楚辭・天問》:「湯謀易旅，何以厚之?」王逸注:「言殷湯欲變易夏衆，使之從己，獨何以厚待之乎?」還有一種可能是將「遊」讀為「舉」，如《春秋事語》:「夫共仲[使]禹(圉)人騤旅(舉)其族以犯尚(黨)氏之眾」(參郭永秉:〈馬王堆漢墓帛書《春秋事語》補釋三則〉,《出土文獻與古文字研究》第二輯，頁 320-327)。「師旅」,《集成》285 叔弓鎛作「師旟」。「舉」可理解為興兵、發兵的意思也。《荀子・天論》:「舉錯不時」，楊倞注:「舉，謂起兵動眾。」《史記・淮陰侯列傳》:「今大王舉而東，三秦可傳檄而定。」《漢書・項籍傳》:「梁乃召故人所知豪吏，諭以所為，遂舉吳中兵。」《漢書・嚴安傳》:「陳勝、吳廣舉陳」，顏師古《注》:「舉，謂起兵也。」「改舉于陳」是針對前一句「圾薦於汝」來說的，即本來在汝水附近開疆闢土，又改到陳國舉兵。簡文可以理解為楚文王出方城向北拓展疆域至汝水附近，又改發兵到北邊的陳國，途中先攻取頓國以達到威懼陳侯的目的，大概是

想不戰而屈人之兵。附帶一提，根據何浩先生的研究，「陳祀之絕，總在蔡終為楚滅的同時或稍後不久，大約未能超過楚宣王二十七年，即公元前 343年。」（《楚滅國研究》，頁 337）。又董珊先生根據「實縣申、息，朝陳、蔡，封畛于汝。」認為楚縣的申近于陳、蔡、汝水，是申、息之申，不在南陽而在信陽。但是這句話更可能該理解為「實縣申、息。朝陳、蔡，封畛于汝。」亦即「實縣申、息」是一事；「朝陳、蔡，封畛于汝」是一事。比對本章簡 28-30「明歲，起師伐息，克之，殺息侯，取【二八】息嬀以歸，是生堵敖及成王。文王以北啓，出方城，圾虇於汝，改旅於陳【二九】」，其中「圾虇於汝，改旅於陳」即對應「朝陳、蔡，封畛于汝」。而與前面的「滅息」分為二事敘述，可以證明上述的論點。參見拙文〈《清華二・繫年》中的「申」及相關問題討論〉，待刊稿。

補記：羅運環先生認為「旅」，在此指師旅（軍隊）。《左傳》襄公十一年：「楚子囊乞旅於秦」。杜預注：「乞師旅于秦。」陳，即陳國。此指陳國，下句言陳侯，文從字順。此改字句式與《左傳》宣公十二年「改乘轅而北之」的句式相近，其義爲：〔開拓疆域達到了汝水〕，將軍隊的行動改向陳國。(〈清華簡《繫年》楚文王史事考論〉《出土文獻與中國古代文明學術研討會論文》（北京：清華大學，2013 年 6 月）

（二）頓

整理者：《左傳》僖公二十三年：「楚成得臣帥師伐陳，討其貳於宋也。遂取焦、夷，城頓而還。」杜注：「頓國，今汝殷南頓縣。」（頁 149，注 14）

子居：整理者引《左傳・僖公二十三年》：「楚成得臣帥師伐陳，討其貳于宋也。遂取焦、夷，城頓而還。」及杜注：「頓國，今汝陰南頓縣。」以說明《繫年》之「頓」，其說可商。據《漢書・地理志》：「汝南郡……南頓，故頓子國，姬姓。」顏師古注引應劭曰：「頓迫于陳，其後南徙，故號

南頓，故城尚在。」及《水經注・潁水》：「潁水又東，右合谷水，水上承平鄉諸陂，東北徑南頓縣故城南，側城東注。《春秋左傳》所謂頓迫于陳而奔楚，自頓徙南，故曰南頓也。今其城在頓南三十餘里。」故可知南頓是楚成王時期迫于陳國的壓力而南遷的頓國居地，並非楚文王時期的頓國所在，楚文王時的頓國當在今河南省商水縣平店鄉李崗村。今由《繫年》可見，楚文王時即已取頓，則其後的頓國當是楚使其復國而為附庸者。（〈5～7章解析〉）

雯雯按：頓國，首見於僖公二十三年「城頓而還」，楊伯峻注：「頓，國名，姬姓，即今河南省項城縣稍西之南頓故城。顧棟高《大事表》引或曰『頓國本在今縣北三十里，頓子迫於陳而奔楚，自頓南徙，故曰南頓』，未審確否。」（《左傳注》，頁402）南頓故城在今河南省項城縣南頓鎮，其舊址已經考古證明。《河南省・文物志》云：「南頓故城位於項城縣西4公里南頓鄉。城址東臨新運河，南臨谷水。城內南半部為司老街和崔街村。城桓因久經洪水沖刷和人為破壞，東、南、西三面已夷為平第，唯北牆僅存1段，長251米，最高處7米，最寬處10米。城桓下層含有商周時代的粗繩紋陶片和淺褐陶鬲殘片，上層含有漢代粗繩紋板瓦、筒瓦和紅陶罐殘片。」又云：「頓子國分北頓子國和南頓子國，北頓在今商水縣境內，為周初所封，春秋諸國相互兼并時被迫南遷建立新都，稱南頓。」（《文物志》，頁120-121）頓國由北向南遷移，酈道元《水經注》云：「春《春秋左傳》所謂頓迫于陳而奔楚，自頓徙南，故曰南頓也。今其城在頓南三十餘里。」（《水經注》，卷22，版心頁6，總頁330）與顧棟高之說合觀，知北頓在南頓北邊三十餘里，今日北頓故城遺址已被發現，閆德亮云：「周口市商水縣文物部門在今商水縣平店鄉李崗村附近發現了古頓國故城遺址。城址略呈正方形，邊長為500米，面積達25萬平方米，城牆外圍修築有濠溝。在城址內出土有西周、春秋時期的建築構件，如筒瓦、板瓦、雲紋瓦當，還有一些如圓底罐等陶器，另外多發現楚國流行的貨幣蟻鼻錢等。故城周圍發

現有西周、春秋時代的墓葬。」(〈頓國歷史與地理〉，頁 123) 頓國南遷的時間在僖公二十三年 (637B.C.)，即楚成王三十五年，歷史上雖未記載楚文王取頓一事，但可確定此時的文王所取之「頓」是尚未遷徙前的頓國，故子居先生之說可從。頓國在今周口市商水縣，其地理位置請見上圖。

補記：羅運環先生指出邨即頓，古頓國，「姬姓」，周封爲子爵，故有「頓子」國之稱。頓國可能封于周初，春秋末年，楚昭王二十年 (公元前 496 年) 爲楚所滅。頓國的地盤大體在今河南省周口市的商水縣與項城市一帶，都城有過遷徙，故有北頓和南頓之稱。北頓即原頓都，其故城遺址在今商水縣平店鄉李崗村一帶；南頓故城城遺址在今項城市南頓鎮。兩城相距「三十餘里」。《左傳》僖公二十三年：「秋，楚成得臣帥師伐陳……城頓而還。」杜預注：「頓，國。今汝陰南頓縣。」僖公二十五年又云：「遂圍陳，納頓子于頓。」「城頓」在楚成王三十五年 (公元前 637 年)、「納頓子」在楚成王三十七年 (公元前 635 年)。頓迫于陳而南徙「南頓」，這在時間上雖有爭議，但大體不出楚成王三十五至三十七年之間。表明楚文王「取邨 (頓) 以贛 (恐) 陳侯」時頓都在北頓之說可從。(〈清華簡《繫年》楚文王史事考論〉《出土文獻與中國古代文明學術研討會論文》(北京：清華大學，2013 年 6 月)

(三) 贛 (恐)

整理者：贛，讀爲「恐」，《說文》：「懼也。」一說讀爲「陷」，《孫子兵法·地形》「吏強兵弱，曰陷」，李筌注：「陷，敗也。」。(頁 149，注 14)

shibuwodai：簡 29-30「爲取頓以贛陳侯」之「贛」似應讀爲「監」。「贛」的聲旁「竷」的古音爲溪母談部，「監」的古音爲見母談部，兩者古音很近，相通假是沒有問題的。此處的「監」當是監督之義。《史記·秦始皇本紀》：「始皇怒，使扶蘇北監蒙恬於上郡。(〈短札兩則〉，「復旦網·學者討論」，

2011 年 12 月 22 日)

子居：感，原字作「贛」，整理者言：「贛，讀為『恐』，《說文》：『懼也。』一說讀為『陷』，《孫子兵法‧地形》：『吏強兵弱，曰陷。』李筌注：『陷，敗也。』」二說皆誤。「贛」當讀為「感」，感即撼，意為動搖。《詩經‧召南‧野有死麕》：「無感我帨兮，無使尨也吠。」鄭玄注：「感，動也。」《太平御覽》卷九〇四引作：「無撼我帨兮，無使尨也吠。」(〈5～7章解析〉)

雯雯按：「贛」，目前有四說，整理者認為讀為「恐」，或讀為「陷」；shibuwodai（網名）認為可讀為「監」；子居先生認為讀為「感」，即「憾」。筆者認為整理者讀「恐」之說可從。《左傳》昭公十二年云：「楚子狩於州來，次於潁尾，使蕩侯、潘子、司馬督、囂尹午、陵尹喜帥師圍徐以懼吳」，《史記‧楚世家》記載此事云：「（靈王）十一年，伐徐以恐吳。」(《史記》，頁 650) 與《繫年》「焉取頓以恐陳侯」的句式與意義一致。楊伯峻對於楚「圍徐以懼吳」云：「杜《注》：楚大夫。徐，吳與國，故圍之以偪吳。……據四年《傳》『徐子，吳出也』之文，則吳、徐為舅甥之國。」(《左傳注》，頁 1338)「州來」，楊氏云：「國名。」又於昭公十三年經「吳滅州來」下引王之夫曰：「《稗疏》云：州來書『入』，又書『滅』，則其為國無疑。《前漢書地理志》：『下蔡，故州來國。』」(分見《左傳注》，頁 1338、1343) 楚靈王在州來國狩獵，駐紮在潁尾，並且派楚大夫包圍徐國，因徐國與吳國為舅甥親近之國，故圍徐實則意欲向吳國示威。以上均可與簡文參看。蘇建洲老師也指出：「整理者將『贛』讀為『恐』可能是對的，蓋『子贛』又作『子貢』，而『貢』、『恐』均从『工』聲，故贛、恐可以相通。相同文例可見《史記‧十二諸侯年表》：『（楚靈王）十一王**伐徐以恐吳**，次乾谿。民罷於役，怨王。」

本章先云敗蔡滅息之事，可見文王已經帥軍踏出方城之外，並取得位於淮水以北的息國，而後又言「文王以北啟，出方城，封畛於汝，改舉於陳，焉取頓以恐陳侯」，又可知文王進一步的往北擴張疆土，將楚國的封域

擴展到汝水流域一帶，緊接著出兵於陳，又取頓國，是文王再一次揮師向北的證明。從息國、蔡國到汝水，再到陳、頓，勢力範圍已經迫近鄭、宋等國，楚文王此舉無疑是一步步向中原諸夏逼近。

　　雯雯又按：關於本章之內容，是以息媯故事來說明楚國逐步北上以開拓疆域，侵進中原。對史實的記載，當以《繫年》、《左傳》與《史記》較為可信。然而對照後世文獻，息媯此人卻超出原有的線索作用，多了不同的傳說與形象。《呂氏春秋・長攻》云：

> 楚王欲取息與蔡，乃先佯善蔡侯，而與之謀曰：「吾欲得息，奈何？」蔡侯曰：「息夫人，吾妻之姨也。吾請為饗息侯與其妻者，而與王俱，因而襲之。」楚王曰：「諾。」於是與蔡侯以饗禮入於息，因與俱，遂取息。旋，舍於蔡，又取蔡。（《呂氏春秋》，頁 798-799）

其情節顛倒，可以不論。《國語・周語中》周襄王感謝狄人助其伐鄭，所以想娶狄人之女為后，富辰以為不可：「夫婚姻，禍福之階也。由之利內則福，利外則取禍。今王外利矣，其無乃階禍乎？昔摯、疇之國也由大任，杞、繒由大姒，齊、許、申、呂由大姜，陳由大姬，是皆能內利親親者也。昔隔之亡也由仲任，密須由伯姞，鄶由叔妘，聃由鄭姬，息由陳媯，鄧由楚曼，羅由季姬，盧由荊媯，是皆外利離親者也。」（《國語》，頁 46-48）由「內利親親」與「外利離親」相對照，息媯便成為導致息國滅亡的禍水。另有《列女傳・貞順・息君夫人》：

> 夫人者，息君之夫人也。楚伐息，破之。虜其君，使守門。將妻其夫人，而納之於宮。楚王出遊，夫人遂出見息君，謂之曰：「人生要一死而已，何至自苦！妾無須臾而忘君也，終不以身更二醮。生離於地上，豈如死歸於地下哉！」乃作詩曰：「穀則異室，死則同穴。謂予不信，有如曒日。」息君止之，夫人不聽，遂自殺，息君亦自

殺，同日俱死。楚王賢其夫人，守節有義，乃以諸侯之禮合而葬之。君子謂夫人說於行善，故序之於詩。夫義動君子，利動小人。息君夫人不為利動矣。詩云：「德音莫違，及爾同死。」此之謂也。（《列女傳》，頁 200-201）

此時息媯夫人又成為貞節烈女的代表，劉向卽作頌稱曰：「楚虜息君，納其適妃。夫人持故，彌久不衰。作詩同穴，思故忘新，遂死不顧。列於貞賢。」（《列女傳集注》，卷 3，頁 202）這當然與史實紀錄相悖。

《左傳》言「滅息」，但未說明息侯是生是死，但簡文明確說明「起師伐息，克之，殺息侯，取息媯以歸」，在楚滅息的戰爭中，息侯已經被殺，根本不可能派息侯去守門。程薇卽云：「息國滅亡時，息侯也一起被殺，只有息媯被擄到楚國。這也就證明了《列女傳》中有關息媯與息侯被擄後同日自殺之說是不準確的。」（〈息媯事跡〉，頁 47）而且楚文王在位十三年（或十五年）而卒，依《左傳》的紀年，文王在莊公十九年逝世，而息媯在二十八年、三十年尚有記載，所以也不存在楚文王將息侯與息媯合葬之事。

在亡國禍水與貞節烈女間，《左傳》提供的是息媯在楚國的生活的片斷：

以息媯歸，生堵敖及成王焉，未言。楚子問之，對曰：「吾一婦人而事二夫，縱弗能死，其又奚言？」（《左傳・莊公十四年》）

楚令尹子元欲蠱文夫人，為館于其宮側，而振〈萬〉焉。夫人聞之，泣曰：「先君以是舞也，習戎備也。今令尹不尋諸仇讎，而於未亡人之側，不亦異乎！」（《左傳・莊公二十八年》）

楚公子元歸自伐鄭，而處王宮。鬭射師諫，則執而梏之。秋，申公鬭班殺子元。（《左傳・莊公三十年》）

「未言」，杜預注：「未語王言」。楊伯峻則提出更貼切的解釋：「《禮記·喪服四制》云：『禮，斬衰之喪，唯而不對；齊衰之喪，對而不言』。鄭《注》云：『言謂先發口也。』正是此言字之義。」（《左傳注》，頁 198）指息媯對楚王並不主動開口，而是有問始答，莊公十四年息媯回答楚王：「吾一婦人而事二夫，縱弗能死，其又奚言？」表明了初至楚國的心境。而從莊公十一年被擄，到莊公二十八年，又過了十七年。此時楚文王早已逝世，兩個兒子相繼為王，息媯以楚國國母文夫人的形象出現。「子元」，楊伯峻先生注：「《楚語上》韋《注》云：『楚武王子，文王弟，王子善也。』三十年謂之公子元。」（《左傳注》，頁 241）子元垂涎文夫人，想要引誘她共行淫事，竟在她的宮室旁建房屋、振鐸跳〈萬〉舞。但文夫人並未接受子元的蠱惑，而是哭著提起當年楚文王行〈萬〉舞是為「習戎備」，除了斥責子元外，更重要的是以楚文王「未亡人」的身份自居。宋公文先生認為：「在這裏，她第一次正面讚揚了文王『習戎備』、力征戰的常備不懈的軍事實踐和放眼未來的戰略遠光，並以文王為榜樣，譴責了子元荒政緬色的禍國行徑，顯示了她對楚國前途和命運的高度關注。」（〈息夫人考論〉，頁 463）子元因文夫人的指責而醒悟，在此年秋天率楚軍攻打鄭國。然子元此次無功而返，從鄭國回楚國後，對文夫人的淫欲之心不減，所以住進了楚文王的王宮。子元不聽從鬬射師的勸諫，最後為申公鬬班所殺。此段未提到文夫人的態度與作為，宋公文則推測：「從子元年餘後被鬬班所殺來看，作為文夫人的息媯有可能參與與組織了這次除惡活動。即非如此，她起碼也未對子元施加任何護佑或幫助，早就對子元憤加指斥的她，當無任何理由突然改變態度，去與之親密相處。何況，可作堅實靠山的成王此時已年滿十六。」（〈息夫人考論〉，頁 464）如果此推論近於實情的話，那文夫人應該還是對子元是保持拒絕的態度。此後不見典籍載錄文夫人的事蹟，然而其子為楚王，當在楚國直至老死。又簡文的「陳侯」對照史籍是「陳宣公」。

簡文最末有勾識號作「![符號]」，表示一章的結束。

《繫年》第六章集解

【章旨】

　　本章是講述晉文公逃離晉國的原因、流亡各國的路線以及最終得到秦穆公的幫助而返國立為晉君的過程。晉獻公因受驪姬的讒言，導致太子申生自殺身亡，惠公和文公奔逃。獻公駕崩後，晉惠公因秦國之助遂得返國立為國君，然惠公卻背叛當初與秦國的約定，導致秦穆公起兵攻打惠公且擒獲之，其後發展為晉懷公為質於秦。另一方面，晉文公流亡各國的路線古書的記載各有不同，《繫年》記載為狄－齊－宋－衛－鄭－楚－秦，又與古籍不同，頗值得關注。晉文公最後在秦穆公的幫助下回到了晉國成為國君，兩國也重修舊好，即所謂「秦晉之好」。

【釋文】

　　晉獻公之婢（嬖）妾曰驪姬①，欲亓（其）子勳（奚）脊（齊）②之為君也，乃譖（讒）大子龏（共）君而殺之③，或④譖（讒）【三一】惠公及文=公=（文公。文公）奔翟（狄），惠公奔于梁。⑤獻公卒（卒），乃立勳（奚）脊（齊）。亓（其）夫=（大夫）里之克乃殺勳（奚）脊（齊），【三二】而立亓（其）弟悼子，里之克或殺悼子⑥。秦穆公乃內（納）惠公于晉⑦，惠公賂秦公曰：「我【三三】句（茍）果內（入），囟（使）君涉河，至于梁城。⑧」惠公既內（入），乃偞（背／負）秦公弗爻（予）⑨。立六年，秦公衛（率）自（師）与（與）【三四】惠公戰（戰）于訐（韓），戠（捷）惠公以歸。⑩惠公夊（焉）以亓（其）子裏（懷）公為執（質）⑪于秦=（秦，秦）穆公以亓（其）子妻之。【三五】文公十又二年居翟=（狄，狄）甚善

之，而弗能内（入），乃迻（適）齊＝（齊，齊）人善之。迻（適）宋＝（宋，宋）人善之，亦莫【三六】之能内（入）。乃迻（適）齍＝（衛，衛）人弗善。迻（適）奠＝（鄭，鄭）人弗善。乃迻（適）楚。⑫裹（懷）公自秦逃歸，秦穆公乃訋（召）【三七】文公於楚⑬，囟（使）裘（襲）裹（懷）公之室⑭。晉惠公平（卒），裹（懷）公即立（位）。秦人记（起）自（師）以内（納）文公于晉＝（晉。晉）人殺【三八】裹（懷）公而立文公，秦晉女（焉）舀（始）會好⑮，穆（戮）力同心。二邦伐緒（都），遷（徙）之申（中）城，回（圍）商竊（密）⑯，戠（捷）【三九】緟（申）公子義（儀）⑰以歸█。【四〇】

【語譯】

晉獻公有寵妾名為驪姬者，驪姬希望她的兒子奚齊可以成為下一任國君，因此在獻公面前進太子申生的讒言，導致申生自殺。驪姬又讒惠公與文公，使得文公出奔狄地、惠公出奔至梁。獻公死後，立了奚齊為國君。晉國的大夫里之克殺了奚齊，後來晉國又立了奚齊之弟悼子為國君，里之克又殺了悼子。秦穆公乃送晉惠公回晉國，晉惠公行賄秦穆公說：「我如果能夠進入晉國成為國君，就讓您的領地跨越黃河，並將解梁城贈送給您。」惠公當了國君之後，背棄了對秦公的承諾。惠公六年，秦公率領軍隊與惠公戰於韓，俘獲惠公回到秦國。惠公將自己的兒子懷公給秦國當人質，秦穆公將自己的女兒嫁給懷公。文公住在狄地十二年，狄人對他甚為友善，但卻沒有機會回到晉國。文公便去了齊國，齊國人對他也很友善。後來到宋國，宋人也很善待他，但也沒有機會回到晉國。便去了衛國，但衛人對他並不友善。到了鄭國，鄭人對他也不友善。後來到了楚國。懷公從秦國逃回了晉國，秦穆公因此從楚國召來文公襲受懷公在秦的妻室。晉惠公死後，由懷公繼承王位。秦人出兵攻打晉國，並使文公回到晉國。晉人殺了懷公而立文公為國君，秦晉二國才重修舊好，齊力同心。兩個國家一同討

伐郜地，軍隊遷移到中城，圍剿商密，捉獲申公子儀回來。

【集解】

① 晉獻公之婢（嬖）妾曰驪姬

　　方炫琛：左僖九經「晉侯佹諸卒」，佹諸，其名也，詳0857宋公固條。佹諸，公羊、穀梁、晉世家皆作詭諸，校勘記云：「纂圖本、監本、閩本、毛本佹作詭，案穀梁釋文云『左氏作佹諸』，則作佹為是。」春秋異文箋云：「佹、詭音義同。」楊注謂：「佹、詭字通。」其稱獻、獻公、晉獻公者，獻蓋其諡也。（《左傳人物名號研究》頁420，1336「晉侯佹諸」條）

（一）婢（嬖）妾

　　復旦讀書會：陳劍（QQ羣12月19日6:38:22發言）：「婢妾」當讀為「嬖妾」。（〈《清華（貳）》討論記錄〉）

　　華東讀書小組：「婢」，當讀為「嬖」，「婢」，古音並母佳部，「嬖」，古音幫母佳部，可相通假。《說文‧女部》：「嬖，便嬖，愛也。」《左傳‧莊公二十八年》：「驪姬嬖，欲立其子。」正與簡文此句相應。《左傳》、《國語》皆記有驪姬受寵之具體情節，觀之益可知簡文「婢」之不可如字讀。（〈書後（二）〉）

　　子居：《繫年》稱驪姬為「婢妾」，與《左傳‧莊公二十八年》所記合，而在《左傳‧僖公四年》則記有「初，晉獻公欲以驪姬為夫人……立之。生奚齊，其娣生卓子。」《繫年》整理者也已引《國語‧晉語一》：「獻公伐驪戎，克之，滅驪子，獲驪姬以歸，立以為夫人，生奚齊。」可見驪姬在生奚齊之前，即已被晉獻公立為夫人了。（〈5～7章解析〉）

　　怡璇按：「婢」字作「」，古音並紐支部，而「嬖」，幫紐錫部，二者音近可通。出土文獻亦可見「卑」聲與「嬖」聲的通假，如《上博四‧曹

沬之陣》簡 18「俀遷」讀為「便嬖」、《馬王堆帛書・老子乙本卷前古佚書・稱》:「立正妻者,不使婢(嬖)妾疑焉。」可見二字的通假沒有問題。「婢」有「妾」之義,如《禮記・檀弓下》:「使吾二婢子夾我。」鄭玄注:「婢子,妾也。」先秦文獻中亦有「婢妾」一詞,如《禮記・內則》:「雖婢妾,衣服飲食必後長者。」、《韓非子・亡徵》:「后妻賤而婢妾貴。」簡文此處若讀為「婢妾」則為同義複詞,指晉獻公之妾。而若轉讀為「嬖」,「嬖」有「妾」義,如《廣韻・霽韻》:「嬖,妾也。」也可以進一步表示為得到寵幸的人,《釋名・釋親屬》:「嬖,卑賤。婢妾媚以色事人得幸者也。」傳世文獻中亦有「嬖妾」一詞,《論衡》:「魏武子有嬖妾無子。」可見就通假以及傳世典籍而言,「婢妾」和「嬖妾」二詞皆可讀通。

就文義而言,《繫年》整理者所舉之例可知,驪姬是獻公伐驪戎之後的戰利品,然而獻公是非常寵愛驪姬的,《史記》:「五年,伐驪戎,得驪姬、驪姬弟,俱愛幸之。」因此將「婢」通讀為「嬖」與傳世典籍文意較為相合。「嬖妾」多為貴族、君王的妾,如《史記・周本紀》:「已而至紂之嬖妾二女,二女皆經自殺。」《史記・陳杞世家》:「哀公娶鄭,長姬生悼太子師,少姬生偃。二嬖妾,長妾生留,少妾生勝。」《左傳》襄公十四年:「初,公有嬖妾。」且《左傳》莊公二十八年記載:「女以驪姬歸,生奚齊,其娣生卓子,驪姬嬖,欲立其子。」此處即將驪姬稱為「嬖」,因此,就文意及傳世文獻而言,將「婢」通讀為「嬖」是較好的選擇。

(二)驪姬

整理者:驪姬,得於驪戎的女子。《國語・晉語一》:「獻公伐驪戎,克之,滅驪子,獲驪姬以歸,立以為夫人,生奚齊。」簡文「驪」從麗形省。(頁 151,注 1)

方炫琛:左莊二十八「晉伐驪胡,驪戎男女以驪姬」,杜注:「其君姬

姓。」是也，春秋婦女繫姓，稱驪姬，姬為其母家姓，驪為其母家國名，以母家國名配母家姓，故曰驪姬。左僖四「姬謂大子曰」，單母家姓也。同傳大子曰「君非姬氏居不安」，以其母家姓配氏字稱之，與左隱元鄭莊公稱其母曰「姜氏」者同左宣二稱麗姬，楊注云：「麗，驪古今字，傳于他處均作『驪姬』，唯此作『麗姬』。」麗姬即驪姬也。（《左傳人物名號研究》，頁677，2427「驪姬」條）

子居：晉獻公得驪姬為伐陝西驪山之戎時，而此次征伐，雖得到了驪姬，但同時也與秦國在春秋前期的擴張發生了衝突，據《史記・秦本紀》載：「（宣公）四年，作密畤。與晉戰河陽，勝之。」《史記・封禪書》：「秦宣公作密畤于渭南。」由此不難判斷，晉伐驪戎，是與秦爭河渭之地的行為，以此為秦所敗。（〈5～7章解析〉）

怡璇按：「驪」字字形作「驪」，整理者以為「驪從麗形省。」當是。更精準地說，「麗」字所从的「㸚」其上橫筆與「馬」旁有共筆的現象。請比對《清華三・說命下》簡4「觀」作觀、《郭店・六德》簡30「麗」作麗、《集成》11082 陳麗子戈的「麗」作麗。

馬保春整理出傳世文獻所記載的驪戎國，驪戎是晉獻公的時候被晉所滅的，《史記・晉世家》：「獻公五年，伐驪戎，得驪姬，驪姬弟愛幸之。」集解引韋昭曰：「西戎之別，在驪山也。」《國語・晉語一》：「獻公卜伐驪戎。」韋昭注：「獻公，晉武公之子獻公詭諸也。驪戎，西戎之別，在驪山者也。其君男爵，姬姓也，秦曰驪邑，漢高帝徙豐民於驪邑，更曰新豐，在京兆。」《左傳》莊公二十八年：「晉伐驪戎，驪戎男機以驪姬。」杜注：「驪戎，在京兆新豐縣，其君姬姓。」指出韋昭和杜預皆認為驪戎國在今陝西省關中東部的驪山一帶，而蒙文通認為當時晉的攻伐不可能遠到河西；顧頡剛根據《國語・晉語四》，將驪戎置於晉的東南，而馬保春贊同沈長雲的意見，認為「驪戎」在今陝西東部的驪山一帶。（《晉國歷史地理研究》，頁244）

　　子居認為晉國伐驪戎的原因在於「晉伐驪戎，是與秦爭河渭之地的行為。」然而此時期為晉國最強大的時期，在西元前六五九年時秦穆公即位，娶了獻公女兒為夫人，此時獻公從虞國俘虜的百里奚作為陪嫁媵臣，而後百里奚自秦逃跑，被楚國抓住，再由秦國以五張羊皮贖回百里奚並重用他，之後秦國才日漸強大，此後，秦國勢力漸漸向東發展，才與晉國有所衝突。（參童書業：《春秋史（校定本）》，頁 192-193；顧德融、朱順龍：《春秋史》，頁 91-92）可見，晉滅驪戎時，秦國並不強大，此時的秦國應無能力與晉國爭取河渭之地。

② 勊（奚）脀（齊）

　　整理者：「勊」從奚得聲，「脀」從次得聲，「勊脀」可讀為「奚齊」。奚齊，驪姬之子。（頁 151，注 2）

　　方炫琛：左僖九經「晉裡克殺其君之子奚齊」，則奚齊為晉獻公之子，經多書名，奚齊蓋其名也。（《左傳人物名號研究》頁 406，1275「奚齊」條）

　　孟蓬生：疑該字右半即奐、奧等字所从的聲符「宀」字，「勊」字所从的「朩（丙）」實際上也可以看作奚字基礎上添加的聲符。換句話，「勊」字是一個雙聲符字。我懷疑「朩」字除去人形的部分，可以看成對金文「奧」字所从聲符「冂」或「冏」的改造，亦即《說文》「象遠界」的「冂（冋）」字，仍然用作聲符。（〈清華簡《繫年》初札（二則）〉，復旦網，2011 年 12 月 21 日）

　　宋華強：我們懷疑「勊」即「㑞」字，「㑞」字見于古璽：![印]，「勊」字右側的朩可能就是「㑞」字所從「人」旁的變體，即豎筆上通過添加飾筆從而形成「九」字形的演變方式。（〈清華簡《繫年》奚齊之「奚」的字形〉，簡帛網，2011 年 12 月 21 日）

　　清華大學讀書會：宋華強先生認為「朩」為人旁變體，如果強為之解，

我們覺得原因有二：第一，古文字中左右結構的字，左右偏旁存在互換情況。所以作為人名的勜字所從人旁可以出現在右邊。第二，因為人旁下部沒有其他筆劃，字形顯得單薄。爲了讓整體字形顯得勻稱，所以書寫者才模仿「禹」、「萬」、「禽」等字的演變，寫成了「𩇠」形狀。人名地名中一些字寫法特殊，姑且認為是「𩇠」是人旁在這個人名中的特殊寫法。（〈研讀箚記（一）〉）

子居：驪姬之子名「奚齊」，也即「驪」之緩讀。驪戎有文馬名「雞斯之乘」者，語源當相同。「麗」與「文」皆有美好之意，如《楚辭‧招魂》：「被衣服纖，麗而不奇些。」王逸注：「麗，美好也。」《禮記‧樂記》：「禮減而進，以進為文；樂盈而反，以反為文。」鄭玄注：「文，猶美也。」故「驪戎之文馬」名「雞斯之乘」。此紅鬃白馬的形象，於傳世文獻往往可見，詩賦亦常涉及，由於其原產於西戎，且有貢品屬性，故後世傳為祥瑞，不乏有以白馬染色擬仿的情況。驪姬名其子為「奚齊」或亦有此寓意。（〈5～7章解析〉）

怡璇按：傳世文獻記載驪姬之子名為奚齊，因此「勜肾」二字只能讀為「奚齊」。第六章的「勜」字共三見：𩇠（簡31）𩇠（簡32）𩇠（簡32）。可見字形相當固定，皆是從「奚」從「𩇠」，將「奚」視為聲符即可讀為「奚」，但是字形右旁如何解釋，則為學者們爭論之處。清華大學讀書會的〈研讀箚記（一）〉對孟蓬生先生的意見提出評論說：

姑且不論對「勜」字雙聲符的論證合理與否。單純從字形上看，「勜」字右旁「𩇠」和侯馬盟書的「奐」字字形差別明顯。清華簡這個偏旁左下豎筆和中間橫筆交叉，而侯馬盟書的「奐」字兩筆相接，但不相交叉。字形對比如下：

奐：𡙊、𡚞、𡚊 𡙛、𡙙、𡚋（《侯馬盟書》，頁323）

[字形] :[字形]《繫年》簡 31　[字形] 簡 32（1）　[字形] 簡 32（2）

兩字形間差異恐怕不能忽視。

其說可從，故所論字非从奐。「[字形]」字所从的「[字形]」旁主體確實類似「人」形，且諸家雖然舉了「禹」、「萬」、「禽」等字的演變為證，但是「人」字從未見增添橫筆為飾，如何能演變為「九」形？蓋「人」形增添橫筆本是「千」字，「[字形]」理解為「千」字恐怕還比較合理。總之，「[字形]」形體究竟是「人」、「千」？或甚至如王子揚先生所說「[字形]」相當於西周金文的「奚」作[字形]，整個字就是「奚」字（見上引孟蓬生文章後的評論），還有待新出材料來證明。至於子居認為「奚齊」為「驪」之緩讀，並以「麗」為美好義來說明「奚齊」之名可能有祥瑞之義。但是「驪」為來紐歌部，「奚」為匣紐支部，「齊」為從紐脂部，來匣二紐並不近，歌脂二部也非常見相通，說是緩讀恐有困難。

又最近看到徐在國先生將燕系文字[字形]、[字形]、[字形]等字釋為「奐」，讀為「苑」。（徐在國：〈燕國文字中的「奐」及從「奐」之字〉，《中國文字研究》第十七輯，上海：上海人民出版社，2013 年 3 月，頁 32-35）。按：「奐」字从「人」，但是燕系這些字形與「人」形不近，釋為「奐」恐怕還需要更多的證據證明。即便可釋為「奐」，是否一定讀為「苑」，似乎也說不死。

建洲按：「奚齊」的「齊」簡文寫作「脀」，齊、次音近可通，古書常見。簡文「脀」有兩種寫法，[字形]（簡 31）；[字形]、[字形]（簡 32）。後者「欠」旁的寫法亦見於《用曰》簡 7「贛」作「[字形]」，簡 8「歆（飲）」作[字形]、《上博二・子羔》簡 11「軟（吞）」作[字形]、《新蔡》甲三 175「欦」作[字形]。又《用曰》17「謀事既無功」的「既」作[字形]，古文字「旡」、「欠」二旁本有相混的現象。

③ 乃謡（讒）大子龍（共）君而殺之

整理者：「謡」，亦見於上博簡《孔子詩論》第八簡，從言，蟲省聲，可讀為「讒」。龍，通「共」。《說文》「龏」從龍聲，西周金文「龏」用為「恭」，而從共聲，所以「龍」可以通「共」。太子申生謚為共君，《國語・晉語二》：「驪姬見申生而哭之……驪姬退，申生乃雉經于新城之廟。……是以謚為共君。」（頁151，注3）

子居：晉獻公二十一年，太子申生縊於新城，《繫年》追究緣由而記驪姬「讒大子共君而殺之」，與《國語》措辭方式同，如《國語・晉語一》：「驪姬果作難，殺太子而逐二公子。」《國語・晉語二》：「驪姬既殺太子申生，又譖二公子。」因此獻公二十二年，晉文公重耳自蒲（今山西永濟市蒲州鎮）奔翟（白狄）。獻公二十三年，晉惠公夷吾自屈（今山西吉縣）奔梁（今陝西韓城）。（〈5～7章解析〉）

怡璇按：「謡」字，除了整理者所舉之例，亦見於《上博八・志書乃言》簡3「」，復旦吉大讀書會讀為「讒」，可參復旦吉大讀書會：〈上博八《王居》、《志書乃言》校讀〉。《史記・晉世家》詳細記載驪姬讒申生的經過：「獻公私謂驪姬曰：『吾欲廢太子，以奚齊代之。』驪姬泣曰：『太子之立，諸侯皆已知之，而數將兵，百姓附之，奈何以賤妾之故廢嫡立庶？君必行之，妾自殺也。』驪姬佯譽太子，而陰令人譖惡太子，而欲立其子。」而後，驪姬陷害申生將有毒的胙肉給獻公食用，導致申生自殺而亡。根據《史記・十二諸侯年表》頁583的記載，此事發生在公元前六五六年，晉獻公二十一年。

建洲按：筆者在《楚文字論集》七十七頁曾指出：《孔子詩論》（讒）字所從的「蟲」也應該釋為從「流」（來紐幽部）或「毓」（喻紐覺部）聲。「讒」，從紐侵部，李家浩先生曾論証過「逡」與「從」的聲韻關係，其中「逡」便是來母，請讀者參看。至於韻部侵幽是對轉關係，裘錫圭先生已

有討論。如《孔子詩論》十六「葛『𦂀（覃）』」，沈培先生分析說：「從尋從由，我們認為應是雙聲字，反映幽侵對轉的現象。」可見𦂀分析為從「流」聲並無問題。我們還可以合理推測𦂀右旁應該還有「㐬」的寫法，果如此，則更不能理解為從「蟲」了。現在由《繫年》簡 81「讒」作𧮫，可以印證當時的想法，也說明「讒」當從「流」或「毓」聲。又簡文曰：「乃謣（讒）大子龍（共）君而**殺之**」，但我們知道申生實際上是因讒言而自殺。如同楚令尹子玉成濮之之戰失敗後，楚成王派使者對成得臣說「大夫若入，其若申、息之老何」（《左傳・僖公二十八年》），楊伯峻先生說：「申、息二邑子弟皆從子玉而死，言子玉何以對其父兄，與項羽無面目對江東父老義有相似處。」（《春秋左傳注》，頁 468）所以子玉只好自殺。這實際上是楚王命得臣死，所以《春秋》二十八年經文說「楚殺其大夫得臣」，《史記・楚世家》也說「成王怒，誅子玉。」鐘銘「大上楚荊，喪厥師，滅厥孤」，意謂「晉大勝楚，使楚喪失其師眾，誅滅其執政大臣。」（參見裘錫圭：〈也談子犯編鐘〉，《裘錫圭學術文集》第三冊，頁 88-89）。雖然申生、子玉都是自殺，但實際上皆是迫於外力因素不得不然，此為文獻寫作「讒而殺之」、「殺其大夫得臣」的緣由。

④ 或

建洲按：「或」訓為「又」，不需改讀為「又」。

⑤ 文=公=（文公。文公）奔翟（狄），惠公奔于梁。

整理者：文公卽重耳，惠公卽夷吾。翟，通「狄」。《國語・晉語二》「驪姬旣殺太子申生，又譖二公子曰：『重耳、夷吾與知共君之事。』公令閹楚刺重耳，重耳逃于狄；令賈華刺夷吾，夷吾逃于梁。盡逐羣公子，乃立奚齊焉。」《國語・晉語二》韋昭注：「狄，北狄，隗姓也。」「梁，嬴姓之國，

伯爵也。」梁，或稱「少梁」。《史記・秦本紀》「重耳、夷吾出犇」，正義云：「重耳奔狄，夷吾奔少梁也。」在今陝西韓城境。（頁151，注4）

方炫琛：左僖二十八周天子策命晉文公為侯伯，文公曰「重耳敢再拜稽首」，自稱「重耳」，則重耳為其名，然左定四祝鮀述踐土之盟謂：「其載書云：『王若曰：晉重、魯申、衛武、蔡甲午、鄭捷、齊潘、宋王臣、莒期。』」稱重耳為晉重，兩字名止稱其一，是以日知錄卷二十四云：「豈古人二名可但稱其一歟？昭二年（琛案：當作元年），莒展輿出奔吳，傳曰『莒展之不立』，晉語，曹僖負羈稱叔振鐸為先君叔振，亦二名而稱其一也。」楊樹達古書疑義舉例續補亦云：「左傳『杞平公郁釐』，穀梁傳同，譙周古史考作『鬱來』，公羊傳作『鬱釐』，史記陳杞世家則只作『鬱』（原註：鬱、郁周音字），蓋古人記述二名，本有省稱一字之例。」此年傳會箋云：「若夫趙嬰齊曰趙嬰，申公巫臣曰屈巫，樂祁犁曰樂祁，樂王鮒曰鮒也，蓬富獵曰獵也，則省而稱其一也。」亦謂左傳於兩字名有省稱其一之例，然於此重耳稱晉重者，則別有說焉，云：「解者或以為省文，或以為文公又名重，皆非也。文公之命名，必其生有異表，非獨駢脅，其耳亦異於常人，如耴為耳下垂，故鄭公孫輒字子耳，文公之為重耳，既因耳異而命名，必無去耳而單稱重之理，如以為省文，則首冠王若曰，何等鄭重，豈得從省？況二名如甲午、王臣，皆不省去一字，何於晉文獨變其例？蓋此時合諸侯於召陵，晉為盟主，祝鮀之言，雖行告萇宏（琛案：宜作弘），而晉定公實在會，故為盟主諱，單舉重字，正二名不偏諱之意，此亦見鮀之敏博而佞，不觸忌諱，其實盟府所載仍是書晉重耳也。」論載書原作「晉重耳」，是也。然今所見左傳作「晉重」，會箋以為祝鮀諱之，或是闕文之故，猶如左定六經書仲孫何忌為「仲孫忌」，杜注以為闕文，是也。其稱晉文公、文公者，文、其諡也，稱晉文者，省稱也。因其為晉獻公之子，未為君前，傳多稱之為「晉公子」「公子重耳」。（《左傳人物名號研究》頁421-422，1338「晉侯重耳」條）

方炫琛：左僖二十四經「晉侯夷吾卒」，則夷吾、其名也，詳 0857 宋公固條。左僖九郤芮對秦穆公曰：「夷吾弱不好弄」，於他國國君前當稱己主之名，亦可證夷吾為其名。左僖二十四「惠、懷無親」，惠即惠公，其稱惠公、晉惠公者，惠蓋其諡也。（《左傳人物名號研究》，頁 420，1335「晉侯夷吾」條）

子居：重耳所奔為白狄，在晉國之西，河西渭北一帶，且先秦兩漢諸書無以白狄為隗姓者。（〈5～7 章解析〉）

怡璇按：關於「翟地」，《中國歷史大辭典－歷史地理》指出此為「黃河津渡名」，作「采桑」又可作「嚙桑」，在今山西吉縣西，《史記・晉世家》獻公二十五年（前 652 年）：「晉伐翟，翟以重耳故，亦擊晉于嚙（齧）桑，晉兵解去」。《史記集解》：「《左傳》作采桑，服虔曰：『翟地。』」索隱：「裴氏云《左傳》作『采桑』。按：今平陽曲南西十里河水有采桑津，是晉境，服虔云翟地，亦頗相近。」（頁 517）馬保春認為此處為晉西北方向疆土的最遠處。（《晉國歷史地理研究》，頁 246）可見翟地應非子居所言的「河西渭北一帶」。

子居認為「無以白狄為隗姓者」，《中國姓氏辭典》指出「叔隗、季隗，春秋時廧咎如二女子，據《左傳》載：狄人伐咎如，獲此二女子。……廧咎如，赤狄族分支，隗姓。」（頁 232-233）高佑仁指出「成十三年，呂相絕秦之辭曰：『白狄及君同州，君之仇讎，而我之昏姻也。』《杜注》：『季隗，廧咎如赤狄之女也。白狄伐而獲之，納諸文公。』」（此為高佑仁予筆者的信件，2012 年 11 月 5 日）可見重耳是投奔於「白狄」，白狄獲得赤狄二女子，並給予文公作夫人。「白狄」和「赤狄」皆為「狄」的種類之一。《左傳》宣公以前的狄多指赤狄，地在今山西長治西；而白狄本稱「狄」，後加入「白」字，以與土著的「赤狄」作區別。（《中國上古國名地名辭匯及索引》，頁 12、25）因此，隗非白狄之姓，而是赤狄的，韋昭注：「狄，北狄，隗姓也。」未言明是赤狄或是白狄，「北狄」是華夏民族對於北方的

少數民族的一種稱呼，其實韋昭未表示隗姓為「白狄」之姓，據考察隗為赤狄之姓，依「北狄」名稱而言，韋昭注並沒有問題。

⑥ 里之克或殺悼子

整理者：里之克，即晉大夫里克。悼子，晉獻公之子，史書多稱「卓子」。《晉世家》作「悼子」，與簡文同。《國語‧晉語二》：「二十六年，獻公卒。里克……於是殺奚齊、卓子及驪姬，而請君于秦。既殺奚齊，荀息將死之。人曰：『不如立其弟而輔之。』荀息立卓子。里克又殺卓子，荀息死之。」《晉世家》：「二十六年……十月，里克殺奚齊于喪次，獻公未葬也。……荀息立悼子而葬獻公。十一月，里克弒悼子于朝，荀息死之。」（頁151，注5）

方炫琛：左閔二「里克諫曰」，杜注：「里克，晉大夫。」左僖十「皆里、丕之黨也」，里、丕（引按：「丕」即「丕」）指里克、丕鄭，丕為氏，參0730丕鄭條，則里當亦氏也。左僖九經書「里克」，杜注：「里克稱名。」蓋以克為其名。（《左傳人物名號研究》，頁331，950「里克」條）

方炫琛：左莊二十八驪姬之娣「生卓子」，則卓子為晉獻公之子。左僖十經「晉里克弒其君卓」，經多書名，卓蓋其名也。穀梁經亦稱卓，而公羊經作「卓子」，趙坦春秋異文箋云：「左氏莊二十八年傳，晉伐驪戎，驪戎男女以驪姬，生奚齊，其娣生卓子，則卓子本二名，左、穀經作卓，或脫子字。」謂卓子本二名，此說非也。左傳人物名號中有名上冠子字者，如子同、子朱、子圉之類，亦有名下殿子字者，如晉悼公名周，左襄十五經書「晉侯周卒」，稱其名曰「周」可以為證，而左成十八凡三稱「周子」，以名殿子字為稱；又如衛宣公之子曰急子、壽子、亦名下殿子字，詳頁二八。左傳「卓子」之稱亦如是。又左僖九稱「公子卓」，而不稱「公子卓子」，是亦公子卓名卓，而非名卓子之證。則趙坦不知左傳人物名號之例，故以

卓子為二名，然則公子卓名卓，名下殿男子美稱「子」字，則稱卓子也。（《左傳人物名號研究》，頁151-152，205「公子卓」條）

子居：晉獻公死後，立奚齊與悼子者為荀息，而里克實傾向於重耳，故其先是坐視太子申生之死而不救，後又殺奚齊、殺悼子，皆是欲重耳即位的緣故。也因此之故，所以晉惠公即位後背約而殺里克。「其大夫里之克乃殺奚齊而立其弟悼子」句當可說明非晉人所記。（〈5～7章解析〉）

朱曉海：里克何以既立之，又殺之？對照《左傳》卷十三〈僖公九年〉：

> 九月……（獻）公疾，召之曰：「以是藐諸孤辱在大夫，其若之何？」（荀息）稽首而對曰：「臣竭股肱之力，加之以忠貞。其濟，君之靈也；不濟，則以死繼之。」……里克將殺奚齊，先告荀息曰：「三怨將作，秦、晉輔之，子將如何？」荀息曰：「將死之。」里克曰：「無益也。」荀叔曰：「吾與先君言矣，不可以貳……。」冬，十月，里克殺奚齊于次……未葬也，荀息將死之。人曰：「不如立卓子而輔之。」苟息立公子卓以葬。十一月，里克殺公子卓于朝，荀息死之。

才知道：里克從開始就要殺奚齊，不欲其繼位。奚齊得立，固然是荀息受獻公託孤之命而為之；卓子繼立，更是出自荀息，為的是信守自己對獻公的承諾，知其不可為而為之。（〈清華簡所謂《繫年》的書籍性質〉，《經學與文學國際學術研討會論文集》，頁433）。

怡璇按：里克與惠公即位息息相關，《史記・晉世家》記載「居狄五歲而晉獻公卒，里克已殺奚齊、悼子，乃使人迎，欲立重耳。重耳畏殺，因固謝，不敢入。已而晉更迎其弟夷吾立之，是為惠公。」里克在殺了奚齊和悼子之後，本要迎重耳回國為君，但重耳辭謝，因此改迎夷吾，或許是因為此舉動，使夷吾對里克有了忌憚，導致後來被惠公所殺，《史記・晉世家》：「惠公以重耳在外，畏里克為變，賜里克死。……里克對曰：『不有所

廢，君何以興？欲誅之，其無辭乎？乃言為此！臣聞命矣。』遂伏劍而死。」
又簡文的「悼子」即文獻的「卓子」，其稱名方式如上述方炫琛所說。「悼」
字寫作 ![字], 其「卓」旁與簡114 ![字] 相較，則是多一飾筆。另蘇建洲師提示
說「或」本有「又」意，無需通讀為「又」。

⑦ 秦穆公乃內（納）惠公于晉

整理者：《左傳》僖公九年：「晉郤芮使夷吾重賂秦以求入⋯⋯齊隰朋
帥師會秦師，納晉惠公。」（頁151，注6）

方炫琛：左文六「秦伯任好卒」，杜注：「任好，秦穆公名。」又稱穆
公者，穆蓋其謚也。（《名號研究》頁431，1379「秦伯任好」條）

華東讀書小組：內，整理者如字讀。按，當讀為「入」，《左傳》中某
流亡公子重返母國登上君位之行為，多用「入」字表示。（〈書後（二）〉）

怡璇按：秦穆公送夷吾回晉國登基，何以王子回國需要他國的戒護，
乃因「呂省、郤芮曰：『內猶有公子可立者而外求，難信。計非之秦，輔彊
國之威以入，恐危。』乃使郤芮厚賂秦，約曰：『即得入，請以晉河西之地
與秦。』」（《史記・晉世家》），也因為這個謀約，才導致下文的「惠公既內，
乃儥（背）秦公弗 夋（予）。」並引發二國的爭戰。

建洲按：《新收》1555士山盤「王乎（呼）乍（作）冊尹冊令（命）山
曰：『于入 ![字]侯』」，「入」字，各家多作「進入」之義。董珊先生則採用李
學勤先生的意見，認為「入 ![字]侯」之「入」的用法與《左傳》常見的「納
某諸侯」之「納」的用法相同。《春秋》經傳中這類「入」或「納」都是指
諸侯在本國或他國勢力的支持下入境執政，故士山盤銘周王讓士山「于入 ![字]
侯」的字面意思就是周王命令士山送 ![字]侯歸國（董珊：〈談士山盤銘文的「服」
字義〉，頁78-79）。董珊先生在另文也指出：「于入」詞見士山盤銘文，李
學勤先生指出，士山盤銘的「入」字讀「納」，《春秋》經傳中的「納」均

指送某人進入都邑為君。「納諸侯于某地」文例見《春秋》昭公十二年:「齊高堰帥師納北燕伯于陽。」《左傳》作「十二年春,齊高堰納北燕伯款于唐,因其眾也。」這一過程往往是**強力**的,所以《穀梁傳》昭公十二年云:「納者,內不受也。」盤銘「往納葬侯」的意思就是說送葬侯進入某都邑為君。(〈疑尊、疑卣考釋〉,頁75)此外,疑尊亦有「于入噩(鄂)侯於盩城」,「入」也讀為「納」。可見簡文「秦穆公乃內惠公于晉」的「內」應讀為「納」,可以比對《左傳》僖公二十五年:「楚人……遂圍陳,**納**頓子於頓。」《左傳》宣公十一年:「楚子人陳,**納**公孫寧、儀行父于陳。」《左傳》哀公二年:「晉趙鞅帥師**納**衛世子蒯聵于戚。」則《史記·晉世家》:「秦繆公乃發兵送**內**重耳」的「內」亦應讀為「納」。至於下一句「惠公賂秦公曰:『我【三三】句(苟)果內(入)』」主語晉惠公,整理者讀為「入」可從。

⑧ 我句(苟)果內(入),囟(使)君涉河,至于梁城

整理者:《左傳》僖公十五年:「賂秦伯以河外列城五,東盡虢略,南及華山,內及解梁城,既而不與。」杜注:「解梁城,今河東解縣也。」即今山西永濟之解城(楊伯峻《春秋左傳注》,頁352)簡文「梁城」當即指此。(頁151,注7)

復旦讀書會:陳劍(QQ臺12月19日6:38:22發言):簡33-34「我句(後)果內(入)……」當改讀爲「我句(苟)果內(入)……」(12月22日晚整理記錄補注:「『果』字是『成就』、『實現』一類義,非假設連詞。」)(〈《清華(貳)》討論記錄〉)

清華大學讀書會:十九日座談會劉釗先生指出「句」當讀為「苟」,讀書會認為,「苟入」、「果入」表假設都是很通順的,但是兩個表假設的副詞連用似乎不是很好,仍從整理者讀「句」爲「後」。(〈研讀箚記(一)〉)

黃傑:此字亦可讀為「苟」,意為「如果」。「果」意為最終,《左傳》

僖公二十八年：「晉侯在外十九年矣，而果得晉國。」此句言如果我最終能夠成功當上國君，則給君如何如何的報酬。（〈初讀《清華大學藏戰國竹簡（貳）》筆記〉，復旦網，2011 年 12 月 20 日）

　　怡璇按：「果」訓為「成就」和「實現」，《韓非子・外儲說左下》：「君謀欲伐中山，臣薦翟角而謀得果。」陳奇猷《集釋》：「果，成也。謀得果，猶言謀得成也。」而「句」讀為「茍」，假設語氣。全句意為「我如果實現進入晉國（之事）」，合理可從。簡文中「囟（使）君涉河，至于梁城」為惠公賄秦之語。

　　建洲按：「果」的用法可參見第二十三章簡 129「遬（魯）昜公衍（率）自（師）以迖（交）晉=人=（晉人，晉人）還，**不果內（納）王子**。」《國語・晉語二》：「夫齊侯將施惠如出責，是之**不果奉**，而暇晉是皇。」俞志慧先生認為「果」可解釋為「必行也」、「信也」。（《《國語》韋昭注辨正》，頁 120）。「必行也」，自然就是上引陳劍先生所說「實現」的意思。晉惠公答應給秦穆公黃河以西和以南的五座城，東邊到虢略，南邊到華山，還有西邊的解梁城。依下圖所示位置，解梁城在「瑕」附近，《僖三十年傳》：「許君焦、瑕，朝濟而夕設版焉」，瑕在河東。相關地理位置如下所示：

（《中國歷史地圖集》，頁 22-23 晉-秦）

⑨ 乃偝（背／負）秦公弗夋（予）

整理者：「偝」字寫法比較特別，很可能是在商至西周 之類寫法（詳見《商周圖形文字編》第三頁，文物出版社，二〇〇七年）的基礎上演變來的，象一人負子之形，讀為「背」。保，幽部幫母；背，職部幫母，二字音近可通。一說當隸作「夋」，從仔聲，之部精母，讀為「背」。夋，從又，余聲，余、予聲韻相同。（頁151，注7）

華東讀書小組：此字當讀為「背」，字形、音韻上的依據一如整理者所說。《左傳》、《國語》記晉惠公登位後食言之舉，多用「背」字，如《左傳・僖公十五年》：「晉侯許賂中大夫，既而皆背之。」《國語・晉語三》：「惠公入而背外內之賂。」故就訓詁而論，讀為「背」亦十分恰當。若因聲求義，則「負」、「倍」亦皆音近義通。（〈書後（二）〉）

清華大學讀書會：簡文「偝」字作： 。與《古文四聲韻》卷三引《古老子》「抱」字作「 」形體完全相同。楚簡《老子》常以「保」表「抱」，《古文四聲韻》此字當即「保」字異體。《汗簡》卷三引《華岳碑》「包」字作「 」，黃錫全先生已指出是「保」字，假為「包」。簡文及《古老子》的「偝」字，當是在「保」字的這類形體上增加「夊」形而成。整理者將簡文此字釋為「偝」可從，而或說隸作「夋」，從仔聲，恐非。讀書會又有人提出，「夊」形可能是後加的聲旁。商至西周 之類字《戰國古文字典》（頁241）、《古文字譜系疏證》（頁686）皆釋為「保」。（〈研讀箚記（二）〉）

顏世鉉：其構形是在表意字上加注聲符「夊」。這類的「保」字又如陳侯午錞「保有齊邦」之「保」，作「 」，隸作「 」，所從「缶」也是加注之聲符（璇按：二者皆為幫紐幽部字）。因為「夊」和「保」有音近的關係，古音「夊」是匣紐宵部，「保」是幫紐幽部，在韻部方面是幽、宵旁轉。在聲母方面，趙彤指出，出土楚系文獻中有一些見系字跟幫系字交替的例子，這些現象都出現在「魚」、「幽」、「宵」（舉陰聲部賅相應的陽聲和入聲韻部）

等韻部，主要元音都是後元音，如郭店《五行》簡32：顏色仫（容）佼（貌）。「佼」讀為「貌」，「貌」是明紐宵部，這是匣紐和明紐相通。因為「爻」和「保」有音近的關係，所以可以在「保」字上加注聲符「爻」。《古文四聲韻》卷三引《古老子》用為「抱」的「保」字和清華簡書「保」字的文字構造，都是在表「一人負之」之意的表意字之上添加聲符「爻」；而陳侯午錞之「保」字則是表意字上添加聲符「缶」。這些都是表意字加聲的形聲字。

「保」，也可能讀為「負」，古音「保」是幫紐幽部，「負」是並紐之部。之部和幽部是旁轉關係。「負」，有背棄之義，《說文》「負」字云：「一曰受貸不償。」段注：「凡以背任物曰負，因之凡背德忘因曰負。」《戰國策・秦策五》：「樓䖂約秦魏」章：「敗秦而利魏，魏必負之。負秦之日，太子為冀矣！」《鶡冠子・近迭》：「得地失信，聖王弗據。倍言負約，各將有故。」「背」和「負」，古書上往往相通，《戰國策・秦策三・蔡澤見逐於趙章》：「勾踐終棓而殺之。」棓，《史記・范雎蔡澤列傳》作「負」王念孫《讀書雜志・戰國策一・棓而殺之》云：「棓，當為倍字之誤也。倍，與背同。」其注又云：「背、倍、負三字古音聲同而通用。」背、倍和負三字是聲近相通的關係。（〈說清華竹書《繫年》中的兩個「保」字〉，簡帛網，2012年1月4日；〈清華竹書《繫年》札記二則〉，《簡帛》第七輯）

程少軒（網名：一上示三王）：從用字習慣角度來說，楚簡用為「背」之字比較固定，很難想像這個常見詞用這麼個少見的字表示。另外，出土文獻中有唇音幽部字和唇音之部的「負」相通的例子。北大漢簡《堪輿》中的「負衡」，在馬王堆帛書《式法》中寫作「復衡」（詳參《文物》2011年6期陳侃理先生文）。「保」讀為「負」，較之讀為「背」，更加直接。（〈關於「保／爻」讀為「負」〉）

鄔可晶（網名：紫竹道人）：見於清華簡《繫年》和傳抄古文的「保/爻」字，我懷疑會不會是從王子揚先生討論過的、見於《英藏》1149+《合》16037「取保石」的「保」字變來的？王子揚先生《師賓間類胛骨新綴一則——

附釋「綵（褓）」》已經指出，上引卜辭用爲「保」之字「象背負綵褓之形，也可能是'綵（褓）'字的象形初文」。（先秦史研究室網站，2010 年 9 月 2 日：http://www.xianqin.org/blog/archives/2044.html」）「保／爻」下部的所謂「爻」形，可能來源於甲骨文「綵（褓）」字用來綁縛綵褓的繩子或布帶之形。之所以寫得近乎「爻」，也許正如不少學者所指出的，「爻」、「保」音近，使之兼起表音作用。（引按：字作 𝄢）（〈關於「保/爻」讀為「負」〉下的跟帖）

怡璇按：文獻中有「負」與「背」字直接相通例證，如《史記・酈生陸賈列傳》：「項王負約不與。」《漢書・酈食其傳》負作背；《史記・平津侯主父列傳》：「南面負扆攝袂而揖王公。」《漢書・徐樂傳》負作背。（參高亨：《古字通假會典》，頁 437），因此「僾」讀為「背」或「負」皆有可能。程少軒先生認為楚簡「背」字字形固定，不應用此形來表示「背」字。然而，楚簡中以罕見字來表示常用字亦有例證，如裘錫圭認為《清華一・耆夜》的「夜爵」應讀為「舉爵」，但楚簡的「舉」字寫法也是非常固定，裘先生文中還舉出楚王及先公名號的「熊」，在《新蔡》中皆作「酓」（參裘錫圭：〈說「夜爵」〉《出土文獻》第二輯）。又如楚簡「一」字可作「𝄢」（參沈培：〈略說《上博（七）》新見的「一」字〉）、「𝄢」（《郭店・成之聞之》簡 18）。因此仍無法完全排除「僾」讀為「背」的可能，且傳世文獻記載惠公背叛對秦國承諾之事多用「背」字，如《呂氏春秋・原亂》：「惠公既定於晉，背秦德而不予地。」《史記・秦本紀》：「及至，已立，而使丕鄭謝秦，背約不與河西城，而殺里克。」但考慮到讀為「負」聲韻證據亦很堅強，故釋文二說並呈。

⑩ 立六年，秦公衛（率）𠂤（師）与（與）【三四】惠公戰（戰）于𩒸（韓），戠（捷）惠公以歸。

整理者：《春秋》僖公十五年：「十有一月壬戌，晉侯及秦伯戰于韓，

獲晉侯。」韓地具體位置，歷來有陝西、山西之說。可參閱楊伯峻《春秋左傳注》第三五〇至三五一頁、沈長雲《西周二韓國地望考》（《中國史研究》一九八二年第二期）。簡文「䡄」，即「韓」之聲符，用為「韓」。「戠」字，從𩠐，從戈，之聲，讀為「止」，義同「獲」。（頁152，注8）

陳劍：近出《上博（九）》的《邦人不稱》篇，簡3有「三戰而三𦥑（ ），而邦人不稱勇焉」句，其中的「𦥑」顯然以釋讀為「捷」最為順適。《繫年》「戠（捷）」字後常以戰爭捷獲之人（包括屍體）作賓語，或前置作受事主語。古書中和出土文獻中「捷」也常可帶戰爭捷獲之人、物作賓語，對此商艷濤先生已曾有很好的舉證和分析。例如，《後漢書・西羌傳》「自是之後，更伐始呼、翳徒之戎，皆克之」李賢注引《竹書紀年》：「（太丁）十一年，周人伐翳徒之戎，捷其三大夫。」今本《竹書紀年》作「獲其三大夫，來獻捷」。又《漢書・衛青霍去病傳》「捷首虜若干」之辭數見，《史記・衛將軍驃騎列傳》、《史記・匈奴列傳》、《漢書・匈奴傳》和《資治通鑑・漢紀・世宗孝武皇帝中之上》記述同事或同類事即多用「得」或「獲」字。

根據《邦人不稱》「𦥑」用為「捷」之例可以斷定，「戠」字除去「首」形後所餘下的「 」形部分，實際上是由「 」形變來的。古文字中「屮」形與「止」形易互作，其例極多。本作「屮」形而變為「止」形之例，我過去曾有過舉證，如曾侯乙墓出土的𢼊君戈「𢼊」字作 之類。就同樣係跟「戈」形組合者的變化舉例來說，如張世超先生已談到的「戠（歲）」字，楚簡最常見的寫法作 （《上博四・柬大王泊旱》簡13）類形，其左上角之「止」與其下「戈」形的橫筆左方結合為「之」形，跟「 」所從確實完全相同；而楚璽中也有其左上角變為「屮」形作 的（《古璽彙編》0205「戠（職）戠（歲）之鉨」）。又如楚簡多見的地名「戚郢」之「戚」字（或上增從「艸」頭），其不同寫法很多，也存在同類變化。如下舉兩類字形：

包山簡 131　包山簡 129

包山簡 216　天星觀簡

其左上角也是作從「屮」形與從「止/之」形交替。

　　戰爭捷獲常可包括取得敵人首級而言，古有「捷首」的說法，如西周金文敔簋（《集成》8.4323）云「🈳（捷）首百」，故「🈳（捷）」字添加「首」作義符也很好理解。由此看來，《繫年》諸「戠」字，就是「捷獲」之「捷」的異體、繁體。「戠（捷）」字如果省去「戈」旁的大部，就變爲「晉」形了。楚簡文字中不乏「戈」旁與別的偏旁穿插配置、省去其大部而只存橫筆左半部分形之例，如🈳（《上博六·孔子見季桓子》簡 6）即是🈳（郭店《成之聞之》簡 19）省去「戈」旁而來，跟「晉」之於「戠」，其間關係可謂如出一轍。根據以上分析還可以看出，作爲「戠」字省體的「晉」（🈳），其「首」旁上方的一橫筆本是屬於「戈」旁的；而作爲「戴」字異體的「晉」（如《上博六·愼子曰恭儉》簡 5🈳），其「首」旁上方的一橫筆則本是「之」旁之下橫。二者實際是來源不同的，但形體已經完全混淆了。「晉」形，它可以分別代表「從首之聲」之「戴」和「從首🈳（捷）聲」之「捷」字異體「戠」之省形。（簡談《繫年》的「戠」和楚簡部分「晉」字當釋讀爲「捷」，復旦網，2013 年 1 月 16 日）

　　怡璇按：「」字左上乍看從「之」形，似應隸定爲「戠」。但根據陳劍先生的意見，此字來源於從「屮」的「捷」旁，故本釋文隸定爲「戠」。其次，「韓」地楊伯峻《春秋左傳注》指出「舊說韓在今陝西省韓城縣西南，然據傳『涉河，侯車敗』，『晉侯曰寇深矣』之文，其不在黃河之西可知。方輿紀要以爲今山西省芮城縣有韓亭，即秦、晉戰處；江永《考實》則以

為當在河津縣與萬榮縣之間。」（頁 350-351）。《中國上古國名地名辭匯及索引》指出：「武侯子始封，滅於晉，地原在今陝西韓城南十八里，宣王時徙封於今河北固安。」（頁 88）沈長雲贊成江實所言的「韓城地在河西，本秦、漢之夏陽縣地。」並且指出杜預注是正確的，因此才會有其後的《左傳》謂秦軍「三敗及韓」的「韓」也是在河東，又如《左傳》僖公二十四年一段話「邘、晉、應、韓，武之穆也。」杜預注：「四國皆武王子……韓國在河東郡界。」可見古韓國確實在河東而非河西。（沈長雲：〈西周二韓國地望考〉，《中國史研究》1982 年 2 期，頁 135-138）

建洲按：《史記・十二諸侯年表》晉惠公六年，亦即魯僖公十五年（前 645年）曰：「秦虜惠公，復立之。」（頁 589）正與簡文「立六年」時間相同。

⑪ 惠公厽（焉）以亓（其）子裹（懷）公為執（質）

整理者：《左傳》僖公十七年：「夏，晉大子圉為質於秦，秦歸河東而妻之。」晉大子圉卽懷公。執，通「質」。（頁 152，注 9）

方炫琛：左僖十五載子金教邰乞以晉惠公命告國人曰：「孤雖歸，辱社稷矣，其卜貳圉也。」圉為晉惠公之子，君父必稱子名，故圉為其名。左成十七謂惠公妻梁嬴孕，卜招父卜曰「男為人臣」，故「名男曰圉」，更明謂圉為其名。傳下云：「及子圉西質。」稱「子圉」，於名上冠以子字，此春秋時男子稱謂之通例。其稱大子圉者，因其為惠公大子，故於名上冠以大子二字。其稱懷，懷公者，懷蓋其謚也，左僖十五載呂甥稱其曰「孺子」，以其為晉惠公之嗣子，故曰孺子。（《名號研究》頁 107，0037「大子圉」條）

陳偉：因為有《左傳》比勘，讀「執」為「質」當可憑信。上博竹書第七冊《鄭子家喪》5 號簡有「鄭人命以子良為執」。其中的「執」，我們曾指出：恐當讀為「質」。古書中從「執」得聲的「贄」、「摯」均有與「質」通假之例，可佐證。《左傳》宣公十二年記楚許鄭平曰：「潘尪入盟，子良

出質。」簡文所記似即此事。讀「執」爲「質」，於此得到新的證明。(〈札
記（二）〉)

　　怡璇按：高佑仁已整理出傳世文獻中「執」聲與「質」聲相通的例證：

　　　《左傳・昭公十七年》云：「我高祖少皞摯之立也，鳳鳥適至」，「摯」
　　　字《逸周書・嘗麥解》作「質」。《漢書・外戚傳》云：「深念奉質共
　　　修之義」，顔師古注：「質讀曰贄」，《荀子・大略篇》云：「錯質之臣
　　　不息雞豚」楊倞注：「質，讀爲贄，蓋古字通耳」（參高佑仁：《上博
　　　楚簡莊、靈、平三王研究》，頁247）

可作爲此字通假的補證。又簡文的「焉」當解爲「乃」也。

⑫　文公十又二年居翟=（狄，狄）甚善之，而弗能內（入），乃迲（適）
　　齊=（齊，齊）人善之。迲（適）宋=（宋，宋）人善之，亦莫【三六】
　　之能內（入）。乃迲（適）鬳=（衛，衛）人弗善。迲（適）奠=（鄭，
　　鄭）人弗善。乃迲（適）楚。

　　整理者：《左傳》僖公二十三年：「晉公子重耳之及於難也……遂奔
狄。……處狄十二年而行。過衛，衛文公不禮焉。……及齊，齊桓公妻之，
有馬二十乘，公子安之。……及曹……及宋，宋襄公贈之以馬二十乘。及
鄭，鄭文公亦不禮焉。……及楚，楚子饗之……」《國語・晉語四》：「（文）
公在狄十二年……遂適齊。齊侯妻之，甚善焉。有馬二十乘，將死於齊而
已矣。……過衛，衛文公有邢、狄之虞，不能禮焉。……自衛過曹，曹共
公亦不禮焉。……公子過宋，與司馬公孫固相善。……襄公從之，贈以馬
二十乘。公子過鄭，鄭文公亦不禮焉。……遂如楚，楚成王以周禮享之，
九獻，庭實旅百。」簡文所述重耳流亡途經國家及先後次序，與《左傳》、
《國語》有所不同，值得注意。（頁152，注10）

　　劉麗：傳世文獻所記載的重耳流亡路線如下：

《左傳・僖公二十三年》：狄－衛－齊－曹－宋－鄭－楚－秦

《國語・晉語》：狄－齊－衛－曹－宋－鄭－楚－秦

《史記・晉世家》：狄－衛－齊－曹－宋－鄭－楚－秦

《呂氏春秋・上德》：狄－衛－齊－曹－宋－鄭－楚－秦

《清華簡・繫年》：狄－齊－宋－衛－鄭－楚－秦

《史記》、《左傳》、《呂氏春秋》記錄的路線一樣。以此為底本，《國語》的差別在於齊和衛的位置顛倒，《清華簡・繫年》則是齊、宋、衛的位置均不同。

　　首先討論重耳過齊、過衛的時間，這是《左傳》、《史記》與《國語》的差別之處。《史記・衛世家》記載重耳過衛在衛文公十六年，而《史記・十二諸侯年表》則記載為衛文公二十三年。《國語》與《史記》、《左傳》關於過衛、過齊次序的不同又該如何解釋呢？其實也可以解釋。在《史記・晉世家》、《左傳》、《國語》、《呂氏春秋》中都談及過「過五鹿」，其中尤以《國語・晉語四》記載最詳，「五鹿之野人舉塊以與之，公子怒，將鞭之。子犯曰：天賜也！民以土服，又何求焉。天事必象，**十有二年，必獲此土**。」韋昭注：「五鹿，衛邑。」（頁 322）《左傳・僖公二十三年》杜注曰：「今衛縣西北有地名五鹿，陽平元城縣東亦有五鹿。」對照《左傳・僖公二十八年》：「二十八年春，晉侯……侵曹伐衛。正月戊申，取五鹿。」《史記・晉世家》：「五年春，晉文公欲伐曹，假道於衛，衛人弗許。還自河南度，侵曹，伐衛。正月，取五鹿。」《史記・十二諸侯年表》：宋成公三年（**建洲按**：實為「衛成公三年」，前 632 年），「晉伐我，取五鹿。」《清華簡・繫年》：「晉文公思齊及宋之德，乃及秦師圍曹及五鹿，伐衛以脫齊之戍及宋之圍。」則五鹿為衛邑應該是正確的。「取五鹿」當是對前面兆象的回應，

按照十二年算，則過五鹿當在衛文公十六年。這與《史記》、《左傳》的記載是相符合的。（**建洲按**：衛文公十六年即魯僖公十六年，前 644 年。《晉語四》曰「十二年」必獲五鹿之土，亦即可以攻下衛國的五鹿，則是魯僖公二十八年、衛成公三年，正與《左傳》僖公二十八年、《史記・十二諸侯年表》所云「取五鹿」相合。）

重耳實際上是兩次經過衛國，第一次就是衛文公十六年經過五鹿，野人與塊；第二次則是衛文公二十三年過衛（**建洲按**：前 637 年），文公不禮。但是《史記》和《左傳》誤把兩者當成了一時事。但是這確實是兩件事，因此在《史記・十二諸侯年表》裡記載的過衛時間是衛文公二十三年，即魯僖公二十三年，這表明了司馬遷的謹慎和存疑。過齊前的過衛實則是過五鹿，後面在過齊後還有一次過衛。《國語》中的記載其實是正確的，但是過衛的時間卻不對，衛無論如何不能排在宋的前面。《清華簡》把衛排在齊之後應該指的是衛文公二十三年那次，因為《清華簡》中過齊前並未提及過五鹿，也許是認為當時重耳並未見到衛國國君的緣故。

下面我們來討論過宋的時間。《國語》、《左傳》與《史記・晉世家》對於過宋的排序是一致的，都是放在曹之後，但是這並不代表沒有任何疑問。《史記・宋世家》：「八年，齊桓公卒，宋欲為盟會……十三年夏，宋伐鄭。子魚曰：『禍在此矣。』秋，楚伐宋以救鄭。襄公將戰……冬，十一月，襄公與楚成王戰於泓……是年，晉公子重耳過宋，襄公以傷於楚，欲得晉援，厚禮重耳以馬二十乘。十四年夏，襄公病傷於泓而竟卒。」則重耳過宋在襄公十三年，即魯僖公二十二年（**建洲按**：前 638 年）。對照《宋世家》和《十二諸侯年表》，宋似乎應該排在曹之前，為何《晉世家》排在曹之後呢？是《宋世家》和《十二諸侯年表》所用材料與《史記・晉世家》、《左傳》、《國語》不同。又或者是《宋世家》時間有問題？我們看到《史記・宋世家》「十四年夏，襄公病傷於泓而竟卒。」史記索引：「按：《春秋》戰於泓在僖二十三年，重耳過宋及襄公卒在二十四年。今此文以重耳過與傷泓共

歲，故云『是年』。又重耳過宋與宋襄公卒共是一歲，則不合更云『十四年』。是進退俱不合于左氏，蓋太史公之疏耳。」（P1627）案：《春秋》記載戰於泓是僖二十二年，襄公卒是僖二十三年，**索引有誤。《左傳》重耳過宋記在僖二十三年下**，但是並沒有注明過每個國家的具體時間，有可能是對於前事的追述，不能以此判斷過宋與襄公卒為一年。《十二諸侯年表》未記載重耳過宋事。那麼能依據的只有《宋世家》，是否可信呢？《春秋左傳注》楊伯峻認為《宋世家》可信（P408）。我們可以推算一下。按照《史記・晉世家》等文獻記載，重耳流亡共十九年，居狄十二年，居齊五年，而過鄭、楚、秦均是在魯僖公二十三年，時間為一年。則中間還有一年時間。**這一年時間過曹、宋、衛**。我們知道曹、衛之君對重耳是不禮的，那這一年最有可能的時間是在宋。如果我們按照《宋世家》的襄公十三年，即魯僖二十二年，正好合理。這樣，則過曹的時間可以有兩種。一種是根據《史記・管蔡世家》以及《年表》的記載，重耳過曹在曹共公十六年，即魯僖公二十三年，這樣應該排在宋之後。但是這樣就與所有的文獻記載都相衝突了。另外一種則是**過曹與過宋同年，在過宋前，即曹共公十五年**，也就是僖公二十二。這就承認了《管蔡世家》裡關於「初」的質疑（原注：楊伯峻先生認為《曹世家》裏曹共公十六年下有一個「初」字，則重耳過曹應不是十六年事，按照《晉世家》曹排在宋前，更是重耳過曹不是十六年事的證據。楊伯峻：《春秋左傳注》，北京：中華書局，1990年5月，頁408）。即認為過曹應該早於曹共公十六年，也解決了《史記・晉世家》、《左傳》、《國語》裡排序的問題。至於《年表》，則可以被認為是誤解了《管蔡世家》而造成的。不然，曹無論如何不能排在宋前。而且結合春秋時期各國地理位置分佈，可以排出一個大致合理的路線，即狄─衛（五鹿）─齊─衛─宋─曹─衛─鄭─楚─秦。（**建洲按**：「齊」之後的「衛」顯然是誤植。且依作者的意思，「曹」應在「宋」之前。）

《清華簡・繫年》裡是沒有提及重耳過曹的，這很奇怪，因為傳世典

籍中曾多次提到過重耳過曹。《史記・晉世家》、《史記・十二諸侯年表》、《史記・管蔡世家》、《國語》、《左傳》、《淮南子・道應訓》、《韓非子・十過》、《呂氏春秋・上德》、《淮南子・人間訓》均有記載，只是內容有所差別。而且《管蔡世家》裡記載曹共公二十一年，晉伐曹。曹共公二十一年正是晉文公五年（**建洲按**：前 632 年）。這與《左傳》、《晉世家》、《十二諸侯年表》都是一致的。《左傳・僖公二十八年》：「二十八年春，晉侯將伐曹，假道于衛，衛人弗許。」《史記・晉世家》記載：「五年春，晉文公欲伐曹，假道于衛，衛人弗許。」《史記・十二諸侯年表》也是記載的晉文公五年事，「侵曹、伐衛，取五鹿，執曹伯。」《國語》：「文公立四年，楚成王伐宋，公率齊、秦伐曹、衛以救宋。」特別是《清華簡・繫年》第七章：「晉文公立四年，楚成王率諸侯以圍宋伐齊，戍𣪊（穀）居鐶。晉文公思齊及宋之德，乃及秦師圍曹及五鹿，伐衛以脫齊之戍及宋之圍。」可以看出重耳當時應該是經過了曹的，曹君應該是無禮于晉文公，不然晉文公不會因思齊、宋之恩而伐曹、衛。可見，過曹應該還是有的。（〈重耳流亡路線考〉）

子居：認為重耳究竟過衛或不過衛的歧異，應是由於五鹿之地的特殊性造成的，引用一葦輕舟（未刊稿）整理的傳世文獻對五鹿地望的記載如下：1、陽平元城縣東南：即大名府東沙鹿。主此說者有杜預、司馬彪、《元和志》、顧祖禹、顧棟高、竹田光鴻、楊伯峻「哀公元年注」。2、濮陽縣南三十里：即開州南三十里。主此說者有《太平寰宇記》、江永、沈欽韓、劉文淇、楊伯峻「僖公二十三年注」。3、衛縣西北三十里：主此說者有杜預、京相璠、洪亮吉。4、濮陽縣東北：主此說者有錢穆。……考察史料，即可發現，重耳所過五鹿不可能在濮陽縣南，必在河北大名縣東。五鹿當時應是位於東近於夷儀，西近於邯鄲之地，重耳所過的五鹿，當在今河北省大名縣金灘鎮沙窩廟村一帶。在齊桓公死後，齊國內亂，此後衛文公滅邢，而五鹿屬衛大概即是在滅邢之前。至戰國後，或因有晉文公伐衛取五鹿之說，遂以為五鹿本為衛地，才由此衍生出《左傳》、《呂氏春秋》、《史記》

等所記的重耳過衛，經五鹿，入齊這樣的說法，遂將衛文公不禮置於重耳入齊之前，以至一誤再誤。(〈5～7章解析〉)

怡璇按：劉麗已整理了傳世文獻中重耳不同版本的流亡路線，傳世文獻的記載，除了衛、齊二國的次序有異外，其餘國家次序皆同，而《繫年》的國別次序與傳世文獻差異較大。《史記》本身對於重耳過衛的時間點記載亦不相同，《史記・衛世家》記載重耳過衛在衛文公十六年，而《史記・十二諸侯年表》則記載為衛文公二十三年，梁玉繩指出《史記・晉世家》記載的疑問「(年) 表依《晉語》言重耳先適齊後過衛是也，此又從《左氏》先衛後齊，似不合事情。」(參梁玉繩：《史記志疑》，頁 983) 可見史遷時代所看到的說法即有別。劉麗和子居皆指出，齊、衛二國會有次序先後不同的原因在於「五鹿」，子居認為重耳流亡時，「五鹿」在齊地，而劉麗則以為重耳過衛二次，一次經過五鹿，一次是衛國對重耳不禮。

關於五鹿的說法，子居認為史料記載的「過五鹿」是在今河北大名縣東。並認為此時的「五鹿」非衛地而是齊地，指出「齊桓公死後，齊國內亂，此後衛文公滅邢，而五鹿屬衛大概即是在滅邢之前。」其所引的例證為：

> 《管子・小匡》：「桓公知天下小國諸侯之多與己也……築五鹿、中牟、鄴、蓋與牡丘，以衛諸夏之地。」(又見《國語・齊語》)，在清華簡《繫年》的第四章中，也提到了「赤翟王留籲，起師伐衛，大敗衛師於睘，幽侯滅焉。翟遂居衛，衛人乃東涉河，遷于曹，焉立戴公申，公子啟方奔齊。戴公卒，齊桓公會諸侯以城楚丘，歸公子啟方焉，是文公。」衛人既然涉河遷曹，複遷楚丘，則恐曹東多已為狄土，而由齊桓公可以「遷邢於夷儀」並「築五鹿、中牟、鄴、蓋與牡丘，以衛諸夏之地」，則五鹿在重耳去狄至齊時，當為齊地。

首先，重耳流亡至衛國時，衛國的確有邢、狄之患，《國語・晉語》記載：

「過衛，衛文公有邢、狄之虞，不能禮焉。」然而，子居認為「衛人既然涉河遷曹，複遷楚丘，則恐曹東多已為狄土」，所引的《繫年》第四章在《管子・小匡》亦有記載：「狄人攻衛，衛人出旅於曹，桓公城楚丘封之。」也就是說，衛人由曹遷至楚丘，並非因為曹為狄國的領土，而是因為衛人受到桓公的分封而遷徙的。而齊桓公之所以能「築五鹿」原因為「是以天下小國諸侯，既服桓公，莫之敢倍而歸之……桓公知天下小國之多與己也，於是又大施忠焉。可為憂者為之憂，可為謀者為之謀，可為勸者為之勸。……築五鹿、中牟、鄴蓋與社丘，以衛諸夏之地」（《管子・小匡》）可見，桓公能夠築五鹿並非因為五鹿在齊國的領土，而是當時桓公以保護小國的霸主之姿來建設各國，以求能夠保衛諸夏之地，因此子居認為重耳過五鹿時期，五鹿在於齊地之說，是不能成立的。

而重耳過五鹿的五鹿究竟是在河北大名縣或是在河南省濮陽縣，傳世文獻記載的「五鹿」有二處，楊伯峻指出僖公二十三年重耳「出於五鹿」的「五鹿」為衛地，五鹿有二，一在今河北省大名縣東，一在今河南省濮陽縣南三十里，「出於五鹿」的「五鹿」應是在濮陽縣。（《春秋左傳注（修訂本）》，頁406）而《左傳》哀公元年傳文作「夏四月，齊侯、衛侯救邯鄲，圍五鹿。」注曰：「杜注：『趙稷以邯鄲叛，范、中行氏之黨也。五鹿，晉邑。』五鹿有二，此今河北大名縣東之沙麓。」（《春秋左傳注（修訂本）》，頁1607）《中國歷史大辭典－歷史地理》亦指出「五鹿」所對應今日所在地有二說，其一，在今河北大名縣東，《左傳》哀公元年（前494）：「齊侯、衛侯救邯鄲，圍五鹿」，亦即此。其二，春秋時為衛地，後入晉，在今河南清豐縣西北，《左傳》僖公二十三年（前637）：晉文公子重耳過衛，「出於五鹿，乞食於野人」即此。（頁122）《中國上古國名地名辭匯及索引》亦認為「五鹿」所在地有二說，其一，為衛邑，在今河南濮陽南卅里，見《春秋左氏傳》僖廿三、廿八、襄廿五、《國語・齊語》；其二，原為衛邑，後入晉，在今河北大名東南，見《春秋左氏傳》哀元、四、《國語・晉語四》。（頁104）

重耳流亡時的五鹿為何處，或可從文公的城濮之戰略知一二。《繫年》第七章載「晉文公囟（思）齊及宋之惪（德），乃及秦㠯（師）回（圍）曹及五𪊽（鹿），伐𧗝（衛）以敓（脫）齊之戍及宋之回（圍）。」與此史事相對應的《左傳》僖公二十八年：「二十八年春，晉侯……侵曹伐衛。正月戊申，取五鹿。」《史記・晉世家》：「五年春……侵曹，伐衛。正月，取五鹿。」《左傳》與《史記》此處的「五鹿」必為重耳流亡受辱之處，因此文公才會在登基之後討伐這些地方，《國語・晉語四》：「（文）公在狄十二年……過衛，衛文公有邢、狄之虞，不能禮焉。……自衛過曹，曹共公亦不禮焉。」可見「曹」、「衛」和「五鹿」皆是曾經受辱的地方，文公在解齊、宋之困時，「順道」一個一個的討伐，「五鹿」必定在曹、衛之間，《繫年》指出「回（圍）曹及五𪊽（鹿）」可見曹與五鹿二地是一同被討伐的，曹國位於衛國南方，而今河北省位於衛國北方，因此重耳流亡的「五鹿」應位於河南，與曹國地理相去不遠，故文公才能在短時間內侵曹、伐衛、取五鹿。（此說法蒙蔡妙真師的提醒，2012 年 12 月 7 日）此段所舉文獻，如同劉麗所說，可證明重耳在流亡過程中，是有經過曹國的，《繫年》此章沒有記載到過曹，應有問題。相關地理位置如下所示：

（《中國歷史地圖集》，頁 24-25 鄭宋衛）

地圖下方「衛 3」是「楚丘」。此圖認為「五鹿」的位置在河南清豐縣西北。

　　《繫年》與傳世文獻最大的不同是重耳經過宋國的時間，劉麗指出「《十二諸侯年表》常記載重耳過宋事。那麼能依據的只有《宋世家》」，而楊伯峻認為「重耳過宋當在魯僖之二十二年，即宋襄之十三年，《宋世家》之言可據」（《春秋左傳注（修訂本）》，頁 408）。《史記・宋微子世家》：「八年，齊桓公卒，宋欲為盟會。……十三年夏，宋伐鄭……冬十一月，襄公與楚成王戰於泓……是年，晉公子重耳過宋，襄公以傷於楚，欲得晉援，厚禮重耳以馬二十乘。」可見重耳過宋為宋襄公十三年，為晉惠公十三年，魯僖公二十二年，劉麗推算：

> 按照《史記・晉世家》等文獻記載，重耳流亡共十九年，居狄十二年，居齊五年，而過鄭、楚、秦均是在魯僖公二十三年，時間為一年。則中間還有一年時間。這一年時間過曹、宋、衛。……那這一年最有可能的時間是在宋。……過曹與過宋同年，在過宋前，即曹共公十五年，也就是僖公二十二。

劉麗此說可以疏通重耳流亡的時間。

　　建洲按：簡文曰：「文公十又二年居翟=（狄，狄）甚善之，而弗能内（入），乃迬（適）齊=（齊，齊）人善之」，可以比對《國語・晉語四》：「（文）公在狄十二年……遂適齊。齊侯妻之，甚善焉。有馬二十乘，將死於齊而已矣。」同時可以知道簡文的「十又二年」是指文公在狄的時間。據《史記・十二諸侯年表》記載，晉獻公二十二年（前 655 年）：「重耳奔狄」、晉惠公七年（前 644 年）：「重耳聞管仲死，去翟之齊。」（頁 584）居狄時間正是十二年。此外，本簡「甚」字作 **[印]**，亦見於簡 27 作 **[印]**，比對 **[印]**（唐虞之道 24），可知《繫年》「甚」字的「口」旁橫筆貫穿，如同簡 5「台」寫作 **[印]**。又「迬」讀為「適」，也見於《上博九・陳公治兵》簡 1「王迬固之行」，也見於《上博九・邦人不稱》簡 4、5，可以補充通假例證如越王差

郐戈「石得居亡」，李家浩先生讀「石」讀為「適」（〈越王差邾戈銘文新研〉）。
當然「适」也可以讀為「蹠」、「跖」。

綜合以上，重耳入晉之前的流亡路線當是：狄（前 655-前 644，12 年）—
衛（五鹿，前 644，即衛文公 16 年、魯僖公 16 年）—齊（前 644-前 638？）—
曹（前 638，魯僖公 22 年）—宋（前 638，魯僖公 22 年）—衛（前 637，
衛文公 23 年、魯僖公 23 年）—鄭（前 637，魯僖公 23 年）—楚（前 637，
魯僖公 23 年）—秦（前 637，魯僖公 23 年）。前六三六年，魯僖公二十四
年則是晉文公元年。《史記・晉世家》曰：「留齊凡五歲」，則滯留齊國的時
間是前六四四至前六四〇。但是根據前述所述重耳過曹的時間是魯僖公二
十二年，前六三八年，且《左傳》所載重耳至宋的時間是宋襄公十三年、
魯僖公二十二年，前六三八年。則《史記・晉世家》提到重耳留齊五歲可
能有誤，茲依時間順序改為前六三八年，則重耳在齊國可能待了七年左右。
重耳流亡路線可標示如下：

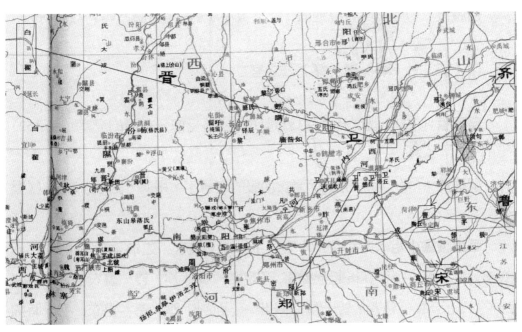

（《中國歷史地圖集》，頁 22-23 晉秦）

　　至於朱曉海先生提出另一個意見認為：「根據《左傳》卷十五〈僖公二三年〉，或《國語》卷十〈晉語四〉的記載，重耳由狄過衛五鹿，然後適齊，再依次至衛、曹、宋、鄭，然後入楚，再入秦。此書卻將『適宋』序於『適衛』之前， 又略去過曹之事，這乃是由於時序並非編撰者所孜孜措意者，更非編撰者別有所據而為異辭，所以才將『善』待重耳與『弗善』待重耳者區隔為兩類，重心僅在藉此顯示：唯秦『能內』之，其餘某些國家縱使『善之』卻『莫之能內』，以致此後秦、晉『戮力同心』」。（〈清華簡所謂《繫年》的書籍性質〉，頁417）茲存此說供學界參考。

⑬　裏（懷）公自秦逃歸，秦穆公乃訋（召）文公於楚

　　整理者：《晉世家》：「子圉遂亡歸晉。十四年九月，惠公卒，太子圉立，是為懷公。……秦繆公乃發兵送內重耳……殺懷公於高梁，入重耳。重耳立，是為文公。」簡文「訋」從言，勺聲，與「召」通。（頁152，注11）

　　怡璇按：勺聲常與召聲通假，可參高亨：《古字通假會典》，頁806。

⑭　囟（使）裘（襲）裏（懷）公之室

　　整理者：使文公襲懷公之室，就是使文公襲受懷公在秦的妻室。（頁152，注11）

　　蘇建洲：「裘」字形是表示穿衣加服的表意字，用為「因襲」義。（〈《繫年》的「蔡」字〉）

　　華東讀書小組：此字實為一表意字，象「重衣」之形，可將《說文·衣部》之「褺」視作其後起形聲字，《說文·衣部》：「褺，重衣也。」段注曰：「凡古云衣一襲者，皆一褺之假借。」而訓「襲」為「重衣」者，時間較晚，孔穎達《五經正義》中方可見數處。此字表「襲受」義，當讀為「襲」，「褺」古音定母緝部，「襲」古音邪母緝部，可相通假。（〈書後（二）〉）

　　怡璇按：所論字字形作「」，會衣服之內又有衣服，上方的「∧」為共用部件，將「襲」字訓為「重衣」之意，並非遲至唐代才有，在先秦時期即有此種用法，如《禮記・內則》：「寒不敢襲，癢不敢搔。」鄭玄注：「襲，重衣。」

⑮　**秦晉厽（焉）刉（始）會好**

　　清華大學讀書會：「會好」即「合好」，《左傳・定公十年》有「兩君合好」之語。關於「會」、「合」通用之例證及原因，可參李家浩先生《楚簡中的袷衣》。（〈研讀箚記（一）〉）

⑯　**二邦伐絭（鄀），遷（徙）之申（中）城，回（圍）商瞀（密）**

　　整理者：《左傳》僖公二十五年：「秋，秦、晉伐鄀。楚鬬克、屈禦寇以申、息之師戍商密。……圍商密……秦師囚申公子儀、息公子邊以歸。」杜注：「鬬克，申公子儀。屈禦寇，息公子邊。」絭，通「鄀」，杜注：「鄀本在商密，秦、楚界上小國，其後遷於南郡鄀縣。」中城，地名，《曾侯乙墓竹簡》一五六號：「申城子騟為左驌。」疑「申城子」之「申城」即此。（頁152，注12）

　　李學勤：（《楚居》簡4「至酓繹（繹）與屈紃（紃），思（使）若（鄀）嗌（嗌）卜遷（徙）於夌（夷）宅（屯）」）這裡還涉及鄀國的問題。從簡文楚人自有祀典看，楚與鄀只是鄰近，不會有同源的關係。楚人芈姓，鄀據《世本》則為允姓，自然相遠。郭沫若先生《兩周金文辭大系》曾詳論西周晚期以下的青銅器銘文有上鄀與下鄀。按《左傳》僖公二十五年杜注：「鄀本在商密，秦、楚界上小國，其後遷於南郡鄀縣。」商密在今河南淅川西南，鄀現在今湖北宜城東南。《大系》據下鄀公諴鼎出於上雒，即與商密接壤的陝西商縣，指出**下鄀在商密**，上鄀在「南郡鄀縣」即湖北宜城，

並說「上下相對，必同時並存，蓋由分封而然。蓋南郡之鄀為本國，故稱上；上雒之鄀為分枝，故稱下。」陳槃先生《春秋大事表譔異》也肯定此說，這便與杜預的說法相反。《楚居》簡文所述楚、鄀關係，是對郭說的有力支持。（〈論清華簡《楚居》中的古史傳說〉，《中國史研究》2011 年 1 期頁 58）

虞同：熊繹時的鄀，學者已據《楚居》簡文進一步肯定為湖北境內的上鄀，位於漢水以西。（李學勤：《論清華簡〈楚居〉中的古史傳說》，頁 58；陳偉：《岳麓秦簡〈三十五年質日〉「箸鄉」小考》。）也唯有如此，楚武王才能以鄀俘觀丁父為軍率，如果是河南淅川縣西南的下鄀，楚武王時的疆土是無從抵達那裡的。郭沫若先生推測「南郡之鄀為本國，故稱上；上雒之鄀為分枝，故稱下」。估計楚武王時擊潰了湖北宜城縣南的鄀國之後，鄀人遷至河南淅川，稱為下鄀，最終被楚穆王所滅。」（〈讀《楚居》箚記〉，簡帛網，2011 年 4 月 24 日）

子居：「鄀」，杜注明顯不確，此鄀並非「其後遷于南郡鄀縣」者，也不是「本在商密」，而是當在今河南省淅川縣寺灣鎮地區。「中城」則當即是在今西峽縣以西的丁河古城遺址。秦晉聯合伐鄀，必是順丹水而下，此時的鄀國在淅川縣寺灣鎮地區，正扼守於由丹水而下的必經之處，商密則很可能在淅川下寺龍城遺址一帶，因此秦、晉伐鄀才迫使楚國讓「鬥克、屈禦寇以申、息之師戍商密」，秦晉聯軍攻下鄀國之後，即將鄀國之人遷至丁河古城（中城），丁河古城在春秋時楚國析邑之西。（〈5～7 章解析〉）

郭濤：鄀，即銅器銘文中的下鄀，商密為其都城，在今河南省淅川縣之西南。對比《左傳》，簡文記「秦晉伐鄀」之事未見「秦人過析，隈入而系輿人」部分，而多了「徙之中城」一語（引案：《左傳》僖公二十五年全文是「秋，秦晉伐鄀。楚鬥克、屈禦寇，以申、息之師戍商密。秦人過析，隈入而係輿人，以圍商密，昏而傅焉。宵，坎血加書，偽與子儀、子邊盟者。商密人懼，曰：「秦取析矣，戍人反矣！」乃降秦師。秦師囚申公子儀，

息公子邊以歸」）,「中城」與「析」二者或有可對應之處。「析」可訓為「中」,《史記・司馬相如列傳》記:「故有剖符之封,析珪而爵,位為通侯,居列東第……」司馬貞《史記索隱》載:如淳曰:「析,中分也。」《詩・大雅・行葦》有言:「舍矢既均」,朱熹《詩集傳》曰:「均,皆中也。」「均水」、「淅川」通稱,或因此義。「中」、「內」義近,結合都、商密之地理,疑「中城」或在古之內鄉縣,即今西峽縣境。《讀史方輿紀要》云:「南陽府內鄉縣,春秋時楚之析邑,秦置中陽縣……漢為析縣……西魏又改曰中陽縣……隋諱中,改曰內鄉縣,屬析州」;「淅陽城」條大略相同,並引劉昫說「後周改曰中鄉,隋始曰內鄉」。楊伯峻據《春秋大事表》認為今內鄉縣、淅川縣西北境皆析地,則「中城」或是「析」地內一城邑。綜上所考,簡文「中城」當在古「析」邑,即今老灌河北岸、西峽縣治西。(〈試說清華簡《繫年》之「中城」〉,簡帛網,2012 年 4 月 9 日)

胡凱、陳民鎮:清人陳樹華、洪亮吉認為晉文公方啟南陽、圍樊、圍原,無暇會秦遠伐小國,《左傳》沒有言及晉國的作用,因而質疑晉國是否參與了伐鄀的戰役。楊伯峻先生指出晉分兵助秦,亦無不可,並認為杜注「不復言晉者,秦兵為主」可通。(頁 434)有學者認為這次戰爭中,晉人大約也像秦人在城濮之戰中一樣,僅僅給了秦人以聲援。《繫年》強調「二邦伐鄀」,晉國應當也出兵了。關於《繫年》中「徙之中城」之「中城」,不見《左傳》的相關記述,「子居」認為即是在今西峽縣以西的丁河古城遺址。郭濤先生認為簡文「中城」當在古「析」邑。可以參看。(〈從清華簡《繫年》看晉國的邦交——以晉楚、晉秦關繫為中心〉《邯鄲學院學報》2012 年 02 期,頁 63)

建洲按:春秋早期銅器有「上鄀」(《集成》9·4613)和「下蠚(鄀)」稱謂之分,見(《集成》5·2753,9·4600)。郭沫若《大系》曾提出「蠚字从蚰,下鄀公諴簠作蛞从虫,均有意與上鄀示別,蓋下若後出,既分上下猶嫌混淆,且時亦各有去上下字而單稱鄀,故於鄀字之結構亦須示別也。」(頁

176)《新收》1555 士山盤「唯王十又六年九月即（既）生霸甲申，王在周新宮，王格大室，即位。……延徵蘁、刑（荊）□服」，董珊認為：「都刑（荊）方」又稱「都方」，這有如金文常見的「楚荊」就是「楚」，師虎簋所見的「繁荊」就是班簋銘的「繁」，據林澐先生說，「荊」可理解為氏族名，因此可以略去。「都方」就是「都」，「方」猶言方國。都見于《左傳》僖公二十五年「秦、晉伐都」，杜注謂都先在商密，後徙南郡都縣。金文有「上都」和「下都」之稱。西周時都都的位置應在商密，今地在河南西峽縣城西。(〈談士山盤銘文的「服」字義〉，《故宮博物院刊》2004 年第 1 期頁 79）朱鳳瀚先生也認為在今陝西商洛地區之商州東南，河南淅川西南一帶。(〈士山盤銘文初釋〉，《中國歷史文物》2002 年 1 期，頁 4-7）這可以說都是上了杜預的當。如上述虞同先生所說「下都」是在楚武王時擊潰了湖北宜城縣南的都國之後而成立的，則士山盤所載西周的「蘁」只能是南郡之都，即「上都」。這也說明郭沫若認為從「虫」旁的「蘁」只能是「下都」的說法是不對的。反過來，「下都」的寫法未必從「虫」旁，如《繫年》的「緖」（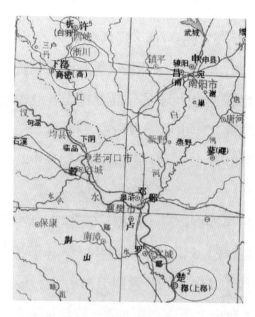）便是「下都」。茲將相關地理位置顯示如下：

（《中國歷史地圖集》，頁 29-30 楚吳越）

又「𣪘」作![圖],比對《孔子詩論》簡28![圖],可知前者「必」旁誤為「戈」。如同《老子》甲本27號的「閟」誤寫為「閔」,參見第十八章「⑬晉與吳會為一,以伐楚,閟方城」詞條。

⑰ 繻（申）公子義（儀）

方炫琛： 左僖二十五「楚鬬克、屈禦寇以申、息之師戍商密」,杜注：「鬬克,申公子儀。」同傳即稱其為申公子儀,又稱子儀,其稱申公者,楚守縣大夫曰公,以其為申縣之縣大夫,故曰申公。其稱子儀者,儀為其字,古人名克多字儀,參1226郱子克條,其稱子儀者,以男子美稱子字冠字上而成之通行名號也,故國語楚語上稱其為儀可證儀為其字,父亦字下所殿男子美稱之詞。楚語上又稱其為子儀父,則以字配二美詞也。（《名號研究》,頁671,2404「鬬克」條）

怡璇按： 根據上述《左傳》僖公二十五年：「秋,秦、晉伐鄀。楚鬬克、屈禦寇以申、息之師戍商密。……圍商密……秦師囚申公子儀、息公子邊以歸。」杜注：「鬬克,申公子儀。屈禦寇,息公子邊。」《繫年》沒有提到息公子邊,即屈禦寇。屈禦寇當為息縣之縣尹,故可以息師戍商密。第八章簡49「秦穆公欲與楚人為好,女（焉）繁（脫）繻（申）公義（儀),囟（使）帰（歸）求成。」可以參看。

《繫年》第七章集解

【章旨】

晉文公四年，楚成王率領軍隊攻打宋、齊二國。晉文公想起自己流亡時期受到齊、宋的照顧，因此用了個「圍魏救趙」的計謀，晉秦兩國聯軍攻打楚國的友邦曹國及衛國，以此解除齊、宋的困境。楚成王了解到重耳流浪各國十九年，備嘗險阻艱難，盡知民情真偽，不能輕易被打敗，所以要子玉不要追逐晉國軍隊，但子玉堅持請戰，卻落到楚國慘敗城濮，子玉引咎自殺的下場。之後晉文公在衡雍、踐土附近朝見周襄王，獻上楚國的俘虜，與諸侯進行踐土之盟，成為春秋的霸主。本章記載了城濮之戰晉楚兩邊的盟國，有助於釐清《春秋》、《左傳》記載的不同，同時群戎與群蠻夷各自擁護晉、楚，這也是我們以往不知道的。

【釋文】

晉文公立四年，楚成王銜（率）者（諸）侯以回（圍）宋伐齊①，戍穀（穀）②，居鐮（緡）③。晉文公囟（思）齊及宋之【四一】惪（德），乃及秦自（師）回（圍）曹及五襄（鹿），伐㯟（衛）以敓（脫）齊之戍及宋之回（圍）。楚王豫（舍）回（圍）歸，居方城④。【四二】命（令）尹子玉述（遂）銜（率）奠（鄭）、㯟（衛）、陳、郙（蔡）及羣蠻（蠻）㠪（夷）之自（師）以交文=公=（文公。文公）銜（率）秦、齊、宋及羣戎【四三】之自（師）以敗楚自（師）於城㒳（濮），述（遂）朝周襄王于衡灘（雍），獻楚俘馘，盟（盟）者（諸）侯於埮（踐）土█⑤。【四四】

【語譯】

　　晉文公四年，楚成王率領諸侯圍攻宋國、討伐齊國，分別駐紮於齊國的穀和宋國的緡。晉文公想起齊國以及宋國對他的恩惠，因此與秦國軍隊一同圍攻曹國與（衛國的）五鹿，討伐衛國以解除楚軍駐紮齊國、圍攻宋國的軍隊。楚王解除圍攻的軍隊後，退居於方城之中。令尹子玉率領鄭、衛、陳、蔡以及臺蠻夷的軍隊與晉文公軍隊交戰，文公率領秦、齊、宋和臺戎軍隊在城濮之地打敗楚軍，然後到衡雍朝見周襄王，獻上楚國的浮虜，與諸侯在踐土會盟。

【集解】

① 楚成王衛（率）者（諸）侯以回（圍）宋伐齊

　　整理者：《國語・晉語四》：「文公立四年，楚成王伐宋，公率齊、秦伐曹、衛以救宋。」《左傳》僖公二十七年：「冬，楚子及諸侯圍宋，宋公孫固如晉告急。……狐偃曰：『楚始得曹，而新昏於衛，若伐曹、衛，楚必救之，則齊、宋免矣。』於是乎蒐于被廬，作三軍。……出穀戍，釋宋圍，一戰而霸，文之教也。」（頁153，注1）

　　建洲按：晉文公四年、僖公二十七年，前六三三年，楚會蔡、鄭、許圍宋，晉作三軍以解圍。《史記・晉世家》：「四年，楚成王及諸侯圍宋，宋公孫固如晉告急。先軫曰：『報施定霸，於今在矣。』狐偃曰：『楚新得曹而初婚於衛，若伐曹、衛，楚必救之，則宋免矣。』於是晉作三軍。趙衰舉郤縠將中軍，郤臻佐之；使狐偃將上軍，狐毛佐之，命趙衰為卿；欒枝將下軍，先軫佐之；荀林父御戎，魏犫為右：往伐。」由《史記》云「則宋免矣」來看，似乎楚國的目標僅有宋國，未及齊國。但是僖公二十七傳明白地說：「則齊、宋免矣」，與簡文相應。楊伯峻先生解釋說：「此兼敘齊事。去年楚使申叔侯戍穀以偪齊，楚若救曹、衛，亦必能紓齊患。〈晉世家〉

敘此事只云「則宋免矣」，蓋史公省文。」（頁445）按：《左傳》僖公二十六年：「公以楚師伐齊，取穀。凡師，能左右之曰以。……楚申公叔侯戍之」是說魯僖公率領楚國軍隊攻打齊國。因為他能隨意指揮楚國的軍隊，所以稱為「以」，並讓楚國申公叔侯在齊國的穀邑戍守，《左傳》僖二十八年：「楚子入居於申，使申叔去穀」則是楚成王要申公叔侯離開穀邑。《繫年》將「伐齊」歸入僖公二十七年，且由楚成王親自領軍，這與《左傳》不同。此外，根據僖公二十七《經》云：「冬，楚人、陳侯、蔡侯、鄭伯、許男圍宋。」可知簡文的「諸侯」包含以上國家。此外，「楚成王率諸侯以圍宋」確實是文公四年，前六三三年的事情，但是「晉乃及秦師圍曹及五鹿」以救宋（《左傳》僖公二十八年：「二十八年春，晉侯……侵曹伐衛。正月戊申，取五鹿。」），以及其後與子玉所率領的楚國聯軍與晉國聯軍的城濮之戰皆是僖公二十八年（公元前632年）的事情，但是簡文並無另外標出這個時間點，這是《繫年》書寫的一個現象，請參看《繫年》二十章簡110「⑧戉（越）公句戔（踐）克【一一〇】吳」、二十三章簡127「⑤聖（聲）王即殜（世），刕（悼）折（哲）王即位」詞條注釋。附帶一提，《新收》1008 子犯編鐘內容是有關晉楚城濮之戰的，第一鐘銘文標出戰爭發生的時間，云：「隹（唯）王五月初吉丁未，子犯佑晉公左右，來復其邦。」裘錫圭先生認為黃盛璋先生提出的「初吉」指「初干吉日」是可信的，即每月上旬十天可稱「初吉」。「五月初吉丁未」應為魯僖公二十八年（前632年）五月十日。（〈關於子犯編鐘的排次及其他問題〉，《裘錫圭學術文集》第三冊，頁95）。但是這與《左傳》僖公二十八年所述戰爭是由夏四月己巳開始，及癸酉而結束有所不同。《史記・晉世家》也說「四月戊辰，宋公、齊將、秦將與晉侯次城濮。己巳，與楚兵合戰，楚兵敗，得臣收餘兵去。」至於五月則是戰爭結束，盟于踐土，《春秋》僖公二十八年：「五月癸丑，公會晉侯、齊侯、宋公、蔡侯、鄭伯、衛子、莒子，盟于踐土。」

② 戍穀（穀）

整理者：簡文「戍」原作「」，是「戍」的變體，本象人負戈之形，後在橫筆上加一橫，遂與「寇」字下部混同。「戍」表示駐紮的意思。「穀」與「穀」聲符相同，可以通用。穀，地名。《春秋》莊公七年杜注：「穀，齊地，今濟北穀城縣。」（頁153，注1）

華東讀書小組：整理者釋為「戍」，看做「戍」的變體。按，簡文「戍」字，從人荷戈之形，只是其從人之偏旁，與「寇」字所從的「元」，極為相似，「元」其實就是特別標出「大頭」之「人」而已。「戍」、「寇」兩字的區別，在於有無「宀」符，簡文因為無有，所以皆應視為「戍」。二按，「戍」字本從人的偏旁而寫成「元」，乃因「戈」上一無意義之虛筆「一」所造成的，請看高明《古文字類編》字例之字形（頁696）。穀，地名。《春秋・莊公七年》杜注：「穀，齊地，今濟北穀城縣。」（〈書後（三）〉）

子居：「穀」在今山東省東阿縣南，由《左傳》等記載可見，是當時交通的關鍵地點。（〈5～7章解析〉）

怡璇按：釋文中的「戍」字作「」，原考釋者以為「原作『』，是『戍』的變體，本象人負戈之形，後在橫筆上加一橫，遂與『寇』字下部混同」，此形亦出現於簡42作「」。楚簡的「寇」字作「」（《包山》2.102），「」（《九店》56.32），下半部與所論字相仿，華東讀書小組以為「宀」旁的有無可視為「戍」與「寇」二字的區別，此說應是可能的，且依辭例，「寇」字語意置文簡文中並不合適。楚簡的「宀」旁常作為贅旁，但亦有作為區別義的，如「中」字，楚簡一般作「」（《郭店・五行》簡5），但若作為「伯仲」之「仲」義，字形則作「」（《上博二・仲弓》簡1）。甲骨文的「戍」字作「」（《合集》26879），文字演變常見加短橫筆作為飾筆的情況，如「戎」字本作「」（《集成》2837），楚簡則加橫筆作「」（《上博二・容成氏》簡1），整理者訓為「駐紮」，可從，此種句法見於《左傳》，如僖

公二十八年「公子買戍衛」。

「穀」，《春秋》莊公二十三年：「公及齊侯遇於穀」，《左傳》莊公三十二年：「春，城小穀，為管仲也。」地處為齊國西境，是當時的交通要地，秦時稱為「穀城」，春秋時為齊地，在今山東東阿縣東南。（《中國歷史大辭典—歷史地理卷》，頁990）《左傳》僖公二十六年：「公以楚師伐齊，取穀」，可見「穀」為齊地無疑。簡文的「戍穀（穀）」指楚王伐齊國，駐紮於齊國西邊的穀地。

③ 居鋘（緡）

整理者：鋘，從金，虞聲，從後文「居方城」看，亦當是地名。「鋘」可能是「鉏」的異體字，《左傳》哀公十一年有「城鉏」，高士奇《春秋地名考略》謂卽襄公四年傳「后羿自鉏」之「鉏」，本宋邑，在今河南滑縣東十五里。一說當隸定為「鋘」。（頁153-154，注1）

清華大學讀書會：整理者整理時發現鋘字上實從民，不從虎，應讀為文聲。考慮到《左傳》哀公十一年「城鉏」地理相近，姑釋為鋘。（〈研讀箚記（一）〉）

華東讀書小組：鋘，地名。此事件見《國語・晉語四》：「文公立四年，楚成王伐宋，公率齊、秦伐曹、衛以救宋。」《左傳・僖公二十七年》：「冬，楚子及諸侯圍宋，宋公孫固如晉告急。（中略）狐偃曰：『楚始得曹，而新昏於衛，若伐曹、衛，楚必救之，則齊、宋免矣。』於是乎蒐于被盧，作三軍。（中略）出穀戍，釋宋圍，一戰而霸，文之教也。」（〈書後（三）〉）

孫飛燕：與《郭店・語叢一》簡97「」寫法相同，簡文此字即《春秋》和《左傳》的「緡」，《穀梁傳》作「閔」。僖公二十六年（晉文公三年）《春秋》經云：「冬，楚人伐宋，圍緡。」同年《左傳》：「宋以其善於晉侯也，叛楚即晉。冬，楚令尹子玉、司馬子西帥師伐宋，圍緡。」「緡」又見

於僖公二十三年《春秋》經傳，楊伯峻先生注：「緡，本古國名，昭四年傳『有緡叛之』是也。在今山東省金鄉縣東北二十五里，舊名緡城阜。」（〈讀《繫年》箚記三則〉，復旦網，2012年3月9日）

子居：此字當是「鍂」字，讀為「緡」，古地名，在今山東省金鄉縣東北。前引《左傳・僖公二十六年》已言「楚令尹子玉、司馬子西帥師伐宋，圍緡。」故《繫年》言「居緡」。據《左傳・僖公二十三年》：「二十三年春，齊侯伐宋，圍緡，以討其不與盟于齊也。」可見此前齊侯伐宋也是先圍的緡地，因此可知，緡地是伐宋的交通關鍵地點。（〈5～7章解析〉）

怡璇按：楚王攻打宋國的原因，《左傳》僖公二十六年有記載：「宋以其善於晉侯也，叛楚即晉。」宋國的舉動引起了楚王的不滿，因此下令子玉和子西攻打楚國，也因為這個原因，使得晉國對宋國出手相救，此段文獻的記載與簡文史事相合，故讀為「緡」是對的。

建洲按：「鍂」字作「」，孫飛燕小姐將所此字與《郭店・語叢一》簡97「」聯繫是對的，所指出的地點亦可信。李家浩先生指出，「這個字見於《古文四聲韻》、《汗簡》引石經，為古文『閔』字」並說這類形體上半所從之形是聲符「民」。（張富海：〈北大中國古文獻研究中心「郭店楚簡研究」項目新動態〉）。李家浩所指出的字形作、。李學勤先生也分析說：石經古文「閔」這類形體上半是從「民」聲或者說「民省聲」的，楚簡文字所謂的「廈」上半所從可以跟九店楚簡的一類比較特別的「民」字相比較，也是「民」。「民」聲字跟「閔」、「文」均可相通。可以看出此字與所論字右旁相仿。（李學勤：〈試解郭店簡讀「文」之字〉，頁117-120）。陳劍先生進一步指出楚簡這類「古文閔」字可以隸定作「𣪠」。「𣪠」形中除掉上半的「民」，剩下的從「又」從「目」可以隸定為「旻」的部分，正是黿方尊的「」字，根據上文的結論，「旻」等字的讀音皆應與「敃」字相近，那麼它出現在所謂「古文閔」字的「𣪠」形裏，就很好解釋了。正如「閔」字所從的「門」、「文」都是聲旁一樣，「𣪠」字所從的「民」和「旻」

也都是聲旁。(〈甲骨金文舊釋「尤」之字及相關諸字新釋〉,《論集》,頁 74)今由「」是《春秋》和《左傳》的「緍」,《穀梁傳》作「閔」來看,可知諸家的將「」隸定為上从「民」是對的,李家浩聯繫到石經的「閔」也是可信的。《包山》190「東宅人紳」,「」為姓氏,讀為「文」(李天虹)或「閔」(《包山楚墓文字全編》,頁 124)均無不可,二者均為古姓。

④ **晉文公囟(思)齊及宋之【四一】悳(德),乃及秦𠂤(師)回(圍)曹及五⿱鹿录(鹿),伐⿱衛止(衛)以敚(脫)齊之戍及宋之回(圍)。楚王豫(舍)回(圍)歸,居方城**

整理者:《左傳》僖公二十八年:「二十八年春,晉侯……侵曹伐衛。正月戊申,取五鹿。……晉侯、齊侯盟于斂盂。……宋人使門尹般如晉師告急。公曰:『宋人告急,舍之則絕,告楚不許。我欲戰矣,齊、秦未可,若之何?』先軫曰:『使宋舍我賄齊、秦,藉之告楚。我執曹君,而分曹、衛之田以賜宋人。楚愛曹、衛,必不許也。喜賂怒頑,能無戰乎?』公說,執曹伯,分曹、衛之田以畀宋人。」《史記・晉世家》:「五年春……侵曹,伐衛。正月,取五鹿。二月,晉侯、齊侯盟于斂盂。……楚圍宋,宋復告急晉。文公欲救則攻楚,為楚嘗有德,不欲伐也;欲釋宋,宋又嘗有德於晉,患之。先軫曰:『執曹伯,分曹、衛地與宋,楚急曹、衛,其勢宜釋宋。』於是文公從之,而楚成王乃引兵歸。」魯僖公二十八年當晉文公五年。(頁 154,注 2)

裘錫圭:裘先生所寫的子犯編鐘釋文,云:「諸楚荊(第一鐘)不聽命于王所,子犯及晉公率西之六師,搏伐楚荊,孔休。」裘先生說:「齊桓、晉文的霸業都以『尊王攘夷』為號召。城濮之戰是晉文公奠定霸業的關鍵。鐘銘把楚人不聽命於周王當作此戰的起因,是十分自然的。……城濮之戰以前的一段時間裡,楚國利用中原各國之間的矛盾積極北進,伐宋伐陳,

氣焰很高，對中原的威脅越來越嚴重。這正是周天子和中原諸侯所不願看到的南夷『侵中國』的局面。晉文公為圖霸而救為楚所圍的宋國，與楚戰於城濮而勝之。作為文公主要輔佐的子犯，在鑄鐘銘功時，把楚人不聽王命當作這次戰爭的起因，是完全可以理解的。」（〈關於子犯編鐘的排次及其他問題〉，《裘錫圭學術文集》第三冊，頁 95）

（一）乃及秦𠂤（師）回（圍）曹及五㒷（鹿）

華東讀書小組：及，盟誓也。《尚書・湯誓》「時日曷喪，予及汝皆亡」、《咸有一德》「惟尹躬暨湯，咸有一德」（《禮記・緇衣》引《尹吉【誥】》之文，「暨」作「及」），兩「及」字，亦皆有「盟誓」、「盟詛」之義，周鳳五有說，香港浸會大學〔簡帛・經典・古史〕國際論壇的主題演講報告《試讀清華簡》（2011 年 11 月 30 日）。（〈書後（三）〉）

劉建明：及，從後頭跟上、趕上。《說文》：「及，逮也。」《史記・項羽本紀》：「使人追宋義子，及之齊，殺之。」（〈清華簡《繫年》第七章試解〉，孔子 2000 網，2012 年 12 月 17 日）

怡璇按：將「及」訓為「盟誓」的原因可能是由於《左傳》對此事的記載，其文為「晉侯、齊侯盟於斂盂」，然而，「及」是否可訓為「盟訓」是可疑的。華東讀書小組所引的例證有疑問，第一例，《尚書・湯誓》「時日曷喪，予及汝皆亡」中的「及」字仍應訓為「與」，表示「我與你皆亡」；第二例，《咸有一德》「惟尹躬暨湯，咸有一德」（《禮記・緇衣》引《尹吉【誥】》之文，「暨」作「及」），此句在《清華一・尹誥》簡 1 作「隹（惟）尹既汲湯咸又（有）一悳（德）。」此段簡文的訓解，諸家對於「既」和「汲」二字的訓解尚有爭議（各家訓解可參陳民鎮：〈清華簡《尹誥》集釋〉），故「及」是否有「盟誓」之意，仍待商榷。此處的兩個「及」字仍訓為「與」為宜，表示晉文公想著齊與宋的恩德，並與秦師圍曹和五鹿。

建洲按：此處的「及」不需深求，就是與、和的意思。《左傳》文公九年「秋，楚公子朱自東夷伐陳，陳人敗之，獲公子茷，陳懼，乃及楚平。」後面一句是說陳國恐懼楚國報復，就和楚國媾和。「及」的用法與簡文相同。

（二）五鷺（鹿）

整理者：鷺，鹿、彔雙聲符，讀作「鹿」。《左傳》僖公二十三年杜注：「五鹿，衛地。今衛縣西北有地名五鹿，陽平元城縣東亦有五鹿。」（頁154，注2）

華東讀書小組：五鹿，《左傳・僖公二十三年》杜注：「五鹿，衛地。今衛縣西北有地名五鹿，陽平元城縣東亦有五鹿。」《史記・晉世家》：「過衛，衛文公不禮。去，過五鹿，飢而從野人乞食。」事見《左傳・僖公二十八年》：「二十八年春，晉侯（中略）侵曹伐衛。正月戊申，取五鹿。（中略）晉侯、齊侯盟于斂盂。（中略）宋人使門尹般如晉師告急。公曰：『宋人告急，舍之則絕，告楚不許。我欲戰矣，齊、秦未可，若之何？』先軫曰：『使宋舍我而賂齊、秦，藉之告楚。我執曹君，而分曹、衛之田以賜宋人。楚愛曹、衛，必不許也。喜賂怒頑，能無戰乎？』公說，執曹伯、分曹、衛之田以畀宋人。」《史記・晉世家》：「五年春，（中略）侵曹，伐衛。正月，取五鹿。二月，晉侯、齊侯盟于斂盂。（中略）楚圍宋，宋復告急晉。文公欲救則攻楚，為楚嘗有德，不欲伐也；欲釋宋，宋又嘗有德於晉，患之。先軫曰：『執曹伯，分曹、衛地以與宋，楚急曹、衛，其勢宜釋宋。』於是文公從之，而楚成王乃引兵歸。」（〈書後（三）〉）

子居：雖然《繫年》中稱「晉文公思齊及宋之德，乃及秦師圍曹及五鹿，伐衛以脫齊之戍及宋之圍。」然而實則是晉、秦皆不欲楚國一家獨大，故出師干預。因為整個局面非常清楚，若楚師伐齊滅宋成功，那麼全部中原地區幾乎皆為楚的與國，晉、秦豈能自甘陷於絕對的被動呢？於是《史

記・晉世家》載：「四年，楚成王及諸侯圍宋，宋公孫固如晉告急。先軫曰：『報施定霸，於今在矣。』狐偃曰：『楚新得曹而初婚于衛，若伐曹、衛，楚必救之，則宋免矣。』於是晉作三軍。趙衰舉郤縠將中軍，郤臻佐之；使狐偃將上軍，狐毛佐之，命趙衰為卿；欒枝將下軍，先軫佐之；荀林父禦戎，魏犨為右：往伐。冬十二月，晉兵先下山東，而以原封趙衰。」狐偃之謀既定，據《左傳・僖公二十八年》：「二十八年春，晉侯將伐曹，假道于衛，衛人弗許。還，自南河濟。侵曹伐衛。正月戊申，取五鹿。二月，晉郤縠卒。原軫將中軍，胥臣佐下軍，上德也。晉侯、齊侯盟於斂盂。衛侯請盟，晉人弗許。」即對應著前引的清華簡《繫年》部分了。由狐偃之謀可見，晉、秦聯軍「假道于衛」完全就是為了讓衛國拒絕。此後晉、秦聯軍繞道棘津，渡過黃河，從衛國南境穿過，然後北上攻打五鹿（五鹿在今河北省大名縣金灘鎮沙窩廟村一帶，此點在《繫年》上章內容中已述），五鹿東距山東省東阿縣南的穀邑一百八十里，因此晉、秦聯軍攻下五鹿的措施馬上嚇得魯侯心膽俱裂，急忙殺掉戍衛的公子買以求取悅晉國。魯國既服，齊侯遂能與晉、秦聯軍盟於斂盂。此時衛侯一看形勢不妙，趕緊請盟，但被晉國斷然拒絕，畢竟還要拿衛國的地盤送人情呢。其後晉、秦、齊聯軍南下，直搗曹國都城，經過一番較量，拿下曹都定陶，定陶東距楚師所在的金鄉縣緡地一百六十里，因此當晉、秦、齊的聯軍拿下定陶後，晉、秦、齊、宋四強會面，楚國對宋國的威脅自然也就瓦解了。楚成王深知面對四國聯軍定難取勝，於是回師方城，入居於申。但此時的子玉剛剛受政于子文不久，國內風評又不佳，因此急欲建功立勳以求證明自己，堅持向楚王請戰，最終帶領西廣、東宮、若敖之六卒、申息之師以及陳國、蔡國之師迫近晉師，晉文公兌現流亡楚國時所許下的承諾，退避三舍，駐軍城濮（今山東省鄄城縣臨濮鎮）。本來事件至此，子玉如果收兵的話，則是勢均力敵而楚國略優的局面，可惜子玉執意一戰，再次追迫晉師，於是才有了《左傳》所記「晉侯登有莘之虛以觀師」。（〈5～7章解析〉）

怡璇按：所論字作「![字形]」，此種「鹿」和「彔」雙聲符的字形亦出現於《上博一・孔子詩論》簡 23「![字形]」、《新蔡》零 352![字形]。此處的「五鹿」即是衛地，整理者以及華東讀書小組已將《左傳》和《史記》中有提到「五鹿」的文獻羅列出來，不再重複贅引。亦可參見本書第六章的相關討論。

子居認為「晉、秦聯軍『假道于衛』完全就是為了讓衛國拒絕」，此說推測的原由應是衛、曹二國皆為楚國盟邦，因此晉軍伐曹而借衛道，衛不可能相借，且《史記・晉世家》記載：「過衛，衛文公不禮。去，過五鹿，飢而從野人乞食。」晉、秦聯軍或許是因為晉文公在流亡時期「衛國不禮」故而報仇。按：晉、秦聯軍假道于衛並非完全為了報仇，楊伯峻分析地理環境之後指出：

> 曹都今山東省定陶縣，衛都楚丘，今河南省省滑縣東六十餘里。曹在衛之東，故晉假道。

> 古黃河東北流，如衛肯借路，則由衛境渡河，衛既不肯借路，則軍隊南還，由南河渡，再向東。（頁 451）

《史記・衛世家》亦指出「成公三年，晉欲假道於衛救宋，成公不許。晉更從南河渡，救宋。」可見從地理位置來看，晉、秦聯軍跟衛國借道是合理的。子居認為「五鹿」即在「今河北省大名縣金灘鎮沙窩廟村一帶」，歷史上的「五鹿」有二個地方，筆者於《繫年》第六章考釋中已認為此處的五鹿應在河南，此不再贅述。

（三）敚（脫）

華東讀書小組：敚，《說文》：「強取也。」是爭奪之「奪」的本字。其釋義在此不通。當通「脫」，訓為解除。敚，古音定母、月部；脫，透母、

月部，相通。(〈書後（三）〉)

劉建明：脫齊之戍，即《左傳》「出穀戍」，僖公二十七年：「冬，楚子及諸侯圍宋，宋公孫固如晉告急。（中略）狐偃曰：『楚始得曹，而新昏於衛，若伐曹、衛，楚必救 之，則齊、宋免矣。』於是乎蒐於被盧，作三軍。……出穀戍，釋宋圍，一戰而霸，文之教也。」脫，除去、解脫、擺脫，在此句中為使動用法。(〈第七章試解〉)

怡璇按：此字原考釋者即讀為「脫」，只是未做訓解。此處簡文作「伐䘙（衛）以敓（脫）齊之戍及宋之回（圍）。」將「脫」訓為「解除」應可行。依其文意，「脫」或可訓為「免」，如《莊子・田子方》：「孰能脫焉」，成玄英疏；《漢書・高帝紀上》：「脫身去」，顏師古注。(《故訓匯纂》，頁 1863)劉建明以為是使動用法是沒有必要的。簡文表示「伐衛以免除楚國聯軍在齊國的駐紮和在宋國的圍堵。」

建洲按：此種「脫」的用法亦見於簡48「秦穆公欲與楚人為好，焉敓（脫）申公儀，使歸求成」、簡86「景公欲與楚人為好，乃敓（脫）鄦公，使歸求成」，後者整理者讀為「說」不確。這些「脫」都是開脫、解除、免除之類的意思。

（四）楚王豫（舍）回（圍）歸

整理者：豫，通「舍」，亦可讀為「釋」。(頁 154，注 2)

華東讀書小組：豫，通「釋」。豫，餘母、魚部；釋，書母、鐸部，聲母相近，韻母陰入對轉。釋，解除也。(〈書後（三）〉)

怡璇按：簡文作「楚王豫回（圍）歸，居方城。」與《國語・晉語四》：「釋宋圍，敗楚師於城濮」記載相仿，只是前者的主詞是「楚」，後者的主詞為「晉」。文獻中常見「豫」字讀為「舍」（參白於藍：《戰國秦漢簡帛古書通假字彙纂》，頁 194）「舍」可訓為「停止」，如《論語・子罕》：「逝者

如斯夫，不舍晝夜」此意置於簡文可表示楚王停止圍堵宋國。「豫」讀為「舍」和「釋」皆可通讀簡文，以楚文字用習慣來看，此處讀為「舍」較好。

（五）居方城

建洲按：「方城」位於楚國邊境的長城上，也可以指稱「長城」，地理位置很重要，相關討論請見第十八章「⑬晉與吳會為一，以伐楚，閔方城」詞條。「楚王豫（舍）回（圍）歸，居方城」即《左傳》僖公二十八年「楚子入居於申」，楊伯峻先生注釋說：「申在方城內，楚子由伐宋退居方城內，故曰入。」（頁456）成王思及晉國「有德不可敵」，故說「無從晉師」，想不到子玉堅持請戰，遂導致城濮之戰楚國以慘敗收場。

⑤ 命（令）尹子玉述（遂）衛（率）奠（鄭）、聾（衛）、陳、郤（蔡）及譶蠻（蠻）㠯（夷）之𠂤（師）以交文=公=（文公。文公）衛（率）秦、齊、宋及譶戎【四三】之𠂤（師）以敗楚𠂤（師）於城僎（濮），述（遂）朝周襄王于衡灉（雍），獻楚俘馘，䀩（盟）者（諸）侯於坵（踐）土■。【四四】

整理者：《左傳》僖公二十八年：「夏四月戊辰、晉侯、宋公、齊國歸父、崔夭、秦小子憗次于城濮。……楚師敗績。……晉師三日館穀，及癸酉而還。甲午，至于衡雍，作王宮于踐土。」《晉世家》：「四月戊辰，宋公、齊將、秦將與晉侯次城濮。己巳，與楚兵合戰，楚兵敗，得臣收餘兵去。甲午，晉師還至衡雍，作王宮于踐土。……（五月）丁未，獻楚俘於周。……於是晉文公稱伯。癸亥，王子虎盟諸侯於王庭。」（頁154，注4）

胡凱、陳民鎮：城濮之戰的參戰雙方，《春秋》僖公二十八年云：「晉侯、齊師、宋師、秦師及楚人戰於城濮。」《左傳》同年云：「晉侯、宋公、齊國歸父、崔夭、秦小子憗次於城濮。」《左傳》中實際作戰雙方，晉國方

面似乎是晉國獨當一面，楚國則有陳、蔡之兵。據子犯編鐘，城濮之戰中晉公帥「西之六師」，對抗「諸楚荊、太上楚荊」。據《韓非子・難一》、《呂氏春秋・義賞》的記載，城濮之戰確是晉寡楚眾。童書業先生認為城濮之戰以自力七百乘獨當楚（包括申、息）、陳、蔡三國聯軍，以寡勝眾，晉方之宋、齊、秦，楚方之鄭、許，皆未參戰。然據《繫年》，晉國方面有秦、齊、群戎之師，不見宋，多出此前未見的群戎；楚國方面則有鄭、衛、陳、蔡、群蠻夷之師，多出衛、群蠻夷之師。《繫年》的記載為我們探討城濮之戰作戰雙方提供了新的線索。從《繫年》看，城濮之戰固然以晉、楚為主角，但其他諸國也當出動軍隊了。至於楚國為何有群蠻夷之師的加盟，比較容易理解，楚國轄下，本多蠻族。至於晉國方面有群戎之師，需要結合晉國與戎狄的密切聯繫予以討論。晉獻公所娶驪姬、晉文公生母以及所娶戎女等，均出自戎狄。而在崤之戰中，晉國也出動了姜戎的兵力。可見城濮之戰有群戎之師參與並不奇怪，《繫年》的記載彌足珍貴。（〈從清華簡《繫年》看晉國的邦交——以晉楚、晉秦關繫為中心〉，《邯鄲學院學報》2012年02期）

　　孫飛燕：參加城濮之戰的國家，根據《春秋》僖公二十八年的記載，晉方有晉、齊、宋、秦，楚方只有楚國：

> 夏，四月己巳，晉侯、齊師、宋師、秦師及楚人戰于城濮，楚師敗績。

同年《左傳》說晉方晉、宋、齊、秦的軍隊駐紮在城濮，但是在敘述乙巳日的戰爭時只提到晉師，沒有提及宋、齊、秦參戰。楚方則提到了陳、蔡：

> 夏，四月戊辰，晉侯、宋公、齊國歸父、崔夭、秦小子憖次于城濮。……

晉車七百乘，韅、靷、鞅、靽。晉侯登有莘之虛以觀師，曰：「少長有禮，其可用也。」遂伐其木，以益其兵。

己巳，晉師陳于莘北，胥臣以下軍之佐當陳、蔡。子玉以若敖之六卒將中軍，曰：「今日必無晉矣。」子西將左，子上將右。胥臣蒙馬以虎皮，先犯陳、蔡。陳、蔡奔，楚右師潰。狐毛設二旆而退之。欒枝使輿曳柴而偽遁，楚師馳之，原軫、郤溱以中軍公族橫擊之。狐毛、狐偃以上軍夾攻子西，楚左師潰。楚師敗績。子玉收其卒而止，故不敗。

晉師三日館、穀，及癸酉而還。甲午，至于衡雍，作王宮于踐土。

《春秋》和《左傳》記載的參戰雙方不一致，杜預和孔穎達做出了解釋，杜注：

> 宋公、齊國歸父、秦小子憖既次城濮，以師屬晉，不與戰也。子玉及陳、蔡之師不書，楚人恥敗，告文略也。

孔穎達疏：

> 傳云「宋公、齊國歸父、秦小子憖次于城濮」，及其交戰，唯言「晉師陳于莘北」，說晉之將帥與楚相敵，都不言齊、宋公卿，知其既次城濮，以師屬晉，不與戰也。沈氏云：定四年「戰于柏舉」，傳稱「蔡侯、吳子、唐侯伐楚」，杜云：「唐侯不書，兵屬於吳、蔡。」今宋、齊、秦屬晉而書之者，彼柏舉之戰，唐師共屬吳、蔡，與之同陳，故不書。此齊、宋師等雖屬晉，猶異陳，故得書之。傳稱子玉及陳、蔡之師皆在於陳而不書者，楚人恥敗，告辭略，故史不得書之。劉

炫《規過》以為晉人告略。今知不然者，但於此戰時魯猶屬楚，凡禍福相告，必同好之國，故知楚人來告也。楚人來告，不言陳、蔡者，恥其諸國皆在不能敵晉，故略言楚人而已。若其晉告，則應矜其勝事，以少敗多，何肯略其陳、蔡而不告也？劉以為晉人來告，而規杜氏，非也。

關於楚方中陳、蔡是否參戰的問題，杜預認為陳、蔡參戰，《春秋》之所以沒有記載，是因為楚人恥敗，告文略。根據本文所引《左傳》的記載「陳、蔡奔，楚右師潰」，可見陳、蔡是楚右師的主要組成部分。由於《左傳》的記載明確，因此學者對陳、蔡的參戰沒有疑問。至於《春秋》沒有記載陳、蔡是否像杜預所說是由於告文略，尚可討論。對於晉方的齊、秦、宋是否參加戰爭的問題，杜預沒有明確的說明，只說這三國的軍隊主帥以師屬晉，沒有參戰。當代學者童書業先生認為城濮之戰中晉寡楚眾，晉方的齊、秦、宋，楚方的鄭、許都沒有參戰。錢宗範先生也認為齊、秦、宋雖然出軍作為支援，但沒有參戰，晉軍的人數遠少於楚軍。現根據簡文，參加城濮之戰的國家中，楚方有楚、鄭、衛、陳、蔡、羣蠻夷，晉方有晉、秦、齊、宋、羣戎。羣蠻夷站在楚方參戰，羣戎站在晉方參戰，傳世文獻未見記載，簡文所記可以作為補充。

《繫年》和《春秋》記載秦、齊、宋參戰，而很多學者認為三國的軍隊只是駐紮在城濮，沒有參戰。那麼哪一個說法更可信呢？筆者認為，《繫年》和《春秋》的記載是可信的。《左傳》雖然在敘述戰爭時沒有提到這三國，但不能據此否定它們的參與，這與《左傳》的體例有關。《春秋》和《左傳》之所以出現記載不一致的情況，與《左傳》傳經的性質有密切的關係。趙生群先生曾經以諸侯會盟為例說明《左傳》有很多**蒙經文而省的現象**，會盟見於《春秋》而《左傳》記載有省略的情況之一即是**會盟之人部分省略**。另一方面，又有《左傳》對《春秋》簡略部分做出補充的情況。他認

為《春秋》、《左傳》不能割裂，並指出：

> 《左傳》對《春秋》記載簡略的部分作出大量的補充，是爲了使人們更好地理解經文，而對經文記載較詳的部分多所省略，則是爲了避免重復，這一切都說明《左傳》之目的在於解經而敘事不過是一種手段。

趙先生對會盟情況的分析同樣也適用於參戰國的問題。《左傳》記載城濮之戰時雖然只說「晉師陳於莘北」，這是**蒙經文而省，宋、齊、秦應該還是參戰了。**

再來看楚方的參戰國家。首先，簡文記載楚方有陳、蔡。上文說過，雖然《春秋》沒有記載陳、蔡，但由於《左傳》的記載明確，學者都認為楚方有陳、蔡參戰。其次，簡文記載楚方還有衛國參戰，這一點與《春秋》和《左傳》不同。《春秋》和《左傳》都沒有提到衛國參戰。第三，簡文提到鄭國參戰。《左傳》僖公二十八年對鄭國的記載是：

> 鄉役之三月，鄭伯如楚致其師。為楚師既敗而懼，使子人九行成于晉。晉欒枝入盟鄭伯。五月丙午，晉侯及鄭伯盟于衡雍。

《左傳》的記載本來很清楚，**既然鄭伯在戰前的三個月如楚致師，那麼戰時楚方有鄭參戰是很自然的事情。**……楊伯峻先生引用《史記》的說法，指出司馬遷以為鄭出兵：

> 《鄭世家》云：「四十一年，助楚擊晉。自晉文公之過無禮，故背晉助楚。」《晉世家》云：「初，鄭助楚，楚敗，懼，使人請盟晉侯。」此俱以鄭助楚且以擊晉為言，則太史公似以為鄭實出兵。

《繫年》、《史記》都說鄭國參戰，再加上《左傳》的記載，鄭國出兵是沒有疑問的。

　　總之，根據《繫年》的記載，參加城濮之戰的國家中，楚方有楚、鄭、衛、陳、蔡、羣蠻夷，晉方有晉、秦、齊、宋、羣戎。通過本文對《左傳》的分析，楚方的陳、蔡、鄭確實曾經參戰。《春秋》記載晉侯率領晉方的秦、齊、宋三國與楚戰，《左傳》敘述戰爭時只提到晉師是蒙經文而省，實際上這三國也曾經參戰。此外，楚方有羣蠻夷、衛國，晉方有羣戎參戰，可以補充傳世文獻的記載。（〈據清華簡《繫年》探討城濮之戰的參戰國家〉，《「簡牘與早期中國」學術研討會暨第一屆出土文獻青年學者論壇》，頁 55-59）

　　怡璇按：「子犯編鐘」言明城濮之戰時晉國率領「西之六師」，但「西之六師」用語最為含糊，「六師」不論是傳世文獻或是新公布的《繫年》皆無法直接對應，而「六師」也引起了學者不同的看法，趙曉龍將學者說法分為三種：

1　認為「西之六師」是周王六師；
2　認為「西之六師」是晉國三軍和秦齊宋的軍隊；
3　認為「西之六師」是晉國軍隊。（〈子犯編鐘銘文補釋〉，頁 14、〈「西之六師」試解〉）

持第一種說法者，趙曉龍、何樹環皆有反駁，不論從傳世文獻或是《繫年》的記載來看，都是不可能的。（參趙曉龍：〈子犯編鐘銘文補釋〉；何樹環：〈談「子犯編鐘」銘文中的「西之六師」〉，頁 110-111）。而第三種說法，如李學勤認為六師皆為晉軍，指晉國的「三軍三行」（〈補論子犯編鐘〉，頁 270-271），對於此說，趙曉龍考證晉國軍隊的編列情況：

魯莊公元年	晉緡公十二年	王使虢公命曲沃伯以一軍，為晉侯
魯閔公元年	晉獻公十六年	晉侯作二軍，公將上軍，太子申生將下軍
魯僖公二十七年	晉文公四年	蒐於被廬作三軍
魯僖公二十八年	晉文公五年	晉侯作三行以禦狄。荀林父將中行，屠擊將右行，先蔑將左行
魯僖公三十一年	晉文公八年	秋，晉蒐于清原，作五軍禦狄

證明晉文公城濮之戰時期晉國的軍隊並非六師制。趙曉龍雖然辯駁了李說，但其文亦是認為「六師」皆為晉國軍隊，所指的便是「晉之六帥所帶領的軍隊的合稱，也就是上中下三軍。」趙文指出晉國在城濮之戰的佈署是「中軍將原軫，中軍佐郤溱；上軍將狐毛、上軍佐狐偃；下軍將欒枝，下軍佐胥臣。」並以傳世文獻證明，「佐」不僅僅是協助將決策、作戰，「佐」也可以脫離「將」，獨立帶兵出征，因此「六師」指上中下三軍中的將與佐，共六軍。趙文所引的例證：

> 襄公十四年：「夏，諸侯之大夫從晉侯伐秦，以報櫟之役也。晉侯待於竟，使六卿帥諸侯之師以進……荀偃令曰：『雞鳴而駕，塞井夷竈，唯余馬首是瞻！』欒黶曰：『晉國之命，未是有也。余馬首欲東。』乃歸。下軍從之。左史謂魏莊子曰：『不待中行伯乎？』莊子曰：『夫子命從帥。欒伯，吾帥也，吾將從之。從帥，所以待夫子也。』伯游曰：『吾令實過，悔之何及，多遺秦禽。』乃命大還。晉人謂之『遷延之役』。」

杜預注：「欒黶，下軍帥，莊子為佐，故曰吾帥。」上文指出「莊子曰：『夫子命從帥』」，可見身為「佐」的莊子，依然是聽命於「帥」的。文中另舉宣公十二年之例，認為「中軍佐彘子拒絕服從中軍帥荀林父，也就是這次

戰役的行軍統帥的命令」，此文中，身為「佐」的彘子公然反對「帥」的命令，並且一意孤行，此舉在《左傳》宣公十二年的後文中引起批評，其文作：

> 知莊子曰：「此師殆哉，周易有之，在師之臨曰，師出以律，否臧凶，執事順成為臧，逆為否，眾散為弱，川壅為澤，有律以如己也，故曰，律否臧，且律竭也，盈而以竭，天且不整，所以凶也，不行謂之臨，有帥而不從，臨孰甚焉，此之謂矣，果遇必敗，彘子尸之，雖免而歸，必有大咎。」

可見，「佐」反對「帥」的命令，並且反其道而行，在軍隊中是一種凶兆，「佐」仍是附屬於「將」之下的，「將」仍有管理「佐」的權力。「佐」置於軍隊中有一定的權力，但「佐」依然是聽從「將」的指揮而帶兵出征的，否則一個軍隊有兩個頭領，終會導致軍隊分裂。因此，若將「佐」視為六師之一，是有問題的。

第二種說法，如何樹環認為實際參與戰鬥的除了晉國的三軍外，另外的三師就是秦、齊、宋的軍隊，所舉的例證便是：

> 《春秋》僖公二十八年：「夏四月己巳，晉侯、齊師、宋師、秦師及楚人戰于城濮，楚師敗績。」

> 《左傳》僖公二十八年：「夏四月戊辰，晉侯、宋公、齊國歸父、崔夭（齊大夫）、秦小子憖次于城濮。」

文中並指出，「師」所指的是「軍隊」。（何樹環：〈談「子犯編鐘」銘文中的「西之六師」〉，頁 113-114）對比《繫年》來看，何說可能是對的。只是《繫年》還多了「群戎」一軍。晉國與楚國相戰的原因，基本上是為

解齊、宋之困，《春秋》與《左傳》與《繫年》皆言明宋師有參戰，故六師仍指晉三師與齊、秦、宋為宜，而《繫年》多的「戎」軍於傳世文獻中皆未指出，可能是軍隊規模較小，且亦非此戰爭的「事主」，故在傳世文獻中便無記載。顧德融與朱順龍的《春秋史》將此次戰役制成圖示（頁98）。可以參考。

春秋時期仍是以周天子為共主，學者據此觀點認為銘文應是將晉、秦、齊和宋聯軍歸在周天子之下，以周天子之名來表示出兵的合宜性。（何樹環：

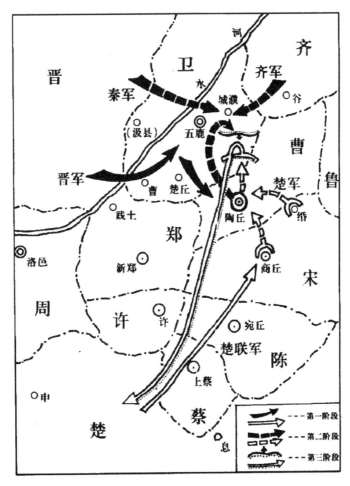

晉楚城濮之戰示意图

〈談「子犯編鐘」銘文中的「西之六師」〉，頁113-114）此種情況如《管晏列傳》：「桓公實怒少姬，南襲蔡，管仲因而伐楚，責包茅不入貢於周室。」

此處便是管仲認為諸侯之間互相攻打必需師出有名，故以楚國不獻包茅給
周天子為由，進行討伐。春秋戰爭頻傳，然仍以周為共主，各方皆只是「諸
侯」，楚國攻打宋、齊，其實與晉國並不相關，也不需要討伐曹、五鹿和衛
國，但重耳在流亡時，曾受到這些國家的「不禮」，故趁此機會一一討伐。
重視師出有名的春秋，因此需以周天子之名，表示以「共主」之名討伐亂
臣，也是因為如此，傳世文獻以及《繫年》皆記載晉軍召周天子至衡雍，
表示晉軍出兵之事乃是受周室之托，而《繫年》記載晉軍「獻楚俘馘」給
周天子，亦是此原因。

（一）子玉

方炫琛：左僖二十三經「楚成得臣帥師伐陳」，杜注：「成得臣、子玉
也。」國語晉語四韋注：「子玉，楚若敖之曾孫。」而左僖二十八杜注謂子
玉為若敖之孫，春秋分記世譜亡以得臣為鬬伯比之三子，則亦以為若敖之
孫，未知孰是。春秋分記世譜七、陳氏世族譜及春秋大事表十二下，皆以
成得臣、成大心、成嘉、成虎為楚成氏。左僖二十八子玉使鬬勃向晉請戰
曰「得臣與寓目焉」，自稱得臣，則得臣、其名也。解詁：「楚成得臣，字
子玉。」以子玉為其字。左僖二十三謂子文是子玉為令尹，以其為楚之令
尹，故以官名冠於字上，稱令尹子玉也。（《左傳人物名號研究》頁316，888
「成得臣」條）

裘錫圭：子犯編鐘第二鐘「大上楚荊，喪厥師，滅厥 」，裘先生認
為此字與「瓜」字篆文 相近，只是前者上端多出人形，故釋為「瓜」，
讀為「孤」。「厥孤」是指楚帥成得臣而言的。王引之《經義述聞》卷八「孤」
條指出：「蓋六卿中有秉國政者，其位獨尊，故謂之孤。孤者，獨也。譬之
大國之卿，晉士會受黻冕之命而將中軍（宣十六年左傳），宋樂喜為司城以
為政（襄九年傳），位在六卿之列而又獨尊也。」成得臣任令尹，是楚國的

最高執政大臣。晉人稱之為「厥孤」，即楚國之孤，是很合理的。據《左傳・僖公二十八年》所述，城濮戰後，楚成王派使者對成得臣說「大夫若入，其若申、息之老何」（城濮之戰，申、息二邑子弟多戰死，故有是言），得臣只好自殺。這實際上是楚王命得臣死。所以《春秋》二十八年經文說「楚殺其大夫得臣」，《史記・楚世家》也說「成王怒，誅子玉。」鐘銘「大上楚荊，喪厥師，滅厥孤」，意謂「晉大勝楚，使楚喪失其師眾，誅滅其執政大臣。」（〈也談子犯編鐘〉，《學術文集》第三冊，頁 88-89）

田成方：若敖六卒見於晉、楚城濮之戰時。據《左傳》僖公二十八年記載，城濮之戰前夕，令尹子玉（成得臣）派伯棼（鬥椒）向楚成王請戰，成王只授予他少量軍隊，「唯西廣、東宮與若敖之六卒實從之」。西廣是中央軍，東宮是太子的宮甲，若敖六卒是鬥氏和成氏的「宗人之兵」（《左傳》僖公二十八年杜注）。楚師大敗，成王派使者責罪子玉道：「大夫若入，其若申、息之老何？」申、息之師，是楚國重要的地方軍事力量，成王未必遣之出戰。成王以「申、息之老」責難子玉，說明申、息人參戰傷亡者當不少。若敖之卒有六百人，蓋不會儘是鬥氏和成氏的貴族子弟，估計有一定數量的申縣和息縣籍貫的兵士。申、息之人被吸納入若敖之族兵，可能與鬥氏封邑距兩地較近有關。（《楚公族諸氏源流、封邑及相關問題探析——以蒍、鬥、成、沈尹、景等氏為例》，頁 24）

華東讀書小組：玉，《說文》古文寫作![王字古文]。高明《古文字類編》玉的字形（第 779 頁），只有一例如簡文所作之形，蓋簡文誤寫。又按，「玉」的古文字字形，於「王」的字形之外，兩丿應該置於左右兩邊，簡文書成上下，有誤。而只有一丿的「玉」字，不管點在上或在下，其實應視為「朽」字。（〈書後（三）〉）

怡璇按：「玉」字作「![玉字簡文]」，華東讀書小組所言的《古文字類編》一例作「![玉字]」，是出自《望山》簡。此說的問題有幾項，其一，《古文字類編》所收字形並不全面，故不能以此書來論斷新公布簡牘字形的正確與否。其

二，《古文字類編》即使僅收一例，也不能做出「誤寫」的判定，且此書的收的字例是正確的。其三，楚簡中常見兩丿置於上下的情況，如「」(《望山》1.106)、「」(《新蔡》甲三4)。其四，讀書小組以為「只有一丿的『玉』字，不管點在上或在下，其實應視為『朽』字」，金文「朽」字作「」(《集成》2504)，與所論字差別甚大，不知此說的依據何在。附帶一提，《上博九》有一篇《成王為城濮之行》，陳偉先生指出此篇文獻可與《左傳》僖公二十七年：「楚子將圍宋，使子文治兵於睽。終朝而畢，不戮一人。子玉復治兵於蒍，終日而畢，鞭七人，貫三人耳。國老皆賀子文，子文飲之酒。蒍賈尚幼，後至，不賀。」對讀。(〈《成王為城濮之行》初讀〉)「城濮」位於衛地，是楚軍的盟軍之一，因此楚軍在攻打宋國之前先至城濮，是合理的。

(二) 交

整理者：交，訓為「會」，在此指會戰。(頁154，注3)

復旦讀書會：陳劍（**QQ羣12月19日6:38:22發言**）：幾個「迓」字以及簡43之「交」字皆應讀為義為「遮攔、截擊、阻截、攔擊」一類意義之「邀／徼」；「迓」就可看作此類義之本字、異構。(〈《清華(貳)》討論記錄〉)

劉雲（網名：苦行僧）：簡127-131「鄭人侵榆關，陽城桓定君率榆關之師與上國之師以交之，與之戰於桂陵，楚師無功。景之賈與舒子共止而死。明歲晉[貝重]余率晉師與鄭師以入王子定。魯陽公率師以交晉人，晉人還，不果入王子。明歲。郎莊平君率師侵鄭，鄭皇子、子馬、子池、子封子率師以交楚人，楚人涉沬，將與之戰，鄭師逃入於蔑。」其中的「交」字疑當讀為「邀」。「交」聲字與「敫」聲字古書中多有相通之例（參《漢字通用聲素研究》，頁237-238）。此處的「邀」當為阻截之義。《文選・張

衡〈西京賦〉「不邀自遇」。「邀」或作「徼」，《孫臏兵法‧陳忌問壘》「短兵次之者，所以難其歸而徼其衰也」，《史記‧司馬相如列傳》「徼麋鹿之怪獸」。（〈說清華簡《繫年》中的「交」〉，復旦網學術討論區，2011 年 12 月 21 日）

董珊：「率師以交楚人」之「交」，在清華簡《繫年》多次出現，有學者已經指出讀爲「邀」。這裡可以為之補充書證。陳劍先生曾指出《蓋盧》「毋要堤堤之期，毋擊堂堂之陣」與《孫子兵法‧軍爭篇》云「無邀正正之旗，勿擊堂堂之陣」，顯然意思相同，「堤堤」自當讀爲「正正」而「要」讀爲「邀」，謂「邀擊」。「邀」訓爲遮攔、截擊。（〈讀清華簡《繫年》〉，復旦網，2011 年 12 月 26 日）

華東讀書小組：當讀為「要」，通「邀」，指楚人向晉人下戰書，邀約會戰之時間。否則，如何「退避三舍」耶？「交」、「要」通假，亦見於郭店竹簡《魯穆公問子思》「交（要）祿爵」。交，見母、宵部；要，影母、宵部，可相通假。（〈書後（三）〉）

子居：「以交文公」之「交」即「交合而舍」之「交」，為古代軍事術語。《孫子兵法‧軍爭》：「凡用兵之法，將受命於君，合軍聚眾，交和而舍，莫難於軍爭。」曹操注：「兩軍相對為交和。」《通典‧吳王孫武問對》：「陣而勿搏，交而勿去，此敗謀之法。」故「交」是指兩軍對壘，是會戰即將開始前的兩軍狀態。「以交文公」就是指楚師迫近晉師，並與晉師對壘而陳。此時晉師陳於莘北，楚師陳于莘南。

曹方向（網名：魚游春水）：「交」字整理者不破讀，解釋爲「會戰」。有先生主張破讀爲「邀/徼」，揣想大概理解爲邀擊之意。疑「交」讀爲「校」。《史記春申君列傳》：「韓魏之彊，足以校於秦。」校爲對抗之意。古人用此字，偶爾還有以下犯上的意思。當時人預料子玉將敗，也說過這一點。說句玩笑話，城濮之戰，令尹子玉率軍冒進，兩翼部隊被晉三軍輪番上陣各個擊破，說晉邀擊令尹子玉還差不多，令尹子玉沒有邀擊晉國。（〈《繫年》

臆說兩則〉，簡帛網簡帛論壇）

怡璇按：華東讀書小組認為「交」讀為「要」，然後再通「邀」，但「交」字本可通讀為「邀」，如《莊子・庚桑楚》：「夫至人者相與交食乎也，而交樂乎天。」《徐無鬼》「吾與之邀樂於天，吾與之邀食於地。」（高亨：《古字通假會典》，頁 793）因此不需再通讀為「要」。讀書小組將「邀」訓為「指楚人向晉人下戰書，邀約會戰之時間」，若是「邀約會戰之時間」不需要派遣「奠（鄭）、衛（衛）、陳、郗（蔡）及羣緣（蠻）尸（夷）之𠂤（師）」，僅需派遣使者去商量即可，如《左傳》僖公二十八年記載：

> 子玉使鬬勃請戰，曰：「請與君之士戲，君馮軾而觀之，得臣與寓目焉。」晉侯使欒枝對曰：「寡君聞命矣。楚君之惠，未之敢忘，是以在此。為大夫退，其敢當君乎？既不命矣，敢煩大夫謂二三子，戒爾車乘，敬爾君事，詰事將見。」

此處二軍所派遣的為「鬬勃」與「欒枝」二人，二人代表兩個國家，可見二軍對壘，在商量戰出日期時，並不會將參戰軍隊一同帶去。又《吳命》簡 9「隹（惟）三夫=（大夫）亓（其）辱昏（問）之，今日隹（雖）不𢝊（敏）既𢀳（犯）矣，自暒（明）日㠯（以）逹（往），必（比）五六日，皆㸚（敝）邑之昇（期）也。吳蠆（害-捍）陣（陳）。■」也是約戰的文字，也是楚國三大夫到吳國請戰，如同《左傳》成公二年：「齊侯使請戰」，參看《楚文字論集》頁 297-309。此為蘇建洲師提示。

建洲按：《左傳》襄公三年：「三年春，楚子重伐吳，為簡之師。克鳩茲，至于衡山。使鄧廖帥組甲三百、被練三千，以侵吳。吳人要而擊之，獲鄧廖。」此處「要」即「邀」，從中攔阻而攻擊之，屬於出奇不意的攻擊。又如第八章簡 47-48「晉文公卒（卒），未𡇯（葬），襄公新（親）【四七】衒（率）𠂤（師）御（禦）秦𠂤（師）于㟧（崤），大敗之。」其中「御（禦）」，

整理者指出「禦」訓為「止」，在此意指「阻截」，此說符合晉軍預先埋伏在崤地襲擊秦軍，其說可從。但是文獻似乎未見子玉所率領的楚國聯軍對晉軍阻攔、截擊。《僖公二十八年傳》：「夏四月戊辰，晉侯、宋公、齊國歸父、崔夭、秦小子憖**次于城濮**。……己巳，晉師陳于莘北，胥臣以下軍之佐，當陳蔡，子玉以若敖之六卒，將中軍，曰：『今日必無晉矣。』子西將左，子上將右，胥臣蒙馬以虎皮，先犯陳蔡，陳蔡奔，楚右師潰，狐毛設二旆而退之，欒枝使輿曳柴而偽遁，楚師馳之，原軫，郤溱，以中軍公族橫擊之，狐毛，狐偃，以上軍夾攻子西，楚左師潰，楚師敗績。」《史記・晉世家》：「四月戊辰，宋公、齊將、秦將與晉侯次城濮。**己巳，與楚兵合戰**，楚兵敗，得臣收餘兵去。」可見戰爭之前晉國聯軍已先駐扎在城濮等待楚軍的到來，戰爭當天與楚軍正面衝突，並無所謂子玉中途攔截的情況。故簡文此處讀為「邀」恐不可從。筆者以為整理者的意見大抵可從，「交」即交兵、兵交的「交」，《孫子兵法・軍爭》：「故不知諸侯之謀者，不能豫交」，杜牧注：「交，交兵也。言諸侯之謀先須知之，然後可交兵合戰；若不知其謀，固不可與交兵也。」（《十一家注孫子校理》，頁140）《左傳》成公九年：「兵交，使在其間可也。」《淮南子・兵略訓》：「兩軍相當，鼓鐸相望，未至兵交接刃。」

（三）城僕（濮）

整理者：城濮，衛地。楊伯峻云：「城濮，衛地，今山東省舊濮縣（一九五六年已併入范縣）南七十里有臨濮城，當即古城濮地。」（《春秋左傳注》，頁235）簡文「僕」為「臣僕」之「僕」後起本字，通「濮」。（頁154，注4）

華東讀書小組：城濮，衛地。楊伯峻曰：「城濮，衛地，今山東省舊濮縣（一九五六年已併入范縣）南七十里有臨濮城，當即古城濮地。」（〈書後（三）〉）

（四）述（遂）

子居：此章中有「於」、「遂」等虛詞，說明成文不早於春秋前期之末到春秋後期這段時間。（〈5～7章解析〉）

怡璇按：古文字「于」與「於」通用，用「于」字作為「虛詞」意的用法甚早，在甲骨文時期即可見到（可參張玉金：《甲骨文虛詞詞典》，頁266-301）），而「遂」字亦非春秋前期之末才出現，在西周晚期即可見到，如「率高父見南淮夷，厥取厥服，堇（謹）夷俗，茅（遂）不敢不敬畏王命，逆見我。」（駒父盨蓋）（參武振玉：《兩周金文虛詞研究》，頁232-233）故「於」與「遂」二字無法作為《繫年》成文斷代的依據。

（五）述（遂）朝周襄王于衡澭（雍），獻楚俘馘

整理者：衡雍，鄭地，《左傳》僖公二十八年杜注：「衡雍，鄭地，今滎陽卷縣。」在今河南原陽西南，原武西北。（頁154，注4）

建洲按：「職（馘）」本作 （《集成》1210 鼎），從戈從耳會意，古人把戰爭中所殺敵人的左耳割下，作為戰功的憑據，叫作職。後來戈改為從戈的「或」，成為從耳或聲的形聲字。（參裘錫圭《文字學概要》頁173）。《說文》字頭作「職」，「馘」則是或體。《繫年》「馘」字作 （簡44）、 （簡124），從首或聲。根據《左傳》僖公二十八年及〈晉世家〉，「獻楚俘馘」是在五月丁未之時。下句「盟諸侯於踐土」則在五月癸丑（《春秋》僖公二十八：「五月癸丑，公會晉侯、齊侯、宋公、蔡侯、鄭伯、衛子、莒子，盟於踐土。」）一說是冬天的溫之會，《晉世家》曰：「冬，晉侯**會諸侯於溫**，欲率之**朝**周。力未能，恐其有畔者，乃使人言周襄王狩于河陽。壬申，遂率諸侯**朝王於踐土**。孔子讀史記至文公，曰『諸侯無召王』。『王狩河陽』者，春秋諱之也。」《索隱》：「按：《左氏傳》：『五月，盟于踐土；冬，會

諸侯于溫，天王狩于河陽；壬申，公朝于王所』。此文亦說冬朝于王，當合於河陽溫地，不合取五月踐土之文。」（頁1668）可見《繫年》此段是按照有時間來敘述的。僖公二十八《傳》還說：「晉師三日館、穀，及癸酉而還。甲午，至于衡雍，作王宮于踐土。」衡雍與踐土相距不遠，簡文「朝周襄王于衡瀗」大概是指朝於踐土的王宮。《史記·十二諸侯年表》記載僖公二十八年，前632年，很多國家「朝周王」，如魯僖公「公如踐土，會朝。」晉文公「諸侯敗楚而朝河陽，周命賜公土地。」（頁596）可見簡文讀為「朝」正確可從。有人根據《左傳》僖公二十八年云：「是會也，晉侯召王，以諸侯見……」寫作「召王」認為簡文「朝」應讀為「召」，此說實無必要，一方面楚文字用字習慣此二字未見相通，二者楊伯峻指出文中的「是會」，是指「溫」之會。（頁473）上引《晉世家》提到溫之會也寫作「朝周」、「朝王於踐土」，亦可見簡文如字讀即可，不用通假為「召」。

（六）畧（盟）者（諸）侯於埫（踐）土

整理者：踐土，鄭地。楊伯峻以為在今河南省原陽縣西南，武陟縣東南（《春秋左傳注》，頁449）。「埫」字左形右聲，聲符部份戰國文字中常與戔聲字相通，故「埫」用為「踐」。（頁154，注4）

華東讀書小組：整理者認為此字左形右聲，聲符部份戰國文字中常與戔聲字相通，故定為「踐」。其說可從。又按，此字右偏旁，即戰國楚系竹簡常見之從「察」、「竊」、「淺」的字形，作人名則為「契」，與「帶」、「業」、「彔」、「羹」等字形，常互為訛混。事見《左傳·僖公二十八年》：「夏四月戊辰，晉侯、宋公、齊國歸父、崔夭、秦小子憖次于城濮。（中略）楚師敗績。（中略）晉師三日館穀，及癸酉而還。甲午，至于衡雍，作王宮于踐土。」《史記·晉世家》：「四月戊辰，宋公、齊將、秦將與晉侯次城濮。己巳，與楚兵合戰，楚兵敗，得臣收餘兵去。甲午，晉師還至衡雍，作王宮

于踐土。（中略）〔五月〕丁未，獻楚俘於周。（中略）於是晉文公稱伯。癸亥，王子虎盟諸侯於王庭。」（〈書後（三）〉）

蘇建洲：「踐」作 ，其右旁寫法接近燕王職壺「踐」作 、 ；三體石經「踐土」之「踐」作 。 的下部確實與「辛」、「辛」形體相近，請比對「」（逜-遲，《新蔡》甲一 24 號）、（屖-遲，《新蔡》甲三 173），劉釗：〈利用郭店楚簡字形考釋金文一例〉認為此種字形來自「辛」或「辛」字變體，《繫年》的 寫法似可支持這種的意見。（〈由《繫年》重新認識幾個楚文字〉，復旦網，2012 年 1 月 9 日）

劉洪濤：戰國竹簡文字中有一個經常用作偏旁的字，它在偏旁中主要有以下幾種寫法：

a 郭店《語叢一》68   包山 183

b 郭店《五行》13   郭店《五行》8

c 包山 128   郭店《窮達以時》1

d 郭店《五行》46   同前

e 郭店《尊德義》17   上博《用曰》15

我們用 X 表示這些字所從的偏旁。a 類寫法從「屮」從「廾」，「屮」是「屮」的省寫。b 類寫法變「廾」爲「又」，從「又」與從「廾」同義。c 類寫法把所從「又」旁變作×字形，後一形所從「屮」又有所省簡，也可以看作與「又」共用筆畫。d 類寫法從「屮」，省掉所從之「廾」或「又」。e 類寫法也省掉所從之「廾」或「又」，空出的位置由「口」形羨符來占位替代。

戰國竹簡文字中還有一個從「刀」從 X 之字，也經常用作偏旁，主要

有以下幾種寫法：

f 包山 19   包山 43

g 包山 22   包山 27

h 郭店《性自命出》38

i 郭店《語叢四》8   上博《容成氏》30

f 類寫法从 b 類寫法之 X；g 類寫法从 c 類寫法之 X，只是所从「刀」移至 X 的下部；h 類寫法變「刀」字形爲「人」字形，是 g 類寫法的變體；i 類寫法作「內」字形，是由 h 類寫法變過來的。具體變化過程爲，先把「人」字形變作「个」字形（看本文附錄六《古璽文字考釋四則》），再把「个」字形的豎筆寫分叉變作「大」字形，（原注：參看吳振武：《〈古璽文編〉校訂》，人民美術出版社，2011 年 1 月，頁 188-189）變化過程中在中間豎筆上加一橫畫羨筆就會變作「內」字形了。……劉釗先生認爲 X 是从「辛」聲的，其說如下：

> 這個可用爲「察」、「淺」、「竊」三個字聲旁的「羑」究竟是什麼字呢？因爲其形體與「察」、「淺」、「竊」三個字都無關係，所以顯然只是一個用作聲符的借音字。從這一角度出發，我們推測這個字有可能就是「辛」字的變體。「辛」本爲「辛」字的分化字。古文字中从「辛」或从與「辛」類似的形體的字，其上部在發展演變中都變爲「𢍰」或「𢍰」，這一點與上引「羑」字的特徵正相符。「辛」字古音在溪紐元部，與精紐元部的「淺」和清紐月部的「察」音都不遠，而「竊」字在典籍中又分別可與「察」和「淺」相通。正因爲「辛」

與「察」、「淺」、「竊」三個字音都可通，所以「辛」字的變體也就自然可以分別用爲「察」、「淺」、「竊」的聲旁。

劉先生在上引文中還認爲西周金文中的下引之字所從也是 X：

j 𣂥 《集成》10173　　　𣂥 《文物》2003 年 6 期，頁 33

𣂥 《首陽吉金》39

k 𣂥 《集成》2833　　　𣂥 《夏商周青銅器研究》，頁 415

l 𣂥 《集成》260

m 𣂥 《集成》10176

根據 X 與「察」、「淺」、「竊」音近，把 j、k、l 諸字都讀爲「翦伐」之「翦」（字又作「踐」、「剗」等）。又引李家浩師的意見，認爲甲骨文中的下列之字是 j、k、l、m 等字的原始寫法：

n 𣂥 《甲骨文編》頁 691

按劉釗先生指出甲骨、金文之字也是 X 或從 X 之字，這是十分正確的。劉先生非常成功地解決了相關之字是不是一個字的問題。但是關於這個字是什麼字的問題，劉先生解決得不怎麼成功。劉先生的成功之處在於，指出「屮」是由「辛」字形或「辛」字形變來的，這是非常正確的，……其不成功之處在於，認爲 X 所從之「又」或「廾」「有時是作爲可以累增的『羨符』出現的，多數情況下並不影響字的字音和字義」。按古文字「又」的確有時可以作爲累增的羨符，但「廾」字基本沒有作羨符來用的。從甲骨文、金

文一直到戰國文字 X 的下部都有「艹」旁，恐怕並不是可有可無的羨符能解釋的。另外，上古音「宇」屬溪母元部，聲母屬牙喉音，牙喉音雖與齒音偶有關係，但畢竟不十分密合。因此，X 也不大可能是以「宇」爲聲符的一個字。

我們知道，分析一個字的構造要以時代較早的形體比較原始的字形作爲依據，僅僅根據戰國文字的形體來立論有時候是很危險的。從時代較早的 j 類形體來看，X 字原應由「厂」、「艹」和「￦」三個偏旁組成。k 類形體是省掉「艹」旁的寫法，l 類形體是省掉「厂」旁的寫法，m 類形體是既省掉「厂」旁又省掉「艹」旁的寫法。戰國文字 a 類形體就是繼承西周金文 l 類形體的，而 d、e 兩類形體則是繼承 m 類形體的。f、g、h、i 四類形體從「刀」，應該就是上舉西周金文這些字的異體。由此可知，古文字 X 最主要的形體變化就是省寫，省寫到最後如 d 類形體，只保留了其中的一個偏旁「￦」，因而才導致劉釗先生誤把「￦」當作 X 形體的全部，以爲單獨一個「￦」就可以有齒音歌月元部的讀音。根據時代最早的甲骨文 m 的形體，可知 X 象兩手持一工具在崖洞中剗削玉石之形，應該就是剗削之「剗」的本字。《廣雅・釋詁三》、《玉篇》刀部：「剗，削也。」甲骨文「剗」字所從的「冂」"象崖洞之形，這是金文「厂」旁的形體來源；所從「宇」象剗削工具之形，後來變作金文的「￦」旁；所從的「玉」、「甾」兩個偏旁，象所剗削掉的玉石掉落於盛裝工具「甾」中之形，這是表明在崖洞中雙手持一工具所進行的動作行爲不是寇伐，而是剗削玉石。因爲是附加說明的表意構件，所以在金文中就省略掉了。j、k、l、m 諸體，包括戰國竹簡的 f、g、h、i 諸體，或從「刀」，或從「斤」，或從「戈」，或從「攴」，或從「又」，作爲形旁可以通用，它們又都以剗削之「剗」的表意字作爲聲符，應該都是剗伐之「剗」的異體。（《論掌握形體特點對古文字考釋的重要性》，頁132-137）

子居：《呂氏春秋・簡選》：「晉文公造五兩之士五乘，銳卒千人，先以

接敵，諸侯莫之能難。反鄭之埤，尊天子于衡雍。」高誘注：「文公率諸侯朝天子于衡雍。衡雍踐土，今之河陽。」《史記集解》引賈逵曰：「河陽，晉之溫也。踐土，鄭地名，在河內。」兩漢時的河內並不包括原陽、卷縣等地，因此由賈逵所言可知，踐土不在「河南原陽西南」，更由高誘注可知，踐土在河陽。複據《水經注·河水》：「河水又東徑河陽縣故城南。《春秋經》書『天王狩于河陽。王申，公朝于王所，晉侯執衛侯歸於京師』，《春秋左傳》『僖公二十八年，冬，會于溫，執衛侯。是會也，晉侯召襄王以諸侯見，且使王狩。仲尼曰：以臣召君，不可以訓。故書曰天王狩于河陽，言非其狩地。』服虔、賈逵曰：『河陽，溫也。』班固《漢書·地理志》，司馬彪、袁山松《郡國志》，《晉太康地道記》，《十二州志》：河陽別縣，非溫邑也。漢高帝六年，封陳涓為侯國，王莽之河亭 也。《十三州志》曰：治河上，河，孟津河也。郭緣生《述征記》曰：『踐土，今冶阪城。』是名異《春秋》焉，非也。今河北見者，河陽城故縣也，在冶阪西北，蓋晉之溫地，故群儒有溫之論矣。《魏土地記》曰：冶阪城舊名漢祖渡，城險固，南臨孟津河。」《太平寰宇記》卷五二：「河陽縣……踐土城，《冀州圖》云：『在縣東七里，洛陽西（東）北四十二里。』《左傳》盟於踐土是也。」《孟縣誌》：「治阪津：（治阪應為冶阪之誤，後文改為冶。編者）在縣東南四十三里（應在縣西南四十三里。編者）郭緣生《述征記》：『冶阪城，春秋踐土也。』《水經注》：『河陽故城在冶阪西北。』《魏土地記》：『冶阪城，舊名漢祖渡，城險固，南臨孟津。』……舊志：『冶阪津在洛陽東北四十二里。』黃河關：在縣南黃河北岸，又縣西南有河陽古關。宋白曰：『河陽關，東魏置於中灅城。』」可知，踐土即在今河南孟州市西的洛陽市吉利區坡頭鎮一帶。（〈5～7章解析〉）

　　怡璇按：《左傳》僖公二十八年載：「晉師三日館、穀，及癸酉而還。甲午，至于衡雍，作王宮于踐土。」楊伯峻指出踐土位於今河南省原陽縣西南，武陟縣東南，子居認為踐土即在今河南孟州市西的洛陽市吉利區坡頭鎮一帶可從，二說各有道理，今並存。先據《中國歷史地圖集》「24-24鄭宋衛」將相關地理位置標示如下：

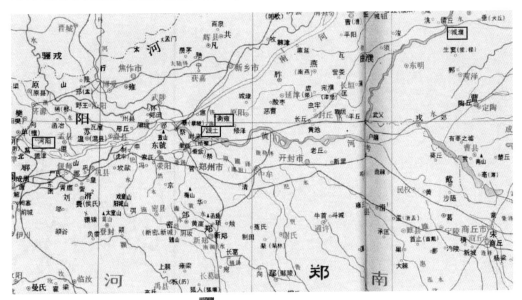

簡文最末有勾識號作「▲」，表示一章的結束。

《繫年》第八章集解

【章旨】

晉文公七年，襄公三十春，晉國侵襲鄭國，以此來試探鄭國是否有防衛的力量。到了九月，晉秦兩國包圍鄭國，因為當年晉文公流浪到鄭國時，鄭文公對他無禮。其後靠著燭之武的口才，成功說服秦國退兵，秦晉兩國的盟約也隨之破裂。鄭國為展現誠意將國家北門的鑰匙給秦軍保管。襄公三十二年，戍守鄭國的秦軍別有居心，叫秦國出兵攻打鄭國，想來個裡應外合殺鄭國個措手不及。秦軍便從西邊浩浩蕩蕩的出發了，秦國老臣蹇叔力諫秦穆公此舉不可行，可惜孤臣無力回天。襄公三十三年，秦軍到達滑國時碰到鄭國商人弦高，由於他智退秦軍才讓鄭國幸免於難，秦軍回國途中滅了姬姓滑國。此時晉文公過世，繼位的襄公對秦國不體恤國君新喪，反而攻打同姓國家感到憤怒，遂於險地崤山大敗秦軍。此後，秦穆公轉而想跟楚國結盟，是以放了楚囚申公子儀，讓他回去講和。秦國於是與晉國結怨，與楚國結好。這段可與第六章簡 39-40「二邦伐鄀，徙之中城，圍商密，捷【三九】申公子儀以歸」連結。

【釋文】

晉文公立七年，秦晉回（圍）奠=（鄭，鄭）降秦不降晉=（晉，晉）人以不懋（懟）①。秦人豫（舍）戍於奠=（鄭，鄭）人敓（屬）北門之笑（管）於秦=之=【四五】戍=人=（秦之戍人，秦之戍人）夏（史－使）人歸（歸）告曰：「我既㝬（得）奠（鄭）之門笑（管）巳（已），坴（來）䆎（襲）之。」②秦䏌（師）牁（將）東䆎（襲）奠=（鄭，鄭）之賈人弦高牁（將）

西【四六】巿，遇之，乃以奠（鄭）君之命袋（勞）秦三衞（率－帥）。秦
啚（師）乃遝（復），伐齬（滑），取之③。晉文公奕（卒），未圂（葬），襄
公新（親）【四七】衞（率）皀（師）御（禦）秦皀（師）于嶵（崤），大敗
之④。秦穆公欲與楚人為好，幺（焉）繁（脫）繡（申）公義（儀），囟（使）
歸（歸）求成。秦幺（焉）【四八】刮（始）與晉敓（執）衞（亂），与（與）
楚為好◢⑤。【四九】

【語譯】

晉文公七年，秦晉兩國包圍鄭國，但鄭國卻只對秦國投降而不向晉國
投降，晉國覺得很不是滋味。（這時）秦國在鄭國設置守衞，鄭國將北門的
鑰匙交給秦國的守衞，秦國的守衞派人回國通報說：「我們已經拿到鄭國北
門的鑰匙了，來偷襲他們吧。」秦國的軍隊將往東偷襲鄭國，（正好）碰到
了將到西邊做買賣的鄭國商人弦高，弦高就（編造）鄭國國君的命令慰勞
秦國的三位將軍（百里孟明視、西乞術、白乙丙）。秦國的軍隊（以為鄭國
已經知道偷襲的軍情）就返國了，途中順便攻取滑國。等到晉文公駕崩時，
還沒來的及下葬，晉襄公就親自率領軍隊在崤山阻截秦軍，徹底擊敗他們。
秦穆公（轉而）想與楚人結好，所以就釋放申公儀，使他回國媾和。秦國
於是開始與晉國結怨，與楚國結好。

【集釋】

① 晉文公立七年，秦晉回（圍）奠＝（鄭，鄭）降秦不降晉＝（晉，晉）人
以不懋（愁）

（一）晉文公立七年

整理者：《左傳》僖公三十年：「九月甲午，晉侯、秦伯圍鄭，以其無

禮於晉，且貳於楚也。……秦伯說，與鄭人盟，使杞子、逢孫、揚孫戍之，乃還。」魯僖公三十年正當晉文公七年。（頁 155，注 1）

（二）不慭（憖）

整理者：不慭，不悅，《說文》：「慭……一曰：說（悅）也。」（頁 155，注 1）

蘇建洲：《繫年》45「晉人以不慭（憖）」，「憖」作，與《包山》15 反相比，多一「臼」旁，此字可以證明《包山》簡 16就是「憖」字，只是「心」旁省減了。的「來」旁可以參考（釐（理），《尊德義》39）。此字學者有很多說法，如湖北省荊沙鐵路考古隊編《包山楚簡》：隸作從「」從「臼」，考釋云：讀如「隊」。《廣雅・釋詁二》：「隊，陳也。」（北京：文物出版社，1991 年 10 月），頁 41。李零《包山楚簡研究（文書類）》：從原釋文解為「不遂」。（《李零自選集》，桂林：廣西師範大學出版社，1998 年 2 月），頁 136。史傑鵬《包山楚簡研究四則》：此字從「」得聲，和 15 號簡反面的「慭」可能是通假字。（湖北民族學院學報（哲學社會科學版），2005 年，第 3 期），頁 117。《十四種》頁十一以為不識字，《楚文字編》609-610 頁「慭」下也未收此字。只有劉信芳先生《從之字彙釋》：視為簡 15 反「慭」之異體，說「不慭」為古代常用語，《詩・小雅・十月之交》：「不慭遺一老。」鄭玄箋：「慭者，心不欲自強之辭也。」平輿令薛君碑：「不慭遺君」。《國語・楚語上》：「下轂雖不能用，吾慭置之於耳。」韋昭注：「慭，猶願也。」「不慭新造尹」，意謂不願再勉強新造尹斷案。（廣州東莞：《紀念容庚先生百年誕辰暨中國古文字學國際學術研討會論文》，1994 年 8 月），頁 616。現在看來是有道理的。（海天：〈由《繫年》重新認識幾個楚文字〉，復旦學術討論區，2012 年 1 月 9 日，

http://www.gwz.fudan.edu.cn/ShowPost.asp?ThreadID=5422）

建洲按：「憗」字亦見《芮良夫》15「萬民具（俱）憗（憗）的「憗」作 ，與 （《上博九・靈王遂申》簡 1）相比，都是加了「臼」旁。《包山楚墓文字全編》頁 311 認為《包山》簡 16 字「下所從臼旁或為心之殘形」，今由《繫年》45、《芮良夫》15 的「憗」字，可知其說不確。此外，《包山》172 尚有人名 字，《包山楚墓文字全編》頁 143 隸定為「瞁」，比對「憗」來看，所謂的「目」旁似也不能排除是「臼」旁的訛誤。

② 秦人豫（舍）戍於奠=（鄭，鄭）人敓（屬）北門之笑（管）於秦=之=【四五】戍=人=（秦之戍人，秦之戍人）旻（史—使）人歸（歸）告曰：「我既旻（得）奠（鄭）之門笑（管）巳（已），壺（來）䨣（襲）之。」

（一）秦人豫（舍）戍於奠

整理者：《左傳・僖公三十二年》：「杞子自鄭使告于秦，曰：『鄭人使我掌其北門之管，若潛師以來，國可得也。』」《史記・秦本紀》：「鄭人有賣鄭於秦曰：『我主其城門，鄭可襲也。』」（頁 155，注 2）

黃傑：豫可讀為舍，謂舍鄭之圍。「豫」下應當斷開。本篇「豫」字四見，另外三處（簡 42、52、117）均用為舍。（〈初讀《清華大學藏戰國竹簡（貳）》筆記〉，復旦網，2011 年 12 月 20 日）

孫飛燕：筆者贊成簡文「豫」讀為「舍」，但反對在「舍」下斷讀。此處「舍戍於鄭」的「舍」不是捨棄的意思，而是指置。《左傳》僖公三十年：「秦伯說，與鄭人盟，使杞子、逢孫、楊孫戍之，乃還。」《左傳》襄公十四年戎子駒支對范宣子追述殽之戰的起因時說：「昔文公與秦伐鄭，秦人竊與鄭盟而舍戍焉，於是乎有殽之師。」楊伯峻先生注：「舍，置也。即僖三十年傳『秦伯說，與鄭人盟，使杞子、逢孫、楊孫戍之』之事。」簡文的「舍戍」即《左傳》的「舍戍」。華東師大讀書小組讀為「釋戍」，與《左

傳》的文意相背，不可從。（〈讀《繫年》箚記三則〉，復旦網，2012 年 3 月 9 日）

建洲按：黃傑、孫飛燕之說皆有可採之處，茲據其說釋讀與句讀。其次，本章「戌」作 、，字形訛變為从元从戈。演變過程是先在「戌」的「戈」旁加一橫筆，這種寫法楚文字常見，如《隨縣》179「![字]路」，裘錫圭、李家浩二先生以為即古代「五路」之一的「戎路」。又如《容成氏》簡 1「慎（神）『戎（農）』」作 ![字]、簡 39「『戎』遂」作 ![字]；《耆夜》06![字]亦是相同情形。則「戌」可作 ![字]（41）、![字]（42），其後「戈」旁橫筆斷裂而來便成 ![字]（45）、![字]（46）。整個變化過程可以參考「戠」字：![字]（《郭店・六德》24）→![字]（《璽彙》5482）→![字]（《包山》18）。可參見拙文〈試論楚文字從「![戈]」偏旁的幾個字〉《《上博楚竹書》文字及相關問題研究》，頁 139-152。

（二）敀（屬）

整理者：敀，讀作「屬」，表示委託、交付。（頁 155，注 2）

建洲按：整理者之說可從。《九店》簡 16 下「凡坪日，利以祭祀，和人民，誋事。」李家浩先生注釋說：「《老子》第十九章『故令有所屬』，郭店楚墓竹簡《老子》甲組二號『屬』作『豆』。『誋』從『豆』聲得聲。據此，本墓竹簡『誋事』和包山楚墓竹簡『所誋』等的『誋』，皆當以讀為『屬』為是。《呂氏春秋・慎人》：『百里奚之未遇之時也……公孫枝得而說之，獻諸繆公，三日，請屬事也。』」（《九店楚簡》頁 138，補正一）可見本簡「敀」，讀作「屬」是符合楚系文字的用字習慣的。附帶一提，中山國文字用「![字]」、「冢」表示委屬之｛屬｝，見中山王方壺：「而![字]（屬）任之邦」，中山王圓壺：「而冢（屬）任之邦」。（詳見白於藍：〈釋中山王![字]方壺中的「屬」字〉，頁 290-295；董珊：〈中山國題銘考釋拾遺（三則）〉，頁 348-351；

周波：《戰國時代各系文字間的用字差異現象研究》，頁 100）。

（三）笑（管）

整理者：「笑」，通「管」。《左傳》僖公三十二年杜注：「管，籥也。」即鑰匙。（頁 155-156，注 2）

建洲按：「笑」讀為「管」又見於《清華三・芮良夫》簡 20「女（如）閟（關）枑屋（局）鋬」，「鋬」作 ，亦解為鑰匙。此外，《上博五・季庚子問於孔子》簡 4「且笑（管）中（仲）有言曰」讀為管仲的「管」。不過本簡「笑」字形作 （簡 46），與《季庚子問於孔子》「笑」作 以及 相比較，顯然是在橫筆上加了直飾筆，遂與「关（即「弁」）」形混了。相似「关」字寫法亦見 115、116。可見這是《繫年》書手習慣性的寫法。詳見第二一章簡 115「灼（趙）关（浣）」條注釋。

（四）巳（已）

整理者：隸為「也」。

復旦讀書會・陳劍（QQ 羣 12 月 19 日 6:27:57 發言）：簡 46「我既得鄭之門管巳（已）」，「巳（已）」誤釋為了「也」。（《〈清華（貳）〉討論記錄》）。

陳偉：整理者釋為「也」的字，二〇一一年十二月十九日下午在《清華大學藏戰國竹簡（貳）》學術座談會上，劉釗教授指出所釋不確，改釋為「巳」。今按：《左傳》僖公三十二年記秦戍人之語云：「鄭人使我掌其北門之管，若潛師以來，國可得也。」簡文此字在「巳」之外，也有可能是「云」字。《繫年》「云」字，上部多作實心，但也有空心的寫法，如 85、86 號簡二見的「芸」字所從 。在此疑可讀為「陰」，與「潛」義通。（〈箚記二〉）

建洲按：字作 ，釋為「巳」讀為「已」可從，相同用法如《郭店・老子甲》15「皆知善，此其不善巳（已）」。此字筆順與「云」不同，不能釋為「云」。

（五）䨏（襲）

整理者：䨏，又見於戰國銅器㝬羌鐘（《集成》一五七－一六一），李家浩讀作「襲」（《釋上博戰國竹簡〈緇衣〉中的「**茲臣**」合文——兼釋兆域圖「**逤**」和㝬羌鐘「**䨏**」等字》，《康樂集——曾憲通教授七十壽慶論文集》第二四頁，中山大學出版社，二〇〇六年），簡文「**䨏**」用法相同。（頁156，注2）

建洲按：《繫年》〔襲〕的意思有二，一為因襲、繼承也，如簡37-38「秦穆公乃訒（召）【三七】文公於楚，使**裒**（襲）褱（懷）公之室。」簡111「戉（越）人因**裒**（襲）吳之與晉為好。」二為「偷襲」、「襲擊」，除本簡外，又見於簡93「欒盈**䨏**（襲）巷（絳）而不果」、94「莊公涉河**䨏**（襲）朝歌」。兩種用法各有相應的字體。「**裒**」象重衣之形，應該就是因襲的本字。字形亦見於《上博三・亙先》簡3。其次，「**䨏**」從「**譶**」聲。《說文》：「譶，疾言也。從三言。讀若沓。徒合切。」上古音「譶」屬定母緝部，「襲」屬邪母緝部，音韻皆近，是以「**䨏**」可以讀為「襲」。這個意見唐蘭先生於一九三二年二月刊登於《國立北平圖書館館集》的〈㝬羌鐘考釋〉一文中已有說，其說如下：「《說文》無**䨏**字，當訓急疾。從宀䨏聲（引按：當作譶聲）。《說文》：譶訓疾言也。**䨏**敓猶襲奪，襲為覂取，故利疾速，**䨏**襲聲同，故可假用。」（參見《唐蘭先生金文論集》，頁4）。現在我們知道「**䨏**」表示〔襲〕的用法，不僅見於三晉系，亦見於楚系出土文獻。當然，不少學者提出《繫年》的底本是三晉系的，此處亦有可能是三晉系用法的延續。

③　秦𠂤（師）牁（將）東**䨏**（襲）奠=（鄭，鄭）之賈人弦高牁（將）西【四六】市，遇之，乃以奠（鄭）君之命𡥀（勞）秦三衔（率－帥）。秦𠂤（師）乃遏（復），伐𩫏（滑），取之。

整理者：《左傳》僖公三十三年：「三十三年春，秦師……及滑，鄭商

人弦高將市於周，遇之。以乘韋先，牛十二犒師，曰：『寡君聞吾子將步師出於敝邑，敢犒從者，不腆敝邑，為從者之淹，居則具一日之積，行則備一夕之衛。』且使遽告於鄭。……孟明曰：『鄭有備矣，不可冀也。攻之不克，圍之不繼，吾其還也。』滅滑而還。」（頁156，注3）

（一）弦

華東讀書小組：此字從古書對文角度看，當讀為「弦」，然從簡文字形上看，實為「幻」字。整理者直接隸定為「弦」，並不妥當。幻，古音匣母、元部，弦，匣母、真部，音近可通。（〈書後（三）〉）

建洲按：字形作🅑。「系」已見於西周晚期孟𤳊父簋（《集成》3962）「🅟白」，一般釋為「幻伯」。戰國璽印作🅑（《璽彙》0391），一般也釋為「幻」。《曾侯》簡3「二鄩（䯅）弓，系賠。」裘錫圭、李家浩先生考釋說：「古印文字中有一個🅑字，或寫作🅑。🅑（《古璽匯編》，頁89）。按古文字『系』旁或寫作『幺』（《說文》『系』字古文作『幺』），疑🅑與簡文『系』當是一字。舊或釋古印文字🅑為『幻』，不一定可信。『系』在簡文中都是在講到弓的時候提及的，或疑即『弦』字。」（頁504）。蕭聖中先生便直接釋為「弦」。（《曾侯乙墓竹簡釋文補正暨車馬制度研究》，頁49注3）。蕭曉暉先生認為「幻」、「弦」古本一字，氏名「幻」皆當讀為「弦」。（〈說「幻」〉，《考古與文物二〇〇五增刊・古文字論集三》，頁156-157）。宋華強的博士論文以為蕭曉暉之說可信，並舉《上博（五）・三德》簡1「弦望」之「弦」作🅑，與上揭「幻」字形近，為蕭曉暉補證。（參看《新蔡楚簡的初步研究》對甲三314「🅑」字的考釋。）棗陽郭家廟曾國墓地出土「🅑白隹壺」（GM1：08），黃錫全先生釋為「幻白隹壺」，認為「幻」是國名，但典籍沒有幻國，故將「幻」讀為「弦」。或是說🅑分析為从弓从系，釋讀為「弦」。（黃錫全：〈棗陽郭家廟曾國墓地出土銅器銘文考釋〉，《古文字與古貨幣文集》，頁

121）。單育辰先生也認為：「現在有了結論，再反過來想一想，也可以很容易發現舊釋之為『幻』是有問題的：第一，『幻』字出現較晚；第二，『幻』在曾侯乙簡和古璽中皆無意義可言。但當時，大家都認定『』一個從『糸』的字，再加上其左所從的『匸』形，很容易和後世楷書中的『幻』聯系起來，卻沒有想到『』是一個會意字，其所表示的正是弓上的『弦』。」（《楚地戰國簡帛與傳世文獻對讀之研究》，頁 99）。謹案：根據上述古文字材料反映出來的用字習慣以及學者的意見，「」字確實應該釋為「弦」，《繫年》整理者將直接釋為「弦」無疑是對的。又《包山》192也應隸定作「弜」。《包山楚墓文字全編》既將「」立了字頭作「弜」，但又隸定為「𢎥」（頁 286）實無必要。「弦」還有一種寫法：（《尹誥》簡 1「蕙」）、（《用日》12），比多了「弓」旁，大概是為了更加明確的表示〔弦〕這個詞。（參見《楚文字論集》，頁 352-355）。

（二）市

建洲按：字作，相同字形又見於《成王既邦》簡 9「市」作。相關考釋請見拙著：《楚文字論集》頁 513-516。

（三）遉（復）

建洲按：《繫年》的「遉」字皆作，「复」旁有所省簡，參見《字形表》頁 214。這種寫法以往似乎僅見於《新蔡簡》，如（甲三 297）、（乙四 54）、（零 294、482），參見《楚系簡帛文字編（增訂本）》頁 180。

（四）顝（滑）

整理者：滑，姬姓國，在今河南偃師南。簡文「顝」和「滑」同從骨

聲，音近通假。（頁156，注3）

建洲按：「䯏」字作 🀄️，從頁骨聲，簡文讀為「滑」。《繫年》的「骨」旁在骨架橫筆上多一直飾筆，又如簡71「骼」作 🀄️。可比對 🀄️（《包山》267）、🀄️（《包山》267）的「骨」旁。這種在橫筆上加直飾筆的書寫習慣與前述「笑」字作 🀄️（簡46）、「关」作 🀄️（簡115）、🀄️（簡116）相同，可見是《繫年》書手習慣性的寫法。關於「滑」的地望，《左傳》莊公十六年杜預注曰：「滑國都費，河南緱氏縣。」張以仁《春秋史論集》：「滑確是指河南的緱氏縣，也就是今天河南省偃師以南二十里的地方。」（頁363）

④ 晉文公죽（卒），未圖（葬），襄公新（親）【四七】衛（率）自（師）御（禦）秦自（師）于嶤（嶔），大敗之。

子居：將諸事回溯考慮的話，若晉與秦失和且鬥得兩敗俱傷，自然會是一直受秦晉雙方夾板氣乃至於幾近亡國的鄭國非常希望看到的情況。從這個角度來看，卜偃預知秦將出師過晉，秦師遠襲卻恰遇鄭商弦高，以及晉師在崤之役大敗秦師，秦師懷恨復仇，諸事或皆是出自鄭國故意使秦之戍人得北門之管且將此情況密告于晉人的謀略，這樣的可能性也是非常高的。（〈8～11章解析〉）

朱曉海：史書必書災異現象，連荀子也不得否認。然而所謂的《繫年》二十三章，一次災異的記載也不見，完全違背傳統史乘慣例。好比：第八章「晉文公卒，未葬」，繼承人襄公所以會事先準備迎擊偷襲的秦軍，重要原因之一傳說是由於晉文公「柩有聲如牛」，預告「有大事」；第十七章記載的「遷訏」至伐楚，「師造於方城」之間，「五月甲子地震」；第十九章但記楚昭王「既復邦，焉克胡、圍蔡」，接著就說「昭王即世」。然而根據當時人的看法，「是歲也，有雲如眾赤烏，夾日以飛三日」，乃王駕崩的預兆，可見：所謂的《繫年》將這些事一概略去，不能以記載那些事件的年

月中適巧都無災異為託詞。(〈清華簡所謂《繫年》的書籍性質〉，經學與文學國際學術研討會論文集，頁 421-422)

建洲按：「災異」之說有理，胡平生：〈阜陽漢簡《年表》整理札記〉一文也提到「我國史籍歷來重視對自然災異的記錄。」(《胡平生簡牘文物論集》，頁 300)。朱曉海先生舉了五點理由說明《繫年》不是任何一國的紀年或者說編年史書，其說可從。詳見〈清華簡所謂《繫年》的書籍性質〉一文。

(一) 囧 (葬)

整理者：囧，從爿聲，卽「葬」字，殷墟甲骨文作「𢇏」或「固」，見沈建華、曹錦炎《甲骨文字形表》頁 132 (上海辭書出版社，二〇〇八年)。(頁 156，注 4)

建洲按：簡 47、53 的「葬」作囧 (⊠、⊠)，聲符與《容成氏》33「葬」作㐱寫法相同，只是「歹」訛為「及」，與《六德》16「勞其𦜕 (股)忨 (肱)」的「𦜕 (股)」作㐱寫法相同。但其外圍從「口」，顯然跟甲骨文有關，如賓組「葬」作囧，歷組作囷，其他戰國文字並無從「口」旁寫法，如「𣋁」(《包山》155)、「𧵩」(《信陽》2-04)、𧰼 (《三體石經・文公》)。此字的構形存有古意，類似甲骨文的寫法，詳見【附錄三・《清華大學藏戰國竹簡 (貳)・繫年》考釋四則】。

(二) 御 (禦)

整理者：御，通「禦」，訓為「止」，在此意指阻截。《左傳》僖公三十二年：「晉人禦師必於殽。」《左傳》僖公三十三年：「夏四月辛巳，敗秦師於殽，獲百里孟明視、西乞術、白乙丙以歸，遂墨以葬文公。」《晉世家》：「九年冬，晉文公卒，子襄公歡立。……襄公墨衰絰。四月，敗秦師於殽，

虜秦三將孟明視、西乞秫、白乙丙以歸。遂墨以葬文公。」（頁 156，注 4）

華東讀書小組：御，通「禦」，都是疑母、魚部字，阻擋之意。《左傳・僖公三十二年》：「晉人禦師必於殽。」可證。又按，「崤山」似不在晉國境內，或者，讀為「禦」疑亦可讀為「迓」，迓，迎也。《詩經・召南・鵲巢》：「之子於歸，百兩禦之。」「禦」即當讀為「迓」，訓「迎接」，於簡文即指「兩軍之正面交戰」。（〈書後（三）〉）

建洲按：「御」，讀為「迓」，義不可通，參見孫詒讓《札迻・水經注・涑水注》，頁 99-100。整理者訓為「阻截」可從。《左傳》僖公三十二年記載蹇叔哭師之言曰：「晉人禦師必於崤。」表示晉軍預先埋伏在崤地襲擊秦軍。前引朱曉海先生也提到「繼承人襄公所以會事先準備迎擊偷襲的秦軍」

補記：曹方向先生提到《史記・秦本紀》記載：「襄公墨衰絰，發兵遮秦軍於崤，擊之，大破秦軍，無一人得脫者，虜秦三將以歸。」司馬遷在這裏使用了「遮」字。《說文》辵部：「遮，遏也。」《爾雅・釋詁》：「遏，止也。」郭璞注：「今以逆相止爲遏。」《廣雅・釋詁》：「闌，遮也。」是截阻攔擊之意。《秦本紀》的「遮」字與《繫年》的「御」字詞義相應，有力的證明了「御」字爲阻擊之意。並認為《上博六・申公臣靈王》的「戠於朸述」，一般讀「戠」為禦，訓為「防禦」並不精準，應當如《繫年》的「禦」訓為阻擊、攔擊。（《上博簡所見楚國故事類文獻校釋與研究》（武漢：武漢大學博士論文，2013 年 5 月，頁 89-92）。其說可從。

（三）𡸁（崤）

整理者：𡸁，從山，𩠐聲。𩠐，《說文》「讀若蒿」，與「殽」音近可通。《左傳》僖公三十二年杜注：「殽在弘農澠池縣西。」當今河南省洛寧縣西北（楊伯峻《春秋左傳注》，頁 491）。（頁 156，注 4）

子居：《呂氏春秋・悔過》高誘注：「殽，澠池縣西崤塞是也。」高注

與杜注皆稱殽在澠池縣西，而不稱西南。辛德勇先生在《崤山古道瑣證》文中即指出：「南北二陵中崤山北陵側臨大道，為周文王所曾經歷，也是《春秋》僖公三十三年秦軍千里奔襲鄭國，在中途全軍覆沒的地方。《水經注》關於崤山南北二陵這一段記述是兼采《左傳》及杜預注寫成的。《春秋公羊傳》記騫叔送子時曰：「爾必死于殽之嶔岩，是文王之所避風雨者也。」《春秋谷梁傳》作「女死必于殽之岩唫之下」。……崤山北陵當由山貌「岑崟」而得其名。今陝縣硤石鎮東南有「金銀山」，北側古道，山勢險峻，疑即「嶔唫」音轉，可將其比定為崤山北陵。」所說甚是。《三門峽史跡》一書也介紹到：「古崤道在陝縣境內，又分南、北兩道。南道即由陝縣老城經交口、菜園、雁翎關、宮前至菜家灣沿太子溝北上至硤石。再由硤石東走經石壕、澠池、順谷水達洛陽。……北崤道即由陝縣老城過交口、張茅、硤石，東過七裡入澠池。……古崤道最險之處有二：一為今十裡廟至甘壕。此段群山狹古道而行，今硤石東側陵上尚有車壕、駕馬嶺、車馬嶺等地名。當地的群眾也往往在此拾到銅簇等之類的古代兵器，這當是古代戰爭的遺物了。歷史上著名的「秦晉崤之戰」當發生在此地段。而另一段險要處在雁翎關。」綜合上內容，就可以知道，晉敗秦師即于後世所稱硤石關（今陝縣硤石鄉）一帶，而不是在南崤雁翎關，故楊注「河南省洛甯縣西北」一說，既失于遠，又失于泛，遠不如高誘及杜預注明確清晰。（〈8～11章解析〉）

⑤ 秦穆公欲與楚人為好，女（焉）繁（脫）繡（申）公義（儀），囟（使）歸（歸）求成。秦女（焉）【四八】訇（始）與晉敓（執）衞（怨），与（與）楚為好▪。【四九】

（一）訇（始）

李天虹：《繫年》中的「訇」字，都是讀為「始」，訓作「開始」，如：周亡王九年，邦君諸侯焉訇（始）不朝于周。（簡8）秦仲焉東居周地，以

守周之墳墓，秦以㠯（始）大。（簡16）自晉適吳，焉㠯（始）通吳晉之路，教吳人叛楚。（簡79）（〈小議《繫年》「先建」〉，簡帛網，2012年6月14日）

（二）繺（脫）

建洲按：「脫」字作 ，字下部從「糸」旁，可能是表示解除縶縛的「脫」的專字。這種表示開脫、解除、免除之類的意思亦見於簡86「景公欲與楚人為好，乃敓（脫）郠公，使歸求成」，整理讀「敓」為「說」，不妥。又見於簡42「伐衛（衛）以敓（脫）齊之戌及宋之回（圍）」。

（三）繺（申）公義（儀）

整理者：《左傳》文公十四年：「初，鬬克囚于秦，秦有殽之敗，而使歸求成。」鬬克卽申公子儀。（頁156，注5）

方炫琛：左僖二十五「楚鬬克，屈禦寇以申、息之師戍商密」，杜注：「鬬克，申公子儀。」同傳卽稱其為申公子儀，又稱子儀，其稱申公者，楚守縣大夫曰公，以其為申縣之縣大夫，故曰申公。其稱子儀者，儀為其字，古人名克多字儀，參1226郤子克條，其稱子儀者，以男子美稱子字冠字止面成之通行名號也，故國語楚語上稱其為儀父，可證儀為其字，父亦字下所殿男子美稱之詞。楚語上又稱其為子儀父，則以字配二美詞也。（《左傳人物名號研究》頁671，2404條）。

建洲按：第六章簡39-40「二邦伐郜，徙之中城，圍商密，捷【三九】申公子儀以歸。」此事發生在僖公二十五年。僖公三十三年秦師大敗於崤，轉而想跟楚國結盟，是以放了楚囚申公子儀，讓他回去講和。《左傳》文公十四年只提到「初，鬬克囚于秦，秦有殽之敗，而使歸求成」，並沒有提到確切時間，現在由《繫年》來看，這件事應該發在僖公三十三年，前六二

七年之後，文公四年，前六二三年之前，因為文公四年，前六二三年，「楚人滅江，秦伯為之降服，出次，不舉，過數。大夫諫。公曰：『同盟滅，雖不能救，敢不矜乎，吾自懼也。』」可見此時秦楚的關係不是盟國，可見這次的結盟大概也沒有維持很久。

(四) 敕（執）衞（亂）

整理者：簡文「敕」見於甲骨金文，為「盭」所從，一般認為是古「抽」字（何琳儀《戰國古文字典》第一八九頁，中華書局，一九九八年）。亦見於包山簡，用為「執」。此處用法與包山簡同。衞，從行，𡐫聲，讀為「亂」。「執亂」與「為好」相對，義當近於「執讎」。《國語・越語上》「寡人不知其力之不足也，而又與大國執讎」，韋注：「執，猶結也。」《魯語上》「亂在前矣」，注：「亂，惡也。」是執亂猶云結惡。（頁156，注5）

華東讀書小組：「執亂」，與「執讎」義近，這是整理者的說法。《國語・越語上》：「寡人不知其力之不足也，而又與大國執讎。」韋注：「執，猶結也。」《魯語上》：「亂在前矣」，注：「亂，惡也。」是執亂猶結惡也。（〈書後（三）〉）

《楚文字編》：「（《包山》120、122）敕事人與執事人異文，疑爲『執』字異體。」（頁596）

李守奎：「敕」整理者釋讀爲「執」（《包山楚簡》，頁25），是正確的。「敕」字見於《集韻》：「撻、遝、敕……古作敕」。「敕」當是「敕」之訛，簡文中的「敕」與《集韻》中提到的「敕」偶然同形，沒有關係。楚文字的「執」習見，皆从「幸」从「丮」會意，把「丮」寫作「攴」，在楚簡中非常罕見，「敕」可能遠有所紹，也可能是「執」的訛體。「敕」釋讀爲「執」，在文中很順暢。」（〈包山楚簡120-123號簡補釋〉，復旦網，2009年8月1日）

陳斯鵬：這個「𢻱」字其實是將「執」、「𡠓」中象被執人形部分換成「攴」而成，因爲拘執、執持一類意思強調人的行爲動作，所以用「攴」旁來代表其義類。「𢻱」可以分析為從「攴」從「㚔」會意，「㚔」亦聲。「𢻱」顯然應該看作「執」、「𡠓」的異體（原注：包山簡的「𢻱」與殷墟甲骨文和西周金文中的「𢻱」應屬同形字的關係。關於甲金文中的「𢻱」，參施謝捷《釋「盩」》，《南京師大學報》，1994 年第 4 期）雖然同屬會意字，但內部構件不同，會意的著眼點也有所差異，「執」、「𡠓」是從被執者的形態來表意的，比較形象，「𢻱」則是側重於執行者的動作性，抽象一些。但無論如何，「執」、「𡠓」、「𢻱」都是{執}的本用字形，在楚簡中{執}同時用這組異體字來記錄，從而造成一詞多字形。(《楚系簡帛中字形與音義關係研究》，頁 156-157）

清華讀書會：讀「𧗟」爲「怨」。(〈研讀箚記（一）〉)

孟蓬生：贊同清華讀書會讀「𧗟」爲「怨」。「執𧗟」猶言「執讎」，亦猶言「結怨」、「結讎」。(〈說「令」〉，《古文字研究》第二十九輯，頁 705-706）

胡凱、陳民鎮：崤之戰使晉、秦徹底決裂，秦國轉而向楚國示好，《繫年》載：「秦穆公欲與楚人為好，焉脫申公儀，使歸求成。」《左傳》文公十四年所載同。秦人釋放了伐鄀時俘獲的申公子儀（鬥克），希望與楚國修復關係，轉而聯合晉國的敵手楚國對抗晉國。此後，秦國配合楚國對付晉國，對晉國構成威脅。《繫年》第八章最後點出「秦焉始與晉執亂，與楚為好」，簡明扼要地說明了晉、秦、楚三國關係的轉變。秦、晉兩國的蜜月期徹底被打破，二國走上了持續對抗的道路，崤之戰後兩國續有衝突。(〈從清華簡《繫年》看晉國的邦交——以晉楚、晉秦關繫為中心〉，《邯鄲學院學報》2012 年 02 期，頁 64）

建洲按：「𢻱」已見於甲骨、金文，如商代金文𢻱象鼎「𢻱」作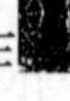(《近出》220)。亦可參見施謝捷先生〈釋「盩」〉一文以及《譜系》頁 516-517。「盩」在西周金文中常用作地名，如西周早期疑尊：「唯中（仲）義父于入

（納）噩（鄂）侯於**螯戝**（城）。」（參見董珊：〈疑尊、疑卣〉考釋，頁

75）。值得注意的是，《逸周書・祭公》「執和周國」的「執和」，李學勤先

生早已指出就是西周金文常見的「**螯穌**」。（李學勤：〈文物研究與歷史研究〉，

《中國文物報》1988 年 3 月 11 日第 10 期）《呂氏春秋・節喪》：「蹈白刃，

涉血**螯**肝以求之」，諸家指出「**螯**」當即「螯」、「**螯**」字。（見陳奇猷：《呂

氏春秋校釋》，頁 529 注 23）。施謝捷先生〈釋「**螯**」〉一文繪有字形演變過

程如下：

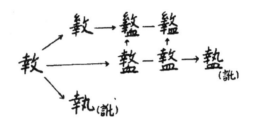

對於楚簡「執」寫作「**敎**」，可以有兩種考慮：一是「**敎**」確實是甲骨

金文的「**螯**」，其與「執」的關係可能是音近通假，「**螯**」與「抽」音近，

古音是透紐幽部；「執」是章紐緝部，聲紐同為舌音可通，如「耻」（透紐）

從「止」聲（章紐）。又如从「止」得聲的「祉」是透紐。韻部看起來似乎

很遠，不過章太炎成均圖「幽」與「冬、侵、緝」是對轉的關係。章太炎

《文始》也指出「造」、「就」、「集」是同源詞。「造」、「就」古音在「蕭」

（幽）部；「集」古音在「緝」部。《詩・小雅・小旻》：「謀夫孔多，是有

不集。」《韓詩外傳》引《詩》作「是有不就」，王念孫《廣雅疏證》卷三

上：「集、就一聲之轉，皆謂成就也。」錢大昕《十駕齋養新錄》卷一：「此

集與猶、咎為韻，當讀咎音。《韓詩》集作就，於韻為協；毛公雖不破字而

訓集為就，即是讀就音。」這個便是幽緝可通的例證。古音學家也指出，

上古音幽部可以看作緝、侵二部的陰聲韻，幽、緝二部陰入對轉，韻尾不

同。（施向東：〈試論上古音幽宵兩部與侵緝談盍四部的通轉〉，收入同作者

《漢語和藏語同源體系的比較研究》，華語教學出版社，2000 年 3 月）特別

是古文字中存在大量的幽侵對轉的現象，學者多有闡釋。可見「𥝆」（🔲）是可以讀為「執」的，所以上述西周金文的「🔲穌」亦可能直接通假轉寫為《逸周書》的「執和」。此說若可成立，則又是楚簡保存早期寫法的又一例證。（參《楚文字論集》，頁 105-118）。還有一種可能是楚簡「𥝆」與「🔲」無關，「𥝆」是「執」的訛變或異體，但是「丮」旁訛為「攴」幾乎沒看過平行例證。同時，《繫年》「𥝆」字共 4 見（簡 49、60、70、98），也見於《清華三・祝辭》01🔲、02🔲，皆用為「執」，顯然是一種常態性的寫法而非訛變。

「衙」作🔲，比對簡 93「矞」作🔲，「幺」旁的「🔲」筆畫似與「行」旁共筆。清華讀書會與孟蓬生先生讀為「怨」自無不可，不過考慮到用字習慣的問題，且第二十一章簡 117-118「楚以【117】與晉固為𧷽（怨）」已有常見的「𧷽（怨）」，則「衙」讀為「亂」，解為兩國關係動蕩、不安定亦無不可，《呂氏春秋・察今》：「故治國無法則亂。」簡文提到「秦焉始與晉執亂，與楚為好」，下啟第十九章簡 104-105「吳人伐楚，秦畢公命子甫（蒲）、子虎衕（率）𠂤（師）戕（救）楚。」

《繫年》第九章集解

【章旨】

　　魯文公六年，晉襄公過世，國家發生繼嗣之爭。繼位者靈公高還年幼，大臣們怕政權不穩，想立年長的君主。趙盾認為在秦國的公子雍（襄公庶弟，靈公叔父）年長且先君寵愛他，也與秦國親近，是很好的人選，所以派了先蔑、士會到秦國迎接公子雍。正當此時，襄公夫人穆嬴每天抱著靈公在朝廷號哭，還跑到趙盾家叩首求情。趙盾與眾大夫或畏懼或悲憫穆嬴，就違背前約改立靈公。此後趙盾掌權，他在扈與齊、宋、衛、陳、鄭、許、曹等國結盟，開創了晉大夫主盟之始。而由於晉君年幼，大夫掌權，內亂不斷，霸業已中衰。

【釋文】

　　晉襄公圣（卒）①，需（靈）公高幼②，夫=（大夫）聚昏（謀）曰③：「君幼，未可奉承也④，母（毋）乃不能邦⑤？猷求弞（強）君⑥」，乃命【五十】右（左）行瘍（瘍-蔑）与（與）隓（隨）會卲（召）襄公之弟癰（雍）也于秦⑦。襄天〈夫〉人䎽（聞）之⑧，乃伓（保-抱）需（靈）公以吿（號）于廷⑨，曰：「死人可（何）辠（罪）？【五一】生人可（何）鮕（辜）？豫（舍）亓（其）君之子弗立，而卲（召）人于外，而厽（焉）牊（將）賓（賓-真）此子也⑩？」夫=（大夫）㥆（閔）⑪，乃䖐（皆）北（背）之曰：「我莫命卲（召）【五二】之。⑫」乃立需（靈）公，厽（焉）圂（葬）襄公✦⑬。【五三】

【語譯】

晉襄公過世，靈公高還年幼，大夫們聚在一起謀劃說：「靈公年幼，不能繼承王位，恐怕不能治理國家吧？當謀求年紀較長的君主。」於是命令先蔑與隨會召見待在秦國的襄公庶弟公子雍。晉襄公夫人聽到這個消息，乃抱著年幼的靈公在朝廷上號哭說：「死去的先君有何過錯？活著的靈公有什麼罪？捨棄先君的嫡子不立為君，反而招喚外人（繼承王位），將如何安置這個孩子？」眾大夫感到悲憫，於是背棄公子雍說：「我們（還是）不要下令召公子雍回來吧。」於是立了靈公，且埋葬襄公。

【集釋】

① 晉襄公卒（卒）

整理者：晉襄公，文公之子，名驩，或作讙、歡。《春秋》文公六年：「八月乙亥，晉侯驩卒。」《左傳》月日相同。（頁 157，注 1）

方炫琛：左文六經「晉侯驩卒」，驩、其名也，詳 0857 宋公固條。又國語晉語四，文公問於胥臣曰：「吾欲使陽處父傳讙也而教誨之。」讙即驩也，父必稱子名，亦可證驩為其名。驩，國語周語下、穀梁、史記十二諸侯年表作驩，與左傳同；公羊作讙，晉語四同，史記晉世家作歡，諸字蓋皆可通假。其稱襄、襄公、晉襄公者，襄蓋其諡也。（《左傳人物名號研究》，頁 423，1342「晉侯驩」條）

② 霝（靈）公高幼

整理者：晉靈公，襄公之子，《春秋》宣公二年云名「夷皋」，《公羊傳》作「夷獋」，「高」、「皋」、「獋」相通假。（頁 157，注 2）

方炫琛：左宣二經「晉趙盾弒其君夷皋」，經多書名，夷皋蓋其名也。

其稱靈公、晉靈公者，靈蓋其諡也。（《左傳人物名號研究》，頁 281，0757「夷臯」條）

　　建洲按：「高」，見紐宵部；「臯」，見紐幽部。【高與臯】有通假例證，見《聲素》頁 160。

③　聚𢇍（謀）日

　　整理者：𢇍，《說文》「謀」字古文。（頁 157，注 3）

④　君幼，未可奉承也

　　整理者：奉承，此處指奉之為君。（頁 157，注 4）

　　建洲按：整理者的說法有其道理。我們再提出一種可能：《新出》1483 燕王職壺銘云：「踐阼（祚）承祀」，「承祀」，陳劍、董珊二先生釋為承奉祭祀，指承奉宗廟祭祀，也就是繼承國君之位。（〈郾王職壺銘文研究〉，頁 35）其他例證如：《漢書・霍光傳》：「可以嗣孝昭皇帝後，奉承祖宗廟，子萬姓。」《吳越春秋・勾踐入臣外傳》：「越王曰：『夫國者前王之國，孤力弱勢劣，不能遵守社稷，奉承宗廟。』」簡文此處的「未可奉承」是否可以理解為「未可奉承祭事」，指不能繼承國君之位。此外，《清華三・周公之琴舞》「六啟曰：亓（其）舍（余）𣸶（沈—沖）人，備（服）才（在）清䆞（廟），……舍（余）甬小心【十一】寺，隹文人之若（若）。」李守奎先生指出「寺」，讀為持，奉侍，指奉侍先祖。因其服在清廟，所以要服侍先祖文人。《荀子・榮辱》：「父子相傳，以持王公。」王念孫《讀書雜志・荀子一》：「持，猶奉也。」（〈《周公之琴舞》補釋〉《出土文獻研究》第 11 輯，頁 19）李學勤先生說：「『服在清廟』意思是在清廟主祀。『清廟』一詞見《周頌・清廟》及《序》，鄭玄箋以為文王之廟。主持祭祀文王，正是成王的身份。」（〈論清華簡《周公之琴舞》「慐天之不易」〉《出土文獻研究》

第11輯，頁2）可見「寺（持）」，即「奉侍」，也就是「奉侍先祖」只能君王所為，與本簡的「奉承」用法相同。

⑤　母（毋）乃不能邦

　　整理者：毋乃，即無乃，《公羊傳》宣公十二年注：「無乃猶得無。」（頁157，注5）

　　華東讀書小組：母、毋字形同源。「毋乃」，即傳世文獻中常見的「無乃」，為一疑問助詞，《公羊傳·宣公十二年》注：「無乃猶得無。」（〈書後（三）〉）

　　建洲按：「毋乃」亦見於《清華一·金縢》簡3「尔（爾）母（毋）乃有備子之責才（在）上」。何樂士教授指出：「毋乃」，測度副詞。常用于謂語前，表示比較委婉的測度語氣，句末常有「乎」、「歟（與）」、「也」等語氣詞與之搭配，構成測度問句。一般不表疑問，而表推測或反問。可譯為「恐怕」、「莫不是」、「只怕」、「大概」等。（《古代漢語虛詞詞典》，頁430）。「邦」，當作動詞，治理國家的意思。一說「邦」讀為「封」，古書常見，《廣雅·釋詁四》：「封、殖，立也。」簡文當是「扶植」或「扶立」的意思，《國語·吳語》：「今天王既封植越國，以明聞於天下，而又刈亡之，是天王之無成勞也。」韋昭注：「封植，以草木自喻。壅本曰封；植，立也。」

⑥　猷求弜（強）君

　　整理者：《禮記·曲禮上》云「人生十年曰幼」，「二十曰弱」，「三十曰壯」，「四十曰強」，此處「強」當泛指成年而言。《左傳》文公六年載：「靈公少，晉人以難故，欲立長君」，而主謀為趙盾，詳述他擁立公子雍的主張。簡文沒有突出他在此事中的作用及有關細節。（頁158，注6）

　　華東讀書小組：「猷」，猶「謀」也，《尚書·文侯之命》云「越小大謀猷，罔不率從」。 簡文「猷求強君」，意「謀求強君」，指不立幼弱之靈公，

而欲立其三四十歲正值壯年之叔父子雍。（〈書後（三）〉）

曹方向（網名：魚游春水）：竊疑「邦獸」是一個詞，是治國之道。「不能邦獸」是不懂國政、對國事無能爲力一類的意思。《周書》杜杲傳：「既茂國獸，克隆家業。」文征明《吳公墓誌銘》：「出建邦獸，處範鄉國。」兩例文獻雖晚，但用語追求古典，可資參考。在檢索文獻時我們還看到一些以「邦獸」二字作名或表字的例子，也可作旁證」（〈《繫年》臆說兩則〉，簡帛網簡帛論壇，2012 年 12 月 4 日，

http://www.bsm.org.cn/bbs/read.php?tid=3004）

建洲按：《左傳》文公六年記載此事頗爲詳細，茲引錄如下：

> 八月乙亥，晉襄公卒。靈公少，晉人以難故，欲立長君。趙孟曰：「立公子雍。好善而長，先君愛之，且近於秦。秦，舊好也。置善則固，事長則順，立愛則孝，結舊則安。爲難故，故欲立長君。有此四德者，難必抒矣。」賈季曰：「不如立公子樂，辰嬴嬖於二君，立其子，民必安之。」趙孟曰：「辰嬴賤，班在九人，其子何震之有？且爲二君嬖，淫也。爲先君子，不能求大，而出在小國，辟也。母淫子辟，無威；陳小而遠，無援，將何安焉？杜祁以君故，讓偪姞而上之；以狄故，讓季隗而己次之，故班在四。先君是以愛其子，而仕諸秦，爲亞卿焉。秦大而近，足以爲援；母義子愛，足以威民。立之，不亦可乎？」使先蔑、士會，如秦逆公子雍。賈季亦使召公子樂于陳，趙孟使殺諸郫。

整理者所釋可從，「強君」是指晉文公之子，晉襄公之庶弟「公子雍」。「強君」又見《用曰》14「強君𤡔（據）政，揚武于外，克獵戎事，以損四戔（踐）。」附帶一提，「𤡔」字作⿱虍兔，字形亦見於《清華一・皇門》簡 1 作「⿱虍兔」，對應今本作「據」，從「虎」得聲。又三晉官璽「⿱虍兔丘府」（《璽彙》3159）

的「床」作、《新蔡》甲三 312「下肜稬」之「稬」作，又見於甲三 325-1 作，均作地名用。金文有「梇」字作（宰梇角）、（伯梇簋），作人名用。新出叔卣有字作「」，董珊从侯乃峰讀為「陽橋」，侯先生將「」釋為《說文》的「猇」，分析為從木，號省聲。（董珊：〈新見魯叔四器銘文考釋〉，復旦網，2011 年 8 月 3 日，又見《古文字研究》29 輯）。《集成》2314 還有「」字，高田宗周《古籀篇》、《集成修訂增補本》釋文作「猇」。筆者以為以上字形應該都是一字。《說文·木部》：「猇，木也。從木號省聲。」（六上三）。《集韻·平聲三·豪韻》十六頁將「梇」、「猇」列為一字，解釋說「《說文》木也。或省。」《類篇》木部亦然。《金文編》頁 403，0960 號「梇」字作注釋說：「《說文》有猇無梇。《集韻》木名。」《古文字詁林》第五冊 758-759 頁「猇」字下列了阮元、劉心源、柯昌濟、商承祚、強運開的意見都認為「梇」、「猇」是一字。《說文》認為「猇」從「號」省聲大概沒有什麼根據，高田宗周、馬敘倫、李孝定分析為从木「唬」聲，可能是對的。「猇」，字書注為「乎刀切」，古音匣紐宵部，「虎」，曉紐魚部，二者音近。如《韻會》引《說文》「號」字為「从号虎聲」。（《古文字詁林》第五冊，頁 52「號」字下）。同時，楚簡的「」可以讀為「號」亦是很好的例證，如本章簡 51「乃佲（抱）霝（靈）公以唬（號）于廷」，又參《簡牘帛書通假字字典》頁 112。可見「猇」、「梇」分析為「虎」聲，讀為「號」聲並無問題，而且字形分析更為合理。一說「」從口從虎之字是表意字，在虎的嘴邊寫一個口（如叔卣字形），表示的也許就是「號」這個詞，類似「牟」字的構型。

⑦ 乃命【五十】右（左）行瘕（癘-蔑）与（與）陔（隨）會邵（召）襄公之弟癰（雍）也于秦

整理者：《左傳》文公六年：「使先蔑、士會如秦，逆公子雍。」（頁 158，

注 7）

（一）右（左）行瘗（癠-蔑）

整理者：左行蔑，即先蔑。《左傳》僖公二十八年：「晉侯（文公）作三行以禦狄，荀林父將中行，屠擊將右行，先蔑將左行。」《公羊傳》文公七年作「先眛」。（頁 158，注 7）

方炫琛：左文七經「晉先蔑奔秦」，先蓋其氏，參 0709 先丹木條。經多書名，蔑蓋其名。公羊蔑作眛，春秋異文箋云：「蔑、眛音義同。」同傳「士伯」，杜注以為即先蔑。（《左傳人物名號研究》頁 272，0718「先蔑」條）

建洲按：唐蘭先生曾根據「蔑」甲骨文作 、金文作 ，說「蔑」從「苜」。（唐蘭：〈「蔑曆」新詁〉，《文物》1979 年第 5 期，頁 36-38），頁 226-227）李家浩先生贊同其說，並指出趨簋作 （《金文編》，頁 260），其「苜」旁所從「宀」，即「人」形。（李家浩：〈關於郭店竹書《六德》「仁類 而速」一段文字的釋讀〉《出土文獻研究》第十輯，頁 43）。《清華三・良臣》簡 10「蔑明」的「蔑」作 ，便是從「苜」，「丰」聲，讀為「蔑」。（參拙文：〈初讀清華三《周公之琴舞》、《良臣》、《祝辭》札記〉，簡帛網，2013 年 1 月 18 日）。本簡「瘗/癠」字作 ，亦見簡 54 作 ，字形實不從「蔑」而從「蔑」，可以比對《繫年》第二十三章簡 130-131「奠（鄭）𠂤（師）逃【一三〇】内（入）於蔑（蔑）」的「蔑」作 。《曹沫之陳》簡 13「蔑」作 、簡 20 作 ，可以隸定為「敿」（參《上博一～五文字編》，頁 178），便是將「蔑（蔑）」的「戈」旁替換為「攴」。「蔑」的寫法是將「苜」的「人」形加以改造為「勿」，陳斯鵬先生以為這是變形音化的現象，「蔑」、「勿」均為明母字，韻部為月、物旁轉（見氏著：《簡帛文獻與文學考論》，中山大學出版社，2007 年，頁 95）。與「」寫法相同者還見於《繫年》

第二十三章簡131「楚𠂤（師）回（圍）之於鄭（蔑）」的「鄭」作██，也應該隸定為「鄭」。██、██、██的「勿」旁所從的「刀」的右豎筆往外撇，比較特別，但與██、██比對後，還是應該从「勿」。如同「耴」字██（《魯穆公問子思》簡2），亦作██（《清華三・周公之琴舞》11），後者的「耳」旁右豎筆亦往外撇可以比對。此外，《曾侯》71「□尹△瘵馭敏車」，其中「△」作：

《楚系簡帛文字編（增訂本）》摹作：

此字整理者隸定作「瘵」，諸家皆同此說，參看《楚文字編》頁472、《十四種》頁346。此說有誤，比對██、██來看，《曾侯》的「△」顯然就是「瘍/癘」。要說明的是，如果上舉摹本正確的話，則《曾侯》此字應該分析為从「艹」，「勿」聲。其造字原理與《清華三・良臣》簡10「蔑」作██相同。又《集成》11391二十九年相邦趙豹戟：「二十九年，相邦（邦）趙狗（豹），邦（邦）左庫工帀（師）○忎（慎），冶匜（胐）□報齋（劑）。」其中「○」字作：

一般釋為「鄭」（如《三晉文字編》頁415），其誤同上。此字亦从「蔑」，銘文作為姓氏使用，故可加邑旁。作為姓氏使用與《清華三・良臣》「蔑明」相同。詳細討論請見拙文：〈釋戰國時期的幾個「蔑」字〉，待刊稿。

「左行蔑」，以先蔑曾率領晉國步兵建制「左行」，其稱名格式如同連尹奢（昭公二十七年）即伍奢（昭公十九年）、芋尹無宇（昭公七年）即申

無宇（襄公三十年）、大宰督（莊公十三年）即華父督，皆以官名冠名上。又第十三章簡 63「中行林父」也是相同的稱名格式。

（二）隓（隨）會

整理者：「隨」字寫法與西周燹公盨（《近出殷周金文集錄二編》四五八）相同。隨會，《左傳》等或稱之為「士會」等。（頁 158，注 7）

方炫琛：左僖二十八「士會攝右」，杜注：「士會，隨武子，士蔿之孫。」則士，其氏也。左宣二士會告趙盾曰「會請先」，自稱會，則會，其名也。國語晉語八訾祏謂士會 「受隨、范」，韋注：「隨、范、晉二邑。」則其稱隨會、范會者，蓋以地為氏也。其子孫終春秋之世止稱范氏，不稱隨，蓋其後不受隨也。左宣十六「武子私問其故」，杜注云：「武，士會謚、季，其字。」似杜預所據本「武子」作「武季」，《會箋》謂足利本作武季，作武季者是。武、其謚也，季則其行次也。左宣十六周天子呼其曰「季氏」，楊注云：「據左傳，春秋時，周天子對諸侯卿大夫之稱謂有二，僖十二年傳周襄王稱管仲為舅氏，其一也。其二則是稱其五十歲以後之字，伯、 仲、叔、季、此于士會稱『季氏』，成二年于鞏朔稱『鞏伯』，昭十五年于荀躒稱『伯氏』，籍談稱『叔氏』，皆其例也。」（《左傳人物名號研究》頁 102，0028「士會」條）

建洲按：「隓會」之「隓」字作 ，又見簡 54 ，簡 66 。字形除見於豳公盨外，亦見於五祀衛鼎 （2823）、 （《周易》26）、 （《三德》13）。裘錫圭先生指出：「『隓』是『墮』的初文……『隓』的字形象用手使『阜』上之土墮落，是一個表意字。」（〈燹公盨銘文考釋〉，頁 14）。其說甚是。歷組卜辭有「 」（《合》33223）、「 」（《屯》2260），辭例皆為「○田」，過去一般認為是「夌」、「𡉈」、「𡉈」等字的異體，釋為「壅」。（參裘錫圭：〈甲骨文中所見的商代農業〉《學術文集》第一冊，頁 259-262）。包

山楚簡、郾公盨的「陸（隨）」字出現以後，李學勤先生懷疑這個字可能與「陸（隨）」系字有關係，（〈論燮公盨及其重要意義〉，《中國歷史文物》2002年第 6 期，頁 8）。但是隨、隨左側从建、廷等字的偏旁與隨从阜不同，二種字形是否有關尚有疑問。關於「陸」字的構形、用法以及其他異體的寫法，請參見李守奎、劉波：〈續論陸字構形與陸聲字的音義〉一文，載《古文字研究》29 輯，頁 654-660。或參見第十四章簡 66「陸（隨）會」條下的論述。

（三）襄公之弟瘫（雍）也于秦

整理者：「雍也」，「也」字據簡下文疑係「子」因形近而誤。雍子卽當時為秦亞卿的公子雍，襄公庶弟，乃杜祁所生。《左傳》文公六年：「使先蔑、士會如秦，逆公子雍。」（頁 158，注 7）

華東讀書小組：簡文此處之「雍也」，可從整理者之說，亦可認為是「子雍」二字的誤摹，姑且從整理者之說。（〈書後（三）〉）

方炫琛：左文六「趙孟曰：立公子雍」，杜注：「公子雍，文公子，襄公庶弟，杜祁之子。」謂公子雍為晉文公之子，晉襄公之庶弟。（《左傳人物名號研究》頁 166，0271「公子雍」條）

建洲按：整理者所說是指第十章簡 54「秦康公率師以送『雍子』」。華東讀書會認為是「子雍」二字的誤摹實無根據。「雍子」的稱名方式屬於「名配子」，在《左傳》中確實可以找到平行例證，如晉獻公之子稱為「公子卓」（《左傳》僖公九年），又稱「卓子」（《左傳》莊公二十八年）。衛宣公之子稱為「太子伋」（《史記·衛康叔世家》、《漢書·古今人表》），又稱「急子」（《左傳》桓公十六年）。衛宣公還有一子稱「太子壽」（《漢書·古今人表》），又稱「壽子」（《左傳》桓公十六年）。方炫琛先生解釋說：

左庄二十八驪姬之娣「生卓子」，則卓子為晉獻公之子。左僖十經「晉

里克弒其君卓」，經多書名，**卓蓋其名也**。穀梁經亦稱卓，而公羊經作「**卓子**」，趙坦《春秋異文箋》云：「左氏莊二十八年傳，晉伐驪戎，驪戎男女以驪姬，生奚齊，其娣生卓子，則卓子本二名，左、穀經作卓，或脫子字。」謂卓子本二名，此說非也。左傳人物名號中有名上冠子字者，如子同、子朱、子圍之類，亦有**名下殿子字**者，如晉悼公名周，左襄十五經書「晉侯周卒」，稱其名曰「周」可以為證，而左成十八凡三稱「**周子**」，以名殿子字為稱；又如衛宣公之子曰**急子、壽子**、亦名下殿子字，詳頁二八。左傳「卓子」之稱亦如是。又左僖九稱「公子卓」，而不稱「公子卓子」，是亦公子卓名卓，而非名卓子之證。則趙坦不知左傳人物名號之例，故以卓子為二名，然則公子卓名卓，名下殿男子美稱「子」字，則稱卓子也。（方炫琛：《左傳人物名號研究》，臺北政治大學中文所博士論文，1983 年，頁151，0205「公子卓」條）

則「公子雍」可稱為「雍子」。整理者認為「雍也」「雍也」之「也」字據簡下文疑係「子」因形近而誤，此說不能排除。我們知道「也」除作 （《忠信之道》01），也作 （《忠信之道》08）、（競孫鬲，《通鑑》03026）、（曾侯乙編鐘，中.3.2），後三者便與「子」形體相近。《合》22246「乳」字寫作 （），其「子」字的頭部作開口之形。《清華簡（壹）‧楚居》簡5「酓」，今本作「熊艾」。整理者釋為「只」，認為楚文字「只」作「」，隸書「艾」形體與之相近，《史記》疑有訛誤（注釋32）。李家浩先生則認為：只、艾二字形、音有別，疑「只」是子孑之「孑」的訛體。簡文把「孑」字頭寫作「口」字形，跟者罍「子」字頭寫作「口」字形同類（按：字作）。上古音「孑」屬見母月部，「艾」屬疑母月部，二字聲母都是喉音，韻部相同，當可通用。（李家浩：〈談清華戰國竹簡《楚居》的「夷![屯]」及其他〉，《《清華大學藏戰國竹簡（壹）》國際學術研討會會議論文集》，2011

年6月，頁139）《包山》簡常見「發[圖]」一詞，「[圖]」多釋為「笒（笭）」（參見趙平安：〈試釋包山簡中的「筌」〉引諸家的意見、《包山楚墓文字全編》頁178）。既然「子」寫作「[圖]」，與「[圖]」的「子」旁相近，則「子」便可能寫作「[圖]」形了。又如新出老簋銘文曰：「漁于大[圖]」，李家浩先生曾指出老簋銘文曰：「漁于大[圖]」之「[圖]」的左下「[圖]」旁應釋為「也」。並指出：「也」的初文象「子張口啼號之形，疑是唬字的象形初文」，並說「因為早期寫法的『也』字與『子』形近，為了避免混淆，故把『也』的兩臂筆劃省去，以便區別。」（李家浩：〈釋老簋銘文中的「濾」字〉《古文字研究》第27輯，頁246-247）高青陳莊引簋「[圖]乃禦」，董珊說：「似當分析為從『也』、『攴』，『也』形見李家浩先生分析（古文研27輯），此字即『施』字，『施乃禦』的意思是所賜弓、矢、馬用於裝備你的戰車。」依照李、董兩位先生的意見，可見「也」、「子」形體確實相近，加上《繫年》某些寫法有較早的來源，則我們可以試想簡51的底本本來寫作「召襄公之弟雍[圖]（子）于秦」，楚國抄手誤為「[圖]」、「[圖]」等「也」字，最後抄為「[圖]」。

不過，李先生考釋「[圖]」為「池」與常見的寫法不同，學界尚有疑義。張光裕先生隸定「[圖]」作「濾」，解釋說：「[圖]形，其上實從『口』，下半仍像兩手上張之形，與『子』之分別，僅『〇』、『口』之異，倘『口』乃強調『子』之張口號叫，則正可以解釋該字構形之原意。」（張光裕：〈新見老簋銘文及其年代〉，頁65）張富海先生同意張光裕的意見，並分析說：「子善號，故『号』字從口從子省（也可以整體看作**像張口而號的子**）。」（〈讀新出西周金文偶識〉，頁233）。《金縢》簡9「周（鴟）鴞」之「鴞」作「[圖]」、《清華三・祝辭》簡2「号」作「[圖]」，其「号」旁與「[圖]」相近，只是多一橫筆，似可證實兩位張先生的意見。雖然「[圖]」釋為「号」，但其構型是「子號哭之形」，形體自然也與「子」相關。而「[圖]」、「[圖]」、「[圖]」都與[圖]形體相近，特別是「[圖]」與[圖]（也）更是相近，是以可能致誤。

另一種可能是將「雍也」理解為「雍」是名，「也」是語助詞。「雍也」

的稱名方式如同孔子常自稱「丘也」，如《禮記・哀公問》：「哀公問於孔子曰：『大禮何如？君子之言禮，何其尊也？』孔子曰：『丘也小人，不足以知禮。』」又如《國語・晉語八》：「子朱曰：『朱也當御。』叔向曰：『肸也欲子員之對客也。』」所以簡文可以理解為「乃命【五十】左行蔑與隨會召襄公之弟『雍』于秦」，「也」可以省略。二說當以此說更直接，也就是說簡文直接讀為「雍也」即可，不用將「也」理解為錯字。這種稱名方式也見於第十五章簡77「其子黑要也或室少　」中的「黑要也」即「黑要」。

⑧ 襄天〈夫〉人聝（聞）之

整理者：襄夫人，《左傳》稱「穆嬴」。（頁158，注8）

華東讀書小組：從簡文的字形看，當隸定為「襄天人」，「天」是「夫」之譌。襄夫人，《左傳》稱「穆嬴」，《史記》稱「辰嬴」、「繆嬴」。（〈書後（三）〉）

建洲按：簡文字形作，確實與「天」作（97）同形，而與「而」作（36），最後兩筆內縮不同。簡文該是「夫」誤寫為「天」字。

⑨ 乃保（保-抱）霝（靈）公以嘑（號）于廷

整理者：《左傳》文公七年：「穆嬴日抱大子以啼于朝。」《史記・晉世家》：「太子母繆嬴日夜抱太子以號泣於朝。」（頁158，注9）

顏世鉉：簡51「保」作「」，也應釋為「保」。陳侯午錞的「」（保）是表意字加注聲符的形聲字，「保」則是把這種寫法的表意部份加以簡化為「人」，而成為從「人」「缶」聲的一般形聲字。「保」應該是這樣演變而來的。在楚系文字中，「保」寫作「保」，是比較特殊的寫法，其它寫作「」（郭店〈老子乙〉15）或「」（望山1・197），這是把表意部分簡省，也是比較少見的寫法。「保」字會以「缶」來標注聲音，可見二者有音近的關

係。「寶」字是「从宀从玉从貝會意」，而後加注聲符「缶」而形成的形聲字。讀為「抱」，為懷抱、抱持之意。「保」讀為「抱」的例證，如上引《古老子》「保」字用作「抱」；又如郭店竹書〈老子乙〉2：「視索（素）保樸」，保，帛書本、王本皆作「抱」。（〈說清華竹書《繫年》中的兩個「保」字〉，簡帛網，2012 年 1 月 4 日）

華東讀書小組：「乃抱靈公以呼于廷」，「抱」，簡文字形奇詭，整理者釋讀為「抱」，可以信從。按，漢語古文字中，「抱」、「背」（「負」）、「保」為同源。「呼」，整理者釋讀為「號」，乃受傳世文獻影響，於字形似稍失檢，相關字形見滕壬生《楚系簡帛文字編》（頁 121、489）。《左傳・文公七年》：「穆嬴日抱大子以啼于朝。」《史記・晉世家》「太子母繆嬴日夜抱太子以號泣於朝。」（〈書後（三）〉）

子居：由於晉襄公之母偪姞很可能是晉文公在外十九年間，離開齊國而未至楚國這段時間所娶，依據筆者《清華簡〈系年〉5～7 章解析》一文的分析，其時間很可能在魯僖公十八年夏秋時節至魯僖公二十二年春三月之間。故可以推測，晉襄公即位時僅十幾歲，娶穆嬴則很可能是在其末年，因此，晉襄公之子晉靈公即位時尚幼，所以才有「襄夫人聞之，乃抱靈公以號於廷」。（〈8～11 章解析〉）

⑩ 死人可（何）辠（罪）？【五一】生人可（何）酤（辜）？豫（舍）亓（其）君之子弗立，而卲（召）人于外，而𡙇（焉）酒（將）冥（賓-實）此子也？

整理者：《左傳》文公七年：「曰：『先君何罪？其嗣亦何罪？舍適嗣不立而外求君，將焉寘此？』」（頁 158，注 10）

（一）卲（召）人于外

華東讀書小組：此外人即指靈公的叔叔，公子雍。（〈書後（三）〉）

（二）而厽（焉）牂（將）宾（真）此子也

整理者：簡文「宾」即「真」字。「真」在《說文》新附，云：「從宀，真聲。」詛楚文與之相合，簡文疑係省作。（頁 158，注 10）

蘇建洲：簡文中值得注意的是：「宾」字，此字顯然與郭店《老子甲》19 號簡「賓」作 同形。簡文此句對應《左傳・文公七年》：「先君何罪，其嗣亦何罪，舍適嗣不立，而外求君，將焉『真』此」，「賓」（幫紐真部，三等開口）可讀為「真」（章紐 真部，三等開口）《繫年》的「宾」字應釋為「賓」讀為「真」。（〈關於《繫年》的「賓」字〉，復旦網學術討論區，2011 年 12 月 20 日）

陳偉：海天先生所釋可從。「賓」有陳列義。（〈札記（三）〉）

華東讀書小組：「宾」即「實」字。真，古音章母、脂部；實，船母、脂部，於古音近可通。或者，亦可看作「賽」字的省寫，讀為「置」。姑且認為是「實」通假為「真」。《左傳・文公七年》：「曰：『先君何罪？其嗣亦何罪？舍適嗣不立而外求君，將焉真此？』」（〈書後（三）〉）

單育辰：包山簡 257：食室所以 。若依《繫年》簡 52 而把包山 257 讀爲「食室所以宾（真）」，則十分順暢了。郭店《老子》甲簡 19「宾」應是「賓」的省「丏」之體，從而與「宾（真）」字同形，「宾（真）」應該是會意字，會室中放置貝之義，與省「丏」的「宾（賓）」來源並不一樣。（〈由清華二考釋舊有文字一例〉，復旦網學術討論區，2012 年 1 月 6 日）

蘇建洲：《繫年》的「宾」對照《郭店老子》是「賓」，可以通讀為「真」。還有一個想法，就是《郭店老子》與《繫年》的「宾」有無可能就是「寶」（幫紐幽部），可讀為「賓」（幫紐真部），二者雙聲，韻部關係密切。（〈由

清華二考釋舊有文字一例〉，復旦網學術討論區，2012 年 1 月 6 日）

　　孟蓬生：該字為會意字的看法。這個字應該就是「實」字的異構，從宀，從貝，會室中實貝之義。由於現有文字資料中「實」字時代較早，這個字也可以看作實字省去毌字而成。古音是聲與實聲相通。所以清華簡《系年》「實」字讀為「寘」是很自然的。（〈由清華二考釋舊有文字一例〉，復旦網學術討論區，2012 年 1 月 6 日）

　　建洲按：關於「寘」字諸家說法及釋讀，請見拙文：〈《清華大學藏戰國竹簡（貳）・繫年》考釋四則〉，《簡帛》第七輯。收錄於本書【附錄三】。又第二十三章簡 126「是（寘）武牁（陽）」，「寘」寫作「是」，與本簡寫作「寘」是為同詞異字的關係。

⑪　夫=（大夫）悗（閔）

　　整理者：悗，即「悗」字，從挽聲，讀為音近的「閔」，《爾雅・釋詁》：「病也。」（頁 158，注 11）

　　清華大學讀書會：讀書會有兩種意見，一種認為，「悗」疑是「愍」字異體。「悗」從免得声，古音明紐元部，「愍」古音明紐真部，二字古音同紐，韵部亦近。愍有「憐憫」之意。意謂大夫憐憫年幼之靈公及其母親，因而不再改立。另一種認為，悗讀為俛，《說文》頫字或體，頫，低頭也。（〈研讀劄記（一）〉）

　　華東讀書小組：此字從心從楚文字「娩」字，可讀為「憫」。郭店簡《緇衣》「民有免心」，趙平安有文，認為此字「心」以外的部份就是從甲骨文「娩」字一脈相承下來的字形，其說可從。（〈書後（三）〉）

　　建洲按：整理者讀為「閔」或清華讀書會讀為「俛」意思皆可通。《黃帝內經太素・調食》：「黃帝曰：甘走肉，多食之，令人心悗，何也？少俞曰：甘入胃……胃柔則緩，緩則蟲動，蟲動則令人心悗」，楊上善注：「悗，

音悶。」《素問・生氣通天論》王冰注：「甘多食之，令人心悶。」據楊上善、王冰注，「悗」通「悶」。（參《九店楚簡》，頁 146 補正）。而「悶」與「閔」同為明紐文部，是以簡文的「悗」可以讀為「閔」。「閔」即後世的「憫」，憐憫義，《書・文侯之命》：「嗚呼！閔予小子嗣，造天丕愆，殄資澤于下民。」

至於讀為「俛」，《尉繚子・兵談》：「備（俛）者不得迎（仰），迎（仰）者不得備（俛）」，「備」與「免」音近，可證「俛」本从「免」聲。《說文》「頫」字下段注曰：「《匡謬正俗》引張揖《古今字詁》云：『頫今之俯俛也。』蓋俛字本从免，俯則由音誤而製，用府爲聲，字之俗而謬者，故許書不錄。俛，舊音無辨切。頫，玉篇音靡卷切。正是一字一音。而孫強輩增說文音俯四字。不知許正讀如免耳。」則「悸」，即「悗」可讀為「俛」。「俛」，低頭，可用於表示恭順的情狀，如《戰國策・趙策四》：「馮忌接手俛首，欲言而不敢。」漢賈誼《過秦論》：「南取百越之地，以為桂林、象郡，百越之君俛首係頸，委命下吏。」比對《左傳》文公七年曰：「宣子與諸大夫皆患穆嬴，且畏偪，乃背先蔑而立靈公，以禦秦師。」則此「俛」相當於「患穆嬴，且畏偪」，表示一種因憂懼而表現出來的恭順。

「悸」作，其右旁的「孚」，上加「二」筆為飾，比對由（上博《姑成家父》4 號），變成（上博《用曰》2 號）。參看趙平安：〈從楚簡「娩」的釋讀談到甲骨文的「娩妠」——附釋古文字中的「冥」〉，《簡帛研究二〇〇一》頁 57、劉洪濤：〈上博竹簡《凡物流形》釋字二則〉，《簡帛》第六輯頁 300。

⑫ 乃麿（皆）北（背）之曰：「我莫命卲（招）【五二】之。」

（一）麿（皆）

建洲按：「麿（皆）」作，亦見於簡 99 作。比對簡 126，或是其

他楚簡的寫法，如 （《語叢一》65），簡單分析來看是「從」旁省簡一個偏旁，不過這種分析是有問題的。陳劍先生指出甲骨文的「皆」上從「虍」，下從「几」得聲。（《合集》27445）、（《合集》29302）上部的「」表示「虎頭」下有一豎。而且 （《合集》27445）可以簡省「虍」作 （《合集》31182），參《論集》頁193-201。李學勤先生贊同此說。（《出土文獻》第一輯，頁1）。比照陳說，則西周中期的 （皆作尊壺）可認為是 字省去聲符「几」。字形中所見的「從」形體實際上就是所謂「虎頭」下的豎筆變化而來，與「跟從」的「從」沒有關係。（《新蔡》甲三138）便是 省簡一個「虍」頭，且省掉聲符「几」的結果。則《繫年》 字當源自 字，也該理解為省掉聲符「几」。蕭毅先生認為 （《新蔡》甲三138）當分析為兩「几」形訛為「人」形，共用一「虍」。（《楚簡文字研究》，頁22）。筆者以為此說不確，一方面「几」與「人」二形相去較遠，恐不能相訛。況且戰國文字本有從「几」形的「皆」作 （《集成》16.10171，蔡侯申盤）、（《集成》5.2840A，中山王譻鼎），（《新蔡》零452），此種形體可進而訛變為 （《唐虞之道》27），參拙文：〈《郭店》、《上博（二）》考釋五則〉，《中國文字》新廿九期。這也可以證明「」、「」形體上未見「几」，只能說是省簡掉了。最後，《性情論》簡8「皆」字作 、《包山》273作 ，其上乍看從「并」，從而讓人以為其上是「從」旁。但其實只是加二飾筆，與「并」無關。如同《清華一・楚居》簡3「戕」字作 形，與甲骨文 、 等形合，象以戈殲滅眾人之形。此「」字形戈援筆劃位於兩人之身與其相交，保留了相對原始的形態。兩人上的橫筆，應看作飾筆，與「并」無關。參復旦讀書會：〈清華簡《楚居》研讀札記〉，2011年1月5日（蔣文執筆）。

　　《上博五・季庚子問於孔子》17 字以往有種種說法，如旨、聞、皆等，參見白海燕《季庚子問於孔子集釋》頁105-110。現在根據 、，可知 釋為「皆」是對的。《季庚子》簡17是殘簡，編聯位置不明。簡文讀

為「……者，因故冊禮而章（彰）之毋逆，百事『皆』請行之」，文意通讀很順暢。房振三先生認為□是□「同形省略」的現象。比對□（《合集》27445）省為□（《合集》31182）；□（《新蔡》甲三138）省為□（《郭店》老子甲簡15），則也可以認為□省為□。

（二）背之

華東讀書小組：「乃皆北（背）之」，「之」，指「子雍」。（〈書後（三）〉）

建洲按：《左傳》文公七年：「乃背先蔑而立靈公，以禦秦師。」《史記・晉世家》：「乃背所迎而立太子夷皋，是為靈公。發兵以距秦送公子雍者。」楊伯峻《注》曰：「則《傳》云：『背先蔑』者，實背所迎之公子雍也，先蔑為迎立之正使，終又以此奔秦，故云『背先蔑』。」（頁559）。依〈晉世家〉及楊伯峻說，簡文「背之」的「之」是指公子雍。

（三）我

建洲按：前面有「皆」，此處的「我」自然不能解為單數，而是代表說話人的一方。相同用法如《左傳》宣公十一年：「子良曰：『晉、楚不務德而兵爭，與其來者可也。晉、楚無信，**我**焉得有信。』」《左傳》莊公十年：「十年春，齊師伐**我**。」兩處的「我」皆指「我國」。

（四）莫

整理者：莫，義為無人，見楊樹達《詞詮》頁十八至十九（中華書局，1978年）。

陳偉：簡文前有「我」字，不應接著說「無人命招之」。恐當訓為「未」、「不」。（〈札記（三）〉）

建洲按：從陳偉先生之說。

（五）命

華東讀書小組：「命」，「受命」。（〈書後（三）〉）

廖名春：「莫」，沒有。「命」，當讀為「名」。《呂氏春秋・察今》：「東夏之命，古今之法，言異而典殊，故古之命多不通乎今之言者，今之法多不合乎古之法者。」陳奇猷校釋：「孫鏘鳴曰：『命，名也。謂古之名物與今之言不同。』孫訓命為名，是。古者以名詞、語言、文字等形容事物之性狀者統謂之名。」《史記・張耳陳餘列傳》：「張耳嘗亡命游外黃。」司馬貞《索隱》引晉灼曰：「命者，名也。謂脫名籍而逃。」（《史記》卷八十九）《墨子・尚賢中》：「乃名三後，恤功於民。」孫詒讓《閒詁》：「名、命通。《說文・口部》云：『名，自命也。』畢云：『孔書名作命。」「莫名」文獻習見。《後漢書・列女傳》：「謙讓恭敬，先人後已，有善莫名。」注：「不自名已之善也。」（《後漢書》卷一百十四）劉敞《春秋意林》卷上：「宰天下者，莫名至糾。獨名之以此，見責之最備也。」（《劉氏春秋意林》卷上）劉炎《邇言》：「不見其長，何短之有？莫名其善，何過之有？」（《邇言》卷四）不過，此「莫名」指沒有理由。「我莫命招之」即「我莫名召之」，指我們沒有理由「召襄公之弟雍也于秦」，故後「乃立靈公」，也就是不再「召襄公之弟雍也于秦」了。（〈清華簡《繫年》管窺〉，《深圳大學學報》2012 年 3 期，頁 53）

建洲按：此處「命」應同於上面「（大夫）乃命左行蔑與隨會召襄公之弟雍也于秦」的「命」，命令也。「莫命」即「莫令」，《新書・退讓》：「若我教子，必誨莫令人往」。「我莫令召之」是說「我們不要下令召公子雍回國」，意思是收回之前的成命。

⑬　女（焉）囚（葬）襄公▨

蘇建洲：《繫年》「葬」字的「歺」旁卻訛成「及」，寫法與《六德》16「勞其肒（股）忾（肱）」的「肒（股）」相同。楚文字「歺」訛成「及」，還有幾個例證：「喪」▨（《平王問鄭壽》07）、▨（《武王踐阼》05）、▨（民之父母 14，3 見）。（〈《繫年》簡 53 的「葬」〉，復旦網學術討論區，2011 年 12 月 25 日）

建洲按：簡 47、53 的「葬」作囚（▨、▨），聲符與《容成氏》33「葬」作▨寫法相同，只是「歺」訛為「及」，與《六德》16「勞其肒（股）忾（肱）」的「肒（股）」作▨寫法相同。但其外圍從「囗」，顯然跟甲骨文有關，如賓組「葬」作▨，歷組作▨，裘錫圭先生解釋說：「▨，象人埋坑中，而有『爿』薦之。▨，象殘骨埋於坑中。」（〈論「歷組卜辭的時代」〉，《學術文集》第一冊，頁 112）。其他戰國文字並無從「囗」旁寫法，如「▨」（《包山》155）、「▨」（《信陽》2-04）、▨（《三體石經・文公》）。關於《繫年》「葬」字寫法的特點請見拙文：〈《清華大學藏戰國竹簡（貳）・繫年》考釋四則〉，《簡帛》第七輯。收錄於本書【附錄三】。

《春秋經》文公六年：「葬晉襄公。」《左傳》文公六年：「冬，十月，襄仲如晉，葬襄公。」而簡文云「襄夫人聞之，乃抱靈公以號於廷」一段，《左傳》記載在文公七年，可見《繫年》未依時間順序敘事。

《繫年》第十章集解

【章旨】

本章內容是第九章的延續。趙盾派先蔑、隨會去秦國迎接公子雍，但因為憐憫晉襄公夫人穆嬴的緣故，改立襄公嫡子晉靈公，但此時秦康公已率領軍隊送公子雍回晉國，於是晉國發兵抵禦秦國的軍隊，並在菫陰（《左傳》則作「令狐」）打敗秦軍。先蔑、隨會遂滯留在秦不敢歸國。魯文公十二年，秦康公為報復菫陰之役，又在河曲與晉軍發生戰爭，滯留在秦的隨會幫秦康公出了計謀，激怒年少狂妄的趙穿，讓秦軍得以順利撤退。

【釋文】

秦康公衒（率）𠂤（師）以遣（送）癰（雍）子①，晉人𢼸（起）𠂤（師）②，敗之于㺇（菫）𡉈（陰）③。右（左）行癀（蔑）与（與）陵（隨）會不敢歸（歸），述（遂）【五四】奔秦④。靁（靈）公高立六年，秦公以戰（戰）于㺇（菫）𡉈（陰）之古（故），衒（率）𠂤（師）為河曲之戰（戰）▍。⑤【五五】

【語譯】

秦康公率領軍隊送公子雍回國，晉國人發兵在菫陰將秦軍打敗。先蔑與隨會不敢回晉國，所以逃奔到秦國。晉靈公六年，秦康公因為菫陰之戰戰敗的緣故，率領軍隊與晉君在河曲發生戰爭。

【集釋】

① 秦康公衒（率）𠂤（師）以遣（送）癰（雍）子

（一）秦康公

整理者： 秦康公，名罃。（頁 159，注 1）

方炫琛： 左文十八經「秦伯罃卒」，則罃、其名也，參 0857 宋公固條。又左僖十五秦穆姬「以大子罃，弘、與女簡璧登臺而履薪焉」，杜注亦云：「罃、秦康公名。」其稱大子者，以其為秦穆公之大子也。左成十三呂相絕秦，稱之曰康公、康，康蓋其謚也。（《左傳人物名號研究》，頁 431，1381 條）

（二）遣（送）

整理者：「遣」字從叢聲，古音從母東部，與心母的「送」字通假。（頁 159，注 1）

昨非（網名）：《左塚漆梮》十字綫上的文字 B 區 ，【黃鳳春、劉國勝】釋為「菆（取）䚈（察）」，第二字似應改為「叢」。（海天：〈由《繫年》重新認識幾個楚文字〉，復旦學術討論區，讀者評論第 2 樓，2012 年 1 月 9 日，http://www.gwz.fudan.edu.cn/ShowPost.asp?ThreadID=5422）

建洲按： 此事發生在《左傳》文公七年：「秦康公送公子雍于晉」。簡文的「遣」作 ，《說文·卷三·丵部》「叢，從丵取聲。」則簡文「遣」的「叢」旁當分析為「取」省聲。《睡虎地·日書甲篇》67 背「叢」作 。《馬王堆帛書·陰陽十一脈灸經乙本》014 寫作 （菆）。漢印有「叢」字作 、「菆」字作 （《增訂漢印文字徵》，頁 43）。可見楚文字的「叢」確實有所省簡。

（三）癕（雍）子

建洲按：「雍子」的稱名方式屬於「名配子」，在《左傳》中確實可以找到平行例證，如晉獻公之子稱為「公子卓」（《左傳》僖公九年），又稱「卓子」（《左傳》莊公二十八年）。衛宣公之子稱為「太子伋」（《史記・衛康叔世家》、《漢書・古今人表》），又稱「急子」（《左傳》桓公十六年）。衛宣公還有一子稱「太子壽」（《漢書・古今人表》），又稱「壽子」（《左傳》桓公十六年），參見第九章簡 51「襄公之弟癕（雍）也」條注釋。

② 晉人⿺辶己（起）𠂤（師）

整理者：起師，《左傳》昭公二十六年「王起師于滑」，杜預注：「起，發也。」（頁 159，注 2）

建洲按：《史記・晉世家》：「乃背所迎而立太子夷皋，是為靈公。發兵以距秦送公子雍者。」「起師」即「發兵」。

③ 敗之于⿰犭㬎（堇）⿱云凵（陰）

整理者：⿰犭㬎⿱云凵，地名，《左傳》文公七年作「堇陰」，係晉地。「⿰犭㬎」字從㬎聲，簡文下或從耳，疑母緝部，與見母文部的「堇」通轉。「⿱云凵」字從云聲，匣母文部，而「陰」從侌聲，影母侵部，也是通轉。楊伯峻《春秋左傳注》云堇陰在今山西臨猗東。《左傳》記此戰役較詳，云敗秦師實在令狐，今臨猗西。

復旦讀書會：陳劍（QQ 羣 12 月 19 日 6:51:55 發言）：注釋中之明顯問題如，簡 54、55 从「㬎」聲與「堇」成音近異文者（猶「難」之與「艱」），說其聲爲「疑母緝部」，顯與「隰／陘／濕／溼」一類誤混。（〈《清華（貳）》討論記錄〉）

　　建洲按：《左傳》文公七年：「先蔑將下軍，先都佐之，步招御戎，戎
津為右，及堇陰。……戊子，敗秦師于令狐」，杜預注：「堇陰，晉地。」
正義曰：「此時未至令狐，令狐猶是晉地，知堇陰亦是晉地。」《史記・秦
本紀》曰：「康公元年。往歲繆公之卒，晉襄公亦卒；襄公之弟名雍，秦出
也，在秦。晉趙盾欲立之，使隨會來迎雍，秦以兵送至令狐。晉立襄公子
而反擊秦師，秦師敗，隨會來奔。二年，秦伐晉，取武城，報令狐之役。」
《史記・晉世家》：「趙盾與諸大夫皆患繆嬴，且畏誅，乃背所迎而立太子
夷皋，是為靈公。發兵以距秦送公子雍者。趙盾為將，往擊秦，敗之令狐。」
以上文獻皆云晉敗秦師地點在令狐。不過，《左傳》文公八年：「先克奪蒯
得田于堇陰」，杜預注：「七年晉御秦師于堇陰。」則與《繫年》所云相合。
以地理位置來看，兩地相去不遠，可能兩處都發生戰爭，或是簡文雖云「堇
陰」，亦可能包含令狐在其中。相關位置如下所示：

（譚其驤：《中國歷史地圖集——第一冊》，頁 22-23 晉秦）

簡文「菫」作「▆」（曓），又見於簡 55 作▆（曓）。此二字乃从「顯」聲（曉紐元部），故可讀為「菫」（見紐文部）。孫俊、趙鵬指出：「西周金文菫字从莫从火或从莫从土（土形為火形的訛變），作▆、▆等形，用來表示勤、謹、瑾等字。戰國金文中有一形作『▆』，它出現在《六年漢中守戈》（集成 17·11367）『▆中』一語中。『漢中』為地名，▆即菫，菫可以讀作『漢』。莫、菫作爲聲符在戰國文字中有通用的例子，如包山楚簡 236 號簡『難』字作▆，中山王𰯼鼎『難』字作▆。可見，菫、莫讀音關係密切，『莫』讀為『艱』也是沒有問題的。……莫、菫在古文字偏旁中一直存在，莫主要用作元部字的聲符，菫主要用作文部字的聲符，並非隸變造成的。」（孫俊、趙鵬：〈「艱」字補釋〉）。可見元部的「顯」可以讀為文部的「菫」。「顯」字形體可比對《清華一‧耆夜》簡 8：「丕顯來格」的「顯」作▆，一般來說有「日」旁皆是元部字的顯。至於《祭公》07.25「顯」作▆，雖然左旁沒有「日」旁而作▆，但有「頁」旁制約，仍可與《祭公》06「遳（襲）」作▆區別開來。其他還有《望山》2.48▆，上從「溼」聲。《太一生水》簡 3、4「溼」作▆。《容成氏》18「隰」作▆、中山兆域圖版（10478）「襲」作▆等寫法可供比對。

補記：陳劍先生指出：「『𢆶』即甲骨金文『溼』等字所从聲符，本作兩絲上端相連、其間更有橫綫或『己』形曲綫相連接之形，我認爲它就是緝絲、緝麻之『緝』的表意初文。二者讀音至近，上博《緇衣》簡 17『𢆶』字今本作『緝』（見李家浩：《釋上博戰國竹簡〈緇衣〉中的『𢆶臣』合文》，《康樂集：曾憲通教授七十壽慶論文集》，頁 21-26，中山大學出版社，2006 年 1 月。其形已進一步省與『絲』混），即其佳證。後來其形變作从兩『糸』、中間表連接部分的筆劃又省去，遂與『䜌』等之聲符『絲（聯）』混同；在『濕』、『隰』、『塬』諸字中，又與『日』旁結合而跟『顯』字左半混同。研究者或將其與『𢇍（繼）』、或與『絲（聯）』混爲一談，其說不確。」（〈清華簡與《尚書》字詞合證零札〉《出土文獻與中國古代文明國際學術研討會

論文》，2013 年 6 月 17-18 日，清華大學，頁 4 注 2）

④　右（左）行蔑（蔑）与（與）隙（隨）會不敢歸（歸），述（遂）【五四】奔秦

　　整理者：《左傳》文公七年載：「先蔑奔秦，士會從之。」（頁 159，注 4）

　　清華大學出土文獻讀書會：《左傳》云晉御秦師，「先蔑將下軍」，杜預強為彌縫，謂先蔑「逆公子雍前还晋」，故仍在軍中，則下「己丑，先蔑奔秦」是從軍中奔秦。據《繫年》簡文，是晉人背公子雍，先蔑、隨會在秦不敢歸，即奔秦。《繫年》是。（〈研讀箚記（二）〉）

　　胡凱、陳民鎮：《繫年》載堇陰之戰後，左行蔑（先蔑）、隨會（士會）不敢歸，遂奔秦。《春秋》文公七年載「戊子，晉人及秦人戰於令狐。**晉先蔑奔秦**」，傳文謂「戊子，敗秦師於令狐，至於刳首。己丑，先蔑奔秦。士會從之」。《左傳》還寫到令狐之戰開戰前，先蔑還出現在晉師中：「趙盾將中軍，先克佐之。荀林父佐上軍。**先蔑將下軍**，先都佐之。步招御戎，戎津為右。」按理來說先蔑、士會與秦師一道前來，此處「先蔑將下軍」頗可疑，似不合情理。杜注以為「先蔑、士會逆公子雍前還晉」，楊伯峻先生指出「先蔑此時已先還晉，故將下軍。其將下軍者，迫不得已耳，故令狐之役之明日即奔秦，雖將下軍，或未嘗與秦戰」（頁 559）。皆為彌縫之說。同年《穀梁傳》云「輟戰而奔秦，以是為逃軍也」。于鬯認為「先蔑」系「先僕」之誤，楊伯峻先生以為不然。《繫年》的記述為該問題提供了新的線索，清華大學出土文獻讀書會認為「據《繫年》簡文，是晉人背公子雍，先蔑、隨會在秦不敢歸，即奔秦。《繫年》是」。《繫年》的記載確實能夠解決《左傳》的矛盾，彌足珍貴。立靈公一事不但未能消弭秦、晉的宿怨，反而使兩國又添新仇。晉靈公六年（西元前 615 年），秦國又興師復令狐之役，戰于河曲，事見《左傳》文公十二年。（〈從清華簡《繫年》看晉國的邦交——

以晉楚、晉秦關繫為中心〉,《邯鄲學院學報》2012 年 02 期,頁 65-66）

⑤　衒（率）𠂤（師）為河曲之戰（戰）

　　整理者：《春秋》文公十二年:「冬十有二月戊午,晉人、秦人戰于河曲。」戰役經過詳見《左傳》。河曲,晉地,今山西永濟南。（頁 159,注 5）

《繫年》第十一章集解

【章旨】

魯文公十年，楚穆王九年，鄭伯與陳侯在息地會見楚王，到了冬天，就和蔡侯一起領兵駐紮在厥貉，準備攻打宋國。華孫御事為避免宋國百姓受到連累，於是主動迎接莊王，慰勞楚軍，且引導莊王在孟諸打獵。此時宋公的車隊因為違反早晨裝著取火工具出發的命令（「命夙駕載燧」），到晚上才出發，申伯無畏基於職責，所謂「當官而行」（文公十年），因此鞭打了宋公的車伕，此舉得罪了宋公，埋下日後被殺的導火線。魯宣公十四年，楚莊王十九年，莊王派遣申伯無畏到齊國聘問，無畏向宋國請求借路，因為孟諸之役的緣故，宋人利用此機會殺了無畏。此舉引來了莊王的報仇，從宣公十四年九月到隔年五年整整九個月的時間包圍了宋國，導致宋國「城中食盡，易子而食，析骨而炊」（《史記·楚世家》），只好求成投降，媾和的條件是以男女奴隸與兵車百乘為禮，並以華孫元為人質。

【釋文】

楚穆王立八〈九〉年①，王會者（諸）侯于厇（厥）貘（貉）②，牉（將）以伐宋＝（宋③。宋）右帀（師）芋（華）孫兀（元）〈華孫御事〉欲祭（勞）楚帀（師）④，乃行⑤【五六】穆王，思（使）毆（驅）累（孟）者（諸）之麋⑥，墨（徙）之徒蒿⑦。宋公為右（左）芋（盂）⑧，奠（鄭）白（伯）為右芋（盂），縉（申）公弔（叔）侯〈孫（申）白（伯）亡（無）悁（畏）〉智（知）之⑨，宋【五七】公之車夢（暮）翠（駕）⑩，用腉（抶）宋公之馭（御）⑪。穆王即殜（世），臧（莊）王即立（位），叟（史－使）孫（申）

白（伯）亡（無）悍（畏）鳴（聘）于齊⑫，段（假）逾（路）【五八】於宋＝（宋，宋）人是古（故）殺孫（申）白（伯）亡（無）悍（畏）⑬，貤（奪）亓（其）玉帛⑭。臧（莊）王衒（率）自（師）回（圍）宋九月⑮，宋人女（焉）為成⑯，以女、子【五九】與兵車百韏（乘）⑰，以芋（華）孫兀（元）為教（質）🖎⑱。【六〇】

【語譯】

　　楚穆王九年，楚王與諸侯在厥貉盟會，準備攻打宋國。宋國的華孫御事想要慰勞楚軍，於是引導楚王（田獵），使他驅趕孟諸的麋鹿，遷徙到徒菌，同時宋公率領左邊圓陣，鄭伯率領右邊圓陣。申伯無畏作為左司馬，（下令早晨在車上裝著取火的工具出發），宋公的車卻是晚上才出發，因此鞭打宋公的車伕。楚穆王去世後，楚莊王即位，派遣申伯無畏到齊國聘問，申伯無畏向宋國請求借路，宋人因此殺了申伯無畏，奪走他的玉帛。（為幫無畏報仇）楚莊王圍宋九月，宋人講和投降，以男女奴隸與兵車百乘（為禮），並以華孫元為人質。

【集釋】

① 楚穆王立八〈九〉年

　　整理者：楚穆王，成王之子，名商臣。（頁160，注1）

　　孫飛燕：據《春秋》經傳，厥貉之會在魯文公十年。則簡文中的楚穆王八年應相當於魯文公十年，據此可推知楚穆王元年為魯文公三年。但是據《史記・十二諸侯年表》，楚穆王元年為魯文公二年。那麼，是《年表》有誤還是簡文有誤呢？據《春秋》經傳，楚穆王殺成王在魯文公元年。如果按照次年改元法，則楚穆王元年為魯文公二年；如果按照當年改元法，則楚穆王元年即魯文公元年。但無論如何，楚穆王元年都不可能為魯文公

三年，因為如果楚穆王在魯文公三年才改元，從**楚成王卒到魯文公二年的時間無法解釋**。《年表》雖然沒有記載厥貉之會，但將楚穆王元年歸在魯文公二年，可見司馬遷認為楚穆王是次年改元的。既然簡文中楚穆王的紀年有誤，我們應當尊重《年表》的記載，楚穆王九年相當於魯文公十年。因此，簡文「楚穆王立八年」當改爲「楚穆王立九年」。（〈試談《繫年》中厥貉之會與晉吳伐楚的紀年〉，復旦網，2012 年 3 月 21 日）

建洲按：此處暫從孫飛燕之說。第二十章簡 109「晉柬（簡－定）公立五年，與吳王盍（闔）雱（盧）伐【一〇九】楚」，其中「五年」亦是「六年」之誤，可與本章並觀。本章失誤不只一處，底下簡 56「宋右師華孫元欲勞楚師」、簡 59「繡（申）公弔（叔）侯智（知）之」亦有誤，詳下。茲將事件時間表列如下：

《繫年》		《史記‧十二諸侯年表》		
楚成王四五年	魯文公元年	楚成王卒	魯文公元年	前 626 年
楚成王四六年	魯文公二年	楚穆王元年	魯文公二年	前 625 年
楚穆王元年	魯文公三年	楚穆王二年	魯文公三年	前 624 年
楚穆王二年	魯文公四年	楚穆王三年	魯文公四年	前 623 年
楚穆王三年	魯文公五年	楚穆王四年	魯文公五年	前 622 年
楚穆王四年	魯文公六年	楚穆王五年	魯文公六年	前 621 年
楚穆王五年	魯文公七年	楚穆王六年	魯文公七年	前 620 年
楚穆王六年	魯文公八年	楚穆王七年	魯文公八年	前 619 年
楚穆王七年	魯文公九年	楚穆王八年	魯文公九年	前 618 年
楚穆王八年	魯文公十年	楚穆王九年	魯文公十年	前 617 年

補記：本則寫完後，承蒙李銳先生惠賜大作，茲將其觀點揭示如下：至於《繫年》與《春秋》、《左傳》相差一年，需要注意的是，此處所記事

是《繫年》中第一次明確地以楚王年歲記楚事，其後《繫年》中楚莊王以下春秋時期的楚史年代則與《春秋》、《左傳》相合（原注：如《繫年》後文記「楚莊王立十又四年，王會諸侯于厲，鄭成公自厲逃歸，莊王遂加鄭亂。晉成公會諸侯以救鄭，楚師未還，晉成公卒于扈」，「莊王立十又五年，陳公子征舒殺其君靈公，莊王率師圍陳」，「晉莊平公立十又二年，楚康王立十又四年」等，史事年代均與《左傳》、《十二諸侯年表》相合。）。因此此處的相差一年，固然可能是《繫年》有誤；但也可能《繫年》不誤，而是存在某種原因，或當闕疑，因為古史年代參校而相差一年者多見，有繼位者當年改元、曆法差別、大事逾年等諸多原因。（〈清華簡《繫年》與葛陵簡楚史問題考〉（待刊稿））

按：李先生所說不確定因素較大，此處暫從孫飛燕之說。

② 王會者（諸）侯于戉（厥）![字]（貉）

整理者：地名之第二字難於隸定，《左傳》文公十年作「厥貉」，楊伯峻《春秋左傳注》云在今河南項城。（頁160，注2）

學者對「![字]」的意見有三種：

（一）釋為「央」

黃傑：懷疑![字]從央得聲，或者就是央字。央上古音屬影母、陽部。貉，匣母、鐸部。二字聲紐相近，韻部陰陽對轉，故可以相通。（〈清華簡（貳）簡56與〈左傳〉「貉」字對應之字〉，簡帛網·簡帛論壇·簡帛研讀，2011年12月21日）

黃傑：新出清華大學藏戰國竹簡（貳）《繫年》簡56有「![字]（戉）![字]」，為地名，《左傳》作「厥貉」，《公羊》作「屈貉」。戉，上古音屬並母、月部，厥屬見母、月部，屈屬溪母、物部。厥、屈通用之例多見，參看《古

字通假會典》頁 523。至於戉與厥，二者同韻部，聲母則一屬並母、一屬見母。典籍中有並母字與見母字通用的例子，如《戰國策・秦策二》「有兩虎爭人而鬥者，管莊子將刺之」，《史記・張儀列傳》作「卞莊子」，卞，並母、元部；管，見母、元部。字原未釋。今按：此字當釋為央。楚簡央字作（上博五《三德》簡 4）、（上博六《用曰》簡 2），與此字除去上部兩筆後的部分相近。曾侯乙墓竹簡「鞅」字作、、、，其右旁與此字比較接近。最下部與最下部有區別，但二者應當是一個字，「異」字的兩種寫法可以作為參考：（上博《民之父母》簡 13）；（上博《曹沫之陣》簡 7、8）。從聲韻上看，央上古屬影母、陽部，貉屬匣母、鐸部，二字聲紐相近，韻部陰陽對轉，故可以相通。由上可見，（戉）（央）、厥貉、屈貉，應是一地的異名。（〈據清華簡《繫年》釋讀楚簡二則〉，簡帛網，2011年 12 月 27 日）

（二）釋為「魚」

劉洪濤（網名 lht）：是不是「魚」？（〈清華簡（貳）簡 56 與〈左傳〉「貉」字對應之字〉，第 1 樓跟帖）

周波（網名飛虎）：清華簡（貳）《繫年》簡 56 有地名「戉 A」。黃傑釋為「央」，讀為「貉」。今按其字上部與「央」不類，其說恐有問題。此字當是「魚」字之變體。楚簡及三晉文字「魚」及「魚」旁寫法與之類同。戰國文字「魚」字下部多寫作「火」形。A 字下方左右兩筆當即「火」形左右飾筆之變體。楚簡和三晉文字「魚」中部筆劃多作兩橫，也有寫作三橫者。如上博簡《姑成家夫妻》簡 8、簡 10 之「魚」（引按：、），《古璽彙編》2727 之「魚」（引按：）、2728「魴」所從「魚」旁（引按：）（或易下一橫筆為點，如《古璽彙編》1022、3149「鮓」所從「魚」旁，以上古璽皆屬晉璽）。值得注意的是三晉文字「魚」或「魚」旁寫法皆與「A」

字寫法接近（聯繫《繫年》體例、內容與《竹書紀年》近似、《繫年》多述說三晉史事等，**《繫年》有可能是三晉人的作品或者底本來源於三晉**）。「魚」當讀為「厥貉」、「屈貉」之「貉」。「魚」為疑紐魚部，「貉」為匣紐鐸部，聲為一系，韻部對轉，二字沒有問題可以相通。《山海經·中山經》：「有獸焉其狀如貉。」郭璞注：「貉或作貘」。易聲符為「虖」，而「虖」從「虎」聲。從古文字來看，「魚」與從「虎」聲之字多通用（傳世文獻和出土文獻中有從「虎」從「魚」雙聲之B），此可作為「魚」可與「各」聲字相通之例證。（〈說清華簡《繫年》簡56的地名「犮魚」〉，復旦網學術討論區，2011年12月27日，http://www.gwz.fudan.edu.cn/ShowPost.asp?ThreadID=5392）

（三）「貘」字的象形初文

侯乃峰（網名小狐）：我們認為簡文的「」就是「貘」字的象形初文。（〈讀《繫年》臆札〉，復旦網學術討論區第15樓，

2011-12-25.http://www.gwz.fudan.edu.cn/ShowPost.asp?ThreadID=5370）

侯乃峰（網名：小狐）：原整理者將第一個字釋為「犮」，當可信。如下列「犮」字形可資比較：上博六《天子建州》甲11、上博六《天子建州》乙11。第二字尚無定說。陳劍先生《金文"象"字考釋》一文中曾提到：

西周金文中多次出現的一個一般隸定為「圐」的字，所從的所謂「豸」寫作、一類形體（看《金文編》第1215頁附錄下277號），秦公大墓石磬殘銘「圐」字中寫作，不少人認為就是「象」字。另外，《說文·辵部》高原的「原」的本字「邍」，金文中很常見。它所從的所謂「泉」形，金文作（《集成》15.9823殷代乃孫作祖甲盨「邍」所從）、（《集成》8.4264.2格伯簋「邍」所從）等（看《金文編》104～105頁），石鼓文作（《作邍》石「邍」字所從）。其特徵是

像某種野獸形，頸部多出「凵」形筆畫，或作大尾形。……

陳劍先生還指出，龍崗秦簡中的「貈」字寫作（ ）。比較簡文的「 」字形與陳劍先生文中所舉的「 」字所從的字形（以及「 」所從的所謂「彖」字形），二者明顯有相似之處。因此，我們認爲簡文的「 」就是「貈」字的象形初文。「 」字所從的所謂「豸」寫作 、 一類形體，秦公大墓石磬殘銘「 」字中寫作 ，其實皆當爲「貈」之象形初文。其突出之特徵在於其身後拖著一條大尾巴，而簡文「 」字右下方的筆劃皆當爲「貈」這種動物大尾巴之形的訛變。《說文》：「貈，似狐，善睡獸。从豸、舟聲。《論語》曰：『狐貈之厚以居。』」段注：「凡狐貈連文者，皆當作此貈字。今字乃皆假貉爲貈，造貊爲貉矣。……其字舟聲，則古音在三部。《邠》詩貈、貍、裘爲韵，一部三部合音也。」也即，經典多假「貉」爲「貈」。貈似狐，而狐狸的最大特徵在於拖著一條大尾巴，故將此字形的右下部看作是大尾巴形之訛變應當是可行的。我們不妨對「 」字右下部的形體演變過程進行一些簡單的推測。秦公大墓石磬殘銘「 」字「 」，其所從的所謂「豸」寫作「 」，此種動物特別突出其尾巴部份，將尾部寫作「 」形。這種動物尾部的形體，由「狐」字寫作「 」又寫作「 」（乖伯簋，《集成》04331），即其尾部「 」可以寫作「 」形；由「鼬（繇）」字作「 （ ）」（師克盨，《集成》4467）又作「 、 （師衰簋）、 （戀史鼎）、 （彖伯戜簋）」，即其尾部「 」可以寫作「 、 」形，可以推知：「 」字尾部作「 」形，應當也可以寫成「 」字右下部的「 」形。而「 」字右下部的「 」形，似可看作是「 」字的左下部（也即此種動物的後半身）「 」與此種動物的尾部「 」相互借用筆劃混寫在一起而形成的。（〈讀《繫年》臆札〉，復旦網，2012年1月3日）

王寧：小狐先生以金文字形爲證，說法當是正確的。「貉」本當作「貈」，《爾雅・釋獸》：「貈子，貆」，《疏》：「貈似狐，善睡。」《釋文》：「貈本作

貉。」實際上「貉」的異體字有好幾個,《集韻・入聲十・十九鐸》以「貉」、「豿」、「貈」、「狢」、「貈」同字,云:「《說文》:『似狐善睡獸。』引《論語》『狐貉之厚』。一曰《說文》從舟誤,當從亢聲。或作貉、狢、貈。」《繫年》此字當如小狐先生所言「就是『貉』字的象形初文」,同「貉」。所以「犮貉」即「厥貉」。(〈由楚簡「犮」說石經古文「厥」〉,簡帛網,2011年12月30日)

　　建洲按:西周金文中「貉」、「貈」字作:

貉:(《集成》3977)、、(《集成》5409.1)、(《集成》

5233.1)、(《集成》5233.2)、(《集成》5845)

貈:(《集成》5249.2)、(《集成》5249.1)

單育辰先生指出:「豸」其實就是由甲骨文的「虎」演變而來。《爾雅・釋蟲》:「有足謂之蟲,無足謂之豸」,故後世多以「蟲豸」連稱,詳《爾雅》之意則以「豸」爲蚯蚓之類。按,《爾雅》對「豸」義的解釋屬後起。《說文》卷九下:「𧝄(豸),獸長脊,行豸豸然,欲有所司殺形。」《說文》的「𧝄」與秦簡的「(豸)」(睡虎地秦簡《日書甲種》簡四九背叄)在字形上有傳承關係。《說文》豸部凡十九字:「豹、貙、貚、貔、豺、貐、貘、貍、貜、貀、貛、豻、貂、貉、貆、貍、貒、貛、狄」,皆大、中型肉食性獸類,段玉裁注:「許言獸者,謂凡殺物之獸也。」徐灝注箋:「豸自是猛獸,故貔、貙、豺、豹等字皆从之。」段、徐二說是正確的,但因自身時代限制,他們未能發現「豸」實即「虎」的變體。(〈甲骨文中的動物之一———「虎」、「豹」〉,《出土文獻與古文字研究(第四輯)》,頁37-38)。「豸」旁是否是

「虎」容有不同的意見，但是寫作「」形卻是很固定的。又如周原甲骨
H11:25「」

字作。可見（見《金文編》頁 1215 附錄下 277 號、《新金文編》，
頁 797）等字隸定為「」並不可從。也有學者將此字隸定為「」（如《新
金文編》頁，797），陳劍先生已指出這種隸定也不可從（〈金文「象字考釋」〉，

《甲骨金文考釋論集》，頁 267-268）。但不管如何，將「」與所從的
、連上關係，大概是目前比較好的意見，特別是毛公鼎字左旁動物的
嘴型與「」相近，也是很好的證據。李學勤先生根據新出徐樓村宋公鼎
銘文作器者自稱「宋公」，認為：「徐樓村鼎銘的宋公，以通假求之，無
疑是宋平公的上一代共公，《左傳》記他名固，《史記·宋世家》則說名瑕。」
同時他認為毛公鼎「申大命」即讀為「申固大命」，固，訓為安定。（李
學勤：〈棗莊徐樓村宋公鼎與費國〉，《史學月刊》，2012 年第 1 期）「固」、「各」
聲音相近，自然「」可以讀為「貉」。《說文》：「貈，似狐善睡獸。從豸，
舟聲。《論語》曰『狐貈之厚以居』。」段注：「凡狐貉連文者，皆當作此貈
字。今字乃皆假貉為貈，造貊為貉矣。」西周金文「狐」作「」、「」，
「狐」字的特徵是有兩個大耳朵，單育辰先生〈甲骨文所見的動物之「狐」〉
（《古文字研究》29 輯）曾探討甲骨文、金文的「狐」字，請讀者參看。、
與形體差距較遠，《說文》所云「貉」乃「似狐」，可能是指二者皮毛皆
屬較為豐厚，即《論語・鄉黨》曰：「狐貈之厚以居」，但這在造字上表現
不出來。總之，將、認為是「貉」的初文寫法，或是將、釋為「貉」
應該是值得考慮的意見。「貉」寫作從「豸」是訛變後的結果，並非最初的
形體。

　　周波先生認為三晉系的或與形近也還有疑問，如果是「魚」字的
話，則像魚頭的形應該與身體部位連在一起，除上面所見例字外，又如

（橆，晉侯橆鼎）、（鮮，壺）、（魯，《繫年》120），字則是不合此條件。至於「央」字則可以比對下列字形：（《包山》201）、（靰，《包山》273）、（《新蔡》甲一：3）、（紻，《包山》67），以上四個字形可以對應到。則可分析為從「大」，「央」聲，讀為「貉」。筆者曾以為「大」可以對應到《曾侯》的「靰」字的右上，就是「央」字的變體，茲存此說，待考。總之，釋為「魚」或「央」形體比較接近，但都還有不能落實的筆劃，此字究竟為何還有待更多的資料來解決。

此外，《包山》227「舉（舉）禱兄弟無後者卲良、卲乘、縣貉（貉）公各豢豕、酒飤（食），蒿（犒）之。」其中「縣貉公」，李家浩先生認為：

> 楚國有地名「厥貉」。《左傳》文公十年《經》：「楚子、蔡侯次於厥貉」楊伯峻注：「厥貉，地名，杜注云：『闕』，據《彙纂》說，則當在今河南省項城縣境。」「縣貉」與「厥貉」古音相近，上古音「縣」屬匣母元部，「厥」屬見母月部，見、匣二母都是喉音，在形聲字中有互諧的情況。《說文》鼠部：「貉，鼠出胡地，皮可作裘。從鼠，各聲。」錢坫等認為「貉」「即狐貉字」。「貉」亦見於包山司法文書簡87號，劉釗說：「後世從『豸』的字，簡文中皆從『鼠』作，故『貉』應釋為『貉』。」據此，疑「縣貉公」當讀為「厥貉公」，即厥貉縣的縣公。」（〈包山卜筮簡218～219號研究〉，《長沙三國吳簡暨百年來簡帛發現與研究國際學術研討會論文集》，頁197-198）

此說如可信，則楚簡已有「厥貉」的寫法。譚其驤主編：《中國歷史大辭典－歷史地理卷》頁八九四說：「厥貉，春秋宋地。確址不詳，當在今河南項城市境。」

補記：黃錫全：〈清華簡《繫年》「厥貉」字形補議〉《出土文獻與中國古代文明學術研討會論文》（北京：清華大學，2013年6月）一文認為「」

若釋為「犮」（並母月部）讀為「厥」（見母月部），則二者聲紐不近。他認為「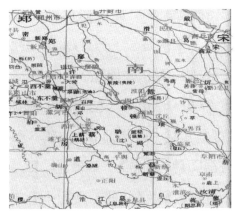」應該釋為「犬」（溪母元部），作為偏旁犬與犮古文字中也有互作現象，如下列狄、狗等字，所從犮也可能是犬加飾筆。相比較而言，將此字釋讀為「犬」似乎比釋讀為「犮」要好。對於第二字「」也認為為似狐的貊字，貊字左部所從就是「貊」的象形初文。謹案：黃先生認為「」是「犬」字讀為「厥」聲音條件很近，可備一說。又關於西周金文「」讀為「固」的文例及相關討論，請見吳雪飛：〈金文「」字補證〉，復旦網，2013 年 6 月 17 日、袁金平：〈新見金文補釋二則〉，出土文獻與中國古代文明國際學術研討會，清華大學出土文獻研究與保護中心，2013 年 6 月 17-18 日。

③ 牂（將）以伐宋

整理者：《春秋》文公十年：「楚子、蔡侯次於厥貉。」《左傳》：「陳侯、鄭伯會楚子于息。冬，遂及蔡侯次于厥貉，將以伐宋。」（頁 160，注 3）

建洲按：魯文公十年，陳侯、鄭伯在息地會見楚王。息地於魯莊公十四年（前 680 年）被楚文王所滅，置息縣。到了冬天就和蔡侯一起領兵駐紮在宋國邊境厥貉，打算攻打宋國。《春秋》文公十年：「楚子、蔡侯次於厥貉。」杜預注：「將伐宋而未行，故書『次』。」相關地理位置如下

（譚其驤：《中國歷史地圖集——第一冊》，頁 29-30 楚吳越）

④　宋右帀（師）芋（華）孫兀（元）〈華孫御事〉欲裝（勞）楚帀（師）

整理者：華孫元，即華元，出於宋戴公之後華氏。其父華御事，《左傳》文公十六年疏引《世本》稱華孫御事。華元為右師，見《左傳》文公十六年，在簡文所記之事之後。對勘《左傳》文公十年「宋華御事……逆楚子，勞且聽命」，簡文華元應為華御事之譌。（頁 161，注 4）

方炫琛：左文七「華御事為司寇」，左文十六孔疏引世本云：「華督生世子家，家生華孫御事。」則華御事為華父督之孫，華為其氏，參 1734 華父督條，御事當是其名。又世本稱「華孫御事」者，**左傳人物名號有於氏下殿「孫」字者**，參頁十一。（《左傳人物名號研究》頁 519，1745「華御事」條）

方炫琛：左文十六「於是**華元為右師**」，杜注：「華元，督曾孫。」孔疏：「世本云：華督生世子家，家生華孫御事，事生華元右師，是也。」則世本謂華元為華御事之子，華父督之曾孫，華御事見左文七，已以乃祖華父督之字華為氏，則其之華元之華字，亦氏也。左宣十五華元告子反曰：「寡君使元以病告……」，自稱元，則元，其名也。（《左傳人物名號研究》頁 516，1733「華元」條）

建洲按：依照《世本》記載，則華氏世系如下：華督→華家→華御事→華元。《左傳》文公十年「宋華御事曰：『楚欲弱我也，先為之弱乎？何必使誘我？我實不能，民何罪？』乃逆楚子，勞且聽命。遂道以田孟諸。宋公為右盂，鄭伯為左盂。」楊伯峻《春秋左傳注》曰：「華御事時為司寇，見七年《傳》並《注》。」（頁 577），也可見《左傳》此處的記載實為「華御事」，則簡文「華孫元」確實是其父「華孫御事」之誤，華氏是一個從春秋早期到春秋中期在宋國一直很顯赫的大族。「華孫元」即「華元」，氏華名元，之所以稱「華孫」者，蓋是敬稱。《作傳》文公十五年「三月，宋華耦來盟，其官皆從之，**書曰『宋司馬華孫』，貴之也。**」方炫琛先生指出：

「魯史於外大夫以氏配孫稱某孫，以表敬意。」（《左傳人物名號研究》，頁12）。第十四章簡71的「臧孫許」，稱「臧孫」者亦表敬意。附帶一提，新出山東沂水紀王崮春秋古墓的華孟子鼎銘云：「華孟子作中叚氏婦中子滕寶鼎，其眉壽萬年無疆，子子孫孫保用享。」其中「華孟子」便是宋國華氏子姓的長女，參見林澐：〈華孟子鼎等兩器部分銘文重釋〉《19屆古文字年會散發論文》，復旦大學出土文獻與古文字研究中心，2012年10月23-26日。又《繫年》的「元」全部作「兀」，參見《字表》頁247，825條。此種寫法常見於三晉系，見《三晉文字編》頁3-4。楚文字多見於偏旁，如「惡」既作 （《孔子詩論》14），又作 （《孔子詩論》19）。

補記：李銳：據《左傳》，華孫元確當為「華御事」，然而《左傳·文公七年》說「華御事為司寇」，《文公十六年》說「華元為右師」，然則簡文的「宋右師華孫元」不能簡單地改華元為華御事，因為華御事的官職是司寇而非右師。鄙意與其說此處官職、人名皆有訛誤，不如說華御事與華元既為父子，很可能父子二人意見相近，簡文據華元後來之官職稱「宋右師華孫元」，《左傳》稱「宋華御事」，各據所聞記事（如同簡文說「宋公為左盂，鄭伯為右盂」，《左傳》說「宋公為右盂，鄭伯為左盂」。）（〈清華簡《繫年》與葛陵簡楚史問題考〉（待刊稿）

又按：上述李銳先生所說只是一種可能，恐還不是定論，一則本章也有別的人名的誤寫，如「孫（申）白（伯）亡（無）惎（畏）」誤為「繡（申）公弔（叔）侯」。二則「右帀（師）芋（華）孫兀（元）」可能當時就是一種固定的稱謂，比如十六章簡88「王又使**宋右師華孫元**行晉楚之成」，似不能據此說「官職、人名皆有訛誤」。此處還是依照《左傳》的記載，認為是「華孫御事」之誤。

⑤ 乃行

整理者：乃行，意為方行，見裴學海《古書虛字集釋》第四七八頁（中華書局，1982 年）。（頁 161，注 5）

建洲按：整理者在「乃行」處標逗點，同時對「乃行」的解釋也不明確。筆者以為一種可能是「乃行」後應標句號，前言華孫元（按：實為華御事）「**欲勞楚師**」，表示原因，故後接「乃行」，表示由此產生的結果，意思是說「於是就去做了」。（參看《古代漢語虛詞詞典》，頁 282）到此句義完結，故標以句號。但用此解，文句顯得累贅。比對上引《左傳》文公十年「遂**道**以田孟諸」，我們認為簡文或可讀為「乃**行**穆王，思（使）毆（驅）絮（孟）者（諸）之麋」，「行」相當於《左傳》的「道」，皆為「引導」的意思。《孟子·離婁下》：「禹之行水也，行其所無事也。」「行水」即「使水流通」（「行水」的例證蒙郭永秉先生提供）。宋呂大臨〈擬招〉：「秉離明以為燭兮，御巽風以行車。」「行車」，驅車，使車前進。同理，「行穆王」即是「使穆王行」，可以理解為「引導穆王」的意思。還可注意的是，我們知道《郭店》楚簡中常見「術」字作「道」字用，甲骨文、《石鼓文·霝雨》篇「隹舟以術」的「術」則是作「行」用，李學勤先生以為二者來源不同（〈說郭店簡「道」字〉，《簡帛研究》第三輯）。但是《郭店·性自命出》的「道」字共 22 見，除簡 22、55（2 見）、56、57 寫作「道」外，其餘皆寫作「術」。「術」字對應《上博一·性情論》都寫作「道」，故劉釗先生以為：「『術』乃『行』字異體，同義換讀為『道』字。」（《郭店楚簡校釋》，頁 8）廖名春先生有相似的意見。（參看彭裕商：《郭店楚簡老子集釋》，頁 85）。《繫年》此處正好是「行」對應今本的「道」，頗疑簡文的「行」也可讀為「道」，解為「引導」的意思，「乃行（道）穆王，思（使）毆（驅）絮（孟）者（諸）之麋，壘（徙）之徒菙。」是說華孫御事就引導楚王（田獵），使他驅趕孟諸的麋鹿，遷徙到徒菙。

⑥　穆王思（使）毆（驅）㝅（孟）者（諸）之麋

整理者：孟諸，宋藪澤名，文獻或作「孟豬」、「明都」、「盟諸」、「望諸」等，在今河南商丘東北，虞城西北。「孟諸之麋」見《左傳》僖公二十八年，杜注云：「水草之交曰麋」，蓋讀為「湄」字。據簡文，「麋」實指麋鹿。（頁161，注6）

鄔可晶：《說文・十上・馬部》以「毆」為「驅」的古文，其字已見於西周晚期的師袁簋、多友鼎，多用作驅逐之「驅」。《說文》釋「驅」的本義為「馬馳也」。所以，「毆」才是驅逐之「驅」的本字，後則常借「馬馳也」的「驅」為驅逐之「毆」。《說文・三下・殳部》另有訓「捶毄物也」的「毆」。金文「敆」亦从「攴」。「敆」、「敆」中的「攴」、「殳」始終位於「隹」後，既可看作以扑杖捶擊鳥，也可看作以扑杖驅趕鳥，甚至捶擊的目的就是為了把鳥趕走。「毆」、「毆」應是一語分化。也許說「敆」係「毆」、「毆」共同的表意初文，較為穩妥。（〈釋「敆」〉）

建洲按：「麋」字，《說文》：「麋，鹿屬，从鹿米聲。麋冬至解其角。」《甲骨文編》10.3 收錄「麋」字作 、 、 、 ，其「鹿」頭類似「眉」形，故于省吾認為：「頭部作 或 ，和人的眉目之眉同形。後世代之以從鹿米聲之麋，於是麋行而 （引按：當作 ）廢。總之， 本為獨體象形字，但其頭部作 ，也表示著 字的音讀。」（《甲骨文字釋林》，頁338）。《繫年》作 、石鼓文〈田車〉「麋豕孔庶」的「麋」作 、《璽彙》360 作 、三體石經《無逸》作 ，諸字「鹿」頭寫法相同，而與甲骨文寫作類似「眉」形者不同。羅君惕認為：「 ，即麋字，牡者有角，牝者無角，碣文鹿从 （引按：〈田車〉作 、〈鑾車〉作 ），麋从 ，以示有角無角。此从 ，自無角，蓋牝麋也。」（《秦刻十碣考釋》，頁85）。羅氏所說顯然是沒有根據的，比如〈田車〉「麀」作 ，其「鹿」頭也是相同的寫法，楚文字的「鹿」頭多是如此寫法，其間並無牝牡之分。石鼓文的「鹿」

字與作偏旁時寫法不同，這應是古文字常見的獨體、偏旁寫法有異，實不足為奇。又《石鼓文・車工》提到「君子員邋，員邋員游。……遊敺其特，其來趨趨。……遊敺其樸，其來遺遺。」所謂「敺其特」、「敺其樸」可與簡文「敺（驅）麋」並看。

⑦　壓（徙）之徒蔥

整理者：「徒蔥」之「蔥」字，從蔥聲，疑讀為「林」，西周金文「林鐘」之林即多從蔥作。徒林，田獵地名，但與《國語・晉語八》唐叔射兕的徒林非一地。

黃傑：本篇「![字形]」的釋讀應該從「爾」聲字的方向考慮。「徒蕑」又見於包山簡 150，亦為楚地名。「徒蕑」一地，可能有楚王的苑囿存在。(〈初讀《清華大學藏戰國竹簡（貳）》筆記〉)

袁金平：《包山》150「（某某里人）貪徒蔥之王金不賽。徒蔥之客苛明內之。」包山簡「徒蔥」二字過去多有誤釋，或以為地名、人名、官府名等。今結合清華簡《繫年》來看，將二處「徒蔥」視作地名顯然最為合理。所謂「徒林」即先秦古籍習見的「楚之雲夢」。《爾雅・釋地》記有「十藪」，即「……宋有孟諸，楚有雲夢……」。由簡文及《左傳》僖公二十八年所述「孟諸之麋」來看，孟諸其時亦為可供田獵的苑囿，當水草豐茂，宜於麋鹿生息。而「楚之雲夢」在先秦古籍中也經常是春秋、戰國時期楚王的遊獵區域。據《繫年》簡文，楚穆王田于宋藪孟諸，鹿遷往當是其本國的徒林，此所遷之地應是與孟諸性質近似的澤藪，宜於麋鹿生養。典籍中習見蓄養麋鹿的楚藪是著名的「雲夢」。孫詒讓《周禮正義・職方氏》「正南曰荊州……其澤藪曰雲瞢」下云：「《禹貢》之『雲土』即《楚語》之『雲連徒州』，《漢地理志》江夏郡又有雲杜縣，土徒杜並聲近字通。」段、孫氏此論發人深省，有助於我們理清「雲夢」與「雲土夢」、「雲連徒洲」及「徒

林」諸名之間的關係。我們認為，此數名當皆為一藪之異稱，其差異是由時、空以及語言因素造成的。「蒿」從艸，（「廩」之初文）聲，不見於傳世字書，目前僅見於楚地出土竹簡，很有可能是楚語中表草澤義的「夢」的本字。從古音看，「夢」屬明母蒸部，「廩」、「林」為來紐侵部，二者音近。「雲夢」原義指春秋早期的（鄖）國之夢，簡稱為雲（、鄖）夢。「雲」（、鄖）很可能是對「土夢」（徒林）的一種區域上的限定說明，雲夢鄰近國故地。根據我們的理解，姑將「雲夢」諸名的演變軌跡略示如下：徒蒿（林）－雲土夢－雲夢。（〈清華簡《繫年》「徒林」考〉，《楚簡楚文化與先秦歷史文化國際學術研討會論文集》，頁 61-66）

建洲按：「蒿」作，「向」旁又見於簡 123「廩（廩）丘」作，釋為「蒿」毫無可疑。楚文字「向」、「爾」之辨參見拙著：《楚文字論集》頁142-144。由簡文來看，「徒蒿」的性質「眔（孟）者（諸）」相似，袁金平先生以為「徒蒿」即「雲夢」尚難肯定。袁先生聯繫二者的關鍵是《書・禹貢》「雲土夢」，袁氏解釋為「雲（）國的土（徒）夢（蒿）」。但是「雲土夢」是否就是「雲夢」，其實是很有爭議的，參看劉起釪：《尚書校釋譯論》第二冊頁 658-662。即便「雲土夢」真是後來的雲夢澤，但其稱名格式皆為「雲某」，這也跟「徒蒿（雲）」不同。袁先生認為「徒蒿」的稱名早於〈禹貢〉篇的「雲土夢」，但是這麼早的稱名卻記載在春秋楚穆王時期，之前的傳世及出土文獻從未見過，這也不合常理。且認為「蒿」很有可能是楚語中表草澤義的「夢」的本字，似也推衍太過。此字亦見於《九店》56.53「……必肉飤（食）以飤（食）。筥（廩）尻（居）西北，不吉」、《包山》150「貪徒蒿（藘）之王金不賽」、《新蔡》甲一：12「☐【堊筮】為君貞：將逾取，還返尚毋有咎。」這些文例無一可以解為草澤義的「夢」。（參看拙著：《《上博楚竹書》文字及相關問題研究》，頁 180-183）。更重要的是，「乃行【五六】穆王思（使）毆（驅）眔（孟）者（諸）之麋，廛（徒）之徒蒿。宋公為右（左）芋（盂），奠（鄭）白（伯）為右芋（盂）」，是說

引導楚穆王在宋地的苑囿「孟諸」田獵，將孟諸的麋鹿趕到徒菅，此處的「徒菅」仍然有可能在宋地，未必一定是楚地。《包山》150 的「徒菅」與《繫年》的「徒菅」自然也未必是一地。總之，我們認為「徒菅」就是一處苑囿，其確定地點待考。

補記：關於楚國「雲夢澤」的地貌、範圍以及典籍中「雲夢」的含意，左鵬《楚國歷史地理研究》頁 33-38 有很好的歸納與整理，請讀者參看。

⑧ 宋公為右（左）芋（盂）

整理者：《左傳》文公十年記此事云：「宋公為右盂，鄭伯為左盂」，與簡文相反，杜預注：「盂，田獵陳（陣）名。」（頁 161，注 8）

建洲按：楊伯峻注：「盂，取迂曲之義，蓋圓陣也，或曰左右和，《韓非子・外儲說左上》，李悝與秦人戰，為左和、右和是也。晉、宋人謂之左右甄。」（頁 577）。「宋公」為宋昭公、「鄭伯」為鄭穆公。

又按：李銳：本所王紅亮君指出：俞樾在《茶香室經說》卷十四《子朱及文之無畏為右司馬》中，明確指出今本《左傳》所載有誤：「此《傳》必有誤……疑《傳》文本作「期思公復遂為司馬，子朱及文之無畏為左右司馬」，蓋宋鄭既分左右，其中央必楚子也。期思公復遂為司馬，不言左右，可知其在中矣。子朱及文之無畏為左右司馬，則子朱左，而文之無畏右，故下文宋公違命，無畏得抶其僕，自謂『當官而行』，以右司馬宜治右盂也。《傳》寫者以上文分言左盂、右盂，遂亦分而言之曰左司馬、右司馬，致成此誤。」俞樾雖然注意到了《左傳》所載有矛盾，但謂「子朱左，而文之無畏右」，亦屬無據之猜測。根據清華簡《繫年》所載，宋公實為左盂，故左司馬文之無畏抶其僕，與其自謂「當官而行」正可對應……綜上可見，根據《繫年》所載，《左傳》之矛盾自可冰釋。故今本《左傳》所記「宋公為右盂，鄭伯為左盂」實誤。按：《繫年》據俞樾說來看，似乎更有道理。

但《左傳》說「宋公為右盂，鄭伯為左盂。期思公復遂為右司馬，子朱及文之無畏為左司馬」，敍述順序是右、左、右、左，我們恐不能改宋公為左而不動文之無畏，待考。可能並無訛誤。((〈清華簡《繫年》與葛陵簡楚史問題考〉(待刊稿)頁2注3)。追記：上述王紅亮的意見，以〈據清華簡《繫年》證《左傳》一則〉為題，發表在復旦網，2013年4月23日。

⑨　繣(申)公弔(叔)侯〈孫(申)白(伯)亡(無)愄(畏)〉智(知)之

(一)知

整理者：知，《呂氏春秋‧長見》注：「猶為也」，意即主管有關事務。(頁161，注9)

建洲按：指申伯無畏為「左司馬」的職責，因為「當官而行」(文公十年)的信念，無畏鞭打了宋公的車伕，此舉得罪了宋公，埋下日後被殺的導火線。

(二)繣(申)公弔(叔)侯〈孫(申)白(伯)亡(無)愄(畏)〉

整理者：申公叔侯見《左傳》僖公二十六年，二十八年稱申叔。申無畏又稱申舟，與申公叔侯並非同族，詳見鄭樵《通志‧氏族略》。據本章下文，此處申公叔侯乃是訛誤。(頁161，注9)

方炫琛：左僖二十六「真桓公子雍於穀……楚申公叔侯戍之」，楚稱某公者，為某地之守邑大夫，則申公叔侯者，即守申之大夫也。史記楚世家作「申侯」，侯為其名或字，以邑配名或字，故曰申侯，如趙同食邑於原，而傳稱原同也。左僖二十八「楚子入居于申，使申叔去穀」，作「申叔」，叔或其行次，如趙同食邑於原，傳稱原叔也。(《左傳人物名號研究》，頁

250，635「申公叔侯」條）

方炫琛：左文十楚「**文之無畏**為左司馬」，左宣十五其子申犀言於楚穆王曰「**毋畏**知死」，於君前當稱己父之名，則毋畏，其名也。無畏又作毋畏，蓋無、毋字通也。左文十又稱其曰「**子舟**」，杜注：「子舟，無畏字。」實則舟為其字，子為字上所冠男子美稱之詞，其稱**申舟**者，左通補釋九云：「申，其食邑，」左宣十五稱其子曰「申犀」，則申為其氏，稱申舟者，以氏配字而成之稱謂也。其稱文之無畏者，潛夫論志氏姓云：「申氏……羋姓也……楚大夫申無畏者，又氏文氏。」謂文亦其氏。左通補釋九引萬氏氏族略云：「申舟稱文之無畏，疑是文族，楚文王之後也。」左通補釋據此云：「文蓋以謐為氏者。」未知其說然否，又「之」字則為語助，可有可無，故左通補釋云：「之，語詞，淮南主術篇稱文無畏可見。」呂氏春秋行論篇亦作「文無畏」，無「之」字，此如介之推又稱介推、燭之武又作燭武，之為氏名間之語詞，參頁七一。（《左傳人物名號研究》，頁208，448「文之無畏」條）

董珊：《左傳》中的楚臣「文之無畏」，即《左傳》宣公十四年之「申舟」，此人在《淮南子‧主術》、《呂氏春秋‧恃君覽‧行論》稱「文無畏」。《潛夫論‧志氏姓》：「楚大夫申無畏者，又氏文氏。」清梁履繩《左通補釋》引萬氏《氏族略》云：「申舟稱文之無畏，疑是文族，楚文王之後也。」又云：「案：文蓋以謐為氏者，申，其食邑；舟，字也；之，語辭。」梁履繩引用的「萬氏《氏族略》」不知是什麼書，但說文之無畏是楚文王之後，則應可信。（〈出土文獻所見「以謐為族」的楚王族〉）

田成方：申舟始見《左傳》文公十年，又稱子舟、文無畏、申無畏，梁玉繩認為「無畏名，子舟字，文其氏，為申公」。梁氏對其名、字的判斷可從，但以申舟為申公則有誤。申公序列見宋公文先生考辨（宋公文：《楚史新探》，頁361-364），申當是其氏稱。文則表示申舟家族可能出自楚文王（董珊：《出土文獻所見「以謐為氏」的楚王族——附說〈左傳〉「諸侯以字為氏因以為族」的讀法），封邑于申地，故又稱申氏。（《楚公族諸氏源流、

封邑及相關問題探析——以蔿、斗、成、沈尹、景等氏為例》，頁 67）

　　田成方：一般認為文之無畏是楚文王之後，因分封在申邑，故又稱申氏。上文談到申公巫臣時，指出楚國在滅申之後，于申國故邑設置申縣，並沒有將其授予某位貴族。即使有貴族分封在申縣附近，也不當以「申」作為邑名，更不能以「申」作為氏稱。因此，申無畏是楚文王之後封于申的可能性甚小。申在降為楚附庸之後，其後裔或入楚為仕，如潘氏、養氏、鄧氏等古國後代一樣，以國為氏。結合出土銘文來看，**申無畏很可能是申國後裔入楚為臣者。文之無畏是「以諡為氏」，但此「文」並非指楚文王，而是「申文王」**。二○○二年，黃錫全先生公佈一張銅簠銘文拓片，銘文：「隹正十月初吉庚午，申文王之孫州萊，擇其吉金，自作食𬞟，永保用之」。此申為申國之申，與南申伯太宰簠一樣，均指代處於今河南南陽的「南申」。從銘辭格式和銘文字體來看，該簠的年代大約在春秋晚期早段。器主「州萊」自稱「申文王之孫」，此「孫」未必是實指。這件簠銘說明：申國可能曾經稱王，並且有位國君諡作「申文王」。「申文王」應即申無畏之直系先祖。一九九○年湖北鄖縣肖家河墓葬出土的一件青銅簠（XM：5），銘文：「申王之孫叔姜自作食𬞟，其眉壽無諆，永保用之。」兩件銅簠的銘文相互印證，說明申國確有稱「王」之舉，這是史籍所未曾記載的。（《東周時期楚國宗族研究》，頁 167-168）

　　田成方：申叔氏是申氏的別系，概因先祖為某宗之幼子，故以「叔」字綴後，以別于大宗。《春秋世族譜》在申氏外另列申叔氏，或有學者將二氏決然割裂均不可取。《春秋釋例》、《春秋大事表》等將申叔氏合于申氏是正確的。文獻所見申叔氏有申叔時、申叔展、申叔跪、申叔豫、申叔儀等，史書或稱申叔時為叔展、申叔（《左傳》宣公十二年），申叔豫為叔豫（襄公二十一年）、申叔（襄公二十二年），證明這些人「皆連叔為名，則亦申氏也」（顧棟高：《春秋大事表卷》12 之下《春秋列國卿大夫世系表》，頁 1375）。申叔展、申叔豫等又單稱「申叔」，說明申叔亦是專指，帶有氏稱

的性質。所以說，**申叔氏應是申氏之小宗**。兩者的宗支關係，類似于潘叔與潘氏。……申公叔侯見於《左傳》僖公二十六年（前 634 年），又稱申叔（僖公二十八）。叔侯是其名，申公是其所任之職，**申是其族氏**。故史家言其官爵稱申公叔侯，言族屬則稱申叔。申叔侯活躍于楚成王統治晚期，是文獻所見最早的申叔氏貴族。（《東周時期楚國宗族研究》，頁 170）

　　建洲按：《左傳》文公十年「宋公為右盂，鄭伯為左盂。期思公復遂為右司馬，子朱及文之無畏為左司馬，命夙駕載燧。宋公違命，無畏抶其僕以徇。或謂子舟曰：『國君不可戮也。』子舟曰：『當官而行，何彊之有？』」文中的「文之無畏」、「無畏」、「子舟」俱為一人。且本章簡 58「孫（申）白（伯）亡（無）愄（畏）噂（聘）于齊」，簡 59「宋人是古（故）殺孫（申）白（伯）亡（無）愄（畏）」，以上均可知「繡（申）公弔（叔）侯」確實錯寫。其次，根據田成方先生的論述，「申無畏」與「申叔侯」應為同族，與整理者的意見不同。對姜姓申國，林寶《元和姓纂》云：「姜姓，炎帝四嶽之後，封于申，號**申伯**。周宣王元舅也。」顧炎武《日知錄》卷三「申伯」條云：云：「申伯，宣王之元舅也。立功於周，而吉甫作《崧高》之誦。其孫女為幽王后，無罪見黜，申侯乃與犬戎攻殺幽王。乃未幾而為楚所病，『戍申』之詩作焉。當宣王之世，周興而申以強；當平王之世，周衰而申以弱；至莊王之世，而申為楚縣矣。」（頁 126）蓋楚文王取申設縣以後，申國降為楚人附庸，形式上保留了「申伯」的名號，如河南省洛陽市郊區漢河南縣城的東北角 M60：22 出土的春秋晚期如**申伯**彥多壺（《新收》0379），徐少華先生指出：「『申伯彥多』應是宣王時封于南土的申伯之後」（《周代南土歷史地理與文化》，頁 36）。簡文稱「文之無畏」為「**申伯**無畏」（「**申伯**」辭例如同下面的「彭伯」、「鄭伯」、「縠伯」以及銅器銘文「輔伯」、「南申伯」、「鄧伯」、「番伯」。「伯」乃國君之爵稱或尊稱，參見徐少華〈南陽新出「輔伯作兵戈」的年代和族屬〉《考古》2009 年 8 期，頁 79-83），正可印證田先生所說「文無畏」並非直系的楚國貴族，實為「申文王」的後代，

與楚文王無關。詳見拙文:〈《清華二・繫年》中的「申」及相關問題討論〉,待刊稿。

附帶一提,徐少華先生指出《新收》315、316「彭伯壺」的「彭伯」是彭國之君,「彭」是國名,「伯」是爵稱。與文獻所載「鄭伯」、「申伯」、「穀伯」同例。作為彭伯後代的「彭仲爽」曾協助楚文王取申以為縣,楚文王則任用曾為申人的彭仲爽之子「彭宇」為申縣縣公,是**第一任申公**,見《集成》4611「申公彭宇簠」。(參見徐少華〈彭器、彭國與楚彭氏考論〉《古文字與古代史》第二輯,頁 287-288)

「叔」字見於簡 18❖、57❖,其下多一撇筆,相似字形亦見於❖(《清華三・良臣》03)、❖(《良臣》05)、❖(《良臣》08)、❖(《良臣》09)、❖(《璽彙》3428)、❖(《璽彙》2549)、❖(《凝清室所藏周秦璽印》),吳振武先生很早就已考釋此字是「弔」字變體,讀為「叔」,吳先生說:

> ❖《璽彙》3428『大～許』、❖《璽彙》2549『～惰』,『弔』字所從的『人』旁和舊說象繒繳之形的那個偏旁本是結合在一起的。但在東周時期,這兩個偏旁時有分離的趨勢。這裏所討論的璽文『弔』字跟其他已識『弔』字的最大不同就是兩個偏旁寫得完全脫開了。這種現象在古文字形體演變中並不是孤立的,戰國時期『射』字由原先『弓』、『矢』兩旁連寫的形式變為分寫式──『弢』,便是一例。不過這裏所討論的璽文『弔』字跟其他『弔』字相比還都多出一筆,這是很奇怪的。我們猜想這一筆大概是一種**區別符號**,為的是將『弔』字所從的那個象繒繳形的偏旁跟『它』旁區別開來。因為在戰國文字中,這兩個偏旁變得實在太相似了。(戰國璽印文字中還另有從『人』的『佗』字)(《古璽姓氏考(複姓十五篇)》,《出土文獻研究》第三輯,頁 79-80)

劉洪濤先生贊同吳說，並補充 （《文物》2005 年 8 期 36 頁圖三三「～活鈜」）為例。同時認為《繫年》 之所以加一撇筆，可能是爲了避免與「佗」字混淆。有了這個區別符號後，「弔」、「佗」二字所从偏旁相對位置的區別就不那麼重要了，因而上引璽印的「弔」字才把「它」字形寫在「人」旁之外。（《論掌握形體特點對古文字考釋的重要性》，頁 100-101）。謹按：僅就 、 而言，加一撇筆解釋為避免與「佗」相混的區別符號是有道理的。西周金文「弔」作 （《金文編》，頁 572），這種結合在一起的寫法不會與「佗」字混淆，而 應該理解 加一飾筆而來，與區別符號無關。我們可以認為 是由 解構形體而來，本來的飾筆依然保存，似未必理解為區別符號。此外，簡 34「傻」作 ，其「子」旁下部亦如同 加了一撇作飾筆。

⑩ 宋【五七】公之車萝（暮）篳（駕）

整理者：萝，即「暮」字。《左傳》文公十年「子朱及文之無畏為左司馬，命夙駕載燧」，楊伯峻注：「夙駕，早駕也」，則暮駕意為晚駕、遲駕。（頁 161，注 10）

建洲按：宋公，指宋昭公（前 619 年-前 611 年）。文公十年記載子朱與文之無畏下令「夙駕載燧」，即下令早晨在車上裝載取火工具出發。但是宋昭公卻暮駕，此即《左傳》所云「宋公違命」的內容，《繫年》的記載可以補充傳世文獻之不足，彌足珍貴。

⑪ 用觥（抶）宋公之馭（御）

整理者：觥，即正始石經「逸」字古文，此處讀為「抶」，《說文》：「笞擊也。」《左傳》文公十年：「宋公違命，無畏抶其僕以徇。」（頁 161，注 11）

建洲按：「觥」作 ，字形亦見於 （《上博（一）·性情論》簡 28）、（《上博（五）·三德》簡 4）、（《上博（五）·三德》簡 11），相關字

形及考釋請見陳劍:〈甲骨金文舊釋「𤔲」之字及相關諸字新釋〉。「逸」、「佚」相通古書習見,故本簡「𢦑」讀為「抶」,可從。又新出《上博九・成王為城濮之行》甲 1「不𢾭(逸－抶)一人」,用法相同(此為網友「不求甚解」的意見)。

⑫ 旻(史－使)孫(申)白(伯)亡(無)愄(畏)𦔵(聘)于齊

整理者:孫,通讀為「申」,音近通假。或說申氏出自楚文王,故稱「孫」。(頁 161,注 12)

建洲按:《左傳》宣公十四年:「**楚子使申舟聘于齊**,曰:『無假道于宋。』亦使公子馮聘于晉,不假道于鄭。**申舟以孟諸之役惡宋**,曰:『鄭昭、宋聾,晉使不害,我則必死。』,王曰:『殺女,我伐之。』見犀而行。及宋,宋人止之。華元曰:『過我而不假道,鄙我也。』鄙我,亡也。殺其使者,必伐我。伐我,亦亡也。亡一也。』乃殺之。楚子聞之,投袂而起。屨及於窒皇,劍及於寢門之外,車及於蒲胥之市。秋九月,楚子圍宋。」可見簡文的「孫白亡愄」就是「申舟」、「文無畏」,但其家族是否出自楚文王尚有疑義,請見前引田成方先生的意見。整理者說「申氏出自楚文王」就更有問題了,顧棟高《春秋大事表》卷十二之下《春秋列國卿大夫世系表》將申叔氏歸入申氏,但申叔氏明顯不出自楚文王,春秋時期楚國以申為氏者,大概都是降楚的姜姓申國公族。總之,「孫白亡愄」的「孫」可能還是理解為通假為「申」的好。古書【申與遜】有通假例證,如:《管子・立政》:「以時鈞脩焉」,《荀子・王制》:「鈞」作「順」。《釋名・釋地》:「坤,順也。」則【匀與申】可通。朱駿聲《說文通訓定聲》「遜」下曰:「《劉修碑》:『其於鄉黨,遜遜如也。』《論語》作恂。」可見【遜與恂】可通,即【孫與匀】可通。可見【孫與申】通假是沒問題的。「申伯」,見於「南申伯大宰仲再父簠」(西周晚期,《集成》4189),到春秋晚期仍有「申伯諮多壺」(《新收》

0379）以及本簡背景是楚莊王時代的「申舟」仍稱「申伯」來看，雖然春秋早期楚文王二年（前 688 年）取申設縣，申國降為楚人附庸，但形式上仍保留了「申伯」的名號，並一度稱王，但實際上有名無實。（《東周時期楚國宗族研究》，頁 168）。徐少華先生在分析洛陽出土的申伯諓多壺及隨縣曾侯乙編鐘銘文後認為：「位於南土的申於春秋晚期、戰國早期一直存在，與姬姓曾（隨）國頗有相似之處，結合《左傳》申於春秋晚期仍在淮域活動的記載分析，春秋早期楚文王『實縣申、息』之時，並未滅申，而是降為附庸遷往淮域重新安置。」（徐少華：《周代南土歷史地理與文化》，頁 36-37）。董珊先生認為：「《左傳》哀公十七年：『彭仲爽，申俘也，文王以爲令尹，實縣申、息，朝陳、蔡，封畛于汝。』可見成爲楚縣的申近于陳、蔡、汝水，是申、息之申，不在南陽而在信陽。」（〈讀清華簡《繫年》，復旦網，2011 年 12 月 26 日）按：董說不確，申、息之申仍應從舊說，位置在南陽，詳見拙文〈《清華二・繫年》中的「申」及相關問題討論〉，待刊稿。

⑬ 叚（假）逄（路）【五八】於宋=（宋，宋）人是古（故）殺孫（申）白（伯）亡（無）悁（畏）

整理者：「叚」字寫法同於清華簡《保訓》「昔微叚中于河」語。「楚子使申舟聘于齊，曰『無假道於宋』」，及由此引生的事件，詳見《左傳》宣公十四年，參看《呂氏春秋・行論》、《淮南子・主術》等。（頁 161，注 13）

建洲按：字作 ，或釋為從叚聲（徐在國〈說楚簡「叚」兼及相關字〉，簡帛網，2009 年 7 月 15 日），或釋為從質聲（范常喜〈戰國楚簡「刉」字述論〉，復旦網，2010 年 11 月 2 日）。李零先生分析此字為从石从刀。或加又于刀下，象持刀磨于礪。《說文解字・石部》有「碬」，訓為「厲」（礪）。這個字就是「碬」的本字。（〈讀清華簡保訓釋文〉《中國文物報》2009 年 8

月 21 日第 7 版）。又《上博九・邦人不稱》簡 12「女▨為司馬」，「女」指沈諸梁▨，從叚從貝，此字常見於楚簡，如：▨（《包山》158）、▨（《上博二・容成氏》39）、▨（《包山》161）、▨（《郭店・語叢四》26）。《左傳》哀公十六年曰：「沈諸梁兼二事，國寧，乃使寧爲令尹，使寬爲司馬，而老於葉。」既爲「兼」，則讀爲「假」，是合理的，義同假攝（代理職務）；假吏（暫時代理職務的官吏）；假守（古代稱權宜派遣而非正式任命的地方官）的「假」。（參見拙文：〈初讀《上博九》劄記（一）〉，簡帛網，2013 年 1 月 6 日。）

⑭ 貤（奪）亓（其）玉帛

整理者：「貤」從它聲，透母歌部，「奪」字定母月部，韻相對轉。（頁 161，注 14）

侯乃峰（網名小狐）：似當直接釋爲「挖」（當然因音近可讀爲「奪」）。高誘注《淮南》『遇盜挖其衣』云：『挖，奪也。』」（〈讀《繫年》臆札〉，「復旦網」，2012 年 1 月 3 日）

建洲按：《繫年》的「奪」有三種寫法，除本簡外，還有簡 76「敓（奪）之少▨」、簡 116「敓（奪）宜昜（陽）」。相關考釋請見第二十一章簡 116「敓（奪）宜昜（陽）」條下。

⑮ 臧（莊）王衒（率）𠂤（師）回（圍）宋九月

整理者：《春秋》宣公十四年：「秋九月，楚子圍宋」，傳同。簡文則言楚圍宋歷九月之久。（頁 161，注 15）

⑯　宋人**夊**（焉）為成

　　整理者：《春秋》宣公十五年：「夏五月，宋人及楚人平。」自上年九月至此五月，恰共九月。有關事跡詳該年《左傳》。（頁161，注16）

　　建洲按：《左傳》宣公十五年：「夏五月，楚師將去宋，申犀稽首於王之馬前曰：『毋畏知死而不敢廢王命，王棄言焉。』王不能答。申叔時僕，曰：『築室，反耕者，宋必聽命。』從之。宋人懼，使華元夜入楚師，登子反之床，起之，曰：『寡君使元以病告，曰：『敝邑易子而食，析骸以爨。雖然，城下之盟，有以國斃，不能從也。去我三十里，唯命是聽。』子反懼，與之盟，而告王。退三十里，**宋及楚平**。**華元為質**。盟曰：我無爾詐，爾無我虞。」

　　「成」，媾和也。《左傳》隱公元年：「惠公之季年，敗宋師于黃。公立而求成焉。」楊伯峻《注》曰：「成，解怨結好也，今言媾和。」（頁18）《左傳》寫作「平」，意思跟「成」相同，都是媾和的意思，可參毛遠明：《左傳詞彙研究》頁55。《左傳》隱公六年：「夏，盟于艾，始平于齊也。」杜預注：「春秋前，魯與齊不平，今乃棄惡結好，故言始平于齊。」

　　《左傳》成公七年（楚共王七年，前584年）追述楚國子重在圍宋之役勝利後，請求賞田的事，文曰：「楚圍宋之役，師還，子重請取于申、呂以為賞田，王許之。申公巫臣曰：『不可。此申、呂所以邑也，是以為賦，以禦北方。若取之，是無申、呂也。晉、鄭必至於漢。』王乃止。」江永《春秋地理考實》曰：「鄧州在南陽府之西南。莊六年傳云：楚文王伐申、過鄧。是以知申在南陽縣也。楚既滅申以為縣，子重請申、呂為賞田。申公巫臣曰：不可。此申、呂所以邑也。呂亦在南陽縣，故合言之。」（〔清〕江永：《春秋地理考實》卷一，頁四，《欽定四庫全書經部》，總頁181-251。）陳槃先生也指出：

蓋此時之呂亦在南陽城西三十里，與申毗連，故子重以申、呂相提並論。楚以申、呂為北方門戶，則鄭、晉不敢涉漢。鄭、晉若南侵楚，則道必經南陽，由此更南下而至于漢，不過百數十里，故申公巫臣云爾。此楚莊王十九年事也。由此而論，則由春秋莊公六年以至成公七年，**此時之申之不在信陽，蓋亦明矣**。（陳槃：《春秋大事表列國爵姓及存滅表譔異（三訂本）》第一冊，總頁305）

陳偉先生說：「這時的申、呂，一般認為是楚縣。申公巫臣所說的『邑』，實際指的是縣。」（陳偉：《楚簡冊概論》（武漢：湖北教育出版社，2012年9月，頁140）至於所謂「賞田」，鄭威先生認為：「子重向莊王索取的賞田是縣邑的一部分而不是全部，其規模小於采邑。呂文郁先生在對西周時期賞田進行探討後說：『其封授土田規模大者為采邑，其規模小者為賞田。』（《周代的采邑制度》，頁145）就楚國來說，劉玉堂先生談到，『楚國所謂賞田，其實不過是食邑的別稱，因為從賞田的性質上，找不出異于食邑的特徵，故分之可稱為賞田、食邑，合之則可統稱食邑。』（《楚國經濟史》，頁18）應該可以說，楚國的賞田與采邑性質大概相同，但相對來說賞田規模偏小，也許是城邑的一部分。」（《楚國封君研究》，頁36-37）

⑰　以女、子【五九】與兵車百葷（乘）

整理者：女子，疑當乙為「子女」。《左傳》僖公二十三年：「子女玉帛，則君有之。」《國語・晉語四》同。（頁161，注17）

建洲按：《左傳》僖公二十三年：「子女玉帛，則君有之。」楊伯峻先生認為應該斷句為「子、女、玉、帛」，「子、女」是指男女奴隸，如同西周師袁簋：「毆俘士、女、羊、牛」。（頁409）相似內容亦見於《國語·晉語四》：「楚子問于公子曰：『子若克復晉國，何以報我？』公子再拜，稽首，對曰：『子女玉帛，則君有之。』」韋昭《注》：「子女，美女也。」上引楊

伯峻已指出:「韋注〈晉語四〉以子女為一,云『子女,美女也』,不可信。」
俞志慧先生也說:

> 釋「子女」為美女,於古未聞。「子女」一詞,除今天所使用的「兒
> 子與女兒」這一常用義外,還有男和女之意,如《禮記·樂記》「及
> 優侏儒,糅雜子女,不知父子」鄭玄注:「言舞者如獼猴戲也,亂男
> 女之尊卑。」《說苑·理政》:「衣裳之不美,車馬之不飾,子女之不
> 潔,寡人(鄭簡公)之醜也」;《逸周書·小明武》:「無食六畜,無
> 聚子女」,其中之「子女」義與此同。又有少女之意,如《漢書·武
> 帝紀》「朕飾子女,以配單于」。雖說美女與「少女」義有交集,但
> 以「子女」為美女,畢竟外延過窄。故本條子女一詞既可釋作男女,
> 亦可釋作少女,但不可釋作「美女」。(《《國語》韋昭注辨正》,頁 145)

「子女」即「士女」,確實可指一般的男女,如秦子簋「溫龔穆〔穆〕,秉
德(?)受命屯魯,義其士女」,李學勤先生認為「『士女』見《詩·甫田》
等,指民眾男女。『儀其士女』,意云為民眾所尊重效法。」(〈論秦子簋及
其意義〉,頁 23)又庚壺十二至十五行「殺其鬥者,俘其士女」,李家浩先
生指出:「『士女』指一般的男女。」(〈庚壺銘文及其年代〉,頁 94)。而「奴
隸」的來源本是「一般的男女」,所以上述二說並不矛盾。于省吾先生根據
師寰簋:「徒馭毆(驅)俘,士女羊牛」,指出《詩·大雅·既醉》:「君子
萬年,景命有僕。其僕維何?釐爾女士」的「女士」是指男女奴隸。于先
生還說:凡《詩經》中以士與女對稱者,都係指青壯年男女言之。由此以
推,則師寰簋的「士女」,係指青壯年男女言之甚明。因為俘虜青壯年男女,
才能使之充當奴隸,這與此詩「釐爾女士」以為奴隸之義完全相符。(《澤
螺居詩經新證》,頁 221-222)。其說甚是。《上博四·曹沫之陣》17-18「母
(毋)惡(愛)貨資、子女,以事【17】其便嬖,所以佢(距)內」,此處

也是「貨資、子女」並列，「子女」同樣應理解為男女或是奴隸。或以為此處「子女」是指美女，不可從。回頭來看《繫年》「宋人匄（焉）為成，以女子與兵車百𨍵（乘）」，此處的「女、子」顯然就是〈既醉〉「釐爾女、士」的「女、士」，指男女奴隸而言，不能解釋為女人，蓋致送女子者，如《孔子家語‧子路初見》：「孔子相魯。齊人患其將霸，欲敗其政。**乃選好女子八十人**，衣以文飾而舞容璣，及文馬四十駟，以遺魯君。」情境並非媾和投降，而是圖謀他國政權者。總之，整理者認為「女子，疑當乙為『子女』」，是沒有必要的。第二十二章簡 110「齊與越成，以建陽、邱陵之田，且男女服」，所謂「男女服」指男女奴隸，亦為一證。簡文意思是說：宋國與楚國媾和的條件，是用男女奴隸與兵車百乘，並以華孫元為人質。

⑱　以芋（華）孫兀（元）為𡙁（質）

整理者：𡙁，「執」字異體，章母緝部，與「質」字通假，如「摯」、「鷙」、「贄」等字都在質部。《左傳》宣公十五年：「宋及楚平，華元為質。」（頁161，注18）

建洲按：《上博七‧鄭子家喪》甲 7「奠（鄭）人命𠔇（以）子良爲執（質）」，「執」讀為「質」是陳偉先生的意見（〈《鄭子家喪》初讀〉），可以參照。不過白於藍先生認為《鄭子家喪》「執」當讀為「贄」，解釋說：「按，陳偉將『執』字上讀，且將『執』字解釋為『質』，可謂卓識。但將『執』字直接讀為『質』則不可取。上古音『執』為章母緝部字，『質』為章母質部字，兩字聲母雖為雙聲，但韻部相隔過遠，典籍中亦未見執、質二字相通的例證。」（〈讀上博簡箚記〉《中國文字》新 38 期）其實，質、贄通假互訓，古書習見，而「贄」從「執」聲，現在又有《繫年》與《左傳》的異文可以對應，可見「執」讀為「質」自無問題，白先生的質疑是沒有必要的。

《繫年》第十二章集解

【章旨】

　　魯宣公九年，楚莊王十四年，楚王在厲國盟會，由於鄭襄公從盟會逃歸，楚莊王遂發兵攻打鄭國，晉成公與諸侯在厲盟會準備解救鄭國，結果楚國沒有退兵，晉成公在厲地棄世。藉由本章可以知道《左傳》宣公九年所謂的「厲之役」，杜預解為厲地的戰役是不對的，「役」應該理解為「會盟」，「役」也有讀為「會」的可能。同時，根據《繫年》的論述，可知「楚子伐鄭」（《春秋》宣公九年）當早於「九月，晉侯、宋公、衛侯、鄭伯、曹伯會于厲。晉荀林父帥師伐陳。辛酉，晉侯黑臀卒于扈。」（《春秋》宣公九年）自然「楚子伐鄭」，即簡文「王會諸侯于厲，鄭襄公自厲逃歸，莊王遂加鄭亂」當在宣公九年春夏之時，進一步可以將《春秋》的敘事順序稍作調整。最後，晉成公與諸侯會于厲的目的當是「救鄭」。

【釋文】

　　楚臧（莊）王立十又四年，王會者（諸）侯于醨（厲）①，奠（鄭）成〈襄〉公自醨（厲）逃歸②，臧（莊）王述（遂）加奠（鄭）𡥈（亂）③。晉成【六一】公會者（諸）侯以㦴（救）奠（鄭）④，楚𠂤（師）未還，晉成公𡨗（卒）于扈☗⑤。【六二】

【語譯】

　　楚莊王十四年，莊王與諸侯在厲國會盟，鄭襄公不參加會盟而從厲國逃回鄭國，莊王就對鄭國施加戰亂。晉成公（在扈地）會合諸侯是為了救

鄭國，（結果）楚國沒有退兵，晉成公在扈地棄世。

【集釋】

① 楚臧（莊）王立十又四年，王會者（諸）侯于鄘（厲）

整理者：厲，國名，在今湖北隨州東北，或作「賴」。王夫之《春秋稗疏》則以為在今河南鹿邑東。楚莊王十四年會諸侯於厲一事，《春秋》宣公九年未能明記，以致後代學者多有誤會。（頁163，注1）

陳槃：案齊、曹所伐之厲不在隨縣，事理固甚顯，王氏（引案：指「王夫之」）所論，當是也。今綜上所引述，河南鹿邑、商城、息暨湖北隨四縣，並有厲、賴之遺跡，如除去隨縣不過為厲山氏出生地且已屬隨侯之國，可以不計，則祇餘鹿邑、商城與息之賴。鹿邑縣南距息縣二百數十里，小國遷徙毋常，（昭四年左傳：楚滅賴，遷賴于鄢，蓋齊國甚小，因遷之始居鄢耳。）故此三地並有其遺址。然則此賴即厲，非二國矣。（《春秋大事表列國爵姓及存滅表譔異（三訂本）》，頁615）

徐少華：魯僖公十五年（公元前645年），齊、曹之師伐厲，是因為楚師伐齊之與國徐，齊出於救徐的目的，則率諸侯之師伐**楚之與國厲**，以迫楚等回師救厲，從而解徐之圍。其實楚、齊兩軍的活動主要在汝、穎以東的黃淮之間與淮河中下游地區，齊為救徐所伐之厲，不可能是位於楚之內地，今隨州北境之厲國，而應是《史記》所載老子生地的古苦縣之厲鄉，在今河南鹿邑縣東。至於魯昭公四年（公元前583年）楚滅之賴，是在楚率諸侯之師東伐吳取朱方、殺齊慶封之後，取山東之鄆以前的一次軍事行動。此「賴」（厲）應即《續漢書・郡國二》汝南郡「襃信」侯國下司馬彪原注所言的「賴亭」，故賴（厲）國，在今河南息縣東北約七十里的包信鎮（即故襃信侯國、襃信縣）一帶。襃信之厲，可能是苦縣之厲在遭受齊師數度侵伐之後的南遷，意在避齊就楚，尋求楚人的庇護，與春秋中期許國

在屢遭北方鄭國的侵凌之後，南遷楚境之葉以求安寧的情形相一致。（〈古屬國歷史地理考異〉，原載《歷史地理》19 輯，2003 年。又載於《荊楚歷史地理與考古探研》，頁 25-26）

陳偉：春秋厲（賴）國所在，舊有多種説法。《左傳》昭公四年在「遷賴于鄢」之後復云：「楚子欲遷許于賴，使鬥韋龜與公子弃疾城之而還。申無宇曰：『楚禍之首，將在此矣。召諸侯而來，伐國而克，城竟莫校，王心不違。民其居乎。民之不處，其誰堪之。不堪王命，乃禍亂也。』」「城竟莫校」，顯示賴當在春秋晚期楚國的邊境地區。王夫之認爲厲（賴）約在今河南鹿邑縣境，當更爲可信。（〈札記（二）〉）

建洲按：楚莊王十四年，是魯宣公九年，公元前六百年，依照徐少華先生的意見，此時的「厲（賴）」國只能是在河南鹿邑縣境。至於第十八章簡 98「霝（靈）王先起兵，會者（諸）侯于繻（申），敓（執）郐（徐）公，述（遂）以伐郐（徐），克漨（賴）、邾（朱）邡（方）」的「賴」依徐少華先生之說則是指由河南鹿邑縣遷到汝南郡褒信的「賴亭」。茲將上引《春秋大事表列國爵姓及存滅表譔異（三訂本）》所繪「厲」國地理位置揭示如下：

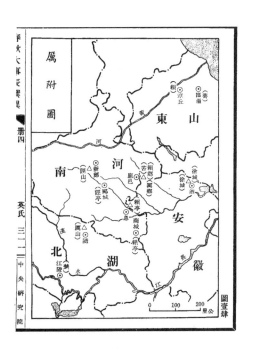

② 奠（鄭）成〈襄〉公自䣕（厲）逃歸

整理者：據《史記‧十二諸侯年表》，當時鄭君為「襄公」，簡文作「成公」，疑因下涉「晉成公」而誤。鄭君自厲逃歸，見《左傳》宣公十一年追述：「厲之役，鄭伯逃歸。」杜注云：「蓋在六年。」按宣公六年傳有「楚人伐鄭，取成而還」，齊召南《春秋左氏傳注疏考證》已指出：「此傳既曰『取成而還』，鄭伯又何至於逃歸乎？」詳參楊伯峻《春秋左傳注》第 689頁。由簡文知杜說不確。（頁 163，注 2）

孫飛燕：《左傳》提到的「厲之役」，見於宣公九年和宣公十一年。宣公九年：「楚子為厲之役故，伐鄭。」宣公十一年：「厲之役，鄭伯逃歸，自是楚未得志焉。鄭既受盟於辰陵，又徼事于晉。」這兩次「厲之役」，不見於《春秋》，《左傳》也沒有具體的說明。杜預將「厲之役」理解成在厲地的戰役，認為「楚子為厲之役故，伐鄭」就是指楚王因為厲地的戰役而伐鄭。而距離宣公九年最近的楚鄭交戰是宣公六年的「楚人伐鄭，取成而還」，他由此推測「厲之役」就是宣公六年的「楚人伐鄭，取成而還」。對於杜說的錯誤之處，齊召南《春秋左傳注疏考證》已提出質疑：「按九年傳曰：『楚子為厲之役故，伐鄭。』杜注：『六年，楚伐鄭，取成于厲。既成，鄭伯逃歸。』十一年傳曰：『厲之役，鄭伯逃歸，自是楚未得志焉。』杜注：『蓋在六年。』傳所稱『楚人伐鄭，取成而還』也，此傳既曰『取成而還』，鄭伯又何至於逃歸乎？杜注前後皆言『蓋』，蓋者，疑辭也。」由《繫年》可以得知，楚莊王十四年（魯宣公九年）會諸侯于厲，鄭襄公自厲之會逃歸。因此，《左傳》的「厲之役」實際上是指「厲之會」，即楚莊王在厲地會諸侯一事。那麼，《左傳》「厲之役」的說法是否就是錯誤的呢？如果像杜預那樣理解成厲地的戰役，《左傳》之說自然不能成立。筆者認為，《左傳》的說法並沒有錯誤，關鍵在於對「役」字的理解。「役」在《左傳》中除了常訓為戰役、戰爭外，還可以特指會盟之事。此處的「役」指的正是

會盟之事。《左傳》襄公三年：六月，公會單頃公及諸侯。己未，同盟於雞澤……晉侯之弟揚干亂行于曲梁，魏絳戮其僕……晉侯以魏絳為能以刑佐民矣，反役，與之禮食，使佐新軍。案：楊伯峻注：「反役，自盟會之事返國。」這是正確的。盟會指的是雞澤之會。」（〈釋《左傳》的「厲之役」〉，《深圳大學學報》2012 年 02 期，頁 58）

胡凱、陳民鎮：由簡文可知宣公九年的「厲之役」當指「王會諸侯于厲」之事，並非杜預所說的宣公六年「楚人伐鄭，取成而還」。宣公十一年所記「鄭伯逃歸」則是對宣公九年「厲之役」的追述，杜注亦誤。（〈從清華簡《繫年》看晉國的邦交——以晉楚、晉秦關繫為中心〉，《邯鄲學院學報》2012 年 02 期，頁 59）

建洲按：《宣六年傳》：「楚人伐鄭，取成而還」，所謂「取成而還」即媾和以後而回去，可見宣公十一年的「厲之役，鄭伯逃歸」與之無關，杜預之說有誤。楚莊王十四年，即魯宣公九年，則宣公九年「楚子為厲之役故，伐鄭」，就是本簡所云「王會者（諸）侯于醨（厲）」，孫飛燕小姐認為「厲之役」的「役」是指會盟之事，其說可從。「役」指「盟會」是楊伯峻先生指出的，不過此義項在字書中似未看到，參見《故訓匯纂》頁 740-741。而「役」，余紐錫部；「會」，見紐月部或匣紐月部，二者聲韻皆近，可以相通。比如《古字通假會典》四四九頁有「腦與股」的通假例證，其中「股」應分析為從肉、「役」省聲，與肱股之「股」並非一字，看段玉裁《說文解字注》「脰」字注。而「益」是影紐錫部，可見「役」與喉音相近。至於韻部，上古支錫耕三部之字常可與歌月元互諧，這是古音學者公認的。如《周禮·秋官·序官》：「哲蔟氏」，鄭注：「鄭司農云『哲（月部）讀為摘（錫部）』。」又如《曹沫之陣》簡 52「及尔龜箬（筮）」的「箬」作𥰧，從竹，「啻」聲（錫部），讀為「筮」（月部）。（禤健聰：〈關於《曹沫之陣》的「箬」字〉、馮勝君：《郭店簡與上博簡對比研究》頁 187、《上博文字編》頁 235）。又于省吾先生曾釋北方風名為「役」讀為「列」，當時是影響最大的說法，參

《甲骨文字釋林》頁 128。「役」之釋現在看來是不對的，當隸定「殳」，釋為「殺」（陳劍：〈試說甲骨文的「殺」字〉）。但所指出的「役」與來紐月部的「冽」通假的現象還是值得關注的。又《左傳》哀公十三年「黃池之會」，哀公二十年寫作「黃池之役」，可見「會」與「役」二者為異文。所以《左傳》宣公九年原文可以讀為「楚子為厲之役（會）故，伐鄭」；十一年的原文可讀為「厲之役（會），鄭伯逃歸」。其他左傳解為「會盟」義的「役」亦可考慮這樣的讀法。

其次，簡文的「奠（鄭）成公」確實是「奠（鄭）襄公」之誤。本簡「成」字作，除此字外，《繫年》其餘寫法皆作（《繫年》29），參《字表》265 頁，1428 號。甲骨文「成」作，從「戌」，「丁」聲。「丁」旁或加飾筆作「十」形即成。《包山》有「成」字作（91）、（121），《譜系》2166 頁分析說戌旁短橫與丁相接成千形，當是。《繫年》則應分析為從「戌」，「千」聲。「成」，禪紐耕部；「千」，清紐真部，聲韻皆近。諧聲系統中的舌音照三系字跟齒音精系字常可互諧，例如從「隹」聲（禪母）的「崔」（清母）、「璀」（清母）、「雖」（心母）等字聲母都歸精系。韻部真耕關係密切，如楚系文字中把（擊）字中原來起指事作用的墨點寫成「丁」字，一般認為是變形音化的現象，而「擊」是真部。又如《郭店・老子甲》簡 13「貞」（耕部）讀作「鎮」（真部）。

③　臧（莊）王述（遂）加奠（鄭）（亂）

整理者：加，《左傳》襄公十三年注：「陵也」，意即欺凌。鄭國其時方有「討幽公之亂」之事，見宣公十年傳。（頁 163，注 3）

黃傑：觀其意，似乎是認為當時鄭國國內有亂，楚莊王「加鄭亂」是欺凌鄭國之亂，亦即乘亂欺凌鄭國。按：這樣理解，似乎不妥。首先，從語法上看，「加鄭亂」似當理解為「以亂（戰亂）加於鄭」，即侵鄭之意。

其次，簡 61-62 敘述的事在宣公九年，整理者以《左傳》宣公十年之事來注
解，顯然是不對的。宣公九年，鄭國國內並無「亂」。（〈簡 61「莊王遂加鄭
亂」的理解〉，簡帛網學術論壇，2011 年 12 月 21 日，
http://www.bsm.org.cn/bbs/read.php?tid=2859）

王紅亮：愚以為，「加……亂」這是一種見於《左傳》典型的句式，當
整體來理解。《左傳》哀公十五年：「吳人加敝邑以亂」。這裏的「吳人加敝
邑以亂」與《繫年》「莊王遂加鄭亂」句式相同，只是省略了「以」字，兩
者沒什麼區別。……明白「加……（以）亂」就是「以亂加於……」或由
於加兵造成了動亂之義，我們再回到簡文，「楚莊王立十又四年，王會諸侯
於厲，鄭成公自厲逃歸，莊王遂加鄭亂」，實際上是講楚莊王伐鄭是由於鄭
成公（《左傳》作襄公）自厲逃歸，於是楚才把動亂加於鄭國。這裏的「亂」，
應指由於楚加兵於鄭而造成的亂。整理者認為其指宣公十年的「討幽公之
亂」，其何能成為九年楚伐鄭的緣由？可見，這種解釋實不可通。（〈讀清華
簡《繫年》箚記（一）〉，簡帛網，2012.3.26）

子居：此處之加，為「加諸其上」之意，鄭彼時本無亂，而楚以鄭襄
公逃歸為由伐鄭，是以亂加諸鄭邦，故《繫年》有此語。《左傳・隱公三年》：
「且夫賤妨貴，少陵長，遠間親，新間舊，小加大，淫破義，所謂六逆也。」
孔穎達疏：「妨謂有所害，陵謂加尚之，間謂居其間使彼疏遠也，加亦加陵。」
可見「加」訓「陵」，並非是「意即欺凌」，而是「加於其上」之義。（〈12
～15 章解析〉）

建洲按：黃傑、王紅亮、子居之說均可從。亦可參見《論語・先進篇》
「加之以師旅」，傅庭林、朱城《古代漢語文選補釋 300 例》謂「加本義是
施加，引申有凌駕其上義。這裏是指大國凌駕小國之上，就是侵犯、凌犯
的意思。」楊寶忠先生認為古書「加」雖有「凌駕」義，但非此文所宜施。
他認為「加」宜訓為「添加」、「增加」；「師旅」則是「戰爭」之意。（《古
代漢語詞語考證》，頁 90-93）

④ 晉成【六一】公會者（諸）侯以找（救）奠（鄭）

整理者：《春秋》宣公九年：「楚子伐鄭，晉郤缺帥師救鄭」，傳云：「楚子為厲之役故，伐鄭。晉郤缺救鄭，鄭伯敗楚師于柳棼。」《晉世家》則云晉使中行桓子（即荀林父）救鄭。（頁163，注4）

子居：是年，《春秋·宣公九年》載：「九月，晉侯、宋公、衛侯、鄭伯、曹伯會于扈。晉荀林父帥師伐陳。辛酉，晉侯黑臀卒于扈。冬十月癸酉，衛侯鄭卒。宋人圍滕。楚子伐鄭。晉郤缺帥師救鄭。陳殺其大夫洩冶。」《左傳·宣公九年》：「會于扈，討不睦也。陳侯不會。晉荀林父以諸侯之師伐陳。晉侯卒于扈，乃還。……楚子為厲之役故，伐鄭。晉郤缺救鄭。鄭伯敗楚師于柳棼。國人皆喜，唯子良憂曰：『是國之災也，吾死無日矣。』」由《左傳》可見，楚莊王會諸侯于厲，必在魯宣公九年的春、夏時期，而秋季晉侯即會諸侯于扈，所以鄭成公在厲之會的逃歸是有相當背景的。然而，若按《春秋》之記，晉成公是先卒于扈，其後的冬季，楚師才伐鄭，不當有「楚師未還，晉成公卒于扈」之說。今按照清華簡《繫年》所記，則可知晉成公會諸侯的目的就是「救鄭」，所以才有「楚師未還」之說。因此，現在看來，前引葉夢得《春秋三傳讞》所推測的「蓋鄭既與楚成，復叛而從晉，故討之」正合於《繫年》的記載，此說當才是更接近於史實的。那麼，若依《繫年》所記，「晉荀林父以諸侯之師伐陳」就當是對楚的示威行動，因此楚莊王才還以顏色而「加鄭亂」。（〈12～15章解析〉）

建洲按：根據《繫年》的論述，可知「楚子伐鄭」（《春秋》宣公九年）當早於「九月，晉侯、宋公、衛侯、鄭伯、曹伯會于扈。晉荀林父帥師伐陳。辛酉，晉侯黑臀卒于扈。」（《春秋》宣公九年）自然「楚子伐鄭」，即簡文「王會諸侯于厲，鄭襄公自厲逃歸，莊王遂加鄭亂」當在宣公九年春夏之時。其次，「會于扈，討不睦也。陳侯不會，晉荀林父以諸侯之師伐陳。晉侯卒于扈，乃還。」（《左傳》宣公九年），所云「討不睦」並未指出對象

是誰，楊伯峻注說：「蓋此時晉、楚爭彊，諸侯之從楚者，即不睦于晉，故晉為扈之會以討之。」（頁 701）今由簡文「晉成公會諸侯以救鄭，楚師未還，晉成公卒于扈」，可知「會于扈」的目的當是「救鄭」。

⑤　楚㠯（師）未還，晉成公㱑（卒）于扈

整理者：扈，鄭地，今河南原陽西。《春秋》宣公九年記「九月，晉侯、宋公、衛侯、鄭伯、曹伯會于扈」，傳云：「會于扈，討不睦也。陳侯不會，晉荀林父以諸侯之師伐陳，晉侯卒于扈，乃還。」其下始記楚伐鄭事，與簡文顯有差異。（頁 164，注 5）

子居：「晉成公卒于扈」的「扈」地，很可能當是在今河南省孟津縣會盟鎮北的雷河村一帶，而非在如杜預注所言河南省原陽縣西的古「扈亭」。（〈12～15 章解析〉）

建洲按：關於「晉成公卒于扈」的時間點，《左傳》云：「晉荀林父以諸侯之師伐陳，晉侯卒于扈，乃還。」《繫年》云：「晉成公會諸侯以救鄭，楚師未還，晉成公卒于扈」，可知當時救鄭伐楚尚未成功。《左傳》還記載：「晉郤缺救鄭，鄭伯敗楚師于柳棼」，看起來郤缺與鄭國聯軍是已經打敗楚國了。而《春秋》本來作「九月，晉侯、宋公、衛侯、鄭伯、曹伯會于扈。晉荀林父帥師伐陳。辛酉，晉侯黑臀卒于扈。冬十月癸酉，衛侯鄭卒。宋人圍滕。**楚子伐鄭。晉郤缺帥師救鄭。**陳殺其大夫洩冶。」今綜合以上，經文可以恢復為「**楚子伐鄭。**九月，晉侯、宋公、衛侯、鄭伯、曹伯會于扈，晉荀林父帥師伐陳。辛酉，晉侯黑臀卒于扈。**晉郤缺帥師救鄭。**」至於《史記・晉世家》云：「七年，成公與楚莊王爭彊，會諸侯于扈。陳畏楚，不會。晉使**中行桓子伐陳，因救鄭**，與楚戰，敗楚師。是年，成公卒，子景公據立。」〈十二諸侯年表〉（前 600 年）也云：「（晉七）使桓子伐楚。以諸侯師伐陳救鄭。成公薨。」二者將伐陳與救鄭視為一事，不確。且所

載「中行桓子救鄭」也與《左傳》<u>郤缺</u>救鄭不同，似乎是跟宣公五年「楚子伐鄭，陳及楚平，晉荀林父救鄭伐陳。」混在一起了。但〈十二諸侯年表〉（前 600 年）中「（楚五）伐鄭，晉郤缺救鄭，敗我。」（頁 616）則與《左傳》相合。

「扈」字作。「扈」字亦見於《清華三・良臣》「臣扈」的「扈」作，從戶聲、瓜聲，讀為扈，是雙聲字。與此字結構相似的字見於左冢楚墓漆棋局 X 綫上第五欄的（），經與比對，可知前者實不從「瓜」，而從「偶」，應該釋為「屬」，當然也不排除是「所」字的訛寫。（參拙文：〈《上博八・命》簡 9「必內瓜之於十友又三」釋讀〉，載《簡帛研究二○一一》）

《繫年》第十三章集解

【章旨】

　　魯宣公十一年，楚、陳、鄭在辰陵結盟，不久鄭又背楚附晉（「鄭既受盟于辰陵，又徼事于晉」），此舉引起楚國的不滿，遂發兵攻鄭，三個月後（夏天六月）攻破鄭國。鄭襄公肉袒牽羊迎接楚王，並向楚王請求媾和。楚王答應了，派潘尪進入鄭國結盟，鄭國以大臣子良到楚國作人質。此時晉軍發兵救鄭，荀林父率領中軍，士會率領上軍，趙朔率領下軍。當荀林父到達黃河邊時，聽到楚鄭已經媾和，本想回師，但在司馬韓厥的勸告下，就帶領中軍渡過黃河。這時楚王已北上，軍隊駐紮在「郔」（在「厥貉」以南）。楚王連續兩次派遣使者去晉議和，晉國答應議和，並約定結盟日期。晉將趙旃請求作卿沒有得到，心中不滿，想讓晉軍失敗，便以召請楚國人前來結盟為由出使楚營。結果趙旃不議和，不執行召盟的使命，傍晚時分在楚軍門外席地而坐，派遣他的部下先衝進楚營作戰。六月乙卯，楚王乘左廣車追趕趙旃，楚將屈蕩和他搏鬥，獲取了他的甲裳。晉國人害怕趙旃激怒楚軍，讓駐守的戰車去接他。楚軍望見滿天的塵土，以為晉軍攻打過來了，同時擔心楚王深入晉軍，就出兵列陣迎戰。荀林父一下子亂了手腳，不知所措而指揮無方，楚軍大敗晉師。到了黃昏，楚軍進駐邲水附近，晉國剩餘的士兵潰不成軍，遂連夜渡河回國。此即歷史上有名的「邲之役」，又名「兩棠之役」。《上博七・鄭子家喪》、《上博九・陳公治兵》均有關於「兩棠之役」的記載，可以參看。

【釋文】

[楚莊王立十又七年，]王回（圍）奠（鄭）三月①，奠（鄭）人為成②。晉中行林父衔（率）自（師）救（救）奠（鄭）③，臧（莊）王述（遂）北④。【六三】[楚求成于晉＝（晉，晉）人許之，遂與楚]人明（盟）⑤。邘（趙）罟（旃）不欲成⑥，弗卲（召）⑦，敁（發-茇）于楚軍之門⑧，楚人【六四】被軍（駕）以自（追）之⑨，述（遂）敗晉自（師）于河[上……]⑩【六五】

【語譯】

楚莊王十七年，楚王包圍鄭國歷經三個月，鄭國與楚國媾和。晉國中行林父率領軍隊搭救鄭國，楚莊王遂北上（軍隊駐紮在邲地）。（楚王派使者向晉國求和，晉國答應，於是與楚）人結盟。趙旃不想議和，不執行召盟的使命，卻舍止在楚軍門外（請戰），楚人被甲駕馬追襲趙旃，最後打敗晉師于河……。

【集釋】

① [楚莊王立十又七年，]王回（圍）奠（鄭）三月

整理者：釋文作「☑[臧（莊）]王回（圍）奠（鄭）三月」。簡上部殘失，約缺七或八字。楚莊王圍鄭，事見《春秋》宣公十二年經傳，即楚莊王十七年。《左傳》云：「十二年春，楚子圍鄭，旬有七日。鄭人卜行成，不吉；卜臨于大宮，且巷出車，吉。國人大臨，守陴者皆哭。楚子退師。鄭人修城。進復圍之，三月，克之。」孔疏指出三月非季春之月，而是圍鄭至克共經三月，由簡文知其正確。（頁165，注1）

清華大學出土文獻讀書會：頗疑本簡開頭所殘當作「楚臧王立十又七

年」，適爲八字，則「王圍鄭三月」之王自爲「莊王」無疑，如第十二章「楚莊王立十又四年，王會諸侯于厲」，整理者補「臧（莊）」字實無必要。（〈研讀箚記（二）〉）

建洲按：從清華大學讀書會的意見。

② 奠（鄭）人為成

整理者：楚莊王許鄭平，詳《左傳》宣公十二年及《史記・楚世家》。（頁 165，注 2）

建洲按：《左傳》宣公十二年：「……進復圍之，三月，克之。入自皇門，至于逵路。鄭伯肉袒牽羊以逆，曰：『孤不天，不能事君，使君懷怒以及敝邑，孤之罪也，敢不唯命是聽？其俘諸江南，以實海濱，亦唯命；其翦以賜諸侯，使臣妾之，亦唯命。若惠顧前好，徼福於厲、宣、桓、武，不泯其社稷，使改事君，夷於九縣，君之惠也，孤之願也，非所敢望也。敢布腹心，君實圖之。』左右曰：『不可許也，得國無赦。』王曰：『其君能下人，必能信用其民矣，庸可幾乎！』退三十里，而許之平。潘尫入盟，子良出質。」

③ 晉中行林父衒（率）自（師）救（救）奠（鄭）

整理者：中行林父，即荀林父、中行桓子。《左傳》宣公十二年：「夏六月，晉師救鄭。荀林父將中軍！先縠佐之。士會將上軍，郤克佐之。趙朔將下軍，欒書佐之。趙括、趙嬰齊為中軍大夫。鞏朔、韓穿為上軍大夫。荀首、趙同為下軍大夫。韓厥為司馬。」（頁 165，注 3）

方炫琛：左僖二十七「荀林父御戎」，杜注：「荀林父，中行桓子。」左文七稱荀林父為荀伯，史記趙世家索隱引世本，謂荀林父與荀首為兄弟，可證荀為其 氏也。左宣十二荀林父請死，晉侯欲許之，士貞子諫晉侯曰：

「林父之事君也……」於君前稱林父，則**林父，其名也**。同傳稱桓子，**桓蓋其謚也**。左宣十五晉侯稱荀 林父曰「伯氏」，楊注云：「字伯。」謂伯為其行次。左成二載申公巫臣稱荀首為「中行伯之季弟」，中行伯即荀林父，其弟荀首又稱知季，則**傳稱荀林父曰荀伯、中行伯、伯氏，伯皆其行次也**。其稱中行伯者，史記趙世家索隱云：「系本云：晉大夫逝遨生桓伯林父，林父生宣伯庚宿，庚宿生獻伯偃，偃生穆伯吳，吳生寅，本姓荀，自荀偃將中軍，晉改中軍為中行，因氏焉。」謂荀林父為逝遨之子，本姓荀，自其孫荀偃將中軍後氏中行；然左僖二十八載「晉侯作三行以禦狄，**荀林父將中行**」，則將中行始自荀林父，稱中行者，亦始自荀林父，是以左文十三即稱荀林父為中行桓子，左宣十五、左成二亦載羊舌職及申公巫臣稱荀林父為「中行伯」，時人稱荀林父為中行伯，**則中行之稱始自荀林父**。通志氏族略第四「荀林父將中行，故曰中行氏」是也，故左傳稱其子荀庚、其孫荀偃為中行伯，止襲父祖之稱耳。（《左傳人物名號研究》頁434，1396「荀林父」條）

建洲按：稱「中行林父」，以荀林父曾率領晉國步兵建制「左行」。其稱名格式如同第九章簡51「右（左）行癛（蔑）」，皆以官名冠名上。

④ 臧（莊）王述（遂）北

整理者：《左傳》宣公十二年云：「楚子北，師次於郔。」（頁165，注4）
建洲按：位置如下

（中國歷史地圖集，頁 29-30 楚吳越）

⑤　[楚求成于晉=（晉，晉）人許之，遂與楚]人明（盟）

整理者：簡上部殘失，約缺十一或十二字。《左傳》云楚莊王「使求成于晉，晉人許之，盟有日矣」。（頁 166，注 5）

建洲按：整理者的釋文作「……[楚]人明（盟）」，補出「楚」字，不過對照《左傳》的史實，簡文或可擬補為「[楚求成于晉=（晉，晉）人許之，遂與楚]人明（盟）」，恰好十二字。

⑥　邘（趙）單（旃）不欲成

整理者：單，即「單」字，禪母元部，與章母元部之「旃」通假。趙旃，趙穿之子，見《左傳》宣公十二年杜注。（頁 166，注 6）

方炫琛：左宣十二「趙旃求卿未得」，杜注：「旃，趙穿子。」則趙、

其氏也，斿或其名。同傳逢大夫二子稱其為「趙傁」，杜注：「傁，老稱也。」會箋云：「傁與叟同，孟子趙注：叟，長老之稱，此尊之之辭。」（《左傳人物名號研究》頁 569，1958「趙斿」條）

建洲按：「嘼」字作，即「單」字繁體，陳劍先生曾引述裘錫圭先生的意見總結說：

> 接下來該討論交鼎的「仇次」，不過首先有必要簡單談談銘中的「嘼」字。本文初稿從通行的釋法將它讀為狩獵的「狩」。後來裘錫圭先生告訴我，此銘的「嘼」字和大盂鼎中從「辵」從「嘼」的那個字，都應該釋讀為戰爭的「戰」。考察有關材料，我認為裘先生的這一意見是完全正確的。其實，郭店楚墓竹簡《六德》篇第 16 簡說「……弗敢嘼（憚）也」；又《成之聞之》篇第 22 簡引《君奭》的一句話，其中「嘼」今本《尚書・君奭》作「單」，裘錫圭先生的按語說：「『嘼』在古文字中即『單』字繁文，《說文》說此字不可信。」（《郭店楚墓竹簡》頁 169，文物出版社，1998 年 5 月）已經簡明地指出了問題的要害所在。寫作本文初稿時未予注意，是不應有的疏失。按狩獵的「狩」古作「獸」，本從單從犬會意。「嘼」是後來其中「單」形的繁化，獨立的「嘼」字音義當與「獸」無關；在戰國文字及傳抄古文中，「戰」字所從的聲符「單」多作「嘼」；上舉郭店簡及《汗簡》、《古文四聲韻》、王存乂《切韻》等書中保存的傳抄古文資料，都有以「嘼」表示「單」和「單」聲字的例子；（參看黃錫全《汗簡注釋》頁 504，武漢大學出版社，1990 年 8 月）因此從文字學的角度說，「嘼」即「單」字的繁體無可懷疑。（〈據郭店簡釋讀西周金文一例〉，《論集》頁 28-29）

商代族名金文如《集成》6944、7704、7705，《殷周金文集成修訂增補

本》釋為「狩」顯然有誤，應釋為「行毘（單）」（參謝明文：《商代金文的整理與研究》，頁 447-448）。另參見拙文〈楚文字考釋兩篇－（一）《郭店・窮達以時》簡 4「戰監門埜埅」解〉，承繼與拓新——漢語語言文字學國際研討會，（香港：香港中文大學，2012 年 12 月 17-18 日）。

⑦ 弗卲（召）

整理者：《左傳》云：「趙旃求卿未得，且怒於失楚之致師者，請挑戰，弗許；請召盟，許之。與魏錡皆命而往。」簡文「弗召」指不執行召盟的使命。（頁 166，注 7）

建洲按：《左傳》宣公十二年：「請召盟，許之。」《左傳會箋》曰：「召楚而盟也。」

⑧ 夬（發-茇）于楚軍之門

整理者：夬，疑為「射」的表意字，清華簡中有「射」字作「」，在此讀為「席」，「席」與從射的「謝」、「榭」同為邪母鐸部。《左傳》云：「趙旃夜至於楚軍，席於軍門之外，使其徒入之。」（頁 166，注 8）

清華大學出土文獻讀書會：整理者指出夬即射字，是。「夬」（射）可以讀如本字。（〈研讀箚記（二）〉）

侯乃峰（網名：小狐）：從音理上說，「射」、「席」確實音近可通，然這種對簡文文意的理解恐還可商榷。據《左傳》宣公十二年記載，此次晉楚之戰前，兩國本來已經定下結盟之日，然楚人先致師於晉。此時晉國陣營中，除了「求卿未得」的趙旃之外，還有一個「求公族未得」的魏錡。兩人皆心懷怨恨，唯恐晉國不敗。先是魏錡請致師而未獲允許，又請求出使而獲得允許。到了楚軍陣營之後，魏錡請戰而還，其實是借出使之名而行致師之實。楚人追逐魏錡，而有魏錡射麋之事。——因楚人致師時，晉

人去追趕，先有楚人射麋之事，此實爲報復之舉。緊接著又敘及趙旃，他請求召盟獲得允許，然後「夜至於楚軍，席於軍門之外，使其徒入之」。《繫年》簡文櫽括其事作「趙旃不欲成，弗召，谼于楚軍之門」。「弗召」，原整理者已經指出是指不執行召盟的使命。其實趙旃所謂的召盟不過是藉口，他到楚軍陣營的真正目的與魏錡一樣，**也是想向楚軍挑戰**。如果簡文讀爲「席于楚軍之門」，趙旃挑戰的意圖無法得到充分表現。而如果就字讀爲「射于楚軍之門」，則其挑戰的意圖立顯。因此，簡文之本意很有可能就是說趙旃「射于楚軍之門」。前番楚人致師於晉之時，曾「右入壘，折馘執俘而還」，則趙旃前去挑戰而「射于楚軍之門」也就並非什麼過分之舉了。由於傳聞異辭，記載的角度不一，《繫年》與傳世史書在細節上容有出入。簡文記載的趙旃挑戰之事，也有可能是雜揉了魏錡射麋之事，從而變成「射于楚軍之門」。（〈讀《繫年》臆札〉，復旦網，2012 年 1 月 3 日）

顏世鉉：射，當讀為「舍」，為停留之意。《說文》：「舍，市居曰舍。」段注：「舍可止，引伸之為凡止之偁。……凡止於是曰舍，止而不為亦曰舍，其義異而同也。」舍，有停留、止宿之義。《左傳・哀公十四年》：「成子出舍于庫。」這是指成子住在府庫裏。《公羊傳・僖公元年》：「公子慶弑閔公，走而之莒，莒人逐之。將由乎齊，齊人不納，卻反舍于汶水之上，使公子奚斯入請。」舍，也可指軍隊駐紮之意。《左傳・襄公二十六年》：「二月庚寅，甯喜、右宰穀伐孫氏，不克，伯國傷。甯子出舍於郊。」《呂氏春秋・行論》：「乃為卻四十里，而舍於盧門之闔，所以為成而歸也。」《繫年》「射（舍）于楚軍之門」，應該是指趙旃停留在楚軍軍門之外。《繫年》「射于楚軍之門」的「射」和《左傳》「夜至於楚軍，席於軍門之外」的「席」是音近相通的異文，而這兩個字都應當讀為「舍」。（〈清華竹書《繫年》「射于楚軍之門」試解〉，簡帛網，2012 年 1 月 6 日。又見於〈清華竹書《繫年》札記二則〉，《簡帛》第七輯，頁 57-59）

郭永秉：疑《繫年》64 號簡的「射」字實是「發」字。古文字中的「射」，

基本上都是從「矢」形或者寫作倒矢形的「箭」的，幾無例外，清華簡那個可以確定為「射」的字，也是如此（該字當是從「射」字甲骨、金文從弓箭從又之繁形變來的；清華簡裡肯定沒有寫作從弓從廾的「射」字，否則整理者一定就引以為據了）；而這個字恰不從「矢」、「箭」之形，令人起疑。整理者意見頗有迷惑性的地方在於，《左傳》與此字對應的詞作「席」，「席」「射」音近，可這兩個字完全有可能只是義近的異文關係，並非通用字，所以不一定有語音上的聯繫。關於「發」字演變，裘錫圭先生有詳細論證，此不必贅言（參看《古文字論集》，中華書局，1992年，頁74-78）。無論這個字按照整理者的看法，視右邊為從「廾」，還是把它看作「攴」的寫壞（此旁與一般的「廾」上部寫作封閉的圈形有別，和整理者舉出「射」字的寫法也有別），它所會以手或器物「撥」、「發」弓之義甚為明顯。此字釋「發」，在簡文中似可讀為《召南・甘棠》「召伯所茇」之「茇」（《說文》作從「广」從「犮」字）。「發」、「茇」古音極近，古「發」和從「發」聲字與從「犮」得聲的字通用之例極多（《古字通假會典》頁652-653，齊魯書社，1989年；又裘錫圭先生疑讀郭店簡《性自命出》23號「扐」字為「撥」，《郭店楚墓竹簡》，中華書局1998年，頁182注二十引裘按），沒有問題可以通用。「茇」是「草舍」之義（毛傳），《周禮・夏官・大司馬》「中夏，教茇舍」，鄭注：「茇舍，草止之也，軍有草止之法。」可見行軍在草野中住宿可稱為「茇」。趙旃夜至楚軍，自然要舍止，「茇于楚軍之門」就是在楚軍門外舍止之義。《左傳》的「席于軍門之外」，也就是布席而舍止，與簡文說的是一回事情，但用的詞卻並不一樣。（〈疑《繫年》64號簡的「射」字實是「發」字〉，復旦網，2012年1月7日）

鄔可晶：句吳王之孫殘盂銘「自乍口鑑工盧王之孫」，「乍（作）」、「鑑」之間還有一字，〈簡報〉漏釋，《彙編》釋文闕釋。此字原作█應隸定為「㢃」。裘錫圭先生指出，「弦」即「弦」之簡體，「弦」「象弓弦被撥後不斷顫動之形」，乃「發」之表意初文。上海博物館藏戰國楚竹書〈周易〉26號簡中，

兩見一個上「�」下「肉」之字。馬王堆帛書本〈周易〉與之相應的字均作「𦞠」；今本一處作「腓」，一處作「股」。季旭昇先生釋楚簡之字爲从「肉」、「弜（發）」聲，並指出「發」、「肥」、「非」音近可通，此字或即「腓」之異體。清華大學藏戰國竹簡〈繫年〉64 號簡有一個整理者釋爲「射」、讀爲「席」之字，郭永秉先生指出此字从「弓」、从「夬」（整理者之說）或「攴」之寫訛，「會以手或器物『撥』、『發』弓之義」，應改釋爲「發」，在簡文中讀爲當「草止」講的「茇」（「茇於楚軍之門」），跟《左傳·宣公十二年》「席于軍門之外」的「席」（指「布席而舍止」）是一回事。凡此皆可印證裘先生釋「弜」爲「發」之初文的看法。（〈東周題銘零釋（兩篇）之二－釋句吳王之孫殘盉銘中的「伐」〉《中國文字》第 38 期）

陳民鎮：從字形推求，將該字隸作「弜」，視作「發」的初文，還是可信的。戰國璽文，尚有寫作該形者（《璽匯》3923）。順著郭先生的思路，我們認爲該字也可能通作「拔」或「廢」。「發」與「拔」、「廢」均可通用，「弜」通作「拔」或「廢」文意亦通。《漢書·禮樂志》云：「神之出，排玉房，周流雜，拔蘭堂。」顏師古注云：「拔，舍止也。」《左傳》僖公十五年云：「晉大夫反首拔舍從之。」所謂「拔舍」，杜注云：「拔草舍止。」《詩經·鄘風·載馳》正義引作「反首茇舍以行」。「拔」與「茇」也是通假關係，均可訓行軍之止。「廢」亦有舍止義。無論是「拔」還是「茇」，均可對應《系年》的「弜」，該字當是表示行軍舍止的辭彙。故此，「拔于楚軍之門」或「茇于楚軍之門」，均有「舍于楚軍之門」之義，與《左傳》的「席於軍門之外」文義相近。就目前而言，從這個角度的推論，在文字、音韻、訓詁三方面均得到很好的協調，與《左傳》也能做到密合，不失爲一種合理的解釋。（〈從清華簡《繫年》看晉國的邦交——以晉楚、晉秦關繫爲中心〉《邯鄲學院學報》2012 年 02 期）

建洲按：整理者所舉「射」字作「」見於《清華三·赤鵠之集湯之屋》簡 1，从弓从倒矢形从夬。也見於《清華三·祝辭》簡 3 作，从弓从

矢形从夬。而本簡所謂的「決」字作，既無楚文字常見的倒矢形（如（《窮達以時》簡8）），更重要的是與「夬」形體也不相似。根據趙平安先生的研究，「夬」是由〇與又兩部分構成，象人手指上套著一枚圓圈，是指射箭時戴在大拇指上，用以鉤弦的扳指（〈夬的形義和它在楚簡中的用法——兼釋其他古文字資料中的夬〉《第三屆國際中國古文字學研討會論文集》。另參李春桃：〈說「夬」、「韘」——從「夬」字考釋談到文物中扳指的命名〉，待刊稿）。可見若寫作「決」者確實有可能是「射」字。但是仔細觀察右上所從實非「夬」形，請比對（《郭店・老子乙》簡14）、（《郭店・尊德義》簡35）、（《郭店・性自命出》簡12）、（《郭店・性自命出》簡47）、（《郭店・語叢一》簡91）、（《郭店・語叢一》簡107）、（《上博二・容成氏》簡24）、（《上博三・周易》簡38）、（《上博三・采風曲目》簡3）、（《包山》74）等等，其寫法均是從左上逆時鐘寫作依封閉型的圈形，類似「厶」的寫法。但是由筆勢來看，書手顯然並非想寫「夬」，而是類似「宀」的筆法或甚至是「卜」形的訛變。此字或許當如郭永秉先生所說是「攺」的訛變，讀為「芰」。附帶一提，三晉系璽印有字作，《璽彙》未收該璽，《古璽文字徵》以不識字歸入附錄中。吳振武先生指出璽文第一個字从弖从矢，可隸定成「敊」。「弖」是「弩」字異體，「敊」形表示以弩射箭，為「射」字異體（〈燕馬節補考——兼釋戰國時代的「射」字〉，中國古文字研究會第八屆年會論文）。字與極為相似，前者所謂的「女」形不知是否是「夬」的訛變。

《左傳》云：「潘黨既逐魏錡，趙旃夜至於楚軍，席於軍門之外，使其徒入之。楚子為乘，廣三十乘，分為左右，……乙卯，王乘左廣，以逐趙旃，趙旃棄車而走林，屈蕩搏之，得其甲裳。」乍看不明白為何趙旃「席於軍門之外」，接著即被楚王追逐。但若參看與趙旃同樣求官未得的魏錡便可明白，「晉魏錡求公族未得，而怒，欲敗晉師。請致師，弗許。請使，許之。遂往，請戰而還，楚潘黨逐之……」，可見魏錡表面上說是出使，實際

上卻是對楚軍請戰，是以遭到驅逐。想必趙旃雖舍止於楚軍門外，必然也有挑釁請戰的行為，是以「王乘左廣，以逐趙旃」。

⑨　楚人【六四】被罕（駕）以𠭥（追）之

整理者：被駕，被甲駕馬。《左傳》云：「楚子為乘廣三十乘，分為左右。右廣雞鳴而駕，日中而說。左則受之，日入而說。許偃御右廣，養由基為右。彭名御左廣，屈蕩為右。乙卯，王乘左廣以逐趙旃，趙旃棄車而走林，屈蕩搏之，得其甲裳。」（頁166，注9）

⑩　述（遂）敗晉𠂤（師）于河☐

整理者：簡下部殘失。《十二諸侯年表》晉景公三年：「救鄭，為楚所敗河上。」疑簡文「河」下應補「上」字。（頁166，注10）

建洲按：《史記・楚世家》亦云：「夏六月，晉救鄭，與楚戰，大敗晉師河上，遂至衡雍而歸。」對比《春秋》宣公十二年「夏六月，乙卯，晉荀林父帥師及楚子戰于邲，晉師敗績。」可知「河上」相應於「邲」，即「邲水」，在今河南滎陽縣東北。杜預注：「邲，鄭地。」《說文》云：「邲，晉邑也。從邑必聲。《春秋傳》曰：『晉楚戰於邲。』」不過，《說文校議》已指出：「晉邑，《韻會・四質》引作『鄭邑』」。孫人和在《左宧漫錄・兩棠考》中指出：

> 兩棠即邲也。按《水經・濟水》注：「濟水於滎陽，又兼邲目。《春秋・宣公十三年》晉楚之戰，楚軍于邲，即是水，音卞。（《公羊》何注亦云『邲水』。）京相璠曰：在敖北。」是滎陽境內，濟水所經，小水及支流皆得邲名。《漢書・地理志》：「河南郡……滎陽縣，卞水、馮池皆在西南，有狼湯渠。」（《水經・河水》及《濟水》注並作「蒗

蕩渠」，《說文》作「浪湯渠」，同。）……（古馮池）東北流，歷敖

山南。春秋晉楚之戰，設伏於敖前，謂是也。馮與卞郟聲亦相近。

因以郟目境內濟水之水流。故狼湯渠亦有郟名。……兩棠即狼湯，

文異音同。楚敗晉師，即在此處……總言之，則曰戰于郟，軍于郟。

析言之，則曰戰于兩棠。兩棠即狼湯，可無疑矣。（《文史》第二輯，

頁45）

李零先生也指出：「泌水入榮陽稱『滾盪渠』，可寫作『兩棠』，所以此戰又

可稱為『兩棠之役』」。如《呂氏春秋・至忠》和賈誼《新書・先醒》都寫

作『戰於兩棠』。」（《簡帛古書與學術源流》，頁274）。《上博六・鄭子家喪》

甲6-甲7「王許之。師未還，晉人涉，將救鄭，王將還。大夫皆進曰：『君

王之起此師，以子家之故。今晉【甲6】人將救子家，君王必進師以迎（應/膺）

之！』王安還軍迎（應/膺）之，與之戰於兩棠，大敗晉師焉。【甲7】」將楚晉

兩棠之戰（郟之戰）歸因於「鄭子家殺其君」，自然與史實不合，葛亮先生

認為「《上博七・鄭子家喪》是一個雜糅而成的故事」（〈《上博七・鄭子家

喪》補說〉，復旦網，2009年1月5日）其說當是。李天虹教授也認為「我

們懷疑竹書的說法，可能存在一定社會基礎，恐怕不是其作者個人完全造

作出來的，它也許本來就是在楚國流傳的有關晉楚兩棠之戰的一個版本。

有學者指出楚人此次興師乃以子家為藉口，就竹書而言，這種分析當然是

正確的。這提示我們，在研究過程中要注意認真比較和甄別，以防把竹書

有一定史實基礎的故事，和史實完全等同起來。」（〈竹書《鄭子家喪》所

涉歷史事件綜析〉，《出土文獻》第一輯，頁185-193），對比《繫年》來看，

《鄭子家喪》確實是作者站在楚國立場上，對史實進行了改編，不能完全

等同史實。《上博九・陳公治兵》也提到「或與晉人戰於兩棠，師不絕。」

（簡9）。「兩棠」也作「兩堂」，如《說苑・尊賢》：「又有士曰上解于，王

將殺之，出亡走晉；晉人用之，是為兩堂之戰。」《鹽鐵論・險固》：「楚有

汝淵、兩堂之固，而滅於秦。」最後，「邲」位置如下所示：

（中國歷史地圖集，頁 24-25 鄭宋衛）

《繫年》第十四章集解

【章旨】

本章主要內容記載《左傳》成公二年晉齊兩國「鞌（鞍）之戰」的前因與後果。宣公十七年，晉公派遣駒之克（郤克）到齊國邀請齊人到斷道會盟。郤克由於跛腳而遭到齊頃公的母親蕭同叔子的恥笑，郤克因此懷恨在心，並向河伯發誓一定要報仇。成公二年，魯國因為齊國的侵伐而向晉國求援，晉國發兵救魯，並在「鞍」地將齊國打敗（《繫年》則記載是在「靡笄」），齊國為了求和向晉國納賄割地。根據《左傳》的記載，晉人要求蕭同叔子作為人質，才肯答應議和，這在《繫年》中倒是沒有記載下來。

【釋文】

晉競（景）公立八年，隓（隨）會衙（率）自（師），會者（諸）侯于幽（斷）道①，公命邹（駒）之克先嗶（聘）于齊，旻（且）卲（召）高之固曰：「【六六】今晢（春）亓（其）會者（諸）侯，子亓（其）與臨之。②」齊同（頃）公囟（使）亓（其）女子自房审（中）觀邹＝之＝克＝（駒之克，駒之克）牺（將）受（授）齊侯【六七】尚（幣），女子芙（笑）于房审（中），邹（駒）之克墜（降）堂而折（誓）曰：「所不還（復）頜（仇）於齊，母（毋）能涉白水③。」乃先【六八】歸（歸），遀（須）者（諸）侯于幽（斷）䇘（道）④。高之固至莆池，乃逃歸（歸）。⑤齊三辟（嬖）夫＝（大夫）南韋（郭）子、鄒（蔡）子、安（晏）子衙（率）自（師）以【六九】會於幽（斷）䇘（道）。⑥既會者（諸）侯，邹（駒）之克乃敕（執）南韋（郭）子、鄒（蔡）子、安（晏）子以歸（歸）⑦。齊同（頃）公回

（圍）魯＝（魯，魯）恬（臧）孫嘼（許）迈（適）【七〇】晉求敓（援）。⑧邲（駒）之克銜（率）皀（師）救（救）魯，敗齊皀（師）于磊（靡）幵（筓）⑨。齊人為成，以輴（甗）、骼、玉笭（璆）與臺（淳）于之【七一】田。⑩昷（明）歳（歳），齊同（頃）公朝于晉競（景）公，邲（駒）之克走敓（援）齊侯之繝（帶），獻之競（景）公，曰：「齊侯之坴（來）也，【七二】老夫之力也■。」⑪【七三】

【語譯】

晉景公八年，隨會率領軍隊，與諸侯在斷道會盟。景公命令駒之克拜訪齊國，並且召請高之固說：「今年春天會合諸侯之時，你要參與蒞臨。」齊頃公讓她的母親從房中觀看駒之克，此時駒之克正要贈送齊侯的幣帛，婦人卻於房中發出笑聲，駒之克因此下堂發誓：「如果不對齊國報仇，我以後將不能涉河歸晉。」於是負氣先回晉國，等待諸侯到斷道會盟。高之固到達蒲地，便逃回齊國（這是聽說駒之克對齊國有怒氣，怕自己被連累）。齊國的三位下大夫南郭子、蔡子和晏子率領軍隊在斷道會盟。晉國與諸侯會盟後，駒之克便捉拿南郭子、蔡子和晏子三人回國。

齊頃公圍困魯國，魯國的臧孫許便到晉國求取援助。駒之克率軍救魯，在靡笄打敗齊軍。齊人為了求和，獻送甗、骼、玉磬和淳于的田地。隔年，齊頃公朝見晉景公，駒之克拿走齊侯的腰帶，獻給景公說：「齊侯會來朝見，是我的功勞。」

【集解】

① **晉競（景）公立八年，陵（隨）會銜（率）皀（師），會者（諸）侯于豳（斷）道**

（一）晉競（景）公

方炫琛：左成十經「晉侯獳卒」，則獳、其名也，詳 0857 宋公固條。
其稱景公，晉景公者，景蓋其謚也。（《左傳人物名號研究》頁 423，1341
「晉侯獳」條）

（二）陵（隨）會

怡璇按：「陵」字原形作「」，此形另見於簡 51「」、簡 54「」，
相似字形見於圅公盨「」（《新收》1607），裘錫圭對於此形分析為：

> 「陵」即「墮」的初文，亦見包山楚簡，《汗簡》以為「隋」的古文，《說
> 文・十四下・阜部》「墮」字字頭作「陸」，即由此形變。「陵」的字形
> 象用手使「阜」上之土墮落，是一個表意字。其所从之「圣」後來變
> 為「左」，當是由於「圣」、「左」形近，而「左」字之音又與「墮」相
> 近的緣故。（〈變公盨銘文考釋〉，《裘錫圭學術文集・金文及其他古文字
> 卷》，頁 148）

可從，此形常見於楚簡，李守奎、劉波依據字形分為五形，1、「陵」，如「」
（《上博三・周易》簡 26）；2、「陸」，如「」（《新蔡》甲三 25）；3、「陵」，
如「」（《上博三・周易》簡 16）；4、「陸」，如「」（《郭店・唐虞之道》
簡 26）；5、「陵」：「」（《璽彙》2549），並指出此形構字能字強，大多添
加音符構成形聲字，作為構字部件大部分皆省為「陘」、「陵」、「陵」或「吐」
等形，而此形的字義除了用於姓氏、人名和地名之外，其餘的大致可作為
「毀壞」、「墮落」和「隨從」等意，與《說文》等字書從「陸」聲字的情
況相同（〈續論陸字構形與陸聲字的音義〉，《古文字研究》第二十九輯，頁
654-660）。亦可參見第九章「⑦乃命【五十】右（左）行纕（蒯）与（與）

隓（隨）會卲（召）襄公之弟癰（雍）也于秦」條下的注釋。附帶一提，《成之聞之》簡 39 ⬛字，鄧少平先生釋為「隨」（〈郭店楚簡《成之聞之》《尊德義》補釋〉，《中國文字》36 期），似有不妥，此字的「土」旁歸屬於「阜」，其右旁與《璽彙》1932「紳」作⬛同形。換言之，⬛理解為從「申」聲的可能性還不能完全排除。

（三）會者（諸）侯于𡿭（斷）道

整理者：《春秋》宣公十七年：「公會晉侯、衛侯、曹伯、邾子同盟于斷道」，杜注：「斷道，晉地。」同年《左傳》云：「盟于卷楚」，注以斷道、卷楚為同地，楊伯峻《春秋左傳注》推論在今河南濟源西南。（頁 168，注 1）

蘇建洲：《六德》31-32「息（仁）頪（類）柔而速（束），義頪（類）剛而⬛」，⬛字一般釋為「絕」。李家浩先生《關於郭店竹書<六德>仁頪蠆而速"一段文字的釋讀》《出土文獻研究（十）》認為「斷」與「剛」義有關，且根據《五十二病方》的字形，將⬛讀為「斷」（此為劉洪濤先生賜知）。起初筆者不是很相信，因為簡 30 已有「刞（斷）」字，現在根據《繫年》66、69 晉國地名「斷道」的「斷」的寫法（分別作⬛、⬛），可以證明李先生的說法是對的。同時這也是楚簡一詞多字的又一例證。（〈《六德》簡 32 的斷〉，復旦網論壇，2011 年 12 月 24 日，http://www.gwz.fudan.edu.cn/ShowPost.asp?ThreadID=5377〉）

劉洪濤（網名：lht）：當時我的發言說李家浩老師已經把舊釋為「絕」的字改釋為「斷」，不知道《出土文獻研究》發表的這篇文章來不來得及改正。今天見到此文，確實沒來得及改正，所以有必要在這裏說一下。李老師在跟我談這個改釋意見的時候曾跟我說，好像是我曾跟他說過可以直接釋為「斷」。我跟他說沒說過我也不記得了，如果我真的說過，我的理由大概是今天用的「斷」字左旁就這麼寫。李老師的主要根據是馬王堆帛書《五

十二病方》的這個字形應該釋為「斷」。本來用漢代文字資料考釋先秦文字是有很大風險的，可信性有時不十分高。不過李老師的著作中利用漢代文字資料成功考釋先秦古文字的例子已有很多，爲此他還寫過《先秦古文字與漢魏以來俗字》一文，論證這種做法的可行性。所以單憑這一點，李老師的意見就比較可信。今得清華簡的「斷」字寫法，證明《五十二病方》的「斷」字是繼承先秦而來的，《六德》之字應釋為「斷」也就可以確定下來了。(〈《六德》簡 32 的斷〉評論第三樓)

　　子居：以理推測，三大夫被拒，既然明知不利，則自當是以歸齊為首選考慮。……楊伯峻先生《春秋左傳注》已引《公羊義疏》言斷道與卷楚為二地，並由此推論當相距不遠，其說甚是。會、盟之地往往相近，其例可見於《春秋・隱公八年》：「秋，七月，庚午，宋公、齊侯、衛侯盟於瓦屋。」杜預注：「瓦屋，周地。」孔穎達疏：「瓦屋既闕，知是周地者，以其會于溫，盟於瓦屋，會、盟不得相遠，溫是周地，知瓦屋亦周地也。」杜預注之所以認為斷道、卷楚為一地，蓋因《春秋》言「盟於斷道」，于《左傳》則言「盟于卷楚」的緣故。實則《春秋》多據告聞而記，與《左傳》不僅記述角度不同，且詳略迥異，因此本自不必彌合二者的差異。(〈12～15 章解析〉)

　　怡璇按：《春秋》宣公十七年：「公會晉侯、衛侯、曹伯、邾子同盟于斷道」《左傳》同年載：「夏，會于斷道，討貳也。盟于卷楚。」就此二書而言，一書指盟於斷道，一書指會於斷道而盟於卷楚。「會」與「盟」在定義上是不同的，《左傳》昭公三年：「三歲而聘，五歲而朝，有事而會，不協而盟。」雖然定義不同，但不防礙此二事在同一個地方進行的可能，如《春秋》成公九年：「公會晉侯，齊侯，宋公，衛侯，鄭伯，曹伯，莒子，杞伯，同盟于蒲，公至自會。」《左傳》同年載「為歸汶陽之田，故諸侯貳於晉，晉人懼，會於蒲，以尋馬陵之盟。」而《繫年》此處的記載與《春秋》同，更是證明了「會」與「盟」在同地的可能性。

《春秋》和《左傳》對於同盟之地有不同的名稱，如：

> 《春秋》襄公十九年：「春，王正月，諸侯盟于祝柯。」《左傳》同
> 年載：「春，諸侯還自沂上，盟于叔揚曰。」楊伯峻指出「督陽即祝
> 柯。」（《春秋左傳注（修訂本）》，頁 1045）

> 《春秋》定公三年：「冬，仲孫何忌及邾子盟于拔。」《左傳》同年
> 載：「冬，盟于郯。」杜注：「郯即拔也。」

> 《春秋》定公七年：「齊侯，衛侯，盟于沙。」《左傳》同年載：「齊
> 侯從之，乃盟于瑣。」楊柏峻注：「『沙』，《傳》作『瑣』，古音同也。」
> （《春秋左傳注（修訂本）》，頁 1560）

楊伯峻在《左傳》宣公十七年「盟于卷楚」一句注曰：「杜注謂『卷楚即斷
道』，陳立《公羊義疏》則謂『似斷道與卷楚二地』，縱是二地，亦當相距
不遠。」（《春秋左傳注（修訂本）》，頁 773）此二字的絕對位置不明，筆者
認為「會」與「盟」可在一地，且《春秋》與《左傳》已有同一地但記載
兩種不同名稱的情況，《左傳》中的「卷楚」視為「斷道」仍是有可能的。

建洲按：《春秋》宣公十七年：「公會晉侯、衛侯、曹伯、邾子同盟于
斷道」，同年《左傳》作「十七年春，晉侯使郤克徵會于齊……夏，會于斷
道，討貳也」，楊伯峻注釋說「晉欲為斷道之會，使郤克聘齊，使參加也。」
（頁 771-772）今由本章記載可知晉國代表會盟的是隨會。

② 公命邾（駒）之克先鴫（聘）于齊，旻（且）卲（召）高之固曰：「今
   萅（春）亓（其）會者（諸）侯，子亓（其）與臨之。」

（一）邾（駒）之克

整理者：郤之克即郤克、郤獻子，《左傳》宣公十二年或稱「駒伯」，其子郤錡，成公十七年傳也稱「駒伯」。郤，即「駒」，當為其封邑。聘齊事見《左傳》宣公十七年：「十七年春，晉侯使郤克徵會于齊。」（頁168，注2）

方炫琛：左宣十二「郤克佐之」，杜注：「郤缺之子。」孔疏引世本同，見1420郤至條，則郤、其氏也。左成二郤克告晉君「克於先大夫無能為役」，自稱克，則克、其名也。其稱獻子、郤獻子者，獻蓋其諡也。左成二「郤伯見」，杜注：「郤伯，郤克。」楊注：「伯、字。」以左桓十七「高伯」，楊注謂「伯蓋渠彌之字，所謂五十以伯仲也」推之，楊氏謂伯為郤克之行次也。（《名號研究》頁440-441，1421「郤克」條）

子居：整理者所說是，郤克之封邑郤地，或即在山西省代縣西之句注山地區。此地為天下九塞之一，可見其地理位置的重要性。《左傳・襄公十年》：「晉侯有間，以逼陽子歸，獻于武宮，謂之夷俘。逼陽妘姓也。使周內史選其族嗣，納諸霍人，禮也。」楊伯峻先生《春秋左傳注》言：「霍人，晉邑，在今山西繁峙縣東郊。」則晉悼公時霍人已為晉邑，那麼以地理而言，晉有句注必在此前，蓋即在晉景公時期。（〈12～15章解析〉）

（二）旻（且）邵（召）高之固

整理者：高之固，即齊卿高固、高宣子。（頁168，注3）

方炫琛：左宣五經「齊高固來逆叔姬」，杜注：「高固，齊大夫。」經多書名，則固蓋其名也。左宣十四「桓子告高宣子」，杜注：「宣子，高固。」高固稱宣子，宣蓋其諡也。左襄二十九孔疏引世本謂「敬仲生莊子、莊子生傾子、傾子生宣子」，敬仲即高傒，宣子即高固，則高固為高傒之曾孫，故高、其氏也。左宣十七苗賁皇稱其為「高子」，氏下配子字，此春秋時大夫稱謂方式之一。（《名號研究》頁444，1433「高固」條）

　　子居：《繫年》此章中，專門提到「且召高之固曰：今春其會諸侯，子其與臨之。」對於《左傳》所記內容是一個重要補充，且呼應到了後面的「高之固至莆池，乃逃歸」。彼時高固為齊國首要重臣，晉國的這個行為明顯是具有強烈政治意味的，同時亦體現出了彼時諸侯之卿的政治重要性及影響力已明顯有超過諸侯之勢。(〈12～15 章解析〉)

　　怡璇按：將「旻（且）邵（召）高之固」的「召」字訓為「召請」，如《呂氏春秋・分職》：「成召客者，酒酣，歌舞、鼓樂吹竽。」高誘注：「召，請也。」

　　建洲按：《左傳》宣公十七年「齊侯使高固、晏弱、蔡朝、南郭偃會。及斂盂，高固逃歸。」只提到是齊侯派遣高固與盟。《繫年》簡文則更詳細說到是因為晉景公召請高之固蒞盟。

（三）子亓（其）與臨之

　　整理者：與臨，參與、蒞臨。（頁 168，注 4）

　　謝明文：（叔臨父簋（《集成》3760），關于「臨」字的字形分析，《說文》：「監臨也。從臥，品聲。」高田忠周認為叔臨父簋等銘文中的「臨」字（）所從的「」乃「山川」之「川」，相當《說文》「灖」字所從之水，金文「臨」字應釋作「灖」，因灖從臨聲，故在銘文中假借為「臨」。陳劍先生認為「臨」字所從的「」代表視綫，品是添加的聲符。（陳劍：簡帛學課程，2012 年 4 月 5 日）以上說法中，我們認為「臨」字所從的「」乃「山川」之「川」，品是添加的聲符。（〈說臨〉，待刊稿）

　　建洲按：本簡「臨」作，對於「臨」字的詳細字例及說解，請見上引謝明文先生文章。

③　齊冋（頃）公囟（使）亓（其）女子自房审（中）觀郤＝之＝克＝（郤之克，郤之克）　酒（將）受（授）齊侯　（幣术 女子　（笑笑 房　（中）审　（郤）之郤　　（降）坣断折（誓）曰：「所不　　（復逡（仇頗於齊，　母（毋）能涉白水。」

（一）齊冋（頃）公囟（使）亓（其）女子自房审（中）觀郤之克

建洲按：左宣二年云：「齊頃公帷婦人使觀之」，看的出來都是齊頃公主動讓其母蕭同叔子窺看郤克。「齊冋公」的「冋」作 （69）、（70）、（72），讀為「頃」；第十八章簡99「晉冋（頃）公」作 ，這些都很自然讓我們想到《君子為禮》07「肩毋廢、毋 （傾）」，筆者曾考釋「 」為「冋」，陳劍先生首先指出應讀為「傾」，參見拙文：〈《上博楚簡（五）》考釋二則〉，簡帛網，2006年12月1日。「冋」旁亦見於《信陽》2.14「 」，其右旁形體與上引字形相同。李家浩先生隸定作「 」，並說：「從『金』『冋』聲，與齊洹子孟姜壺銘文『用鑄爾羞銅』之『銅』當是一字，並讀為『鉼』。《說文・金部》：『鉼，似鍾而長頸。』」（李家浩：〈信陽楚簡「澮」字及從「关」之字〉《著名中年語言學家自選集——李家浩卷》，頁199注1）《上博三・周易》49「厲 心」，「 」對應帛書本、阜陽本、今本都作「薰」，曉母文部，可見「 」亦可釋為「冋」，匣母耕部，薰、冋聲韻皆近。文、耕二部關係很密切，李家浩先生曾舉出底下例證：《說文》金部「鋞」說解說「讀若銑」，「鋞」屬耕部，「銑」屬文部；《史記・魯周公世家》「敬復之」，裴駰《集解》引徐廣曰「敬」，一作「振」，「敬」屬耕部，「振」屬文部；《莊子・在宥》「福及止蟲」，陸德明《釋文》「止，本亦作『昆』，崔本作『正』」；《大戴禮記・易本命》「人禽獸萬物昆蟲各有以生」，《淮南子・地形》與此相當的文字，「昆」作「貞」，「昆」屬文部，「正」、「貞」屬耕部；《詩・衛風・碩人》以耕部的「倩」與文部的「盼」合韻；《淮南子・主術》以文部

的「存」與耕部的「生」合韻。(李家浩:〈楚公逆鐘銘文補釋〉,出土文獻與中國古代文明國際學術研討會,清華大學出土文獻研究與保護中心,2013年6月17-18日)《楚帛書》乙篇7.29「日月皆亂,星辰不▨」,李零引林巳奈夫(1966)釋為「冋」,讀為「炯」(《長沙子彈庫戰國楚帛書研究》,北京:中華書局,1985年,頁59)。徐在國《楚帛書詁林》頁390亦釋為「冋」,可從。又左冢漆梮第二欄「民▨」,整理者原釋為「民卣(啓)」。有鬲散人(網名)認為「▨」可能應釋為「局」讀為「傾」,在此處可能是邪、危之類的意思。(〈釋左冢漆梮中的「局」字〉,復旦網學術討論區,2012.01.13,http://www.gwz.fudan.edu.cn/ShowPost.asp?ThreadID=5426)。按:「同」與「冋」只差一橫筆,有訛混的可能,其說或可從,姑存此待考。另外《清華三·芮良夫》簡20「女(如)闈(關)柀屋(局)▨」的「局」則替換聲符為「巠」。

(二)駒之克牂(將)受(授)齊侯帀(幣)

建洲按:駒之克聘於齊,自當贈送幣帛給齊侯,故「受」當讀為「授」,訓為給予、贈予。《儀禮·聘禮》:「反命,曰:『**以君命聘於某君,某君受幣於某宮**,某君再拜。以享某君,某君再拜。』」意思是說返國的使節向國君報告說:「奉國君之命前往聘問某國國君,某國國君在某一宮廟**接受我方贈送的幣帛**」。此句情節正與簡文相同,簡文是說「駒之克將贈予齊侯幣帛。」《儀禮·聘禮》:「**介振幣,自皮西進,北面授幣**,退復位,再拜稽首送幣。」這是說副使(介)在北面將幣授予對方國君。以上可證簡文當讀為「授」。《左傳》成公三年記載晉齊鞌之戰後,齊侯戰敗,欲朝見晉景公,云:「齊侯朝于晉,**將授玉**」,亦提到齊侯「將授玉」給晉景公,可與本文互證。

怡璇按:簡文「駒之克牂(將)受(授)齊侯帀(幣)」中的「幣」指「幣帛」,《說文·巾部》:「幣,帛也。」段玉裁注:「帛者,繒也。」徐灝

箋：「幣，本繒帛之名，因車馬王帛同為聘享之禮，故渾言之皆稱幣。」

（三）女子芺（笑）于房宀（中），邙（駒）之克墜（降）堂而折（誓）曰

整理者：《春秋》三傳此年均載有郤克被笑之事，《左傳》所記與簡文最為接近。《公》、《穀》云笑郤克者乃齊頃公母**蕭同姪子**。（頁 168，注 5）

方炫琛：左成二齊賓嬪人告晉曰「蕭同叔子非他，寡君之母也」，則蕭同叔子乃齊頃公之母，公羊作**蕭同姪子**，史記齊大公世家作**蕭桐叔子**，晉世家作**蕭桐姪子**。杜注云：「同叔，蕭君之字，齊侯外祖父，子、女也，難斥言其母，故遠言之。」會箋云：「蕭君稱叔，故稱某叔也。」此猶言**蕭君同叔之子**也。公羊成二何注云：「蕭同，國名，姪子者，蕭同君姪娣之子嫁於齊，生頃公。」此猶言**蕭同君姪娣之子**也。史記晉世家會注考證云：「孫詒讓曰：蕭同即蕭桐，依何說，自是國名，為宋之附庸，古婦字繫姓為稱，則叔子蓋齊侯母字，子即宋姓，叔其行第。」此以**蕭同為國名，叔為其行次，子為其母家姓也**。陳槃疑**蕭、桐為二地**，以累氏之故，故曰蕭桐，如衛康、齊呂之例也。參春秋大事表列國爵姓及存滅表譔異冊三，未知其說然否。（《名號研究》，頁 618「蕭同叔子」條）

子居：笑郤克者為蕭同侄子，實際於《左傳》也有體現，《左傳・成公二年》：「賓媚人致賂，晉人不可，曰：必以蕭同叔子為質，而使齊之封內盡東其畝。」此晉人即郤克，對照《公羊傳・成公二年》：「郤克曰：與我紀侯之甗，反魯、衛之侵地，使耕者東畝，且以蕭同侄子為質，則吾舍子矣。」則《左傳》所言必以「蕭同叔子」的緣故，也正是因其曾「笑于房中」。此要求即郤克「所不復詢於齊，毋能涉白水」之誓的呼應。

《繫年》稱「駒之克將受齊侯幣，女子笑于房中，駒之克降堂而誓」，則是其禮未成，所以有《左傳》所記「獻子先歸，使欒京廬待命于齊，曰：不得齊事，無復命矣。」楊伯峻先生《春秋左傳注》言：「郤克使命未完成而

返國，故云『先歸』。欒京廬為其副手（古謂之上介），則留于齊，必欲其使齊頃公往與會，然後回國復命。」所說甚是，今結合《繫年》所記，**則郤克在將受幣時因女子之笑而怒，因此不及禮成就懷忿離開的過程就更為清楚了**。（〈12～15章解析〉）

建洲按：《史記・齊太公世家》記載這段歷史作：「六年春，晉使郤克於齊，齊使夫人帷中而觀之。郤克上，夫人笑之。」《史記・晉世家》則作：「八年，使郤克於齊。齊頃公母從樓上觀而笑之。所以然者，郤克僂，而魯使蹇，衛使眇，故齊亦令人如之以導客。郤克怒，歸至河上，曰：『不報齊者，河伯視之！』」梁玉繩《史記志疑》曰：

案：三傳與史所載各異。《左氏》曰：「帷婦人使觀之。」《公羊》云：「踊于棓而窺客。」《穀梁》云：「處台上而笑之。」《史》又云：「從樓上觀。」此一異也。《穀梁》云：「季孫行父禿，晉郤克眇，衛孫良夫跛，曹公子手僂。」《公羊》云：「郤克、臧孫許或跛或眇。」《史》又云：「郤克僂，而魯使蹇，衛使眇。」二異也。《公羊》云：「使跛者迓跛者，使眇者迓眇者。」《穀梁》增二語云：「使禿者御禿者，使僂者御僂者。」即《史》所云：「如之以導客」耳。三傳之不同，或傳聞異詞，《史》從傳出，乃復乖迕若是，何邪？（頁993）

比對看來，《繫年》的記載與《左傳》相當接近。兩文皆云「笑于房中」，「房」，《說文》云：「室在旁也。」段注云：「凡堂之內，中為正室，左右為房，所謂東房西房也。」《釋名・釋宮》：「房，旁也，室之兩旁也」。畢沅注：「今本作『在堂兩旁也』。」王力主編《古代漢語》第三冊說：「古代宮室一般向南。主要建築物的內部空間分為堂、室、房。前部分是堂，通常是行吉凶大禮的地方，不住人。**堂的後面是室，住人。室的東西兩側是東房和西房**。整幢房子是建築在一個高出地面的臺基上，所以堂前有階。要進入堂

屋必須升階，所以古人常說『升堂』。《論語。先進》：『由也升堂矣，未入
於室也。』」（頁993）楊鴻勛先生根據陝西岐山鳳雛西周甲組建筑遺址說：
「后庭正房稱『室』；東、西房稱『旁』（古文與『房』相通）。或『廂』。『旁』、
『廂』都是旁邊房子的意思，因此後世把正房兩旁的房子叫做『廂房』。……
后庭中同由堂至室有一甬路式的台基相連，根據柱洞知道上面有屋蓋，即
為一條廊道。這祥，后庭被分為東、西兩個天井，或稱『東庭』、『西庭』。
二庭的雨水由西向東排放，廊道及東房台基下均埋設有排水管道。面向天
井東、西兩側各有兩個房間，其地位在室之旁。可見西周之前周原地區的
建筑，大概早就吸收了中原殷人官室形制並有所發展。應即古籍所謂『旁』
或『房』。東房也發現火塘，或也作庖廚之用。室、旁之同的東、西轉角所
夾的二室，應該就是所謂的『夾』。」」（《宮殿考古通論》，頁93），茲圖示
如下：

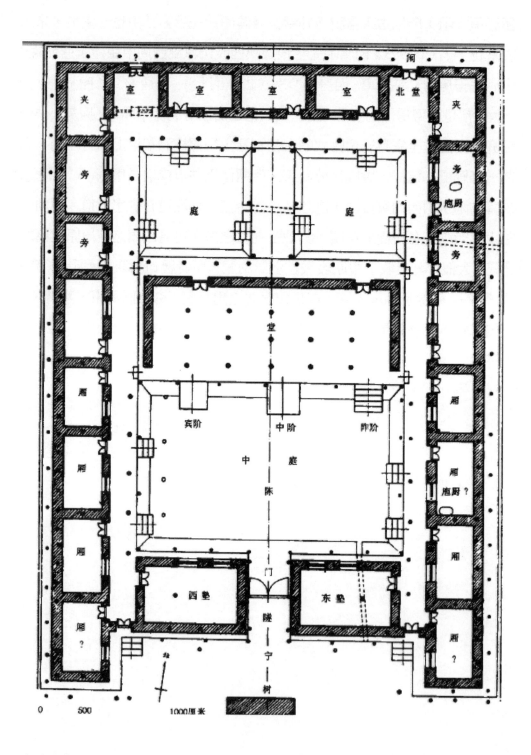

（楊鴻勛：《宮殿考古通論》，頁 91 圖七五「陝西岐山鳳雛西周甲組建筑遺址復原平面圖」）

既從「房」中笑，則簡文「駒之克牺（將）受（授）齊侯【六七】尚（幣）」肯定在「堂」中，則下一句「邿（駒）之克墜（降）堂而折（誓）曰」的位置也可以有合理的解釋。同時可知簡文的「女子」當是齊頃公的母親「蕭同叔子」，對於此人名的分析，請見方炫琛所引四家的意見。

怡璇按：《左傳》所記載的「鞌之戰」為趙生群所說的「無經之傳」：

> 《左傳》宣公十七的記載為：十七年春，晉侯使郤克徵會于齊。齊頃公帷婦人，使觀之。郤子登，婦人笑于房。獻子怒，出而誓曰：「所不此報，無能涉河。」獻子先歸，使欒京廬待命于齊，曰：「不得齊事，無復命矣。」郤子至，請伐齊，晉侯弗許；請以其私屬，又弗許。

> 杜注：為成二年戰于鞌傳。

> 《穀梁傳》成公元年：季孫行父禿，晉郤克眇，衛孫良夫跛，曹公子手僂。同時而聘于齊。齊使禿者御禿者，使眇者御眇者，使跛者御跛者，使僂者御僂者。蕭同侄子處台上而笑之，聞于客。客不說而去，相與立胥閭而語，移日不解。齊人有知之者，曰：「齊之患必自此始矣。」

將《左傳》與《穀梁傳》的記載做一比對，可以得到如下的啟發：兩傳的記載同屬無經之傳，**都對針對成公二年經文有關齊、晉鞌之戰的內容而發**，《左傳》依據史實，列于宣公十七年，取「先後相會，隔越取同」之義，《穀梁傳》列於「成公元年」緊附經文，行依經立傳之實，而《公羊傳》列於「成公二年」，將郤克使齊附于鞌之戰後，用來直接解釋經文，與《左傳》、《穀梁傳》形式有別。（《《春秋》經傳研究》，頁 91-92）

（二）所不遳（復）頒（仇）於齊，母（毋）能涉白水

1 遳（復）頒（訽）

整理者：復，報復。頒，讀為「訽」，《說文》「詬」字或體，云：「謑
詬，恥也。」（頁168，注6）

伊強：懷疑「遳頒」似即古書中的「復仇」。古文字資料中有九聲與句
聲字相同的例子，如著名的越王句踐劍，「句」或作「㪷」，「㪷」從「咎」
得聲，而「咎」又以「九」爲聲。古書也有二者相通的例子，如《淮南子・
墜形》「句嬰民」，高誘注：「句嬰讀作九嬰。」因此，「頒」讀爲「仇」從
讀音上說是可以講通的。「復仇」一詞常見於古書，如《後漢書・趙熹傳》：
「乃挾兵結客，後遂往復仇。」（〈清華簡《繫年》中的「復仇」考〉，簡帛
網，2011年12月23日）

怡璇按：簡文「郤（駒）之克墜（降）堂而折（誓）曰：『所不遳頒於
齊，母（毋）能涉白水。』」對應《左傳》宣公十七年「獻子怒，出而誓曰：
『所不此報，無能涉河。』」楊伯峻指出「所」字為盟誓中的假設連詞，「若」
也。（《春秋左傳注（修訂本）》，頁772）「若」字應訓為「如果」。伊強將「遳
頒」讀為「復仇」是有可能的，《穀梁傳》莊公四年：「不復仇而怨不釋，
刺釋怨也。」可見在當時應該就有「復仇」的用法。又蘇建洲老師提示楊
樹達《詞詮》「所」字用法中有「假設連詞，若也。誓詞中用之尤多。」並
舉了多個例證可以參考。（頁335）

2 母（毋）能涉白水

整理者：白水，指河。《左傳》僖公二十四年重耳與子犯誓云：「所不
與舅氏同心者，有如白水」，也是指河。但重耳時在河上，簡文郤克則係以
不能涉河歸晉為誓。《左傳》宣公十七年：「獻子怒，出而誓曰：『所不此報，
無能涉河！』」意同簡文。（頁168，注7）

怡璇按：簡文中的「白水」即《左傳》中的「河」，「河」為「河神」，《史記‧晉世家》：「郤克怒，歸至河上，曰：『不報齊者，**河伯視之！**』」此處的「河」為誓約對象，即「河神」。《左傳》傳文常向「河」發誓，如：

文公十三年：「秦伯曰：『若背其言，所不歸爾帑者，有如河。』」

襄公十九年：「欒懷子曰：『其為未卒事於齊故也乎？』乃復撫之曰：『主苟終，所不嗣事于齊者，有如河！』」

昭公三十一年：「公曰：『君惠顧先君之好，施及亡人，將使歸糞除宗祧以事君，則不能見夫人。己所有見夫人者，有如河。』」

整理者所引的《左傳》僖公二十四年：「所不與舅氏同心者，有如白水。」以及上述的「有如河」中的「有如」一詞，楊伯峻指出此為誓詞中的常用語，如定公六年「有如先君」、哀公十四年「有如陳宗」等等，「有如白水」、「有如水」意謂「河神鑒之」。（《春秋左傳注（修訂本）》，頁413）簡文「母（毋）能涉白水」的用法實際上與「有如河」相仿，皆是對著河神發誓。

建洲按：字面上看「母（毋）能涉白水」是說不能渡過黃河，回到晉國。《左傳》的「無能涉河」，沈玉成便是這樣翻譯的（《左傳譯文》頁198）。但比對《晉世家》「河伯視之」似乎只能理解為向河伯發誓。則綜合二者，簡文可理解為我若不向齊國報仇，我向河伯發誓，我就不能度過白水（黃河）。不過從簡文及《左傳》、《史記》來看，郤克此時已經回到晉國（歸至河上），可見這個誓詞當是指以後不能度過白水（黃河）。

④　逫（須）者（諸）侯于𢇍（斷）𨗉（道）

整理者：逫，讀為「頾」，《說文》：「待也。」今作「須」。（頁168，注8）

⑤ 高之固至莆池，乃逃歸（歸）

整理者：《左傳》宣公十七年：「齊侯使高固、晏弱、蔡朝、南郭偃會。及斂盂，高固逃歸。」斂盂，衛地，今河南濮陽東南，簡文「莆池」疑在同地。（頁168，注9）

子居：整理者所說當是，所說當是，據《水經注·瓠子河》載：「瓠子河出東郡濮陽縣北河。縣北十里，即瓠河口也。……東至濟陰句陽縣，為新溝。」故《繫年》之「莆池」很可能就在瓠子河上而瀕於斂盂。（〈12～15章解析〉）

建洲按：高之固逃歸的原因，杜預注云：「聞郤克怨故。」

⑥ 齊三辟（嬖）夫＝（大夫）南蕚（郭）子、郪（蔡）子、安（晏）子衍（率）自（師）以會於豳（斷）堇（道）

（一）嬖大夫

整理者：嬖大夫，《國語·吳語》韋注：「下大夫也。」（頁168，注10）

小狐：以「嬖大夫」為「下大夫」，這種解釋用於此處簡文恐有偏差。《說文》：「嬖，便嬖，愛也。」是「寵幸、寵愛」之義。三嬖大夫，即受到齊侯寵愛的三個大夫。而傳世典籍以「下大夫」注「嬖大夫」，當為官階爵祿等級之名。如《左傳》昭公七年：「宣子為子產之敏也，使從嬖大夫。」杜注：「為子產故，使降等，不以罪降。」孔疏：「晉之嬖大夫亦是下大夫。」（〈讀《繫年》臆札〉，復旦網，2012年1月3日）

怡璇按：依小狐的例證，未能反駁「嬖大夫」不可訓為「下大夫」之意，其所舉的孔疏反而增強了整理者說法的證據力。且《國語·吳語》：「十行一嬖大夫，建旌提鼓，挾經秉枹。十旌一將軍，載常建鼓，挾經秉枹。」可見「嬖大夫」與下文的「將軍」是對句，皆是一種職稱，韋昭注亦指出

「十行，千人。嬖，下大夫也。子產謂子南曰：『子晳，上大夫。汝，嬖大夫。』」因此將「嬖大夫」訓為「下大夫」應無問題。且傳世文獻也未說明「南𩫏（郭）子、鄭（蔡）子、安（晏）子」三大夫是否得寵，若簡文訓為「寵愛」恐有問題。

（二）南𩫏（郭）子

方炫琛：左宣十七「齊侯使高固，晏弱、南郭偃會」，則南郭偃為齊人。通志氏族略第三「南郭氏……左傳有南郭偃」，以南郭為其氏。（《名號研究》頁 375，1143「南郭偃」條）

建洲按：「南郭子」即左宣十七的「南郭偃」。「南郭子」的稱名方式是以氏配子，子為美稱。簡 69「𩫏（郭）」作 、簡 70 作 ，前者下部呈一豎筆，後者呈「Y」形，寫法有所不同。如同《郭店・語叢四》2「牆」作 （從「𩫏」（郭）爿聲）、𩫏公里鈛（《璽彙》5601）「𩫏」作 ，字形下部呈一豎筆；《上博（一）・孔子詩論》28「牆」作 、《上博（四）・曹沫之陣》18「城 （郭）」，字形下部呈「Y」形。更多字形可參拙著《《上博楚竹書》文字及相關問題研究》頁 177-179。

（三）鄭（蔡）子

整理者：鄭，從戔聲，元部字，與月部「蔡」字對轉。（頁 168，注 10）

方炫琛：左宣十七「齊侯使高固、晏弱、蔡朝、南郭偃會」，則蔡朝為齊人，陳氏世族譜「齊雜姓氏名號」下列蔡朝，亦以為齊人。（《名號研究》頁 599，2090「蔡朝」條）

建洲按：「蔡子」即左宣十七的「蔡朝」。「蔡子」的稱名方式亦是以氏配子，子為美稱。《繫年》的「蔡」字有兩種寫法，絕大多數寫作「鄡」，表示蔡國及下蔡（簡 107），跟《包山》的書寫習慣相同。參見李守奎〈包

山楚簡姓氏用字考釋〉《簡帛》第六輯，頁 227。還有一種寫法是「鄻」，見於本章簡 69、70「鄻子」（、），對應《左傳・宣公十七年》的「蔡朝」，所以「鄻」可讀為「蔡」。李守奎先生指出：「『剳（或鄻）君』之『剳（或鄻）』當指上蔡，有意與下蔡之『郕』加以區別。『剳君』的封地是上蔡，『郕公』是下蔡的縣公。作為姓氏，『剳』與『郕』都是以蔡國為氏，可以通用。」（同上文）。所以《繫年》的「蔡」氏寫作「郕」與「鄻」，如李先生所說可以通用。又《上博九・卜書》02「公」，即「蔡公」。沈培先生根據這種寫法的「蔡」認為可以證明裘先生以前說包山簡那種類似「業」的寫法是從「戔」變來的觀點應該是正確的（裘說見《古研》P225）。」（此為沈先生給程少軒兄的信件，承少軒惠示。）

（四）安（晏）子

方炫琛：左宣十四「公孫歸父……見**晏桓子**……桓子告高宣子」，杜注：「桓子，晏嬰父。」則晏、其氏也，桓蓋其諡。左宣十七稱「**晏弱**」，弱或其名。同傳苗賁皇告晉侯曰「夫晏子何罪」，稱晏子，**氏下殿以子字**，此春秋時卿大夫稱謂之通例。（《名號研究》頁 424，1349「晏弱」條）

⑦ 郕（駒）之克乃敦（執）南韋（郭）子、鄻（蔡）子、安（晏）子以歸（歸）

整理者：《左傳》宣公十七年云三人分別獲於三地：「晉人執晏弱于野王，執蔡朝于原，執南郭偃于溫。」（頁 168，注 11）

⑧ 齊回 ）公回（圍）魯＝（魯，魯）牆（臧）孫霫（許）迈（適）晉求 （援）

（一）齊问（頃）公回（圍）魯

整理者：《春秋》成公二年僅云：「二年春，齊侯伐我北鄙。」《左傳》記有齊「圍龍。……三日，取龍，遂南侵及巢丘」等情節。（頁168，注12）

方炫琛：左成九經「齊侯無野卒」；則無野、其名也，詳0857宋公固條。同經「葬齊頃公」，頃蓋其謚也。（《名號研究》頁575，1978「齊侯無野」條）

怡璇按：《左傳》成公二年：「二年春，齊侯伐我北鄙，圍龍。……三日取龍，遂南侵及巢丘。」楊伯峻指出「龍，在今山東泰安縣東南。……巢丘，當距龍不遠，或不離泰安縣境。」（《春秋左傳注（修訂本）》，頁786）《史記・魯周公世家》則記載「成公二年春，齊伐取我隆。」《史記索隱》：「劉氏云：『隆即龍也，魯北有隆山。』」錢穆另引《水經注》：「汶水南逕博縣故城東。又西南逕龍鄉故城南。」博縣故城，今泰安縣東南。（《史記地名考》，頁477-478）因此龍（隆）地的地理位置是沒問題的，但就記載詳略程度而言，傳世文獻仍是優於《繫年》的，《繫年》只言「回魯」，但傳世典籍則明示齊侵魯的城邑。

（二）魯脂（臧）孫瞀（許）迌（適）晉求歒（援）

整理者：臧孫許即臧宣叔。如晉乞師、主郤獻子（即郤克）等事，詳見《左傳》成公二年。（頁168，注13）

方炫琛：左宣十八「臧宣叔怒曰『……許請去之』」杜注：「宣叔，文仲子，武仲父，許、其名也。」謂臧宣叔為臧文仲之子，臧武仲之父，**許為其名**，是也，由傳臧宣叔自稱許，可証其名許，**宣蓋其謚也**，**臧則其氏**。左成元經謂之為「臧孫許」，云：「臧孫許及晉侯盟于赤棘」，**臧氏之宗子稱臧孫**，詳頁十一。（《名號研究》頁560，1931「臧孫許」條）

方炫琛：考春秋經傳，魯以氏配孫稱某孫，凡六家。……公子彄之後

稱臧孫者，有臧孫辰，見左僖二十六；有臧孫許，見左成二；有臧孫紇，見左襄十四、十七、二十三；有臧昭伯，見左昭二十五。則臧氏稱臧孫者四人，皆臧氏之宗子。……據上所考，魯六家之宗子得稱某孫，非宗子則以氏配名或字為稱……臧氏有臧賈、臧疇、臧堅等；**考諸春秋經傳，蓋未見魯非宗子稱「某孫」也。**……以氏配孫，蓋是敬稱。……其孫字指本國某先君之孫也，而非指公子之孫也。（《名號研究》，頁11-12）

怡璇按：《繫年》中「迠」字多讀為「適」，訓為「至」，如簡108「繻（申）公屈晉（巫）自晉迠（適）吳」以及第六章重耳流亡過程的「乃迠（適）齊=（齊，齊）人善之。迠（適）宋=（宋，宋）人善之，亦莫之能內（人）。乃迠（適）蠠=（衛，衛）人弗善。迠（適）奠=（鄭，鄭）人弗善。乃迠（適）楚。」另又如《上博九・陳公治兵》簡1「王迠郙（固）之行」中的「迠」字，海天遊蹤（蘇建洲師）指出「石」與「適」聲相通的字例，可參李家浩〈《越王差郐戈》銘文新研〉一文。（〈〈陳公治兵〉初讀〉，17樓）李家浩文便指出「中古音『石』、『適』都是昔韻開口三等入聲。於此可見，『石』、『適』古音相近，可以通用。」（〈〈越王差郐戈〉銘文新研〉）

「敚」字，《繫年》從「爰」之字有下列幾形：「」（簡71）、「」（簡72）、「」（簡127），簡72的「爰」字下方的手旁與「攵」旁所從的手旁共用，而造成省筆現象。「求援」一詞見《左傳》哀公三年「春，齊衛圍戚，求援于中山。」以及《國語・晉語》：「叔向曰：『求系，既系矣；求援，既援矣。』」二處。

建洲按：「迠」亦可讀為「跖」或「蹠」，訓為往或到達。《淮南子・原道訓》：「自無蹠有，自有蹠無，而以衰賤兮。」高誘注：「蹠，適也。」

⑨ 郰（駒）之克衛（率）自（師）戕（救）魯，敗齊自（師）于磊（麇）𢺄（笄）

整理者：《左傳》成公二年云：「郤克將中軍，士燮佐上軍，欒書將下軍，韓厥為司馬……臧宣叔逆晉師，且道（導）之，季文子率師會之。……六月壬申，師至于靡笄之下」，杜注：「靡笄，山名。」並詳述次日鞌之戰敗齊經過。簡文「𥳔」下從秝秝，《說文》「麻」字云「與秝秝同」，故「𥳔」即「磨」字，與「靡」通讀。靡笄，山名，楊伯峻《春秋左傳注》以為即今山東濟南千佛山。（頁169，注14）

子居：楊伯峻之說源自清人高士奇《春秋地名考略》，而顧炎武《山東考古錄》「辨靡笄」條則有另說云：「《齊乘》：『華不注，亦名靡笄山。』非也。《左傳》云：『從齊師於莘。』云：『六月，壬申，師至於靡笄之下。』云：『癸酉，師陳於鞌。』曰：『逐之，三周華不注。』曰：『父使公下，如華泉取飲。』其文自有次第，鞌在華不注之西，而靡笄又在其西，可知。《金史》：『長清有𨱔笄山。』」江永《春秋地理考實》卷二亦提出：「靡笄：《傳》：『六月壬申，師至於靡笄之下。』杜注：『山名。』《匯纂》：『《史記》：『晉平西元年伐齊戰於靡下。』徐廣曰：『靡當作曆，志曰曆山，即左傳所謂靡笄之山也，今名千佛山，在濟南府南十里。』今按：戰於鞌，鞌在曆城。《傳》云『六月壬申，師至於靡笄之下。癸酉，師陳於鞌。』則靡笄與鞌非一地。《史記》『戰於靡下』當作『曆下』，然遂以靡笄為曆山，恐非。《金史》云：『長清有𨱔笄山』𨱔笄當即靡笄，長清縣在濟南府西南七十里，山在其縣。晉師從西來，正與壬申、癸酉差一日相合。當以金史為是。」今人王恩田則在《濟南建城史芻議》一文中對顧炎武之說提出駁議，言：「莘即今之莘縣，位於濟南的西南方向。靡笄，山名。靡笄之下即靡笄山下，又稱靡下。《史記‧晉世家》載，晉平公伐齊，與齊靈公『戰靡下』。《集解》引徐廣曰：『靡，一作曆。』靡下即曆下。曆山即今之千佛山，因隋代以來在山上雕造佛像而得名。顧炎武《山東考古錄》認為靡笄山即長清的𨱔笄山。據考證長清𨱔笄山始見於《金史》，世稱旦山，清代又改稱峨眉山。金代以前無𨱔笄之名（宣統《山東通志》）。顧說非是。旦山今屬曆城區，位於段店

西十里，玉符河東岸，村名擔山屯，應即其地。《齊乘》以華不注山為靡笄山也是錯誤的。顧炎武已辨其非。鞍即鞍山。乾隆《山東通志》和清《一統志》都認為鞍山在曆城縣城西北十五里藥山之南。今俗稱北馬鞍山。⋯⋯華不注即今之華山。《齊乘》以華不注與靡笄相混淆，顧炎武已辨其誤。除此之外更無異說。」

但若以地理而論，千佛山在華山之南，而北馬鞍山在千佛山西偏北，齊師若阻擊晉師不利，何以不直接退至華山而卻西退至北馬鞍山呢？這樣豈不是等於將攻入齊都的門戶直接向晉師開放麼。且「金代以前無靡笄之名」同樣不排除史籍失載的緣故，以此否定《金史》的記載，顯然理由是並不充分的。反觀顧炎武、江永之說，則晉師由西而東的進軍路線清晰，齊師再戰不利，退守的防禦路線也很明確。因此，筆者以為，仍當以顧炎武、江永之說為是。靡笄即《金史》之麗笄山，清代改稱峨眉山者。據《槐蔭區志》載：「峨嵋山原名靡笄山，位於段店鎮大金莊西。清初始建大悲寺，至光緒年間，形成由正殿、東西配殿、文昌閣、鐘鼓樓組成的寺院。據一八三四年（清道光十四年）《長清縣誌》載，其山有內四景、外八景。內四景為：仙閣遠眺，歧泉清歌，幽洞消夏，古柏參天。外八景為：筆架煙雨，墨池雲樹，柳堤春色，松林霧雪，古塚蒼葭，孝裏黃麥，濟水晴帆，埠燈晚照。解放前，每年農曆二月二十五日舉行廟會，屆時商賈雲集，貨物備至，歷時月余，熱鬧非凡。」此地距今濟南市天橋區的北馬鞍山約十公里，正屬於先秦時期日行軍三十里的範圍之內，恰如江永《春秋地理考實》所說「正與壬申、癸酉差一日相合」。（〈12～15章解析〉）

怡璇按：《繫年》此處的記載與《左傳》、《史記》有別，《左傳》成公二年對於此戰役的敘事為「六月壬申，師至于靡笄之下。⋯⋯癸酉，師陳于鞌。⋯⋯齊師敗績，逐之，三周華不注。」《史記・魯周公世家》：「夏，公與晉郤克敗齊頃公于鞌，齊復歸我侵地。」《史記》與《左傳》皆指出晉大敗齊軍的地點在「鞌」，《繫年》則認為是在「磊（靡）玕（笄）」，楊伯

峻認為「鞌」地位於歷下，在今濟南市西偏。(《春秋左傳注（修訂本）》，頁 791)「鞌」與「靡笄」二地皆在濟南市，應當是一日可至的里程。然而，依據傳世文獻的記載，晉軍到達「鞌」和「靡笄」的日期有別，因此可以確定是兩個地點。

建洲按：「䃻（靡）」字作 ，底下的「林」旁形體與「冊」相近，因此有時會產生訛混，如金文「散」字或作：（散姬鼎）。所從的「林」字下部用表示「連接符號」的橫筆把兩個木連接起來，變得有些近似「冊」。又如「麻」可寫作 、、（《戰國文字編》頁 492），後二字的「林」旁形體與「冊」相近。參見劉釗先生〈「瘑」字源流考〉。又張宇暉〈觀妙堂藏歷代璽印選〉著錄一戰國官印「疋（胥）蘇（靡）嗇夫」作 ，其「靡」寫法亦可參照。(參見程東龍：〈戰國官印考釋兩則〉《印學研究》2 輯，頁 234-235)「幵」作 ，可以證明《容成氏》簡 14 應釋為「幵」，依文義可讀為「肩」。有學者釋為二「主」形，不可信。「幵」旁諸字可見於 （《包山》120）、（《新蔡》甲三 323）、（郭店《語叢四》簡 18）、（《上博（五）・鬼神之明、融師有成氏》簡 7）、（《李頌》1 背）。李家浩〈戰國幵陽布考〉，載《古文字研究》第 25 輯可以參讀。

⑩ 以鞿（䰝）、骼、玉笒（璆）與臺（淳）于之田

整理者：此句疑應乙為：「骼（賂）以鞿（䰝）、玉笒與臺（淳）于之田。」「鞿」字匣母元部，與金文多作「獻」的「䰝」通讀，「獻」字曉母元部。「笒」字見戰國青銅器郘大府量（《集成》10370），筒形器。一說讀為「箈」，樂器，《說文》云為「小管」。淳于，齊地名，在今山東安丘縣東北。《左傳》成公二年云：「齊侯使賓媚人（即國佐）賂以紀䰝、玉磬與地。」杜預《春秋經傳集解》後序引《紀年》云：「齊國佐來獻玉磬、紀公之䰝」，

與傳文合。（頁169，注15）

黃傑：此句疑應乙為「骼（賂）以鞸（甗）、玉笗與淳于之田」。這種處理恐無甚依據，原句自可講通。（〈初讀《清華大學藏戰國竹簡（貳）》筆記〉，復旦網，2011年12月20日）

周波（網名飛虎）：我們認為整理者讀「以鞸骼」為「骼（賂）以鞸（甗）」可從，不過讀「笗」為「筱」恐怕是有問題的。既然「鞸」與《左傳》成公二年之「甗」相應，則「玉笗」顯然相當於《左傳》成公二年之「玉磬」。我們認為「笗」當讀為「璆」。「璆」金文或寫作从「金」「喬」聲（《集成》225-237）。孫詒讓已經指出，金文此字蓋謂特磬，並引《爾雅・釋樂》「大磬謂之喬」證之。敢（从黑）鐘云「批諸喬聖（後二字皆从厂）」，裘錫圭先生讀「喬（从厂）」為「璆」，皆可信。从「少」聲之字與从「喬」、从「喬」聲之字皆音近可通，見於出土和傳世文獻，不贅舉。「璆」為古樂器名，即大磬。《爾雅・釋樂》：「大磬謂之璆」下郭璞注云：「璆形似犁錧，以玉石為之。」綜上所述，「玉笗」當讀為「玉璆」，也即上引《左傳》成公二年文之「玉磬」。（〈釋《繫年》的樂器「玉璆」〉，復旦網論壇，2011年12月27日，http://www.gwz.fudan.edu.cn/ShowPost.asp?ThreadID=5393）

蘇建洲：「玉笤」，《左傳》作「玉磬」，筆者以為「笤」（心紐宵部）可讀為「璆」（群紐幽部），聲韻皆近。「玉笤」，《左傳》作「玉磬」，筆者以為「笤」（心紐宵部）可讀為「璆」（群紐幽部），聲韻皆近……《聲素》224、227頁有【尞與翏】、【小與尞】的通假例證，可見「笗（笤）」讀為「璆」是可以的。《國語・晉語四》：「官師之所材也，戚施直鎛，蘧蒢蒙璆。」韋昭注：「璆，玉磬。」《書・禹貢》：「厥貢璆鐵」蔡沈《集傳》：「璆，玉磬。」《類篇・玉部》引《說文》：「璆，玉磬也。」見《故訓匯纂》頁1461。此外，在《廣韻》、《集韻》均有引《說文》：「璆，玉磬也。」這條材料。（〈釋《繫年》的樂器「玉璆」〉第2樓）

Shibuwodai：至於《繫年》中的這個字（笗），俺贊同海天先生讀為「璆」

的意見，不過這裡的「球（璆）」就不是美玉的意思了，而是如海天先生所說，是磬的意思。（〈釋《繫年》的樂器「玉馨」〉第 4 樓）

侯乃峰（網名：小狐）：我們懷疑這句話中的「骼」當讀爲「鉻」。鉻，《玉篇》「鉤也」，而《廣韻・陌韻》出了個很奇怪的解釋：「鉻，陳公鉤也。」不知源出何典？不過，據常理推測，作爲賄賂的東西基本上是寶貨珍玩之類。齊人當時賂晉的甗，《左傳》作「紀甗」，即紀國的寶器。杜預注以爲是「滅紀所得」。故「鉻」解釋爲「陳公鉤也」似乎也不無可能。若《廣韻》「鉻，陳公鉤也」的解釋確是有來源的話，則所謂的「陳公鉤」也許與陳公子完奔齊有關。《史記・陳杞世家》：至于周武王克殷紂，乃復求舜後，得嬀滿，封之於陳，以奉帝舜祀，是爲胡公。《左傳》襄公二十五年：昔虞閼父爲周陶正，以服事我先王。我先王賴其利器用也，與其神明之後也，庸以元女大姬配胡公，而封諸陳，以備三恪。又，《左傳》莊公二十二年記載，陳公子完與顓孫奔齊，齊桓公使陳公子完爲工正。由相關記載可知西周所封的陳國爲公爵，則《廣韻》所謂的「陳公」似當與先秦陳國有關係。又由虞閼父爲周陶正、陳公子完爲工正之事，似可推知陳國氏族中人當精於工藝製作。而所謂的「陳公鉤」似當是原屬於陳國的工藝精良之寶器，由陳公子完帶到齊國，此時作爲賄賂獻給晉國。若此說不誤，簡文當讀爲：齊人爲成，以甗、鉻、玉笸與淳于之田。（〈讀《繫年》臆札〉）

Shibuwodai：該字或可讀爲義爲車的「輅」，字或作「路」。《尚書・顧命》：「大輅在賓階面，綴輅在阼階面，先輅在左塾之前，次輅在右塾之前。」《公羊傳・昭公二十五年》「設兩觀，乘大路」，何休注：「禮，天子大路，諸侯路車，大夫大車，士飾車。」能叫「輅（路）」的車可能不是一般的車，所以簡文這裡才拿它當寶物送人。不過，這個「骼」也有可能讀爲義爲大的「路」，與「玉笸」連言，義爲大玉笸。《史記・孝武本紀》：「路弓乘矢」，裴駰《集解》引韋昭曰：「路，大也。」（〈讀《繫年》臆札〉回帖，六樓）

周波：我們認爲「韓骼」當讀爲「甗鉻」，即《左傳》所提到的「紀甗」、

《紀年》的「紀公之甗」(《公羊傳》、《穀梁傳》作「紀侯之甗」)。《淮南子·精神》:「夫仇由貪大鍾之賂而亡其國,虞君利垂棘之璧而擒其身,獻公豔驪姬之美而亂四世,桓公甘易牙之和而不以時葬,胡王淫女樂之娛而亡上地。」《戰國策》卷二《秦令樗里疾以車百乘入周》:「昔智伯欲伐厹由,遺之大鍾,載以廣車,因隨入以兵,厹由卒亡,無備故也」,高誘注云:「厹由貪大鍾之賂,開道至晉以受鍾,智伯隨入兵,伐而取之也。」《新語·資質》:「昔宮之奇爲虞公畫計,欲辭晉獻公璧馬之賂,而不假之夏陽之道,豈非金石之計哉!」「甗賂」即「(紀公)甗之賂」,這與「大鍾之賂」、「晉獻公璧馬之賂」正相類同。《春秋繁露》卷十三還有「城邑之賂」,亦可資參考。「甗賂」、「大鍾之賂」、「璧馬之賂」文獻中又稱爲賂器,見《左傳》桓公二年:「今滅德立違,而寘其賂器於大廟,以明示百官。百官象之,其又何誅焉?」《左傳》所見「郜鼎(宋之賂鼎)」、「甲父之鼎」、「襄鍾(鄭襄公之廟鍾)」均其類,且皆爲宗器。「紀甗(紀公之甗)」與「郜鼎」、「甲父之鼎」文例相合,很可能也屬宗器。《左傳》成公二年:「齊侯使賓媚人賂以紀甗、玉磬與地」,杜注云:「甗,玉甑,皆滅紀所得。」孔疏云:「《莊》四年『紀侯大去其國』。不言齊滅,而云『滅紀所得』者,紀侯被逼而去,後齊侯收其民人,又取其國寶,此則與滅無異,故爲此解。」楊伯峻《春秋左傳注》云:「紀甗自是銅器,或是齊滅紀時所得之器。孔疏推測爲玉製器,不可信。玉磬,杜注以爲亦是滅紀所得。」按紀實爲遷國,未被齊滅,且簡文云「以甗賂、玉笭」,知僅「紀甗(紀公之甗)」爲紀國之物。杜預「皆滅紀所得之說」不可信。從《繫年》簡文「甗賂」來看,「紀甗(紀公之甗)」當是紀國所賂之器,並非是齊滅紀所得。

既然「鶀」與《左傳》成公二年之「甗」相應,則「玉笭」顯然相當於《左傳》成公二年之「玉磬」。我們認爲「笭(笤)」當讀爲「磬」。「磬」,春秋晚期金文常見,多從「嚻」聲。「少」,書紐宵部,「磬」,群紐宵部,二字聲紐關係密切,韻部相同,沒有問題可以相通。從「少(或肖、勺)」

聲之字與從「喬」、從「囂」、從「敖」聲之字相通也有出土及傳世文獻方面的證據，不贅舉。「䃽」為古樂器名，即大磬。《爾雅・釋樂》：「大磬謂之䃽」下郭璞注云：「䃽形似犁錧，以玉石為之。」綜上所述，「玉竻」當讀為「玉䃽」，也即上引《左傳》成公二年文之「玉磬」。(〈清華簡《繫年》考釋兩篇〉，「簡牘與早期中國」學術研討會暨第一屆出土文獻青年學者論壇論文集)

怡璇按：簡文中的「鶇骼玉竻」說法眾多，整理如下：

	整理者	飛虎(周波)	蘇建洲	小狐	Shibuwodai
鶇	讀「甗」	「鶇骼」讀「甗賂」			
骼		「鶇骼」讀「甗賂」		讀「鉻」	即為「輅」或「路」
玉竻	1、筒形器 2、讀「筱」，指「小管」	讀「䃽」，即「大磬」。	「竻」即「筲」，讀「璆」，「玉竻」指「玉磬」		贊同讀為「璆」，是磬的意思。

簡文作「以鶇骼玉竻與辜(淳)于之田」，《左傳》成公二年作「齊侯使賓媚人(即國佐)賂以紀甗、玉磬與地。」整理者疑讀為「骼(賂)以鶇(甗)、玉竻與辜(淳)于之田」，對於此說，小狐指出「此種說法恐不妥，至今似未見簡帛文獻中有這種誤倒的現象，即不是前後兩個字誤倒，而是一個字誤置在兩個字之後。」(〈讀《繫年》臆札〉)可從。

簡文「齊人為成，以鶇骼玉竻與辜(淳)于之田」，此句話可以確定的是齊國為了求和，因此送玉磬以及淳于之田給晉國，「以」字在全句中作為

動詞，讀為「與」或是直接訓為「致送」，前者如《國語・越語下》：「持盈者與天，定傾者與人，節事者與地。」《史記・越王句踐世家》「與」作「以」。（王輝：《古文字通假字典》，頁 108）後者如五年琱生簋：「余獻，婦氏以壺。」（《集成》4292）五年琱生尊：「唯五年九月初吉，召姜以琱生𤨗（？）五尋、壺兩。」（《集成》2007）（頁 131）（參寇占民：《西周金文動詞研究》，頁 131）但古文字考釋以本字訓解為優先考慮，故以後者為佳。另外，蘇建洲老師提示裘錫圭先生已指出甲骨文的「以」有「致送」的意思，見〈說「以」〉《古文字論集》頁 106。

先談「骼」字，小狐讀為「銘」，訓為「陳公鈎」，指出是陳公子完奔逃至齊國時所帶的寶物，小狐文中已指出陳公子奔至齊國是莊公二十二年（西元前 672 年）的事情，簡文此處為成公二年（西元前 589 年），歷時約八十年的時間，齊國是否還保存陳公子奔逃所帶之物，是有疑問的。Shibuwodai 讀為「輅」。「輅」是古代帝王所乘的大車，《禮記・樂記》：「所謂大輅者，天子之車也。」《集韻・鐸韻》：「輅，王車。」《說苑・臣術》記載齊景公派梁丘據送晏嬰「輅車乘馬」，可見各諸侯國確實可以「輅車」做為禮物來致送給大臣，所以讀為「輅」的可能性是存在的。至於周波先生試圖將簡文與《左傳》記載作結合，將「鞷骼」讀「甗賂」，並認為「甗賂」即「（紀公）甗之賂」，但是「賂」作為「贈送的財物」解，為何只加在「甗」之後，其他的「玉笒」、「𡌋（淳）于之田」為何沒有，這是啟人疑竇的。比對《左傳》作「賂以紀甗、玉磬與地」來看，「骼」恐怕還是理解為某一種寶器較為合理。筆者則以為「骼」從各聲，可讀為「鼓」，「各」為見紐鐸部，「鼓」為見紐魚部，同聲紐，魚、鐸陰入對轉，二字通假沒有問題。但楚簡中的「鼓」字多作「𢷒」（《包山》2.95）形，與所論字有別，然而《繫年》用字有時較為特別，如簡 34 的「𧴦」字可讀為「背」或「負」，一上示三王（程少軒）曾指出「楚簡用為『背』之字比較固定，很難想像這個常見詞用這麼個少見的字表示」（〈關於「保／夊」讀為「負」〉）但此

種情況不能完全反駁「![符號]」讀為「背」的說法（詳見第六章考釋），因此从各聲的字仍是有讀為「鼓」的可能性的。簡文「齊人為成，以鞼、骼（鼓）、玉笭（璆）與臺（淳）于之田」此句與《左傳》成公二年：「齊侯使賓媚人賂以紀甗、玉磬與地」相對應，「鞼」疑同整理者所言即是「甗」，關於《左傳》中「紀甗」與「玉磬」的來源，楊伯峻指出「紀甗自為銅器，或是齊滅紀時所得之器。……玉磬，杜注以為亦是『滅紀所得。』據下文，紀甗和玉磬是賂郤克者，然杜預《春秋經傳集解後序》引《竹書紀年》云『齊國左來獻玉磬、紀公之甗』，則獻於晉侯。」（《春秋左傳注（修訂本）》，頁797）因此，「甗」應是齊滅紀所得，但玉磬可能只是齊國本身的寶器了，若將「骼」讀為「鼓」，則其性質與玉磬同。至於為何求和的禮物是「鼓」與「玉璆（磬）」，此二種樂器皆與先秦禮樂制度相關，《周禮・地官・鼓人》：「掌教六鼓四金之音聲，以節音樂……教為鼓而辨其聲用，以雷鼓鼓神祀，以靈鼓鼓社祭，以路鼓鼓鬼享，以賁鼓鼓軍事，以咎鼓鼓役事，以晉鼓鼓金奏。」《禮記・樂記》：「磬以立辨，辨以致死，君子聽磬聲則思死封疆之君。」考古挖掘以及傳世文獻中皆可見因應不同場合、用途而製作各種種類的鼓和磬，不論是鼓或是磬在軍隊、禮樂中皆扮有十分重要的地位。（可參楊華：《先秦禮樂文化》，頁156-172）送與此二物，可能有禮樂制度歸順晉國的意味。

蘇建洲師以將學者對於「玉笭」說法作了辨析，並指出「玉笭」即為「玉磬」，可從。

建洲按：關於「玉笭」的詳細討論，請見【附錄三】〈《清華大學藏戰國竹簡（貳）・繫年》考釋四則〉。又杜預《春秋經傳集解》後序引《紀年》云：「齊國佐來獻玉磬、紀公之甗」，「紀公」之稱較為特別。古本《竹書紀年》中，對紀國國君的稱謂有三種：紀子、紀侯、紀公，其中「紀公」之稱便是源自「紀公之甗」的「紀公」。李峰先生認為「紀公」之稱出現在一

個特殊情形下，即齊國將其征伐紀國所得「紀公之甗」賄獻給晉國。「紀公」在這裡可能是對紀國亡君的死稱。見李峰：〈論「五等爵」稱的起源〉《古文字與古代史》第三輯，頁 171 注 28。「翰」讀為「甗」，即「倝」聲讀為「甗」，如同 ⿱冈⿰ (冠？) 甗（《銘圖》03356）「用作父王寶甗彝」之「甗」作 ▆，從「鼎」、從「倝」字初文得聲。

⑪ 齊回（頃）公朝于晉竸（景）公，邞（駒）之克走敓（援）齊侯之緢（帶），獻之竸（景）公，曰：「齊侯之坴（來）也，老夫之力也▆。」

(一) 敓（援）

整理者：援，《說文》：「引也。」（頁 169，注 16）

(二) 齊侯之坴（來）也，老夫之力也

整理者：《左傳》成公三年記「齊侯朝于晉」，云：「郤克趨進曰：『此行也，君為婦人之笑辱也，寡君未之敢任。』」與簡文異。（頁 169，注 17）

子居：實則與簡文類似的記載可見於《國語・晉語五》：「靡笄之役，郤獻子見，公曰：『子之力也夫！』對曰：『克也以君命命三軍之士，三軍之士用命，克也何力之有焉？』文子見，公曰：『子之力也夫！』對曰：『燮也受命於中軍，以命上軍之士，上軍之士用命，燮也何力之有焉？』欒武子見，公曰：『子之力也夫！』對曰：『書也受命於上軍，以命下軍之士，下軍之士用命，書也何力之有焉？』靡笄之役也，郤獻子伐齊。齊侯來，獻之以得殞命之禮，曰：『寡君使克也，不腆弊邑之禮，為君之辱，敢歸諸下執政，以整禦人。』苗棼皇曰：『郤子勇而不知禮，矜其伐而恥國君，其與幾何！』」《左傳・成公二年》：「郤伯見，公曰：『子之力也夫！』對曰：

『君之訓也，二三子之力也，臣何力之有焉！』范叔見，勞之如郤伯，對曰：『庚所命也，克之制也，燮何力之有焉！』欒伯見，公亦如之，對曰：『燮之詔也，士用命也，書何力之有焉！』」可與《國語》所記內容的前一部分對應。不難看出，由晉景公之「子之力也夫」和苗賁皇的「郤子勇而不知禮，矜其伐而恥國君」來看，當時曾產生「齊侯之來也，老夫之力也」這樣的傳言並將其附於郤克名下，是非常可能的。（〈12～15章解析〉）

怡璇按：《繫年》與《左傳》的記載有些出入，就十四章而言《左傳》仍是較為詳細的：

	繫年	左傳
1	會者（諸）侯于㦞（斷）道	公會晉侯、衛侯、曹伯、邾子同盟于斷道
2	高之固至莆池，乃逃歸（歸）	及歛盂，高固逃歸。
3	齊同（頃）公回（圍）魯	齊侯伐我北鄙，圍龍……三日，取龍，遂南侵及巢丘
4	敗齊㠯（師）于磊（靡）矸（笄）	六月壬申，師至于靡笄之下。……癸酉，師陳于鞌。……齊師敗績，逐之，三周華不注。
5	以韒、骼、玉笭與臺（淳）于之田	齊侯使賓媚人賂以紀甗、玉磬與地
6	邨（駒）之克走歛（援）齊侯之縛（帶），獻之競（景）公，曰：「齊侯之㚗（來）也，老夫之力也。」	郤克趨進曰：「此行也，君為婦人之笑辱也，寡君未之敢任。」

此六點可見，除了一、二點是異文，以及第五點《繫年》明確記載所送的田為「淳于之田」外，其餘的《左傳》多較《繫年》詳實，例如第三點，《繫年》記事較簡略，僅記載「圍魯」，但《左傳》則是指出齊國圍攻魯國的龍地，而後攻打至魯國的巢丘；又如第四點，《左傳》詳細記載晉軍的行軍路程，先至靡笄之下，而後軍隊駐紮於鞌地，但《繫年》只載於靡笄之地。

關於第六點的歧異，楊伯峻指出郤克所言的「此行也，君為婦人之笑辱也，寡君未之敢任。」一句是在發洩被笑的怨恨，（《春秋左傳注（修訂

本)》，頁 816）當然，《繫年》所載的話語亦是如此，只是簡文的話語更為
無禮，朱曉海先生認為《繫年》是以春秋時期史事為主體的抄錄本，《左傳》
為重要的參考資料，另還參考了不少書籍，只是《繫年》的記載專以戰爭
和勝負為內容焦點，因此在敘事上面與《左傳》有別。（〈清華簡所謂《繫
年》的書籍性質〉，「經學與文學國際學術研討會」，頁 413-436）此書取材
對象應也包含當時流傳的故事，此說或是將時人評論「郤子勇而不知禮」
（《國語・晉語》）具體化入簡文，才會有郤克拉齊君衣帶，甚至對晉君自
誇的無禮情況。

《繫年》第十五章集解

【題解】

　　本章從楚莊王卽位（613B.C）開始敘述，到楚昭王復邦（505B.C），共一○九年。這期間歷楚莊王、共王、康王、郟敖、靈王、平王、昭王等七位君主，然文中不言康王、郟敖。

　　本文從情節可分為兩部分：一是因楚臣相爭夏姬而引起申公巫臣通吳、晉之路，二是因費無極之讒害伍氏一族而使伍子胥教吳人反楚。楚莊王時，夏徵舒弑殺陳君靈公，莊王率師征討。殺夏徵舒而賜其室給巫臣，然而連尹襄老、司馬子反先後與之爭，故其在共王卽位之初，趁聘問齊國時偷帶少孔前往晉國，且通吳、晉之好，教吳國叛楚。至平王時，少師費無極讒害連尹奢，其子伍員、伍雞俱奔吳，伍雞助吳伐州來，而伍員則為太宰以教吳人反楚，使吳在柏舉之戰大敗楚師，遂攻入郢都，使昭王逃歸隨國。後因吳國內亂，昭王得以復邦。

　　貫串的主線為吳、楚關係。楚莊王時，「吳人服于楚」；楚共王時，「吳人叛楚」；楚靈王時，「吳人焉又服于楚」；楚平王、楚昭王時，「吳人反楚」。從楚國的角度來看，吳人的叛服，實際上是楚、晉爭霸中的一環，因為吳國逐漸興盛，

　　是由於晉國在背後扶持，而使楚國北臨中原諸侯國，東邊則有吳國的侵略，使霸業受挫。從吳國的角度來看，吳為姬姓小國，與楚相接壤，在楚國向周圍擴張時，吳國最後可能為楚所滅，因巫臣之故，得與晉國交通，進而加強自身實力，自然站在與楚國敵對的一方。此後吳國叛楚，與楚人在江、淮地區爭戰不休。至靈王時因南淮之行，才使吳國又服于楚。而後

又因連尹奢之事，使伍子胥逃歸吳國，促使吳人積極伐楚。全文反映楚、吳在江、淮間的勢力消長。

從另一方面來看，楚國霸業迭有興衰，而吳國則逐漸積累日後與中原諸侯爭雄的實力。楚莊王為五霸之一，然而伐陳時未能處理好諸臣爭奪夏姬之事，故將禍患遺留給共王。巫臣在共王時逃至晉國，促成晉、吳交好，且教授吳國中原戰略戰技，使吳國能與楚國對抗。然至靈王時，雖率諸侯伐吳，然而其本身驕汰愎諫，《繫年》雖言「吳人焉又服于楚」，若對照《左傳》等文獻參看，實則吳人未服于楚，楚國霸業不繼。平王初即位時尚為賢君，然日漸昏庸，且寵信費無極，使本國人才奔吳，不能重續先祖霸業，又將禍果留給昭王。昭王即位正當吳王闔閭之時，吳王闔閭雖未稱霸，然而吳國在其手上強盛，其子夫差因能北上黃池與晉國爭霸。昭王即位後，楚國與吳國的戰事更加劇烈，最後郢都被吳軍攻入，自己則奔逃至隨國。

故本章先是藉陳國亂事，帶出巫臣通吳、晉之好，此時期乃是晉國有意扶持吳國，屬晉與楚爭霸戰略部署。而後因費無極讒殺伍氏一族，引出伍子胥助吳覆楚，則為吳、楚之爭，楚國霸業衰極，而吳國方盛。

【釋文】

楚臧（莊）王立①，吳人服于楚。②陳公子譁（徵）郚（舒）取妻于奠（鄭）穆公③，是少孔④。臧（莊）王立十又五年，【七四】陳公子譁（徵）郚（舒）殺亓（其）君霝（靈）公⑤，臧（莊）王衒（率）㠯（師）回（圍）陳⑥。王命繡（申）公屈晉（巫）䢟（適）秦求㠯（師），旻（得）㠯（師）以【七五】埜（來）⑦。王內（入）陳，殺䍐（徵）郚（舒），取亓（其）室以夋（予）繡（申）公。連尹襄老與之爭，敓之少孔⑧。連尹戬（捷）於河【七六】灘⑨，亓（其）子墨（黑）要也或室少孔⑩。臧（莊）王即殜（世），龔（共）王即立（位）。⑪墨（黑）要也死，司馬子反與繡（申）【七七】公爭少孔⑫，繡（申）公曰：「氏（是）余受妻也。」取以為妻。⑬司馬不

訓（順）繡（申）公⑭。王命繡（申）公嘼（聘）於齊⑮，繡（申）【七八】公毚（竊）載少孔以行⑯，自齊述（遂／隧／邌）逃迍（適）晉⑰，自晉迍（適）吳，女（焉）訇（始）通吳晉之洚（路），教吳人反（叛）楚⑱。【七九】以至霝＝王＝（靈王，靈王）伐吳，為南潩（懷－淮）之行，執吳王子鱶（蹶）絲（由）⑲，吳人女（焉）或服於楚⑳。霝（靈）王即殜（世），【八〇】競（景）坪（平）王即立（位）㉑。少帀（師）亡（無）期（忌）讉（讒）連尹頟（奢）而殺之㉒，亓（其）子五（伍）員與五（伍）之雞逃歸（歸）吳㉓。五（伍）雞迲（將）【八一】吳人以回（圍）州棶（來）㉔，為長灪（壑）而湮（汜）之㉕，以敗楚帀（師），是雞父之湮（汜）㉖。競（景）坪（平）王即殜（世），卲（昭）王即【八二】立（位）㉗。五（伍）員為吳太剒（宰）㉘，是教吳人反楚邦之者（諸）侯，以敗楚帀（師）于白（柏）壆（舉）㉙，述（遂）內（入）郢㉙。卲（昭）王歸（歸）【八三】隓（隨）㉚，與吳人戰（戰）于析㉛。吳王子脣（晨）牰（將）忌（起）禞（禍）於吳＝（吳，吳）王盍（闔）房（廬）乃歸（歸）㉜，卲（昭）王女（焉）逡（復）邦㉝。【八四】

　　楚莊王在位，吳人服從於楚國。陳公子徵舒娶妻於鄭穆公，是為少孔。莊王在位第十五年，陳公子徵舒弒殺其君靈公，莊王率師圍陳。莊王命令申公屈巫到秦國求取軍隊，得秦師來陳襄助。莊王進入陳國，殺徵舒，取其家室賜給申公。連尹襄老與申公相爭，奪取徵舒妻室少孔。連尹在河灘被俘獲，其子黑要也又娶少孔。莊王即世，龔王卽位。黑要也死，司馬子反與申公爭奪少孔，申公說：「這是我先王賜給我的妻子。」故聘娶少孔為妻。司馬子反不服申公。共王命令申公到齊國聘問，申公偷偷帶少孔前往，從齊國便逃到晉國（或從通往齊國的道路逃到晉國），從晉國到吳國，於是開始交通吳、晉之間的道路，教吳人叛楚。到了靈王時，靈王攻伐吳國，

為南淮之行，拘執吳王子蹶由歸楚，吳人於是又服從於楚國。靈王卽世，景平王卽位。少師費無極讒害連尹奢而殺之，其子伍員與伍之雞奔逃歸附楚國。伍雞率領吳人圍州來，挖掘長溝而蓄水來阻擋（楚師），以此打敗楚師，這是雞父的蓄水溝。景平王卽世，昭王卽位。伍員為吳太宰，是教吳人策反屬楚國的諸侯，因敗楚師於柏舉，於是入郢都。昭王逃歸隨國，與吳人戰於析地。吳王子晨將要為禍吳國，吳王闔廬因此歸返吳國，昭王於是收復楚國邦土。

【集解】

① 楚臧（莊）王立，吳人服于楚

整理者：《左傳》文公十四年：「楚莊王立。」莊王，穆王子，名旅，或作侶。（頁171，注1）

雯雯按：楚莊王（613-591B.C.在位，在位二十三），宣公十八年《經》載「楚子旅卒」，因《春秋》載某諸侯逝世時，多書其名，故可知「旅」為莊王之名。（引按：詳參方炫琛：《左傳人物名號考》，條0857「宋公固（成十五經）、宋共公（成十五經）、宋公（成三經）」，頁309）又見「侶」為其名者，方炫琛先生云：「旅，《穀梁》作呂，《春秋異文箋》云：『旅，呂音同義通。』《史記・楚世家》作侶。傳稱『楚莊王卒』，莊蓋其諡也。」（方炫琛：《左傳人物名號研究》，條1803「楚子旅（宣十八年經）、楚莊王（文十四）、楚子（文十四）、莊王（成二）、莊（昭元）」，頁533）

建洲按：上引旅、呂通假例證，出土文獻可以補充者，如《睡虎地・編年紀》一四壹・5「伊闕」，裘錫圭先生認為「闕」當從「旅」聲，或即「閭」字異體。（《古文字論集》，頁448）。趙平安先生也認為：「伊闕」就是「伊閭」，是「伊闕」的別稱。（《新出簡帛與古文字古文獻研究》，頁364）

② 吳人服于楚

雯雯按：《左傳・宣公八年》（時為楚莊王十三年）始見吳國之記載，其云：「楚為眾舒叛，伐舒蓼，滅之。楚子疆之，及滑汭。盟吳、越而還。」眾舒，是指散居在今安徽省舒城縣、盧江縣、巢湖市一帶的舒姓部落，（見楊伯峻注僖公三年「徐人取舒」之注。楊伯峻：《春秋左傳注（修訂本）》，頁248）楚國滅舒蓼後，將其劃入自己的疆界。又領兵到滑水一帶。滑水，楊伯峻先生云：「杜《注》，滑，水名。春秋之滑水，今已不詳何在。《彙纂》謂『當在今江南盧州府東境』，則當在今合肥市、盧江縣之東，而在巢縣、無為之間。」（《左傳注》，頁696）則此時楚國勢力已擴張至江、淮一帶，迫近吳國，故有「盟吳、越而還」一事，而此次是楚國與吳、越交往的正式紀錄，與《繫年》參看可知吳人在未興之前與楚為盟國，服從於楚國的勢力。

③ 陳公子謨（徵）郤（舒）取妻于奠（鄭）穆公

整理者：謨郤，卽夏徵舒。《國語・楚語上》「昔陳公子夏為御叔娶於鄭穆公，生子南」，韋注：「公子夏，陳宣公之子，御叔之父也，為御叔娶鄭穆公少妃姚子之女夏姬也。……子南，夏徵舒之字。」《左傳》與之相合。簡文則云公子徵舒娶鄭穆公女，與《左傳》、《國語》不同。（頁171，注2）

程薇：夏姬並非是御叔之妻，而是夏徵舒之妻。這一歷史真相可以說是兩千多年來人們從來沒有想到的。但是只要平心而論，就會發現這一情況非常合理，因為鄭穆公生於西元前六四九年，他在位的時間是西元前六二七年至西元前六〇六年。作為鄭穆公的小女兒，夏姬的年齡顯然並不會太大，而西元前五九九年夏徵舒不僅能射殺陳靈公，而且還能篡取陳國的君位，自立為君，說明夏徵舒本人已是一個血氣方剛的年輕人。從時間上來說，夏姬絕不可能會有夏徵舒這樣一個兒子，反而是夏徵舒的年紀要比

夏姬更大一些。因此，夏徵舒作為夏姬的丈夫，其身份顯然是再合適不過。如果陳靈公被殺時，夏姬只不過是一個二十歲左右的少婦，那麼後來歷史的發展就全部非常合理了，圍繞夏姬的所謂「老而復壯」的傳說自然也就是一些荒誕可笑的傳聞而已。(〈夏姬身分之謎〉，《文史知識》2012年7月，頁111）

子居：程薇之文所論「夏姬並非是御叔之妻，而是夏徵舒之妻」部分，當皆是，而清華簡整理者所說的「簡文則云公子徵舒娶鄭穆公女，與《左傳》、《國語》不同」則不確。屏棄掉注疏解說，細讀《左傳》原文相關章節，就不難發現，《左傳》中實際上並沒有夏姬為御叔之妻、夏徵舒之母的內容，這一點與《國語》是相當不同的。無論是《左傳·宣公十年》的「徵舒似女」還是《左傳·成公二年》的「天子蠻，殺御叔，弒靈侯，戮夏南，出孔、儀，喪陳國」還是《左傳·昭公二十八年》的「殺三夫，一君，一子，而亡一國、兩卿」都並不能必然性地得出「夏姬為御叔之妻」的結論，但將三段內容合觀，則很容易產生這樣的誤解。《國語》則明確記述為「昔陳公子夏為御叔娶于鄭穆公，生子南。子南之母亂陳而亡之，使子南戮于諸侯。莊王既以夏氏之室賜申公巫臣，則又畀之子反，卒於襄老。」從這個角度上說，也可以看出，相對于《左傳》而言，《國語》的若干記載大都有著更多的衍生成分，而往往去史實更遠。(〈12～15章解析〉，「孔子2000網」，2012年10月2日)

雯雯按：夏徵舒，陳國大夫。又稱少西氏、夏南。《春秋·宣公十年》云：「陳夏徵舒弒其君平國（引按：「平國，乃陳靈公之名」）」，杜預注云：「徵舒，陳大夫也。靈公惡不加名，故稱臣以弒。」(〔周〕左丘明傳；〔晉〕杜預注；〔唐〕孔穎達正義；浦衛忠等整理：《春秋左傳正義》〔臺灣：臺灣古籍出版社，2001年10月〕，卷22，頁717）夏徵舒弒殺其君靈公，自立為陳侯。隔年楚莊王來伐，《左傳·宣公十一年》：「謂陳人『無動！』將討於少西氏。」杜預云：「少西，徵舒之祖子夏之名。」《正義》云：「《禮》

以王父字為氏，徵舒以夏為氏，知子夏是字，少西是名。**言少西氏者，氏猶家也，言將討少西之家。**」楚遂入陳殺夏徵舒，「轘諸栗門」（在陳城門施以車裂之刑）。（《左傳正義》，卷22，頁724）。《左傳・成公二年》又稱「夏南」者，方炫琛先生認為：

> 經多書名，經稱「夏徵舒」，則徵舒、其名也。左宣十陳靈公謂儀行父曰「徵舒似女」，君稱臣名，亦可證徵舒為其名。左成二申公巫臣稱其為「夏南」者，《國語・楚語上》「昔陳公子夏為御叔娶於鄭穆公，生子南」，韋注：「子南，夏徵舒之字。」則南為其字。徵、古懲字，徵舒即懲舒，名懲舒猶後世之名破胡，舒為近楚之小國，左文十二「群舒叛楚」是也，舒在南，故古人名舒字南，左襄二十二楚公子追舒又稱子南，以南為字，與此同義，參《解詁》。夏徵舒字南，故《左傳》稱「夏南」，以氏配字也，韋注稱子南者，子為字上所冠男子美稱之辭。（《左傳人物名號考》，條1272「夏徵舒（宣十經）、徵舒（宣十）、夏南（成二）」，頁405）

則「徵舒」為其名，「南」為其字，稱「夏南」則以氏配字之故。鄭穆公（627-606B.C.在位，在位二十二年），名蘭，穆為其諡。（《人物名號考》，條2128「鄭伯蘭（宣三經），頁606）因鄭文公逐群公子，故出奔晉，事晉文公甚謹，得以迎立為鄭太子。（詳參《左傳・僖公三十一年》、《左傳・宣公三年》及《史記・鄭世家》。）其少妃姚子生夏姬。（《左傳注》，頁1492）《國語・楚語上》云：「昔陳公子夏為御叔娶於鄭穆公，生子南。子南之母亂陳而亡之，使子南戮于諸侯。」（徐元誥撰，《國語集解（修訂本）》，頁492）所載與《繫年》「陳公子徵舒取妻于鄭穆公」不同。依《國語》則徵舒為夏姬（鄭穆公之女）與御叔之子，依《繫年》則徵舒為夏姬之夫。至於《左傳》相關記載：

陳靈公與孔寧、儀行父通於夏姬，皆衷其衵服，以戲于朝。（宣公九年〔600B.C.〕，《左傳注》，頁702）

陳靈公與孔寧、儀行父飲酒於夏氏。公謂行父曰：「徵舒似女。」對曰：「亦似君。」徵舒病之。公出，自其廄射而殺之。二子奔楚。（宣公十年〔599B.C.〕，《左傳注》，頁708）

巫臣曰：「（夏姬）是不祥人也。是夭子蠻，殺御叔，弒靈侯，戮夏南，出孔、儀，喪陳國，何不祥如是？人生實難，其有不獲死乎！天下多美婦人，何必是？」（成公二年〔589B.C.〕，《左傳注》，頁803）

其（叔向）母曰：「子靈（巫臣）之妻（夏姬）殺三夫，一君、一子，而亡一國、兩卿矣，可無懲乎？吾聞之：『甚美必有甚惡。』是鄭穆少妃姚子之子，子貉之妹。子貉早死無後，而天鍾美於是，將必以是大有敗也。」（昭公二十八年〔514B.C.〕《左傳注》，頁1492）

子居先生認為「《左傳》中實際上並沒有夏姬為御叔之妻、夏徵舒之母的內容」，將「徵舒似女」、「夭子蠻，殺禦叔，弒靈侯，戮夏南，出孔、儀，喪陳國」、「殺三夫，一君，一子，而亡一國、兩卿」合觀，「都並不能必然性地得出『夏姬為御叔之妻』的結論」。「三夫」、「一子」確實未有明確的指稱，但是從《左傳》陳靈公與孔寧、儀行父淫於夏姬，即飲酒中互相調笑的「徵舒似女」、「亦似君」之語，似乎仍可解讀為夏徵舒是夏姬之子，因此遽言「《國語》的若干記載大都有著更多的衍生成分」，似未能使人信服。

《穀梁傳・宣公九年》云：「陳靈公通于夏徵舒之家，公孫寧、儀行父，亦通其家。或衣其衣，或衷其襦，以相戲於朝。」（〔晉〕范甯集解；〔唐〕楊士勛疏；夏先培等整理：《春秋穀梁傳注疏》，卷12，頁229）《左傳・僖

公十五年》記載晉懷公在秦國當質子,「六年期逋,逃歸其國,而棄其家。」楊伯峻先生注云:「恒十八年《傳》云:『女有家,男有室。』然家室亦通言,此棄其家猶言棄其妻,指棄懷嬴。」(《左傳注》,頁364-365)則《穀梁傳》「夏徵舒之家」,或可言夏徵舒之妻,此可為《繫年》之說增添一證。

建洲按:簡76「徵舒」的「徵」作 (㞯),與底下的「㞯」旁寫法相同(特別是曾侯乙磬、《說文》古文),如:

(a) (曾侯乙鐘掛件) (曾侯乙磬) (曾侯乙磬) (《包山》138反)

(b) (曾侯乙鐘) 、(《上博(四)‧采風曲目》簡3) (《祭公》簡1) (《說文》古文「徵」)

《包山楚墓文字全編》頁98隸定(a)形右旁為「丬」實無必要。至於簡74「徵舒」的「徵」作 (謹)、簡75作 (謹),其「㞯」旁寫法上引諸字寫法不同,而與「岂」字的寫法相似,比如:

(《包山》140正) (《包山》140反) (《上博(四)‧采風曲目》簡2) 、(《保訓》簡8)

(《包山》簡184)

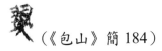(《上博(五)‧三德》簡8)

可見楚文字「岂」或「㞯」已有形混的現象,具體釋讀得依據上下文判斷,

參見陳劍：〈《上博（三）·仲弓》賸義〉《簡帛》第四輯。

其次，夏徵舒的世系總結如下：

陳宣公 → 公子少西（字子夏） → 御叔 → 夏徵舒

比對：

陳宣公 → 陳穆公　　　　　　→陳共公 →陳靈公

估計夏徵舒與陳靈公年紀相差不大，陳靈公所狎的對象「夏姬」理解為夏徵舒之妻自然比較合理。

④　是少㚟

整理者：少㚟，即《左傳》、《國語》等的夏姬。《左傳》宣公十一年稱夏徵舒為「少西氏」，杜注：「少西，徵舒之祖子夏之名。」「少㚟」之「少」疑為「少西氏」之省稱，而「㚟」是夏姬之名。（頁171，注3）

程薇：篇中的少㚟，就是傳世文獻中所說的夏姬，「少㚟」的「少」可能是「小」的意思。《左傳》中有「少衛姬」、「少姜」等名字，所表示的「少」也是指其在家族的兄弟姐妹中年齡較小，史載夏姬是「鄭穆少妃姚子之子，子貉之妹」，這可能與稱之為「少」有關（整理報告認為夏徵舒是「少西氏」，「少」可能是「少西氏」的省稱），㚟應該是夏姬的名字。（〈清華簡《繫年》與夏姬身分之謎〉，《文史知識》2012年7月，頁111）

雯雯按：夏姬，《繫年》記其名曰「㚟」，杜預云：「夏姬，鄭穆公女，陳大夫御叔妻。」方炫琛稱云：「（夏徵舒）其母稱夏姬者，《國語》及杜注稱夏姬為鄭穆公女，則姬為母家姓，夏則其夫家氏也。」（《人物名號考》，條1267「夏姬（宣九）、姬（成二）」，頁404）。依《繫年》之說，則其夫

家氏當因徵舒而來，而與陳靈公、公孫寧、儀行父之間的情事，引來陳國的政變。

建洲按：「鈕」字作〔圖〕。漢印有字作〔圖〕，《漢印文字徵》卷 5.9 釋為「〔圖〕」，施謝捷先生以為「〔圖〕是亂的異構。」(〈《漢印文字徵》卷十一校讀記〉，《第 23 屆中國文字學會論文集》，靜宜大學，2012 年)。秦漢文字「亂」與「乳」形體相近，這是大家熟知的，比如「亂」作〔圖〕(《居延》286.19B)、〔圖〕(《居延》7.7A)，與「乳」作〔圖〕(《居延》285.20)、〔圖〕(《居延》485.1 A)，可供比較，參《木簡字典》頁 25。不過，我們也該注意秦漢文字「孔」與「乳」只有一「爪」之別，如《睡虎地》日書甲種 69 背「孔」作〔圖〕；日書甲種 29 背三「乳」作〔圖〕。漢印的〔圖〕字似也不能排除是由〔圖〕誤增「爪」旁而來。

⑤　臧（莊）王立十又五年，陳公子諆（徵）郐（舒）殺亓（其）君霝（靈）公

整理者：夏徵舒殺陳靈公事，詳見《左傳》宣公十年，即楚莊王十五年。《史記‧陳世家》：「靈公太子午奔晉，徵舒自立為陳侯」，則與《左傳》不合。(頁 171，注 4)

李銳：《繫年》「莊王立十又五年，陳公子徵舒殺其君靈公，莊王率師圍陳……陳，殺徵舒」，此當是以「陳公子徵舒殺其君靈公」之年為莊王十五年，殺徵舒事在次年，如此則合于《左傳》及《十二諸侯年表》。(〈箚記（二）〉，「孔子 2000 網」，2011 年 12 月 22 日)

雯雯按：陳靈公（613-599B.C.在位，在位十五年），《春秋‧宣公十年》：「陳夏徵舒弒其君平國」，知其名為「平國」，「靈」為其諡。(《左傳人物名號考》，條 0619「平國（宣十經）、陳侯（文十四經）、陳靈公（宣元）、靈侯（成二）」，頁 247）。正當晉、楚爭霸之時，不思陳國與鄭國同樣處於兩國爭奪的困境，卻沉於淫樂，《詩經‧陳風》中的〈株林〉便是在諷刺靈公：

胡為乎株林？從夏南。匪適株林，從夏南。

駕我乘馬，說于株野。乘我乘駒，朝食于株。

《詩序》云：「〈株林〉，刺靈公也。淫乎夏姬，驅馳而往，朝夕不休息焉。」
（黃忠慎：《詩經全注》，頁 278-279）《國語・周語中》單襄公亦預言陳國
必亡：「……民將築臺於夏氏。及陳，陳靈公與孔寧、儀行父南冠以如夏氏，
留賓不見。……今陳侯不念胤續之常，棄其伉儷妃嬪，而帥其卿佐以淫於
夏氏，不亦瀆姓矣乎？陳，我大姬之後也。棄袞冕而南冠以出，不亦簡彝
乎？是又犯先王之令也。」（《集解》，「單襄公論陳必亡」，頁 61）故史傳記
載夏徵舒因此而殺靈公。如：

陳靈公與孔寧、儀行父飲酒於夏氏。公謂行父曰：「徵舒似女。」對
曰：「亦似君。」徵舒病之。公出，自其廄射而殺之。二子奔楚。（宣
公十年，《左傳注》，頁 708。）

十五年，靈公與二子飲於夏氏。公戲二子曰：『徵舒似汝。』二子曰：
『亦似公。』徵舒怒。靈公罷酒出。徵舒伏弩廄門，射殺靈公。孔
寧、儀行父皆奔楚。（〔日〕瀧川龜太郎：《史記會注考證》，萬卷樓，
2004 年，頁 595）

夏徵舒以其母辱，殺靈公。（〈十二諸侯年表〉《會注考證》，頁 259）

靈公被弒時在楚莊王十五年，隔年楚莊王圍陳，殺夏徵舒，但《繫年》的
時間座標卻只標出楚莊王十五年，易肇誤會，這在《繫年》中已經多次出
現，研讀時必須留意，參看第二十章「⑧戉（越）公句戔（踐）克【一一
〇】吳」條注釋。

⑥ 臧（莊）王衔（率）自（師）回（圍）陳

整理者：《左傳》宣公十一年：「冬，楚子為陳夏氏亂故，伐陳」，詳記其事。（頁171，注5）

雯雯按：〈陳杞世家〉云：「靈公太子午奔晉。徵舒自立為陳侯。」（《會注考證》，頁595）《春秋・宣公十一年》（598B.C）云：「夏，楚子、陳侯、鄭伯盟於辰陵。……冬十月，楚人殺陳夏徵舒。丁亥，楚子入陳。納公孫寧、儀行父於陳。」（《左傳注》，頁710），而楚莊王入陳殺徵舒後，「因縣陳」，又因申叔時之言而「乃復封陳」，〈陳杞世家〉云：「迎陳靈公太子午於晉而立之，復君陳如故，是為成公。」（《會注考證》，頁596）夏徵舒殺靈公是在前年五月癸巳，故在今年夏與楚子盟的陳子不可能是成公，而可能是夏徵舒，楊伯峻先生云：「此陳侯若謂是陳成公，則此時在晉，尚未為侯，且不得離晉而與楚盟。疑是夏徵舒，則楚夏與之盟，而冬又討殺之，故《讀本》云『討亂非其本志』。」（《左傳注》，頁710）「冬，楚子為陳夏氏亂故，伐陳。」楊氏云：「杜《注》：『十年，夏徵舒為陳侯而與之盟，則此冬討徵舒，非僅因其殺君而已。或者夏徵舒殺靈公而自立，陳國必有不服者，自易生亂，楚亦因而討伐之。』」（《左傳注》，頁713）楚莊王以「夏徵舒為不道，弒其君」的理由來伐滅少西氏，當「遂入陳，殺夏徵舒，轘諸栗門。因縣陳。」以道義為號召，卻滅陳國，楊氏云：「杜《注》：『滅陳以為楚縣。』據下文『諸侯縣公皆慶寡人』之語，則楚前此已立縣矣。〈楚世家〉云：『十六年，伐陳，殺夏徵舒。徵舒弒其君，故誅之也。已破陳，即縣之。』《淮南子・人間訓》云：『陳夏徵舒弒其君，楚莊王伐之。陳人聽令。莊王以討有罪，遣卒戍陳。』『遣卒戍陳』，即亦滅而有之之意。」（《左傳注》，頁714）莊王討罪而來，然而卻縣陳，申叔時進行勸諫：「夏徵舒弒其君，其罪大矣；討而戮之，君之義也」，「曰討有罪也。今縣陳，貪其富也。以討召諸侯，而貪以歸，無乃不可乎？」（《左傳注》，頁715）〈楚世家〉

說的更明白:「王以陳之亂而率諸侯伐之,以義伐之而貪其縣,亦何以復令於天下!」(《會注考證》,頁649)故今日圍陳,不論是申叔時說是因貪陳國之富而滅之,或是如楊氏說本有意圖而來,楚莊王此舉亦是其爭霸意圖的展示。

⑦ 王命繻(申)公屈晉(巫)迌(適)秦求𠂤(師),旻(得)𠂤(師)以逩(來)

(一)王命繻(申)公屈晉(巫)迌(適)秦求𠂤(師)

整理者:申公屈巫,卽《左傳》宣公十二年申公巫臣,屈氏別族,《左傳》成公二年稱「屈巫」,襄公二十六年云「字子靈」。楚莊王命屈巫求師於秦,經傳不載,但《左傳》宣公十一年莊王云:「夏徵舒為不道,弒其君,寡人以諸侯討而戮之」,說明伐陳不僅楚軍。孔穎達《正義》云:「經無諸侯而云『以諸侯討之』者,時有楚之屬國從行也」,只是猜測(頁171,注6)

程薇:楚莊王伐陳時,申公巫臣曾去聯繫秦國共同出兵,而這一點在傳世文獻中並未記載。《左傳·成公二年》載申公巫臣勸阻楚莊王不要娶夏姬時,總說「君召諸侯,以討罪也」,可見楚莊王伐陳時是召集其他諸侯國共同出兵的,但是當時有什麼國家參加了伐陳的軍事行動,傳世文獻中並沒有說明,而根據清華簡《繫年》我們才得以瞭解,這次伐陳之舉,實際上是與秦軍共同行動的,這對傳世文獻也是一個很重要的補充。(〈清華簡《繫年》與夏姬身分之謎〉,《文史知識》2012年7月,頁111)

田成方:屈巫臣取代鬥氏貴族,擔任地位極其重要的申公一職(若敖氏家族中的鬥班、鬥克此前都擔任過申公)。楚屈喜戈出土于申縣故地,也是這一時期屈氏宗族在申縣地位的反映。應當說,從屈瑕至申公巫臣,屈氏貴族在楚國權力結構中的位次穩中有升。巫臣之禍是屈氏族史上的重要轉折。屈巫臣攜夏姬奔晉後,其近親族人子閻、子蕩、清尹弗忌遭到子重、

子反等諸王子的報復。《史記》卷 39《晉世家》云：「（晉景公）十六年，楚將子反怨巫臣，滅其族。」此「族」並非指整個屈氏，而是說以巫臣為首的屈氏大宗。巫臣之禍以後，屈氏宗族在楚共王在位的二十餘年不顯於世。康王、靈王時期，小宗屈蕩（叔佗）後人迅速崛起，升為屈氏大宗。（《東周時期楚國宗族研究》，頁 61）

田成方：申公巫臣出自屈氏宗族，名巫、字子靈，擔任楚申縣縣公。「申」並不是屈巫的封邑，其後代不可能「以邑為氏」：其一，前五八四年，子重在伐宋之後想取申、呂為賞田，申公巫臣認為「此申、呂所以邑也，是以為賦，以禦北方。若取之，是無申、呂也。晉、鄭必至於漢」（《左傳》成公七年）。申公巫臣反對將已經設縣的申、呂二邑授予子重，那麼申邑也不可能是申公巫臣受封之私邑。其二，據《左傳》成公二年記載，屈巫臣因夏姬之故，「盡室以行」，出奔晉國。杜《注》曰屈巫臣「室家盡去」，楊伯峻稱巫臣「盡帶其家室與財產」，均可為證。及共王即位，殺子閻、子蕩、清尹弗忌、襄老之子黑要等巫臣親族，清除滯留楚國的巫臣近親（《左傳》成公七年）。這兩個事件以後，屈氏中的巫臣宗支恐斷嗣于楚，故巫臣出奔後，通吳于晉，一心復仇。至於鄭樵、程公說言申公巫臣之後稱申氏的說法，可能過於迷信《潛夫論・志氏姓》對申氏族屬的劃分，並不可信。（《東周時期楚國宗族研究》，頁 163）

雯雯按：申公巫臣（約 598-583B.C.前後在世），又稱巫臣、屈巫、子靈。方炫琛先生云：「左成七載巫臣之子為狐庸，而左襄三十一稱屈狐庸，父子俱稱屈，則屈、其氏也。其稱申公巫臣者，《左通補釋》十二謂『申公乃縣公之稱』，蓋屈巫嘗為申縣之尹，故稱申公，傳又稱巫臣，巫臣蓋其名也。稱屈巫者，兩字名省其一，《左傳人物名號》名號中有其例，詳頁三十。左襄二十六稱子靈，杜注：『子靈，巫臣。』《解詁》云：『楚屈巫，字子靈。』以子靈為其字。」（《人物名號考》，條 1054「屈巫（成二）、申公巫臣（宣十二）、巫臣（成二）、子靈（襄二十六）」，頁 355）。如整理者與程薇先生

指出，此處記巫臣至秦求師，正可補充《左傳・宣公十一年》楚莊王自述「寡人以諸侯討而戮之」及申叔時說「以討召諸侯」所說的「諸侯」。

（二）昃（得）𠂤（師）以埜（來）

　　整理者：「昃」字寫法略與常見不同。（頁 171，注 6）

　　雯雯按：「昃」字作 比對簡 46 作 ，確實稍有不同。

⑧　王內（入）陳，殺𡊂（徵）𨛮（舒），取亓（其）室以㑥（予）繻（申）公。連尹襄老與之爭，敚之少孔

　　整理者：《左傳》成公二年追述楚莊王討陳夏氏，莊王和大臣子反先後欲佔有夏姬，經申公巫臣諫勸而止，莊王於是將夏姬予連尹襄老，與簡文有異。《楚語上》則云：「莊王既以夏氏之室賜申公巫臣，則又畀之子反，卒與襄老」，接近簡文。（頁 171，注 7）

（一）連尹襄老與之爭

　　袁瑩：清華簡《繫年》中的「爭」字兩見，作 （簡 76）、（簡 78），與以往所見的楚簡中的「爭」字有所不同。楚簡中常見的「爭」字承襲金文而來，可參 （上博簡《緇衣》簡 2）所從之「爭」旁，這類「爭」字除去「力」和「爪」之後，剩餘部分為「又」，但是《繫年》中的「爭」，除去「力」和「爪」之後，剩餘部分為 ，與「又」形體不是太相似，與「厷」比較相似。不知道該「厷」形偏旁是不是變形音化所致。上博六《莊王既成》簡 5 中的 似當為「又」旁演變為「厷」形偏旁的中間環節。（〈「爭」字〉，「復旦網・學術討論」，2011 年 12 月 21 日）

　　雯雯按：連尹，為楚官名。方炫琛先生云：「《國語・晉語》七『連尹

襄老』，韋注：『連尹，楚官名。』是也，由左襄十五『公子追舒為箴尹、
屈蕩為連尹，養由基為公廄尹』文，亦可證連尹為楚官名。(《人物名號考》，
條 1599「連尹襄老（宣十二）、襄老（成二）」，頁 483）襄老，楚莊王十六
年（598B.C）受賜夏姬，隔年（597 B.C）死於邲之戰。其遺體至楚共王三
年（588B.C）才由晉國人送回。

建洲按：（簡 76）、（簡 78）所從的跟「厷」無關，形體上跟
「尤」相近。請比對（《上博（二）・民之父母》簡 9「厷」）；（《信
陽》1.039「忧」），參拙文〈釋楚竹書幾個從「尤」的字形〉，復旦網，2008
年 1 月 1 日。不管「厷」或「尤」與「爭」聲音有距離，不會是變形音化
的現象。其次，《楚國歷史文化辭典》頁一九一指出「**連尹**當是楚國中央之
官。後代注釋認為是主射之官，或認為是掌車之官，或認為是連縣之尹，
或認為『連』讀為『聯』相當於《周禮・小宰》之『六聯』，即掌管『六官』
聯絡的長官。」看起來「連尹」的職守尚不清楚。劉信芳先生認為：「《左
傳》無『連敖』，『連尹』屢見；而出土之戰國文獻尚未見有『連尹』者。
可以粗略地認為戰國之『連囂』即春秋之『連尹』。」（《楚系簡帛釋例》，
頁 4-5）今由《繫年》可知戰國出土文獻亦有「連尹」，其職守應該與「連
囂」不同。

（二）敓之少屳

整理者：敓，《說文》：「彊取也。」一般通用「奪」字。之，在此訓為
「彼」，見楊樹達《詞詮》第一八一頁（中華書局，一九七八年）。（頁 171-172，
注 8）

程薇：「奪之少屳」中的「之」是代詞，義為「此」，指連尹襄老從申
公巫臣那裡奪走了這位少屳。（〈夏姬身分之謎〉，《文史知識》2012 年 7 月，
頁 111）

程薇：楚莊王殺死夏徵舒之後，曾把夏姬賜給申公巫臣。實際上這一點在《國語・楚語上》也有反映：「莊王既以夏氏之室賜申公巫臣」，但是由於《左傳》與此記載全然不同，學者們對《國語》的說法多採取懷疑態度，從清華簡《繫年》中我們才知道，楚莊王本來就已經將夏姬賜給了申公巫臣（楚莊王的這一舉動很可能是對申公巫臣成功地讓秦國出兵而進行的稿賞），只是連尹襄老橫刀奪愛，才使申公巫臣當時未能如願。（〈夏姬身分之謎〉，《文史知識》2012 年 7 月，頁 111）

雯雯按：此次楚王入陳，因臣下相互爭奪少𡩬，從而埋下了楚、吳之爭，及晉聯吳抗楚的伏筆。

《繫年》	《左傳》	《國語》	備註
王入陳，殺徵舒，取其室以予申公。	楚之討陳夏氏也，莊王欲納夏姬。（成公二年）	莊王既以夏氏之室賜申公巫臣，	《繫年》與《國語》皆云莊王將夏氏之室賜予巫臣。而《左傳》未提此事，反以莊王亦欲納夏姬。
	申公巫臣曰：「不可。君召諸侯，以討罪也；今納夏姬，貪其色也。貪色為淫。淫為大罰。《周書》曰『明德慎罰』，文王所以造周也。明德務崇之之謂也；慎罰，務去之之謂也。若興諸侯，以取大罰，非慎之		巫臣勸諫楚王此乃召諸侯討罪，若取夏姬，則為貪色。故莊王止之。

	也。君其圖之！」王乃止。楚之討陳夏氏也，莊王欲納夏姬。(成公二年)		
	子反欲取之，巫臣曰：「是不祥人也。是夭子蠻，殺御叔，弒靈侯，戮夏南，出孔、儀，喪陳國，何不祥如是？人生實難，其有不獲死乎！天下多美婦人，何必是？」子反乃止。楚之討陳夏氏也，莊王欲納夏姬。(成公二年)	則又畀之子反，	《左傳》云子反亦欲取夏姬，而巫臣又勸子反不要納夏姬這樣不詳的人。而子反聽之。然《國語》言楚王又將夏姬賜給子反。
連尹襄老與之爭，敓之少孔。	王以予連尹襄老。楚之討陳夏氏也，莊王欲納夏姬。(成公二年)	卒於襄老。	《左傳》、《國語》皆云莊王最後將夏姬賜予連尹襄老，而《繫年》獨云此乃因連尹襄老與巫臣爭，而奪得夏姬。
連尹捷於河，	襄老死於邲，不獲其尸。(成公二年)	襄老死于邲，	《國語》、《左傳》皆云襄老死於邲。「捷」，獲。《繫年》此處並未直言連尹之死。

其子黑要也又室少孛。	其子黑要烝焉。（成公二年）		《繫年》、《左傳》言明夏姬在連尹襄老之後的歸屬。《國語》則無。
	巫臣使道焉，曰：「歸，吾聘女。」又使自鄭召之，曰：「尸可得也，必來逆之。」姬以告王。王問諸屈巫。對曰：「其信。知罃之父，成公之嬖也，而中行伯之季弟也。新佐中軍，而善鄭皇戌，甚愛此子。其必因鄭而歸王子與襄老之尸以求之。鄭人懼於邲之役，而欲求媚於晉，其必許之。」王遣夏姬歸。將行，謂送者曰：「不得尸，吾不反矣。」巫臣聘諸鄭，鄭伯許之。楚之討陳夏氏也，莊王欲納夏姬。（成公二年）		知罃之父為荀首，荀首在邲之戰為下軍大夫。而〈成公三年〉傳時云：「晉人歸楚公子穀臣與連尹襄老之尸于楚，以求知罃。於是荀首佐中軍矣，故楚人許之。」襄老之遺體在邲之戰十年後才由晉國送還。《左傳》詳述巫臣使計讓夏姬歸鄭。以取回連尹襄老的屍體為理由，莊王果然遣夏姬歸回鄭國。夏姬將歸，云：「不得尸，吾不反矣。」巫臣則向鄭伯聘請夏姬為妻。可知

			夏姬在成公二年前往鄭國後，並未歸返楚國。
莊王即世，共王即位。黑要也死，司馬子反與申公爭少孔，申公曰：「是余受妻也。」取以為妻。司馬不順申公。	子反與子靈爭夏姬，而雍害其事。（襄公二十六年）	二子爭之，未有成。	《國語》云襄老死後，巫臣與子反爭奪夏姬而無結果。《繫年》云共王即位後，黑要也死。在黑要也死後子反與巫臣爭少孔，巫臣以其為楚莊王曾賜之為由，取夏姬為妻，然子反不服。
王命申公聘於齊，申公竊載少孔以行，自齊述遂逃適晉，	及共王即位，將為陽橋之役，使屈巫聘於齊，且告師期。巫臣盡室以行。申叔跪從其父，將適郢，遇之，曰：「異哉！夫子有三軍之懼，而又有桑中之喜，宜將竊妻以逃者也。」及鄭，使介反幣，而以夏姬行。將奔齊，齊師新敗，曰：「吾不處不勝之國。」遂奔晉，而因郤至，以	恭王使巫臣聘於齊，以夏姬行，遂奔晉。	據《左傳》可知聘齊乃因陽橋之役，此年為楚共王二年（589B.C.）。《繫年》、《國語》言申公此行乃竊夏姬而行，並且適晉。《左傳》敘述則詳，由申叔跪之言可知巫臣既擔負聘齊之任務，又有「桑中之喜」，

	臣於晉。晉人使為邢大夫。（成公二年。）（巫臣）遂取（夏姬）以行，子反亦怨之。（成公七年）		〈桑中〉本為民間男女的幽會戀歌，故楊伯峻先生云：「此借用『桑中』一詞，暗指巫臣與夏姬私約」（《左傳注》，頁805），故使齊後又到鄭國，請副使將齊國贈楚之禮品帶回楚國，並迎走夏姬。
自晉適吳，焉始通吳晉之路，教吳人反叛楚。	及共王即位，子重、子反殺巫臣之族子閻、子蕩及清尹弗忌及襄老之子黑要，而分其室。子重取子閻之室，使沈尹與王子罷分子蕩之室，子反取黑要與清尹之室。（成公七年）巫臣自晉遺二子書，曰：「爾以讒慝貪惏事君，而多殺不辜，余必使爾罷於奔命以死。」巫臣請使於吳，晉侯許之。吳子壽夢說之，乃	晉人用之，寔通吳、晉。使其子狐庸為行人於吳，而教之射御，導之伐楚。至于今為患，則申公巫臣之為也。	巫臣是重要晉、吳相通的重要人物，《繫年》、《國語》、《左傳》是都認同的。然而《左傳》則說出巫臣為何要教吳叛楚。《繫年》輕描淡寫說：「莊王即世，共王即位。黑要也死，司馬子反與申公爭少孔。」似是說黑要也死後，兩人開始爭奪夏

| | 通吳於晉，以兩之一卒適吳，舍偏兩之一焉。與其射御，教吳乘車，教之戰陳，教之叛楚。寘其子狐庸焉，使為行人於吳。（成公七年）子靈奔晉，晉人與之邢，以為謀主，扞禦北狄，通吳於晉，教吳叛楚，教之乘車、射御、驅侵，使其子狐庸為吳行人焉。吳於是伐巢、取駕、克棘、入州來，楚罷於奔命，至今為患，則子靈之為也。（襄公二十六年） | | 姬。然而《左傳》則認為是子反、子重殺黑要也，而子反取黑要也之室，又言：「巫臣自晉遺二子書」，譴責子反與子重的惡行，因此巫臣發誓要讓他們疲於奔命以死。子閻、子蕩、黑要之死，成為巫臣主動請通晉、吳的導火線，所述黑要也死亡時間似與《繫年》不同。此外，根據《繫年》二十章「晉景公立十又五年，申公屈巫自晉適吳，焉始通吳晉之路，二邦為好。」可知申公屈巫自晉適吳當在成公六年。 |

（以上參見《左傳注》，〈成公二年〉，頁803-805；〈成公七年〉，頁834；〈襄公二十六年〉，頁1122。《集解》，頁492）

從莊王十六年楚莊王入陳（598.B.C.）到楚共王二年（589B.C.）巫臣竊少孔以行，共歷十年，以楚臣爭奪夏姬為主線連尹襄老爭夏姬，隔年（597.B.C.）亡於邲之戰。襄老死後，夏姬由襄老子黑要也得之。而在共王即位後，黑要也死亡（按：楚共王審即位在590B.C.，據《繫年》則黑要也死於共王即位之初，然而《左傳》則可能在巫臣離開楚國到晉之後，故姑以黑要也可能在590-586B.C.之間死亡。），故又展開一次爭奪夏姬的行動。巫臣以其曾為「受妻」的理由而娶之，奪取失利的子反不服，在巫臣奔晉後，嘗告楚共王說：「子反請以重幣錮之。王曰：『止！其自為謀也則過矣，其為吾先君謀也則忠。忠，社稷之固也，所蓋多矣。且彼若能利國家，雖重幣，晉將可乎？若無益於晉，晉將棄之，何勞錮焉？」（《左傳注》，頁805-806）子反本想以重幣請晉國不要祿用巫臣，然而共王卻認為若巫臣真有用於晉國，即使厚幣賄之，又有何用？據《左傳》記載，子反的貪念使巫臣決心向子反、子重二人報復，故有請使於吳的請求，造成了日後楚國的不安寧。在《左傳・成公七年》，即楚共王七年（584.B.C.）「吳始伐楚」，從而開始了楚、吳在江、淮上的爭奪。

⑨ 連尹戠（捷）於河【七六】灉

（一）戠

整理者：戠，上博簡《鬼神之明》作「𧿒」，從止聲，讀為「止」，《左傳》僖公十五年注：「獲也。」灉字從雝，即「雍」字。……《國語・晉語七》：「獲楚公子穀臣與連尹襄老」，說襄老被獲，與簡文同。但《左傳》宣公十二年載晉知季「射連尹襄老，獲之，遂載其尸；射公子穀臣，囚之。以二者還」，成公二年也說「襄老死於邲，不獲其尸」，是襄老被擭而死，其尸被晉人載去。（頁172，注9）

魚游春水：沈培先生《試釋戰國時代從「之」從「首」（或從頁）之字》

一文詳盡分析了該字形在璽印和簡冊中表示的詞，認為《申公臣靈王》「陳公子皇（之首）皇子」的「之首」表俘獲之意，讀為「得」。附記中云李學勤先生說讀為「止」，亦表俘獲。所以沈先生退一步講，此字讀為「得」還是讀為「止」，不能確定。並且提示說《故訓匯纂》「止」有表俘獲一類意思的例子。

查《故訓匯纂》舉戰爭中用「止」表「執」之例，出《左傳》僖公十七年，文「齊人以為討而止公（僖公）」。杜預注：「內諱執，皆言止。」未言實戰。又舉「止」表「獲」之例，出僖公十五年梁由靡、韓簡、虢射迎戰秦伯「將止之」，杜預注「止，獲也」例。辭例與簡文語境相合，但並不是最早的例子。

「止」表戰爭中的俘獲，已見於隱公十一年「公（桓公）之爲公子也，與鄭人戰於狐壤，止焉。鄭人囚諸尹氏。」杜預注：「內諱獲，故言止。」而且這裏也明確是實戰中用「止」表被俘。

《申公臣靈王》篇首「禦於杙述」，交代戰爭已爆發，跟著說有人被俘，用「止」字，語境與《左傳》例同。

那麼，用「止」表俘獲實無「內諱」之義理可言。據史書，此事所謂「皇子」可能是鄭國「皇頡」（李學勤、陳偉先生等並有此說），陳公子皇俘虜了他，一如晉國將士即將俘獲秦伯，似無「內諱」的必要。杜預於僖公十五年不注「內諱」，是例窮也。故竹添光鴻於隱公十一年注云，「止」訓獲是「古訓固然」。如果竹書的確讀為「止」表俘獲，可算是添了一個新證。（〈「止」字表俘獲〉，武漢大學簡帛網「簡帛論壇」，2011 年 12 月 26 日）（引按：其下跟帖又言：「據隱公十一年文例並可以確定『止』與『囚』有別。」）（〈「止」字表俘獲〉，武漢大學簡帛網「簡帛論壇」，2011 年 12 月 26 日）

程薇：「連尹止於河雍」是指連尹襄老在河雍的戰役中被俘而死，其中的「止」義為「被俘」（〈夏姬身分之謎〉，《文史知識》2012 年 7 月，頁 111）

陳劍：「捷」字也可訓爲「獲」，且多用於指戰爭所獲，「戠」如改釋讀爲「捷」，同樣也都非常通順。《繫年》「戠（捷）」字後常以戰爭捷獲之人（包括屍體）作賓語，或前置作受事主語（下末兩例）：

（1）簡 34-35：秦公率師與惠公戰于韓，戠（捷）惠公以歸。

（2）簡 39-40：二邦伐郜，徙之中城，圍商密，戠（捷）申公子儀以歸。

（3）簡 133：王命平夜悼武君率師侵晉，逾郜，戠（捷）郪公涉澗以歸，以復長陵之師。

（4）簡 85-86：晉景公會諸侯以救鄭，鄭人戠（捷）郹公儀，獻諸景公，景公以歸。

（5）簡 76-77：連尹戠（捷）於河雍。

（6）簡 128：景之賈與舒子共戠（捷）而死。

古書中和出土文獻中「捷」也常可帶戰爭捷獲之人、物作賓語，對此商艷濤先生已曾有很好的舉證和分析。例如，《後漢書・西羌傳》「自是之後，更伐始呼、翳徒之戎，皆克之」李賢注引《竹書紀年》：「（太丁）十一年，周人伐翳徒之戎，捷其三大夫。」今本《竹書紀年》作「獲其三大夫，來獻捷」。又《漢書・衛青霍去病傳》「捷首虜若干」之辭數見，《史記・衛將軍驃騎列傳》、《史記・匈奴列傳》、《漢書・匈奴傳》和《資治通鑒・漢紀・世宗孝武皇帝中之上》記述同事或同類事即多用「得」或「獲」字；尤其是上引第（4）例，可與春秋時期庚壺「庚 🔣（捷）其兵甲車馬，獻之于莊公之所」相對比，二者文例極近。前舉諸「嘗」和「戠」字換爲「捷」字來讀，可謂文從字順。……據此我們改將「戠」字分析爲「从首 🔣（戈）」

聲」。……由此看來，《繫年》諸「戩」字，就是「捷獲」之「捷」的異體、繁體。（〈簡談《繫年》的「戩」字當釋讀爲「捷」〉，復旦網，2013 年 1 月 16 日）

（二）河雍

整理者：灉字從雝，卽「雍」字。河灉，《左傳》宣公十二年稱「衡雍」，《韓非子・喻老》作「河雍」，在今河南原陽西，與「邲」同地。（頁 172，注 9）

子居：整理者言：「河灉，《左傳・宣公十二年》稱『衡雍』，《韓非子・喻老》作『河雍』，在今河南原陽西，與『邲』同地。」其說「河雍」卽「衡雍」蓋是，而言「在今河南原陽西，與『邲』同地」則誤。衡雍之地，當約在今河南省孟州市槐樹鄉到西虢鎮一帶，此點可參看筆者《清華簡〈繫年〉5～7 章解析》一文中第七章關於「衡雍」之地的分析。另，《呂氏春秋・不苟》言：「繆公能令人臣時立其正義，故雪殽之恥而西至河雍也。」《水經注・濟水》亦言：「《竹書紀年》曰：鄭侯使韓辰歸晉陽及向。二月，城陽、向，更名陽爲河雍，向爲高平。」亦皆可證河雍當在今孟州市西，而非原陽縣西。而且，邲地在今河南榮陽北，無論如何也不宜說是與河南原陽西的哪個古地名「同地」的，這大概是整理者並不熟悉歷史地理的緣故。（〈清華簡《繫年》12～15 章解析〉，「孔子 2000 網」，2012 年 10 月 2 日）

雯雯按：《左傳・宣公十二年》云：「及昏，楚師軍於邲。晉之餘師不能軍，宵濟，亦終夜有聲。丙辰，楚重至於邲，遂次于衡雍。」衡雍，楊伯峻先生云：「《韓非子・喻老篇》云：『楚莊王既勝，狩於河雍。』河雍卽衡雍也，戰國時又曰垣雍，在河南原武廢縣（今併入原陽縣）西北五里。黃河舊在其北二十二里。」（《左傳注》，頁 744）又《左傳・僖公二十八年》「（晉師）甲午至于衡雍，作王宮於踐土。」「踐土」，楊氏云：「踐土，鄭

地，在今河南省原陽縣西南，武陟縣東南」(《左傳注》，頁447)「衡雍」云：
「杜《注》云鄭地。以宣十二年《傳》邲之戰遂次于衡雍證之，杜《注》
可信。王夫之《稗疏》謂為王畿，恐非。其地當在今河南省原陽縣西，踐
土東北。本在黃河之南，自明天順中黃河自武陟入舊原武縣，遂在河北矣。」
(《左傳注》，頁462)據《春秋》《左傳・僖公二十八年》所云晉師至衡雍，
並在踐土建王宮，《新譯左傳讀本》云此乃是「為周襄王前來慰勞在踐土建
造行宮」，踐土「距衡雍三十里」(頁458)，既來慰勞將士，應不會離駐紮
地太遠，故衡雍與踐土地近，故地應如楊《注》云衡雍在今河南原陽縣西
南。「邲」，為楚、晉兩地交戰之處，楊氏云「然則晉、楚交戰處必在今鄭
州市之西北，滎陽縣之東北。」認為：「楊守敬《春秋列國圖》亦列邲於滎
陽東北，可云有見。」(《左傳注》，頁717)宣公十二年《傳》云「楚師軍
於邲」，後「楚重至於邲」，「重」，楊《注》：「杜《注》：『重，輜重也。』
孔《疏》云：『輜重，載物之重也。蔽前後以載物，謂之輜車；載物必重，
謂之重車；人挽以行，謂之輦。輜、重、輦，一物也。襄十年《傳》稱「秦
堇父輦重如役」，挽此車也。輜重載器物糧食常在軍後，故乙卯日戰，丙陳
辰至於邲也。』」(《左傳注》，頁743-744)如此，則輜重丙辰至邲，故軍隊
則行至衡雍駐紮。此如子居先生所云，不可將兩者混而為一。

⑩　亓（其）子墨（黑）要也或室少盉

（一）墨要也

　　整理者：要字原作「𦥼」，下從臼，同篆文「要」字近似，正與《說文》
解釋該字「象人要（腰）自臼之形」相合。黑要，見《左傳》成公二年。(頁
172，注10)

　　廖名春：「也」字三見，(引按：《繫年》第九章「命左行蔑與隨會召襄
公之弟**雍也**于秦」、本章此句及下文「**黑要也**死，司馬子反與申公爭少盉」)

不可能皆為「子」字之誤。（引按：整理者注「雍也」云：「『也』字據簡下文疑係『子』因形近而誤。」見注7，頁158）「也」當讀為「氏」。《莊子・田子方》：「舐筆和墨。」《釋文》：「舐，本或作䑛。」《莊子・列御寇》：「舐痔者得車五乘。」《釋文》：「舐字又作䑛。」馬王堆帛書《五十二病方・蠚》：「濡，以鹽傅之呬之。」帛書整理小組將「呬」讀為「舐」。《玄應音義》卷二十二「應舐」注引《字之古》「舐，古文䑛，同。」馬繼興因此認為「呬」當為「䑛」之形訛。《詩・曹風・鳲鳩》：「淑人君子，其儀一兮。」（毛詩注疏卷十四）郭店楚簡《五行》篇引「兮」作「也」，帛書《五行》篇引則作「氏」。「其子七兮」之「兮」，帛書《五行》篇經部引作「氏」，說部引則作「也」。《五行》篇「氏」、「也」互用的這些例子，不能排除是音近的原因。如果此說能成立的話，簡文的「雍也」就可讀為「雍氏」，「黑要也」就可讀為「黑要（腰）氏」。公子雍為晉文公的庶子，晉襄公之庶弟，母為杜祁，以名為氏，故稱為「雍氏」。黑腰為楚連尹襄老之子，以名為氏，故稱為「黑要（腰）氏」。（〈《繫年》管窺〉，《深圳大學學報（人文社會科學版）》第29卷第3期，2012年5月，頁53）

程薇：「黑要也」就是「黑要」；「室」義為「娶」。（〈夏姬身分之謎〉，《文史知識》2012年7月，頁111）

建洲按：「要」作 、，與甲骨文 （《懷特》1315）一脈相承，郭永秉先生〈談古文字中的「要」字和從「要」之字〉，載《古文字研究》第二十八輯，有深入的論述，請參看。「黑要也」的「也」如字讀，理解為助詞即可，如同第九章簡51「雍也」，或是文獻常見的「丘也」。

（二）室

整理者：室，《左傳》昭公十九年注：「妻也。」（頁172，注10）

侯乃峰（網名：小狐）：《左傳》成公二年記載此事作：「襄老死於邲，

不獲其尸，其子黑要烝焉。」其中的「烝」字，在《左傳》中多處提到，
如：

桓公十六年：「衛宣公烝於夷姜，生急子，屬諸右公子。」

莊公二十八年：「晉獻公娶於賈，無子。烝於齊姜，生秦穆夫人及大子申
生。」

閔公二年：「（衛）惠公之即位也少，齊人使昭伯烝於宣姜。不可，強之。」

僖公十五年：「晉侯烝於賈君。」

杜預於桓公十六年注曰：「夷姜，宣公之庶母也。上淫曰烝。」又《方
言》：「烝，婬也。」

按後世的理解，其父死，其子娶其庶母爲妻，父子聚麀，大逆不道，
自然當爲倫理道德所不齒。因此，傳統的注解幾乎都將「烝」字說成含淫
亂、私通等義者。而現在注釋翻譯《左傳》者幾乎也都採用這種傳統說法，
將「烝」譯作「淫亂、私通」等詞語，甚至包括影響巨大的楊伯峻先生《春
秋左傳注》也採用此說。

童書業先生指出：「此非淫也，古代家長制家庭之婚姻形態也。」

顧頡剛先生也由《左傳》中的類似記載，認爲「烝」原是一種在春秋
時代各個國家都很普遍的禮俗，自有其社會基礎，在當時是被公認且通行
的一種家庭制度，並不爲當時輿論所貶責。

然兩位先生的說法僅是從相關記載加以推論，同時以少數名族及近現
代民間曾存在過的類似風俗習慣作爲旁證，並無文獻上的直接證據。現在，
《繫年》簡文記載《左傳》「其子黑要烝焉」之事作「其子黑要也又室少孲」，
用中性詞「室」，爲此種說法提供了文獻上的直接證據，益可證明此說之正

確。（〈讀《繫年》臆札〉，「復旦網」，2012 年 1 月 3 日）

程薇：「室」義為「娶」。（〈夏姬身分之謎〉，《文史知識》2012 年 7 月，頁 111）

雯雯按：《左傳・昭公十九年》言費無疾告楚王：「（太子）建可室矣。」楊伯峻先生注云：「杜《注》：『室，妻也。』此作動詞用，猶云成家，卽娶妻。」（《左傳注》，頁 1401）此句指連尹襄老死後，其子黑要也娶夏姬。

⑪ 臧（莊）王即殜（世），龏（共）王即立（位）

雯雯按：楚共王（590-560B.C，在位三十一年），名審，共為其諡。（詳參方炫琛：《左傳人物名號考》，條 1806「楚子審（襄十三經）、共王（成二）、楚子（成九）、楚共王（成十六）、楚王（成十六）、共（昭十三）」，頁 534）。在位時歷第一次由宋華元等舉行的弭兵之會。《左傳・成公十二年》傳：「宋華元克合晉、楚之成。」（《左傳注》，頁 856）與晉國同為當時諸國尊奉的盟主。吳國在其執政時開始興盛，故東面對吳國的侵伐，而北與晉國爭霸業，然而第十六年（575B.C）與晉戰於鄢陵而敗，郁賢皓《新譯左傳讀本》以為「鄢陵之戰是晉楚爭霸中的決定性戰役，是春秋五大戰役的最後一億。此後楚再也無力擴張勢力、北進稱強。」（頁 875）共王亦以此為恥，故在病中告臣下：「而亡師於鄢，以辱社稷，為大夫憂，其弘多矣。」因此告大夫死後諡「靈」或「厲」之惡諡，後子囊與楚臣商議時，云：「赫赫楚國，而君臨之，撫有蠻夷，奄征南海，以屬諸夏，而知其過，可不謂共乎？請諡之共。」決定其諡為「共」。（詳《左傳注》，頁 1000-1002）

⑫ 墨（黑）要也死，司馬子反與繡（申）公爭少孟

程薇：黑要並非被子反、子重所殺。根據清華簡《繫年》我們可以知道，楚共王即位後不久，黑要就去世了，因此他並非如《左傳》所言，是

被子反、子重所殺。這一點也很能啟發我們，因為按照《左傳》所言，夏姬是以去接回連尹襄老的屍首為由回到了鄭國，如果黑要當時還活著的話，作為已經霸佔了夏姬的黑要竟然不與夏姬一起趕赴鄭國，接回自己父親的屍首，這顯然也是不合情理的。

黑要死後，申公巫臣即已迎娶了夏姬，只是由於擔心被反陷害，才借機離開楚國。因此申公巫臣並非到鄭國與夏姬會合後才一起逃奔晉國的，申公巫臣離開楚國時所偷偷帶上的家人，實際上就是夏姬。（〈夏姬身分之謎〉，《文史知識》2012 年 7 月，頁 111）

子居：程薇文中「根據清華簡《繫年》我們可以知道，楚共王即位後不久，黑要就去世了，因此他並非如《左傳》所言，是被子反、子重所殺」的說法，亦恐不確。由《左傳・成公二年》所記：「王問諸屈巫。對曰：『其信！知罃之父，成公之嬖也，而中行伯之季弟也，新佐中軍，而善鄭皇戌，甚愛此子。其必因鄭而歸王子與襄老之屍以求之。』」可知，楚王問申公巫臣的時候，知罃之父荀首剛為中軍佐不久，也即時間在西元前五九一年左右。此後，「王遣夏姬歸……巫臣聘諸鄭，鄭伯許之。」之所以遣夏姬而不是黑要，顯然是夏姬本為鄭人，于鄭國在外交上更為方便的緣故，並且，由《左傳》原文的「巫臣使道焉，曰：歸！吾聘女。」就可以看出，黑要的烝夏姬，只是上淫而已，並非娶為正室。因此，顯然並不存在程薇之文所說的「如果黑要當時還活著的話，作為已經霸佔了夏姬的黑要竟然不與夏姬一起趕赴鄭國，接回自己父親的屍首，這顯然也是不合情理的」這種情況。再看《左傳・成公七年》所記「及共王即位，子重、子反殺巫臣之族子閻、子蕩及清尹弗忌及襄老之子黑要，而分其室。子重取子閻之室，使沈尹與王子罷分子蕩之室，子反取黑要與清尹之室。」可知黑要之死雖必在楚共王即位之後，但並非一定是要在申公巫臣聘齊之後，也就是說，《繫年》所言「黑要也死，司馬子反與申公爭少孔」在申公巫臣聘齊之前，並不與《左傳・成公七年》所記矛盾。此後不久，巫臣聘齊，並借機帶走了

夏姬，子重與子反「怨巫臣」，又殺了「巫臣之族子閻、子蕩及清尹弗忌」。殺黑要與殺巫臣之族這兩次行為在時間上非常接近的話，自然就可以如《左傳・成公七年》所記「及共王即位，子重、子反殺巫臣之族子閻、子蕩及清尹弗忌及襄老之子黑要，而分其室」這樣來敍述。且《繫年》所記「取以為妻」當聯繫到之前《左傳》中「巫臣聘諸鄭，鄭伯許之」的部分，也就是說《繫年》記巫臣娶夏姬為妻時，夏姬當仍在鄭，而非在楚，雙方只是禮成而已。以此故，完全不需要認為存在程薇之文所言「黑要死後，申公巫臣即已迎娶了夏姬，只是由於擔心被子反陷害，才借機離開楚國。因此申公巫臣並非到鄭國與夏姬會合後才一起逃奔晉國的，申公巫臣離開楚國時所偷偷帶上的家人，實際上就是夏姬」的情況。在這一點上，《左傳》的記載應該說與《繫年》也並無矛盾。(〈12～15章解析〉，「孔子2000網」，2012年10月2日)

雯雯按：司馬子反，即公子側。側為其名，子反為其字。(《人物名號考》，條0229「公子側(成十六經)、子反(宣十二)、側(成四)」，頁155-156)嘗與巫臣爭夏姬，並與子重「殺巫臣之族子閻、子蕩及清尹弗忌及襄老之子黑要，而分其室。」故使巫臣從晉致信云：「爾以讒慝貪惏事君，而多殺不辜，余必使爾罷於奔命以死。」責備二人以邪惡貪婪之心侍奉國君，並宣告必使兩人疲於奔命，導致巫臣請通吳、晉之路。(《左傳注》，頁834)鄢陵之戰，子反醉酒不能與楚王謀，楚共王云：「天敗楚也夫，余不可以待！」便趁夜離開，最後子反因此事，被命自殺。(《左傳注》，頁889-890。另說則是楚共王斬殺子反，楊伯峻先生注云：「《韓非子》、《呂氏春秋》、《淮南子》皆云楚共王『斬子反以為戮』，《說苑》亦云『誅子反以為戮』，〈楚世家〉則云：『王怒，射殺子反』，接與《左傳》略異。〈晉世家〉則云：『王怒，讓子反，子反死。』」，頁890)至於黑要究竟何時死去或被殺，《繫年》與《左傳》所述似乎相差不多，都是共王即位後，巫臣聘於齊之前。子居先生所說遣夏姬回國乃因其原為鄭國公主的身分及巫臣至鄭迎接夏姬之說

皆較程薇先生之說有理。

⑬　繡（申）公曰：氏（是）余受妻也，取以為妻

　　整理者：簡上文說莊王曾以少𡚾予申公，故此處云「受妻」。（頁172，注11）

　　程薇：「受妻」指楚莊王曾以夏姬賜給申公巫臣，因此申公巫臣說夏姬是其「受妻」。（〈夏姬身分之謎〉，《文史知識》2012年7月，頁111）

⑭　司馬不訓（順）繡（申）公

　　整理者：順，《禮記・月令》注：「猶服也。」子反怨申公，見《左傳》成公七年。（頁172，注12）

　　程薇：「不順」訓為「不服」，指子反不甘心申公巫臣娶走夏姬（〈夏姬身分之謎〉，《文史知識》2012年7月，頁111）

　　雯雯按：巫臣在楚莊王伐陳之役阻止子反娶夏姬，然而卻在楚共王二年自娶之，故《左傳・成公七年》：「（巫臣）遂取（夏姬）以行，子反亦怨之。」（《左傳注》，頁834）故子反怨恨巫臣，不服其娶夏姬。《左傳・襄公二十六年》敘此事：「子反與子靈爭夏姬，而雍害其事，子靈奔晉。」「雍」，楊《注》云：「雍同壅。雍害，阻礙，破壞。」（《左傳注》，頁1100）蓋子反曾因爭夏姬而破壞、阻礙巫臣之行事。

⑮　王命繡（申）公聘（聘）於齊

　　雯雯按：「聘」，《春秋・隱公七年》「齊侯使齊弟來聘」，楊伯峻先生注云：「樊天子於諸侯，諸侯於諸侯，使其卿大夫相訪問，皆曰聘。《說文》云：『聘，訪也。』隱公九年及宣公十年《穀梁傳》云：『聘，問也。』」（《左

傳注》，頁 52）《左傳・成公二年》云：「及共王即位，將為陽橋之役，使屈巫聘於齊，且告師期。」陽橋，「魯地，在今山東泰安縣西北。」（《左傳注》，頁 805）陽橋之役是為助齊，今年經載齊侵魯北鄙，又敗衛於新築，又云：「六月癸酉，季孫行父、臧孫許，叔孫僑如，公孫嬰齊帥師會晉郤克、衛孫良夫、曹公子首及齊侯戰於鞌，齊師敗績。」故晉、衛、曹、魯聯軍敗齊侯於鞌。（《左傳注》，頁 785）同年傳云：「宣公使求好于楚，莊王卒，宣公薨，不克作好。公即位，受盟於晉，會晉伐齊。衛人不行使于楚，而亦受盟于晉，從于伐齊。故楚今尹子重為陽橋之役以救齊。」（《左傳注》，頁 806-807）楚國因魯不與楚結好、衛不聘問于楚，皆與晉結盟，故子重發陽橋之役以救助在鞌戰敗的齊國，故使巫臣至齊國聘問，並且告知齊國出兵的時間。

⑯ 繡（申）公懕（竊）載少亝以行

雯雯按：《繫年》記載巫臣受命至齊國聘問，並偷偷帶著夏姬離開。《左傳》的敘述較《繫年》為詳。此次巫臣出使齊國是盡帶家室與財產，申叔時子申叔跪與巫臣相遇於郢，評其：「異哉！夫子有三軍之懼，而又有桑中之喜，宜將竊妻以逃者也。」巫臣此番自然身負軍事要務，必然謹慎行事。然而卻有「桑中之喜」，〈桑中〉，出自《詩經・鄘風》：

爰采唐矣，沬之鄉矣。云誰之思？美孟姜矣。期我乎桑中，要我乎上宮，送我乎淇之上矣。

爰采麥矣，沬之北矣。云誰之思？美孟弋矣。期我乎桑中，要我乎上宮，送我乎淇之上矣。

爰采葑矣，沬之東矣。云誰之思？美孟庸矣。期我乎桑中，要我乎

上宮，送我乎淇之上矣。

《詩序》云：「〈桑中〉，刺奔也。衛之公室淫亂，男女相奔，至于世族在位，相竊妻妾，期於幽遠，政散民流，而不可止。」《詩序》云「刺奔」，今人則多解為男女幽會相悅之詩。（《詩經全注》，頁119-120）故此言「桑中之喜」乃預言巫臣將竊妻以逃奔。傳文言：「及鄭，使介反幣，而以夏姬行。」楊氏注：「介，副使。使命畢，齊國所贈楚之禮品由副使帶回，己則不返國復命。（《左傳注》，頁805）故使齊後則返鄭帶夏姬一起前往齊國。

建洲按：李零先生認為《子羔》中的人名「契」作![字形]當分析為「卨」，作大字形，特意畫出頭、手、足。頭的上面，還有帶黑點的三豎筆（三撮毛）。《包山》簡120「竊」字作![字形]，其實是从卨从攴从米，也就是竊字的聲旁。《包山》簡12讀為察的字作![字形]，當分析為从言从卨。（李零：〈讀清華簡筆記：卨與竊〉《清華簡研究》第一輯，頁330-332）。依李零的意見，則![字形]整理者隸定為「𠭖」是可信的，![字形]也是「卨」的一種寫法。李天虹教授對李零這個意見評論說：「單純從形體看，讀為『察』、『竊』之字的聲旁，與《說文》古文『卨（![字形]）』、《子羔》篇『契』都存在較大差異，希望將來發現更好的字例以佐證其說。」（《楚國銅器與竹簡文字研究》，頁175）。這個評論是比較持平的。

⑰ **自齊述（遂/隧/遯）逃迖（適）晉**

整理者：申公聘齊逃晉事，見《左傳》成公二年：「及共王即位，將為陽橋之役，使屈巫聘于齊，且告師期。……而以夏姬行。將奔齊。齊師新敗，曰：『吾不處不勝之國。』遂奔晉，而因郤至，以臣於晉。」（頁171，注13）

曹方向（網名：魚游春水）：整理者讀「述」為「遂」，注中又引證《左

傳》申公巫臣奔晉之事,當然是正確的。

　　《繫年》二十三章,「述」字凡十五見,整理者皆讀作「遂」,除去本條,其他都應該理解爲「於是」、「就」一類的副詞。但這裡理解爲副詞似乎不太妥當。因爲不知道整理者是怎麼理解的,所以我想可以做一點說明。

　　《左傳》云:「將奔齊。齊師新敗,曰:『吾不處不勝之國。』遂奔晉,而因郤至。」則申公本來還沒有奔到齊國,也就談不上「自齊於是逃奔晉」。所以,這裡的「述」爲了更清晰地體現文意,還是讀作「隧」,理解爲「道路」比較好。《左傳》有「曹隧」、「陳隧」,分別指楚、鄭等國通往曹、陳的道路。「自齊隧」云云,謂申公正在從楚去齊的路途中。因爲在路上聽到齊國剛剛打了敗仗,所以他改變主意,不去齊國了。(〈「述」字〉,武漢大學簡帛網「簡帛論壇」,2012 年 12 月 4 日。)

　雯雯按:《左傳》記巫臣本欲奔齊,然因齊敗於晉,故巫臣改奔晉國。因郤至而爲邢大夫。傳文云「將奔齊」、「遂奔晉」,《繫年》作「自齊述逃適晉」,巫臣似尚未至齊而改奔晉,故魚游春水先生之說似可參,而以巫臣從齊隧,即從通往齊國的道路而改往晉國。《左傳》襄公十七年「衛孫蒯田于曹隧」,楊伯峻先生說:「曹隧,曹地。」(《左傳注》,頁 1030)襄公二十五年「初,陳侯會楚子伐鄭,當陳隧者,井堙木刊,鄭人怨之」,楊伯峻說:「隧,道路。陳軍經過之地,井被塞,樹木被伐。」(《左傳注》,頁 1102)可見「曹隧」是曹地。「陳隧」的「隧」做動詞,是「進往」的意思,如《易·大壯》:「羝羊觸藩,不能退,不能遂。」孔穎達疏:「遂謂進往。」皆非曹方向先生所說楚、鄭等國通往曹、陳的道路。

　建洲按:李家浩先生認爲「述」與「遂」在古代可能是同一個字的異體。(參看李家浩:〈齊國文字中的「遂」〉,《著名中年語言學家自選集·李家浩卷》,頁 38)。其說可從。所以「述(遂)」自然可以讀爲「隧」。「隧」可以解爲「道路」,後來演變爲「地名」。《左傳》襄公二十三年:「齊侯還自晉,不入,遂襲莒,門于且于,傷股而退。明日將復戰,期于壽舒。杞

殖、華還載甲夜入且于之隧，宿于莒郊。」其中「且于之隧」，楊伯峻先生解釋說：「且于之隧為在且于之狹路，隘道。」（《左傳注》，頁 1084）。《左傳》成公六年記載晉侵蔡，楚救蔡，「御諸桑隧」。楊伯峻注云：「桑隧在河南確山縣東。」（《左傳注》，頁 830）。《史記·蘇秦傳》：「禽夫差于干遂」，索隱云：「干遂，地名，不知所在。然按**干是水旁之高地**，故有『江干』『河干』是也。又左思吳都賦云『長干延屬』，是干為江旁之地。遂者，道也。**於干有道，因為地名。**」（中華書局，頁 2255）。《容成氏》簡 39「陞自戎述（遂）」、簡 40「降自鳴條之遂」，李零先生於簡 40「鳴攸（條）之述（遂）」注釋曰：「此『遂』字並上『武遂』之『遂』，可能都是指山陘即山間通道。」《國語·周語上》：「昔夏之興也，融降于崇山；其亡也，回祿信于聆隧。」韋昭注：「聆隧，地名。」此地在文獻上有不少異寫。白於藍先生認為「聆隧」與「戎遂」可能並指一地。（白於藍：〈銀雀山漢簡校釋〉，《考古》2010年 12 期，頁 81-82）《上博六·申公臣靈王》亦有「朸述」的地名，或認為讀為「朸隧」，地望待考。綜合以上來看，「隧」雖然是「道」，但偏指山間、高地等比較郊外的通道，或比較狹窄，後來可以用為地名。此外，「隧」也有「地道」的意思。《周禮·冢人》：「以度為邱隧」，鄭注云：「隧，羨道也。」孔《疏》云：「天子有隧，諸侯以下有羨道，隧道則上有負土，羨道則無負土。」楊樹達先生說：「隧有負土，即全係地下道。」（《春秋左傳注》，頁 432）總之，「齊隧」不能泛泛理解為齊國的道路，既然巫臣「竊載少孔以行」，則走齊國的郊外通道或是地道，比較可以傳達出「竊」的情貌。

此外，「述（遂）」亦可理解為動詞讀為「遯」。「述（遂）」（船紐物部，三等合口）可以讀為「遯（遁）」（定紐文部，一等合口）（依《古韻通曉》頁 249、309）。《上博三·周易》「遯卦」之「遯」作 ，從「豕」聲亦可證明。「遁逃」古書常見，如《管子·小稱》：「民之觀也察矣，不可遁逃。」《荀子·成相》：「主之孽，讒人達，賢能遁逃國乃蹷。」《新序·雜事二》：「燕相遂慚，遁逃不復敢見。」「述（遂）」亦可讀為「脫」，遂、脫

二字可通，如《詩・衛風・碩人》「說于農郊」，鄭玄箋：「說，當作襚。」《禮記・檀弓下》：「齊莊公襲莒于奪」，這段話相當於的「隧」，故〈檀弓〉鄭玄注云：「是也春秋傳曰：『杞殖華還載甲夜入且于之隧。』隧奪聲相近，或為兌。」（《重刊宋本十三經注疏附校勘記－禮記》，藝文印書館，1965年版，頁191-192）「脫」，逃遁也。《國語・晉語四》：「公懼，乘馹自下，脫會秦伯於王城。」韋昭注：「脫會，遁行，潛走。」《史記・呂太后本紀》：「齊王恐，自以為不得脫長安。」《史記・廉頗藺相如列傳》：「幸得脫矣。」《史記・大宛列傳》：「軍敗，數人脫亡走貳師。」「脫亡」猶「逃亡」。（《故訓匯纂》，頁1863-1864）。

⑱　自晉迈（適）吳，女（焉）的（始）通吳晉之逄（路），教吳人反（叛）楚

整理者：《左傳》成公七年：「巫臣請使於吳，晉侯許之。吳子壽夢說之。乃通吳于晉，以兩之一卒適吳，舍偏兩之一焉。與其射御，教吳乘車，教之戰陳，教之叛楚。」（頁171，注14）

陳民鎮：其五，訂正了申公巫臣通吳的時間，該事件是吳越爭霸的序幕，《左傳》載見成公七年，是則在公元前五八四年，楊伯峻先生業已在《春秋左傳注》中辨該事件發生於成公六年，《繫年》實際上為陽伯峻先生的說法提供了重要佐證，證實在公元前五八五年。（〈清華簡《繫年》所見越國新史料〉，復旦網，2012年3月8日）

程薇：申公巫臣與夏姬逃離楚國，奔赴晉國，並在晉、吳之間溝通聯絡，從而開啟了晉、吳聯合抗楚的新局面。（〈夏姬身分之謎〉，《文史知識》2012年7月，頁111）

雯雯按：《繫年》第二十章云：「晉景公立十又五年，申公屈巫自晉適吳，焉始通吳晉之路，二邦為好，以至晉悼公。」（《清華大學藏戰國竹簡

（貳）》，頁 168）《史記・十二諸侯年表》將巫臣自晉至吳的時間繫在西元前 584 年，在晉景公十六年云「以巫臣始通於吳，而謀楚」；於吳王壽夢二年云：「巫臣來謀楚」。對於巫臣到吳的時間，楊伯峻先生在注解成公七年《傳》「巫臣請使於吳，晉侯許之」時已有懷疑，其云：「〈吳世家〉謂巫臣自晉使吳在壽夢二年，即此年。當年使吳，當年教之車戰，吳當年伐楚、入州來，使楚七次奔命，未必見效如此之快。或巫臣使吳在去年，司馬遷僅據《傳》文敍其大略。」（《左傳注》，頁 834-835）則《繫年》適可證明楊氏的推測。成公六年（585B.C.）巫臣到吳，成公七年（584B.C.）「吳始伐楚、伐巢、伐徐，子重奔命。馬陵之會，吳入州來，子重自鄭奔命。子重、子反於是乎一歲七奔命。蠻夷屬於楚者，吳盡取之，是以始大，通吳於上國。」（《左傳注》，頁 835）吳國勢力開始強盛，並且與中原諸國交通。胡凱、陳民鎮先生認為：「《繫年》第 15 章和第 20 章均敍及申公巫臣通吳之事，前者從楚的角度出發，後者從晉的角度出發。吳國在晉國的扶持下逐漸強大，開始與楚國爭奪勢力範圍。吳國與楚國的矛盾最終激化，並導致了吳國通過柏舉之戰的勝利一舉攻破楚國郢都。《繫年》載申公巫臣『自晉適吳，焉始通吳晉之路，教吳人叛楚』，這一事件的深遠意義在於，這一事件將晉、楚爭霸擴展到了吳、越兩國身上，吳、越兩國分別經過晉、楚的扶持，利用本時期中原盟主的暫時真空，由兩個居東南一隅的小國崛起為煊赫一時的強國，最終逐鹿中原、爭奪霸業。」（〈清華簡《繫年》所見晉國史料初探——從《繫年》看晉國的邦交〉，《邯鄲學院學報》2012 年第 2 期，頁 61）

　　雯雯又按：《左傳・成公七年》（即楚共王七年、吳壽夢二年）云「吳始伐楚、伐巢、伐徐，子重奔命。馬陵之會，吳入州來，子重自鄭奔命。子重、子反於是乎一歲七奔命。蠻夷屬於楚者，吳盡取之，是以始大，通吳於上國。」（《左傳注》，頁 835）相傳吳國為周太王長子吳太伯及次子仲雍所建。當時吳太伯自號句吳，太伯死後傳仲雍，仲雍傳子季簡，季簡傳

子叔達，叔達傳子周章。周武王克殷後，訪求太伯、仲雍的後代，而得周
章。周王室正式封立吳國，列為諸侯，承認吳國為姬姓宗族一員。（《會注
考證》，頁 537-538）然吳國久居蠻夷，亦非強國，始見於《左傳》時，是
以楚附庸國的形象出現，楚莊王十三年（601B.C.）滅舒蓼，正其疆界，又
「及滑汭。盟吳、越而還」。舒蓼與滑汭，楊伯俊先生云：「據顧棟高《大
事表》，今安徽省舒城縣為古舒城，廬江縣東百二十里，有古龍舒城，舒蓼
約略在此兩城之間。」「杜注：『滑，水名。』春秋之滑水，今已不詳何在。
《彙纂》謂『當在今江南廬州府東境』，則當在今合肥市、廬江縣之東，而
在巢湖、無為之間。沈欽韓《地名補注》謂『蓋今之丹陽湖』，亦未必有據。」
（《左傳注》，頁 605、696）蓋楚莊王在廬江縣東一代與吳國、越國盟誓。

吳國第二次出現是在成公七年（584B.C.），《經》云：「吳伐郯」，《傳》
云：「七年春，吳伐郯，郯成。」郯國，「故城在今山東省郯城縣西南二十
里。」（《左傳注》，頁 676）郯國與吳國講和，但實際上是服從於吳國。吳
國北上用兵，讓與郯鄰近的魯國感到驚懼，故季文子曰：「中國不振旅，蠻
夷入伐，而莫之或恤。」認為中原華夏無法震旅威嚇蠻夷，卻讓蠻夷來進
攻。以「中國」對「蠻夷」相對，視吳為蠻夷。（《左傳注》，頁 831-833）
然此次卻是「吳之興」的標誌。（童書業編，童教英輯校：《春秋史料集》
〔北京：中華書局，2008 年 5 月〕，頁 36）而吳國的興盛與晉國不無關係。

《繫年》云申公巫臣在成公六年（585B.C.）主動請使通吳，《史記》云：
「王壽夢二年（584B.C.），楚之亡大夫申公巫臣，怨楚將子反而犇晉。自晉
使吳，教吳用兵乘車，令其子為吳行人。吳始通於中國。吳伐楚。」（《會
注考證》，頁 537-538。引按：據《左傳》巫臣怨子反在出奔後，故瀧川瀧
太郎《考證》引中井積德之語：「史筆失前後。」）吳國是否能在當年經巫
臣教授射、御、車戰及戰略之法而立刻得以在同年伐楚，引起了研究者疑
問，故郁賢皓《新譯左傳讀本》云：「《史記・吳世家》謂巫臣使吳在壽夢
二年，即此年，然當年使吳、當年教之車戰射御之術，吳當年伐楚、伐巢、

伐徐、入州來，使楚將『疲於奔命』，未必見效如此之快，或巫臣使吳在成
公三、四年。『吳始伐楚』以下始是敘本年史事。」（頁801）說吳臣在成公
三、四年使吳未有證據證明，但是以「吳始伐楚」為本年之事應無誤。「吳
始伐楚」，代表吳國在楚、晉爭霸中選擇了晉國，並在晉國的扶持下得以興
盛；晉國因與吳國交好，在江、淮間抽身，減輕與楚國相對峙的壓力與不
利的地位；楚國卻因此與吳國在淮河一帶展開長達近百年的戰爭。

　　吳國能通於中原諸國，由晉居中牽線。成公六年、成公八年時是晉國
派遣巫臣與吳國締結外交。成公九年晉開始謀畫讓中原諸侯國與吳交通：

> 為歸汶陽之田，故諸侯貳於晉。晉人懼，會於蒲，以尋馬陵之盟。……
> 是行也，將始會吳，吳人不至。（成公九年〔582B.C.〕，《左傳注》，
> 頁843）

> 十一月，會吳於鍾離，始通吳也。（成公十五年〔576B.C.〕，《左傳
> 注》，頁876-877）

　　成公八年，晉景公令魯國將汶陽之田退還齊國。汶陽之田本是魯國之
田，為齊所奪，在成公二年鞌之戰後，晉國使齊國歸還魯國，但卻在此年
晉使韓穿來魯，要求將田地送還齊國。這樣背信棄義的行為，造成諸侯國
對晉國有貳心，故晉國在九年邀請齊、宋、魯、衛、鄭、曹、莒、杞八國
同盟於蒲，重申馬陵之盟。這一次打算會吳，然吳國未至。隔了七年，即
成公十五年，又舉行一次會吳的集會，《經》云：「冬十有一月，叔孫僑如
會晉士燮、齊高無咎、宋華元、衛孫林父、鄭公子鰌、邾人會吳于鍾離。」
楊伯峻先生注云：「《經》用二『會』字，杜《注》謂吳是夷，以前未嘗與
中原諸國往來，今始來通，故由晉率領諸侯大夫而會之，因用二『會』字。
明王樵《春秋輯傳》則以為諸侯大夫先約集相會而後會吳，《春秋》直書其
事。」（《左傳注》，頁872）此次晉國與六國卿大夫會吳於鍾離，「這是中原

各國首次與吳始通好，使楚陷入孤立，為明年鄢陵之戰取得有利的戰略地位。」（郁賢皓《新譯左傳讀本》，頁 858）故晉國通吳實有其戰略考量。

又成公十八年（573 B.C.），鄭國會楚子伐宋，攻入彭城，並且派叛宋奔楚的魚石、向為人、鱗朱、向帶、魚府五人戍守彭城。宋人對此感到憂慮，而西鉏吾則不以為然，認為楚國「今將崇諸侯之姦而披其地，以塞夷庚。逞姦而攜服，毒諸侯而懼吳、晉，吾庸多矣，非吾憂也。且事晉何為？晉必恤之。」楚國將宋之所惡的石魚送去戍守彭城，「夷庚」，指車往來的平道。「彭城為各國間往來之要道，今猶楚國派兵駐紮，故云塞其道。」這樣的行為將造成服從楚國的小國離心，且「毒諸侯而懼吳、晉」，楊氏云：「此指『塞夷庚』，妨礙各國往來，尤其堵塞吳國、晉國間必經之路，故云為諸侯之讀害而使吳、晉有所恐懼。」楚國此舉蓋有阻饒吳、晉相通的用意，然而卻給予晉國再爭霸業的契機，故當宋華元向晉國告急時，韓獻子云巷：「欲求得人，必先勤之，成霸、安彊，自宋始矣。」故初即位的晉悼公師於台谷以救宋。（《左傳注》，頁 911-913）

> 六月，公會單頃公及諸侯。己未，同盟於雞澤。晉侯使荀會逆吳子于淮上，吳子不至。（襄公三年〔570B.C.〕，《左傳注》，頁 928）

> 吳子使壽越如晉，辭不會於雞澤之故，且請聽諸侯之好。晉人將為之合諸侯，使魯、衛先會吳，且告會期。故孟獻子、孫文子會吳於善道。（襄公五年〔568B.C.〕，《左傳注》，頁 943）

> 九月丙午，盟於戚，會吳，且命戍陳也。（襄公五年〔568B.C.〕，《左傳注》，頁 944）

> 十年春，會於柤，會吳子壽夢也。（襄公十年〔563B.C.〕，《左傳注》，頁 974）

後來晉國持續聯吳的策略，在襄公三年時，晉國因為鄭國再度服從於己，「且欲脩吳好，將合諸侯。」與吳國脩好的原因，「蓋以吳漸強大，足以使楚陷入困境。」（《左傳注》，頁 911-913）故在同年六月，晉悼公與魯、單、宋、衛、鄭、莒、邾、齊等國盟於雞澤。雞澤，在今河北邯鄲市稍北。此會本為脩好於吳，故晉侯使人親迎。淮上，「疑今鳳臺縣境，淮水北。」（《左傳注》，頁 926、928）但吳子未來。郁賢皓《新譯左傳讀本》認為：「吳王壽夢雖未到會，卻將強了晉吳的聯繫，鞏固了晉國的霸主地位。」（頁 924）

兩年後，吳王壽夢派壽越向晉國解釋為何未到雞澤之會，並且致歉。並且表示希望與中原諸侯結好，故晉又為吳國集合諸侯。並且先讓魯國、衛國先會見吳國，同時告訴諸侯間相會的日期，所以孟獻子與孫文子先在善道會見吳國。善道，在今江蘇省盱臺縣北。在九月晉悼公、魯襄公、宋平公、陳哀公、衛獻公、鄭僖公、曹成功、莒子、邾子、滕成公、薛伯、齊世子光、吳國人、鄫國人在戚地會盟。並在戚盟之後，晉侯命諸侯派兵戍守陳國。此次十四國會盟於戚邑，「實現了晉吳結盟以孤立楚國的策略。」（郁賢皓《新譯左傳讀本》，頁 940）

十年，則吳王壽夢親字與會，與晉悼公、魯襄公、宋平公、衛獻公、曹成公、莒子、邾子、滕子、薛伯、杞伯、小邾子、齊世子光會於柤地（今江蘇邳縣而稍西之泇口）。（《左傳注》，頁 973、974）意謂吳王與中原各國諸侯正式會見結盟。

因此在襄公十三年楚共王卒，吳人趁新喪而攻楚，卻敗於庸浦，十四年（559B.C.）即與晉等國會於向：「十四年春，吳告敗於晉。會於向，為吳謀楚故也。范宣子數吳之不德也，以退吳人。執莒公子務婁，以其通楚使也。」向地有二說，楊氏云：「向，杜《注》以為鄭地，則在今河南尉氏縣溪南，鄢陵縣西北；江永《考實》及沈欽韓《第名補注》皆謂此向為吳地，當在今安徽懷遠縣西四十里。」（《左傳注》，頁 1004）此次會盟的議題為「為吳謀楚」，然而范宣子指責吳國「不德」，楊氏推測：「或諸侯多不欲伐楚，

或晉亦以吳侵楚為無理，因數吳不應趁楚喪而侵楚，此為不道德之行為，因以拒絕吳人。」（《左傳注》，頁 1005）從莒公子務婁因通使於楚而遭拘捕，可知此次盟會仍採反楚立場，蓋因吳國此舉趁喪伐楚有違道德禮義之規範，故這次聚會晉國以拒絕吳人作結。但無礙於吳國已正式與中原各國結交並且加入晉國爭霸之集團的事實。在過程中也可看出晉國對於與吳結盟的積極性。成公十二年（579B.C.）「宋華元克合晉、楚之成。」促成第一次弭兵之會，諸國共遵晉、楚為霸主，但很明顯晉國有意孤立楚國、拉攏吳國，繼續檯面下的晉、楚爭霸。

　　而吳國在晉國的扶持下，習得中原射、御、車戰之法，國力增強，因而叛楚而對楚國進行一連串的戰爭。

（一）楚共王／吳王壽夢、吳王諸樊時期

　　楚共王時，吳國向晉國靠攏，並且開始伐楚：

> 吳始伐楚、伐巢、伐徐，子重奔命。馬陵之會，吳入州來，子重自鄭奔命。（成公七年〔584B.C.〕，《左傳注》，頁 835）

馬陵之會在八月，伐楚、巢、徐當在此之前。「巢」，楊氏云：「《水經・沔水注》謂『巢，羣舒國也。』則為偃姓。今安徽省巢縣東北五里有居巢故城址，當卽古巢國。」徐，「國名，嬴姓。古徐子國在今安徽省泗縣西北五十里。」（《左傳注》，頁 585、頁 233）楚、巢、徐分屬三地，子重奉命奔馳救援。吳軍又侵入州來。州來，國名，在今安徽鳳臺縣。（《左傳注》，頁 832）使子重從鄭奔州來救援。「子重、子反於是乎一年七奔命」，如同巫臣向二人的宣誓：「余必使爾罷於奔命以死。」（《左傳注》，頁 834）然吳伐巢、徐，又入州來，巢在淮河中游以南，州來在淮河中游北岸，吳國開始在淮河中下游地區展開攻勢，「勢力深入淮河兩岸，使楚軍疲於奔命，從而極大

地消耗了楚國北進的力量，改變了晉國爭霸的不利地位。」（郁賢皓《新譯左傳讀本》，頁803）故傳文云：「蠻夷屬於楚者，吳盡取之，是以始大。」（《左傳注》，頁835）楚、吳第二次的戰爭是在十五年後：

> 舒庸人以楚師之敗也，道吳人圍巢，伐駕，圍釐、虺，遂恃吳而不設備。楚公子槖師襲舒庸，滅之。（成公十七年〔574B.C.〕，《左傳注》，頁903-904）

前年楚、晉戰於鄢陵，而楚師大敗。舒庸人因楚國在軍事上的失利，故引導吳人為侵楚。「舒庸」，楊《注》：「舒，國名，偃姓。《說文》作『䣄』。舒，據文十二年《傳》孔《疏》引《世本》，有舒庸、舒蓼、舒鳩、舒龍、舒鮑、舒龔六名，恐皆同宗異國，統稱之曰羣舒，大致宗國在今安徽省舒城縣，而散居於舒城縣、廬江縣至巢縣一帶。」駕、釐、虺，楊氏云：「駕與釐皆當在今安徽無為縣境。虺，則在今安徽廬江縣境。」（《左傳注》，頁284、904）最後楚國滅掉舒庸，楚、吳也在江、淮之間爭戰不休。五年後楚國主動伐吳：

> 春，楚子重伐吳，為簡之師。克鳩茲，至於衡山。使鄧廖帥組甲三百、被練三千以侵吳。吳人要而擊之，獲鄧廖，其能免者，組甲八十，被練三百而已。子重歸，既飲至三日，吳人伐楚，取駕。（襄公三年〔570B.C.〕，《左傳注》，頁925）

楚國在行前挑選軍士，並且進行演練。並且攻佔鳩茲，並到衡山。鳩茲，楊《注》「在吳邑，當在今安徽蕪湖市東南二十五里。」衡山，楊氏云：「亦吳地。高士奇《地名考略》則謂當圖縣東北六十里之橫山。」（《左傳注》，頁925）然而楚軍先勝後敗，使鄧廖帥兵侵吳，卻讓吳國軍隊攔腰截擊，損失慘重。而在子重歸楚行飲至禮三天後，吳人伐楚而取駕邑。此次以吳軍

勝利作結。第三次在楚共王死去那一年：

> 吳侵楚，養由基奔命，子庚以師繼之。養叔曰：「吳乘我喪，謂我不
> 能師也，必易我而不戒。子為三覆以待我，我請誘之。」子庚從之。
> 戰於庸浦，大敗吳師，獲公子黨。（襄公十三年〔560B.C.〕，《左傳
> 注》，頁 1002）

吳國趁共王新喪而侵楚。養由基猜測吳人可能認為楚王剛死，不能整軍以
待，因此對楚國降低戒備警惕之心，故與子庚謀畫以伏擊的方式戰於庸浦。
「庸浦」，楊氏云：「杜《注》：『庸浦，楚地。』當在今安徽無為縣南長江
北岸。」（《左傳注》，頁 1002）此次楚軍大敗吳師。然楚國雖勝，卻已勢必
要同時面對東面的吳國，與北面的中原諸侯國給予的壓力。

（二）楚康王／吳王諸樊、吳王餘祭時期

楚康王元年，這年秋天為報去年庸浦之役，楚國子囊率師於棠地以伐
吳。棠，在「今江蘇六合縣稍西而北二十五里。」（《左傳注》，頁 1018）然
而吳國不出戰：

> 秋，楚子為庸浦之役故，子囊師於棠以伐吳。吳不出而還。子囊殿，
> 以吳為不能而弗儆。吳人自皋舟之隘要而擊之，楚人不能相救，吳
> 人敗之，獲楚公子宜穀。（襄公十四年〔559B.C.〕，《左傳注》，頁
> 1018）

子囊退兵而不加警戒，故於皋舟的險隘口遭到吳國攔腰襲擊，遭到吳人打
敗。皋舟，「杜《注》：『皋舟，吳險阨之道。』」（《左傳注》，頁 1018）據傳
文，子囊在此戰歸回後便逝世，「將死，遺言謂子庚必城郢。」（《左傳注》，

頁 1019）楚國經此失敗，「國勢轉衰，對付吳國已是力不從心，只能『城郢』以守勢為主了。」（郁賢皓《新譯左傳讀本》，頁 1027）之後，楚康王十一年，「夏，楚子為舟師以伐吳，不為軍政，無功而還」（襄公二十四年〔549B.C.〕，《左傳注》，頁 1090）本欲以水軍伐吳，不過未能教育士兵、言明賞罰，故無功而返。然吳人欲報楚舟師之役，故招來舒鳩人，「吳人為楚舟師之役故，召舒鳩人。舒鳩人叛楚，楚子師於荒浦，使沈尹壽與師祁犁讓之。」（襄公二十四年〔549B.C.〕，《左傳注》，頁 1092-1093）舒鳩，楊《注》云：「楚屬國，今安徽舒城縣。」荒浦，「舒鳩地。《方輿紀要》謂黃陂河在舒城縣東南十五里，周八里許。黃陂卽荒浦之音轉。」（《左傳注》，頁 1092、頁 1093）而其國君敬迎沈尹壽與師祁犁並澄清無叛楚之事。

隔年「舒鳩人卒叛楚，令尹子木伐之，及離城，吳人救之。」離城，「杜《注》：『離城，舒鳩城』，則當在今舒城縣之西，為楚軍至舒鳩所經之邑。」（《左傳注》，頁 1104）然子木帥右師與子彊、息桓、子捷、子駢、子盂帥等左師夾擊吳軍，吳軍居期間七日。子彊欲速戰速決，故與子木五人商量先以私卒（卽家兵）誘之，並以挑選精兵以待，眾人從之。故「五人以其私卒先擊吳師，吳師奔；登山以望，見楚師不繼。復逐之，傳諸其軍，簡師會之。吳師大敗。遂圍舒鳩，舒鳩潰。八月，楚滅舒鳩。」（襄公二十五年〔548B.C.〕，《左傳注》，頁 1103-1104）五人以私卒先攻擊吳軍，當吳軍登山眺視楚軍時，見楚軍未有追兵，故由奔逃而轉為追逐楚私兵。等到迫近楚軍後，挑選的士兵便與之相會，共同夾擊吳軍，此次吳師大敗，舒鳩也因而滅亡。

同年「十二月，吳子諸樊伐楚，以報舟師之役。門於巢。」然而卻遭
巢牛臣射殺。（襄公二十五年〔548B.C.〕《左傳注》，頁 1108）明年，「楚
子、秦人侵吳，及雩婁，聞吳有備而還。」（襄公二十六年〔547B.C.〕，《左
傳注》，頁 1114）雩婁，「在今河南商城縣冬，安徽金寨縣北。」（《左傳注》，
頁 1114）從楚共王六年開始，楚、吳相互爭戰，各有勝負。主要交戰的地
點在淮水附近的鳳臺及巢湖、無為、盧江一帶。康王之後，夾敖繼位。郟
敖在位四年，吳、楚未有衝突。至楚靈王三年（538B.C.），吳、楚之間開始
有大規模的戰事。

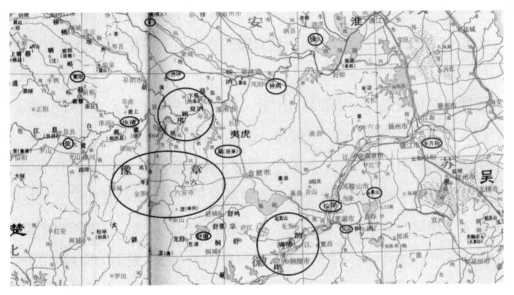

（譚其驤主編：《歷史地圖集》，北京：中國歷史地圖出版社，1996 年 6 月，
「楚、吳、越」，頁 29-30）＊楚、吳交戰相關地點。

⑲ 以至𩁹＝王＝（靈王，靈王）伐吳，為南溧（懷）之行，執吳王子鱥（蹶）
緐（由）

整理者：楚靈王四年以諸侯及東夷伐吳，詳見《春秋》昭公五年經傳。
「南溧」，《左傳》作「南懷」。王子鱥緐，《左傳》作「蹶由」，《韓非子・
說林下》作「蹶融」，《漢書・古今人表》作「厥由」。「鱥」應即「鱥」字，

「歲」、「厥」均在月部，可相通假。蹶由為壽夢之子，夷末之弟，《左傳》云：「吳子使其弟蹶由犒師，楚人執之。」（頁172，注15）

董珊：「灢」見新蔡簡甲三：268「口及江、漢、沮、漳，延至于灢（淮）。」我曾指出，從楚國的發展史來看，簡文「灢」自當讀爲「淮」。古音「灢」、「淮」二字同聲同部。

整理者指出「南灢」見《左傳》昭公五年作「南懷」。案《左傳》昭公五年原文說：「楚師及于羅汭，沈尹赤會楚子次于萊山，薳射帥繁陽之師，先入南懷，楚師從之，及汝清，吳不可入。」杜預注：「南懷、汝清，皆楚界。」杜注乃是就下文「吳不可入」而來，實無用處。此「南灢／懷」皆讀爲「南淮」，就是淮水之南，不是一個具體的小地名。（〈讀《繫年》札記〉，復旦網，2011年12月26日）

子居：至鄢陵之役，楚師為晉所敗。其後，《左傳・成公十七年》載：「舒庸人以楚師之敗也，道吳人圍巢，伐駕，圍釐、虺，遂恃吳而不設備。楚公子橐師襲舒庸，滅之。」杜預注：「巢、駕、釐、虺，楚四邑。」說明舒庸當鄰於巢邑，巢邑約在今安徽省六安縣東北一帶；駕邑當即茄邑，在今安徽省懷遠縣西南；釐邑當即在萊山、虺邑當即在南懷……則萊山（釐邑）當在洛川之西岸，即今淮南市歷山（舜耕山）一帶。「薳射帥繁揚之師，先入南懷，楚師從之，及汝清。」則南懷（虺邑）當在淮南市周邊。《水經注・淮水》：「淮水又北，左合椒水。水上承淮水，東北流逕虵城南，又歷其城東，亦謂之清水，東北流注于淮水，謂之清水口者，是此水焉。」《水經注疏》卷三十：「會貞按：城在今鳳台縣西北四十余裏焦岡湖西北之虎頭岡西畔，遺跡猶存。」虵虺往往並稱無別，因此，虵城地區當即是《左傳》之南懷（虺邑）。（〈12～15章解析〉，「孔子2000網」，2012年10月2日）

雯雯按：靈王（540-529 B.C.，在位十二年），名圍，又名虔，靈為其謚。方炫琛先生云：「楚君有即位改名之例，如公子棄疾即位後改名曰居，棄疾之大子王即位後改名曰軫。」（《人物名號考》，條1804「楚子虔（昭十

一經）、公子圍（襄二十六年）、王子圍（襄二十六）、令尹圍（襄三十一）、令尹（襄三十一）、圍（昭元）、楚靈王（昭元）、楚王（昭元）、楚子（昭三）、虔（昭十三經）、靈王（昭十三）」，頁 533）。嘗為楚令尹，後殺其姪郟敖而立。執政後，不掩其爭雄之心，示諸侯以侈汰之行。鄭國子產即云：「吳不患楚矣。汰而愎諫，不過十年。」楚王驕縱而拒諫，子產此語在靈王三年（538B.C.）所說，而靈王果在十二年時為楚人所弒。（《左傳注》，頁1251）

靈王之世，積極對吳國用兵。三年時，夏天先招蔡侯、陳侯、鄭伯、許男、徐子、滕子、頓子、胡子、沈子、小邾子、宋世子佐、淮夷會於申。申在今河南南陽市北二十里（《左傳注》，頁 1144-1245）。又因徐子為吳女所出，疑有貳心而拘捕之。（《左傳注》1145、1152）秋七月時則聯合蔡侯、陳侯、許男、頓子、胡子、沈子、淮夷伐吳（《左傳注》，頁1245），宋國、鄭國由華費遂、大夫隨從軍隊：

> 秋七月，楚子以諸侯伐吳，宋大子、鄭伯先歸，宋華費遂、鄭大夫
> 從。使屈申圍朱方。八月甲申，克之，執齊慶封而盡滅其族。（《左
> 傳・昭公四年》，頁 1153。〔538B.C.〕）

朱方，「吳邑，今江蘇鎮江市丹徒鎮南，吳以賜齊慶封。」（《左傳注》，頁1153）楚王使屈申先圍朱方，在八月時攻克，並滅慶封及其族。吳國隨即報復此役：

> 冬，吳伐楚，入棘、櫟、麻，以報朱方之役。楚沈尹射奔命於夏汭，
> 咸尹宜咎城鍾離，薳啟疆城巢，然丹城州來。東國水，不可以城。
> 彭生罷賴之師。（昭公四年〔538B.C.〕，《左傳注》，頁 1255-1256）

棘在「今河南永城縣南」；櫟在「今河南新蔡縣北二十里」；麻在「在

今安徽碭山縣東北二十五里。」（《左傳注》，頁1255）在楚國的東境。故遣楚沈尹射奔赴夏汭。夏汭，汭，河水曲處。楊伯峻先生云：「杜《注》謂為夏口，恐不確。今之西淝河古亦稱夏肥水，見《漢書地理志》城父縣。其下游入淮水處在今安徽鳳台縣西南，此夏汭即五年《傳》『會於夏汭』，接指此處，非漢口。」（《左傳注》，頁1255）使薳尹宜咎、薳啟疆、然丹分別城鍾離、巢及州來。唯東部發水，故彭生停止在賴地築城。賴，「《公羊》作『厲』。賴即桓二年《傳》之賴國，今湖北隨縣東北之厲山店。」《左傳注》，頁12455）滅於楚克朱方之役。

對於吳國的報復性行動，楚國在隔年作出回應，再次招集蔡、陳、許、頓、沈、徐、越等國及東夷伐吳：

> 冬十月，楚子以諸侯及東夷伐吳，以報棘、櫟、麻之役。薳射以繁揚之師會於夏汭。越大夫常壽過帥師會楚子於瑣。聞吳師出，薳啟疆帥師從之，遽不設備，吳人敗諸鵲岸。楚子以馹至於羅汭。吳子使其弟蹶由犒師，楚人執之，將以釁鼓。（昭公五年〔537B.C.〕，《左傳注》，頁1270）

薳射以繁揚（今河南新蔡縣）的軍隊在夏汭會師，越國大夫常壽過在瑣地（今安徽霍丘縣東）與楚王會合。薳啟聽聞吳國出動軍隊，匆忙應戰，未有防備，故敗於鵲岸。鵲岸，楊氏認為在「今安徽無為縣南至銅陵市北沿長江北岸一帶。」（《左傳注》，頁1171）楚王乘驛車（或驛馬）到羅汭。羅汭有二說，一指汨羅江，在今湖南汨羅縣；一說為河南羅山縣之羅水。（詳《左傳注》，頁1171）吳王夷末則派遣其弟蹶由來犒勞楚國軍隊。

　　然而楚國卻拘捕他，準備以其血祭新鼓。靈王派人來問蹶由勞軍前是否占卜過吉凶，蹶由對曰為吉，並告楚王若以使臣祭鼓，則吳國自知防備，以御楚國，實謂大吉，「一臧一否，其誰能常之？城濮之兆，其報在邲。」

而此次行前占卜或許能應驗，故楚王由是不殺蹶由。（詳《左傳注》，頁
1171-1172）

> 楚師濟於羅汭，沈尹赤會楚子，次於萊山。薳射帥繁揚之師先入**南
> 懷**，楚師從之，及汝清。吳不可入。楚子遂觀兵於坻箕之山。是行
> 也，吳早設備，楚無功而還，以蹶由歸。楚子懼吳，使沈尹射待命
> 於巢，薳啟彊待命於雩婁，禮也。（昭公五年〔537B.C.〕，《左傳注》，
> 頁 1272）

楚國軍隊在羅汭渡河，沈尹赤與楚王會合，駐紮在萊山。萊山，或為河南
光山縣南之天臺山。（《左傳注》，頁 1271）薳射則先帥繁揚之師入南懷，而
楚國軍隊跟隨其後，到了汝清，因為吳國早已設防，故無法進入吳國。南
懷、汝清，楊注云：「《彙纂》謂南懷、汝清應在今江、淮間。」坻箕山，「在
今安徽巢縣南三十七里，即跐蹱山。」（《左傳注》，頁 1272）楚靈王只好在
坻箕山檢閱軍隊以示威。這次伐吳，楚國無功而返，只拘吳公子蹶由歸回
楚國。而且顯然楚靈王亦因吳國有所防備而心生敬懼，故讓沈尹射、薳啟
彊在巢地與雩婁待命。雩婁，在今安徽金寨縣北。（《左傳注》，頁 1272）

⑳ 吳人亾（焉）或服於楚

整理者：《左傳》昭公五年稱：「是行也，吳早設備，楚無功而還，以
蹶由歸」，且云：「楚子懼吳」，與簡文有異。（頁 172，注 16）

子居：南懷之行以後，《繫年》言「吳人焉又服於楚」，但據《左傳．
昭公六年》：「徐儀楚聘于楚。楚子執之，逃歸。懼其叛也，使薳泄伐徐。
吳人救之。令尹子蕩帥師伐吳，師于豫章，而次於乾溪。吳人敗其師于房
鐘，獲宮廄尹棄疾。」由此可見，《繫年》所言「吳人焉又服於楚」顯然並
不是事實，且對楚人多有回護。（〈12～15章解析〉，「孔子2000網」，2012

年10月2日）

雯雯按：《繫年》第十八章：「靈王先起兵，會諸侯于申，執徐公，遂以伐徐，克賴、朱方。伐吳，為南懷之行。」（《清華大學藏戰國竹簡（貳）》，頁180）是對靈王三年、四年征吳的概括。然而浩蕩的南懷之行，實際上是未有成果。在之後尚有幾場爭鬥，**但未見「吳人焉又服於楚」的現象**。

靈王六年，徐國大夫儀楚到楚國聘問，然而楚王卻命人拘執之。後儀楚逃歸徐國，楚國怕徐國叛變，因此命薳洩伐徐。吳國則派兵援助徐國。故令尹子蕩率師伐吳：

> 徐儀楚聘于楚，楚子執之。逃歸。懼其叛也，使薳洩伐徐。吳人救之，令尹子蕩帥師伐吳，師於豫章，而次於乾谿。吳人敗其師於房鍾，獲宮廄尹棄疾。子蕩歸罪於薳洩而殺之。（昭公六年〔236B.C.〕，《左傳注》，頁1279-1280）

然而子蕩卻敗於房鍾，廄尹棄疾也遭到俘虜。豫章，楊伯峻先生云：「《左傳》凡八言豫章，據成瓘《蒻園日札春秋豫章考》，當起自今安徽之霍丘、六安、霍山諸縣之間，西逕河南光山、固始二縣，抵信陽市及湖北應山縣之東北。」乾谿，「今安徽亳縣東南七十里，與成父村相近。」房鍾，「卽今安徽蒙城縣西南，西淝水北岸之闞疃集」。（詳《左傳注》，頁1171-1172）靈王十一年，《春秋》經云：「楚子伐徐」（《左傳注》，頁1330），此次的目的則是為了「圍徐以懼吳」：

> 楚子狩於州來，次於潁尾，使蕩侯、潘子、司馬督、囂尹、午陵、尹喜帥師圍徐以懼吳。楚子次於乾谿，以為之援。（昭公十二年〔530B.C.〕，《左傳注》，頁1338）

楚靈王在州來狩獵閱兵，駐紮在潁尾。潁尾，「潁水入淮處，亦曰潁口，今

安徽正陽關。」（《左傳注》，頁 1330）派遣蕩侯、潘子、司馬督、囂尹、午陵、尹喜六人為徐，自己則在乾谿以為後援。隔年楚靈王遭難，楚公子比殺其於乾谿。（見〈昭公十三年經〉，〈昭公十三年傳〉則說自縊而死，分見《左傳注》，頁 1342、1347。亦參見第十八章簡 99「霝（靈）王見褍（禍）」條注釋）楚師軍隊從徐國返回時，遭到吳人打敗：

> 楚師還自徐，吳人敗諸豫章，獲其五帥。（《左傳・昭公十三年》，頁 1348。〔529B.C.〕）

不僅敗於豫章，並且被俘虜了五位將領。同年「吳滅州來」（（《左傳・昭公十三》，頁 1361。〔529B.C.〕）令尹子旗本欲自請伐吳。然新繼任的楚君並不贊同。云：「吾未撫民人，未事鬼神，未脩守備，未定國家，而用民力，敗不可悔。州來在吳，猶在楚也。子始待之。」（《左傳注》，頁 1361）楚平王自度此時國內尚未穩定，不願在此時使用百姓之力，故要子旗等待。

故終靈王之世，實未使吳國臣服於楚國，挑起戰爭後，反而被吳國打敗。故如子居先生所說「『吳人焉又服於楚』顯然並不是事實。」且如蘇建洲老師所說「或」本有「又」意，不需通讀為「又」。

㉑ **霝（靈）王即殜（世），競（景）坪（平）王即立（位）**

雯雯按：景平王，即文獻上的楚平王（528-516 B.C.，在位十三年）。嘗任蔡公。名棄疾，又名熊居。平為其諡。《史記・楚世家》云「棄疾即位為王，改名熊居」，方炫琛先生認為：

> 楚君之名多冠一熊字，如左哀六楚「逆越姬之子章立之」，稱楚惠王曰章，章當是其名，而《列女傳》卷五云：「迎越姬之子熊章立」，左昭十三楊注亦云曾侯鐘銘稱「楚王熊章」，皆於名上冠熊字也。左

文元經「楚是子商臣弒其君頵」，則頵為楚成王之明，《漢書古今人表》稱惲，云「楚成王惲」，而《史記・楚世家》既稱惲，又稱熊惲，亦是名上冠熊字也。以此例之，則《史記・楚世家》書楚君名曰熊麗、熊狂、熊繹、熊艾、熊楊、熊黑、熊勝……凡二十餘君稱雄某，蓋皆某為其名，而熊為其名上所冠之字，據〈楚世家〉所稱熊字者，為殷末之穴熊，周初之鬻熊，熊字殿下，而自鬻熊之孫熊麗始，世稱熊某，《通志氏族略》第二云：「以王父字為氏者，古之道也，然亦有以名為氏者，楚以鬻熊之故，世稱熊氏。」則以熊為其事，並謂熊氏得自鬻熊之名，然鬻熊先人以稱穴熊，《路史後紀》八云：「付敘始封於熊，故其子為穴熊。」付敘，楚世家作附沮，此以熊為地名，蓋子孫因以為氏也。（《人物名號考》，條1801「楚子居（昭二十六經）、公子棄疾（昭四）、棄疾（昭十一）、蔡公（昭十一）、君司馬（昭十三）、熊居（昭十三）、平王（昭十三）、楚子（昭十四）、楚王（昭二十五）、楚平王（昭二十六）」，頁532）。

楚平王初即位，「使然丹簡上國之兵於宗丘，且撫其民。分貧振窮；長孤幼，養老疾；收介特，救災患；宥孤寡，赦罪戾；詰姦慝，舉淹滯；禮新，敘舊；祿勳，合親；任良，物官。使屈罷簡東國之兵於召陵，亦如之。好於邊疆，息民五年，而後用師，禮也。」（〈昭公十四年〉傳，《左傳》注，頁1365）使然丹能檢閱軍隊並安撫當地百姓，又施行一系列安邦治國的政策，如救濟貧困、撫育奉養孩童與老人、收留孤苦無依者、救濟受災者，寬宥孤寡稅賦、赦免犯人，任用舊勳賢才，

與鄰國交好，並讓百姓休生養息，堪稱是一位賢明的君主。沈尹戌云：「平王之溫惠共儉，有過成、莊，無不及焉。所以不獲諸侯，邇無極也。」（〈昭公二十七年〉傳，《左傳》注，頁1488）因近讒臣，不只是得不到諸侯的擁護，實際上因他聽信讒言，而埋下了楚國日後破都的禍患。

㉒　少帀（師）亡（無）期（忌）讒（讒）連尹額（奢）而殺之

　　整理者：《左傳》昭公十九年載，楚平王生太子建，「及即位，使伍奢為之師，費無極為少師」。無極，《楚世家》作「無忌」。費無極讒太子建及伍奢，殺伍奢及其子尚之事，詳見《左傳》昭公二十年及《吳越春秋》等書。（頁 172，注 17）

　　雯雯按：無極，即費無極。《左傳》作無極，而其他古籍則作「費無忌」，楊伯峻先生云：「費無極，〈楚世家〉、〈伍子胥傳〉及《淮南子》俱作『費無忌』，極、忌古音相近。」（《左傳注》，頁 1369）無極為其名，費為其氏。（《人物名號考》，條 1704「費無極（昭十五）、無極（昭十五）」，頁 523）其「去朝吳，出蔡侯朱，喪大子建，殺連尹奢，屏王之耳目。」沈尹戌告令尹子常此費無極為「楚之讒人也」，令尹子常殺費無極，「以悅于國」。（昭公二十七年，《左傳注》，頁 1488）《史記・楚世家》亦言：「昭王元年，楚眾不說費無忌，以其讒亡太子建，殺伍奢子父與郤宛。宛之宗姓伯氏子及子胥皆奔吳，吳兵數侵楚，楚人怨無忌甚。楚令尹子常誅無忌以說眾，眾乃喜。」連尹奢，即伍奢。伍為氏，奢為名。連尹為楚官名，此以官名冠名上，故稱連尹奢。（《人物名號考》，條 707「伍奢（昭十九）、奢（昭二十）、連尹奢（昭二十七）」，頁 270）。

　　費無極、連尹奢及奢子尚、員之事如下：

	《左傳》	《史記》	《史記・伍子胥列傳》	備註
537	楚子之在蔡也，郹陽封人之女奔之，生大子建。（昭公十九年）			〈楚世家〉云建可室時年十五，依《左傳》秦女來時年

			月，其生或在此年。
528	及即位，使伍奢為之師，費無極為少師。（昭公十九年）		楚平王有太子名曰建，使伍奢為太傅，費無忌為少傅。	平王即位為西元前五二八年，故姑繫於此。
523	（費無極）無寵焉，欲譖諸王，曰：「建可室矣。」王為之聘於秦，無極與逆，勸王取之。正月，楚夫人嬴氏至自秦。（昭公十九年）費無極言於楚子曰：「晉之伯也，邇於諸夏；而楚辟陋，故弗能與爭。若大城城父，而寘大子焉，以通北方，王收南方，是得天下也。」王說，從之。故太子建居於城	平王二年（527B.C.），使費無忌如秦為太子建取婦。婦好，來，未至，無忌先歸，說平王曰：「秦女好，可自娶，為太子更求。」平王聽之，卒自娶秦女，生熊珍。更為太子娶。是時伍奢為太子太傅，無忌為少傅。無忌無寵於太子，常讒惡太子建。建時年十五矣，其母蔡女也，無寵於王，王稍益疏外建	無忌不忠於太子建。平王使無忌為太子取婦於秦，秦女好，無忌馳歸報平王曰：「秦女絕美，王可自取，而更為太子取婦。」平王遂自取秦女而絕愛幸之，生子軫。更為太子取婦。無忌既以秦女自媚於平王，因去太子而事平王。恐一旦平王卒而太子立，殺己，乃因讒太子建。建母，蔡女也，無寵於平	《史記・楚世家》以楚平王奪娶子婦為楚平王二年，〈十二諸侯年表〉亦云：「王為太子取秦女，好，自取之。」（《會注考證》，頁267）然觀《左傳》「正月，楚夫人嬴氏至自秦。」在昭公十九年，相距四年。而費無極不得寵於太子，而為討楚王歡心，說動楚平王自取秦女，而另聘齊女為太子妻。但又懼怕

父。（昭公十九年）	也。（《楚世家》）六年，使太子建居城父，守邊。（《楚世家》）	王。平王稍益疏建，使建守城父，備邊兵。	太子日後報復，故常在楚平王前進太子讒言，使平王疏遠太子。又趁楚伐濮時，勸告楚王當擴大與北方的交通以取天下，故楚王將太子建遣外駐守城父。另參見《上博六・平王與王子木》簡1「景平王命王子木蹠城父。」
522	費無極言於楚子曰：「建與伍奢將以方城之外叛，自以為猶宋、鄭也，齊、晉又交輔之，將以害楚，其事集矣。」王信之，問伍奢。伍奢對曰：「君一過多矣，何信於	無忌又日夜讒太子建於王曰：「自無忌入秦女，太子怨，亦不能無望於王，王少自備焉。且太子居城父，擅兵，外交諸侯，且欲入矣。」平王召其太傅伍奢責之。伍	頃之，無忌又日夜言太子短於王曰：「太子以秦女之故，不能無怨望，願王少自備也。自太子居城父，將兵，外交諸侯，且欲入為亂矣。」平王乃召其太傅伍奢考問之。伍	費無極使計讓太子建駐守城父，並利用平王與太子間的嫌隙，欲挑撥平王殺太子。費無極誣陷太子將以方城之外援來背叛平王、造成內亂。而平王雖招伍奢來問，伍

讒？」王執伍奢，使城父司馬奮揚殺大子，未至，而使遣之。三月，大子建奔宋。王召奮揚，奮揚使城父人執己以至，王曰：「言出於余口，入於爾耳，誰告建也？」對曰：「臣告之。君王命臣曰：『事建如事余。』臣不佞，不能苟貳。奉初以還，不忍後命，故遣之。既而悔之，亦無及已。」王曰：「而敢來，何也？」對曰：「使而失命，召而不來，是再奸也，逃無所入。」王曰：「歸，從政如他	奢知無忌讒，乃曰：「王柰何以小臣疏骨肉？」無忌曰：「今不制，後悔也。」於是王遂囚伍奢，而召其二子而告以免父死，乃令司馬奮揚召太子建，欲誅之。太子聞之，亡奔宋。（〈楚世家〉）	奢知無忌讒太子於平王，因曰：「王獨柰何以讒賊小臣疏骨肉之親乎？」無忌曰：「王今不制，其事成矣。王且見禽。」於是平王怒，囚伍奢，而使城父司馬奮揚往殺太子。行未至，奮揚使人先告太子：「太子急去，不然將誅。」太子建亡奔宋。	奢亦告平王此為無極讒言，然而楚王不信，而聽無極之言，反執伍奢，並使奮揚殺太子。奮揚先告太子，故太子逃亡至宋，而奮揚至楚王前請罪。楚王聽其原因，依舊任用如初。

	日。」（昭公十九年）			
522	無極曰：「奢之子材，若在吳，必憂楚國。盍以免其父召之，彼仁，必來。不然，將為患。」王使召之，曰：「來，吾免而父。」棠君尚謂其弟員曰：『爾適吳，我將歸死。吾知不逮，我能死，爾能報。聞免父之命，不可以莫之奔也；親戚為戮，不可以莫之報也。奔死免父，孝也；度功而行，仁也；擇任而往，知也；知死不辟，勇也。父不可棄，名不可廢，爾其	無忌曰：「伍奢有二子，不殺者為楚國患。盍以免其父召之，必至。」於是王使使謂奢：「能致二子則生，不能將死。」奢曰：「尚至，胥不至。」王曰：「何也？」奢曰：「尚之為人，廉，死節，慈孝而仁，聞召而免父，必至，不顧其死。胥之為人，智而好謀，勇而矜功，知來必死，必不來。然為楚國憂者必此子。」於是王使人召之，曰：「來，吾免爾父。」伍尚謂伍	無忌言於平王曰：「伍奢有二子，皆賢，不誅且為楚憂。可以其父質而召之，不然且為楚患。」王使使謂伍奢曰：「能致汝二子則生，不能則死。」伍奢曰：「尚為人仁，呼必來。員為人剛戾忍，能成大事，彼見來之并禽，其勢必不來。」王不聽，使人召二子曰：「來，吾生汝父；不來，今殺奢也。」伍尚欲往，員曰：「楚之召我兄弟，非欲以生我父也，恐有脫者後	費無極成功讒害太子後，欲將伍氏一並剷除。故又告楚王若不殺伍奢二子：尚與員，將成國患。故楚王派人謂二子，若前來則赦免其父之罪。《左傳》紀錄伍尚與伍員的對話，伍尚分析利弊，認為父親生命不可棄，而伍家的聲名亦不可毀壞，故要伍員前往吳國，以求日後報仇的機會而自己前往赴死。《史記》則增加伍奢對己二子的評價，與伍尚來死、伍員

勉之！相從為愈。」伍尚歸，奢聞員不來，曰：『楚君、大夫其旰食乎！』楚人皆殺之。（昭公二十年）	胥曰：「聞父免而莫奔，不孝也；父戮莫報，無謀也；度能任事，知也。子其行矣，我其歸死。」伍尚遂歸。伍胥彎弓屬矢，出見使者，曰：「父有罪，何以召其子為？」將射，使者還走，遂出奔吳。伍奢聞之，曰：「胥亡，楚國危哉。」楚人遂殺伍奢及尚。（〈楚世家〉）五年，楚之亡臣伍子胥來奔，公子光客之。（〈吳世家〉）	生患，故以父為質，詐召二子。二子到，則父子俱死。何益父之死？往而令讎不得報耳。不如奔他國，借力以雪父之恥，俱滅，無為也。」伍尚曰：「我知往終不能全父命。然恨父召我以求生而不往，後不能雪恥，終為天下笑耳。」謂員：「可去矣！汝能報殺父之讎，我將歸死。」尚既就執，使者捕伍胥。伍胥貫弓執矢向使者，使者不敢進，伍胥遂亡。聞太子建之在宋，往從之。奢聞子胥之亡	奔吳之由前後呼應。但楚平王寵信費無極，先娶太子婦已造成與太子的矛盾，而被濫殺無辜之伍氏則是真正為楚國埋下隱患。故伍奢不得說：「楚君、大夫其旰食乎！」楚國的國君與大夫將不得安寧。「楚國危哉」、「楚國君臣且苦兵矣」，此預言此後楚國將有接連不斷的兵禍，此禍果由與秦嬴生下的昭王來承受。

			也，曰：「楚國君臣且苦兵矣。」伍尚至楚，楚并殺奢與尚也。	
522	楚大子建之遇讒也自城父奔宋；又辟華氏之亂於鄭，鄭人甚善之。又適晉，與晉人謀襲鄭，乃求復焉。鄭人復之如初，晉人使諜於子木，請行而期焉。子木暴虐於其私邑，邑人訴之。鄭人省之，得晉諜焉，遂殺子木。（哀公十六年）		伍胥既至宋，宋有華氏之亂，乃與太子建俱奔於鄭。鄭人甚善之。太子建又適晉，晉頃公曰：「太子既善鄭，鄭信太子。太子能為我內應，而我攻其外，滅鄭必矣。滅鄭而封太子。」太子乃還鄭。事未會，會自私欲殺其從者，從者知其謀，乃告之於鄭。鄭定公與子產誅殺太子建。	《左傳》與《史記》皆記云太子建奔宋後，遇宋華定、華元劫宋元公，並殺諸公子之亂。故又奔鄭，至鄭後又適晉，且答應晉國成為內應，故後又回到鄭國。然而因暴虐邑民，故邑民告發之。最後鄭國考察實情而誅殺太子建。子木，為太子建之字。然《左傳》及〈楚世家〉只言伍員奔吳，而未先奔宋。〈十二諸侯年表〉楚

				平王七年亦言：「誅武奢尚，太子建奔宋，伍胥奔吳。」而吳僚五年，〈十二諸侯年表〉則云：「伍員來奔。」（《會注考證》，頁268。）瀧川龜太郎云：「哀公十六年《左傳》，述太子建自城父奔宋適晉入鄭事，而未嘗言子胥與之俱。梁玉繩曰：案子胥亡楚至楚而已，乃此言其歷宋鄭晉而與太子俱，不知何據？又曰：鄭殺建，不知何時，而子產卒於定之八年，卽建奔鄭之歲，恐未

				是子產誅之。」（《會注考證》，頁 871。）〈伍子胥列傳〉蓋採他本材料。
522			建有子名勝。伍胥懼，乃與勝俱奔吳。到昭關，昭關欲執之。伍胥遂與勝獨身步走，幾不得脫。追者在後。至江，江上有一漁父乘船，知伍胥之急，乃渡伍胥。伍胥既渡，解其劍曰：「此劍直百金，以與父。」父曰：「楚國之法，得伍胥者賜粟五萬石，爵執珪，豈徒百金劍邪！」不受。伍胥未至吳而疾，止中道，乞食。	〈伍子胥列傳〉言伍子胥與勝從鄭逃至吳。到了昭關，守吏欲執之，故伍子胥與勝獨行。幸得江上漁翁相助而渡。子胥解劍酬謝漁翁，漁翁則不接受伍子胥的贈送。瀧川龜太郎云：「《呂覽・異寶》，以為子胥去楚時事，且不與勝俱。」（《會注考證》，頁 871）又言其尚未至吳而病，故停下來乞食。而到吳後，正值吳王僚

			至於吳，吳王僚方用事，公子光為將。伍胥乃因公子光以求見吳王。	當政。而公子光為將領（卽吳王闔廬）。伍子胥則憑藉公子光而見無王。
518		楚恐，城郢。初，吳之邊邑卑梁與楚邊邑鐘離小童爭桑，兩家交怒相攻，滅卑梁人。卑梁大夫怒，發邑兵攻鐘離。楚王聞之怒，發國兵滅卑梁。吳王聞之大怒，亦發兵，使公子光因建母家攻楚，遂滅鐘離、居巢。楚乃恐而城郢。（〈楚世家〉）初，楚邊邑卑梁氏之處女與吳邊邑之女爭桑，二女家怒相滅，兩國邊邑長	久之，楚平王以其邊邑鐘離與吳邊邑卑梁氏俱蠶，兩女子爭桑相攻，乃大怒，至於兩國舉兵相伐。吳使公子光伐楚，拔其鐘離、居巢而歸。	《左傳》未載爭桑之事。〈十二諸侯年表〉則繫於楚平王十一年：「吳卑梁人爭桑，伐取我鍾離。」（《會注考證》，頁 268）〈吳世家〉亦當繫在吳僚九年下。故〈伍子胥列傳〉此述後事。又〈楚世家〉、〈伍子胥列傳〉及〈十二諸侯年表〉俱云吳邑卑梁、楚邑鍾離，然〈吳世家〉卻以「楚邊邑卑梁氏」，瀧川龜太

		聞之，怒而相攻，滅吳之邊邑。吳王怒，故遂伐楚，取兩都而去。（〈吳世家〉）		郎云：「蓋吳世家誤。」（《會注考證》，頁871）
522	員如吳，言伐楚之利於州于。公子光曰：『是宗為戮，而欲反其讎，不可從也。』員曰：『彼將有他志，余姑為之求士，而鄙以待之。乃見鱄設諸焉，而耕於鄙。」（〈昭公二十二年〉）	伍子胥之初奔吳，說吳王僚以伐楚之利。公子光曰：「胥之父兄為僇於楚，欲自報其仇耳。未見其利。」於是伍員知光有他志，乃求勇士專諸，見之光。光喜，乃客伍子胥。子胥退而耕於野，以待專諸之事。（〈楚世家〉）	伍子胥說吳王僚曰：「楚可破也。願復遣公子光。」公子光謂吳王曰：「彼伍胥父兄為戮於楚，而勸王伐楚者，欲以自報其讎耳。伐楚未可破也。」伍胥知公子光有內志，欲殺王而自立，未可說以外事，乃進專諸於公子光，退而與太子建之子勝耕於野。	《左傳》言伍子胥向吳王陳言伐楚之利，然公子光出言勸阻，告吳王伍子胥只是為了向楚國復仇而已。然而伍員機警看出公子光心中另有他意，故替他謀求可用之人以待進用，因而退耕於鄙野。〈楚世家〉之說與《左傳》同。〈伍子胥列傳〉明確說出吳公子的野心，並且提及此次耕野乃與太

				子建子勝一起。與勝耕之，似不可信。
519	吳人伐州來。（昭公二十三年）			《史記》未記伐州來事。
516	九月，楚平王卒。（昭公二十六年）	十二年冬，楚平王卒。（〈吳世家〉）十三年，平王卒。（〈楚世家〉）	五年而楚平王卒。初，平王所奪太子建秦女生子軫，及平王卒，軫竟立為後，是為昭王。	《左傳》以楚平王在位十三年，卒時為吳王僚十一年。〈十二諸侯年表〉在楚平王時三年云：「欲立子西，子西不肯，秦女子立，為昭王。」〈楚世家〉亦云平王卒於十三年，故〈吳世家〉誤。
515	吳子欲因楚喪而伐之，使公子掩餘、公子燭庸帥師圍潛，使延州來季子聘於上國，遂聘於晉，以觀諸侯。	十三年春，吳欲因楚喪而伐之，使公子蓋餘、燭庸以兵圍楚之六、潛。使季札於晉，以觀諸侯之變。楚發	吳王僚因楚喪，使二公子將兵往襲楚。楚發兵絕吳兵之後，不得歸。	〈十二諸侯年表〉云吳僚十二年：「公子光使專諸殺僚自立。」故《考證》云：「『時三年春，當作十二年春

	楚莠尹然、工尹麇帥師救潛；左司馬沈尹戌帥都君子與王馬之屬以濟師，與吳師遇於窮，令尹子常以舟師及沙汭而還。左尹郤宛、工尹壽帥師至於潛，吳師不能退。（昭公二十七年）	兵絕吳兵後，吳兵不得還。		夏。』」（頁543）《左傳》言吳欲趁楚國新喪而伐楚，故使公子掩餘、公子燭庸帥師圍潛，季札則到晉國聘問。然而公子掩餘、燭庸的軍隊遭到楚國的圍阻而不能退還。記載教《史記》為詳。
515	吳公子光曰：「此時也，弗可失也。」告鱄設諸曰：「上國有言曰：『不索，何獲！』我，王嗣也，吾欲求之。事若克，季子雖至，不吾廢也。」鱄設諸曰：「王可弒也。母老子弱，是無若我何？」	於是吳公子光曰：「此時不可失也。」告專諸曰：「不索何獲！我真王嗣，當立，吾欲求之。季子雖至，不吾廢也。」專諸曰：「王僚可殺也。母老子弱，而兩公子將兵攻楚，楚絕其路。方今吳外困	吳國內空，而公子光乃令專諸襲刺吳王僚而自立，是為吳王闔廬。	《左傳》記載公子光欲趁此時奪得王位。故告訴鱄設諸當如中原諸國所說：「若不索求，能獲得什麼？」而鱄設諸擔心母老子弱，而公子光承諾鱄設諸他與他為一身。故令鱄設諸襲刺吳

	光曰：「我，爾身也。」（昭公二十七年）	於楚，而內空無骨鯁之臣，是無奈我何。」光曰：「我身，子之身也。」（〈吳世家〉）		王僚。〈楚世家〉意與《左傳》同，而較詳。〈伍子胥〉列傳則為簡述。
515	夏四月，光伏甲於堀室而享王。王使甲坐於道及其門。門、階、戶、席，皆王親也，夾之以鈹。羞者獻體改服於門外。執羞者坐行而入，執鈹者夾承之，及體，以相授也。光偽足疾，入於堀室。鱄設諸寘劍於魚中以進，抽劍刺王，鈹交於胸，遂弒王。闔廬以其子為卿。（昭公二十七年）	四月丙子，光伏甲士於窟室，而謁王僚飲。王僚使兵陳於道，自王宮至光之家，門階戶席，皆王僚之親也，人夾持鈹。公子光詳為足疾，入于窟室，使專諸置匕首於炙魚之中以進食。手匕首刺王僚，鈹交於匈，遂弒王僚。公子光竟代立為王，是為吳王闔廬。闔廬乃以專諸子為卿。〈吳世家〉		《左傳》、《史記》詳細記載公子光與專諸如何刺殺吳王僚。先是光子光在地下室埋伏甲士，而設宴款待吳王。而吳王讓自己的親兵甲士陳坐在走道與大門，守持利劍護衛吳王。而進獻菜餚的人要赤身露體，改換服裝後才能進門，且由持劍的人夾著他前進。而光子光偽裝有足疾，躲入窟室，

				由專諸將劍放在烤魚肚中,抽出寶劍次入行刺吳王,而自己也被兩旁長劍穿胸。最後光自立,為闔廬,而以專諸之子為卿。
514		王闔廬元年,舉伍子胥為行人而與謀國事。〈吳世家〉	闔廬既立,得志,乃召伍員以為行人,而與謀國事。	《史記》記載吳王闔廬既奪得王位,則招伍員以為行人,共謀國事。

（以上參見以上參見《左傳注》,〈昭公十九年〉,頁 1401-1402;〈昭公二十年〉,頁 1407-1409;〈昭公二十三年〉,頁 1445;〈昭公二十六年〉,頁 1482-1484;〈哀公十六年〉,頁 1700。〈楚世家〉,《會注考證》,頁 653-654;〈吳世家〉,《會注考證》,頁 542-543;〈伍子胥列傳〉,《會注考證》,頁 870-872）

費無極讒言詆毀伍氏一家,而伍奢次子伍員獨逃至吳。伍員謹記向楚平王報仇,逃吳後為公子光客卿,然未立即得到重用。他清楚公子光的野心,可以達成他報復楚國的心願,故幫公子光求士,得專諸,並且成功讓公子光奪得王位,而他終於能夠開始謀覆楚國。最後,本簡「讒」字作，形體多出一個圈形,當如蘇建洲師所說從「流」或「毓」聲,參見第六章「③乃譖（讒）大子龍（共）君而殺之」條注釋。

建洲按：根據西周、春秋金文用字習慣來看,「期」應以讀為「忌」為

首選。郭永秉先生曾討論相關議題，云「春秋金文多見『畏忌』一詞，王子午鼎（《集成》1828、1892、1894~1897）、王孫遺者鐘（《集成》261）、配兒鉤鑃（《集成》426、427）『畏忌』之『忌』皆作『𢂷（或𢴧）』，應該是較早時代用字習慣的遺留。湖北襄陽王坡春秋墓地出土鄧公孫無𢴧鼎（《新收殷周青銅器銘文暨器影彙編》—下簡稱『《新收》』—1231 號）、鄧子仲無𢴧戈（《新收》1232、1233、1234 號），學者已指出『無𢴧』、『無𢴧』皆應讀『無忌』。（《新收殷周青銅器銘文暨器影彙編》，藝文印書館，2006 年 4 月，頁 863-866）《集成》2606 號曾孫無𢂷鼎的『無𢂷』與上舉諸人同名，也應讀『無忌』。《集成》16482 號子可𢂷戈，『子』是男子的美稱，『可𢂷』之『𢂷』舊多讀為『期』，疑亦應讀為『忌』，『可（何）𢂷（忌）』與戰國時代梁伯可忌豆的『可（何）忌』（《近出》543）同名。『何忌』猶『無忌』、『弗忌』（與人名『何傷』、『奚傷』、『胡傷』猶『無傷』同例），是古代習見的人名（春秋時魯有仲孫何忌，齊有苑何忌，楚有司馬公子何忌）。古代以『無忌』為名者很多，晉韓厥之子名無忌，楚有費無忌。𩵋比盨銘文所見『内史無忌』，似是目前所見最早以『無忌』為名的人。」（〈商周金文所見人名補釋五則〉，復旦網，2009 年 4 月 2 日）。郭文還指出王國維在《不𢴧敦蓋銘考釋》已指出不𢴧簋蓋銘「不𢴧」之「𢴧」，「古文以爲忌字」，引王孫遺者鐘「畏𢴧」為說，並云「以不𢴧為名，亦猶夏父弗忌、仲孫何忌、費無忌、魏公子無忌矣。」（《王國維遺書》第四冊，上海書店 1983 年 9 月，頁 136-137）。據此可知，簡文「少帀（師）亡（無）𢂷」自當以讀為「少師無忌」為好。此外，在《上博六・平王問鄭壽》簡 3「少師亡（無）悬（忌）」的「忌」作 ，與戰國楚簡的書寫習慣相同，如《上博簡（六）・孔子見季桓子》簡 13「出言不忎（忌）」、《郭店・老子甲》簡 30「夫天多昇（忌）諱」、《天子建州》甲 11「龜有五昇（忌）」、《郭店・尊德義》簡 1「改忌勝」之「忌」作「 」（己、亓共用筆劃）等等。於此亦可見《繫年》的書寫習慣偏早而與戰國楚簡不同。

㉓ 亓（其）子五（伍）員與五（伍）之雞逃歸（歸）吳

整理者：伍奢二子，伍之雞應屬伍氏另一支。（頁172，注18）

李均明：簡文所見奔吳者非伍員一人，還有其弟伍子雞。但此人未見史載，當如整理者所云「伍奢二子，伍子雞應屬伍氏另一支」，表明當時楚平王殺戮的範圍並非限于伍奢及伍尚、伍員，當包括其他家族成員，因此伍氏家族的許多人也逃亡，伍子雞便是外逃者中的傑出人物，不過他對吳國的貢獻被史家所遺忘罷了。（〈伍員與柏舉之戰〉，《楚簡楚文化與先秦歷史文化國際學術研討會論文集》，武漢：清華大學出土文獻研究與保護中心編，2011年10月，頁52）

子居：整理者言：「伍奢二子，伍之雞應屬伍氏另一支。」其說似不確。伍之雞很可能只是由於「雞父」這一地名而衍生的虛構人物，觀《左傳・昭公二十三年》所記……整個作戰過程非常清楚，且完全沒有提及「伍之雞」其人，先秦其他文獻中也未見有載，可見其人是由於「雞父」地名而產生的民間傳說，當極為可能。這一點，同樣體現出了《繫年》記述者的非官方特徵。（〈12～15章解析〉，「孔子2000網」，2012年10月2日）

雯雯按：伍員，伍奢之子、伍尚之弟。伍為其氏，員為其名，子胥為其字。《國語・吳語》、江陵張家山二四七號漢墓竹簡《蓋廬》又稱「申胥」，一般認為是因音吳國與之申之故。（《人物名號考》，條0705「伍員（昭三十）、員（昭二十）、子胥（昭三十一）」，頁269-270）。田成方先生認為：「伍氏又稱申氏、伍子胥稱申胥，或與伍氏曾食采或居住于申地有關，韋昭關於伍員在吳國受封于申、故稱『申胥』的說法不可靠。」（《東周時期楚國宗族研究》，頁179）「伍尚」，又稱「棠君尚」，杜《注》云：「為棠邑大夫。」或又作「棠尹」，方炫琛先生引王引之《經義述聞》春秋左傳上：「尚為棠邑大夫，則是縣尹也，其當做尹甚明。」認為「古君、尹二子形似易互譌，王說蓋是。」亦以棠尹近是。（《人物名號考》，條0704「伍尚（昭二十）、

棠君尚（昭二十）」，頁269）。伍尚赴死，而伍員逃奔吳國。但目前傳世文獻未見關於伍之雞的記載，卽如下文「伍雞將吳人以圍州來」之說亦無文獻佐證，且一起逃歸到吳國的伍員似乎也未參與圍州來的戰爭，因此子居先生所說的「是由於『雞父』地名而產生的民間傳說」，或有可能，但仍待其他文獻證實。

建洲按：宋人鄧名世《古今姓氏書辯證》云：「伍氏出自春秋時楚莊王嬖人伍參，以賢智升為大夫。生舉，食邑於椒，謂之椒舉，其子曰**椒鳴**、伍奢。」簡文的「伍之雞」（即「伍雞」）不知是否與「椒鳴」（即「伍鳴」）有關？蓋雞以善鳴著稱，故甲骨文的「鳴」本從「雞」作，如 ![字] （《合》22037）。亦參見裘錫圭《文字學概要》頁152。也就是說《繫年》作者將「伍鳴」改為「伍雞」，其後又誤將「伍雞」搞錯世系為伍奢的兒子。以上意見臆測程度較高，希望將來可以證明此說的對錯。又出土文獻「伍」氏均作「五」，如《包山》楚簡中的五皮（簡33）、五慶（簡173）、五陽（簡181）、五佗（簡191）、五生（簡209、211）等等。《上博五・鬼神之明》簡3「五（伍）子疋（胥）者，天下之聖人也」。雲夢縣睡虎地77號漢墓「五（伍）子胥」（見劉樂賢：〈睡虎地77號漢墓出土的伍子胥故事殘簡〉，簡帛網，2009.0年4月18日）。

㉔ 五（伍）雞迣（將）吳人以囙（圍）州婁（來）

整理者：州來，今安徽鳳臺。吳伐州來經過，詳見《左傳》昭公二十三年，但傳文和其他文獻均未提到伍雞其人及其作為。（頁173，注19）

李均明：簡文「伍雞將吳人以圍州來，為長壑而湮湮之，以敗楚師，是雞父之湮。」重現了伍子雞對吳國的重大貢獻。（〈伍員與柏舉之戰〉，《楚簡楚文化與先秦歷史文化國際學術研討會論文集》，頁52）

建洲按：「迣」作 ![字] ，讀為「將」，訓為率領。相同字形與用法已見於

《包山》，如簡226「大司馬恖（悼）髀（滑）迲（將）楚邦之帀（師）徒弖（以）救（救）郙戠=（之戠－歲）」。

㉕ 為長瀄（壑）而湮（汜）之

整理者：湮，與「汜」字通。《爾雅・釋丘》訓為「窮瀆」，注：「水無所通者。」此處是說挖長溝蓄水，以阻堵楚軍。（頁173，注20）

李均明：關於伍雞帥吳人為州來及雞父之戰採用「長壑而湮之」的戰術，《左傳》皆未涉及。「湮」，通汜，汜濫。此處指以長溝儲水，實施用水進行作戰的方法。此後數年，吳國攻打徐國時亦曾用儲水戰法，如《左傳》昭公三十年：「冬十一月，遂伐許，防山以水之」，楊伯峻案：「杜注：『防壅山水以灌徐。』此蓋利用堤防雍山水攻城的最早記載。」簡文所見則將此記錄提前了七年。（〈伍員與柏舉之戰〉，《楚簡楚文化與先秦歷史文化國際學術研討會論文集》，頁52）

鄔可晶：馬王堆漢墓帛書《戰國縱橫家書》一九二行有「叡」字【】，用為「填溝壑」之「壑」；帛書《五行》一九七行兩見「壑」字，當讀為「赫」【】，猶《說文》「叡」「讀若郝」。新發現的雲夢睡虎地漢墓 M77 所出簡文《葬律》有「叡」字，彭浩先生指出即當土坑講的「壑」。這些都是「叡」讀「壑」音的明證。馬王堆帛書《五行》的兩個「壑」字，「土」旁皆寫在「又」下（《說文》「壑」亦作此形），與《說文》「叡」籀文作「叡」同例。所以，徐灝釋「叡」為「濬」，當然不錯；但《說文》以「叡」為「壑」字，也有充分的根據。更有意思的是，清華大學藏戰國竹簡《繫年》82 號簡講「伍雞將吳人以圍州來」，「為長～而湮（汜）之，以敗楚師」，用「～」代替之字作如下之形：文義看，此字當從整理者釋讀為「壑」。「長壑」就是**長溝**。《韓非子・外儲說右上・說一》記載「季孫相魯」時，「魯以五月起眾為長溝」，其語與《繫年》「伍雞將吳人……為長壑」相近。（《晉

書·張協列傳》中還有「長壑」一詞，見下文。）從字形看，「～」卻只能分析爲從「水」、「叡」聲，蓋即疏濬之「濬」字。不過，這個「濬」字在此不讀「濬」音，而應讀「壑」音；這跟上面所說「叡」的情況完全相合。從以上所說可以推測，由於在語言的層面，「壑」這個詞可能是由「濬」派生出來的（「濬」、「壑」分化爲二詞後，彼此仍保持著音義上的聯繫，故清華簡《繫年》可以從「水」、「叡」聲的「濬」爲「壑」），所以在文字的層面，「叔（叡）」在較古的時候可能既是疏濬之「濬」字，又是谷壑、溝壑之「壑」字，一形兩用。前面說「八」似象開豁的阮谷、溝壑之形，其上加注「叔」，表示「壑」係用鏟耜之類的挖土工具開鑿、疏通出來的，這從表意的角度也完全講得通。（〈說金文「叡」及相關之字〉《出土文獻與古文字研究集刊》第 5 輯）

建洲補記：李均明先生本將「堙」讀爲「氾」，但二者聲韻相距太遠，不可信。後來在〈伍子胥的軍事謀略與運動戰理論〉（出土文獻與中國古代文明國際學術研討會，清華大學出土文獻研究與保護中心，2013 年 6 月 17-18 日）一文中又改讀「堙」爲「湮」，聲音與文意較好。「湮」，淹沒也。《後漢書・方術傳下・公沙穆》：「永壽元年，霖雨大水，三輔以東莫不湮沒。」「堙」是之部，「湮」是文部（《古韻通曉》，頁 314），之文兩部關係密切，參看陳劍〈甲骨金文舊釋「尤」之字及相關諸字新釋〉《甲骨金文考釋論集》頁 75-76。《武威漢簡・儀禮・少牢》常見【甄與肵】通假（白於藍《彙纂》頁 874），《左傳》成公十三年人名曹公子「欣（文部）時」，《公羊傳》成公十六年作「喜（之部）時」。《禮記・樂記》「天地訢合」鄭玄注：「訢（文部）讀爲熹（之部）。」而嬉娛、嬉戲之「嬉」字較早的古書多作「熙」，見《聲素》頁 43，可見【堙與湮】通假是可以的。但是終不如整理者讀爲「氾」，一方面聲音更爲接近，另一方面《爾雅・釋丘》云「窮瀆，氾」，郭璞注：「水無所通者。」即不流通的水溝。整理說解釋說此處是說挖長溝蓄水，以阻堵楚軍，可從。但是所謂的「雞父之堙」未見於史籍。

㉖　以敗楚帀（師），是雞父之漼（汜）

　　整理者：雞父，今河南固始東南。吳敗頓、胡、沈、蔡、陳、許之師於雞父，使楚師敗奔，見《春秋》昭公二十三年經傳。《穀梁傳》作「雞甫」。（頁 173，注 21）

　　子居：《水經注・淮水》：「夏肥水東流，左合雞水，水出雞陂，東流為黃陂，又東南流，積為茅陂，又東為雞水。《呂氏春秋》曰：宋人有取道者，其馬不進，投之雞水是也。雞水右會夏肥水而亂流東注，俱入於淮。」雞之緩讀，即是坁箕。因此，坁箕之山當即雞陂。而《繫年》本章及《春秋》、《左傳》之「雞父」，也即當是此雞水之浦，故《穀梁傳》又作「雞甫」。《繫年》整理者言：「雞父，今河南固始東南。」其說實誤。（〈12～15 章解析〉，「孔子 2000 網」，2012 年 10 月 2 日）

　　雯雯按：楚平王與吳王僚在位時，戰爭紀錄有六次。第一次發生在平王四年時（吳王僚二年），楚與吳戰於長岸。楊伯峻先生云：「張洽《春秋集傳》引《地譜》謂此乃水戰。長岸，《大事表》七之四謂今安徽當塗縣西南三十里有西梁山，與和縣七十里東梁山夾江相對，如門之關，亦曰天門山。據《太平寰宇記》，當塗西南有二山夾大江曰博望，楚獲吳餘皇於此。」（襄公二十四年〔525B.C.〕，《左傳注》，頁 1392）此次乃「吳伐楚」，戰於長岸，楚大敗吳師，且奪其吳先王之乘舟「餘皇」。公子光請眾奪回，「使長鬣者三人潛伏於舟側，曰：『我呼「餘皇」則對。』師夜從之。三呼，皆迭對。楚人從而殺之。楚師亂，吳人大敗之，取餘皇以歸。」讓三個長壯之人潛伏於舟側，聽公子光的呼「餘皇」則應對，而軍隊趁夜跟上。當楚人跟上來時，吳軍殺之，而楚軍大亂，故大敗吳軍，而奪回餘皇。此次楚先勝而後敗。

　　平王執政第六年（吳王僚四年），「楚人城州來」，沈引戌認為此時國內「今宮室無量，民人日駭，勞罷死轉，忘寢與食」，宮室的建造規模沒有限

度，百姓天天受怕，活者疲累，死的屍體隨意拋棄，忘了吃飯與睡覺，貴族生活奢侈，而百姓生活困苦，國內不安定，卻「城州來以挑吳」，是故「楚人必敗」。（昭公十九年〔523B.C.〕，《左傳注》，頁1404）杜預注云：「《傳》言平王所以不能霸。」平王已無初即位的雄心，此時逐漸昏庸，內政不明，平王難以繼承楚國先代霸業。故平王十年（吳王僚八年），吳伐州來，楚領頓、胡、沈、蔡、陳、許之師，而敗於雞父。

《左傳・昭公二十三年》：「吳人伐州來，楚薳越帥師及諸侯之師奔命救州來。吳人禦諸鍾離。子瑕卒，楚師熸。」（〔519B.C.〕，《左傳注》頁1445）吳人攻打州來，楚薳越奉平王之命率領楚國及諸侯的軍隊來救援。吳人在鍾離抵禦楚軍，但是因令尹子瑕死去，所以楚軍士氣低迷。「熸」，杜預《注》：「吳、楚間謂火滅為熸。軍之重主喪亡，故其軍無復氣勢。」不過楊伯峻先生認為「熸未必僅吳、楚間語。」（《左傳注》，頁1445）楚軍既然氣勢不振，吳公子光又分析楚與諸侯聯軍的形勢：

> 諸侯從於楚者眾，而皆小國也。畏楚而不獲已，是以來。吾聞之曰：「作事威克其愛，雖小，必濟。」胡、沈之君幼而狂，陳大夫齧壯而頑，頓與許、蔡疾楚政。楚令尹死，其師熸，帥賤、多寵，政令不壹。七國同役而不同心，帥賤而不能整，無大威命，楚可敗也。

楚雖有六國跟隨，然而皆是小國，因懼楚故不得已而來，而吳師較楚與諸侯聯軍為弱小，然而軍事尚威而勝其愛，故雖小但能成功。另外，七國實則同役不同心。胡國、沈國軍主幼弱急躁，陳國大夫頑固不通權變；頓國、許國與蔡國憎恨楚國之政；而楚國令尹死亡，軍隊士氣低落，且將帥地位低又多寵信，政令無法一致，故無法整肅聯軍，亦無威信，故此戰可以打敗楚國。所以公子光下一步提出他的戰略：

> 若分師先以犯胡、沈與陳，必先奔。三國敗，諸侯之師乃搖心矣。

諸侯乖亂，楚必大奔。請先者去備薄威，後者敦陳整旅。

既然胡、沈二國狂躁，陳國不知變通，故可先敗此三國。三國因敗而奔逃，必然會動搖餘下四國的軍心。而當諸侯散離叛亂，楚國亦為奔逃。故可先讓前行部隊撤其軍威，而後面的部隊則整飭行伍。吳王僚從之，在七月二十九日，與楚國聯軍戰於雞父：

> 吳子從之。戊辰晦，戰於雞父。吳子以罪人三千先犯胡、沈與陳，三國爭之。吳為三軍以繫於後，中軍從王，光帥右，掩餘帥左。吳罪之人或奔或止，三國亂，吳師擊之，三國敗，獲胡、沈之君及陳大夫。舍胡、沈之囚使奔許與蔡、頓，曰：『吾君死矣！』師譟而從之，三國奔，楚師大奔。

雞父，楊伯峻先生注云：「『父』，《穀梁》作『甫』。『父』、『甫』二字古本通。杜《注》：『雞赴，楚地，安豐縣南有雞備亭。』西晉之安豐縣在今河南固始縣東，則雞父又在其南。」（《左傳注》，頁 1440）吳王聽從公子光的建議，用三千名罪犯先攻擊胡、沈、陳三國，因其隊伍不整，故三國軍隊放鬆戒心，爭著俘虜這些犯人。吳國則整編三軍跟隨三千犯人之後，以吳王率領中軍、公子光率領右軍、公子掩餘率領左軍，吳國罪犯因其或逃或停，擾亂三國行陣，故吳之三軍敗三國。獲胡君、沈君及陳大夫，《春秋經》云：「胡子髡、沈子逞滅，獲陳夏齧。」（《左傳注》，頁 1440）後吳軍釋放讓三國俘虜的罪犯，讓他們奔逃到許、蔡、頓的軍隊，說：「我們的國君死了！」吳軍則在後面鳴鼓吶喊，許、蔡、頓三國於是奔逃，三國奔逃，楚師亦拼命逃跑。

按《左傳》所記，雞父之役有獻策參戰之功者為公子光，即日後的吳王闔閭。然而《繫年》所記為「伍雞將吳人以圍州來，為長壑而汩之，以敗楚師，是雞父之汩。」圍州來、於雞父敗楚師的主角是「伍雞」，而且所

採取的戰術為「湮」，即採「水淹」的戰法。與吳公子光采取的擾亂戰術截然不同。與《左傳》所記殊異。不知是經傳失載，或者因傳本不同而所記有異，皆須有其他相關文獻參照。

同年尚有一場戰役，

> 楚大子建之母在鄖，召吳人而啟之。冬十月甲申，吳大子諸樊入鄖，取楚夫人與其寶器以歸。楚司馬薳越追之，不及。將死，眾曰：「請遂伐吳以徼之。」薳越曰：「再敗君師，死且有罪。亡君夫人，不可以莫之死也。乃縊於薳澨。（《左傳注》，頁 1447）

太子建的母親居在鄖，杜預《注》：「鄖，鄖陽也。平王取秦女，廢太子建，故母歸其家。」楊伯峻先生云：「鄖陽在今河南新蔡縣境。」（《左傳注》，頁 1447）《史記・吳世家》云：「（吳僚）八年，吳使公子光伐楚，敗楚師，迎楚故太子建母於居巢以歸。因北伐，敗陳、蔡之師。」（《會注考證》，頁 542）〈楚世家〉云：「（平王）十年，楚太子建母在居巢，開吳。吳使公子光伐楚，遂敗陳、蔡，取太子建母而去。」（《會注考證》），頁 653）則云太子建母在居巢，且入敗楚師者為吳公子光。諸樊，吳王僚的伯父，一說為公子光之父，死於魯襄公二十五年，此吳大子不可能是諸樊。故楊氏云：「（〈吳世家〉）雖情節與《傳》有不同，而作公子光較確。」（《左傳注》，頁 1447）太子建母招來吳人而打開城門，而吳公子光取楚夫人與寶器歸去。讓敗於雞父的薳越深感罪過，故自縊薳澨。薳澨，楊伯峻先生云：「《說文》：『澨，埤增水邊土，人所止者。』《水經禹貢山水澤地所在注》云：『文公十有六年』，楚軍次于句澨以伐諸庸；宣公三年，楚令尹子越師于漳澨；定公四年，左司馬戌敗吳師于雍澨；昭公二十三年薳越縊於薳澨。服虔或謂之邑，又謂之地。京相璠、杜預亦云，水際及邊地名也。』據《彙纂》，薳澨在今湖北京山縣西百餘里漢水東岸。」（《左傳注》，頁 1447）

　　明年（519B.C），卽楚平王十一年、吳王僚九年，有楚、吳邊邑邑人爭桑之事，《左傳》無載，《史記》則記吳王僚大怒，遂伐楚，而取鍾離、居巢兩邑。《左傳》所記則是關於吳國滅居巢之事：

> 楚子為舟師以略吳疆。沈尹戌曰：「此行也，楚必亡邑。不撫民而勞之，吳不動而速之，吳踵楚，而疆場無備，邑，能無亡乎？」越大夫胥犴勞王於豫章之汭，越公子倉歸王乘舟。倉及壽夢帥師從王，王及圉陽而還。吳人踵楚，而邊人不備，遂滅巢及鍾離而還。（昭公二十四年，《左傳注》，頁1453）

　　楚平王欲以水師侵略吳界。沈尹戌認為楚國必因楚國而亡邑。因楚王不安撫百姓，而使百姓疲憊，吳國本無動靜，而使吳國迅速出動。吳國追逐楚國，然而楚國邊境沒有守備，故將失去城邑。越大夫胥犴在豫章之汭慰勞楚王，而越公子贈送楚王乘舟，胥犴、倉帥兵跟隨楚王，而平王到達圉陽的時候歸回。但吳人追逐楚軍，而邊境守軍不備，因次滅掉巢與鍾離。豫章之汭，楊氏注云：「宋祥鳳《過庭錄》謂豫章之汭斷在當凸之地，秦以其地置鄣郡，漢改為丹楊。春秋時，豫章與桐、巢俱在兩百涅內。」又云：「《安徽考古學會會刊第三期》陳懷荃〈豫章考〉謂豫章之汭在合肥市南肥河流入巢湖北岸一帶。」圉陽，楊云：「杜《注》，『圉陽，楚地。』顧棟高《大事表》七之四謂圉陽應在今安徽巢縣南境。」（《左傳注》，頁1543）郁賢皓《新譯左傳讀本》則疑在今無為縣東北百里之裕西河口。（頁1536）此次侵略吳國的行動，沈尹戌認為是亡郢的標誌：

> 沈尹戌曰：「亡郢之始於此在矣。王壹動而亡二姓之帥，幾如是而不及郢？詩曰：『誰生厲階？至今為梗。』其王之謂乎！」（昭公二十四年，《左傳注》，頁1453）

平王一動則亡巢邑、鍾離的將帥，幾次下來，將不會滅亡郢都？《詩》出於《大雅・桑柔》，楊伯峻先生云：「厲，惡也。階所以升堂，以喻禍患所由進，故杜《注》云『階，道』。此作名詞，隱三年《傳》『階之為禍』，則作動詞，其義相同。梗，病也」《左傳注》，頁1453）意思為「誰起禍端？至今為害。」沈尹戌認為這大概是在說楚平王。杜預《注》即云：「為定四年吳人入郢傳。」此說預示楚國之衰亡，而至失去國都。

楚平王卒後，吳王欲趁楚喪而伐之，使公子掩餘、公子燭庸帥師圍潛。潛，楊伯峻先生云：「《彙纂》謂今安徽霍山縣東北三十里。」（《左傳注》，頁1482）然「楚莠尹然、王尹麇帥師救潛；左司馬沈尹戌帥都君子與王馬之屬以濟師，與吳師遇於窮，令尹子常以舟師及沙汭而還。左尹郤宛、工尹壽帥師至於潛，吳師不能退。」楊伯峻先生云：「楚在窮之師阻吳于前，至潛之師又截吳于後，楚師強，使吳師進退兩難。」（《左傳注》，頁1483）公子光趁此叛變弒王，後掩餘、燭庸兩公子奔楚。（詳見昭公三十年《傳》，《左傳注》，頁1507-1508）

㉗ 競（景）坪（平）王即殜（世），卲（昭）王即立（位）

　　雯雯按：昭王（515-489B.C，在位二十七年），名「壬」，又名「軫」，「昭」為其諡。方炫琛先生云：「楚昭王有二名，為大子時人名『壬』，即位後改名『軫』也，猶如乃父楚平王，原名棄疾，即位後改名『居』也」。（《人物名號考》，條1805「楚子軫（哀六經）、大子壬（昭二十六）、昭王（昭二十六）、楚子（昭三十）、楚昭王（哀六）」，頁534）。

㉘ 五（伍）員為吳太割（宰）

　　整理者：《左傳》定公四年：「伍員為吳行人以謀楚。……伯州犁之孫嚭為吳太宰以謀楚。」與簡文異。（頁173，注22）

雯雯按：《左傳》定公四年：「伍員為吳行人以謀楚。楚之殺郤宛也，伯氏之族出。伯州犁之孫嚭為吳太宰以謀楚。」（《左傳注》，頁 1542）《史記・吳世家》云：「王闔廬元年，舉伍子胥為行人而與謀國事。」（《會注考證》，頁 544）《史記・伍子胥列傳》：「闔廬既立，得志，乃召伍員以為行人，而與謀國事。」（《會注考證》，頁 872）皆以吳子胥為「行人」之官。唯有《繫年》以之為「太宰」。傳世文獻則以太宰為伯嚭。伯嚭，嚭為其名，而伯為氏，字子餘。（《人物名號考》，條 0061「大宰嚭（哀元）、嚭（定四）、大宰子餘（哀八）、大宰（哀十二」，頁 112）其先為晉伯宗、伯州犁。因三郤欲害伯宗，故其子伯州犁奔楚。又因楚殺郤宛，故伯嚭出奔至吳。伯嚭與楚有舊怨，故與伍子胥同樣志在謀楚，故「楚自昭王即位，無歲不有吳師。」（《左傳注》，頁 1542）

吳王闔閭弒王自立後，「使徐人執掩餘，使鍾吾人執燭庸，二公子奔楚。」楚昭王則接納二公子，並且給予封邑，此舉乃欲借二人「害吳」。子西勸諫楚王不宜助長闔閭之敵人，然楚王不聽。而「吳子怒」，而「執鍾吾子，遂伐徐」。（詳昭公三十年，《左傳注》，頁 1507-1508）此為新一輪吳、楚交戰的源起，此後伍子胥得吳王重用：

> 吳子問於伍員曰：「初而言伐楚，余知其可也，而恐其使余往也，又惡人之有余之功也。今余將自有之矣。伐楚何如？」對曰：「楚執政眾而乖，莫適任患。若為三師以肄焉，一師至，彼必皆出。彼出則歸，彼歸則出，楚必道敝。亟肄以罷之，多方以誤之。既罷而後以三軍繼之，必大克之。」闔廬從之，楚於是乎始病。（昭公三十年〔512B.C.〕，《左傳注》，頁 1509）

伍員初奔至吳，向吳王僚說明伐楚之利，然仍是公子的吳王闔閭雖心知伍子胥計謀可成，但自己另有他心，故阻止吳王任用吳子胥。既以為君吳，

今日伐楚之利自可有之，故始問伍員伐楚之戰略戰術。伍員認為楚國當權者多而互相違戾，又不敢擔負責任，所以可使用既襲而退的侵擾戰術，讓楚軍奔走於道而疲敝。以多此輪番襲擊來拖垮楚軍，並以多種方法來使對方失誤。如此，待楚軍精疲力盡後，再行大軍攻打，定可勝楚。闔閭聽從伍子胥之言，而楚軍開始不得安寧。明年，吳軍即用伍員之策：

> 秋，吳人侵楚，伐夷，侵潛、六。楚沈尹戌帥師救潛，吳師還。楚師遷潛於南岡而還。吳師圍弦，左司馬戌、右司馬稽，帥師救弦，及豫章，吳師還——始用子胥之謀也。(《左傳・昭公三十一年》，頁1512。〔511B.C.〕)

此次吳人侵楚，善用伍子胥「彼出則歸，彼歸則出」的戰略，故救潛則吳師還，就弦則吳師還。目的在於「弱楚」。潛，「本在今安徽霍山縣南，南崗則在霍山縣北，蓋距沈較近也。」弦，「在今河南息縣」。(參見《左傳注》，頁1512) 同年，趙簡子夢裸身赤體的小孩子在唱歌跳舞：

> 十二月辛亥朔，日有食之。是夜也，趙簡子夢童子贏而轉以歌，旦占諸史墨曰：「吾夢如是，今而日食，何也？」對曰：「六年及此月也，吳其入郢乎，終亦弗克。入郢必以庚辰，日月在辰尾。庚午之日，日始有謫。火勝金，故弗克。(《左傳・昭公三十一年》，頁1513-1514。〔512B.C.〕)

向史墨詢問的結果，是六年後的十二月吳國將攻入郢都，但無法真正攻克。吳人入郢在定公四年十一月，故實未歷六年。然而此處預言及三十年所言「闔廬從之，楚於是乎始病」皆是為定公四年事為張本。

在定公四年的柏舉之戰前，尚有一場戰事：

桐叛楚。吳子使舒鳩氏誘楚人曰：「以師臨我，我伐桐，為我使之無忌。」秋，楚囊瓦伐吳師於豫章，吳人見舟於豫章，而潛師於巢。冬十月，吳軍楚師於豫章，敗之。遂圍巢，克之，獲楚公子繁。（《左傳・定公二年》，頁1529。〔508B.C.〕）

桐國，在今安徽桐城縣北，世屬楚國。然今叛楚，而闔閭使舒鳩誘騙楚人，讓其假意以師臨吳，藉以鬆懈桐國戒心，始桐國不疑吳國，而吳為楚伐桐。杜預即言：「吳伐桐也。偽若畏楚師之臨己，而為其伐叛國以取媚者也，欲使楚不忌吳，所謂『多方以誤之』。」故楚國聽從舒鳩之言而帥師伐吳，然而吳國在豫章出動戰船的同時，也暗自將軍隊派往巢地，意在擊楚。故十月，吳國敗楚於豫章，且攻佔巢地。楊伯峻先生云：「楚伐吳七次，止于此矣。」（《左傳注》，頁1528）楚國最後一次伐吳，以失敗作結。

補記：李均明：吳王闔廬九年後，吳太宰一直由伯嚭擔任，見於《左傳》定公四年，哀西元年、七年、十二年等。吳王闔廬執政始至九年間，史籍皆未見吳國任命太宰的記錄，則《系年》所云吳員任大宰事當為闔廬九年前事。夫差即位後，伍子胥失寵，後被殺，其間無任太宰的可能。太宰相當於後代的丞相，《左傳》隱公十一年，「羽父殺桓公，將以求大宰」，孔穎達疏：「《周禮》：天子六卿，天官為大宰。諸侯則並六為三而兼職焉。」楊伯峻注引《史記·十二諸侯年表》述此事云：「大夫翬請殺桓公，求為相。」後人亦稱伍子胥為相，如《說苑·善說》：「伍子胥生於楚，逃之吳，吳受而相之，發兵攻楚墮平王墓。」無疑與吳子胥曾任大宰的說法合。總攻楚前夕，即闔廬九年，任命伍子胥為行人是必要的。因為吳軍長途奔襲，需要有盟國支援及後勤支撐，因此爭取蔡國與唐國變成當務之急，做好此工作，只有吳子胥是最合適的人選：伍氏家族曾為楚國上層人士，蔡、唐原為楚屬國，彼此相當瞭解，也都與楚王有很深的矛盾，共同語言較多，無疑比較容易做通聯盟事宜。所以，伍子胥先任太宰，後任行人的可能性很大，

這兩個職位對其發揮政治軍事才能都是有利的。（李均明：〈伍子胥的軍事謀略與運動戰理論——從清華簡《系年》及張家山漢簡《蓋廬》談起〉，出土文獻與中國古代文明國際學術研討會，清華大學出土文獻研究與保護中心，2013 年 6 月 17-18 日）

㉙ 是教吳人反楚邦之者（諸）侯，以敗楚帀（師）于白（柏）塱（舉），述（遂）內（入）郢

整理者：白塱，《左傳》作「柏舉」，《公羊傳》作「伯莒」，《穀梁傳》作「伯舉」，今湖北麻城東北。柏舉之戰及吳人入郢事詳見《左傳》定公四年。（頁 173，注 23）

雯雯按：柏舉之戰發生在晉定公六年、吳王闔廬九年，即西元前五〇六年。在九月吳伐楚前，尚有召陵之會（見《繫年》18 章，簡 101）。召陵之會乃「劉文公合於諸侯于召陵，謀伐楚也。」參與的國家有晉、魯、宋、蔡、衛、陳、鄭、許、曹、莒、邾、頓、胡、滕、薛、杞、小邾、齊等十八國。今年謀招侵楚，在去年蔡昭侯被楚扣留三年後而歸，而「如晉，以其子元與其大夫之子為質焉，而請伐楚」時已留下伏筆。然而晉國卻以「國家方危，諸侯方貳，將以襲敵，不亦難乎！水潦方降，疾瘧方起，中山不服，棄盟取怨，無損於楚，而失中山」的理由辭謝蔡昭侯。據《繫年》第十八章云：「晉與吳為一，以伐楚，閔方城。遂盟諸侯于召陵，伐中山。」（《清華大學藏戰國竹簡（貳）》，頁 180）《繫年》第二十章云：「晉簡公立五年，與吳王闔廬伐楚。」（《清華大學藏戰國竹簡（貳）》，頁 186）依《繫年》所載，晉國曾在晉簡（定）公五年參與伐楚戰爭，然《左傳》未記；而後晉國盟諸侯于召陵，與《左傳》同在晉定公六年。（按：孫飛燕先生認為「據《春秋》經傳，伐楚一事在魯定公四年。則簡文中的晉定公五年應相當於魯定公四年。」故認為「晉定公立五年」當改為「晉定公立六年」。

〔〈試談《繫年》中厥貉之會與晉吳伐楚的紀年〉，復旦網，2012年3月31日〕晉國在召陵之會並未實際參與伐楚行動，然卻使蔡國討伐不參與召陵之會的沈國，導致楚國在秋天時圍蔡。而蔡國卻始終保持積極攻楚的態度。蔡昭侯利用吳子胥語伯嚭與楚國的恩怨，再次以兒子乾與大夫子送到吳國當人質。在冬天時，與吳王闔廬及唐成公一起攻打楚國。

然《史記》所述與《左傳》略異：

> 九年，吳王闔廬請伍子胥、孫武曰：「始子之言郢未可入，今果如何？」二子對曰：「楚將子常貪，而唐、蔡皆怨之。王必欲大伐，必得唐、蔡乃可。」（〈吳世家〉，《會注考證》，頁544）

〈伍子胥列傳〉的文句幾同〈吳世家〉。（〈伍子胥列傳〉，《會注考證》，頁872）闔廬與伍員、孫武商討今日當如何入郢。伍員、孫武認為楚將子常（卽囊瓦）貪婪，故唐國與蔡國皆怨之，故若欲伐楚，當先得唐、蔡兩國的協助，所謂「王必欲大伐，必得唐蔡乃可。」而《繫年》云：「伍員為吳太宰，是教吳人反楚邦之諸侯，以敗楚師于柏舉。」文意與《史記》所述較近，此處「反楚邦之諸侯」，或可理解為策反楚邦的諸侯。〈楚世家〉卽云：「十年冬，吳王闔閭、伍子胥、伯嚭與唐、蔡俱伐楚，楚大敗，吳兵遂入郢。」（〈楚世家〉，《會注考證》，頁654）怨恨楚國的唐、蔡果然隨吳人伐楚。根據石泉先生的研究，吳國之所以可以破楚入郢都很重要原因之一便是得到唐、蔡兩國為援。加上伍子胥對楚國的軍事部屬較為熟悉，吳國才能長驅直入，直達郢都。可見伍子胥在引吳入楚過程中起了很大的作用。（石泉：〈從春秋吳師入郢之役看古代荊楚地理〉《古代荊楚地理新探》，頁375-376）

《春秋・定四年經》已載：「冬十有一月庚午，蔡侯以吳子及楚人戰於柏舉，楚師敗績。楚囊瓦出奔鄭。庚辰，吳入郢。」（《左傳注》，頁1534）〈楚世家〉云：「吳伐敗子常，子常亡奔鄭。楚兵走，吳乘勝逐之，五戰及

郢。己卯，昭王出奔。庚辰，吳人入郢。」（《會注考證》，頁 654）在冬天十一月十八日，吳、唐、蔡聯軍與楚交戰於柏舉。柏舉，楊伯峻先生云：「據《彙纂》引《名勝志》，在今湖北麻城縣東北。『柏舉』，《公羊》作『柏莒』，《穀梁》作『伯舉』。《淮南子・詮言》作『柏莒』，而〈兵略〉仍作『柏舉』。」（《左傳注》，頁 1534）楚師大敗，而囊瓦奔鄭。吳國趁勝逐殺楚軍，經過五次交戰而入楚郢都。昭王在二十七日出奔，吳國則在二十八日入郢。其事件經過如下：

（一）吳興師與唐、蔡伐楚，而楚發兵拒吳

吳王聽從伍員與孫吳的建議，聯合唐、蔡伐楚，而楚國亦起兵拒吳，與吳國聯軍在夾於漢水，排列陣勢以對峙。（見〈吳世家〉、〈伍子胥列傳〉，《會注考證》，頁 544、872）《左傳・定公四年》（506B.C）云：

> 冬，蔡侯、吳子、唐侯伐楚。舍舟於淮汭，自豫章與楚夾漢。左司馬戌謂子常曰：「子沿漢而與之上下，我悉方城外以毀其舟，還塞大隧、直轅、冥阨。子濟漢而伐之，我自後擊之，必大敗之。」既謀而行。

吳軍捨舟在淮河登岸，從豫章出發而到漢水與楚夾岸相對。沈尹戌與子常謀議，請子常沿著漢水將吳聯軍上下截堵，而自己則以方城之外的軍隊毀掉吳人的乘舟，並且堵住大隧、直轅、冥阨三個關隘。最後子常渡漢正面伐吳軍，而沈尹戌則從後夾擊。兩人本已謀議好並且開始行動。然而武城黑告訴子常因楚軍用皮革製的戰車，遇雨不能久戰，故當速戰速決。史皇亦謂子常「楚人惡子而好司馬，若司馬毀吳舟於淮，塞城口而入，是獨克吳也。子必速戰，不然，不免。」此以子常的個人利益來分析，故子常最後不顧先前的籌畫，反而率先渡岸列陣，從小別山到大別山。然而與吳聯

軍交戰三次後，子常知其不敵，欲逃跑。然史皇又勸子常當拼死相戰，以脫其罪。

（二）柏舉之戰

吳師、楚師三戰後，在十一月十八日雙方陳師於柏舉。闔廬之弟夫槩王心知子常貪婪不仁，不得人心，故請戰。

> 十一月庚午，二師陳於柏舉。闔廬之弟夫概王晨請於闔廬曰：「楚瓦不仁，其臣莫有死志。先伐之，其卒必奔；而後大師繼之，必克。」弗許。夫槩王曰：「所謂『臣義而行，不待命』者，其此之謂也。今日我死，楚可入也。」以其屬五千先擊子常之卒。子常之卒奔，楚師亂，吳師大敗之。子常奔鄭。史皇以其乘廣死。

謂可先伐子常的士兵，待其奔逃再以大軍追擊，必定可勝。但並未獲得闔閭的允許。夫槩王以為古語有言「臣義而行，不待命」，且「王已屬臣兵，兵以利為上，尚何待焉？」（〈吳世家〉）。故以其部眾五千人，襲擊子常之兵。子常兵卒奔逃，楚軍自亂陣腳，故吳軍大敗楚軍。最後子常奔鄭，而史皇則死於兵車上。

（三）清水之戰

柏舉之戰已勝，吳軍追擊楚師，到清發。清發，楊伯峻先生云：「杜《注》『清發，水名。』清水為溳水支流，卽清發，見《水經・溳水注》，楊守敬《水經注疏》卷三十一謂溳水卽清發水。在今湖北安陸縣。」（《左傳注》，頁1544）吳軍將擊楚師：

> 吳從楚師，及清發，將擊之。夫槩王曰：「困獸猶鬥，況人乎？若知不免而致死，必敗我。若使先濟者知免，後者慕之，蔑有鬥心矣。

半濟而後可擊也。」從之，又敗之。

此次夫槩獻策，認為楚軍若心知此次難以逃生，而作最後的困獸之鬥，奮力一擊，可能打敗吳軍，所以故意讓楚軍前面的部隊先渡過清發水，讓後面的兵士減輕鬥志，急欲渡水逃生，放鬆戒心。此次吳軍再度戰勝楚師。

（四）雍澨之戰

此時楚人的軍隊正在作飯，吳人追趕而至，楚師奔逃：

> 楚人為食，吳人及之，奔。食而從之，敗諸雍澨。

吳師此時並不急著追擊楚軍，反而將楚軍糧食吃掉，再行追趕，最後，在雍澨水邊打敗楚軍。雍澨，楊伯峻先生云：「據《彙纂》，今湖北京山縣西南有三澨水，春秋之雍澨其一也。洪亮吉云：『今澨水在京山縣西南，南流入天門縣為汉水。』疑雍澨卽入天門河之支流。」（《左傳注》，頁 1544-1545）

（五）五戰、入郢

吳、楚交戰，相戰五次便到郢都，《左傳·定公四年》：「五戰，及郢。」〈吳世家〉：「比至郢，五戰，楚五敗。」〈伍子胥列傳〉「五戰，遂至郢。」第五戰或許發生在入郢之時。而吳軍迫近楚都，使楚王棄都逃奔：

> 己卯，楚子取其妹季芉畀我以出，涉睢。鍼尹固與王同舟，王使執燧象以奔吳師。

十一月二十七日，楚昭王與王妹季芉畀我渡過睢水，且令鍼尹固拿火把繫在大象的尾巴，使之衝入吳軍之中，以遏阻吳軍的追趕。入郢則在二十八日：

庚辰，鼉入郢，以班處宮。子山處令尹之宮，夫槩王欲攻之，懼而去之，夫 王入之。

此處只言夫槩王與闔閭子子山之事，《左傳》云：「左司馬戌及息而還，敗吳師于雍澨。」（《左傳注》，頁1546）沈尹戌在雍澨逮打敗吳軍，蓋吳師領軍者，以夫槩王一支最先入郢。而當其入郢后，官員各安尊卑次序入駐楚王宮室。（引按：杜《注》：「以尊卑班次，處楚王宮室。」《穀梁傳》云：「君居其君之寢而妻其君之妻，大夫居其大夫之寢而妻其大夫之妻。」）而子山住進令尹，因夫槩王欲攻之的緣故，所以搬離，而由夫槩王入住。楚臣鬬辛（卽鄖公辛）「聞吳人之爭宮也，曰：『吾聞之：「不讓，則不和；不和，不可以遠征。」吳爭於楚，必有亂；有亂，則必歸，焉能定楚？』」（〈定公五年傳〉，《左傳注》，頁1553）吳臣自失和而相爭，故鬬辛認為吳國必有亂事，不能定楚。故史墨已言楚不能克，而鬬辛之言可能是為夫槩王亂吳作預示。

此外，《左傳》未記伍員入楚之事，《史記》則言伍員入楚掘平王墓而鞭屍：

吳兵遂入郢，辱平王之墓。（〈楚世家〉，《會注考證》，頁654）

而吳兵遂入郢。子胥、伯嚭鞭平王之尸以報父讎。（〈吳世家〉，《會注考證》，頁544）

及吳兵入郢，伍子胥求昭王。既不得，乃掘楚平王墓，出其尸，鞭之三百，然後已。申包胥亡於山中，使人謂子胥曰：「子之報讎，其以甚乎！吾聞之，人眾者勝天，天定亦能破人。今子故平王之臣，親北面而事之，今至於僇死人，此豈其無天道之極乎！」伍子胥曰：「為我謝申包胥曰，吾日莫途遠，吾故倒行而逆施之。」（〈伍子胥

列傳〉,《會注考證》,頁 872-873）

伍子胥掘墓鞭屍,為申包胥譴責,認為其報復太過,喪失天理。伍子胥則派人告訴申包胥其報仇之心急切,即使倒行逆施,亦要為之。楊伯峻先生認為:「吳入郢,《傳》僅敘子山、夫槩王之事,不及伍員。後人書如《淮南子》、《吳越春秋》,甚至《史記》俱言伍員掘平王之墓,鞭其屍;《列女傳》且敘伯嬴之貞節,皆不足信。」(《左傳注》,頁 1545)

建洲按:《上博六·莊王既成》:「莊王既成無射,以問沈尹子莖,曰:『吾既果成無射,以供春秋之嘗,以【1】待四鄰之賓客,後之人幾何保之?』沈尹固辭,王固問之,沈尹子莖答【2】曰:『四與五之間乎!』王曰:『如四與五之間,載之專車以走(上)乎?抑四航以【3】逾乎?』沈尹子莖曰:『四航以逾』【4 上】」。其中「四與五之間」,凡國棟先生指出:指四代人與五代人之間,暗示自莊王以後四世,即昭王時,楚將有大禍。(《讀〈上博楚竹書六〉記》,簡帛網,2007 年 7 月 9 日)。陳偉先生也指出:四人或五人之間,也即四代人或五代人之間。莊王以下楚君,有共王(莊王子)、康王(共王子)、郟敖(康王子)、靈王(康王弟)、平王(康王弟)、昭王(平王子)等人。其中靈王第四,平王第五。若排除在位短促的郟敖,則平王第四,昭王第五。(《新出楚簡研讀》,頁 275)。沈尹子莖指出四、五代之後,無射大鐘將被人用船擄走。這其實是預言昭王十年吳師入郢之役。(陳偉:《楚簡冊概論》,頁 154)。說皆可從。可以補充的是,簡文「走」用作動詞,符合楚簡的習慣用法。此外,無射大鐘將被人用船擄走,即文獻中的「鹵(擄)器」。如同《上博九·靈王遂申》簡 1「王敗蔡靈侯於呂,命申人室出,取蔡之器」。小臣牆骨板所記之函也是戰爭中的擄獲物。李春桃先生〈自鐘銘文補釋──兼說擄器〉(待刊稿)有相關的討論,可以參看。此外,《上博四·昭王與龔之脽》簡 9-10 云:「(昭)王曰:『……天加禍於楚邦,⿱今君吳王身至於郢,楚邦之良臣所暴骨。」《清華一·楚居》簡 12:「景平王卽

立，猷居秦溪之上。至昭王自秦溪之上徙居媺郢，媺郢徙居鄂郢，鄂郢徙襲爲郢。闔虜入郢，焉復徙居秦溪之上。」清華簡整理者指出，根據《楚居》可以確定吳王闔閭所入之「郢」是「爲郢」（頁 190 注 61）。至於《上博九・邦人不稱》：「寑尹曰：『天加禍楚邦，……』」，整理者說：「天加禍楚邦，指楚昭王失政遭凶，吳勝楚入郢，昭王出奔。國君之難往往被認爲是天禍。《左傳》中屢記天禍。『天禍許國，鬼神實不逞於許君，而假手於我寡人。』」（《左傳》隱公十一年）」。（頁 242-243）以上都是論述相同背景的史事。

補記：辛德勇：前述種種相關跡象表明，吳師攻入的楚京只能是這個郢都。其實柏舉之戰發生的地點，本來就接近長江北岸地區，由此向西，直入郢都，路途相當便捷，清華大學藏戰國竹書《楚居》亦清楚記云「**闔廬入郢**」**表明吳師所入乃是武王和文王以來的疆郢舊都，而不是昭王剛剛遷入的爲郢（鄀郢）**。這些情況也顯示出像郢都這樣的根本重地，或許從楚武王或楚文王入居之時起，直到被秦將白起攻陷，有可能一直保持著核心京城的地位，而文獻記載的其他各處楚都，至少有很大一部份，應該具有比較濃重的別都、陪都甚至行宮色彩，楚靈王一度居處的「乾溪之上」，這一特徵尤為明顯，蓋《史記》稱「楚靈王樂乾谿不能去也」，即已透露出其長居不還乃有違常例。即使是像鄀郢（爲郢）這一正式國都意味最強的地方，東漢人服虔仍以「楚別都」視之。（〈《楚居》與楚都〉，出土文獻與中國古代文明國際學術研討會，清華大學出土文獻研究與保護中心，2013 年 6 月 17-18 日）

㉚ 邵（昭）王歸（歸）【八三】隓（隨）

整理者：隨，姬姓國，今湖北隨州南。（頁 163，注 24）

董珊：長期以來，學界對曾、隨一國兩名的問題討論不休。（吳良寶：《再說曾國之謎》，吉林大學邊疆考古研究中心編：《新果集——慶祝林沄

先生七十華誕論文集》科學出版社，2008 年，頁 626-631）根據最新的出土發現，我認爲，就東周時代來講，傳世文獻中的「隨」是銅器所見姬姓曾國，這已無可懷疑。問題是如何解釋「曾」又稱爲「隨」。**我認爲「隨」是曾國都，國都名「隨」逐漸取代舊國名「曾」，導致今天傳世文獻只見後起的新國名「隨」。**其國都名稱演變爲邦國名稱的過程，猶如戰國之魏遷都于大梁，邦國名就稱爲「梁」，新的邦國名稱「梁」雖因秦統一而一度中斷，但到了西漢初，又在戰國魏故地封建梁國，是對戰國時代新興的國名「梁」的延續。最近新發現春秋中晚期的楚王爲「隨季芈加」作鼎（引案：實爲「隨仲芈加」之誤），以及新蔡簡所見的「隨侯」（甲三：25），即是春秋晚期至戰國早期楚國已開始稱姬姓曾國爲「隨」，這個新興名稱「隨」被戰國早、中期成書的《左傳》、《國語》等傳世文獻繼承，舊名稱「曾」隨著此時曾國的衰亡，就湮沒不顯了。因此，傳世文獻中西周晚期以來的姬姓隨國，就是同時期銅器銘文的曾國。兩周之際的曾伯霖簠（《集成》04631、04632）銘文說：「克狄淮夷，抑燮繁湯，金道錫行，具既俾方。」可見該地既控扼淮夷，又位于銅、錫的運輸綫上，對于周王朝有重要的作用，這是封姬姓諸侯的原因。《左傳》桓公六年楚武王侵隨，已經說「漢東之國隨爲大」，隨縣城郊季氏梁出土的春秋中期曾大攻尹季怡戈、周王孫季怡戈（《集成》11365、11309），都可證此時已只存在與周同姓的曾。因爲曾國地近于楚，所以屢受楚人的侵伐；春秋晚期，吳攻入郢，楚昭王外逃避難，得到隨人的保護，因爲這層特殊關係，所以隨國直至戰國早期尚未被楚國滅絕。據上所述，西周早期開始存在于南方的曾，以西周晚期、兩周之際爲分界，之前是姒姓國，之後是姬姓國。（〈從出土文獻談曾分爲三〉，復旦網，2011 年 12 月 26 日）

建洲按：新近發掘的湖北隨州文峰塔曾國墓地出土「隨大司馬□有之行戈」，使學界對曾、隨的關係又有新的討論，參看黃錦前〈隨州新出隨大司馬嘉有戈小議〉，簡帛網，2013 年 2 月 1 日。亦可參見《金文形義通解》頁

116 的論述。

雯雯按：昭王從郢都逃出，先至雲夢，後至鄖，隨後才至隨，《左傳・定公四年》云：

> 楚子涉睢，濟江，入於雲中。王寢，盜攻之，以戈擊王，王孫由于以背受之，中肩。

昭王涉過睢水，渡過長江，到雲夢澤。睡覺時，強盜來襲，王孫由于因保護楚王，肩膀被戈刺中。〈楚世家〉則云：「雲夢不知其王也，射傷王。」（《會注考證》，頁 654）昭王被射傷。因此逃到鄖國。

> 王奔鄖。鍾建負季羋以從。由于徐蘇而從。鄖公辛之弟懷將弒王曰：「平王殺吾父，我殺其子，不亦可乎？」辛曰：「君討臣，誰敢讎之？君命，天也。若死天命，將誰讎？詩曰：『柔亦不茹，剛亦不吐。不侮矜寡，不畏彊禦。』唯仁者能之。違彊陵弱，非勇也；乘人之約，非仁也；滅宗廢祀，非孝也；動無令名，非知也。必犯是，余將殺女！」鬬辛與其弟巢以王奔隨。

鄖，「今湖北京山縣安陸縣一帶」，「此時昭王復由江南至江北。」（《左傳注》，頁 1547）鄖公之弟懷因平王殺父，欲弒殺昭王。鄖公辛勸止，認為君王討伐臣子，臣子豈敢以為仇？又欺凌弱小，非勇；乘人之難，非仁；滅族廢祀，非孝；動無美名，非智。若懷敢殺昭王，他必殺之。〈楚世家〉則云「然恐其弒昭王，乃與王出奔隨」（《會注考證》，頁 654），《左傳》則紀錄辛與弟巢一起奔隨。

《繫年》之「歸隨」，當指逃往至隨以依附之。昭王奔隨後，吳人追之：

> 吳人從之，謂隨人曰：「周之子孫在漢川者，楚實盡之。天誘其衷，

致罰於楚，而君又竄之，周室何罪？君若顧報周室，施及寡人，以
獎天衷，君之惠也。漢陽之田，君實有之。」楚子在公宮之北，吳
人在其南。(〈定公四年〉，《左傳注》，頁 1547)

《左傳・僖公二十八年》言：「漢陽諸姬，楚實盡之。」故吳人以此告隨國，
天當懲楚，隨國不可助楚，當報周王室而幫吳。並言漢水以北的土地當屬
隨國。此時楚王住在隨君宮殿的北面，而吳人駐紮在宮殿南面。

子期似王，逃王，而己為王。曰：「以我與之，王必免。」隨人卜與
之，不吉，乃辭吳曰：「以隨之辟小，而密邇於楚，楚實存之。世有
盟誓，至於今未改。若難而棄之，何以事君？執事之患，不唯一人，
若鳩楚竟，敢不聽命？」吳人乃退。(〈定公四年〉，《左傳注》，頁 1547)

而昭王的兄長子期，恐隨交出昭王，故匿王而欲以身代王。隨人則經占卜
後，決定辭謝吳國。〈楚世家〉記隨國「乃謝吳王曰：『昭王亡，不在隨。』
吳請入自索之，隨不聽，吳亦罷去。」(《會注考證》，頁 654) 言昭王不在
隨，且不許吳國進國搜索，吳王只好離去。

《左傳》則振辭隨小而近楚，世有盟誓，不可棄之。若因楚國有難卽
背棄，當如何侍奉吳君。並告吳王，此時憂患非楚王一人，當撫綏楚境，
若成，誰敢不聽？吳人因此退去。吳人離開後，昭王招見鑪金，因喜其與
隨人要約不得交出昭王：

鑪金初官於子期氏，實與隨人要言。王使見，辭曰：「不敢以約為利。」
王割子期之心以與隨人盟。(《左傳注》，頁 1546-1547)

然爐金辭之，「不敢因王之困約而圖己之利。」子期之心，楊伯峻先生云：
「杜《注》：『當心前割取血以盟，示其至心。』莊三十二年《傳》敍孟任

割臂盟公，亦僅破膚取寫。」（《左傳注》，頁 1547）蓋昭王取子期心前膚血以與隨盟。

③ 與吳人戰（戰）于析

整理者：析，今河南西峽，在隨以北，楚與吳大戰於此，似與當時形勢不合。《左傳》定公五年載，楚申包胥自秦乞師，「秦子蒲、子虎帥車五百乘以救楚。……使楚人先與吳人戰，而自稷會之，大敗夫槩王于沂」。簡文「析」應為「沂」，在今河南正陽。參看楊伯峻《春秋左傳注》第一五五一頁。（頁 173，注 25）

李守奎：第四，《左傳》說的秦兵救至，「大敗夫概王於沂」，「沂」地自來不明，多異說，皆有不安。據簡文可知是「析」。析本是楚人安置許的地方，許遷至容後，析就成了楚地。晉、吳破方城，吳入楚，析當被吳軍佔領。秦從西路出兵救楚，析是其所經過之地，在此處大敗吳軍，然後乘勢南下，繼而滅唐，合情合理。（〈清華簡《繫年》與吳人入郢新探〉，《中國社會科學報》2011 年第 241 期）

雯雯按：「大敗夫槩王于沂」，楊伯峻先生云：「沂今河南正陽縣境。」（《左傳注》，頁 1551）《左傳·宣公十一年》：「令尹蒍艾獵城沂」，楊氏《注》：「沂，楚邑。《彙纂》謂當在今河南省正陽縣境，沈韓欽《補注》則以三國之流沂當之，則在今湖北省鄂城縣東二十里。兩地相距甚遠，以定五年《傳》『大敗夫槩王于沂』推知，其說較妥。」（《左傳注》，頁 712）昭王奔隨時，申包胥亦至秦國求援。「昭王之出郢也，使申鮑胥請救於秦。秦以車五百乘救楚，楚亦收餘散兵，與秦擊吳。十一年六月，敗吳於稷。」（〈楚世家〉，《會注考證》，頁 654）秦國允師助楚，先敗吳於稷，又敗夫槩王于沂。

當昭王不得以出郢奔隨之時，申包胥則到秦國求師。申包胥為伍員之友，伍員亡吳前嘗云「我必復（覆）楚國！」申包胥則言：「我必能興之。」

及昭王在隨，申包胥如秦乞師，曰：「吳為封豕、長蛇，以薦食上國。虐始於楚。寡君失守社稷，越在草莽，使下臣告急，曰：『夷德無厭，若鄰於君，疆場之患也。逮吳之未定，君其取分焉。若楚之遂亡，君之土也。若以君靈撫之，世以事君。』」秦伯使辭焉，曰：「寡人聞命矣。子姑就館，將圖而告。」對曰：「寡君越在草莽，未獲所伏，下臣何敢即安？」立依於庭牆而哭，日夜不絕聲，勺飲不入口七日。秦哀公為之賦〈無衣〉。九頓首而坐，秦師乃出。」（〈定公四年〉，《左傳注》，頁 1547-1549）

申包胥以吳國如封豕、長蛇等禍害，屢次吞食中原，且開始危害楚國。而楚君如今失國，希得秦國相助。且分析救楚之益處：若楚亡，則秦與吳為鄰，將害秦國；若秦救楚，則楚國將侍奉秦國。秦公未答應，而伍子胥則倚庭牆而哭，日不絕聲，七日不進食。秦哀公憐之，曰：「楚雖無道，有臣若是，可無存乎！」（〈伍子胥列傳〉）為之賦〈無衣〉：

豈曰無衣？與子同袍。王于興師，脩我戈矛，與子同仇。豈曰無衣？與子同澤。王于興師，脩我矛戟。與子偕作。豈曰無衣？與子同裳。王于興師，脩我甲兵，與子偕行。（《詩經全注》，頁 263）

以此詩表示秦國同意出兵。申包胥因此向秦公叩頭九次而坐。隔年六月申包胥回到楚、吳戰場，《左傳・定公五年》（505B.C）載：

申包胥以秦師至。秦子蒲、子虎帥車五百乘以救楚。子蒲曰：「吾未知吳道。」使楚人先與吳人戰，而自稷會之，大敗夫槩王於沂。吳人獲薳射於柏舉，其子帥奔徒以從子西，敗吳師于軍祥。秋七月，子期、子蒲滅唐。」

秦將子蒲、子虎帥兵車五百乘救援楚國（亦參見第十九章簡 105），但不知道吳國的戰法，所以讓楚人先與吳軍作戰。在稷地會合楚師，敗夫槩王於沂。稷，當在今河南桐柏縣內。（《左傳注》，頁 1551）又吳軍在柏舉獲薳射，而薳射子率領散逃的兵卒來投靠子西。子西帥軍在軍祥打敗吳師。軍祥，當在隨縣西南。（《左傳注》，頁 1551）七月時，子期、子蒲滅掉一起攻打楚國的唐國。唐，地在今湖北棗陽縣東南唐縣鎮。（《左傳注》，頁 1551）此時情勢逆轉，楚國開始轉敗為勝。

㉜　吳王子唇（晨）牁（將）己（起）祒（禍）於吳＝（吳，吳）王盍（闔）庬（廬）乃歸（歸），

整理者：《左傳》定公四年：「闔廬之弟夫槩王晨請於闔廬。」據簡文「王子晨」，知「晨」為夫槩王名。夫槩王敗于沂，歸而自立，與吳王戰，敗而奔楚，見定公五年傳。（頁 173，注 26）

李均明：「子晨將起禍於吳」指夫槩王叛亂自立。（〈伍員與柏舉之戰〉，《楚簡楚文化與先秦歷史文化國際學術研討會論文集》，頁 51-57，注 26）

董珊：近年流散的銅器，有春秋晚期的王子臣俎一件及王子臣戈二套，銘文作鳥蟲書，分別是：「王子臣乍（作）鬻（肆）彝，用終。」「王子臣之用。」

李均明先生《伍員與柏舉之戰——從清華戰國簡〈繫年〉談起》引用《繫年》：「吳王子晨將起禍于吳，吳王闔閭乃歸。」並指出：

> 子晨即夫槩王，《左傳》定公四年見「闔閭之弟夫槩王晨請于闔廬」語，「子晨將起禍于吳」指夫槩王自立，《左傳》定公五年：「九月夫槩王歸，自立也。以與王戰而敗，奔楚，爲堂溪氏。」《史記・吳太伯世家》：「闔廬弟夫槩見秦越交敗吳，吳王留楚不去，夫槩亡歸吳而自立爲吳王。闔廬聞之，乃引兵歸，攻夫槩。夫槩敗奔楚。楚昭

　　　　王乃得以九月復入郢，而封夫槩于堂溪，爲堂溪氏。」

以上除將簡文「王子晨」讀破爲「子晨」，其餘都無問題。過去都將《左傳》定公四年之「晨」當作「請」的狀語，今既據《繫年》知道「晨」是夫槩王名，而「晨」、「臣」音近可通，《史記・齊太公世家》：「子哀公不辰立」《索隱》：「不辰，《世本》作不臣，譙周亦作不辰。」是知以上兩種新見銘文的「王子臣」即夫槩王晨。（〈讀《繫年》札記〉，「復旦網」，2011 年 12 月 26 日）

　　侯乃峰（網名：小狐）：馬王堆漢墓帛書《繆和》七九上：「吳王夫差攻。當夏，太子辰歸（饋）冰八管。」帛書的「太子辰」當即簡文的「王子晨」。帛書之意似乎認爲「辰」是夫差之太子，由《左傳》與《繫年》簡文看非是，帛書當屬造作故事。（〈讀《繫年》臆札〉，「復旦網」，2012 年 1 月 3 日）

　　李家浩：吳王闔廬的弟弟夫槩，乘吳王闔廬攻占楚國國都郢的時候，跑回吳國稱王，《左傳》等把他稱爲「夫槩王」。清華簡《繫年》110 號把闔廬的兒子吳王夫差稱爲「夫差王」，這大概是因爲他們沒有謚號，故把「王」綴於名字之後稱呼他們。（〈甲骨文北方神名「勹」與戰國文字從「勹」之字〉，《文史》2012 年第 3 輯，頁 58）。亦見該頁注 157，認爲「夫槩」與「晨」是一名一字的關係。

　　建洲按：《清華簡（壹）・楚居》12「盍（闔）虜（廬）」，「虜」作 ，其「毌」旁訛爲「尹」形，這種寫法也見於春秋晚期楚國銅器「發孫虜簠」作 以及「發孫虜鼎」作 。（參見《楚文字論集》，頁 404-405）。本簡「虜（廬）」作 ，亦見於二十章簡 109 、簡 110 ，均用作吳王盍（闔）旁（廬）的名字。這種寫法亦見於《新蔡》 （甲一 4）（甲一 15）（乙一 15）（零 15），宋華強先生分析从「力」，「虎」聲，可能是「虜」字的異體，可以讀爲楚簡中的「羭」或「羖」，指一種羊牲。（〈釋新蔡簡中的一

個祭牲名〉，簡帛網，2006 年 5 月 24 日）李家浩先生亦曾將 🔲 字釋為「虜」，皆可從。（李家浩〈攻敔王者彶䖒虜劍與者減鐘〉《古文字與古代史第三輯》）。

雯雯按：據《繫年》與《左傳》，可知「吳王子晨」即「夫槩王」，乃闔廬之弟。而《左傳》書其為「夫槩王」者，方炫琛先生認為因其自立為王的緣故，「以夫槩為號，猶其兄吳子光名光，即位為王後，號闔廬也。」（《人物名號考》，條 0414「夫槩王（定四）」，頁 200）。本為由柏舉入郢的功臣，然敗於沂，在九月時「夫槩王歸，自立也。以與王戰，而敗，奔楚為堂谿氏。」（定公五年，《左傳注》，頁 1551）《史記》說其原因：

> 吳王兵傷敗，乃亡歸，自立為王。闔閭聞之，引兵去楚，歸擊夫概。（〈楚世家〉，《會注考證》，頁 654-655）

> 闔廬弟夫槩見秦越交敗吳，吳王留楚不去，夫亡歸吳而自立為吳王。闔廬聞之，乃引兵歸，攻夫槩。夫敗奔楚。（〈吳世家〉，《會注考證》，頁 545）

> 會吳王久留楚求昭王，而闔廬弟夫概乃亡歸，自立為王。楚昭王乃得以九月復入郢，而封夫槩於堂谿，為堂谿氏。（〈伍子胥列傳〉，《會注考證》，頁 873）

夫槩因為見到吳王軍隊失利，且吳王留楚不回，故回到吳國自立為王。

闔廬（514-496B.C.，在位十九年）。又稱闔閭、吳光。稱吳光者，以其名為光，而以吳為氏；稱闔廬、闔閭者，則以闔廬為其號。其父有二說，一說吳王諸樊，一說吳王夷末。方炫琛先生認為：「《史記・吳太伯世家》及左昭二十七杜《注》謂吳子光為吳王諸樊之子，左昭二十七孔疏及《史記・吳太伯世家》《索隱》引《世本》謂吳子光為吳王夷末子，此二說不同

也。左襄三十一吳屈狐庸謂『有吳國者，必此君之子孫實終之』，此君指吳子夷末，則當以吳子夷末子為是。」（《人物名號考》，條0837「吳子光（定十四經）、公子光（昭十七）、闔廬（昭二十七）、吳子（昭三十）、吳光（昭三十）、光（昭三十）」，頁302）因其王弟叛變，故帶兵歸回吳國討伐夫槩。夫槩戰敗，投奔楚國，楚封夫槩於堂谿，堂谿，在今河南遂平縣西北。（《左傳注》，頁1552）其後以「堂谿」為氏。

　　夫槩叛吳，而吳軍相繼被楚師打敗亦是闔廬撤兵而歸的原因。除了稷、沂之戰，楚因秦助而敗吳軍於雍澨與公壻之谿：

> 吳師敗楚師於雍澨。秦師又敗吳師，吳師居麇，子期將焚之，子西曰：『父兄親暴骨焉，不能收，又焚之，不可。』子期曰：『國亡矣，死者若有知也，可以歆舊祀？豈憚焚之？』焚之，而又戰，吳師敗，又戰於公壻之谿。吳師大敗，吳子乃歸。」

吳軍先敗楚師於雍澨，而秦師又敗吳軍，扭轉楚軍勝敗。此時吳軍駐紮在麇。麇，楊伯俊先生云：「據下文『父兄親曝骨焉』，則麇是吳、楚苦戰之地，疑在雍澨附近。」（《左傳注》，頁1552）子期欲火燒麇地，告子西國家將亡，死者若有知，亦不怕火焚。故焚之，又與吳戰，吳師敗。又戰於公壻之谿。公壻之谿，楊氏引《楚策》一云秦師「與吳戰於濁水而大敗之」、《淮南子・務修訓》云：「擊吳濁水之上，果大破之。」認為「《水經・淯水注》謂濁水卽弱溝水，蓋當今白河入漢水處，在今襄繁市。」（《左傳注》，頁1552）吳楚交戰後期，「吳師大敗，吳子乃歸」，此次戰役以無法攻克楚國作結。

補記：牛鵬濤：「燉」與「麇」音近可通。根據《楚居》：「至卲（昭）王自秦（乾）溪之上**遲**（徙）居**媱**=郢=（燉郢，燉郢）**遲**（徙）居**鄂**=郢=（鄂郢，鄂郢）**遲**（徙）**衰**（襲）为郢。盇（闔）虜（廬）内（入）郢，**女**（焉）**遻**（复）**遲**（徙）居秦=溪=之=上=（乾溪之上，乾溪之上）**遻**（复）**遲**（徙）**衰**（襲）**媱**（燉）郢。」則《左傳》所記「（昭）王使由於城麇」，應是指楚昭王使人築建「燉郢」。（清華簡《楚居》「燉郢」、「鄂郢」考，出土文獻與中國古代文明國際學術研討會，清華大學出土文獻研究與保護中心，2013 年 6 月 17-18 日）

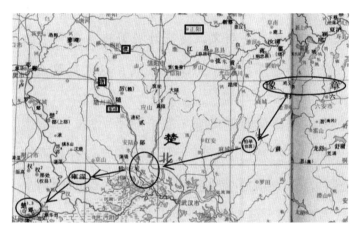

（譚其驤主編：《歷史地圖集》，北京：中國歷史地圖出版社，1996 年 6 月，「楚、吳、越」，頁 29-30）

㉝　卲（昭）王**坓**（焉）**遻**（復）邦

李守奎：所謂的「昭王復邦」，並不是過去所理解的昭王回到了原來所居的郢，而是指收復邦土。楚昭王逃亡前所居之郢，據清華簡《楚居》可知是「為郢」，闔廬入郢之後，曾居乾溪之上和燉郢，終其位沒有再回到為郢。（〈清華簡繫年與吳人入郢新探〉，《中國社會科學報》，2011 年 12 月 19 日）

雯雯按：《左傳・定公五年》云：「（九月）楚子入於郢。」《清華簡・

楚居》言靈王從為郢徙居秦溪之上,平王猶居此。至昭王則由秦溪之上徙
至媺郢,由媺郢徙襲為郢。為郢,〈楚居〉整理者云:「為郢,楚文王始居,
此後成為楚之重要都邑,穆王、莊王、共王、康王、夾敖、靈王、昭王都
曾居此郢。闔廬所破之郢卽此。」(《清華大學藏戰國竹簡(壹)》,頁 188)
〈楚居〉:「闔廬入郢,焉復徙居秦溪之上,秦溪之上復徙襲媺郢。」(《清
華大學藏戰國竹簡(壹)》,頁 181)然而傳世文獻卻言昭王徙都於鄀,《左
傳·定公五年》(504B.C.)云:

> 四月己丑,吳大子終纍敗楚舟師,獲潘子臣、小惟子及大夫七人。
> 楚國大惕,懼亡。子期又以陵師敗於繁揚。令尹子西喜曰:『乃今可
> 為矣。於是乎遷郢於鄀,而改紀其政,以定楚國。

四月十五日,吳太子終纍敗楚舟師,而子期所率領的陸軍也敗於繁陽。楚
國上下深感恐懼,害怕滅亡,所以令尹子西認為現在楚國終於可以治理,
於是遷都於鄀。鄀,「今湖北宜城縣東南九十里,據《路史·國名紀》,又
名北鄀。」(《左傳注》,頁 1557)〈楚居〉整理者云:「《楚世家》:『(昭王)
十二年,吳復伐楚,取番。楚恐,去郢,北徙都鄀。』本篇中沒有昭王北
徙鄀的記載,而是去了乾溪。」《清華大學藏戰國竹簡(壹)》,頁 190)〈吳
世家〉與〈伍子胥列傳〉亦皆云楚去郢徙鄀。故「昭王焉復邦」,或如李守
奎先生所云「收復邦土」,亦可理解為返回楚國或恢復邦國之意。經歷滅國
之禍後,楚王與楚臣「改紀其政」,改革治理政事,以安定楚國。又《繫年》
第十九章簡 104-106「昭【一〇四】[王]即位,陳、蔡、胡反楚,與吳人伐
楚。秦畢公命子蒲、子虎率師救楚,與楚師會伐唐,縣之。【一〇五】昭王
既復邦,焉克胡、圍蔡。」可與本段並觀。

　　雯雯又按:闔廬此役雖未成,然「以伍子胥、孫武之謀,西破彊楚,
北威齊晉,南服越人。」(〈伍子胥列傳〉)戮力經營吳國,終在其子夫差時,

於黃池之會稱霸中原。然在吳、楚爭戰時，越國也漸漸崛起。從楚莊王十三年與越盟（《左傳・宣公八年》），到楚靈王三年隨之伐吳（《左傳・昭公五年》）、楚平王十一年時越勞楚王《左傳・昭公二十四年》，一直以楚國附庸角色出現。然當吳國闔閭勢力逐漸擴張時，越國亦不能小覷：

> 夏，吳伐越。始用師於越也。史墨曰：『不及四十年，越其有吳乎！越得歲而吳伐之，必受其凶。」（昭公三十二年〔510B.C.〕，《左傳注》，頁1516）

這一年吳國始對越國用兵。而史墨預言不出四十年，越國將得吳國。《史記・越世家》云：「允常之時，與吳王闔廬戰而怨相伐。」楊伯峻先生云：「其實哀二十二年越滅吳，自此年算起，歷三十八年。」（《左傳注》，頁1516）定公五年時（510B.C.），《傳》文記載「越入吳，吳在楚。」（《左傳注》，頁1550）〈吳世家〉云：「十年春，越聞吳王之在郢，國空，乃伐吳。吳使別兵擊越。」趁吳國空虛而伐吳。「闔廬弟夫槩見秦、越交敗吳，吳王留楚不去」而歸吳。（〈吳世家〉，《會注考證》，頁544）

定公十四年（496 B.C.），傳文云：「吳伐越，越子勾踐禦之，陳於檇李。」（《左傳注》，1593）此次越國大敗吳國，闔廬死於此役。夫差誓報父仇，三年後，哀公元年（494B.C.）「吳王夫差敗越于夫椒，報檇李也。遂入越。」（《左傳注》，1605），此次越國瀕於滅亡，然而夫差不聽伍子胥滅越的諫言，反而接受越國的求和，使越國得以存續。哀公十三年（482B.C.），夫差於北上黃池與晉爭霸，然此時句踐伐吳，大敗吳師，且俘虜守國的太子友等人。後夫差回國後與越國媾和。（《左傳注》，頁1676、1679）哀公十七年（478 B.C.）越國伐吳而敗之。（《左傳注》，頁1707）哀公十九年（476 B.C.）時，「越人侵楚，以誤吳也」，此次為誘敵之策，越人假裝侵楚，實則要誤導吳國，使之放鬆警惕。（《左傳注》，頁1707）乃為下年滅吳作準備。在哀公二十年

（475B.C.），「十一月，越圍吳。」（《左傳注》，頁 1716）

兩年後，越國滅吳：

> 冬十一月丁卯，越滅吳，請使吳王居甬東。辭曰：『孤老矣，焉能事
> 君？』乃縊。越人以歸。（哀公二十二年（473 B.C.），《左傳注》，頁
> 1719）

越滅吳，雖未殺夫差，然夫差自縊。吳國霸業，在北上黃池時達到鼎盛，
盛極而衰。歸自黃池後，越國如芒刺在背，不斷威脅進攻吳國，最終為越
國所滅。

而句踐平吳後，「乃以兵北渡淮，與齊、晉諸侯會於徐州，致貢於周。
周元王使人賜句踐胙，命為伯。句踐已去，渡淮南，以淮上地與楚，歸吳
所侵宋地於宋，與魯泗東方百里。當是時，越兵橫行於江、淮東，諸侯畢
賀，號稱霸王。」（〈越王句踐世家〉，《會注考證》，頁 668）越國跟隨吳國
腳步，亦與中原諸侯爭霸，並得到周天子的賜命，號稱霸王。然傳七世後，
「楚威王興兵而伐之，大敗越，殺王無彊，盡取故吳地至浙江，北破齊於
徐州。而越以此散，諸族子爭立，或為王，或為君，濱於江南海上，服朝
於楚。」（〈越王句踐世家〉，《會注考證》，頁 670）最後朝服於楚。

楚國在莊王時霸，其後楚、晉相爭為盟主。吳國興盛，實為晉國抗楚
的策略。

時楚消吳長，故吳國欲敗楚而有爭霸之心，然吳國在勢力逐漸達到巔
峰時，越國也開始崛起。最終越國，然越又為楚所滅。江淮間楚、吳、越
的紛爭至此結束。

《繫年》第十六章集解

【章旨】

楚共王七年，楚國攻打鄭國，晉國會同諸侯救鄭。這次戰役中，鄭國俘擄了楚國的鍾儀獻給晉國。共王九年，晉國想與楚國媾和，故將鍾儀縱放回楚國，其後兩國先後派遣了鍾儀、羅之茷、王子辰作為結盟使者，最後在宋國華元的調停下，兩國在宋國會盟，即第一次弭兵之會。成公十六年楚國違背盟約北侵鄭、衛，與晉國發生鄢陵之戰，第一次弭兵運動遂告失敗。成公十八年，晉厲公被卿大夫欒書與中行偃設計殺害。

【釋文】

楚龍（共）王立七年，命（令）尹子䣄（重）伐奠（鄭）①，為沗（氾）之䣱（師）②。晉競（景）公③會者（諸）侯以戏（救）鄭＝（鄭，鄭）人戠（捷）芸（鄖）公義（儀）④，獻【八五】者（諸）競＝公＝（景公，景公）以衛（歸）。一〈二〉年，競（景）公欲與楚人為好，乃敓（脫）芸（鄖）公，囟（使）歸（歸）求成，龍（共）王叟（史－使）芸（鄖）公聘（聘）於【八六】晉，旻（且）許成⑤。競（景）公叟（史－使）事（使）翟（羅）之伐（茷）聘（聘）於楚，虞（且）攸（修）成，未還，競（景）公𠬪（卒），東（厲）公即立（位）⑥。䫽（共）王事（使）王【八七】子䐗（辰）聘（聘）於晉，或攸（修）成，王或事（使）宋右帀（師）芋（華）孫兀（元）行晉楚之成⑦。晶（明）戩（歲），楚王子波（罷）會晉文【八八】子爕（燮）及者（諸）侯之夫＝（大夫），明（盟）於宋，曰：「爾（彌）天下之虢（甲）兵。」⑧晶（明）戩（歲），東（厲）公先起兵，衛（率）䣱（師）會者（諸）

侯以伐【八九】秦，𡉚=（至于）涇⑨。龏（共）王亦衒（率）𠂤（師）回（圍）奠（鄭），柬（厲）公栽（救）奠（鄭），敗楚𠂤（師）於隁（鄢）⑩。柬（厲）公亦見禍（禍）以死，亡（無）遂（後）⑪。【九〇】

【語譯】

楚共王即位七年，令尹子重攻打鄭國，攻打至汜地。晉景公會合諸侯來救鄭國，鄭人捕獲鄖公鍾儀獻給晉景公，晉景公囚鍾儀回國。一年之後，景公想要與楚國交好，因此解放鄖公，使鄖公回到楚國，促使兩國交好，楚共王派遣鄖公為使者聘問晉國，答應兩國合盟之事。（隔年）景公派遣羅之茷到聘問楚國，想完成二國交好的盟約，但還未回國，此時景公逝世，厲公即位。楚共王派遣王子辰聘問晉國，來完成二國交好的盟約，楚王又派遣右師華孫元去進行晉楚之盟。隔年，楚王子罷會同晉文子燮和諸大夫，會盟於宋，約定「彌平天下的軍隊。」（此為第一次弭兵之會）隔年，厲公起兵率諸侯攻打秦國，一直攻打到涇河。（成公十六年）楚共王率領軍隊圍鄭國，厲公率兵來救鄭國，在鄢地打敗楚軍。（成公十八年）厲公被（卿大夫）設計殺害而死。

【集解】

① **楚龍（共）王立七年，命（令）尹子䡈（重）伐奠（鄭）**

整理者：楚龍王，《左傳》及《史記・楚世家》等作「楚共王」，《國語》作「楚恭王」，《呂氏春秋》作「楚龔王」。名審，又作葴。在位三十一年。楚共王七年為魯成公七年。《春秋》成公七年：「秋，楚公子嬰齊帥師伐鄭。」同年《左傳》：「秋，楚子重伐鄭，師于汜。」令尹子重即公子嬰齊，青銅器中作「王子嬰次」（一九二三年新鄭李家樓所出王子嬰次爐），楚莊王弟。（頁 174-175，注 1）

方炫琛：左襄十三經「楚子審卒」，則審，其名也，詳 0857 宋公固條。傳稱「楚子疾，告大夫曰：『不穀不德……請為靈若厲，大夫擇焉。』……楚共王卒，子囊謀謚，大夫曰：『君有命矣。』子囊曰：『君命以共，若之何毀之？赫赫楚國，而君臨之，撫有蠻夷，奄征南海，以屬諸夏，而知其過，可不謂共乎？請謚之共。』大夫從之。」謂楚子審臨死請受靈或厲之惡謚，而子囊則謚之「共」，明謂共為其謚。（《名號研究》頁 534，1806「楚子審」條）

方炫琛：左成二經「公會楚公子嬰齊于蜀」，經多書名，則嬰齊，其名也，同年傳稱其為「令尹子重」，蓋此時公子嬰齊為令尹也。左宣十一「楚左尹子重侵宋」，杜注：「子重，公子嬰齊。」蓋未為令尹之前，任左尹之官，故稱左尹子重。解詁云：「楚公子嬰齊，字子重。」以嬰齊為其名，子重為其字。（《名號研究》頁 170，0297「公子嬰齊」條）

子居：整理者之說是。楚國的伐鄭，源自西元前五八六年之事，《左傳・成公五年》：「許靈公愬鄭伯于楚。六月，鄭悼公如楚訟，不勝，楚人執皇戌及子國。故鄭伯歸，使公子偃請成于晉。秋，八月，鄭伯及晉趙同盟於垂棘。……冬，同盟於蟲牢，鄭服也。」在更早的西元前五九七年的邲之役中，晉師荀林父等人因考慮到眾狄未定等緣故而不支持與楚師發生大規模衝突，而先縠、趙旃等人的急功冒進，則直接導致了晉師之敗。此後，晉、楚在中原各國中的影響力逆轉，晉國雖仍不時干預中原之事，但其主要則致力於對晉國周邊地區的眾狄的離析及對赤狄的攻伐，並藉此東進擴地至齊境並進而伐齊而服之（對應于清華簡《繫年》第十三、十四章事）。也就是說，晉國很大程度上放棄了對鄭國的強制懾服，從而在此一階段避免了與楚國的直接衝突，由縱向戰略轉為橫向擴張，至《左傳・成公三年》：「秋……晉郤克、衛孫良夫伐廧咎如，討赤狄之餘焉。廧咎如潰，上失民也。」成功清剿了赤狄的殘餘力量，成為黃河北岸獨一無二的大國。至此，晉國得以長舒一口氣，於是轉而又在中原強勢登場，所以才有《春秋・成

公五年》所載「十有二月己丑，公會晉侯、齊侯、宋公、衛侯、鄭伯、曹伯、邾子、杞伯同盟于蟲牢。」于《左傳》的「鄭服也」一句，根本性的體現了此次盟會的關鍵所在。相應的，對於楚國而言，這無疑屬於「是可忍，孰不可忍」的事情，所以馬上於西元前五八五年、五八四年連續伐鄭，《左傳・成公六年》：「楚子重伐鄭，鄭從晉故也。」即是道出了其本質原因。(〈16～19章解析〉)

怡璇按：子居已將楚國伐鄭的原因說的很明白，《左傳》成公六年：「楚子重伐鄭，鄭從晉故也。」《繫年》第七章晉、楚會戰，楚方軍隊為「奠（鄭）、蘥（衛）、陳、邻（蔡）及羣蠻巨（夷）之𠂤（師）」，可見在僖公二十八年的城濮之戰時，鄭國仍是楚國的盟軍，楚國為大國，因此鄭國許多事情的決定權在楚國，故鄭國與他國有紛爭時，即是以楚國決斷為依歸，但這也是楚、鄭二國會決裂的原因。《左傳》成公五年的「許靈公愬鄭伯于楚。六月，鄭悼公如楚訟，不勝，楚人執皇戌及子國。故鄭伯歸，使公子偃請成于晉。」許國之所以控訴鄭國是因為《左傳》成公四年：

> 冬十一月，鄭公孫申帥師疆許田，許人敗諸展陂。鄭伯伐許，取鉏任、泠敦之田。晉欒書將中軍，荀首佐之，士燮佐上軍，以救許伐鄭，取氾、祭。楚子反救鄭，鄭伯與許男訟焉。皇戌攝鄭伯之辭，子反不能決也。

可見許、鄭二國的紛爭原於領土的糾葛，楊伯峻指出「去年鄭曾侵許，掠奪田地，今年又帶領軍隊往定其經界，為許人所敗。」(《春秋左傳注（修訂本）》，頁819)，鄭國在劃分去年所得的許國土地時，被許國打敗，鄭國而後又出兵攻打，取得許國的鉏任等地，此時晉國出兵維護許國，而楚國出兵幫助鄭國，許、鄭二國在子反面前爭訟領土之事，但子反不能決斷，故才有成公六年的「許靈公愬鄭伯于楚。」鄭國為楚國的盟軍，然而楚國

對於此事的紛爭竟沒有維護鄭國，甚至囚禁了皇戌及子國（子國為鄭穆公之子公子發，楊伯峻：《春秋左傳注（修訂本）》，頁 823），因為楚國的處理不當（對鄭國而言），才會導致鄭國的異心，因此《左傳》記載「故鄭伯歸，使公子偃請成于晉。」鄭國於是轉而尋求另一大國「晉國」的政治庇護，此舉也才會引起楚國不滿，《左傳》成公六年記載「楚子重伐鄭，鄭從晉故也。」又王子嬰次爐，王國維考證「嬰次」即「公子嬰齊子重」。

② 為沭（氾）之𠂤（師）

整理者：沭，《左傳》作「氾」，杜預注：「鄭地，在襄城縣南。」楊柏峻《春秋左傳注》：「氾有二，僖二十四年傳與此傳之氾是南氾，在河南襄城縣。僖三十年傳之氾是東氾，在河南中牟縣。南氾離楚較近。」（頁 175，注 1）

董珊：我同意「沭」即「氾」的看法，關於文字的問題另詳。但楚人攻鄭，應由南往北，不可能先跑到新鄭東北再向南進攻，所以簡文兩見「沭」的位置，都應該是南氾，位于襄城的南氾。（〈讀清華簡《繫年》〉，復旦網，2011 年 12 月 26 日）

有鬲散人（網名）：「沭」字若果讀為「氾」，那麼該字的右旁，也即它的聲旁有可能是「東」的訛體。甲骨文中的從「東」之字或作：（《新甲骨文編》，頁 407）、（《新》，頁 407）、（《新》，頁 893）。上揭諸字所從的「東」旁，與「禾」有些相似，演變到戰國時代，訛為「禾」字形是可以理解的。「東」與「巳」聲字古音很近（參裘錫圭：《說（字）白大師武》，《古文字論集》，頁 357-358，中華書局，1992 年；裘錫圭等：《晉侯蘇鐘筆談》，《文物》，1997 年第 3 期，頁 65-66），作「氾」的聲旁是沒有問題的。（董珊〈讀清華簡《繫年》〉下評論第 3 樓，2011 年 12 月 26 日）

子居：沭、氾二字無論音韻還是字形皆相去甚遠，故沭地恐非氾地，

兩地當是相鄰極近的關係。《水經注・汝水》：「汝水又東南流，與白溝水合，水出夏亭城西，又南徑龍城西。城西北即摩陂也，縱廣可十五里。魏青龍元年，有龍見於郟之摩陂，明帝幸陂觀龍，於是改摩陂曰龍陂，其城曰龍城。……汝水又東南，徑襄城縣故城南。……其城（襄城）南對氾城，周襄王出鄭居氾，即是此城也。《春秋》襄公二十六年，楚代鄭，涉氾而歸。杜預曰：涉汝水於氾城下也。」此經於摩陂的白溝水，其名不古，摩、禾音近，因此疑白溝水古當即稱沭水，其地蓋為一地。《平頂山文史資料　第12輯》：「摩陂亦稱龍陂，故地在今郟縣長橋境內。」是摩陂正鄰於今河南省襄城縣西境。《史記・周本紀・正義》引《括地志》云：「故氾城在許州襄城縣一里。《左傳》云『天王出居於鄭，處於氾』是。」由此可推知，若摩陂確即先秦時之沭地，則沭、氾兩地距離大致在先秦之一舍三十里內，《左傳》記在故襄城縣南一里的氾地與《繫年》記在河南省襄城縣西境的沭地自是並沒有大的差異。類似的同事異地且兩地相近的記載，於《春秋》、《左傳》往往可見，之前的清華簡《繫年》章節與傳世文獻的對比也說明了這一點。（〈16～19章解析〉）

　　建洲按：「沭」字作：（85）、（130）。《春秋》成公七年：「秋，楚公子嬰齊帥師伐鄭。」同年《左傳》：「秋，楚子重伐鄭，師于氾。」可知「沭」對應今本的「氾」。「柬」與「巳」聲音確實相近，有鬲散人基於此點認為「沭」的「禾」旁源於「柬」的訛變亦有其理。不過，師鼎（5.2830）「柬」作、「辣」作；春秋晚期杞國文公之母弟鐘「柬」作（鄔可晶〈文公之母弟鐘銘補釋〉《中國文字》新36期，此字一說釋為「困」）這種「象『木』的周圍有物包束之形」與「禾」形頗有距離。「柬」字亦見於西周晉侯蘇鐘（《近出》36，《新收》871）蕭（菓）作、曾侯乙墓編鐘律名對應《國語》的「羽」與《周禮・春官・大司樂》的「函鐘」的字作、，裘錫圭、李家浩先生指出字是由「柬」字甲骨文作的左旁「」一類簡體變來，「」這類寫法是有可能變為「」的，即「」上部所

从。（〈談曾侯乙墓鐘磬銘文中的幾個字〉，《古文字論集》，頁 420）此外，馬王堆帛書《五行》三二六行「圍」字作▨、虎溪山漢簡《閻氏五勝》戊 4 號簡「圍」字作▨，吳振武先生指出此二字中間所從的「串」旁，可能就是可以讀作「韋」的「東」。其中間的豎筆是「木」之省，「〓」則象木上的纏束物。（〈談虎溪山漢簡《閻氏五勝》中的幾個字〉，《康樂集》頁 35-37）。可見楚漢文字的「東」都從「〓」，與「禾」形無關。如果此字真是從水從「東」，大概會寫作「陳」。還有一種例子可以證明，「梨」作▨（《信陽》2.2）、「俫」作▨（《性情論》37），其「枺」旁與甲骨文「東」作▨非常相似，但是這些「枺」字卻也從未省簡為「木」或「禾」。

《新蔡》零 415▨、甲三 414+412▨、《楚居》簡 8▨、簡 9▨、簡 13▨、簡 14▨、▨；《蘭賦》簡 2▨，學者以往都認為是「黍」字。（詳見拙著《楚文字論集》頁 39）。現在由《繫年》的「沬」字讀為「氾」來看，舊說大概是有問題的。二〇一二年十月二十四日參加上海復旦大學出土文獻與古文字研究中心舉辦的第十九屆古文字年會時，我與陳劍先生比鄰而坐，陳先生告訴我《蘭賦》「▨」字仍應讀為「氾」，文例是「汙（旱）其不雨，可（何）淋（氾）而不沾（涸）？」氾、涸正是相反概念。陳劍先生半開玩笑地指出甲骨文「沉」作▨、▨，物質較重故往下沉。會不會▨的造字方式與「沉」相同，亦即「禾」較輕，所以會漂浮在水面上。「氾」本有漂浮的意思，如《國語》：「是故氾舟於河」。總之，「沬」或「淋」何以解為「氾」，字形上仍缺乏關鍵的演變證據。又燕國璽印亦見「沬」字，文例皆是「沬某都+官名」（參見王愛民《燕文字編》，頁 174），「沬」作地名用，如何釋讀亦待考。

從聲音考察，「黍」（書紐魚部）與「氾」（並紐談部），韻部魚談孟蓬生先生已多次著文證明二者可通，但是聲紐距離太遠，不能通假。或是將「沬」與「淋」分析為從「禾」聲，「禾」，匣紐歌部，與「氾」聲紐屬喉脣相通，從有關材料，中古舌根音聲母字與雙脣音聲母字在先秦古文字材

料可以相通。孟蓬生先生〈「法」字古文音釋—談魚通轉例說之五〉:「夫、戶均為魚部字,夫、戶喉脣相通,正如『法』字从『去』聲而讀同『乏』而借為『廢』一樣。夫、百聲韻相近,無煩舉例。戶、百古音亦可相通。《說文·糸部》:『𦃨,履也。一曰青絲頭履也。讀若阡陌之陌。从糸,戶聲。』可見百、夫、戶完全有資格成為作為『法』字的聲符。」其中「戶」是匣紐。李春桃先生曾論及傳鈔古文可能是借「旃」為「會」,他說:「『旃』是並母月部字,『會』是匣母月部字,兩者韻部相同,聲母稍隔,但前文我們在考釋『匯』形時指出並母與匣母有相通情況,如『瑚』可从夫得聲,前者是匣母字,後者是並母字,是其證。」(《傳鈔古文綜合研究》,頁229)。郭店簡《窮達以時》3號簡「河𦥑」,李家浩先生讀為「河浦」。其中「𦥑」是見母;「浦」是滂母。至於韻部歌談屬通轉,筆者曾討論了古文字「坴」字的通假聲音範圍有月、歌、魚、談部,參見《楚文字論集》頁370-376。綜合以上來看,「沶」讀為「氾」只是一種可能,嚴格來說聲韻條件並不好。真實情況如何還有待新出材料來證明。

相關地理位置如下圖所示:譚其驤:《中國歷史地圖集——第一冊》鄭宋衛 24-25④-5、⑤-4:

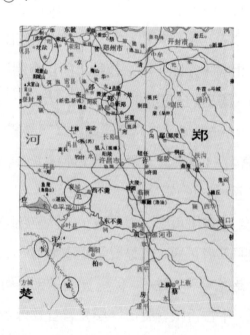

怡璇按：《清華一・楚居》有一字形作「」（簡8）。從二水從禾，所論字作「」，只差一個水旁。單育辰以為《楚居》字形即為「黍」字，《新蔡》零415的「黍」字作「」，與之類似，但改為水點居於上下而已，讀為「慼」。（〈佔畢隨錄之十三〉）蘇建洲師指出《上博八・蘭賦》簡2「」與《楚居》上列字形同形，並引李學勤、趙平安文章指出《楚居》中的「湫」地可能位於湖北省。（復旦吉大讀書會：〈上博八《蘭賦》校讀〉回帖，11樓，2011.7.18）《新蔡》甲三414.412有一形作「」，宋華強先生釋為「黍」，他考釋說：

> 「湫」有可能是「沃」字異體。傳世文獻中，「沃」字見於《玉篇・水部》及《集韻》平聲戈韻和小韻，水名，從字音看，當是從「水」、「禾」聲。古文南子材料中「沃」字見於仲叀父盤……。仲叀父盤「沃」字學者多以為是「黍」字異體。……不過甲骨文「黍」字或作（參看裘錫圭《古文字論集》，第155頁），這種形體把下面兩個「水」旁寫得靠上些就有可能演變為「湫」，所以「湫」是「黍」字異體的可能性並不能排除。（《新蔡葛陵楚簡初探》，頁449）

由宋華強的說法可知「湫」、「沃」和「黍」的關係。仲叀父盤字形作「」，與「」構形相同，仲叀父盤的辭例為「黍梁稻麥」，可見此形釋為「黍」是沒有問題的。誠如單育辰所言，楚簡常見「慼郢」一詞，何浩、劉信芳皆以為「莪」（璇按：即上文的「慼」）可讀為「湫」，何浩認為《望山》中的「莪陵」可能即是指湫城以東近大洪山西側的丘陵地區，春秋之「湫」即是戰國的「莪郢」。（何浩：〈楚國封君封邑地望續考〉，頁67-68）劉信芳以為此地即是都境中的湫城，今湖北宜城縣東南七點五公里的「楚皇城」即是此地舊址。（劉信芳：《包山楚簡解詁》，頁18）「慼」字在楚簡構形眾多，但其構形皆有戈旁，唯有左上或是左下部件改變，即使「黍」聲與「慼」

聲可通假，但楚簡是否會以「黍」形表示常見的「戚」，仍待商榷。

此外，復旦讀書會指出「《關沮秦漢墓竹簡》315.24 有『沭』，用作『和』」（〈清華簡《楚居》研讀札記〉），字形作「」，辭例為「取東〈柬〉灰一升，漬之。沭（和）藁（藥）本東〈柬〉灰中，以靡（摩）之，今血欲出。」（《關沮秦漢墓簡牘》，頁 127）可見「沭」字字形可表示「和」和「黍」二詞，不排除是同形的關係。宋華強以為「沭」字可能是「淋」的異體，但就《繫年》此處來看，此說較不適宜，「淋」地位於湖北省，而「氾」地在河南，二者不可能是同一地。「淋」為清紐幽部，「氾」為並紐文部，幽、文雖有通假可能（參李家浩：〈楚簡所記楚人祖先「娧（鬻）熊」與「穴熊」為一人說——兼說上古音幽部與微、文二部音轉〉，頁 5-44），但清紐和並紐罕見通假例證，因此「沭」與「淋」也不會是通假關係。以上諸字關係為何還有待繼續探究。

③ 晉競（景）公

整理者：晉競公，《左傳》及《晉世家》作「晉景公」，名獳，又名據，晉成公子，在位十九年。《春秋》成公七年：「（魯成）公會晉侯、齊侯、宋公、衛侯、曹柏、莒子、邾子、杞柏救鄭。」（頁 175，注 2）

方炫琛：左成十經「晉侯獳卒」，則獳、其名也，詳 0857 宋公固條。其稱景公，晉景公者，景蓋其謚也。（《名號研究》頁 423，1341「晉侯獳」條）

④ 芸（郎）公義（儀）

整理者：芸公義，《左傳》作「郎公鍾儀」，《左傳》成公七年：「鄭共仲、侯羽軍楚師，囚郎公鍾儀，獻諸晉。……晉人以鍾儀歸，囚諸軍府。」（頁 175，注 3）

方炫琛：左成七「囚鄖公鍾儀」，此楚大夫，左成九載晉侯問其族，對曰「泠人也」，據此，鍾亦其氏也，見 2259 鍾建條。儀則其名或字。（《名號研究》頁 545-546，1804「鄖公鍾儀」條）

建洲按：「芸」讀為「鄖」。《左傳》宣公四年云：「初，若敖娶於䢵，生鬬伯比。……其孫箴尹克黃」，「䢵」即「鄖」，鄖國地點一般以為在今湖北省安陸市（《包山》181 已載有「安𨻶（陸）」）。《左傳》桓公十一年「鄖人軍於蒲騷，將與隨、絞、州、蓼，伐楚師」（此段內容亦見於《上博九・陳公治兵》簡 2「先君武王與䢵（鄖）人戰於蒲騷」）杜預注說「鄖國在江夏雲杜縣東南有鄖城。」《漢書》卷 28〈地理志上〉江夏郡「雲杜」縣顏師古注引應劭曰：「《左傳》若敖娶于䢵，今䢵亭是也。」尹弘兵：《楚國都城與核心區探索》頁二〇七據此認為古鄖國在漢晉雲杜縣東南，而漢晉雲杜縣石泉先生認為在今湖北京山、鍾祥兩縣之間，見〈雲杜、綠林故址新探〉《古代荊楚地理新探》（武漢：武漢大學出版社，1988 年）頁 158-173。

⑤ 一〈二〉年，競（景）公欲與楚人為好，乃敚（脫）芸（鄖）公，囟（使）歸（歸）求成，龍（共）王叟（史－使）芸（鄖）公甹（聘）於【八六】晉，叟（且）許成。

整理者：《左傳》成公九年：「晉侯（景公）觀于軍府，見鍾儀。……（景公）重為之禮，使歸求成。……十二月，楚子使公子辰如晉，報鍾儀之使，請脩好、結成。」簡文稱楚共王復使芸公義還晉，晉景公卒，厲公即位，乃使公子辰聘晉，與《左傳》當年即使公子辰不同。（頁 175，注 4）

子居：當以《左傳》為是。觀《繫年》下文「共王使王子辰聘於晉，又修成，王又使宋右師華孫元行晉楚之成。」所記楚人求成之態，未免過切，溯其原本，顯然就是使王子辰的時間在《繫年》作者那裡成了問題，而《左傳》於此則敍事清晰，故當以《左傳》為是。其明年，晉、楚盟于

宋，《左傳》詳載其辭，而《繫年》則略稱「弭天下之甲兵」，可見《繫年》作為私家記述，在這方面遜於《左傳》。（〈16～19章解析〉）

（一）一〈二〉年

建洲按：此處「一年」當如陳玄、沈培先生所說「事隔一年」或「過了一年」的時間點（陳玄：〈也談《繫年》的「厭年」〉，復旦網，2012年10月29日、沈培：〈再說兩個楚墓竹簡中讀為「一」的用例〉，承繼與拓新──漢語語言文字學國際研討會），則是楚共王八年。但根據《左傳》的記載，「脫鄖公」發在在魯成公九年（即楚共王九年）秋天，距離魯成公七年（即楚共王七年）秋天「命（令）尹子褈（重）伐奠（鄭），為沃（氾）之臼（師）」前後兩事間隔二年之長的時段，可見簡文的「一年」實為「二年」之誤。如同第二十一章簡116「楚朿（簡）大王立七年，……二年，王命莫嚻（敖）易為衒（率）臼（師）戜（侵）晉」的「二年」，李學勤先生在《清華簡〈繫年〉及有關古史問題》一文中認為所謂「二年」是指「過了兩年，即簡王九年。」請見該詞條注釋。

（二）敓（脫）芸（鄖）公

整理者：「敓」讀為「說」。（頁174釋文）

郭理遠：《左傳》此處作「晉侯觀于軍府，見鍾儀……使稅之」，杜預注「稅，解也」，楊伯峻注「『稅』同『脫』，解除其縶縛拘禁」。《左傳》文意與此簡大致相同，「敓」還是讀為「脫」比較好。（〈《清華（貳）》討論記錄〉）

思齊：與86號簡「景公欲與楚人為好，乃🖎」，從語境看，應該是同一個詞，都表示赦免、開脫之類的意思，應讀為「脫」。不知何故，整理者將前者讀為「脫」，將後者讀為「說」，且均無說明。（〈對清華簡《繫年》

釋文的一處疑惑〉）

怡璇按：讀為「脫」，正確可從。根據統計晉、楚二國為了爭鄭國的與盟歸附，晉發動了二十二次軍事行動，而楚國則發動了十五次。（翟淑君：《春秋時期的會盟問題研究》，頁25）可見會盟已經沒有多大的實質意義了。

（三）囟（使）歸（歸）求成，龍（共）王叟（史－使）芸（郙）公喿（聘）於【八六】晉

建洲按：此處既有「囟」，又有「叟」，用法似有不同。以往學者或將「囟」讀為「斯」，認為有庶幾、希望的意思，但是簡104「楚靈王立，既縣陳蔡，景平王即位，改邦陳蔡之君，囟各復其邦。」的「囟」顯然不能理解為希望，因為復邦是陳蔡之君的企盼，不會是楚平王的企盼。此處仍暫將「囟」讀為「使」。

⑥ 競（景）公叟（史－使）翟（欒）之伐（茷）喿（聘）於楚，虗（且）攸（修）成，未還，競（景）公窣（卒），東（厲）公即立（位）

整理者：見《左傳》成公十年：「春，晉侯使欒茷如楚，報大宰子商（杜注：楚公子辰）之使也。……晉侯有疾，五月，晉立太子州蒲以為君。……秋，（魯成）公如晉。晉人止公，使送葬。於是欒茷未反。」據《左傳》，晉厲公名州蒲，《史記‧晉世家》作「壽曼」，孔穎達《正義》引應劭《風俗通義‧舊君諱議》作「州滿」。劉知幾《史通‧五行志雜駁》篇以「蒲」為誤。（頁175，注5）

方炫琛：左成十八經「晉弒其君州蒲」，經多書名，州蒲蓋其名也。州蒲之蒲，或本當作滿，左成十經孔疏謂「應劭作舊名諱議云：昔者周穆王名滿，晉厲公名州滿，又有王孫滿，是同名不諱」，則漢末應劭所見左傳作

州滿，又以州滿為晉厲公之名。史記晉世家及十二諸侯年表作壽曼，史記志疑卷八云：「曼、滿音相近，壽、州字相通。」則以作州滿為是，劉知幾亦以為當作州滿，見史通五行志雜駁篇，左成十釋文亦云：「州蒲，本或作州滿。」綜上所述，蒲當為滿之誤字，州滿為晉厲公之名，其稱晉厲公者，厲蓋其諡也。（《名號研究》頁 105-106，0030「大子州蒲」條）

怡璇按：《左傳》，晉厲公名州蒲，《史記・晉世家》作「壽曼」，孔穎達《正義》引應劭《風俗通義・舊君諱議》作「州滿」，《史記志疑》卷八云：「曼、滿音相近，壽、州字相通。」「滿」、「曼」除聲音相近外，字形也相近，漢簡中的「滿」字作「蒲」、「潇」（字形取自《秦漢魏晉篆隸字形表》，頁 796），「蒲」字作「蒲」、「誧」（字形取自《秦漢魏晉篆隸字形表》，頁 37）。因此，文字在傳抄過程中，二字互為異文是有可能的。

⑦ 訊（共）王事（使）王【八七】子脣（辰）嚊（聘）於晉，或攸（修）成，王或事（使）宋右帀（師）芋（華）孫兀（元）行晉楚之成。

整理者：此次王子辰出使晉國，《左傳》未載。《左傳》成公十一年：「宋華元善於令尹子重，又善於欒武子，聞楚人既許晉糴茷成，而使歸復命矣。冬，華元如楚，遂如晉，合晉、楚之成。」（頁 175，注 6）

方炫琛：左文十六「於是**華元為右師**」，杜注：「華元，督曾孫。」孔疏：「世本云：華督生世子家，家生華孫御事，事生華元右師，是也。」則世本謂華元為華御事之子，華父督之曾孫，華御事見左文七，已以乃祖華父督之字華為氏，則其之華元之華字，亦氏也。左宣十五華元告子反曰：「寡君使元以病告……」，自稱元，則元，其名也。（《左傳人物名號研究》頁 516，1733「華元」條）

怡璇按：《左傳》、《繫年》記載晉楚結成的歷程如下：

成公九年：文子曰：「……君盍歸之，使合晉楚之成。」公從之，重

為之禮，使歸求成……十二月，楚子使公子辰如晉，報鍾儀之使，請修好結成。

成公十年：十年春，晉侯使糴茷如楚，報大宰子商之使也。（璇按：大宰子商即公子辰。）……於是糴茷未反。

成公十一年：宋華元善於令尹子重，又善於欒武子，聞楚人既許晉糴茷成，而使歸復命矣。冬，華元如楚，遂如晉，合晉、楚之成。

《繫年》的記載略為不同：

競（景）公欲與楚人為好，乃敓（脫）芸（郲）公，囟（使）歸（歸）求成。

龏（共）王叟（史—使）芸（郲）公聘（聘）於晉，曼（且）許成。

競（景）公叟（史—使）翟（糴）之伐（茷）聘（聘）於楚，虞（且）攸（修）成，未還，競（景）公窣（卒），東（屬）公即立（位）。

龏（共）王事（使）王子脣（辰）聘（聘）於晉，或攸（修）成。

王或事（使）宋右帀（師）芊（華）孫兀（元）行晉楚之成

子居認為「《左傳》於此則敘事清晰」，其實《繫年》的記載不亞於《左傳》，尤其是其中的「求成」、「許成」、「修成」、「或修成」等語句，皆將使者的目的表示清楚。《左傳》所云「楚子使公子辰如晉，報鍾儀之使」是說楚王派公子辰去晉國，以回報鍾儀的使命。《繫年》則是說楚王再派鍾儀自己回晉國覆命說楚國答應晉國的媾和。《繫年》載「乃敓（脫）芸（郲）公，囟

（使）歸（歸）求成。」此處對應的為《左傳》成公九年「重為之禮，使歸求成。」而後鍾儀成為晉、楚二國交好的橋梁，因此《繫年》記載了楚國的回應「龍（共）王旻（史─使）芸（郹）公聘（聘）於晉，旻（且）許成。」「求成」與「許成」更是可以互相對應，此為晉、楚二國媾和的第一次接觸。第二次為「競（景）公旻（史─使）翟（欒）之伐（茷）聘（聘）於楚，虜（且）攸（修）成」，此事對應的為成公十年：「晉侯使欒茷如楚。」但欒茷還未返國，景公便逝世，而後厲公即位，晉、楚二國交好之事便延遲了下來。直至楚國再派遣公子辰至晉國，才又搭起橋梁，此為第三次接觸。

建洲按：比對上引文獻，有幾點不同之處：

（一）《左傳》成公九年記載楚共王派公子辰至晉回覆鍾儀使命；《繫年》則記載楚共王派鍾儀再回晉覆命，且答應媾和，時間應該也是成公九年。朱曉海先生誤認「公子辰」是吳王闔廬的弟弟夫槩，即第十五章的「吳王子脣（晨）」。又說楚欲與晉修好，怎麼會派遣仇國王族為使者呢？對照《左傳》卷五五〈定公五年〉的記載：「夫槩王歸自立也，以與（吳）王戰而敗，奔楚為堂谿氏」然後才理解其中原委：王子晨已因發動政變失敗，歸化為楚臣。（〈清華簡所謂《繫年》的書籍性質〉，頁434）以定公五年的「夫槩王」來說明成公九、十一年的「公子辰」，顯不可從。朱先生蓋一時失察。

（二）《左傳》成公十年記載晉景公派欒茷至楚回報公子辰的出使；《繫年》雖然也記載晉景公派欒茷至楚，但原因是「且修成」，未提到公子辰的信息。但相同的是欒茷都未在晉景公在世時返國。

（三）《左傳》成公十一年記載楚國答應欒茷的求和，且讓他回國。同時宋國華元與晉楚兩國的高官交情深厚，所以他先後到楚國與晉國促成楚晉結好，看起來似乎是華元自願做兩國的中間人。《繫年》不同之處是未記載欒茷何時回國，但卻記載了楚共王派公子辰至晉「或修成」（「或」，又也）。這有兩種可能：一是欒茷未達成其講和的使命，否則公子辰的使命應該是

「聘於晉，且**許成**」。二是羅筏達成使命了，且回國了，但《繫年》沒有記載此事。後來楚晉關係又生變，所以楚王派公子辰至晉「或修成」。二說似乎後者較為可能，所以底下接著說楚王再派華元促成晉楚的友好。華元受楚王指派與《左傳》不同。當然不排除《左傳》云「冬，華元如楚」本來只是華元單純的朝聘，而「遂如晉」則如《繫年》所云是受到楚王的請託指派前往晉國合晉楚之成。

釋文中的「事（使）」分別作 ⿰、⿰，整理者與其他 ⿰（叟）歸在一起（《字表》，頁 220），實誤。⿰、⿰無疑均是「事」字，比較「事」作 ⿰（《性情論》簡 31）、⿰（《性情論》簡 31）、⿰（《孔子見季桓子》簡 5）、⿰（《上博一・緇衣》簡 4）。「事」讀為「使」見白於藍《彙纂》頁 33。又「或」，又也。

⑧　畐（明）歲（歲），楚王子逿（罷）會晉文【八八】子燮（燮）及者（諸）侯之夫=（大夫），明（盟）於宋，曰：「爾（彌）天下之虢（甲）兵。」

整理者：王子逿，《左傳》作「公子罷」。文子燮（燮），《左傳》作「士燮」。《左傳》成公十二年：「宋華元克合晉、楚之成。夏五月，晉士燮會楚公子罷、許偃。癸亥，盟于宋西門之外，曰：『凡晉、楚無相加戎，好惡同之，同恤菑危，備救凶患。若有害楚，則晉伐之；在晉、楚亦如之。交贄往來，道路無壅；謀其不協，而討不庭。有渝此盟，明神殛之；俾隊其師，無克胙國。』」（頁 175，注 7）

（一）明歲

建洲按：指隔年，《左傳》成公十二年，也可以說明第二十一章簡 116「楚柬（簡）大王立七年，……二年，王命莫囂（敖）易為衛（率）㠯（師）

戡（侵）晉」的「二年」整理者解釋為「隔年」是不對的，請見該詞條說明。

（二）楚王子達（罷）

方炫琛：左成十二「晉士燮會楚公子罷」，杜注謂公子罷為「楚大夫」。（《名號研究》頁169，283「公子罷」條）

建洲按：楚王之子稱王子或公子，出土楚系材料如竹簡與銘文以「王子某」為習稱，《左傳》多稱「公子某」。如《左傳》文公九年載「楚公子朱自東夷伐陳」，杜《注》為「息公」，不確。公子朱當是楚王之子，名朱。（參何浩：〈「王子某」、「楚子某」與楚人的名和字〉，《江漢論壇》1993年7期）。楚靈王熊虔既名「公子圍」，又名「王子圍」。《楚國歷史文化辭典》云：「《左傳》稱周王之子為王子，楚王之子多稱公子，有時亦稱王子，楚國銅器銘文皆自稱王子某。」（頁42）。可見左成十二的「公子罷」就是簡文的「王子達」，【罷與皮】有大量通假例證，見《聲素》頁五七〇。《北大》老子簡5「去被取此」，今本「故去彼取此」，帛乙「皮」作「罷」。「王子達」也是楚王之子，雖然「比與皮」聲音相近，但此人不可能是楚共王之子「公子比」（即訾敖）。以楚共王前六百年出生來看，假設他二十歲生長子，則成公十二年（前579年）大概三子「公子比」尚未出生。學者也沒有提過二人為一人的意見。

（三）晉文子燮（燮）

方炫琛：左宣十七「范武子將老，召文子曰：『燮乎……』」杜注云：「文子，士會之子，燮，其名。」范武子即士會，士會呼其子士燮曰燮，則燮其名也。士會為士蒍之孫，原氏士，復食采于范，故稱范會、范武子，見0018士會條，故其子亦以士、范為氏，稱士燮、范文子。稱文子者，文蓋

其謚也。又稱范叔，叔蓋其行次，其弟曰逯季，見 0023 士魴條。（《名號研究》，頁 104-105，0027「士燮」條）

（四）爾（彌）

整理者：弭，《國語・周語上》韋注：「止也。」（頁 175，注 7）

怡璇按：「爾」亦可考慮直接讀為「彌」，《集韻・紙韻》：「彌，止也。通作弭。」「彌」與「弭」字字義相同，古書常見「彌」與「弭」字通假，如《史記・司馬相如列傳》：「乘輿彌節裴回。」《漢書・司馬相如傳》、《文選・上林賦》彌作弭。（高亨：《古字通假會典》，【弭與彌】字條，頁 398）。

建洲按：魯成公十二年（公元前 579 年），在宋國華元的協調下，晉、楚兩國在宋國會盟，召開第一次的弭兵會議，已見於本章簡 88-89 所述。三年後，魯成公十五年楚國首先違反盟約，北侵鄭、衛，第一次弭兵運動遂告失敗，也見於本章簡 90 所述，但是所載晉楚鄭的敵我關係與傳世文獻不同（詳下）。魯襄公二十七年（公元前 546 年），宋國的向戌倡議發起第二次弭兵之會，當年夏天，晉、楚、齊、魯、鄭、許、宋、蔡等十四國在宋國舉行盟會，共尊晉、楚兩國為盟主，請見第十八章簡 96-97 所述。此兩次弭兵之會，《繫年》都寫作「爾（彌）天下之諕（甲）兵」。

⑨ 晶（明）歲（歲），東（屬）公先起兵，衕（率）自（師）會者（諸）侯以伐【八九】秦，㝆=（至于）涇

整理者：《春秋》成公十三年：「春，晉侯使郤錡來乞師。……夏五月，公自京師，遂會晉侯、齊侯、宋公、衛侯、鄭伯、曹伯、邾人、滕人伐秦。……秋七月，公至自伐秦。」同年《左傳》：「秦桓公既與晉厲公為令狐之盟（在成公十一年），而又召狄與楚，欲道以伐晉，諸侯是以睦於晉。……五月丁亥，晉師以諸侯之師及秦師戰于麻隧。秦師敗績……師遂濟涇，及侯麗而

還。」杜預《釋例》:「涇水出安定朝那縣西,東南經新平、扶風,至京兆高陸縣入渭。」(頁 175-176,注 8)

怡璇按:晉國與秦國的糾葛很多,在《左傳》成公十三年:「晉侯使呂相絕秦。」中指出秦、晉二國錯綜糾葛的關係:

> 天禍晉國,文公如齊,惠公如秦。……用集我文公,是穆之成也。……文公躬擐甲胄……而朝諸秦,則亦既報舊德矣。……諸侯疾之,將致命於秦。文公恐懼,綏靜諸侯,秦師克還無害,則是我有大造於西也。無祿,文公即世,穆為不吊,蔑死我君,寡我襄公,迭我殽地,奸絕我好,伐我保城,殄滅我費滑,散離我兄弟,撓亂我同盟,傾覆我國家。……我寡君是以有令狐之會,君又不祥,背棄盟誓。

文中提到秦國與晉國的種種紛爭,就晉國立場而言,必定要說秦國的背信忘義,然而晉國其實也非守信之國,如晉惠公因秦國幫助而登基,但卻背信,慶鄭曾指接說出晉惠公的忘恩:「秦內君,君倍其賂;晉飢秦輸粟,秦飢而晉倍之。」(《史記・晉世家》,晉背秦的相關史事可參《繫年》第六章)可見兩國積怨已深。成公十一年晉楚兩國原本要在令狐結盟,但是秦穆公卻不肯渡河導致會盟失敗,如同范文子所說:「是盟也何益?齊盟,所以質信也。會所,信之始也。始之不從,其何質乎?」所以秦伯遂「歸而背晉成」(《左傳》成公十一年)到了十三年秦穆公更是「召狄與楚,欲道以伐晉」,這導致晉秦兩國不得不開戰了。晉會諸侯伐秦,大敗秦師于麻隧。晉國聯軍度過涇水,到達侯麗而還。相關地理位置如下:

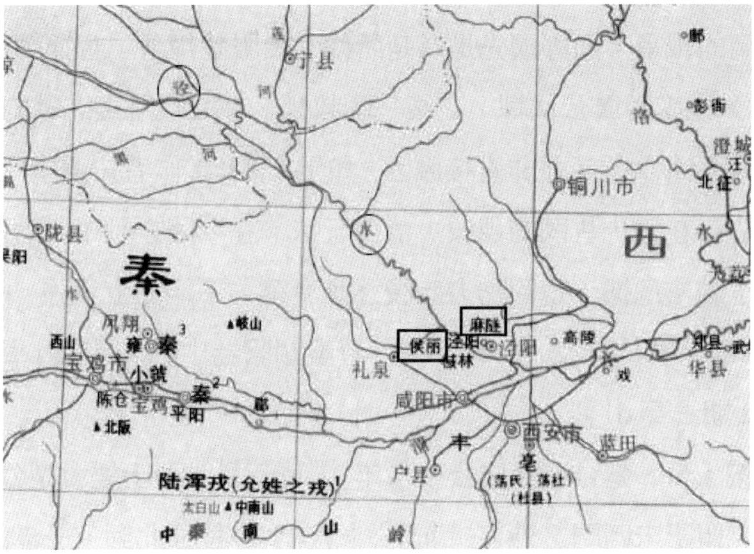

(《中國歷史地圖集-晉秦 22-23》)

⑩ 龏（共）王亦衒（率）𠂤（師）回（圍）奠（鄭），柬（厲）公𢦏（救）奠（鄭），敗楚𠂤（師）於𨻰（鄢）。

整理者：《春秋》成公十五年：「楚子伐鄭。」同年《左傳》：「楚子侵鄭，及暴隧。遂侵衛，及首止。鄭子罕侵楚，取新石。」《春秋》成公十六年：「六月……晉侯使欒黶來乞師。甲午晦，晉侯及楚子、鄭伯戰于鄢陵。楚子、鄭師敗績。楚殺其大夫公子側。」同年《左傳》稱鄭叛晉，衛侯為晉伐鄭。晉厲公伐鄭，「六月，晉、楚遇於鄢陵」。《左傳》說楚伐鄭，鄭服於楚而叛晉，晉伐鄭，遂與楚戰於鄢陵，與簡文不同。𨻰，從𨸏，右半所從為「𡗞」省形。《說文》「𡗞……一曰：讀若傿。」「𡗞」下大形譌為矢形。大、矢作為構字部件時有互譌，可參看《戰國文字編》第三三六頁「侯」字下、三三七頁「矣」字下。（頁 176，注 9）

胡凱、陳民鎮：鄢陵之戰《繫年》一筆帶過，在《左傳》中則有詳細的記述。《繫年》與《左傳》對這一事件記載的最大不同，在於戰爭背景的交代。《繫年》說楚恭王「率師圍鄭，厲公救鄭」，而《春秋》經傳成公十五、十六年對此事有更複雜的敍述：在晉楚交戰之前，尚有鄭、宋的戰爭

以及鄭、衛的戰爭，而鄭國先是為楚所伐，後服楚叛晉，晉揮師伐鄭。《國語·晉語六》也說晉厲公伐鄭，之後楚國救鄭。在交代鄢陵之戰的背景時，存在出入，《繫年》所記並非直接原因。如果《繫年》作者知道事件的始末，那麼有可能存在美化晉國的現象，值得玩味。在鄢陵之戰中，晉國大勝楚國，結束了霸業危機，楚國勢力此後逐漸衰落，不能北上爭強。（〈從清華簡《繫年》看晉國的邦交——以晉楚、晉秦關繫為中心〉，《邯鄲學院學報》2012 年 02 期，頁 61）

怡璇按：晉、楚結盟在成公十二年：「夏五月，晉士燮會楚公子罷、許偃。癸亥，盟于宋西門之外」。到成公十五年：「楚公北師，子囊曰：『新與晉盟而背之，無乃不可乎？』子反曰：『敵利則進，何盟之有？』」所謂「北師」，杜預注：「侵鄭衛。」春秋時期背盟之事甚多，大國之間的會盟只是從自身利益出發而已，如同子木所說：「晉楚無信久矣，事利而已。」（襄公二十七年傳）雖然此時晉、楚聯盟，但楚國認為攻打鄭國有利，因此不顧盟約，攻打晉國的盟友。整理者已指出《繫年》與《左傳》所載的事蹟有別，《繫年》記載晉國救鄭之後，便在𨻶（鄢）地打敗楚國；《左傳》成公十六年：「十六年春，楚子自武城使公子成以汝陰之田求成於鄭。鄭叛晉……鄭人聞有晉師，使告於楚。……六月，晉、楚遇於鄢陵。」則是鄭國被楚國收買，遂背叛晉國，使晉國攻打鄭國，楚國為解救鄭國，與晉國爆發鄢陵之戰。《國語》、《史記》、《穀梁傳》與《左傳》的記載相同：

《史記·十二諸侯年表》西元 575 年：倍晉盟楚，晉伐我，楚來救。（鄭年表）

《史記·十二諸侯年表》西元 575 年：敗楚鄢陵。（楚年表）

《史記·晉世家》：六年春，鄭倍晉與楚盟，晉怒。欒書曰：「不可以當吾世而失諸侯。」乃發兵。厲公自將，五月度河。聞楚兵來救，

范文子請公欲還。郤至曰：「發兵誅逆，見彊辟之，無以令諸侯。」遂與戰。癸巳，射中楚共王目，楚兵敗於鄢陵。

《史記・楚世家》：共王十六年，晉伐鄭。鄭告急，共王救鄭。與晉兵戰鄢陵，晉敗楚，射中共王目。共王召將軍子反。子反嗜酒，從者豎陽穀進酒醉。王怒，射殺子反，遂罷兵歸。

《史記・鄭世家》：十年，背晉盟，盟於楚。晉厲公怒，發兵伐鄭。楚共王救鄭。晉楚戰鄢陵，楚兵敗，晉射傷楚共王目，俱罷而去。十三年，晉悼公伐鄭，兵於洧上。鄭城守，晉亦去。

《國語・晉語六》：厲公六年，伐鄭，且使苦成叔及欒黶興齊、魯之師。楚恭王帥東夷救鄭。……於是敗楚師于鄢陵，欒書是以怨郤至。

《穀梁傳》：六月丙寅朔，日有食之。晉侯使欒黶來乞師。甲午晦，晉侯及楚子、鄭伯戰於鄢陵。楚子、鄭師敗績。

除《穀梁傳》外，其他文獻都記載「鄭倍晉與楚盟」、「晉發兵伐鄭」，看來《繫年》的記載大概有問題。《繫年》的記載有時會與傳世文獻有出入，如第六章的重耳流亡路線，第十五章的「陳公子諽（徵）郤（舒）取妻于奠（鄭）穆公」，整理者指出「《國語・楚語上》『昔陳公子夏為御叔娶於鄭穆公，生子南』韋注：『公子夏，陳宣公之子，御叔之父也，為御叔娶鄭穆公少妃姚子之女夏姬也。……子南，夏徵舒之字。』《左傳》與之相合。簡文則云公子徵舒娶鄭穆公女，與《左傳》、《國語》不同。」（頁171，注2）第三章「武王陟，商邑興反，殺三監而立彔子耿」，朱鳳瀚指出簡文所記「三監」為「商邑興反」所殺，亦即為商邑中的殷遺民所殺，與多種先秦史書所記「三監」叛亂，為周公東征所剿滅之不同，其可信程度自然要打折扣，

恐當仍以多數文獻所記為是。(〈清華簡《繫年》所記西周史事考〉)而此次
戰役傳世文獻前因後果詳盡,仍是以傳世文獻記載為是。

「陝」字作「（圖）」,整理者以為右旁是「奰」省形,楚簡中相似形體
從雙目者如「（圖）」(《包山》2.174)、「（圖）」(《上博八‧成王既邦》簡13),
後者辭例不明,前者為人名,無法作為判斷訓讀的依據。但依據傳世文獻
記載以及《說文》「奰……一曰:讀若儦。」,將所論字讀為「鄢」應該是
沒有問題的。

建洲按:

《說文‧䀠部》「䀠,目圍也。從䀠冂,讀若書卷之卷。古文以為醜字。」
(居倦切)(四上八)段注本將「醜」改為「醜」。(四上十四)

《說文‧大部》:「奰,大兒。從大䀠聲。或曰拳勇字。一曰讀若儦。」
(乙獻切)(十下七)

《說文‧大部》:「姦,壯大也。從三大三目,二目為䀠(段玉裁注改
「䀠」為「奰」),三目為姦,益大也。一曰迫也。讀若《易》虙羲氏。《詩》
曰:不醉而怒謂之。」徐灝《注箋》:「姦,隸省作奰。」

古文字有「罙」字作:

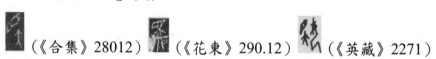

(《合集》28012)　(《花東》290.12)　(《英藏》2271)

(《集成》8.4269縣妃簋)　(《清華三‧赤鵠之集湯之屋》簡9)

「罙」字與虙羲氏的「虙」音近,《花園莊》讀為「宓」或「毖」;《清華三‧
赤鵠之集湯之屋》讀為「伏」或「閟」,參拙著:〈釋《赤鵠之集湯之屋》
的「奰」字〉。以罙(罙偏旁)與罙相比,二者只爭「厂」旁,下部是常見
的大、矢二形的訛變。可見凡是有「厂」旁者讀為喉音元部字。反之,則

讀為脣音之脂部字。

其次，楚系文字楚共王的「共」寫作「龏」，如《上海博物館藏戰國楚竹書（四）・昭王與龏之脽》中的「龏之脽」，董珊先生指出因他是生活在楚共王熊審之後的楚國貴族，而楚共王之謚號「共」即「恭」古文字皆作「龏」（引按：即「龏」），所以此人的名字「龏之脽」應分析為：以楚共王之謚法「龏」為其族，「之」為結構助詞，「脽」是他的名字。又韓自強先生編著的《阜陽・亳州出土文物文字篇》（非正式出版物，2004 年 5 月，阜陽）中，著錄在第 217 號的一件春秋晚期楚戈銘文為：「龏王之卯之造戈。」（〈出土文獻所見「以謚為族」的楚王族——附說《左傳》「諸侯以字為謚因以為族」的讀法〉）而《繫年》中楚共王的「共」共有四種寫法，本章簡 85、86 作「龏」、簡 87 作「𩰬」、簡 90 作「龏」；15 章簡 77 作「龏」。本章中楚共王的寫法與楚系材料用字習慣不合，似乎可以作為《繫年》非楚系底本的一個證據。又簡 89「明歲，厲公先起兵，率師會諸侯以伐秦」是成公十三年。本段敘述鄢陵之戰，是發生在成公十六年，下一句「柬（厲）公亦見禍（禍）以死」是成公十八年，《繫年》接連著書寫易肇誤會是同一年發生的事情。

⑪ 柬（厲）公亦見禍（禍）以死，亡（無）迮（後）▮

整理者：據《左傳》成公十七年、十八年載，晉厲公侈，多外嬖，反自鄢陵，欲盡去羣大夫，而立其左右，欒書、中行偃遂執晉厲公，殺之。（頁 176，注 10）

建洲按：晉厲公時郤氏家族勢力龐大，以郤錡、郤犨、郤至所謂「三郤」為代表。由於郤氏的傲慢不敬，怨恨他們的人很多，所謂「族大，多怨」。鄢陵之戰後，晉厲公想除去這些卿大夫，《左傳》成公十七：「晉厲公侈，多外嬖，反自鄢陵，欲盡去群大夫，而立其左右。」由於胥童、夷陽

五、長魚矯等人與郤氏有過節，遂成為晉厲公的左右寵信。在厲公的指使下，胥童、夷陽五、長魚矯攻殺了三郤。厲公、長魚矯與三郤的糾葛亦可參見《上博五・苦成家父》，不過文中對三郤的描寫卻是比較正面的，如說他們「行正（政）迅強，以見惡於厲公」、「三郤中立，以正上下之過，強於公家」（陳偉釋「強」為「勤」）。另外，對於欒書、中行偃，胥童主張也要一併除去，《史記・晉世家》：「胥童因以劫欒書、中行偃于朝，曰：『不殺二子，患必及公。』」不過厲公心軟地說：「一朝而尸三卿，余不忍益也。」（成公十七年）。但後來欒書與中行偃乘厲公在匠麗氏那裏遊玩時抓住了他，三個月後叫程滑把厲公殺了。（三個月是楊伯峻的意見，見《春秋左氏傳》頁906）。故簡文曰「見禍以死」，即被禍害而死。《上博五・苦成家父》簡10「三郤既亡，公家乃弱，欒書弒厲公」，認為三郤既亡，給欒書可趁之機殺害晉厲公，與《左傳》所載不同。

　　本章簡末代表結束的勾識號作，與其他章作稍有不同。詳見第一章「⑭立卅=（三十）又九年，戎乃大敗周自（師）于千畮（畝）」下的說明。

《繫年》第十七章集解

【章旨】

晉莊平公即位元年，諸侯在溴梁會盟，想將許國遷離楚國附近的葉地，但在許國大夫的反對下而無疾而終。晉莊平公決定討伐許國，並征討葉地附近的楚國，結果在湛阪大敗楚國。晉莊平公三年，由於齊邑平陰失守，平公與各國諸侯聯軍在平陰組成軍隊包圍齊國，焚燒了齊國四方城牆，一直攻打到東海附近。晉莊平公五年晉國局勢混亂，晉莊平公六年欒盈出奔齊國。晉莊平公八年齊莊公率領軍隊跟從欒盈進入齊國。欒盈攻打絳地沒有成功，只好奔回自己的領地曲沃。同年齊莊公涉河攻打晉邑朝歌，以報復五年前平陰戰敗的恥辱。晉軍則是攻入曲沃殺死欒盈，盡除欒氏族黨。晉莊平公十年，平公率軍與諸侯在夷儀會合攻打齊國，以報復兩年前齊國攻打晉邑朝歌。此時齊國發生內亂，大臣崔杼殺死齊莊公，崔杼以此事向晉國解釋，並把齊宗廟的祭器和樂器送給平公，並向晉國文武百官送了賄賂，最後平公才答應齊國的求和。

【釋文】

晉臧（莊）坪（平）公即立（位）兀（元）年①，公會者（諸）侯於瞑（溴）梁，述（遂）以䙴（遷）䚄（許）於鄴（葉）而不果②。𠂤（師）造於方城③，齊高厚【九一】自𠂤（師）逃歸（歸）④。坪（平）公衒（率）𠂤（師）會者（諸）侯，為坪（平）会（陰）之𠂤（師）以回（圍）齊，焚亓（其）四䧹（郭），毆（驅）車𨔶（至于）東晦（海）⑤。坪（平）公【九二】立五年，晉䜌（亂）。䜌（欒）䞓（盈）出奔齊＝（齊⑥，齊）臧（莊）

公光衔（率）自（師）以逐欒=緹=（欒盈。欒盈）富（襲）巷（絳）而不
果，奔内（入）於曲夭（沃）⑦，齊【九三】臧（莊）公涉河富（襲）朝
訶（歌），以遝（復）坪（平）会（陰）之自（師）⑧。晉人既殺欒（欒）緹
（盈）于曲夭（沃）⑨。坪（平）公衔（率）自（師）會者（諸）侯，伐齊，
【九四】以遝（復）朝訶（歌）之自（師）⑩。齊襄（崔）芋（杼）殺亓（其）
君臧（莊）公，以為成於晉■⑪。【九五】

【語譯】

　　晉莊平王即位元年，在溴梁會合諸侯，要將許國遷離葉地，卻沒有成
功。晉莊平王舉兵攻打至楚國的方城外邊，齊國的高厚從軍旅中逃回齊國。
晉平王率軍與各諸侯會合，在平陰之地圍攻齊國，焚燒齊國四方的城門，
驅車攻打至東海附近。晉平公五年，晉國陷入國亂，欒盈出奔至齊國，齊
莊公率領軍隊跟隨欒盈，欒盈想襲擊晉國的絳地，卻沒有成功，便逃到曲
沃。晉平公率領軍隊會合諸侯，一同討伐齊國，想要報齊國朝歌之役的仇。
齊崔杼殺了齊莊公，並送了禮物向晉平公求和。

【集解】

①　晉臧（莊）坪（平）公即立（位）兀（元）年

　　整理者：據《左傳》，魯襄公十五年冬，晉悼公卒，平公即位。次年為
晉平公元年。（頁 177，注 1）
　　方炫琛：左昭十經「晉侯彪卒」，則彪、其名也，詳 0857 宋公固條。
左襄十八晉平公伐齊，荀偃禱於河曰：「曾臣彪將率諸侯以討焉」，杜注：「彪、
晉平公名。」荀偃於神前稱其君曰「彪」，亦可證彪為其名。稱平公者，平
當是其諡也。（《名號研究》頁 422，1339「晉侯彪」條）

② 公會者（諸）侯於瞑（溴）梁，述（遂）以罨（遷）晉（許）於郮（葉）而不果

整理者：《春秋》襄公十六年：「三月，公會晉侯、宋公、衛侯、鄭伯、曹伯、莒子、邾子、薛伯、杞伯、小邾子于溴梁。戊寅，大夫盟。」同年《左傳》：「十六年春，葬晉悼公。平公即位……會于溴梁。……許男請遷於晉。諸侯遂遷許，許大夫不可，晉人歸諸侯。」杜預注：「溴水出河內軹縣，東南至溫入河。」案，《春秋》成公十五年：「許遷于葉。」《左傳》：「許靈公畏偪於鄭，請遷於楚。辛丑，楚公子申遷許于葉。」此時許欲叛楚，而求遷於晉，簡文所謂「遷許於葉」，謂遷許出葉而使之近晉。（頁177-178，注2）

子居：整理者之說甚難理解，若是從葉地將許男遷出至於晉之某某地，當書為「遷許於某某」，恐無書作「遷許於葉」的道理，此點比之於《左傳．昭公四年》的「楚子欲遷許於賴」即不難推知。因此，這裡當仍是《繫年》記述者所記有誤，而非「謂遷許出葉而使之近晉」之意。（〈第16～19章解析〉）

怡璇按：「晉（許）」字，楚簡中的「許」氏常作「晉」形，如「」（《包山》2.18）、「」（《包山》2.141）、「」（《望山》1.18）。但許氏與許國是同時存在的，許全勝整理了許氏來源，《姓纂》：「姜姓，炎帝四岳之後。周武王封其裔孫文叔于許，後為楚所滅，子孫分散。晉有許偃，楚有許伯，鄭有許瑕。」楚許伯，見《左傳》宣公十二年，為楚臣，許氏非國滅後以國為氏。（許全勝：《包山楚簡姓氏譜》，頁9。亦參見周波：〈戰國文字中的「許」縣和「許」氏〉）

就整理者的引文而言，許男的遷徙分為兩個時段，第一個時段為一直受到鄭國的逼迫，因此請求同盟國——楚國幫忙，故《左傳》成公十五年

記載：「許靈公畏偪於鄭，請遷於楚。辛丑，楚公子申遷許于葉。」楊柏峻指出「此後，許為楚的附庸。」（《春秋左傳注（修訂本）》，頁877）楚國將許男遷至葉地，楊柏峻指出葉地位於河南葉縣西南（《春秋左傳注（修訂本）》，頁877），算是許國受到了楚國的保護，只是從此以後許國不再是一個獨立的國家。第二個階段便是襄公十六年之事，《左傳》：「許男請遷於晉。諸侯遂遷許，許大夫不可，晉人歸諸侯。」楊柏峻指出「實是將遷許而未成，故不言所遷之地。」（《春秋左傳注（修訂本）》，頁1027）整理者分析當時的情勢說「遷許出葉而使之近晉」是對的，但是簡文云：「罷（遷）晉（許）於鄰（葉）」無法看出整理者所說的意思，此處或當如子居所說是《繫年》記述者所記有誤。

建洲按：恐怕本來應該抄為「於鄰（葉）罷（遷）晉（許）而不果」，即在許國所在地「葉」這個地方遷移許國而沒有結果。抄寫者將抄寫順序顛倒了。一說可以理解為「述（遂）以罷（遷）晉（許），於鄰（葉），而不果」，將「於鄰（葉）」理解為「罷（遷）晉（許）」的補語。

③ 白（師）造於方城

整理者：造，《說文》：「就也。」《左傳》襄公十六年載晉楚湛阪之戰，楚師敗績，晉師遂侵方城之外。（頁178，注3）

子居：據《左傳・襄公十六年》：「夏六月，次於棫林。庚寅，伐許，次於函氏。晉荀偃、欒黶帥師伐楚，以報宋楊梁之役。楚公子格帥師，及晉師戰於湛阪。楚師敗績。晉師遂侵方城之外，復伐許而還。」杜預注以為「棫林、函氏，皆許地。」杜說不確，此時的「棫林」（河南葉縣東北）當為鄭地，以有鄭伯同 伐故，因此次於此地。清人高士奇《春秋地名考略》卷十二：「或云：棫林在今葉縣東北，函氏亦在葉縣北。」仍未能詳指其地。筆者以為，《左傳》此處之棫林，當即今河南省許昌市西南的榆林鄉，其地

在葉之東北，且正臨于戰國時期著名的汾陘之塞，為兵家必爭的所在。函氏則當即在氾地一帶，杜預注所稱在襄城縣南者，見《繫年》上章分析部分的引文。晉、鄭與諸侯伐許而次於此二地，與當時形勢合。湛阪之地，杜預注已指出「襄城昆陽縣北有湛水，東入汝」，故其地即在今河南 省平頂山市北。楚師既在湛阪戰敗，所以晉師即能直達葉縣，且至於方城。(〈第16～19章解析〉)

怡璇按：《左傳》襄公十六年記載「次於棫林」一句，楊柏峻指出「棫林，許地，今河南葉縣東北。與十四年傳秦地棫林同名異地。」「涵氏亦許地，在今葉縣北。」(《春秋左傳注（修訂本）》，頁1027) 歷史上的「棫林」有三處，一是西周時的鄭國都城，在今陝西華縣；二為春秋秦邑，在今陝西禮泉縣東；三即是此地。(《中國歷史大辭典–歷史地理卷》，頁868) 子居以為是鄭地，並無文獻可證，且當時許人被楚遷至葉地，棫林與涵氏皆近葉地，將此二地視為許地，也無疑問。至於簡文曰「造於方城」對應《左傳》襄公十六年：「晉師遂侵方城之外」的「侵」。方城為楚地，《左傳》以「侵」來表示晉軍已攻打至方城。《繫年》所用字為「造」，如同《管子・大匡》：「（齊桓）公不聽，興師伐魯，**造於長勺**，魯莊公興師逆之，大敗之。」關於「方城」的地理位置及諸家對「方城」的理解，請見第五章簡29「⑫文王以北啓出方成（城）」注釋。

④　齊高厚【九一】自𠂤（師）逃歸（歸）

整理者：高厚，齊國大臣高固之子。溴梁之會，齊靈公使高厚與會，高厚逃歸。此言高厚自師逃歸，與《左傳》異。(頁178，注4)

子居：《左傳・襄公十六年》記：「晉侯與諸侯宴于溫，使諸大夫舞，曰：『歌 詩必類！』齊高厚之詩不類。荀偃怒，且曰：『諸侯有異志矣！』使諸大夫盟高厚，高厚逃歸。」可見高厚逃歸是在溫地會盟時的事情，而

《繫年》記於「師造於方城」之後，再一次體現出《繫年》記事往往不按時間順序的特徵。(〈第 16～19 章解析〉)

怡璇按：《繫年》與《左傳》對於高厚的敘事有別，《左傳》的次序為：

淏梁會見→溫地宴會，高厚自溫地宴會逃歸→許男請晉國幫忙遷都→晉楚湛阪之戰。

《繫年》為：

瞑（淏）梁之會→許男請晉國幫忙遷都→晉楚湛阪之戰，高厚自軍隊中逃歸

溫地會盟時，高厚「歌詩不類」和逃歸行為，使齊國變成眾矢之的，因此與盟的諸侯們共盟，盟辭說「同討不庭」。但這個盟誓卻未馬上完成，《左傳》襄公十六年「齊子帥師會晉荀偃。」《春秋》襄公九年載「公會晉侯，宋公，衛侯，曹伯，莒子，邾子，滕子，薛伯，杞伯，小邾子，齊世子光，伐鄭，十有二月，己亥，同盟于戲，楚子伐鄭。」可見溫地會盟之前，晉、齊為同盟國，但溫地之盟後，齊國理當是晉國的敵人，但晉國卻與齊國合攻許國，晉國應是以攻打許國為優先，才會仍與齊合作，可見春秋時期會盟之事常有，但是否要遵守會盟的誓言，全憑各諸侯的意志了。《左傳》襄公十七年，邾國助齊攻打魯國「邾人伐我南鄙，為齊故也。」由這兩件事可見，溫地之盟成立之後的一年間並沒有真正的生效，直至襄公十八年：「冬十月，會於魯齊，尋淏梁之言，同伐齊。」諸侯才真正地組成聯軍討伐齊國。也就是說，若高厚不是在盟會時因「歌詩不類」，則眾諸侯便沒有合攻齊國的理由，且簡文作「𠂤（師）造於方城，齊高厚自𠂤（師）逃歸（歸）。」前句是晉國聯軍攻打至楚國的方城，後句卻言齊國的高厚從軍隊中逃回齊國，二者幾近沒有因果關係，也未見高厚在軍隊中是否扮演要

角，高厚自軍隊逃走的關係性不大。因此，此事的敘事還是以《左傳》為宜。

建洲按：《繫年》記載晉平公會諸侯於溴梁之後，「述（遂）以罷（遷）曾（許）於郹（葉）而不果」，所謂不果，根據《左傳》的記載是因為「許大夫不可」。許國想脫離楚國的掌控，投入晉國的懷抱，但是許國大夫不同意，這讓晉平公腦門充血，遂決定征討許國，其中參與國家中似乎有齊國，《左傳》：「齊子帥師會晉荀偃」，但《左傳》又說「晉人歸諸侯」，楊伯峻注釋說：「使諸侯返國，唯以晉師伐許大夫」（頁1027）。由於許國在「葉」，即楚國附近，所以晉國荀偃、欒黶也帥師伐楚，即歷史上的「湛阪之戰」。此戰楚師敗績，晉軍攻打到楚國的方城外邊，最後再次攻打許國然後回國。若根據《繫年》云「齊高厚自師逃歸」，則齊國也參與了晉國攻打許、楚二國，所謂「晉人歸諸侯」可能不包含齊國。不過，還有一個問題必須考慮，據襄公十六年所述，溴梁會見之後，晉平公與諸侯「宴于溫」，由於齊國高厚「歌詩不類」，荀偃認為齊國「有異志」，便使各國諸侯與高厚結盟，想不到高厚卻逃走回國了。於是叔孫豹、晉荀偃、宋向戌、衛甯殖、鄭公孫薑、小邾之大夫盟誓說：「同討不庭」，這「不庭」之國自然指齊國。當時諸侯國都還在溴梁，《左傳》襄公十八年：「冬十月，會於魯齊，**尋溴梁之言，同伐齊**。」可見此事當在晉侯伐許之前，因為伐許之時，晉人已讓諸侯回國。既然齊國已是不廷之國，晉國又如何能與它共同討許、楚二國呢？綜合以上，此處也可能是《繫年》抄手抄錯字，所謂「齊高厚自師逃歸」的「師」應該是承上「師造於方城」的「師」而誤，對照《左傳》來看，本來可能寫作「溫」。《繫年》沒有記載溫地宴會時齊國高厚「歌詩不類」進而「逃歸」也確實不妥，沒有這段前因，下文「坪（平）公衖（率）自（師）會者（諸）侯，為坪（平）會（陰）之自（師）以回（圍）齊」就顯得突兀了。同時書寫時將書寫順序錯置在「遷許於葉」事件之後，遂有這樣的誤解。上述《左傳》「齊子帥師會晉荀偃」，楊伯峻先生認為「是補敘初動諸

侯事」，齊軍可能僅是與荀偃會見，最後並未參與伐許的戰爭。

「厚」字作🀅，與🀅（《彭祖》07）寫法相同，當分析為上從石，下從亯（墉）省的會意兼形聲字。（參李守奎：〈楚簡文字四考〉，頁 192、林澐：〈說厚〉，頁 99-107）本章簡 92「亯」作🀅、簡 69 作🀅可以比對。

⑤ 坪（平）公衔（率）𠂤（師）會者（諸）侯，為坪（平）佥（陰）之𠂤（師）以回（圍）齊，焚亓（其）四亯（郭），毆（驅）車𡉲（至于）東𤲬（海）。

整理者：《春秋》襄公十八年：「秋，齊師伐我北鄙。冬十月，公會晉侯、宋公、衛侯、鄭伯、曹伯、莒子、邾子、滕子、薛伯、杞伯，小邾子同圍齊。」同年《左傳》：「冬十月，會於魯齊，尋湨梁之言，同伐齊。齊侯禦諸平陰，塹防門而守之，廣里。……十一月丁卯朔，入平陰，遂從齊師。……十二月……己亥，焚雍門及西郭、南郭。……壬寅，焚東郭、北郭。……甲辰，東侵及濰，南及沂。」平陰，今山東平陰東北三十五里。（頁 178，注 5）

（一）為坪（平）佥（陰）之𠂤（師）以回（圍）齊

建洲按：襄公十六年湨梁之會後的冬天，魯國穆叔到晉國聘問，向晉國人提到齊國早晚都在魯國的土地上發洩憤恨，侵略疆土，期盼晉國可以發兵救援。襄公十七年秋齊國又攻打魯國的北部邊境桃地、防地，俘虜了魯將臧堅後退兵，後來臧堅自殺。襄公十八年秋天齊國又攻打魯國北部邊境，冬天十月的時候，襄公會合晉侯、宋公、衛侯、鄭伯、曹伯、莒子、邾子、滕子、薛伯、杞伯，小邾子重溫湨梁的盟誓，共同伐齊。「平陰」，春秋齊邑。在今山東平陰縣東北。《左傳》襄公十八年（前 555 年）晉平公會諸侯伐齊「齊侯禦諸平陰」，即此。（《中國歷史大辭典——歷史地理卷》，

頁196)簡文的內容相當於襄公十八年「十一月丁卯朔，入平陰，遂從齊師。」可見十一月初一日時齊邑平陰已經失守，所以晉軍在平陰設置軍隊來包圍齊國，焚燒齊國四邊的城樓，揮軍驅車直達東壽。又第二十二章簡121-122「晉魏文侯斯從晉師，晉師大敗【一二一】齊師，齊師北，晉師逐之，入至汧水，齊人且有陳麋子牛之禍，齊與晉成，齊侯【一二二】盟於晉軍。」所述的歷史則是前四〇四年所發生的三晉伐齊，圍平陰之戰，亦即《驫羌鐘》所云「入長城，先會于平陰」。請見該章注釋。

（二）東壽（海）

陳偉：文獻中似不見「東畝」爲地名。疑當讀爲「海」。（〈讀清華簡《繫年》札記（二）〉）

孫飛燕：贊同陳偉之說，並補例證，《穀梁傳》成公二年在講鞌之戰時說：「壹戰綿地五百里，焚雍門之茨，侵車東至海。」「侵車東至海」相當於簡文的「驅車至于東海」。（〈讀《繫年》箚記三則〉）

子居：筆者亦認爲陳偉先生所說甚是，古代之渤海亦可稱東海，如《初學記》卷六即言：「東海之別有渤澥，故東海共稱渤海，又通謂之滄海。」更由譚其驤先生《中國歷史地圖集》可見，春秋時期萊州灣地區南部海岸線更在今海岸線之南，約在侯鎮至東塚一帶，因此濰水的入海口也即在今東塚一帶，至《水經注・濰水》猶稱：「濰水東北徑逢萌墓。……又北徑都昌縣故城東。……又東北入於海。」故以西元前之沿海地理形勢而言，《左傳》所記「東侵及濰」與《繫年》所記「驅車至於東海」實無甚區別。（〈第16～19章解析〉）

陳偉：畝，《左傳》成公二年：「賓媚人致賂，晉人不可，曰：『必以蕭同叔子爲質，而使齊之封內盡東其畝。』對曰：『……先王疆理天下，物土之宜而布其利。故詩曰：我疆我理，南東其畝。今吾子疆理諸侯，而曰盡

東其畝而已，唯吾子戎車是利，無顧土宜。其無乃非先王之命也乎。』」「盡東其畝」杜預注：「使壟畝東西行。」《史記・齊世家》作「令齊東畝」，集解引服虔曰：「欲令齊隴畝東行。」索隱曰：「壟畝東行，則齊車馬東向濟行易也。」文獻中似不見「東畝」為地名。疑當讀為「海」。《左傳》襄公二十九年：「為之歌《齊》，曰：『美哉，泱泱乎！大風也哉！表東海者，其大公乎！』」《韓非子・外儲說右上》：「太公望東封于齊，齊東海上有居士曰狂矞、華士。」《戰國策・齊策一》記齊王云：「齊王曰：『齊僻陋隱居，托於東海之上，未嘗聞社稷之長利。』」《史記・十二諸侯年表序》云：「齊、晉、秦、楚，其在成周微甚，封或百里或五十里。晉阻三河，齊負東海，楚介江淮，秦因雍州之固，四海迭興，更為伯主，文武所褒大封，皆威而服焉。」《左傳》襄公十八年記此役說：「東侵及濰，南及沂。」杜預注：「濰水在東莞東北，至北海都昌縣入海。」或許濰水所入的渤海也屬於先秦人所說的「東海」。（〈讀清華簡《繫年》札記〉）

怡璇按：簡文作「楚亓（其）四亭（郭），毆（驅）車爭（至于）東壘（畝）」，「壘」作 ，整理者之所以將「壘」讀為「畝」，一方面楚文字的「畝」多作如此寫法，如 （《子羔》簡8）、 （《容成氏》簡14）、 （《慎子》05），同時《繫年》也有「畝」寫作 （簡2）、 （簡4）。不過，就《繫年》的語法而言，「於」之後常接地名或河名（如簡34「至于梁城」，簡90「爭＝（至于）涇」），如陳偉所言傳世文獻中未見「東畝」為地名者。《左傳》成公二年的「東畝」一詞，楊伯峻解釋甚為詳細：

> 「畝」原是農田間高畦，今謂之「壟」。古人種地，依地勢與水勢，使畝間道路或東西向，或南北向，曰「南東其畝」（《詩・小雅・信南山》）或「衡縱其畝」（《詩・齊風・南山》）。古人多用南北行列，故《詩經》屢見「南畝」，如《周》頌・載芟》與《良相》「俶載南畝」、《小雅・甫田》「今適南畝」、「饁彼南畝」。晉在齊之西，若齊

之壟畝多為南北向，則溝渠與道路亦多南北向，於晉之往東向齊進軍，地形與道路有所不利，故晉以「盡東其畝」為媾和條件之一。據《商君書‧賞型篇》、《呂氏春秋‧簡選篇》、《韓非子‧外儲說右上篇》，晉文公伐衛，曾強令衛國「東其畝」（其事當在魯僖公二十八年，然《左傳》無此記載）。若此一記述可靠，晉強令戰敗國改壟畝方向非僅一事。（《春秋左傳注（修訂本）》，頁797）

因此《繫年》此處的「東畝」作為地名的機率較低。簡文作「焚亓（其）四鄣（郭），毆（驅）車𠦵（至于）東𣴎（畝）。」晉國聯軍是襄公十八年攻打齊國，前句對應的《左傳》文字為「己亥，焚雍門及西郭、南郭。……壬寅，焚東郭、北郭。」後句所對應的為「東侵及濰」，「濰」為「濰水」，陳偉推測濰水所入的渤海也屬於先秦人所說的「東海」。「渤海」一詞出現在《漢書‧武帝紀》元光三年，《史記‧司馬相如列傳》作「勃澥」，裴駰《集解》：「《漢書音義》曰：『海別枝名也』。」（《中國歷史大辭典–歷史地理卷》，頁910）「東海」確實為後人所指的「渤海」，此說雖有一定的可能，但濰水必定不等同於東海（渤海），且「東海」與「濰水」所指涉的範圍是不同的，「東海」所指稱的應是「渤海附近」，而非以「渤海」來表示「濰水」。

簡文中的「畝」字讀為「海」應沒有問題，「東海」確有可能作為地區性名稱，《左傳》、《國語》和《古本竹書紀年》有出現「東海」一詞，《國語‧吳語》：「其民必移就莆贏于東海之濱。」《左傳》襄公十四年：「世胙大師，以表東海。」楊伯峻：「表，表率之意，意謂為東海諸侯之表率也。與二十九年傳『表東海者其大公乎』之『表』同。」（《春秋左傳注（修訂本）》，頁1018）《汲郡竹書》：「柏杼子征于東海及王壽，得一狐九尾。」《汲冢竹書》：「柏杼子往于東海，至于三壽，得一狐九尾。」《書紀年》：「夏柏杼子東征，獲狐九尾。」《路史後紀》十三：「帝杼五歲，征東海，伐三壽。」

《國名紀己》云:「后杼征東海,伐王壽。」(三壽與王壽同,范祥雍編:《古本竹書紀年輯校訂補》,頁 12)雷學淇指出「三壽,東海之國名也。」(雷學淇:《竹書紀年義證》,頁 102)「征東海,伐三壽。」若「東海」只作「渤海」意,必定沒辦法「征」,且「三壽」是「東海」地區的一個國名,可見「東海」應是一個地區。《孟子・離婁上》:「伯夷辟紂,居北海之濱,聞文王作,興曰:『盍歸乎來!吾聞西伯善養老者。』太公辟紂,居東海之濱。」閻若璩根據《通典》指出「東海之濱」為「莒縣東則當日太公辟紂居東海之濱。」(閻若璩:《皇清經解・四書釋地・續》卷二十一,頁 12)為今日的山東縣。而《左傳》中的「濰水」,楊伯峻指出其流域為「濰水源出山東莒縣西北濰山,伏流至箕屋山復見,東流至諸城縣東北,折而北流,經昌邑入海。及濰者,軍抵濰水西岸及北岸也。」(《春秋左傳注(增訂本)》,頁 1040)《左傳》中未言明「東侵及濰」究竟是「濰水」的何處,而閻若璩所指的「東海之濱」地點,基本上與「濰水」的源頭相同,皆為莒縣,簡文的「毆(驅)車𡍼(至于)東鄑(畝)」與《左傳》「東侵及濰」所指的可能皆是指晉國聯軍攻打至齊國的莒縣(濰水附近)。

⑥ 坪(平)公【九二】立五年,晉䎽(亂)。縌(欒)絚(盈)出奔齊

整理者:《左傳》、《史記・晉世家》載欒盈之亂,在晉平公六年,魯襄公二十一年。欒盈,又稱欒懷子,《晉世家》等作「欒逞」。欒盈與范鞅同為公族大夫而不相睦,范宣子遂逐之,欒盈奔楚,後又奔齊。《左傳》襄公二十一年及二十二年、《國語・晉語八》與《晉世家》等俱載此事。簡文稱其出奔齊,系概括言之。(頁 178,注 6)

子居:整理者的理解與《繫年》原文略有偏差,《繫年》原文只是說「平公立五年,晉亂」,此晉亂並不一定就是特指范宣子逐欒盈之事,據《左傳・襄公二十一年》所載:「欒桓子娶于范宣子,生懷子。范鞅以其亡也,怨欒

氏，故與欒盈為公族大夫而不相能。桓子卒，欒祁與其老州賓通，幾亡室矣。懷子患之。祁懼其討也，愬諸宣子曰：『盈將為亂，以范氏為死桓主而專政矣，曰：吾父逐鞅也，不怒而以寵報之，又與吾同官而專之。吾父死而益富。死吾父而專于國，有死而已，吾蔑從之矣。其謀如是，懼害於主，吾不敢不言。』范鞅為之征。懷子好施，士多歸之。宣子畏其多士也，信之。懷子為下卿，宣子使城著而遂逐之。秋，欒盈出奔楚。宣子殺箕遺、黃淵、嘉父、司空靖、邴豫、董叔、邴師、申書、羊舌虎、叔羆，囚伯華、叔向、籍偃。」可見，欒、范不相能，非一朝一夕之事，故《繫年》作者記晉平公五年有亂，然後述及欒盈出奔、齊莊公襲朝歌諸事，亦無不當。(〈第16～19章解析〉)

怡璇按：童書業的《春秋左傳研究》曾詳細討論「晉欒氏之亡」，茲將與本章有關的內容轉述如下：鄢陵之役，范文子不欲戰，欒書不可，是蓋欒、范不和之始。後來，厲公殺三郤，亡郤氏，欒書、中行偃又殺厲公。(璇按：參《繫年》第十六章) 欒書等執厲公時，召士匄、韓厥，皆辭，是又可證欒、范之矛盾。晉悼公即位，重用范、魏、趙、韓等氏，以牽制欒、中行二氏，欒書死，韓厥為政，但欒黶仍專橫。魯襄十年伐鄭之役，楚師救鄭，荀罃欲退，欒黶不从，獨進。欒黶欲伐鄭師，荀罃不可，是又知欒、知二氏間的矛盾。其後，欒氏之勢漸孤。欒黶死，欒盈為下卿，「好施，士多歸之」，范宣子「畏其多士」，遂逐之，盡除其黨。欒盈奔楚，適齊，其黨知起、中行喜等亦奔齊。(頁70-72)

欒氏一族在晉國是大族，甚至弒厲公，將悼公立為國君，可見其專橫以及勢力之大，但也因為晉國大夫之間的權力傾軋，導致欒氏漸被孤立，最後被范氏逐出晉國，《繫年》僅以「晉 (亂)」二字帶過，應是記載體例的關係，《繫年》記事本身即比《左傳》等書簡略，如第十六章「東 (厲) 公先起兵，衛 (率) 𠂤 (師) 會者 (諸) 侯以伐秦，𦤷= (至于) 涇」。《繫年》並未說明前因後果，直接記載楚、晉聯盟後的隔年，厲公便帥諸侯伐

秦了。因此整理者指出「簡文稱其出奔齊，系概括言之。」雖欒盈奔齊並非只是因為范宣子逐之，遠因為二族之間很大的矛盾，但以概括性語言說明此事，起因確實為范宣子之事。

　　建洲按：根據〈十二諸侯年表〉「緂（欒）緢（盈）出奔齊」是在晉平公七年，魯襄公二十二年，與簡文所述「平公立五年」有二年的差距，我們傾向於認同子居的意見，並在「晉亂」之後加上句號。也就是說晉平公五年晉國大夫之間傾軋內亂是遠因，導致平公六年欒盈出奔楚（據《左傳》襄公二十一年），平公七年「欒盈自楚適齊」（據《左傳》襄公二十二年），但《繫年》只記載「緂（欒）緢（盈）出奔齊」確如整理者所說是「概括言之」。《繫年》連續記載不同年代的事件時，未必會給後者標出時間，所以我們作出上述的句讀與理解並不違背《繫年》的體例。當然還有一種可能是簡文的「五」年當是「七」年之誤，即簡文當作「坪（平）公【九二】立五〈七〉年，晉亂（亂），緂（欒）緢（盈）出奔齊。」

⑦　齊臧（莊）公光銜（率）自（師）以逐緂=緢=（欒盈。欒盈）𡥀（襲）巷（絳）而不果，奔內（入）於曲夭（沃）

（一）齊臧（莊）公光

　　整理者：齊臧（莊）公，名光，齊靈公之子。（頁 178，注 7）

　　方炫琛：左襄二十五經「齊崔杼弒其君光」，經多書名，則光當為其名也。左襄十九謂齊侯娶于魯，「鬷聲姬生光以為大子」，故左襄元稱大子光，左襄三經稱世子光者，以傳稱大子，經則多書世子，詳 0512 世子止條。左襄十九「莊公即位」，杜注；「大子光也。」莊蓋其諡也。（《名號研究》頁 223，514「世子光」條）

（二）逐

整理者：逐，跟從。《晉世家》：「齊莊公微遣欒逞於曲沃，<u>以兵隨之。</u>」《左傳》襄公二十三年載齊莊公借媵妾於晉之機，納欒盈於曲沃。欒盈得魏獻子（魏舒）之助，率曲沃之師襲晉國都城絳（今山西侯馬），被范宣子擊退。欒盈遂奔曲沃。晉人圍之。逐，一說隸作「逐」。（頁178，注7）

黃杰：本篇有「逐」字，見簡6、122，從犬。此字釋逐，在字形和文意兩方面都有問題。楚簡中「豕」字作▣（包山211）、▣（包山簡227）（參看《楚文字編》，頁563-564）。▣右上部是「豕」（參看《戰國文字編》，頁620、《古文字譜系疏證》，頁977），這種形體與金文「豕」（《金文編》，頁651）一脈相承。所以▣當從整理者所引「一說」隸定為逐。讀為踵，跟隨之意。（〈初讀《清華大學藏戰國竹簡（貳）》筆記〉）

蘇建洲：「豕」在西周金文中作▣（多友鼎），侯馬盟書作▣（六七：一）。楚簡文字中「豕」多寫作「從豕主聲」之形，如▣（《包山》202）、▣（《包山》203）、▣（《包山》225），由「乛」到「于」（或于）為變形音化的結果。（參湖北省文物考古研究所、北京大學中文系編：《望山楚簡》（北京：中華書局，1995年6月），頁105、白於藍：〈包山楚簡考釋（三篇）〉，《吉林大學古籍整理研究所建所十五週年紀念文集》（長春：吉林大學出版社，1998年12月），頁69、田穎：〈《說文解字》部首「勹」研究〉，復旦大學本科學位論文、陳劍：〈試說戰國文字中寫法特殊的亢和從亢諸字〉，《出土文獻與古文字研究（第三輯）》（上海：復旦大學出版社，2010年7月，頁155注1）。▣字沒有「主」旁大概不能釋為「豕」。楚文字的「豕」其上本來可從類似「彐」形的筆畫，除上面所舉「豕」的寫法（202、203）外，又如▣（「獵」，《包山》200）又作▣（「獵」，《包山》202）；▣（豯，《包山》200）又作▣（豯，《包山》203）。陳劍先生指出：「三晉文字『家』和『地』字中作▣（命瓜君壺『家』字所從）、▣（中山王鼎『家』字所從）、

〔圖〕（𣄤壺『地』字所從）、〔圖〕（侯馬盟書『地』字所從）……按〔圖〕類字形六國文字多見，實係由豕喙形的起筆往右下引長而變來的『豕』字異體，跟『象』字完全無關。（《甲骨金文考釋論文》，頁257）。可見〔圖〕應該釋為「逐」。《楚辭・九歌・河伯》：「靈何為兮水中，乘白黿兮逐文魚。」王逸注：「逐，從也。」（以上見暮四郎：《簡93：「齊莊公光率師以～欒盈」～的釋讀》，「簡帛網」，2011年12月22日，http://www.bsm.org.cn/bbs/read.php?tid=2863 的評論，2011年12月22日 17:28）

魏宜輝：應當就是陳劍先生《金文「象」字考釋》中討論的「象」字。我認為，簡文中的「〔圖〕」字似應讀作「跟隨」的「隨」。（〈釋清華簡《繫年》簡93之「〔圖〕」字〉）

孟蓬生：整理者釋「逐」似乎並沒有錯（如果認為豕和象同形，或者認為戰國時期豕和象同形的話，那么釋〔圖〕也沒有錯），「逐」字古自有「隨」義，毋須通假。逐有追擊和追隨二義，猶從字古有追擊和追隨二義也，當然這也是二而一，一而二的問題。《楚辭・九歌・河伯》：「靈何爲兮水中，乘白黿兮逐文魚。」王逸注：「逐，從也。」《莊子・胠篋》：「故逐於大道。」成玄英疏：「逐，隨也。」《說文・辵部》：「隨，從也。從辵，墮省聲。」《廣雅・釋詁三》：「隨，逐也。」《史記・田敬仲完世家》：「秦韓之兵毋東，旬餘則魏氏轉韓從秦，秦逐張儀，交臂而事齊楚，此公之事成也。」《索隱》：「逐，謂隨逐也。」這個帖子快寫完之時，發現簡帛網海天先生已經發表過大致相同的意見，可移步觀看：

http://www.bsm.org.cn/bbs/read.php?tid=2863。

宋華强：我們懷疑有可能是「邊」字的省體。大概就是〔圖〕型「邊」字省去「田」形的寫法，〔圖〕型上部的「夊」形寫作〔圖〕形，可能就是A上部〔圖〕形的來源。「邊」是疑母元部字，「隨」是邪母歌部字，韵部陰陽對轉，聲母也有關係。（〈清華簡《繫年》93號讀爲「隨」之字〉）

子居：〔圖〕，整理者原釋為「逐」，先秦時「逐」字實無「跟隨」義，故

筆者以爲，此字當以釋「　」（璇按：網頁未顯示出隸爲何字）爲是，讀爲「踵」，即以師踵人之後。其例如《左傳・昭公二十四年》：「吳踵楚，而疆場無備，邑能無亡乎？……吳人踵楚，而邊人不備，遂滅巢及鐘離而還。」《六韜・犬韜・均兵》：「騎者，軍之伺候也，所以踵敗軍，絕糧道，擊便寇也。」皆是。（〈第 16～19 章解析〉）

鄔可晶：蘇建洲先生在魏文下面的評論裏，已舉出楚文字「豕」旁與《繫年》此字聲旁相合之例；而六國文字中還沒發現明確的「象」字，所以從字形來看，此字只能從整理者釋爲「逐」。上文已指出，《從政》的「逐」視爲「遂」形之省在文字學上恐有困難，《繫年》的這個「逐」大概也不可能是「遂」之省謁。而且，楚文字中的「隨」以「墮」之初文「隓」或其省體爲之，从「隋」之字亦多以此爲聲旁。（參見李守奎《楚文字編》，頁 415、824；李守奎等《上海博物館藏戰國楚竹書（一～五）文字編》，頁 626-627；清華大學出土文獻研究與保護中心編、李學勤主編《清華大學藏戰國竹簡（貳）》下冊《字形表》，頁 264）說「遂」假借爲「隨」，還會碰到用字習慣方面的障礙。

訓爲「從」、「隨」的「逐」，一般具有「跟隨進而趕上」的意味，但古書中也有僅僅講跟隨、跟從而用「逐」的。蘇建洲、孟蓬生等先生曾引《史記・田敬仲完世家》「秦逐張儀，交臂而事齊、楚」，司馬貞《索隱》「逐，謂隨逐也」、《楚辭・九歌・河伯》「乘白黿兮逐文魚」王逸注「逐，從也」等例爲證，孟先生還指出「逐」、「從」是一對音義皆近的同源詞，「從」也既有追逐義，又有追隨、跟從義。按《九歌・河伯》言河伯出行「乘白黿兮逐文魚」，與《九歌・山鬼》言山鬼「乘赤豹兮從文貍」文例相同，一用「逐」、一用「從」，可爲「逐」、「從」音義皆近的明證。《史記・晉世家》記齊莊公率兵逐從欒盈事用「隨」字，當係義近換用。所以，整理者釋此字爲「跟從」義的「逐」，字形既合，放在《繫年》原文裏也文從字順，似不必另求他解。

《繫年》中有追逐之「逐」字，可作如下三種可能的解釋：1、「逐」為追逐之「逐」字，是自殷商以來固有的用字傳統，在戰國楚竹書中偶存這一用法，並不奇怪。2、清華簡《繫年》所從出的底本也許有較古的來源，抄手在轉寫為楚文字時改之未盡，偶爾保留了一個「逐」字（同篇 6、122 號簡的兩個「逐」已改為楚文字習用的「达」）。3、《程訓義古璽印集存》1-138 收有一方三晉人名璽「郢逐」，「逐」字從「豕」。（湯志彪：《三晉文字編》，吉林大學博士學位論文（指導教師：馮勝君），2009，頁 93）燕璽有人名印「長逐」（《古璽彙編》0850）、漢有人名印「臣逐」（《漢印文字徵》2.14），《古璽彙編》5592 所收三晉人名璽「長生逐」，（參見何琳儀《戰國古文字典》，頁 216）「逐」實寫作「达」（此承郭永秉先生指出），可知古人喜以「逐」取名。看來，晉系的「逐」當是追逐之「逐」而非從「辵」、「豕」聲之字，且三晉文字有可能「逐」、「达」並用。《繫年》此章說的是晉國的事，其底本來自於三晉的可能性也無法排除。93 號簡用「逐」字，或許與三晉文字的底本用字有關。（〈釋上博楚簡中的所謂「逐」字〉）

怡璇按：茲將〈晉世家〉原文引全如下，方便了解事情全貌，《史記・晉世家》：「六年，魯襄公朝晉。晉欒逞有罪，奔齊。八年，齊莊公微遣欒逞於曲沃，以兵隨之。齊兵上太行，欒逞從曲沃中反，襲入絳。絳不戒，平公欲自殺，范獻子止公，以其徒擊逞，逞敗走曲沃。曲沃攻逞，逞死，遂滅欒氏宗。逞者，欒書孫也。其入絳，與魏氏謀。齊莊公聞逞敗，乃還，取晉之朝歌去，以報臨菑之役也。」

（三）巷（絳）

整理者：巷，匣母東部；絳，見母冬部，旁紐韻近可通。（頁 178，注 7）

怡璇按：簡文作「欒盈𧗧（襲）巷（絳）而不果」，此事《左傳》襄公二十三年四月記載為「欒盈帥曲沃之甲，因魏獻子，以晝入絳。」《國語・

晉語》：「欒盈帥曲沃之甲，因魏獻子，以畫入絳。范宣子以公入于襄公之宮，欒盈不克。」記載皆同。

建洲按：〈離騷〉：「五子用失乎家巷」，揚雄〈宗正箴〉曰：「昔在夏時，太康不恭，有仍二女，五子家降。」可見【巷與降】可通，猶本簡【巷與絳】通。（見王念孫《讀書雜誌・餘編下》、徐廣才：《考古發現與《楚辭》校讀》，頁94）

（四）奔內（入）於曲夭（沃）

謝明文：最後我們對古文字中「夭」的字形略作討論。簡牘帛書中「夭」一般作「」、「」（滕王生《楚系簡帛文字編》增訂本，頁886）、「」（《繫年》簡94）等形。古文字中另有「」（《集成》8781）（下文用F表示此形）字，它作偏旁習見於「走」字及從「走」諸字。關於F，或認為它是「走」之初文，或認為它是「夭」之初文。林澐先生持後說，因此他把「」類形分析為從「宀」從「夭」（林澐：《「夭租丞印」封泥與「夭租葳君」銀印考》）。季旭昇先生亦贊成F是「夭」字，他認為「」類形是在F的基礎上疊加兩手形（《說文新證》，頁799）。董蓮池先生認為「」類形是在像正面人形的腋下腰部加以「」形符號而成（董蓮池：《古文字無傾頭形「夭」字說》），陳劍先生認為「夭」是「要」的指示字，中間一曲筆「」是指示符號，指示「腰」之所在（《甲骨學》課程授課內容，2009年下學期）。古文字中F似沒有確定無疑用作「夭」字之例，它與「夭」字無關，應是「走」之初文。我們認為董蓮池先生、陳劍先生關於「」類形的分析意見非常有道理。古文字中另有作「」、「」類形的「要」字，此為郭永秉先生釋出（郭永秉：《談古文字中的「要」字和從「要」之字》）。「」類形在腰部的位置畫一個圈，郭先生指出應看作指事符號。按照我們贊同的意見，「」與「」（引按：仲滋鼎的右旁）本是異體關係，都是「要

（腰）的指示字，其中前者的時代較早。後來前者省略指示符號作「」類形，演變爲「要」字，後者則演變爲「夭」字。（〈釋金文中的「夋」字〉）

怡璇按：童書業亦將欒盈奔齊之後的事件整理出來，齊人欲辭晉，納欒盈及其士於欒氏封邑曲沃，欒盈帥曲沃之甲，因魏氏以入於絳。趙氏、中行氏、知悼子皆怨欒氏，唯魏氏及七輿大夫與欒氏好。范宣子使范鞅逆魏舒，賂之以曲沃，欒氏孤立，敗奔曲沃，為晉師所殺。（《春秋左傳研究》，頁 77-78）

⑧ 齊【九三】臧（莊）公涉河富（襲）朝訶（歌），以逯（復）坪（平）會（陰）之㠯（師）

整理者：《左傳》襄公二十三年：「齊侯遂伐晉，取朝歌。……以報平陰之役。」（頁 178，注 8）

譚其襄：「朝歌」，殷末帝乙、帝辛（紂）的別都。即今河南淇縣。周初，平武庚、管叔、蔡叔之亂後，為衛國都。春秋時曾為狄人所居。《春秋》閔公二年（前 660）：「狄入衛」，即此。後屬晉。《左傳》襄公二十三年（前550）：齊「伐晉，取朝歌。」戰國屬魏。《史記‧魏世家》：景湣王二年（前241），「秦拔我朝歌。」西漢置縣。（《中國歷史大辭典——歷史地理卷》，頁 879）

怡璇按：「富（襲）」的考釋請見第八章簡 46「墜（來）富（襲）之」。

⑨ 晉人既殺戀（欒）經（盈）于曲夭（沃）

整理者：《左傳》襄公二十三年：「晉人克欒盈於曲沃，盡殺欒氏之族黨。」（頁 178，注 9）

⑩ 坪（平）公衛 㠯（率）㠯（師）會者（諸）侯，伐齊，【九四】以逯

（復）朝訶（歌）之（師）

整理者：諸侯會於夷儀伐齊有二。《左傳》襄公二十四年：「會於夷儀，將以伐齊，水，不克。」簡文當指《春秋》襄公二十五年：「公會晉侯、宋公、衛公、鄭伯、曹伯、莒子、邾子、滕子、薛柏、杞柏、小邾子于夷儀。」《左傳》云：「伐齊，以報朝歌之役。」（頁 178，注 10）

十一　齊襄（崔）芧（杼）殺亓（其）君臧（莊）公，以為成於晉▉

整理者：據《左傳》襄公二十五年載，齊莊公私通崔杼之妻，崔杼遂殺莊公。晉侯伐齊，「齊人以莊公說，使隰鉏請成，慶封如師。男女以班。賂晉侯以宗器、樂器。自六正、五吏、三十帥、三軍之大夫、百官之正長、師旅及處守者皆有賂。晉侯許之」。（頁 179，注 11）

方炫琛：左襄二十五經「齊崔杼弒其君光」，據新唐書宰相世系表崔杼為崔夭之子，出自齊丁公之後，以崔為氏，詳 1479 崔夭條。經多書名，杼蓋其名也。左襄二十三陳文子曰「崔子將死乎」，氏下殿子，此春秋時卿大夫稱謂之常例。同傳稱崔武子，武蓋其諡也。左襄二十五「崔氏殺鬷蔑於平陰」，崔氏指崔杼，參頁十五。（《名號研究》頁 458，1883「崔杼」條）

《繫年》第十八章集解

【章旨】

　　魯成公十二年（公元前 579 年），在宋國華元的協調下，晉、楚兩國在宋國會盟，召開第一次的弭兵會議（請見第十六章）。三年後，楚國首先違反盟約，北侵鄭、衛，第一次弭兵運動遂告失敗。魯襄公二十七年（公元前 546 年），宋國的向戌倡議發起第二次弭兵之會，當年夏天，晉、楚、齊、魯、鄭、許、宋、蔡等十四國在宋國舉行盟會，共尊晉、楚兩國為盟主。以上是本章所述事件的背景，文章下面以楚、晉兩國君主發生的大事穿插敘寫：

　　楚康王過世後，他的兒子郟敖即位，郟敖的叔叔「公子圍」擔任令尹的職務。魯昭公元年（前 541 年）公子圍與趙武及各諸侯國大夫會於東虢，重申宋之盟。公子圍弒郟敖後即位，史稱「楚靈王」。魯昭公四年（前 538 年）六月靈王會合諸侯于申，靈王認為徐君有貳心，就在申地把他抓起來，接著攻伐徐國。並在七、八月攻打賴國、朱方以及吳國。魯昭公四年冬，吳國攻打楚國，進入棘地、櫟地、麻地，以報復朱方之役。魯昭公五年冬十月，楚靈王帶領諸侯及東夷的軍隊伐吳，以報復棘地、櫟地、麻地之役，楚軍進入江、淮間的南懷，這一次的行動吳國早有防備，楚國無功而還。魯昭公八年（前 534 年）冬十月，楚師滅亡了陳國，此為第二次滅陳，並派穿封戌做陳公。昭公十一年（前 531 年）夏四月，楚靈王誘殺蔡侯般。冬十一月滅亡了蔡國，此為楚國第一次滅蔡，派公子棄疾為蔡公。昭公十三年（前 529 年），楚靈王在乾谿見禍而死，公子棄疾於魯昭公十四（前 528 年）年即位，是為「楚平王」。魯昭公二十七年（前 515 年）楚昭王即位。

　　魯定公四年（前506年），《左傳》記載晉國與蔡國訂定召陵之盟攻打楚國，但晉國大臣因向蔡國索賄不成，遂違約不打楚國，轉而私心自用地想報觀虎被執之恥而攻打中山國，造成盟邦離晉而去。而《繫年》卻是記載晉吳二國聯手攻打楚國直到楚國的邊境「方城」，之後晉國與諸侯國在召陵盟會，隨後征伐中山。召陵盟會的動機與時機與《左傳》的記載明顯不同。另一方面，攻打楚國的吳、蔡、唐等國，於魯定公四年（前506年）冬攻入郢都。昭王收復失土後，曾率師侵伊、洛，以報復晉的攻破方城之戰，這件事也不見於《左傳》的記載。關於這一年吳國聯軍攻打楚國的事情，除見於本章外，亦見於第十五章、十九章、二十章。

　　最後，簡99-100在敘述楚王世系時，插入一段「晉莊平公即世，昭公、頃公皆早世，簡（定）公即位」的文字，造成文氣中斷，我們認為有抄錯誤置的可能。

【釋文】

　　晉臧（莊）坪（平）公立十又二年，楚康王立十又四年，命（令）尹子木會邞（趙）文子武及者（諸）侯之大夫＝（大夫），明（盟）【九六】于宋，曰：「爾（彌）天下之䎐（甲）兵。」①康王即殜（世），乳＝（孫子）王即立（位）。霝（靈）王為命＝尹＝（令尹②，令尹）會邞（趙）文子及者（諸）侯之夫＝（大夫），明（盟）于【九七】䣄（虢）③。乳＝（孫子）王即殜（世），霝（靈）王即立（位）④。霝（靈）王先起兵，會者（諸）侯于繻（申），敓（執）邻（徐）公，述（遂）以伐邻（徐），克䣈（賴）、邾（朱）邡（方）⑤，伐吳，【九八】為南溇（懷）之行⑥。關（縣）陳、郮（蔡），殺郮（蔡）霝（靈）侯⑦。霝（靈）王見禍（禍），竸（景）坪（平）王即立（位）⑧。晉臧（莊）坪（平）公即殜（世），卲（昭）公、同（頃）公麿（皆）【九九】欶（早）殜（世），柬（簡－定）公即立（位）⑨。竸（景）坪（平）王即殜（世），卲（昭）王即立（位）⑩。䚯（許）人禼（亂），

瞀（許）公㐌出奔晉＝（晉，晉）人羅，城汝易（陽）⑪，居【一〇〇】瞀（許）公㐌於頌（容）城⑫。晉與吳會為一，以伐楚，閔（門）方城⑬。述（遂）明（盟）者（諸）侯於聖（召）陵，伐中山⑭。晉𠂤（師）大疫【一〇一】虞（且）飢，飤（食）人。楚卲（昭）王戠（侵）尹（伊）、洛以返（復）方城之𠂤（師）⑮。晉人戁（且）又（有）䡅（范）氏与（與）中行氏之禞（禍），七戠（歲）不解䩥（甲）⑯。【一〇二】者（諸）侯同㌽（盟）于鹹泉以反晉，至今齊人以不服于晉＝（晉，晉）公以弜（弱）▇⑰。【一〇三】

【語譯】

　　楚康王十四年，晉平公十二年，屈建、趙武與各國諸侯的大夫在宋國盟會，會議結論是：「消弭天下的甲兵。」（此為第二次弭兵之會）。楚康王過世後，孺子郟敖即位，楚靈王擔任令尹的職務。令尹與趙武及各諸侯國大夫會於東虢（重申弭兵之盟）。郟敖過世，靈王即位。靈王先動武，在申地會盟諸侯，執獲徐公，接著攻伐徐國、賴國、朱方以及吳國。（同年吳國報復楚國，隔年楚靈王又報復吳國，）楚軍進入江、淮間的南懷。靈王滅亡陳國、蔡國，並在兩國制縣，誘殺蔡靈侯。楚靈王在乾谿即世，楚景平王即立。晉莊平公過世，晉昭公、晉頃公也都早世，晉簡公即位。楚景平王過世，楚昭王即位。（昭公四年）許國大亂，許公㐌逃奔到晉國，晉國網羅招請他，在汝陽建城，安排許君居處在「容城」。晉吳兩國會盟來攻伐楚國，攻打方城。晉國與諸侯國在召陵盟會，攻打中山國，晉國卻發生災疫和飢荒，產生人食人的可怕景象。昭王（收復失土後），曾率師侵伊、洛，以報復晉的攻破方城之戰。晉國發生范氏與中行氏之禍，連亂長達七年。諸侯國在鹹泉舉行會盟表達反對晉國的立場，齊國至今不服從晉國，晉國因而衰落。

【集釋】

① 晉臧（莊）坪（平）公立十又二年，楚康王立十又四年，命（令）尹子木會邨（趙）文子武及者（諸）侯之大夫=（大夫），明（盟）【九六】于宋，曰：「爾（彌）天下之虢（甲）兵。」

整理者：楚康王十四年，晉平公十二年，即魯襄公二十七年。《春秋》襄公二十七：「夏，叔孫豹會晉趙武、楚屈建、蔡公孫歸生、衛石惡、陳孔奐、鄭良霄、許人、曹人于宋。……秋七月辛巳，豹及諸侯之大夫盟于宋。」同年《左傳》：「宋向戌善於趙文子，又善於令尹子木，欲弭諸侯之兵以為名。」（頁181，注1）

（一）晉臧（莊）坪（平）公

建洲按：請見第十七章簡九一「晉臧（莊）坪（平）公」條注釋。

（二）楚康王

整理者：楚康王，名昭，楚共王子。（頁181，注1）

（三）命（令）尹子木

方炫琛：左襄二十五「屈建為令尹」，杜注：「屈建，子木。」國語楚語上韋注亦謂屈建為「屈到之子子木」，又注屈到云「屈蕩之子」，以屈建為屈到之子，屈蕩之孫，則屈，其氏也。解詁：「楚屈建、字子木。」以建為名，子木為其字。（《左傳人物名號研究》頁356，1057條）

建洲按：「令尹子木」即「屈建」，又名「屈木」，見於《上博六・景公瘧》：「[屈]木爲成於宋。王命屈木問范武子之行焉。文子答曰：『夫子史（使）

其私史聽獄於晉邦，敷情而不愈（偷）。史（使）其私祝史進……【4】。」所謂「爲成於宋」正是《繫年》本簡所云「明（盟）于宋」之事。

（四）𨚵（趙）文子武

方炫琛：左成十八「使……趙武為卿」，杜注：「武、趙朔子。」左成八亦稱趙武為趙衰、趙盾之後，則趙、其氏也。左襄二十五「趙文子為政……謂穆叔曰『……武也知楚令尹』」，杜注謂趙文子即趙武，則文蓋其諡也；其自稱武，則武，其名也。楊注引禮記檀弓下「晉獻文子成室」，疑趙武複諡獻文，檀弓鄭箋則以獻字為動詞，云：「晉君獻之，謂賀也。」未知孰是。若趙武果複諡獻文，則單稱文亦無不可，如檀弓下謂「公叔文子卒，其子戍請諡於君」，君諡以貞、惠、文，而檀弓只稱「公叔文子」，即其例也。左襄二十七「宋向戌善於趙文子……如晉告趙孟」，稱趙武為趙孟，左昭元后子告人曰「趙孟將死矣」，時人亦稱其為趙孟，趙盾一系之嗣位者多稱趙孟。（《左傳人物名號研究》，頁 566，1953 條）

周波：用「肖」爲「趙」，用「勺」爲「趙」分別見馬王堆帛書《春秋事語》、《戰國縱橫家書》。三晉古璽多用「肖」爲「趙」。不過，這種用字習慣不一定爲六國所特有。劉向《戰國策敘錄》云：「所校中《戰國策》書，本字多誤脫爲半字，以『趙』爲『肖』，以『齊』爲『立』，如此字者多。」可見，用「肖」爲「趙」也可能是當時比較通行的用字法。施謝捷見示一方三晉私璽，文曰「肖（趙）不萬（害）」。其中「肖」字左下方加綴「勺」爲聲符，帛書用「勺」爲「趙」可能與六國文字「肖」字的這種寫法有關。（《戰國時代各系文字間的用字差異現象研究》，頁 197 注 4）

周波：趙氏之「趙」，戰國文字多從「肖」聲，也可以寫作「𨚵」（楚私璽有「𨚵臣」（《菁華》33），從「勺」聲。（〈戰國文字中的「許」縣和「許」氏〉，復旦網，2009 年 1 月 5 日）

　　建洲按：本簡「趙」寫作「邠」，簡 97 又寫作「邠」，既與楚私璽相同，又符合三晉系的書寫習慣，不能據此字而推論《繫年》的來源。又《包山》86「蒹陵君之塦（陳）泉邑人 塙」，陳斯鵬先生已指出「」字從「潮」字初文為聲符（〈讀《上博竹書（五）》小記〉，簡帛網，2006 年 4 月 1 日）。《包山楚墓文字全編》頁 77 分析說「旁又見於朝字，象河岸中水流，疑從朝省聲，可讀為趙。」朝、趙確實聲音相近，【朝與兆】、【趙與桃】有通假例證（《聲素》，頁 217、219），故「」讀為「趙」的意見可備一說，也為楚簡「趙」增添一個新的寫法。但考慮到「趙」的寫法多從「肖」或「勺」，「」也不排除讀為「姚」。西周金文「姚」作 （叔樊鼎）、（姚鼎），參看一九八五年版《金文編》附錄下第 507 號。「姚」與「兆」、「逃」音近，《睡虎地·為吏之道》簡 43 肆：「不時怒，民將姚去」，陳偉武先生認為「姚」讀為「逃」，其說可從（〈秦漢簡牘考釋拾遺〉，《簡帛》第二輯，頁 427-431）。而【朝與兆】很常通假，且楚文字目前未見「姚」字，沒有書寫習慣的問題。當然也不排除「」即是「逃」的替換聲符，可讀為「姚」。「姚」做為氏稱很早出現，春秋鄭國就有姚句耳，以姚為氏。

（五）爾（彌）天下之虢（甲）兵

　　建洲按：「虢」字簡文三見，分別作：（簡 89）、（簡 97）、（簡 102），字形亦見於《包山》42 ，作人名用。楚簡還有一種寫法是「」，如《曹沫之陣》31 （參《楚文字編》，頁 305、《上博文字編》，頁 299）。《繫年》「虢」字的「虎」旁下部類似「虫」形，亦見於簡 105「虎」作 。本來「虎」寫作「」，如 （《包山》牘 1），又如上舉《包山》42 的右旁。但亦可重複「人」旁，如 （《包山》271）、（《包山》273）。如果將「虎」底下的「人」形起筆與另一「人」旁的起筆「共筆」的話，便成「虫」形。值得注意的是，甲骨文中的「虢」作 、（《新甲骨文編》，

頁 298），裘錫圭先生分析說此字右旁下部大概是兼象被執「人形」和「虎」的下半的。（〈說「擒函」——兼釋甲骨文「櫓」字〉，《華學》第一期，頁 61。又見《裘錫圭學術文集》第 4 冊，頁 421）這個分析可由《繫年》的寫法得到印證。商代爵器上有銘文「」（《集成》，7400），謝明文先生隸定作「」，釋為「甲」。（《商代金文的整理與研究》，頁 401）。其「人」旁替換為「卩」旁。

附帶一提，甲骨文中的「」，裘錫圭先生認為當從夏淥之說釋作「虜」，全字分析為從「幸」（依《說文》當作「㚔」）或「執」，「虎」聲。陳劍先生《論集》頁 184、王子揚先生《甲骨文字形類組差異現象研究》頁 230 均贊同此說。《花東》429 有此字，姚萱先生亦從裘先生釋為「虜」（《初步》，頁 357）。但這個意見不合於西周金文、簡帛中的「」字多用作「甲」的現象。謝明文先生在其博士論文《商代金文的整理與研究》頁 402 注 1 已指出：「蒙裘錫圭面告，他現在對甲骨文中的『』釋作『虜』之說不再堅持，並表示甲骨文中的『』釋作『甲』，理解為『甲士』，相關卜辭亦說得通。」按：李零先生分析西周金文、簡帛中的「」字為從「㚔」從「虎」，「㚔」也是聲符，是「柙」的本字（〈古文字雜識兩篇〉，頁 271）。《上博文字編》頁 299 也將「」歸到「柙」字之下。《郭店・窮達以時》06「」，李家浩先生也釋為「柙」（〈讀《郭店楚墓竹簡》瑣議〉《中國哲學》20 輯，頁 350-351）。如果將甲骨文「」分析為「虎」聲釋為「虜」，則與西周金文、簡帛中的「」字結構不合，的確有其不妥之處，所以裘先生後說認為甲骨文「」釋作「甲」應該是比較合理的。

「爾」整理者讀為「弭」，與傳世文獻相符。不過「爾」讀為「彌」更加直接，二者同從「爾」聲。《集韻・紙韻》：「彌，止也。通作弭。」《周禮・春官・小祝》：「彌災兵，遠罪疾。」孫詒讓《正義》：「以〈大祝〉、〈郊特牲〉校之，竊疑漢時通用弭為彌。此經例用古字作彌，注例用今字當作弭。故〈甸師〉注「弭後殃」，字亦作弭。今本〈大祝〉、〈小祝〉、〈男巫〉

經注，並彌弭錯出，非其舊也。至此凡經云彌者，並取安息禦止之義。」（《周禮正義》第八冊，頁 2033）依照孫詒讓的觀點，則本簡讀為「彌」比較好。「彌」又出現在第十六章簡 89「爾（彌）天下之軹（甲）兵」。又關於「弭兵之盟」的發生背景及對各國的影響與歷史評價，請參見白國紅：《春秋晉國趙氏研究》頁 124-131。

② 康王即殜（世），乳=（孺子）王即立（位）。霝（靈）王為命=尹=（令尹）

（一）乳=（孺子）王

整理者：「乳」字見於上博簡《周易》、清華簡《楚居》及曾侯乙墓樂器銘文等處，舊多釋為「嗣」，最近趙平安改釋為「乳」（參見所著《釋戰國文字中的「乳」字》，中國文字學會第六屆學術年會論文，河北張家口市，二〇一一年七月；收入《中國文字學報》第四輯及氏著《金文釋讀與文明探索》，上海古籍出版社，二〇一一年）。查清華簡有「茲武王乳=肇嗣」一語，「乳」、「嗣」二字形體用法明顯有別，足證其說可從。和《楚居》一樣，此處「乳」用為「孺」。孺子王名麇，《史記·楚世家》作「員」，楚康王之子，《左傳》、《楚世家》等稱為郟敖，清華簡《楚居》篇稱孺子王，與此簡文同。《春秋》襄公二十八年：「十有二月……乙未，楚子昭卒。」《左傳》襄公二十九年：「夏四月……楚郟敖即位，王子圍為令尹。」圍即楚靈王，共王之子，康王之弟，孺子王之叔父，弒孺子王而立，即位後易名熊虔。（頁181，注 2）

郭永秉：楚系「乳」字中間寫作「口」、「甘」的部分，也應以來自覆手形的可能性較大。此字所像當是成人以手攬子於懷哺乳之形，這個字應是為哺乳、乳育等詞造的本字。不過，從曾侯乙墓鐘磬銘文和下文排比的一些字形看，「乳」字中部作「口」、「甘」一類的寫法頗多，在字形訛變的

規律之外，有沒有突出「子」以「口」就「乳」之字意的目的在內，似乎仍然並非不可考慮。而且從前文所引曾侯乙墓鐘磬銘文最後作的一例看，「子」形和「人」形之間的筆劃若非鑄壞，似有點類似「孔」字所從，這似乎也暗示出其非「爪」形變來的可能。裘錫圭先生還提示我，「乳」字所從的「口」、「甘」之形，若單純地分析成「爪」旁變來，從表意位置上講也並不很準確，它們似乎有可能是合併了「乳」形和「爪」形而形成的一個部件。事實如何，尚待進一步研究。（〈從戰國楚系「乳」字的辨釋談到戰國銘刻中的「乳（孺）子」〉，《簡帛・經典・古史國際論壇論文》）。

李家浩：

A 1 　　上博竹簡《孔子詩論》1 號

　2 　　上博竹簡《孔子詩論》1 號

B 1 　　九店 56 號墓竹簡 151 號

　2 　　包山竹簡 151 號

C 1 　　曾侯乙鐘 C. 65. 下. 2. 1

　2 　　上博竹簡《周易》2 號

　3 　　上博竹簡《周易》2 號

D 1 　　曾侯乙鐘 C. 65. 中. 2. 11

　2 　　曾侯乙鐘 C. 65. 上. 3. 4

　3 　　曾侯乙鐘 C. 65. 中. 2. 3 挂鍵

E 　　曾侯乙鐘 C. 65. 下. 2. 3

F 　清華竹簡《楚居》14 號

G 　包山竹簡《廷志》169 號

李先生將上舉字形以及（《楚居》簡 11）、（《繫年》簡 97）、（《繫年》簡 98）均分析為上從讀為「宛」音的「勹」。對《楚居》、《繫年》的字形隸定作「孞=」，分析為屬於「重複偏旁」的合文，讀為「子孞」。「子孞王」

是楚康王之子郟敖。郟敖的名字，《史記‧楚世家》作「員」，《左傳》昭公元年《經》作「麇」，司馬貞《史記索隱》引《左傳》作「麕」，《公羊傳》、《穀梁傳》作「卷」。「員」、「麇」、「麕」、「卷」均與「宛」音近可通。古人的名字往往在字之前冠以「子」字，如郟敖的叔父「子比」（子干）、「子晳」。所以郟敖的名字可以稱為「子麇」、「子卷」或「子員」。而簡文郟敖麇（卷、員）稱為「子𣥺王」，如同吳王闔廬的弟弟，《左傳》等把他稱為「夫槩王」、《繫年》110 簡將夫差稱為「夫差王」，這些大概都是因為他們沒有謚號，故把「王」綴於名字之後稱呼他們。

李先生認為「𣥺＝」不能讀為「孺子」，原因有三：一是「𣥺」的讀音與郟敖的名字「麇（卷、員）」音近可通，顯然不是巧合。二是「孺子」是年長者對幼少者或年輕者的稱呼。《楚居》和《繫年》是戰國時期楚人的作品，其作者不可能把他們的先王郟敖稱為「孺子王」。三是《楚居》和《繫年》「𣥺＝王」與《立政》「孺子王」的語法結構不同，所以後者的文獻例證不能拿來證明「𣥺＝王」可以釋讀為「孺子王」。（〈甲骨文北方神名「勹」與戰國文字從「勹」之字〉，《文史》2012 年第 3 輯，頁 42-43、57-59）

建洲按：（《楚居》簡 11，△1）、（《繫年》簡 97，△2）、（《繫年》簡 98，△3）能否與李家浩先生文中所論 、、、 等字的上面，讀為「宛」音的「冖」（勹）並觀，還有待考慮。△1、△3 隸定作「𣥺」是有問題的，因為字形分明從「V」形，是學者所謂的「覆手形」或「乳形」，並不從「口」形。其後再加一橫筆遂成「口」形作「△2」。相同的演變過程如學者所指出的「樂孝子壺」中「孝子」作 、《葛陵》甲三 188、197「老」寫作 。又如「言」作 （《新蔡》甲三 30），又作 （《新蔡》乙四 43）；𠱥（就）作 （《新蔡》甲三 137），又作 （《新蔡》乙三 17）。所以將這些形體統一隸定為「𣥺」恐失之片面。況且這些字分析為上從「勹」聲，那「V」形筆畫要如何解釋呢？所以以形體來說，陳劍、趙平安、郭永秉等先生釋為「乳」應該是較為合理的。（陳、趙二氏的意見請參見郭永秉文章）

　　至於將「🐢王」讀為「子🐢王」，認為是郯敖的名字也是啟人疑竇的，畢竟這種同時綴加「子」與「王」的人名格式古籍未嘗見過。且比對「若嚚（敖）畬義（儀）」（《楚居》06）、「宵（霄）嚚（敖）畬鹿」（《楚居》07）來看，如果「🐢王」確實是表示郯敖的名字，也應該寫作「郯敖畬員」，至少也應該是「畬某」的格式，可見△1、△2、△3 解釋為人名恐有困難。《清華簡》「孺子」的書寫方式有二，一是《清華一・金縢》簡7、《清華三・周公之琴舞》簡7「孺子」皆作「需子」。二是上引尚未公布的「茲武王乳=（孺子）肇嗣」，李家浩先生也同意此處「乳=」讀為「孺子」（按：李家浩先生將「乳=」隸定作「🐢=」），則相同寫法的△1、△2、△3 釋為「孺子」也很合理。李先生認為「🐢=」不能讀為「孺子」的第二個原因其實也是可以解釋的。如《上博六・平王與王子木》是公認楚國人的作品，但是文中卻將王子木描寫成不識「疇」，不知「麻」的功用，近乎愚蠢無知，雖然對照典籍來看，此篇應為虛構，但是也反映出楚人作品對楚國王室亦可能不假辭色。況且李學勤先生對《繫年》的作者與性質曾說過一段話：

　　《繫年》一篇字體是楚文字，但不能由此直接推論這是楚國人的著作。《繫年》既不像《春秋》那樣本來是魯國史書，也不像《竹書紀年》那樣於周室東遷後用晉國及後來的魏國標年，而是對各諸侯國各以其君主紀年。篇中講到幾個重要諸侯國的興起，如秦、衛、鄭、晉等，至於楚國，卻自楚文王始見。在全篇 23 章裏，提到楚的固然較多，不過這也可能是楚國強盛，在當時歷史舞臺上多有作為的緣故。值得注意的是，篇中不為楚人掩醜，有時措詞頗為嚴厲，如說「楚師人敗，……楚人盡棄其幬（幬）幕車兵，豕逸而還」，作者在這裏是站在哪方立場，需要研究。應該說，作者即使確是楚人，**他的眼光則是全國的，沒有受到狹隘的局限**。（〈清華簡《繫年》及有關古史問題〉，頁 70）

李學勤先生認為「不能由此直接推論這（《繫年》）是楚國人的著作」，是有
道理的。（又按：不過李先生在〈由清華簡《繫年》論《文侯之命》〉《揚州
大學學報》2013 年 3 月第 2 期，頁 50 又說「《繫年》是戰國中期楚人著作
的一部史書」。陳偉在〈清華大學藏竹書《繫年》的文獻學考察〉《史林》
2013 年 1 期第 44 頁亦認為《繫年》是楚人的著作。文章並認為《繫年》寫
于肅王在位期間的可能性比較大。）朱曉海先生也根據本章的紀年「晉莊
平公立十又二年，楚康玉立十又四年，令尹子木會越文子武及諸侯之大夫，
盟于末。」認為晉、楚二君紀年並立，若說「楚康王」之前可省卻「即」
或「亦即」，此乃根據晉的立場敘事。則對照《春秋》書法當先書晉國的趙
武；即使己方代表地位低於其餘會盟者，至少按照《春秋》書法，己方仍
排列在最前。然而此章敘會盟者又以楚人先，充分可見：「**此事既非按照晉
方，也非依據楚方敘事，根本不是任何一國的紀年**。換言之，**編撰者乃是
以抽身於列國之外的全照觀點敘事。**」又說「正因所謂的《繫年》不是任
何一國的編年史，所以在記載與某國相關的大事時，從頭至尾沒有一處是
以某國的本國立場稱『我』。五處稱『我』者，全部屬於直述句，乃文中某
人自道，完全不是某國史官站在該國立場記載某事件。」（〈清華簡所謂《繫
年》的書籍性質〉，「經學與文學國際學術研討會」，頁 414-415、419）。所
以《繫年》稱郳敖為幼少者或年輕者的「孺子」是可能的，同時「孺子」
沒有負面的意思，「孺子」是指天子、諸侯、世卿的繼承人，《書·立政》：
「嗚呼！孺子王矣。」《漢書·外戚傳下》「平帝崩。莽立孝宣帝玄孫嬰為
孺子。」錢大昕《十駕齋養新錄》卷二「孺子」條指出：「考諸經傳，則天
子以下嫡長爲後者乃得稱孺子。」又如左傳十五載呂甥曰：「征繕以輔孺子」，
此「孺子」指子圉，即晉懷公，他是晉惠公之嗣子，故曰孺子。楊伯峻《左
傳注》曰：「孺子指子圉，將立之也。考諸經、傳，天子而下以嫡長爲後者，
或非嫡長而擬用之繼位者始得稱孺子。《禮記·檀弓》下秦穆公欲立重耳，
亦稱之為孺子是也。」（頁 362）**晉國的呂甥稱國家的王儲為「孺子」，亦可**

見「孺子」之稱並非不敬的用法。《漢書・王莽傳上》：「立宣帝玄孫嬰為太子，號曰孺子。」可見「孺子」相當於「太子」。

但是《楚居》、《繫年》為何稱郏敖為「孺子王」？趙平安先生認為「在楚王的序列裡，郏敖處於父王和幾位叔王之間，是諸王的子侄輩，這大概是他被稱作孺子王的原因。」他所引的書證是周公稱成王為「孺子王」。(〈釋戰國文字中的「乳」〉《金文釋讀與文明探索》，頁 115）。按：《尚書・立政》：「孺子王矣」，這條書證亦見於《清華三・周公之琴舞》簡 7「孺子王矣」，李家浩先生已指出是孺子「稱王」的意思，與趙先生解釋作名詞詞組的「孺子王」並不相同。筆者嘗試解釋如下：《楚居》簡 15-16「『柬大王』自疆郢徙居藍=郢=……『王太子』以邦居郫（䣄）郢……至『悼哲王』」，此處「王太子」是指「楚聲王」，「王太子」之稱自然是針對「柬大王」而言。《楚居》11「至共王、康王、乳=（孺子）王皆居為郢」、《繫年》97「康王即世，乳=（孺子）王即位」，二處的「孺子王」是指「郏敖」，「孺子」自然也是針對「康王」而言的，則「孺子王」可能相當於「王太子」。又令狐君孺子壺的「令狐君孺子」是指作為令狐君的嫡子繼承人，則前引清華簡「茲武王乳=（孺子）肇嗣」顯然是指武王的嫡子繼承人肇嗣。如果表示一種泛稱的話，是否可將「某王孺子」的「某」省簡，以「王孺子」表示。如此可以跟楚居稱楚聲王為「王太子」並觀，證明太子就是孺子。如此則王孺子、王太子、孺子王三者的意思是相近的。上引李家浩先生指出：吳王闔廬的弟弟夫槩，《左傳》等把他稱為「夫槩王」。清華簡《繫年》110 號把闔廬的兒子吳王夫差稱為「夫差王」，這大概是因為他們沒有謚號，故把「王」綴於名字之後稱呼他們。(〈甲骨文北方神名「勹」與戰國文字從「勹」之字〉，《文史》2012 年第 3 輯，頁 58）。正好郏敖也沒有謚號，故有可能稱為「孺子王」。當然這也只是一種猜測，希望將來有材料可以說明「孺子王」的理解方式以及 字的結構。

附帶說明，何謂「郏敖」？《左傳》昭公元年載公子圍弒楚子麇「葬

王於郟，謂之郟敖」。左僖二十八《會箋》云：「蓋敖者蠻夷酋長之稱，字本作豪，亦作獒，史記晉世家靈公飲趙盾酒，縱齧狗，名敖，知獒敖二字古通。書序『西旅獻獒，大保作旅獒』，鄭注云：『獒讀曰豪，西戎無君長，強大有政者為酋豪，國人遣其酋豪，來獻見於周。』是也。楚本蠻夷，故其君長皆以敖稱，其後遂以名君之無諡，及貴官之亞於君者。」故楚人於其君無諡或不以諡稱，有以葬地之名冠「敖」字為稱者，敖蓋酋豪之義。參《左傳人物名號研究》1667 條「堵敖」下。

（二）䰚（靈）王為命=尹=（令尹）

方炫琛：左襄二十六「公子圍與之爭之」，杜注：「公子圍，共王子靈王也。」楚僭稱王，故左襄二十六伯州犁稱之為「王子圍」。左襄二十九「王子圍為令尹」，以其為令尹，故左襄三十一謂之「令尹圍」。左昭元經「叔孫豹會晉趙武、楚公子圍……于虢」，經多稱名，則圍，蓋其名。同傳公子圍令伯州犁對鄭大夫曰：「圍布几筵……」自稱圍，更可證圍為其名。然其即位後，則改名曰「虔」，故左昭十一經書「楚子虔誘蔡侯般殺之於申」，左昭十三經書「楚公子比……弒其君虔於乾谿」，皆稱虔，楚君有即位改名之例，如公子棄疾即位後改名曰居，棄疾之大子王即位後改名曰軫。其稱靈王者，靈蓋其諡也。（《名號研究》頁 533，1804「楚靈王」條）

③ 令尹會䢼（趙）文子及者（諸）侯之夫=（大夫），明（盟）于【九七】䣋（虢）

整理者：《春秋》昭公元年：「叔孫豹會晉趙武、楚公子圍、齊國弱、宋向戌、衛齊惡、陳公子招、蔡公孫歸生、鄭罕虎、許人、曹人于虢。」虢，楊伯峻《春秋左傳注》：「《公羊》作『漷』，《穀梁》作『郭』。……**虢為東虢**，周文王弟虢叔所封，後為鄭所滅，平王即以其地與鄭。故城在今

河南鄭州市北古滎鎮。」同年《左傳》：「遂會於虢，尋宋之盟也。」（頁181，注3）

建洲按：關於《繫年》「𨟕（虢）」字構形考釋以及「東虢」的地望請見第二章簡七「邦君者（諸）正乃立幽王之弟㪚（余）臣于𨟕（虢）」條下。

④ 霝（靈）王即立（位）

整理者：《左傳》昭公元年：「冬，楚公子圍將聘于鄭，伍舉為介。未出竟，聞王有疾而還。伍舉遂聘。十一月己酉，公子圍至，入問王疾，縊而弒之，遂殺其二子幕及平夏。……葬王於郟，謂之郟敖。……楚靈王即位。」（頁181，注4）

⑤ 霝（靈）王先起兵，會者（諸）侯于繡（申），敓（執）邻（徐）公，述（遂）以伐邻（徐），克溈（賴）、邾（朱）㫄（方）

整理者：《左傳》昭公四年：「六月丙午，楚子合諸侯于申。……徐子，吳出也，以為貳焉，故執諸申。……秋七月，楚子以諸侯伐吳，宋大子、鄭伯先歸，宋華費遂、鄭大夫從。使屈申圍朱方。八月甲申，克之……遂以諸侯滅賴。……遷賴於鄢。」（頁181，注5）

（一）繡（申）

董珊：楚靈王會諸侯以及誘殺蔡靈侯的地點「申」，以地理形勢觀之，應為為信陽之申，不是南陽之申。這個看法，拙文《救秦戎銅器群的解釋》未發表的第九部分曾提到，今轉引如下，以供參考：第九，為什麼信陽長台關一號楚墓出土救秦戎鐘。信陽長台關是春秋晚期至戰國時代的申。顧鐵符先生《信陽一號楚墓的地望與人物》認為，申國有兩個，分別位于今

南陽（申、呂之申）和信陽地區（申、息之申），今信陽長台關北有楚王城，是春秋戰國時代的楚城遺址。根據這個判斷，我認爲此地就是《左傳》哀公四年與左司馬並提的申公壽餘所領的楚申縣，而同時南陽之申，則名爲「宛」，有宛公，見于曾侯乙簡、包山簡、新蔡簡及《史記·秦本紀》：「百里傒亡秦走宛」，二申不同。又《左傳》哀公十七年：「彭仲爽，申俘也，文王以爲令尹，實縣申、息，朝陳、蔡，封畛于汝。」可見成爲楚縣的申近于陳、蔡、汝水，是申、息之申，不在南陽而在信陽。《左傳》哀公四年：「申公壽余、葉公諸梁致蔡于負函，致方城之外于繒關」，繒關近葉，致方城之外是葉公諸梁所爲；《春秋大事表》認爲負函在「今河南汝寧府信陽州境」，此地近蔡近信陽之申，致蔡是申公壽餘所爲，他應參與了救秦戎之全過程，又爲此事鑄鐘銘功，長台關一號楚墓規模相當于上大夫，應即申公壽余之後代繼爲申公，于是用此套編鐘之一件來隨葬。（〈讀清華簡《繫年》〉，復旦網，2011 年 12 月 26 日）

建洲按：「申」應爲「南陽之申」，與信陽無關，見拙文〈《清華二·繫年》中的「申」及相關問題討論〉，待刊稿。

（二）郤（徐）公

建洲按：此「徐公」即《左傳》昭公四年的「徐子」，楚靈王疑其有貳心而執之。二〇〇三年三月在浙江紹興市塔山出土的自鐘，銘文云：「惟正十月，吉日丁巳之乘晨，自余，徐王旨退之孫，正剌次留之元子，而乍訇（訊）夫凵之貴姓（甥）」（銘文釋寫主要依照李家浩：〈夫欨申鼎、自鐘與邻子受鐘銘文研究〉，北京大學考古文博學院、中國國家博物館編《俞偉超先生紀念文集·學術卷》，文物出版社 2009 年 6 月；郭永秉〈商周金文所見人名補釋五則〉，復旦網，2009 年 4 月 2 日；李春桃：〈自鐘銘文補釋—兼說擴器〉，待刊稿）。其中「而乍」曹錦炎先生釋爲「天祚」，指周天子之祚。《左

傳》昭公四年：「徐子，吳出也，以為貳焉，故執諸申。」曹先生認為據此
可知昭公四年時的徐王，其母乃吳王（或吳國王室）之女，但《左傳》失
記徐王名。本銘作器者自稱其是「天祚𨚔夫旮之貴甥」，可與這段史實結合
起來看。結合以上分析，《左傳》昭公四年所載的「徐子」，應即本銘所記
的徐王旨後。（曹錦炎：〈自鐸銘文考釋〉，《文物》2004 年 2 期，頁 70-76）
謹案：「天祚」之說不可從，「天」當為「而」，「乍𩵦夫旮」則是人名，參
上引李家浩文。既然沒有「天祚」的存在，故自鐸的徐王也未必與吳國有
關，自然也未必是昭公四年的「徐子」了。

陳槃先生指出徐國君主的「爵稱」除《左傳》昭公四年所載「徐子」
外，或曰「王」，如：《禮記・檀弓》下：「邾婁考公之喪，**徐君**使容居來吊
含……，曰昔我先君**駒王**……」；又有「徐偃王」，見《荀子・非相》、《韓
非子・五蠹》等等。或作「侯」，或曰「伯」，《左傳》昭公元年左傳：「虞
有三苗，夏有觀、扈，商有姺、邳，周有徐、奄。自無令王，諸侯遂進，
狎主齊盟，其又可壹乎。」陳槃先生說：「『狎主齊盟』，謂侯伯之國主盟諸
侯也。徐于周亦嘗為諸侯主盟，是徐嘗為侯伯矣。《今本竹書》：『穆王六年，
徐子誕來朝，**錫命為伯**。』」（《春秋大事表列國爵姓及存滅表譔異（三訂本）》，
頁 538-539）。不過陳文所引爵稱「侯」的證據之一「**鈇侯之孫鼎**」實為《集
成》2287「胡侯之孫陳鼎」。孫偉龍《徐國銅器銘文研究》中所列徐國諸銅
器亦未見稱「徐公」者。《繫年》所云「徐公」應該是對非帝王的君主的尊
稱，《詩・臣工》傳云：「公，君也。」「徐公」即上引《禮記・檀弓》下的
「徐君」。二〇〇七年在山西翼城縣大河口發現一西周墓地，其中 2002 号
墓出土一鳥形盉，筆者命之曰「气盉」（〈翼城大河口墓地 M2002 所出「气
盉」器主名小考〉，復旦網，2011 年 5 月 5 日），得到沈培先生的贊同（〈試
論西周金文否定詞「某」的性質〉，「吉金與周代文明」國際論壇，香港浸
會大學，2012 年 11 月 27-28 日）。銘文曰：「气誓曰：『余某弗叟（稱）公
命！』」此處的「公」也是一種尊稱，而非公爵的身份。參李學勤：〈試釋

翼城大河口鳥形盉銘文〉《文博》2011 年 4 期、裘錫圭：〈翼城大河口西周墓地出土鳥形盉銘文解釋〉《中國史研究》2012 年 3 期。又本章簡 100「瞽（許）公㐰」、二十章簡 110「越公句踐」、二十二章簡 119「晉公止」皆是諸侯國君稱「公」的例證。

（三）澫（賴）

整理者：楊伯峻《春秋左傳注》：「賴，《公羊》作『厲』……今湖北隨縣東北之厲山店。」（頁 181，注 5）

徐少華：魯昭公四年（公元前 583 年）楚滅之賴，是在楚率諸侯之師東伐吳取朱方、殺齊慶封之後，取山東之鄟以前的一次軍事行動。此間，楚及諸侯之師一直在淮河中上游地區活動，從八月甲申克朱方至「九月取鄟」，前後只有一個月左右的時間，楚師絕不可能在淮域攻取朱方之後，回師隨棗走廊滅厲，再長途跋涉前往淮北滅鄟，玩這種勞師遠伐、疲於奔命、為兵家所大忌的遊戲。此「賴」不可能是今隨州北境之厲國，應即《續漢書・郡國二》汝南郡「褒信」侯國下司馬彪原注所言的「賴亭」，故賴（厲）國，在今河南息縣東北約七十里的包信鎮（即故褒信侯國、褒信縣）一帶。褒信之厲，可能是苦縣之厲在遭受齊師數度侵伐之後的南遷，意在避齊就楚，尋求楚人的庇護，與春秋中期許國在屢遭北方鄭國的侵凌之後，南遷楚境之葉以求安寧的情形相一致。（〈古厲國歷史地理考異〉，原載《歷史地理》19 輯，2003 年。又載於《荊楚歷史地理與考古探研》，頁 25-26）

建洲按：依徐少華先生之說，則簡文的「厲」是指由河南鹿邑縣遷到汝南郡褒信的「賴亭」。另參見第十二章簡 61「楚臧（莊）王立十又四年，王會者（諸）侯于厲（厲）」條注釋及地圖。

（四）邾（朱）邡（方）

整理者：楊伯峻《春秋左傳注》：「朱方，吳邑，今江蘇鎮江市丹徒鎮南。」（頁181，注5）

建洲按：《史記·吳太伯世家》：「王餘祭三年，齊相慶封有罪，自齊來犇吳。吳予慶封朱方之縣，以為奉邑，以女妻之，富於在齊。」《集解》：吳地記曰：「朱方，秦改曰丹徒。」

⑥　為南潗（懷）之行

整理者：魯昭公四年，楚靈王會後諸侯於申，以諸侯伐吳，詳上。同年「冬，吳伐楚，入棘、櫟、麻，以報朱方之役」。《左傳》昭公五年：「冬十月，楚子以諸侯及東夷伐吳，以報棘、櫟、麻之役。……吳子使其弟蹶由（本篇第十五章之『鱥繇』）犒師……楚師濟於羅汭，沈尹赤會楚子，次於萊山，薳射帥繁揚之師先入南懷，楚師從之，及汝清。吳不可入。楚子遂觀兵於坻箕之山。是行也，吳早設備，楚無功而還，以蹶由歸。楚子懼吳，使沈尹射待命于巢，薳啟彊待命于雩婁，禮也。」南懷應在江、淮間。

楊伯峻：「《彙纂》謂南懷、汝清應在今江、淮間。」（《春秋左傳注》頁1272）

董珊：「濚」見新蔡簡甲三：268「□及江、漢、沮、漳，延至于濚（淮）。」我曾指出，從楚國的發展史來看，簡文「濚」自當讀爲「淮」。古音「濚」、「淮」二字同聲同部。整理者指出「南濚」見《左傳》昭公五年作「南懷」。案《左傳》昭公五年原文說：「楚師及于羅汭，沈尹赤會楚子次于萊山，薳射帥繁陽之師，先入南懷，楚師從之，及汝清，吳不可入。」杜預注：「南懷、汝清，皆楚界。」杜注乃是就下文「吳不可入」而來，實無用處。此「南濚／懷」皆讀爲「南淮」，就是淮水之南，不是一個具體的小地名。（〈讀清華簡《繫年》〉）

陳斯鵬：「㒸」為「泣」字初文。「潗」視作「㒸」增益水旁。《說文》

無「深」字，但有「㴲」字，疑即「深」之變體，字用為水名。（〈「眔」為「泣」之初文說〉，《古文字研究》第 25 輯，頁 256-261）

建洲按：本條所記亦見於第十五章簡 80「以至靈王，靈王伐吳，為南深（懷）之行，執吳王子蹶由，吳人焉又服於楚。」「深」釋為「灢」似亦無不可。《說文》：「灢，北方水也。从水，襄聲。」「襄，从衣眔聲」。「南灢」是从今本讀為「南懷」或讀為「南淮」，疑未能定也。

⑦ 閞（縣）陳、鄩（蔡），殺鄩（蔡）霝（靈）侯

整理者：《春秋》昭公八年：「冬十月壬午，楚師滅陳。」同年《左傳》：「使穿封戌為陳公。」杜預《集解》：「滅陳為縣，使戌為縣公。」《春秋》昭公十一年：「夏四月丁巳，楚子虔誘蔡侯般，殺之于申。楚公子棄疾帥師圍蔡。……冬十有一月丁酉，楚師滅蔡，執蔡世子有以歸，用之。」同年《左傳》：「使棄疾為蔡公。」（頁 182，注 7）

(一) 閞（縣）陳、鄩（蔡）

陳偉：「間陳、蔡」的「間」，整理者逕讀爲「縣」，可從。《國語·吳語》記申胥諫吳王夫差，說到楚靈王不君時指出：「罷弊楚國，以間陳、蔡。不修方城之內，逾諸夏而圖東國，三歲于沮、汾以服吳、越。」韋昭注云：「間，候也，候其隙而取之。魯昭八年，楚滅陳。十一年滅蔡。」今知其說不確。（〈札記（二）〉）

袁金平：《國語·吳語》中，申胥（即伍子胥）在向吳王夫差進諫時曾說到「楚靈王不君」之事：「昔楚靈王不君，其臣箴諫以不入。乃築台于章華之上，闕為石郭，陂漢，以象帝舜。罷弊楚國，以間陳、蔡。不修方城之內，逾諸夏而圖東國，三歲於沮、汾以服吳、越。其民不忍饑勞之殃，三軍叛王於乾谿。」……從語音上看，「間」，見紐元部；「縣」，匣紐元部。

二字聲近韻同，可相通假。聲紐見、匣古同為喉音，關係極為密切，楚簡中即有大量相諧例證，不贅述。近有學者撰文指出楚文字資料中多處「關（閒）」皆應讀作「縣」，很有道理。因此《繫年》整理者的釋讀非常可信。「閒（縣）陳、蔡」即「以陳、蔡為縣」，「縣」的這一用法多見於《左傳》。如：……《繫年》云楚靈王「閒（縣）陳、蔡」顯然與《國語·吳語》所謂「罷弊楚國，以閒陳、蔡」為一事，《吳語》「以閒陳、蔡」之「閒」毫無疑問也應該讀作「縣」，意即以陳、蔡為縣，而不是韋昭所說的「候也，候其隙而取之」之意。（〈利用清華簡《繫年》校正《國語》韋注一例〉，《社會科學戰線》2011 年 12 期）

李家浩：其實在古文字中關於「縣」的資料是很多的，只是由於「縣」字寫作「還」、「睘」、或「鄙」，而沒有引起大家的注意罷了。……據目前所知，古文字中的「縣」最早見於西周中期的免瑚和師旂簋，其字作「還」。（〈先秦文字中的「縣」〉，《著名中年語言學家自選集・李家浩卷》，頁 15）

周波：楚文字假「睘」表示〔縣〕，見新蔡故城出土戰國封泥「睘（縣）」、「蔡睘（縣）」。（圖版見周曉陸、路東之：《新蔡故城戰國封泥的初步考察》，《文物》2005 年第 1 期）。「睘」讀爲「縣」從郝士宏說（郝士宏：〈「睘」應讀爲縣〉，《文物》2006 年第 11 期）。（《戰國時代各系文字間的用字差異現象研究》，頁 105）

建洲按：〔縣〕除了寫作「睘」之外，也可寫作「還」，如《包山》10「鄝戲（列）上連嚲（敖）之還（縣）集（集-卒）瘩（瘳）族」。趙平安先生指出在楚地竹簡中，常見「地名+宛+大夫」或「地名+行+宛+大夫」等，認爲「宛」從語音上講，它們可能通「縣」（〈戰國文字中的「宛」及其相關問題研究——以與縣有關的資料爲中心〉，《第四屆國際中國古文字學研討會論文集——新世紀的古文字學與經典詮釋》，頁 529-540）。《繫年》〔縣〕寫作「關」，為楚文字〔縣〕的寫法增添新的例證。又第十九章簡 104「楚霝（靈）王立，既關（縣）陳、鄯（蔡）」，與本簡內容相同。根據典籍記

載，春秋戰國時期，陳國曾三滅于楚，蔡國曾二滅于楚，我們在第十九章已將相關事件表列出來，請參看。至於本詞條所指是楚國第二次滅陳（昭公八年、楚靈王七年）、第一次滅蔡（昭公十一年、楚靈王十年）。

附帶一提，《包山》103「貣越異之黃金，以貣鄗𦱛以糴種」、簡115「為鄗𦱛貣越異之鎩金一百益二益四兩」，二處的「鄗𦱛」，馬楠皆讀為「郊縣」，認為係城邑及其所轄鄉遂稍縣之泛稱（〈清華簡第一冊補釋〉，《中國史研究》2011年1期，頁93-98），似可備一說。蓋由文例來看，「鄗𦱛」所貸黃金數量係統攝其下「鄝」、「鄘陵」、「羕陵」、「株易」、「羙陽」、「鬲」、「新都」、「州」等縣，所以陳偉《包山楚簡初探》指出「高間很可能是統攝貸金各縣的郡」（頁101。亦見於氏著：《楚簡冊概論》，頁142）。李零也說：「現在據包山楚簡，我們已知『蒿間』是包括許多楚縣在內的地區名，位置在淮水和淮水支流一帶，『漾陵』的位置也在那一帶。」（〈讀《楚系簡帛文字編》〉，《出土文獻研究》第五輯）。雖然具體內容不同，但是認為「鄗𦱛」有統攝其下諸縣的地位則是共同的。所以「鄗𦱛」讀為「郊縣」是有可能的，《包山楚墓文字全編》頁280亦將「𦱛」讀為「縣」。又《包山》13「某瘇才（在）漾陵之厽（參-三）鈰（璽）閿（間）御之典寶」、152「王士之後匡賞閿（間）之，言胃（謂）：番戍無後。」二處的「閿」，《包山楚墓文字全編》頁432皆讀為「縣」。簡13讀為「縣」可備一說，「縣御」與「漾陵」有關，可能是附屬於漾陵的機關。至於簡152恐怕如字讀為「間」，理解為「非難」即可。最後，《包山》56「己未之日不遷（將）郇邊、邕慶以廷」，「邕」顯然與「𦱛」為一字，《十四種》說：「楚簡『間』字有時從『外』作，如上博竹書《容成氏》6號簡、《莊王既成》3號簡所見。『間』、『干』音近可通。於此或應讀為『干』。《通志・氏族略四》：『干氏，宋大夫干犨之後』。」（頁31注70）其說當是，不過比對前說，「邕」亦可讀為「縣」，春秋時期魯國有「縣成父」。《通志・氏族略》云：「縣氏，其先有縣大夫者。」

（二）殺邻（蔡）龗（靈）侯

建洲按：即《春秋》昭公十一年：「夏四月丁巳，楚子虔誘蔡侯般，殺之于申」的「蔡侯般」。昭公十三年經、傳稱為「蔡靈公」，《左傳》昭公十三年：「冬，十月，葬蔡靈公，禮也。」徐少華先生也指出：「據文獻記載，公元前531年，楚靈王為強化在淮域汝、潁地區的統治，誘殺蔡靈侯於申，滅蔡為縣，『使棄疾為蔡公』，兩年後楚平王奪得王位，為獲取民心而『封陳、蔡』，蔡平侯復國後徙於新蔡，蔡國故地一直屬楚不變。」（《包山楚簡釋地十則》，《文物》1996年第12期，頁65）。昭公十一年（前531年）夏四月，楚靈王誘殺蔡侯般。冬十一月滅亡了蔡國，此為楚國第一次滅蔡，派公子棄疾為蔡公。可見先「殺蔡靈侯」，再「縣蔡」，《繫年》此句未依照時間敘述，這種情況在《繫年》中並不少見，如第九章最後一句「焉葬襄公」，《春秋經》文公六年：「葬晉襄公。」《左傳》文公六年：「冬，十月，襄仲如晉，葬襄公。」而簡文云「襄夫人聞之，乃抱靈公以號於廷」一段，《左傳》記載在文公七年，可見《繫年》未依時間順序敘事。當然亦可能「殺蔡靈侯」只是純粹補充說明「縣蔡」的內容。至於殺蔡靈侯的地點，將《春秋》昭公十一年：「夏四月丁巳，楚子虔誘蔡侯般，殺之于申」比對《上博九・靈王遂申》簡1「靈王既立，申、賽（息）不愍。王敗蔡靈侯於呂，命申人室出，取蔡之器。」可見「殺之于申」的「申」當在「呂」附近，只能是南陽之申，與信陽無關。參見拙文：〈《清華二・繫年》中的「申」及相關問題討論〉，待刊稿。

⑧　龗（靈）王見禕（禍），競（景）坪（平）王即立（位）

整理者：《春秋》昭公十三年：「夏四月，楚公子比自晉歸于楚，弒其

君虔（靈王）于乾谿。楚公子棄疾（平王）殺公子比。」事詳同年《左傳》。平王即位後改名熊居。（頁182，注8）

方炫琛：左昭十三經「楚公子棄疾殺公子比」，經多書名，棄疾當是其名。左昭十一載楚靈王使棄疾為「蔡公」，楚縣大夫曰公，以是年楚靈王滅蔡，使棄疾治之，故稱蔡公，與左昭八楚滅陳，「使穿封戌為陳公」同例。左昭二十六稱楚平王，平蓋其謚也。同年經「楚子居卒」，則居為其名，詳0857宋公固條，而左昭十三云「棄疾即位，名曰熊居」，史記楚世家亦云「棄疾即位為王，改名熊居」，皆謂棄疾即位後易名為熊居，以熊居為其名。（《名號研究》頁532，1801「楚平王」條）

建洲按：楚共王有五個的兒子：公子昭、公子圍、公子比、公子黑肱、公子棄疾。公子昭楚康王、公子圍即楚靈王、公子比即訾敖、公子棄疾即楚平王。這幾位君王的世系是：楚共王→楚康王→郟敖→楚靈王→楚平王。其中「郟敖」是康王之子。公子圍殺死侄兒楚王郟敖自立，是為「楚靈王」。關於楚靈王之死，古書記載詳細，如：

> 《春秋》昭公十三年：「夏四月，楚公子比自晉歸于楚，弒其君虔（靈王）于乾谿。楚公子棄疾（平王）殺公子比。」

> 《左傳》昭公十三年：「夏五月，癸亥，王縊于芉尹申亥氏，申亥以其二女，殉而葬之。」

> 《晏子春秋》「公為鄒之長塗晏子諫」章：「昔者楚靈王作頃宮，三年未息也；又為章華之台，五年又不息也；乾溪之役，八年，百姓之力不足而自息也。靈王死于乾溪，而民不與君歸。」

> 《國語・吳語》：「不修方城之內，逾諸夏而圖東國，三歲于沮、汾以服吳、越。其民不忍饑勞之殃，三軍叛王于乾谿。王親獨行，屏

營仿徨于山林之中，三日乃見其涓人疇。王呼之曰：『余不食三日矣。』
疇趨而進，王枕其股以寢于地。王寐，疇枕王以墣而去之。王覺而
無見也，乃匍匐將入于棘闈，棘闈不納，乃入芋尹申亥氏焉。王縊，
申亥負王以歸，而土埋之其室。」

《國語・楚語》：「三年，陳、蔡及不羹人納棄疾而弑靈王。」

《韓非子・十過》：「靈王南游，群臣從而劫之，靈王餓而死乾溪之
上。」

《春秋繁露・王道》：「楚靈王行強乎陳蔡，意廣以武，不顧其行，
虜所美，內罷其眾。乾溪有物女，水盡則女見，水滿則不見。**靈王
舉發其國而役，三年不罷，楚國大怨。殺無罪臣成然，公子棄疾卒
令靈王父子自殺而取其國。**」

《史記・楚世家》：「靈王於是獨傍偟山中，野人莫敢入王。王行遇
其故鋗人，謂曰：『為我求食，我已不食三日矣。』鋗人曰：『新王
下法，有敢饟王從王者，罪及三族，且又無所得食。』王因枕其股
而臥。鋗人又以土自代，逃去。王覺而弗見，**遂饑弗能起。**芋尹申
無宇之子申亥曰：『吾父再犯王命，王弗誅，恩孰大焉！』乃求王，
遇王饑於釐澤，奉之以歸。夏五月癸丑，**王死申亥家**，申亥以二女
從死，并葬之。」

《史記・秦本紀》：「哀公八年，楚公子棄疾弑靈王而自立，是為平
王。」

《史記・魯周公世家》：「十三年，楚公子棄疾弑其君靈王，代立。」

《淮南子・泰族訓》:「靈王作章華之台,發乾溪之役,外內搔動,百姓罷敝,弃疾乘民之怨而立公子比,百姓放臂而去之,餓於乾溪,食莽飲水,枕塊而死。」

《新書・大都》:「靈王弗聽,果城陳、蔡、葉與不羹,實之以兵車,充之以大臣。是歲也,諸侯果朝。居數年,陳、蔡、葉與不羹,**或奉公子棄疾內作難**,楚國雲亂,王遂死於乾溪芊尹申亥之井。」

《新語・懷慮》:「楚靈王居千里之地,享百邑之國,不先仁義而尚道德,懷奇伎,□□□,□陰陽,合物怪,作乾溪之台,立百仞之高,欲登浮雲,窺天文,然身死于棄疾之手。」

《新序・善謀》:「乃許楚靈王,遂為申之會,與諸侯伐吳,**起章華之台,為乾谿之役,百姓罷勞怨憝於下**,群臣倍畔於上,**公子棄疾作亂**,靈王亡逃,卒死於野。」

《上博七・君人者何必安哉》甲9:「先君需王乾谿云(殞)茜(命),君人者何必安哉。」(「云(殞)茜(命)」的釋讀見《楚文字論集》頁150-152)

上引《春秋》昭公十三年認為靈王死於公子比之手,不過楊伯峻《左傳注》頁一三四二引章炳麟的意見認為「楚公子比自晉歸于楚,弒其君虔于乾谿。」的「楚」應重讀之,即「楚弒其君虔于乾谿」,不認為弒君之人是公子比。最多的意見還是認為靈王過度消耗民力、勞役人民,「作頃宮」、「為章華之台」、「伐吳乾溪之役」,最後導致眾叛親離而自縊或是餓死或是被公子棄疾所殺,此方為《繫年》簡文「靈(靈)王見禍(禍)」的真正內涵。其實,《左傳》昭公四年,晉國司馬侯的一段話已經預告楚靈王的下場:

「司馬侯曰：『不可，**楚王方侈，天或者欲逞其心，以厚其毒而降之罰**，未可知也。其使能終，亦未可知也。晉楚唯天所相，不可與爭。君其許之，而脩德以待其歸，若歸於德，吾猶將事之，況諸侯乎？**若適淫虐，楚將棄之，吾又誰與爭？**』」對照事後的發展，果如司馬侯所預料。又傳世楚王領鐘，嚴志斌先生從類型學及銘文探討楚王領鐘及瓶的年代，指出楚王領是楚靈王虔（嚴志斌：〈楚王領探討〉，《考古》2011 年第 8 期，頁 759-768），董珊認為其結論可信（〈救秦戎銅器群的解釋〉）。

「競坪王」，又見於一九七三年，湖北當陽季家湖楚城遺址 1 號臺基出土一件所謂「秦王鐘」（《集成》00037），有十二字銘文：**秦王卑（俾）命（今）競（景）坪（平）王之定救秦戎**。銘文經過黃錫全和劉森淼、李零等諸位先生的研究，現在已經可以確認「競坪王」讀「景平王」，即楚平王，「競坪」是楚平王的雙字諡法，李零先生說：「『競』與『景』不但讀音相近，意義也相通，都有強、盛、大等義。『坪』則應讀為『平』。《逸周書・諡法》：『治而無眚曰平。執事有制曰平。布綱治紀曰平。由義而濟曰景。布義行剛曰景。耆意大慮曰景。』陳逢衡《逸周書補注》引《春秋考異郵》曰：『景者強也。』是平王取諡之義。」（李零：〈楚景平王與古多字諡——重讀「秦王卑命」鐘銘文〉，《待兔軒文存》，頁 211）。楚三大族「屈」、「昭」、「景」之「景」氏即取楚景平王諡法的前一字爲族稱。據此，楚文字材料裏用作族氏的「競」字都當讀爲文獻中的諡字「景」。（參見董珊：〈出土文獻所見「以諡爲族」的楚王族〉）。所以如後來陸續出版的楚簡資料也多次提到「競坪王」，如《新蔡》甲三 201「霬（擇）日於肙=（八月）腄祭競（景）坪（平）王以逾至吝（文）君。」《上博六・平王問鄭壽》簡 1「競（景）坪（平）王就鄭壽」、《上博六・平王與王子木》簡 1「競（景）坪（平）王命王子木蹠城父」、《清華一・楚居》簡 12「競（景）坪（平）王即立（位）」。

⑨　晉臧（莊）坪（平）公即殜（世），卲（昭）公、问（頃）公麿（皆）

【九九】㬰（早）殜（世），柬（簡－定）公即立（位）

整理者：《春秋》昭公十年：「秋……戊子，晉侯彪（平公）卒。」昭公十六年：「秋八月己亥，晉侯夷（昭公）卒。」昭公三十年：「夏六月庚辰，晉侯去疾（頃公）卒。」昭公三十一年為晉定公元年，簡文則稱簡公，下第二十章同。（頁182，注9）

建洲按：這句話的上文是說「**靈王見禍，景平王即位**」，下文則是「**景平王即世，昭王即位**」，文意銜接順暢，我們懷疑這句話應該放在「**景平王即世，昭王即位**」之後，再考量到竹簡字數的問題，則簡文可讀為「靈王見禍，景平王即位。景平王即世，昭王即位。**晉莊【九九】平公即世，昭公、頃公皆早世，簡公即位**。許人亂，許公䏆出奔晉，晉人羅，城汝陽，居【一〇〇】許公䏆於容城。」文中「許公䏆」即「許男斯」，公元前五二二年至公元前五〇四年在位，正相當於晉頃公（前525-512年）、晉簡（定）公（前511-475年）在位的時間，而許國人作亂的時機更可能應該是在晉簡公在位的時候，所以我們認為簡文讀為「**簡公即位**。許人亂，許公䏆出奔晉，……」應該是合理的。

晉臧（莊）坪（平）公，即晉平公，「莊平」是雙字謚法，姬姓，名彪。晉莊平公元年，即《左傳》襄公十六年（前557年）「許男請遷于晉。諸侯遂遷許，許大夫不可」，希望由楚國安排的葉地遷出，靠近晉國。由此還引發了晉、楚湛阪之戰。參見第十七章簡91「晉莊平公即位元年……遂以遷許於葉而不果」條注釋。卒於魯昭公十年（前532年），在位二十六年。繼位者是「晉昭公」，名夷，在位時間是魯昭公十一年（前531年）至昭公十六年（前526年），在位六年。繼位者「晉頃公」，名棄疾，《左傳》作去疾，古人常以「棄疾」和「去疾」爲人名，二者義同，均爲除疾去病。「晉頃公」在位時間是魯昭公十七年（前525年）至昭公三十年（前512年），在位十四年。簡文「頃」作「**冋**」，字形作，此字亦見於《上博五・君子為禮》

07「肩毋廢、毋![字]」，筆者曾考釋「![字]」為「![阿]」，陳劍先生首先指出應讀為「傾」，參見拙文：〈《上博楚簡（五）》考釋二則〉，簡帛網，2006 年 12 月 1 日。或參見第十四章簡 67「齊![阿]（頃）公」條注釋。又「![字]（皆）」字寫法較為特別，參見第九章簡 52「乃![字]（皆）北（背）之曰」條注釋。

「![字]（早）」字作![字]，其下實從「棶（樑）」。楚文字的「早」字從「日」從「棶」，而「棶」皆寫作「來」形，依據學者的研究其來源實為「![字]」（參陳劍〈據郭店簡釋讀西周金文一例〉）。楚文字的「早」有如下的寫法：![字]（《郭店・老子乙》01）、![字]（《郭店・老子乙》01）、![字]（《郭店・語叢三》19）、![字]（《郭店・語叢四》12）、![字]（《郭店・語叢四》13）、![字]（《上博三・仲弓》14）、![字]、![字]（《上博四・曹沫之陣》簡 32）、![字]（《包山》58）、![字]（《包山》63）、![字]（《仰天湖》簡 13）。此外，劉國勝先生指出《包山》46-2 號簽牌![字]、47-2 號簽牌![字] 當釋為「樑」（〈包山楚墓簽牌文字補釋〉），其說可信。![字]與![字]的「來」旁下可能加注「弔（叔）」聲，形體可以比對![字]（弔丁父簋）、以及底下《汗簡》諸字：

![字]（攲-枝，《汗簡》3.38 引《林罕集字》）![字]（《古文四聲韻》4.4 引《汗簡》）![字]（宋-寂，《汗簡 3.38》引《義雲章》）![字]（淑，《汗簡》3.38 引《古孝經》）

這些傳抄古文皆從「弔」，讀為枝、寂、淑（《傳抄古文字編》（北京：線裝書局，2006 年 11 月）中冊頁 706、713；下冊頁 1100）。此外，《近出殷周金文集錄》1207 號收錄河南淅川下寺 M2：88 出土的「倗之用矛」的「矛」作![字]，筆者曾指出**此字本是「弔（叔）」，可以讀為「矛」**。（參《楚文字論集》，頁 207-208）。「叔」是書紐覺部，與「棶」（精紐幽部）聲音相近。其次，![字]字高佑仁先生分析為從日從「來」，即「來」作「![字]」。（參〈《曹沫之陣》「早」字考釋－從楚系「![字]」形的一種特殊寫法談起〉），其說可信。根據

以上的線索，▢字最直接的分析自然是將「▢」視為「來」形的訛變，其上部「▢」形筆畫省略，上引▢字的「來」旁作「▢」已有這樣的現象。又如《語叢二》43「華」作▢，又作▢（《語叢二》46），「▢」，當是「▢」形的訛省。二是豎筆下從「木」形，古文字有橫筆彎曲筆劃的現象（參《戰國文字通論訂補》頁 246-247），但二橫筆同時上下彎曲為木形則沒有見過。我們傾向於認為字形下部本從「木」旁，其中「木」旁中豎與「來」字中豎有共筆的現象。也就是說▢的「來」旁作「▢」，其後加上「木」旁遂成▢，▢是「棶」（橉）字。至於豎筆上所加的圈形，可能只是如同▢、▢、▢的「來」旁加一圈形為飾，並無深意。▢的「來」旁本作▢（▢），與▢形體相近。後來在豎筆下部添加一斜筆變作「人」，如同「卓」字西周中期九年衛鼎作▢（《集成》2831）、春秋卓林父簋蓋作▢（《集成》4018）；西周晚期叔□父簋「綽」作▢（《集成》4108）。「韋」一般作▢（《郭店·老子甲》36）；《說文》古文作▢、《三體石經·無逸》作▢。▢的來旁作「▢」，加圈形便成為「▢」。

附帶一提，《語叢四》11-12「食韭亞（惡）知終其▢【11】，早與賢人……」，「▢」的下旁看起來與「▢」相似，我們曾認為「▢」是「棗」的表意初文，並對《語叢四》此段簡文有一些看法，但仔細想想，二者應該是沒有關係的。一則從▢來看，「▢」並非獨立存在的形體，二則「▢」緊接著有「早」作▢，可以證明▢與「棗」沒有關係。

簡文只敘述昭公、頃公「早世」，實際上晉國君主大都在位時間不長，且多英年早逝，如第九章提到的年幼即位的晉靈公，也是在位十四年即被趙穿弒殺，被弒時尚未成年。子居曾總結說：「晉成公七年，成公會諸侯于扈，即卒于扈；晉景公十九年，桑田巫預言景公『不食新矣』，六月丙午，景公如廁，陷而卒；晉厲公八年，欒書、中行偃使程滑弒厲公；晉悼公十五年，悼公方壯年，即病逝；晉平公二十六年，『鄭裨灶言於子產曰：七月戊子，晉君將死』，至七月戊子，晉平公壯年卒；晉昭公六年，『子服昭伯

語季平子曰：晉之公室其將遂卑矣。君幼弱，六卿強而奢傲」，至八月，幼弱的晉昭公卒。晉頃公幼年即位，十三年冬『晉趙鞅、荀寅……以鑄刑鼎，著范宣子所為刑書焉』，十四年夏，晉頃公即卒。由以上所舉不難看出，春秋時期的晉君，多數只是在位幾年、十幾年，且絕大多數都是被弒、離奇病逝、意外身亡，且更有被準確預言死期者，基本沒有能壽終正寢的。」（〈8～11章解析〉）

　　晉頃公之後的繼位者是「晉定公」，名午，在位時間自魯昭公三十一年（前511年）迄魯哀公二十年（前475年），在位三十七年。《繫年》18、20章則作「晉柬公」，整理者將「柬」讀為「簡」可信，如同二十一章簡114「楚柬（簡）大王立七年」。又如令狐君壺：「柬柬嘼嘼，康樂我家」，其中「柬柬」即《詩・商頌・那》：「奏樂簡簡」的「簡簡」，均是形容樂聲之和悅。傳世文獻未見「晉簡公」的稱號，且諡號「簡」、「定」不能替換，由《史記・鄭世家》：「三十六年，簡公卒，子定公寧立。」可以證明。《繫年》將「晉定公」寫作「晉簡公」，可能是傳聞有異，或是說有聲音的因素在其中。「簡」（見紐元部）與「定」（端紐耕部），聲韻關係不很密合。不過，「旦」（端紐元部）本從「丁」聲（端紐**耕部**）。而「靪」，從「丁」聲，大徐本切語「當經切」。「巠」是**見紐**耕部，可見韻部元耕可通。至於聲紐見端二母可以參考《上博七・吳命》簡4「孤吏（使）一介吏（使）悹（親）於桃（郊）逆，袋（勞）丌（其）大夫，叔（且）青（請）丌（其）行。」用舌音定母字「桃」表示見母字「郊」。通假例證如《說文》「綻」，又作「綻」、「椗」、「靪」（參王念孫《讀書雜志》，頁1007、王念孫《廣雅疏證》，頁122）。岳麓簡《為吏治官及黔首》69參「補褆治家」，復旦讀書會認為：「褆讀為椗。字又作靪。」（復旦大學出土文獻與古文字研究中心讀書會：〈岳麓簡《為吏治官及黔首》部分簡文釋文〉，復旦網，2009年11月27日）則【定與旦與丁】聲音關係很密切。特別是《說文解字・赤部》「赬」字的或體作「浾」，「赬」從「巠」聲；「浾」，段玉裁已指出從「丁」聲，則【丁

與巠】可通。《左傳》襄公十七年「邾子牼卒」，「牼」，《公羊傳》、《穀梁傳》作「瞷」，(《聲素》，頁727)則【間與巠】可通。綜合以上來看，可見【定與簡】通假是可以的。所以本釋文將晉「簡」公依照古書讀為晉「定」公，如同「晉競（景）公」。「柬（簡－定）公即立（位）」是公元前五一一年。

⑩　競（景）坪（平）王即殜（世），卲（昭）王即立（位）

整理者：《春秋》昭公二十六年：「九月庚申，楚子居（平王）卒。」楚昭王，名壬，又名軫，又作珍，楚平王子。(頁182，注10)

方炫琛：左昭二十六「楚平王卒，令尹子常……曰『大子壬弱……』」，杜注：「壬，昭王也。」壬當是楚昭王之名，而左哀六經書楚昭王之卒云：「楚子軫卒」，則軫為其名，詳0857宋公固條。杜注云：「未同盟而赴以名。」亦以軫為其名。則楚昭王有二名，為大子時名壬，即位後改名「軫」也，猶如乃父楚平王，原名棄疾，即位後改名「居」也，見1801楚子居條。左昭二十六「乃立昭王」，昭蓋其謚也。(《名號研究》頁532，1801「楚平王」條)

建洲按：楚昭王之名，古書中有兩類寫法：《左傳》昭公二十六年作「壬」，《太平御覽》卷一四七引作「任」，這是一類；《春秋經》哀公六年、《史記・伍子胥列傳》、《國語・楚語下》作「軫」，《史記・楚世家》、《十二諸侯年表》作「珍」，這是又一類。新出崇源銅器的楚王「酓悆」，宋華強先生則認為是楚悼王熊疑（〈澳門崇源新見楚青銅器芻議〉）；董珊先生認為是楚昭王（〈救秦戎銅器群的解釋〉）。楚昭王即位於公元前五一五年。

⑪　䜌（許）人亂（亂），䜌（許）公㐌出奔晉=（晉，晉）人羅，城汝易（陽）

整理者：此句疑在「羅」下斷讀。羅，即「罹」字，《爾雅・釋詁》：「憂也。」汝陽，疑即《漢書・地理志》汝陽縣地，在今河南商水西北。(頁182，

注 11）

黃錦前：二〇〇三年三月，河南省南陽市八一路中原機械工業學校工地 M6 出土一件許子佗盞盂，，其器及蓋的內壁近口沿處均陰刻銘文二列六字（器蓋同銘）：鄦（許）子㢋（佗）之盞盂。其形制與河南淅川和尚嶺 M2 出土的中姬盞（HXHM2:28）近似，二器時代亦應相仿。中姬盞的時代，一般認爲是在春秋晚期。許子佗盞盂的時代，結合其銘文字體來看，應以定在春秋晚期前段爲宜。從時間上來看，許子佗盞盂的器主許子佗，與清華簡《繫年》的許公佗應係同人。銅器銘文中許國君主先後有稱「許男」（許男鼎（集成 5.2549））、「許公」（許公寧戈）同出六件（M4:77、92、97、100、109、110），參見平頂山市文物管理局、葉縣文化局：《河南葉縣舊縣四號春秋墓發掘簡報》，《文物》2007 年第 9 期，頁 4-37；河南博物院：《群雄逐鹿——兩周中原列國大型文物瑰寶展》，鄭州：大象出版社 2003 年 4 月，頁 308）、許公買簋（集成 9.4617；武漢市文物商店：《武漢市收集的幾件重要的東周青銅器》，《江漢考古》1983 年第 2 期，頁 36-37；吳曉松、洪剛：《公買簋》，《中原文物》2004 年第 1 期，頁 54-56）、「許子」（許子鎛（集成 1.153、154）、許子佗盞盂、許子妝瑚蓋（集成 9.4616）者），文獻則稱「許男」（如上引《春秋》定公四年）。盞盂銘稱許君佗爲「許子」，「子」應是爵稱，而清華簡《繫年》稱其爲「許公」，我們知道，東周時期，一般諸侯可通稱「公」，如《論語・顏淵》：「齊景公問政於孔子。孔子對曰：『君君，臣臣，父父，子子。』公曰：『善哉！』」因此，《繫年》稱許君佗爲「許公」，與盞盂銘稱其爲「許子」，二者並不矛盾。同樣，前述銅器銘文中是許君稱「許公」，亦當作如是解。魯定公四年即公元前五〇六年，查相關文獻記載可知，這一時期許國在位的君主是許男斯（公元前 522 年至公元前 504 年在位），因此，盞盂銘的「許子佗」，清華簡《繫年》的「許公佗」，應即文獻記載的許男斯。從文字學的角度來看，從它得聲的「㢋」字與「斯」似有相通的可能（《古字通假會典》，頁 467「虒字聲系」）。當然，也不排除

「迱」和「斯」是一名一字的可能。(〈「許子佗」與「許公佗」——兼談清華簡《繫年》的可靠性〉,簡帛網,2011 年 12 月 21 日)

建洲按:方炫琛先生說:「左定六經『以許男斯歸』,經多書名,斯蓋其名也。左定四經有許男,今歸為一人」(《名號研究》頁 480,1582「許男斯」條)則許公佗與許男斯的「佗」與「斯」都是名,不能是字。「佗」(透母歌部)與「斯」(心母支部)是聲韻相近的通假關係。其次,「羅」整理者讀為「罹」解為「憂」,但是我們知道晉國使許公佗處在容城是有戰略目標的,目的在為攻伐楚國做準備,所以「羅」疑如字讀,解為「網羅」。其次。黃錦前先生認為簡文稱「許公佗」是東周時期對一般諸侯的敬稱是有道理的,可參我們前引「徐公」條的解釋。不過,若就許國銅器本身自稱「公」而言,這當如徐少華先生所說:「許男鼎銘許君自稱『許男』,與文獻記載許國爵稱完全一致,由此可見,至遲在西周晚期,諸侯爵稱似有定制,這一發現,對我們進一步研究周代諸侯爵稱這一先秦史上極其重要而長期爭論不休的問題提供了寶貴資料。春秋中晚期,許國仰楚生存,弱不堪言,許公買簠銘一方面在尊奉楚『王』的同時,仍自稱『公』,是為當時禮崩樂壞、爭相僭越的一個縮影。」(〈許國銅器及其歷史地理研究〉《江漢考古》1994 年 3 期,頁 60)則是將「許公」認為是爵稱,理解為僭稱。但是認為至遲在西周晚期諸侯爵稱似有定制,則有待商議,參見第四章「⑩ 幽(懿/哀)侯滅亾(焉)」條注釋。

⑫ 居【一〇〇】晉(許)公迱於頌(容)城

整理者:《春秋》定公四年:「三月,公會劉子、晉侯、宋公、蔡侯、衛侯、陳子、鄭伯、許男、曹伯、莒子、邾子、頓子、胡子、滕子、薛伯、杞伯、小邾子、齊國夏于召陵、侵楚。……六月……許遷于容城。」容城,今河南魯山東南。(頁 182,注 11)

黃錦前：上引《繫年》云「居許公佗於容城」，「容城」，清華簡整理者認爲在今河南魯山東南。「容城」亦見於新鄭鄭韓故城出土的陶文，其地望可能即如清華簡整理者所言，在今河南魯山一帶（何浩：《楚滅國研究》，武漢：武漢出版社，1989年11月，頁280；徐少華：《周代南土歷史地理與文化》，武漢：武漢大學出版社，1994年11月，頁204）。許子佗盞盂所自出的南陽八一路中原機械工業學校工地M6，同出器物有鼎3、簋2、浴缶2、盤、匜各1等（林麗霞：《南陽市近年出土兩周銅器銘文及其相關問題》，楚文化研究會第十一次年會論文，安徽淮南，2009年9月14-16日），其中有同屬春秋晚期前段的養子曰鼎（林麗霞、王鳳劍：《南陽市近年出土的四件春秋有銘銅器》，《中原文物》2006年第5期，頁8-9、90，封三-1），我们曾推測，該鼎或係養子曰助楚人之喪的賵器，許子佗盞盂的情況，亦當與之相類。魯山與南陽地隔不遠，許子佗盞盂出於南陽，可能即與當時許國遷徙至容城有關，也爲探討其時楚與許的關係，提供了重要的新證據。正如簡報所言，該器是一件深受楚文化影響的許國銅器，這也爲進一步深入認識當時許、楚的關係，提供了更豐富的資料。清華簡《繫年》云「許人亂，許公佗出奔晉，晉人羅，城汝陽，居許公佗於容城。晉與吳會爲一，以伐楚，門方城。遂盟諸侯於召陵，伐中山」，即許公佗奔晉後，晉人將其遷至方城之外的容城以抗楚（何浩：《楚滅國研究》，武漢：武漢出版社，1989年11月，頁280；徐少華：《周代南土歷史地理與文化》，武漢：武漢大學出版社，1994年11月，頁204；李守奎：《清華簡〈繫年〉與吳人入郢新探》，《中國社會科學報》2011年11月29日，第7版）。許子佗盞盂出於南陽，印證了簡文和文獻的有關記載，對進一步深入理解當時晉、楚關係也有一定的促進作用。（〈「許子佗」與「許公佗」——兼談清華簡《繫年》的可靠性〉，簡帛網，2011年12月21日）

建洲按：此處以「頌」讀作「容」，符合楚文字的用字習慣。相關位置如下所示：

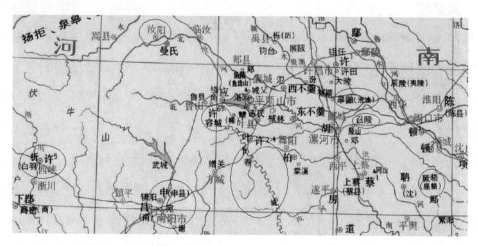

（譚其驤：《中國歷史地圖集－第一冊》頁 29-30 楚吳越）

⑬　晉與吳會為一，以伐楚，閔（門）方城

　　整理者：《左傳》稱魯定公三年，蔡侯如晉，請伐楚。定公四年春，諸侯盟召陵，本欲伐楚，晉卿求賂不得，改謀中山。冬，蔡、吳、唐伐楚入郢。據簡文，吳人入郢之役，晉閔方城。「閔」字疑從戈門聲，為動詞「門」專字，訓為攻破。《左傳》文公三年：「門于方城。」包山簡二三三「閔於大門一白犬」，「閔」讀為「釁」。（頁 182，注 13）

　　《包山》整理者：把「閔」讀作「閥」，又引《廣雅》「伐，殺也」之訓。（《包山楚簡》，頁 57，注釋 458）

　　何琳儀：《說文·鬥部》有「閔」字，解云「試力士錘也。從鬥，從戈。或從戰省。讀若縣」，何琳儀先生認為此「閔」就是古文字「閔」字的訛變（「門」訛變爲「鬥」），「閔」字在簡文中讀為「縣（懸）」，繫也。（《戰國古文字典》，頁 845 下）

　　史傑鵬：根據《古文四聲韻》「磔」字古文作「閑」，疑「閑」所從之「木」是「戈」的訛變，「閔」也許就是「磔」字，從「門」從「戈」會意。（〈包山楚簡研究四則〉，《湖北民族學院學報》2005 年第 3 期，頁 65）

　　宋華強：古文字材料中，「閟」字除了見於包山簡，還見於戰國私璽「長閟」（《古璽彙編》0734 號）、漢印「閟勳」（《漢印文字徵補遺》12·1）及郭店簡《老子》甲本 27 號「閟其逸，塞其門」。黃錫全先生根據《汗簡》、《古文四聲韻》的「閟」字是《說文·門部》「閟」字之誤，認爲戰國私璽及漢印的「閟」也是「閟」字之誤，（黃錫全：《利用〈汗簡〉考釋古文字》，《古文字研究》第十五輯，中華書局，1986 年 6 月，頁 135。《汗簡註釋》，武漢大學出版社，1990 年 8 月，頁 432）和上引何先生的思路適成反向。郭店簡整理者及李零先生都認爲《老子》甲本 27 號的「閟」是「閉」字之誤。（荊門市博物館：《郭店楚墓竹簡》，頁 116 注釋[六三]。李零：《郭店楚簡校讀記（增訂本）》，頁 9）彭浩先生和劉釗先生則認爲是「閟」字之誤，讀爲「閉」。（彭浩：《郭店楚簡〈老子〉校讀》，頁 55。劉釗：《郭店楚簡校釋》，頁 21）按，「閟」字在不同的古文字材料中凡四見，看成誤字恐怕是説不過去的。郭店簡《老子》甲本 27 號「閟其逸，塞其門」，乙本 13 號作「閟（閉）其門，塞其兌」，他本多作「塞其兌，閉其門」，可知「閟」的詞義與「塞」相當。多數學者把「閟」字按照「閉」這個詞去理解，文義順暢無礙。廖名春先生説「閉」、「塞」義同，故可通用（《郭店楚簡老子校釋》，頁 275），可信。只是對字形的解釋不一致。魏啓鵬先生認爲「閟」是「閉」字的異構，字形象以戈距門，會闔閉之意。（〈楚簡《老子》柬釋〉，頁 227）此説最爲方便，不過還有另一種解釋，如李守奎先生就認爲「閟」是「閟」字的省寫，從「必」省聲。（《楚文字編》，頁 669）按，楚簡「閟」字數見，從「門」，「必」聲。楚簡「必」字多寫作從「弋」從「八」，（《說文》也説「必」字從「八」從「弋」，但是其篆形及説解都有問題。「必」字本從「八」、從戈柲之「柲」的初文（參看裘錫圭：《古文字論集》，頁 17，中華書局，1992 年 8 月），楚簡寫作從「弋」大概屬於省變現象。）但包山簡中也有寫作從「戈」從「八」的。（《楚文字編》，頁 55-56）戰國文字中偏旁省寫現象很常見，如戰國竹簡「則」字或作（郭店《五行》13 號），或作（上

博一《緇衣》12 號），「鼎」旁省去下部兩側小點，所以「閔」字的確有可能省寫為「閔」。如果把「閔」看作是「閔」字的省寫，則上揭包山簡中的「閔」字可讀為「伏」。古書所載祭祀用犬牲之法，除了「磔」，還有「伏」。「伏」跟「磔」的區別之處在於後者只是磔之而已，而前者是既磔之，再伏之於軚壤之上，又以車轢之。戰國私璽「長閔」之「閔」是人名，讀法難知。漢印「閔勳」之「閔」是氏名，可以讀為「宓」或「伏」。孔子弟子有「宓子賤」（《史記・仲尼弟子列傳》），漢初傳授《尚書》者名「伏生」（《漢書·儒林傳》）。（〈包山簡祭禱名「伏」小考〉，簡帛網，2007 年 11 月 7 日）

宋鎮豪：![字形]，可隸寫為閔，女字加一橫劃，示意擊殺一女牲於門道中之義。![字形]是![字形]的一形，亦用為門中擊殺牝牲的祭儀。還有一條殘辭「![字形]」（《合集》18665），可隸寫為![字形]，屬同類詞，用為門道中擊殺豕牲的祭儀。以意度之，![字形]、![字形]、![字形]，蓋閔字初構，只是用牲不同而構字要素亦異而已。《包山》卜筮祭禱類 233 簡云：「閔於大門一白犬」，正用閔的門道中擊殺瘞埋祭牲之本義，相當於文獻所謂的「伏瘞」。（〈甲骨文所見殷人的祀門禮〉，《甲骨文與殷商史》新二輯，頁 15）

陳偉：楚簡中的「閔」舊說不一，據《繫年》可知即「門」字。《左傳》莊公十八年：「巴人叛楚而伐那處，取之，遂門于楚。」杜預注：「攻楚城門。」「閔方城」即攻打方城之門，并不一定有「攻破」的意思。卜筮簡中的「閔」字，應是用作門祀之字。《周禮・春官・天府》：「上春釁寶鎮及寶器。」鄭玄注：「釁，謂殺牲以血血之。」古書似未見釁門之說，此字在楚卜筮簡中是否讀爲「釁」，有待進一步證明。（〈讀清華簡《繫年》札記（二）〉，簡帛網，2011 年 12 月 21 日）

黃錫　：從門從戈之字已見于傳抄古文與古璽。楚簡的閔應即閔，門乃鬥訛變，是一個從鬥從戈會意，戈亦聲的會意兼形聲字，讀若縣（懸）。戈屬歌部，縣（懸）屬元部，歌、元對轉。是閔可讀若縣（懸）、環。因此，《繫年》的閔，可讀如環，意爲環攻、圍攻。簡文「閔方城」，即環而攻方

城，亦即圍攻方城。「閔長城句渝之門」，即圍攻齊長城句渝之門。「閔」與「門」應該有區別。如同《左傳》襄公十年：「六月，楚子囊、鄭子耳伐宋，師于訾毋。庚午，圍宋，門于桐門。」楊伯峻注：「既合圍，又攻其桐門也。」《繫年》簡兩用「閔」字，義爲「圍攻」、「環攻」，反映了當時戰況。至于包山楚簡「閔于大門一白犬」的閔，是懸、繫之義，還是殺牲以血塗門之周圍，抑或其它，容進一步研究確定。（〈清華簡《繫年》「從門從戈」字簡議〉簡帛網，2011 年 12 月 23 日。又載《簡帛》第七輯）

侯乃峰（網名小狐）：《左傳》襄公十八年：「十二月戊戌，及秦周，伐雍門之萩。范鞅門于雍門，其御追喜以戈殺犬于門中。」（杜預注：「殺犬示閒暇。」）《左傳》所記載「以戈殺犬于門中」，似乎與包山簡 233 的「閔于大門一白犬」有關係，恐非單純記事，更非如杜預所說「殺犬示閒暇」，而當是含有一定的禮俗意義在其中。也許《左傳》所記的「殺犬」之事就是先秦的「門祭」禮俗，爲當時的「五祀」之一。（〈讀《繫年》臆札〉，復旦網，2012 年 1 月 3 日）

李守奎：闔廬入郢，是先秦史中的大事，《春秋》經傳有比較詳細的記載。清華簡《繫年》所說與古書多有不同。綜合起來看，《繫年》與《左傳》之間的主要不同大致可以概括爲如下幾點。第一，這場戰爭是**晉與吳聯合伐楚**，雖然吳國是主謀，晉國更是蓄謀已久，是利用許、吳對抗楚，自己坐收漁翁之利戰略的延續。晉人在汝水流域築城，把許自析（今河南西峽）遷至容（一說在今河南魯山縣東南），已經把其勢力範圍深入擴張到汝水流域的楚國地盤，顯然都是對抗楚的戰略佈局。簡文記載晉人遷許在邵陵之會的前面。許本是楚的與國，曾被楚遷至析成爲楚北方的屏障，**許公佗投靠晉以後，晉人將許遷至方城之外的容城以對抗楚**，在晉人遷許之後，「晉與吳會爲一，以伐楚」。這樣既符合晉國多年的經營目的，也可以很好地解釋闔廬破楚的力量來自何方。第二，晉、吳聯軍是從方城外攻入。方城位於楚長城上，是楚國與中原之間的交通要道，**可以代稱長城**。石泉先生曾

經對吳師入郢的進軍路線作過精闢的分析，認為吳人自方城攻入，簡文證明完全正確。《左傳》中荀寅所說的「吾自方城以來，楚未可以得志」（引按：見於《左傳》定公四年），舊注以為是襄公十六年的晉敗楚（引案：前557年），侵方城，自此，晉未可以得楚志。據簡文所記的情況分析，實際是方城以內的楚地，即使攻破，晉也無法佔有，只是徒勞，所以范獻子聽從此勸，改變策略，退出了伐楚，在方城外會盟諸侯，北伐中山。第三，**邵陵之會在攻破方城之後**。晉、吳聯軍破方城之後，與楚作戰的主力是吳國，此時的晉國有機會在方城之外的楚國境內大會諸侯，為北伐中山做準備，這就使我們明白了晉率諸侯入楚境，楚何以不加抵抗，也明白了盟會的真正目的。（〈清華簡《繫年》與吳人入郢新探〉《中國社會科學報》2011年第241期）

程薇：根據《左傳》，魯定公四年（西元前506年）冬，蔡、吳、唐伐楚入郢，從而揭開了吳師入郢的序幕。《左傳》中並沒有提到在此次軍事行動中晉國有伐楚的行為，然而據清華簡《繫年》，吳人入郢之役，晉閉方城。閉字疑從戈，門聲，為動詞「門」的專字，訓為攻破。看來晉師也還是採取了一些伐楚的軍事行動，只是沒有盡力而已。（〈清華簡《繫年》與晉伐中山〉，《深圳大學學報》（人文社會科學版），2012年02期，頁53注5）

左鵬：楚國在得到申、息兩國之地後，為了對付北方中原諸侯國，開始在這個通向中原的要塞之道上設立防禦之關。楚在申、息之北，依群山之勢**修築長城，又叫方城**。《左傳·僖公四年》記載楚屈完答齊桓公曰：「君若以德綏諸侯，誰敢不服。君若以力，楚國方城以為城，漢水以為池，雖眾，無所用之。」杜預注曰：「方城山在南陽葉縣南。」《漢書·地理志》「南陽郡」之「葉縣」條下云：「楚，葉公邑，有長城，號曰方城。」據考古資料顯示和有關學者考證，楚方城的北端在古葉縣之南一帶，方城南端應接于淮水北岸一線，**方城的本文應該指山**。「冥阨」等被稱為「城口」，實為山間隘道，亦可資証。後來楚人依山築城——大關口城正是如此，這種城

體依山得名，也被稱為方城。南陽盆地東側的山地丘陵，南與桐柏山脈銜接，西北隔方城缺口與伏牛山脈相望，將屬于長江流域的南陽盆地與屬于淮河流域的豫東平原分割開來，其起迄應垓就是方城之山的實阮內涵。方城在楚文王時期開始構築，靈王、平王時期又陸續增建、完善，是楚國北部堅固的堡壘，其軍事防禦功能十分有效可靠，成為楚國重要的故略要地。其建築方式是利用山間孔道建築關隘，由關隘與險山峻嶺連接而成；其走向大體自今河南魯山縣東南，循伏牛山餘脈東下，經方城、葉縣之間，向東南至泌陽車境的南汝河。從春秋早期楚文王開始築方城至戰國晚期的三百七十餘年期間，中原諸侯多次與楚國發生戰爭，如晉楚的三大戰役城濮之戰、邲之戰、鄢陵之戰，齊楚的徐州之戰、垂沙之戰，秦楚的鉅鹿之戰等，其間諸侯國之間起起伏伏、爭爭合合，兵力曾至方城之下，但一直未能越過方城。如《左傳·文公三年》記載晉陽處父「伐楚」，「門于方城」，「遇息公子朱而還」，即晉師沒有攻入方城。《左傳·襄公六年》又載楚、晉師戰于「湛阪」，「楚師敗績，晉師遂侵方城之外」，但旋即撤軍。方城易守唯攻，對于方城的守護就是對於楚國的防守和保護，反之，一旦方城被攻入，則楚國即面臨滅國的危險，因為方城是楚國的最後一道防線，如韓、魏等中原諸侯攻入方城，事在周赧王三年（前312年），斯時秦、楚大戰于藍田，楚師為秦兵所困，韓、魏「乃南襲楚，至于鄧」，即撤開方城正面，繞道從今陝西商縣、洛南南下，經武關進入南陽盆地，這使楚師腹背受敵，因此潰敗。附圖如下：

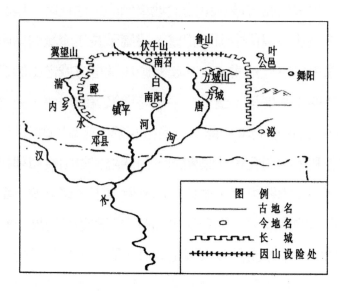

（左鵬：《楚國歷史地理研究》，頁 159-160、圖 3-1 楚方城圖）

　　建洲按：「晉與吳會為一，以伐楚，閔方城」的記載也見於第二十章簡109「晉東（簡－定）公立五〈六〉年，與吳王盍（闔）雩（盧）伐【109】楚。」只是本章敘述更詳細，指出是由「方城」進入「郢都」的。第十七章簡91也記載「（晉）師造於方城」，《左傳》襄公十六年載晉楚湛阪之戰，楚師敗績，晉師遂侵方城之外。《漢書・地理志》南郡葉縣：「有**長城**，號曰**方城**。」《水經・潕水注》引盛弘之云：「葉東界有故城，始犨縣，東至瀙水，達比陽界，南北聯聯數百里，號為**方城**，一謂之**長城**。」第二十一章簡117「楚人舍圍而還，與晉師戰於**長城**。」可見晉楚兩國多次在方城（長城）交鋒。第七章簡42提到在晉國圍曹衛以救宋的策略下，使楚成王「舍圍歸，居**方城**」，亦可見方城地理位置的重要性。關於「方城」的地理位置及諸家對「方城」的理解，上引左鵬的說法很全面，可以參考，並見第五章簡29「⑫文王以北啓出方成（城）」注釋。此外，《左傳》定公四年：「冬，蔡侯、吳子、唐侯伐楚」，現在由第十八章知道晉國亦參與了伐楚的戰爭，而由第十九章簡105云「陳、郗（蔡）、敗（胡）反楚，與吳人伐楚」，可知陳、胡兩國亦參與了戰爭。

「閔」又見於二十章簡 113「晉自（師）閔（門）長城句俞（瀆）之門」、新出《上博九‧陳公治兵》簡 16 作、。上引何琳儀與黃錫全先生均將「閔」字與傳鈔古文「閔」連上關係，而有種種的解釋。按：如同李春桃先生所說「『門』、『鬥』二旁相混應是較晚發生的情況，清華簡文可能與此古文無關。」（《傳鈔古文綜合研究》，頁 710）。「閔」當分析為從戈門聲，為動詞「門」專字，訓為「攻城門」，從戈旁表示跟戰爭有關。《左傳‧襄公九年》：「晉人不得志於鄭，以諸侯復伐之，十二月，癸亥，**門其三門**。」楊伯峻《春秋左傳注》：「攻擊鄭三面城門。」（頁 969）。《襄公十年》：「圍宋，**門于桐門**。」楊伯峻《注》曰：「既合圍，又攻其桐門也。」（頁 978）。以上文例皆與「閔長城句俞之門」相似，可以為證。「閔」從戈門聲，相似結構如《說文‧火部》：「閔，火兒。从火，省聲。讀若粦。」甲骨文有（《合》28318），黃天樹先生認為就是「閔」字，「閔」是來紐真部，「門」是明紐文部，故分析「閔」為从火門聲（〈殷墟甲骨文「無聲符字」與「有聲符字」的權重〉，《第四屆國際漢學會議論文》頁 22，298 條）。可見《說文》分析「閔」為「省聲」是沒有必要的。侯乃峰先生認為「門」的「攻打」之義也許與《說文》的「」字不無關係。《說文》：「，登也。从門、。，古文下字。讀若軍陳之陳。」《說文》「閻」字是「从省聲」，而「閻」與「昏」可通假，「昏」從「文」聲，與「門」聲皆屬明母文部，「」聲與「門」聲亦當不遠。「」字「讀若軍陳之陳」，放到簡文中就比較好理解了。春秋時期的戰爭是以車戰為主，戰鬥之前要先排兵佈陣，由此引申當有可能產生「攻打」之義（見〈臆札〉下的評論）。筆者以為此說恐求之過深，一則如前所述甲骨文的「閔」皆從「門」，未見「」，到戰國文字才有加「二」為飾筆的現象（《譜系》，頁 3822），《說文》說是「省聲」不可信。而且「門」與「陳」的聲母頗有距離，能否相通也有疑問。二則「門」本為「城門」之義，可引申為「守門」，《廣雅‧釋詁三》：「門，守也。」這是一種「名動相因」的語言引申現象。如「天」，本義是頭頂，是

靜態;《周易・睽卦》:「其人天且劓。」馬融《注》:「黥鑿其額曰天」,是動態。「封」,西周金文作 🌳（召伯簋）,本義是手植林木以為地界。如《左傳・昭公二年》:「武子曰:『宿敢不封殖此樹以無忘角弓。』」後又引申出「疆界」義,如《左傳・僖公三十年》:「又欲肆其西封。」《史記・商君列傳》:「開阡陌封疆。」這個名詞用法的「封」派生出「邦」來,「封」、「邦」古本一字,可以通用。又如「耳」派生出割耳的刑罰「聅」、「魚」派生出捕魚勞動的「漁」等。又如「係」在卜辭中除了用來表示「縛係」行為外,還可以表示「被縛係之人」。我們知道,甲骨文字在卜辭中的用法經常既可以表示一個具體行為動作,又可以表示與這個行為動作相關的名詞義,即通常所謂的「名動相因」(王子揚:《甲骨文字形類組差異現象研究》,頁289)。

動詞的「門」同樣有**施受之間**的引申,《左傳》文公十五年「一人門于句鼆,一人門于戾丘,皆死」,杜預注:「有寇攻門,二子禦之而死」,可見動詞的「門」就動作發出與動作接受是一件事的兩個方面,可解為守門或攻門,也是很自然的語言現象。漢語中存在著施受同詞的現象,發出動作與接受動作往往用同詞表示。如「乞」訓「給予」,《漢書・朱買臣傳》:「居一月妻自經死,買臣乞以其夫錢另葬之」,「乞」訓為「施」;「乞」又訓「討」、「求」,《論語・公冶長》:「乞諸其鄰而與之」,是以「乞」為「受」。又如,「受」訓「付予」,又訓「接受」,也是施受引申。「致」也具有施受同辭的特點。這點裘錫圭先生在〈漢簡零拾〉「一一、致」條下說到:「在古漢語裏,『致』既可以當『送給』、『給與』講,也可以當把東西弄到自己這裏來講,所以送東西和領東西用的文書都可以叫做致。」如上引「致金玉貨貝於君」、「致福」、「致禽」、「致饔餼」等語中「致」是給與、送給義;而「致方貢」、「致民」、「致眾庶」等則含有「使方貢（或民或眾庶）至」之義。(《古文字論集》,頁592)

對《包山楚簡》「閔于大門一白犬」的「閔」釋為閥、**閔**、磔等等,其

不能成立之處，上引宋華強先生文章已有評論，此不一一。《包山》的「閅」，可依宋華強先生讀為「伏」。「門」，明紐文部；「伏」，並紐職部，聲韻皆近。《楚居》簡 7「至焚冒酓（熊）帥（率）自箬（都）徙居焚」，李家浩先生指出：「《楚居》注釋〔三七〕據《國語·鄭語》『及平王末……楚蚡冒於是乎始啟濮』韋昭注，說『焚冒酓帥』即『蚡冒熊率』。『蚡』或作『鼢』、『粉』、『棼』。《國語·鄭語》『楚蚡冒於是乎始啟濮』之『濮』，或作『僰』，見《呂氏春秋·恃君》等。上古音『焚』、『蚡』屬並母**文部**，『僰』屬並母**職部**，三字聲母相同，**韻部字音有關**（參看楊樹達《積微居小學金石論叢（增訂本）·古音咍德部與痕部對轉證》），頗疑《楚居》焚冒徙居的『焚』應該讀為『僰』。」（〈談清華戰國竹簡《楚居》的「夷屯」及其他〉，《清華大學藏戰國竹簡（壹）》國際學術研討會會議論文集》，頁 138 注 4）。況且之文二部聲韻關係密切，陳劍先生〈甲骨金文舊釋「尤」之字及相關諸字新釋〉一文已有詳論。而職部是之部的入聲韻，所以職文二部聲音相近自然也是合理的。比如謝明文先生指出「或」字由 （《合》35913）寫為常見的 ，其實就是「○」的脫落、移位，其中可能也有「變形聲化」的因素。「○」可看作「圓」之初文。圓，匣母文部；或，匣母職部，「之」、「文」兩部之字常可相通，而職部是之部的入聲。（《商代金文的整理與研究》，頁 672-673）。至於郭店簡《老子》甲本 27 號「閟其 ，塞其門」的「閟」字，比對乙本簡 13「閟（閉）其門，賽（塞）其 （兌）」，以及《帛書老子》甲本作「塞其悶，閉其口」、乙本作「塞其 ，閉其門」、北大簡《老子》第十九章簡 51 作「塞其脫（兌），閉其門」、王弼本《老子》作「塞其兌，閉其門」來看，整理者指出「閟」是「閟（閉）的誤字」，無疑是對的。即「必」的「弋」旁誤寫為「戈」，可比對《清華三·赤鵠之集湯之屋》簡 13 的「坙」作 、《語叢四》10「莖」作 。再省掉「八」旁，遂成為「閟」。其與讀為「門」的「閟」是同形字。此種「必」誤寫為「戈」者亦見於第六章簡 39「商宓（密）」的「宓」作 ，可比對《孔子詩論》簡 28 。李天虹教授《楚國銅器與竹

簡文字研究》頁 225 亦有討論，請參看。

本則寫完又見復旦網貼出張崇禮先生〈釋「閟」〉一文，他認為「閟應釋為掩。从門戈聲，本義為掩門、掩閉。」筆者以為此說不甚可信，限於篇幅，此處不一一。

⑭ **述（遂）明（盟）者（諸）侯於聖（召）陵，伐中山**

整理者：《左傳》定公三年：「秋九月，鮮虞人敗晉師於平中，獲晉觀虎，恃其勇也。」《春秋》定公五年：「冬，晉士鞅帥師圍鮮虞。」同年《左傳》：「晉士鞅圍鮮虞，報觀虎之役也。」（頁 182，注 14）

程薇：魯定公三年（西元前 507 年），晉國對鮮虞用兵，卻在平中一帶被鮮虞人打敗，晉國勇士**觀虎**也成為階下之囚，即所謂的「鮮虞人敗晉師于平中，獲晉觀虎」。這對晉國而然當然是一個奇恥大辱。晉人不肯善罷幹休，於是又在醞釀對鮮虞的再次用兵。這時，一些小國反楚的呼聲高漲，他們要求晉國出面，帶領各國伐楚。原來，在向戌弭兵之後，晉楚之間雖然一直沒有爆發直接的衝突，但是楚國一直沒有停止對陳、蔡、許等小國的侵擾和欺凌，這些小諸侯國深受其害。比如蔡昭侯去楚國朝見，楚令尹子常由於向蔡昭侯索取賄賂不成，竟然將蔡昭侯整整扣留了三年。蔡昭侯受此欺辱返回後，發誓再也不赴楚國朝見，並積極聯絡各國，共同伐楚。清華簡《繫年》第十八章所說的「遂盟諸侯於召陵」，就是指在魯定公四年（西元前 506 年）晉、齊、魯、衛、蔡、許、曹、莒、邾、宋、鄭、陳、頓、胡、滕、薛、杞、小邾等國為了共同伐楚而召開的一次會盟活動。在召陵之會上，蔡昭侯等人堅決主張伐楚，然作為盟主的晉國卻另有打算。晉國覺得自己與楚國勢均力敵，無法從伐楚中獲得太多的利益，不願**重開戰端**，因此對伐楚興趣不大；晉人更想做的事情是**討伐鮮虞**，以報觀虎被俘之恥；另外，當時晉國公室眾卿掌權，許多卿大夫時常向各諸侯國索取

財物，其中的荀寅即在本次盟會時公然向蔡昭侯「求貨」。在遭到蔡昭侯拒絕後，荀寅惱羞成怒，於是向主持會盟的範獻子建議說：「國家方危，諸侯方貳，將以襲敵，不亦難乎！水潦方降，疾瘧方起，中山不服，棄盟取怨，無損于楚，而失中山，不如辭蔡侯。吾自方城以來，楚未可以得志，只取勤焉」荀寅以晉國尚處於危急之中，諸侯三心二意，而且「水潦方降，疾瘧方起，中山不服」為理由，建議不要撕毀與楚的和平協定，不接受蔡昭侯伐楚的建議。這段話裏的「中山不服」一句也是傳世史籍中第一次出現以「中山」來指代鮮虞的例子。荀寅的主張得到了范獻子的採納，從而使召陵之會上伐楚的中心議題遭到流產。晉人在召陵之會上拒絕了蔡國伐楚的要求，隨即開始準備討伐中山。根據《春秋》經文，當年秋天，「晉士鞅、衛孔圉帥師伐鮮虞」；到了第二年也就是魯定公五年（西元前 505 年），《春秋》經言：「冬，晉士鞅帥師圍鮮虞。」（〈清華簡《繫年》與晉伐中山〉，《深圳大學學報》（人文社會科學版），2012 年 02 期，頁 51）

建洲按：《繫年》與《左傳》的敘事順序有所不同，茲表列如下：

《左傳》定公	《繫年》
	晉與吳會為一，以伐楚，門方城
晉、齊、魯、衛、蔡、許、曹、莒、邾、宋、鄭、陳、頓、胡、滕、薛、杞、小邾為伐楚而召開「召陵之盟」。（四年）	遂盟諸侯於召陵
晉荀寅向蔡侯索賄未成，乃辭蔡侯。晉國僅會合諸侯，而未參加伐楚。晉人假羽旄於鄭，鄭人與之。明日，或旆以會。**晉於是乎失諸侯。**（四年）	
晉士鞅、衛孔圉帥師伐鮮虞。（據《春	伐中山，晉師大疫且飢，食人

秋》定公四年,《左傳》未見) 晉士鞅圍鮮虞,報觀虎之役也。(五年)	
	楚昭王侵伊、洛以復方城之師
秋,齊侯、鄭伯盟于鹹,徵會于衛。衛侯欲叛晉(杜注:「屬齊、鄭」),諸大夫不可。使北宮結如齊,而私於齊侯曰:『執結以侵我。』齊侯從之,乃盟于瑣。齊國夏伐我。(杜注:「齊叛晉故」)(七年)	諸侯同盟于鹹泉以反晉,至今齊人以不服于晉,晉公以弱

二者最大的不同在於「召陵之盟」召開的動機與時機。《左傳》是為了伐楚而召開;《繫年》則是晉吳伐楚,門方城之後。所以程薇指出簡文所云「盟諸侯於召陵,是指魯定公四年(西元前 506 年)晉、齊、魯、衛、蔡、許、曹、莒、邾、宋、鄭、陳、頓、胡、滕、薛、杞、小邾等國為了共同伐楚而召開的一次會盟活動。」是有問題的。試想,如果晉與吳已經攻打至楚國的方城,晉國又何必與諸國為伐楚而召開會盟活動。因此,上述李守奎認為「召陵之會在攻破方城之後,其目的在為北伐中山做準備」(〈清華簡《繫年》與吳人入郢新探〉)。由《繫年》的上下文來看,大概只能這樣理解了。此外,晉與吳伐楚,門方城;昭王侵伊、洛以報復晉國門方城的戰役,這些都未見於《左傳》等典籍記載。可知《繫年》的時代,對相關史實已有與《左傳》記載不同的版本流傳。

⑮ 晉𠂤（師）大疫【一〇一】虞（且）飢，飤（食）人。楚卲（昭）王戠（侵）尹（伊）、洛以遏（復）方城之𠂤（師）

整理者：吳人入郢事，《左傳》不載晉閔方城為吳援；昭王復國，敗吳師，復入郢之役，《左傳》亦不載侵晉復方城之役。（頁 182，頁 15）

陳劍：應為「泗（伊）」，同樣的伊洛之伊作「泗」《容成氏》簡 37 已兩見。（〈《清華（貳）》討論記錄〉）

董珊：此「楚昭王侵伊洛」事亦見景之金銅器群和《春秋》哀公四年經傳。景之金銅器銘文：「唯弎日，王命景之金救秦戎，大有功于洛之戎，用作尊彝。」（〈讀清華簡《繫年》〉）

李守奎：弭兵以來，晉、楚沒有直接交鋒。但晉扶持、指使吳不斷侵擾楚國，晉與吳在對付楚方面，一直是同盟。隨著晉、吳勢力的不斷壯大，方城內外的許、唐及蔡、胡、陳等紛紛叛楚，或歸晉，或附吳。晉國借機向南擴展勢力，築城遷許，為侵奪楚地做準備。吳國外有晉國及陳、蔡、唐、胡等國援助，內有伍子胥、伯嚭復仇的士氣和謀猷，大舉進攻楚國的時機已經成熟。吳率蔡、陳、胡等聯軍在方城外與晉、許等會合，一同攻破楚長城。方城一帶是春秋時期楚抵禦中原外敵的最重要關口，方城攻破，就打開了入郢的通道。應當就是在這個時候，晉的內部發生了變化。**《左傳》記荀寅反對伐楚應該就是聯軍破楚之後，所說的「水潦方降，疾虐方起，中山不服」當是實情**，類似的情況在清華簡中也有記載。晉因為這些顧忌，破方城之後不久就退出了伐楚的戰爭，聯軍分裂，吳人乘勝追擊，直搗郢都。晉則經營方城之外，在邵陵、皋鼬舉行會盟，北上對付中山國的鮮虞人。據《繫年》記載，在這場戰爭結束，昭王復國後，曾率師侵伊、洛，以報復晉的攻破方城之戰。由於晉人沒有參與方城之內的戰爭，沒有入郢，所以《左傳》等史書就忽略了晉國在這場戰爭中的重要作用，把晉人寫得沒頭沒腦，為伐楚浩浩蕩蕩而來，舉行十九國隆重會盟卻無所作為，無一

所獲。實際上這場戰爭的前前後後，晉都是贏家。戰爭前就把勢力擴展到了汝水上游一帶，攻破方城，由吳國去消耗楚國的主力，自己卻反身吞食方城外的勝利果實，攜帶諸侯，打擊中山，擴展北方勢力範圍。而吳國表面上大勝，實際上所攻佔楚地不能長期佔有，國力大耗，終至引起國內的動亂。吳、楚兩敗俱傷，晉國解除了南方強國的危險，就可以專心擴展其周邊的土地了。(〈**清華簡《繫年》與吳人入郢新探**〉)

程薇：然而奇怪的是，對於晉國這兩次大規模軍事行動的過程和結局，《春秋》經、傳卻隻字未提，使人無從知曉這兩次軍事行動的結果。而清華簡《系年》中正好有相關情況的明確記載， 使我們瞭解到了晉師的可怕遭遇：「晉師大疫，且饑，食人」原來，晉師攻打鮮虞時，軍隊裏曾發生了瘟役，而且由於後勤供應沒有做好，軍隊發生饑荒，甚至出現人相食的恐怖情景。我們更傾向於認為這個事件發生於西元前五〇六年，因為清華簡《系年》的前一句是晉人「盟諸侯於召陵，伐中山」，證明是召陵之會結束以後的行動， 而且在西元前五〇六年衛國的孔圉也帥師配合晉師圍攻中山，可以與簡文相互印證；另外，正是由於此年晉師中發生大疫，晉人無功而返的緣故，西元前五〇五年士鞅才又一次率師出征，圍攻鮮虞。如果我們這一猜測不錯的話，我們對於荀寅在召陵之會上的那一番言論可能會有一些不一樣的看法，**也許荀寅當年所說的「水潦方降，疾瘧方起」等情況並不完全是晉人的一番推託之詞，而應該是有一定的事實依據。因此，晉師在進攻鮮虞時所出現的災難性後果**，實際上早在未用兵之前就已經出現了一些端倪。(〈清華簡《繫年》與晉伐中山〉，頁 52)

建洲按：李守奎、程薇均將定公四年荀寅所說「水潦方降，疾虐方起，中山不服」與簡文「晉師大疫且飢，食人」聯繫起來，可從。也可以理解為何定公四年、五年晉國為何兩次出兵攻打中山國。簡文「尹」作[字形]，《容成氏》37 的「泗」字作[字形]、[字形]，正好《容成氏》37 也有「尹」字作[字形]、[字形]，可見「四」的寫法兩豎筆是往外撇出的。同時《新蔡》零 452 有寫作從「几」

形的「皆」，這種形體會訛變為从「尹」形的（《唐虞之道》27）。右中部的寫法與相似，比較近似「尹」。特別是《繫年》本有「四」作（簡 3）、（簡 92），請見「文字表」頁 265，1414 號。（《芮良夫》21）、（《琴舞》07）亦可參考，是以釋文從整理者隸定為「伊」。此外，觀察此字的筆順，是由左邊豎筆下往上寫，最後由右豎筆下來，整體作一筆畫，這也與「四」的寫法不同，而與「伊」《集成》285.6 叔夷鎛作、《集成》276.1 叔夷鐘「伊」作相似。其次，「疫」作，从疒「役」省聲，疫、役同為余紐錫部。如同段玉裁《說文解字注》「胫」字注下曰「此字（引按：指「股」）從肉。非從殳矛之殳聲。鄭意謂股者髀也。禮經多言髀不升。則取諸左股為膚祭。非也。尋古文用字之例。假股為胫正與假脾為髀、假肫膞為膊、假胳為骼、假頭為脰皆以異物同音相假借。股與胫當是同音。**蓋從肉役省聲**。如坄疫殳皆從役省聲之比。役與益同部。此股非股肱字。注當云此字從肉從役省聲。非從殳矛之殳聲。」關於楚文字「役」的討論，請見拙書《楚文字論集》頁 428-433〈（八）由《耆夜》簡 10「役」字看楚竹書「役」字的構形〉以及謝明文〈釋西周金文中的「垣」字〉，待刊稿。

⑯　晉人旻（且）又（有）軛（范）氏与（與）中行氏之禍（禍），七哉（歲）不解虢（甲）

整理者：荀氏、韓氏、魏氏與范氏、中行氏為仇，乃移兵伐范氏、中行氏，事見《左傳》定公十三年至哀公五年。所謂「七歲不解甲」，蓋指定公十三年至哀公四年。（頁 183，注 16）

建洲按：「解甲」，指軍事行動間歇期間的休息。魯定公十三年（前 497 年）「秋七月，范氏、中行氏伐趙氏之宮，趙鞅奔晉陽，晉人圍之。」迄魯哀公五年（前 490 年）「五年春，晉圍柏人，荀寅，士吉射奔齊。」荀寅即中行氏，士吉射即范氏，奔齊後晉亂乃平。此事發生在定公十三年，而下

一段「者（諸）侯同䚫（盟）于鹹泉以反晉」則是在定公七年，此又為《繫年》敘事未依先後的一例。附帶一提，《銀雀山壹・孫子兵法・吳問》：吳問。吳王問孫子曰：「六將軍分守晉國之地，孰先亡？孰固成？」孫子曰：「范、中行是（氏）先亡。」「孰為之次？」「智是（氏）為次。」「孰為之次？」「韓、巍（魏）為次。趙毋失其故法，晉國歸焉。」可以參考。（圖版頁16，摹本頁25-26，釋文頁30）

⑰ 者（諸）侯同䚫（盟）于鹹泉以反晉，至今齊人以不服于晉＝（晉，晉）公以弔（弱）▇

整理者：「諸侯同盟于鹹泉以反晉」，事見定公七年經傳，地作「鹹」，在河南濮陽縣東南。（頁183，注17）

陳劍（QQ羣12月19日6:27:57發言）：另103用爲「弱」之所謂「礿」應隸定作「弔」，形、義皆合，此可算半處。（《《清華（貳）》討論記錄》）

劉雲：簡103末字楚文字中的「弱」字作：▇、▇（左塚漆梮）。疑該字為「弱」字的變形音化之字。該字將「弱」字右部的「勿」字形偏旁改造為「勹」，「勹」與「弱」古音很近，且古書中有「勹」聲字「酌」與「弱」相通的例子（參《漢字通用聲素》，頁253）。該字在簡文中正用為「弱」。（黃傑：〈初讀《清華大學藏戰國竹簡（貳）》筆記〉，復旦網學術討論區第2樓，2011年12月21日）

周波：戰國文字多用「溺」為「弱」。傳抄古文、戰國文字屢見從「人」從「水」之字（見碧落碑，《汗簡》、《古文四聲韻》引《古老子》，郭店《語叢二》簡36，《陶文圖錄》5.14.2，《古璽彙編》4120等），多用為「弱」，一般認為就是「溺」之本字。中山王鼎有「汋」字，用爲「溺」，可能也是「溺」之異體。聯繫這兩種字形，清華簡從「人」從「勹」之字或即「溺」字之異體（人旁、水旁和聲符勹可以有多種組合關係）。」（黃傑：〈初讀《清

華大學藏戰國竹簡（貳）》筆記〉，復旦網學術討論區第 6 樓，2011 年 12 月 29 日）

程薇：在召陵之會上，蔡昭侯等諸侯國對於晉人伐楚。寄予了厚望，希望晉國能夠充分發揮盟主的地位和作用，為小國伸張正義。然而事實恰恰相反，晉人不僅沒有答應伐楚，反而在會盟時向蔡、鄭等國索取各種物資，令各國大失所望，《左傳》對此的記載是「晉於是乎失諸侯」，晉國由此喪失了在各國心目中的盟主地位。關於這一點，清華簡《繫年》也有很好的論述：「諸侯同盟于鹹泉以反晉，至今齊人以不服于晉，晉公以弱。」鹹泉之盟是指魯定公七年（西元前 503 年）齊、鄭等國在咸所舉行的會盟，此後齊、衛等國與晉國關係破裂，晉國嘗到了不恤同盟所帶來的苦果。（〈清華簡《繫年》與晉伐中山〉，頁 52）

建洲按：《左傳》定公七年曰：「秋，齊侯、鄭伯盟于鹹，徵會于衛。衛侯欲叛晉（杜注：「屬齊、鄭」），諸大夫不可。使北宮結如齊，而私於齊侯曰：『執結以侵我。』齊侯從之，乃盟于瑣。齊國夏伐我。（杜注：「齊叛晉故」）」齊、鄭、衛等國在鹹泉會盟反晉的前提是晉國霸權已衰。自從前六二〇年，《左傳》文公七年晉靈公年幼即位，公卿便開始專政（請見本書第九章）。此後晉國公卿的勢力越發增強，公室越顯無力。比如《左傳》昭公十三年，記載子產與晉人爭辯貢賦輕重次序，「貢獻無極，亡可待也，存亡之制，將在今矣」，經後一天的討論「自日中以爭，至于昏」，最後「晉人許之」。鄭大夫子大叔怪咎子產，擔心晉國會來討伐，子產卻是老神在在地說：「**晉政多門**，貳偷之不暇，何暇討？」趁著晉國勢力開始走下坡的時候，齊國也躍躍欲試想取而代之。《左傳》昭公十二年晉昭公與**齊景公**飲宴，雙方舉行投壺之禮，想不到「齊侯舉矢曰：有酒如澠，有肉如陵，寡人中此，**與君代興**。」最後一句的意思不言可喻。再到本章所述《左傳》定公四年晉荀寅向蔡侯索賄未成，因而慫恿范獻子辭蔡侯不打楚國。這對曾被楚國囊瓦扣留三年的蔡昭侯，並「以其子元與其大夫之子為質」（定公三年）

於晉的蔡國來說，情何以堪？同時「晉人假羽旄於鄭，鄭人與之。明日，或旆以會。**晉於是乎失諸侯。**」楊伯峻注釋說：「襄十四年晉借羽毛于齊不歸，此年又借于鄭，且當時用之，又不歸還矣。」（頁1534）。將鄭人的羽旄作為己物裝飾在旗竿頂上參加盟會，事後又不歸還，這也是失信的行為。這些行為讓諸侯國更看不起晉國，自然開始失掉各國的擁護。到定公七年，齊景公與鄭國在鹽泉結盟，並拉攏衛國加盟反叛晉國。定公十三年又發生「軌（范）氏与（與）中行氏之禑（禍）」，此後晉國在也無力稱霸了。

「鹹」字作 🔲，字形所从「鹵」旁值得關注。「鹹」字也見於 🔲（🔲，🔲味鹹亓（其）🔲，長沙子彈庫楚帛書朱欄墨書殘片）（李零：《簡帛古書與學術源流》，圖版六、李零：〈西伯戡黎的再認識〉注5）。宋華強先生指出：「楚帛書之字可以隸定為『鹹』，從『鹵』從『𢦏』。徐在國先生指出『鹹』當分析為從『鹵』、『𢦏』聲，『鹵』即『鹽』字，『鹹』是『鹹』字的異體。（徐在國：《楚帛書詁林》，安徽大學出版社2010年，頁946）上揭楚帛書殘辭顯然和《禮記·月令》『孟冬之月』『仲冬之月』『季冬之月』的『其味鹹』（又見於《呂氏春秋·孟冬紀》《仲冬紀》《季冬紀》）相當，可見徐先生的看法是可信的。聲旁『𢦏』可分析為從『夕』、『戈』聲（「夕」也可能是「口」旁的傾側書寫），由此可以推知『戈』的讀音與『鹹』相近，『鹹』從『咸』聲，則上揭其他從『戈』得聲之字的讀音也當和『鹹』相近。」（〈楚文字資料中所謂「箴尹」之「箴」的文字學考察〉，頁606）。今將 🔲 與 🔲 對比，可知「戈」相當於「咸」，從之得聲的字可讀為「咸」。（參拙著：《《上博楚竹書》文字及相關問題研究》，頁186-194）

簡文的「弱」字作 🔲，其左旁確實類似「弓」旁，比對簡50「弜」作 🔲 可知。但參照上引周波先生的意見，此處「弓」當視為「人」形的訛變。

《繫年》第十九章集解

【章旨】

本章內容敘述楚靈王、楚平王與楚昭王時，兼併周遭小國陳、蔡、胡、唐的過程，特別是陳蔡兩國多次被楚國滅國、復國，我們在本章最末製作了表格以清眉目。此外，本章也談到吳楚戰於柏舉的內容，這個事件也記載於第十五、十八章、二十章，請見「《繫年》大事表」前五〇六年。

【釋文】

楚霝（靈）王立，既閼（縣）陳、郗（蔡）①，競（景）坪（平）王即立（位），改邦陳、郗（蔡）之君②，囚（使）各遆（復）亓（其）邦③。競（景）坪（平）王即殜（世），邵（昭）【一〇四】[王]即立（位）④，陳、郗（蔡）、猷（胡）反楚，與吳人伐楚。⑤秦畢公命子甫（蒲）、子虎衒（率）自（師）戕（救）楚，與楚自（師）會伐陽（唐），閼（縣）之。⑥【一〇五】邵（昭）王既遆（復）邦，女（焉）克猷（胡）、回（圍）郗（蔡）⑦。邵（昭）王即殜（世）⑧，獻惠王立十又一年⑨，郗（蔡）邵（昭）侯繬（申）⑩懼，自歸（歸）於吳＝（吳，吳）縵（洩）用（庸）【一〇六】以自（師）逆郗（蔡）邵（昭）侯⑪，居于州杢（來），是下郗（蔡）⑫。楚人女（焉）閼（縣）郗（蔡）⑬。【一〇七】

【語譯】

楚靈王即位，將陳、蔡二國收為楚國的郡縣。競平王即位，改封陳、蔡二國國君，使其復國。競平王去世後，昭王即位，陳、蔡、胡背叛楚國，

與吳國一同伐楚。秦畢公命令子蒲、子虎率領軍隊營救楚國，與楚軍共同伐唐，並將唐國收為楚縣。昭王收復邦土後，便攻打胡國，圍攻蔡國。昭王去世，獻惠王十一年時，蔡昭侯申恐懼，歸順吳國，吳國的洩庸帶領軍隊迎接蔡昭侯，將蔡昭侯遷於州來，為下蔡。楚人將蔡國收為其郡縣。（獻惠王十一年發生的事件實為「楚公孫朝帥師滅陳」。）

【集解】

① **楚霝（靈）王立，既𨜏（縣）陳、鄁（蔡）**

方炫琛：左襄二十六「公子圍與之爭之」，杜注：「公子圍、共王子靈王也。」楚僭稱王，故左襄二十六伯州犁稱之為「王子圍」。左襄二十九「王子圍為令尹」，以其為令尹，故左襄三十一謂之「令尹圍」。左昭元經「叔孫豹會晉趙武、楚公子圍……于虢」，經多稱名，則圍，蓋其名。同傳公子圍令伯州犁對鄭大夫曰：「圍布几筵……」自稱圍，更可證圍為其名。然其即位後，則改名曰「虔」，故左昭十一經書「楚子虔誘蔡侯般殺之於申」，左昭十三經書「楚公子比……弒其君虔於乾谿」，皆稱虔，楚君有即位改名之例，如公子棄疾即位後改名曰居，棄疾之大子王即位後改名曰軫，詳頁三十。其稱聖王者，靈蓋其謚也。（《名號研究》頁 533-534，1804「楚子虔」條）

李守奎：《繫年》的「陳」字多次出現，如「」（凡 19 例）、「」（凡 1 例），從字形上看，與秦文字的「重」很接近，如「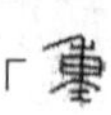」（商鞅方升）、「」（《睡虎地秦簡 · 效律》60）。《繫年》二十例的用法可分為三類：國名、地名和姓氏。國以地名，國名和地名常常是統一的。當被滅以後，國名就成了單純地名。國人流落他國或其後裔以國為氏，國名又成為姓氏。同一個字可以表示國名、地名和姓氏，但三者之間有時代之別。

「陳」字以「」為聲旁，楚文字的「陳」字出現頻率很高，所从聲旁基

本一致。陳國之器在金文中多見，國名少數作「陳」，多數作「敶」，根據其聲旁的寫法，字形可以分為三類：

一、陳侯鼎（集成 2.2650）

二、陳侯鬲（集成 1.706）　陳侯簋（集成 3.3815）　陳侯壺（集成 5.9634）陳公孫𦤳父瓶（集成 6.9979）陳侯作嘉作簋（集成 3.3903）

三、陳公子甗（集成 1.947）　陳侯作王仲嬀媵瑚（集成 9.4604）

這些都是陳人自書，是其國名本字。「陳」、「敶」并見《說文》，「陳」是嬀姓國名，「敶」是列陣之「陣」。在秦漢古隸中，姓氏「陳」與列陣之「陣」是同一個字，習見。仔細觀察春秋時期陳侯簋和陳侯壺中的「敶」字，這個偏旁可以分為兩部分，上部所從與金文「專」字上部所從相，如：

克鐘（集成 1.205）　毛公鼎（集成 2.2841）　王孫遺者鐘（集成 1.261-2）

「專」字上部本作「叀」形，「敶」字偏旁很可能也是「叀」的變形，變形的目的是為了和「東」相區別。

「叀」形下部的與應當就是「虫」旁，甲骨文的「虫」有（合 20332）、（合 17051）兩種寫法，陳侯鼎右旁下面的「」形，應當就是兩種「虫」形的融合，這種寫法很罕見；陳侯簋等旁下面的部分顯然就是「虫」旁，這種寫法的「虫」古文字中一脈相承。陳公子甗中該偏旁的中間一筆上下貫通，已經把「叀」和「虫」一體化了。若分析不誤，「敶」中間所從的偏旁可以隸作「蟗」。

古文字中有「蟗」字的繁體。曾侯乙墓鐘銘有字作：（集成 1.287.4-7）

（集成 1.292.4-8）▨（集成 1.324.5-7）▨（集成 1.327.5-5），可隸定為「蟲」或「蝨」，當即「蟲」字的繁體。「屮」是植物生長在田中之象，即苗圃之圃，「蟲」之構形為圃下虫，圃下多蚯蚓，**字當是「蚓」的表意字。**清華簡中的▨當即「蟲」之變形，首先累增土旁，其次，「屮」所從的「中」由曲首變為上加斜筆，再次，虫旁與土旁共用筆畫，「土」旁中間的一豎，也是虫旁的筆畫。綜上所論，清華簡中的▨字從「土」從「蟲」，當隸作「畫」，與「蟲」并為「蚓」的本字。「陳」和「敶」皆以「蟲」為聲符，《說文》分為兩字，皆置阜部與攴部，以陳為國名字，舜為媯滿之所封；以敶為陳列字：「敶，列也。從攴陳聲」。現在看來，「陳」與「敶」最初當是一字異體，本義當是陳列戰陣，即是陣地之陣的本字，也是陳列之陳的本字，阜是布陳之常所，攴是表示迫使或攻擊義的常用動符，文字構意明晰，戰國時期，「敶」字已經被「陳」字所取代。上博簡《曹沫之陣》中的「戰」，從戈，申聲，與陳氏之「陳」異字。（〈清華簡《繫年》中的▨字與陳氏〉，第十九屆古文字年會散發論文，頁 86-91）

　　怡璇按：《繫年》第十八章已提及楚靈王閿（縣）陳、郗（蔡）之事，整理者在十八章注釋中已指出：

> 《春秋》昭公八年：「冬十月壬午，楚師滅陳。」同年《左傳》：「使穿封戍為陳公。」杜預《集解》：「滅陳為縣，使為縣公。」《春秋》昭公十一年：「夏四月丁巳，楚子虔誘蔡侯般，殺之于申。楚公子棄疾帥師圍蔡。……冬十有一月丁酉，楚師滅蔡，執蔡世子有以歸，用之。」同年《左傳》：「使棄疾為蔡公。」（頁 182，注 7）

陳偉先生亦認為「《國語・吳語》記申胥諫吳王夫差，說到楚靈王不君時指出：『罷弊楚國，以間陳、蔡。不修方城之內，逾諸夏而圖東國，三歲于沮、汾以服吳、越。』韋昭注云：『間，候也，候其隙而取之。魯昭八年，楚滅

陳。十一年滅蔡。』今知其説不確。」(〈讀清華簡《系年》札記（二）〉)

李守奎先生認為「陳」不從「東」，從聲音來看應該是有道理的，但是「陳」字構形分析為「蚓」的表意字稍嫌曲折，希望將來有證據可以證明他的說法。

② 競（景）坪（平）王即立（位），改邦陳、䣄（蔡）之君

方炫琛：左昭十三經「楚公子棄疾殺公子比」，經多書名，棄疾當是其名。左昭十一載楚靈王使棄疾為「蔡公」，楚縣大夫曰公，以是年楚靈王滅蔡，使棄疾治之，故稱蔡公，與左昭八楚滅陳，「使穿封戌為陳公」同例。左昭二十六稱楚平王，平蓋其謚也。同年經「楚子居卒」，則居為其名，詳0857宋公固條，而左昭十三云「棄疾即位，名曰熊居」，史記楚世家亦云「棄疾即位為王，改名熊居」，皆謂棄疾即位後易名為熊居，以熊居為其名，何也？楚君之名多冠以熊字，如左哀六楚「逆越女之子章立之」稱楚惠王曰章，章當是其名，而列女傳卷五云：「迎越姬之子熊章立」，左昭十三楊注亦謂曾侯鍾銘稱「楚王熊章」，皆於名上冠熊字也。左文元經「楚世子商臣弒其君頵」，則頵為楚成王之名，漢書古今人表作惲，云：「楚成王惲」，而史記楚世家既稱惲，又稱熊惲，亦是名上冠熊字也。以此例之，則史記楚世家書楚君名曰熊麗、熊狂、熊繹、熊艾、熊揚、熊黑、熊勝……凡二十餘君稱熊某，蓋皆某為其名，而熊為其名上所冠之字，據楚世家始稱熊字者，為殷末之穴熊，周初之鬻熊，熊字殿下，而自鬻熊之孫熊麗始，世稱熊某，通志氏族略第二云：「以王父字為氏者，古之道也，然亦有以名為氏者，楚以鬻熊之故，世稱熊氏。」則以熊為其氏，並謂熊氏得自鬻熊之名，然鬻熊先人已稱穴熊，路史後紀八云：「附敍始封於熊，故其子為穴熊。」附敍，楚世家作附沮，此以熊為地名，蓋子孫因以為氏也。(《名號研究》頁532，1801「楚子居」條)

復旦讀書會：孫賽雄（QQ羣12月19日22:27:08**發言**）：認爲或當讀爲「封」。「封」、「邦」同源，《上博（四）・曹沫之陣》簡1「昔周王之邦魯，東西七百，南北五百」的「邦」即讀爲動詞「封」。《左傳・昭公十三年》：「平王封陳蔡，復遷邑。」可與此處「景平王即位，改邦（封）陳蔡」對讀。（〈討論記錄〉）

思齊：其中「改邦陳、蔡之君」的斷句恐怕是有問題的。與「縣陳、蔡」相對，此處應是「邦陳、蔡」，而不是「邦陳、蔡之君」，因此應該在「邦」後斷句。全句應為「楚靈王立，既縣陳、蔡，景平王即位，改邦，陳、蔡之君，使各復其邦」。「改邦」後承上文「縣陳、蔡」而省略「陳、蔡」。「陳、蔡之君，使各復其邦」為一句，只是「使」的賓語前置而已。還有可能「陳、蔡之君」中的「陳、蔡」漏掉了重文符號，原文可能是「楚靈王立，既縣陳、蔡，景平王即位，改邦陳、蔡，陳、蔡之君，使各復其邦」。（〈清華簡《繫年》中的一個斷句問題〉）

怡璇按：思齊對於此句有兩種斷句：一為「楚靈王立，既縣陳、蔡，景平王即位，改邦，陳、蔡之君，使各復其邦」，文義反而不如整理者原釋，不可從。二為「楚靈王立，既縣陳、蔡，景平王即位，改邦陳、蔡，陳、蔡之君，使各復其邦」，認為「『陳、蔡之君』中的『陳、蔡』漏掉了重文符號」，雖然楚簡以及傳世文獻皆可見遺漏重文符號的情況，如裘錫圭指出賈誼的《新書・道德說》中脫落重文的一個例子，傳世文獻一般作「諸生者，皆生於德之所生；而能象人德者，獨玉也。」此處應是「德」字脫落了重文符，原文應為「諸生者，皆生於德。德之所生而能象人德者，獨玉也。」（〈再談古書中與重文有關的誤文〉，《裘錫圭學術文集・語言文字與古文獻卷》，頁500）。又如《上博九・成王為城濮之行》甲2-3「王遆（歸），客於子=曼（子文，子文）甚憙（喜）盒（合）邦吕（以）酓=（飲酒）。」（「曼」字考釋，參高佑仁：〈《上博九》初讀〉；蘇建洲師：〈初讀《上博九》箚記（一）〉）此處「子文」為重文，但唯有「子」字有重文符號。如依思

齊所說，需要「陳」、「蔡」二字皆漏掉重文符，這樣的機率較低。原考釋者的斷句為「楚霝（靈）王立，既閖（縣）陳、郗（蔡），競（景）坪（平）王即立（位），改邦陳、郗（蔡）之君，囟（使）各遉（復）亓（其）邦」，「使」字的主語為楚靈王，第二個「邦」字訓為「國」，第一個「邦」字為動詞，訓為「封」，《釋名・釋州國》：「邦，封也，封有功。」《書・蔡仲之命》：「乃命諸王邦之蔡。」《墨子・非攻下》：「唐叔與呂尚邦齊、晉。」可見「邦」本有「封」義，實不必轉讀。簡文意為楚靈王即位，將陳、蔡設為楚國之縣地（並使楚臣為其縣公），景平王即位後，改封陳、蔡之君為諸侯，使他們能夠光復自己國家。

建洲按：《史記・十二諸侯年表》前五二九年，魯昭公十三年、楚靈王十二年載：「棄疾作亂自立，靈王自殺。復陳、蔡。」前五二八年，云：「楚平王居元年。」可見平王已即位而未改元，次年方改元。《左傳》昭公十三年云：「平王即位，既封陳、蔡，而皆復之，禮也。」所云「平王即位」亦應該如此理解，故楊伯峻《春秋左傳注》認為魯昭公十四年是楚平王元年（頁1363）、《先秦諸子繫年》頁五四八亦將平王元年定為魯昭公十四年、前五二八年。所以簡文云：「競（景）坪（平）王即立（位），改邦陳、郗（蔡）之君」，本書「繫年大事表」也歸在前五二九年。

③ 囟（使）各遉（復）亓（其）邦

整理者：《春秋》昭公十三年：「夏四月，楚公子比自晉歸于楚，弒其君虔（靈王）于乾谿。楚公子棄疾（平王）殺公子比。」同年《左傳》，平王即位，「封陳、蔡、復遷邑，致羣賂，施舍、寬民，宥罪、舉職」。又稱：「楚之滅蔡也，靈王遷許、胡、沈、道、房、申於荊焉。平王即位，既封陳、蔡，而皆復之，禮也。」（頁184，注1）

子居：所謂「禮」，實屬形勢上的不得已，整理者所未引的《左傳・昭

公十三年》:「召觀從,王曰:唯爾所欲。對曰:『臣之先,佐開卜。』乃使為卜尹。使枝如子躬聘于鄭,且致犨、櫟之田。事畢,弗致。鄭人請曰:『聞諸道路,將命寡君以犨、櫟,敢請命。』對曰:『臣未聞命。』既復,王問犨、櫟。降服而對,曰:『臣過失命,未之致也。』王執其手,曰:『子毋勤。姑歸,不穀有事,其告子也。』……吳滅州來。令尹子期請伐吳,王弗許,曰:『吾未撫民人,未事鬼神,未修守備,未定國家,而用民力,敗不可悔。州來在吳,猶在楚也。子姑待之。』」皆可見楚平王初立時的於內外多方割讓,唯求王位得安的心態。而由楚平王即立之後,任命佞臣費無極為少師,以子常為令尹,為太子建娶婦于秦而又奪之,誘殺戎蠻子嘉、城州來、殺伍奢諸事皆可見,楚平王之虐實不讓于楚靈王,而其武功則遠不及楚靈王。(〈16～19章解析〉)

怡璇按:子居認為原考釋者的引文中「所謂『禮』,實屬形勢上的不得已。……皆可見楚平王初立時的於內外多方割讓」,由子居所引的段落可見,楚臣未將鄭國土地歸還,甚至也未見鄭國因此而攻打楚國,可見此時的楚國是否需要「內外多方割讓」是有問題的。《左傳》記載平王上任後做了諸多合禮之事,「楚之滅蔡也,靈王遷許、胡、沈、道、房、申於荊焉。平王即位,既封陳、蔡,而皆復之,禮也。隱大子之子廬歸於蔡,禮也。悼大子之子吳歸於陳,禮也。冬十月,葬蔡靈公,禮也。」(昭公十三年)平王做這些事情的原因如同《史記・管蔡世家》所載:「楚平王初立,**欲親諸侯**,故復立陳、蔡後。」蘇建洲老師提示說《楚世家》說的更明白:「平王以詐弒兩王而自立,**恐國人及諸侯叛之**,乃施惠百姓。復陳蔡之地而立其後如故,歸鄭之侵地。存恤國中,修政教。吳以楚亂故,獲五率以歸。平王謂觀從:『恣爾所欲。』欲為卜尹,王許之。」蓋因為詐弒兩王而心虛,擔心國人及諸侯叛變,於是大施恩惠,倒未必是形勢上的不得已。

④ 競（景）坪（平）王即殜（世），卲（昭）[王]即立（位）

整理者：《春秋》昭公二十六年：「九月庚申，楚子居（平王）卒。」次年為楚昭王元年。（頁184，注2）

方炫琛：左昭二十六「楚平王卒，令尹子常……曰『大子王弱……』」，杜注：「王，昭王也。」王當是楚昭王之名，而左哀六經書楚昭王之卒云：「楚子軫卒」，則軫為其名，詳0857宋公固條。杜注云：「未同盟而赴以名。」亦以軫為其名。則楚昭王有二名，為大子時名王，即位後改名「軫」也，猶如乃父楚平王，原名棄疾，即位後改名「居」也，見1801楚子居條。左昭二十六「乃立昭王」，昭蓋其謚也。（《名號研究》頁534，1805「楚子軫」條）

怡璇按：《史記・楚世家》：「平王二年，使費無忌如秦為太子建取婦。婦好，來，未至，無忌先歸，說平王曰：『秦女好，可自娶，為太子更求。』平王聽之，卒自娶秦女，生熊珍。……十三年，平王卒。將軍子常曰：『太子珍少，且其母乃前太子建所當娶也。』欲立令尹子西。子西，平王之庶弟也，有義。子西曰：『國有常法，更立則亂，言之則致誅。』乃立太子珍，是為昭王。」

⑤ 陳、鄩（蔡）、䜌（胡）反楚，與吳人伐楚

整理者：《左傳》定公四年，諸侯盟召陵，謀伐楚而不果。同年「冬，蔡侯、吳子、唐侯伐楚」。據簡文則伐楚者為吳、陳、蔡、胡四國。（頁184-185，注3）

李守奎：方城外與吳結盟伐楚的除了蔡，還有陳、胡。江淮小國，掙扎在晉、楚爭霸之間，哪方力量強大就歸附哪方。上述小國由於地近楚，多數時候為楚的與國。吳國強大後，又從吳叛楚。攻破方城後，楚國力量已經很大程度地被削弱，吳國忙於繼續追擊楚國，晉國有機會在召陵大會

諸侯。這次盟會沒有吳、唐，他們正忙於征戰。蔡、陳、胡國君參加了，可能是三國在協吳攻破方城後，其國君也隨著晉的退出而停步了，但不排除派兵援吳在方城內作戰，其國君則與晉在方城外盟會。（〈清華簡《繫年》與吳人入郢新探〉）

怡璇按：《左傳》定公四年：「冬，蔡侯、吳子、唐侯伐楚」，但《繫年》此處記載出兵國家為「陳、鄗（蔡）、鈦（胡），與吳人伐楚。」《左傳》相較《繫年》多了唐國，而《繫年》則多了陳和胡二國。《左傳》定公三年將唐、蔡二國在楚國受辱的事件描寫詳細：「蔡昭侯為兩佩與兩裘以如楚，獻一佩一裘於昭王，昭王服之，以享蔡侯，蔡侯亦服其一，子常欲之，弗與，三年止之，唐成公如楚，有兩肅爽馬，子常欲之，弗與，亦三年止之。」《繫年》記載缺少了唐國，但唐、蔡二侯的受辱情況相仿，《繫年》沒有記載唐國的原因可能是唐軍屬於吳、蔡二國，杜預注：「唐侯不書，兵屬於吳、蔡。」楊柏峻：「蓋唐國小力弱，邲之戰，唐惠侯從楚，亦不書。」（《春秋左傳注（修訂本）》，頁1542-1543）雖然《繫年》在進攻國中未載唐國，但此章下文作「秦畢公命子甫（蒲）、子虎衍（率）𠂤（師）戕（救）楚，與楚𠂤（師）會伐陽（唐），鬨（縣）之。」說明秦、楚在會師之後，第一個攻打的國家便是唐，可見唐國應該也當初進攻楚國的國家之一。《左傳》未明言胡國進攻楚國，但在定公十五年時有記載「吳之入楚也，胡人盡俘楚邑之近胡者。」可見在吳人入楚之役中，胡國應該也是進攻國之一。此外，根據第十八章簡101「晉與吳會為一，以伐楚，閔方城。」可見晉國亦有參與戰打楚國。

《繫年》多於《左傳》的「陳國」，亦為召陵之會的同盟國，《春秋》定公四年將參加此會盟的國家記載詳細：「三月，公會劉子、晉侯、宋公、蔡侯、衛侯、陳子、鄭伯、許男、曹伯、莒子、邾子、頓子、胡子、滕子、薛柏、杞伯、小邾子、齊國夏於召陵，侵楚。」然而，曾經進攻楚國的蔡、唐、吳與胡四國，在楚國恢復國力之後皆一一報仇，如《繫年》記載「秦畢公命子甫（蒲）、子虎衍（率）𠂤（師）戕（救）楚，與楚𠂤（師）會伐

陽（唐），閼（縣）之。卲（昭）王既㢟（復）邦，安（焉）克𩇕（胡）、回（圍）郕（蔡）。」唯不見陳國。同時第十八章也寫到楚昭王對晉國「㢟（復）方城之𠂤（師）」。所以本章沒有寫到楚昭王對陳國的復仇，確實比較奇怪，估計是《繫年》的作者漏寫了。

補記：徐少華指出：阜陽之胡國數見於《左傳》，長期作為楚之附庸存在，多受楚人侵淩，魯定公四年[經]：「三月，公會劉子、晉侯、宋公、蔡侯、衛侯、陳子……胡子……於召陵，侵楚。」[傳]：「四年春三月，劉文公合諸侯于召陵，謀伐楚也。」結合其後相關記載來看，胡人雖參與了三月諸侯「謀伐楚」的召陵之會，但是並未參加是年冬天吳、唐、蔡等國的聯兵伐楚行動，《春秋》言三月之會為「侵楚」，杜預的解釋是：「于召陵先行會禮，入楚境，故書侵。」即諸侯于召陵相聚為謀，已經進入楚境，故曰「侵楚」。胡人雖未參與魯定公四年（西元前506年）冬的直接伐楚行動，但卻參與了三月謀伐楚的召陵之會，此後還趁火打劫，掠取了其附近的若干楚邑，也可以說是一定程度上的「侵楚」，簡文言胡之「反楚」、「伐楚」，大概也是從這些層面而言。楚人復國後，胡子仍不反悔事楚，最終于魯定公十五年被楚所滅，時為楚昭王二十一年、西元前四九五年。陳的情況與胡國略有不同，在魯昭公十三年「（楚）平王即位，既封陳、蔡，……悼太子之子吳歸於陳」，即陳惠公復國之後，陳國基本喪失了自主地位。定公四年，陳惠公迫于晉、宋的壓力參與了三月召陵的諸侯謀楚之會，或因惠公之死，或擔心楚人的報復，在吳師入郢之時，新立的陳懷公則以疾辭吳，以至四年後（西元前502年）陳懷公受到吳人的嫉恨而客死于吳（《史記》卷36《陳杞世家》）。從《春秋》召陵之會即為「侵楚」的視角，簡文說陳人于楚昭王時「反楚」，勉能成立，然言其「與吳人伐楚」，並不確實（據《左傳》哀公十七年記載，陳因楚白公勝之亂「恃其聚而侵楚」，以至最終被楚所滅。此次「侵楚」也可以說是「伐楚」，但並非與吳人一道行動，且時為楚惠王十年、西元前479年，與楚昭王無涉。）。（〈清華簡《繫年》第

十九章補說——兼論楚縣唐、縣蔡的有關問題〉《出土文獻與中國古代文明學術研討會論文》，北京：清華大學，2013 年 6 月）

⑥ **秦畢公命子甫（蒲）、子虎衒（率）𠂤（師）戕（救）楚，與楚𠂤（師）會伐陽（唐），鄉（縣）之**

整理者：《左傳》定公四年楚昭王奔隨，「申包胥如秦乞師……秦哀公為之賦《無衣》。九頓首而坐。秦師乃出」。《史記・秦本紀》亦作「哀公」，索隱云：「《始皇本紀》作『㻫公』。」今本《始皇本紀》作「畢公」。《左傳》定公五年：「申包胥以秦師至。秦子蒲、子虎帥車五百乘以救楚」，大敗吳軍，「秋七月，子期、子蒲滅唐」。《世本》：「唐，姬姓之國。」《括地志》：「上唐鄉故城在隨州棗陽縣東南百五十里，古之唐國也。」（頁 185，注 4）

建洲按：甲骨文「畢」字寫作：🖐（乙 1493）、🖐（《合集》27148），象人首戴物之形，即「戴」之初文。（《甲骨文字詁林》，第 285 頁）。楚簡文字人的雙手訛變作「◡」或「◡」形，且象人體的「人」形加橫筆或飾點為飾，遂成 異（《包》165）、異（《包》103）、異（《包山》46）、異（《包山》105）、異（《上博四・曹沫之陳》簡 7），或是 異（《包》52）。而本簡字形作 異，確實與「異」字同形，所以整理者釋文作「秦異公」有其道理。不過，《史記・始皇本紀》「景公享國四十年，居雍高寢。葬丘里南。生畢公。」可見「哀公」有異文作「畢公」，《世本》八種，雷學淇校輯本也記錄這個異文。這讓我們聯想到《清華一》有「畢」字作「繹」或「繹」：

🔲 者夜 01.19　🔲 者夜 03.10　🔲 者夜 06.16　🔲 祭公 09.17

前三者是西周「畢公」的「畢」，後者是「繹（畢）🔲」。這些字的「畢」旁與上舉楚簡的「異」字同形。「畢」作 🔲（周原甲骨）、🔲（伯夏父鬲）、

（邾公華鐘），从田，从華，會田獵之網也。楚簡作 （《包山》158）、

 （《包山》140）。大概因為與「異」上部同从「田」形而產生的一種類化現象的訛變。但是這種寫法出現四次，估計不會是偶然的訛誤，更可能是書手的書寫習慣，加上《史記・秦始皇本紀》的異文，則《繫年》的釋文似當以寫作「秦畢公」為優先。但是梁玉繩《史記志疑》云：「諡法無畢字，當依《春秋傳》作哀公，〈秦紀〉不誤。此與〈十二侯表〉稱襄公，《吳越春秋・闔閭內傳》作栢公同誤。《索隱》於〈秦紀〉引作琿，尤妄。」（中華書局 1981 年，頁 194）。梁玉繩認為諡法無「畢」字，故否定《秦始皇本紀》的異文。但是若依《繫年》整理者的意見釋為「秦異公」，諡法同樣未見「異」字，參見汪受寬《諡法研究・諡字集解》。至於秦畢公出兵救楚，當與第八章所載秦晉崤之戰後，簡 48-49「秦穆公欲與楚人為好，虔（焉）繇（脫）繻（申）公義（儀），囟（使）歸（歸）求成。秦虔（焉）【四八】訇（始）與晉敓（執）齎（亂），与（與）楚為好 。【四九】」有關。又本章記載楚昭王時伐唐設縣可以補充文獻記載之闕漏。又第十五章簡 83-84「邵（昭）王歸（歸）【八三】瞾（隨），與吳人戰（戰）于析」與本簡內容相關，請參看。

⑦　邵（昭）王既遉（復）邦，虔（焉）克猷（胡）、回（圍）鄴（蔡）

整理者：楚昭王復國後滅胡。《左傳》定公十五年記吳人入楚之役：「胡子盡俘楚邑之近胡者。楚既定，胡子豹又不事楚」，遂至國滅。胡，媯姓國，在今安徽阜陽。《春秋》哀公元年（楚昭王二十二年）：「楚子、陳侯、隨侯、許男圍蔡。」同年《左傳》：「楚子圍蔡，報柏舉也。里而栽，廣丈，高倍。夫屯晝夜九日，如子西之素。蔡人男女以辨。使疆于江、汝之間而還。蔡於是乎請遷於吳。」（頁 185，注 5）

李守奎：所謂的「昭王復邦」，並不是過去所理解的昭王回到了原來所

居的郢，而是指「收復邦土」。楚昭王逃亡前所居之郢，據清華簡《楚居》可知是「為郢」，闔廬入郢之後，曾居秦溪之上和媵郢，終其位沒有再回到為郢。（〈清華簡《繫年》與吳人入郢新探〉）

怡璇按：《清華一・楚居》簡 12-13：「至卲（昭）王自秦（乾？溝？）溪之上遷（徙）居媵＝郢＝（媵郢，媵郢）遷（徙）居鄢＝郢＝（鄢郢，鄢郢）遷（徙）褱（襲）為郢。盍（闔）虜（廬）內（入）郢，女（焉）遆（復）遷（徙）居秦＝溪＝之＝上＝（秦溪之上，秦溪之上）遆（復）遷（徙）褱（襲）媵（媵）郢。」如同李守奎所言，昭王逃亡前所居的「郢」為「為郢」，《楚居》整理者以為「蔿或與為郢有關。」（頁 188，注 44）然而「蔿郢」的確切位置目前不明，《左傳》僖公二十七年：「楚子將圍宋，使子文治兵於睽。終朝而畢，不戮一人。子玉復治兵於蔿，終日而畢，鞭七人，貫三人耳。」楊伯峻指出「蔿，楚邑，今亦不詳所在。」（《春秋左傳注（修訂本）》，頁 444）。又本段簡文可參第十五章簡 83-84：「昭王歸隨，與吳人戰於析。吳王子晨將起禍於吳，吳王闔閭乃歸，昭王焉復邦。」

補記：徐少華指出：「胡」，簡文作「鈌」，整理者隸定為胡，認為即今安徽阜陽一帶之故胡國，是正確的，然說其為「媯姓國」，則有疏誤。按《左傳》襄公三十一年載魯襄公有妾「胡女敬歸」和「齊歸」，杜預注：「胡，歸姓之國。」一九七八年四月，陝西武功任北村西周銅器窖藏出土的一組鈌叔簋銘載：「鈌叔鈌姬作伯媿媵簋，……」（《集成》4062-4067）乃鈌叔夫婦為其長女外嫁所做。以媵器銘文稱字的慣例，「伯」是排行，「媿」即鈌國之族姓，李學勤先生曾著文認為此器銘之「鈌」就是文獻所載的歸姓胡國（李學勤：《從新出青銅器看長江下游文化的發展》，《文物》1980 年第 8 期）頗有見地，雖為學者所稱道，但一直缺乏明確的依據，《繫年》的面世，可謂李先生之說的不移佳證。位於今阜陽附近的故胡國，並非虞舜之後、與陳同族的「媯姓」，而是由西北南下的戎狄之裔「媿姓」，兩者不應混同。（〈清華簡《繫年》第十九章補說——兼論楚縣唐、縣蔡的有關問題〉《出

土文獻與中國古代文明學術研討會論文》，北京：清華大學，2013 年 6 月）

建洲按：從典籍及後世注疏看，春秋時似有兩個胡國，其一是姬姓胡國，《左傳・哀公六年》：「使胡姬以安孺子如賴。」楊伯峻注：「胡姬，胡國之女，姬姓，景公妾。」其一是歸姓胡國，《左傳・襄公三十一年》：「立胡女敬歸之子子野，次於季氏。」杜預注：「胡，歸姓之國。敬歸，襄公妾。」對於胡國的地望則有三種看法，一是認為在汝陰，即今安徽省阜陽市西北，唐蘭、李學勤持這種看法。另一種是認為在河南郾城。《史記・楚世家》記楚昭王二十年「滅胡」，《正義》引《括地志》云：「故胡城在豫州郾城縣界。」〈老莊申韓列傳〉「昔者鄭武公欲伐胡」句《正義》同。第三種意見則調和二者，認為歸姓胡國在汝陰，姬姓胡國在郾城。根據上舉《正義》的說法，則本簡的「胡」應該是在河南郾城。裘錫圭先生則分析說：

> 關於姬姓之胡的史料，實際上是不充分的。《韓非子・說難》：「昔者鄭武公欲伐胡，故先以其女妻胡君以娛其意。因問於群臣：『吾欲用兵，誰可伐者？』大夫關其思對曰：『胡可伐。』武公怒而戮之，曰：『胡，兄弟之國也，子言伐之何也？』胡君聞之，以鄭為親己，遂不備鄭。鄭人襲胡取之。」「胡，兄弟之國也」這句話，被當作胡為姬姓國的主要根據。然而《韓非子》還曾說鄭武公「先以其女妻胡君」。古代同姓不婚，鄭是姬姓，如果胡也是姬姓，鄭武公怎麼能以其女妻胡君呢？陝西所出獻器銘文中，獻叔與獻姬或伯姬並稱，可見媿姓之獻是與姬姓通婚的。鄭武公妻之以女的胡君很可能也是歸姓的，「兄弟之國」一語不宜死看。《史記・老莊申韓列傳》抄錄了《說難》篇，《正義》在「昔者鄭武公欲伐胡」句下，引《世本》說「胡，歸姓也」。可見《史記正義》認為鄭所滅的胡是歸姓的。至於《春秋左傳注》提到的齊的胡姬，來歷不明，跟郾城或阜陽之胡究竟有沒有關係，還有待研究。所以郾城和阜陽很可能是歸姓之胡先

後所居之地，並非一為姬姓之國，一為歸姓之國。古代國滅後又恢

復的情況很常見。……春秋初年鄭武公取胡時，恐怕也沒有做到把

胡國完全消滅。春秋後期的胡很可能就是由這個胡國延續下來

的。……從春秋初年的形勢來看，鄭武公所伐的胡應該在鄟城而不

在阜陽，卻是完全可以肯定的。西周金文中所見的戜（胡）國，其

所在地自然也以定在鄟城為宜。鄟城在葉縣之東，二地相距一百餘

里。棫林故地也在葉縣之東，跟鄟城相距更近。所以，我們對棫林

和胡二地的考定，跟**戜**簋所說的**卿**戎於棫林搏戎於胡的情況完全相

合。（裘錫圭：〈說**戜**簋的兩個地名—「棫林」和「胡」〉，《考古與文

物》叢刊《古文字論集》（一），1983年。又見《裘錫圭學術文集》

第三輯，頁37-38）

綜合裘、徐兩位先生的意見，可知古胡國是媿（歸）姓，地望在今河
南省漯河（原屬鄟城）附近。

再補記：劉釗先生〈甲骨文「害」字及从「害」諸字考釋〉一文考釋
甲骨文「　」、「　」、「　」三字為「戜」，讀為「胡」，認為應該就是指位今
河南省漯河（原屬鄟城）附近汝水邊上的古胡國所在地。從卜辭看，古歸
姓胡國應該有很悠久的歷史。（復旦網，2013年8月11日）

⑧　卲（昭）王即殜（世）

整理者：據《左傳》，楚昭王卒於魯哀公六年。（頁185，注6）

⑨　獻惠王立十又一年

整理者：楚惠王十一年為魯哀公十七年，據《左傳》，該年七月，楚公
孫朝帥師滅陳。簡文此處所述疑有誤。蔡昭侯死於楚昭王二十五年（見《左

傳》哀公四年），楚惠王十一年時，蔡國國君為昭侯之子蔡成侯。此處簡文可能系將陳、蔡之事混淆而致誤。（頁 185，注 7）

怡璇按：在傳世文獻中，對於楚滅陳的年份記載是不同的：

《左傳》哀公十七年	楚公孫朝帥師滅陳	哀公十七年
《史記・十二諸侯年表》	楚滅陳，殺湣公。	哀公十六年
《史記・鄭世家》	二十二年，楚惠王滅陳。	哀公十六年
《史記・陳杞世家》	二十四年，楚惠王復國，以兵北伐，殺陳湣公，遂滅陳而有之。	哀公十七年

《陳杞世家》與《左傳》記載年份相同，而《鄭世家》的記載為「（鄭聲公）二十二年」，楊伯峻認為「疑下『二』字乃『三』之誤。」（《春秋左傳注（修訂本）》，頁 1709）鄭聲公二十三年即哀公十七年（前 478 年）。《十二諸侯年表》所記當有誤。

此段簡文作「獻惠王立十又一年，郙（蔡）卲（昭）侯繡（申）懼，自歸（歸）於吳=（吳，吳）縵（洩）用（庸）以启（師）逆郙（蔡）卲（昭）侯，居于州萊（來），是下郙（蔡）。」所描述的事件發生在魯哀公二年，楚昭王二十三年（前 493 年）。《左傳》哀公二年云：「吳洩庸如蔡納聘，而稍納師。師畢入，眾知之。蔡侯告大夫，殺公子駟以說。哭而遷墓。冬，蔡遷于州來。」

總之，若以楚獻惠王十一年（魯哀公十七年）來看，當時發生的大事是「楚公孫朝帥師滅陳」，且當時的蔡國國君為昭侯之子蔡成侯。若以本簡所述「居于州萊（來），是下郙（蔡）」事件來看，則是發生在魯哀公二年，楚昭王二十三年。《繫年》的確將陳、蔡之事誤記了。

⑩　郒（蔡）卲（昭）侯繡（申）

　　整理者：蔡昭侯，名申，蔡悼侯之弟。蔡昭侯墓於一九五五年在安徽壽縣西門被發現。（頁185，注8）

　　方炫琛：左哀四經「盜殺蔡侯申」，經多書名，申蓋其名也。同經「葬蔡昭公」，昭蓋其謚也。（《名號研究》頁597，2080「蔡侯申」條）

　　怡璇按：整理者已指出蔡昭侯墓發現於安徽壽縣西門，此墓出土的有銘銅器多署名為「蔡侯𬬱」，器物公布之初，學者對於「𬬱」為何人眾說紛紜，學者說法可參林清源師：《兩周青銅句兵銘文彙考》，頁166-168、王澤文：《春秋時期的紀年銅器銘文與《左傳》的對照研究》，頁75-77。「𬬱」字原形作「🀫」（《集成》2223），裘錫圭認為此形應從「田」聲，為「䌷」字異體，「䌷」為「𦃃」字的繁文，此字讀為「申」，「田」為「申」古音相近，如《詩・周頌・有瞽》：「應田縣鼓」句鄭玄箋謂「『田』當作『棟』」，「𦃃」字以象兩手持絲或繩索形的「𠬝」為形旁，以與「申」相近的「田」為聲旁，應該就是申束之「申」的本字，「紳」為「𦃃」的後起字，本義為「約束」，而「𦃃」形變為「䌷」形，依據甲骨文「🀫」，「䌷」字似乎是將手形改為「𠬝」或「鬲」旁，並把「🀫」的下部改為形近音符「田」而成的後起形聲字，「𦃃」形可能是省「東」造成的，或是將「🀫」形改為音符「田」而成的，寫作「𦃃」和「䌷」形的「紳」字，後來演變出「从𠬝从四🀢」、「从糸从二🀢二田」和「从又从四🀢」等異體，「🀢」應是「東」形的省寫，對於「申束」、「申重」等義而言，「䌷」實為本字，而「申」為假借字。（〈談曾侯乙墓鐘磬銘文中的幾個字・關於「䌷」字〉，《裘錫圭學術文集・金文及其他古文字卷》，頁54-60）楚簡的「申」國多作「繡」形，如「🀫」（《上博九・靈王遂申》簡1），應即是「䌷」形的異體。

　　建洲按：二〇〇八年在南陽市八一路四十四號楚國貴族墓出土蔡侯申簠，器物形制及銘文與一九五五年在安徽壽縣蔡侯申墓出土的四件蔡侯申

簠相同。此墓的主人是彭子壽之妻，她本是蔡侯申的女兒，整理者認為此為蔡與楚申縣聯姻的媵器。根據記載蔡昭侯在位的時間為西元前五一八年到西元前四九一年，但是蔡昭侯申於西元前五〇九年被楚扣留三年，根據《史記・管蔡世家》載：「昭侯十年，朝楚昭王，持美裘二，獻其一于昭王而自衣其一。楚相子常欲之，不與。子常讒昭侯，留之楚三年。」於是蔡與楚重新結怨。因此，蔡侯申簠被陪嫁到申縣的時間應在楚平王末年到楚昭王初年，最晚也不會晚于「蔡侯歸而之晉，請與晉伐楚」的時間，即西元前五〇六年，而四十四號墓埋葬時間也應稍晚於這個時間。總之，蔡侯申簠鑄造和陪送的時間應在西元前五一八年到西元前五〇六年。（喬保同、李長周：〈南陽發現蔡侯申簠〉《中原文物》頁 2009 年 2 期，頁 81-84）

⑪　吳縵（洩）用（庸）以𠂤（師）逆䣄（蔡）卲（昭）侯

整理者：縵用，《左傳》作「洩庸」。洩，喻母月部；縵，明母元部，韻部對轉。（頁 185，注 9）

蘇建洲：簡文中的「縵」字作，其「曼」旁的寫法西周金文曼龏父的「曼」作相同，很值得注意。郭沫若很早就指出甲骨文（曼）就是「曼」的初文（不過朱德熙先生認為此字應釋為），再增加「冃」聲則為。戰國文字的「冃」多作，類似「尹」形（《望山楚簡》第 118 頁注 31；《九店楚簡》，頁 69 注 45）。再將上半的「手」旁簡省，即成（郭店《老子乙本》12）、（《昭王毀室・昭王與龏之𦜕》1）、（《武王踐阼》2）。《繫年》字的「曼」旁寫法顯然是直承甲骨文（曼），至少是西周金文的而來，與戰國文字的常見寫法不同。（〈《繫年》106 的「縵」字〉；〈《清華大學藏戰國竹簡（貳）・繫年》考釋四則〉，《簡帛》第

七輯，頁 69）

　　子居：泄庸，《繫年》原文作「縵用」，整理者言：「縵用，《左傳》作『泄庸』。泄，喻母月部；縵，明母元部，韻部對轉。」其人於《國語》作「舌庸」，《國語·吳語》記：「於是越王句踐乃命範蠡、舌庸，率師沿海泝淮以絕吳路。敗王子友於姑熊夷。越王句踐乃率中軍泝江以襲吳，入其郛，焚其姑蘇，徙其大舟。」對照《吳越春秋·夫差內傳》所載：「越王聞吳王伐齊，使范蠡、泄庸率 師屯海通江，以絕吳路。敗太子友于始熊夷，通江淮轉襲吳，遂入吳國，燒姑胥台，徙其大舟。」可知，「舌庸」即「泄庸」。（〈16～19 章解析〉）

　　怡璇按：「舌庸」應非「泄庸」，對於此種說法，梁履繩《左通補釋》三十一云：「仁和俞葆寅曰：洩庸是吳臣，自吳越春秋，漢書董仲舒傳，王褒四子講德論，竝以越之舌庸為洩庸，而後人遂混為一人。案舌庸見哀廿六年及外傳吳語，當是越方卑事吳，深謀雪恥、焉有任用吳臣，居然在五大夫之列乎？杜氏世族譜以洩庸為吳雜人，不言即舌庸，萬氏氏族略云『吳有洩庸，越有舌庸』，是已。」楊伯峻（《春秋左傳注（修訂本）》，頁 1618）與方炫琛（《名號研究》頁 381，1168「洩庸」條）均贊同此說。

⑫　**居于州㽄（來），是下郙（蔡）**

　　整理者：《左傳》哀公元年（楚昭王二十二年）：「楚子圍蔡，報柏舉也。……蔡於是乎請遷於吳。」《春秋》哀公二年：「有一月，蔡遷于州來。」同年《左傳》：「吳洩庸如蔡納聘，而稍納師。師畢人，眾知之。蔡侯告大夫，殺公子駟以說。哭而遷墓。冬，蔡遷于州來。」蔡本都上蔡，今河南上蔡縣；後遷都新蔡，今河南新蔡縣；於此則入吳，因吳師遷州來。（頁 185，注 10）

　　子居：《左傳·哀公元年》：「元年春，楚子圍蔡，報柏舉也。里而栽，

廣丈，高倍。夫屯晝夜九日，如子西之素。蔡人男女以辨，使疆于江、汝之間而還。蔡於是乎請遷于吳。」這是蔡遷州來的起因。《春秋・哀公二年》：「十有一月，蔡遷於州來。蔡殺其大夫公子駟。」《左傳・哀公二年》：「吳泄庸如蔡納聘，而稍納師。師畢入，眾知之。蔡侯告大夫，殺公子駟以說，哭而遷墓。冬，蔡遷於州來。」杜預注：「元年，蔡請遷于吳，中悔，故因聘襲之。」可見，蔡國之遷州來，雖有懼怕楚國的原因，但吳師的強制性挾制，實也是其原因之一。（〈16～19章解析〉）

　　建洲按：清梁玉繩曰：「蔡本都于上蔡，平侯徙新蔡，至昭侯遷州來，乃下蔡也。」（《史記志疑》，頁907-908）。《史記・管蔡世家》云：「楚昭王伐蔡，蔡恐，告急於吳。吳為蔡遠，約遷以自近，易以相救；**昭侯私許，不與大夫計。吳人來救蔡，因遷蔡于州來。**」可見蔡國遷往州來，是迫於吳國的壓力，其實蔡國的臣民未必願意。所以「二十八年，昭侯將朝于吳，大夫恐其復遷，乃令賊利殺昭侯。」（《史記・管蔡世家》）「州來」是吳楚間地，地理位置重要，二國曾在此多次交兵。《漢書・地理志上》沛郡「下蔡」縣下顏師古注云：「故州來國，爲楚所滅，後吳取之，至夫差遷昭侯于此。後四世侯齊竟爲楚所滅。」《讀史方輿紀要》卷二十一鳳陽府壽州「下蔡城」云：「州北三十里，古州來也。……哀二年，蔡昭侯自新蔡遷于州來，謂之下蔡，蓋為吳所遷也。漢置下蔡縣，屬沛郡。」陳偉先生考訂下蔡的位置在今安徽鳳台縣西南、硤石山北不遠的淮水西岸。」（《楚東國地理研究》，頁22-23）此外，在一九五五年發現的蔡侯申墓亦可說明蔡昭侯申確實已經將國都遷到州來。（參李學勤：〈論漢淮間的春秋青銅器〉，《新出青銅器研究》，頁156）。茲將本章涉及的地名標示如下：

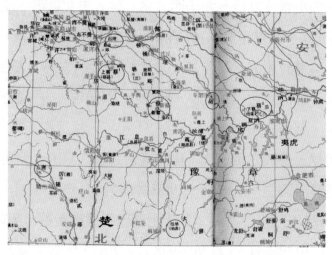

（《中國歷史地圖集》頁 29-30 楚吳越）

⑬　楚人女（焉）**閼**（縣）**鄩**（蔡）

　　建洲按：可能是指楚惠王四十二年（前 447 年）「楚滅蔡」（《史記·楚世家》）。《史記·管蔡世家》云：「侯齊四年，楚惠王滅蔡，蔡侯齊亡，蔡遂絕祀。」蔡侯齊四年即楚惠王四十二年，前四四七年。春秋戰國時期，陳蔡二國多次被楚國滅國，然後復國，茲表列如下：

時間	事件	備註
宣公十一年、楚莊王十六年（前 598 年）	楚子為陳夏氏亂故，伐陳。謂陳人無動，將討於少西氏，遂入陳，殺夏徵舒，轘諸栗門，因縣陳。（《左傳》宣公十一年）	楚國第一次滅陳。亦參見《繫年》第十五章簡 75「莊王率師圍陳。」
宣公十一年、楚莊王十六年（前 598 年）	楚莊王在申叔時的勸諫下「乃復封陳」（《左傳》宣公十一年）	楚國第一次復陳。

昭公八年、楚靈王七年（前534年）	冬十月壬午，楚師滅陳。（《春秋》昭公八年）	楚國第二次滅陳。即本章簡104「楚靈王立，既縣陳、蔡」、十八章簡99「縣陳、蔡，殺蔡靈侯」，並派穿封戌為陳公，即《上博六・申公臣靈王》的「申（陳）公」。
昭公十一年、楚靈王十年（前531年）	楚子滅蔡。（《左傳》昭公十一年）	楚國第一次滅蔡。即本章簡104「楚靈王立，既縣陳、蔡」
昭公十三年、楚靈王十二年（前529年）	平王封陳蔡，復遷邑。（《左傳》昭公十三年）	楚國第二次復陳、第一次復蔡。蔡平侯遷都新蔡。即本章簡104「景平王即位，改邦陳、蔡之君。」
哀公十七年、楚惠王十一年（前478年）	楚公孫朝帥師滅陳。（《左傳》哀公十七年）	楚國第三次滅陳。
楚惠王四十二年（前447年）	楚惠王滅蔡，蔡侯齊亡，蔡遂絕祀。（《史記・管蔡世家》）	楚國第二次滅蔡。即本章簡107「楚人焉縣蔡」。

不過，在某些史籍和子書中，楚惠王之後陳、蔡二國仍然一再出現。何浩先生認為：「陳、蔡並未絕祀於惠王之時，實際上是遲至宣王時才終為楚滅的。如果說，楚悼王時『北并陳、蔡』，只是將陳、蔡南遷於楚境之內，並未滅其社稷，那末，陳國就是四滅于楚，蔡國就是三滅于楚，而不是歷來所說的『三滅』、『二滅』的問題了。」（《楚滅國研究》，頁340）

《繫年》第二十章集解

【章旨】

　　魯成公六年（公元前 585 年）屈巫從晉出使到吳國後，吳王壽夢喜歡他（吳王壽夢說之），於是吳晉兩國開始交好，也有了進一步的合作行動。魯襄公十年（公元前 563 年），晉悼公與諸侯在虢（柤）地會見，這是為了會見吳王壽夢。到魯定公四年（前 504 年），晉簡公（即晉定公）與吳王闔盧合作攻伐楚國。魯定公十四年（前 496 年）吳王闔盧過世，夫差即位。魯哀公十三年（前 482 年）晉簡公與吳王夫差與諸侯在黃池盟會。夫差想借這次的會盟來爭得中原盟主的地位，孰料此時越公勾踐趁機攻打吳國，取得初步的勝利。其後歷經多次戰爭，魯哀公二十二年（前 473 年）勾踐翦滅吳國，夫差自縊身亡。晉敬公十一年（前 441 年），新即位的趙桓子與各諸侯國的大夫以及越國令尹宋在邢地結盟合作攻打齊國，齊國為了抵抗而開始興建長城。晉幽公四年（前 430 年）晉國趙狗與越王朱句聯手攻打齊國長城穀地之門。在彼此利益相符的情況下，晉越兩國繼續維持友好的關係。藉由本章，我們知道《繫年》所記屈巫出使到吳國的時間均比傳世典籍的記載早了一年。同時，越國曾與晉國結成同盟，這是我們以往所不知道的。最後，對齊國長城修建的時間與範圍也有了新的認識。

【釋文】

　　晉競（景）公立十又五年①，繡（申）公屈晉（巫）自晉迖（適）吳，女（焉）訒（始）迵（通）吳晉之迲（路）②，二邦為好，以至晉悼﹦公﹦（悼公③。悼公）【一〇八】立十又一年，公會者（諸）侯，以與吳王䎗（壽）

夢相見于^郷（虢一柤）④。晉^柬（簡一定）公立五〈六〉年，與吳王盍（闔）
^旁（盧）伐【一〇九】楚⑤。盍（闔）^旁（盧）即^殜（世），夫秦（差）王⑥
即立（位）。晉^柬（簡一定）公會者（諸）侯，以與夫秦（差）王相見于黃
沱（池）⑦。戉（越）公句戔（踐）克【一一〇】吳⑧，戉（越）人因褒（襲）
吳之與晉為好⑨。晉敬公立十又一年⑩，^汋（趙）^趄（桓）子會[諸]侯之夫
=（大夫）⑪，以與戉（越）命（令）尹宋^㴸（盟）于【一一一】邢⑫，述
（遂）以伐齊=（齊，齊）人女（焉）^旬（始）為長城於濟，自南山逗（屬）
之北海（海）⑬。晉幽公立四年⑭，^汋（趙）狗衘（率）自（師）與戉（越）
【一一二】公株（朱）句伐齊⑮，晉自（師）^閔（門）長城句俞（瀆）之門⑯
。戉（越）公、宋公敗齊自（師）于襄坪（平）⑰。至今晉、戉（越）以為
好▇⑱。【一一三】

【語譯】

　　晉景公十五年，申公巫臣從晉國前往吳國，於是開始打通吳晉聯絡的
道路，兩國交好一直到晉悼公。晉悼公十一年會盟諸侯，並與吳王壽夢在
虢（柤）地相見。晉簡公五年與吳王闔盧共同征伐楚國。闔盧去世，夫差
王即位。晉簡公會盟諸侯，並與夫差王在黃池相見。越公句踐窮滅吳國，
越國人因襲吳國與晉國的良好關係。晉敬公十一年，趙桓子與諸侯的大夫
會盟，以此與越國令尹宋在^邧結盟，接著攻伐齊國，齊國於是開始沿著濟
水修建長城，範圍從南山連接到北海。晉幽公四年，趙狗率領軍隊與越公
朱句共同攻伐齊國，晉國軍隊攻破位於句瀆（穀）地附近的長城的句瀆之
門。越公、宋公在襄平打敗齊國軍隊。直到現在至今晉越兩國依然交好。

【集解】

①　晉競（景）公立十又五年

整理者：晉競（景）公立十又五年，即魯成公六年。晉景公詳本篇第十六章注〔二〕。（頁 186，注 1）

建洲按：本簡標出屈巫使吳的時間，可作為第十五章簡 79「（申公）自晉適吳，焉始通吳晉之路，教吳人叛楚」的補充。

② 繡（申）公屈晉（巫）自晉迠（適）吳，女（焉）亯（始）迵（通）吳晉之迲（路）

整理者：^繡公屈巫，屈巫見《左傳》成公二年，即申公巫臣。申公通晉吳之路，是春秋史上的大事，詳見《左傳》成公七年及本篇第十五章。楊伯峻辨其當在《左傳》成公六年（《春秋左傳注》第八三四至八三五頁），與簡文相合。（頁 186-187，注 2）

方炫琛：左成二「申公巫臣曰……」，同傳又稱申公巫臣為巫臣，屈巫，左成七載巫臣之子為狐庸，而左襄三十一稱屈狐庸，父子俱稱屈，則屈，其氏也。其稱申公巫臣者，左通補釋十二謂「申公乃縣公之稱」，蓋屈巫嘗為申縣之尹，故稱申公，傳又稱巫臣，巫臣蓋其名也。稱屈巫者，兩字名省其一，左傳人物名號中有其例，詳頁三十。左襄二十六稱子靈，杜注：「子靈，巫臣。」解詁云：「楚屈巫，字子靈。」以子靈為其字。（《名號研究》，頁 355，1054「屈巫」條）

建洲按：《左傳》成公七年云：「巫臣請使於吳，晉侯許之，吳子壽夢說之，乃通吳于晉。」《史記・十二諸侯年表》在晉景公十六年云：「以巫臣始通於吳而謀楚。」同年是吳王壽夢二年，亦云：「臣巫來，謀伐楚。」（頁 624）。《史記・吳太伯世家》：「王壽夢二年，楚之亡大夫申公巫臣怨楚將子反而奔晉，自晉使吳，教吳用兵乘車，令其子為吳行人，吳於是始通於中國。」《史記・晉世家》：「十六年，楚將子反怨巫臣，滅其族。巫臣怒，遺子反書曰：『必令子罷於奔命！』乃請使吳，令其子為吳行人，教吳乘車

用兵。吳晉始通，約伐楚。」以上古書典籍均記載巫臣使吳發生在魯成公七年、晉景公十六年、吳王壽夢二年，即公元前五八四年。楊伯峻《春秋左傳注》曰：「當年（引按：指壽夢二年）使吳，當年教之車戰，吳當年伐楚、入州來，使楚七次奔命，未必見效如此之快。**或巫臣使吳在去年**，司馬遷僅據《傳》文敘其大略。」楊伯峻云「巫臣使吳在去年」是指晉景公立十五年，魯成公六年，確實與簡文相合。

③ **晉悼公**

整理者：晉悼公，名周，在位十六年。（頁187，注3）

建洲按：欒書、中行偃弑晉厲公後，便派使迎立襄公的曾孫周為君，是為悼公。一即位，便「始命百官，施舍己責，逮鰥寡，振廢滯，匡乏困，救災患，禁淫慝，薄賦斂，宥罪戾，節器用，時用民，欲無犯。」（《左傳》成公十八年）對悼公的治術，《左傳》歸納說：「舉不失職，官不易方，爵不踰德，師不陵正，旅不偪師，民無謗言，所以復霸也。」（《左傳》成公十八年）《繫年》於二十章提到「晉悼公」，但在第十七章已提到「**晉莊平公即位元年，公會諸侯於湨梁**」、十八章「**晉莊平公即世，昭公、頃公皆早世，簡公即位**」，晉平公是晉悼公的兒子，篇章卻出現在前，故朱曉海先生指出：「由此可如：此書並非按照實際世系排列來敘事，提到某公，純屬因事而及，故為父的悼公見於篇章反在平公之後；悼公之玄孫『簡公即位』反而書在前。」（〈清華簡所謂《繫年》的書籍性質〉，經學與文學國際學術研討會論文，頁416，注13）

④ 悼公【一〇八】立十又一年，公會者（諸）侯，以與吳王𩰠（壽）夢相見于𨟻（虢－𩇕）

（一）公會者（諸）侯

整理者：《春秋》魯襄公十年：「公會晉侯、宋公、衛侯、曹伯、莒子、邾子、滕子、薛伯、杞伯、小邾子、齊世子光，會吳于柤。」《史記・十二年諸侯表》晉悼公十一年在魯襄公十一年。（頁 187，注 4）

建洲按：《史記・十二年諸侯表》以為晉悼公元年相當於魯襄公元年（頁 629），與《左傳》成公十八年曰：「二月乙酉朔，晉悼公即位於朝」不同，二者有一年的差距。楊伯峻以為晉悼公在成公十八年二月乙酉朔即位，是相當於晉正月乙朔。（《春秋左傳注》，頁 908）顧德融、朱順龍《春秋史》，頁 131、550 亦認為《史記・十二年諸侯表》記載有誤。

（二）吳王𠷎（壽）夢

整理者：吳王壽夢，《春秋》襄公十二年稱「吳子乘」，「乘」當是「壽夢」的合音。（頁 187，注 4）

建洲按：據《史記・吳太伯世家》記載，自吳王壽夢至吳王夫差吳國滅亡，共有七王。李家浩先生〈攻敔王者彶𠭯虜劍與者減鐘〉《古文字與古代史第三輯》頁 224 對這七王的不同名字曾有整理，現在其基礎上略加補充表列如下：

吳王名	異名	資料出處
壽夢	乘	《左傳》襄公十二年《經》。
	孰姑	《史記・吳太伯世家》司馬貞《索隱》引《系（世）本》。
諸樊	銅器銘文作「姑發者反」或「姑發反」	朱俊英、劉信芳，〈攻王姑發𨚕之子曹䱷劍銘文簡介〉，《文物》1998.6：90。馮志餘、許玲，〈六安市出土吳王諸樊戈〉，《文物研究》13（2001）：320-321。任相宏、張慶法，〈吳王諸樊之子通劍及相關問題探討〉，《中國歷史文

		物》2004.5：15-23。李家浩,〈攻敔王姑義𦀕劍銘文及其所反映的歷史〉,《古文字與古代史》,第一輯,頁297-298。
	遏	《左傳》襄公二十五年《經》。
餘祭	戴吳	《左傳》襄公三十一年。
	「戴吳」銅器銘文作「戲矣工吳」或「戲矣工𠦪」	李家浩:〈攻敔王者彶戲虜劍與者減鐘〉《古文字與古代史第三輯》,2012.3：216-221。
餘眛	夷末	《左傳》昭公十五年《經》。
	「夷末」銅器銘文作「姑義𦀕」	李家浩,〈攻敔王姑義𦀕劍銘文及其所反映的歷史〉,《古文字與古代史》,第一輯,頁294-303。
	句餘	《左傳》襄公二十八年。
	「句餘」銅器銘文作「戲敓此郘」或「戲敓郘」	陳千萬,〈湖北穀城出土「工𠦪王戲敓此郘」劍〉,《考古》2000.4：95-96;曹錦炎,〈吳王壽夢之子劍銘文考釋〉,《文物》2005.2：68-72;吳鎮烽,〈記新發現的兩把吳王劍〉,《江漢考古》2009.3：83,彩版二.3、4;董珊:〈讀吳王壽夢之子劍銘的補充意見和推測〉,復旦網,2008.01.20;李家浩,〈攻敔王姑義𦀕劍銘文及其所反映的歷史〉,《古文字與古代史》,第一輯,頁297-298。
僚	州于	《左傳》昭公二十年。
闔廬	闔閭	《荀子・王霸》、《吳越春秋》等等。
	「闔閭」戰國竹簡作「盍虜」,漢	李家浩:〈攻敔王者彶戲虜劍與者減鐘〉《古文字與古代史第三輯》,2012.3：216-221。

	墓竹簡作「蓋廬」,銅器銘文作「者彶**敢**膚」	
	吳光子光	《左傳・昭公二十年》。
	銅器銘文一名「光**起**」或「光韓」,屬於一字一名	李家浩:〈攻敔王光劍銘文考釋〉《文物》1990.2:74-75。李家浩:〈攻敔王者彶**敢**膚劍與者減鐘〉《古文字與古代史第三輯》,2012.3:225。
	盍膚	《繫年》簡84。
夫差	銅器銘文也作「夫差」	
	夫秦（差）王	《繫年》簡110。

（三）**鄰**（**虢**－**租**）

整理者:「**鄰**」,《春秋》經傳並作「租」,楊伯峻注:「楚地,今江蘇邳縣北而稍西之泇口。」(《春秋左傳注》第九七三頁)。(頁187,注4)

建洲按:《春秋》魯襄公十年:「公會晉侯、宋公、衛侯、曹伯、莒子、邾子、滕子、薛伯、杞伯、小邾子,齊世子光會吳于租。夏五月甲午,**遂滅偪陽**。」杜預注:「租,楚地。」「租」,《水經注疏・卷三十淮水》作「《春秋・襄公十年》,公會諸侯及齊世子光于『**郎**』,今其地**郎**聚是也,王莽之鄶治矣。」(頁2540)「租」作「**郎**」,二者皆從「且」得聲,可見《春秋》經傳的記載確有其根據。《中國歷史地圖集——第一冊》29-30「楚吳越」②-9「租」的位置也是歸在邳縣之北。李家浩先生說:「租在今江蘇邳縣西北之泇口,戰國時位于齊、楚兩國交會處,據有關資料,可能曾一度屬齊。《史記・田敬仲完世家》:『騶忌子以鼓琴見威王,……見三月而受相印。……

居期年，封以下邳，號曰成侯。』《孟嘗君傳》司馬貞《索隱》引《竹書紀年》：『梁惠王后元十三年四月，齊威王封田嬰于薛。十月，齊城薛。……嬰初封彭城。』下邳在今江蘇邳縣北三十里處，薛在今山東滕縣四十里的薛城，彭城在今江蘇徐州。既然戰國時期的下邳、薛和彭城都曾屬于齊，那么位于下邳與薛之間、彭城之東的柤，也曾屬于齊大概是沒有多大問題的。」(〈戰國鄶刀新考〉，《中國錢幣論文集》第三輯，頁 96)。譚其驤主編的《中國歷史大辭典－歷史地理卷》歸納諸說：「春秋宋邑，後入楚。在今江蘇邳州市西北泇口。《春秋》襄公十年（前 563 年）：公會晉侯、宋公、衛侯等『會吳于柤』，即此。《水經・沭水注》引京相璠曰：柤，宋邑。在今山東微山縣東南。《淮水注》又作『鄐』，以為即漢之酇縣，在今河南永城縣西。」(頁 615) 童書業《春秋史》也認為在今河南永城縣附近。(頁 227) 上文提到王莽之「鄐」治，亦見於《漢書・地理志》，周振鶴說：「治今湖北老河口市西北。」(《漢書地理志匯釋》，頁 125)。由於《襄公》十年云晉侯會諸侯及吳子壽夢于柤，「遂滅偪陽」，既言「遂」，可見「偪陽」與「柤」的距離不會太遠，而「偪陽」在今山東棗莊市嶧城南，可見「柤」的位置大概不能遠至河南永城縣西，本文從今江蘇邳縣西北之泇口，戰國時位于齊、楚兩國交會處之說。

至於簡文的「鄐」，若與簡 97-98「靈王為命=尹=（令尹，令尹）會趙文子及諸侯之夫=（大夫），明（盟）于【九七】虢」的「虢」指「東虢」相同，故城在今河南鄭州市北古滎鎮的位置相同，則可以初步認定簡文是誤書。還有一種可能，由於「虢」（見紐魚部）與「柤」（從紐魚部）聲韻皆近，見系字與精系字關係密切，如《容成氏》13「靜（耕）於歷丘」，「靜」（從紐耕部）作𤕨，可讀作「耕」（見紐耕部）。「靜」所從的「爭」，精紐耕部、「青」清紐耕部，皆是齒音。可見「虢」確實可以讀為「柤」。「虢」，一般認為是會意字，不過「虎」，曉紐魚部，與「虢」的聲韻相當接近，可能亦有聲符的作用（「虢」字的構型分析請參見第二章「⑦邦君者（諸）正

乃立幽王之弟舍（余）臣于鄵（虢），是鷰（攜）惠王。」）同時古書有【攄和柤】的通假例證，（《聲素》395），「攄」從「虍」聲，此亦可說明【柤與虢】可以通假。本文採用後一種意見。晉悼公邀合諸侯與吳人會於柤，目的是攻滅偪陽，把地送給宋國，以作為與吳交通的驛站。（童書業《春秋史》，頁227）

⑤ 晉柬（簡-定）公立五〈六〉年，與吳王盍（闔）㝱（盧）伐【一〇九】楚

（一）晉柬（簡-定）公

整理者：晉柬（簡）公，即晉定公，名午。《左傳》與《十二諸侯年表》記闔廬入郢在晉定公六年。（頁187，注5）

孫飛燕：據《春秋》經傳，晉頃公於魯昭公三十年六月卒。考慮到晉魯建正的不同，魯歷六月為晉歷四月，所以不存在卒時魯歷在正月、二月而晉歷尚在前一年的問題。若晉定公次年改元，則昭公三十一年為晉定公元年；若當年改元，則昭公三十年為晉定公元年。但無論如何，晉定公元年不可能在魯昭公三十二年。因為如果晉定公在魯昭公三十二年才改元，從晉頃公卒到魯昭公三十一年的時間無法解釋。簡文「晉定公立五年」當改為「晉定公立六年」。（〈試談《繫年》中厥貉之會與晉吳伐楚的紀年〉，復旦網，2012年3月21日）

胡凱、陳民鎮：文中晉、吳門方城之事，為史籍所缺載。此前李守奎先生已經發表《清華簡〈繫年〉與吳人入郢新探》（《中國社會科學報》第241期，2011年11月24日）一文，就此事有所論列，將晉、吳門楚方城看作吳師入郢的一系列動作之一。孫飛燕先生則認為《繫年》第二十章的「晉定公立五年」當改為「晉定公立六年」。其出發點是：吳師入郢之役發生於西元前五〇六年（魯定公四年、晉定公六年）。不過根據第十八章的記

述，晉、吳門方城之後，晉國「盟諸侯於召陵」，如果「遂」表示時間先後的關聯詞，那麼晉、吳門方城一事便在召陵之會之前。而在《左傳》中，召陵之會在魯定公四年的春天，吳師入郢在當年的冬天，一在年初一在年末，召陵之會遠早於吳師入郢。如果上述記載均可信，那麼我們不妨得出這樣的相對次序：晉、吳門方城早於召陵之會早於吳師入郢。那麼晉、吳門方城當與吳師入郢無關，而該事繫於晉簡公五年，便具有合理性，不必據《史記》等書改易。果其如此，結合《繫年》、《左傳》諸書的記載，事實應當是：1.晉簡公五年，晉國與吳國曾聯軍伐楚，即《繫年》所載「晉與吳會為一，以伐楚，門方城」、「晉簡公立五年，與吳王闔閭伐楚」；2.晉簡公六年春，舉行召陵之會；3.晉簡公六年冬，吳師入郢。如此一來，「晉定公立五年」自不必改，也無所謂晉國參與吳師入郢的戰爭。而吳、晉門方城以及楚國復方城之師，均是前所未見的史事。《左傳》定公四年云：「楚自昭王即位，無歲不有吳師。」此次晉、吳合兵伐楚為史籍所缺載，彌足珍貴。（〈從清華簡《繫年》看晉國的邦交——以晉楚、晉秦關繫為中心〉，《邯鄲學院學報》2012 年 02 期，頁 61）

建洲按：《史記・十二諸侯年表》將吳王闔盧伐楚繫在晉定公六年，即魯定公四年，公元前五○六年。（頁 665）。顧德融、朱順龍《春秋史》頁 558 亦同，本釋文從孫飛燕之說改正。又十一章簡 56「楚穆王立八年，王會者（諸）侯于戈（厥）𢼸（貉）」，其中「八年」為「九年」之誤，可與本章參看。根據第十八章簡 101「晉與吳會為一，以伐楚，閔方城」的記載，兩國在魯定公四年（前 506 年）曾聯手攻打楚國，直到楚方城，可與本章參看。又「朿（簡）公」讀為「定公」，參見第十八章簡 100「朿（簡－定）公即立（位）」條注釋。

（二）盍（闔）尻（盧）

整理者：盍尻，即吳王闔廬。闔廬伐楚，事詳見《左傳》定公四年。（頁187，注5）。

建洲按：「盍尻」字形的考釋請見第十五章簡84「吳王盍尻乃歸」條。《左傳》定公四年載吳與唐、蔡伐楚。吳楚二師戰于柏舉，楚敗。歷經五見《繫年》第十五章簡84「伍員為吳太宰，是教吳人反楚邦之諸侯，以敗楚師于柏舉，遂入郢。」第十九章簡105「陳、蔡、胡反楚，與吳人伐楚。」

⑥　夫秦（差）王

整理者：夫秦王，吳王夫差。秦，從母真部；差，初母歌部，音近通假。（頁187，注6）

李家浩：吳王闔廬的弟弟夫槩，乘吳王闔廬攻占楚國國都郢的時候，跑回吳國稱王，《左傳》等把他稱為「夫槩王」。清華簡《繫年》110號把闔廬的兒子吳王夫差稱為「夫差王」，這大概是因為他們沒有謚號，故把「王」綴於名字之後稱呼他們。（〈甲骨文北方神名「勹」與戰國文字從「勹」之字〉，《文史》2012年第3輯，頁58）

⑦　晉柬（簡）公會者（諸）侯，以與夫秦（差）王相見于黃沱（池）

整理者：黃池，《春秋》哀公十三年：「公會晉侯及吳子于黃池。」楊伯峻注：「黃池當在今河南封丘縣，濟水故道南岸。」春秋初為衛地，後屬宋。戰國時屢易其主。趙孟疥壺（《集成》九六七八）：「禺（遇）邗王于黃池，為趙孟疥（介）邗王之惕（賜）金，以為祠器。」黃池之會詳見《左傳》魯哀公十三年。（頁187，注7）

建洲按：《繫年》的「池」字均作 ，从「它」旁（《字表》，頁 253，1101 條），寫法同於西周金文，如《集成》420 遹簋「呼漁于大沱（池）」。《郭店・五行》17「能差沱其羽」。上引趙孟 壺「禺邗王于黃沱」。後二者今本文獻都寫作「差池」、「黃池」了。徐寶貴先生說：「它」「也」不是一字，它們的形體都有不同的來源。「它」字形體來源最早，早在殷商時期的甲骨文中就已出現了。「也」字出現比較晚，迄今為止，最早見於金文欒書缶（或稱為「書也缶」），在戰國時期特別是戰國中晚期以後的出土文字中使用得最為頻繁，這可能跟語言中語氣詞「也」的使用有一定的關係（〈以「它」「也」為偏旁文字的分化〉，《文史》2007 年第 3 輯，頁 227-228）。哀公十一年吳國打敗齊軍後，《春秋》哀公十三年：「公會晉侯及吳子于黃池。」《左傳》哀公十三年：「夏，公會單平公、晉定公、吳夫差于黃池。」《國語・吳語》：「吳王夫差既殺申胥，不稔于歲，乃起師北征。闕為深溝，通于商、魯之間，北屬之沂，西屬之濟，以會晉公午于黃池。」吳國又續開新溝，通過宋、魯的邊界，北連沂水，西連濟水。吳王夫差北上聯合周王室代表單平公、晉定公、魯哀公會於黃池（今河南封丘縣附近），想借這次的會盟來爭得中原盟主的地位。至於黃池之會中所衍生出的吳晉兩國谁先歃血的問題，《國語・吳語》曰：「吳公先歃，晉侯亞之。」當可從，清代學者梁玉繩也認為「乃先晉人」指的是先吳于晉（《史記志疑》，中華書局，頁 845）。最後，越國趁夫差北上參加黃池之會時攻下吳都。

補記：孫飛燕〈黃池之盟吳晉爭先問題補論〉（出土文獻與中國古代文明國際學術研討會，清華大學出土文獻研究與保護中心，2013 年 6 月 17-18 日）一文對吳晉兩國「爭歃血先後」的問題有所討論，請讀者參看。

⑧ 戉（越）公句戔（踐）克【一一〇】吳

整理者：越公，越銅器自名稱「越王」，簡文皆稱「越公」，與夫差稱

「夫秦王」不同。勾踐克吳詳見《左傳》和《國語‧越語》。《左傳》哀公二十二年：「冬十一月丁卯，越滅吳，請使吳王居甬東。辭曰：『孤老矣，焉能事君？』乃縊。越人以歸。」（頁187，注8）

　　方詩銘：《路史‧後紀》卷一三下注所引古本《竹書紀年》云：「《紀年》：句踐以晉出公十年卒，鹿郢立，是為鼯與，六年卒。盲姑立，是為不壽，十年卒。朱旬立（引按：「朱旬」可能是「朱句」之誤），是為王翁，三十七年卒。王翳立，三十六年卒，子諸咎殺之。諸枝立，是為孚錯枝。一年，其大夫寺區定亂，立初無余。十二年，寺區之弟思複弒其君莽而立無顓八年。」（《古本竹書紀年輯證》，頁196）

　　方詩銘：〔五〇〕《紀年》云：晉出公十年十一月，於粵子**句踐**卒，是為**莠執**。（《史記‧越世家》索隱）。案：《存真》、《輯校》後有「次鹿郢立」，四字乃他條之文。《訂補》所引《路史‧後紀》卷一三注，見本書附錄。一九六五年，湖北江陵望山一號楚墓，曾出土越王勾踐劍，銘文為：「越王鳩淺自作用鐱。」勾踐、鳩淺同聲相通。（《古本竹書紀年輯證》，頁87）

　　李家浩：自句踐以下諸王在位年數，《越王句踐世家》沒有記載，古本《竹書紀年》卻有記載。但是，學術界對古本《竹書紀年》所記句踐以下諸王具體在位年代有不同意見，這裏以陳夢家、楊寬的意見為代表。陳、楊二氏研究的方法相同，他們主要是根據《紀年》所說的兩個定點加以推算的，一個是「晉出公十年十一月，於粵（越）子句踐卒」；一個是「粵（越）子無顓薨，後十年，楚伐徐州」。（《史記‧越王句踐世家》司馬貞《索隱》引。參看方詩銘、王修齡，《古本竹書紀年輯證》，頁87、137）據《史記‧六國年表》，「楚伐徐州」是在周顯王三十六年，即公元前三三三年。（《史記‧六國年表》於周顯王三十六年楚威王欄說「圍齊于徐州」，齊宣王欄說「楚圍我徐州」。）將《紀年》所記句踐卒後世代年數相加，至周顯王三十六年還差十多年。如何安排這十多年，陳、楊二氏卻有分歧。現將他們的意見列表於下（陳夢家《六國紀年》，頁99。楊寬《戰國史料編年輯證》，

頁 69-75、82、53、255、413-414、1173-1182）：

越王名	陳夢家	楊寬
句踐	公元前 496–前 465 年	公元前 496–前 464 年
鹿郢（鼫與、者旨於賜）	公元前 464–前 459 年	公元前 463–前 458 年
不壽	公元前 458–前 449 年	公元前 457–前 448 年
朱句	公元前 448–前 412 年	公元前 447–前 411 年
翳	公元前 411–前 376 年	公元前 410–前 375 年
諸咎	公元前 375–前 363 年	公元前 375 年 8–10 月（本表的某月，是指古本《竹書紀年》的夏正某月，沒有換算成公元紀年的某月。）
孚錯枝	公元前 363 年 11–12 月	公元前 374 年
初無余之	公元前 362–前 351 年	公元前 373–前 361 年
無顓	公元前 350–前 343 年	公元前 360–前 343 年

陳氏與楊氏的不同，主要有這樣幾點：1.《紀年》說句踐卒於晉出公十年十一月。陳氏據此定句踐在位的年代為公元前四九六至前四六五年。楊氏說《紀年》用夏正，晉出公十年十一月已是周正的第二年正月，是句踐在位三十三年，故定句踐在位的年代為公元前四九六至前四六四年，卒年比陳氏晚一年。因此，自鹿郢之後諸王在位年代都相應移後一年。2.翳三十六年七月被太子諸咎所殺，十月諸咎又被越人所殺，僅在位三個月，所以楊氏未列諸咎一世。陳氏認為《紀年》「十月粵殺諸咎」之上應有「十三年」，所以陳氏所定諸咎在位十三年。3.陳氏未列孚錯枝一世，這大概是陳氏認為孚錯枝在位僅在諸咎被殺當年兩個月。楊氏認吳人立孚錯枝為君，已是周

正的第二年，即周烈王二年（公元前 374 年）。4.楊氏認為《紀年》所說的「明年」定越亂，立初無余之，是在孚錯枝既立的第二年，因此初無余之元年當推遲二年，即周烈王四年（公元前 372 年）。為了方便起見，我在楊氏這欄把定越亂的那一年歸到初無余之的紀年之內。5.楊氏認為《紀年》「無顓八年薨」當作「無顓十八年薨」，所以楊氏所定無顓在位年數要比陳氏多十年。（〈越王差邾戈銘文新研〉，《第四屆國際漢學會議論文》，頁 10-11）

建洲按：筆者曾考慮「克」一般指戰勝，指取得初步勝利，如同《清華一・尹至》「湯往征弗附。摯度，摯德不僭。自西哉（剪）西邑，戡其有夏。」筆者曾指出「『戡』古可訓作克，此句指戰勝了有夏，取得初步勝利」（參復旦學術論壇〈清華簡《尹至》中讀為「播」的字〉，第 4 樓，2011 年 5 月 11 日），其後看到李零〈西伯戡黎的再認識〉、李春桃《傳抄古文綜合研究》238-239 頁均同拙說。《左傳》哀公十三年「今吳王有墨，國勝乎？」所謂「國勝乎」即「國被勝乎」，「勝」正與簡文「克」解為「勝也」呼應。且與簡文上一句「晉柬（簡）公會者（諸）侯，以與夫秦（差）王相見于黃沱（池）」合看，只能指哀公十三年。勾踐戰勝吳國後，吳國勢力衰落，再也無暇北上，越人因此承接了與晉的友好關係。且同年《左傳》記載「冬，吳及越平。」有可能越國答應媾和的條件之一便是吳國要退出與晉國的同盟關係。現在想來此說可能不妥。

觀看整理者的注釋，顯然是認為「戉（越）公句戔（踐）克吳」指魯哀公二十二年（前 473 年）越翦滅吳國，夫差自縊身亡，此說應該是對的。《左傳》哀公二十年曰：「十一月，**越圍吳**，趙孟降於喪食。……趙孟曰：『黃池之役，先主與吳王有質，曰：**好惡同之**。今越圍吳，嗣子不廢舊業而敵之，非晉之所能及也，吾是以為降。』」可見直到哀公二十年，晉國對與吳國的黃池之盟仍謹記在心，兩國要「好惡同之」，甚至要不廢舊業而與越國為敵，可惜晉國心有餘而力不及。以此觀之，「戉（越）公句戔（踐）克吳，戉（越）人因衰（襲）吳之與晉為好」大概只能指魯哀公二十二年

（前 473 年）越翳滅吳國後，此時越國方能全盤承接與晉國的友好關係。

本句前後文是「晉簡公立六年，與吳王闔盧伐【一〇九】楚。闔盧即世，夫差王即位。晉簡公會諸侯，以與夫差王相見于黃池。越公句踐克【一一〇】吳。」前一句「與吳王闔盧伐【一〇九】楚」，是前五〇六年，晉定公六年；「晉簡公會諸侯，以與夫差王相見于黃池」是前四八二年。而本句「越公句踐克【一一〇】吳」是前四七三年。可見《繫年》同章之中所記載的非同年發生的歷史事件，因為只在開頭的事件標出時間點，乍看會誤以為這些事件都是同一年發生的。除了本章外，又如第七章「晉文公立四年，楚成王率諸侯以圍宋伐齊，戍穀，居緡。晉文公思齊及宋之【四一】德，乃及秦師圍曹及五鹿，伐衛以脫齊之戍及宋之回圍。」「晉文公立四年」相當於魯僖公二十七年（公元前 633 年），「楚成王率諸侯以圍宋伐齊」確實是前六三三年的事情，但是「（晉）乃及秦師圍曹及五鹿」以救宋則是僖公二十八年（公元前 632 年）的事情。又如第十一章簡 56-58「楚穆王立八〈九〉年，王會諸侯于厥貉……穆王即世，莊王即位」，乍看似乎穆王在位九年就去世，實際上穆王在位十二年。又如第十五章簡 74-77「莊王立十又五年，【74】陳公子徵舒殺其君靈公，莊王率師圍陳。……莊王即世，共王即位。」乍看似乎莊王率師圍陳是莊王十五年，且莊王在位十五年。實際上「莊王率師圍陳」是莊王十六年，且《史記・楚世家》曰：「（莊王）二十三年，莊王卒，子共王審立。」莊王在位二十三年。又如第十八章簡 96-97「楚康王立十又四年，令尹子木會趙文子武及諸侯之大夫，……康王即世，孺子王即位。」乍看似乎康王在位十四年，實際上《史記・楚世家》曰：「康王立十五年卒，子員立，是為郟敖。」又如第二十章簡 109-110「晉簡公立五年，與吳王闔盧伐【109】楚。闔閭即世，夫差王即位。」晉簡公五年相當於闔閭九年，似乎闔閭九年就即世，實際上根據《史記・十二諸侯年表》他共在位十九年。

簡文稱「越公句踐」者，與古書記載不同。《史記・越王句踐世家》載：

「句踐已平吳，乃以兵北渡淮，與齊、晉諸侯會於徐州，致貢於周。**周元王使人賜句踐胙，命爲伯。**句踐已去，渡淮南，以淮上地與楚，歸吳所侵宋地於宋，與魯泗東方百里。當是時，越兵橫行於江、淮東，諸侯畢賀，號稱霸王。」不過《史記索隱》所引古本《竹書紀年》稱越君作「於粵子」，則認爲越君係**子爵**。《史記索隱》解釋曰：「越在蠻夷，少康之後，地遠國小，春秋之初未通上國，國史既微，略無世系，故《紀年》稱爲『於粵子』。據此文，句踐平吳之後，周元王始命爲伯，後遂僭而稱王也。」可見句踐是「子爵」、「伯爵」且自稱「王」，但《繫年》稱其爲「公」，情況與十八章簡98稱「徐公」完全一樣，「公」是一種對諸侯國君的尊稱，請見「執徐公」條注釋。或以爲「越公」是「公爵」，而認爲《繫年》的記載與史實不符，似無必要。如同《左傳》宣公十一年載楚莊王云：「諸侯、縣公皆慶寡人」，杜預注曰：「楚縣大夫皆僭稱公。」清人王引之以爲稱公並非僭擬于公侯，僅是**楚縣大夫之通稱**而已，其曰：

> 縣公，猶言縣尹也，與公侯之公不同。如謂楚僭稱王，其臣僭稱公，則楚之貴者，無如令尹、司馬，何以令尹、司馬不稱公，而稱公者反在縣大夫乎？襄二十五年傳：「齊棠公之妻，東郭偃之姊也。」杜注曰：「棠公，齊棠邑大夫。」齊之縣大夫亦稱公，則公爲縣大夫之通稱，非僭擬于公侯也。（《經義述聞》卷18《春秋左傳中》「縣公」條，江蘇古籍，頁242）

可見「公」的用法比較廣泛，並非只能指公侯之公。

⑨　戉（越）人因衺（襲）吳之與晉爲好

整理者：因衺，因襲。《龜策列傳序》：「孝文、孝景因襲掌故，未遑講試。」（頁187，注9）

　　羅恭：西元前四七三年，吳國為越王勾踐所滅。但是根據《繫年》簡的內容我們才得以獲知，越滅吳之後，仍然沿襲吳國的政策，與晉國結盟。我們知道，越王勾踐在滅吳後的一個重要舉措，就是把都城從會稽北遷到了琅邪。琅邪緊靠齊國的東南邊境，晉、越的這種同盟關係以及越國軍事、政治中心的北移，自然給齊國造成了極大的威脅。（〈從清華簡《繫年》看齊長城的修建〉，《文史知識》2012 年 07 期，頁 104）

　　建洲按：「衰」作 ，又見於簡 38 作 ，象衣上加衣之形，解為「襲」，正與《禮記・內則》：「寒不敢襲。」鄭玄注：「襲謂重衣」相合。

⑩　**晉敬公立十又一年**

　　整理者：晉敬公，見《竹書紀年》：「公出二十三年奔楚，乃立昭公之孫，是為敬公。」（《晉世家》索隱）據《史記》，晉敬公名驕，又別諡哀公、懿公。簡文所記晉國世系始自獻公，終烈公止，中間只缺出公一世未見。據《竹書紀年》出公在位二十三年推算，晉敬公十一年當在周貞定王二十八年。（頁 187，注 10）

　　建洲按：楊寬《戰國史料編年輯證》亦將晉敬公十一年繫在周貞定王二十八年，公元前四四一年。（頁 126-127）依照上引楊寬先生的對越王世系年代的算法，公元前四四一年當越王朱句七年。

　　雷學淇《竹書紀年義證》卷三二云：「《晉世家》明云：『立昭公曾孫驕為哀公。』《趙世家》又謂驕是懿公，則哀懿自是一人之證，猶周之貞定王，《左傳》正義引《世本》，或稱貞王，或稱定王也，《竹書》又謂哀懿公即敬公耳。傳謂敬公是昭公之孫，孫即曾孫，猶《魯頌》謂僖公為周公之孫，蓋孫是後裔之大名，非必皆子之子也。奔齊奔楚及在位年數，與《史記》各殊，此聞見異詞，而《竹書》以晉人紀晉事，當不誤也。」則「晉哀公」即「晉懿公」，即「晉敬公」。以上晉國世系可簡示如下：晉昭公→晉頃公

→晉定公→晉出公（哀公族兄）→晉哀公。「哀公」是「昭公」之曾孫。

本簡「敬」字作，寫法較為特殊。甲骨文「苟」作（《合》5590）、西周早期大保簋作，字形下部從「卩」（參《說文新證》頁 743）。簡文「敬」字的「苟」旁與之相近。

⑪ 灼（趙）趄（桓）子會[諸]侯之夫=（大夫）

整理者：灼趄子，即趙桓子，灼，少、勺雙聲符。《趙世家》「襄子弟桓子，逐獻侯，自立於代，一年卒」，索隱：「《系（世）本》云『襄子子桓子』，與此不同。」《六國年表》桓子自立在周威烈王二年，與簡文有十七年之差。簡文奪「者（諸）侯」之「者」字。（頁 187，注 11）

羅恭：第二，晉敬公十一年時，晉國的趙桓子曾與其他諸侯國的大夫們一起，與越國令尹舉行會盟。趙桓子是晉國權臣趙襄子之弟（**引按：此為《史記・晉世家》的說法，依照《世本》，趙桓子是趙襄子之子。《雷學淇校輯本・卿大夫・晉臣世》「趙桓子名嘉。襄子之子。」**），身份非同一般；而這時在位的越王則是朱句（州句），他派越國的令尹參加會盟，也顯示出越國對此次活動的高度重視。這次參盟的諸侯國的具體情況，《繫年》簡中沒有記載，但是《國語・吳語》說：「越滅吳，上征上國，宋、鄭、魯、衛、陳、蔡執玉之君皆入朝。」可見宋、魯等國都已經依附于越國。從《繫年》所載後來幾次的伐齊戰爭來看，宋、魯等國都積極參與。因此，此次參與會盟活動的諸侯國中很有可能包括了魯、宋等國。（〈從清華簡《繫年》看齊長城的修建〉，頁 104）

建洲按：楊寬《戰國史》曰：「《史記》把趙簡子的卒年定在晉出公十七年，即公元前四五八年，這是不可信的。《史記・趙世家》一方面說：『晉出公十七年簡子卒，太子毋恤代立，是為襄子。』一方面又說：『趙襄子元年越圍吳，襄子降喪食，使楚隆向吳王。』查《左傳》記越圍吳事在魯哀

公二十年、晉定公三十七年，即公元前四七五年。這年趙襄子正居簡子的喪，可知趙簡子已去世，而趙襄子元年應在公元前四七四年。」（頁 729）但是在同書的「附錄三－戰國大事年表」將「趙襄子元年」繫在公元前四七五年。（頁 697）後來在《戰國史料編年輯證》云：「據此，可知趙簡子卒于魯哀公二十年，趙襄子元年當哀公二十一年，即周元王二年（公元前四七五年），《史記》誤後十八年。」（頁 56）又說「趙襄子立于周元王元年。」（頁 142）權衡諸說，應以周元王二年（公元前 475 年）為是。沈長雲《趙國史稿》頁 598 亦從公元前四七五年之說。而《史記・晉世家》說「襄子立三十三年卒」，時當公元前四四二年，隔年趙桓子立，正是公元前四四一年，符合簡文所說的時間。

⑫　以與戉（越）命（令）尹宋盟（盟）于【一一一】邘

（一）戉（越）命（令）尹宋

　　整理者：戉命尹宋，即越國的令尹，名宋。令尹是楚官，越亦有令尹。（頁 188，注 12）

（二）邘

　　整理者：邘，地名，包山一三〇號簡有人名「邘勝」。又疑「述」屬上讀，「邘述」讀為「鞏遂」。《禮記・王制》鄭玄注：「遠郊之外曰遂。」（頁 188，注 12）

　　建洲按：「邘」字作𦫵。《包山》130 作𦫵，「工」旁為鉤廓寫法。至於《包山》221𦫵（亦見 222、223），整理者隸定作「弄邘」，張守中《包山楚簡文字編》頁 105、《戰國文字編》頁 432 從之。李守奎先生《楚文字編》頁 404 則隸定作「邘」。今比對《繫年》的𦫵，可知應從張新俊先生釋為「邘」，

可以讀作「龔」，用作姓氏。(《上博楚簡文字研究》，頁 66-67) 亦可參見蕭毅先生《楚簡文字研究》頁 39。李守奎《包山楚墓文字全編》頁 275 已改從讀為「龔」之說。

⑬ 述(遂)以伐齊＝(齊，齊)人亡(焉)旬(始)為長城於濟，自南山逗(屬)之北海(海)

(一)齊人亡(焉)旬(始)為長城於濟

整理者：據簡文可知，齊始為長城的時間在戰國初期，齊宣公十五年前後，目的是為了防禦三晉的入侵。最初當是在濟水的的防護堤壩基礎上加固改建而成，其走向是東起平陰東部的山陵，言濟水東北行，經過濟南，東北入渤海。南山，疑指平陰一帶丘陵地帶。濟水走向是自南山起，經歷下(今山東濟南)往東，到北海。(頁 188，注 13)

羅恭：齊長城遺址，西起山東省濟南市長清區孝里鎮廣里村北，沿泰沂山脈綿延而東，然後向東北斜跨膠南高地，終止于黃海之濱，總長度約為一千二百多裏，蔚為壯觀……一般認為，齊長城是分期逐段完成的，西段長城的修建要早于東段，但是學術界對於齊國何時開始修建長城卻意見不一：有的學者認為春秋早期的齊桓公時已經修建了長城，其主要依據是《管子·輕重丁》中有「長城之陽，魯也；長城之陰，齊也」的記載，管仲是齊桓公時的著名大臣，學者們據此認為齊桓公時期已經修建了長城；有的學者根據西元前五五五年晉、魯等國侵齊，齊靈公「御諸平陰，塹防門而守之，廣里」(《左傳·襄公十八年》)的記載，指出這與齊長城的修建有關，因此齊長城在春秋後期已經出現；也有的學者根據《史記·楚世家》的《正義》所引《齊紀》「齊宣王乘山嶺之上築長城，東至海，西至濟州，千餘里，以備楚」等記述，認為齊長城可能是到了戰國時期才得以修建。……近年來，一些學者結合春秋戰國時期的政治和軍事形勢，分析齊長城的修

建時間，取得了不少新的進展。如張華松先生指出：「齊長城的始築之年，只能在齊國霸業衰落的春秋後期。那時齊國的主要鄰國魯國、莒國雖然國小勢弱，但是他們先後援引西方的晉國和東南方的吳越來對抗齊國，齊國在軍事上明顯處於劣勢，因此才需要修築長城。也就是說，齊長城是齊國在軍事上採取守勢的結果。」（《從兵學的角度看齊長城》，《泰山學院學報》2005 年第 4 期）張華松先生在《齊長城》一書中還指出，由於春秋戰國時期齊國的主要敵人晉、魯、莒、吳、越、楚分別位於齊國的南方、西南方和東南方，齊國為防備他們來犯，自然要特別重視南方的山地防禦，以及西南方的河防和東南方的海防。張先生在研究齊長城時視野開闊，新見迭出，特別是在考察齊長城修築的國際政治軍事背景時，把吳、越兩國也納入考察的視野，頗能給人以啟發。……清華簡《繫年》第二十章、第二十二章都涉及到了齊長城，特別是第二十章詳細討論了齊長城的修建經過，內容特別重要，……，越公句踐即赫赫有名的越王勾踐；晉敬公十一年即西元前四四一年；令尹宋係越國的令尹，名宋；邧為地名，具體地點不詳。這段不見於傳世文獻的史料十分珍貴，它給我們提供了許多重要的資訊：……第三，本次會盟的目標是攻伐齊國。由於晉、越、魯等國組成聯盟，齊國的西南、南和東南方面臨著全面的威脅。第四，為了有效地抵擋晉、越等國的攻擊，齊國開始在西南至東南一線全面修築長城。這就是簡文中所說的「齊人焉始為長城於濟，自南山屬之北海」。這應該是齊長城最早的修建時間。根據這一論述我們可以知道，齊長城的修建，本身與齊國南部防線面臨晉、魯、越等國的巨大軍事壓力密切相關。第五，齊長城的修建，對於齊軍抵禦晉、越等國的進攻曾起到了積極的作用。據《繫年》第二十章載，晉幽公四年（前 430 年），晉、越、宋等國又一次聯合攻打齊國，晉軍與齊軍在長城一帶展開了激戰。另外，據《繫年》第二十二章楚聲王元年（前 407 年），韓、趙、魏等國又與越國一起伐齊，迫使齊國簽訂城下之盟，其中對齊國的一項重要要求就是「毋修長城」，足見齊長城在協

助齊軍防禦晉、越等國入侵過程中所發揮的積極作用。此後，齊威王、齊宣王又都重新修建齊長城，也充分證明了齊長城在軍事上的重要意義。(〈從清華簡《繫年》看齊長城的修建〉，頁104)

（二）自南山逗（屬）之北洴（海）

整理者：北海，今之渤海。《莊子·秋水》；「（河伯）順流而東行，至於北海，東面而視，不見水端。」（頁188，注13）

⑭ 晉幽公立四年

整理者：晉幽公，名柳，敬公之子。《晉世家》：「十八年，哀公卒，子幽公柳立。」據《竹書紀年》推算，晉幽公四年在周考王十一年。（頁188，注14）

建洲按：時當公元前四三〇年，依照上引楊寬先生的對越王世系年代的算法，此時當越王朱句十八年。

⑮ 灼（趙）狗衒（率）自（師）與戊（越）【一一二】公株（朱）句伐齊

（一）灼（趙）狗

整理者：趙狗，晉趙氏人名。（頁188，注15）

（二）戊（越）【一一二】公株（朱）句

整理者：株句，越國國君。《史記·趙世家》索隱引《紀年》云：「不壽立十年見殺，是為盲姑，次朱句立。」又：「於粵子朱句三十四年滅滕，三十五年滅郯，三十七年朱句卒。」存世越王州句劍多見，見《集成》一

一六二二至一一六三二。株句、朱句、州句等，並為同一人名的異寫。（頁 188，注 15）

方詩銘：〔六〇〕《紀年》云：不壽立十年見殺，是為盲姑，次朱句立。（《史記・越世家》索隱）案：《存真》、《輯校》列于晉敬公三年。《訂補》所引《路史・後紀》卷一三注，見本書附錄。金文有「越王州勾矛」及「越王州勾劍」，銘文為「越王州勾自作用矛」或「越王州勾自作用劍」，皆鳥書，見容庚《鳥書考》（《中山大學學報》一九六四年第一期）。一九七三年，湖北江陵藤店一號楚墓亦出土越王州勾劍一，鳥書，銘文與過去發現者同。「州勾」即「朱勾」。朱勾，《史記・越世家》、《越絕書》卷八、《吳越春秋》卷一〇皆作「翁」。（《古本竹書紀年輯證》，頁 91-92）

張志鵬：朱句所作兵器很多，有一件銅矛，銘文為：「戉王州句，自乍用矛。」其餘為二十一把銅劍，銘文內容多為「越王朱句自作用劍」之類的字句。在銘文中，朱句寫作「州凵」或「州句」。「朱句」之稱也見於一件越國銅鐘銘文「唯王正月初吉乙巳，朱句之孫……」（引按：指《集成》00171）。「朱句」之稱，還見於岣嶁碑碑文「唯王二年六月丁酉，承嗣越臣憲亘朱凵，凡以恕順，厥日登……」中。（曹錦炎：《岣嶁碑研究》，《文物研究》第五輯）。朱、州音近通假《说文》：「句，曲也，从口，凵声。」凵乃句之初文。可見，朱句、朱凵、州句為同音異寫。銅鐘銘文中的「朱句之孫」為自稱，據此可以確定以「朱句」為名或字都是不恰當的，應是號。岣嶁碑碑文中「承嗣越臣憲亘朱句」之「朱句」應為號，其即位後仍以朱句為號，正見於其自作兵器銘文中。這與吳國太子諸樊在即位前後都以「諸樊」為號相同。至於「翁」之稱，應該為名或字。（《吳越史新探》，頁 154-156）

⑯ 晉𦅡（師）閦（門）長城句俞（瀆）之門

（一）晉𦅡（師）

整理者：晉師，指趙狗所率軍隊，此時三晉尚未稱侯。（頁188，注16）

（二）閔（門）

建洲按：「閔」字疑從戈門聲，為動詞「門」專字，訓為攻城。《左傳・襄公九年》：「晉人不得志於鄭，以諸侯復伐之，十二月，癸亥，**門其三門**。」楊伯峻《春秋左傳注》：「攻擊鄭三面城門。」（頁969）。《襄公十年》：「圍宋，**門于桐門**。」楊伯峻《注》曰：「既合圍，又攻其桐門也。」（頁978）。以上文例皆與「閔長城句俞之門」相似，可以為證。諸家說法詳見第十八章簡101「晉與吳會為一，以伐楚，閔（**門**）方城」條注釋。

（三）長城

整理者：長城，齊長城。（頁188，注16）

（四）句俞（瀆）之門

整理者：句俞之門，疑讀為「句瀆之門」。俞，喻母侯部；瀆，定母屋部：喻四歸定，侯屋對轉。《左傳》桓公十二年有「句瀆之丘」，杜注：「句瀆之丘即穀丘也。或以為宋地，或以為曹地。」「句瀆之門」可能與「句瀆之丘」相關。（頁188，注16）

侯乃峰（網名：小狐）：原整理者將「句俞」讀爲「句瀆」的說法可信。下面第二十三章第126、128簡的「犢關」即讀爲見於《史記・楚世家》的「榆關」，可爲此說添一例證。既然「句俞」可以讀爲「句瀆」，則將簡文的「句瀆之門」與「句瀆之丘」聯繫起來是很有道理的。《左傳》桓公十二年「句瀆之丘」，對應《春秋》經文的「穀丘」。既然「句瀆」合音爲「穀」，則「句瀆之丘（穀丘）」與當時的「穀」地似不無聯繫。「穀」作爲地名，《春

秋》經、《左傳》多見，亦屬於齊地。簡文「句俞之門」當讀爲「句瀆之門」，也即「穀之門」，當是齊長城上的一個關門之名，其地所在與春秋時期齊國境內的「穀」地有關，當在今山東省平陰縣西南之東阿鎮。（〈讀《繫年》臆札〉，「復旦網」，2012年1月3日）

裘錫圭：「俞」、「賣」上古音相近，「俞」聲與「賣」聲相通之例頗多。古書中，「裔」和「腧」皆與「竇」通。古代有一種細布，其名稱有「緰此、緰帒、緰貲、俞此」等寫法，漢簡作「竇此」。清華簡《繫年》第二十章簡113有「句俞之門」，整理者謂「俞」、「瀆」古音相近，「句俞之門」宜讀爲「句瀆之門」，可能與「句瀆之丘」相關，其說當是。同書第二十三章有一地名，簡128作「犢（聲旁原作「𡈜」）關」，127作「㥁（聲旁原作從「𡈜」聲之「犢」，下「覿」字同）關」，126作「覿關」，整理者謂即古書之「榆關」，亦可信。所以，將用作「賣」字聲旁的「𡉀」釋爲「踰」之初文，從字音上看是十分合適的。……從現有資料看，在戰國文字裏，似乎只有楚文字使用從「𡉀」聲的「賣」。從「𡈜」聲的「犢」字以及以之爲聲的那些字，見於璽印的大都屬於三晉。楚簡中也出現了這些字（上文注18已舉出），可能是由於受了三晉文字的影響。（〈說從「𡉀」聲的從「貝」與從「辵」之字〉，《文史》2012年第3輯，頁18）

建洲按：「穀」，見紐屋部。「句」，見紐侯部；「瀆」，定紐屋部。可見「句瀆」合音確實是「穀」。《左傳》桓公十二年：「公及宋公盟于**句瀆之丘**」，《春秋》作「公會宋公，燕人，盟于**穀丘**」可以爲證。俞志慧《國語》韋昭注辨正》頁179「先秦文獻中所見一字分讀二音現象舉隅」亦有此例，請讀者參看。不過簡文「句俞（瀆）之門」應該與「句瀆之丘」即「穀丘」無關，蓋「穀丘」是宋地，且與濟水距離較遠。「句瀆之門」當如侯乃峰先生所說是「穀之門」，即春秋齊國穀地所設的長城之門關，故名之曰「句瀆（穀）之門」。特別是「穀地」正在濟水邊上，符合簡112「齊人焉始爲長城於濟」的地理位置。位置如下所示：

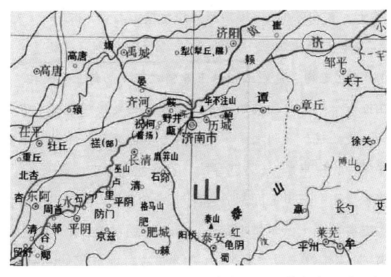

（《中國歷史地圖集－第一冊》26-27「齊魯」③-3）

⑰　戉（越）公、宋公敗齊𠂤（師）于襄坪（平）

　　整理者：襄坪（平），地名，與燕國之襄平無涉。（頁 188，注 17）

　　建洲按：「戉公」當是「朱句」，以其在位時間公元前四四七至前四一一年來看，此時的「宋公」當是戰國時期的宋昭公（前 469 年-前 404 年），與第十一章簡 57-58 春秋時期的宋昭公非一人。

⑱　至今晉、戉（越）以為好𦀣

　　朱曉海：晉所以先「與吳會為一」（第十八章），主要目的在令與之爭霸的楚腹背受敵；後與越通好，按照本書的看法，似乎主要是對付齊，則書寫此段文字時，越不但猶存，而且還應相當有勢力，是必在周安王之子，顯王、即楚威王滅越之前。綜言之，這本書的撰成時代蓋不早於戰國中、晚葉之交。（〈清華簡所謂《繫年》的書籍性質〉，經學與文學國際學術研討會論文，頁 427）。

　　建洲按：朱曉海文章在注五十還提到「（戰國史料編年輯證）卷九，頁

413-415、卷十，頁 608-613，認為越滅於楚懷王之世，錢穆：《先秦諸子繫年》（香港：香港大學出版社，1956 年），第 118 條附〈越絕書吳越春秋記越年〉頁 420，也認為：楚威王殺越王無彊之後，尚傳三世。按：威王七年伐越，共在位十一年，史無異說，是以無彊三世之後，也必已在楚懷王之世。縱如楊、錢之說，無彊之前，越的勢力早已衰落，不足作為晉牽制齊的政軍伙伴。」此說當是。《吳越春秋》記載越國君主「無彊」死後，尚有「玉」、「尊」、「親」三世。而對於越國被滅的時間，何浩先生綜合諸家的意見認為「史實表明，截至楚被秦滅之年，越國君統未絕，境土尚存。進入戰國以來，楚國雖曾一再侵奪楚地（主要是故吳地），又佔領過琅邪與吳，誅殺過越王，但始終未曾滅越。」（《楚滅國研究》，頁 304-311）

《繫年》第二十一章集解

【章旨】

　　本章是記載楚簡王十年（公元前 422 年）至楚簡王十二年（公元前 420 年）楚與三晉發生的戰事。起因是楚簡王十年宋悼公朝見楚國說司城㹅削弱公室的勢力。楚王在命令莫敖昜為出兵幫宋國安定公室之餘，還利用這個機會佔領黃池與雍丘，由於此二地在鄭宋之間，是魏、韓欲擴張之地。楚國的舉動侵犯了三晉的利益，因此魏斯、趙浣、韓啟章出兵包圍在黃池的楚軍，將他們徹底擊潰驅逐回國。隔兩年後（楚簡王 12 年，公元前 420 年），為報復黃池之役的敗仗，楚簡王命令莫敖昜為率領軍隊侵伐三晉的宜陽、赤嶂。魏斯、趙浣、韓啟章率領軍隊救赤嶂，楚人不敵而返國，並與來犯的三晉軍隊在楚長城開戰。結果楚軍一敗塗地，丟棄了不少旌旗與帳幕，並於夜晚邇逃。楚國因此對三晉積怨更深了。藉由本章，我們可以知道《新蔡》甲三 36：「大莫囂旟為戰於長城之歲」、甲三 296「[大]莫囂昜為、晉師戰於長[城之歲]」亦是發生在楚簡王十二年，公元年前四二〇年。同時「莫囂昜為」，亦見於曾侯乙墓一號竹簡「大莫囂旟喙」。

【釋文】

　　楚柬（簡）大王立七〈十〉年①，宋悼公朝于楚，告以宋司城㹅之約（弱）公室②。王命莫囂（敖）昜為③衛（率）【一一四】自（師）以定公室，城黃沱（池），城甕（雍）丘④。晉罌（魏）界〈斯〉⑤、㸚（趙）关（浣）⑥、㓚（韓）啟章⑦衛（率）自（師）回（圍）黃沱（池），逴迵而歸之【一一五】於楚⑧。二年，王命莫囂（敖）昜為衛（率）自（師）戡（侵）

晉，敓（奪）宜易（陽）⑨，回（圍）赤壥⑩，以遉（復）黃沱（池）之自（師）。眃（魏）畀〈斯〉、勺（趙）关（浣）、軦（韓）啟【一一六】章衕（率）自（師）救（救）赤壥，楚人豫（舍）回（圍）而還，與晉自（師）戰（戰）於長城⑪。楚自（師）亡工（功），多厺（棄）幒（旍）、莫（幕）⑫，肖（宵）跂（遯）⑬。楚以【一一七】與晉固為肙（怨）⑭。【一一八】

【語譯】

　　楚簡王7年，宋悼公朝見楚國說宋國的司城皮削弱公室的勢力。楚王命令莫敖昜為率領軍隊幫宋國安定公室，（並利用這個機會）佔領黃池與雍丘。晉國的魏斯、趙浣、韓啟章率領軍隊包圍在黃池的楚軍，將他們徹底打敗，把兩地楚軍的勢力驅逐回國。隔兩年後（楚簡王9年），楚簡王命令莫敖昜為率領軍隊侵伐晉國，奪取宜陽，包圍赤壥，以報復黃池之役的敗仗。魏斯、趙浣、韓啟章率領軍隊救赤壥，楚人捨棄包圍而返國，並與晉國軍隊在楚長城開戰。結果楚軍戰敗，丟棄了不少旄旗與帳幕，並於夜晚遯逃。楚國從此與三晉積怨更深了。

【集解】

① 楚柬（簡）大王立七〈十〉年

　　整理者：楚柬大王，即楚簡王，已見於清華簡《楚居》。簡大王之前冠以「楚」，似非楚人自記其事的口氣。簡大王立七年，《史記・六國年表》在周威烈王元年（公元前四二五年）。（頁189，注1）

　　梁立勇：梁玉繩《史記志疑》、錢穆《先秦諸子系年》都定宋悼公元年為周威烈王五年，孫詒讓《墨子年表》、楊寬《戰國史料編年輯證》定為周威烈王二十三年。當以前說為是，否則，則如《繫年》整理者所分析，宋悼公即位時楚簡王已死五年，無由得見。宋悼公元年為周威烈王五年，為

楚簡王十一年，和《繫年》所記不合。因此，我們以為，《繫年》114 簡的「七年」當是「十年」之誤。古文字「七」和「十」字形相似，極易訛混。楚簡王十年為周威烈王四年，宋昭公於是年卒，按照逾年改元慣例，其時宋悼公已即位而未改元，《繫年》記宋悼公朝楚當在其時。（〈《讀〈繫年〉札記》〉，《深圳大學學報》2012 年 03 期，頁 10）

建洲按：梁立勇之說有理，茲從其說。楚簡大王十年實為公元前四二二年，詳見二十二章簡 119「宋犀（悼）公牂（將）會晉公」條注釋。

補記：本則寫完後，承蒙李銳先生惠賜大作，茲將其觀點揭示如下：宋悼公見楚簡王是在楚簡王十年，周威烈王四年，其後據宋悼公卒年（周威烈王二十二年、楚聲王元年）尚有十八年，則楚簡王在位當是二十七年，正好比《史記》等所說的簡王在位二十四年多出三年。因此，由《繫年》可以發現戰國初的楚史或許應當調整，楚簡王在位當是二十七年而非二十四年，楚聲王在位四年而非六年，楚悼王元年在 400B.C.。（〈清華簡《繫年》與葛陵簡楚史問題考〉（待刊稿）

② **宋悼公朝于楚，告以宋司城㱇之約（弱）公室**

（一）宋悼公

整理者：宋悼公，《宋世家》云名購由，在位八年。索隱：「《紀年》為十八年。」《六國年表》宋悼公元年在楚簡王死後五年，肯定有誤。若依《紀年》前推十年，則宋悼公元年在楚簡王十九年，亦距楚簡王七年有十二年之差。（頁 189，注 2）。

建洲按：關於宋悼公在位時間起訖，請見二十二章簡 119「宋犀（悼）公牂（將）會晉公」條注釋。

（二）朝

建洲按：簡文的意思是諸侯相拜見。《左傳・文公十五年》：「夏，曹伯來朝，禮也。」孔穎達《疏》引鄭玄曰：「父死子立曰世。凡諸侯相朝，皆小國朝於大國，或敵國相為賓，或彼君新立此往朝焉，或此君新即位自往朝彼，皆是世相朝也。」《史記・孟子荀卿列傳》：「齊威王、宣王用孫子、田忌之徒，而諸侯東面朝齊。」徐傑令先生指出春秋時期，因周王室衰微，諸侯相朝成為邦交的主流，僅見於《春秋》、《左傳》就有一零一次，其中魯受朝三十九次，晉受朝三十八次，齊受朝十一次，楚受朝十次，越受朝二次，紀受朝一次。其中紀受齊僖公、鄭莊公朝見，是唯一一次大國朝小國的事件，齊、鄭別有用心是非常明顯的。徐先生還分析指出諸侯朝見霸主的有六個原因：（一）霸主之國新君繼位，諸侯須朝。（二）為感謝霸主對本國所做的事情，諸侯親自朝見拜謝。（三）朝見霸主，聽取霸主關於貢賦的政令。（四）諸侯在邦交方面有所行動，亦須朝見霸主進行請示。（五）為慶賀霸主之喜慶之事，諸侯朝見。（六）小國新君即位，朝見霸主或大國。（《春秋邦交研究》，頁 65-67）。而見於戰國時期的宋國朝見楚國的原因則是大臣作亂，而求援於盟國。

（三）宋司城皮

整理者：宋司城皮，司城即司空，《公羊傳》文公八年何休注：「宋變司空為司城者，辟先君武公名也。」皮，人名。（頁 189，注 2）

陶金：可見宋悼公朝於楚的時間實際上是宋昭公剛剛去世的時間，狀告司城皮（即皇喜，司城子罕）侵佔君位，楚簡王幫助宋悼公復位。（〈洹子孟姜壺〉）

建洲按：對於司城子罕侵佔君位，方詩銘先生曾論述如下

〔六七〕王劭按《紀年》云：「宋剔城肝廢其君璧而自立也。」（《史記·宋世家》索隱）。案：《存真》列于惠成王十七年，云：「洪氏本在烈王六年，惠成王元年。然惠王十四年，宋桓侯朝梁，則洪氏誤也。今移於此，俟考。」洪頤烜《校正竹書紀年》卷下系于烈王六年，云：「此條本脫，從《史記·宋世家》索隱引補，『璧』下疑脫『兵』字。」《存真》所謂洪氏本即此。郝懿行《竹書紀年校正》卷一三補于烈王七年，與洪氏同誤。雷學淇《考訂竹書紀年》卷六系于惠成王十五年。《輯校》附於「無年世可系者」。今姑從《存真》。《史記·宋世家》：「辟公三年卒，子剔成立。」以剔城為桓公之子，父子繼位，其間無廢奪事，與《紀年》、《韓非》等書大異。《韓非子·二柄》：「田常徒用德而簡公弒，子罕徒用刑而宋君劫。」又《內儲說下》：「戴驩為宋太宰，皇喜重於君，二人爭事而相害也，**皇喜遂殺宋君而奪其政**。」《外儲說右下》：「子罕為出彘，田恒為圃池，故宋君、簡公弒。」韓非所云「**子罕**」、「**皇喜**」**即剔城肝，子罕為戴氏，戴氏奪宋猶田氏之代齊**。蘇時學云：「戴氏篡宋之說，雜見於《韓詩》、《淮南》、《說苑》諸書，而莫始於《韓非子》。《韓非子》曰：『戴氏奪子氏于宋』，又曰：『司城子罕取宋』，又曰：『戴歡為宋太宰，皇喜重於君，二人者爭事而相害也，皇喜遂殺宋君而奪之政。』韓非於此事固屢言之，而必與齊之田氏並言，明田氏與戴氏皆篡之臣也。而《呂氏春秋》于宋偃之亡，亦曰『此戴氏之所以絕也』，不言子氏而獨言戴氏，則**戰國之宋為戴氏之宋**，而非前日子氏之宋固甚明。然韓非既言戴氏，又曰皇喜、曰子罕者何也？則**戴其氏，而喜其名，子罕乃其字也**。凡名喜者多字子罕，若鄭之公孫喜字子罕是也。……或曰：戴氏之篡宋固然矣，然則其篡宋當以何時歟？按《紀年》云：『宋易城肝廢其君璧而自立。』璧者宋桓侯，而易城肝殆即司城子罕歟？」（見陳奇猷《韓非子集釋》卷二，頁114-115）蘇說

是。「司城」、「剔成」一聲之轉,「罕」與「肝」同聲通假。「司城子罕」、「皇喜」即剔城肝。(《古本竹書紀年輯證》,頁 131-132)

上述意見,學者多從之,參見李家浩:〈忏距末銘文研究〉《古文字與古代史》第二輯頁 205-206。司城子罕即易成肝或剔城,亦即皇喜,殺宋**桓侯**自立的時間楊寬《戰國史料編年輯證》定在前三五五年(頁 1181)。況且「宋悼公朝于楚,告以宋司城𡱁之弱公室」是前四二二年的事情,宋桓侯是宋悼公的孫子,則悼公如何「狀告司城**𡱁**(即皇喜,司城子罕)侵佔君位」呢?可見陶金之說不可信。

(四)約(弱)公室

整理者:約,削弱。(頁 190,注 2)。

劉雲:「約」,恐亦當讀為「弱」。古書中有「弱某室」的說法,如《左傳・襄公十七年》「華臣弱皋比之室」。(〈初讀《清華大學藏戰國竹簡(貳)》筆記〉評論第 2 樓,復旦網學術討論區,2011 年 12 月 20 日,http://www.gwz.fudan.edu.cn/ShowPost.asp?ThreadID=5345)

建洲按:整理者讀為「約公室」。「約」作🦂。古書確實常見「弱公室」的說法,如《史記・晉室家》:「六卿欲弱公室,乃遂以法盡滅其族。」「約」,影紐藥部;「弱」,日紐藥部。疊韻,聲紐有相通的例證,如「委」是影紐;「緌」是日紐。孟蓬生先生曾指出:「古音日紐與泥紐關系十分密切,我們可以肯定地說,至少在一些方言中,這兩個音是分不開的。所以影跟日紐的關系,實際上也可以看成影跟泥紐的關系。」見〈「迈」讀為「應」補證〉。同時,《繫年》簡 103「晉公以弱」的「弱」作「𠆢」。且古書有【酌與弱】的通假例證,見《聲素》頁 253。還可以補充一例,《荀子・宥坐》:「孔子曰:『夫水……**淖約**微達,似察。』」《說苑・雜言》作「**綿弱**而微達,似察。」《管子・水地》:「夫齊之水,道躁而復,故其民貪矗而好勇;楚之水,**淖**

弱以清，故其民輕果而賊。」《管子・水地》：「夫水，淖弱以清，而好灑人之惡，仁也。」可見「淖約」即「淖弱」。上舉《荀子・宥坐》一句，楊倞《注》：「約，弱也」，此處的「弱」是指柔弱，並不是削弱的意思。再加上古書未見「約公室」的說法，所以筆者贊同劉雲先生所說將「約」讀為「弱」。又按：本則寫完後，看到新出《上博九・成王為成濮之行》簡3「蔦伯嬴猶約（弱）」，可知本簡讀為「弱」是對的。

③ 莫囂（敖）易為

整理者：莫囂易為，見曾侯乙墓一號竹簡「大莫囂虜喙」，新蔡簡甲三・三六作「大莫囂虜為」。（頁190，注3）

李學勤：「莫敖陽為」曾見于湖北隨州擂鼓墩一號墓簡，我已說明他屬于出自楚穆王的陽氏，擂鼓墩簡紀年「大莫敖陽為適猵之春」即楚惠王五十六年，公元前四三三年。（〈清華簡《繫年》及有關古史問題〉，《文物》2011年3期，頁73。亦見《文物中的古文明》，頁433）

田成方：戰國楚簡中亦有不少屈氏族人的記載。曾侯乙簡記載有「大莫囂虜喙」（新蔡簡、清華簡《繫年》寫作「易為」），裘錫圭、李家浩兩先生認為「虜喙」是人名（《曾侯乙墓竹簡釋文與考釋》，頁501注③），李學勤先生讀作「陽為」，認為是源出穆王的陽氏貴族（李學勤：《論葛陵楚簡的年代》，《文物》2004年第7期）。將「虜」讀作陽可從，但認為陽是氏稱，恐須商議：（1）《左傳》昭公十七年云「陽匄為令尹」，杜《注》：「陽匄，穆王曾孫令尹子瑕。」孔疏：「依《世本》，穆王生王子揚，揚生尹，尹生令尹匄。」陽匄任令尹在楚平王元年至十年。陽匄卒後不久，陽氏便遭遇滅族之難。《左傳》昭公二十七年（前515年），令尹子常趁消滅郤氏之族的機會，順勢殺掉陽匄的三個兒子—陽令終、陽完、陽佗。陽氏宗族遭此一難，從此一蹶不振，傳世典籍未見陽氏活動之蹤跡。若將虜喙歸屬陽氏，

不僅違背屈氏貴族襲任大莫敖一職的慣例，也與陽氏宗族在春秋晚期以後的政治地位不相符合，令人質疑。（2）文字材料所見陽氏，一般寫作陽或陽（巫雪如：《包山楚簡姓氏研究》，頁 134-137）。觴（易）字未見確指氏稱者，而多用作地名或人名，地名之例在曾侯乙、包山簡、天星觀簡等頗多見，此不贅舉，人名則有周觴戈（《集成》11043）、觴作戈（《集成》11047）、觴庶用劍等（曹錦炎：《觴庶劍小考》，載《楚文化研究論集》第五集，合肥：黃山書社，2003 年，頁 331-333）今按：另有南君觴邧之中戈（湖北省文物考古研究所編著：《江陵九店東周墓》，北京：科學出版社，1995 年，頁 224、415：劉雨、盧岩著：《近出殷周金文集錄》（簡稱《近出》）01167，北京：中華書局，2002 年），過去或將觴讀作氏稱之「陽」（參韓自強：《新見六件齊、楚銘文兵器》，《中國歷史文物》2007 年第 5 期）。我們認為將觴作為氏稱證據尚不足。在封君稱謂中，如坪夜君成、鄂君子晳等均不著封君族氏。觴邧應是南君之雙字名，與觴庶劍之觴庶類同。）我們認為「大莫敖觴喙」與《楚策一》「莫敖子華」、「莫敖大心」的稱謂方式一樣，大概因莫敖是雙字名，且**屈氏貴族世襲此職**，而有意省略了氏稱。曾侯乙簡的年代為前四三三年或稍早，則大莫敖觴喙當是介於屈固、屈廬與屈宜臼之間的一代人。（《東周時期楚國宗族研究》，頁 51-52）

建洲按：裘錫圭、李家浩兩先生認為「觴喙」是人名是對的。又《上博八·命》「葉公子高之子見於令尹子春」（簡 1）、「子謂陽為賢於先大夫」（簡 7），袁金平先生認為「頗疑『陽為』為令尹子春自稱」（復吉讀書會〈上博八《命》校讀〉評論第 19 樓，

http://www.gwz.fudan.edu.cn/Srcshow.asp?Src_ID=1594）。郭永秉先生贊同說其說：「《上博（四）·柬大王泊旱》簡 10、19 和 22，都出現過一位『太宰』，22 號簡指出他叫『子止』，10 號簡稱他為『太宰晉侯』，19 號簡則說他是『聖人盧（下從又）良長子』。對於『聖人盧（下從又）良長子』一句，過去無善解。劉信芳先生曾撰文指出，『盧（下從又）良』當讀為『諸梁』，『聖人』

是楚國君臣對沈諸梁的殊譽。所以太宰晉侯（子止），就是沈諸梁的長子（劉信芳《上博藏竹書〈柬大王泊旱〉聖人諸梁考》，《中國史研究》2007 年第 4 期，頁 15-17）。其說可從。從《命》篇和《柬大王泊旱》篇的描述看，『葉公子高之子』和『太宰晉侯』都對政治、歷史有著非常高的見解，繼承了其父親沈諸梁的遺風，為楚國君臣所看重，並常常向他諮政。所以我認為，《命》篇的『葉公子高之子』大概就是《柬大王泊旱》篇的『太宰晉侯』。可以注意的是，《柬大王泊旱》篇中出現的令尹名叫『子林』，與《命》篇的『令尹子春』非一人，故兩個故事應有先後。究竟兩個何早何晚，似還無法斷言，但兩篇同見一人，似乎提示我們，《命》篇所記『葉公子高之子見於令尹子春』之事，似乎也有可能排到**楚簡王**以後。因此樓上有學者懷疑，《命》篇的『陽為』就是楚簡所見大莫敖『陽為』，這種可能性從時間而言的確是存在的（他任令尹當在簡王 9 年之後了）。另外，李學勤先生認為『陽為』之『陽』為楚穆王之後陽氏之『陽』（《文物中的古文明》，商務印書館，2008 年，頁 433），此說似並無確據，不能以此否認**『陽為』是令尹子春之名的可能性**（就好比令尹子高名『諸梁』一樣，見《莊子・人間世》成疏。上引劉信芳先生文末認為陵尹、釐尹直稱『諸梁』，故『諸梁』為字，『子高』為名，此說似非）。」（復吉讀書會〈上博八《命》校讀〉評論第 43 樓）。謹案：袁、郭兩位先生的意見很有參考的價值。依照本文的時間排序，大莫敖陽為若高升令尹最快也是簡王十二年（前 420 年）之後，請見底下「⑪與晉𠂤（師）戰（戰）於長城」的說明。同時上引田成方先生也論證了「陽為」的「陽」不能是姓氏，這也為釋「陽為」是令尹子春之名提供一個可能。

　　附帶一提，劉信芳先生《上博藏竹書〈柬大王泊旱〉聖人諸梁考》一文認為《柬大王泊旱》「太宰晉侯」當釋為「太宰葉侯」，根據是《郭店・緇衣》「晉公之顧命」，今本《禮記・緇衣》作「葉公」。鄭威：《楚國封君研究》頁 133-134 贊同此說。謹案：楚國封君可稱「公」，亦可稱「侯」，如

《新序・雜事二・莊辛諫楚襄王章》:「君王左州侯,右夏侯,從新安君與壽陵君,淫衍侈靡」(釋文依照《新序校釋》,頁265)。鄭威先生認為「州侯」、「夏侯」與「新安君」、「壽陵君」並列,可知彼此性質相同,都是封君(鄭威《楚國封君研究》頁135)。又如《包山》51「陰侯」、《新蔡》甲三25「隨侯」也是封君。參陳偉《包山楚簡初探》頁104-105、鄭威《楚國封君研究》頁59、90。所以「葉公」又稱「葉侯」,理論上是可行的。但是觀看劉、鄭二文,所謂「釋為」其實就是「通讀」,但是「晉」,精紐真部;「葉」,喻紐葉部或書紐葉部,二者韻部相距太遠,不能相通。況且王念孫早已指出今本《緇衣》「葉」是「蔡」之形誤,本不能作為通假證據來使用。「晉侯」究竟如何理解還要更多的證據。

④ 城黃沱(池),城䧹(雍)丘

整理者:䧹丘,即雍丘,本鄭地,此時已屬韓,在今河南杞縣。《韓世家》:「景侯元年,伐鄭,取雍丘。」《鄭世家》:「繻公十五年,韓景侯伐鄭,取雍丘。鄭城京。」《六國年表》同。黃池、雍丘在鄭宋之間,是魏、韓欲擴張之地。楚以定宋為名,擴張勢力,城黃池和雍丘,侵犯了三晉的利益,因此三晉當即發兵圍黃池。《韓世家》:「昭侯元年,宋取我黃池。」(頁190,注4)

建洲按:「沱(池)」的討論見二十章簡110「黃沱(池)」。「䧹」作 ,從「雝(雍)」得聲。亦見於簡51作 、54作 (癕);簡44作 、77作 。「雝」字甲骨文作 , 訛作「邑」作「雝」;「邑」又訛作「乡」隸變作「雍」,(參于省吾:《甲骨文字釋林》頁180、黃天樹:〈殷墟甲骨文「無聲符字」與「有聲符字」的權重〉頁12(134))。黃池、雍丘位置如下:

（《中國歷史地圖集－第一冊》，頁 24-25 鄭宋衛）

⑤　异（魏）畀〈斯〉

整理者：异畀，即魏斯。《說文》廾部：「畀，舉也，从廾，白聲。……
杜林以為麒麟字。」「畀」與「麒」都是群母之部字。《魏世家》「桓子之孫
曰文侯都」，集解引徐廣曰：「《世本》曰斯也」，索隱：「《系（世）本》云
『桓子生文侯斯』，其傳云『孫子㵎是魏駒之子』，與此系（世）代亦不同
也。」據《世本》可知，襄子生桓子駒，駒生孫子㵎，孫子㵎即後來的魏
文侯斯。楊樹達《弭仲簠跋》：「『弭仲畀壽』之『畀』讀為『其』。」（《積微
居金文說》，中華書局，1997 年，頁 107）《說文》「斯」從其聲，當有所據。
（頁 190，注 5）

劉雲：該字明顯是「畀」。至於該字和文獻中的人名「魏斯」之「斯」
對應，或是因為「畀」在後世演變得與「其」相似，然後又轉寫為「斯」。
（〈清華簡中的「畀」字〉）

蘇建洲：字形看來本作 ![畀] （畀），後世誤以為是「畀（ ![畀] ）」。《說文‧

三上・廾部》「，舉也。从廾，由聲。《春秋傳》曰：『晉人或以廣隊，楚人畁之。』黃顥説：廣車陷，楚人爲舉之，杜林曰爲麒麟字。」段注本三上三十六將字形改爲「」，分析爲從廾「甶」聲，並注釋曰：「各本作由聲，誤。或從鬼頭之甶，亦非也。此从東楚名缶之甶。故《左傳》作畁。今左作蒅。糸部緋从畁聲，或字作蒅。甶聲、其聲皆在一部也。」秦漢文字，如（睡虎地秦簡《封診式》簡五九）、（緋（蒅）君□）。（漢語大字典字形組編：《秦漢魏晉篆隸字形表》（成都：四川辭書出版社，1985 年，頁932）、羅隨祖主編：《羅福頤集——增訂漢印文字徵》（北京：紫禁城出版社，2010 年 6 月，頁 586）裘錫圭先生已指出上述二例就是《說文》「緋」字（《段注本》13 上 16），爲「蒅」字正篆，从「畁」聲。（漢語大字典字形組編：《秦漢魏晉篆隸字形表》（成都：四川辭書出版社，1985 年，頁 932）、羅隨祖主編：《羅福頤集——增訂漢印文字徵》（北京：紫禁城出版社，2010 年 6 月，頁 586）可見「魏」，被誤認爲「魏畁」，後世再讀爲「魏其（斯）」。附帶一提，「畁」、「畀」這種形近而誤解的現象，近人也曾出現過，比如王國維就曾認爲《說文》分畀、畁爲二字，或失之。（《甲骨文字詁林》，頁 2111），姚孝遂先生的按語也接受王國維的意見（《甲骨文字詁林》，頁 2112）。（〈清華簡中的「畁」字〉評論第 2 樓，2011 年 12 月 21 日）

復旦讀書會：陳劍（QQ 羣 12 月 19 日 6:51:55 發言）：簡 115 等古書作「斯」之字，原作「畁」形，是否因其上是「囟」因而致異（「囟/思」與「斯」通多見）還可考慮；但原逕釋爲西周金文、《說文》等之「畁」、以「其」聲爲說；按「廾」形在楚文字中不可能寫作「大」，「畁」上之與「弁／妻／貴」諸字頭部相同者也不會寫作「囟」。（〈《清華（貳）》討論記錄〉）

武家璧：簡文「嵬畁」即魏斯，「畁」字形似「其」，文獻誤作「斯」。（〈清華簡《繫年》「幃幕」〉）

居爾汗：我們認爲，的上部不是「由」，而是「囟」，這個字即從「囟」得聲。「思」亦從「囟」得聲，《說文》：「思，容也，從心囟聲」。楚文字「囟」

有作，即字之上部，「思」亦多作，且有「囟」用作「思」之例（郭店太一生水 12 號簡，即用作「思」），故、思語音通假。思、斯俱心母，思為之部字，斯為支部字，二字一音之轉，又《孝經》：「言思可道，行思可樂」，劉炫本「思」作「斯」，故「思」、「斯」亦可通。綜上所述，我們認為簡文中的「」字从「囟」得聲，當讀作「斯」。（〈清華簡《繫年》箚記一則〉）

建洲按：「魏」字在《繫年》中共出現五次，形體皆作「」（），其中簡 115、116、121 是指「魏斯」；簡 119、134 是指「魏擊」，見《字形表》頁 248。字形可分析為从山鬼聲，讀為「魏」。周波先生曾指出：

> 我們曾對戰國文字魏國、魏氏之「魏」做過系統的考察，發現秦文字均用「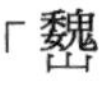（巍）」為「魏」，見秦魏公鈚（16.9978）、秦印、陶文（《字典》頁 1169-1170）、睡虎地秦簡等。楚文字用「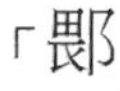」字，見包山簡 133「（魏）右司馬」，145「（魏）客（魏）奮」，「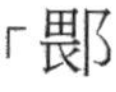（魏）客公孫哀」。傳抄古文「魏」作「」也許可以看成是齊魯系文字的寫法。三晉文字、燕文字魏國、魏氏之「魏」則迄今未見。三晉「魏」氏是一個大姓，古文字資料中不見「魏」字不能不說是一個比較奇怪的現象。我們將三晉陶文、古璽中常見的「」氏讀為「魏」，這個問題就迎刃而解了。（〈中山器銘文補釋〉）

今由《繫年》的寫法，可以證明「魏」字還有寫作「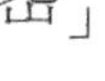」者（詳下）。周先生還有一段話說：

> 秦文字「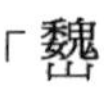（巍）」寫作、、、。「」字所从的「山」是形符，「委」、「鬼」均可用作聲符，「」可以看成是一個二聲字。裘錫圭先生在談到形聲字的「多聲」現象時指出，「真正的二聲字是極少的，而且大概是由於在形聲字上加注音符而形成的」，並舉了从

「示」,「畐」聲的「福」加注「北」聲作 （此處為字形圖）、从「辵」「甫」聲的「逋」加注「夫」聲作 （字形）說明之。「巍」字應當也屬於此類情況。「巍」字有異體作「嵏」字,見《集韻・紙韻》:「嵏,摧嵏,山高兒。」又司馬相如《上林賦》:「摧嵏崛崎。」「摧嵏」即「崔巍」。馬王堆帛書《春秋事語》29 行「魏州餘」之「魏」寫作 （ ）,「 」、「嵏」當為一字異體。由此看來秦文字所見之「巍」當是在从「山」「委」聲的「 」上加注「鬼」聲而成的。(原注:董蓮池先生云:「巍」睡虎地秦簡作 ,从山,从鬼,从委,山旁一律在委、鬼之下,可見「巍」字應以山為意符,鬼、委均為聲符,本義當指山的高峻。**其字構形過程當是初从山,鬼聲,作「嵬」,又追加「委」聲作「巍」**(董蓮池:《〈說文解字〉考正》頁 365,作家出版社,2005 年)認為鬼、委均是聲符,可信,認為「委」是追加之聲符則是有問題的。)「巍(魏)」又寫作「嵬」、「嶎」,古書除訓為高、高大貌之外,亦訓為高聳、險峻、獨立貌等。「 」字像首戴裝飾之女子立於「山」上,可能就是為訓作高險、獨立貌之「巍」所造的專字。(〈中山器銘文補釋〉,復旦網,2009 年 9 月 8 日)

對照「 」、「嵏」為一字異體,則簡文「巍」字顯然就是後世的「嵬」了。周波先生認為秦文字的「巍」是「 」上加注「鬼」聲,董蓮池先生認為「嵬」是追加「委」聲作「巍」,二說均有道理,「巍」正是二聲字。其次,楚國有兩方璽印作如下之形:

（《璽彙》3200）

（《璽彙》3201）

李零先生釋為「舟岡流」,並說:「舟岡流」,是與船舶通行有關的官印;如作私璽,恐怕也得從左向右讀,讀為「流(游)舟岡」(「游」是古代常見的姓氏)。

文炳淳先生認為《璽彙》3200 為玉質，覆斗紐與一般楚官璽不同，故上揭二璽應該是姓名璽。至於該璽的讀序問題，如讀作「舟岡流」，則「舟岡」氏不見古姓氏書，故只好從李零先生讀作「流舟岡」，然而古有「流」氏。……有關璽文的釋讀，仍待研究。《戰國文字編》將璽印右邊字形隸作「舩」。《楚文字編》從李零之說釋為「舟岡」。（諸說請見拙著《〈上博楚竹書〉文字及相關問題研究》，頁 173）以上意見於字形均有不合，筆者比對 （《郭店・五行》34）、 （《郭店・五行》36），認為字形右上 實從「由」，並從古文字山、止形混的角度，將這些字形隸定作「嵬」。此二方應為私璽，依照一般讀序由右而左讀作「嵬流」，戰國時正有「畏」姓，如《陶彙》3.1094「『畏』弓」。「畏」姓亦見於《古今姓氏表》。（參見拙著《〈上博楚竹書〉文字及相關問題研究》，頁 174-177）。現在比對《繫年》的「 」（ ），璽文的「 」顯然應該釋為「魏」，璽文讀為「魏流」。看來楚系文字「魏」寫作「 」是普遍存在的現象。

「魏斯」的「斯」作： 115、 116、 121。整理者將「 」釋為「畀」，但二者形體如陳劍先生所說是有距離的，請比對 （師酉簋）、 、 、 、 （《保利藏金》頁 93、《新收》1621，伯敢畀盨）。直觀來說，「 」字形確實與「畀」同形，如 （《新收》76，柞伯簋）、 （《祭公》05「付畀四方」）。一種假設是此人本名作「魏畀」。「畀」字到了秦漢時期下部逐漸演變為「廾」形，如：《睡虎地・法律答問》簡 195.32 作 ，東漢熹平石經《春秋》作 ，東漢耿勳碑作 ，則與「畀」作 、 （去掉「糸」旁）形近，所以秦漢人士誤以為是「魏畀」，再讀為「魏其（斯）」。此說的缺點是無典籍佐證，不確定因素較高。至於「畀」，幫紐質部；「斯」，心紐支部，韻部勉強可說相通，但是聲紐相距太遠，所以不能釋為「畀」讀為「斯」。陳劍先生認為可考慮字形上從「囟」得聲，讀為「斯」，此說應該是目前相對合理的解釋了。不過將字形隸定作「 」，整體構形還是比較奇特的，估計應該有訛變的因素在其中。權衡之下，本書釋文作「畀〈斯〉」，希望將

來有進一步的證據可以解決這個問題。

⑥　灼（趙）关（浣）

整理者：灼关，即趙浣。「关」見《說文》廾部，與「浣」音近通假。《趙世家》：「（襄子）其後娶空同氏，生五子。襄子為伯魯之不立也，不肯立子，且必欲傳其位與伯魯子代成君。成君先死，乃取代成君子浣立為太子。襄子立三十三年卒，浣立，是為獻侯。」又：「獻侯少即位，治中牟。襄子弟桓子逐獻侯，自立於代，一年卒。國人曰桓子立非襄子意，乃共殺其子而復迎立獻侯。」趙襄子至趙獻侯之間世系異說紛紜，難於確考。（頁190，注6）

建洲按：趙襄子是趙國開國之君。趙氏宗子的地位原屬襄子嫡兄伯魯，因趙襄子能力超群，其父趙簡子廢伯魯而立襄子。襄子對伯魯心懷同情，而「不肯立子」，遂將伯魯之子「趙周」封為「代成君」。但趙周又先襄子而死，只好將趙周之子「趙浣」立為太子，這就是日後的「趙獻子」。由於趙浣之子「趙籍」即趙烈侯（見22章簡119），被列為諸侯，遂對父親追加為「趙獻侯」。（參《趙國史稿》，頁130、576）

「关」字簡文兩見，作115、116。相似寫法亦見於「筭」字作（簡45、46）。此種寫法與「关（即「羍」）」有形混的現象。李家浩先生很早就指出「关」當作「」，中作二橫畫；與「羍」之作「、」，中作或者不同。（〈信陽楚簡「澮」字及從「关」之字〉，《著名中年語言學家自選集——李家浩卷》，頁198。亦見其〈庚壺銘文及其年代〉，《古文字研究》第十九輯，頁91）劉家莊北M1046出土石璋上墨書「」字，程鵬萬先生釋為「羍」，讀為「尊」，正確可從。（〈劉家莊北M1046出土石璋上墨書「」字解釋〉，《古文字研究》第27輯，頁166-170）。《集成》10137中子化盤「自作浣盤」的「浣」作（），上述李家浩文章已指出「浣」

從「关」聲。本簡「」寫法恰是綜合前二者的寫法。再看《集成》4688上官豆「大役之从（）」（「役」是劉洪濤先生的意見，見〈戰國文字考釋兩篇〉），「」字或釋為从「关」，讀為「」，《說文》豆部：「，豆屬。」（林澐：〈新版《金文編》正文部分釋字商榷〉、裘錫圭：〈《說文》與出土古文字〉，《裘錫圭學術文集》第三冊，頁435）或釋為从「弁」，讀為「登」，《詩・大雅・生民》「卬成于豆，于豆于登」，毛傳：「木曰豆，瓦曰登。」（李家浩：〈關於䣄陵君銅器銘文的幾點意見〉，《江漢考古》1986年4月）。考慮到「」沒有直豎筆，當以从「关」為優先考量，讀為「」。《集成》10456，《新金文編》，頁576收在「」字下可從。西周中期「簋」（《集成》3475）亦可釋為「」（《新金文編》，頁2015）。春秋中期「鄧鼎」，「」可釋為「鯵」，或是「鯇」的異體字。《說文》：「鯇，魚名。」

但古文字中关、关二者已經形混，如「豢」作（《包山》227）、（《包山》240）其「关」旁寫法與本簡「」相同，但是《楚文字編》頁564指出「关訛為关（朕字聲旁）」，可以比對《清華一・程寤》簡6「朕」作、節可忌豆「塍」作（《齊文字編》，頁314）、《上博五・季庚子》簡5「弁（送）」作，此三字的「关」旁與上述諸字的「关」同形。又《集成》2303襄公鼎「尊」字作（耳銘）、（器銘），其寫法與（《尊德義》簡20）比較，只是前者「酉」旁寫在「弁」的上下兩個偏旁之間。（參郭永秉：〈談談戰國文字中可能與「庖」有關的資料〉，《出土文獻研究》第11輯）。而襄公鼎耳銘「关」旁的寫法亦同「」。反過來說，也有「关」寫作「关」形者，如《保訓》三個「朕」字皆作（02、03、10）、《集成》10898滕子戈的「滕」作，（吳振武：〈釋戰國文字中的「」和從「朕」之字〉，《古文字研究》第十九輯，頁497）。可見「关」旁已與「关」完全混在一起。所以《集成》2690「弔鼎」的「（）」，由於是人名，釋為「浣」或「朕」皆可。《集成》10154魯少司寇盤「魯少司寇封孫宅作其子孟姬嬰（）盤匜」，目前多數人同意李家浩釋為從「关」聲的「浣」，如《齊文

字編》頁 238、《新金文編》頁 615。不過比對金文文例，如《集成》10086「魯白（伯）厚父乍（作）中（仲）姬俞賸（媵）般（盤）」以及《保訓》的字形，《金文編》頁 610 歸在「朕」下，讀為「媵」的意見也不能完全否定。

⑦　戟（韓）啟章

　　整理者：戟啟章，韓武子啟章。《韓世家》：「康子卒，子武子代」，索隱：「名啟章。」《魏世家》索隱引《世本》同。（頁 190，注 7）

　　建洲按：《繫年》中韓武子啟章（21 章）、韓景侯虔（22 章）、韓烈侯取（23 章）爺孫三人分見於三章中。韓武子二年（前 423 年）曾伐鄭，殺鄭幽公。

⑧　達迵而歸之【一一五】於楚

　　整理者：達，讀為「衝」，攻擊。《呂氏春秋・貴卒》：「衣鐵甲操鐵杖以戰，而所擊無不碎，所衝無不陷。」迵，楚文字中多讀為「通」。「達迵」義同攻陷。歸之於楚，意思是把楚國的勢力逼出中原，趕回楚地。（頁 190，注 8）

　　梁立勇：讀「達」為「衝」可從，整理者引《呂氏春秋・貴卒》「衣鐵甲操鐵杖以戰，而所擊無不碎，所衝無不陷。」「碎」「陷」對文，均是破壞之義。「歸之于楚」意思應是歸還楚國。歸之於某是還給某某之義，如《左傳・成公八年》：「晉侯使韓穿來言汶陽之田，歸之于齊。」《國語・周語》：「溫之會，晉人執衛成公歸之于周。」簡文的意思是三晉毀壞黃池後，將其還給楚國。針對三晉對黃池的破毀，楚國第二年即破壞宜陽進行報復。」（〈讀《繫年》札記〉，《深圳大學學報》2012 年 03 期，頁 59）

　　建洲按：梁立勇對「歸之于楚」的解釋明顯不可通。整理者的說法正

確可從，本簡「歸」的用法如同簡 3「乃歸東（屬）王于敔（麇）」的「歸」。

⑨ 二年，王命莫囂（敖）昜為衛（率）皀（師）戠（侵）晉，坺（奪）宜昜（陽）

（一）二年

整理者：二年，第二年，楚簡王八年。《楚世家》：「簡王……八年，魏文侯（斯）、韓武子（啟章）、趙桓子（嘉）始列為諸侯。」《六國年表》同。（頁 190，注 9）

金滕：「二年」，整理者認為「第二年，楚簡王八年。」李學勤先生在《清華簡〈系年〉及有關古史問題》一文中認為所謂「二年」是指「過了兩年，即簡王九年，西元前 423 年。」比對簡 86「一年」指「前後兩事間間隔一年之長的時段」，簡 116 的「二年」自然是「前後兩事間間隔二年之長的時段」，則「二年」顯然應從李學勤舊說指簡王九年。（陳爻〈也談《繫年》的「厭年」〉下評論第三樓，2012 年 10 月 29 日）

建洲按：十六章簡 85-86「楚共王立七年，令尹子重伐鄭，為沬之師。晉景公會諸侯以救鄭，鄭人截鄖公儀，獻【85】諸景公，景公以歸。一年，景公欲與楚人為好，乃脫鄖公，使歸求成」。此處「一年」當如陳爻、沈培先生所說「事隔一年」或「過了一年」的時間點（沈培：〈再說兩個楚墓竹簡中讀為「一」的用例〉，承繼與拓新——漢語語言文字學國際研討會），則是楚共王八年。不過根據史實，「脫鄖公」實為楚共王九年，頗疑簡文的「一年」實為「二年」之誤，見第十六章的注釋。以此觀點來看本簡的「二年」自然該是「經過二年」的時間點，當從李學勤舊說認為「過了兩年，即簡王九年，西元前四二三年。」加上我們贊同梁立勇的意見，簡文「七年」當是「十年」之誤，則所謂的「二年」當指楚簡王十二年，前四二〇年。所以本簡的「二年」整理者理解為**隔年、第二年**的意思不可從。況且

「第二年」的說法在《繫年》中是用「明歲」來表示，如二十三章簡 128-129「聲王即世，悼哲王即位。……明【128】歲，晉餔余率晉師與鄭師以入王子定」，是指隔年、翌年，即楚悼王二年。典籍作「明年」，如《史記・田敬仲完世家》：「莊子卒，子太公和立。」《索隱》云：「《紀年》『齊宣公十五年，田莊子卒。明年，立田悼子。悼子卒，乃次立田和。』」附帶一提，這種「過了兩年」的說法，古書也常寫作「後二年」，如《漢書・五行志中之上》：「史記成公十六年，公會諸侯于周，單襄公見晉厲公視遠步高，告公曰：『晉將有亂。』……後二年，晉人殺厲公。」此處「後二年」正是「過了兩年」，即成公十八年，晉欒氏、中行氏殺晉厲公，立悼公。相關討論亦可見「⑪與晉𠂤（師）戰（戰）於長城」條下。

又本簡注釋認為：「《楚世家》：「簡王……八年，魏文侯（斯）、韓武子（啟章）、趙桓子（嘉）始列為諸侯。」關於「三晉始侯」的問題，歷來有諸多說法。馬衛東、王政冬〈三晉伐齊〉一文有集中的論述，可以參看。他們的意見則是贊同《史記・周本紀》：「威烈王二十三年，九鼎震，命韓、魏、趙為諸侯。」《六國年表》、《趙世家》、《魏世家》、《韓世家》、《燕召公世家》記載三晉列為諸侯，均為周威烈王二十三年（前 403 年）。又二十二章簡 121「晉魏文侯斯從晉師」，整理者說：「晉魏文侯斯，斯此時已經稱魏文侯，三晉魏先稱侯之說可信。」（頁 193，注 8）。蓋在周王策命為侯之前，三晉已自行稱侯了。參二十二章簡 121「晉魏文侯斯從晉師」條注釋。

（二）坱（奪）宜易（陽）

整理者：坱，從夂，坨聲，讀為「奪」，侵奪，強取。宜易，宜陽，韓地，在今河南宜陽西。（頁 190，注 9）

復旦讀書會：劉嬌（讀書會 12 月 19 日下午發言）：整理者讀為「奪」之字原寫作從「地」從「夂」，可能是「地」的動詞形式，似不必讀為「奪」。

馬王堆帛書《天文氣象雜占》有「必得而地之」、「有赤雲入日，月軍中，盡赤，大勝，地之」等語，已有人指出「地」是獲得土地的意思，跟簡文的「地宜陽」同例。(〈《清華（貳）》討論記錄〉)

蕭旭：簡116「王命莫敖陽爲率師侵晉，奪宜陽」，整理者讀爲「奪」之字原寫作从「地」从「攴」，此字當即「拖」之異體。《淮南・人間篇》：「秦牛缺徑於山中而遇盜，奪之車馬，解其橐笥，拖其衣被。」許注：「拖，奪。」字或作「扡」，皆與「奪」聲相近。(〈《清華（貳）》討論記錄〉評論第3樓)

劉雲：「拖」、「扡」的本字當爲「褫」。《說文・衣部》：「褫，奪也。從衣，虒聲。讀若池。」段注：「《周易・訟》上九：『或錫之鞶帶，終朝三褫之。』侯果曰：『褫，解也。』鄭玄、荀爽、翟元皆作『三扡之』。荀、翟訓扡爲奪。《淮南書》曰：『秦牛缺遇盜，扡其衣。』高注：『扡，奪也。』扡者，褫之假借字。」簡116中的該字當讀爲「褫」。另外，簡59中從「貝」，「它」聲的字，整理者讀爲「奪」，亦當讀爲「褫」。古書中「它」聲字與「虒」聲字相通的例子很多，可參《漢字通用聲素研究》頁350。(〈《清華（貳）》討論記錄〉評論第4樓)

蕭旭：奪取、強搶義的本字是「敓」。褫訓奪衣，指挩（脫）衣而言，非奪取義也。段氏所引的《易》，侯果注「褫，解也」，《釋文》引王肅説同，明顯不支持他的結論。段説非也。「奪」不是「敓」的借字，而應當是「挩」的假借，讀他臥切（tuò），經典多借用「脫」字爲之。「脫」、「解」同義。《慧琳音義》卷55引《說文》作「褫，謂解衣也」，又卷98引《說文》作「脫衣也」，雖皆以義改作，非《說文》舊本，然亦得其正解矣。《廣雅》：「褫，敓也。」《玄應音義》卷6引同，云「敓音奪」；又卷18引徑作「褫，奪也」。「敓」、「奪」亦並爲「挩」借字。《慧琳音義》卷81：「褫脫：《蒼頡篇》云：『褫，撤衣也。』」又卷98：「褫龍：《考聲》：『解衣也。』《蒼頡篇》：『撤衣也。』」所引二書解爲「解衣」、「撤衣」，與侯果、王肅説合，這也是「褫」非「搶奪」、「彊取」義的有力證據。(〈《清華（貳）》討論記錄〉評論第7

樓）

武家璧：筆者以為中間所从之「它」當為「巳」，字書所見省其「攴」為「圯」字。《孫子・九變》「圯地無舍」曹操注「無所依也，水毀曰圯。」韓國重鎮宜陽位於宜水與洛河交匯處，蓋此戰楚人未能攻佔宜陽，於上游放水淹之，故曰「圯宜昜」。（〈清華簡《繫年》「幝幕」〉，簡帛網，2012 年 1 月 2 日）

侯乃峰（網名：小狐）：第十一章第 59 簡：宋人是故殺申伯無畏，貤（奪）其玉帛。第二十一章第 116 簡：王命莫敖陽爲率師侵晉，墢（奪）宜陽。第十五章第 76 簡：連尹襄老與之爭，敓（奪）之少𡊤。原整理者讀爲「奪」之字，有上述三種寫法。前兩種從「它」聲者，似當直接釋爲「扡」（當然因音近可讀爲「奪」）。《說文》「扡」字段注云：「《易》『終朝三褫之』鄭本作扡，段扡爲褫也。高誘注《淮南》『遇盜扡其衣』云：『扡，奪也。』」（〈讀《繫年》臆札〉，復旦網，2012 年 1 月 3 日）

梁立勇：宜陽之重要可見一斑。以秦之強，拔宜陽尚需兩年，楚國此時恐不能輕易奪之。按：從土從攴它聲，可讀為墮。它，透紐歌部；墮，定紐歌部，定透都是舌頭音，韻部相同，故可以相假。（〈讀《繫年》札記〉，頁 59）

建洲按：上述諸說除武家璧明顯不可从外，其餘意見均很有價值，「墢」讀為「扡」或「褫」，訓為「奪也」。整理者逕讀為「奪」亦無不可。清錢大昕云：

《說文・衣部》：「褫，奪也。從衣，虒聲。讀若池。」案：《說文》無「池」字，當為「扡」。《易》：「終朝三褫之。」鄭康成本「褫」作「扡」。《淮南・人間訓》秦牛缺遇盜，「扡其衣被」。高誘注：「扡，奪也。」許君讀若之字皆經典通用字。「**扡**」、「**奪**」聲亦相近。（《十駕齋養新錄》卷四「說文校譌字」條，頁 61）

此外，《墨子・非攻上》：「至殺不辜人也，扡其衣裘，取戈劍者」，孫詒讓
《閒詁》云：

> 畢（引案：畢沅）云：「扡，讀如『終朝三扡』之『扡』。陸德明易
> 音義云『褫，鄭本作扡，徒可反。』『扡』即『扡』異文。」王（引
> 案：王念孫）云：「『也』，即『扡』字之誤而衍者。」詒讓案：說文
> 手部云「扡，曳也」。淮南子人閒訓云「秦牛缺徑於山中而遇盜，拖
> 其衣被」，許注云「拖，奪也」，「拖」即「扡」之俗。」（頁118）

北京大學《先秦文學史參考資料》訓《墨子》「扡」為「奪取」、楊寶忠先
生也認為的「扡」字認為應讀為「褫」，訓為「奪取」。（《古代漢語詞語考
證》，頁128-129）

⑩ 回（圍）赤𡊡

整理者：𡊡，從雁聲，當為「岸」字異體。赤岸，地名。古代文學作品
亦有赤岸，如《楚辭・七諫・哀命》：「哀高丘之赤岸兮，遂沒身而不反。」
《文選・七發》：「凌赤岸，篲扶桑，橫奔以雷行。」當與此無關。（頁190，
注10）

建洲按：「𡊡」字作[圖]，簡117作[圖]，省略水旁。古文字「雁」作：[圖]
（《包山》145）、[圖]（《性自命出》7）、[圖]（《先秦貨幣大系》2476），均應分
析為從鳥彥省聲。「𡊡」的右旁作[圖]顯然也應該解為「雁」，與前面三字只有
鳥、隹之別，義近可以通用。

⑪ 與晉𠂤（師）戰（戰）於長城

整理者：長城，楚長城，起自今河南葉縣西，至今河南泌陽北。《漢書・

地理志》南郡葉縣：「有長城，號曰方城。」《水經・溮水注》引盛弘之云：「葉東界有故城，始犫縣，東至瀙水，達比陽界，南北聯聯數百里，號為方城，一謂之長城。云酈縣有故城一面，未詳里數，號為長城，即此城之西隅。其間相去六百里，北面雖無基築，皆連山相接，而漢水流其南，故屈完答齊桓公云楚國方城以為城，漢水以為池。」新蔡簡甲三・三六：「大莫囂煬為戰於長城之歲」，即楚簡王八年事。（頁191，注11）

李學勤：認為新蔡簡紀年之事「大莫敖陽為、晉師戰於長城」，即屬羌鐘銘文所記韓人伐齊並「儴奪楚京」之事，亦即古本《竹書紀年》所記晉烈公十二年三晉之師「伐齊入長城」之事，由此把「大莫敖陽為、晉師戰於長城之歲」定為楚聲王四年（公元前404年）。（〈論葛陵楚簡的年代〉，《文物》2004年7期，頁69）

宋華強：李氏對相關史事的系聯是可信的，但是對竹簡紀年的判斷或有可商。已有多位學者指出，楚簡用以紀年之事往往是上一年發生的，也就是說大事所紀之年實際是該事發生之年的下一年。所以「大莫敖陽為、晉師戰於長城之歲」應該定為楚聲王五年（公元前403年）。（《新蔡葛陵簡初探》，頁123）

李學勤：據《繫年》簡文，楚簡王七年即公元前四二五年，命莫敖陽為率師以定宋國的公室，與晉人發生衝突。**過了兩年，即簡王九年**，公元前四二三年「王命莫敖昜為率師侵晉，奪宜陽……」。「莫敖陽為」曾見于湖北隨州擂鼓墩一號墓簡，我已說明他屬于出自楚穆王的陽氏，擂鼓墩簡紀年「大莫敖陽為適𥙊之春」即楚惠王五十六年，公元前四三三年。《繫年》所記莫敖陽為與晉師戰于長城一事，又見于河南新蔡葛陵墓簡的紀年，作「大莫敖陽為、晉師戰於長城之歲」，我曾推測為楚聲王四年，公元前四〇四年，失之過晚。現存從《繫年》知道，這一戰役實在公元前四二三年，上距擂鼓墩簡只有十年，顯然較為合理。至於葛陵簡最晚一條紀年「王自肥遺郢徙於鄩郢之歲」，應為楚悼王四年，公元前三九八年，已由清華簡《楚

居》證實，那時陽為恐怕不可能仍然在任了。（〈清華簡《繫年》及有關古史問題〉，《文物》2011 年 3 期，頁 73）

李學勤：楚悼王徙居**鄩**郢，是《楚居》簡記錄的最末一次遷徙，這顯然關係到《楚居》的寫作年代。由於簡文中最晚的楚王諡號是「悼哲王」，不再提及下面的王，可以推斷《楚居》即作于悼王之下的肅王之世，肅王的在位年是西元前三八〇至前三七〇年。楚自肥遺徙至**鄩**郢這件事，又見於新蔡葛陵簡的一條紀年：「王自肥遺郢徙於**鄩**郢之歲」，或省稱「王徙於**鄩**郢之歲」。「肥遺郢」就是「肥遺」，以為楚都，故稱為「肥遺郢」。……現在有《楚居》簡的出現，問題很清楚了，楚王徙居**鄩**郢確應在楚悼王四年，西元前三九八年。（〈清華簡《楚居》與楚徙**鄩**郢〉，《江漢考古》2011 年 2 期，頁 108-109）

建洲按：李學勤、宋華強舊以為新蔡簡「大莫敖陽為、晉師戰於長城」，即**屬**羌鐘銘文所記「韓人伐齊並攮奪楚京」之事並不可信。前者李學勤先生在以為簡文是七年的基礎上，說是楚簡王九年，公元前四二〇年。但如梁立勇所說，簡文「七」是「十」之誤，則「大莫敖陽為、晉師戰於長城」是發生在楚簡王十二年，前四二〇年；後者則是楚聲王元年，公元前四〇四年，《繫年》則是記載於第二十二章簡 121-122「晉魏文侯斯從晉師，晉師大敗【一二一】齊師」。可參本書附錄「《繫年》大事年表」，亦可參見第二十二章，簡 119「宋**殤**（悼）公酒（將）會晉公」條注釋下的表格。《新蔡》甲三 36：「大莫囂虜為戰於長城之歲」、甲三 296「[大]莫囂易為、晉師戰於長[城之歲]」亦是發生在楚簡王十年，公元年前四二〇年。宋華強先生認為這是新蔡簡九個紀年最早的一年。而最末一條紀年當是甲三 240「王自肥遺郢徙於**鄩**郢之歲」。《新蔡》簡中祭禱的先王最晚是聲王，所以新蔡墓主人平夜君成的卒年可能在悼王元年之後了（公元前 400 年，請見本書附錄「《繫年》大事年表」），這也是新蔡簡年代下限的大概範圍。新蔡簡年代下限的大概範圍，李學勤先生認為是悼王四年。宋華強先生認為是悼王元

年到悼王七年之間（《新蔡葛陵簡初探》，頁 134）。今由本文可知新蔡簡的年代從楚簡王十年（公元年前 420 年）至悼王元年（前 400 年），有二十年的時間。宋華強先生說：「新蔡簡都是記事簡。記事簡與古書簡不同，後者的抄寫時間與隨葬時間有可能相隔甚遠，但是前者理應都是距離墓主去世時間最近之物。例如包山卜筮祭禱簡中有七個大事紀年，都是前後相接的。據此，新蔡簡中的九個紀年理應也是相鄰的，或至少是相近的。『大莫敖陽為、晉師戰於長城之歲』距離肅王四年（公元前 377 年）有二十六年之久，爲什麼要把這些記事簡保存這麼長時間呢？這一點不能使人無疑。」（《新蔡葛陵簡初探》，頁 123）。現在看來，新蔡的紀年方式確實與包山屬於連續七個紀年的方式不同（即前 322-前 316 年，參看陳偉《包山楚簡初探》，頁 19）。記事簡可以保存比較長的時間看來是不用懷疑的。又楚長城位置如下所示：

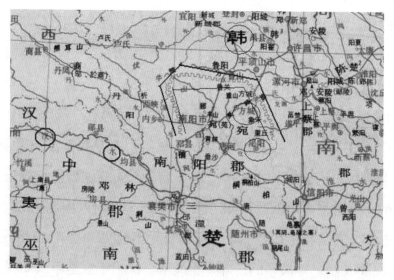

譚其驤：《中國歷史地圖集—第一冊》45-46 楚越。亦可參見第十八章「⑬晉與吳會為一，以伐楚，閟（門）方城」條下所附「楚方城圖」。

補記：李銳：楚國的大事紀年所選大事有一點或可以肯定，那就是所選者應該都是值得說的好事、喜事。若然，葛陵楚簡中的「大莫敖陽為、

晉師戰于長城之歲」的紀年，應該是楚國戰勝了，起碼是不敗。清華簡《繫年》第二十一章提及：「楚簡大王立七<十>年，宋悼公朝于楚，告以宋司城**㤴**之約公室。王命莫敖陽為率師以定公室，城黃池，城雍丘。晉魏斯、趙浣、韓啟章率師圍黃池，**達**迴而歸之于楚。二年，王命莫敖陽為率師侵晉，奪宜陽，圍赤岸，以復黃池之師。魏斯、趙浣、韓啟章率師救赤岸，楚人舍圍而還，與晉師戰于長城。楚師無功，多棄旃幕，宵遁。楚以與晉固為怨。」前文考定楚簡王在位二十七年，此役據簡王末年有十餘年，距離葛陵楚墓的記事較遠，而且楚國戰敗，因此竹簡整理者說葛陵簡中「大莫敖陽為、晉師戰于長城之歲」所說即是此次戰役，恐怕是不可信的。或以為葛陵簡所說乃**厵**羌鐘銘文所記戰事，楚救齊，故與晉戰于長城，其時間是404BC。此說雖然合乎葛陵簡的時間範圍，但此戰也是三晉大勝，楚人恐怕不會以之為大事來紀年。而且董珊已經據繆鉞說指出**厵**羌鐘銘文所說的「襲奪楚京」之「楚京」乃《漢書・地理志》「山陽郡」的楚丘，與楚國無關；此外齊之長城距離楚國較遠，楚恐怕難以到齊長城與三晉發生戰爭。

鄙意《繫年》第二十三章記：「楚聲桓王立四年，宋公田、鄭伯駘皆朝于楚。王率宋公以城榆關，寘武陽。秦人敗晉師于洛陰，以為楚援」，楚聲王四年在401B.C.，《六國年表》載此年秦「伐魏，至陽狐」，可能與《繫年》所說「秦人敗晉師于洛陰，以為楚援」相關。此處說秦為楚援，但是《繫年》只是講楚宋築城，未明記晉楚有戰爭，不免令人生疑。**很可能楚聲王三年魏曾進攻過楚國，打到了方城，實際上就是「大莫敖陽為、晉師戰于長城之歲」所本，楚國當是獲勝了，至少是不敗，讓晉師無功而返，才被用以紀事。**魏攻楚也有原因，《繫年》第二十二章載楚聲王元年宋悼公卒，其後宋公田、鄭伯朝周（當在次年），但第二十三章載楚聲王四年宋、鄭朝楚，發生這種轉變較有可能是《呂氏春秋・慎勢》所說楚聲王圍宋十月。楊寬附此事于楚聲王六年（402B.C.），看來有誤，當是楚聲王三年。魏當救宋，殆不成，宋遂被迫朝楚。楚圍宋、魏楚戰于長城二事雖未見於《繫年》，

但是《繫年》所說的「宋公田、鄭伯駘皆朝于楚」，很可能就是出於慶賀戰爭勝利而來朝（陽為任大莫敖的年代頗久，由曾侯乙墓來看，433BC他就已經是大莫敖了。不過《繫年》記他曾大敗，則亦不足怪）。魏人當尋機報復，魏楚面臨全面大戰，於是有楚「王率宋公以城榆關，寘武陽」；而此時「秦人敗晉師于洛陰」，這才可以稱得上「以為楚援」。此時楚的盟國有宋、鄭、秦。殆因此故，《六國年表》載次年（400BC）「三晉來伐我，至桑丘」（原注：中華書局標點本《史記》作「（桑）[乘]丘」，《資治通鑒》改作「桑丘」，胡三省注認為當從「乘丘」之說（見司馬光編著、胡三省注：《資治通鑒》卷1，頁23）。楊寬否定了「乘丘」為楚地之說，引胡三省注所提及《水經・汝水注》「汝水東南徑下桑裏」（見氏著：《戰國史料編年輯證》，頁202）。宋華強指出葛陵簡中有「桑丘」、「上桑丘」，「桑丘」在坪夜君封域之內，距今新蔡不遠，即「下桑里」（見氏著：《新蔡葛陵楚簡初探》，頁358-360）。按：其地離楚長城較遠，此年可能也沒有「大莫敖陽為、晉師戰于長城」一事；即便有，整體形勢上當也是楚打了敗仗，此一事不值得作為大事來紀年。）三國聯軍攻楚。此事《繫年》雖然也未記，但是說「聲王即世，悼哲王即位，鄭人侵榆關」，剛剛朝楚的鄭人叛變，當是受三晉的脅迫，聯合反攻；或者是看到三晉伐楚，有機可乘。總之是楚的聯盟被從內部打破，楚國面臨劣勢。殆因此才有《繫年》的「明歲，晉餘率晉師與鄭師以入王子定。魯陽公率師以交晉人，晉人還，不果入王子」，前文已經指出這合于《六國年表》。魯陽公得勝，很可能是由於《六國年表》次年（398B.C.）所說的楚「歸榆關於鄭」，大概楚國在楚悼王二年（399B.C.）用榆關收買了鄭國，讓晉鄭聯盟瓦解[《鄭世家》記鄭繻公二十三年（400B.C.），「鄭圍韓之陽翟」，說明鄭與三晉中的韓國也有矛盾。其圍韓殆在年初鄭尚依附楚的時候，後來因三晉聯軍，遂轉從三晉侵榆關攻楚]。因此或可以看出，《繫年》和《六國年表》紀事雖然不同，但有些事是互為表裏的。如果這一推測不誤，那麼大莫敖陽為、晉師戰于長城之事雖發生在楚聲王三年

（402B.C.），但是按照林素清的說法，用之以紀年的「大莫敖陽為、晉師戰于長城之歲」，則是出於宋公田、鄭伯駘的祝賀，所紀年乃是 401B.C.。（〈清華簡《繫年》與葛陵簡楚史問題考〉（待刊稿）

　　又按：李銳先生認為葛陵楚簡中的「大莫敖陽為、晉師戰于長城之歲」與𤔲羌鐘銘文所記戰事，楚救齊，故與晉戰于長城不是一回事，本文前面已有說明。但根據「所選大事應該都是值得說的好事、喜事」而認為《繫年》第二十一章「王命莫敖陽為率師侵晉」與《葛陵》的「大莫敖陽為、晉師戰于長城之歲」無關則似乎證據不強，所依靠的證據多是推論而出，不見於史實的間接證據。就目前所看到的資料來看，此二事件聯繫一起應為優先考慮。希望將來有相關證據來證明這些問題。

⑫　楚𠂤（師）亡工（功），多厺（棄）𣃶（旆）、莫（幕）

（一）楚𠂤（師）亡工（功）

　　建洲按：比對第二十三章簡 135 的「楚𠂤（師）大敗……楚人叀（盡）厺（棄）亓（其）【一三五】𣃶（旆）、幕、車、兵」，可見「亡工（功）」相當於「大敗」。《清華三·芮良夫毖》簡 13「畏（威）燮（爕）方戁（懻），先君以多衭（功）。」此處「多衭（功）」可理解為戰績彪炳，正與「亡工（功）」相對。

（二）厺（棄）

　　整理者：厺，「棄」字古文作「弃」，厺是「弃」的省形。（頁191，注12）
　　建洲按：「厺」字作　117、　135，字形較為奇特。簡 4 有「弃」作　，其「厺」旁乍看與上二形不像。不過，比對　（《郭店·老子甲》01），「　」（厺）本是倒子之形，「　」省掉軀幹之形後便是「　」，子形的手旁寫長

一些便是「勹」。其上訛變為「勹」形，如「朋」作 ![字形]，其上的「勹」旁可供比對。《戰國縱橫家書》「棄」多寫作 ![字形]（第 126 行）、![字形]（第 146 行），其上部所從倒子之形與 ![字形] 相近。徐在國先生〈曾公子弃疾銘文補釋〉，簡帛網，2012 年 10 月 31 日一文對「厽」寫法亦有討論，可以參看。

（三）帴（斿）、莫（幕）

整理者：帴，從巾，單聲，讀為「斿」。斿幕，旗幟與帳幕，本篇第二十三章「帴莫」同。（頁 191，注 12）

郭永秉：我懷疑這個字當為「斿（旝）」字異體，古書注釋多言「通帛為斿（旝）」，可見以「巾」旁為義符也是合理的。「斿（旝）」是一種旌旗，《繫年》中的兩句話，則是說楚人戰敗遁逃時連斿都捨棄了，以形容當時狼狽之態。《儀禮·聘禮》：「入竟，斂旝乃展。布幕，賓朝服立于幕東西面。」「旝」即「斿」，即《聘禮》上文「使者載旝」之「旝」；「布幕」與《聘禮》上文「管（館）人布幕于寢門外」之「布幕」義同，皆指鋪布次舍的帷幕。雖然這是諸侯朝見聘問的儀節，但也同時出現了「旝」和「幕」，或可作為參考。行軍打仗自然也有幕，戰敗棄幕之事則可與《左傳·莊公二十八年》「楚師夜遁。……諜告曰：『楚幕有烏。』」對照。（〈清華簡《繫年》「帴」字別解〉，復旦網，2011 年 3 月 30 日）。

武家璧：該字從巾、從單、從口，字書所見省其口部為「幝」，省其巾部為「嘽」，前者與車有關，後者與馬有關。《集韻》釋「幝」為「車衣」，雖照顧從巾之義，然以儀車則可有車衣，彼征夫戰車而被以車衣於情理不合。又或以「幝」通「嘽」，凡此與車相關之「幝幝」或「嘽嘽」皆眾盛之意，非破敝之貌。簡文棄其「幝幕」為物件，其本字必是「幝」字無疑。簡文之「幝」與「旝」音義可通，廣言之為旌旝之旝。（〈清華簡《繫年》「幝幕」〉）

建洲按：相同文例亦見於簡 135-136「楚人盡厶（棄）其【一三五】（旃）、幕、車、兵」，整理者此處將「旃」與「幕」斷開顯然是對的，蓋二者分指旗幟與帳幕。簡 117 整理者「莫」未斷開，估計是一時校改未盡，本釋文從前者斷讀。其次，「」字作（117）（136），其左旁明顯從「市」，如「帗」作（《孔子詩論》29），所以本文隸定作「襠」。當然「市」與「巾」本可義近通用，如「帛」既作（《魯邦大旱》06），又可作帛，《孔子詩論》20），所以可以釋為「幡」。在《繫年》全文公布之前，郭永秉先生已指出「襠」應釋為「旃」，此意見無疑是正確的，已被整理者所採用。在十三章簡 64「邲（趙）罝（旃）不欲成」亦可證明「罝」可讀為「旃」。當初李學勤先生在〈清華簡《繫年》及有關古史問題〉一文介紹這批材料時，將「襠」釋為從「獸」聲的「幬」，此說實不可從。目前看到楚文字的「獸」皆是從「罝」從「犬」，沒有例外。至於「罝」字及其他從「罝」旁的字都是作為「單」字繁體來釋讀的，「襠」字自然也是如此。《郭店・窮達以時》04「邵（呂）望為牂（臧）坙（棘）瀘（津），（戰）監門坙陸（地）」的「戰」以往讀為「守」顯然有問題，筆者認為應該讀為「典」或「掌」。（參拙文：〈楚簡文字考釋兩篇－（一）《郭店・窮達以時》簡 4「戰監門坙陸」解〉，承繼與拓新——漢語語言文字學國際研討會）。

⑬ 肖（宵）踐（遡）

建洲按：「踐」字作，整理者將右上的形體隸定為「豕」，正確可從。其右上所從「」形的偏旁實為「豕喙」之形。《集成》2745 函皇父鼎「豕」作，其豕喙作，右邊筆畫延長便成形，這種喙形也見於《清華三・良臣》簡 2「文王有閎夭，有泰顛」的「泰」作，即「豕」字。（郭永秉：〈《良臣》的「泰顛」與「豕」歸歌部說〉，復旦網學術論壇，2013 年 1 月 17 日）。陳劍先生指出：「三晉文字『家』和『地』字中作（命瓜君壺『家』

字所從)、（中山王鼎『家』字所從）、（蚕壺『地』字所從)、（侯馬盟書『地』字所從）……按類字形六國文字多見，實係由豕喙形的起筆往右下引長而變來的『豕』字異體，跟『象』字完全無關。」（《甲骨金文考釋論集》，頁257）。楚文字的「豕」有這種寫法，如「豕」作（《包山》202)、（《包山》203），從「豕」主聲。又「獵」作（《包山》200)），省略喙形，又作（《包山》202)。「蒙」作（《包山》200），省略喙形，又作（《包山》203)。「家」作（《包山》249），又作（《包山》202)。第十七章簡93「齊莊公光率師以逐欒盈」的「逐」作也是相同的情形，筆者已有討論，請見該條注釋。《上博五·鬼神之明》簡2正「遂」作，其「豕」旁作省喙之形，形體與（《繫年》簡93)、（本簡）的「豕」旁去掉「豕喙」後的形體相同。又如《清華三·說命》下03「柔遠能逐（邇）」之「逐」作，其「豕」旁可比對《說命》上04「豕」作。而《季庚子問於孔子》簡19「逐（邇）」作，顯然就是前者省去「X（喙形)」，由貫穿筆畫變來的。（鄔可晶〈釋上博楚簡中的所謂「逐」字〉指出從「辵」、「豕」聲的「逐」其實就是遠邇之「邇」的異體。）本簡「」釋為「邎」更直接，不必如整理者讀為「遁」。「邎」即「遁」，逃也。《爾雅·釋詁》：「遜，遁也。」郭璞《注》：「遁，謂逃去。」郝懿行《義疏》：「遁與遁同。」此外，《周易》簡30、31「遯卦」之「遯」作（豚），其上「豕」旁與「豚」聲音相近，可分析為從肉「豕」聲。

⑭ 楚以【一一七】與晉固為臭（怨）

建洲按：所謂的「臭」字作，但其上與「卜」形不似，請比對（《曹沫之陣》17)、（《容成氏》36），而比較接近「人」形。劉洪濤先生認為上部所從的「人」或「卜」形不是贅加的羨符，它們連同下面的「口」字形，實際上都是「兔」字表示頭部的筆畫之變。與簡文相同形體亦見於

（《包山》164）、⟨圖⟩（《包山》93）、⟨圖⟩（《包山》92），這種形體會演變為⟨圖⟩（《上博一‧孔子詩論》19）、⟨圖⟩（《上博一‧孔子詩論》18），其上類似「宀」形。劉洪濤認為這些字上部所從作「人」字形，與函皇父鼎「兔」字作⟨圖⟩、召伯簋「為」字作⟨圖⟩所從「象」的上部形近，可見其字所从也是「兔」字。（釋「㠯」—兼釋「喬」字，簡帛網，2011 年 8 月 1 日）。劉先生的分析有相當的合理性，雖然目前所見「兔」字頭部幾乎都是寫作向左邊，如⟨圖⟩（虺，《集成》2837 大盂鼎），不過《傳抄古文字編》頁 960-961「象」⟨圖⟩、⟨圖⟩，「象」、「兔」本形近，所以兔字頭部寫作⟨圖⟩或有可能，希望今後有材料可以證明。又新出《清華三‧說命上》簡 2 有「鵲」作⟨圖⟩，與⟨圖⟩（「雌／鵲」，《陶錄》5.7.3）、⟨圖⟩（「雌／鵲」，《璽彙》3877）、⟨圖⟩（郐「鵲」，《珍秦齋藏印‧戰國篇》128）、⟨圖⟩（「鵲」，〈武陵新見古兵三十六器集錄〉25 號三晉系「十一年今少曲慎𣪠戈」）相較，其上亦多出「卜」形。

《繫年》第二十二章集解

【章旨】

楚聲王元年（前404年），晉烈公止為了攻打齊國，在任地與諸侯會盟。三晉的韓虔、趙籍、魏擊（此三人分別是二十一章韓啓章、趙浣、魏斯之子）率領軍隊與越公翳伐齊。齊國以建陽、邱陵的田地以及男女奴隸與越國議和。會盟地點選在越國的同盟國魯國的稷門之外，會盟之後越公翳進入魯國接受饗禮，魯侯侃擔任駕車的工作，議和的齊侯貸坐在地位最低的車右陪乘。這時魏文侯（魏斯）也率領晉國的軍隊攻打齊國，齊國大敗而逃。除了外患，齊國還有先前的內憂陳壓子牛之禍，所以齊國被迫與晉國會盟。由於魏斯、韓虔、趙籍已自行稱侯了，身分自然與齊侯貸相當，所以輕蔑地指派大夫與齊國宰相陳和及大臣陳淏會盟。會盟的內容要齊國自廢武功，不能再修建長城，這當然是為了以後方便晉國入侵齊國。同時齊國不能再攻打「廩丘」，「廩丘」是前四〇五年背叛齊國的公孫會贈給趙國的地方。最後，三晉利用晉烈公進獻齊國俘虜之馘的機會，要求齊康公與三晉一同朝見天子，最後三晉如願由天子為諸侯。

【釋文】

楚聖（聲）趄（桓）王即立（位），兀（元）年①，晉公止會者（諸）侯於邳（任）②，宋𣦸（悼）公𨡓（將）會晉公，𠬪（卒）于𦅻③。倝（韓）虔、𤆍（趙）蘆（籍）、𢼄（魏）【一一九】繫（擊）衍（率）𠂤（師）與戉（越）公殹（翳）伐齊=（齊④，齊）與戉（越）成，以建昜（陽）、邱陵之田，叓（且）男女服⑤。戉（越）公與齊侯貣（貸）、魯侯侃（衍）【一二

○】明（盟）于魯稷門之外⑥。戉（越）公內（入）亯（饗）於魯=（魯，魯）侯馭（御），齊侯晶（參）輦（乘）以內（入）。⑦晉屖（魏）文侯界〈斯〉從晉𠂤=（晉師⑧，晉師）大戝（敗）【一二一】齊𠂤（師）⑨，齊𠂤（師）北，晉𠂤（師）达（逐）之，內（入）至汧水⑩，齊人戛（且）有陳麕子牛之禞（禍）⑪，齊與晉成，齊侯【一二二】明（盟）於晉軍⑫。晉三子之夫=（大夫）內（入）齊⑬，明（盟）陳和與陳淏於溋門之外⑭，曰：「母（毋）攸（修）長城⑮，母（毋）伐稟（廩）【一二三】丘⑯。」晉公獻齊俘馘於周王⑰，述（遂）以齊侯貣（貸）、魯侯轟（顯）、宋公畋（田）、衛侯虔、奠（鄭）白（伯）曶（駘）朝【一二四】周王于周▰⑱。【一二五】

【語譯】

楚聲王即位元年，晉烈公止在任地與諸侯會盟。宋悼公也參加了會盟，但卻在綿地去世。參加會盟的韓虔、趙籍、魏擊率領軍隊與越公翳伐齊。齊國與越國議和，條件是建陽、邱陵的田地以及男女奴隸。越公翳與齊侯貸、魯侯侃在魯國的稷門之外會盟，會盟之後越公翳進入魯國接受饗禮，魯侯侃駕車，齊侯貸坐在地位最低的車右陪乘。另一方面，魏文侯（魏斯）率領晉國的軍隊攻打齊國，齊國大敗而逃，晉師追逐，直到汧水。加上齊國本有內憂陳麕子牛之禍，所以齊國被迫與晉國會盟。魏斯、韓虔、趙籍的大夫進入齊國，與齊國大臣陳和與陳淏在溋門之外會盟，盟約中說：「不能修建長城，不能攻打廩丘。」晉烈公進獻齊國俘虜之馘，邀齊侯貸、魯侯顯、宋公田、衛侯虔、鄭伯駘一起朝見周王。

【集解】

① 楚聖（聲）趄（桓）王即立（位），兀（元）年

整理者：楚聖趄王，即楚聲王。《史記・楚世家》：「二十四年，簡王卒，

子聲王當立。」（頁192，注1）

李銳：楚聲王元年所述事，結合䣄羌鐘銘文等材料，很明顯即是晉入齊長城之事，此年為周威烈王二十二年（404B.C.），晉烈公十二年。因為司馬遷沒有見到楚的紀年材料，而《繫年》為楚簡，楚人記楚事當較可信，因此這個年代點是一個定點。䣄羌鐘銘文和楚簡王九年陽為兵敗之事應該分開看。《繫年》說此年宋悼公卒，看來關於宋悼公年代，楊寬《戰國史料編年輯證》誤，當從錢穆說。楊寬又據《六國年表》列此年為楚聲王四年，與《繫年》有三年之差。而由曾侯乙墓所出楚王酓章鎛銘文可知楚惠王至少有五十六年，史載為五十七年，則惠王與聲王之間的簡王在位年歲較有可能要延長。（〈讀《繫年》簡記（修訂）〉，孔子2000網，2011年12月22日）

董珊：《繫年》第二十二章「楚聲桓王即位，元年」之下先敘述晉烈公會諸侯、齊與越成，再敘述晉三家伐齊。楚聲王元年爲公元前四〇七年，相當于晉烈公之九年、周威烈王之十九年，距周威烈王之二十二年尚有三年之差。這是後面兩件事都沒以年代系之，而不是說楚聲王元年連續發生了這三件事。這也是要注意的。（〈讀清華簡《繫年》〉，復旦網，2011年12月26日）

清華讀書會：通過讀第二十二章，我們知其所記伐齊事與䣄羌鐘銘文可對讀，根據䣄羌鐘記載為周威烈王二十二年即404B.C，那麼就應該把文獻中記載的楚聲王元年往後推四年，原來的楚簡王十一年則實為八年了。根據《繫年》，我們知道楚聲王元年應該往後推四年，為公元前四〇四年。（〈研讀箚記（二）〉）

馬衛東、王政冬：關於平陰之戰的年份，《水經・汶水注》引《紀年》云：「晉烈公十二年，王命韓景子、趙烈子、翟員伐齊，入長城。」此年三晉攻齊入長城，就是《䣄羌鐘》所說的「入長城，先會于平陰」。也就是《淮南子・人間》所說的「三國伐齊，圍平陰」。（楊寬：《戰國史》，上海人民

出版社 2003 年，頁 293）《驫羌鐘》載平陰之戰發生於「廿又再祀」，即周威烈王二十二年（西元前 404 年），（繆文遠：《戰國史繫年輯證》，巴蜀書社 1997 年，頁 271）當晉烈公十二年，與《紀年》所載相吻合。清華簡《繫年》載平陰之戰發生於楚聲桓王（即楚聲王）元年。《六國年表》列楚聲王（引按：元年）于周烈王十九年（前 407 年），有誤。根據《繫年》，楚聲王元年當訂正為周威烈王二十二年（前 404 年）。（〈三晉伐齊〉）

　　建洲按：《繫年》同章之中所記載的歷史事件即便不是同年發生的事情，但因為只在開頭的事件標出時間點，遂誤以為這些事件都是同一年發生的，請見第二十章簡 110「⑧戉（越）公句戔（踐）克【一一〇】吳」條注釋。所以上述董珊先生的意見認為「楚聲王元年」與「晉三家伐齊」是不同時間的兩件事情的想法有其道理。但是結合錢穆先生認為宋景公在位四十八年、宋昭公在位四十七年；《紀年》所述宋悼公在位十八年以及本章所述宋悼公卒於楚聲王元年、二十一章云宋悼公於楚簡王七年朝楚一併納入考慮，則「楚聲王元年」也該如驫羌鐘所述「晉三家伐齊」是周威烈王二十二年（前 404 年），則楚簡王在位應是二十七年，非傳統認為的二十四年。詳見下面「③宋殣（悼）公酒（將）會晉公，羣（卒）于豁」注釋以及大事表格。

②　晉公止會者（諸）侯於邙（任）

（一）晉公止

　　整理者：晉公止，《晉世家》：「魏文侯以兵誅晉亂，立幽公子止，是為烈公。」索隱引《世本》云：「幽公生烈公止。」（頁 193，注 2）

　　建洲按：晉烈公時發生三家分晉，此後韓、趙、魏三國成為諸侯國。「晉公止」的稱名方式，又見於「許公㐌」（簡 100、101）、「越公勾踐」（簡 110-111）、「魯侯侃（衍）」（簡 120）、「齊侯貸、魯侯羴、宋公田、衛侯虔、鄭伯駘」

（簡 124）。《春秋經》、《左傳》中稱呼君王時一般稱其「諡號」，類似「晉公+名」的稱呼多用在此人「卒」之時。比如在《春秋經》、《左傳》稱「晉文公」六見、「晉文」二見、「晉侯」四十見。稱「晉侯重耳」僅一見，見於《春秋經》僖公三十二年：「冬，十有二月，己卯，**晉侯重耳卒**」。還有一例稱「晉重」者，見於《左傳》定公四年「其載書云：『王若曰，晉重，魯申……』」這是盟書的內容，且稱名亦不全，可以不論。其他如「宋公王臣卒」（文七經）、「宋公佐卒於曲棘」（昭二十五經）、「宋公成卒」（昭十經）、「宋公和卒」（隱三經）、「宋公固卒」（成十五經）、「鄭伯寧卒」（昭二十八經）、「晉侯去疾卒」（昭三十經）、「晉侯夷卒」（昭十六經）、「晉侯夷吾卒」（僖二十四經）、「晉侯重耳卒」（僖三十二經）、「秦伯任好卒」（文六傳）、「楚子昭卒」（襄二十八經）等等。所謂「左傳傳例，經書諸侯卒，多書諸侯之名。」（方炫琛《名號研究》頁 309，0857 條「宋公固」）還有一種情形是也是稱名，但不代表此人已去世，如定公六年《春秋經》：「六年春，王正月癸亥，鄭游速帥師滅許，以**許男斯**歸」，「許男斯」對應第十八章的「許公**㐌**」。則《繫年》「晉公+名」的稱呼方式是屬於第二類。

（二）邘（任）

整理者：邘，即「任」。《左傳》襄公三十年：「羽頡出奔晉，為任大夫。」任為晉邑，在今河北任縣東。一說在今山東濟寧東南，古泗水邊上，地在宋、魯之間。此次盟會，當時是為了攻打齊國。（頁 193，注 2）

周波（網名：飛虎）：B（引按：指📷）當讀為國名、地名「鄒」，字又作「騶」。古書「芻」聲字與「由」聲字多通，不贅舉。《漢書・地理志》魯國有「騶」縣，云：「故邾國」。《說文》「騶」作「鄒」。《史記・貨殖列傳》：「而鄒、魯濱洙、泗，猶有周公遺風，俗好儒，備於禮，故其民齪齪。……」「鄒」濱泗水，則簡文與「B（鄒）」臨近的地名「任」當以整理者後一說，

即今山東濟寧東南為是。(孟蓬生〈初札〉下評論，2011 年 12 月 21 日，17:25:36)

周波(網名：飛虎)：「任」即《史記》、《漢書》所見之「任城」。錢穆《史記地名考》以「任城」為曹衛地名。聯繫清華簡相關簡文及傳世文獻來看，「任」本邾邑的可能性比較大。《春秋》桓公七年：「春二月己亥，焚咸丘」，「咸丘」，公羊、穀梁二傳並以為邾邑。由此看來，夾處「咸丘」與「鄒」地之間的「任」亦當屬邾。(孟蓬生〈初札〉下評論，2011 年 12 月 21 日，18:11:36)

侯乃峰(網名：小狐)：似當取第二種說法為妥。即「任」地當在今山東濟寧東南，也即今山東省濟寧市東南方的任城區，是古任國所在，《左傳》僖公二十一年有記載。(〈臆札〉)

周波：「鄒」、「任」皆濱泗水，二地緊臨，則簡文「晉公止會諸侯於任」之「任」當以整理者後一說，即今山東濟寧東南為是。(〈清華簡《繫年》考釋兩篇〉)

建洲按：《左傳》僖公二十一年：「任、宿、須句、顓臾，風姓也，實司大皞與有濟之祀，以服事諸夏。」楊伯峻《春秋左傳注》：「任國故城在今山東省濟寧市。」(頁 391)《孟子‧告子下》：「孟子居鄒，季任為任處守，以幣交，受之而不報。」楊伯峻《孟子譯注》：「任，風姓。見左傳僖廿一年。任國在今山東省濟寧市。」(頁 283)《左傳》哀公十二年曰：「夫諸侯之會，事既畢矣，侯伯致禮，地主歸餼，以相辭也。」所謂「侯伯」是指盟主；「地主」是指盟會之地所在國君，二者可以不同，所以「任」並非一定在晉國境內。《春秋》經僖公十九年：「冬，會陳人、蔡人、楚人、鄭人盟于齊」，杜預注：「地于齊，齊亦與盟。」楊伯峻則認為「則盟地之國必與盟，以此為例，蓋不盡然。僖二十七年《經》云：『公會諸侯盟于宋。』宣公十五年《經》云：『公孫歸父會楚子于宋。』雖皆以國名為地名，然宋正在被圍中，不得與盟。若二十年之『齊人、狄人盟于邢。』據《傳》『為邢謀衛難』，邢必與盟可知，則與此同。故盟地之國，或與盟、或不與盟，

無義例之可言。」(《春秋左傳注》,頁 380)。看來盟地之國的地點並無限制,加上這場戰役魯國也參與攻打齊國,所以魯國認為必與盟可知,可見「任」在山東省濟寧市是有可能的。周波先生在釋「」為「鄒」的基礎上,認為「任」當取山東濟寧。但是否能釋為「鄒」,證據力並不強,故「任」是否指濟寧之「任」恐不能說死。整理者將「邘」理解為晉邑也不能斷然否定。《左傳》襄公三十年:「羽頡出奔晉,為任大夫。」杜注:「羽頡,馬師大夫。任,晉縣,今屬廣平郡。」楊伯峻《春秋左傳注》:「任,晉邑,今河北任縣東南。」(頁 1178)《左傳》哀公四年曰:「國夏伐晉,取邢,任,欒,部」,國夏是齊國大夫,看來晉邑「任」地一度為齊國所有,不過晉烈公時已經收復。此「任」即「商任」。《襄公二十一經》:「公會晉侯、齊侯、宋公、衛侯、鄭伯、曹伯、莒子、邾子于商任。」可以證明「宋公」也曾到「商任」會盟。顧祖禹《方輿紀要》謂古任城在今河北任縣東南,其地近商墟,故謂之商任。《中國歷史地圖集》第一冊春秋時期 22-23「晉秦」④-11 也在「任」下括注「商任」。此外,著錄於《古錢大辭典》26 有一枚方足布如下:

黃錫全先生釋為「人也(地)」以為在「任縣東」。(《先秦貨幣通論》頁 160、179)馬寶春先生據上說認為「人地」「或為『任地』之省。」(《晉國地名考》,頁 234)所謂「也」字的考釋並不可信,《先秦貨幣文字編》頁 324,531 號將此字列為「附錄」是很審慎的。雖然【人與任】確有通假例證(參《聲素》,頁 843),但必須有其他「制約因素」方可佐證「人口」與「任」的關係,這種觀念可參考吳良寶先生〈談戰國文字地名考證中的幾個問題〉《中國史研究》2011 年 3 期,頁 9。對「人也(地)」方足布的態度,當如吳良寶所說「有待研究」(《中國東周時期金屬貨幣研究》,頁 194)。

③ 宋㱙(悼)公酒(將)會晉公，夅(卒)于綿

（一）宋㱙(悼)公

　　整理者：宋㱙公，即本篇第二十一章宋悼公。宋悼公之卒年歷年來紛紜莫辨，據簡文可知卒於楚聲王元年。（頁 193，注 3）

　　清華讀書會：從簡文可知，楚柬(簡)大王立七年，宋悼公朝于楚，告以宋司城之約公室。且宋悼公卒于楚聲桓王元年。如果按照《史記·六國年表》記載宋悼公元年為楚聲王五年，那宋悼公不可能在楚簡王七年朝楚。而且我們知道《史記·宋世家》記載宋悼公八年卒，《竹書紀年》記載宋悼公為十八年。如果宋悼公在位只有八年，那他不可能在楚簡大王七年時朝楚，如果按照《紀年》十八年算，而且卒年在聲王元年，則**宋悼公元年為楚簡王八年**，那麼爲什麼宋悼公會在楚簡王七年朝楚呢？一種可能就是**宋悼公是次年改元，然而宋悼公在簡公七年已即位，即位后朝楚**。這樣就比較合理了。以往，楊寬先生做過考證，認為《史記》宋悼公元年在周威烈王二十三年不誤，惟悼公非八年卒，乃十八年卒，因此宋休公元年當在周安王十七年。現在看來，宋悼公十八年應該是正確的，但是因宋悼公卒年記載為聲王元年，因此元年應該在此基礎上往前推。這樣宋休公元年時間也要改變。同樣，宋景公和宋昭公的年世也需要調整。《左傳》記載**宋景公是四十八年卒**；《史記·宋世家》記載宋景公為六十四年，**宋昭公為四十七年**。楊寬先生《戰國史編年輯證》和錢穆先生《先秦諸子系年》都是採用的宋景公四十八年。楊寬先生把多出來的十八年放在了昭公，因此認為宋昭公是六十五年。錢穆先生則還是按《宋世家》記載宋昭公為四十七年，那么就是把宋昭公元年向前推進了十八年。這樣宋悼公元年為楚簡王十一年。如果按照《繫年》，宋悼公元年在簡王八年，這是怎麼回事呢？《繫年》給我們提供了線索。通過讀第二十二章，我們知其所記伐齊事與屬羌鐘銘

文可對讀，根據▨羌鐘記載為周威烈王二十二年即 404B.C，那麼就應該把文獻中記載的楚聲王元年往後推四年，原來的楚簡王十一年則實為八年了。這樣上面的年差就能夠明白了。這樣看來，錢穆先生對於宋景公、宋昭公、宋悼公的年數判斷是正確的，**即宋景公在位四十八年，依據《左傳》；宋昭公四十七年，依據《宋世家》；宋悼公十八年，依據《竹書紀年》**，那麼《史記・六國年表》則在這部份錯了。而且根據《繫年》，我們知道楚聲王元年應該往后推四年，為公元前四〇四年。（〈研讀箚記（二）〉）

陶金：《繫年》的出現證明錢穆先生的判斷是正確的，取宋昭公在位四十七年，宋悼公在位十八年，我們會發現宋悼公去世的時間恰好是周威烈王二十二年。與《繫年》的記載完全吻合。反過來證明楚聲王元年並非周威烈王十九年，而是周威烈王二十二年。也就是说《繫年》第二十二章完全是楚聲王元年記事，並不存在年代跨度。根據《繫年》第二十一章的記載，楚簡王七年，「宋悼公朝於楚，告以宋司城㤮之弱公室。王命莫敖陽為率師以定公室」。《史記》以楚簡王在位二十四年。相距十七年，再補上楚聲王元年恰好為十八年。可見宋悼公朝於楚的時間實際上是宋昭公剛剛去世的時間，狀告司城㤮（即皇喜，司城子罕）侵佔君位，楚簡王幫助宋悼公復位。楚簡王八年即宋悼公元年。由此看來，**楚簡王在位年數沒有問題**，但要下移三年。楚聲王之後的楚悼王元年延後一年，同時在位年數減去一年。這樣年表與相關記載基本可以融洽。（〈由清華簡《繫年》談洹子孟姜壺相關問題〉，復旦網，2012 年 2 月 14 日）

建洲按：「殍」作▨，其「歹」旁可比對簡 100「殜」作▨，此種寫法的「歹」已與「及」混同。請見「附錄三」〈《清華大學藏戰國竹簡（貳）・繫年》考釋四則〉。關於楚簡王、聲王以及宋國景、昭、悼三代的繫年，上述學者已經說的很明白了，我們再結合二十三章關於楚悼王的紀年一併表列如下：

公元前	周	魯	晉	宋	楚（舊知）	楚（新知）
516	敬王 4年	昭公 26年		景公 1年	平王13年	
469	元王 7年	哀公 26年		景公 48年	惠王20年	
468	貞定王 元年	哀公 27年		昭公 1年	惠王21年	
433	考王 8年		幽公 元年	昭公 36年	惠王56年 （《曾侯》簡 紀年「大莫 敖陽為適 豧之春」）	
432	考王 9年		幽公 2年	昭公 37年	惠王57年	
431	考王 10年		幽公 3年	昭公 38年	簡王1年	
430	考王 11年		幽公 4年	昭公 39年	簡王2年	
429	考王 12年		幽公 5年	昭公 40年	簡王3年	
428	考王 13年		幽公 6年	昭公 41年	簡王4年	
427	考王 14年		幽公 7年	昭公 42年	簡王5年	
426	考王 15年		幽公 8年	昭公 43年	簡王6年	

425	威烈王元年		幽公9年	昭公44年	簡王7年	
424	威烈王2年		幽公10年	昭公45年	簡王8年	
423	威烈王3年		幽公11年	昭公46年	簡王9年	
422	威烈王4年		幽公12年	昭公47年	簡王10年	簡王10年（據21章簡114宋悼公朝楚）
421	威烈王5年		幽公13年	悼公1年	簡王11年	
420	威烈王6年		幽公14年	悼公2年		簡王12年（據21章「與晉師戰於長城」。以及新蔡簡甲三・三六：「大莫囂腸為戰於長城之歲」）
419	威烈王7年		幽公15年	悼公3年	簡王13年	
418	威烈王8年		幽公16年	悼公4年	簡王14年	
417	威烈王9年		幽公17年	悼公5年	簡王15年	
416	威烈王10年		幽公18年	悼公6年	簡王16年	

415	威烈王 11 年		烈公 元年	悼公 7 年	簡王 17 年	
414	威烈王 12 年		烈公 2 年	悼公 8 年	簡王 18 年	
413	威烈王 13 年		烈公 3 年	悼公 9 年	簡王 19 年	
412	威烈王 14 年		烈公 4 年	悼公 10 年	簡王 20 年	
411	威烈王 15 年		烈公 5 年	悼公 11 年	簡王 21 年	
410	威烈王 16 年		烈公 6 年	悼公 12 年	簡王 22 年	
409	威烈王 17 年		烈公 7 年	悼公 13 年	簡王 23 年	
408	威烈王 18 年		烈公 8 年	悼公 14 年	簡王 24 年	
407	威烈王 19 年		烈公 9 年	悼公 15 年	聲王 1 年	**簡王 25 年**
406	威烈王 20 年		烈公 10 年	悼公 16 年	聲王 2 年	**簡王 26 年**
405	威烈王 21 年		晉烈公 11 年 （古本 《竹書 紀年》 云：「晉 烈公十	悼公 17 年	聲王 3 年	**簡王 27 年**

		一年，公孫會以廩丘叛於趙。)			
404	威烈王22年	晉烈公12年（屬羌鐘銘文所記「韓人伐齊並慴奪楚京」即平陰之戰，三晉攻齊入長城。)	悼公18年	聲王4年	**聲王1年**（據22章「楚聲桓王即位，元年，宋悼公將會晉公，卒于㵒。」
403	威烈王23年	晉烈公13年	休公1年	聲王5年	聲王2年
402	威烈王24年		休公2年	聲王6年	聲王3年
401	安王1年		休公3年	悼王1年	**聲王4年**
400	安王2年		休公4年	悼王2年	**悼王1年**

399	安王 3年			休公 5年	悼王 3年	悼王 2年（據 23 章「晉餘率晉師與鄭師以納王子定。魯陽公率師以交晉人，晉人還，不果納王子」。〈六國年表〉在前 399 年「王子定奔晉」，但歸在悼王 3年）
398	安王 4年			休公 6年	悼王 4年	悼王 3年（據 23 章，「鄭子陽用滅」。〈六國年表〉在前 398 年「鄭人殺子陽」，但歸在悼王 4年）
397	安王 5年			休公 7年	悼王 5年	悼王 4年（《新蔡》簡紀年「王自肥遺郢徙於鄩郢之歲」）
396	安王 6年			休公 8年	悼王 6年	悼王 5年
395	安王 7年			休公 9年	悼王 7年	悼王 6年

如前面所述，楚聲王元年是周威烈王二十二年（前404年），此年根據〈六國年表〉當是楚聲王四年，可見《繫年》與傳世文獻有三年的差距。為了彌補三年的落差，白光琦先生認為「據此，《史記》惠王立五十七年卒，疑爲六十年之誤。」（〈由清華簡《系年》訂正戰國楚年〉，簡帛網，2012年3月26日）。但此說只是推測，並無實證。陶金先生則認為：「《繫年》中的楚惠王元年應與《史記》中的相吻合。那麼楚惠王五十七年以下空出來的三年，不屬於楚惠王紀年，很可能是楚簡王作為王大子重新掌管楚國全境的空白期，因此也沒有計入楚簡王紀年。」（〈由清華簡《繫年》談洹子孟姜壺相關問題〉，復旦網，2012年2月14日）說是楚國歷史有三年空白期，實在很難理解。我們認為考量到第二十三章的內容，如：「**悼哲王即位。……明【128】歲**晉賻余率晉師與鄭師以入**王子定**。……**明歲，【129】**郎莊平君率師侵鄭，鄭皇子、子馬、子池、子封子率師以交楚人，楚人涉汏，將與之戰，鄭師逃【130】入於蔑。楚師圍之於蔑，盡逾鄭師與其四將軍，以歸於郢，鄭太宰欣亦起禍於【131】鄭，**鄭子陽用滅**，無後於鄭。」可見「入王子定」是楚悼王二年；「鄭子陽用滅」是楚悼王三年。而《史記‧六國年表》記「王子定奔晉」是楚悼王二年，前三九九年；「敗鄭師，圍鄭，鄭人殺子陽」是楚悼王三年，前三九八年。再考慮到二十三章簡126云「楚聖（聲）趄（桓）王立**四年**」，則楚聲王在位恐怕只能是四年（前401年），而非六年。即楚聲王四年（前401年）、楚悼王元年（前400年）、楚悼王二年（前399年）、楚悼王三年（前398年），如此則與《史記》所記僅差一年，還可接受，本文的紀年表格就是依此來排列。否則若依楚聲王在位六年計，則悼公三年是前三九五年，與《六國年表》所記相差更多。此外，亦請參見第二十三章簡126「②王衒（率）宋公以城贖（榆）闋（關）」下的注釋。

其次，《史記‧韓世家》：「文侯二年，伐鄭，取陽城。伐宋，到彭城，執宋君。」楊寬先生按曰：

是年韓伐宋到彭城，所執宋君當即宋悼公，悼公即卒于是年。此悼
公之所以謚為悼歟？當時謚為悼之君主，非短壽即不得善終者。（《輯
證》，頁 234）

韓文侯二年是公元前三八五年，現根據上列表格來看，《韓世家》的「宋君」
不能是悼公，楊寬先生之說有誤。

（二）繇

整理者：隸定作「麲」。宋悼公卒於前往任的途中，麲當在宋地至任之
間。（頁 193，注 3）

周波（網名：飛虎）：字形下方不从犬，應从「內」（奐、夐等字所从），
並認為當讀為國名、地名「鄒」。（孟蓬生〈初札〉下評論，2011-12-21，
16:55:19）。

周波（網名：飛虎）：整理者謂「宋悼公卒於前往任的途中，A 當在宋
地至任之間」。「鄒」邑在「任」之東，聯繫宋悼公之行進線路，以「A（鄒）」
為鄒國，更為妥當（「邾」國古書又稱「鄒」）。清華簡云「宋悼公將會晉公，
卒于 A（鄒）」，諸侯盟會的地點「任」為鄒邑，「卒于 A（鄒）」，指宋悼公
客死于鄒國。（孟蓬生〈初札〉下評論，2011-12-21，18:11:36）

劉雲：飛虎先生所說的簡 119 中的字所從更像「力」字一些。（孟蓬生
〈初札〉下評論，2011 年 12 月 21 日，18:32:14）

董珊：釋為「貂」。（〈讀清華簡《繫年》〉）

周波：三體石經古文有 （邎），用作《皋陶謨》「咎繇」、《多士》中
「王曰繇」（今本作「猷」）之「繇」。「邎」所從「繇」旁與金文「繇」作
、 、 、 、 等形（《金文編》，頁 856）顯然係一脈相承。上述形體
除去「言」旁以外的部分是「貂」的象形字。（朱芳圃：《殷周文字釋叢》，
中華書局，1962 年，頁 11）楚文字「繇」亦常見，如楚帛書「繇」字兩見，

分別作 、 。郭店簡《語叢一》、《語叢二》、《語叢三》有「邎」字，形作 、 、 、 。曾憲通先生曾據「絲」字古文形體，指出「貔」之象形寫法有 、 、 、 、 等多種變體，字形下方 、 一類形體乃貔鼠之足及尾的象形。其說當可信。 與 、 形體接近，可以看作是兩形在戰國時代的變體。戰國文字這部份形體又變形作 （「絲」所從）、 （「邎」所從），或省略上部簡寫作 。 作四筆書寫，其寫法與 、 上部的 、 相當，也可以看作是 、 兩形省略下部筆畫之簡體。 、 顯然不能隸定作「犬」， 也不能隸定作「大」，它們都來源於金文「貔」所從的 、 這一類形體。總之， 並不從「犬」，此字應分析爲从「言」「貔」聲，以隸定作「絲」（絲）更爲妥當。簡文「卒于鄒」之「鄒」即有可能是國名，也有可能是地名，而以後者的可能性更大。《穀梁傳》僖公四年：「諸侯死於國，不地。死於外，地。」《左傳》僖公四年孔疏引《釋例》云：「若卒于朝會，或書師、或書地者，史之成文，非義所存。」。宋悼公卒于赴朝會途中，而「鄒」顯非宋地，屬「諸侯死於外者」，《繫年》書其卒地是很正常的事。綜上所述，簡文「卒于鄒」之「鄒」當與上引「卒于郥」之「郥」、「卒于扈」之「扈」相當，很可能也是地名。「鄒」之故城在今山東鄒縣東南二十六里（〈清華簡《繫年》考釋兩篇〉《「簡牘與早期中國」學術研討會暨第一屆出土文獻青年學者論壇論文集》）

建洲按： 字整理者隸定從犬肯定不對，請比對 （簡136），其他犬旁諸字請見《字表》頁250。周波先生認爲從「內」較爲接近，隸定爲「絲」。此說不無疑問，請比對：

 （師寏父作季姞簋，《集成》3705） （師寏父盤，《集成》10111）

 （《內禮》簡8）

《說文》將奐、夐等字所從的「」分析為「从人在穴上」（《說文・夏部》「夏」字下），此說不一定正確，但是以上諸字均從「冂」形則是很明顯的，反觀本字从「」並不從「冂」形，同時「」作為形旁，位在文字結構的下方也較為少見，所以劉雲先生在上述孟先生文章後面評論認為此字从「力」不是沒道理的，但是比對簡100「旄」作、簡50「幼」作、簡84「劵」作、109作、110作，可見《繫年》「力」旁寫法固定，而與「」並不相似，所以隸定作「劵」也不可行。筆者也曾考慮釋為从「豕」，比對（豙，《天星觀》，《楚增》頁845），去除豕喙的部分作，與所從的「」同形，則可以隸定為「」，但是終覺不夠自然。現在傾向於同意周波先生所說「」就是金文「鼬」的足與尾形、一類形體，整個字形就是「」。至於將「」讀為「鄒」只能說是一種可能，實際上古書未見【（絲）與芻】的通假例證，只有【由與芻】，且是人名「顏讐由」，又作「顏濁雛」或「顏濁鄒」（《會典》，頁361），並不是普遍的通假現象，宋悼公是否真的客死他鄉亦無他證，故「」先暫時如字讀。

④ 馭（韓）虔、灼（趙）蘆（籍）、曶（魏）【——九】繫（擊）衒（率）
　　自（師）與戉（越）公殹（翳）伐齊

（一）馭（韓）虔

　　整理者：馭虔，即韓虔，啟章子，後為景侯，見《韓世家》。索隱：「《紀年》及《系（世）本》皆作景子，名處。」「處」係「虔」之譌。（頁193，注4）

　　董珊：羌鐘銘文作「氒（厥）辟韓宗獻（獻-虔）率（帥）。」《韓世家》「武子卒，子景侯立。」《索隱》「《紀年》及《世本》皆作景子，名處。」又《韓世家》：「景侯虔……六年，與趙、魏俱得列為諸侯」。「處」是「虔」的譌字。銘文「獻」，溫庭敬釋為「啟」即「徹」字，陳夢家認為「獻」即

「獻」字,「韓宗獻（獻）」即韓景侯虔。陳劍先生告訴我,此字（引按:字作▨）左旁不從鬲,而像是上甑下釜的「䰜」字初文,十四年陳侯午敦（《集成》04646）銘文中「獻」字作「▨」,左旁寫法亦省去虎頭而似「貝」形,說明「䰜」字初文有一類簡省的寫法。「虔」、「獻」音近可通,陳夢家說法可信。(〈讀清華簡《繫年》〉,復旦網,2011 年 12 月 26 日)

朱德熙:事實上凡是主張「敵」是韓君之名的說法……都要碰到一個根本的問題:▨羌既是韓君臣屬,為什麼能夠直稱韓君之名?……因為▨羌是奉晉公之命代韓君為帥伐齊,他在銘文裡提到這項任命的時候,自然可以直稱韓君的名字。(〈關於▨羌鐘銘文的斷句問題〉,《朱德熙古文字論集》,頁 168-170)

白於藍:總之,將「敵」說作韓景子之名,則家臣直呼宗主之名的問題始終是難以解釋的問題。而依照溫氏（引按:指溫廷敬）的理解,則可避免這一衝突。所以,儘管溫氏將「徹率」理解為「通率」,認為「猶言統率」,其實也並不十分令人滿意,但目前來看,仍不失為一種相對合理的解釋。(〈釋▨羌鐘銘文中的「义」字〉,《古文字研究》第二十九輯,頁 428)

建洲按:由上述陳劍先生的意見可以知道▨字左旁不從鬲,而像是上甑下釜的「䰜」字初文,可見釋為「徹」於形無據。其次,朱德熙先生所說有其道理,比如「彔卣」(《集成》5420)銘文云:「王令▨曰:叡,淮夷敢伐內國,汝其以成周師氏戍于**▨自**。伯雍父蔑彔曆,賜貝十朋。彔拜稽首,對揚伯休,用作文考乙公寶尊彝」,可知「▨」即「伯雍父」。王稱其臣之「**名**」曰▨,彔是伯雍父的家臣或下屬貴族,彔稱其君之「**字**」曰伯雍父。(參劉源〈讀金短札:伯雍父是殷人還是周人〉,先秦史研究室網站,2012 年 9 月 5 日)。不過,我們也該注意到陳垣先生《史諱舉例・卷一・第一避諱改字例》提到避諱雖成于秦,但是秦漢時避諱之狀況並不像六朝以後般嚴格。如裘錫圭先生認為是「高帝前後的抄本」的馬王堆帛書《老子》甲本就不避「邦」字諱。(參看〈馬王堆《老子》甲乙本卷前後佚書與

「道法家」——兼論〈心術上〉〈白心〉爲慎到田駢學派作品〉《中國哲學》第 2 輯）又如福田哲之先生考察阜陽漢墓的《倉頡篇》「政勝誤亂」說：「『政』原本就是秦代原文。」（《中國出土古文獻與戰國文字之研究》，頁 14）其說可從。胡平生先生則解釋爲漢初抄寫者所回改（〈阜陽漢簡《蒼頡篇》的初步研究〉，《文物》1983 年 2 期，注 8，又載《胡平生簡牘文物論稿》，頁 10 注 8），不如福田之說合理。袁庭棟先生指出：「從史實上考察，周文王名昌、周武王名發，以後衛有公叔發，鄭有公子發；而《詩經》的《雛》有『克昌其後』，《噫嘻》有『駿發而私』之類，都對『昌』和『發』直書不避。周厲王名胡，以後周僖王又名胡，無論西周還是春秋，『胡』字可謂處處可見。周穆王名滿，周定王時有大夫名王孫滿；周襄王名鄭，諸侯中亦有衛侯鄭。西周、春秋時連國王名字都不避諱，這是很清楚的。在先秦史籍中所見到最早的避諱實例見于《左傳・桓公六年》。……不僅魯國不諱魯武公名敖之敖字，其他避諱之例亦無一見。魯桓公之後，魯莊公名同、閔公名啟、僖公名中、文公名興、襄公名午，都是極常用的字，在《左傳》並未見有避諱之事。而且除魯國之外，一直到戰國末期，其他諸侯國有關名字避諱之例更是從無記載。」（《古人稱謂》，頁 258-260）根據以上的例證，可知𩁹羌直稱韓君之名自然是有可能的。

（二）灼（趙）蘆（籍）

整理者：灼蘆，即趙籍，獻子之子，後為烈侯。《趙世家》：「十五年，獻侯卒，子烈侯籍立。」（頁 193，注 4）

建洲按：「趙獻子」即二十一章的「趙浣」。

（三）𢿘（魏）繫（擊）

整理者：𢿘繫，文侯斯之子魏擊，後為武侯。《魏世家》：「（魏文侯）十

三年使子擊圍繁、龐，出其民。」索隱：「擊，武侯也。」（頁 193，注 4）

建洲按：前四○四年三晉侵伐齊國的將領，魏擊時為魏太子（魏擊，即魏武侯，在位時間，〈六國年表〉繫在前 386-371 年；楊寬《戰國史料編年輯證》頁 1175 根據《竹書紀年》繫在前 395-371 年），估計魏擊只是先鋒部隊，真正的主力還是由魏文侯斯所率領，故簡文 121「晉畧（魏）文侯畀〈斯〉從晉師」，簡 123「晉三子之大夫入齊」，整理者說「三子」指「**魏斯**、韓虔、趙籍」。其次，「畧」字字形討論請見簡 115。「繫」字相關字形如下：

（繫，《繫年》120）　（繫，《繫年》134）　（繫，《周易》40）

（墼，《容成氏》22）　（墼，《弟子問》01）　（墼，《周易》01）

（墼，與兵方壺）　（墼，《靈王遂申》04）　（《琴舞》16）

甲骨文中有這樣一個字：（《合集》18160），裘錫圭先生以為此字是否是「紳」的簡體，尚待研究（〈談曾侯乙墓鐘磬銘文中的幾個字〉，《裘錫圭學術文集》第三冊，頁 60）。魏宜輝先生指出此字又見於早期金文中：（亞敤爵，7798）並解釋說：「我懷疑甲骨文及早期金文中的這個從東從又的『敤』字有可能就是『毄』字的初文。甲骨文中的『東』字作『東』、『東』、『東』等形，徐中舒認為『東乃古橐字，字本象實物橐中，束其兩端之形』。而『敤』字正象以手束囊之形，束囊需用繩線將其繫結起來，而『敤』（即『毄』）字可能就是取『繫結』之義作為其造字本義的。也就是說，『敤』的本字應該是從毄從糸的『繫』字。《說文・糸部》：『繫，繫繘也。一曰惡絮。從糸，毄聲。』」（試從古文字分析「毄」及相關諸字，未刊稿），其說似可從。裘錫圭先生分析《容成氏》的字形為從土從毄省，即墼字，在簡文中讀為與之同從「毄」聲的「擊」（〈讀上博簡《容成氏》札記二則〉，《古文字研究》

25 輯，頁 316-317）。其他「擊」亦可如此分析。《容成氏》與《弟子問》「塹」字「東」旁下邊的「ㄥ」形省略（參拙文〈《上博五‧弟子問》研究〉，《中央研究院歷史語言研究所集刊》八十三本第二分，頁 207-208）。至於《繫年》的「墜」則是連「殼」的「攴」或「殳」都省略掉了。《繫年》104「陳」作「墨」，字形與「墜」、「綾」偏旁相同，李守奎先生認為「陳」不從「東」，當分析為上從「宙（圓）」的變形，下部虫旁與土旁共用筆劃，可隸作「畢」，字當是「蚓」的表意字，可讀為「陳」（〈清華簡《系年》中的「墨」字與陳氏〉，第十九屆古文字年會散發論文）。白於藍先生也認為「墜（陳）」從「龘」省聲可以考慮（〈釋上博簡《凡物流形》篇的「姊」與「練」〉，承繼與拓新——漢語語言文字學國際研討會）。而「殼」肯定不能釋為「蚓」或「龘」，則「墨」與「墜」右旁，二者只是同形的關係。

附帶一提，《近二》181 著錄商代銅器作：

原釋文作「亞專」（冊一，頁 202）。《新收》1425 依形隸定作「魚」。（頁 985）。謝明文先生隸定作「敢」，釋為「糧」，並解釋說：「亞敢，族名，見於亞敢爵（《集成》7798、7799）。敢作人名或族名亦見於甲骨文，如《合》20646『丁丑，敢入七』。本銘的『敢』所從『橐』形中的小點可能是代表米粒之類。霸伯簋（《考古》2011 年 7 期頁 15，《2010 中國重要考古發現》，頁 69）『糧』字作『』，從日從橐從又從米，「魚」與之相比，米在橐形之中，更加形象，疑是『糧』字初文，從日之糧或許另有本義。蒙裘錫圭告知，糧從日也可能與糧食需要曬乾有關。」（**《商代金文的整理與研究》，頁 122**）。謹案：看得出來，謝先生是根據霸伯簋的「糧」字的寫法來推論「敢」應釋為「糧」，但是二者字形並不相同。霸伯簋的「糧」字寫法與「量」作「量」（量

侯簋）、「糧」作 （《九店》56.44）相比，只多一作為飾符的「又」旁。同時，字「東」內所從不像是「米粒」之形，比較像是囊橐之形上的飾筆之形，《新收》摹作 也是這樣的思考。總之，筆者認為比對戰國文字來看，「敊」理解為「繫」字初文較好。

（四）戉（越）公殹（翳）

整理者：戉公殹，即越王翳。《越王句踐世家》：「句踐卒，子王鼫與立。王鼫與卒，子王不壽立。王不壽卒，子王翁立。王翁卒，子王翳立。王翳卒，子王之侯立。」索隱引《紀年》云：「翳三十三年遷于吳，三十六年七月，太子諸咎殺其君翳。」（頁193，注4）

方詩銘：《路史・後紀》卷一三下注所引古本《竹書紀年》云：「《紀年》：句踐以晉出公十年卒，鹿郢立，是為鼫與，六年卒。盲姑立，是為不壽，十年卒。朱旬立，（引按：「朱旬」可能是「朱句」之誤）是為王翁，三十七年卒。王翳立，三十六年卒，子諸咎殺之。諸枝立，是為孚錯枝。一年，其大夫寺區定亂，立初無余。十二年，寺區之弟思複弒其君莽而立無顓八年。」（《古本竹書紀年輯證》，頁196）

董珊：翳，《越絕書》作「不揚」，銘文作「不光」，在位35年。（〈越者汈鐘銘新論〉，復旦網，2008年3月1日）

周亞：我認為如果資料尚未完全發表的越王旨劍銘文沒有問題的話，它應該就是唯一的一件州句之子越王翳的劍了，翳並不是曹錦炎先生所謂的不光。越王旨劍銘位於寬劍格，與其他越王不光劍銘的位置、排列以及字體都有較大的差別，這似乎可以成為我們否定不光即翳的一個佐證。此外，在十四件不光劍的銘文中，都不再出現過「」或「旨」，這也使得我們無法確定越王旨就是不光。另外，在其餘各代越王劍銘文中，並未出現過同一位越王既記名又記字的現象，可以說在越王劍的記名模式中

不存在或記名或記字的現象，翳和不光不可能是同一人。(〈越王劍銘與越王世系〉，《古文字與古代史》第二輯，頁 252)

陳民鎮：清華簡《繫年》第二十一章見及「越公殹」，正是越王翳，其爵位當爲伯爵。在金文中，能確定係越王翳的，有者旨不光、旨不光、不光、旨殹、旨医等稱名。「翳」與「不光」或是一華夏語人名、一古越語人名的關係。越王翳是越國由盛而衰的轉捩點。越王翳曾滅繒國，并於三十三年將都城由琅琊遷至蘇州。越國後期宮廷紛爭不斷，促成了越國的衰落。越王翳最終死於宮廷內亂，爲太子諸咎所弒。至於越公殹（越王翳），事實上當爲伯爵。越王勾踐既然被冊封爲伯，越王翳也理當承繼爵位，世襲爲伯爵（戰國時期國君多稱「王」，越國早在允常時便稱王，這一點需要與爵稱相區別）。然清華簡《繫年》稱作「越公」，恐不確。雖然越國後來持續擴張，但就政治認可度而言，勾踐應該是越國歷史上的頂峰。在《繫年》同一章中，「齊侯貣」即齊康公貸，「魯侯侃」即魯穆公顯，均存在差異。在先秦，「公」常常是尊稱，可能與爵位無關。經過歷代學者的研究，基本可以論定金文中的「𫑡淺」即越王勾踐，「者旨於賜」即越王鼫與，(林澐：《越王者旨於賜考》，《考古》1963 年第 8 期)。「不壽」即越王不壽，「州句」即越王朱句，「不光」即越王翳，「者刅」即越王諸咎，「差徐」即越王初無余。關於越王𩠹旨不光劍，曹錦炎先生曾作過考釋，指出「𩠹」讀作「嗣」，「越王嗣」是身份，即越王大子矛所見「於越嗣王」；「旨不光」是人名，疑爲「者旨不光」的簡省，「者旨」讀作「諸稽」，是越王的氏；「不光」即朱句之子不揚（越王翳），「不光」與「翳」乃一字一名，符合古人名、字相應的原則。(曹錦炎：《越王嗣旨不光劍銘文考》，《文物》1995 年第 8 期)。(〈「越公殹」考略〉，復旦網，2011 年 4 月 5 日)

張志鵬：《越絕書・外傳記地傳》亦載：「子翁子不揚，時霸。」《吳越春秋・勾踐伐吳外傳》載：「翁卒，子不揚」。由傳世和出土文獻可知，越王翳，字不揚或不光。無論我們將「不」字作爲附加語音詞看待還是作爲

否定副詞看待，都不違背古人所謂「傍其名而為之字」的取字原則。（《吳越史新探》，頁 156-157）

建洲按：澳門珍秦齋收藏的〈越王差郤戈〉銘文曰：「戉（越）邦之先王未得居亡金」，趙平安先生以為「未」是人名，並根據「翳」「未」音近可通，認為是指越王「翳」（〈紹興新出兩件越王戈研究〉，《金文釋讀與文明探索》，頁 56）。此說不可從。李家浩先生已指出「未得居亡金」與「石（適）得居亡金」相對為言，可見「未」只能解為否定副詞（〈越王差郤戈銘文新研〉，《第四屆國際漢學會議論文》，頁 2-3）。張志鵬先生在《吳越史新探》頁 164「歷代越王稱謂表」承趙先生的意見將「未」納入越王翳的名，不確。簡文稱「越公翳」，相同稱呼又見二十章簡 110「戉（越）公句戔（踐）」、簡 112-113「戉（越）公朱句」，請見請見第十八章簡 98「執徐公」條、第二十章簡 110「戉（越）公句戔（踐）」條注釋。

（五）伐齊

馬衛東、王政冬：清華簡《繫年》二十二章載，三晉在**平陰之戰**前會盟諸侯，聯合越、宋等國共同伐齊。春秋後期與戰國早期，聯合宋、越以抗齊，是晉國一貫的外交策略。《繫年》二十章：「越公勾踐克吳，越人因襲吳之與晉為好。晉敬公立十又一年，趙桓子會諸侯之大夫，以與越令尹宋盟于鄝，遂以伐齊，齊人焉始為長城於濟，自南山屬之北海。晉幽公立四年，趙狗率師與越公朱句伐齊，晉師闖長城句俞之門。越公、宋公敗齊師于襄平。至今晉、越以為好。」三晉伐齊，仍然延續了這一策略。（〈清華簡《繫年》三晉伐齊考〉，復旦網，2012 年 10 月 18 日）

建洲按：《淮南子‧人間訓》云：「三晉伐齊，圍平陸」，楊寬《戰國史料編年輯證》指出「平陸」實為「平陰」之誤，詳下引文。第十七章簡 92「（晉）平公率師會諸侯，為平陰之師以圍齊，焚其四郭，驅車至于東海。」

這是發生在前五五五年，也是晉國攻打齊國的事情，請參見該章注釋。

⑤ 齊與戉（越）成，以建昜（陽）、邱陵之田，晨（且）男女服

（一）齊與戉（越）成

周波：「齊與越成」指齊與越平。簡71「齊人為成」之「為成」，則是指「求成」，二者仍有區別。（〈清華簡（（繫年》考釋兩篇〉，「簡牘與早期中國」學術研討會暨第一屆出土文獻青年學者論壇論文集，頁12）

建洲按：「齊與越成」與「齊人為成」並沒有本質上的區別。比如簡121-122「晉師大敗【121】齊師，**齊師北，晉師逐之**，入至汧水，齊人且有陳鼙子牛之禍，**齊與晉成**，齊侯【一二二】盟於晉軍。」此段所述「齊與晉成」顯然也是因為齊國戰敗求和的，與十四章簡71「駒之克率師救魯，**敗齊師于靡笄。齊人為成**」情境相同。這次晉越聯軍攻打齊國，齊國分別於他們議和，開出不同的投降條件。

（二）建昜（陽）

整理者：建昜，即開陽。「开」、「建」並為見母元部字。《水經・穀水注》：「穀水又東，經開陽門南。《晉宮閣》名曰故建陽門。」《皇門》「維其開告于予嘉德之說」，「開」字清華簡本作「覒」，從开聲。清華簡《子儀》「開」字從戶，开聲。小徐本《說文》；「開，張也。從門，开聲。」簡文開陽當在今山東臨沂北，詳見《水經・沂水注》。（頁193，注5）

劉雲：清華簡整理者在對《繫年》簡120中的地名「建陽」作注釋時，提到了尚未發表的清華簡《子儀》中的「開」字，說該「開」字從「戶」，「开」聲。「開」字從「开」聲頗為可疑。疑該字為「肩」字異體，所謂的「戶」當為「肩」字初文（參宋華強：《新蔡葛陵楚簡初探》，武漢大學出

版社，2010 年 3 月，頁 315-318），「幵」為累加的聲旁。「幵」與「肩」古音相同，都是見母元部。從「幵」聲的「豣」在古書中或作「肩」，或作從「肩」聲的「猏」，在石鼓文中作從「肩」聲的「豜」（參《漢字通用聲素研究》，頁 722）。可見，「幵」作「肩」的聲旁是沒有問題的。「開」本為會意字，像兩手推帶閂之門形，會開門之意，後來表示兩手的形體與表示門閂的形體粘連，變得與「幵」形體相似，甚至完全混同，「開」遂訛為從「門」，從「幵」之字。可見，「開」不從「幵」聲。清華簡《皇門》簡 1-2「惟莫覓余嘉德之說」之「覓」，傳世本作「開」，「開」恐是形體訛誤所致。《繫年》簡 120 中的地名「建陽」，在古書中或作「建陽」，或作「開陽」，「建」或作「開」，恐當是「建」有異文為「幵」或「幵」聲字，後世因形體因素訛為「開」。《尚書・禹貢》「導岍及岐」之「岍」，陸德明《釋文》云「馬本作開」，「開」恐亦是形體訛誤所致。（〈釋清華簡《子儀》中的「肩」字〉，復旦網學術討論區，2011 年 12 月 23 日）

蘇建洲：「開」不從「幵」聲可以參看何九盈《語言叢稿》頁 207。「開」字的形體分析亦可以參考林志強《古本《尚書》文字研究》頁 20。《皇門》「惟莫覓余嘉德之說」的「覓」筆者曾有條考釋如下：「覓」今本作「開」，整理者也讀作「開」。但是「開」並不從「幵」聲，學者多有討論，參看何九盈《語言叢稿》頁 207。「開」字的形體分析亦可以參考楊樹達《積微居小學述林》以及林志強《古本《尚書》文字研究》頁 20。筆者以為「覓」，見紐元部，可以讀為「諫」，與「覓」同為見紐元部。今本的句式據王引之的意見作「維其開告予于嘉德之說」，簡文省略了「于」字，這在楚簡中並不少見。（〈釋清華簡《子儀》中的「肩」字〉下評論，2011 年 12 月 24 日）

馬衛東、王政冬：清華簡《繫年》載西元前四〇四年齊國與越國講和之後，齊國將建陽、邵陵割讓給越國。建陽，《漢書・地理志上》東海郡有建陽縣，在今山東省棗莊市薛城區。清華簡《繫年》整理者據《水經・穀水注》：「穀水又東，經開陽門南。《晉宮閣》名曰故建陽門。」認為建陽即

今山東臨沂北之開陽，恐非是。郎陵於古籍無考。（〈清華簡《繫年》三晉伐齊考〉，復旦網，2012 年 10 月 18 日）

建洲按：《皇門》的「覓」字亦見於《芮良夫》20「覓（研）毅（甄）嘉惟」，後者不再強調「覓」讀為「開」是對的。《上博九》〈陳公治兵〉16 ▨、〈卜書〉簡 4 ▨，整理者釋為「開」，均不確。所以本簡整理者認為「建陽」即「開陽」不可信，上述馬衛東、王政冬也有相同的意見。《集成》10918「建易（陽）戈」是齊國兵器，（參孫剛《齊文字編》，頁 50）可證齊國確實有地名「建陽」者，故址在今山東棗莊市（參后曉榮：《戰國政區地理》頁 206）。此外，《璽彙》0338「建易（陽）職自」，曹錦炎先生認為是齊璽（《古璽通論》，頁 126）。依其說，則此印亦為齊國地名有「建陽」之一例。

（三）郎陵

整理者：郎陵當與開陽相近。（頁 193，注 5）

侯乃峰（網名：小狐）：通行釋文中「郎」括注「（渠？）」，意爲有可能「郎陵」當指「渠丘」。第二章第 11、12 簡的「高之巨爾」讀爲「高之渠彌」，「巨」讀爲「渠」沒有問題。「陵」、「丘」二字常可互訓。（〈讀《繫年》臆札〉，復旦網，2012 年 1 月 3 日）

（四）男女服

整理者：服，服事，指爲臣妾。（頁 193，注 5）

馬衛東、王政冬：面對三晉的進攻，齊國首先向越國求和，分化晉越聯盟。齊國通過割讓土地，進獻男女奴隸，與越國達成和約。（〈清華簡《繫年》三晉伐齊考〉，復旦網，2012 年 10 月 18 日）

建洲按：所謂「男女服」即男女奴隸，輸出男女奴隸這是戰敗國常見的求和條件之一。這也可以證明第十一章簡 59-60「莊王率師圍宋九月，宋

人焉為成，以女子【59】與兵車百乘，以華孫元為質。【60】」的「女子」當讀為「女、子」，指男女奴隸，請見該條注釋。

⑥ 戉（越）公與齊侯貣（貸）、魯侯侃（衍）【一二〇】明（盟）于魯稷門之外

（一）齊侯貣（貸）

整理者：齊侯貣，即齊康公貸。《齊世家》：「宣公五十一年卒，子康公貸立。」（頁 193，注 6）

建洲按：「齊康公貸」是姜姓齊國最後一任君王。《史記・齊太公世家》：「宣公五十一年卒，子康公貸立。田會反廩丘。康公二年，韓、魏、趙始列為諸侯。十九年，田常曾孫**田和**始為諸侯，**遷康公海濱**。二十六年，康公卒，**呂氏遂絕其祀**。**田氏卒有齊國**，為齊威王，彊於天下。」《史記・田敬仲完世家》：「是歲，故齊康公卒，絕無後，奉邑皆入田氏。」康公元年在公元前四〇四年，前三七九年齊康公卒，田氏并齊而有之，太公望呂氏之後絕祀。

（二）魯侯侃（衍）

整理者：魯侯侃，《魯世家》：「元公二十一年卒，子顯立，是為穆公。」索隱引《系（世）本》「顯」作「不衍」。「侃」、「顯」、「衍」音近。（頁 193，注 6）

建洲按：《史記・六國年表》載魯穆公元年在周威烈王 19 年（前 407 年）卒於周安王二十五年（前 377 年）。錢穆《先秦諸子繫年》（頁 602、604 年）相同。楊寬《輯證》（頁 147、237）則認為魯穆公元年在周威烈王十年（前 416 年），以為〈六國年表〉誤後八年」。卒於周安王十九年（前 383 年）。

　　第二十章簡 111-112 載晉敬公立十一年（前 441 年），趙桓子與諸侯國以及越令尹宋結盟伐齊。而《國語・吳語》曰：「越滅吳，上征上國，宋、鄭、**魯**、衛、陳、蔡執玉之君皆入**朝**。」可見魯國在前四七三年越滅吳之後已經依附于越國。因此，楚聲桓王元年（前 404 年）晉越聯軍攻打齊國，魯侯侃也參加了這次的行動。據〈六國年表〉所記，齊宣公四十四年（前 412 年）「伐魯、莒及安陽」、四十五年（前 411 年）「伐魯，取都」、四十八年（前 408 年）「取魯郕」，可見兩國關係是很緊張的，不會是盟友。魯穆公與齊康公分別即位之後，史實沒有記載兩國關係有改善的事證，所以前四〇四年，魯穆公參加伐齊的行動自然是合理的。如果依照楊寬先生的繫年，上述三件齊魯之戰都發生在魯穆公任內，更可證明魯穆公參加伐齊的推論的合理性。《韓非子・說林上》記載犁鉏以「遠水不救近火」來批評魯穆公試圖依靠三晉和楚國來與齊國對抗。《墨子・魯問》：「魯君謂子墨子曰：『吾恐齊之攻我也，可救乎？』子墨子曰：『吾願主君，之上者尊天事鬼，下者愛利百姓，厚為皮幣，卑辭令，亟遍禮四鄰諸侯，毆國而以事齊，患可救也，非此，顧無可為者。』」孫詒讓認為以時代考之，此「魯君」疑即魯穆公（《墨子閒詁》（臺北：華正書局，1995 年 9 月，頁 428）。也可見魯穆公確實與齊國確實關係緊張。

　　「侃」作 ，字形結構裘錫圭先生已有專文討論，見〈釋「衍」、「侃」〉，《裘錫圭學術文集》第一卷，頁 378-386。又新出疑尊有「侃」字作 ，董珊先生指出：「裘先生認為保侃母壺銘文『侃』字（引案：字作 ）口形下的「」當是不應有的羨畫，斜豎就是表示刪去的記號。今從疑尊、疑卣銘文來看，其『口』形下可連短豎。」（〈疑尊、疑卣考釋〉，《中國國家博物館館刊》2012 年第 9 期，頁 80 注 9）

（三）魯稷門

整理者：魯稷門，《左傳》定公五年「己丑，盟桓子于稷門之內」，杜注：「魯南城門。」（頁 193，注 6）

建洲按：《左傳》莊公二十二年：「舉有力焉，能投蓋于稷門」，楊伯峻《春秋左傳注》曰：「此蓋謂稷門之門扇，城門門扇必重，能舉而投之，足見其力。……稷門，魯城正南之門，僖公更高大之，改名**高門**。定十年，齊人陳女樂文馬於魯城高門外，即此門。」（頁 254）《孔子家語・子路初見》：「孔子相魯。齊人患其將霸，欲敗其政。乃選好女子八十人，衣以文飾而舞容璣，及文馬四十駟，以遺魯君。陳女樂、列文馬于**魯城南『高門』外**」可以為證。此外，《左傳》昭公十年：「五月庚辰，戰于**稷**」，楊伯峻以為「稷」即昭公二十二年：「齊北郭啟帥師伐莒。莒子將戰，苑羊牧之諫曰：『齊帥賤，其求不多，不如下之，大國不可怒也。』弗聽，敗齊師于壽餘。齊侯伐莒，莒子行成。司馬竈如莒涖盟；莒子如齊涖盟。盟于**稷門**之外。莒於是乎大惡其君。」的「稷門」，是齊城門也。齊宣王的稷下亦即此處，在今山東淄博市舊臨淄西。（《春秋左傳注》，頁 1316、1432）。可見「稷門」齊、魯皆有，簡文標出「魯稷門」原因在此。前云莒子到齊國參加結盟，在稷門外邊盟誓，「莒於是乎大惡其君」，楊伯峻說：「齊使涖盟，不于城內，而于城外，是有意辱之，故莒大夫大惡莒子」（《春秋左傳注》，頁 1433）。翟淑君曾指出：「都邑的城門之外，是比較常見的會所，著名的弭兵大盟在宋國都邑的『西門之外』舉行。此後，『宋公及諸侯之大夫盟于蒙門之外』（《左傳》成公十二年）。蒙門可能就是宋都邑的東北城門。魯國的貴族曾經盟于『稷門之外』（《左傳》定公五年）。不同身份的人常常在不同的地方會盟。」（《春秋時期的會盟問題研究》，頁 16）按：定公五年魯國的貴族乃盟于「稷門之內」，上引文有誤。依照翟氏所舉例證來看，盟於都邑的城門之外確實常見，且簡文所述三位諸侯國君亦「盟于魯稷門之外」，可見莒「大惡其君」

並非單純因為盟于稷門之外，而當如楊伯峻提到的另一原因：「莒國小，齊初使北郭啟來伐，其求不多，易于講和，莒子好戰，不計後果，竟使齊侯親率師，然後求和，則所失甚大。」（《春秋左傳注》，頁 1433）

⑦　戉（越）公內（入）亯（饗）於魯=（魯，魯）侯馭（御），齊侯晶（參）龏（乘）以內（入）

整理者：魯侯馭，魯侯為越公駕車。馭字簡文作「駍」，從馭，午聲。晶乘，參乘，晶是「三」字的異體。《左傳》文公十八年「納閻職之妻，而使職驂乘」，杜注：「驂乘，陪乘。」（頁 193，注 7）

建洲按：由於「越公與齊侯貸、魯侯衍盟于魯稷門之外」，所以越公才會「入饗於魯」。蓋「朝聘蒙會之禮往往與燕饗之禮連接在一起。」（陳戌國《中國禮制史－先秦卷》，頁 362）越公翳進入魯國接受饗禮時，由魯侯侃為越公翳駕車，這大概與上引《國語·吳語》曰：「越滅吳，上征上國，宋、鄭、**魯**、衛、陳、蔡執玉之君**皆入朝**。」有關。其次，「參乘」即「驂乘」，《漢書·文帝紀》：「乃令宋昌驂乘。」顏師古《注》：「乘車之法，尊者居左，御者居中，又有一人處車之右，以備傾側。是以戎事則稱車右，其餘則曰驂乘。」則當時的座位，魯侯侃居中，越公翳在左，媾和的齊侯貸坐在地位最低的車右陪乘。附帶一提，《左傳》莊公十四年「楚子如息，以食入享，遂滅息」，句式與「戉（越）公內（入）亯（饗）於魯」相同，也當理解為息侯宴請楚王。但由於多了「遂滅息」一句，杜預注：「偽設享食之具。」是指楚王作東宴請息侯而殺之。沈玉成《左傳譯文》也譯作「楚王到息國，設享禮招待息侯〔而加以襲殺〕，就滅亡息國。」是根據杜預的意見而作的釋文，這是有問題的，參看第五章簡 26-27「⑧文王爲客於賽（息），郗（蔡）侯與從，賽（息）侯以文王歙=（飲酒）。」條注釋。

⑧　晉_魯（魏）文侯_䰾〈斯〉從晉師

整理者：晉魏文侯斯，斯此時已經稱魏文侯，三晉魏先稱侯之說可信。
從，率領。《春申君列傳》「從而伐齊」，索隱引劉氏云：「從，猶率也。」（頁
193，注 8）

董珊：李學勤先生在二〇一一年五月舉行的清華簡學術研討會上，已
經指出，「晉魏文侯斯從晉師」以下所述史實見于_屬羌鐘。（〈讀清華簡《繫
年》〉，復旦網，2011 年 12 月 26 日）

馬衛東、王政冬：命侯與稱侯並非一事，命侯是由周天子策命為侯，
稱侯是自稱為侯。清華簡《繫年》表明，三晉命侯之前可能已經稱侯。……
2、魏斯、韓虔、趙籍迫使齊康公前往晉軍會盟，即《淮南子》所謂「求名
於我也，請以齊侯往」。魏斯等儼然以諸侯國國君自居，齊侯前往，等於承
認了他們的地位；……5、西元前四〇三年周天子正式命三晉為侯。如果不
是此前稱侯，三晉命侯事，好像是突然而來，因果關係不明。所以三晉稱
侯先被齊國承認，為次年的命侯作好了鋪墊。如此，史實的發展線索就比
較清晰了。（〈清華簡《繫年》三晉伐齊考〉，復旦網，2012 年 10 月 18 日）

建洲按：在周威烈王二十三年（公元前 403 年），三晉被周天子正式策
命為諸侯之前，三晉顯然已自行稱侯了，否則簡文「**晉魏文侯斯從晉師**」
的「**魏文侯**」無法解釋。而且《呂氏春秋・下賢》稱魏文侯「東勝齊于長
城，虜齊侯獻諸天子，天子賞文侯以上聞。」其中「**文侯**以上聞」值得注
意，所謂「上聞」，即由天子命為諸侯。《史記・樊酈滕灌列傳索隱》：「張
晏曰：得逕上聞也。晉灼曰：名通于天子也。」《呂氏春秋・上農》：「農不
上聞，不敢私籍於庸。」許維遹《集釋》引孫詒讓曰：「上聞，賜爵也，亦
謂通名於官也。」可見在「上聞」之前已經稱侯了。

⑨ 晉師大戝（敗）【一二一】齊𠂤（師）

劉洪濤：清華簡《繫年》120、121 號有下引二字：![字形][字形]，前者爲「貣」字，用作齊康公的名字「貸」；後者應釋寫作「戝」，古文字「戈」、「攴」二旁作爲意符可以通用，其字爲「敗」字的異體。從字形來看，前者下部作一短橫，是贅加的羨符；後者下部作一撇筆，是「戈」字所从有意義的筆畫；二者區分得十分清楚。這個例子說明，在考釋古文字的時候注意增羨特點是何等的重要！（《論掌握形體特點對古文字考釋的重要性》，頁 59）

建洲按：「貣」字簡 124 作![字形]，亦可比對。不過上述劉先生所說現象並非常態，比如「貸」《包山》150 作![字形]；53 作![字形]、157![字形]，後二者便作「戈」形。也就是說簡 121 的![字形]字，由字形來說是可以解爲「貸」的，無法單純由「增羨特點」精準判斷是「貣」或「戝（敗）」。同時楚簡的「敗」以寫作从二貝爲多數，如![字形]（《武王踐阼》簡 15）、![字形]（《信陽》1.29）參看《楚文字編》頁 199-200、《上博一～五文字編》頁 171，![字形]只从一「貝」是以容易誤解爲「貣」。附帶一提，「賊」本从戈、則聲，如![字形]（《彭祖》7），但傳鈔古文的「賊」作![字形]（《古文四聲韻》5.29），所从的「則」省略「刀」旁，此種寫法也見於侯馬盟書「賊」字作![字形]（156：25）。如果所从「則」的「鼎」旁再省爲「貝」，如![字形]（《上博一・緇衣》簡 4），則「賊」 也可以寫爲「戝」。

⑩ 齊𠂤（師）北，晉𠂤（師）述（逐）之，內（入）至洴水

整理者：洴水，開陽在今臨沂北，疑即洴水之陽，簡文洴水當是沂水的支流。（頁 194，注 9）

馬衛東、王政冬：《繫年》記載三晉大破齊軍于平陰之後，推進到洴水。整理者認爲洴水與開陽有關，「開陽在今臨沂北，疑即洴水之陽，簡文洴水

當是沂水的支流。」此釋不確。三晉大破齊軍于平陰之後，應該乘勝向齊國國都臨淄進發，斷無折向魯南之理。所以汧水應該在平陰到臨淄之間，或為濟水的一條支流。（〈清華簡《繫年》三晉伐齊考〉，復旦網，2012 年 10 月 18 日）

建洲按：「汧」字作 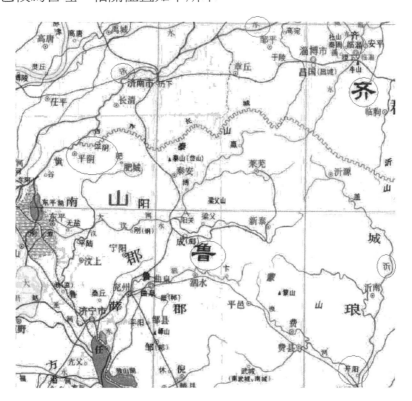。我們前面已提到「開」不從「幵」聲，可見整理者說「開陽」指「汧水之陽」是有問題的。李家浩先生曾釋戰國平肩方足布面文為「幵陽」，讀為「軹陽」（〈戰國幵陽布考〉，頁 391-396）。吳良寶先生也釋空首布「幵」為「軹」（〈空首布「軹」地考〉，頁 397-399）。而《彭祖》簡 4「既只（躋）於天，或椎（墜）於困（淵）」（參劉洪濤〈彭祖札記一則〉，簡帛網，2007 年 4 月 3 日），可見【只與齊】音近可通，則【幵與齊】可以通假。以此觀之，簡文「汧水」確實可以考慮讀為「濟水」，地理位置也較為合理。相關位置如下所示：

（《中國歷史地圖集－第一冊》，頁 39-40 齊魯宋）

⑪　齊人旻（且）有陳鳘子牛之禍（禍）

（一）陳鳘子牛

整理者： 陳鳘子牛即《墨子・魯問》之項子牛，孫詒讓《墨子閒詁》：「項子牛，蓋田和將。」《淮南子・人間》有子牛，當係一人。《人間》云：「三國伐齊，圍平陸，括子以報于牛子曰：『三國之地，不接於我，逾鄰國而圍平陸，利不足貪也。然則求名於我也。請以齊侯往。』牛子以為善。括子出，無害子入。牛子以括子言告無害子，無害子曰：『異乎臣之所聞。』牛子曰：『國危而不安，患結而不解。何謂貴智？』無害子曰：『臣聞之，有裂壤土以安社稷者，聞殺身破家以存其國者，不聞出其君以為封疆者。』牛子不聽無害子之言，而用括子之計，三國之兵罷，而平陸之地存。」此次伐齊，事又見鳳羌鐘（《集成》，頁157-169）：「唯廿有再祀，鳳羌作戎，厥辟韓宗敔率征秦迮齊，入長城，先會于平陰，武侄寺力，襲敚楚京。賞于韓宗，命于晉公，昭乎天子。用明則之于銘。武文咸刺，永世毋忘。」（頁194，注10）

楊寬：《淮南子》稱是役「圍平陸」，「陸」當是「陰」字之誤。括子、牛子、無害子皆為掌權之田氏大夫，牛子稱三晉逾鄰國而圍鄰國而會攻齊國，其目的不在奪取城邑，而是「求名于我也，請以齊侯往。」蓋欲迫使齊使會同三晉而往朝見天子，由天子命三晉為諸侯。此即《呂氏春秋》所謂「虜齊侯獻諸天子」，「天子賞文侯以上聞」。《紀年》又稱是役為「王命」。無害子疑即和子，「和」與「無害」音近通假。田悼子卒後，田氏奪權而發生內亂，和子在內亂中得勝而即位。此後，至齊康公十八年，田和子會見魏文侯，請魏文侯言于天子而立為諸侯。蓋沿用三晉請齊侯言于天子而立為諸侯之例。《淮南子》稱「無害子日以進」，或即指此而言。（《戰國史料編年輯證》，頁192-193）

　　馬衛東、王政冬：《墨子・魯問》有兩處提到項子牛。一處是齊將伐魯，墨子謂項子牛曰：「伐魯，齊之大過也」。一處是墨子使弟子勝綽事項子牛，「項子牛三侵魯地，而勝綽三從」。清代學者孫詒讓曾推斷，「項子牛，蓋田和將」。《淮南子・人間訓》載，三晉伐齊，圍平陰，（《淮南子・人間訓》原文作「三國伐齊，圍平陸」。楊寬先生考證「平陸」當為「平陰」之誤。參見楊寬：《戰國史料編年輯證》，上海人民出版社，2001 年，頁 192）括子為牛子（按：即項子牛）出謀劃策，牛子「用括子之計，三國之兵罷」。可見，在平陰之戰中，項子牛是齊軍的主將。此時**田和**執掌齊國軍政大權，因此，**孫詒讓推斷項子牛為田和之將**，此說可從。《繫年》稱項子牛為「陳麕子牛」，陳與田二字古音同，可知項子牛應是田氏族人。楊寬先生以「和子亂」因田布殺公孫孫而引起，此說不確。清華簡《繫年》將齊國的失敗歸因於項子牛之禍。而項子牛在平陰之戰中仍擔任齊國主將，期間未有叛亂行為，**說明項子牛之禍發生在平陰之戰前**，並直接影響了這次戰爭。在平陰之戰前，對齊國有如此重大影響的正是「和子之亂」。因此，筆者認為，項子牛之禍與「和子之亂」，實際上是同一歷史事件，因項子牛在「和子之亂」中扮演了重要角色，所以「和子之亂」才稱作項子牛之禍。如果「和子之亂」因田布殺公孫孫而引起，則應稱為田布之禍，而不是項子牛之禍。

　　「和子之亂」既稱項子牛之禍，說明「和子之亂」與項子牛有密切的關係。而田布殺公孫孫、公孫會以廩丘叛前後接續，與項子牛並無直接關聯。因此，「和子之亂」必定還有著其他的隱情與內幕。筆者推斷，田悼子即位不足一年即亡，極有可能是被田和謀害而死的，而直接實施殺害田悼子的兇手是項子牛。田和殺害宗主，遭到了公孫氏的反抗，田和又派田布殺害了公孫孫，於是激起了公孫會的反叛。所謂的「**和子之亂**」，是指**田和弒殺田悼子之亂**。因項子牛是田和所指使的兇手，所以「和子之亂」又稱項子牛之禍。而田布殺公孫孫、公孫會以廩丘叛是「和子之亂」引發的連鎖事件。「和子之亂」導致齊國陷入內亂，因此成為三晉伐齊之役齊國大敗

的重要原因。田和弒殺宗主，其行為違背了周禮的規範，為三晉伐齊提供了藉口，被視為出兵于齊的有利時機。三晉打著維護周禮的旗幟，討伐齊國，並得到了周天子的許可。《水經・汶水注》引《紀年》：「王命韓景子、趙烈子、翟員（當作翟角）伐齊入長城。」（〈清華簡《繫年》三晉伐齊考〉，復旦網，2012 年 10 月 18 日）

董珊：項子牛應為頃子牛之誤，頃、牼聲近可通。陳牼字子牛。（〈清華簡《繫年》三晉伐齊考〉下的評論）。

李守奎：簡文中所說的陳氏，就是史書和姓氏書中所說的田氏。雖然大家對田氏何以為氏，何時為氏意見不一，但對齊之田氏源自陳氏則無異說。從出土文獻來看，「戰國時齊君所造銅器的銘文仍自稱陳侯」（裘錫圭：《古文字論集》，中華書局，1992 年 8 月，頁 424），終戰國之世，史書上所說的田氏都做陳氏，齊文字中未見有以「田」為氏者。古文字中的田氏較早見於秦文字，秦代私印有「田王」、「田援」等人名，（許雄志：《秦代印風》，重慶出版社，1999 年，頁 86、100）田氏代陳，很有可能是秦始皇滅六國，書同文的結果。戰國時期以國為氏的姓氏用字多為專字，在書同文之後，多被同音字取代，如𦣞—許，鄒、劉—蔡，糒—胡，郾—燕等等，田氏代陳也應當是同類用字現象，並無太多深意。氏有定字，應當是秦代以後逐漸形成的。（〈清華簡《繫年》中的𡎶字與陳氏〉，第十九屆古文字年會散發論文）。

建洲按：依董珊先生之說，則「頃子牛」的組成成分是「名＋字」，這種稱名方式恐有問題。先秦時代連言名字者通常是「**先字後名**」，如《漢書・孔光傳》中的「伯魚鯉」、「子思伋」。《左傳・僖公三十三年》：「百里孟明視」，「百里」是「氏」、「孟明」是「字」、「視」是「名」。則「**陳䲹子牛**」，「陳」是「氏」、「䲹」是「字」、「牛」是「名」，「子」是名上所冠男子的美稱。如同《襄二十六年傳》「行人子朱」，同傳又稱「子朱」、「朱」，「朱」是名，「子」是美稱。其它若「子羽」、「子員」亦是相同例證。（《左傳人物

名號研究》，頁 294，801-803 條）。又《繫年》第二十三章簡 130「郎莊平君率師侵奠=（鄭，鄭）皇子=（子、子）馬、子池……」，其中「子馬」、「子池」如果是「美稱＋名」的話，則與「子牛」相同。而「麞」可如董珊先生所說讀為「牼」，《說文》云：「牼，牛膝下骨也。」則「牛」與「牼」屬名字相應。又如《國語・魯語上》「展禽使乙喜以膏沐犒師」，其中「乙〈乙〉喜」指「展喜」。這是因為「展喜」字「乙〈乙〉」，連言時先字後名，省去展，就成為「乙〈乙〉喜」。（參王引之〈春秋名字解詁〉）。「乙〈乙〉喜」亦是省去「氏」不言，與所謂「頃子牛」相似。亦可見「頃（牼）」是「字」，「子牛」是「名」，至於「陳麞」的稱名方式是「以氏配字」，如同「夏徵舒」，名「徵舒」，字「南」，《左傳》成公二年則稱「夏南」。又「田和」即「陳太公」，生稱為「子禾子」，《集成》10374「子禾子釜」，《愙齋集古錄》卷二四・二曰：「即陳太公田和」。父為田莊子「田白」、**兄為「田悼子」**。康公十九年，田和被周安王列為諸侯，姜姓齊國為田氏取代，田和正式稱侯，仍沿用齊國名號、世稱「田齊」以示別於姜姓齊國，史稱「田氏代齊」。齊康公二十六年即世，田氏並其食邑，姜太公至此絕祀。

⑫　齊與晉成，齊侯【一二二】明（盟）於晉軍

整理者：齊侯盟於晉軍，指齊康公被陳（田）氏脅迫，即《淮南子・人間》所說「出其君以為封疆。」（頁 194，注 11）

馬衛東、王政冬：《史記・周本紀》：「威烈王二十三年，九鼎震，命韓、魏、趙為諸侯。」《六國年表》、《趙世家》、《魏世家》、《韓世家》、《燕召公世家》記載三晉列為諸侯，均為周威烈王二十三年。繆文遠、白國紅先生據此認為，三晉稱侯皆在西元前四〇三年。西元前四〇三年，三晉被周天子正式策命為諸侯。除《史記》外，《呂氏春秋》、《驫羌鐘》銘文、清華簡《繫年》皆有相關記載。《呂氏春秋・下賢》稱魏文侯「東勝齊于長城，虜齊

侯獻諸天子，天子賞文侯以上聞。」所謂「上聞」，即由天子命為諸侯。《史記·樊酈滕灌列傳索隱》：「張晏曰：得逕上聞也。晉灼曰：名通于天子也。」《驫羌鐘》記載韓臣驫羌參加伐齊之役，由於戰功，因而「賞于韓宗，命于晉公，昭于天子」。「昭于天子」就是指朝見周威烈王。《繫年》亦載平陰之戰後，「晉公獻齊俘馘于周王，遂以齊侯貸、魯侯羴（顯）、宋公田、衛侯虔、鄭伯駘朝周王于周」。可見，**三晉命侯**，實為三晉伐齊入長城，迫使齊康公會同三晉前往朝見周威烈王的結果。（〈清華簡《繫年》三晉伐齊考〉，復旦網，2012 年 10 月 18 日）

建洲按：《淮南子·人間》記載括子向牛子報告說：「魏、韓、趙三國和我們齊國不接壤，他們越過鄰國包圍平陸（引按：當為「平陰」），沒有什麼實際可以貪圖的利益。他們這樣做只是想從我們齊國獲取某種名聲而已，既然這樣，就叫齊侯前去和他們講和算了。」無害子則是說「我沒有聽說過讓自己的君主去求和受辱來保住疆土的。」可見括子的「求名於我也，請以齊侯往」即無害子的「出其君以為封疆」。這些都是上引楊寬先生所說蓋欲迫使齊使會同三晉而往朝見天子，由天子策命三晉為諸侯。

⑬ 晉三子之夫=（大夫）內（入）齊

整理者：晉三子，魏斯、韓虔、趙籍。簡文不載大夫之名。與陳和盟的是三子的大夫，說明陳和此時地位尚不能和魏文侯等晉三子並列。（頁 194，注 12）

馬衛東、王政冬：3、三晉派其大夫與田和、田淏會盟，表明其地位與田和不對等，已非臣子可比；4、三晉稱侯後，文獻仍可稱其為「子」。如《繫年》前稱「魏文侯」，後稱「三子」。（〈清華簡《繫年》三晉伐齊考〉，復旦網，2012 年 10 月 18 日）

⑭　明（盟）陳和與陳淏於浧門之外

　　整理者：陳和，田和。《田敬仲完世家》：「莊子卒，子太公和立。」齊田氏源自陳完，故又名陳氏。陳淏，齊國人名。浧門，疑即雍門。《戰國策·齊策一》：「軍重踵高宛，使輕車銳騎衝雍門」，高誘注：「雍門，齊西門名。」（頁194，注13）

　　建洲按：「淏」作□（123）、□（137）。唐蘭先生說：「『昊』字異構最多，作□，或變□，或變□，□或誤為□，□或變□（見《說文》。按《說文》从□的偏旁，並由「大」誤。）這就是現存的界（昊）字。」（《古文字學導論》，頁239-241）唐蘭認為□、□是「昊」字，未必可信。不過西周中期史牆盤有字作□，从日从天，諸家釋為「昊」（《新金文編》頁858），文例是「昊炤亡（無）斁」，裘錫圭先生讀「昊炤」為「皓澣」（《裘錫圭學術文集》第三冊　頁12）。《璽彙》965「趙□」，釋為「趙昊」（施謝捷《古璽彙考》頁213）。本簡「□」，右下可比對簡89「天」作□，可知是从日从天，整理者隸定為「淏」，可從。《譜系》分析「昊」為从日从天，會天日廣大之意，並認為珥生簋的□、□也從「昊」，恐有問題（頁780）。《考古與文物》2007年6期著錄一「二年平陶令范□戈」，「□」字王輝先生釋為「昊」，認為是□偏旁移動的結果。（〈二年平陶令戈跋〉，《考古與文物》2007年6期，頁55）。湯志彪先生《三晉文字編》頁636從之。《新見金文字編》頁203依形隸定為「昊*」，且歸在卷七「日」部下，顯然不認為這是《說文》卷十的「昊」。筆者傾向於後者的意見，且認為可能「□」是「戾」的訛變。總之，「昊」的構形如何分析，待考。

　　「浧」作□，《周易》簡9「盈」作「□」，則□似當分析為从皿「□」聲，可以比對《芮良夫毖》簡4「圝（滿）湦（盈）」的「湦」作□當分析為从皿「湦」聲。則「□」自然當分析為從水及聲。但是「及」（見紐魚部，一等合口）與「盈」（喻紐耕部，三等開口）聲韻關係不近，或以為「及」

與「盈」是一字異讀或以為「及」字本有不同的來源，請參見拙文〈楚簡文字考釋兩篇——（二）釋楚文字的「股」〉，承繼與拓新——漢語語言文字學國際研討會論文。「及」與「盈」的關係究竟如何理解，待考。李零在其新著《死生有命，富貴在天——《周易》的自然哲學》頁103注2提到：「 字的右半可能是姓字之省，或可釋洍。《玉篇・水部》：『洍，水漲。』《集韻・庚韻》：『洍，水深廣貌。』與盈音義俱近。」此說似乎不可信。最後，據李零先生說，北京大學藏秦簡《隱書》「兵=城=（兵城兵城），旁（方）不盈尺。」的「盈」，寫法與上博楚簡《周易》簡9和清華楚簡《繫年》簡123（加了水旁）相似（〈隱書〉，頁3）。

⑮ 母（毋）攸（修）長城

整理者：母（毋）攸（修）長城，齊國這個時期在北方修築長城，主要是為了防禦三晉的入侵。戰國初年，三晉多次攻破齊的長城。不允許齊修長城，幾近於不允許齊防禦抵抗。《呂氏春秋・下賢》：「（魏文侯）故南勝荊於連隄，東勝齊於長城，虜齊侯，獻諸天子，天子賞文侯以上聞。」（頁194，注14）

董珊：（驫羌鐘）所入之「張（長）城」是齊長城，會師地點「平陰（陰）」，據劉節說，在今山東泰安府之平陰縣，在齊長城之西端。清華簡《繫年》多次提到齊長城給晉人入侵造成的麻煩，所以盟辭中有「毋修長城」的話。（〈讀清華簡《繫年》〉）

馬衛東、王政冬：三晉與齊國的盟約中規定齊國「毋修長城」。清華簡《繫年》第二十章載晉敬公十一年（西元前441年）晉、越聯合伐齊後，「齊人焉始為長城於濟，自南山屬之北海。」整理者認為這很可能是齊國人在濟水堤防基礎上擴建為軍事工程。據華松先生考證，齊國平陰一帶的長城也是由水利工程演變為軍事防禦工程的，而且早在春秋時期就應經建

成。史籍中稱之為「巨防」。(華松:《齊長城起始區巨防及諸地望考》,《管子學刊》1991 年第 2 期)由盟約可以看出,長城對齊國的國防意義重大,所以戰國時期,齊國繼續修建長城,《水經・汶水注》引《竹書紀年》:「梁惠成王二十年,齊築防以為長城。」《史記・楚世家正義》引《齊記》:「齊宣王乘山嶺之上,築長城,東至海,西至濟州千餘裏,以備楚。」三晉要求齊「毋修長城」,目的在於解除齊國防禦三晉的軍事屏障。(〈清華簡《繫年》三晉伐齊考〉,復旦網,2012 年 10 月 18 日)

朱曉海:《春秋》書會、盟甚夥,而盟詞從未見錄,如陽穀之盟,經文僅書:「秋,齊侯、宋公、江人、黃人會於陽穀。冬,公子友如齊涖盟。」盟詞則見於傳文:「無障谷,無貯粟,無易樹子,無以妾為妻。」所謂的《繫年》如果真的是近似《紀年》一類的史書,就斷不會將盟詞載入,如第二二章:「晉三子之大夫入齊,盟陳和與陳淏於盈門之外,曰:『毋修長城,毋伐【一二三】廩丘。』」縱使如此,以周襄王的命辭、陽穀的盟辭與《尚書》卷二十的〈文侯之命〉、卷十一的〈牧誓〉相較,詳略不可以道里計。(〈清華簡所謂《繫年》的書籍性質〉,經學與文學國際學術研討會論文,頁 421)。

⑯ 母(毋)伐𣏫(廩)丘

整理者:母(毋)伐𣏫(廩)丘,前此一年,齊之公孫氏因內亂叛齊,以其領地廩丘入晉。齊反奪廩丘,三晉救廩丘,兩軍相戰,齊人敗北。此時雖然三晉控制了廩丘,但還擔心齊人反攻,因有此盟。《紀年》:「晉烈公十一年,田悼子卒。田布殺其大夫公孫孫。公孫會以廩丘叛于趙。田布圍廩丘,翟角、趙孔屑、韓師救廩丘,及田布戰於龍澤,田布敗逋。」(《水經・瓠子水注》引)事又見《田敬仲完世家》。(頁 194,注 15)

董珊:如唐蘭先生所論,這次戰爭的主旨是「迋齊」,起因在去年廩丘

之叛齊歸趙，這一年三家假借王命聯合對齊的作戰，魏斯是主帥，以迫使其徹底放弃廩丘，此即《繫年》記晉、齊盟辭之「毋伐廩丘」。因這次戰功，又導致了明年周王命韓、趙、魏三家爲諸侯。所以這次「迬齊」戰事，在戰國史上有相當重要的意義。現在根據《繫年》，讓我們看得更加明白了。（〈讀清華簡《繫年》〉）

張志鵬：晉烈公十一年即齊宣公五十一年、越王翳七年（前405年）齊相田悼子卒，田和子繼立，田布與公孫會內訌，越會三晉乘機伐齊，大敗齊軍於廩丘，齊被迫割建陽（今山東臨沂北）、巨陵（與建陽鄰近）與越成。次年（齊康公元年、晉烈公十二年），三晉乘勝追擊，攻入齊長城。越滅鄫應在此時齊國內憂外患之機，即《戰國策・魏四》所謂「齊和子亂而越人亡鄫」。蒙文通先生認爲：「晉烈公十二年（前404年）爲田和初立年，即越王翳之八年，《魏策》言『越人亡繒』當即在此年。」此論切近實際。從當時鄫所處的地理位置而言，越滅鄫意應在阻止齊國南下。（《吳越史新探》，頁186）

建洲按：古本《竹書紀年》云：「晉烈公十一年，田悼子卒。田布殺其大夫公孫孫，**公孫會以廩丘叛於趙**。田布圍廩丘，翟角、趙孔屑、韓師救廩丘，及田布戰於龍澤，田布敗逋。」「（齊）宣公五十一年，公孫會以廩丘叛於趙。十二月，宣公薨。」「悼子卒，乃次立田和。」（《古本竹書紀年輯證》，頁100-101）《呂氏春秋・不廣》：「齊攻廩丘。趙使孔青將死士而救之，與齊人戰，大敗之。齊將死。得車二千，得屍三萬以爲二京。」前四〇五年，齊國卿大夫田悼子去世，齊國發生內亂，田布殺死了公孫孫，公孫會以廩丘（今山東鄄城縣）反叛，投靠趙國。田布派兵攻廩丘，公孫會派人向三晉求援，於是三晉聯合出兵往救，大敗齊君。所以前四〇四年，剛即位的齊康公所簽下的盟約中便有不得再攻打廩丘的條件。晁福林《春秋戰國的社會變遷》上冊頁172-178對「公孫會之亂」亦有論述，請讀者參看。

又上引張志鵬先生將齊被迫割建陽、巨陵與越成的時間訂在齊宣公五十一年（前405年），與簡文開頭將時間訂在楚聲王元年、齊康公元年（前404年）不同。

「𡩜」字作𤜣，其上「亩」旁可以比對𤘥（《新蔡》甲一：12），更多寫法以及與「爾」的形體分別，請見拙著：《楚文字論集》，頁138-152。

⑰　晉公獻齊俘馘於周王

整理者：晉公，晉烈公，此時當是晉烈公十六年。三晉以獻齊俘馘為名，要求周王命為諸侯。（頁194，注16）

建洲按：前面已經提到周王命三晉為侯是前四〇三年，此年應是晉烈公十三年。此周王應為周威烈王。

⑱　述（遂）以齊侯貪（貸）、魯侯轟（顯）、宋公畋（田）、衛侯虔、奠（鄭）白（伯）𢼸（駘）朝【一二四】周王于周▉

（一）魯侯轟（顯）

整理者：魯侯轟，即魯穆公顯，本章一二〇號簡作「侃」，人名異寫楚簡多見。（頁195，注17）

黃傑：清華簡（貳）簡124「魯侯轟」，120號簡作「魯侯侃」。今按：轟字又見郭店《性自命出》24號簡、上博《性情論》14號簡，辭例為「聞笑聲，則轟如也斯喜」。對「轟」的釋讀，學者們有不同意見（參看范麗梅《釋楚簡〈性自命出〉、〈性情論〉「轟如」》，復旦網2011年8月8日）。今按：得清華簡（貳）中的辭例，可知《性自命出》、《性情論》的「轟如」應釋為「侃如」，侃，和樂貌。《漢書‧韋賢傳》：「我徒侃爾，樂亦在而。」顏師古注：「侃，和樂貌。」「侃爾」猶「侃如」。（《〈性自命出〉、〈性情論〉

的「轟如」，簡帛網簡帛論壇，2011 年 12 月 23 日，
http://www.bsm.org.cn/bbs/read.php?tid=2867）

（二）宋公畋（田）

整理者：宋公畋，即宋休公田，悼公之子，《宋微子世家》：「悼公八年
卒，子休公田立。」（頁 195，注 17）

建洲按：宋休公田立於公元前四〇三年，見本書附錄〈《繫年》大事年
表〉。此人亦見於第二十三章簡 126「宋公畋（田）、奠（鄭）白（伯）訋（駘）
皆朝于楚。」

（三）衛侯虔

整理者：衛侯虔，據《衛世家》和《六國年表》，此時為衛慎公積。《衛
世家》記慎公之父是公子適，索隱云：「《系（世）本》『適』作『虔』。」
可見《世家》衛世系有混亂處。簡文「虔」字所從文旁兩側有裝飾筆劃，
類似寫法見於姑虔昏同之子句鑃（《集成》四二四）。（頁 195，注 17）

建洲按：「虔」作 ，在「文」旁加了飾筆。而《集成》424 （姑虞
同之子句鑃）實為「虞」。（參何琳儀：《戰國古文字典》頁 907、李家浩：
〈關於姑馮句鑃的作者是誰的問題〉，《傳統中國研究集刊》第七輯，2010
年 3 月、廣瀨薰雄：〈釋清華大學藏楚簡（叁）《良臣》的「大同」——兼
論姑馮句鑃所見的「昏同」〉，復旦網，2013 年 4 月 24 日）。《史記・衛康叔
世家》：「悼公五年卒，子敬公弗立。敬公十九年卒，子昭公糾立。……昭
公六年，公子亹弒之代立，是為懷公。懷公十一年，公子積弒懷公而代立，
是為慎公。慎公父，公子適；適父，敬公也。」則「公子適」是衛敬公的

兒子，衛昭公的弟弟，衛慎公的父親。「公子適」，根據《史記索隱》云：「《系
（世）本》『適』作『虔』。」則《繫年》的「衛侯虔」應該是指「公子適」，
也就是說「公子適」曾即位，與《衛康叔世家》所述不同。

（四）奠（鄭）白（伯）剆（駘）

整理者：奠白剆，即鄭繻公駘，《鄭世家》：「幽公元年，韓武子伐鄭，
殺幽公。鄭人立幽公弟駘，是為繻公。」（頁 195，注 17）

建洲按：此人亦見於第二十三章簡 126「奠（鄭）白（伯）剆（駘）」。

（五）朝【一二四】周王于周▇

馬衛東、王政冬：可見，三晉命侯，實為三晉伐齊入長城，迫使齊康
公會同三晉前往朝見周威烈王的結果。（〈清華簡《繫年》三晉伐齊考〉，復
旦網，2012 年 10 月 18 日）

建洲按：本章簡末的章末結束號不是很清晰，但仍有痕跡作▇，與第
十五章屬於漏標符號完全沒有痕跡不同。請見第一章「⑭立卅=（三十）又
九年，戎乃大敗周自（師）于千畮（畝）▇」條下的說明。又朱曉海先生根
據杜預所云「周之宗盟，異姓為後」，認為「晉公獻齊俘馘於周王，遂以齊
侯貸、魯侯顯、宋公田、衛侯虔、鄭伯駘朝【一二四】周王于周。【一二五】」
以子姓的宋列於姬姓的衛、鄭之前，違背禮制的敘述。（〈清華簡所謂《繫
年》的書籍性質〉，頁 425）。這個順序也見於第二十三章「楚聲桓王立四年，
宋公田、鄭伯駘皆朝于楚。」看來在《繫年》作者的心中，朝周與朝楚一
也。不過朱文還指出「《春秋》經文序列所以會與筆者上述之文有此明顯差
異，是因為諸侯相朝，或觀見天子，接見地點率於宗廟，當以血緣為重，
故『異姓為後』。會、盟、征伐地點均在外，自然按照參與者爵位高低排序。」

（頁425，注43）也就是認為隨著地點的不同，參與諸侯的排序異有相應的不同。出土文獻或傳世史書的記載對於諸侯相朝或覲見天子時「周之宗盟，異姓為後」的執行程度有多少還可繼續探究。

《繫年》第二十三章集解

【章旨】

　　本章的主旨仍圍繞在晉楚兩國的戰爭上，同時也牽涉到戰國時代幾件比較重要而史書闕如的史實。首先，《史記・六國年表》載前三九九年楚國歸榆關于鄭，但沒有交代原因。今由本章「悼哲王即位，鄭人侵榆關……楚師亡功」，可知前一年楚人戰敗（前 400 年），故隔年（前 399 年）歸還榆關給鄭國，這也證明前四百年是悼王元年，聲王在位只能是四年，請見二十二章的相關論述。其次，對於《史記・六國年表》所載前三九九年「王子定奔晉」的後續發展，史書闕如，今由本章的記載可以略窺一二。第三，對於鄭子陽與鄭太宰欣的事蹟，《繫年》的記載與傳世文獻不同，值得關注。第四，簡 134「魯陽公率師救武陽」，應該與《包山》的紀年事件「魯陽公以楚師後城鄭之歲」為一事，據研究當是公元前三九四年的事情，同時魯陽公也於此年兵敗身亡。以往將包山「魯陽公以楚師後城鄭之歲」繫在前三二〇年，楚懷王時期是不妥的。第五，本章出現幾位以往沒見過的楚封君，可為以後的研究增加資料。第六，地名「武陽」，據古書及《張家山漢簡》約有三處地點，但這三處以往不知與楚國有關，今由本章可知鄭國附近的武陽，《張家山漢簡・秩律》稱為「東武陽」，可能就是本章所云楚聲王「寘武陽」的地點。總體來說，本章的信息量很大，值得我們繼續深究探索。

【釋文】

　　楚聖（聲）趄（桓）王立四年，宋公畋（田）、奠（鄭）白（伯）訇（駘）

皆朝于楚①。王衒（率）宋公以城䝬（榆）䦉（關）②，是（寘）武䲔（陽）③。秦人【一二六】敗晉𠂤（師）於茖（雉）佘（陰）④，以為楚敓（援）。聖（聲）王即殜（世），叩（悼）折（哲）王即位⑤。鄭人戠（侵）憤（䝬-榆）䦉（關），䲔（陽）城洹（桓）惡（定）君衒（率）【一二七】䝬（榆）䦉（關）之𠂤（師）與上或（國）之𠂤（師）以迻（交）之⑥，與之戠（戰）於珪（桂）陵⑦，楚𠂤（師）亡工（功）。競（景）之賈與䣄（舒）子共戠（捷）而死⑧。朏（明）【一二八】歲（歲），晉賵余衒（率）晉𠂤（師）與奠（鄭）𠂤（師）以內（納）王子定⑨。遱（魯）易（陽）公衒（率）𠂤（師）以迻（交）晉＝人＝（晉人⑩，晉人）還，不果內（納）王子。朏（明）歲（歲），【一二九】郎臧（莊）坪（平）君⑪衒（率）𠂤（師）戠（侵）奠＝（鄭，鄭）皇子＝（子、子）馬、子沱（池）、子垍（封）子⑫衒（率）𠂤（師）以迻（交）楚＝人＝（楚人，楚人）涉洑（氾）⑬，牁（將）與之戠（戰），奠（鄭）𠂤（師）逃【一三○】內（入）於蒇（蔑）⑭。楚𠂤（師）回（圍）之於鄸（鄭-蔑），𦘔（盡）逾（降）奠（鄭）𠂤（師）與亓（其）四遰（將）軍，以歸（歸）於郢⑮。奠（鄭）太剒（宰）慚（欣）亦记（起）禤（禍）於【一三一】奠＝（鄭⑯，鄭）子䲔（陽）用滅⑰，亡迻（後）於奠（鄭）。朏（明）歲（歲），楚人歸（歸）奠（鄭）之四牁（將）軍與亓（其）萬民於奠（鄭）⑱。晉人回（圍）津（津）、長陵⑲，【一三二】克之。王命坪（平）亦（夜）悼武君衒（率）𠂤（師）戠（侵）晉⑳，逾（降）郜（郜）㉑，戠（捷）祁（滕）公涉綯以歸（歸）㉒，以返（復）長陵之𠂤（師）。昏（還）年㉓，軖（韓）【一三三】緅（取）、愚（魏）繡（擊）衒（率）𠂤（師）回（圍）武䲔（陽）㉔，以返（復）郜（郜）之𠂤（師）。遱（魯）易（陽）公衒（率）𠂤（師）救（救）武易（陽），與晉𠂤（師）戠（戰）於武易（陽）之城【一三四】下，楚𠂤（師）大敗㉕，遱（魯）易（陽）公、坪（平）亦（夜）㤈（悼）武君、易（陽）城洹（桓）惡（定）君，三執珪之君與右尹卲（昭）之妃（竢）死女（焉）㉖，楚人𦘔（盡）去（棄）亓（其）【一

三五】幡（旍）、幕、車、兵，犬達（逸）㉗而還。陳人虍（焉）反而內（納）王子定於陳㉘，楚邦以多亡城。楚𠂤（師）將𢦏（救）武易（陽），【一三六】王命坪（平）亦（夜）悼武君𡊁（使）人於齊陳淏求𠂤（師）㉙。陳疾目衒（率）車千龏（乘），以從楚𠂤（師）於武易（陽）㉚。甲戌，晉楚以【一三七】戰（戰）。丙子，齊𠂤（師）至喦，述（遂）還▍㉛。【一三八】

【語譯】

　　楚聲王四年，宋休公田、鄭伯駘皆朝見楚國。楚聲王率領宋休公田在榆關建城、設置武陽城（作為與晉國作戰的準備）。秦國在雒陰打敗晉國軍隊，作為楚國的援軍。楚聲王過世，楚悼王即位。鄭國人侵討榆關，楚國陽城桓定君率駐守榆關的楚國與上國的軍隊跟鄭國交兵，兩國在桂陵發生戰爭，結果楚軍失敗，景之賈與舒子共被擄獲而死。隔年（楚悼王二年），晉賄余率領晉國軍隊與鄭國軍隊護送周王子定回周國。此時楚國魯陽公率領軍隊與晉人交兵，晉人歸國，護送周王子定的事情沒有結果。隔年（楚悼王三年），楚國郎莊平君率領軍隊侵伐鄭國，鄭國皇子、子馬、子池、子封子與楚人交兵，楚人渡過洰水，將與鄭人戰鬥，（鄭國戰敗）逃回蔑地。楚軍包圍蔑地，盡降鄭國軍隊與皇子、子馬、子池、子封子四位將軍後，班師回鄩郢。此時，鄭太宰欣在鄭國引起禍害，鄭子陽因此滅亡，「罕氏」從此在鄭國絕後。隔年（楚悼王四年），楚人將鄭國四位將軍與人民放回鄭國。

　　晉人包圍（楚國的）津與長陵，並且攻下此二地。楚悼王命令平夜悼武君率領軍隊侵伐晉國，使郜地投降，擄獲騰公涉纈回楚國，這是為了報復晉國對長陵的用兵。事隔一周年後，韓取、魏擊率軍包圍武陽，以報復楚國對郜地的用兵。魯陽公率軍救武陽，與晉軍在武陽城下開戰，結果楚軍大敗，魯陽公、平夜悼武君、陽城桓定君三位楚國執珪之軍與右尹昭之竢戰死。楚人完全拋棄軍隊的旍、幕、車、兵，像犬一樣地逃逸。陳國人

利用楚國戰敗之際，反而迎納王子定到陳國，楚國因此失去很多城池。

（補敘武陽之戰前後楚國向齊求師以及齊國發兵、還師的過程）楚軍將救武陽城，楚悼王下令平夜悼武君派人向齊國陳淏請求軍隊支援。陳疾目率領千乘車馬，跟從楚師到武陽。甲戌那天，晉楚在武陽開戰，三天後的丙子齊師至甾地，（知楚兵敗），齊師就回國了。

【集解】

① 楚聖（聲）趄（桓）王立四年，宋公畋（田）、奠（鄭）白（伯）剳（駘）皆朝于楚

整理者：楚聖（聲）趄（桓）王立四年，為周威烈王二十二年。此時三晉正忙於與越聯兵攻打齊國，楚乘機發展其在中原的勢力。（頁197，注1）

建洲按：楚聖（聲）趄（桓）王四年相當於周安王元年，公元前四〇一年。「宋公畋」即宋休公田，悼公之子，《宋微子世家》：「悼公八年卒，子休公田立。」，「奠（鄭）白（伯）剳（駘）」，即鄭繻公駘，《鄭世家》：「幽公元年，韓武子伐鄭，殺幽公。鄭人立幽公弟駘，是為繻公。」皆見於二十二章簡124。〈六國年表〉周安王六年、繻公二十七年（前396年）「鄭相子陽之徒殺其君繻公。」

② 王衒（率）宋公以城贖（榆）闈（關）

整理者：贖闈，榆關。贖，定母屋部；榆，喻母侯部，古音很近。地在今河南中牟南。《史記·楚世家》：「（悼王）十一年，三晉伐楚，敗我大梁、榆關」，索隱：「此榆關當在大梁之西也。」一說地在今河南汝州東南。（頁197，注2）

楊寬：榆關在新鄭與大梁之間，原為鄭地，為出入中原之重要門戶，成為此後魏與楚爭奪之地。（《戰國史料編年輯證》，頁206）

裘錫圭：「俞」、「賣」上古音相近，「俞」聲與「賣」聲相通之例頗多。古書中，「窬」和「牏」皆與「竇」通。古代有一種細布，其名稱有「緰此、緰呰、緰貲、俞此」等寫法，漢簡作「竇此」。清華簡《繫年》第二十章簡113有「句俞之門」，整理者謂「俞」、「瀆」古音相近，「句俞之門」宜讀為「句瀆之門」，可能與「句瀆之丘」相關，其說當是。同書第二十三章有一地名，簡128作「牘（聲旁原作「𠇍」）關」，127作「儥（聲旁原作從「𠇍」聲之「牘」，下「覿」字同）關」，126作「覿關」，整理者謂即古書之「榆關」，亦可信。所以，將用作「賣」字聲旁的「𦣞」釋為「踰」之初文，從字音上看是十分合適的。⋯⋯從現有資料看，在戰國文字裏，似乎只有楚文字使用從「𦣞」聲的「賣」。從「𠇍」聲的「牘」字以及以之為聲的那些字，見於璽印的大都屬於三晉。楚簡中也出現了這些字（上文注18已舉出），可能是由於受了三晉文字的影響。（〈說從「𦣞」聲的從「貝」與從「辵」之字〉，《文史》2012年第3輯，頁18）

建洲按：簡文的「王」指楚聲桓王。「贖」字作，也見於簡127作、簡128作。裘先生認為楚文字出現寫法，是受到三晉文字的影響，當是。新出《上博九‧卜書》簡4亦有「瀆」作，與相比，在「中」形與「目」旁之間多出一橫筆，寫法比較特別。這段歷史似未見于史書。《史記‧六國年表》載前三九九年楚悼王三年歸榆關于鄭。《史記‧楚世家》載楚悼王十一年「十一年，三晉伐楚，敗我大梁、榆關。」楊寬《戰國史料編年輯證》云：

> 《史記會注考證》引《正義》佚文云：「《年表》云：『悼王三年歸榆關于鄭。按榆關當鄭之南，大梁之西也。榆關在大梁之境。此時屬楚，故云敗我大梁榆關也。』（見南化、楓、梅、贄異本）」此說甚是。呂祖謙《大事記》云：「大梁魏地，不知楚追三晉之師至于是歟？或者是楚伐魏而韓、趙救之，《世家》誤以為三晉伐楚歟？」此說不

確。榆關在大梁之西南，介于今新鄭與開封之間，原為鄭地，為楚所攻占。楚悼王三年楚曾一度以榆關歸還于鄭，但不久仍為楚佔有。榆關為出入中原之重要門戶，因而成為三晉與楚爭奪之地。此年（引按：指悼王十一年）三晉合兵敗楚于大梁、榆關，從此大梁為魏所占有，但榆關仍為楚所有。魏惠王欲遷都大梁，榆關勢在必得，《魏策四》第二章載有人為魏王曰：「鄭侍魏以輕韓，伐榆關而韓氏亡鄭。」《韓非子・飾邪》云：「鄭侍魏而不聽韓，魏攻荊而韓滅鄭。」當魏全力攻取楚之榆關時，韓即乘機滅鄭。魏取得榆關後，於是遷都大梁。（頁221-222）

今由《繫年》本章可知「榆關」於楚聲王四年（前401年）已歸楚國所有。所以悼王即位之時（前400年），鄭人侵討榆關，陽城桓定君率駐紮在「犢（榆）關」的**楚國軍隊**與鄭國交兵，結果「楚𠂤（師）亡工（功）」。故前三九九年時楚悼王二年（《史記》說是三年）乃以榆關歸還鄭國，相關的史實聯繫得很緊密。即使楚聲王四年鄭伯駘朝于楚，也無法改變榆關被楚國占領的結果。這也說明楚聲王在位時間確實只能是四年，否則依舊說聲王在位六年，是前三九九年，這就與此年「楚悼王」歸還鄭國以榆關相衝突了。其次，楚王在榆關建城應該是為了與三晉的戰爭，否則下一句「秦人【一二六】敗晉𠂤（師）於著（雒）會（陰），**以為楚**敓（援）。」就失去聯繫了。

③　是（寘）武𥑊（陽）

（一）是

整理者：是，讀為「寘」，設置。是，禪母支部；寘，章母支部，二字古音較近。（頁197，注3）

建洲按：《會典》頁461有【睼與瑱】的通假例證。又第九章簡52「而

女（焉）酒（將）宲（賓-宲）此子也」,「宲」寫作「宲」,與本簡寫作「是」,
為同詞異字的關係。

（二）武瘍（陽）

整理者：武瘍,《水經注》中武陽同名異地多處,簡文武陽尚難確指,
從所述戰爭形勢看,地在今山東陽穀西的可能性較大。《水經‧河水注》之
武陽:「河水又東,逕武陽縣東、范縣西而東北流也。又東北過東阿縣北。」
第二種可能是《水經注》中提到的「武陽關」,在今河南舞陽縣西,參看《中
國歷史地圖集》三五至三六。諸祖耿《戰國策集注匯考》卷二十二云:舞
陽「史作武陽,以音近通用也」。然此時的主戰場在宋、衛等國境,舞陽關
緊鄰方城,此時尚應屬相對安全的後方,楚人在出擊遠方前,卻在後方預
先防禦,亦有可疑。（頁 197,注 3）

建洲按:「武陽」確實常見於典籍,請見《中國歷史大辭典－歷史地理
卷》491 頁的說明。又后曉榮:《戰國政區地理》附表一「關東六國縣邑表」
記載趙國、楚國、齊國均有地名「武陽」（頁 294-295。另見頁 195 對於齊
國「武陽」位置的推論）。整理者所說山東陽穀西,即西漢東郡東武陽縣。
《懸泉漢簡》87-89C:10 所載「轉卒東郡武陽東里宮賦」,胡平生、張德芳
《敦煌懸泉漢簡釋粹》指出:「武陽,即東武陽,漢東郡屬縣。《漢書‧地
理志》顏注引應劭曰:『武水之陽也。』故城在今山東莘縣東南」（頁 97）
此地亦見於《張家山漢簡‧秩律》簡 460「東阿、聊城、燕、觀、白馬、**東
武陽**、茬平、甄（鄄）城、揗（頓）丘」,注釋說:「東阿、聊城、觀、白
馬、東武陽、茬平、鄄城、頓丘,屬東郡。」（《張家山漢墓竹簡（釋文修
訂本）》頁 78,注 97）」。地理位置請見底下第一圖。至於整理者所說的「舞
陽」,亦見於《張家山漢簡‧秩律》簡 460「潁陰、定陵、舞陽」,注釋說:
「潁陰、定陵、舞陽,屬潁川郡。」（頁 77,注 91）。亦見后曉榮:《戰國

政區地理》頁98「魏國政區地理－舞陽」。請見底下第二圖：

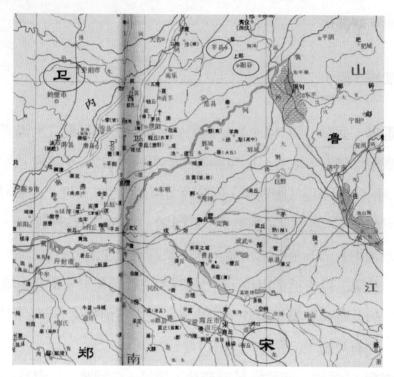

（《中國歷史地圖集》，頁 24-25 鄭衛宋）

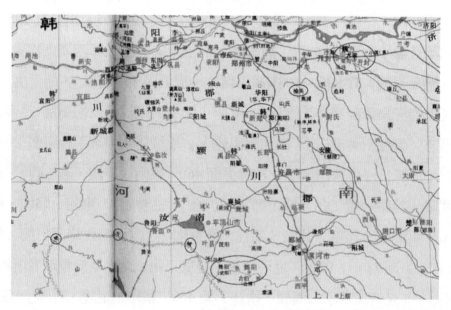

（《中國歷史地圖集》，頁 35-36 韓魏）

《張家山漢簡‧秩律》亦有地名「武陽」，注釋說：「漢初屬廣漢郡。武帝建元六年置犍為郡，武陽從廣漢郡劃入該郡。」（頁72，注5）。此地應即《華陽國志‧蜀志》所記蜀王所遁走的地點，與《繫年》所述的「武陽」無關。

④ 茖会（陰）

整理者：茖会，洛陰，在今陝西大荔西。洛陰是魏太子擊在四年前所築。《魏世家》：「十七年，伐中山，使子擊守之，趙倉唐傅之。子擊逢文侯之師田子方於朝歌……子擊不懌而去。西攻秦，至鄭而還，築雒陰、合陽。」（頁197，注4）

建洲按：「茖会」整理者讀為「洛陰」，不如依《史記‧魏世家》讀為「雒陰」。《正義》曰：「雒，漆沮水也，城在水南。《括地志》云，雒陰在同州西也。」《水經‧河水注》云：「洛水自獵山枝分東派，東南注于河，昔魏文侯築館雒陰，謂是水也。」雒陰故址在今陝西大荔縣西南洛河南岸（后曉榮：《戰國政區地理》，頁91-92）。〈六國年表〉載前四〇八年，魏文侯十七年（楊寬《輯證》以為是魏文侯38年）「擊宋〈守〉中山。伐秦至鄭，還築洛陰、合陽。」楊寬先生按語說：「魏于上年與此年連續伐秦，先後攻取臨晉（今陝西大荔縣東南）、元里（今陝西澄縣東南）、洛陰（今大荔縣西南）、郃陽（今陝西合陽縣東南）等地，並築城，並曾長驅直入至鄭（今陝西華縣）。」（頁167）而簡文所述是楚聲王四年，前四〇一年的事情，則上距魏太子擊築「洛陰」有七年的時間，而非整理說所說的四年。又〈六國年表〉載前四〇一年，秦簡公十四年「伐魏至陽狐」，亦見《史記‧魏世家》：「（魏文侯）二十四年，秦伐我至陽狐。」（楊寬《輯證》以為當是魏文侯四十五年）。則前四〇一年，秦國攻打了魏邑洛陰與陽狐，前者不見於史書記載。附帶一提，《集成》11379「十七年丞相啟狀戈」的「內」反面

刻銘「郃陽」，王輝《秦銅器銘文編年集釋》頁五八已提到魏文侯十七年「築郃陽」，但認為此年是前三四一年則不確。地理位置如下所示：

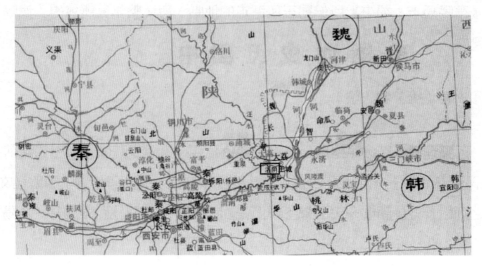

（《中國歷史地圖集》，頁 43-44 秦蜀）

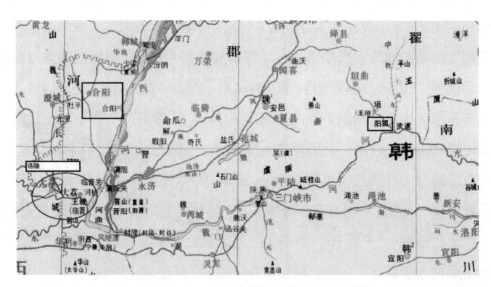

（《中國歷史地圖集》，頁 35-36 韓魏）

⑤　聖（聲）王即殜（世），叩（悼）折（哲）王即位

（一）聖（聲）王即殜（世）

整理者：聖（聲）王即殜（世），《楚世家》：「聲王六年，盜殺聲王。」《六國年表》在周威烈王二十四年。（頁 197，注 5）

建洲按：根據《繫年》的資料，聲王恐怕只在位四年，相當於周安王元年，前四〇一年。請見上條注釋與第二十二章「③宋殤（悼）公牆（將）會晉公，卒（卒）于縣」條注釋。

（二）㓇（悼）折（哲）王即位

整理者：㓇（悼）折（哲）王，楚悼王熊疑，楚簡又作「悆折王」等。㓇字在楚簡中多是「間」字異體「閒」的省形，此處則疑讀為「悼」，字從「刀」聲。《六國年表》楚悼王元年在周安王元年（前 401 年），是逾年改制。（頁 197，注 5）

董珊：楚悼王稱悆（悼）折王，已見於夕陽坡簡和望山簡。就李學勤先生文對相當於「悆」的那個字的隸定為從夕、從刀來看，清華簡《繫年》的「悆」字原不從心、口二旁，應是從卩、刀聲的字，卩和夕字形本有些相近之處，遂至混淆。也許隸定為「卲」、「邜」更好一些。（〈清華簡《繫年》所見的「衛叔封」與「悼折王」〉，復旦網，2011 年 4 月 1 日，頁 58-60）

蘇建洲：「㓇折王」的「㓇」見於《祭公》03 卲（昭）（4 見，《耆夜》也有一例），一般作（《包山》15）。（董珊〈清華簡《繫年》所見的「衛叔封」與「悼折王」〉文後評論）

白光琦：此章連續記事在五年以上，所以「聲王即世，悼哲王即位」應為悼王元年。聲王四年卒，悼王元年應為 400B.C.。（〈由清華簡《系年》訂正戰國楚年〉，簡帛網，2012 年 3 月 26 日）

陶金：第二十三章則證明，楚聲王實際上僅在位四年。《史記》中的《楚世家》與《六國年表》均以楚聲王在位六年。筆者認為可能是篆文「四」與「六」極易混淆。既然楚聲王在位的時間有變化，那麼楚簡王的紀年有

無問題呢？根據《繫年》第二十一章的記載，楚簡王七年，「宋悼公朝於楚，告以宋司城㤱之弱公室。王命莫敖陽爲率師以定公室」。《史記》以楚簡王在位二十四年。相距十七年，再補上楚聲王元年恰好爲十八年。可見宋悼公朝於楚的時間實際上是宋昭公剛剛去世的時間，狀告司城㤱（即皇喜，司城子罕）侵佔君位，楚簡王幫助宋悼公復位。楚簡王八年即宋悼公元年。由此看來，楚簡王在位年數沒有問題，但要下移三年。楚聲王之後的楚悼王元年延後一年，同時在位年數減去一年。這樣年表與相關記載基本可以融洽。（〈由清華簡《繫年》談洹子孟姜壺相關問題〉，復旦網，2012 年 2月 14 日）

　　建洲按：根據《繫年》的資料來看，楚悼王元年是前四百年。且根據本章簡 133-136 所述，《繫年》最後記錄的事件的年代在前三九四年，悼王七年，請見「《繫年》大事年表」。加上本章已稱悼王的謚號，則《繫年》最早寫成於楚肅王時期。這與本章出現的「韓【一三三】取、魏擊」也不衝突。「韓取」是韓烈侯，其卒年是前三八七年（據〈六國年表〉、《戰國史料編年輯證》，頁 1176）；「魏擊」即魏武侯，其卒年是前三七一年（據〈六國年表〉、《戰國史料編年輯證》，頁 1178）。或以爲此二人未稱謚號，則《繫年》寫作時還健在，那寫作時間不能晚於前三八七年，如此則與肅王元年（前 380 或前 379 年）不合。但是 21 章簡 116 提到「韓取」的祖父「韓啟章」亦用人名，不稱「韓武子」，而韓武子卒年是前四〇九年，時當楚簡王時期，在《繫年》寫作時他不可能還活著。換言之，此處的「韓取」是否稱謚不能用作時間斷點的依據。

　　其次，「叨（悼）折（哲）王」的「叨」作【字形】，整理者隸定作「刕」不妥。左邊的「夕」形實爲「卩」旁之變，如《金縢》05「訊」作【字形】，其「卩」旁便與「夕」形相近。「叨」的寫法與《祭公》03「周昭王」的「昭」作【字形】（4 見，《耆夜》也有一例）、《周公之琴舞》13「𥷥（篤）元（其）親卲」的「卲」作【字形】、《赤鵠之集湯之屋》04「卲（昭）然」的「卲」作【字形】、《祭

公》09「![字形]」作![字形]上部相同。可見本簡「![字形]」與「間」作![字形]（《包山》220）只是偶而同形，來源並不相同。其次，《繫年》簡 135「平夜![字形]（悼）武君」的「悼」作![字形]，則與卜筮祭禱簡常見楚悼王的「悼」作![字形]（《包山》226）寫法相同。「悼武君」的「悼」在簡 133 作![字形]，137 作![字形]，即「悼」字，从心卓聲。如同包山楚簡所見的楚大司馬「![字形]![字形]」（包山簡 226、249 等簡），267 簡作「![字形]![字形]」，在包山牘作「![字形]![字形]」。《望山》楚簡所祭禱的祖先之一是「![字形]王」，朱德熙等先生說：「![字形]」從「心」「邵」聲，不見字書。「邵」本從「刀」得聲，古音與「悼」極近，「![字形]」當即「悼」字異體（《望山楚簡》，頁 139）。董珊先生說「由此可見，楚文字中的『![字形]』字多應讀為謚法之『悼』。」（〈出土文獻所見「以謚爲族」的楚王族──附說《左傳》「諸侯以字爲謚因以爲族」的讀法〉，復旦網，2008 年 2 月 17 日）。《繫年》楚悼王的「悼」不寫作「![字形]」卻寫作「![字形]」；同時寫作「![字形]」者也不代表楚悼王，平夜悼武君是平夜文君子良的後代，子良是昭王之子，惠王之弟，可見武悼君的出身與楚悼王無關，交叉比對可知《繫年》的底本確實沒有把「![字形]」當作謚法「悼」來使用，似乎可以說明《繫年》的底本非來自楚國。又《上博七・君人者何必安哉》中的楚王，陳偉先生認為是楚悼王，其說可能是對的，見氏著《楚簡冊概論》頁 155、293-294。

補記：李銳：《繫年》敘事緊密，如果以楚聲王在位僅四年計，則楚悼王（即簡文中的悼哲王）元年是 400BC，楚悼王二年（399BC），「晉瞇余率晉師與鄭師以入王子定。魯陽公率師以交晉人，晉人還，不果入王子」，這合于《六國年表》同年所記的「王子定奔晉」；「明歲」，楚悼王三年（398BC），「鄭太宰欣亦起禍于鄭，鄭子陽用滅」，合于《六國年表》同年所記「鄭殺其相駟子陽」。**看來楚聲王在位有可能只有四年**，而《史記》記為六年，如此則楚聲王元年推遲三年所造成的變動，當去掉兩年，只剩下一年了。前面已經說過，一年的差別常見。因此以楚聲王元年為周威烈王二十二年，問題已經解決了一半。（〈清華簡《繫年》與葛陵簡楚史問題考〉（待刊稿））

⑥ 鄭人戝（侵）犢（犢-榆）閵（關），旐（陽）城洹（桓）㤅（定）君衒（率）【一二七】犢（榆）閵（關）之𠂤（師）與上或（國）之𠂤（師）以迖（交）之

（一）鄭人戝（侵）犢（犢-榆）閵（關）

　　建洲按：請見「②王衒（率）宋公以城犢（榆）閵（關）」條注釋。

（二）旐（陽）城洹（桓）㤅（定）君

　　整理者：旐城洹㤅君，旐城君又見曾侯乙墓簡一六三、一九三號簡。陽城是封君的封地。戰國時期有多個地名叫陽城，疑此在今河南漯河東。《文選・登徒子好色賦》：「嫣然一笑，惑陽城，迷下蔡」，李善注：「陽城、下蔡，二縣名，蓋楚之貴公子所封。」「洹㤅」當是此封君的謚，讀為「桓定」。包山楚簡中的陽城公則可能是陽城被占領後，流落他處的陽城君後人。（頁198，注6）

　　劉信芳：（包山）易成，讀為「陽城」，與下蔡相鄰，宋玉《登徒子好色賦》：「嫣然一笑，惑陽城，迷下蔡」，《呂氏春秋・上德》有「陽城君」，為楚悼王時人。曾侯乙簡所記「陽城君」為楚惠王時人。就目前所見到的資料來看，張家山漢簡《秩律》457「陽成」應與包山簡120「易成」同指一地，即《漢志》汝南郡之陽城，以其與下蔡、曾國相近故也。（《包山楚簡釋例》，頁106-107）

　　陳穎飛：關於陽城君，《呂氏春秋・離俗覽》有一個很著名的故事。楚悼王十五年（前387年），墨家鉅子孟勝為陽城君守城而死難，「陽城君走，荊收其國」，這是最後一代陽城君。他是《繫年》簡「陽城桓定君」的下一代封君，很可能是其子輩。曾侯乙簡另有陽城君，疑是「陽城桓定君」的上一代，很可能是第一代陽城君。作為「執珪之君」之一，與魯陽公、平

夜君相類，陽城君也應出自王族，第一代陽城君很可能是王子或王孫。（〈楚悼王初期的大戰與楚封君——清華簡《繫年》札記之一〉，《文史知識》2012年5月，頁106）

　　鄭威：《曾侯》簡文所見的陽城君與《呂氏春秋》所記載的陽城君關係尚不明確，可能如（《曾侯》簡）考釋所言，二者所指為同一人，也有可能是前後承襲的關係。楚陽城君存續時間，上限至少在前四三三年，下限至悼王去世之年，即前三八一年。包山簡中有「陽城公」（簡120、121），說明至少在楚懷王時期，陽城以為楚縣。相關簡文記述了下蔡人在下蔡、陽城之間賣馬，並涉案殺人之事。何浩、徐少華、劉信芳等先生都引用宋玉《登徒子好色賦》：「嫣然一笑，惑陽城，迷下蔡」的詩句，認為**楚「陽城」地當近於下蔡**。先秦以「陽城」為名的城邑不少。徐少華先生曾結合前人研究略作總結說：一是秦漢穎川郡之陽城縣；二是秦南陽郡之陽城；三是漢汝南郡之陽城縣；四是《大明一統志》所載位于安徽宿州南之陽城。徐先生認為楚陽城縣當在今安徽宿州南，認為它位於下蔡以北（略偏東）一百多里，從相互之間的距離和關係來看，與簡文所載情況較為接近。鄭威認為西漢汝南郡陽城侯國大概在今河南汝南縣境，與楚陽城關係尚不明晰。（《楚國封君研究》，頁122-127）

　　建洲按：「𨛬（陽）城洹（桓）𢝯（定）君」的稱名方式如同「壥（盛）武君」（《新蔡》乙一13）、平夜文君、魯陽文君，都是「封地＋諡號＋君」。

（三）𨷒（榆）闈（關）之㠯（師）

　　整理者：𨷒關之師，駐守榆關的軍隊，當是楚軍。（頁198，注6）

　　建洲按：整理者所說是，請見「②王衍（率）宋公以城𨷒（榆）闈（關）」條注釋。

（四）上國

整理者：上國，《左傳》昭公十四年「楚子使然丹簡上國之兵於宗丘」，杜注：「上國在國都之西，西方居上流，故謂之上國。」「上國」與「東國」對稱。一說上國是對**北方列國**的稱謂，《水經‧濟水注》：「昔吳季札聘上國，至衛。」（頁 198，注 6）

建洲按：整理者在頁一九九，注十九注釋認為鄭、宋、滕、魯等地是上國。《左傳》成公七年「吳始伐楚、伐巢、伐徐，子重奔命。馬陵之會，吳入州來，子重自鄭奔命。子重、子反於是乎一歲七奔命。蠻夷屬於楚者，吳盡取之，是以始大，通吳於上國。」此處的「上國」亦指北方各國或中原諸國。此外，陳松長曾撰寫〈湖南常德新出土銅距末銘文小考〉，發表在《文物》2002 年 10 期和《古文字研究》第二十四輯，他認為銅距末是楚器，並考釋銘文：「愓作距末，用差（佐）商國」的「商國」應讀為「上國」，也引用了上述《左傳》昭公十四年的證據，認為是常德的地理位置正在楚國郢都的西南方向，按理可以稱上國。謹按：銅距末應是宋器，且「商國」讀為「上國」實不可從，參見李家浩：〈忏距末銘文研究〉《古文字與古代史》第二輯頁 202-203。

補記：李守奎先生贊同陳松長之說，認為「銘文中『商國』讀為『上國』，使用假借字『商』是為了避免與下文的『上』字重複。由於古人書寫追求美，導致『惢作距末，用佐上國，光張上下，四方是服』釋讀出現了誤解或分歧。」（〈釋惢距末與楚帛書中的「方」字〉，載《紀念何琳儀先生誕辰七十周年暨古文字學國際學術研討會，2013 年 8 月 1-3 日）。謹案：李守奎之說不可從。「商國」是指「宋國」，當從上引李家浩先生所說。此外李守奎先生將距末中的「丨」、《楚帛書》乙篇的「桼」皆釋為「方」恐亦不可信。此二字恐當依李家浩先生釋為「夫」，距末「四夫」可讀為「四方」。請比對「夫」，《孔子見季趄子》簡 2 作夫、簡 19 作夫。《信陽》1.1 作夫、

《曾侯》170 作 。

（五）迓（交）

整理者：迓，《說文》：「會也。」此處指交兵迎戰。「迓」亦即「交」，《孫子・軍爭》杜牧注「交」云：「交兵也。」《楚世家》：「（悼王）十一年，三晉伐楚，敗我大梁、榆關。楚厚賂秦，與之平。」（頁 198，注 6）

劉雲（網名：苦行僧）：「交」字疑當讀為「邀」。「交」聲字與「敫」聲字古書中多有相通之例（參《漢字通用聲素研究》，頁 237-238）。此處的「邀」當為阻截之義。《文選・張衡〈西京賦〉》「不邀自遇」。「邀」或作「徼」，《孫臏兵法・陳忌問壘》「短兵次之者，所以難其歸而徼其衰也」，《史記・司馬相如列傳》「徼麋鹿之怪獸」。（〈說清華簡《繫年》中的「交」〉，復旦網學術討論區，2011 年 12 月 21 日）

復旦讀書會：陳劍（QQ 羣 12 月 19 日 6:38:22 發言）：幾個「迓」字以及簡 43 之「交」字皆應讀為義為「遮攔、截擊、阻截、攔擊」一類意義之「邀/徼」；「迓」就可看作此類義之本字、異構。（〈《清華（貳）》討論記錄〉）

董珊：「率師以交楚人」之「交」，在清華簡《繫年》多次出現，有學者已經指出讀為「邀」。這裡可以為之補充書證。幾年前我為劉釗老師寫了一篇書評《讀新出版的〈出土簡帛文字叢考〉》，其中曾援引陳劍先生的意見，指出《蓋廬》「毋要堤堤之期，毋擊堂堂之陣」與《孫子兵法・軍爭篇》云「無邀正正之旗，勿擊堂堂之陣」，顯然意思相同，「堤堤」自當讀為「正正」而「要」讀為「邀」，謂「邀擊」。「邀」訓為遮攔、截擊。（〈讀清華簡《繫年》〉）

建洲按：迓讀為「交」即可，即交兵、兵交的「交」，《孫子兵法・軍爭》：「故不知諸侯之謀者，不能豫交」，杜牧注：「交，交兵也。言諸侯之謀先須知之，然後可交兵合戰；若不知其謀，固不可與交兵也。」（《十一

家注孫子校理》，頁140)《左傳》成公九年：「兵交，使在其間可也。」《淮南子・兵略訓》：「兩軍相當，鼓鐸相望，未至兵交接刃。」參看第七章簡44的相關注釋。值得注意的是，清高士奇《左傳紀事本末》卷四十五〈楚伐滅小國〉云：「春秋時期滅國之最多者，莫楚若矣……夫先世帶礪之國，碁布星羅，南桿荊蠻，而北為中原之蔽者，最大陳、蔡，其次申、息，其次江、黃，其次唐、鄧，而唐、鄧尤逼處方城之外，為楚門戶。自鄧亡，而楚之兵申、息受之；申、息亡，而楚之兵江、黃受之；江、黃亡，而楚之兵陳、蔡受之；陳、蔡不支，而楚兵且交于上國矣。」(中華書局，1979年，頁660)，此云「楚兵且**交于上國**」可與簡文「陽城桓定君率【一二七】榆關之師與**上國之師**以**交之**」參看對讀，可以證明讀為「交」是對的。

⑦　與之戩（戰）於珪（桂）陵

整理者：珪陵，桂陵，在今河南長垣北。《水經・濟水注》：「《竹書紀年》：『梁惠成王十七年，齊田期伐我東鄙，戰于桂陽，我師敗逋。』亦曰桂陵。按《史記》〈田完世家〉：『齊威王使田忌擊魏，敗之桂陵，齊于是彊，自稱為王，以令天下。』」熊會貞注：「《括地志》，故桂城在乘氏縣東北二十一里，故老云此即桂陵也。《寰宇記》亦云，乘氏縣有桂城，即田忌敗魏師處。但乘氏之桂陵，在今菏澤縣東北二十里，與此注所指之地異，驗此注所指，當在今長垣縣西境。」(頁198，注7)

《中國歷史大辭典——歷史地理卷》：桂陵，戰國魏地。在今河南長垣縣西南。公元前三五三年，齊田忌用孫臏「圍秦救趙」計，大敗魏軍於此。一說在今山東菏澤縣東北。（頁 727）。地理位置如下所示：

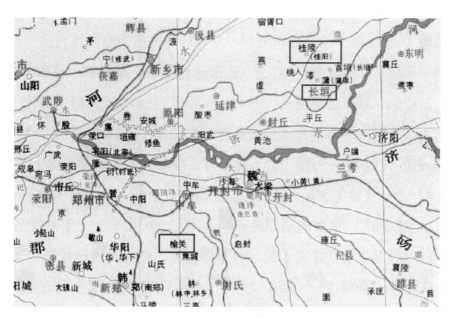

（《中國歷史地圖集》，頁 35-36 韓魏）

⑧　競（景）之賈與酓（舒）子共戠（捷）而死

（一）競（景）之賈

　　整理者：競之賈，楚公族，楚平王諡競（景）平，競之賈為平王之後，亦即楚之景氏。楚青銅器有競（景）之定，見張光裕《新見楚式青銅器群器銘試釋》（《文物》2008 年第一期）。（頁 198，注 8）

　　田成方：景氏出自楚平王，以王諡為氏。救秦戎鐘、崇源銅器中的「景之定」即析君公孫寧，是最早的景氏貴族之一。約從威王時期開始，景氏大宗在威、懷、襄三王時期世代出任柱國一職，在楚國軍事活動中扮演重要角色。（《東周時期楚國宗族研究》）

（二）龤（舒）子共

整理者：龤子共，舒子共，舒滅於楚，其後人以舒為氏，見秦嘉謨《世本輯補》。（頁198，注8）

陳槃：「舒」與「徐」雖可通作，然春秋時代已有舒，復有徐，亦是史實。僖三年經「徐人取舒」，舒在今安徽舒城縣；又有舒蓼、舒庸、舒鳩、舒龔、、舒鮑、舒龍之屬號為「群舒」、「眾舒」，是其證。舒之與徐，蓋本同而末異。（《春秋大事表列國爵姓及存滅表譔異（三訂本）》，頁578）

建洲按：《包山》「舒慶」的「舒」有三種寫法，一是 （簡135反）、（簡136反），《楚文字編》頁250隸定為「」，可從。「予」旁可參「豫」作 （《包山》07）。這種寫法亦見於 （《新收》0365，十一年皋落戈）、（《集成》11376，十八年冢子戈）。《繫年》的「舒」作 則是在「」旁加上「」。第二種寫作 （簡132）、（簡137）。第三種寫法是 （《包山》120），亦見於《新蔡》封泥作 ，吳良寶《地名輯證》頁229釋為「舒」，可從。李守奎：〈包山楚簡姓氏用字考釋〉（《簡帛》第六輯）、《包山楚墓文字全編》頁162皆從此說，可信。〈包山楚簡姓氏用字考釋〉一文提到說：「楚人用字，通假雖多，但並不漫無邊際，亦有其用字習慣，並非毫無規律可循。雖然『舒』、『徐』音近，皆以『余』為聲符，但舒字在『余』的側面或下方另有『巫』或『予』等音符，單以『余』為音符的姓氏用字當是『徐』。」（引按：指「郐」）（頁232）按：「舒」除了加「巫」或「予」外，還有第三種「」寫法，在「余」下加上「甘」旁，或訛為「○（日）」旁。李先生說「郐」多作「徐」姓，以目前看到的例證來說，似可從。《繫年》十五章「陳公子諻（徵）郐（舒）」的「諻（徵）郐（舒）」是做人名用，並不違背上述的規律。一九八三年江蘇丹徒春秋墓出土的 郐鍾銘文記有「舍王」，曹錦炎先生讀為「舒王」，周曉陸等學者主張釋為「徐王」，（參黃錦前〈談兩周金文中的「舍」字〉，頁164）當以前說較為可信。《楚

居》16「审⬛（齧）」、《包山》145號簡「审⬛」，即在「舍」或「余」旁加上「⬛」，此二字也應該是「舒」，簡文中皆讀為「中謝」。《姑成家父》簡1「虐於百豫（豫）」，「百豫」或讀為「百舒」，即「群舒」。裘錫圭先生讀「百豫」為「百輿」，「輿」即《左傳》裏提到的「輿人」，錢穆《國史大綱》論此種人之身份階級較確（大概是統治階層內部最低層的人），古書有管輿人的「七輿大夫」（2008年在武漢大學簡帛論壇的演講《談談《姑成家父》的「士序」》，此文承鄔可晶先生提供）。史書未見晉厲公虐於群舒的記載，當以裘說較為合理。

附帶一提，馬王堆漢墓竹簡《天下至道談》063「自⬛張」，劉釗先生隸定為「字」，讀為「舒」，意為舒展、張開，可從（《古文字考釋叢稿》，頁335-337）。「予」旁可參見《清華三・祝辭》簡1「乃⬛米（幣）」的「⬛」，整理者隸定為「守」自無不可，但比對來看將此字釋為「予」亦無不可。又可見《包山》171「豫」作⬛、《集成》11347十三年⬛陽令戈「北⬛（字）壘」，「北字」讀為「北野」，複姓（見《戰國古文字典》，頁567）。《集成》1345「魏⬛（予）鼎」（「魏」字釋讀見周波〈中山器銘文補釋〉，復旦網，2009年9月8日）。

最後，「戠」釋為「捷」，參看第六章簡35「⑩戠（捷）惠公以歸」條注釋。

⑨　 畕（明）【一二八】戠（歲），晉賵余衒（率）晉𠂤（師）與奠（鄭）𠂤（師）以內（納）王子定

（一）畕（明）【一二八】戠（歲）

整理者：明歲，楚悼王二年。（頁198，注9）

建洲按：簡文前言「刦（悼）折（哲）王即位」，故此處「明歲」顯然

是指楚悼王二年，前三九九年。〈六國年表〉前三九九年記載「周安王三年王子定奔晉」，但歸在悼王三年。周朝的王子定出奔到晉國，史書沒有記載這件事的前因後果。

（二）賄余

整理者：賄余，人名。賄字右側偏旁上部不很清晰。（頁198，注9）

建洲按：整理者釋為「賄」不確，當隸定為「賄」，請見附錄三〈《清華大學藏戰國竹簡（貳）・繫年》考釋四則〉。

（三）內（納）王子定

整理者：當是使王子定入周。《六國年表》王子定奔晉在楚悼王三年。晉入王子定未果，王子定奔晉。據簡文，王子定在三四年後流落到齊人田氏的領地。（頁198，注9）

白光琦：王子定奔晉。《六國年表》當悼王三年，而《繫年》晉、鄭以兵入王子定不果，在悼王二年。晉、鄭納王子定不可能早于王子定出奔，可見《六國年表》的這一條也不是采自楚史。鄭人既參與此事，史官有所記載，太史公見鄭國史料有「王子定奔晉」，誤以爲周之王子，遂置于周欄。（〈由清華簡《繫年》訂正戰國楚年〉，簡帛網，2012年3月26日）

建洲按：「內」讀為「納」，見第六章簡33「⑦秦穆公乃內（納）惠公于晉」條注釋。前三九九年王子定先奔晉，同年晉賄余率晉師與鄭師再納王子定於周。〈六國年表〉的悼王三年即《繫年》的悼王二年，皆是指前三九九年。不過由於楚國魯陽公與晉人交兵，晉人歸國，護送周王子定的事情並沒有成功。

⑩　遬（魯）昜公衒（率）𠂤（師）以迭（交）晉人

整理者：遬昜公，曾侯乙墓一九五號簡作「遬䚯公」，一六二號簡作「魯陽公」，又見於包山楚簡。魯陽在今河南魯山，楚肅王時被魏國占領，《六國年表》楚肅王十年：「魏取我魯陽。」又《魏世家》：「（魏武侯）十六年，伐楚，取魯陽。」（頁198，注10）

李學勤：楚地魯陽在今河南魯山（錢穆・史記地名考，頁582-585）。魯陽公系楚的縣公，其始封見《國語・楚語下》：「惠王以梁與魯陽文子，文子辭曰：『梁險而在北境，懼子孫之有貳者也。夫事君無憾，憾則懼福，福則懼貳。夫盈而不偪，憾而不貳者，臣能自壽也，不知其他。縱臣而得全其首領以沒，懼子孫之以梁之險而乏臣之祀也。』王曰：『子仁人，不忘子孫，施及楚國，敢不從子？』與之魯陽。」韋昭注：「文子，平王之孫，司馬子期子魯陽公也。」按司馬子期之子是公孫寬，也任司馬，見《左傳》哀公十六年（西元前479年），故清人高士奇《左傳姓名同異考》云：「公孫寬亦曰魯陽文子，亦曰魯陽公。」（頁1704）但**公孫寬的活動年代距這個魯陽文子過遠，不可能是同一人的異稱**。韋昭的注文實際是本於漢末的高誘。高氏注《淮南子・覽冥》的「魯陽公」云：「魯陽，楚之縣公也，楚平王之孫，司馬子期之子，《國語》所謂魯陽文子。楚僭號稱王，其守縣大夫皆稱公，故曰魯陽公。今南陽魯陽是也。」《覽冥》篇文說「魯陽公與韓構難」，錢穆《先秦諸子繫年》已指出：「楚、韓交兵，始自悼王之世」，與司馬子期之子公孫寬年代無法相及。司馬子期死于白公之難，見《左傳》哀公十六年，公孫寬繼任其職，下距悼王有80年。」（頁180）魯陽公或魯陽文子，應當是公孫寬的子輩，在惠王晚年受封，到悼王時也約有四十年了。《墨子・耕柱》、《魯問》兩篇有魯陽文君，稱謚與新蔡葛陵楚簡的「平夜（輿）文君」相似，自然就是魯陽文子或魯陽公。（〈論包山楚簡魯陽公城鄭〉，《清華大學學報》2004年第3期，頁31。又載於《文物中的古文明》，

頁 455）。

吳良寶：《史記・楚世家》肅王十年（前 371 年）「魏取我魯陽」。楚懷王時。汝、潁上游一帶又為楚人控制，包山簡文「魯陽公以楚師後城鄭」表明，魯陽再次為楚所收復。具體的年代，徐少華推定在楚宣、威二王在位的公元前 369-公元前 329 年間。（《戰國楚簡地名輯證》，頁 167）

何浩：《墨子》中的「魯陽文君」和《國語》所見「魯陽文子」都指公孫寬，而「魯陽公」見于曾侯乙簡和《淮南子》，當指魯陽縣公，與公孫寬非一人。（何浩：《魯陽君、魯陽公及魯陽設縣的問題》，《中原文物》1994 年第 4 期）

鄭威：魯陽文君為楚平王之孫，司馬子期之子，名寬，因受封于魯陽而得名。史籍中又稱其魯陽文子、公孫寬。他請求惠王改封他于魯陽，表面上是懼怕子孫有逼上之貳心，實則因梁在邊地，擔心子孫失邑。楚惠王十年（前 479 年），司馬子期因白公之亂被殺。第二年（前 478 年），公孫寬繼任司馬之職，其受封于魯陽的時間，一般認為在此後不久。（〈墨子游楚魯陽年代考──兼談出土材料所見楚國縣大夫與封君之稱謂〉，《江漢考古》2012 年 3 期，頁 81-86。亦見《楚國封君研究》頁 109-115）

建洲按：《覽冥》篇文說「魯陽公與韓構難」，上引李學勤文已指出此事是指西元前三九四年，「負黍」叛鄭歸韓，次年楚伐韓，取負黍。錢穆《先秦諸子繫年》指出：「楚、韓交兵，始自悼王之世」亦當可信。而簡文云「遬（魯）易公衛（率）𠂤（師）以迖（交）晉人」是發生在楚悼王二年（前 399 年）。故李學勤認為魯陽公是公孫寬的子輩，從時間來看是合理的。《墨子・魯問》：「魯陽文君將攻鄭，子墨子聞而止之，謂陽文君曰：……魯陽文君曰：「先生何止我攻鄭也？我攻鄭，順於天之志。鄭人三世殺其父，天加誅焉，使三年不全，我將助天誅也。」孫詒讓指出「攷文君即公孫寬，為楚司馬子期子。據左傳，子期死白公之難，在魯哀公十六年，次年寬即嗣父為司馬，則白公作亂時，寬至少亦必已弱冠。」（頁 430）按：孫詒讓

之說可從。楚惠王十年（前 479 年），司馬子期死於白公之亂。隔年（前 478 年），公孫寬繼任司馬之職。其次，《國語・楚語下》：「**惠王以梁與魯陽文子**，文子辭曰：『梁險而在北境，懼子孫之有貳者也。夫事君無憾，憾則懼福，福則懼貳。夫盈而不倡，憾而不貳者，臣能自壽也，不知其他。縱臣而得全其首領以沒，懼子孫之以梁之險而乏臣之祀也。』王曰：『子仁人，不忘子孫，施及楚國，敢不從子？』**與之魯陽。**」而同為**楚惠王時期**的《曾侯》簡 162「**魯陽公**」（簡 119 寫作「旅公」、簡 195 寫作「旅陽公」，〈曾侯乙墓竹簡釋文與考釋〉注 177、注 261）顯然就是公孫寬。《曾侯》最晚紀年「大莫敖陽為適𦨵之春」是楚惠王五十六年（前 433 年），以前四七八年公孫寬已經弱冠來算，此時已約六十五歲左右。《覽冥》篇「魯陽公與韓構難」的年代是楚悼王七年（前 394 年），可見此「魯陽公」顯然不能是公孫寬，而當如李學勤先生所說是公孫寬的子輩，也就是說從文獻以及《繫年》的資料來看，可以看出有兩代的魯陽公。

其次，《繫年》將魯陽公與平夜君、陽城君稱為「執珪之君」（簡 135），可知「魯陽公」是封君無疑（請見「㉖三執珪之君與右尹卲（昭）之𢛢（𢜿）死屯（焉）」條注釋）。何浩、鄭威先生曾力主楚國封君沒有稱「公」者，主張「魯陽公」為「縣公」，現在看來是不對的。李學勤先生既認為「《墨子・耕柱》、《魯問》兩篇有**魯陽文君**，自然就是**魯陽文子**或**魯陽公**。」但又認為「魯陽公」是楚的縣公，顯有矛盾。現在根據《繫年》的記載，可知「魯陽公」是封君，也就是魯陽文君、魯陽文子。《墨子・魯問》：「魯陽文君曰：『先生何止我攻鄭也？我攻鄭，順於天之志。鄭人三世殺其君，天加誅焉，使三年不全。我將助天誅也。』」《墨子閒詁》引蘇時學云「鄭人三世殺其君」是指：「據《史記・鄭世家》云：哀公八年，鄭人弒哀公而立聲公弟丑，是為共公。三十年，共公卒，子幽公已立。幽公元年，韓武子伐鄭，殺幽公，鄭人立幽公弟駘，是為繻公。二十七年，子陽之黨共弒繻公，是**三世弒君**之事也。」楊寬先生也贊同此說，見「⑰奠（鄭）子㿛（陽）

用滅」條注釋。鄭威先生認為蘇說提到的鄭幽公卻不是被鄭人弒殺，而是死於韓武子伐鄭，所以認為魯陽文君所說之事當另有所指。他根據《史記·鄭世家》認為是鄭昭公、靈公、哀公被弒之事（《楚國封君研究》，頁112-113）。謹案：鄭威之說實不足以否認「鄭人三世殺其君」包含「子陽之黨共弒繻公」，反過來說他認為「三世」是指昭公、靈公、哀公被弒之事其實也沒有必然性，因為這三位君主彼此年代距離較遠。而「子陽之黨共弒繻公」約在前三九六年，可見與墨子對答的這位「魯陽文君」就是《淮南子·覽冥》、《繫年》的「魯文公」。徐少華先生也有一段精闢的分析：

> 以魯陽為縣，在於對《淮南子》卷6《覽冥訓》的誤信，《覽冥訓》說：「魯陽公與韓構難」，高誘注：「魯陽，楚之縣公。」然《國語·楚語下》載，楚惠王以梁予魯陽文子，文子辭曰：「梁險而在北境，懼子孫之有貳者也。」又曰：「懼子孫之以梁之險而乏臣之祀也。」《墨子》卷十三《魯問》載：「**魯陽文君曰：『魯四境之內，皆寡人之臣也。』**」既言「魯陽文君」，且又以「寡人」自居，並打算世代享有封地，**說明其為處之封君無疑**，《淮南子·覽冥訓》之「**魯陽公**」**應即「魯陽文君」之誤稱。**（〈關於春秋楚縣的幾個問題〉，《荊楚歷史地理與考古探研》，頁 157）

今由《繫年》的記載可知《淮南子·覽冥訓》的「魯陽公」無誤，而且「魯陽公」確實是楚之封君，可證封君亦可稱「公」。又簡文背景是前三九九年，魯陽自然仍是楚國領地，位置如下所示：

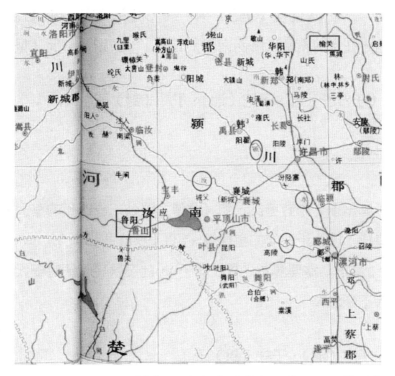

（《中國歷史地圖集》，頁 35-36 韓魏）

⑪　郎臧（莊）坪（平）君

整理者：郎臧（莊）坪（平）君，楚之封君，莊平是其諡，郎為其封地。（頁199，注11）

董珊：「郎」疑讀為「梁」，可能即《左傳》哀公四年「為一昔（夕）之期，襲梁及霍」之梁，先為蠻子之邑，後屬楚，「郎莊平君」即該地封君，又稱之為「上梁」，見《楚策一》「城渾出周」章：「鄭魏之弱，而楚以上梁應之」、「新城、上梁相去五百里〈百里〉。」戰國時又曾屬韓，稱之「南梁」，《田敬仲完世家》：「（齊宣王）二年，魏伐趙，趙與韓親，共擊魏，戰於南梁。」《正義》：「故梁在汝州西南二百步。《晉太康土地記》云：戰國時謂南梁者，別之於大梁、少梁也。古蠻子邑也。」《齊策一》：「南梁之難，韓氏請救于齊。」高誘注：「梁，韓邑也。大梁魏都在北，故曰南梁也。」《穰

侯列傳》又稱「三梁」。此地《漢志》稱「梁」，屬河南郡。《括地志》：「故城在汝州西南。在今河南臨汝縣西南四十五里。」（〈讀清華簡《繫年》〉）。

⑫　鄭皇子＝（子、子）馬、子沱（池）、子坓（封）子

（一）鄭皇子

整理者：鄭皇子，鄭有皇氏，如《左傳》僖公二十四年的皇武子、宣公十二年的皇戌、成公十八年的皇辰等。（頁 199，注 12）

建洲按：「皇子」當理解為「以氏配子」，此春秋、戰國時卿大夫稱謂之通例，請參下條注釋。

（二）子馬、子沱（池）、子坓（封）子

董珊：鄭帥「子馬」見於《集成》01798「子馬氏」鼎，是知該鼎屬戰國早期鄭。（〈讀清華簡《繫年》〉）

建洲按：「坓」作，可以比對第四章簡 18「𧪜（衛）弔（叔）坓（封）」的「坓（封）」。相同寫法還可參見：（《容成氏》18「坓（封）」）、（《凡物流形》甲 4「佳（封）」）、（《凡物流形》乙 4「佳（封）」）。「子坓（封）子」的稱名結構，可比對《左傳》襄公二十八年「子服子」。此人在昭公三年《傳》稱為「子服椒」，方炫琛先生指出「子服椒」是「仲孫它」之子，「仲孫它」，名「它」，字「子服」。則「子服椒」是以父字為氏；稱「子服子」者，以氏配子，此春秋時卿大夫稱謂之通例。時人稱其「子服子」，可證子服為其氏。（《名號研究》頁 124，0103「子服椒」條）。又如《左傳》昭公二十五年「子家子」，此人又稱「子家羈」，則「子家」也是「氏」。「子家子」自然也是以氏配子（《名號研究》頁 126，0112「子家羈」條）。此觀之，則「子坓（封）子」當是以氏（「子坓（封）」）配子。其次，《集

成》01798 子馬氏鼎出土於安徽省壽縣，與本簡的「子馬」似未必有關。「子馬」、「子池」可能是「美稱＋名」，如同二十二章的「子牛」；或是「字」；若比對其下「子坪（封）子」，則「子馬」、「子池」亦不能排除漏抄「子」，則「子馬」、「子池」可能是「氏」，疑未能定。

⑬ **楚人涉沬（氾）**

整理者：沬，見本篇第十六章八十五號簡，此「沬」可能就是新鄭東北的氾水。（頁199，注13）

董珊：我同意「沬」即「氾」的看法，關于文字的問題另詳。但楚人攻鄭，應由南往北，不可能先跑到新鄭東北再向南進攻，所以簡文兩見「沬」的位置，都應該是南氾，位于襄城的南氾。」（〈讀清華簡《繫年》〉）。

建洲按：「沬」字字形討論見第十六章簡85「楚共王立七年，令尹子重伐鄭，為沬（氾）之師。」條下。

⑭ **奠（鄭）𠂤（師）逃【一三〇】內（入）於𢡆（蒍）**

整理者：蒍，或作「鄶」，當是鄭地。（頁199，注14）

董珊：地名「蒍」，應即「鄶」。其音韵關係，可與曹劌又作曹沫、曹蒍相類比。李家浩先生曾論證「會」、「沫」二字可以相通，亦請參看。《史記·楚世家》記載鄶人之先出自陸終氏六子「四曰會人」，《集解》：「**《世本》曰：會人者，鄭是也。**」《索隱》：「《系本》云：四曰求言，是為鄶人。鄶人者，鄭是。宋忠曰：求言，名也。妘姓所出，鄶國也。」《正義》引《括地志》云：「故鄶城在鄭州新鄭縣東北二十二里。《毛詩譜》云『昔高辛之土，祝融之墟，歷唐至周，重黎之後妘姓處其地，是為鄶國，為鄭武公所滅也』。」此地戰國時近韓新鄭，應多數時間屬韓。據銘文魏刻銘「襪」也可以讀為「鄶」，該地曾一度屬魏，但屬魏具體年代不可考。（〈讀清華簡《繫年》〉）

建洲按：簡 131 的「蔑」作 𢦏（戠）、𩔖（鄭），請參見第九章簡 51「右（左）行瘼（蔑）」條的討論。

⑮　聿（盡）逾（降）奠（鄭）𠂤（師）與亓（其）四遉（將）軍，以歸（歸）於鄝

（一）聿（盡）

整理者：聿，讀為「盡」，全部。（頁 199，注 15）

（二）逾：

整理者：逾，楚簡中義多为「下」，有征服、戰勝義，《逸周書・允文》：「上下和協，靡敵不下。」（頁 199，注 15）

思齊：簡 131「楚師圍之於蔑，盡逾鄭師與其四將軍」和簡 133「逾邯，止郑公涉澗以歸」中的「逾」，我們認為可能應該讀為「降伏」之「降」。「逾」是喻母侯部字，「降伏」之「降」是匣母東部字，二者聲音相近，可以通假。而且已有學者指出古文字中有的「逾」或「俞」應讀為「下降」之「降」。「降伏」之「降」與「下降」之「降」為同源詞，「逾」可以讀為「下降」之「降」，那麼也應該可以讀為「降伏」之「降」。《史記・絳侯周勃世家》：「（周勃）以將軍從高帝擊反韓王信於代，降下霍人。」其中的「降」字即為降伏、征服之義。（〈清華簡《繫年》中的「逾」〉，「復旦網」，2011 年 12 月 22 日）。

建洲按：「逾」讀為「降」，可從。《淮南子・道應》：「子發攻蔡，逾之。」此「逾」亦可讀為「降」。

（三）四遉（將）軍

整理者：四將軍，指皇子、子馬、子池、子封子。（頁 199，注 15）

（四）鄂

整理者：鄂，此時的鄂當在鄩鄂。（頁 199，注 15）

李學勤：楚自肥遺徙至鄩鄂這件事，又見於新蔡葛陵簡的一條紀年：「王自肥遺鄂徙於鄩鄂之歲」，或省稱「王徙於鄩鄂之歲」。「肥遺鄂」就是「肥遺」，以為楚都，故稱為「肥遺鄂」。……現在有《楚居》簡的出現，問題很清楚了，楚王徙居鄩鄂確應在楚悼王四年，西元前三九八年。（〈清華簡《楚居》與楚徙鄩鄂〉，《江漢考古》2011 年 2 期）

建洲按：簡文云：「悼哲王即位，……**明【一二八】歲**，晉賵余率晉師與鄭師以納王子定。……**明歲，【一二九】**……楚師圍之於蔑，盡降鄭師與其四將軍，**以歸於鄂**。」可見「歸於鄂」的時間是「楚悼王三年」。同時，《楚居》簡 16 云：「至悼哲王猷居鄶（鄝）鄂。中謝起禍，焉徙襲肥遺。邦大疫，焉徙居鄩鄂。」按理說楚國應該是在國內沒有憂禍的情況下方能夠侵伐鄭國，即當在「中謝起禍」、「邦大疫」之後，此時悼王已徙居「鄩鄂」，故整理者認為簡文的「鄂」當在「鄩鄂」無疑是合理的，也就是說楚悼王三年已居鄩鄂。這個認識有助於證實《新蔡》簡的「王自肥遺鄂徙於鄩鄂之歲」應訂在**楚悼王三年**，即前三九八年，請見〈《繫年》大事年表〉。此外，上引李學勤先生文章中已提到宋華強《初探》、劉彬徽先生已定《新蔡》簡最後一條紀年是前三九八年，這是很有見地的。後來宋華強在〈清華簡《楚居》1-2 號與楚人早期歷史傳說〉一文中又提到：「從《楚居》看，悼王始居鄝鄂，後徙肥遺鄂，再徙鄩鄂，其遷至鄩鄂應該是在即位數年以後，這也符合我們上述悼王四年始徙於鄩鄂的推斷。」（《文史》2012 年 2 輯）又陳偉先生認為「中謝起禍」與吳起之死有關（〈讀清華簡《楚居》札

記〉，簡帛網，2010 年 1 月 8 日）。宋華強指出根據上述的看法，「中謝起禍」當在悼王四年之前，與吳起之死沒有關係。（《文史》2012 年 2 輯，頁 122、注 8）。按：除悼王四年應改為悼王三年外，餘皆可從。

　　補記：李銳：若然，葛陵簡的「王自肥遺郢徙於鄩郢之歲」之中的「王自肥遺郢徙於鄩郢」，根據重新考訂的楚悼王在位時間，當是楚悼王三年（398BC）歲首的事情。清華簡《楚居》說「悼折王猶居𦤶郢。中謝起禍，焉徙襲肥遺。邦大癘，焉徙居鄩郢」，兩年之內發生這些事，是完全可能的。如果依照宋華強的看法，「王自肥遺郢徙於鄩郢」乃是楚悼王二年的事，而其意見並不能明確說「王自肥遺郢徙於鄩郢」一定是在歲末，不能排除年初及年中的可能性。一年多的時間發生「悼折王猶居朋郢。中謝起禍，焉徙襲肥遺。邦大癘，焉徙居鄩郢」這些事，時間可能就有點緊了。當然，我們可以考慮楚悼王即位改元前有一段時間，但似乎終以楚悼王三年初「王自肥遺郢徙於鄩郢」之說穩妥。不論如何，「王自肥遺郢徙於鄩郢之歲」是記 398BC 的事，這是葛陵簡紀事最晚的一年。」（〈清華簡《繫年》與葛陵簡楚史問題考〉（待刊稿）

⑯　奠（鄭）太𡘫（宰）慚（欣）亦记（起）禍（禍）於【一三一】奠（鄭）

　　整理者：奠（鄭）太𡘫慚，即太宰欣。《韓非子・說難》：「若夫齊田恒、宋子罕、魯季孫意如、晉僑如、衛子南勁、鄭太宰欣、楚白公、周單荼、燕子之，此九人者之為其臣也，皆朋黨比周以事其君，隱正道而行私曲，上逼君，下亂治，援外撓內、親下以謀上，不難為也。如此臣者，唯聖王智主能禁之，若夫昏亂之君，能見之乎？」（頁 199，注 16）

　　建洲按：此事僅見於《韓非子・說難》記載，今據《繫年》可知事情發生在前三九八年，楚悼王三年。詳下條注釋。

⑰ 奠（鄭）子鴋（陽）用滅

整理者：鄭子鴋用滅，《六國年表》：楚悼王四年「敗鄭師，圍鄭，鄭人殺子陽。」鄭子陽之滅，又見於《楚世家》、《鄭世家》、《呂氏春秋・首時》、《適威》，《淮南子・氾論》、《繆稱》及《韓非子・說疑》等。（頁199，注17）

白光琦：楚敗鄭，鄭殺子陽。《繫年》在悼王三年，而《六國年表》當悼王二年，可見《六國年表》不是采自楚國史料，疑出鄭史。（〈由清華簡《繫年》訂正戰國楚年〉）

建洲按：關於鄭相子陽之死，古書有如下記載：

周安王四年，前398年，鄭殺其相駟子陽。（《史記・六國年表》）

（鄭繻公）二十五年，鄭君殺其相子陽。（《史記・鄭世家》）

（悼王）四年，楚伐周。鄭殺子陽。（《史記・楚世家》。引按：「周」乃「鄭」之誤。又依《繫年》的年代排列，前398年為楚悼王三年。）

子陽極也好嚴，有過而折弓者，恐必死，遂應猘狗而弒子陽。（《呂氏春秋・適威》）

鄭子陽之難，猘狗潰之；齊高國之難，失牛潰之；眾因之以殺子陽、高國。（《呂氏春秋・首時》）

鄭子陽剛毅而好罰。其於罰也，執而無舍。舍人有折弓者，畏罪而恐誅，則因猘狗之驚以殺子陽。此剛猛之所致也。（《淮南子・氾論訓》）

子陽以猛劫。（《淮南子・繆稱訓》，高誘注「尚刑而劫死」）

若夫周滑之、鄭王孫申……皆思小利而忘法義，進則掩蔽賢良以陰暗其主，退則撓亂百官而為禍難。皆輔其君，共其欲，苟得一說於主，雖破國殺眾，不難為也。……有臣如此者，皆身死國亡，為天下笑。故周威公身殺，國分為二；鄭子陽身殺，國分為三。……故曰諂諛之臣，唯聖王知之，而亂主近之，故至身死國亡。（《韓非子·說疑》）

《墨子閒詁》引蘇時學云：「據《史記·鄭世家》云：哀公八年，鄭人弒哀公而立聲公弟丑，是為共公。三十年，共公卒，子幽公已立。幽公元年，韓武子伐鄭，殺幽公，鄭人立幽公弟駘，是為繻公。二十七年，子陽之黨共弒繻公，是**三世弒君**之事也。」

楊寬先生說：

《韓非子·說疑》王孫申，王先慎《集解》云：鄭無王孫，王當為公之誤。公孫申當為子陽之臣，韓非稱之為諂諛之臣，思小利而忘法義，掩蔽賢良，撓亂百官，皆輔其君而供其欲，以致君主身死國亡。駟子陽當為鄭相，且為別封之君。《呂氏春秋·適威》高注云：「子陽，鄭君，一曰鄭相。」《首時》高注又云：「子陽鄭相，或曰鄭君。」其證一。《呂氏春秋·觀世》子陽遺子列子粟，其妻曰：「君過而遺先生食。」列子曰：「君非自知我也。」其證二。《韓非子·說疑》云：「周威公身殺，國分為二；鄭子陽身殺，國分為三。」以周威公與鄭子陽相提並論，其證三。子陽既為一別封之君，子陽雖見弒，而其黨之勢固甚強，因而割據以相抗，國分為三。其後三年「子陽之黨」終至「共弒繻公」（見《鄭世家》、《六國表》）而後已。《墨子·魯問》載魯陽文君曰：「鄭人三世殺其父，天加誅焉，使三年不全，我將助天誅也。」蘇時學《墨子刊誤》云：「父當為君。」是時鄭君被殺者，有哀公、繻公，至幽公則為韓所殺，非鄭人所弒。

魯陽文君言鄭人三世殺其君者，並子陽數之也。子陽於是年見殺，其後三年繻公又見弒，其分裂內亂首尾正三年，此魯陽文君所以謂之「三年不全」歟？（《戰國史料編年輯證》，頁207-208）

此外，楊寬在《戰國史》一書中還提到「子陽身殺」是因為鄭國貴族公孫申「思小利而忘法義，掩蔽賢良」，而子陽卻是講究「法義」的「賢良」的領袖人物，因而遭遇禍難了。因為極嚴厲的執行法令，折弓者犯了死罪，反對法義和賢良的公孫申便趁機煽動折弓者趁著瘋狗擾亂的當兒把子陽殺死，因而引起「子陽之黨」的分裂和鬥爭，經過三年的分裂鬥爭，「子陽之黨」取得了勝利，殺死了鄭繻公。韓非曾把「太宰欣取鄭」和「田成子取齊」、「司城子罕取宋」相提並論（〈說疑篇〉），**太宰欣可能是子陽之黨的領袖**。子陽之黨雖取得勝利，但沒能完成政治改革，鄭國不久就被韓國滅亡了（《戰國史》，頁171-172）。楊福平編寫的《鄭國史話》頁410對「子陽身殺」與「太宰欣取鄭」的描述，估計是根據楊寬先生的意見而來的。

子陽可能是「罕氏」，童書業先生說：《韓非子・說疑》：「鄭子陽身殺，國分為三。」疑**子陽是鄭國「七穆」中「罕氏」後裔**，世掌鄭政，亦幾於有國。所謂「太宰欣取鄭」，**太宰欣亦是罕氏後裔，或即「鄭子陽」，或為子陽之黨**。太宰是執政官的統稱，而不是實職。證據是《左傳・昭公元年》中趙武稱鄭子皮為「冢宰」，冢宰就是太宰，而子皮的實職為所謂「當國」，鄭六卿之首。（《春秋史》，頁239）。晁福林亦認為子陽是鄭卿「罕氏」後裔（《先秦社會型態研究》，頁211）。童書業認為「太宰欣」即「鄭子陽」，根據《繫年》來看是不對的，而認為是子陽之黨則是對的。

古書多次言及七穆中「罕氏」最後滅亡，如：《左傳・襄公二十六年》：叔向曰：「鄭七穆，**罕氏其後亡者也**。子展儉而壹。」《左傳・襄公二十七年》：文子曰：「其餘皆數世之主也。**子展其後亡者也**，在上不忘降。印氏其次也，樂而不荒。樂以安民，不淫以使之，後亡，不亦可乎？」「**子展**」

即公孫舍之，是罕虎子皮的父親。《左傳·襄公二十九年》：「鄭子展卒，子皮即位。於是鄭飢而未及麥，民病。子皮以子展之命，餼國人粟，戶一鍾，是以得鄭國之民。**故罕氏常掌國政，以為上卿**。宋司城子罕聞之，曰：『鄰於善，民之望也。』宋亦飢，請於平公，出公粟以貸。使大夫皆貸。司城氏貸而不書，為大夫之無者貸。宋無飢人。叔向聞之，曰：『**鄭之罕，宋之樂，其後亡者也**！二者其皆得國乎！民之歸也。施而不德，樂氏加焉，其以宋升降乎！』」

根據史實比對，前三九六年鄭國繻公被弒，這是子陽之黨所為，太宰欣無疑是其中一員，可見子陽滅亡在先，鄭太宰欣起禍在後。但是《繫年》簡文云：「鄭太宰欣亦起禍於【一三一】奠＝（鄭，鄭）子陽用滅，亡遂（後）於奠（鄭）。」意思是說鄭太宰欣在鄭國引起禍害，鄭子陽因此滅亡，「罕氏」從此在鄭國絕後。但是子陽死後，「子陽之黨」殺死了鄭繻公，接著迎立鄭幽公之弟—姬乙，即鄭康公，他是鄭國最後一任君主。除非「子陽之黨」沒有與子陽同族氏者，至少太宰欣不當是罕氏，否則便不當說「亡後於鄭」了。我們曾考慮「亡後於鄭」是「**後亡於鄭**」之誤寫，是呼應上舉《左傳》所說罕氏後亡，但終覺不妥。目前的意見傾向於認為《繫年》所述內容與傳世史書記載不同，應是當時傳聞異詞所致。這在當時應不少見，比如第十四章談到晉國郤克被齊頃公母親蕭同侄子所笑，三傳的內容便有所不同，而《史記》承《傳》而來，「乃復乖迕若是」（梁玉繩《史記志疑》語），便可見一般。詳見第十四章的注釋。

〈六國年表〉云此事在楚悼王四年（前398年）。簡文則是「**悼哲王即位**。……**明【128】歲**晉賹余率晉師與鄭師以入王子定。……**明歲，【129】**郎莊平君率師侵鄭，鄭皇子、子馬、子池、子封子率師以交楚人，楚人涉沒，將與之戰，鄭師逃【130】入於蔑。楚師圍之於蔑，盡逾鄭師與其四將軍，以歸於郢，鄭太宰欣亦起禍於【131】鄭，**鄭子陽用滅，無後於鄭**。」可見此事確實發生在悼王三年，公元前三九八年，也可為我們在二十二章「③宋

殸（悼）公酒（將）會晉公，夯（卒）于縣」條下所排的大事紀年表格提供時間定點的證據。

　　補記：承蒙李銳先生惠賜大作，茲將其意見揭示如下：《繫年》敘事緊密，如果以楚聲王在位僅四年計，則楚悼王（即簡文中的悼哲王）元年是400BC，楚悼王二年（399BC），「晉興余率晉師與鄭師以入王子定。魯陽公率師以交晉人，晉人還，不果入王子」，這合于《六國年表》同年所記的「王子定奔晉」；「明歲」，楚悼王三年（398BC），「鄭太宰欣亦起禍于鄭，鄭子陽用滅」，合于《六國年表》同年所記「鄭殺其相駟子陽」。**看來楚聲王在位有可能只有四年**，而《史記》記為六年，如此則楚聲王元年推遲三年所造成的變動，當去掉兩年，只剩下一年了。前面已經說過，一年的差別常見。因此以楚聲王元年為周威烈王二十二年，問題已經解決了一半。（〈清華簡《繫年》與葛陵簡楚史問題考〉（待刊稿）。按：其說可從。

⑱　昷（明）戠（歲），楚人歸（歸）奠（鄭）之四酒（將）軍與亓（其）萬民於奠（鄭）

　　整理者：明歲，楚悼王即位第四年。楚人歸鄭之四將軍與其萬民於鄭，可參《六國年表》楚悼王三年「歸榆關于鄭」。（頁199，注18）

　　建洲按：此年當是楚悼王四年，前三九七年。「歸榆關于鄭」當是前三九九年，楚悼王二年，與此處所論「楚人歸（歸）奠（鄭）之四酒（將）軍與亓（其）萬民於奠（鄭）」似無關係。請見上面「②王衒（率）宋公以城贖（榆）闈（關）」條注釋。

⑲　晉人回（圍）津（津）、長陵

（一）津（津）

整理者：津，《水經・河水注》：「河水于范縣東北流，為倉亭津。《述征記》曰：『倉亭津在范縣界，去東阿六十里。』《魏土地記》曰：『津在武陽縣東北七十里，津，河濟名也。』」又《左傳》魯莊公十八年冬，巴人伐楚，「十九年春，楚子禦之，大敗於津」。簡文「津」可能與傳文「津」無關。（頁199，注19）

（二）長陵

整理者：長陵，疑是楚地。《水經・淮水注》：「淮水又東逕長陵戍南。」熊會貞按：「《地形志》，蕭衍置長陵郡及縣，蓋取此戍為名。在今息縣東八十里。」所說長陵戍在淮水上游，是楚東國的南境。此時爭奪的是鄭、宋、滕、魯等上國之地，三晉之兵不一定及此。（頁199，注19）

⑳ 坪（平）亦（夜）悼武君

整理者：坪亦悼武君，「坪亦」即「平夜」。平夜君見於曾侯乙墓簡、新蔡簡和包山簡。平夜，封君的封地，在今河南平輿。悼武君可能為第三代平夜君，為新蔡葛陵楚墓主平夜君成之子。（頁199，注20）

陳穎飛：《繫年》簡「平夜悼武君」戰死于楚悼王五年，但他沒有見於新蔡簡祭禱文，不太可能是「平夜君成」的前一代平夜君。新蔡墓的下葬年代，學界目前的說法都在楚悼王初年到楚肅王四年（前377年）之間，「平夜悼武君」不太可能比「平夜君成」晚亡，即他是「平夜君成」後一代平夜君的可能性不大。換言之，《繫年》簡的「平夜悼武君」很可能就是新蔡楚墓墓主平夜君成。（〈楚悼王初期的大戰與楚封君——清華簡《繫年》箚記之一〉，《文史知識》2012年05期，頁107）

建洲按：比對「平夜文君」，則「平夜悼武君」的「悼武」應為雙字諡。其次，《新蔡》簡「平夜君成」的祭祀對象未見「平夜悼武君」，可見後者

肯定晚於平夜君成。第三,《新蔡》簡最後一條紀年「王自肥遺郢徙於鄩郢之歲」,本文前面已指出當是在楚悼王三年,前三九八年,而簡文「王命坪(平)亦(夜)悼武君衎(率)自(師)戠(侵)晉」至少是楚悼王四年後的事情,可見「平夜悼武君」確實當如整理者所說是第三代平夜君,即位時間可能是楚悼王四年。平夜君成的父親是「平夜文君」,《新蔡》簡的整理者:「文君,簡文又稱『坪夜文君』或『坪夜文君子良』,即曾侯乙墓竹簡中的『坪夜君』,包山楚簡中的『文坪夜君子良』。見於《左傳》哀公十七年,為昭王之子,惠王之弟,應是始封的坪夜君。」(《新蔡葛陵楚墓》,頁 183),其說可從。此外,李學勤先生介紹一件可能由葛陵楚墓流散到美國的平夜君成鼎,銘文是「平夜君成之中䑼饋鼎」。還有《集成》2305「坪夜君成之載(䚴)貞(鼎)」,不知是否與平夜君成有關?若依《集成修訂增補本》訂為戰國晚期,則無關。由於此器沒有圖形,不能做更多的討論(詳見李學勤:《文物中的古文明》,頁 436-437)。至於《包山》181「平夜君之州加公」則為楚懷王時期的「平夜君」,名字不詳。前面提到平夜悼武君即位時間可能是前三九七年,且於前三九四年戰死。由於平夜悼武君的意外戰死,則第四代平夜君即位的年紀估計不會太大,假設十五歲,則至楚懷王元年前三二八年,已大約有八十歲左右的年紀,可見《包山》181的「平夜君」應該是平夜悼武君之孫,即第五代平夜君,則排列起來便是:昭王→平夜文君子良→平夜君成→平夜悼武君→第四代平夜君→平夜君某(《包山》181)。

　　補記:陳穎飛〈楚國封君制的形成與初期面貌新探〉《出土文獻》第三輯頁 223 說:楚悼王五年(前 397 年),「平夜悼武君」戰死。換言之,《繫年》簡的「平夜悼武君」應該就是新蔡楚墓墓主坪夜君成,而新蔡墓的下葬年代應即楚悼王五年(前 397 年)或稍後。謹案:根據本文所述,陳穎飛之說不可信。

㉑　逾（降）郜（鄀）

整理者：逾郜，「郜」讀為「鄀」。春秋時鄀地不一，此疑今山東成武以東之鄀。山西浮山西面之鄀位置太北，楚侵襲至此的可能性很小。包山一六四號簡有「郜邑」，也應不是一處。（頁 199，注 21）

建洲按：陳劍先生曾指出：

「鄀」用為作造之「造」如析君戟（《集成》17.11214）作、鄩之新造戈（《集成》17.11042）作，「*告（造）」形皆多出一向左的斜筆。羕陵公戈作（《集成》17.11358），右半所從已經跟「告」混同。洹子孟姜壺有「」字，銘文云：「齊侯既遭洹子孟姜喪，其人民邑董寰」。舊釋斷句有誤，多讀「喪其人民邑」為句，釋為鄀邑之「鄀」，或釋為「都」，（李孝定等編著《金文詁林附錄》，香港中文大學出版，1977 年 4 月，頁 1855-1859。三版《金文編》入於附錄，四版《金文編》頁 443 收於 1031 號「都」字下。）皆不可信。董蓮池先生讀「鄀邑」為「慼悒」，悲愁之意。此解遠勝於舊說，但仍以為字從「告」聲則非。（董蓮池：《金文編校補》，東北師範大學出版社，1995 年 9 月，頁 191-193）此字也當是從「*告（造）」聲的，「造」聲字跟「戚」聲字相通古書不乏其例（看《古字通假會典》頁 727「造與慼」條、「造與戚」條）。除讀為「慼」外，此「鄀」字其實也可以讀為憂戚之「戚」或「慼」。而鄀史碩父鼎（《小校》二·二八，《集成》失收）有字，左半所從作直頭、中豎上從短橫之形，**這是真正從「告」聲的「鄀」字。「鄀」係國名，周文王子聃季所封，數見於《春秋》經傳。**由此可見，古文字所謂「鄀」字中實際包含從「*告（造）」和從「告」的兩個不同的字。（〈釋造〉，《出土文獻與古文字研究（第一輯）》，頁 61-62）。

可見國名「郜」確從「告」聲，整理者認為「鄵」讀為「郜」，可能是對的。《包山》12 有「郜（造）室人室」，其「郜」作，中豎頭部向左傾斜；《包山》簡 164 有「鄵邑」讀為「梏（郜）邑」，可能是為了避免與從「造」聲的「郜（造）室」相混，遂寫作「鄵」，來表示從「告」聲的郜邑之「郜」，用字習慣正好互補。

㉒ 戠（捷）郯（滕）公涉緈以歸（歸）

（一）戠（捷）

建洲按：請見第六章簡 35「戠（捷）惠公以歸」條注釋。

（二）郯（滕）公

整理者：郯公，疑即滕公。滕在郜東，相距不遠。楚地有郯，包山一六二號簡有「郯少司馬掌酉」。楚國也有郯公，現藏上海博物館的大市量的開頭紀年是「郯公邵之果逅秦之歲」（《古文字研究》第二十二輯，第一二九頁），邵之果是昭王的後代，封公世襲。楚國的郯公與簡文的郯公大概沒有關係。（頁 200，注 22）

建洲按：字作，字形右旁不甚清楚。《包山》100、162 亦有此字，見《包山楚墓文字全編》頁 272。

（三）涉緈

整理者：涉緈，滕公之名，「緈」字左旁很不清晰，又見於天星觀遣冊簡。（頁 200，注 22）

黃杰：「涉緈」可能不是人名，此句可能應當在「公」下斷開，「涉緈以歸」讀為一句。此處前後文提到多位封君，如簡 127「陽城桓定君」、簡 129

「魯陽公」、簡 130「郎莊平君」、簡 133「平輿（原釋文讀為夜）悼武君」，均未稱名，那麼此處「**邶**公」不稱名也是很可能的。「涉**澗**」更像是說一種行動，而非人名，**澗**可能是水名，「涉**澗**以歸」，即渡過**澗**水而歸。（〈初讀《清華大學藏戰國竹簡（貳）》筆記〉）。

蘇建洲：整理者隸定為「**澗**」，但是字形左旁似乎從「糸」，應該是「**綢**／**綢**」字，此字已見於《天星觀》，見《楚文字編》頁 750。退一步說，此字若從「水」旁，則是「澗」，但「澗」字常見作**澗**（《包山》10）、**澗**（《周易》50）等，從水從二阜，與《說文》訓「澗」為「山夾水也」正合。可能不會寫作從「水」從「間」。（〈《繫年》106 的「**縵**」字〉）。

建洲按：所謂「**澗**」字作**澗**，其左旁確實與水旁不似，如「洹」作**洹**，請比對字形表頁 253-254 從「水」旁諸字。而近於「糸」旁，如**糸**（約，簡 114）。同時筆者翻閱《楚系簡帛文字編（增訂本）》及《楚文字編》，均未見天星觀遣冊簡有「**澗**」字，不知整理者是否另有根據？本釋文依字形改隸定作「**綢**」。文意的理解暫從整理者以為是人名。

㉓ **旮**（還）年

整理者：**旮**年，新蔡簡之「王孫**旮**」，異文作「王孫厭」。「**旮**年」亦見於清華簡《子儀》。「**旮**」應讀為「厭」，與「薦」音近可通。《爾雅・釋言》：「薦，再也。」薦年即再一年。（頁 200，注 23）

孟蓬生：**旮**年為下一年，或第二年，應無疑義。但典籍似不見「薦年」或「再年」表示下一年的詞例，故整理者讀法容有可議。我們認為，「**旮**年」當讀為「翊（翌昱）年」。**旮**字一般認為從旮（香）聲，應該沒無問題。但從出土竹簡來看，**旮**字楚人讀入盍部，除了整理者所舉新蔡簡之異文外，尚有《上海博物館藏戰國楚竹書（六）·競公瘧》之「**旮**（攝）」字可證。由於從漢語語言學史上看，−m（p）與−n（t）、−ng（k）尾更容易，所

以《說文》所記錄的晉（畚）字的嶷、存、晉三種讀音應該看成轉音。也就是說，晉或畚之本音當在盍部。今就其轉音求之，不若就其本音求之。翊（翌昱）本从立声，其本音當在緝部，故可與盍部之畚相通。翊（翌）或讀入職韻，昱或讀入屋韻，均為其轉音，是晚些時候才發生的變化。从立聲之字本在緝部而轉入職韻或屋韻，則是毫無疑義的。緝盍兩部字往往與之職部字相通，故翊（翌）之與翼，猶晉之與嶷也。（〈清華簡《繫年》初札（二則）〉，復旦網，2011 年 12 月 21 日）。孟蓬生先生在〈《清華簡《繫年》初札（二則）》第二則的一點補充〉一文中又增補通假例證，請讀者參看。

復旦大學出土文獻與古文字研究中心讀書會：鄔可晶（讀書會 12 月 19 日下午發言）： 既然是「再一年」的意思，「畚年」有沒有可能讀爲「翌年」？「畚」的聲旁「畚」有羊入切一讀，上古屬緝部。「翌」从「立」聲，本來也應屬緝部。新蔡簡有「龘日」，范常喜指出當讀爲「翌日」。郭店、上博簡「貴而龘讓」的「龘」，有人主張讀爲「揖」，古書中「揖」、「厭」有通假的例子。（12 月 22 日晚整理記錄補注：參看《古字通假會典》頁 254【厭與揖】條），新蔡簡「王孫畚」又作「王孫厭」。可見「翌」、「畚」音還不遠。（12 月 22 日晚整理記錄補注：「翌年」之例晚見，此說可疑。）（〈《清華（貳）》討論記錄〉）。

陳爻： 此說的可疑之處，主要倒還不在於如鄔可晶先生所云「翌年之例晚見」，而是此「曆年」所表示者其實本不大可能係所謂「下一年，或第二年」。此意於《繫年》簡文是用「昷（明）散（歲）」表示的，篇中多見，本章亦已於前文簡 129 和 132 兩次出現。而「曆年」則更可能應與簡 86 的「一年」同例，指的是前後兩事間間隔一年之長的時段，而非後事發生於前事之下一年、第二年（後一種情況下兩事間隔最短者可以僅有數日）。準此，援《清華簡（壹）・金縢》簡 5「畚」（「曆」字異體）讀爲以「夾」爲基本聲符之「瘞」之例，「曆年」疑可讀爲「浹（字亦作「挾」）年」。「浹」

常訓「徧/遍」,「浹年」等與「周年」、「旬年」等亦皆相近。(〈也談《繫年》的「厭年」〉,復旦網,2012 年 10 月 29 日)

沈培:我們認為,答案其實根本不必遠求。上引陳爻文其實已經說到「『屆年』則更可能應與簡 86 的『一年』同例」,這是非常正確的看法。孟蓬生(2012)還引用了「厭聲與壹聲相通」的例子,但孟先生沒有解釋他引用的目的是什麼。結合他們的意見,結論是呼之即出的,那就是,「屆年」正應當讀為「一年」,在簡文中是「過了一年」的意思。這種用法的「一年」在《繫年》中本來就有,在古書中更是舉不勝舉。據《繫年》整理者說,在尚未發表的《子儀》篇中也有「屆年」,希望此篇發表後能夠進一步證實我們的讀法是正確的。(〈再說兩個楚墓竹簡中讀為「一」的用例〉,頁 13)。又頁 11 注 22:「屆」的造字本義,現在還不十分清楚。目前各家對此字的研究情況,可參看陳劍(2011:146-150)。劉信芳(1996:91)認為此字從甘聲,應該是正確的。剩下的部分「屏」可以獨立成字,見於包山簡,也用為「厭」,參看徐在國(2003b)。「屆」字從屏、甘聲。「屏」字應當是「屆」的表意初文,字形當是以石壓殺二子的意思,或許是為「鎮壓」的「壓」而造的,也可能是為「殪」或與「殪」同源的詞而造的,此點尚不能肯定,尚待進一步研究。(〈再說兩個楚墓竹簡中讀為「一」的用例〉,承繼與拓新——漢語語言文字學國際研討會)

陳偉:整理者認為「悼哲王即位」當悼王元年,第一個「明歲」在悼王二年,第三個「明歲」在悼王「四年」。關於「厭年」,整理者注釋說:亦見清華簡《子儀》。「厭」、「薦」音近可通。《爾雅・釋言》:「薦,再也。」薦年即再一年。今按「厭」似當讀為「洊」。《文選・王融〈永明九年策秀才文〉之四》:「下貧無兼辰之業,中產闕洊歲之貲。」張銑注:「洊歲,謂再歲也。」以此計數,武陽之役在楚悼王五年(西元前 397 年)。由於竹書已使用悼王諡號(「悼哲王」),只能寫定于悼王之後。考慮到武陽之役離悼王去世(西元前 381 年)尚有十六年,而肅王在位又有十一年(西元前 380-

西元前 370 年），《繫年》寫于肅王在位期間的可能性比較大。（〈清華大學藏竹書《繫年》的文獻學考察〉，《史林》2013 年 1 期，頁 44）

建洲按：我曾想過讀為「還年」，即《曹沫之陣》12「還年而問於曹【12】沫曰」的「還年」。李零以為「還年」見《左傳・莊公六年》楚文王伐申過鄧之事，楚王「還年，楚子伐鄧。」，杜預《注》以為「還年」是「伐申還之年」即還師的那一年伐鄧。李零以為若由簡文來看「還年」**類似古籍中「期年」的概念**，而《左傳》原文若從此解釋來看，則伐鄧應是伐申後一年，與「還師」無關（馬承源主編：《上海博物館藏戰國楚竹書（四）》，頁 251）。「厭」，影紐談部；「還」，匣紐元部，聲韻相近。董珊先生曾指出：「最近嚴志斌先生從類型學及銘文探討楚王領鐘及瓶的年代，指出楚王領是楚靈王虔，其結論可信。（嚴志斌：《楚王領探討》，《考古》2011 年第 8 期，頁 759-768）『領』（群紐侵部）與『虔』（群紐元部）字的關係，也是侵部與元部的韻尾-m 與-n 的交替。這種現象的頻繁出現，似反映了楚方言的一些特點。」（〈救秦戎銅器群的解釋〉，復旦網，2011 年 11 月 16 日）。而談部也是韻尾-m，可以互證。又如《武王踐阼》簡 7：「口諫不遠」，「諫」字對應今本「所監不遠，視爾所代」的「監」字。復旦讀書會指出：「『諫』為元部字，『監／鑒』則為談部字。不過，古書元、談相通不乏其例，此處所表示之詞祇能是『監／鑒』（其聲母又正好完全相同），可能此種通假現象正是反映楚方音的可貴資料。」（〈《上博七・武王踐阼》校讀〉，復旦網，2008 年 12 月 30 日）至於通假例證如：《淮南子・原道》「蟂飛蝡動」的「蟂」又作「蜎」。而「厭」字，劉釗《古文字構形學》頁 119、葉玉英《古文字構形與上古音研究》頁 402 都以為從「冎」聲。則【厭與還】可以通假。又如宋華強也指出說：「以上諸說中（引按：指「《曹沫之陣》12」）以李零先生認為『還年』類似『期年』的說法最為通順，另外幾說在對『還年』語義的理解上都與李先生差異不大，但是對『還』字所表示詞義的解釋則稍嫌迂曲。**我們認為『還年』可以直接讀為『期年』。**新蔡葛陵楚簡常常用

『𦀖』或從『𦀖』之字來表示地支之『亥』，用『𦀖』者如乙四 102，零 214，零 717 等，用『𤔔』者如甲三 8、18，甲三 204，零 257，乙四 105，乙四 63、147，零 294、482、乙四 129，零 77、154，零 170 等，用"還"者如甲三 32，甲三 342-2 等。上古音『亥』屬匣母之部，『期』屬溪母之部，韻部相同，聲母都是牙喉音，讀音相近。朱德熙等先生在考釋望山楚簡時曾經引述過『其』、『亥』相通的材料，如《淮南子・時則》『爨其燧火』，高誘注：『其，讀荄備之荄。』《易・明夷》『箕子之明夷』，陸德明《釋文》引劉向本『箕子』作『荄滋』。《孟子・萬章下》『晉平公於亥唐也』，《抱樸子・逸民》『亥唐』作『期唐』。『還』既然可以讀為『亥』，當然也可以讀為『期』，《左傳》和《曹沫之陳》中的『還年』就是古書常見的『期年』。《左傳》『還年』一段記載的是楚事，所據應該是楚人史記；《曹沫之陳》所記雖然是魯事，但從其字體來看無疑是楚人所寫，兩處都用『還』表示『期』，與楚簡用『還』表示『亥』的現象正相平行。不過這種現象所反映的究竟只是一種獨特的用字習慣，還是楚地方音的特點，仍有待於進一步研究。」(〈「還年」小議〉，簡帛網，2008 年 8 月 9 日)。如宋先生所說「還」可以讀為「期」，加上上引沈培先生文章中還提到「其實，光從讀音來看，『厭』與『期』也很近。上引孟蓬生（2011 年）引《說文》：『𣎆，盛皃。从孨，从日。讀若薿薿。一曰若存。𣕌，籀文𣎆，从二子。一曰𣕌，即奇字晉。』《繫年》整理者大概是根據『𣕌』為奇字晉而推論『𣎆』讀為『薦』，孟先生則通過『讀若薿薿』而把『𣎆』與『翊』聯繫起來。如果要讀為『期』，大概也會利用到這條材料。」(〈再說兩個楚墓竹簡中讀為「一」的用例〉)則【厭與還】自然是可以通假的，甚至「厭年」直接讀為「期年」應該也是可以考慮的。

㉔ 𢘋（韓）【一三三】緅（取）、畧（魏）繡（擊）衒（率）𠂤（師）回（圍）武𣱩（陽）

整理者：馭緻，即韓烈侯取。《韓世家》：「九年……景侯卒，子列侯取立。」𨟻繻，即魏武侯擊。（頁 200，注 24）

建洲按：韓烈侯取是韓武子取章（見二十一章，簡 116）之孫、韓景侯虔（見二十二章，簡 119）之子，在位時間是前 399-387 年。「魏擊」請見二十二章，簡 119 的注釋。亦參見本章「⑤聖（聲）王即殜（世），叨（悼）折（哲）王即位」條注釋。

「武陽」，見前面簡 126「是（真）武𤾤（陽）」，時當屬楚地。

㉕ 戰 遬（魯）昜（陽）公衔（率）𠂤（師）𢦏（救）武昜（陽），與晉𠂤（師）（戰）於武昜（陽）之城【一三四】下，楚𠂤（師）大敗

整理者：魯陽公率師救武陽，與晉師戰於武陽之城下，楚師大敗，包山簡之「魯陽公後城鄭之歲」當與此有關。前一次城鄭在簡文中悼王即位第二年，此次城鄭是悼王五年之後。若此，武陽當距鄭地不遠。但悼王初年下距包山簡的下葬年代有八十多年，楚國公文是否能保存這麼長的時間尚待證明。（頁 200，注 25）

李學勤：《墨子‧耕柱》、《魯問》兩篇有魯陽文君，稱謚與新蔡葛陵楚簡的「平夜（與）文君」相似，自然就是魯陽文子或魯陽公。他曾多次同墨子問答，特別值得注意的是他有意攻鄭，被墨子勸止一事。這件事載於《魯問》，文云：「魯陽文君將攻鄭，子墨子聞而止之。……魯陽文君曰：『先生何止我攻鄭也？我攻鄭，順於天之志。鄭人三世殺其父，天加誅焉，使三年不全，我將助天誅也。』……」所謂**鄭三世殺父，指三世弒君**，故孫詒讓《墨子閒詁》引蘇時學云：「據《史記‧鄭世家》云：哀公八年，鄭人弒哀公而立聲公弟丑，是為共公。三十年，共公卒，子幽公已立。幽公元年，韓武子伐鄭，殺幽公，鄭人立幽公弟駘，是為繻公。二十七年，子陽之黨共弒繻公，是三世弒君之事也。」又：黃式三《周季編略》亦同蘇說，

黃氏又據此云「三年不全」，以魯陽文君攻鄭在（周）安王八年，即鄭繻公被弒後三年也。」這一年是楚悼王八年，公元前三九四年。

　　魯陽文君這次不曾實現的伐鄭，背景是楚、韓兩國對鄭的爭奪。此時鄭國久已衰弱，夾居楚、韓之間。西元前四〇八年，韓伐鄭，取雍丘。次年，鄭伐韓，敗韓兵於負黍。西元前四百年，鄭又攻韓陽翟。**西元前三九九年，楚還榆關給鄭，**翌年則因鄭繻公殺相國子陽，鄭內亂，進兵圍鄭。**西元前三九六年，子陽之黨弒鄭繻公。**西元前三九四年，負黍叛鄭歸韓，次年楚伐韓，取負黍，魏國伐鄭，城酸棗。西元前三九一年，韓、趙、魏聯合伐楚。西元前三八五年，韓伐鄭，取陽城。直到西元前三七五年，韓終於滅鄭，並以鄭作為都城。（楊寬・戰國史，頁 560-564）西元前三九四年正是這一爭奪的關鍵時刻，魯陽公想乘機伐鄭未果，而鄭從韓占來的負黍則重歸於韓，以致次年楚伐韓，奪取負黍，這時鄭和楚顯然又站在一邊。魯陽文君即魯陽公參加了伐韓的戰役，這就是《淮南子・覽冥》所說：「魯陽公與韓構難，戰酣日暮，援戈而撝之，日為之反三舍。」楚、韓會戰，其事與鄭有關，而又有魯陽公在內的，只有這一次。「魯陽公以楚師後城鄭之歲」的「後」，當指後軍而言。魯陽文君本有意伐鄭，因受墨子之諫，轉而為鄭築城，正是為了防備韓的攻擊。隨後楚師伐韓，奪取了叛鄭歸韓的負黍，這已到下一年。由於楚師的活動，韓未能攻鄭。據此，城鄭之戰應在公元前三九四年。驗以曆日，該年屈$\substack{夏\\柰}$（周正正月、夏正十一月）丁酉朔，丁巳二十一日，與簡文相適合。要說明的是，《史記・六國年表》載，楚肅王七年「魏取我魯陽」，即西元前三七一年。在這以後，楚已沒有一位魯陽公了，所以，無論如何包山簡中這條紀年都一定是追記。（〈論包山楚簡魯陽公城鄭〉，《清華大學學報》（哲學社會科學版）2004 年第 3 期，頁 31、32）。

　　李學勤：包山楚簡提到這件事，乃是因為此簡後文屬於《集箸（書）》，是引過去的事情作為法律文案。（見李銳：〈清華大學簡帛講讀班第二十九

次研討會綜述〉，簡帛研究網站，2004 年 4 月 11 日）。

吳良寶：贊同李學勤將「魯陽公以楚師後城鄭之歲」定在公元前三九四年的說法，並認為包山楚簡整理者以為是楚懷王時期的魯陽公是不妥帖的。（《戰國楚簡地名輯證》，頁 24-25）

建洲按：整理者說「前一次城鄭在簡文中悼王即位第二年，此次城鄭是悼王五年之後。」觀其意見是將「城鄭」理解為與鄭國發生戰爭，與上引李學勤解釋為「魯陽文君本有意伐鄭，因受墨子之諫，轉而為鄭築城，正是為了防備韓的攻擊」，即保護鄭國而與韓國戰爭不同。劉樂賢、陳斯鵬二先生也認為，包山簡 4「逄城」之「逄」當讀作「厚」，「厚城」即古書中的「大城」，大規模築城。（劉樂賢：〈讀包山楚簡劄記〉，《第四屆國際中國古文字學研討會論文集》；陳斯鵬：《楚系簡帛中字形與音義關係研究》，頁 41）所謂第一次「城鄭」當指「刀（悼）折（哲）王即位。……昷（明）【一二八】㦰（歲），……昷（明）㦰（歲），【一二九】郎臧（莊）坪（平）君衒（率）自（師）㦰（侵）鄭。」可見此事當在悼王三年，而非二年。至於第二次「城鄭」應是楚悼王七年，前三九四年，但有幾種可能的形情：一是「晉人回（圍）津（津）、長陵，【一三二】克之。王命坪（平）亦（夜）悼武君衒（率）自（師）㦰（侵）晉，逾（降）鄩（邥）」是悼王六年的事情，與上一句「昷（明）㦰（歲），楚人歸（歸）奠（鄭）之四牲（將）軍與亓（其）萬民於奠（鄭）」指悼王四年的時間無關。畢竟這是兩件不相干的事情，以《繫年》的體例往往只在前面的事情標出時間點來看，「晉人回（圍）津（津）、長陵，【一三二】克之……」確實有可能不屬於悼王四年。而「睘（還）年，軦（韓）【一三三】緻（取）、嚚（魏）繡（擊）衒（率）自（師）回（圍）武塲（陽），……遾（魯）昜公衒（率）自（師）我（救）武昜（陽）」是指「逾（降）鄩（邥）」後的一周年，自然是指悼王七年。《包山》「魯陽公以楚師後城鄭之歲」，依李學勤先生所說是發生在前三九四年，時當楚悼王七年。則「魯昜公率師救武陽」與「魯陽公以楚師後城鄭之歲」

顯為一事，魯陽公並於此年（前 394 年）戰死。

第二種可能是「逾（降）䣄（郜）」確實是發生在悼王四年，則「蒉（還）年」後的「魯易公率師救武陽」是悼王五年，而《包山》「魯陽公以楚師後城鄭之歲」發生在前三九四年，「魯易公率師救武陽」與「魯陽公以楚師後城鄭之歲」仍可能為一事，這說明這場戰役延續到楚悼王七年。

第三種考慮簡文下段說「楚𠂤（師）將救（救）武易（陽），【一三六】王命坪（平）亦（夜）悼武君𡥜（使）人於齊陳淏求𠂤（師）」，整理者指出「將，即將。以下一段補敘武陽之戰前後向齊求師及齊發兵、還師的過程。」且簡 137-138 云：「甲戌，晉楚以【一三七】戰（戰）。丙子，齊𠂤（師）至嘼，述（遂）還。【一三八】。」則魯陽公可能是悼王 7 年甲戌時發兵救武陽，三日後丙子死亡。

本書的〈繫年大事年表〉暫從第一種情形繫年。

王紅星、劉彬徽二先生認為包山楚簡「魯陽公以楚師後城鄭之歲」絕對年代當是前三二〇年，陳偉先生雖然論證過程不同，但有相同的結論。（《包山楚簡初探》，頁 19）。現在由《繫年》來看，魯陽公不可能存活到前三二〇年楚懷王時期，幾位先生將「魯陽公以楚師後城鄭之歲」設定為前三二〇年，如同吳良寶先生所說是不妥帖的。《包山》簡所有七個年份中最晚的一年是公元前三一六年（參《包山楚簡初探》，頁 13），距離前三九四年有近八十年的時間，《集箸（書）》簡為何要特別追記這件事情，有待繼續探索。

補記：陳穎飛〈楚國封君制的形成與初期面貌新探〉：近年新出清華簡《繫年》第二十三章，記載了楚悼王初期與鄭、晉的大戰，其中魯陽公拒晉鄭「入王子定」，主持其中一戰，並且在最後的決戰，即楚悼王五年（前397 年）的武陽大戰中，「率師救武陽，與晉師戰於武陽城之下」，最終「魯陽公、平夜悼武君、陽城桓定君二執珪之君與右尹昭之竢死焉」。因此，《繫年》的這位魯陽公應是包山簡「城鄭」的魯陽公之父輩。傳世文獻有「魯

陽公」、「魯陽文子」、「魯陽文君」，分載三事。《國語‧楚語》記「魯陽文子」辭惠王封梁而得魯陽，韋昭注認為他是「司馬子期子魯陽公」（徐元誥：《國語集解》（修訂本），中華書局，2002年，頁527），即公孫寬。《墨子》載大量「魯陽文君」與墨子的對話，包括墨子勸阻他攻鄭，孫詒讓注「文君即公孫寬」。（《墨子閒詁》，中華書局，頁469）這兩條記載確應指公孫寬。另外，《淮南子‧覽冥訓》則描述了「魯陽公」與韓激烈交戰，高誘注「《國語》所稱魯陽文子也」，認為這位「魯陽公」就是「魯陽文君」（劉文典：《淮南鴻烈集解》，中華書局，頁193）據包山簡、清華簡《繫年》的記載，這是不對的，這位與韓激戰的應是死於武陽的「魯陽公」之子，即包山簡的「魯陽公」，與韓有亡父之仇。因此，目前材料所見魯陽公至少有三代，第一代封君公孫寬，即「魯陽文子」，辭楚惠王封梁而封魯陽，不排除他活到了曾侯乙墓下葬年（前433年）的可能。死難於武陽之戰（前397年）的魯陽公是第二代或第三代。「以楚師後城鄭」（前394年）、「與韓構戰」的魯陽公是第三代或第四代。」（《出土文獻》第三輯，頁221-222）。

謹案：請見「⑩遝（魯）易公銜（率）𠂤（師）以逐（交）晉人」按語，從文獻以及《繫年》的資料來看，只能看出兩代的魯陽公。

㉖ 三執珪之君與右尹邵（昭）之妃（竢）死𠂤（焉）

（一）三執珪之君

整理者：執珪，楚之爵位。《呂氏春秋‧知分》：「荊王聞之，仕之執珪。」三執珪之君，即魯陽公、平夜君、陽城君。（頁200，注26）

陳穎飛：據《繫年》簡，我們知道，戰死的三位楚封君都是「執珪之君」。「執珪」見於《戰國策》的《齊策》、《東周策》，後者載景翠「公爵為執圭，官為柱國，戰而勝，則無加焉矣」，可知「執珪」是楚戰國時期最高的爵位。「執珪之君」無疑是「封君」中地位最高的。這三位「執珪之君」

的新見，為楚爵制提供了新例。四位封君中，平夜悼武君、陽城桓定君、郎莊平君三位都使用了兩字諡號，這也是一個新發現。以往文獻的楚封君，諡號僅有一字，如魯陽文君、坪夜文君等。可見，兩字諡號不僅限於楚王。（〈楚悼王初期的大戰與楚封君——清華簡《繫年》箚記之一〉，《文史知識》2012 年 05 期，頁 106）

建洲按：《上博七・君人者何必安哉》甲 3「珪=之君，百【3】貞（畛）之主」，陳偉先生根據《楚辭・大招》「三圭重侯，聽類神只」，王逸注：「言楚國所包中有公、侯、伯、子、男執玉圭之君，明于知人，聽愚賢之類，別其善惡，昭然若神，能薦達賢人也。」認為「珪=」析讀爲「玉珪」的可能性應該更大。（《新出楚簡研讀》，頁 313）此從其說。「玉珪之君」與「執珪之君」應該是一個意思。《說文》云：「圭，瑞玉也。上圜下方，公執桓圭九寸；侯執信圭，伯執躬圭，皆七寸；子執穀璧，男執蒲璧，皆五寸；以封諸侯。從重土。楚爵有執圭。」與簡文所說相符。《戰國策・楚策四・莊辛謂楚襄王》：「襄王聞之，顏色變作，身體戰慄。於是乃以執珪而授之為陽陵君，與淮北之地也。」《新序・雜事二・莊辛諫楚襄王章》作「乃封莊辛為成陵君」（《新序校釋》，頁 267）。鄭威先生指出「楚國地名中有陽陵而無成陵，當以《戰國策》的記載更可信據。」（《楚國封君研究》，頁 160）周鳳五先生將「珪=之君」讀為「執圭之君」，顯然不可信，不過他認為「楚國以『執圭之君』指封君，如春申君、平輿君之屬。」（〈上博七《君人者何必安哉》新探〉，《臺大中文學報》第三十期，頁 60），比對上引「於是乃以執珪而授之為陽陵君」來看，這個意見是有道理的，也可見「魯陽公」是「封君」的身分。又如《新序・雜事二・莊辛諫楚襄王章》：「君王左州侯，右夏侯，從新安君與壽陵君，淫衍侈靡」（釋文依照《新序校釋》，頁 265）。鄭威先生認為「州侯」、「夏侯」與「新安君」、「壽陵君」並列，可知彼此性質相同，都是封君（鄭威《楚國封君研究》，頁 135）。而簡文「魯陽公」也與平夜君、陽城君並稱「三執圭之君」，無疑也該是封君。

（二）右尹邵（昭）之妃（娞）

整理者：右尹，楚官。邵（昭）之妃，昭王之後。妃，即《說文》「娞」之古文。（頁200，注26）

㉗ 犬達（逸）

整理者：犬達，讀為「犬逸」，像犬一樣地逃逸。（頁200，注27）

㉘ 陳人女（焉）反而內（納）王子定於陳

整理者：陳人，齊人田氏。反而入，反方向使其進入，王子定入周與入齊是反方向。陳，田氏領地。（頁200，注28）

清華大學出土文獻讀書會：其說恐非。此句當讀為：「陳人女（焉）反（叛），而內（入）王子定於陳。」此「陳」即陳蔡之陳，楚與晉戰於武陽，大敗，陳人因叛楚，而將王子定迎入陳。故簡文此後言「楚邦以多亡城」。讀書會也有人提出：此時陳國早已亡國，恐非「陳蔡」之「陳」，此說可商。（〈研讀劄記（二）〉）。

建洲按：在某些史籍和子書中，楚惠王之後陳、蔡二國仍然一再出現。何浩先生認為：「陳、蔡並未絕祀於惠王之時，實際上是遲至宣王時才終為楚滅的。如果說，楚悼王時『北并陳、蔡』，只是將陳、蔡南遷於楚境之內，並未滅其社稷，那末，陳國就是四滅于楚，蔡國就是三滅于楚，而不是歷來所說的『三滅』、『二滅』的問題了。」（《楚滅國研究》，頁340）。所以清華讀書會認為簡文的「陳」指陳國是可能的。同時先秦的「陳人」確實多指陳國之人，如《左傳·桓公十四年》：「宋人以**齊人**，蔡人，衛人，**陳人**，伐鄭。」《史記·宋微子世家》：「陳人使婦人飲之醇酒，以革裹之，歸宋。」《史記·仲尼弟子列傳》：「顓孫師，陳人，字子張。少孔子四十八歲。」《淮

南子・人間訓》:「陳夏徵舒弒其君，楚莊王伐之，陳人聽令。」反過來說田齊似未見自稱為「陳人」者，如《戰國策》中皆稱「齊人」，未見「陳人」。此處暫從清華讀書會的釋讀。

㉙ **楚𠂤（師）將栽（救）武昜（陽），【一三六】王命坪（平）亦（夜）悼武君李（使）人於齊陳淏求𠂤（師）**

（一）將

整理者：將，即將。以下一段補敘武陽之戰前後向齊求師及齊發兵、還師的過程。（頁 200，注 29）

（二）李（使）

整理者：李，即「李」字，讀為「使」。（頁 200，注 29）

建洲按：句式如同《論語・憲問》:「蘧伯玉使人於孔子」，即蘧伯玉派使者訪問孔子。

（三）陳淏

董珊：與晉人盟的「陳淏」還見于《繫年》第二十三章：「楚師將救武陽，王命平夜悼武君使人于齊陳淏求師。」陳淏，疑爲田侯剡。淏/昊，匣母幽部；剡，禪母談部；炎，匣母談部，幽、談兩部可以對轉，所以「淏」可以讀為「剡」。田侯剡失載於《史記·田敬仲完世家》，僅見於《索隱》引《古本竹書紀年》:「（齊康公）二十二年，田侯剡立。」（〈讀清華簡《繫年》〉）

建洲按:「陳淏」亦見於第二十二章簡 123「晉三子之夫=（大夫）內（入）齊，明（盟）陳和與陳淏於溋門之外」。

㉚　陳疾目銜（率）車千𨏍（乘），以從楚𠂤（師）於武易（陽）

（一）陳疾目

整理者：陳疾目，齊國將帥。齊陶文有「疾目」人名，見《陶文圖錄》二・四六三以下。（頁 200，注 30）

（二）從

整理者：從，義為隨，在此意指隨至。（頁 200，注 30）

㉛　丙子，齊𠂤（師）至喦，述（遂）還▊。

整理者：喦，包山楚簡有「喦氏」，一六六號、一八五號簡有「喦甬」。「喦」應當是楚邑。《說文》：「喦，多言也，從品相連。《春秋傳》曰『次于喦北』，讀與『聶』同。」《春秋》僖公元年：「齊師、宋師、曹師次于聶北，救邢。」朱駿聲《說文通訓定聲》以為「喦」即《左傳》昭公十二年「聊、攝以東」之「攝」，在今山東聊城聶城，參看楊伯峻《春秋左傳注》。喦距武陽不遠，甲戌晉、楚在武陽開戰，丙子齊師至喦，知楚兵敗，中間相隔僅一日，齊師遂還。如喦地考釋不誤，則武陽在今山東境內更有可能。（頁 200，注 31）

引用書目及簡稱

一 傳統文獻

〔周〕左丘明傳，〔晉〕杜預注，〔唐〕孔穎達注，蒲衛忠等整理：《左傳正義》（臺北市：台灣古籍出版公司，2001 年 10 月）

〔晉〕范甯集解；〔唐〕楊士勛疏；夏先培等整理：《春秋穀梁傳注疏》（臺北市：台灣古籍出版公司，2001 年 10 月）

〔春秋〕孫武撰、〔三國〕曹操等注、楊丙安校理：《十一家注孫子校理》（北京市：中華書局，1999 年 3 月）

〔漢〕伏勝撰，〔漢〕鄭玄注，〔清〕陳壽祺輯：《尚書大傳》，《四部叢刊初編縮本》（臺北市：臺灣商務印書館，1975 年）

〔漢〕司馬遷《史記》（北京市：中華書局，1964 年 4 月）

〔漢〕許慎撰，〔清〕段玉裁注，魯實先校補《說文》：《說文解字注》（臺北市：黎民文化事業公司，2002 年 10 月）

〔漢〕劉向編著；石光瑛校釋；陳新整理：《新序校釋》（北京市：中華書局，2001 年 1 月）

〔漢〕孔安國傳，〔唐〕孔穎達疏，廖明春、陳明整理：《尚書正義》（臺北市：台灣古籍出版社，2001 年 10 月）

〔魏〕王弼注，〔唐〕孔穎達疏，盧光明、李申整理：《周易正義》（臺北市：臺灣古籍出版社，2001 年 10 月）

〔南朝宋〕范曄撰；〔唐〕李賢注；王先謙集解：《後漢書集解》（臺北市：藝文印書館，1973 年）

〔北魏〕酈道元注，楊守敬、熊會貞疏、段熙仲點校、陳橋驛復校：《水經

注疏》（南京市：江蘇古籍出版社，1989 年 6 月）

〔唐〕李吉甫撰：《元和郡縣圖志》（北京市：中華書局，2005 年 1 月）

〔宋〕陳彭年等《廣韻》：《校正宋本廣韻》（臺北市：藝文印書館，2004
年 9 月）

〔宋〕蘇軾：《書傳》，《文淵閣四庫全書》（臺北市：臺灣商務印書館，1983
年 8 月，冊 54）。

〔宋〕蔡沈著，錢宗武、錢忠弼整理：《書集傳》（南京市：鳳凰出版社，
2010 年 1 月）

〔明〕顧炎武著，張京華校釋：《日知錄校釋》上（長沙市：岳麓書社，2011
年 10 月）

〔清〕王念孫：《讀書雜志》（南京市：江蘇古籍出版社，2000 年 9 月）

〔清〕王念孫：《廣雅疏證》（南京市：江蘇古籍出版社，2000 年 9 月）

〔清〕王引之：《經義述聞》（南京市：江蘇古籍出版社，2000 年 9 月）

〔清〕崔述：《崔東壁遺書》（上海市：上海古籍出版社，1983 年）

〔清〕梁玉繩：《史記志疑》（北京市：中華書局，1981 年 4 月）

〔清〕孫詒讓著，梁運華點校：《札迻》（北京市：中華書局，1989 年 1 月）

〔清〕孫詒讓撰：《周禮正義》（北京市：中華書局，1987 年 12 月）

〔清〕孫詒讓：《墨子閒詁》（臺北市：華正書局，1995 年 9 月）

〔清〕孫星衍撰，陳抗、盛冬鈴點校：《尚書今古文注疏》（北京市：中華
書局，2011 年 9 月）

〔清〕錢大昕：《十駕齋養新錄》（上海市：上海書店出版社，2011 年 6 月）

〔清〕王先謙：《莊子集解》（臺北市：東大圖書公司，2004 年 10 月）

〔清〕蕭道管《列女傳》：《列女傳集注》，收入鄭曉霞、林佳鬱編：《列女
傳彙編》（北京市：北京圖書出版社，2007 年 7 月）

〔清〕高士奇《左傳紀事本末》（北京市：中華書局，1979 年 1 月）

二　近人論著專書（依照作者姓氏筆畫排序）

于省吾：《澤螺居詩經新證》（北京市：中華書局，1982 年 11 月）

于省吾：《甲骨文字釋林》（北京市：中華書局，1993 年 4 月）

王利器、王貞岷著：《漢書古今人表疏證》（濟南市市：齊魯書社，1988 年
　　8 月）

王國維：《觀堂集林》（臺北市：世界書局，1991 年 6 月）

王國維《紀年疏證》：《今本竹書紀年疏證》（濟南市市：齊魯書社，2010
　　年 1 月）

王貴民：《商周制度考信》（臺北市：明文書局，1989 年 12 月）

中國社會科學院考古研究所編：《殷周金文集成修訂增補本》（北京市：中
　　華書局，2007 年 4 月）

中國社會科學院語言研究所古代漢語研究室編《虛詞詞典》：《古代漢語虛
　　詞詞典》（北京市：商務印書館，2000 年 1 月）

尹盛平：《周原文化與西周文明》（南京市：江蘇教育出版社，2005 年 4 月）

毛遠明：《左傳詞彙研究》（重慶市：西南師範大學出版社，1999 年 12 月）

方詩銘，王修齡：《古本竹書紀年輯證》（上海市：上海古籍出版社，2005
　　年 10 月）

白於藍《彙纂》：《戰國秦漢簡帛古書通假字彙纂》（福州市市：福建人民出
　　版社，2012 年 5 月）

白國紅：《春秋晉國趙氏研究》（北京市：中華書局，2007 年 6 月）

石泉：《古代荊楚地理新探》（武漢市：武漢大學出版社，1988 年 10 月）

左鵬：《楚國歷史地理研究》（武漢市：湖北教育出版社，2012 年 9）

北京大學出土文獻研究所：《北京大學藏西漢竹書貳》（上海市：上海古籍
　　出版社，2012 年 12 月）

任偉：《西周封國考疑》（北京市：社會科學文獻出版社，2004 年 8 月）

后曉榮：《戰國政區地理》（北京市：文物出版社，2013 年 3 月）

朱守亮：《韓非子釋評》（臺北市：五南圖書出版公司，1992 年）

何樂士編：《古代漢語虛詞詞典》（北京市：語文出版社，2006 年 2 月）

余太山：《古族新考》（北京市：中華書局，2000 年 6 月）

呂思勉：《先秦史》（上海市：上海古籍出版社，2005 年 7 月）

呂靜：《春秋時期盟誓研究》（上海市：上海古籍出版社，2007 年 6 月）

李天虹：《楚國銅器與竹簡文字研究》（武漢市：湖北教育出版社，2012 年 9 月）

李守奎：《楚文字編》（上海市：華東師範大學，2003 年 12 月）

李守奎、曲冰、孫偉龍編著《上博文字編》：《《上海博物館藏戰國楚竹書》（一～五）文字編》（北京市：作家出版社，2007 年 12 月）

李守奎、賈連翔、馬楠編著：《包山楚墓文字全編》（上海市：上海古籍出版社，2012 年 12 月）

李孝定：《甲骨文字集釋》（臺北市：中央研究院歷史語言研究所，1970 年 10 月再版）

李宗焜：《甲骨文字編》（北京市：中華書局，2012 月）

李峰著，徐峰譯；湯惠生校：《西周的滅亡》（上海市：上海古籍出版社，2007 年 10 月）

李零：《郭店楚簡校讀記（增訂本）》（北京市：北京大學出版社，2002 年 3 月）

李零：《簡帛古書與學術源流》（北京市：三聯書店，2004 年 4 月）

李零：《死生有命，富貴在天－《周易》的自然哲學》（北京市：三聯書店，2013 年 1 月）

李學勤：《文物中的古文明》（北京市：商務印書館，2008 年 10 月）

李學勤主編：《清華大學藏戰國竹簡（壹）》（上海市：中西書局，2010 年 12 月）

李學勤主編：《清華大學藏戰國竹簡（貳）》（上海市：中西書局，2011 年
　　12 月）

何光岳：《楚源流史》（南昌市：江西教育出版社，2005 年 2 月）

沈長雲等：《趙國史稿》（北京市：中華書局，2000 年 11 月）

林清源：《西周青銅句兵銘文彙考》（新北市：花木蘭文化出版社，2012 年
　　3 月）

屈萬里：《尚書集釋》（臺北市：聯經出版事業公司，2010 年 10 月）

郁賢皓、周福昌、姚曼波：《新譯左傳讀本》（臺北市：三民書局公司，2009
　　年 1 月）

姚萱《初步》：《殷墟花園莊東地甲骨卜辭的初步研究》（北京市：線裝書局，
　　2006 年 11 月）

湖北省文物考古研究所、北京大學中文系編：《九店楚簡》（北京市：中華
　　書局，2000 年 5 月）

湖北省博物館：《曾侯乙墓》（北京市：文物出版社，1989 年 7 月）

湖北省荊沙鐵路考古隊：《包山楚簡》（北京市：文物出版社，1991 年 10
　　月）

河南省文物考古研究所：《新蔡葛陵楚墓》（鄭州市：大象出版社，2003 年
　　10 月）

河南省地方史志編纂委員會編纂《文物志》：《河南省・文物志》（鄭州市：
　　河南人民出版社，1993 年 11 月）

河南省文物考古研究所，三門峽市文物工作隊編著：《三門峽虢國墓》（北
　　京市：文物出版社，1999 年 12 月）

何浩：《楚滅國研究》（武漢市：武漢出版社，1989 年 11 月）

何琳儀：《戰國古文字典》（北京市：中華書局，1998 年 9 月）

宋鎮豪：《夏商社會生活史》（北京市：中國社會科學出版社，1994 年 9 月）

宋華強：《新蔡葛陵簡初探》（武昌市：武漢大學出版社，2010 年 3 月）

吳良寶：《先秦貨幣文字編》（福州市市：福建人民出版社，2006 年 3 月）

吳良寶：《中國東周時期金屬貨幣研究》（北京市：社會科學文獻出版社，
　　2005 年 10 月）

吳良寶：《戰國楚簡地名輯證》（武漢市：武漢大學出版社，2010 年 3 月）

杜正勝：《編戶齊民》（臺北市：聯經出版社，1990 年 4 月）

周振鶴編著：《漢書地理志匯釋》（合肥市：安徽教育出版社，2006 年 6 月）

季旭昇：《說文新證》（福州市市：福建人民出版社，2010 月）

宗福邦等編：《故訓匯纂》（北京市：商務印書館，2003 年 7 月）

武振玉：《兩周金文虛詞研究》（北京市：線裝書局，2001 月）

俞志慧：《《國語》韋昭注辨正》（北京市：中華書局，2009 年 12 月）

俞樾：《群經平議》，《續修四庫全書》經部 178 冊（上海市：上海古籍出版
　　社，2003 年 3 月）

胡平生：《胡平生簡牘文物論稿》（上海市：中西書局，2012 年 12 月）

徐元浩撰，王樹民、沈長雲點校《國語》：《國語集解（修訂本）》（北京市：
　　中華書局，2008 年 1 月）

徐少華：《周代南土歷史地理與文化》（武昌市：武漢大學出版社，1994 年
　　11 月）

徐少華：《荊楚歷史地理與考古探研》（北京市：商務印書館，2010 年 11 月）

徐在國：《楚帛書詁林》（合肥市：安徽大學出版社，2010 年 8 月）

徐在國：《傳抄古文字編》（北京市：線裝書局，2006 月）

徐傑令：《春秋邦交研究》（北京市：中國社會科學出版社，2004 年 4 月）

徐廣才：《考古發現與《楚辭》校讀》（北京市：線裝書局，2009 年 12 月）

馬保春：《晉國地名考》（北京市：學苑出版社，2010 年 4 月）

馬承源主編：《上海博物館藏戰國楚竹書（四）》（上海市：上海古籍出版社，
　　2004 年 12 月）

馬承源主編：《上海博物館藏戰國楚竹書（六）》（上海市：上海古籍出版社，

2007 年 7 月）

馬承源主編：《上海博物館藏戰國楚竹書（九）》（上海市：上海古籍出版社，2012 年 12 月）

荊門市博物館編：《郭店楚墓竹簡》（北京市：文物出版社，1998 年 5 月）

高亨《會典》：《古字通假會典》（濟南市：齊魯書社，1997 月）

高明：《古文字類編（增訂本月）》（上海市：上海古籍出版社，2008 月）

袁庭棟：《古人稱謂》（濟南市：山東畫報出版社，2007 年 5 月）

晁福林：《春秋戰國的社會變遷》（北京市：商務印書館，2011 年 9 月）

晁福林：《先秦民俗史》（上海市：上海市人民出版社，2001 年 1 月）

息縣志編纂委員會編：《息縣志》（鄭州市：河南人民出版社，1989 年 11 月）

唐蘭：《古文字學導論》（濟南市：齊魯書社，1981 年 1 月）

唐蘭：《唐蘭先生金文論集》（北京市：紫禁城出版社，1995 年 10 月）

孫剛：《齊文字編》（福州市：福建人民出版社，2010 年 1 月）

夏商周斷代工程專家組編著：《夏商周斷代工程 1996-2000 年階段成果報告（簡本月）》（北京市：世界圖書出版公司，2000 年 10 月）

張光裕主編、袁國華合編：《包山簡文字編》（臺北市：藝文印書館，1992 月）

張光裕主編，袁國華合編《第一卷文字編》：《郭店楚簡研究・第一卷文字編》（臺北市：藝文印書館，1999 年）

張以仁：《春秋史論集》（臺北市：聯經出版事業公司，1990 年 1 月）

張玉金：《甲骨文虛詞詞典》（北京市：中華書局，1994 年）

張玉金：《虛詞研究》：《出土戰國文獻虛詞研究》（北京市：人民出版社，2011 年 3 月）

張亞初、劉雨：《西周金文官制研究》（北京市：中華書局，1986 年 5 月）

張儒、劉毓慶《聲素》：《漢字通用聲素研究》（太原市：山西古籍出版社，2002 年 4 月）

張富海:《漢人所謂古文之研究》(北京市:線裝書局,2007 年 5 月)

張雙棣等:《呂氏春秋譯注》(北京市:北京大學出版社,2000 年 9 月)

許維遹撰:《呂氏春秋集釋》(北京市:中華書局,2009 年 9 月)

許維遹撰:《韓詩外傳集釋》(北京市:中華書局,1980 年 6 月)

清華大學出土文獻研究與保護中心等編:《古代簡牘保護與整理研究》(上
　　海市:中西書局,2012 年 6 月)

梁寧森、鄭建英:《虢國研究》(鄭州市:河南人民出版社,2007 年 6 月)

郭沫若:《郭沫若全集》(北京市:科學出版社,2002 月)

黃忠慎:《詩經全注》(臺北市:五南圖書出版公司,2008 年 9 月)

黃暉撰:《新序校釋》(北京市:中華書局,1990 年 2 月)

黃德寬主編:《譜系》、《古文字譜系疏證》(北京市:商務印書館,2007 年
　　5 月)

黃懷信,張懋鎔,田旭東撰《彙校集注》:《逸周書彙校集注》(修訂本)(上
　　海市:上海古籍出版社,2011 年 4 月)

曹錦炎:《古璽通論》(上海市:上海市書畫出版社,1996 年)

曹瑋主編:《周原出土青銅器》第一卷(成都市:四川集團出版社,2005
　　年)

陳戍國:《中國禮制史－先秦卷》(長沙市:湖南教育出版社,1991 年 12
　　月)

陳奇猷:《韓非子新校注》(上海市:上海古籍出版社,2000 年 10 月)

陳奇猷:《呂氏春秋校釋》(臺北市:華正書局,1988 年 7 月)

陳奇猷:《呂氏春秋》,《呂氏春秋新校釋》(上海市:上海古籍出版社,2006
　　年 4 月)

陳明遠,汪宗虎編著:《中國姓氏辭典》(北京市:北京出版社,1994 年 11
　　月)

陳偉:《楚東國地理研究》(武漢市:武漢大學出版社,1992 年)

陳偉：《包山楚簡初探》（武漢市：武漢大學出版社，1996 年 8 月）

陳偉等著：《十四種》，《楚地出土戰國簡冊[十四種]》（北京市：經濟科學出版社，2009 年）

陳偉：《新出楚簡研讀》（武漢市：武漢大學出版社，2010 年 3 月）

陳偉：《楚簡冊概論》（武漢市：湖北教育出版社，2012 年 9 月）

陳斯鵬：《楚系簡帛中字形與音義關係研究》（北京市：中國社會科學出版社，2011 年 3 月）

陳斯鵬、石小力、蘇清芳編著：《新見金文字編》（福州市：福建人民出版社，2012 年 5 月）

陳夢家：《殷墟卜辭綜述》（北京市：中華書局，1988 年 1 月）

陳夢家：《西周銅器斷代》（北京市：中華書局，2004 年）

陳夢家：《六國紀年》（北京市：中華書局，2005 年）

陳槃：《春秋大事表列國爵姓及存滅表譔異（三訂本）》（臺北市：中研院史語所，1997 年 6 月）

陳劍：《論集》，《甲骨金文考釋論集》（北京市：線裝書局，2007 年 4 月）

程元敏：《尚書周書牧誓洪範金縢呂刑篇義證》（臺北市：萬卷樓圖書公司，2012 年 3 月）

湖北省博物館編：《曾侯乙墓》（北京市：文物出版社，1989 年）

湖北省文物考古研究所、北京大學中文系編《望山楚簡》（北京市：中華書局，1995 年 6 月）

童書業：《春秋史》（上海市：上海古籍出版社，2003 年 4 月）

童書業：《春秋左傳研究》（上海市：上海市人民出版社，1980 月）

童書業編，童教英輯校：《春秋史料集》（北京市：中華書局，2008 年 5 月）

彭裕商：《春秋青銅器年代綜合研究》（北京市：中華書局，2011 年 8 月）

彭裕商：《郭店楚簡老子集釋》（成都市：巴蜀書社，2011 年 11 月）

曾運乾：《尚書正讀》（臺北市：華正書局公司，1982 年 5 月）

馮勝君：《郭店簡與上博簡對比研究》（北京市：線裝書局，2007 年 4 月）

楊伯峻：《左傳注》，《春秋左傳注（修訂本月）》（北京市：中華書局，2011 年 4 月）

楊福平、杜維夏：《鄭國史話》（鄭州市：中州古籍出版社，2005 年 9 月）

楊寬：《西周史》（臺北市：臺灣商務印書館，1999 年 4 月）

楊寬：《戰國史》（上海市：上海市人民出版社，1998 年 3 月）

楊寬：《戰國史料編年輯證》（上海市：上海人民出版社，2001 年 11 月）

楊燕起：《史記全譯》（貴陽市：貴州人民出版社，2001 年 7 月）

楊華：《先秦禮樂文化》（武漢市：湖北教育出版社，1996 年）

楊樹達：《詞詮》（北京市：中華書局，2004 年 7 月）

楊樹達：《積微居小學述林全編》（上海市：上海古籍出版社，2007 年 8 月）

楊寶忠：《古代漢語詞語考證》（保定市：河北大學出版社，1997 年 12 月）

董蓮池：《新金文編》（北京市：作家出版社，2011 年）

福田哲之：《中國出土古文獻與戰國文字之研究》（臺北市：萬卷樓圖書公司，2005 年 11 月）

裘錫圭：《文字學概要》（臺北市：萬卷樓圖書公司，2007 再版）

裘錫圭《學術文集》：《裘錫圭學術文集》（上海市：復旦大學出版社，2012 年 6 月）

裘錫圭：《古文字論集》（北京市：中華書局，1992 年 8 月）

漢語大字典編輯委員會編纂：《漢語大字典》（武漢市：辭書出版社，1986 月）

趙生群：《《左傳》疑義新證》（北京市：人民文學出版社，2013 年 1 月）

廖名春：《郭店楚簡老子校釋》（北京市：清華大學出版社，2003 年 6 月）

蒙文通：《周秦少數民族》（上海市：龍門聯合書局，1958 年 7 月）

劉雨、嚴志斌編著：《近二》，《近出殷周金文集錄二編》（北京市：中華書局，2010 年 2 月）

劉信芳：《簡帛五行解詁》（臺北市：藝文印書館，2000 年）

劉信芳：《楚系簡帛釋例》（合肥市：安徽大學出版社，2011 年 12 月）

劉起釪：《尚書校釋譯論》（北京市：中華書局，2005 年 4 月）

劉昭瑞：《宋代著錄商周青銅器銘文箋證》（廣州市：中山大學出版社，2000 年）

劉釗：《古文字構形學》（福州市：福建人民出版社，2006 年 1 月）

劉釗：《郭店楚簡校釋》（福州市：福建人民出版社，2005 年）

劉釗、洪颺、張新俊編纂：《新甲骨文編》（福州市：福建人民出版社，2009 年 5 月）

劉俊男：《《史記・六國年表》與史料編纂》（新北市：花木蘭文化出版社，2010 年 3 月）

鄭威：《楚國封君研究》（武漢市：湖北教育出版社，2012 年 9 月）

黎翔鳳撰，梁運華整理：《管子校注》（北京市：中華書局，2004 年 6 月）

潘英：《中國上古國名地名辭匯及索引》（臺北市：明文書局，1986 年 7 月）

滕壬生《楚增》：《楚系簡帛文字編（增訂本月）》（武漢市：湖北教育出版社，2008 年 10 月）

錢穆：《史記地名考》（北京市：商務印書館，2001 年）

錢穆：《先秦諸子繫年》（石家莊：河北教育出版社，2002 年 1 月）

賴怡璇：《《楚地出土戰國簡冊〔十四種〕》校訂》（新北市：花木蘭文化出版社，2012 年）

戴均良等主編《古今地名大辭典》：《中國古今地名大辭典》（上海市：上海辭書出版社，2005 年 7 月）

蕭毅：《楚簡文字研究》（武漢市：武漢大學出版社，2010 年 3 月）

蕭聖中：《曾侯乙墓竹簡釋文補正暨車馬制度研究》（北京市：科學出版社，2011 年 7 月）

鍾柏生等編：《新收》，《新收殷周青銅器銘文暨器影彙編》（臺北市：藝文

印書館，2006 年）

魏啟鵬：《簡帛五行箋釋》（臺北市：萬卷樓圖書公司，2000 年）

羅君惕：《秦刻十碣考釋》（濟南市：齊魯書社，1983 年 12 月）

譚其驤主編：《中國歷史大辭典——歷史地理卷》（上海市：上海辭書出版
　　社，1997 年 7 月）

譚其驤：《中國歷史地圖集——第一冊》（北京市：中國地圖出版社，1982
　　年 10 月）

瀧川龜太郎：《史記會注考證》（臺北市：萬卷樓圖書公司，2004 年 3 月）

羅隨祖主編：《羅福頤集——增訂漢印文字徵》（北京市：紫禁城出版社，
　　2010 年 6 月）

藤田勝久著，曹峰、廣瀨薰雄譯：《《史記》戰國史料研究》（上海市：上海
　　古籍出版社，2008 年 1 月）

蘇建洲：《《上博楚竹書》文字及相關問題研究》（臺北市：萬卷樓圖書公司，
　　2008 年 1 月）

顧德融、朱順龍：《春秋史》（上海市：上海人民出版社，2001 年 6 月）

顧頡剛：《史林雜識》（北京市：中華書局，1963 年）

三　近人論著單篇論文（依照作者姓氏筆畫排序月）

○○：〈清華簡中發現珍貴史書《繫年》〉《蘭臺世界》2012 年 4 期

子居〈1～4 章解析〉：〈清華簡《繫年》1～4 章解析〉，孔子 2000 網，2012
　　年 1 月 6 日

子居〈5～7 章解析〉：〈清華簡《繫年》5～7 章解析〉，孔子 2000 網，2012
　　年 3 月 14 日

子居〈8～11 章解析〉：〈清華簡《繫年》8～11 章解析〉，孔子 2000 網，2012
　　年 6 月 27 日

子居〈12～15 章解析〉:〈清華簡《繫年》12～15 章解析〉,孔子 2000 網,2012 年 10 月 2 日

王子揚:〈「 公孫𣪠父匜」之「 公」即「息公」 說袪疑〉,復旦網,2011 年 12 月 22 日

王玉哲:〈晉文公重耳考〉,《古史集林》(北京市:中華書局,2002 月)

王占奎:〈周宣王紀年與晉獻侯墓考辨〉,《中國文物報》1996 年 7 月 7 日

王占奎:〈再談共和紀年問題──附論僖侯對與司徒的關係〉,《晉侯墓地出土青銅器國際學術研討會論文集》(上海市:上海書畫出版社,2002 年 7 月)

王坤鵬:〈《繫年》第一章句讀商榷〉,復旦網,2012 年 5 月 29 日

王紅亮:〈也說「周亡王九年」〉:〈也說《清華簡・繫年》的「周亡王九年」〉,復旦網,2012 年 1 月 12 日

王紅亮:〈清華簡《繫年》中周平王東遷的相關年代考〉《史學史研究》2012 年第 4 期

王紅亮:〈讀清華簡《繫年》箚記(一)〉,簡帛網,2012 年 3 月 26 日

王紅亮:〈據清華簡《繫年》證《左傳》一則〉,復旦網,2013 年 4 月 23 日

王振中:〈方城考〉,《北京市師範大學學報(社會科學版月)》2007 年第 6 期

王建:〈西周衛國為方伯考〉,《商丘師範學院學報》,第 20 卷第 4 期,2004 年 8 月

王連成〈「周亡王九年」的理解問題〉:〈淺議清華簡《繫年》之編聯與「周亡王九年」的理解問題〉,簡帛研究網,2012 年 7 月 8 日

王廣禮:〈古申國鎖議〉,《南都學壇(社會科學版月)》,1989 年 4 月

王寧〈二王並立〉:〈由《繫年》說《竹書紀年》的「二王並立」〉跟帖,復旦網,2011 年 12 月 29 日

王寧：〈上博九《成王為成僕之行》釋文校讀〉，武漢大學「簡帛網」，2013
年 1 月 10 日

王寧：〈由楚簡「𢏤」說石經古文「厥」〉，簡帛網，2011 年 12 月 30 月

王輝：〈二年平陶令戈跋〉，《考古與文物》2007 年 6 期

王暉：〈春秋早期周王室王位世系變局考異——兼說清華簡《繫年》「周無
王九年」〉，出土文獻與中國古代文明國際學術研討會，清華大學出土
文獻研究與保護中心，2013 年 6 月 17～18 日

牛鵬濤：〈清華簡《繫年》與銅器銘文互證二則〉，《深圳大學學報》2012
年 02 期

尹盛平：〈西周強氏的族屬及其相關問題〉，《周文化考古研究論集》（北京
市：文物出版社，2012 年 6 月）

北京大學考古系、山西省考古研究所：〈天馬一曲村遺址北趙晉侯墓地第二
次發掘〉，《文物》1994 年 1 期

白光琦：〈由清華簡《繫年》訂正戰國楚年〉，簡帛網，2012 年 3 月 26 日

白光琦：〈清華簡《繫年》與平王東遷〉，簡帛網，2013 年 7 月 5 日

白於藍：〈釋𪊨羌鐘銘文中的「乂」字〉《古文字研究》第二十九輯（北京
市：中華書局，2012 年 10 月）

白於藍：〈讀上博簡箚記〉，《中國文字》新 38 期（臺北市：藝文印書館，
2002 年 12 月）

白於藍：〈釋中山王𦒠方壺中的「屬」字〉，《古文字研究》第 25 輯（北京
市：中華書局，2004 年）

白於藍：〈釋上博簡《凡物流形》篇的「姊」與「練」〉，承繼與拓新——漢
語語言文字學國際研討會，香港中文大學，2012 年 12 月 17-18 日

甘肅省文物工作隊、北京大學考古學系：〈甘肅甘谷毛家坪遺址的發掘報告〉，
《考古學報》，1987 年 3 月

田旭東：〈清華簡《繫年》與秦人西遷新探〉，《秦漢研究（第六輯月）》（西

安：三秦出版社，2008 年 4 月）

田成方：〈楚伍氏族屬析疑〉《楚學論叢》第一輯（武漢市：湖北人民出版社，2011 年 12 月）

申超：〈清華簡《系年》與息、楚史事初探〉，光明網學術講堂，2013 年 1 月 21 日，

http://big5.gmw.cn/g2b/www.gmw.cn/xueshu/2013-01/21/content_6445069_3.htm

史傑鵬：〈包山楚簡研究四則〉，《湖北民族學院學報》2005 年第 3 期

史傑鵬：〈由郭店《老子》的幾條簡文談幽、物相通現象暨相關問題〉，《簡帛》第五輯（上海市：上海古籍出版社，2010 年 10 月）

朱鳳瀚〈西周史事考〉：〈清華簡《繫年》所記西周史事考〉，《第四屆國際漢學會議論文集》（臺北市：中央研究院主辦，2012 年 6 月 20-22 日）

朱鳳瀚：〈中山盤銘文初釋〉，《中國歷史文物》2002 年 1 期

朱德熙：〈關於鮑兒鐘銘文的斷句問題〉，《朱德熙古文字論集》（北京市：中華書局，1995 年 2 月）

朱曉海：〈清華簡所謂《繫年》的書籍性質〉，「經學與文學國際學術研討會」，臺北市：臺灣大學，2012 年 3 月 16-18 日

伊強：〈清華簡《繫年》中的「復仇」考〉，簡帛網，2011 年 12 月 23 日

竹田健二：〈清華簡《楚居》的劃線、墨線與竹簡的排序問題〉《先秦兩漢出土文獻與學術新視野國際研討會論文集》（臺北市：臺灣大學文學院，2013 年 6 月 25-26 日）

何有祖：〈讀《清華大學藏戰國竹簡（貳）》札記〉，簡帛網，2011 年 12 月 20 日

何浩：〈「王子某」、「楚子某」與楚人的名和字〉，《江漢論壇》1993 年 7 期

何琳儀：〈郭店竹簡選釋〉，《簡帛研究二○○一》（桂林市：廣西師範大學出版社，2001 年）

何景成：〈釋「花東」卜辭的「所」〉，《古文字研究》第 27 輯（北京市：中

華書局，2008 年 9 月）

何樹環：〈談「子犯編鐘」銘文中的「西之六師」〉，《故宮文物月刊》總 218
期，2001 年 7 月

吳振武：〈燕馬節補考——兼釋戰國時代的「射」字〉，中國古文字研究會
第八屆年會論文，1990 年 11 月

吳振武：〈釋戰國文字中的「虘」和從「朕」之字〉《古文字研究》第十九輯
（北京市：中華書局，1992 年 8 月）

吳振武〈「𢦏」字的形音義〉：〈「𢦏」字的形音義——爲紀念殷墟甲骨文發
現一百周年而作〉，《甲骨文發現一百周年學術研討會論文集》（臺北市：
文史哲出版社，1998 年）

吳振武：〈古璽姓氏考（複姓十五篇月）〉，《出土文獻研究》第三輯（北京
市：中華書局，1998 年 10 月）

吳振武：〈談虎溪山漢簡《閻氏五勝》中的幾個字〉，《康樂集》（廣州：中
山大學出版社，2006 年 1 月）

吳良寶：〈談戰國文字地名考證中的幾個問題〉，《中國史研究》2011 年 3 期

吳良寶：〈〈空首布「釴」地考〉，《古文字研究》第 25 輯（北京市：中華書
局，2004 年 10 月）

吳雯雯：〈清華簡《耆夜》「武王八年戡黎」年代問題綜述〉，未刊稿

邵炳軍：〈兩周之際諸申地望及其稱謂辨析——周「二王並立」時期詩歌創
作歷史文化背景研究之四〉，《社會科學戰線》2002 年 03 期

宋公文：〈息夫人考論〉，「楚簡·楚文化與先秦歷史文化研討會」，武漢大
學主辦，2011 年 10 月 29 日－2011 年 10 月 31 日

宋華強：〈清華簡《繫年》奚齊之「奚」的字形〉，簡帛網，2011 年 12 月
21 日

宋華強：〈清華簡《繫年》「纂伐」之「纂」〉，簡帛網，2011 年 12 月 21 日

宋華強：〈楚文字資料中所謂「篣尹」之「篣」的文字學考察〉《古文字研

究》第 29 輯（北京市：中華書局，2012 年 10 月）

宋華強：〈包山簡祭禱名「伏」小考〉，簡帛網，2007 年 11 月 7 日

宋華強：〈「還年」小議〉，簡帛網，2008 年 8 月 9 日

宋華強：〈澳門崇源新見楚青銅器芻議〉，簡帛網，2008 年 1 月 1 日

宋華強：〈清華簡《楚居》1-2 號與楚人早期歷史傳說〉《文史》總 99 輯，
　　2012 年 2 輯（2012 年 5 月）

宋鎮豪：〈甲骨文所見殷人的祀門禮〉，《甲骨文與殷商史》新二輯（上海市：
　　上海古籍出版社，2011 年 11 月）

李天虹：〈竹書《鄭子家喪》所涉歷史事件綜析〉，《出土文獻》第一輯（上
　　海市：中西書局，2010 年 8 月）

李天虹：〈小議《繫年》「先建」〉，簡帛網，2012 年 6 月 14 日

李天虹：〈小議《繫年》「先建」〉《出土文獻與中國古代文明學術研討會論
　　文》（北京市：清華大學，2013 年 6 月）

李守奎：〈楚簡文字四考〉，《中國文字研究》第三輯（桂林市：廣西教育出
　　版社，2002 年）

李守奎：〈《上海市博物館藏戰國楚竹書（二月）》釋讀一則〉，《吉林大學古
　　籍整理研究所建所二十周年紀念文集》（長春市：吉林大學出版社，2003
　　年 12 月）

李守奎：〈包山楚簡 120-123 號簡補釋〉，復旦網，2009 年 8 月 1 日

李守奎：〈清華簡《繫年》與吳人入郢新探〉，《中國社會科學報》2011 年第
　　241 期

李守奎：〈包山楚簡姓氏用字考釋〉，《簡帛》第六輯（上海市：上海古籍出
　　版社，2011 年 11 月）

李守奎：〈清華簡《繫年》中的▲字與陳氏〉，第十九屆古文字年會散發論文，
　　復旦大學出土文獻與古文字研究中心，2012 年 10 月 23-25 日

李守奎、劉波：〈續論陸字構形與陸聲字的音義〉，《古文字研究》第二十九

輯（北京市：中華書局，2012 年 10 月）

李守奎：〈《周公之琴舞》補釋〉，《出土文獻研究》第 11 輯（上海市：中西書局，2012 年 12 月）

李家浩：〈關於郴陵君銅器銘文的幾點意見〉，《江漢考古》1986 年 4 期

李家浩：〈庚壺銘文及其年代〉，《古文字研究》第十九輯（北京市：中華書局，1992 年 8 月）

李家浩：〈戰國𠚍刀新考〉，《中國錢幣論文集》第三輯（中國金融出版社，1994 年）

李家浩：〈讀《郭店楚墓竹簡》瑣議〉，《中國哲學》20 輯（瀋陽市：遼寧教育出版社，1999 年 1 月）

李家浩：〈信陽楚簡「澮」字及从「关」之字〉，《著名中年語言學家自選集──李家浩卷》（合肥：安徽教育出版社，2002 年 12 月）

李家浩：〈戰國𠫑陽布考〉，《古文字研究》第 25 輯（北京市：中華書局，2004 年 10 月）

李家浩：〈包山卜筮簡 218～219 號研究〉，《長沙三國吳簡暨百年來簡帛發現與研究國際學術研討會論文集》（北京市：中華書局，2005 年 12 月）

李家浩：〈釋老簋銘文中的「濾」字〉，《古文字研究》第 27 輯（北京市：中華書局，2008 年 9 月）

李家浩：〈夫趺申鼎、自鐘與邚子受鐘銘文研究〉，北京大學考古文博學院、中國國家博物館編：《俞偉超先生紀念文集・學術卷》（北京市：文物出版社，2009 年 6 月）

李家浩：〈忏距末銘文研究〉，《古文字與古代史》第二輯（臺北市：中央研究院歷史語言研究所，2009 年 12 月）

李家浩：〈楚簡所記楚人祖先「娹（鬻月）熊」與「穴熊」為一人說－兼說上古音幽部與微、文二部音轉〉，《文史》2010 年第 3 輯

李家浩：〈談清華戰國竹簡《楚居》的「夷宅」及其他〉，《《清華大學藏戰

國竹簡（壹）》國際學術研討會會議論文集》，2011 年 6 月

李家浩：〈越王差戈銘文新研〉《第四屆國際漢學會議論文》（臺北市：中央研究院歷史語言研究所，2012 年 6 月 20-22 日

李家浩〈甲骨文北方神名「勹」與戰國文字從「勹」之字〉，《文史》2012年第 3 輯（北京市：中華書局，2012 年 8 月）

李家浩：〈越王差邾戈銘文新研〉，《第四屆國際漢學會議論文》（臺北市：中央研究院歷史語言研究所，2012 年 6 月 20-22 日）

李家浩：〈楚公逆鐘銘文補釋〉《出土文獻與中國古代文明學術研討會論文》（北京市：清華大學，2013 年 6 月）

李銳：〈郭店楚墓竹簡補釋〉，《華學》第六輯（北京市：紫禁城出版社，2003年）

李銳：〈清華簡《金縢》初研〉，《甘肅省第二屆簡牘學國際學術研討會論文集》（蘭州，2011 年 8 月 25-26 日）

李銳：〈讀《繫年》箚記（修訂月）〉，孔子 2000 網，2011 年 12 月 22 日

李銳〈箚記（二月）〉：〈讀《繫年》箚記（二月）〉，孔子 2000 網，2011 年12 月 22 日

李銳：〈清華簡《繫年》與葛陵簡楚史問題考〉（待刊稿）

李零：〈楚景平王與古多字諡——重讀「秦王卑命」鐘銘文〉，《傳統文化與現代化》1996 年 6 期

李零：〈古文字雜識兩篇〉，《于省吾教授百年誕辰紀念文集》（長春市：吉林大學出版社，1996 年 9 月）

李零：〈楚景平王與古多字諡——重讀「秦王卑命」鐘銘文〉，《待兔軒文存——讀史卷》（桂林市：廣西師範大學出版社，2011 年 5 月）

李零：〈西伯戡黎的再認識〉，【簡帛・經典・古史國際論壇】，香港浸會大學，2011 年 11 月 30-12 月 2 日

李零：〈讀清華簡保訓釋文〉，《中國文物報》2009 年 8 月 21 日第 7 版

李零：〈隱書〉，《中國簡帛學國際論壇 2012：秦簡牘研究》，武漢大學主辦，2012 年 11 月 17-19 日

李零〈卨與竊〉：〈古文字筆記：卨與竊〉，《《清華大學藏戰國竹簡（壹）》國際學術研討會會議論文集》（北京市：清華大學出土文獻研究與保護中心，2011 年 6 月）

李零：〈讀清華簡筆記：卨與竊〉《清華簡研究》第一輯（上海市：中西書局，2012 年 12 月）

李學勤：〈論清華簡《周公之琴舞》「憂天之不易」〉，《出土文獻研究》第 11 輯（上海市：中西書局，2012 年 12 月）

李學勤：〈談秦人初居「邾虖」的地理位置〉，《出土文獻》第二輯（上海市：中西書局，2011 年）

李學勤：〈論清華簡《楚居》中的古史傳說〉，《中國史研究》2011 年 1 期

李學勤：〈釋「改」〉，《中國古代文明研究》（上海市：華東師範大學，2005 年 4 月）

李學勤：〈論葛陵楚簡的年代〉，《文物》2004 年 7 期

李學勤：〈清華簡《楚居》與楚徙鄩郢〉，《江漢考古》2011 年 2 期

李學勤：〈說郭店簡「道」字〉，《簡帛研究》第三輯（南寧市：廣西教育出版社，1998 月）

李學勤：〈論秦子簋及其意義〉，《故宮博物院院刊》2005 年 6 期

李學勤：〈晉侯蘇編鐘的時、地、人〉，《中國文物報》1996 年 12 月 1 日

李學勤：〈續說晉侯邦父與楊姞〉，《寶雞文理學院學報》2005 年 6 期

李學勤：〈清華簡繫年及有關古史問題〉，《文物》2011 年 3 期

李學勤：〈《繫年》出版的重要意義〉，《邯鄲學院學報》2011 年 04 期

李學勤：〈清華簡《繫年》「奴叡之戎」試考〉，《社會科學戰線》2011 年 12 期

李學勤：〈清華簡《繫年》解答封衛疑謎〉，《文史知識》2012 年 3 期

李學勤〈由清華簡《繫年》論《紀年》的體例〉,《深圳大學學報》(人文社會科學版月)2012 年 02 期

李學勤:〈補論子犯編鐘〉,《四海尋珍》(北京市:清華大學出版社,1998年 9 月)

李學勤:〈試釋翼城大河口鳥形盉銘文〉,《文博》2011 年 4 期

李學勤:〈讀上博簡〈莊王既成〉兩章筆記〉,孔子 2000 網,2007 年 7 月 16 日

李學勤:〈紂子武庚祿父與大保簋〉,《甲骨文與殷商史》新二輯(上海市:上海古籍出版社,2011 年)

李學勤:〈論包山楚簡魯陽公城鄭〉,《清華大學學報》(哲學社會科學版)2004 年第 3 期

李學勤:〈清華簡關於秦人始源的重要發現〉,「光明日報」,2011 年 9 月 8 日

李學勤:〈試解郭店簡讀「文」之字〉,《孔子‧儒學研究文叢(一)》(濟南市:齊魯書社,2001 年)

李峰:〈論「五等爵」稱的起源〉《古文字與古代史》第三輯(臺北市:中央研究院歷史語言研究所,2012 年 3 月)

李均明:〈伍員與柏舉之戰〉:〈伍員與柏舉之戰——從清華戰國簡《繫年》談起〉,《楚簡楚文化與先秦歷史文化國際學術研討會論文集》,武漢市:武漢大學歷史學院編,2011 年 10 月

李均明:〈伍子胥的軍事謀略與運動戰理論——從清華簡《繫年》及張家山漢簡《蓋廬》談起〉,出土文獻與中國古代文明國際學術研討會,清華大學出土文獻研究與保護中心,2013 年 6 月 17-18 日

李春桃:〈說「夬」、「韘」——從「夬」字考釋談到文物中扳指的命名〉,待刊稿

沈培:〈略說《上博(七)》新見的「一」字〉,復旦網,2008 年 12 月 31

日

沈培：〈試釋戰國時代从「之」从「首（或从『頁』月）」之字〉，簡帛網，
　　2007 年 7 月 17 日

沈培：〈殷墟花園莊東地甲骨「𠭥」字用為「登」證說〉，《中國文字學報》
　　第一輯（北京市：商務印書館，2006 年 12 月）

沈培：〈試論西周金文否定詞「某」的性質〉，「吉金與周代文明」國際論壇，
　　香港浸會大學，2012 年 11 月 27-28 日

沈培：〈再說兩個楚墓竹簡中讀為「一」的用例〉，承繼與拓新——漢語語
　　言文字學國際研討會，香港中文大學，2012 年 12 月 17-18 日

沈培：〈從西周金文「姚」字的寫法看楚文字「兆」字的來源〉，簡帛網，
　　2007 年 4 月 21 日

沈培：〈試釋戰國時代从「之」从「首（或从『頁』月）」之字〉，簡帛網，
　　2007 年 7 月 17 日

沈培：〈《上博（六）》和《上博（八）》竹簡相互編聯之一例〉，復旦網，2011
　　年 7 月 17 日

沈長雲：〈西周二韓國地望考〉，《中國史研究》，1982 年 2 期

孟蓬生：〈清華簡《繫年》初札（二則月）〉，復旦網，2011 年 12 月 21 日

孟蓬生：〈說「令」〉，《古文字研究》第二十九輯（北京市：中華書局，2012
　　年 10 月）

孟蓬生：〈「迊」讀為「應」補證〉，復旦網，2009 年 1 月 6 日

孟蓬生：〈「法」字古文音釋—談魚通轉例說之五〉，復旦網，2011 年 9 月 7
　　日

孟蓬生〈初札〉：〈清華簡《繫年》初札（二則月）〉，復旦網，2011 年 12 月
　　21 日

孟蓬生：〈《清華簡《繫年》初札（二則月）》第二則的一點補充〉，復旦網
　　學術討論區，2012 年 10 月 5 日，

http://www.gwz.fudan.edu.cn/ShowPost.asp?ThreadID=5853

林澐：〈新版《金文編》正文部分釋字商榷〉，中國古文字研究會第八屆年會論文，江蘇太倉

林澐：〈說厚〉，《簡帛》第五輯（上海市：上海古籍出版社，2010 年 10 月）

林澐：〈究竟是「翦伐」還是「撲伐」〉，《古文字研究》第 25 輯（北京市：中華書局，2004 年）

周亞：〈越王劍銘與越王世系〉，《古文字與古代史》第二輯（臺北市：中央研究院歷史語言研究所，2009 年 12 月）

周波：〈戰國文字中的「許」縣和「許」氏〉，復旦網，2009 年 1 月 5 日

周波：〈清華簡（《繫年》考釋兩篇〉，「簡牘與早期中國」學術研討會暨第一屆出土文獻青年學者論壇論文集，2012 年 10 月 27-28 日，北京大學

周波：〈中山器銘文補釋〉，復旦網，2009 年 9 月 8 日

周波：〈清華簡《繫年》考釋兩篇〉，《「簡牘與早期中國」學術研討會暨第一屆出土文獻青年學者論壇論文集》，北京市：北京大學中國古代史研究中心、北京大學出土文獻研究所，2012 年 10 月 27-28 日

周波：〈說清華簡《繫年》簡 56 的地名「犮魚」〉，復旦網學術討論區，2011年 12 月 27 日，

http://www.gwz.fudan.edu.cn/ShowPost.asp?ThreadID=5392

周波：〈試說徐器銘文中的官名「賷尹」〉，《出土文獻與古文字研究》第四輯（上海市：復旦大學出版社，2011 年 12 月）

周鳳五：〈讀郭店竹簡《成之聞之》札記〉，《古文字與古文獻》試刊號（臺北市：楚文化研究會，1999 年）

周婧峰、周春茂：〈秦人族源之人類學信息〉，《考古與文物》，2007 年第 6期

周忠兵：〈說古文字中的「戴」字及相關問題〉，復旦網，2012 年 1 月 3 日

易泉〈「亡由」〉：〈說《繫年》的「亡由」〉，武漢大學「簡帛論壇」，2011 年

12 月 21 日

邵炳軍：〈論周平王所奔西申之地望〉，《南京師大學報》2001 年 7 月

居爾汗：〈清華簡《繫年》箚記一則〉，簡帛網，2012 年 5 月 19 日

武家璧：〈清華簡《繫年》「幝幕」〉，簡帛網，2012 年 1 月 2 日

知北遊（王寧月）〈「二王並立」（修訂本月）〉：〈由《繫年》說《竹書紀年》
　　的「二王並立」（修訂本月）〉，國學復興文化論壇・個人講堂」，2012
　　年 1 月 1 日）

岳連建、王龍正：〈金文「城虢」為東虢考〉，《文博雜志》2003 年第 6 期

尚景熙：〈楚方城及其與楚國的軍事關係〉，《中原文物》1992 年 2 期

思齊：〈清華簡《繫年》中的「逾」〉，復旦網學術討論區，2011 年 12 月 22
　　日，http://www.gwz.fudan.edu.cn/ShowPost.asp?ThreadID=5363

思齊：〈對清華簡《繫年》釋文的一處疑惑〉，復旦網學術討論區，2011 年
　　12 月 23 日，http://www.gwz.fudan.edu.cn/ShowPost.asp?ThreadID=5371

思齊：〈清華簡《繫年》中的一個斷句問題〉，復旦網，2011 年 12 月 21 日，
http://www.gwz.fudan.edu.cn/ShowPost.asp?ThreadID=5353

侯乃峰（網名：小狐月）：〈讀《繫年》臆札〉，復旦網，2012 年 1 月 3 日

范常喜：〈上博二《從政甲》簡三補說〉，載於中山大學古文字研究所編《康
　　樂集——曾憲通教授七十壽慶論文集》（廣州市：中山大學出版社，2006
　　年 1 月）

范常喜：〈戰國楚簡「刌」字述論〉，復旦網，2010 年 11 月 2 日

胡平生：〈阜陽漢簡《年表》整理札記〉《胡平生簡牘文物論集》（臺北市：
　　蘭臺出版社，2000 年 3 月）

胡凱、陳民鎮：〈從清華簡《繫年》看晉國的邦交——以晉楚、晉秦關繫為
　　中心〉，《邯鄲學院學報》2012 年 02 期

飛虎：〈研讀箚記（一）〉跟帖，「復旦網」，2011 年 12 月 22 日

飛虎〈釋《繫年》的樂器「玉磬」〉：〈釋清華簡《繫年》簡 71 的樂器「玉

馨」〉,「復旦網」,2011 年 12 月 27 日

晁福林:〈論平王東遷〉,《歷史研究》1991 年 06 期

高佑仁:〈《曹沫之陣》「早」字考釋——從楚系「步」形的一種特殊寫法
　　談起〉,《簡帛》第一輯(上海市:上海古籍出版社,2006 年 10 月)

高佑仁:〈《上博九》初讀〉,簡帛網,2013 年 1 月 8 日

高佑仁:〈談《曹沫之陣》的「沒身就世」〉,簡帛網,2006 年 2 月 20 日

唐蘭:〈陝西省岐山縣董家村新出西周重要銅器銘辭的譯文和注釋〉,《唐蘭
　　先生金文論集》(北京市:紫禁城出版社,1995 年)

袁金平:〈清華簡《繫年》「徒林」考〉,《楚簡楚文化與先秦歷史文化國際
　　學術研討會論文集》,武漢:武漢大學歷史系編,2011 年 10 月

袁金平〈《左傳》「夕室」考辨——讀清華簡《楚居》小札〉,《深圳大學學
　　報》(人文社會科學版月)2012 年 02 期

袁金平:〈利用清華簡《繫年》校正《國語》韋注一例〉,《社會科學戰線》,
　　2011 年 12 期

馬楠:〈清華簡第一冊補釋〉,《中國史研究》2011 年 1 期

馬楠:〈據《清華簡》釋讀金文、《尚書》兩則〉,《深圳大學學報》(人文社
　　會科學版)2012 年 02 期

馬衛東、王政冬:〈清華簡《繫年》三晉伐齊考〉,復旦網,2012 年 10 月
　　18 日

徐少華:〈息國銅器及其歷史地理〉:〈息國銅器及其歷史地理分析〉,《江漢
　　考古》1992 年 2 期

徐少華:〈許國銅器及其歷史地理研究〉,《江漢考古》1994 年 3 期

徐少華:〈從叔姜簋析古申國歷史與文化的有關問題〉,《荊楚歷史地理與考
　　古探研》(北京市:商務印書館,2010 年 11 月)

徐少華:〈古厲國歷史地理考異〉,《荊楚歷史地理與考古探研》(北京市:
　　商務印書館,2010 年 11 月)

徐少華〈南陽新出「輔伯作兵戈」的年代和族屬〉,《考古》2009 年 8 期

徐少華:〈清華簡《繫年》第十九章補說——兼論楚縣唐、縣蔡的有關問題〉,
　　出土文獻與中國古代文明國際學術研討會,清華大學出土文獻研究與
　　保護中心,2013 年 6 月 17-18 日

徐在國:〈說楚簡「叚」兼及相關字〉,簡帛網,2009 年 7 月 15 日

徐在國:〈曾公子弃疾銘文補釋〉,簡帛網,2012 年 10 月 31 日

徐寶貴:〈以「它」「也」為偏旁文字的分化〉,《文史》2007 年第 3 輯

倪德衛、夏含夷:〈晉侯的世系及其對中國古代紀年的意義〉,《中國史研究》
　　2001 年 1 期。又載於夏含夷:《古史異觀》(上海市:上海古籍出版社,
　　2005 年 12 月)

孫俊、趙鵬:〈「艱」字補釋〉,復旦網,2009 年 11 月 25 日

孫飛燕:〈釋《左傳》的「厲之役」〉,《深圳大學學報》(人文社會科學版)
　　2012 年 02 期

孫飛燕:〈讀《繫年》箚記三則〉,復旦網,2012 年 3 月 9 日

孫飛燕:〈試談《繫年》中厥貉之會與晉吳伐楚的紀年〉,復旦網,2012 年
　　3 月 21 日

孫飛燕:〈據清華簡《繫年》探討城濮之戰的參戰國家〉,《「簡牘與早期中
　　國」學術研討會暨第一屆出土文獻青年學者論壇》(北京市:北京大學
　　中國古代史研究中心,北京大學出土文獻研究所,2012 年 10 月 27-28
　　日),頁 55-59。

郭永秉:〈清華簡《繫年》「帽」字別解〉,復旦網,2011 年 3 月 30 日

郭永秉:〈馬王堆漢墓帛書《春秋事語》補釋三則〉,復旦大學出土文獻與
　　古文字研究中心編:《出土文獻與古文字研究》第二輯(上海市:復旦
　　大學出版社,2008 年)

郭永秉〈郭店《老子》應為「鳶」字變體〉:〈由《凡物流形》「鳶」字寫法
　　推測與郭店《老子》甲組與「腏」相當之字應為「鳶」字變體〉,復旦

網，2008 年 12 月 31 日

郭永秉：〈商周金文所見人名補釋五則〉，復旦網，2009 年 4 月 2 日

郭永秉：〈疑《繫年》64 號簡的「射」字實是「發」字〉，復旦網學術討論區，2012 年 1 月 7 日，

    http://www.gwz.fudan.edu.cn/ShowPost.asp?ThreadID=5418

郭永秉：〈從戰國楚系「乳」字的辨釋談到戰國銘刻中的「乳（孺月）子」〉，《簡帛・經典・古史國際論壇論文》，香港浸會大學，2011 年 11 月 30 日-12 月 2 日

郭永秉：〈談談戰國文字中可能與「庖」有關的資料〉，《出土文獻研究》第 11 輯

郭永秉：〈清華簡《繫年》「幬」字別解〉，復旦網，2011 年 3 月 30 日

郭永秉：〈談古文字中的「要」字和從「要」之字〉，《古文字研究》第 28 輯（北京市：中華書局，2010 年 10 月）

郭濤：〈試說清華簡《繫年》之「中城」〉，簡帛網，2012 年 4 月 9 日

郭濤：〈清華簡《繫年》讀札之「息息侯」〉，復旦網，2012 年 3 月 22 日

許兆昌、齊丹丹〈《繫年》的編纂特點〉：〈試論清華簡《繫年》的編纂特點〉，《古代文明》第 6 卷第 2 期，2012 年 4 日

許學仁：〈戰國楚簡文字研究的幾個問題〉：〈戰國楚簡文字研究的幾個問題——試讀戰國楚簡〈語叢四〉所錄〈莊子〉語暨漢墓出土〈莊子〉殘簡瑣記〉，《古文字研究》第 23 輯（北京市：中華書局，2002 年）

梁立勇：〈讀《繫年》札記〉，《深圳大學學報》（人文社會科學版）2012 年 03 期

笪浩波：〈漢東的凶國、曾國與隨國考〉，《楚簡楚文化與先秦歷史文化國際學術研討會論文集》，武漢：武漢大學歷史系編，2011 年 10 月

黃天樹：〈殷墟甲骨文「無聲符字」與「有聲符字」的權重〉，《第四屆國際漢學會議論文》（臺北市：中央研究院歷史語言研究所，2012 年 6 月

20-22 日）

黃傑：〈初讀《清華大學藏戰國竹簡（貳）》筆記〉，復旦網，2011 年 12 月
20 日

黃傑：〈初讀《清華大學藏戰國竹簡（貳）》筆記〉，復旦網學術討論區，2011
年 12 月 20 日，
http://www.gwz.fudan.edu.cn/ShowPost.asp?ThreadID=5345

黃傑：〈清華簡（貳）簡 56 與〈左傳〉「貉」字對應之字〉，簡帛網學術論
壇，2011 年 12 月 21 日，http://www.bsm.org.cn/bbs/read.php?tid=2857

黃傑：〈簡 61「莊王遂加鄭亂」的理解〉，簡帛網學術論壇，2011 年 12 月
21 日，http://www.bsm.org.cn/bbs/read.php?tid=2859

黃傑：〈《性自命出》、《性情論》的「羴如」，簡帛網簡帛論壇，2011 年 12
月 23 日，http://www.bsm.org.cn/bbs/read.php?tid=2867

黃傑：〈據清華簡《繫年》釋讀楚簡二則〉，簡帛網，2011 年 12 月 27 日

黃甜甜：〈《繫年》第三章「成王屎伐商邑」之「屎」字補論〉，《深圳大學
學報》（人文社會科學版），2012 年 02 期

黃錫全：〈棗陽郭家廟曾國墓地出土銅器銘文考釋〉，《古文字與古貨幣文集》
（北京市：文物出版社，2009 年 5 月）

黃錫全、劉森淼：〈「救秦戎」鐘銘文新解〉，《江漢考古》1992 年 1 期，又
見《古文字論叢》（臺北市：藝文印書館，1999 年）

黃錫全：〈清華簡《繫年》「从門从戈」字簡議〉，簡帛網，2011 年 12 月 23
日

黃錫全：〈清華簡《繫年》「閡」字簡議〉，《簡帛》第七輯（上海市：上海
古籍出版社，2012 年 10 月）

黃錫全：〈楚簡「�」字簡釋〉，《簡帛研究二〇〇一》（桂林市：廣西師範
大學出版社，2001 年）

黃錫全：〈記新見塞公屈頮戈〉，《古文字與古貨幣文集》（北京市：文物出

版社，2009 年 5 月）

黃錫全：〈清華簡《繫年》「厥貉」字形補議〉，《出土文獻與中國古代文明學術研討會論文》（北京市：清華大學，2013 年 6 月）

黃錦前：〈談兩周金文中的「舍」字〉，《出土文獻》第二輯（上海市：中西書局，2011 年 11 月）

黃錦前：〈「許子佗」與「許公佗」——兼談清華簡《繫年》的可靠性〉，簡帛網，2011 年 12 月 21 日

陶金：〈由清華簡《繫年》談洹子孟姜壺相關問題〉，復旦網，2012 年 2 月 14 日

陶金：〈談衛文公事跡〉，〈由《繫年》談衛文公事跡〉，復旦網，2012 年 12 月 27 日

張光裕：〈新見老簋銘文及其年代〉，《考古與文物 2005 年古文字學專輯》（西安市：陝西省考古研究所，2005 年 12 月）

張世超：〈《繫年》中的「京𠂤」及相關問題〉，復旦網，2012 年 4 月 23 日

張富海：〈北大中國古文獻研究中心「郭店楚簡研究」項目新動態〉，簡帛研究網，2000 年 10 月

張富海：〈讀新出西周金文偶識〉，《古文字研究》第 27 輯（北京市：中華書局，2008 年 9 月）

張卓遠；〈楚方城〉，〈淺論楚方城〉，《楚文化研究論集》（鄭州市：河南人民出版社，1994 年 6 月）

張崇禮：〈釋「閔」〉，復旦網，2013 年 1 月 27 日

張懷通：〈試論李家窯 M44 墓主身份及西虢東遷問題〉，《齊魯學刊》，2004 年 4 期

清華讀書會；〈研讀劄記（一）〉，〈《清華大學藏戰國竹簡》（貳）研讀劄記（一）〉，復旦網，2011 年 12 月 22 日

清華讀書會：〈研讀劄記（二）〉，〈《清華大學藏戰國竹簡》（貳）研讀劄記

（二）〉，復旦網，2011 年 12 月 31 日

陳民鎮：〈略說「烝」〉，〈略說清華簡《繫年》的「烝」〉，簡帛網，2012 年
　　3 月 17 日

陳民鎮：〈關於《繫年》的「屎」以及《繫年》中有較古來源的字〉，復旦
　　網學術討論區，2012 年 3 月 24 日

陳民鎮：〈清華簡《尹誥》集釋〉，復旦網，2011 年 9 月 10 日

陳民鎮：〈讀《繫年》（續月）〉，復旦網學術討論區，2012 年 1 月 1 日、2012
　　年 1 月 2 日

陳民鎮：〈《繫年》「故志」說——清華簡《繫年》性質及撰作背景芻議〉，《邯
　　鄲學院學報》2012 年 02 期

陳民鎮：〈「越公殹」考略〉，復旦網，2011 年 4 月 5 日

陳民鎮：〈清華簡《繫年》所見越國新史料〉，復旦網，2012 年 3 月 8 日

陳昭容：〈釋古文字中的「芈」及从「芈」諸字〉，《中國文字》新廿二期（臺
　　北市：藝文印書館，1997 年），頁 121-149

陳偉：〈札記（一）〉，〈讀清華簡《繫年》札記（一）〉，簡帛網，2011 年 12
　　月 20 日

陳偉：〈札記（二）〉，〈讀清華簡《繫年》札記（二）〉，簡帛網，2011 年 12
　　月 21 日

陳偉：〈札記（三）〉，〈讀清華簡《繫年》札記（三）〉，簡帛網，2011 年 12
　　月 23 日

陳偉：〈讀清華簡《繫年》札記〉，《江漢考古》2012 年 3 期

陳偉：〈《鄭子家喪》初讀〉，簡帛網，2008 年 12 月 31 日

陳偉：〈楚簡中某些「外」字疑讀作「間」試說〉，簡帛網，2010 年 5 月 28
　　日

陳偉：〈《成王爲城濮之行》初讀〉，簡帛網，2013 年 1 月 5 日

陳偉：〈《上博九》讀書筆記〉，簡帛網，2013 年 1 月 7 月

陳斯鵬：〈「眔」為「泣」之初文說〉，《古文字研究》第25輯（北京市：中華書局，2004年10月）

陳爻（陳劍網名）：〈竹書《周易》需卦卦名之字試解〉，簡帛研究網，2004年4月29日

陳爻（陳劍網名）：〈也談《繫年》的「厭年」〉，復旦網，2012年10月29日

陳劍：〈試說甲骨文的「殺」字〉《古文字研究》第29輯（北京市：中華書局，2012年10月）

陳劍：〈釋「𠙴」〉，《出土文獻與古文字研究（第三輯）》（上海市：復旦大學出版社，2010年7月）

陳劍：〈據郭店簡釋讀西周金文一例〉，《甲骨金文考釋論集》（北京市：線裝書局，2007年4月）

陳劍：〈「備子之責」與「唐取婦好」〉，《第四屆國際漢學會議論文》（臺北市：中央研究院歷史語言研究所，2012年6月20-22日）

陳劍：〈釋造〉，《出土文獻與古文字研究（第一輯）》（上海市：復旦大學出版社，2006年12月）

陳劍：〈甲骨文文「𢦏」字補釋〉，《甲骨金文考釋論集》（北京市：線裝書局，2007年）

陳劍：〈簡談《繫年》的「𢦎」和楚簡部分「𡀽」字當釋讀爲「捷」〉，復旦網，2013年1月16日

陳劍：〈郭店簡《窮達以時》、《語叢四》的幾處簡序調整〉，《國際簡帛研究通訊》第2卷第5期，2002年

陳劍：〈甲骨金文舊釋「䵼」之字及相關諸字新釋〉，《出土文獻與古文字研究》第二輯（上海市：復旦大學出版社，2008年8月）

陳劍：〈清華簡與《尚書》字詞合證零札〉，《出土文獻與中國古代文明國際學術研討會論文》，北京清華大學主辦，2013年6月17-18日

陳穎飛：〈楚悼王初期的大戰與楚封君——清華簡《繫年》札記之一〉，《文史知識》2012 年 05 期

陳嘉穎：〈讀為「姒」之字的隸定〉，〈關於《繫年》簡中讀為「姒」之字的隸定〉，復旦網學術討論區，2012 年 1 月 6 日

閆孟蓮：〈息國歷史與地理考論〉，《信陽師範學院學報》（哲學社會科學版）第 30 卷第 1 期，2010 年 1 月

閆德亮：〈頓國歷史與地理〉，〈頓國歷史與地理考論〉，《史學月刊》2010 年第 10 期

曹方向：〈小議清華簡《繫年》及郭店簡中的「京」字〉，簡帛網，2012 年 1 月 2 日

曹方向（網名：魚游春水）：〈「賽賽侯」衍文〉，〈清華簡「賽賽侯」衍文〉，簡帛網「簡帛論壇」，2011 年 12 月 24 日

曹方向（網名：魚游春水）：《清華簡〈繫年〉的秦之先人》，簡帛網簡帛論壇 2011 年 12 月 20 日

曹錦炎：《越王嗣旨不光劍銘文考》，《文物》1995 年第 8 期

復旦大學出土文獻與古文字研究中心研究生讀書會：〈《上博七・武王踐阼》校讀〉，復旦網，2008 年 12 月 30 日

復旦大學出土文獻與古文字研究中心讀書會：〈《清華（貳）》討論記錄〉，復旦網，2011 年 12 月 23 日

復旦吉大讀書會：〈上博八《王居》、《志書乃言》校讀〉，復旦網，2011 年 7 月 17 日

彭裕商：〈虢國東遷考〉，《歷史研究》2006 年 05 期

彭裕商：〈清華簡《繫年》札記二則〉《出土文獻》第三輯（上海市：中西書局，2013 年 3 月）

馮時：〈西周金文月相與宣王紀年〉《考古學研究》（六）（北京市：科學出版社，2006 年 12 月）

馮時：〈晉侯穌鐘與西周曆法〉，《古文字與古史新論》（臺北市：台灣書房出版社，2007年7月）

馮時：〈略論晉侯邦父及其名、字問題〉，《文物》1998年5期

馮時：〈略論晉侯邦父及其名、字問題〉，《古文字與古史新論》（臺北市：台灣書房出版社，2007年7月）

馮勝君：〈從出土文獻看抄手在先秦文獻傳布過程中所產生的影響〉，《簡帛》第四輯（上海市：上海古籍出版社，2009年10月）

單育辰：〈甲骨文中的動物之一——「虎」、「豹」〉，《出土文獻與古文字研究（第四輯）》（上海市：復旦大學出版社，2011年12月）

單育辰：〈甲骨文所見的動物之「狐」〉，《古文字研究》29輯（北京市：中華書局，2012年10月）

單育辰：〈說「麕」「麃」〉，〈說「麕」「麃」——「甲骨文所見的動物」之五〉，「復旦網」，2009年9月23日

華東師範大學中文系戰國簡讀書小組：〈書後（一）〉，〈讀《清華大學藏戰國竹簡（貳）・繫年》書後（一）〉，簡帛網，2011年12月29日

華東師範大學中文系戰國簡讀書小組：〈書後（二）〉，〈讀《清華大學藏戰國竹簡（貳）・繫年》書後（二）〉，簡帛網，2011年12月30日

華東師範大學中文系戰國簡讀書小組：〈書後（三）〉，〈讀《清華大學藏戰國竹簡（貳）・繫年》書後（三）〉，簡帛網，2012年1月1日

童書業：〈晉公螽銘「□宅京𠂤」——春秋晉都辨疑〉，《童書業歷史地理論集》（北京市：中華書局，2008年12月）

程薇：〈清華簡《繫年》與息媯事跡〉，《文史知識》2012年4期

程薇：〈清華簡《繫年》與晉伐中山〉，《深圳大學學報》（人文社會科學版），2012年02期

程薇：〈清華簡《繫年》與夏姬身份之謎〉，《文史知識》2012年07期

程少軒（網名：一上示三王月）：〈關於「保／戈」讀為「負」〉，簡帛網「簡

帛論壇」，http://www.bsm.org.cn/bbs/read.php?tid=2876120105，2012 年
　　1 月 5 日

程鵬萬：〈劉家莊北 M1046 出土石璋上墨書「✥」字解釋〉，《古文字研究》
　　第 27 輯（北京市：中華書局，2008 年 9 月）

裘錫圭：〈關於晉侯銅器的幾個問題〉，《傳統文化與現代化》1994 年 2 期

裘錫圭：〈說「夜爵」〉，《出土文獻》第二輯（上海市：中西書局，2011 年
　　11 月）

裘錫圭：〈關於商代的宗族組織與貴族和平民兩個階級的初步研究〉，《古代
　　文史研究新探》（南京市：江蘇古籍出版社，2000 年 1 月二刷）

裘錫圭：〈釋「𣪏」〉，《古文字研究》第二十八輯（北京市：中華書局，2010
　　年 10 月）

裘錫圭：〈關於《老子》的「絕仁棄義」和「絕聖」〉，《出土文獻與古文字
　　研究》第一輯（上海市：復旦大學，2006 年 12 月）

裘錫圭：〈燹公盨銘文考釋〉，《中國歷史文物》2006 年 6 期

裘錫圭：〈讀上博簡《容成氏》札記二則〉，《古文字研究》25 輯（北京市：
　　中華書局，2004 年）

裘錫圭：〈《說文》與出土古文字〉，《裘錫圭學術文集》第三冊（上海市：
　　復旦大學出版社，2012 年 6 月）

裘錫圭：〈馬王堆《老子》甲乙本卷前後佚書與「道法家」——兼論〈心術
　　上〉〈白心〉爲慎到田駢學派作品〉，《中國哲學》第 2 輯，1980 年 3
　　月

裘錫圭：〈說從「𠂤」聲的從「貝」與從「㐬」之字〉，《文史》2012 年第 3
　　輯（北京市：中華書局，2012 年 8 月）

裘錫圭：〈翼城大河口西周墓地出土鳥形盉銘文解釋〉，《中國史研究》2012
　　年 3 期

裘錫圭：〈說「掩函」——兼釋甲骨文「櫓」字〉，《華學》第一期（廣州市：

中山大學出版社，1995 年）

董珊、陳劍：〈郾王職壺銘文研究〉，《北京大學中國古文獻研究中心集刊（第三輯）》（北京市：北京大學出版社，2002 年 10 月）

董珊：〈談士山盤銘文的「服」字義〉《故宮博物院刊》2004 年第 1 期

董珊：〈疑尊、疑卣考釋〉，《中國國家博物館館刊》2012 年第 9 期

董珊：〈救秦戎銅器群的解釋〉，復旦網，2011 年 11 月 16 日

董珊：〈讀清華簡《繫年》〉，復旦網，2011 年 12 月 26 日

董珊：〈清華簡讀《繫年》（續月）〉，復旦網，2012 年 1 月 1 日

董珊：〈新見魯叔四器銘文考釋〉，復旦網，2011 年 8 月 3 日

董珊：〈新見魯叔四器銘文考釋〉，《古文字研究》29 輯（北京市：中華書局，2012 年 10 月）

董珊：〈出土文獻所見「以謚爲族」的楚王族——附說《左傳》「諸侯以字爲謚因以爲族」的讀法〉，復旦網，2008 年 2 月 17 日

董珊：〈試論周公廟龜甲卜辭及其相關問題〉，「復旦網」，2009 年 5 月 4 日

董珊：〈清華簡《繫年》所見的「衛叔封」與「悼折王」〉，復旦網，2011 年 4 月 1 日

董珊：〈清華簡《繫年》所見的「衛叔封」與「悼折王」〉（修訂稿）〉，復旦網，2011 年 12 月 26 日

董珊：〈清華簡《繫年》所見的「衛叔封」與「悼折王」〉，《楚簡楚文化與先秦歷史文化國際學術研討會論文集》（武漢：武漢大學歷史系編，2011 年 10 月）

董珊：〈讀吳王壽夢之子劍銘的補充意見和推測〉，復旦網，2008 年 1 月 20 日

董珊：〈「衛叔封」（修訂稿月）〉，〈清華簡《繫年》所見的「衛叔封」（修訂稿）〉，復旦網，2011 年 12 月 26 日

董珊：〈從出土文獻談曾分爲三〉，復旦網，2011 年 12 月 26 日

董珊:〈救秦戎銅器群的解釋〉,復旦網,2011 年 11 月 16 日

董珊:〈越者汈鐘銘新論〉,復旦網,2008 年 3 月 1 日

董珊:〈中山國題銘考釋拾遺(三則)〉,《北京大學中國古文獻研究中心集刊》第 4 輯(北京市:北京大學出版社,2004 年)

董蓮池:〈古文字無傾頭形「夭」說〉,《古文字研究》第 26 輯(北京市:中華書局,2006 年 11 月)

董蓮池:〈釋楚簡中的「辯」字〉,《古文字研究》第 22 輯(北京市:中華書局,2000 年)

楊海青、常軍:〈虢石父銅鬲與銅匜銘文及相關問題〉,《中國歷史文物》2008 年第 2 期

葛亮:〈《上博七・鄭子家喪》補說〉,復旦網,2009 年 1 月 5 日

鄔可晶:〈釋「敀」〉,待刊稿

鄔可晶:〈釋上博楚簡中的所謂「逐」字〉《簡帛研究 2012》,即刊

鄔可晶:〈東周題銘零釋(兩篇月)〉,《中國文字》第 38 期(臺北市:藝文印書館,2012 年 12 月)

虞人:〈周亡王九年〉跟帖:〈也說《清華簡・繫年》的「周亡王九年」〉跟帖,2012 年 1 月 12 日

虞同:〈讀《楚居》劄記〉,簡帛網,2011 年 4 月 24 日

虞同:〈讀《繫年》劄記(一)〉,復旦網,2011 年 12 月 22 日

路懿菡:〈「枲子聖」與「王子祿父」〉,復旦網,2012 年 5 月 25 日

路懿菡:〈從清華簡《繫年》看周初的「三監」〉,清華大學出土文獻研究與保護中心網站,2012 年 6 月 6 日

趙平安:〈戰國文字中的「宛」及其相關問題研究──以與縣有關的資料爲中心〉,《第四屆國際中國古文字學研討會論文集──新世紀的古文字學與經典詮釋》,香港中文大學中國語言及文學系,2003 年 10 月

趙平安:《戰國文字中的「宛」及其相關問題研究(附補記)》,簡帛網,2006

年 4 月 10 日

趙平安：〈從楚簡「娩」的釋讀談到甲骨文的「娩妣」——附釋古文字中的「冥」〉，《簡帛研究二〇〇一》（桂林市：廣西師範大學出版社，2001年）

趙平安：〈共的形義和它在楚簡中的用法——兼釋其他古文字資料中的共〉，《第三屆國際中國古文字學研討會論文集》（香港：香港中文大學主辦，1997 年 10 月）

趙平安：〈試釋包山簡中的「𦥑」〉，《新出簡帛與古文字古文獻研究》（北京市：商務印書館，2009 年 12 月）

趙平安：〈談談出土文獻整理過程中有關文字釋讀的幾個問題以清華簡的整理為例〉《深圳大學學報》（人文社會科學版）2012 年 02 期

趙平安：〈京、亭考辨〉，第十九屆古文字年會散發論文，復旦大學出土文獻與古文字研究中心，2012 年 10 月 23-25 日

趙平安：〈紹興新出兩件越王戈研究〉，《金文釋讀與文明探索》（上海市：上海古籍出版社，2011 年 10 月）

趙平安：〈迄今所見最早的褒國青銅器〉，《金文釋讀與文明探索》（上海市：上海古籍出版社，2011 年 10 月）

趙平安：〈釋戰國文字中的「乳」〉，《金文釋讀與文明探索》（上海市：上海古籍出版社，2011 年 10 月）

趙燕姣、謝偉峰：〈仲爯父簋銘與申國遷徙〉，《中國歷史地理論叢》，第 27卷第 3 期，2012 年 7 月

趙化成：〈尋找秦文化淵源的新線索〉，《文博》1987 年 1 期

趙曉龍：〈子犯編鐘銘文補釋〉，《文物世界》，2009 第 1 期，

趙曉龍：〈「西之六師」試解〉，〈子犯編鐘銘文「西之六師」試解〉，復旦網，2009 年 4 月 24 日

廣瀬薰雄：〈郭店楚簡《尊德義》和《成之聞之》的簡背數字補論〉，簡帛

網，2008 年 2 月 19 日

廖名春：〈清華簡《繫年》管窺〉，《深圳大學學報》2012 年 3 期

蔡運章：〈虢國的分封與五個虢國的歷史糾葛〉，〈虢國的分封與五個虢國的歷史糾葛——三門峽虢國墓地研究之三〉，《中原文物》1996 年 02 期

蔡運章：〈論虢仲其人〉，〈論虢仲其人——三門峽虢國墓地研究之一〉，《中原文物》，1994 年 02 期

蔣波、朱戰威：〈楚方城研究述要〉，〈三十年來楚方城研究述要〉，《高校社科動態》2010 年第 1 期

劉釗：〈利用郭店楚簡字形考釋金文一例〉，《古文字考釋叢稿》（長沙市：岳麓書社，2004 年）

劉釗：〈讀郭店楚簡字詞札記〉，《郭店楚簡國際學術研討會論文集》（武漢市：湖北人民出版社，2000 年）

劉洪濤：〈叔弓鐘及鎛銘文「剗」字考釋〉，復旦網，2010 年 5 月 29 日

劉洪濤：〈戰國文字考釋兩篇〉，待刊稿

劉洪濤：〈清華簡補釋四則〉，復旦網，2011 年 4 月 27 日

劉洪濤：〈上博竹簡《凡物流形》釋字二則〉，《簡帛》第六輯（上海市：上海古籍出版社，2011 年 11 月）

劉洪濤：〈彭祖札記一則〉，簡帛網，2007 年 4 月 3 日

劉洪濤：〈釋「冎」——兼釋「喬」字〉，簡帛網，2011 年 8 月 1 日

劉建明：〈清華簡《繫年》第七章試解〉，孔子 2000 網，2012 年 12 月 17 日

劉剛：〈新蔡簡釋地一則〉，復旦網，2013 年 1 月 2 日

劉國忠：〈從清華簡《繫年》看周平王東遷的相關史實〉，《簡帛・經典・古史》會議論文集，香港浸會大學主辦，2011 年 11 月 30 日-2011 年 12 月 2 日

劉國勝：〈包山楚墓簽牌文字補釋〉，簡帛網，2005 年 11 月 11 日

劉曉明：〈古申匯考〉，《江西師範大學學報》（哲學社會科學版）23 卷 3 期，1991 年 7 月

劉雲：〈清華簡《尹至》中讀為「播」的字〉，復旦網學術討論區，2011 年 5 月 10 日，http://www.gwz.fudan.edu.cn/ShowPost.asp?ThreadID=4567

劉雲：〈清華簡中的「界」字〉，復旦網學術討論區，2011 年 12 月 21 日，http://www.gwz.fudan.edu.cn/ShowPost.asp?ThreadID=5351

劉雲（網名：苦行僧）：〈說清華簡《繫年》中的「交」〉，復旦網學術討論區，2011 年 12 月 21 日，
http://www.gwz.fudan.edu.cn/ShowPost.asp?ThreadID=5354

劉雲：〈釋清華簡《子儀》中的「肩」字〉，復旦網學術討論區，2011 年 12 月 23 日，http://www.gwz.fudan.edu.cn/ShowPost.asp?ThreadID=5372

劉麗：〈重耳流亡路線考〉，《深圳大學學報》（人文社會科學版），第 29 卷第 2 期，2012 年 3 期

鄭威：〈墨子游楚魯陽年代考——兼談出土材料所見楚國縣大夫與封君之稱謂〉，《江漢考古》2012 年 3 期

鄧少平：〈清華簡《繫年》與兩周之際史事綜考〉，《深圳大學學報》（人文社會科學版）2012 年 3 期

禤健聰：〈關於《曹沫之陳》的「簹」字〉，簡帛研究網，2005 年 3 月 4 日

禤健聰：〈楚簡釋讀瑣記（五則）〉，《古文字研究》第 27 輯（北京市：中華書局，2008 年）

戰國時代：〈讀《繫年》（續）〉，復旦網學者評論，2012 年 1 月 1 日

謝明文：〈鄭義伯鎛銘文補釋〉，第十九屆古文字年會散發論文，復旦大學出土文獻與古文字研究中心，2012 年 10 月 23-25 日

謝明文：〈說臨〉，待刊稿

謝明文：〈釋金文中的「鋬」字〉，復旦網，2013 年 1 月 19 日

魏宜輝：〈試從古文字分析「敗」及相關諸字〉，未刊稿

魏棟：〈「周亡王九年」〉，〈清華簡《繫年》「周亡王九年」及相關問題新探〉，
　　復旦網，2012 年 7 月 3 日

顏世鉉：〈說清華竹書《繫年》中的兩個「保」字〉，簡帛網，2012 年 1 月
　　4 日

顏世鉉：〈清華竹書《繫年》札記二則〉，《簡帛》第七輯（上海市：上海古
　　籍出版社，2012 年 10 月）

顏世鉉：〈清華竹書《繫年》「射于楚軍之門」試解〉，簡帛網，2012 年 1
　　月 6 日

羅恭：〈從清華簡《繫年》看齊長城的修建〉，《文史知識》2012 年 07 期

羅運環：〈清華簡「彪」字新考〉，復旦網，2013 年 2 月 17 日

羅運環：〈清華簡《繫年》楚文王史事考論〉，《出土文獻與中國古代文明學
　　術研討會論文》（北京市：清華大學，2013 年 6 月）

蘇建洲：〈《清華簡》考釋四則〉，復旦網，2011 年 1 月 9 日

蘇建洲：〈《上博楚簡（五）》考釋二則〉，簡帛網，2006 年 12 月 1 日

蘇建洲：〈《楚居》「臱」字及相關諸字考釋〉，《楚文字論集》（臺北市：萬
　　卷樓圖書公司，2011 年 12 月）

蘇建洲：〈《楚居》簡 9「臱」字〉，〈《楚居》簡 9「臱」字及其相關諸字考釋〉，
　　「楚簡・楚文化與先秦歷史文化研討會」，2011 年 10 月 29 日-2011 年
　　10 月 31 日

蘇建洲：〈楚簡文字考釋兩篇〉，承繼與拓新──漢語語言文字學國際研討
　　會，香港中文大學 2012 年 12 月 17-18 日

蘇建洲：〈《清華大學藏戰國竹簡（貳）・繫年》考釋四則〉，《簡帛》第七輯
　　（上海市：上海古籍出版社，2012 年 10 月）

蘇建洲：〈釋《赤鵠之集湯之屋》的「奱」字〉，復旦網，2013 年 1 月 16
　　日

蘇建洲：〈初讀《上博九》箚記（一）〉，武漢大學「簡帛網」，2013 年 1 月

6 日

蘇建洲：〈翼城大河口墓地 M2002 所見「气盉」器主名小考〉，復旦網，2011
年 5 月 5 日

蘇建洲：〈考釋金文一則〉、〈利用《清華簡（貳）》考釋金文一則〉，復旦網，
2012 年 1 月 1 日

蘇建洲：〈《清華簡》考釋四則〉，復旦網，2011 年 1 月 9 日

蘇建洲：〈《上博五・弟子問》研究〉，《中央研究院歷史語言研究所集刊》
八十三本第二分，2012 年 6 期

蘇建洲：〈楚文字考釋兩篇〉，承繼與拓新──漢語語言文字學國際研討會，
（香港：香港中文大學，2012 年 12 月 17-18 日）

蘇建洲：〈初讀清華三《周公之琴舞》、《良臣》、《祝辭》札記〉，簡帛網，
2013 年 1 月 18 日

蘇建洲：〈《上博八・命》簡 9「必內瓜之於十友又三」釋讀〉，《簡帛研究二
〇一一》（南寧市：廣西師範大學出版社，2013 年 6 月）

蘇建洲：〈《清華大學藏戰國竹簡（貳）・繫年》考釋七則〉，《中國文字研究》
第十九輯，即刊

蘇建洲：〈《清華二・繫年》中的「申」及相關問題討論〉，第四屆古文字與
古代史學術研討會，2013 年 11 月中研院史語所

嚴志斌：〈楚王領探討〉，《考古》2011 年第 8 期

顧鐵符：〈信陽一號楚墓的地望與人物〉，《故宮博物院院刊》，1979 年第 2
期

四　碩博士論文（依照作者姓氏筆畫排序月）

王子揚：《甲骨文字形類組差異現象研究》（北京市：首都師範大學博士學
位論文，2011 年 10 月）

王澤文：《春秋時期的紀年銅器銘文與《左傳》的對照研究》（北京市：中國社會科學院，2002 年 5 月）

方炫琛：《左傳人物名號研究》（臺北市：政治大學中文所博士論文，1983 年 7 月）

田成方：《楚公族諸氏源流、封邑及相關問題探析——以蔿、斗、成、沈尹、景等氏為例》（武漢市：武漢大學博士論文，2008 年 5 月）

田成方：《東周時期楚國宗族研究》（武漢市：武漢大學博士論文，2011 年 4 月）

白海燕：《季康子問於孔子集釋》（長春市：吉林大學古籍研究所碩士論文，2009 年）

李松儒：《戰國簡帛字跡研究——以上博簡為中心》（長春市：吉林大學博士論文，2012 年 6 月）

李春桃：《傳抄古文綜合研究》（長春市：吉林大學古籍研究所博士論文，2012 年 6 月）

李曉峰：《天馬一曲村晉侯墓地出土青銅器銘文集釋》（長春市：吉林大學碩士論文，2004 年 5 月）

周波：《戰國時代各系文字間的用字差異現象研究》（上海市：復旦大學出土文獻與古文字研究中心博士論文，2008 年 4 月）

武振玉：《兩周金文詞類研究（虛詞篇月）》（長春市：吉林大學古籍研究所博士論文，2006 年）

高佑仁：《《上海市博物館藏戰國楚竹書（四）・曹沫之陣》研究》（臺北市：臺灣師範大學國文研究所碩士論文，2007 年 6 月修訂版）

高佑仁：《上博楚簡莊、靈、平三王研究》（臺南市：成功大學中國文學所博士，2011 年 11 月）

孫偉龍：《徐國銅器銘文研究》（長春市：吉林大學碩士論文，2004 年 5 月）

張志鵬：《吳越史新探》（開封市：河南大學博士論文，2012 年 3 月）

張新俊：《上博楚簡文字研究》（長春市：吉林大學古籍研究所博士論文，
　　2005 年 4 月）

曹方向：《上博簡所見楚國故事類文獻校釋與研究》（武漢市：武漢大學博
　　士論文，2013 年 5 月）

單育辰：《楚地戰國簡帛與傳世文獻對讀之研究》（長春市：吉林大學博士
　　論文，2010 年 6 月）

單育辰：《郭店《尊德義》《成之聞之》《六德》三篇整理與研究》（長春市：
　　吉林大學博士後研究報告，2013 年 3 年 19 月）

湯志彪：《三晉文字編》（長春市：吉林大學博士論文，2009 年 10 月）

黃澤鈞：《《清華大學藏戰國竹簡（壹）・金縢、祭公》研究》（高雄市：高
　　雄師範大學經學研究所碩士論文，2013 年 1 月）

翟淑君：《春秋時期的會盟問題研究》（西安市：西北大學，2005 年 5 月）

劉洪濤：《論掌握形體特點對古文字考釋的重要性》（北京市：北京大學中
　　國語言文學系博士論文，2012 年 6 月）

謝明文：《商代金文的整理與研究》（上海市：復旦大學中國語言文學系博
　　士論文，2012 年 5 月）

附錄一
《繫年》人物表

商朝		
文獻名號	繫年名號	章號・簡號
商紂	商王	1.1
武庚、祿父	彔子耿	3.13、3.14
飛廉	飛曆	3.14

周（西周、東周）		
文獻名號	繫年名號	章號・簡號
周武王	周武王	1.1、3.13
周公	周公	4.17
三監	三監	3.13
周成王	周成王、成王	3.14、4.17
周厲王	東王	1.2、1.3
共伯和	龍白和	1.3
周宣王	周宣王、宣王	1.3、1.4
周幽王	周幽王、幽王	2.5、2.6、2.7
褒姒	孚台	2.5
伯服、伯盤	白盤	2.5、2.7
周平王	坪王	2.5、2.6、2.9、3.15
余臣、攜惠王	舍臣、䁯惠王、惠王	2.7、2.8

周惠王	周惠王	4.18
周襄王	周襄王	7.44
周威烈王	周王	22.124、22.125
王子定	王子定、王子	23.129、23.136

晉國（含戰國時期韓、趙、魏）		
文獻名號	繫年名號	章號・簡號
晉文侯	晉文侯	2.8、2.9
晉獻公	晉獻公	6.31、6.32
驪姬	驪姬	6.31
申生、共君	大子龔君	6.31
奚齊	勶育	6.31、6.32
卓子	悼子	6.33
里克	里之克	6.32
晉惠公	惠公	6.32、6.33、6.34、6.35、6.38、6.39
晉懷公	襄公	6.35、6.37、6.38
晉文公	文公	6.32、6.38、6.39、7.41、7.43、8.45、8.47
晉襄公	襄公、君	8.47、9.50、9.52、9.53
穆嬴	襄夫人	9.51
晉靈公	靈公高	9.50、9.51、9.53、10.55
先蔑、先眜、士伯	左行癁	9.51、10.54
士會、隨會	隊會	9.51、10.54、14.66
公子雍	癰也、癰子	9.51、10.54

晉成公	晉成公	12.61、12.62
荀林父、中行桓子、荀伯、中行伯、伯氏	晉中行林父	13.63
趙旃	邻㝷	13.64
晉景公	晉競公、競公	14.66、14.72、16.85、16.86、16.87、20.108
郤克、郤獻子、駒伯	邻之克	14.66、14.67、14.68、14.70、14.71、14.72
欒茷	翟之伐	16.87
晉厲公	柬公	16.87、16.89、16.90
士燮、文子、范文子、范叔	晉文子燮	16.88
晉悼公	晉悼公	20.108
晉平公	晉臧坪公	17.91、17.92、17.94、18.96、18.99
欒盈	繙經	17.93、17.94
趙武、趙文子、文子、趙孟	邻文子武、邻文子	18.96、18.97
晉昭公	邵公	18.99
晉頃公	同公	18.99
晉定公	柬公	18.100、20.109、20.110
范氏	軋氏	18.102
中行氏	中行氏	18.102
晉哀公、晉懿公、晉敬公	晉敬公	20.111
趙桓子	少赺子	20.111

晉幽公	晉幽公	20.112
？	灼狗（趙狗）	20.112
魏斯	嘼畀、晉嘼文侯畀	21.115、21.116、22.121
趙浣	灼关	21.115、21.116
韓啟章	倝啟章	21.115、21.116
晉烈公	晉公止、晉公	22.119、22.124
韓虔	倝虔	22.119
趙籍	灼藉	22.119
魏擊	嘼繫、嘼繡	22.119、23.134
魏斯、韓虔、趙籍	晉三子	22.123
？	賻余	23.129
韓烈侯取	倝緅	23.133

楚國		
文獻名號	繫年名號	章號・簡號
楚文王	楚文王、文王	2.12、5.24、5.26、5.27、5.28、5.29
堵敖、杜敖、莊敖	臮囂	5.29
楚成王	楚成王、成王、楚王	5.29、7.41、7.42
鬬克、子儀、申公子儀	繡公子義、繡公義	6.40、8.48
成得臣、子玉	命尹子玉	7.43
楚穆王	楚穆王、穆王	11.56、11.57
申公叔侯	繡公弔侯	11.57

		（根據《左傳》，簡文應為「申伯無畏」之誤。）
申無畏、文無畏、文之無畏	孫白亡悷	11.59
楚莊王	臧王、楚臧王、王	11.59、12.61、13.63、15.74、15.75、15.76、15.77
申公屈巫	繡公屈晉、繡公	15.75、15.76、15.77、15.78、20.108
連尹襄老	連尹襄老、連尹	15.76
黑要	墨要	15.77
楚共王	龏王、楚龍王、龍王、龒王、龏王	15.77、16.85、16.86、16.87、16.90
公子側、子反	司馬子反、司馬	15.77、15.78
公子嬰齊、令尹子重	命尹子襄	16.85
郥公鍾儀	芸公義、芸公	16.85、16.86
楚公子辰	王子脣	16.87
楚公子罷	楚王子迣	16.88
楚康王	楚康王、康王	18.96、18.97
屈建、子木、令尹子木	命尹子木	18.96
郟敖	乳=（孺子）王	18.97、18.98
楚靈王	霝王	15.80、18.97、18.98、18.99、19.104
楚平王	競坪王	15.81、15.82、18.99、18.100、19.104
費無忌、費無極	少帀亡期	15.81
伍奢、連尹奢	連尹額	15.81
伍員	五員	15.81、15.83

?	五之雞、五雞、雞父	15.81、15.82
楚昭王	卲王、楚卲王	15.82、15.83、15.84、18.100、18.102、19.104、19.106
楚惠王	獻惠王	19.106
楚簡王	楚柬大王、王	21.114、21.116
?	莫囂昜為	21.114、21.116
楚聲王	楚聖趄王、王	22.119、23.126、23.127
楚悼王	叨折王、王	23.127、23.133、23.137
陽城君	鵩城洹惡君、昜城洹惡君	23.127、23.135
?	競之賈	23.128
?	鹺（舒）子共	23.128
?	遬（魯）昜（陽）公	23.129、23.134、23.135
?	郎臧（莊）坪（平）君	23.130
?	坪亦悼武君、坪亦惥武君（平夜悼武君）	23.133、23.135、23.137
?	右尹卲（昭）之妃（竢）	23.135

鄭國		
文獻名號	繫年名號	章號・簡號
鄭武公	奠武公、武公	2.10

鄭莊公	臧公	2.10
鄭昭公	邵公	2.10、2.11
高渠彌	高之巨爾	2.11、2.12
公子亹	子亹壽	2.11、2.12
鄭厲公	柬公	2.12
鄭文公	鄭君	8.47
弦高	弦高	8.46
鄭穆公	奠白、奠穆公	11.57、15.74
鄭成公	奠成公	12.61 （根據《左傳》，簡文應為「鄭襄公」之誤。）
鄭繻公駘	奠白駘	22.124、23.126
？	皇子	23.130
？	子馬	23.130
？	子沱（池）	23.130
？	子垰（封）子	23.130
？	四遚（將）軍	23.131、23.132 （指皇子、子馬、子池、子封子）
太宰欣	奠太剌愜	23.131
子陽	奠子𦉕	23.132

衛國		
文獻名號	繫年名號	章號・簡號
衛叔封	靣弔垾	4.18
衛懿公、衛哀公	幽侯	4.19

衛戴公申	愇公申、愇公	4.20
公子啓方	公子啓方	4.20、4.21
衛文公	文公	4.21
衛成公	成公	4.21
公子適、公子虔	衛侯虔	22.124

齊國（含田齊）		
文獻名號	繫年名號	章號・簡號
齊桓公	齊趄公	4.20
高固	高之固	14.66、14.69
南郭偃	南韋子	14.69、14.70
蔡朝	鄒子	14.69、14.70
晏弱、晏桓子	安子	14.69、14.70
齊頃公	齊同公、齊侯	14.67、14.70、14.72
高厚	齊高厚	17.91
齊莊公	齊臧公光、臧公	17.93、17.95
崔杼	蓑芧	17.95
齊康公貸	齊侯貣、齊侯	22.120、22.121、22.124
項子牛	陳麗子牛	22.122
田和	陳和	22.123
？	陳淏	22.123、23.137
？	陳疾目	23.137

魯國		
文獻名號	繫年名號	章號・簡號

臧孫許、臧宣叔	魯㜈孫晉	14.70
魯穆公顯	魯侯侃、魯侯、魯侯龏	22.120、22.121、22.124

宋國		
文獻名號	繫年名號	章號・簡號
宋昭公（春秋）	宋公	11.57、11.58
華孫元	芋孫兀、右帀芋孫兀	11.56、11.60、16.88（11.56，據《左傳》應為「華孫御事」之誤）
宋昭公（戰國）	宋公	20.113
宋悼公	宋悼公	21.114、22.119
？	宋司城㡀	21.114
宋休公田	宋公畋	22.124、23.126

秦國		
文獻名號	繫年名號	章號・簡號
秦仲	秦中	3.16
秦穆公	秦穆公、秦公	6.33、6.34、6.35、6.37、8.48
秦康公	秦康公、秦公	10.54、10.55
秦哀公	秦畢公	19.105
子蒲	子甫	19.105
子虎	子虎	19.105

蔡國		
文獻名號	繫年名號	章號·簡號
蔡哀侯	鄯哀侯、哀侯、鄯侯	5.23、5.25、5.26、5.27
蔡靈侯	鄯霝侯	18.99
蔡昭侯申	鄯卲侯繻、鄯卲侯	19.106、19.107

息國		
文獻名號	繫年名號	章號·簡號
息侯	賽侯	5.23、5.24、5.25、5.27、5.28
息嬀	賽為	5.23、5.24、5.29

陳國		
文獻名號	繫年名號	章號·簡號
陳宣公	陳侯	5.30
陳靈公	陳靈公	15.75
夏徵舒	陳公子諽鄯、崀鄯	15.74、15.75、15.76
夏姬	少盉	15.74、15.76、15.77、15.79

吳國		
文獻名號	繫年名號	章號·簡號
壽夢	吳王冒夢	20.109
蹶由、蹶融、厥由	吳王子鱻絲	15.80

闔廬、闔閭、公子光	吳王盍膚、盍旁	15.84、20.110
夫槩王晨	吳王子唇	15.84
洩庸	吳緩用	19.106
夫差	夫秦王	20.110

越國		
文獻名號	繫年名號	章號・簡號
句踐	戉公句戔	20.110
？	戉命尹宋	20.111
朱句、州句	戉公株句、戉公	20.112、20.113
王翳	戉公殹、戉公	22.120、22.121

徐國		
文獻名號	繫年名號	章號・簡號
徐子	徐公	18.98

許國		
文獻名號	繫年名號	章號・簡號
許男斯	䣄公㐌	18.100、18.101

其他		
文獻名號	繫年名號	章號・簡號
赤狄王留吁	赤鄝王崇啻	4.19
？	鄩公涉	23.133

附錄三

《清華大學藏戰國竹簡（貳）‧繫年》考釋四則 *

蘇建洲

（一）

　　《集成》4203 曾仲大夫🦗簋「唯五月既生霸庚申，曾中（仲）大父🦗（蝤）[1] 廼用吉攸（鑒），叝乃𤯍（？）金，用自乍（作）寶𣪘，🦗其用追孝于其皇考，用易（賜）眉壽、黃耉、霝冬（終），其邁（萬）年子子孫孫永寶用享。」銘文中「廼用吉攸」一句，黃錫全先生已指出「『吉攸』與曾伯陭壺『吉金鐈鑒』類同。」[2] 故將「攸」讀為「鑒」，《說文‧金部》:「鑒，鑑也。一曰鑾首銅也。」銘文的難處在於「叝乃𤯍（？）金」一句的釋讀。《銘文選》認為「乃」連同下一字是一字，並隸定作「䂺」，整句讀作「廼用吉攸叝䂺金」，解釋說:「『廼用吉金』常見于銘文，此銘在『吉』與『金』之間增『攸叝䂺』三字，當是此吉金的專名。」[3] 黃錫全先生意思相近，但有重要的進展:

* 本文為「《清華大學藏戰國竹簡（壹）》字詞關係研究」的研究成果之一，獲得國家科學發展委員會的資助（計畫編號 NSC100-2410-H-018-019），特此致謝。

[1] 此字作🦗，也見於《清華簡（壹）‧耆夜》簡7🦗，復旦讀書會已經指出二者的對應關係，見復旦大學出土文獻與古文字研究中心研究生讀書會:《清華簡〈耆夜〉研讀札記》，復旦網（http://www.gwz.fudan.edu.cn/）2011 年 01 月 05 日。

[2] 黃錫全:《湖北出土商周文字輯證》（武漢市:武漢大學出版社，1992 年），頁 81。底下所引黃先生意見皆見此文，不再注出。

[3] 馬承源主編:《商周青銅器銘文選》第三冊（北京市:文物出版社，1988 年），頁 331。

曾仲大夫𧊟簋第三行的的頭三字，過去多缺釋，應是金屬名。第一字可隸定為𡃍。其下的 ⌘、⌘ 則是「乃」字。第三字左旁從隹，右旁⌘似⌘，疑為𪈻或𩾏，其義待考。𡃍與甲骨文⌘（人名）可能是一字，從⌘（古堆字），從又或攴。𡃍或𠭥究竟相當於後世何字，也需深究。「乃」疑假為𨥉或鈮、鑷之類的金屬器名。「吉攸」與曾伯陭壺「吉金鐈鋚」類同。「吉攸𡃍乃隹𩾏金」，均是金屬原料名，以為鑄器之用。

張亞初先生同意第三字從「壽」，並隸定為「𪈻」，讀為「鑄」。並將「𡃍」讀為「搥」。[4]《古文字譜系疏證》也指出「𡃍」疑古「搥」字，但認為曾仲大夫𧊟簋的「𡃍」讀法未詳。[5]馮時先生隸定作「𪈻」，分析為從隹，壽聲，讀為鑄，並分析說：「『鑄金』意乃鎔金成物。《周禮・考工記・栗氏》：『凡鑄金之狀；金與錫，黑濁之氣竭，黃白次之；黃白之氣竭，青白次之；青白之氣竭，青氣次之。然後可鑄也。』曾伯（引案：實為『仲』）大夫𧊟簋銘所述乃毀舊器而鑄新器，遂言用吉金鐈鋚以鑄金，重為新簋，是『乃』為指示代名詞，此也。」比較不同的是馮先生在將柞伯簋之⌘字釋為「叉」的基礎上，認為曾仲大夫𧊟簋的「𡃍」右旁與之同形，遂改釋為「𠭥」，讀為「叉」，訓為取。又可讀為「攎」。《廣雅・釋詁一》：「攎，取也。」[6]《曾國青銅器》將第三字隸定作𪈻，指出如果「𡃍」是動詞，則「𪈻金」是某種吉金的專名。[7]

---

[4] 張亞初：《殷周金文集成引得》（北京市：中華書局，2001 年），頁 77。並見中國社會科學院考古研究所編：《殷周金文集成修訂增補本》第三冊（北京市：中華書局，2007 年），頁 2400-2402。

[5] 黃德寬主編：《古文字譜系疏證》第三冊（北京市：商務印書館，2007 年），頁 2970。

[6] 馮時：《柞伯簋銘文剩義》，《古文字研究》第 24 輯（北京市：中華書局，2002 年），頁 226。

[7] 湖北省文物考古研究所編：《曾國青銅器》（北京市：文物出版社，2007 年），頁 168。

謹案：所謂「乃（？）」字《銘文選》第一冊 470 號的拓片作：

此拓片見於《集成》4203，二者距離確實很接近。但是比對：

《集成》4204.1

仍可知其上為「乃」字。至於「乃」下的字形確實比較接近「」，但有訛變或斷筆，可比對《金文編》1405 號的「壽」字。筆者同意「（？）金」是某種吉金的專名。至於「𠬝」字銘文作：

（《銘文選》470 號）　（《集成》4203）　（《集成》4204.1）

《新金文編》列為不識字。[8]上述諸家將此字隸定為「𠬝」顯然是可取的，馮時先生認為「𠬝」有「取」的意思也是很好的意見。「𠬝乃（？）金，用自乍（作）寶𣪘」可與《保利藏金》124 頁戎生鐘第四鐘「取厥吉金，用作寶協鐘」[9]（《新收》1616）參看。

　　《清華簡（貳）‧繫年》簡 5，整理者李學勤先生的釋文作：「周幽王取妻于西申，生坪（平）王=（王，王）或𠬝〈取〉孚（褒）[10]人之女，是孚

---

[8] 董蓮池：《新金文編‧附錄二》0616 條（北京市：作家出版社，2011 年），頁 109。

[9] 參李學勤：《戎生編鐘論釋》，《重寫學術史》（石家庄市：河北教育出版社，2002 年），頁 324、327。

[10] 趙平安：《迄今所見最早的褒國青銅器》，《出土文獻》第 2 輯（上海市：中西書局，2011 年），頁 148-149。又載氏著：《金文釋讀與文明探索》（上海市：上海古籍出版社，2011 年），頁 169-174。

（褎）台[11]（姒），生白（伯）盤。」[12]其中「叹」作 ，李學勤先生認為是「取」的錯字。陳偉先生則認為：「師、妻音近可通。《春秋》文公十六年『及齊侯盟于郪丘。』《谷梁傳》『郪』作『師』。簡文此字疑當讀爲『妻』，加『又』表示動作，娶妻義。《孟子・萬章上》：『好色，人之所欲也，妻帝之二女，而不足以解憂。』」[13]這兩種意見結合曾仲大夫 簋的「叹」來看恐怕都有問題。既然「叹」已見於西周晚期的曾仲大夫 簋，《繫年》簡的寫法顯然前有所承，不能說是「取」的錯字。雖然筆者曾舉出古文字「自」有時寫得接近「爪」或「目」形的例證，[14]但是畢竟還是與「耳」形體有所不同，更重要的是目前未見古文字「耳」形有訛變為「自」形的例證。至於將「叹」讀爲「妻」應該也是不可行的，一方面古文字「妻」用法固定，幾乎未見通假字。二方面將曾仲大夫 簋的「叹」釋為「妻」，大概只能讀為「齊」，「妻與齊」古籍常見通假不煩例舉。[15]銘文的「齊」就是「劑」，也就是常見於《周禮・考工記》：「執下齊」、「金有六齊」的「齊」與趙國兵器銘文「○齋（劑）」的「齋（劑）」。「○」或釋為「執」或釋為「報」，[16]不

---

[11] 此字作 ，整理者隸定作「忎」並不精準，此字下部實為「口」旁，參陳嘉穎：《關於〈繫年〉簡中讀為「姒」之字的隸定》，復旦網「學術討論」區，2012 年 1 月 6 日。

謹案：這在《繫年》中也有內證，如簡 36「狄甚善之」，「甚」作 ，比對 （《唐虞之道》24），可知「甚」的「口」旁也是橫筆穿越過，如同 。一般來說，「心」旁的上部是尖頭、封閉型的，與「口」作 還是可以分辨清楚的。

[12] 李學勤主編：《清華大學藏戰國竹簡（貳）》下冊（上海市：中西書局，2011 年），頁 138。

[13] 陳偉：《讀清華簡〈繫年〉札記（一）》，簡帛網（http://www.bsm.org.cn/）2011 年 12 月 20 日。

[14] 拙文：《利用〈清華簡（貳）〉考釋金文一則》，復旦網 2012 年 1 月 1 日。

[15] 張儒、劉毓慶：《漢字通用聲素研究》（太原市：山西古籍出版社，2002 年），頁 791。

[16] 參見湯志彪：《三晉文字編》（長春市：吉林大學博士論文，2009 年 10 月），頁 26。

過「劑」指鑄造銅器時調和、調劑各種金屬原料，學界並無異議。[17]但是此說同樣有用字習慣的問題。[18]

《繫年》的「師」絕大多數作「𠂤」、「𡴎」，與甲骨、金文用字習慣相同。[19]（**編按**：裘錫圭先生指出「𡴎(𡴎)」除了是「師」字外，亦能解為「踰」，見〈說从「𡴎」聲的从「貝」與从「辵」之字〉，《文史》2012年第3輯」）比對《說文》云：「取，捕取也。从又从耳。《周禮》：『獲者取左耳。』《司馬法》曰：『載獻聝。』聝者，耳也。」來看，《繫年》的「𠬪」，從「又」從「𠂤」，可以理解為「取師」之「取」的專字。[20]《左傳‧莊公十一年》：「覆而敗之曰取某師。」楊伯峻先生注釋曰：「覆，隱也，設覆兵而敗之也。《春秋》書『取某書』者僅二例，哀九年『宋皇瑗帥師取鄭師于雍丘』，哀十三年『鄭罕達帥師取宋師于嵒』是也。至襄公十二年《傳》又曰『**凡言取，言易也**』，則又是一例。又設覆而敗敵者多矣，成三年丘輿之役，鄭『使東鄙覆諸鄤』；十六年汋陵之役，『鄭人覆之』，然《經》皆不書『取』。」[21]除了楊先生所舉的例證，又如《左傳‧隱公十年》：「秋七月庚寅，鄭師入郊，猶在郊。宋人、衛人入鄭，蔡人從之伐戴。八月壬戌，鄭伯圍戴。癸亥，克之，**取三師焉**。」看來「取師」的意思除理解為設伏兵攻打敵軍，也可以理解為不費事地取勝。[22]但不管如何，將「𠬪」理解為「取師」之「取」的專字應該是目前最合理的意見。曾仲大夫蠡簋的「𠬪」用為「取金」之「取」，《繫年》的「𠬪」用為「取妻」之「取」。

《繫年》某些文字寫法與用法與通行楚文字不同而直承更早的來源是

---

17 參黃盛璋：《「斆（撻）齋（齊）」及其和兵器鑄造關係新考》，《古文字研究》第15輯（北京市：中華書局，1986年），頁253。

18 參王輝：《古文字通假字典》（北京市：中華書局，2008年），第535頁「齋」字條下。

19 參看裘錫圭：《文字學概要》（北京市：商務印書館，1988年），頁145；《古文字譜系疏證》第三冊，頁2965-2966。朱德熙、裘錫圭：〈戰國銅器銘文中的食官〉，《文物》1973年12期，頁59-61、13；收入《朱德熙古文字論集》，頁83-88。

20 此為郭永秉先生向筆者指出。

21 楊伯峻：《春秋左傳注》（臺北市：洪葉文化事業公司，1993年），頁187。

22 參陳克炯：《左傳詳解詞典》（鄭州市：中州古籍出版社，2004年），頁220。

可以留意的，本文已提到「叔」字源自西周晚期的曾仲大夫簋，以及「師」絕大多數作「𠂤」、「𦥑」與甲骨、金文用字習慣相同，而一般楚文字習慣寫的「帀」只見於簡 19、25、56、81、82、83、88。[23]又如簡 47、53 的「葬」作（、），聲符與《容成氏》33「葬」作寫法相同，只是「歹」訛為「及」，[24]與《六德》16「勞其朓（股）忕（肱）」的「朓（股）」作寫法相同。但其外圍從「囗」，顯然跟甲骨文有關，如賓組「葬」作，歷組作，[25]其他戰國文字並無從「囗」旁寫法，如「薨」（《包山》155）、「薲」（《信陽》2-04）[26]、（《三體石經・文公》）。又如《繫年》106-107「吳緡用以師逆蔡昭侯」，整理者注釋說：「緡用，《左傳》作'洩庸'。洩，喻母月部；緡，明母元部，韻部對轉。」[27]簡文中的「緡」字作，其「曼」旁

---

[23] 簡文中「宋右帀（師）芊（華）孫兀（元）」兩見，其「師」都作「帀」是比較固定的。

[24] 《繫年》中這種現象頗為常見，如簡16「莬（墓）」作，更多例證請見《清華二・字形表》第224-225頁從「歹」旁諸字。其它竹書例證如「喪」作（《平王問鄭壽》07）、（《武王踐阼》05）、（《民之父母》14，3見）。附帶一提，中國國家博物館館藏的商代「作冊般銅黿」銘文「王一射，射三」，李學勤、朱鳳瀚等先生以為「」字是「叔」或「𢏚」，此說若可信，其「歹」旁顯然與上述「」的「歹」旁寫法相近，則「歹」寫作類似「及」者有其古老來源，而非訛變。此又為《繫年》以及上述楚竹書寫法有著更早源頭之一例。見李學勤：《作冊般銅黿考釋》，《中國歷史文物》2005年第1期；朱鳳瀚：《作冊般黿探析》，《中國歷史文物》2005年第1期。不過，對于「叔」的隸定，裘錫圭先生表示「從字形上看，根據似嫌不足。」見裘錫圭：《商銅黿銘補釋》，《中國歷史文物》2005年第6期。

[25] 陳劍：《甲骨金文考釋論集》（北京市：線裝書局，2007 年），頁 340。亦參見《黃天樹古文字論集》頁 280、283。

[26] 陳偉等著：《楚地出土戰國簡冊【十四種】》（北京市：經濟科學出版社，2009 年），頁 385 注 15。

[27] 李學勤主編：《清華大學藏戰國竹簡（貳）》下冊，頁 185 注 9。附帶一提，（《性自

的寫法西周金文曼龔父的「曼」作相同，很值得注意。郭沫若很早就指出甲骨文（）就是「曼」的初文，[28]增加「冃」聲。[29]戰國文字的「冃」多作「」，類似「尹」形。[30]同時將「」上半的「手」旁簡省，如（郭店《老子乙本》12）、（《昭王毀室‧昭王與龔之脾》1）、（《武王踐阼》2）。《繫年》的「曼」旁寫法顯然就是直承甲骨文（）而來。又如簡64「于楚軍之門」，郭永秉先生指出此字應釋為「發」字初文。[31]

命出》45），對比上博楚簡《性情論》簡37作「曼」，則前者釋為「曼」或「縵」是沒問題的。張新俊先生《上博楚簡文字研究》頁41指出：「（《性自命出》45）『縵』字所從的『糸』以及『曼』中間所從的『目』形，被寫得不成形體，可以看成是『縵』的壞字。」謹案：此字右下明顯從「爪」不從「目」，筆者以為字形右下角是「孚」，且有聲化的作用。「孚」，來紐月部或歸為來紐物部，從「孚」諸字如「捋」等字則是月部。而上述《繫年》的「縵」可以讀為「洌」，喻母月部，則「縵」之於「洌」，猶如「縵」之於「孚」。

28　參見劉釗、洪颺、張新俊編纂：《新甲骨文編》（福州市：福建人民出版社，2009年），

　　頁163-164「曼」字條。不過朱德熙先生認為甲骨文應該釋為「受」，不能釋為「曼」。

　　見朱德熙：《古文字考釋四篇‧釋受》，《朱德熙古文字論集》（北京市：中華書局，1995年），頁151-152。編按：李春桃《傳抄古文綜合研究》頁207根據朱德熙先生所引《汗

　　簡》「宣」字古文作，即頨字。同時文獻中「擐」字有異體作「摎」，讀音亦與「宣」

　　相近，《古文四聲韻》「擅」字古文作，也贊同朱德熙先生的意見。謹案：今由《繫

　　年》「縵」字的寫法，可以證明「受」確實是「曼」字。「曼」，明紐元部，中古三等合口；「宣」，心紐元部，中古三等合口，二者音近可通。聲紐心明為sm-複聲母，參張博：《漢語同族詞的系統性與驗證方法》（北京市：商務印書館，2003年7月），頁139、202；竺家寧：《聲韻學》（臺北市：五南書局，2002年），頁620-621。比如從小（心紐宵部）得聲之字往往轉入明紐，如秒、眇、渺等字均從小聲，但上古音屬明紐宵部。

29　張世超等著：《金文形義通解》（京都：中文出版社，1996年），頁626-627；季師旭昇：《說文新證》（福州市：福建人民出版社，2010年），頁203。

30　參見湖北省文物考古研究所、北京大學中文系編：《望山楚簡》（北京市：中華書局，1995年）頁118注31；湖北省文物考古研究所、北京大學中文系編：《九店楚簡》（北京市：中華書局，2000年），頁69注45。

31　郭永秉：《疑〈繫年〉64號簡的「射」字實是「發」字》，復旦網學術討論區，2012年01月07日。

此字若真是「發」，則顯然與《周易》簡 26：「六二：欽亓[image]」、「九三：欽亓[image]」的來源相同，季師旭昇、徐寶貴先生都已經提到：「脅」字所從的「改」跟裘先生文中所舉《殷契粹編》（P123）第 593 片的「改」字結構是完全相同的，**應該說是甲骨文流傳下來的文字形體**。[32]以上均可見《繫年》的內容是比較古老的。同為清華簡的《尹至》也反映出這種現象，如簡 1「惟尹自夏徂亳，彔至在湯」，「彔」字郭永秉先生指出：「『彔』字在清華簡《尹至》篇中的用怯，有兩點可說。一是『彔』的夜間時稱意義，除了殷墟甲骨文之外，不見於任何文獻，可以說明《尹至》篇的內容相當古老。二是《尹至》表夜間時稱這個意義所使用的字，就是『彔』這個本字，而『彔』字在古文字中除了殷墟甲骨文和楚文字之外，似尚未見他例，這種情況和楚文字在一定程度上保留了以跪坐人形跟立人形區別『見』與『視』二字的早期古文字現象的情況，是十分相類的，值得重視。」[33]看來清華簡的底本來源確實是較早的。[34]

（二）

簡 71-72 云：「齊人為成，以鄃（甗）骼（賂）玉笢與臺于之【七一】田。」整理者注釋說：「此句疑應乙為：『骼（賂）以鄃（甗）、玉笢與臺（淳）于之田。』『鄃』字匣母元部，與金文多作『獻』的『甗』通讀，『獻』字曉母元部。『笢』字見戰國青銅器郘大府量（《集成》一○三七○），筒形器。一說讀為『篍』，樂器，《說文》云為『小管』。淳于，齊地名，在今山東安丘縣東北。《左傳》成公二年云：『齊侯使賓媚人（即國佐）賂以紀甗，玉

[32] 季師旭昇：《上博三周易簡 26「欽其腓」說》，簡帛研究網（http://jianbo.sdu.edu.cn/）2004 年 05 月 16 日；徐寶貴：《楚墓竹簡文字考釋》，《清華大學學報》2005 年第 3 期。

[33] 郭永秉：《清華簡〈尹至〉「[image]至在湯」》，《清華大學藏戰國竹簡（壹）國際學術研討會論文集》（清華大學，2011 年），頁 27。

[34] 楚竹書某些文字形體與用字習慣存在直承甲骨文而來的現象，而與同時期的戰國文字寫法不同，相關討論請見拙作：《郭店〈語叢二〉簡 3「襄」字考》，《楚文字論集》（臺北市：萬卷樓圖書公司，2011 年），頁 105-112。

磬與地。」杜預《春秋經傳集解》後序引《紀年》云：『齊國佐來獻玉磬、紀公之甗』，與傳文合。」[35]整理者將簡文與《左傳》成公二年對讀，無疑是合理的，但認為簡文應讀為「骼（賂）以鎛（甗）」的意見，如同侯乃峰先生所指出的：「此種說法恐不妥，至今似未見簡帛文獻中有這種誤倒的現象，即不是前後兩個字誤倒，而是一個字誤置在兩個字之後。」[36]網友shibuwodai也指出「齊人為成，以鎛（甗）骼（賂）玉笒與鄆于之田。」可與簡120「齊與越成，以建陽、邱陵之田，且男女服」合觀，證明簡71-72中的這段話沒有訛誤。[37]

謹案：筆者傾向於簡71-72沒有訛誤，但關鍵的「骼」字如何釋讀，待考。「玉笒」對比文獻相當於「玉磬」，整理者認為是「筒形器」或說讀為「筋」，並不可從。「笒」字已見於楚國量器郘大府銅量的自名，裘錫圭先生指出「笒」即「筥」。[38]筆者以為「筥」（心紐宵部）可讀為「璆」（群紐幽部），聲韻皆近。「璆」雖是群紐，但其聲母「翏」本是來紐，心紐與來紐關係密切，如「史與吏」、「數與婁」、「灑與麗」等諧聲關係都是這方面的例證。[39]又如「斯」（心紐）從「其」聲（群紐）。從「巽」聲的「選」、「𢷎」是心母；「𢵧」是群母。[40]韻部幽宵旁轉相通相當常見，[41]如「愮」字古文作𤡬、「飂」字古文作𣓤。[42]「杲」是宵部，「愮」是幽部；「秀」是幽部

[35] 李學勤主編：《清華大學藏戰國竹簡（貳）》下冊，頁169注15。

[36] 侯乃峰（網名：小狐）：〈讀《繫年》臆札〉，復旦網學術討論區第5樓，2011年11月24日。後以〈讀《繫年》臆札〉為題，首發於復旦網，2012年01月03日。

[37] 侯乃峰（網名：小狐）：〈讀《繫年》臆札〉，復旦網學術討論區第7樓，2011年11月24日。

[38] 裘錫圭：〈關於郘太府銅量〉，《文物》1978年第12期。又載於氏著：《古文字論集》第490頁。亦見董珊：《楚簡簿記與楚國量制研究》184頁，《考古學報》2010年2期。

[39] 參竺家寧：《聲韻學》，頁621。

[40] 參見王志平：《〈詩論〉發微》，《華學》第六輯（北京市：紫禁城出版社，2003年），頁62-63；黃易青：《論上古喉牙音向齒頭音的演變及古明母音質——兼與梅祖麟教授商榷》，《古漢語研究》2004年第1期。

[41] 參見李家浩：《攻敔王姑義𥯤劍銘文及其所反映的歷史》，陳昭容主編：《古文字與古代史第一輯》（臺北市：中央研究院歷史語言研究所，2007年），頁306。

[42] 徐在國：《傳鈔古文字編》下冊（北京市：線裝書局，2006年），頁1064、1348。

字，從「秀」得聲的「誘」、「莠」都是宵部字；《窮達以時》簡 3 的「咎鷂」就是古籍的「皋陶」，鷂是宵部，陶是幽部；[43]《馬王堆帛書・雜療方》13 行「去陵楮」，整理者認為「陵楮」當即「陵藁」。據《名醫別錄》系甘遂別名。[44]高是宵部，咎是幽部。陳劍先生曾指出：「『薅』、『柔』、『㺻』古音並相近。『柔』是日母幽部字，『薅』是日母宵部字，兩字中古音都是開口三等；『㺻』是泥母宵部字，與薅同從『堯』聲的撓、橈、鐃和譊等字也是泥母字。」[45]《郭店・老子甲》38「喬」作，已有學者指出字形所從的九與高都是聲符，「九」，古音見紐幽部，與群紐宵部的「喬」音近。[46]《用曰》簡 13 也有幽宵合韻的例證。[47]古籍中有「寮與翏」、「小與尞」的通假例證，[48]可見「竻（筲）」讀為「璆」是可以的。「璆」本是美玉，《書・禹貢》：「厥貢璆鐵銀鏤砮磬。」孔傳：「璆，玉名。」也可作為「磬」的定語，如《漢書・禮樂志》：「璆磬金鼓，靈其有喜。」也可指「玉磬」，《國語・晉語四》：「官師之所材也，戚施直鎛，蘧蒢蒙璆。」韋昭注：「璆，玉磬。」《書・禹貢》：「厥貢璆鐵」蔡沈《集傳》：「璆，玉磬。」《類篇・玉部》引《說文》：「璆，玉磬也。」[49]在《廣韻》、《集韻》均有引《說文》：「璆，玉磬也。」這條材料。《禮記・郊特牲》：「諸侯之宮縣，而祭以白牡，擊玉磬……諸侯

[43] 黃德寬、徐在國：《郭店楚簡文字考釋》，《吉林大學古籍整理研究所建所十五週年紀念文集》（長春市：吉林大學出版社，1998 年）。又載《新出楚簡文字考》（合肥市：安徽大學出版社，2007 年），頁 7-8。

[44] 馬王堆漢墓帛書整理小組編：《馬王堆漢墓帛書》（四）（北京市：文物出版社，1985 年），頁 124。

[45] 陳劍：《郭店簡〈六德〉用為「柔」之字考釋》，《中國文字學報（第二輯）》（北京市：商務印書館，2007 年），頁 61。

[46] 何琳儀：《戰國古文字典》（北京市：中華書局，1998 年），頁 294；葉玉英：《古文字構形與上古音研究》（廈門市：廈門大學出版社，2009 年），頁 416；曲冰：《《上海博物館藏戰國楚竹書》(1-5) 佚書詞語研究》（長春市：吉林大學博士論文，2010 年），頁 61。

[47] 顧史考：《楚簡韻文分類探析》，臺灣大學中文系編：《先秦文本與思想國際學術研討會論文》（臺北市：臺灣大學中文系，2010 年），頁 29。又載於復旦大學出土文獻與古文字研究中心編：《出土文獻與古文字研究（第四輯）》（上海市：上海古籍出版社，2011 年），頁 242。

[48] 張儒、劉毓慶：《漢字通用聲素研究》，頁 224、227。

[49] 宗福邦、陳世鐃、蕭海波主編：《故訓匯纂》（北京市：商務印書館，2004 年），頁 1461。

之僭禮也。」孫希旦《禮記集解》：「玉磬，《書》所謂『鳴球』，天子之樂器也。」[50]《周禮・大司樂・賈疏》：「《虞書》者，案古文在《舜典》，是舜祭宗廟之禮。案彼鄭注：『戞，櫟也。戞擊鳴球已下數器』鳴球，即玉磬也。」[51]戴震《樂器考》：「鳴球、玉磬，同謂石磬，古人於石之美者，多以玉名。」《爾雅・釋地》：「西北之美者有崑崙虛之璆琳琅玕焉。」郭璞《注》曰：「璆琳，美玉名。」邢昺《疏》曰：「釋曰：璆與球同。《說文》云：『璆，玉磬也。』琳，美玉名。《書》云：『戞擊鳴球。』美玉可以為磬，故皆云『美玉』也。」[52]《詩・商頌・那》：「既和且平，依我磬聲。」《箋》云：「磬，玉磬。」《正義》曰：「此申說傳意，言磬聲清之意也。知是玉磬者，以鍾鼓磬管同為樂器，磬非樂之主，而云鼓管和平，來依磬聲，明此異於常磬，非石磬也。《皋陶謨》云：『戞擊鳴球』，謂玉磬也。成二年《左傳》『齊人賂晉以玉磬』，是古人以玉為磬也。」[53]由古人注疏可知「球（璆）」、「鳴球（璆）」就是「玉磬」，特別是《毛詩正義》前引「鳴球」，後引到可與《繫年》簡文對讀的成二年《左傳》的「玉磬」，也可以說明本文將簡文「玉笁」讀為「玉璆」是可以的。其次，「璆」既是「玉磬」，而簡文又讀為「玉璆」，如同「圭」，《說文》曰：「瑞玉」，古籍又稱「玉圭」，如曹植《辨道論》：「瓊蕊玉華，不若玉圭之潔也。」「玦」，《說文》曰：「玉佩」，古籍又稱「玉玦」，如《左傳・閔公二年》「公與石祁子玦」，杜預注：「玦，玉玦……玦，示以當決斷。」《史記・項羽本紀》：「范增數目項王，舉所佩玉玦以示之者三。」又如「珥」又稱「玉珥」，《韓非子・外儲說右上》：「欲先知王之所欲置以

50 〔清〕孫希旦撰，沈嘯寰、王星賢點校：《禮記集解》中冊（北京市：中華書局，1989年），頁 678。

51 李學勤主編、趙伯雄整理、王文錦審定：《周禮注疏)》下冊（北京市：北京大學出版社，1999年），頁 579。又孫詒讓指出：「引《虞書》者，《皋陶謨》文，偽古文改入《益稷》。賈《疏》謂古文在《舜典》，誤。」〔清〕孫詒讓：《周禮正義》第七冊（北京市：中華書局，1987年），頁 1737。

52 李學勤主編、李傳書整理、徐朝華審定：《爾雅注疏》（北京市：北京大學出版社，1999年），頁 193-194。

53 李學勤主編、龔抗雲等整理：《毛詩正義》（北京市：北京大學出版社，1999年），頁 1436。

勸王置之，於是為十『玉珥』而美其一而獻之，王以賦十孺子，明日坐，視美『珥』之所在而勸王以為夫人。」「環」，既可單稱，如《左傳・昭公十六年》：「宣子有環，其一在鄭商。」更常見「玉環」，《韓非子・說林下》：「吾好珮，此人遺我玉環。」可知簡文讀為「玉璗」是沒有問題的。

　　周波先生認為：「笅」當讀為「鏐」。「鏐」金文或寫作从「金」「嚻」聲（《集成》225-237）。孫詒讓已經指出，金文此字蓋謂特磬，並引《爾雅・釋樂》「大磬謂之鏐」證之。𪓐鐘云「批諸礘硰」，裘錫圭先生讀「礘」為「鏐」，皆可信。从「少」聲之字與从「喬」、从「嚻」聲之字皆音近可通，見於出土和傳世文獻，不贅舉。「鏐」為古樂器名，即大磬。《爾雅・釋樂》：「大磬謂之鏐」下郭璞注云：「鏐形似犁錧，以玉石為之。」綜上所述，「玉笅」當讀為「玉鏐」，也即上引《左傳》成公二年文之「玉磬」。[54]謹案：《集成》225-237邵鐘銘文「大鐘既縣（懸），玉鏐竉鼓」，孫詒讓讀「鏐」為「鏐」，得到學者的贊同。「玉鏐」與簡文「玉笅」文例相同，可見周波先生的意見有相當的合理性。不過，周波先生所說从「少」聲之字與从「喬」、从「嚻」聲之字有見於出土和傳世文獻的通假例證，筆者翻檢《聲素》倒是沒有看到。[55]此外，「鏐」訓為「大磬」，似與簡文作「笅（筲）」從「小」聲無法對應。《爾雅・釋樂》云：「大管謂之簥，其中謂之篞，小者謂之篎。」也是大者從「喬」聲，小者從「小」聲。整理者將「笅（筲）」讀為「篎」，恐怕也有這方面的考量，可見將「笅（筲）」讀為「鏐」也不是全無疑問。反倒是上述𪓐鐘云「批者礘硰（磬），吹者長竽」，[56]「礘磬」也可以考慮讀為「璗磬」，如上舉《漢書・禮樂志》：「璗磬金鼓」，「嚻與翏」有通假例證，如郍夫人嬺鼎之「嬺」，馮時先生認為應讀為「嫪」即為一例。[57]當然

[54] 周波（網名：飛虎）：《釋清華簡〈繫年〉簡71的樂器「玉鏐」》，復旦網學術討論區，2011年12月29日。

[55] 張儒、劉毓慶：《漢字通用聲素研究》，頁226、238、241。

[56] 釋文依照李家浩：《𪓐鐘銘文考釋》，《著名中年語言學家自選集——李家浩卷》（合肥市：安徽教育出版社，2002年），頁66-68。

[57] 馮時：《郍夫人嬺鼎銘文及相關問題》，《中原文物》2009年第6期。

邵鐘的「玉鑣」也可以讀為「玉璙」。總之，筆者認為《繫年》的「玉笁」讀為「玉璙」應該是很合理的。

（三）

簡 129「朙（明）戢（歲）晉余衛（率）晉㠯（師）與奠（鄭）㠯（師）以內（入）王子定」，整理者將晉國人名的首字「」隸定為「睡」，並注釋說：「睡余，人名。睡字右側偏旁上部不很清晰。」[58]

謹案：戰國文字的「重」幾乎都添加了「土」旁，[59]所以隸定為「睡」並不可從。《清華（二）·文字編》第 236 頁將此字調整還原後作，右上顯然是「父」旁，右旁整體就是「甫」字。甲骨文「甫」作（《合》20219）、（《合》15483 反）字形從屮、從田，[60]羅振玉以為象田中有蔬，乃圃之最初字。[61]西周早期作甫丁爵「甫」作（《集成》9052），上部已聲化從「父」聲，下部從用。楚系文字作（尃，《老子甲》12）、（尃，《孔子詩論》03）、（尃，《容成氏》22）、（郙，《包山》228）、（郙，《包山》242）、（甫，《天子建州》甲 5）[62]，中山王方壺「輔」作都是繼承這種寫法而來，後四者在「田」或「用」下延伸出左右兩豎筆作「」形，[63]即：

→

→（）

---

[58] 李學勤主編：《清華大學藏戰國竹簡（貳）》下冊，頁 196、198 注 9。

[59] 湯餘惠主編：《戰國文字編》（福州市：福建人民出版社，2001 年），頁 573。

[60] 劉釗、洪颺、張新俊編纂：《新甲骨文編》，頁 206-207。

[61] 李師旭昇：《說文新證》（福州市：福建人民出版社，2010 年），頁 257。

[62] 蘇建洲：《《上博楚竹書》文字及相關問題研究》（臺北市：萬卷樓圖書公司，2008 年），頁 90。

[63] 何琳儀：《戰國古文字典》，頁 595。

可見《繫年》的就是「甫」，《汗簡》「薄」作，[64]（**編按**：李春桃《傳抄古文綜合研究》頁 132 分析「」為从竹專聲，可隸定作「」，是「尊」字的異體，此處借為「薄」。）其下「甫」旁類似「東」；方足小布「莆」作（《貨系》1548）、（《貨系》1539），[65]其「甫」旁也與「束」、「東」形相似。雖然這些「甫」字的「父」旁有所訛變，但其下部的形體都是很好的例證。[66]所以就是「賻」，字形見於《集成》1933「中王鼎」以及《集韻》。「甫」聲的字作為姓氏，古書及出土文獻常見，[67]但是「余」是誰，待考。

（四）

簡 51-52「死人可（何）辠（罪）？生人可（何）黻（辜）？豫（舍）亓（其）君之子弗立，而卲（召）人于外，而厽（焉）牄（將）宲（實）此子也？」整理者注釋說：

> 《左傳》文公七年：「曰：『先君何罪？其嗣亦何罪？舍適嗣不立而外求君，將焉實此？』」簡文「宲」即「實」字。「實」在《說文》新附，云：「從宀，真聲。」詛楚文與之相合，簡文疑係省作。[68]

---

[64] 徐在國：《傳抄古文字編》（北京市：線裝書局，2006 年），頁 59。

[65] 吳良寶：《先秦貨幣文字編》（福州市：福建人民出版社，2006 年），第 15-16 頁。這條材料蒙郭永秉先生向我指出。

[66] 附帶一提，《凡物流形》甲 15「起而用之，於四海」，「」字左旁初看起來與的「甫」旁接近，宋華強先生就曾釋為「補」。見《〈上博（七）・凡物流形〉札記四則》，簡帛網，2009 年 01 月 03 日。謹案：左上並不從「父」，《凡物》甲 29、乙 22 已有「專」字，亦可證明「甫」字從「父」聲。是以似仍以隸定作「練」，讀作「通」為好。參拙作：《楚文字論集》，頁 169-172。

[67] 黃德寬主編：《古文字譜系疏證》第二冊，頁 999。

[68] 李學勤主編：《清華大學藏戰國竹簡（貳）》下冊，頁 158 注 10。

簡文「頁」作▨，對應《左傳》文公七年的「真」，所以整理者直接將「頁」釋為「真」，認為是▨（▨，詛楚文）的省作。

謹案：關於「真」字，裘錫圭、李家浩二先生考釋《曾侯》簡10的「填」字時指出：

> 「填」，原文作▨，從「土」從「▨」。簡文甲胄之「甲」的單位量詞即從▨作▨、▨、▨等形。按「真」字金文作▨，或作▨（《金文編》，頁575）。「貝」、「鼎」二字形近，在古文字中作為偏旁時往往混用，故金文「真」或寫作從「鼎」。又有加「丌」旁作▨者（《金文編》575頁），漢印文字作▨（《漢印文字征》8.10下），所從「貝」旁省作「目」。貨幣文字中有一個從「貞」的▨字（《先秦貨幣文編》頁37，原書誤釋為「貞」），亦見於▨匕銘文▨字（《金文編》頁626，原書釋為「頊」）左旁。古代「貞」、「真」二字形音俱近。「貞」的聲母屬照母三等，上古音照母三等與端母近。「貞」的韻母屬耕部，「真」的韻母屬真部，真耕二部字音關係密切。如《楚辭‧離騷》以「名」、「均」為韻，又《卜居》以「耕」、「名」、「身」、「生」、「真」為韻，又《遠遊》以「榮」、「人」、「征」為韻。「名」、「耕」、「生」、「榮」、「征」屬耕部，「均」、「身」、「真」、「人」屬真部。上引金文▨所從的▨，即「丁」字。在古文字中常見在文字上加注聲符的現象（參看注108），疑▨字所從的「丁」，即加注的聲符。「丁」屬耕部。因此，上引貨幣文字當釋為「真」，▨匕之字當釋為「顛」。▨與上引「真」字形近，亦應當釋為「真」。從金文「真」字的「丌」旁或有或無來看，▨應當釋為「填」。「填」與「珥」連文，疑當讀為「瑱」。簡文的「珥瑱」與車器記在一起，當是車飾。64號簡有「紫組珥」，與馬器記在一起，當是馬飾。此跟古書訓「珥」、「瑱」為耳飾者異。[69]

---

[69] 裘錫圭、李家浩：《曾侯乙墓竹簡釋文與考釋》，湖北省博物館：《曾侯乙墓》（北京市：

上引《集成》870 伯真甗作，上從「倒人」形，即顛隕之「顛」的表意初文，《說文》「古文殄」字。[70]「倒人」形到戰國文字又訛變為「卜」、「止」等形。[71]「貝」之下或從「丁」聲，或從「丌」旁。至於《集成》4208 段簋作（），陳劍先生已指出「鼎」與「鼏」等形為一字，實非「真」字。[72]可見「真」本從「貝」，但是從未見簡省到僅剩「貝」者，《繫年》整理者認為下從「真」，在目前的古文字資料中是找不到證據的。目前所見確切無疑的「真」只見於秦漢文字，[73]而「寘」顯然與郭店《老子甲》19 號簡「賓」作同形。單育辰先生認為：郭店《老子》甲簡19「寘」應是「賓」的省「丏」之體，從而與「寘（實）」字同形，「寘（實）」應該是會意字，會室中放置貝之義，與省「丏」的「寘（賓）」來源並不一樣。[74]但是為何「寘」的概

文物出版社，1989 年），頁 512 注 72。

[70] 參看唐蘭：《釋真》，《唐蘭先生金文論集》（北京市：紫禁城出版社，1995 年），頁 31-33。

[71] 黃德寬主編：《古文字譜系疏證》第四冊，頁 3445-3446。

[72] 陳劍：《甲骨金文舊釋「鼏」之字及相關諸字新釋》，《出土文獻與古文字研究（第二輯）》（上海市：復旦大學出版社，2008 年），頁 31。

[73] 《集成》9715 枳氏壺「我室家」，「」一般釋為「盱」，趙平安先生則分析為從目示聲，讀為「實」，似未必可從。見氏著：《金文考釋五篇》，《容庚先生百年誕辰紀念文集》（廣州市：廣東人民出版社，1998 年），頁 450。又載氏著：《金文釋讀與文明探索》，頁 97。又《集成》85 楚王酓章鎛的「楚王酓章作曾侯乙宗彝，奠（奠）之於西𥑊」，「奠」字《金文形義通解》頁 1901 讀為「實」。謹案：「奠（奠）」義為「放置」，不需改讀為「實」，可參看湯餘惠：《戰國銘文選》（長春市：吉林大學出版社，1993 年），頁 18。

此外，《秦漢魏晉篆隸字形表》頁 514「實」字條下所收的（《流沙簡・補遺一・三》）實為「窴」字，音填，與「實」無關，參見裘錫圭：《〈秦漢魏晉篆隸字形表〉讀後記》，《古文字論集》頁 495。同樣情形也見於《馬王堆帛書・戰國縱橫家書》頁 192 作「願及未（填）壑谷而託之」，上從「穴」旁，顯然也該是「窴」，與「實」無關。陳松長：《馬王堆簡帛文字編》頁 307 將此字歸在「實」下不確。又《詩・東山》：「烝在桑野」，毛傳：「烝，寘也」。「寘」，相臺本、閩本、考文一本同，小字本、明監本、毛本作「寘」。阮元校勘說：「案『寘』是也，《釋文》云『從穴下真』，餘同此。」見李學勤主編、龔抗雲等整理：《毛詩正義》，頁 520。按：阮校可從，由《常棣》「烝也無戎」，毛傳：「烝，填。」可知。嚴一萍先生引上述《詩・東山》：「烝在桑野」的毛傳為「烝，寘也」並不正確。見《中國文字》第 43 冊，頁 4668-4670。

[74] 單育辰：《由清華二考釋舊有文字一例》，復旦網學術討論區，2012 年 01 月 06 日。

念是由「會室中放置貝」來表示，恐怕也沒有堅實的證據。甲骨、金文皆有「貯」字，《新甲骨文編》428頁歸在「寶」字下。金文的例證可以參考《集成》3461農父簋「農父作⬛簋」，此字顯然是「貯」而只能讀「寶」，[75]也就是說如果將「貯」理解為會意字也只能是「寶」，而不會是「實」。

　　《說文》新附字「實」，從宀「真」聲，章紐；「賓」，幫紐真部，韻部與從「真」聲的「實」相近沒有問題。聲紐的關係如「杓」有市若切和甫遙切兩讀，前者聲母屬章母，後者為幫母。[76]又如《公羊傳・僖公十六年》：「霣石記聞，聞其磌然」，《釋文》：「磌然，之人反，又大年反，聲響也；一音芳君反，本或作砰，八耕反。」[77]《集韻・平聲・二十文》：「磌，旁君切，石落聲。《春秋傳》：『聞其磌然』。」清人方成珪所著《集韻考正・卷二・二十文》對「磌，旁君切」案曰：「語見公羊僖公十六年傳。《類篇》旁作滂。汪氏云：《釋文》音芳君切。此輕重唇之別。」並沒有對這個讀音提出駁議。其次，「稹」，《集韻・平聲・一先》視為「稨」的異體，卑眠切。此條也記載於《類篇》。看的出來，「真」聲字確實與幫、滂紐字有關係。黃侃先生指出：「真聲字有唇音，則疊韻互音之理也。」[78]真部的「賓」與從「真」聲的「實」是符合這個條件的。則《繫年》的「貯」對照郭店《老子甲》就是「賓」，可以通讀為「實」。郭店《老子甲》的整理者將「貯」字分析為：「從『貝』從『宀』省，『賓』字異體。」[79]但還有一個可能是《郭店老子》與《繫年》的「貯」其實是「寶」（幫紐幽部），可讀為「賓」（幫

---

[75] 羅小華先生認為甲骨文「寶」可寫作「貯」及「宀」，金文中則將二者組合形成「賓」的形體，參看氏著：《釋寶》《簡帛》第5輯頁120。謹案：羅先生文中所列證據無法證明甲骨文、金文的「貯」不能釋為「寶」，特別是文中失引農父簋的例證，其結論恐未必是定論。

[76] 參李家浩：《楚簡所記楚人祖先「媸（鬻）熊」與「穴熊」為一人說》，《文史》2010年第3輯，頁21。

[77] 李學勤主編、浦衛忠整理：《春秋公羊傳注疏》，頁233。

[78] 見黃侃：《經籍舊音辨證箋識》，吳承仕：《經籍舊音序錄・經籍舊音辨證》附錄一（北京市：中華書局，1986年），頁275。

[79] 荊門市博物館：《郭店楚墓竹簡》（北京市：文物出版社，1998年），頁115。

紐真部），二者雙聲，韻部關係密切，學者多已指出不論是傳世典籍和出土資料，都充分證明了上古漢語中幽覺與微物文（脂質真）之間存在相當常見的音轉現象。[80]陳偉先生同意筆者釋為「賓」的意見，但認為簡文的「賓」是陳列義，並認為或可以讀爲「擯」，解作排斥、棄絕的意思，[81]但是文意並不妥貼。此外，孟蓬生先生認為「宜」是「實」字的異構，從宀，從貝，會室中實貝之義。由於現有文字資料中「實」字時代較早，這個字也可以看作實字省去毌字而成。[82]孟先生此說於聲音條件很好，但是古文字同樣未見「實」省作「宜」。筆者曾寫信向孟先生請教此問題，承先生回覆我：釋「實」還不能說是得到了足證。理論上說，（幫章二母）唇舌相通是沒問題的。就目前來看，似諸說不妨並存。[83]最後，《包山》簡 257：「飤室所以 🔲 笑（筲）」，🔲字湯志彪先生認為就是「宜」，即「賓」字。[84]現在根據《繫年》「賓」讀為「實」的現象，可將《包山》簡文讀為「飤（食）室所㠯（以）宜（實）笑（筲）：豕脀（脯）二笑（筲）。脩二笑（筲）。烝（蒸）𤏺（膳）一笑（筲）。……」，如此則文從字順。[85]

補記

（1）我們認為「𢼸」理解為「取師」之「取」的專字，曾仲大夫 🔲 簋的「𢼸」用為「取金」之「取」，《繫年》的「𢼸」用為「取妻」之「取」。

[80] 何琳儀：《幽脂通轉舉例》，《古漢語研究》第一輯（北京市：中華書局，1996 年），頁 348-372；簡帛網 http://www.bsm.org.cn/bbs/simple/?t2411.html2010-11-10 14:31 mpsyx 孟蓬生先生的跟帖；史杰鵬：《由郭店《老子》的幾條簡文談幽、物相通現象暨相關問題》，《簡帛》第 5 輯（上海市：上海古籍出版社，2010 年）；劉釗：《古璽格言璽考釋一則》，復旦網，2011 年 11 月 03 日。

[81] 陳偉：《讀清華簡〈系年〉札記（三）》，簡帛網，2011 年 12 月 23 日。

[82] 見單育辰：《由清華二考釋舊有文字一例》，復旦網學術討論區第 3 樓，2012 年 01 月 07 日。

[83] 2012 年 1 月 7 日覆信內容。

[84] 湯志彪：《包山遣策補釋一則》，《古籍研究 2008 卷·下》（合肥市：安徽大學出版社，2009 年），頁 6-8。

[85] 上引單育辰先生文章也指出這個意見了。

這種現象陳斯鵬先生亦曾論及，他指出《成之聞之》簡31「惹為父子之親」的「惹」雖為「圖」的專用字，但表達的卻是「圖」的非關乎「心」的另外意思「敷演、演繹」。又如中山王墓兆域圖「圖」表「繪圖」義。他認為：「此類現象說明我們通常所說的『專字』、『專用字』是具有相對性的。也就是說，最初針對一個字（詞）的某個（類）義項所造的專字，有時也可以用來表示這個字（詞）的其他義項。」（見陳斯鵬：《楚簡「圖」字補證》，《康樂集——曾憲通教授七十壽慶論文集》，中山大學出版社，2006 年，頁198）

（2）《新蔡》零 213、212「□周墨習之以 電□」，「 」字，袁金平：《新蔡葛陵楚簡字詞研究》，安徽大學博士論文，2007 年，頁 21；宋華強：《新蔡葛陵簡初探》頁 411 注 4 皆以為是「真」。此字若是「真」，對釋「寅」為「真」也是一個反證。

——本文刊登於《簡帛》第七輯，2012 年 10 月

追記

《史記·楚世家》：「十七年春，楚莊王圍鄭，三月克之。入自皇門，鄭伯肉袒牽羊以逆，曰：『孤不天，不能事君，君用懷怒，以及敝邑，孤之罪也。敢不惟命是聽！**賓之南海**，若以臣妾賜諸侯，亦惟命是聽。』」其中「**賓之南海**」根據本文所討論「賓」讀為「真」的例證，則「**賓之南海**」可讀為「**真之南海**」。此句在《左傳》宣公十二年作「鄭伯肉袒牽羊以逆，曰：『孤不天，不能事君，使君懷怒以及敝邑，孤之罪也，敢不唯命是聽？其俘諸江南，以實海濱，亦唯命。」其中「以實海濱」，也應該讀為「以真海濱」。又《繫年》第四章簡 19「幽侯滅焉」，「幽侯」即「衛懿公」，或稱「衛哀公」，「幽」與「懿」、「哀」的音讀關係，可以再次證明幽部與脂部、微部關係密切。

附錄二

《繫年》大事年表

一 春秋時代[1]

公元前	周	魯	齊	晉	秦	楚	宋	鄭	衛	陳	蔡	吳	越	大事	附註[2]
771	幽王 11	孝公 36	莊公 24	文侯 10	襄公 7	若敖 20	戴公 29	桓公 36	武公 42	平公 7	僖侯 39			王【五】與伯盤逐平王。平王走西申。幽王起師，圍平王于西申，申人弗畀，繒人乃降西戎，以【六】攻幽王，幽王及伯盤乃滅，周乃亡。(2章，簡5-7)	依〈十二諸侯年表〉、《夏商周斷代工程》頁37

1 本表製作參考《史記·十二諸侯年表》、顧德融、朱順龍：《春秋史》—「附錄大事年表」。
2 指大事繫年的依據。

依據	事件		哀侯	(齊)	惠公	厲公	莊公／閔公	武王／文王	武公	緡／武公	襄公／桓公	桓公／莊公	莊王	年
依《十二諸侯年表》	其大夫高之渠彌殺昭公而立亓其弟子眉壽。齊襄公會諸侯子首止，殺子眉壽，車轘高之渠彌。（2章，簡11-12）		哀侯 1	莊公 6	惠公 6 黔牟 2	厲公 7 子頹 1	莊公 16	武王 47	武公 4	緡 11 武公 22 （緡11年依《左傳》）	襄公 4	桓公 18	莊王 3	694
同上	蔡哀侯取妻於陳，息息亦取妻於陳。媯……文【二七】王命見之，息侯辭，王固命見之。既見之。還。（5章，簡23-28）		哀侯 11	宣公 9	惠公 16	厲公 17 子嬰 10	閔公 8	文王 6	武公 14	緡 21 武公 32	桓公 2	莊公 10	莊王 13	684
依《繫年》簡文	明歲，起伐息，殺息侯，取【二八】息。媯以歸。（5章，簡28-29）		哀侯 12	宣公 10	惠公 17	厲公 18 子嬰 11	閔公 9	文王 7	武公 15	緡 22 武公 33	桓公 3	莊公 11	莊王 14	683

14

西元前													繫年	備註
682	莊王 15	莊公 12	桓公 4	繻 23 武公 34	武公 16	文王 8	閔公 10	厲公 19 子嬰 12	惠公 18	宣公 11	哀侯 13		（息嬀）是生堵敖。（5章，簡 29）	同上
681	僖王 1	莊公 13	桓公 5	繻 24 武公 35	武公 17	文王 9	桓公 1	厲公 20 子嬰 13	惠公 19	宣公 12	哀侯 14		（息嬀）是生成王。（5章，簡 29）	同上
679	僖王 3	莊公 15	桓公 7	繻 26 武公 37	武公 19	文王 11	桓公 3	厲公 22	惠公 21	宣公 14	哀侯 16		改立厲公，鄭以始正。（2章，簡 12）	依〈十二諸侯年表〉
660	惠王 17	閔公 2	桓公 26	獻公 17	成公 4	成王 12	桓公 22	文公 13	懿公 9	宣公 33	穆侯 15		周惠王立十【一八】又七年，赤狄王留吁起師伐衛，大敗衛師於熒，	依《繫年》簡文、〈十

西元	惠王	僖公	桓公	獻公	穆公	成王	桓公	文公	宣公	戴公	穆侯	大事	〈十二諸侯年表〉
658	惠王 19	僖公 2	桓公 28	獻公 19	穆公 2	成王 14	桓公 24	文公 15	宣公 35	戴公 1	穆侯 17	幽侯滅焉。狄遂居衛，衛人乃東涉【一九】河，遷于曹，[焉]立戴公申，公子啟方奔齊。（4章，簡18-19）齊桓公會諸侯以城楚丘。□【二○】公子啟方焉，是文公。（4章，簡20-21）	「城楚丘」是前658年；但衛文公元年當是前659年。
656	惠王 21	僖公 4	桓公 30	獻公 21	穆公 4	成王 16	桓公 26	文公 17	宣公 37		穆侯 19	讒大子共君而殺之。（6章，簡31）	依〈十二諸侯年表〉
655	惠王 22	僖公 5	桓公 31	獻公 22	穆公 5	成王 17	桓公 27	文公 18	宣公 38		穆侯 20	文公奔狄。（6章，簡32）	同上

654	惠王 23	僖公 6	桓公 32	獻公 23	穆公 6	成王 18	桓公 28	文公 19	文公 6	宣公 39	穆侯 21	惠公奔于梁。(6章,簡32)	同上
651	襄王 2(依《左傳》)	僖公 9	桓公 35	獻公 26	穆公 9	成王 21	桓公 31	文公 22	文公 9	宣公 42	穆侯 24	獻公卒,乃立奚齊。其大夫里之克乃殺奚齊,【三二】而立其弟悼子,里之克又殺悼子。(6章,簡32-33)秦穆公乃納惠公于晉,惠公賂秦公曰:「我【三三】苟果入,使君涉河,至于梁城。」(6章,簡33-34)	同上
650	襄王 3	僖公 10	桓公 36	惠公 1	穆公 10	成王 22	襄公 1	文公 23	文公 10	宣公 43	穆侯 25	惠公既入,乃背秦公弗予。(6章,簡34)	同上
645	襄王 8	僖公 15	桓公 41	惠公 6	穆公 15	成王 27	襄公 6	文公 28	文公 15	穆公 3	莊侯 1	立六年,秦公率師與惠公戰于韓,【三四】捷惠公以歸。惠公焉以	同上

西元前	周	魯	齊	晉	秦	楚	宋	衛	鄭	陳	蔡	引文	註
644	襄王9	僖公16	桓公42	惠公7	穆公16	成王28	襄公7	文公29	文公16	穆公4	莊侯2	其子懷公為質于秦，秦穆公以其子妻之。(6章，簡34-35)	同上
638	襄王15	僖公22	孝公5	惠公13	穆公22	成王34	襄公13	文公35	文公22	穆公10	莊侯8	文公十又二年居狄，甚善之，而弗能人，乃適齊，齊人善之。(6章，簡36)	同上
637	襄王16	僖公23	孝公6	惠公14	穆公23	成王35	襄公14	文公36	文公23	穆公11	莊侯9	懷公自秦逃歸，秦穆公乃召【三七】文公於楚，使襲懷公之室。(6章，簡37-38)	同上
												晉惠公卒，懷公即位。(6章，簡38)	同上
636	襄王17	僖公24	孝公7	文公1	穆公24	成王36	成公1	文公37	文公24	穆公12	莊侯10	秦人起師以納公子晉。晉人殺【三八】懷公而立文公。秦晉焉始會好，戮力同心。(6章，簡38-39)	同上

公元前	襄王	僖公	孝公／昭公	文公	穆公	成王	成公	文公	文公／成公	穆公	莊侯	說明	依據
635	襄王18	僖公25	孝公8	文公2	穆公25	成王37	成公2	文公38	文公25	穆公13	莊侯11	二邦伐郜，從之中城，圍商密，捷【三九】申公子儀以歸。（6章，簡39-40）	依《左傳》僖公二十五年
634	襄王19	僖公26	孝公9	文公3	穆公26	成王38	成公3	文公39	成公1	穆公14	莊侯12	（衛）文公即世，成公即位。（4章，簡21）	
633	襄王20	僖公27	孝公10	文公4	穆公27	成王39	成公4	文公40	成公2	穆公15	莊侯13	晉文公立四年，楚成王率諸侯以圍宋伐齊，戍穀，居緡。（7章，簡41）	依《繫年》簡文
632	襄王21	僖公28	昭公1	文公5	穆公28	成王40	成公5	文公41	成公3	穆公16	莊侯14	晉文公思齊及宋之【四一】德，乃及秦師圍曹及五鹿，伐衛以脫齊之戍及宋之圍。（7章，簡41-42）令尹子玉遂率鄭、衛、陳、蔡及群蠻夷之師以交文公。文公率秦、	依〈十二諸侯年表〉

西元	周襄王	魯僖公	昭公	晉文公	秦穆公	楚成王	宋成公	鄭文公	衛成公	陳共公	蔡莊侯	事件	依據
630	襄王 23	僖公 30	昭公 3	文公 7	穆公 30	成王 42	成公 7	文公 43	成公 5	共公 2	莊侯 16	齊、宋及翟戎【四三】之師以敗楚師於城濮，遂朝周襄王于衡雍，獻楚俘馘，盟者諸侯，屬於踐土。（7章，簡43-44）	
629	襄王 24	僖公 31	昭公 4	文公 8	穆公 31	成王 43	成公 8	文公 44	成公 6	共公 3	莊侯 17	晉文公立七年，秦晉圍鄭，鄭人降秦不降晉，秦人以不悲於鄭，鄭人屬北門之管於秦。（8章，簡45-46） 狄人或涉河，伐衛于楚丘【二一】，衛人自楚丘遷于帝丘。（4章，簡22）	依《繫年》簡文以及〈十二諸侯年表〉 依《左傳》僖公三十一年
628	襄王 25	僖公 32	昭公 5	文公 9	穆公 32	成王 44	成公 9	文公 45	成公 7	共公 4	莊侯 18	秦之戍人使人歸告曰：「我既得鄭之門管已，來襲之。」（8章，簡47）	依《左傳》僖公三十二年

西元前												內容	出處
627	襄王 26	僖公 33	昭公 6	襄公 1	穆公 33	成王 45	成公 10	穆公 1	成公 8	共公 5	莊侯 19	秦師將東襲鄭，鄭之賈人弦高將西【四六】市，遇之，乃以鄭君之命勞秦三師。秦師乃復，伐滑，取之。(8章，簡，46-47) 晉文公卒，未葬，襄公率師御秦師親【四七】于崤，大敗之。(8章，簡，47-48)	依《左傳》僖公三十三年
621	襄王 32	文公 6	昭公 12	襄公 7	穆公 39	穆王 5	成公 16	穆公 7	成公 14	共公 11	莊侯 25	晉襄公卒，靈公高幼，大夫聚謀曰：「君幼，未可奉承也，毋乃不能封？獻求強君」乃命【五十】左行蔑與隨會召襄公之弟雍也于秦。襄夫人聞之，乃抱靈公以號于廷，曰：「死【五一】人何罪？生人	依〈十二諸侯年表〉

		襄王 33	文公 7	昭公 13	靈公 1	康公 1	穆王 6	成公 17	穆公 8	成公 15	共公 12	莊侯 26	何華？舍其君之子弗立，而召人于外？將實此子也？」大夫閔，乃皆背之曰：「我莫命召【五二】之。」乃立靈公。(9章，簡50-53) 焉葬襄公。(9章，簡53)
620		襄王 33	文公 7	昭公 13	靈公 1	康公 1	穆王 6	成公 17	穆公 8	成公 15	共公 12	莊侯 26	秦康公率師以送雍子，晉人起師，敗之于堇陰。左行蔑與隨會不敢歸，遂【五五】(10章，簡54-55) 依《左傳》文公七年
617		頃王 2	文公 10	昭公 16	靈公 4	康公 4	穆王 9	昭公 3	穆公 11	成公 18	共公 15	莊侯 29	楚穆王立九年，王會諸侯于厥貉，將以伐宋。宋華孫御事欲勞楚師，乃行【五六】穆王，師，(繁年) 依《左傳》文公十年、

22

西元	周	魯	齊	晉	秦	楚	宋	鄭	衛	陳	蔡	備註	簡文
615	頃王4	文公12	昭公18	靈公6	康公6	穆王11	昭公5	穆公13	成公20	共公17	莊侯31	依〈十二諸侯年表〉	使驅孟諸之麋，徒之徒囿。宋公為左盂，鄭伯為右盂，申伯無畏知之，宋【五七】公之車暮駕，用挾宋公之御。（11章，簡56-58）
600	定王7	宣公9	惠公9	成公7	桓公5	莊王14	文公11	襄公5	成公35	靈公14	文侯12	依《繫年》簡文	秦公以戰于董陰之故，率師為河曲之戰。【五五】（10章，簡55） 楚莊王立十又四年，王會諸侯于厲，鄭成〈襄〉公自厲逃歸。莊王遂加鄭亂。晉成【六一】公會諸侯以救鄭，楚師未還，晉成公卒于扈。（12章，簡61-62）
599	定王8	宣公10	惠公10	景公1	桓公6	莊王15	文公12	襄公6	穆公1	靈公15	文侯13	同上	莊王立十又五年，【七四】陳公子徵舒殺其君靈公。（15章，簡74-75）

西元	依（十二諸侯年表）			文侯	成公	穆公	襄公	文公	莊王	桓公	景公	頃公	宣公	定王
598	依（十二諸侯年表）	莊王率師圍陳。王命申公屈巫適秦求師，得師以【七五】來。王人室陳，殺徵舒，取其室以予申公。連尹襄老與之爭，奪之少孔。連尹捷於河【七六】漻，其子黑要也又室少孔。（15章，簡 75-77）		文侯 14	成公 1	穆公 2	襄公 7	文公 13	莊王 16	桓公 7	景公 2	頃公 1	宣公 11	定王 9
597	同上	[楚莊王立十又七年，]王圍鄭三月，鄭人為成。晉中行林父率師救鄭，莊王遂北。【六三】□人盟，趙旃不欲成，弗召，㠯于楚軍之門，楚人【六四】被駕以追之，遂敗晉師于河□【六五】。（13章，簡 63-65）		文侯 15	成公 2	穆公 3	襄公 8	文公 14	莊王 17	桓公 8	景公 3	頃公 2	宣公 12	定王 10

24

年	定王	宣公	頃公	景公	桓公	莊王	文公	襄公	穆公	成公	文侯		同上
595	12	14	4	景公5	10	19	16	10	5	4	17	穆王即世，莊王即位，使申伯無畏聘于齊，假路【五八】於宋，宋人是故殺申伯無畏，奪其王帛。莊王率師圍宋九月。(11章，簡58-59)	同上
594	13	15	5	景公6	11	20	17	11	6	5	18	莊王率師圍宋九月。宋人焉為成。以女、子【五九】與兵車百乘，以華孫元為質。【六○】(11章，簡59-60)	同上
592	15	17	7	景公8	13	22	19	13	8	7	20	晉景公立八年，隨會率師，會諸侯于斷道，公命駒之克先聘于齊，……既會諸侯，駒之克乃執南郭子、蔡子、晏子以歸。(14章，簡66-70)	同上

25

590	定王 17	成公 1	頃公 9	景公 10	桓公 15	共王 1	文公 21	襄公 15	穆公 10	成公 9	景侯 2		
												莊王即世，共王即位。黑要也死，司馬子反與申【七七】公爭少孟，申公曰：「是余受妻也。」取以為妻。司馬不順申公。(15章，簡77-78)	依《繫年》簡文。又《左傳》襄公二十六年「子反與子靈爭夏姬，而雍害其事。」屬於追述。

26

年	定王	成公(齊)	頃公	景公	桓公	共王	文公／共公	襄公	穆公／定公	成公	景侯	記事	出處
589	18	2	10	景公 11	16	2	文公 22	16	穆公 11	10	3	齊頃公圍魯、魯臧孫許適【七〇】晉求援。駒之克率師救魯、敗齊師之鞌于鞌。齊人為成、以瓊、鉻、玉磬與淳于之田。(14章，簡70-71)【晉齊鞌之戰】 王命申公聘於齊，申【七八】公竊載載少孟以行，自齊逃遂逃適晉。(15章，簡78-79)	依〈十二諸侯年表〉
588	19	3	11	景公 12	17	3	共公 1	17	定公 1	11	4	明歲，齊頃公朝于晉景公、駒之克走援齊侯之帶、贏之景公、曰:「齊【七二】侯之來也、獻之景侯之老、夫之力也。」(14章，簡72-73)	同上

27

西元前	周	魯	齊	晉	宋	楚	秦	鄭	衛	陳	蔡	吳	《繫年》相關記事	備註
585	簡王 1	成公 6	頃公 14	景公 15	桓公 20	共王 6	共公 4	悼公 2	定公 4	成公 14	景侯 7	壽夢 1	（申公巫臣）自晉適吳，焉始通吳晉之路，教吳人叛楚。（15章，簡79） 晉景公立十又五年，申公屈巫自晉適吳，焉始通吳晉之路，二邦為好。（20章，簡108）	《左傳》、《史記》等均繫在成公7年。此依《繫年》簡文。
584	簡王 2	成公 7	頃公 15	景公 16	桓公 21	共王 7	共公 5	成公 1	定公 5	成公 15	景侯 8	壽夢 2	楚共王立七年，令尹子重伐鄭，為氾之師。（16章，簡85） 晉景公會諸侯以救鄭（鄭、鄭）人捷郘公儀，獻【八五】諸景公，景公以歸。（16章，簡85-86）	依〈十二諸侯年表〉
582	簡公 4	成公 9	頃公 17	景公 18	桓公 23	共王 9	共公 7	成公 3	定公 7	成公 17	景侯 10	壽夢 4	一〈二〉年，景公欲與楚人為好，乃脫郘公，共王使郘公使歸求成，	同上

28

西元	簡王	成公	靈公		桓公	共王	共公	成公	定公	成公	景侯	壽夢	事件	依據
581	簡王 5	成公 10	靈公 1	景公 19	桓公 24	共王 10	共公 8	成公 4	定公 8	成公 18	景侯 11	壽夢 5	聘於【八六】晉，且許成。（16章，簡86-87） 景公使羅之夜聘於楚，且修成，未還。（16章，簡87）	依《左傳》成公10年
580	簡王 6	成公 11	靈公 2	厲公 1	桓公 25	共王 11	共公 9	成公 5	定公 9	成公 19	景侯 12	壽夢 6	共王使【八七】子辰聘於晉，或修成，王又使宋右師華孫元行晉楚之成。（16章，簡88）	依《左傳》成公11年
579	簡王 7	成公 12	靈公 3	厲公 2	桓公 26	共王 12	共公 10	成公 6	定公 10	成公 20	景侯 13	壽夢 7	明歲，楚王子罷會晉文【八八】子燮及諸侯之大夫二（大夫）。（16章，簡88-89）	依《繫年》簡文。第一次弭兵之會
578	簡王 8	成公 13	靈公 4	厲公 3	桓公 27	共王 13	共公 11	成公 7	定公 11	成公 21	景侯 14	壽夢 8	明歲，厲公先起兵，率師會諸侯以伐【八九】秦，至于涇。（16章，簡89-90）【麻隧之戰】	依《左傳》成公13年

西元前															
575	簡王 11	成公 16	靈公 7	厲公 6	景公 2	共王 16	平公 1	成公 10	獻公 2	成公 24	景侯 17	壽夢 11		共王亦率師圍鄭，厲公救鄭，敗楚師於鄢。（16章，簡90）【鄢陵之戰】	依《左傳》成公16年
573	簡王 13	成公 18	靈公 9	悼公 1（依《春秋史》）	景公 4	共王 18	平公 3	成公 12	獻公 4	成公 26	景侯 19	壽夢 13		厲公亦見禍以死。（16章，簡90）	依《左傳》成公17年、18年
563	靈王 9	襄公 10	靈公 19	悼公 11	景公 14	共王 28	平公 13	簡公 3	獻公 14	哀公 6	景侯 29	壽夢 23		（晉悼）公會諸侯，以與吳王壽夢相見于柤。（20章，簡109）	依《春秋》魯襄公10年
557	靈王 15	襄公 16	靈公 25	平公 1	景公 20	康王 3	平公 19	簡公 9	殤公 2	哀公 12	景侯 35	諸樊 4		晉莊平公即位元年，公會諸侯於溴梁，遂以遷許於葉而不果。師造於方城，齊高厚自師逃歸。（17章，簡91-92）【湛阪之戰】	依《十二諸侯年表》

年	周	魯	齊	晉		楚					蔡	吳	事件	說明
555	靈王 17	襄公 18	靈公 27	平公 3	景公 22	康王 5	平公 21	簡公 11	殤公 4	哀公 14	景侯 37	諸樊 6	平公率師會諸侯，為平陰之師以圍齊，焚其四郭，驅車至于東海。（17章，簡92）	同上
553	靈王 19	襄公 20	莊公 1	平公 5	景公 24	康王 7	平公 23	簡公 13	殤公 6	哀公 16	景侯 39	諸樊 8	平公【九二】立五年，晉亂。（17章，簡92-93）	依《繫年》簡文。
551	靈王 21	襄公 22	莊公 3	平公 7	景公 26	康王 9	平公 25	簡公 15	殤公 8	哀公 18	景侯 41	諸樊 10	欒盈出奔齊。（17章，簡93）	依〈十二諸侯年表〉
550	靈王 22	襄公 23	莊公 4	平公 8	景公 27	康王 10	平公 26	簡公 16	殤公 9	哀公 19	景侯 42	諸樊 11	齊莊公光率師以逐欒盈。欒盈襲絳而不果，奔入於曲沃。（17章，簡93）齊【九三】莊公涉河襲晉，朝歌，以復平陰之師。（17章，簡94）晉人既殺欒盈于曲沃。（17章，簡94）	依《左傳》襄公23年

年	周	魯	齊	晉	秦	楚	宋	衛		蔡		吳	大事	依據
548	靈王 24	襄公 25	莊公 6	平公 10	景公 29	康王 12	平公 28	簡公 18	殤公 11	哀公 21	景侯 44	諸樊 13	平公率師會諸侯，伐齊，【九四】以復朝歌之師。(17章，簡94-95) 齊崔杼弒其君莊公，以為成於晉。(17章，簡95)	依《春秋》經傳 襄公25年
546	靈王 26	襄公 27	景公 2	平公 12	景公 31	康王 14	平公 30	簡公 20	獻公 2	哀公 23	景侯 46	余祭 2	晉莊平公立十又二年，楚康王立十又四年，令尹子木會趙文子武及諸侯之大夫，盟【96】于宋，曰：「弭天下之甲兵。(18章，簡96-97)【第二次弭兵之會】	依《春秋》經傳 襄公27年
541	景王 4	昭公 1	景公 7	平公 17	景公 36	郟敖 4	平公 35	簡公 25	襄公 3	哀公 28	靈侯 2	余眛 3	楚靈王為令尹，會趙文子及諸侯之大夫，盟于【97】虢(18章，簡97-98)	依《春秋》經傳 昭公元年

西元前	景王	昭公	景公	平公	景公	靈王	平公	簡公	襄公	哀公	靈侯	余眛	事件	依據
538	景王7	昭公4	景公10	平公20	景公39	靈王3	平公38	簡公28	襄公6	哀公31	靈侯5	余眛6	靈王先起兵，會諸侯于申，執徐公，遂以伐徐，克賴、朱方。（18章，簡97-98）	依《左傳》昭公4年
537	景王8	昭公5	景公11	平公21	景公40	靈王4	平公39	簡公29	襄公7	哀公32	靈侯6	余眛7	靈王伐吳，為南淮之行，執吳王子蹶由，吳人焉又服於楚。（15章，簡80）	依〈十二諸侯年表〉。文獻未見「吳人焉又服於楚」的史實，此當為美化楚國。
534	景王11	昭公8	景公14	平公24	哀公3	靈王7	平公42	簡公32	靈公1	哀公35	靈侯9	余眛10	縣陳。（18章，簡99）楚靈王立，既縣陳。（19章，簡104）	依〈十二諸侯年表〉

西元前	周	蔡昭公	宋景公	曹(昭/頃)公	陳哀公	楚(靈/平)王	衛元公	(簡/定)公	晉靈公	惠公	(靈/平/悼)侯	吳(余昧/僚)	釋文	備註
531	景王14	昭公11	景公17	昭公1	哀公6	靈王10	元公1	簡公35	靈公4		靈侯12	余昧13	縣蔡，殺蔡靈侯。（18章，簡99）楚靈王立，既縣蔡。（19章，簡104）	同上
529	景王16	昭公13	景公19	昭公3	哀公8	靈王12	元公3（楚平王次年改元）	定公1	靈公6	惠公1	平侯1	余昧15	景平王即位，改邦陳、蔡之君。（19章，簡104）	同上
522	景王23	昭公20	景公26	頃公4	哀公15	平王7	元公10	定公8	靈公13	惠公8	平侯8	僚5	少師無極讒連尹奢而殺之，其子伍員與伍之雞逃歸吳。（15章，簡81）	同上
519	敬王1	昭公23	景公29	頃公7	哀公18	平王10	元公13	定公11	靈公16	惠公11	悼侯3	僚8	伍雞將【八一】吳人以圉州來，為長墼而泜之，以敗楚師，是雞父之泜之。（15章，簡81-82）	文獻未見「伍雞」，但根據《左

敬王 14	定公 4	景公 42	定公 6	哀公 31	昭王 10	景公 11	獻公 8	靈公 29	惠公 24	昭公 13	闔廬 9		
506												伍員為吳大宰，是教吳人反楚邦之諸侯，以敗楚師于柏舉，遂入郢。昭王歸【八三】隨。（15章，簡83） 許人亂，許公㐌出奔晉，晉人羅，城汝陽，許公㐌於容居【100】城。（18章，簡100-101） 晉與吳會為一，以伐楚，閔方城。遂盟諸侯於召陵，伐中山。（18章，簡101） 陳、蔡、胡反楚，與吳人伐楚。（19章，簡	依《左傳》定公4年。晉明盟諸侯於召陵；吳楚戰於柏舉。 《傳》，吳敗楚在昭公23年

西元	敬王	定公	景公	定公	哀公	昭王	景公	獻公	靈公	懷公	昭公	闔廬	說明	依據
505	15	5	43	7	32	11	12	9	30	1	14	10	105）晉簡公與吳王闔廬伐【109】楚。（20章，簡109-110）（昭）與吳人戰于析。吳王子晨將起禍於吳，吳王闔閭乃歸，昭王焉復邦。【八（四）】（15章，簡84）秦畢公命子蒲、子虎率師救楚，與楚師會伐唐，縣之。（19章，簡105）	依《左傳》定公5年
503	17	7	45	9	34	13	14	11	32	3	16	12	諸侯同盟于鹹泉以反晉，至今齊人以不服于晉，晉公以弱。（18章，簡103）	依《左傳》定公7年

36

西元	敬王	魯（定公／哀公）	景公	定公	惠公	昭王	景公	聲公	靈公	閔公	昭公	闔廬／夫差	句踐	簡文	備註
497	敬王23	定公13	景公51	定公15	惠公4	昭王19	景公20	聲公4	靈公38	閔公5	昭公22	闔廬18		晉人目有范氏與中行氏之禍，七歲不解甲。（18章，簡102）	「七歲」不解「甲」，指定公13年至哀公4年。
495	敬王25	定公15	景公53	定公17	惠公6	昭王21	景公22	聲公6	靈公40	閔公7	昭公24	夫差1	句踐2	昭王既復邦，焉克胡。（19章，簡106）	依〈十二諸侯年表〉
494	敬王26	哀公1	景公54	定公18	惠公7	昭王22	景公23	聲公7	靈公41	閔公8	昭公25	夫差2	句踐3	（昭王既復邦，）圍蔡。（19章，簡106）	依〈十二諸侯年表〉
493	敬王27	哀公2	景公55	定公19	惠公8	昭王23	景公24	聲公8	靈公42	閔公9	昭公26	夫差3	句踐4	鬳惠王立十又一年，蔡昭侯申懼，自歸於吳，吳洩庸【一〇六】以師逆蔡昭侯，居于州來，是下蔡。（19章，簡106-107）	依《左傳》哀公2年。《繫年》誤爲楚惠王11年

西元前	周	魯	齊	晉	秦	楚	宋	衛	陳	蔡	曹/杞	吳	越	事件	備註
482	敬王38	哀公13	簡公3	定公30	悼公10	惠王7	景公35	聲公19	出公11	閔公20	成公9	夫差14	句踐15	晉簡公會諸侯，以與夫差王相見于黃池。（20章，簡110-111）	依《十二諸侯年表》
478	敬王42	哀公17	平公3	定公34	悼公14	惠王11	景公39	聲公23	莊公2	閔公24	成公13	夫差18	句踐19	獻惠王立十又一年，蔡昭侯申權，自歸於吳，吳淺庸【106】以師逆蔡昭侯，居于州來，是下蔡。楚人焉縣蔡。（19章，106-107）	惠王11年時，蔡國君是蔡侯，且此年是陳，非縣蔡。
473	元王3	哀公22	平公8	出公2	厲共公4	惠王16	景公44	聲公28	出公4		成公18	夫差23	句踐24	越公句踐克【110】吳，越人因襲吳之與晉為好。（20章，簡110-111）	依《左傳》哀公22年

二 戰國時代[3]

公元前	周	秦	晉	魏	韓	趙	楚	宋	齊	田齊	燕	越	大事	附註
447	貞定王22	厲共公30	敬公5			襄子29	惠王42	昭公22	宣公9		成公8	朱句1	楚人焉縣蔡。（19章，簡107）	依《史記·管蔡世家》
441	貞定王28	躁公2	敬公11	文侯5		襄子35	惠王48	昭公28	宣公15		成公14	朱句7	晉敬公立十又一年，趙桓子會諸侯之大夫，以與越令尹宋盟于【111】邘，遂以伐齊，齊人焉始為長城於濟，自南山屬之北海。（20章，簡111-112）	依《繫年》簡文

年代												大事	備註
430	考王 11	躁公 13	幽公 4	文侯 16		襄子 46	簡王 2	昭公 39	宣公 26	閔公 9	朱句 18	晉幽公立四年，趙狗率師與越【112】公朱句伐齊，晉師闕長城句瀆之門。（20章，簡112-113）	同上
422	威烈王 4	靈公 3	幽公 12	文侯 24	武子 3	獻侯 3	簡王 10	昭公 47	宣公 34	閔公 17	朱句 26	楚柬（簡）大王立七〈十〉年，宋悼公朝于楚，告以宋司城坡之弱公室。王命莫囂昜為率【114】師以定公室、城黃池、城雍丘。（21章，簡114-115）	《繫年》誤為「七年」
420	威烈王 6	靈公 5	幽公 14	文侯 26	武子 5	獻侯 5	簡王 12	悼公 2（《先素諸子繫年》定宋悼公元年為	宣公 36	閔公 19	朱句 28	二年，王命莫敖昜為率師侵晉，奪宜陽，圍赤潯，以復黃池之師。韓虔、趙浣、魏斯【116】章率師救赤潯，楚人舍圍而還，與晉師戰於長城。（21章，簡116-117）	相同記載見《新蔡》甲三36「大莫囂昜為」；戰於長城之「歲」，甲歲、甲

404													《六國年表》云	三296
威烈王 22	簡公 11	烈公 12	文侯 42	景侯 5	烈侯 5	聲王 1（可證楚簡王共在位27年，非24年）	悼公 18	康公 1	和子 1	簡公 11	齊 8		楚聲桓王即位，元年，宋悼公公止會諸侯於任，將會晉公，卒于鍮。(22章，119) 韓虔、趙籍、魏【119】擊率師與越公翳伐齊 (22章，119-120) 晉三子之大夫入齊，盟陳和與陳淏於溢門之外曰：毋修長城，毋伐廩【123】丘。(22章，123-124)	「[大]莫囂旁為，晉師戰於長城[城之歲]」
周威烈王五年）													《六國年表》云聲王元年是前407年，今正。又宋悼公在位時間依《竹書紀年》是18年。	

41

公元前	周王	簡公	烈公	文侯	景侯	烈侯	聲王	休公	康公	和子	簡公	翳	備註
403	威烈王 23	簡公 12	烈公 13	文侯 43	景侯 6	烈侯 6	聲王 2	休公 1	康公 2	和子 2	簡公 12	翳 9	晉公獻齊俘馘於周王，遂以齊侯貸、魯侯顯、宋公田、衛侯虔、鄭伯駘朝【一二四】周王于周。【一二五】（22章，簡124-125） 又22章所云是三晉伐齊，圍平陰。 宋休公見於22章簡124「宋公」（田）。
401	安王 1	簡公 14	烈公 15	文侯 45	景侯 8	烈侯 8	聲王 4	休公 3	康公 4	和子 4	簡公 14	翳 11	楚聲桓王立四年，宋公、鄭伯駘皆朝于楚。王率宋公以城榆關，黃武敗晉師於長陽。秦人【126】以為楚援，以洛陰。（23章，簡126-127） 依《繫年》簡文

400	安王 2	簡公 15	烈公 16	文侯 46	景侯 9	烈侯 9	悼王 1（可證楚聲王在位僅有4年，非6年）	休公 4	康公 5	和子 5	簡公 15	齊 12	聲王即世，悼哲王即位。鄭人侵榆關，陽城桓定君率【一一七】榆關之師與上國之師以交之，與之戰於桂陵，楚師亡功。景之賈與舒子共捷而死。(23章，127-128)	同上
399	安王 3	惠公 1	烈公 17	文侯 47	烈侯 1	烈侯 10	悼王 2	休公 5	康公 6	和子 6	簡公 16	齊 13	明歲，晉餔余率晉師與鄭師以入王子定。魯陽公率師以交晉人，晉人還，不果納王子。(23章，129)	〈六國年表〉前399年「王子定奔晉」。又「歸榆關于鄭」

43

「以歸於鄛」

於鄛」指「鄛」，可呼應《新蔡》:「王自肥遺郢徙於鄛郢之歲」的紀年是楚悼王三年。同時，「鄭子陽用滅」亦可提供時間定點的間接證據。

明歲，郎莊平君率師侵鄭，鄭皇子、子馬、子池、子封子率師以交楚人，將與鄭師戰，鄭師逃【一三○】內（入）於蔑。楚師軍之於蔑，盡降鄭師與其四將軍，以歸於鄛【一三一】鄭、鄭子陽用滅，鄭大宰欣亦起禍於鄭亡後於鄭。（23章，簡130-132）

頃	簡公	和子	康公	休公	悼王	烈侯	烈侯	文侯	烈公	惠公	安王
14	17	7	7	6	3	11	2	48	18	2	4

398

	安王	惠公	烈公	文侯	烈侯	烈侯	悼王	休公	康公	和子	簡公	齊		
397	5	3	19	49	3	12	4	7	8	8	18	15	明歲，楚人歸鄭之四將軍與亓其萬民於鄭。（23章，簡132）	依《繫年》簡文
395	7	5	21	武侯 1	5	14	6	9	10	10	20	17	晉人圍津、長陵【一三二】，克之。王命平夜悼武君率師侵晉，降郆，捷郆公涉欄以歸，以復長陵之師。（23章，簡132-133）	同上
394	8	6	22	武侯 2	6	15	7	10	11	11	21	18	晉（還）年【一三三】，韓取，魏擊率師圍武陽，以復郆之師。魯陽公率師救武陽，與晉師戰於武陽城【一三四】下，楚師大敗，魯陽公、平夜悼武君、陽城桓定君，三執珪之君，與右尹郘（昭）之遊族死焉，楚人盡棄其【一三五】旃、幕、車、兵，犬逸而還。（23章，簡133-136）	與《包山》「魯陽公以楚師後城鄭之歲」同年。

附錄三

《清華大學藏戰國竹簡（貳）‧繫年》考釋四則 *

蘇建洲

（一）

　　《集成》4203 曾仲大夫**蠱**簋「唯五月既生霸庚申，曾中（仲）大父**蠱**（蛹）[1] 迺用吉攸（鑒），叚乃**鑄**（？）金，用自乍（作）寶**殷**，**蠱**其用追孝于其皇考，用易（賜）眉壽、黃耇、霝冬（終），其邁（萬）年子子孫孫永寶用享。」銘文中「迺用吉攸」一句，黃錫全先生已指出「『吉攸』與曾伯陭壺『吉金**鑄**鑒』類同。」[2]故將「攸」讀為「鑒」，《說文‧金部》：「鑒，鐵也。一曰彎首銅也。」銘文的難處在於「叚乃**鑄**（？）金」一句的釋讀。《銘文選》認為「乃」連同下一字是一字，並隸定作「**礄**」，整句讀作「迺用吉攸叚**礄**金」，解釋說：「『迺用吉金』常見于銘文，此銘在『吉』與『金』之間增『攸叚**礄**』三字，當是此吉金的專名。」[3]黃錫全先生意思相近，但有重要的進展：

---

*本文為「《清華大學藏戰國竹簡（壹）》字詞關係研究」的研究成果之一，獲得國家科學發展委員會的資助（計畫編號 NSC100-2410-H-018-019），特此致謝。

[1] 此字作**弱**，也見於《清華簡（壹）‧耆夜》簡7**弱**，復旦讀書會已經指出二者的對應關係，見復旦大學出土文獻與古文字研究中心研究生讀書會：《清華簡〈耆夜〉研讀札記》，復旦網（http://www.gwz.fudan.edu.cn/）2011 年 01 月 05 日。

[2] 黃錫全：《湖北出土商周文字輯證》（武漢市：武漢大學出版社，1992 年），頁 81。底下所引黃先生意見皆見此文，不再注出。

[3] 馬承源主編：《商周青銅器銘文選》第三冊（北京市：文物出版社，1988 年），頁 331。

曾仲大夫𧊒簋第三行的的頭三字，過去多缺釋，應是金屬名。第一字可隸定為𣪍。其下的 ꓱ、ꓱ 則是「乃」字。第三字左旁從隹，右旁似𤰕，疑為鑄或䲨，其義待考。𣪍與甲骨文 𠬝（人名）可能是一字，從启（古堆字），從又或攴。𣪍或𣪘究竟相當於後世何字，也需深究。「乃」疑假為彊或鈚、鑷之類的金屬器名。「吉攸」與曾伯陭壺「吉金鐈鋚」類同。「吉攸𣪍乃隹唇金」，均是金屬原料名，以為鑄器之用。

張亞初先生同意第三字從「壽」，並隸定為「鶚」，讀為「鑄」。並將「𣪍」讀為「搥」。[4]《古文字譜系疏證》也指出「𣪍」疑古「搥」字，但認為曾仲大夫𧊒簋的「𣪍」讀法未詳。[5]馮時先生隸定作「鑄」，分析為從隹，壽聲，讀為鑄，並分析說：「『鑄金』意乃鎔金成物。《周禮·考工記·栗氏》：『凡鑄金之狀；金與錫，黑濁之氣竭，黃白次之；黃白之氣竭，青白次之；青白之氣竭，青氣次之。然後可鑄也。』曾伯（引案：實為『仲』）大夫𧊒簋銘所述乃毀舊器而鑄新器，遂言用吉金鐈鋚以鑄金，重為新簋，是『乃』為指示代名詞，此也。」比較不同的是馮先生在將柞伯簋之 𣪍 字釋為「叉」的基礎上，認為曾仲大夫𧊒簋的「𣪍」右旁與之同形，遂改釋為「𣪍」，讀為「叉」，訓為取。又可讀為「攎」。《廣雅·釋詁一》：「攎，取也。」[6]《曾國青銅器》將第三字隸定作雄，指出如果「𣪍」是動詞，則「雄金」是某種吉金的專名。[7]

---

[4] 張亞初：《殷周金文集成引得》（北京市：中華書局，2001 年），頁 77。並見中國社會科學院考古研究所編：《殷周金文集成修訂增補本》第三冊（北京市：中華書局，2007 年），頁 2400-2402。

[5] 黃德寬主編：《古文字譜系疏證》第三冊（北京市：商務印書館，2007 年），頁 2970。

[6] 馮時：《柞伯簋銘文剩義》，《古文字研究》第 24 輯（北京市：中華書局，2002 年），頁 226。

[7] 湖北省文物考古研究所編：《曾國青銅器》（北京市：文物出版社，2007 年），頁 168。

謹案：所謂「乃（？）」字《銘文選》第一冊 470 號的拓片作：

此拓片見於《集成》4203，二者距離確實很接近。但是比對：

《集成》4204.1

仍可知其上為「乃」字。至於「乃」下的字形確實比較接近「艮」，但有訛
變或斷筆，可比對《金文編》1405 號的「壽」字。筆者同意「儔（？）金」
是某種吉金的專名。至於「叔」字銘文作：

（《銘文選》470 號）（《集成》4203）（《集成》
4204.1）

《新金文編》列為不識字。[8] 上述諸家將此字隸定為「叔」顯然是可取的，
馮時先生認為「叔」有「取」的意思也是很好的意見。「叔乃儔（？）金，
用自乍（作）寶殷」可與《保利藏金》124 頁戎生鐘第四鐘「取厥吉金，用
作寶協鐘」[9]（《新收》1616）參看。

　　《清華簡（貳）‧繫年》簡 5，整理者李學勤先生的釋文作：「周幽王取
妻于西申，生坪（平）王＝（王，王）或叔〈取〉孚（褒）[10] 人之女，是孚

8　董蓮池：《新金文編‧附錄二》0616 條（北京市：作家出版社，2011 年），頁 109。

9　參李學勤：《戎生編鐘論釋》，《重寫學術史》（石家庄市：河北教育出版社，2002 年），
　　頁 324、327。

10　趙平安：《迄今所見最早的褒國青銅器》，《出土文獻》第 2 輯（上海市：中西書局，2011
　　年），頁 148-149。又載氏著：《金文釋讀與文明探索》（上海市：上海古籍出版社，2011
　　年），頁 169-174。

（襃）台[11]（姒），生白（伯）盤。」[12]其中「𦔮」作 ，李學勤先生認為是「取」的錯字。陳偉先生則認為：「師、妻音近可通。《春秋》文公十六年『及齊侯盟于郪丘。』《谷梁傳》『郪』作『師』。簡文此字疑當讀爲『妻』，加『又』表示動作，娶妻義。《孟子・萬章上》：『好色，人之所欲也，妻帝之二女，而不足以解憂。』」[13]這兩種意見結合曾仲大夫 簋的「𦔮」來看恐怕都有問題。既然「𦔮」已見於西周晚期的曾仲大夫 簋，《繫年》簡的寫法顯然前有所承，不能說是「取」的錯字。雖然筆者曾舉出古文字「自」有時寫得接近「爪」或「目」形的例證，[14]但是畢竟還是與「耳」形體有所不同，更重要的是目前未見古文字「耳」形有訛變爲「自」形的例證。至於將「𦔮」讀爲「妻」應該也是不可行的，一方面古文字「妻」用法固定，幾乎未見通假字。二方面將曾仲大夫 簋的「𦔮」釋爲「妻」，大概只能讀爲「齊」，「妻與齊」古籍常見通假不煩例舉。[15]銘文的「齊」就是「劑」，也就是常見於《周禮・考工記》：「執下齊」、「金有六齊」的「齊」與趙國兵器銘文「○齋（劑）」的「齋（劑）」。「○」或釋爲「執」或釋爲「報」，[16]不

---

[11] 此字作 ，整理者隸定作「忢」並不精準，此字下部實爲「口」旁，參陳嘉穎：《關於〈繫年〉簡中讀爲「姒」之字的隸定》，復旦網「學術討論」區，2012 年 1 月 6 日。

謹案：這在《繫年》中也有內證，如簡 36「狄甚善之」，「甚」作 ，比對 （《唐虞之道》24），可知「甚」的「口」旁也是橫筆穿越過，如同 。一般來說，「心」旁的上部是尖頭、封閉型的，與「口」作 還是可以分辨清楚的。

[12] 李學勤主編：《清華大學藏戰國竹簡（貳）》下冊（上海市：中西書局，2011 年），頁 138。

[13] 陳偉：《讀清華簡〈繫年〉札記（一）》，簡帛網（http://www.bsm.org.cn/）2011 年 12 月 20 日。

[14] 拙文：《利用〈清華簡（貳）〉考釋金文一則》，復旦網 2012 年 1 月 1 日。

[15] 張儒、劉毓慶：《漢字通用聲素研究》（太原市：山西古籍出版社，2002 年），頁 791。

[16] 參見湯志彪：《三晉文字編》（長春市：吉林大學博士論文，2009 年 10 月），頁 26。

過「劑」指鑄造銅器時調和、調劑各種金屬原料，學界並無異議。[17]但是此說同樣有用字習慣的問題。[18]

　　《繫年》的「師」絕大多數作「𠂤」、「𠂤」，與甲骨、金文用字習慣相同。[19]（**編按**：裘錫圭先生指出「𠂤（𠂤）」除了是「師」字外，亦能解為「踰」，見〈說從「**𠂤**」聲的從「貝」與從「彡」之字〉，《文史》2012 年第 3 輯」）比對《說文》云：「取，捕取也。從又從耳。《周禮》：『獲者取左耳。』《司馬法》曰：『載獻馘。』馘者，耳也。」來看，《繫年》的「𠨧」，從「又」從「𠂤」，可以理解為「取師」之「取」的專字。[20]《左傳・莊公十一年》：「覆而敗之曰取某師。」楊伯峻先生注釋曰：「覆，隱也，設覆兵而敗之也。《春秋》書『取某書』者僅二例，哀九年『宋皇瑗帥師取鄭師于雍丘』，哀十三年『鄭罕達帥師取宋師于喦』是也。至襄公十二年《傳》又曰『**凡言取，言易也**』，則又是一例。又設覆而敗敵者多矣，成三年丘輿之役，鄭『**使東鄙覆諸鄭**』；十六年汋陵之役，『**鄭人覆之**』，然《經》皆不書『取』。」[21]除了楊先生所舉的例證，又如《左傳・隱公十年》：「秋七月庚寅，鄭師入郊，猶在郊。宋人、衛人入鄭，蔡人從之伐戴。八月壬戌，鄭伯圍戴。癸亥，克之，**取三師焉**。」看來「取師」的意思除理解為設伏兵攻打敵軍，也可以理解為不費事地取勝。[22]但不管如何，將「𠨧」理解為「取師」之「取」的專字應該是目前最合理的意見。曾仲大夫**𧉪**簋的「𠨧」用為「取金」之「取」，《繫年》的「𠨧」用為「取妻」之「取」。

　　《繫年》某些文字寫法與用法與通行楚文字不同而直承更早的來源是

---

[17] 參黃盛璋：〈「敓（撻）齋（齊）」及其和兵器鑄造關係新考〉，《古文字研究》第 15 輯（北京市：中華書局，1986 年），頁 253。

[18] 參王輝：《古文字通假字典》（北京市：中華書局，2008 年），第 535 頁「齋」字條下。

[19] 參看裘錫圭：《文字學概要》（北京市：商務印書館，1988 年），頁 145；《古文字譜系疏證》第三冊，頁 2965-2966。朱德熙、裘錫圭：〈戰國銅器銘文中的食官〉，《文物》1973 年 12 期，頁 59-61、13；收入《朱德熙古文字論集》，頁 83-88。

[20] 此為郭永秉先生向筆者指出。

[21] 楊伯峻：《春秋左傳注》（臺北市：洪葉文化事業公司，1993 年），頁 187。

[22] 參陳克炯：《左傳詳解詞典》（鄭州市：中州古籍出版社，2004 年），頁 220。

可以留意的，本文已提到「𣂆」字源自西周晚期的曾仲大夫䚄簋，以及「師」絕大多數作「𠂤」、「𠦝」與甲骨、金文用字習慣相同，而一般楚文字習慣寫的「帀」只見於簡 19、25、56、81、82、83、88。[23] 又如簡 47、53 的「葬」作𡇼（▨、▨），聲符與《容成氏》33「葬」作▨寫法相同，只是「歹」訛為「及」，[24] 與《六德》16「勞其胈（股）恘（肱）」的「胈（股）」作▨寫法相同。但其外圍從「□」，顯然跟甲骨文有關，如賓組「葬」作𡇼，歷組作𡇽，[25] 其他戰國文字並無從「□」旁寫法，如「𣦵」（《包山》155）、「賢」（《信陽》2-04）[26]、「𥴓」（《三體石經・文公》）。又如《繫年》106-107「吳縵用以師逆蔡昭侯」，整理者注釋說：「縵用，《左傳》作'洩庸'。洩，喻母月部；縵，明母元部，韻部對轉。」[27] 簡文中的「縵」字作▨，其「曼」旁

---

[23] 簡文中「宋右帀（師）芊（華）孫兀（元）」兩見，其「師」都作「帀」是比較固定的。

[24] 《繫年》中這種現象頗為常見，如簡16「墓（墓）」作▨，更多例證請見《清華二・字形表》第224-225頁從「歹」旁諸字。其它竹書例證如「喪」作▨（《平王問鄭壽》07）、▨（《武王踐阼》05）、▨（《民之父母》14，3見）。附帶一提，中國國家博物館館藏的商代「作冊般銅黿」銘文「王一射，▨射三」，李學勤、朱鳳瀚等先生以為「▨」字是「奴」或「妞」，此說若可信，其「歹」旁顯然與上述「▨」的「歹」旁寫法相近，則「歹」寫作類似「及」者有其古老來源，而非訛變。此又為《繫年》以及上述楚竹書寫法有著更早源頭之一例。見李學勤：《作冊般銅黿考釋》，《中國歷史文物》2005年第1期；朱鳳瀚：《作冊般黿探析》，《中國歷史文物》2005年第1期。不過，對于「奴」的隸定，裘錫圭先生表示「從字形上看，根據似嫌不足。」見裘錫圭：《商銅黿銘補釋》，《中國歷史文物》2005年第6期。

[25] 陳劍：《甲骨金文考釋論集》（北京市：線裝書局，2007年），頁 340。亦參見《黃天樹古文字論集》頁 280、283。

[26] 陳偉等著：《楚地出土戰國簡冊【十四種】》（北京市：經濟科學出版社，2009年），頁 385 注 15。

[27] 李學勤主編：《清華大學藏戰國竹簡（貳）》下冊，頁 185 注 9。附帶一提，▨（《性自

的寫法西周金文曼龔父的「曼」作相同，很值得注意。郭沫若很早就指出甲骨文（受）就是「曼」的初文，[28]增加「冃」聲。[29]戰國文字的「冃」多作「」，類似「尹」形。[30]同時將「受」上半的「手」旁簡省，如（郭店《老子乙本》12）、（《昭王毀室·昭王與龔之脽》1）、（《武王踐阼》2）。《繫年》的「曼」旁寫法顯然就是直承甲骨文（受）而來。又如簡64「于楚軍之門」，郭永秉先生指出此字應釋為「發」字初文。[31]

命出》45），對比上博楚簡《性情論》簡37作「曼」，則前者釋為「曼」或「縵」是沒問題的。張新俊先生《上博楚簡文字研究》頁41指出：「（《性自命出》45）『縵』字所從的『糸』以及『曼』中間所從的『目』形，被寫得不成形體，可以看成是『縵』的壞字。」謹案：此字右下明顯從「爪」不從「目」，筆者以為字形右下角是「乎」，且有聲化的作用。「乎」，來紐月部或歸為來紐物部，從「乎」諸字如「捋」等字則是月部。而上述《繫年》的「縵」可以讀為「洩」，喻母月部，則「縵」之於「洩」，猶如「縵」之於「乎」。

[28] 參見劉釗、洪颺、張新俊編纂：《新甲骨文編》（福州市：福建人民出版社，2009年），

頁163-164「曼」字條。不過朱德熙先生認為甲骨文應該釋為「受」，不能釋為「曼」。

見朱德熙：《古文字考釋四篇·釋受》，《朱德熙古文字論集》（北京市：中華書局，1995年），頁151-152。編按：李春桃《傳抄古文綜合研究》頁207根據朱德熙先生所引《汗

簡》「宣」字古文作，即顜字。同時文獻中「擐」字有異體作「撋」，讀音亦與「宣」

相近，《古文四聲韻》「揎」字古文作，也贊同朱德熙先生的意見。謹案：今由《繫

年》「縵」字的寫法，可以證明「受」確實是曼字。「曼」，明紐元部，中古三等合口；「宣」，心紐元部，中古三等合口，二者音近可通。聲紐心明為sm-複聲母，參張博：《漢語同族詞的系統性與驗證方法》（北京市：商務印書館，2003年7月），頁139、202；竺家寧：《聲韻學》（臺北市：五南書局，2002年），頁620-621。比如從小（心紐宵部）得聲之字往往轉入明紐，如秒、眇、渺等字均從小聲，但上古音屬明紐宵部。

[29] 張世超等著：《金文形義通解》（京都：中文出版社，1996年），頁626-627；季師旭昇：《說文新證》（福州市：福建人民出版社，2010年），頁203。

[30] 參見湖北省文物考古研究所、北京大學中文系編：《望山楚簡》（北京市：中華書局，1995年）頁118注31；湖北省文物考古研究所、北京大學中文系編：《九店楚簡》（北京市：中華書局，2000年），頁69注45。

[31] 郭永秉：《疑〈繫年〉64號簡的「射」字實是「發」字》，復旦網學術討論區，2012年01月07日。

此字若真是「發」，則顯然與《周易》簡 26：「六二：欽亓」、「九三：欽
亓」的來源相同，季師旭昇、徐寶貴先生都已經提到：「脊」字所從的
「攵」跟裘先生文中所舉《殷契粹編》（P123）第 593 片的「攵」字結構是
完全相同的，**應該說是甲骨文流傳下來的文字形體**。[32]以上均可見《繫年》
的內容是比較古老的。同為清華簡的《尹至》也反映出這種現象，如簡 1
「惟尹自夏徂亳，㦰至在湯」，「㦰」字郭永秉先生指出：「『㦰』字在清華
簡《尹至》篇中的用怯，有兩點可說。一是『㦰』的夜間時稱意義，除了
殷墟甲骨文之外，不見於任何文獻，可以說明《尹至》篇的內容相當古老。
二是《尹至》表夜間時稱這個意義所使用的字，就是『㦰』這個本字，而
『㦰』字在古文字中除了殷墟甲骨文和楚文字之外，似尚未見他例，這種
情況和楚文字在一定程度上保留了以跪坐人形跟立人形區別『見』與『視』
二字的早期古文字現象的情況，是十分相類的，值得重視。」[33]看來清華簡
的底本來源確實是較早的。[34]

（二）

簡 71-72 云：「齊人為成，以鞎（甗）骼（賂）玉笒與臺于之【七一】
田。」整理者注釋說：「此句疑應乙為：『骼（賂）以鞎（甗）、玉笒與臺（淳）
于之田。』『鞎』字匣母元部，與金文多作『獻』的『甗』通讀，『獻』字
曉母元部。『笒』字見戰國青銅器郘大府量（《集成》一〇三七〇），筒形器。
一說讀為『筊』，樂器，《說文》云為『小管』。淳于，齊地名，在今山東安
丘縣東北。《左傳》成公二年云：『齊侯使賓媚人（即國佐）賂以紀賂，玉

---

[32] 季師旭昇：《上博三周易簡 26「欽其腓」說》，簡帛研究網（http://jianbo.sdu.edu.cn/）2004
年 05 月 16 日；徐寶貴：《楚墓竹簡文字考釋》，《清華大學學報》2005 年第 3 期。

[33] 郭永秉：《清華簡〈尹至〉「㦰至在湯」》，《清華大學藏戰國竹簡（壹）國際學術研討會
論文集》（清華大學，2011 年），頁 27。

[34] 楚竹書某些文字形體與用字習慣存在直承甲骨文而來的現象，而與同時期的戰國文字寫
法不同，相關討論請見拙作：《郭店〈語叢二〉簡 3「裏」字考》，《楚文字論集》（臺北
市：萬卷樓圖書公司，2011 年），頁 105-112。

磬與地。』杜預《春秋經傳集解》後序引《紀年》云：『齊國佐來獻玉磬、紀公之甗』，與傳文合。」[35]整理者將簡文與《左傳》成公二年對讀，無疑是合理的，但認為簡文應讀為「骼（賂）以轋（甗）」的意見，如同侯乃峰先生所指出的：「此種說法恐不妥，至今似未見簡帛文獻中有這種誤倒的現象，即不是前後兩個字誤倒，而是一個字誤置在兩個字之後。」[36]網友shibuwodai也指出「齊人為成，以轋（甗）骼（賂）玉笁與臺于之田。」可與簡120「齊與越成，以建陽、邱陵之田，且男女服」合觀，證明簡71-72中的這段話沒有訛誤。[37]

謹案：筆者傾向於簡71-72沒有訛誤，但關鍵的「骼」字如何釋讀，待考。「玉笁」對比文獻相當於「玉磬」，整理者認為是「筒形器」或說讀為「篏」，並不可從。「笁」字已見於楚國量器郢大府銅量的自名，裘錫圭先生指出「笁」即「筲」。[38]筆者以為「筲」（心紐宵部）可讀為「璆」（群紐幽部），聲韻皆近。「璆」雖是群紐，但其聲母「翏」本是來紐，心紐與來紐關係密切，如「史與吏」、「數與婁」、「灑與麗」等諧聲關係都是這方面的例證。[39]又如「斯」（心紐）從「其」聲（群紐）。從「巽」聲的「選」、「篹」是心母；「饌」是群母。[40]韻部幽宵旁轉相通相當常見，[41]如「慅」字古文作、「颾」字古文作。[42]「桑」是宵部，「慅」是幽部；「秀」是幽部

---

[35] 李學勤主編：《清華大學藏戰國竹簡（貳）》下冊，頁169注15。

[36] 侯乃峰（網名：小狐）：〈讀《繫年》臆札〉，復旦網學術討論區第5樓，2011年11月24日。後以〈讀《繫年》臆札〉為題，首發於復旦網，2012年01月03日。

[37] 侯乃峰（網名：小狐）：〈讀《繫年》臆札〉，復旦網學術討論區第7樓，2011年11月24日。

[38] 裘錫圭：〈關於郢太府銅量〉，《文物》1978年第12期。又載於氏著：《古文字論集》第490頁。亦見董珊：《楚簡簿記與楚國量制研究》184頁，《考古學報》2010年2期。

[39] 參竺家寧：《聲韻學》，頁621。

[40] 參見王志平：《〈詩論〉發微》，《華學》第六輯（北京市：紫禁城出版社，2003年），頁62-63；黃易青：《論上古喉牙音向齒頭音的演變及古明母音質——兼與梅祖麟教授商榷》，《古漢語研究》2004年第1期。

[41] 參見李家浩：《攻敔王姑義𪩘劍銘文及其所反映的歷史》，陳昭容主編：《古文字與古代史第一輯》（臺北市：中央研究院歷史語言研究所，2007年），頁306。

[42] 徐在國：《傳鈔古文字編》下冊（北京市：線裝書局，2006年），頁1064、1348。

字，從「秀」得聲的「誘」、「莠」都是宵部字；《窮達以時》簡 3 的「咎繇」就是古籍的「皋陶」，繇是宵部，陶是幽部；[43]《馬王堆帛書・雜療方》13 行「去陵樢」，整理者認為「陵樢」當即「陵藁」。據《名醫別錄》系甘遂別名。[44]高是宵部，谷是幽部。陳劍先生曾指出：「『蕘』、『柔』、『㺇』古音並相近。『柔』是日母幽部字，『蕘』是日母宵部字，兩字中古音都是開口三等；『㺇』是泥母宵部字，與蕘同從『堯』聲的撓、橈、鐃和譊等字也是泥母字。」[45]《郭店・老子甲》38「喬」作，已有學者指出字形所從的九與高都是聲符，「九」，古音見紐幽部，與群紐宵部的「喬」音近。[46]《用曰》簡 13 也有幽宵合韻的例證。[47]古籍中有「寮與翏」、「小與寮」的通假例證，[48]可見「筊（筲）」讀為「璆」是可以的。「璆」本是美玉，《書・禹貢》：「厥貢璆鐵銀鏤砮磬。」孔傳：「璆，玉名。」也可作為「磬」的定語，如《漢書・禮樂志》：「璆磬金鼓，靈其有喜。」也可指「玉磬」，《國語・晉語四》：「官師之所材也，戚施直鎛，蘧蒢蒙璆。」韋昭注：「璆，玉磬。」《書・禹貢》：「厥貢璆鐵」蔡沈《集傳》：「璆，玉磬。」《類篇・玉部》引《說文》：「璆，玉磬也。」[49]在《廣韻》、《集韻》均有引《說文》：「璆，玉磬也。」這條材料。《禮記・郊特牲》：「諸侯之宮縣，而祭以白牡，擊玉磬……諸侯

[43] 黃德寬、徐在國：《郭店楚簡文字考釋》，《吉林大學古籍整理研究所建所十五週年紀念文集》（長春市：吉林大學出版社，1998 年）。又載《新出楚簡文字考》（合肥市：安徽大學出版社，2007 年），頁 7-8。

[44] 馬王堆漢墓帛書整理小組編：《馬王堆漢墓帛書》（四）（北京市：文物出版社，1985 年），頁 124。

[45] 陳劍：《郭店簡〈六德〉用為「柔」之字考釋》，《中國文字學報（第二輯）》（北京市：商務印書館，2007 年），頁 61。

[46] 何琳儀：《戰國古文字典》（北京市：中華書局，1998 年），頁 294；葉玉英：《古文字構形與上古音研究》（廈門市：廈門大學出版社，2009 年），頁 416；曲冰：《〈上海博物館藏戰國楚竹書〉（1-5）佚書詞語研究》（長春市：吉林大學博士論文，2010 年），頁 61。

[47] 顧史考：《楚簡韻文分類探析》，臺灣大學中文系編：《先秦文本與思想國際學術研討會論文》（臺北市：臺灣大學中文系，2010 年），頁 29。又載於復旦大學出土文獻與古文字研究中心編：《出土文獻與古文字研究（第四輯）》（上海市：上海古籍出版社，2011 年），頁 242。

[48] 張儒、劉毓慶：《漢字通用聲素研究》，頁 224、227。

[49] 宗福邦、陳世鐃、蕭海波主編：《故訓匯纂》（北京市：商務印書館，2004 年），頁 1461。

之僭禮也。」孫希旦《禮記集解》：「玉磬，《書》所謂『鳴球』，天子之樂器也。」[50]《周禮・大司樂・賈疏》：「《虞書》者，案古文在《舜典》，是舜祭宗廟之禮。案彼鄭注：『戛，櫟也。戛擊鳴球已下數器』鳴球，即玉磬也。」[51] 戴震《樂器考》：「鳴球、玉磬，同謂石磬，古人於石之美者，多以玉名。」《爾雅・釋地》：「西北之美者有崑崙虛之璆琳琅玕焉。」郭璞《注》曰：「璆琳，美玉名。」邢昺《疏》曰：「釋曰：璆與球同。《說文》云：『璆，玉磬也。』琳，美玉名。《書》云：『戛擊鳴球。』美玉可以為磬，故皆云『美玉』也。」[52]《詩・商頌・那》：「既和且平，依我磬聲。」《箋》云：「磬，玉磬。」《正義》曰：「此申說傳意，言磬聲清之意也。知是玉磬者，以鍾鼓磬管同為樂器，磬非樂之主，而云鼓管和平，來依磬聲，明此異於常磬，非石磬也。《皋陶謨》云：『戛擊鳴球』，謂玉磬也。成二年《左傳》『齊人賂晉以玉磬』，是古人以玉為磬也。」[53]由古人注疏可知「球（璆）」、「鳴球（璆）」就是「玉磬」，特別是《毛詩正義》前引「鳴球」，後引到可與《繫年》簡文對讀的成二年《左傳》的「玉磬」，也可以說明本文將簡文「玉竽」讀為「玉璆」是可以的。其次，「璆」既是「玉磬」，而簡文又讀為「玉璆」，如同「圭」，《說文》曰：「瑞玉」，古籍又稱「玉圭」，如曹植《辨道論》：「瓊蕊玉華，不若玉圭之潔也。」「玦」，《說文》曰：「玉佩」，古籍又稱「玉玦」，如《左傳・閔公二年》「公與石祁子玦」，杜預注：「玦，玉玦……玦，示以當決斷。」《史記・項羽本紀》：「范增數目項王，舉所佩玉玦以示之者三。」又如「珥」又稱「玉珥」，《韓非子・外儲說右上》：「欲先知王之所欲置以

---

[50] 〔清〕孫希旦撰，沈嘯寰、王星賢點校：《禮記集解》中冊（北京市：中華書局，1989年），頁 678。

[51] 李學勤主編、趙伯雄整理、王文錦審定：《周禮注疏》下冊（北京市：北京大學出版社，1999年），頁 579。又孫詒讓指出：「引《虞書》者，《皋陶謨》文，偽古文改入《益稷》。賈《疏》謂古文在《舜典》，誤。」〔清〕孫詒讓：《周禮正義》第七冊（北京市：中華書局，1987年），頁 1737。

[52] 李學勤主編、李傳書整理、徐朝華審定：《爾雅注疏》（北京市：北京大學出版社，1999年），頁 193-194。

[53] 李學勤主編、龔抗雲等整理：《毛詩正義》（北京市：北京大學出版社，1999年），頁 1436。

勸王置之,於是為十『玉珥』而美其一而獻之,王以賦十孺子,明日坐,視美『珥』之所在而勸王以為夫人。」「環」,既可單稱,如《左傳・昭公十六年》:「宣子有環,其一在鄭商。」更常見「玉環」,《韓非子・說林下》:「吾好珮,此人遺我玉環。」可知簡文讀為「玉璆」是沒有問題的。

周波先生認為:「竻」當讀為「鏧」。「鏧」金文或寫作從「金」「嚻」聲(《集成》225-237)。孫詒讓已經指出,金文此字蓋謂特磬,並引《爾雅・釋樂》「大磬謂之鏧」證之。𪒠鐘云「批諸礄碈」,裘錫圭先生讀「礄」為「鏧」,皆可信。從「少」聲之字與從「喬」、從「嚻」聲之字皆音近可通,見於出土和傳世文獻,不贅舉。「鏧」為古樂器名,即大磬。《爾雅・釋樂》:「大磬謂之鏧」下郭璞注云:「鏧形似犁錧,以玉石爲之。」綜上所述,「玉竻」當讀為「玉鏧」,也即上引《左傳》成公二年文之「玉磬」。[54]謹案:《集成》225-237邵鐘銘文「大鐘既縣(懸),玉鑈嚻鼓」,孫詒讓讀「鑈」為「鏧」,得到學者的贊同。「玉鑈」與簡文「玉竻」文例相同,可見周波先生的意見有相當的合理性。不過,周波先生所說從「少」聲之字與從「喬」、從「嚻」聲之字有見於出土和傳世文獻的通假例證,筆者翻檢《聲素》倒是沒有看到。[55]此外,「鏧」訓為「大磬」,似與簡文作「竻(筲)」從「小」聲無法對應。《爾雅・釋樂》云:「大管謂之簥,其中謂之篞,小者謂之篎。」也是大者從「喬」聲,小者從「小」聲。整理者將「竻(筲)」讀為「篎」,恐怕也有這方面的考量,可見將「竻(筲)」讀為「鏧」也不是全無疑問。反倒是上述𪒠鐘云「批者礄碈(磬),吹者長竽」,[56]「礄磬」也可以考慮讀為「璆磬」,如上舉《漢書・禮樂志》:「璆磬金鼓」,「嚻與翏」有通假例證,如邰夫人嬭鼎之「嬭」,馮時先生認為應讀為「嫪」即為一例。[57]當然

[54] 周波(網名:飛虎):《釋清華簡〈繫年〉簡 71 的樂器「玉鏧」》,復旦網學術討論區,2011 年 12 月 29 日。

[55] 張儒、劉毓慶:《漢字通用聲素研究》,頁 226、238、241。

[56] 釋文依照李家浩:《𪒠鐘銘文考釋》,《著名中年語言學家自選集——李家浩卷》(合肥市:安徽教育出版社,2002 年),頁 66-68。

[57] 馮時:《邰夫人嬭鼎銘文及相關問題》,《中原文物》2009 年第 6 期。

邵鐘的「玉鐳」也可以讀為「玉璆」。總之，筆者認為《繫年》的「玉笭」讀為「玉璆」應該是很合理的。

（三）

簡 129「咠（明）散（歲）晉余衛（率）晉㠯（師）與奠（鄭）㠯（師）以內（入）王子定」，整理者將晉國人名的首字「」隸定為「睡」，並注釋說：「睡余，人名。睡字右側偏旁上部不很清晰。」[58]

謹案：戰國文字的「重」幾乎都添加了「土」旁，[59]所以隸定為「睡」並不可從。《清華（二）‧文字編》第 236 頁將此字調整還原後作，右上顯然是「父」旁，右旁整體就是「甫」字。甲骨文「甫」作（《合》20219）、（《合》15483 反）字形從屮、從田，[60]羅振玉以為象田中有蔬，乃圃之最初字。[61]西周早期作甫丁爵「甫」作（《集成》9052），上部已聲化從「父」聲，下部從用。楚系文字作（専，《老子甲》12）、（専，《孔子詩論》03）、（専，《容成氏》22）、（郙，《包山》228）、（郙，《包山》242）、（甫，《天子建州》甲 5）[62]，中山王方壺「輔」作都是繼承這種寫法而來，後四者在「田」或「用」下延伸出左右兩豎筆作「」形，[63]即：

[58] 李學勤主編：《清華大學藏戰國竹簡（貳）》下冊，頁 196、198 注 9。

[59] 湯餘惠主編：《戰國文字編》（福州市：福建人民出版社，2001 年），頁 573。

[60] 劉釗、洪颺、張新俊編纂：《新甲骨文編》，頁 206-207。

[61] 李師旭昇：《說文新證》（福州市：福建人民出版社，2010 年），頁 257。

[62] 蘇建洲：《《上博楚竹書》文字及相關問題研究》（臺北市：萬卷樓圖書公司，2008 年），頁 90。

[63] 何琳儀：《戰國古文字典》，頁 595。

可見《繫年》的▇就是「甫」，《汗簡》「薄」作「箄」，[64]（**編按**：李春桃《傳抄古文綜合研究》頁 132 分析「箄」為從竹尃聲，可隸定作「等」，是「尊」字的異體，此處借為「薄」。）其下「甫」旁類似「東」；方足小布「莆」作（《貨系》1548）、（《貨系》1539），[65]其「甫」旁也與「朿」、「東」形相似。雖然這些「甫」字的「父」旁有所訛變，但其下部的形體都是很好的例證。[66]所以▇就是「脯」，字形見於《集成》1933「中脯王鼎」以及《集韻》。「甫」聲的字作為姓氏，古書及出土文獻常見，[67]但是「脯余」是誰，待考。

（四）

簡 51-52「死人可（何）辠（罪）？生人可（何）酤（辜）？豫（舍）亓（其）君之子弗立，而卲（召）人于外，而女（焉）牂（將）寊（實）此子也？」整理者注釋說：

《左傳》文公七年：「曰：『先君何罪？其嗣亦何罪？舍適嗣不立而外求君，將焉寊此？』」簡文「寊」即「實」字。「實」在《說文》新附，云：「從宀，真聲。」詛楚文與之相合，簡文疑係省作。[68]

---

[64] 徐在國：《傳抄古文字編》（北京市：線裝書局，2006 年），頁 59。

[65] 吳良寶：《先秦貨幣文字編》（福州市：福建人民出版社，2006 年），第 15-16 頁。這條材料蒙郭永秉先生向我指出。

[66] 附帶一提，《凡物流形》甲 15「起而用之，▇於四海」，「▇」字左旁初看起來與▇的「甫」旁接近，宋華強先生就曾釋為「縳」。見《〈上博（七）・凡物流形〉札記四則》，簡帛網，2009 年 01 月 03 日。謹案：▇左上並不從「父」，《凡物》甲 29、乙 22 已有「尃」字，亦可證明「甫」字從「父」聲。是以▇似仍以隸定作「練」，讀作「通」為好。參拙作：《楚文字論集》，頁 169-172。

[67] 黃德寬主編：《古文字譜系疏證》第二冊，頁 999。

[68] 李學勤主編：《清華大學藏戰國竹簡（貳）》下冊，頁 158 注 10。

簡文「貞」作■，對應《左傳》文公七年的「真」，所以整理者直接將「貞」釋為「真」，認為是■（■，詛楚文）的省作。

謹案：關於「真」字，裘錫圭、李家浩二先生考釋《曾侯》簡10的「填」字時指出：

「填」，原文作■，從「土」從「真」。簡文甲冑之「甲」的單位量詞即從「真」作■、■、■等形。按「真」字金文作■，或作■（《金文編》，頁575）。「貝」、「鼎」二字形近，在古文字中作為偏旁時往往混用，故金文「真」或寫作從「鼎」。又有加「丌」旁作■者（《金文編》575頁），漢印文字作■（《漢印文字征》8.10下），所從「貝」旁省作「目」。貨幣文字中有一個從「貞」的■字（《先秦貨幣文編》頁37，原書誤釋為「貞」），亦見於■匕銘文■字（《金文編》頁626，原書釋為「頂」）左旁。古代「貞」、「真」二字形音俱近。「貞」的聲母屬照母三等，上古音照母三等與端母近。「貞」的韻母屬耕部，「真」的韻母屬真部，真耕二部字音關係密切。如《楚辭·離騷》以「名」、「均」為韻，又《卜居》以「耕」、「名」、「身」、「生」、「真」為韻，又《遠遊》以「榮」、「人」、「征」為韻。「名」、「耕」、「生」、「榮」、「征」屬耕部，「均」、「身」、「真」、「人」屬真部。上引金文■所從的●，即「丁」字。在古文字中常見在文字上加注聲符的現象（參看注108），疑■字所從的「丁」，即加注的聲符。「丁」屬耕部。因此，上引貨幣文字當釋為「真」，■匕之字當釋為「顛」。■與上引「真」字形近，亦應當釋為「真」。從金文「真」字的「丌」旁或有或無來看，■應當釋為「填」。「填」與「珥」連文，疑當讀為「瑱」。簡文的「珥瑱」與車器記在一起，當是車飾。64號簡有「紫組珥」，與馬器記在一起，當是馬飾。此跟古書訓「珥」、「瑱」為耳飾者異。[69]

---

[69] 裘錫圭、李家浩：《曾侯乙墓竹簡釋文與考釋》，湖北省博物館：《曾侯乙墓》（北京市：

上引《集成》870 伯真甗作 ，上從「倒人」形，即顛隕之「顛」的表意初文，《說文》「古文殄」字。[70]「倒人」形到戰國文字又訛變為「卜」、「止」等形。[71]「貝」之下或從「丁」聲，或從「丌」旁。至於《集成》4208 段簋作 （ ），陳劍先生已指出「鼎」與「鼎」等形為一字，實非「真」字。[72]可見「真」本從「貝」，但是從未見簡省到僅剩「貝」者，《繫年》整理者認為 下從「真」，在目前的古文字資料中是找不到證據的。目前所見確切無疑的「真」只見於秦漢文字，[73]而「寘」顯然與郭店《老子甲》19 號簡「賓」作 同形。單育辰先生認為：郭店《老子》甲簡 19「寘」應是「賓」的省「丏」之體，從而與「寘（實）」字同形，「寘（實）」應該是會意字，會室中放置貝之義，與省「丏」的「寘（賓）」來源並不一樣。[74]但是為何「實」的概

文物出版社，1989 年），頁 512 注 72。

[70] 參看唐蘭：《釋真》，《唐蘭先生金文論集》（北京市：紫禁城出版社，1995 年），頁 31-33。

[71] 黃德寬主編：《古文字譜系疏證》第四冊，頁 3445-3446。

[72] 陳劍：《甲骨金文舊釋「鼎」之字及相關諸字新釋》，《出土文獻與古文字研究（第二輯）》（上海市：復旦大學出版社，2008 年），頁 31。

[73] 《集成》9715 秋氏壺「我室家」，「」一般釋為「盰」，趙平安先生則分析為從目示聲，讀為「實」，似未必可從。見氏著：《金文考釋五篇》，《容庚先生百年誕辰紀念文集》（廣州市：廣東人民出版社，1998 年），頁 450。又載氏著：《金文釋讀與文明探索》，頁 97。又《集成》85 楚王酓章鎛的「楚王酓章作曾侯乙宗彝，奠（奠）之於西㫈」，「奠」字《金文形義通解》頁 1901 讀為「實」。謹案：「奠（奠）」義為「放置」，不需改讀為「實」，可參看湯餘惠：《戰國銘文選》（長春市：吉林大學出版社，1993 年），頁 18。

此外，《秦漢魏晉篆隸字形表》頁 514「實」字條下所收的 （《流沙簡·補遺一·三》）實為「窴」字，音填，與「實」無關，參見裘錫圭：《〈秦漢魏晉篆隸字形表〉讀後記》，《古文字論集》頁 495。同樣情形也見於《馬王堆帛書·戰國縱橫家書》頁 192 作「願及未 （填）壑谷而託之」， 上從「穴」旁，顯然也該是「窴」，與「實」無關。陳松長：《馬王堆簡帛文字編》頁 307 將此字歸在「實」下不確。又《詩·東山》：「烝在桑野」，毛傳：「烝，窴也。」「窴」，相臺本、閩本、考文一本同，小字本、明監本、毛本作「實」。阮元校勘說：「案『窴』是也，《釋文》云『從穴下真』，餘同此。」見李學勤主編、龔抗雲等整理：《毛詩正義》，頁 520。按：阮校可從，由《常棣》「烝也無戎」，毛傳：「烝，填。」可知。嚴一萍先生引上述《詩·東山》：「烝在桑野」的毛傳為「烝，實也」並不正確。見《中國文字》第 43 冊，頁 4668-4670。

[74] 單育辰：《由清華二考釋舊有文字一例》，復旦網學術討論區，2012 年 01 月 06 日。

念是由「會室中放置貝」來表示，恐怕也沒有堅實的證據。甲骨、金文皆有「宜」字，《新甲骨文編》428 頁歸在「寶」字下。金文的例證可以參考《集成》3461 農父簋「農父作❑簋」，此字顯然是「宜」而只能讀「寶」，[75]也就是說如果將「宜」理解為會意字也只能是「寶」，而不會是「真」。

《說文》新附字「寘」，從宀「真」聲，章紐；「賓」，幫紐真部，韻部與從「真」聲的「寘」相近沒有問題。聲紐的關係如「杓」有市若切和甫遙切兩讀，前者聲母屬章母，後者為幫母。[76]又如《公羊傳‧僖公十六年》：「霣石記聞，聞其磌然」，《釋文》：「磌然，之人反，又大年反，聲響也；一音芳君反，本或作砰，八耕反。」[77]《集韻‧平聲‧二十文》：「磌，旁君切，石落聲。《春秋傳》：『聞其磌然』。」清人方成珪所著《集韻考正‧卷二‧二十文》對「磌，旁君切」案曰：「語見公羊僖公十六年傳。《類篇》旁作滂。汪氏云：《釋文》音芳君切。此輕重唇之別。」並沒有對這個讀音提出駁議。其次，「稹」，《集韻‧平聲‧一先》視為「稨」的異體，卑眠切。此條也記載於《類篇》。看的出來，「真」聲字確實與幫、滂紐字有關係。黃侃先生指出：「真聲字有唇音，則疊韻互音之理也。」[78]真部的「賓」與從「真」聲的「寘」是符合這個條件的。則《繫年》的「宜」對照郭店《老子甲》就是「賓」，可以通讀為「寘」。郭店《老子甲》的整理者將「宜」字分析為：「從『貝』從『宀』省，『賓』字異體。」[79]但還有一個可能是《郭店老子》與《繫年》的「宜」其實是「寶」（幫紐幽部），可讀為「賓」（幫

---

[75] 羅小華先生認為甲骨文「賓」可寫作「宜」及「宀」，金文中則將二者組合形成「賓」的形體，參看氏著：《釋賓》《簡帛》第 5 輯頁 120。謹案：羅先生文中所列證據無法證明甲骨文、金文的「宜」不能釋為「寶」，特別是文中失引農父簋的例證，其結論恐未必是定論。

[76] 參李家浩：《楚簡所記楚人祖先「嬀（鬵）熊」與「穴熊」為一人說》，《文史》2010 年第 3 輯，頁 21。

[77] 李學勤主編、浦衛忠整理：《春秋公羊傳注疏》，頁 233。

[78] 見黃侃：《經籍舊音辨證箋識》，吳承仕：《經籍舊音序錄‧經籍舊音辨證》附錄一（北京市：中華書局，1986 年），頁 275。

[79] 荊門市博物館：《郭店楚墓竹簡》（北京市：文物出版社，1998 年），頁 115。

紐真部），二者雙聲，韻部關係密切，學者多已指出不論是傳世典籍和出土資料，都充分證明了上古漢語中幽覺與微物文（脂質真）之間存在相當常見的音轉現象。[80]陳偉先生同意筆者釋為「賓」的意見，但認為簡文的「賓」是陳列義，並認為或可以讀為「擯」，解作排斥、棄絕的意思，[81]但是文意並不妥貼。此外，孟蓬生先生認為「宲」是「實」字的異構，從宀，從貝，會室中實貝之義。由於現有文字資料中「實」字時代較早，這個字也可以看作實字省去毌字而成。[82]孟先生此說於聲音條件很好，但是古文字同樣未見「實」省作「宲」。筆者曾寫信向孟先生請教此問題，承先生回覆我：釋「實」還不能說是得到了足證。理論上說，（幫章二母）唇舌相通是沒問題的。就目前來看，似諸說不妨並存。[83]最後，《包山》簡 257：「食室所以🔲笰（筲）」，🔲字湯志彪先生認為就是「宲」，即「賓」字。[84]現在根據《繫年》「賓」讀為「真」的現象，可將《包山》簡文讀為「飤（食）室所呂（以）宲（真）笰（筲）：豕胾（脯）二笰（筲）。脩二笰（筲）。烝（蒸）𤞞（膳）一笰（筲）。……」，如此則文從字順。[85]

補記

（1）我們認為「叔」理解為「取師」之「取」的專字，曾仲大夫𧊒簋的「叔」用為「取金」之「取」，《繫年》的「叔」用為「取妻」之「取」。

---

[80] 何琳儀：《幽脂通轉舉例》，《古漢語研究》第一輯（北京市：中華書局，1996 年），頁 348-372；簡帛網 http://www.bsm.org.cn/bbs/simple/?t2411.html2010-11-10 14:31 mpsyx 孟蓬生先生的跟帖；史杰鵬：《由郭店《老子》的幾條簡文談幽、物相通現象暨相關問題》，《簡帛》第 5 輯（上海市：上海古籍出版社，2010 年）；劉釗：《古璽格言璽考釋一則》，復旦網，2011 年 11 月 03 日。

[81] 陳偉：《讀清華簡〈系年〉札記（三）》，簡帛網，2011 年 12 月 23 日。

[82] 見單育辰：《由清華二考釋舊有文字一例》，復旦網學術討論區第 3 樓，2012 年 01 月 07 日。

[83] 2012 年 1 月 7 日覆信內容。

[84] 湯志彪：《包山遣策補釋一則》，《古籍研究 2008 卷・下》（合肥市：安徽大學出版社，2009 年），頁 6-8。

[85] 上引單育辰先生文章也指出這個意見了。

這種現象陳斯鵬先生亦曾論及，他指出《成之聞之》簡 31「慂為父子之親」的「慂」雖為「圖」的專用字，但表達的卻是「圖」的非關乎「心」的另外意思「敷演、演繹」。又如中山王墓兆域圖「圏」表「繪圖」義。他認為：「此類現象說明我們通常所說的『專字』、『專用字』是具有相對性的。也就是說，最初針對一個字（詞）的某個（類）義項所造的專字，有時也可以用來表示這個字（詞）的其他義項。」（見陳斯鵬：《楚簡「圖」字補證》，《康樂集──曾憲通教授七十壽慶論文集》，中山大學出版社，2006 年，頁198）

（2）《新蔡》零 213、212「☐周墨習之以🖼電☐」，「🖼」字，袁金平：《新蔡葛陵楚簡字詞研究》，安徽大學博士論文，2007 年，頁 21；宋華強：《新蔡葛陵簡初探》頁 411 注 4 皆以為是「眞」。此字若是「眞」，對釋「𡧛」為「眞」也是一個反證。

──本文刊登於《簡帛》第七輯，2012 年 10 月

追記

《史記・楚世家》：「十七年春，楚莊王圍鄭，三月克之。入自皇門，鄭伯肉袒牽羊以逆，曰：『孤不天，不能事君，君用懷怒，以及敝邑，孤之罪也。敢不惟命是聽！**賓之南海**，若以臣妾賜諸侯，亦惟命是聽。』」其中「**賓之南海**」根據本文所討論「賓」讀為「眞」的例證，則「**賓之南海**」可讀為「**眞之南海**」。此句在《左傳》宣公十二年作「鄭伯肉袒牽羊以逆，曰：『孤不天，不能事君，使君懷怒以及敝邑，孤之罪也，敢不唯命是聽？其俘諸江南，以實海濱，亦唯命。」其中「以實海濱」，也應該讀為「以眞海濱」。又《繫年》第四章簡 19「幽侯滅焉」，「幽侯」即「衛懿公」，或稱「衛哀公」，「幽」與「懿」、「哀」的音讀關係，可以再次證明幽部與脂部、微部關係密切。

作者簡介

蘇建洲

　　臺灣臺南人，1974 年生，國立臺灣師範大學國文研究所博士，目前是國立彰化師範大學國文系教授。著有《《上博楚竹書》文字及相關問題研究》（臺北：萬卷樓圖書公司，2008 年 1 月）、《楚文字論集》（臺北：萬卷樓圖書公司，2011 年 12 月）等書，並於臺灣、香港、大陸的學術會議及學術刊物發表多篇論文。

吳雯雯

　　臺灣彰化人，1985 年生，目前是國立彰化師範大學國文系博士生、國立彰化師範大學國文系兼任講師，研究領域為宋代《尚書》學。著有《錢時《融堂書解》研究》（彰化：國立彰化師範大學碩士學位論文，2011 年 6 月）。

賴怡璇

　　臺灣臺中市人，1985 年生，目前就讀國立中興大學中國文學系博士班，同時是修平科技大學兼任講師。撰有《《楚地出土戰國簡冊[十四種]》校訂》（碩士論文），另著有〈《上博九·邦人不稱》通釋〉、〈由出土文獻論顏淵所好何學〉等單篇論文。

國家圖書館出版品預行編目(CIP)資料

清華二《繫年》集解 / 蘇建洲、吳雯雯、
賴怡璇合著. -- 初版. -- 臺北市 : 萬
卷樓, 2013.12
面 ; 公分. --（出土文獻注釋譯注叢刊）
ISBN 978-957-739-832-1(精裝)

1.簡牘學 2.研究考訂

796.8   102023790

清華二《繫年》集解

2013 年 12 月 初版 精裝

ISBN 978-957-739-832-1   定價：新台幣 1800 元

作　　者	蘇建洲	出　版　者	萬卷樓圖書股份有限公司
	吳雯雯	編輯部地址	106 臺北市羅斯福路二段 41 號 9 樓之 4
	賴怡璇	電話	02-23216565
發 行 人	陳滿銘	傳真	02-23218698
總 編 輯	陳滿銘	電郵	editor@wanjuan.com.tw
副總編輯	張晏瑞	發行所地址	106 臺北市羅斯福路二段 41 號 6 樓之 3
責任編輯	吳家嘉	電話	02-23216565
編　　輯	游依玲	傳真	02-23944113
編輯助理	楊子葳	印　刷　者	晟齊實業有限公司
封面設計	斐類設計		
版權所有‧翻印必究		新聞局出版事業登記證局版臺業字第 5655 號	
如有缺頁、破損、倒裝		網 路 書 店	www.wanjuan.com.tw
請寄回更換		劃 撥 帳 號	15624015